CASCADA DEL YOSEMITE
P. 408

MARK READ / LONELY PLANET ©

Sumario

Bienvenidos a California

Desde los imponentes bosques de secuoyas del brumoso norte hasta las soleadas y surfistas playas del sur, el Pacífico baña este "Golden State" (Estado Dorado).

Belleza natural

A pesar de su imagen de frescor, California es muy vieja. Los acantilados y los picos nevados se crearon a lo largo de milenios por movimientos tectónicos que casi la arrancan del continente. Después de que las prospecciones mineras, la tala y las exploraciones petrolíferas incontroladas del s. XIX hiciesen peligrar este esplendor natural, los líderes medioambientales californianos –como John Muir y el Sierra Club– rescataron árboles centenarios e instigaron la creación de unos parques nacionales y estatales que aún deslumbran.

Comida y bebida de fábula

Como principal proveedor agrícola del país, cualquier cambio en el menú que se haga en California tiene un impacto a nivel nacional. Cada vez que se sientan a comer, los californianos se plantean numerosos dilemas morales: ecológico o sin pesticidas, de granja o cultivado en jardines urbanos, veganismo o carne de vacas felices. Se pida lo que se pida, lo más probable es que sirvan cocina local, creativa y muy buena. Además, California produce el 90% del vino de EE UU y tiene el doble de fábricas de cervezas que cualquier otro estado.

Artes creativas y tecnología

Desde la fiebre del oro hasta la burbuja de las *puntocom*, California ha sobrevivido a auges y caídas. Hollywood aún es la gran fábrica de películas y programas de TV del mundo, con el apoyo del activo panorama escénico estatal. Las modas nacen aquí, pero no de la mano de grandes magnates, sino de la variopinta multitud de deportistas, artistas y soñadores que hay detrás de mundos tan dispares como la biotecnología o el skateboard. En sus galerías, cafés y bares se puede vislumbrar el futuro.

Viajar por carretera

Por las carreteras de California todo gana en espectacularidad conforme las grandes ciudades se quedan atrás: los árboles son más altos, los pueblos, más bonitos, y las playas, más idílicas. Nada como las hwys 1 y 101, de México a Oregón, para contemplar los acantilados junto al mar, las curvas de la Hwy 49 para recorrer el histórico Gold Country o los caminos rurales para visitar los viñedos de California (los de Napa no son los únicos). Un fin de semana por el lago Tahoe completará la experiencia.

SAMATHA T. PHOTOGRAPHY / GETTY IMAGES ©

Por qué me encanta California

Sara Benson, autora coordinadora

Al igual que la mitad de sus habitantes, yo no nací en California, pero es donde he elegido vivir. No me canso nunca de explorar (más con el gusto que con la vista) mi estado de adopción y su rica mezcla de culturas. El verano es para subir a las montañas de Sierra Nevada y pasear por las playas de SoCal; la primavera, para admirar cómo florecen las plantas silvestres del desierto; el otoño, para celebrar el vino y catar las nuevas cosechas directamente de la barrica; y el invierno, para esquiar junto al lago Tahoe y el Yosemite National Park.

Para más información sobre los autores, véase p. 794

Arriba: Big Sur (p. 484).

California

DISTANCIAS POR CTRA. (MILLAS)

Nota: 1 milla=1,6 km; distancias aprox.

	Las Vegas, NV	Los Ángeles	San Diego	San Francisco	Santa Bárbara	Valle de Yosemite
Crescent City	850	730	850	355	675	540
Las Vegas, NV		270	340	575	355	395
Los Ángeles			125	380	110	310
San Diego				500	220	430
San Francisco					345	190
Santa Bárbara						325

Bosques de secuoyas
Abrazar los árboles más altos del mundo (p. 117)

Lassen Volcanic National Park
Maravilla geológica humeante (p. 280)

Valle de Sonoma
Buenos vinos y poco esnobismo (p. 185)

Gold Country
La Salvaje historia del "Estado Dorado" (p. 340)

Golden Gates de San Francisco
Divertirse por la bahía (p. 74)

Yosemite National Park
Escenario épico de Sierra Nevada (p. 408)

OREGÓN

NEVADA

Crescent City

Arcata
Eureka

Weed

Mt Shasta (4322m)

Lava Beds National Monument

Alturas

Lago Goose

Río Klamath

Redwood National Park

Lago Shasta

Redding

Red Bluff

Lassen Volcanic National Park

Susanville

Chico

Río Sacramento

Valle de Sacramento

Coast Range

Leggett

Mendocino

Lago Clear

Calistoga

Santa Rosa

Sonoma

San Francisco

Berkeley
Oakland

Locke

Davis

Sacramento

Stockton

Nevada City

Grass Valley

Embalse de Oroville

Truckee

Reno

Carson City

Lago Tahoe

South Lake Tahoe

Sierra
Nevada

Sutter Creek

Sonora

Yosemite National Park

Lago Mono

100 km

0

125°O

42°N

41°N

40°N

39°N

38°N

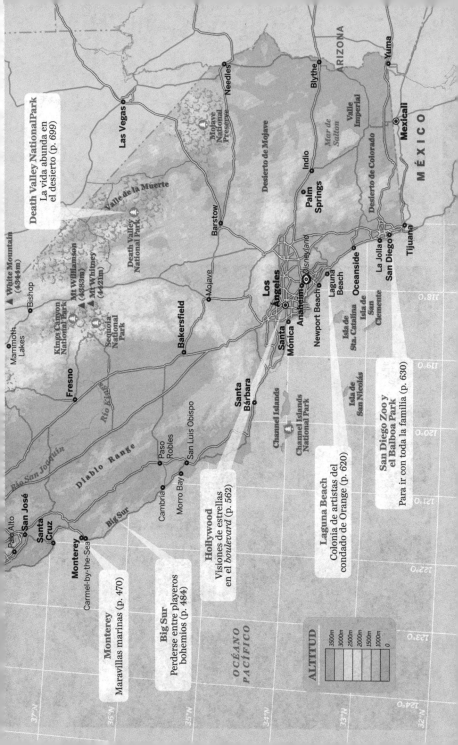

Death Valley NationalPark
La vida abunda en el desierto (p. 699)

Monterey
Maravillas marinas (p. 470)

Big Sur
Perderse entre playeros bohemios (p. 484)

Hollywood
Visiones de estrellas en el *boulevard* (p. 562)

Laguna Beach
Colonia de artistas del condado de Orange (p. 620)

San Diego Zoo y el Balboa Park
Para ir con toda la familia (p. 630)

ARIZONA

MÉXICO

OCÉANO PACÍFICO

Las Vegas

Needles

Blythe

Yuma

Mexicali

Mojave National Preserve

Desierto de Mojave

Mar de Salton

Valle Imperial

Desierto de Colorado

Indio

Palm Springs

Barstow

Mojave

Valle de la Muerte

Death Valley National Park

▲ White Mountain (4344m)

▲ Mt Williamson (4383m)

▲ Mt Whitney (4421m)

Bishop

Mammoth Lakes

Kings Canyon National Park

Sequoia National Park

Fresno

Bakersfield

Río Kern

Diablo Range

Río San Joaquín

San José

Palo Alto

Santa Cruz

Monterey

Carmel-by-the-Sea

Big Sur

Cambria

Morro Bay

San Luis Obispo

Paso Robles

Santa Bárbara

Channel Islands

Channel Islands National Park

Los Angeles

Anaheim

Disneyland

Santa Mónica

Newport Beach

Laguna Beach

Oceanside

La Jolla

San Diego

Tijuana

Isla de Sta. Catalina

Isla de San Clemente

Isla de San Nicolás

118.0

119.0

120.0

121.0

122.0

123.0

124.0

37°N

36°N

35°N

34°N

33°N

32°N

ALTITUD

| 3500m |
| 3000m |
| 2500m |
| 2000m |
| 1500m |
| 1000m |
| 0 |

Las
25 mejores
experiencias

1

Golden Gate, San Francisco

1 Hay que cruzar el emblemático puente de San Francisco (p. 74), ver cómo pasan los buques de carga entre sus torres de color naranja y aprenderse las vistas de 360° de los escarpados cabos de Marin, los rascacielos del centro y la isla de Alcatraz (II color). No muy lejos, es posible pasar días enteros perdido por el Golden Gate Park (p. 93), lleno de secretos, como el estanque con barcas o el prado con bisontes, e innovadores museos de arte y ciencia. Los fines de semana, cuando se cierra al tráfico rodado, el parque se convierte en un auténtico paraíso para peatones y ciclistas.

Bosques de secuoyas

2 Es hora de desconectar y abrazarse a un árbol. ¿Por qué no empezar con los más altos del mundo, las secuoyas? Estos gigantes crecen a lo largo de gran parte de la costa, desde Big Sur hacia el norte hasta la frontera con Oregón. Es posible pasar junto a ellos con el automóvil e incluso atravesar bosques de estos viejos reclamos turísticos, pero la experiencia no puede compararse a la de caminar y meditar sobre la eternidad debajo de los ejemplares más añejos en el Muir Woods National Monument (p. 123), el Humboldt Redwoods State Park (p. 253) o los Redwood National & State Parks (p. 266).

PGIAM / GETTY IMAGES ©

CHRIS MOORE - EXPLORING LIGHT PHOTOGRAPHY / GETTY IMAGES ©

PAUL HIFFMEYER / DISNEY

Valle de Sonoma

3 Mientras la actividad vinícola del valle de Napa se sofistica cada vez más, en Sonoma los viñedos están salpicados de ranchos. Es una región vitivinícola auténtica y singular, donde poder probar los nuevos caldos directamente de la barrica bajo un cobertizo con tejado de zinc. ¡Qué más da que no sea mediodía! Hay que relajarse y disfrutar de un zinfandel de vendimia tardía con una ración de helado de chocolate blanco regado con aceite de oliva ecológico. En Sonoma (p. 188) las convenciones no sirven.

Disneyland Resort

4 Donde crecían naranjos y nogales, Walt Disney construyó en 1955 su reino mágico. Hoy, Disneyland (p. 598) y el cercano Disney California Adventure son las atracciones turísticas más visitadas de SoCal. En los parques temáticos de Anaheim, los personajes de los dibujos animados desfilan por Main Street USA y los fuegos artificiales estallan sobre el castillo de la Bella Durmiente en las noches de verano. Para los niños y los jóvenes de espíritu, este podría ser "el lugar más feliz de la Tierra".

LOÏC LAGARDE / GETTY IMAGES ©

CHRISTIAN KOBER / GETTY IMAGES ©

Yosemite National Park

5 Bienvenidos a lo que el conservacionista John Muir anunció como "gran templo" y "tierra de las delicias". En el Yosemite National Park (p. 408) todo es enorme, ya sean las estruendosas cascadas que caen sobre escarpados riscos, las cúpulas de granito, los viejos bosques de secuoyas o esos valles esculpidos por glaciares, avalanchas y terremotos. Las vistas más sublimes las ofrece el Glacier Point las noches de luna llena o la ruta por la Tioga Rd en un día despejado de verano. Valle de Yosemite

Santa Mónica y Venice

6 Lo mejor para evitar el tráfico de Los Ángeles es ir a la playa. La soleada Santa Mónica (p. 567) es garantía de felicidad: aprender surf, subir a una noria que funciona con energía solar, bailar bajo las estrellas en un viejo muelle, llevar a los niños a los estanques táctiles del acuario o introducir los pies en el agua y dejar que los problemas se vayan flotando. Y las puestas de sol son espectaculares. Después, es posible unirse al desfile de adeptos a la *new age*, culturistas, *punks* góticos y percusionistas *hippies* de la cercana playa de Venice, donde todos sacan su lado más *friki*. Venice Boardwalk (p. 569)

Death Valley National Park

7 Su sola mención evoca imágenes de trenes de madera y almas perdidas y sedientas que se arrastran por el desierto. Pero lo más sorprendente del valle de la Muerte (p. 699) es lo lleno de vida que está. Las laderas se cubren de flores silvestres cada primavera. Los aventureros pueden adentrarse en cañones angostos, subir a cráteres volcánicos formados por violentas explosiones prehistóricas o explorar ciudades mineras fantasma del Salvaje Oeste donde se hicieron y perdieron fortunas.

Zoo de San Diego y el Balboa Park

8 Cuando los sandieguinos no están en la playa, acuden al Balboa Park (p. 632) a divertirse. La ciudad ofrece más de una docena de museos de arte, cultura y ciencia, arquitectura de reminiscencias españolas y misioneras de paseo por El Prado; hay animales exóticos y se puede montar en el teleférico Skyfari en el famoso zoo de San Diego (p. 632); y se puede asistir a un espectáculo en el Old Globe Theater (p. 650).
Balboa Park

Hollywood

9 Los estudios de cine y TV se han trasladado a otros lugares, pero Hollywood (p. 562) y su Paseo de la Fama aún atrae a millones de visitantes cada año. Este otrora barrio conflictivo de Los Ángeles resurge a base de hoteles modernos, cines restaurados y ostentosos bares y clubes. Es inevitable hacerse la fotografía de recuerdo delante del Grauman's Chinese Theatre (p. 562) o en el interior del Babylon Court del Hollywood & Highland con el mítico letrero de Hollywood al fondo. Hollywood Walk of Fame™ & Design © 2014 HCC. Todos los derechos reservados

Misiones de California

10 Por la carretera de la costa entre San Diego y Sonoma se siguen los pasos de los primeros conquistadores y sacerdotes católicos españoles. El franciscano Junípero Serra fundó muchas de las 21 primeras misiones de California a finales del s. XVIII, como la de San Juan Capistrano (p. 625), fielmente restaurada con sus jardines, arcadas de piedra y capillas decoradas con frescos. Otras son solo restos de un pasado lejano por cuyos claustros aún deambulan los fantasmas.
Misión San Juan Capistrano

Monte Shasta

11 Ningún otro montón de rocas del estado aviva tanto la imaginación como el monte Shasta (p. 289). Los nativos californianos creían que era el hogar de un gran espíritu de los cielos; John Muir dijo que su belleza hizo que su "sangre se convirtiera en vino"; y un explorador de finales del s. XIX afirmó que en sus túneles habitaban supervivientes de un continente perdido. Tanto para los peregrinos *new age*, que sienten un vórtice de energía, como para los montañistas, que notan como su espalda se estremece de frío al coronarlo, este monte es mágico.

Laguna Beach

12 En el condado de Orange, Huntington Beach atrae a los aficionados al surf, mientras que los amantes de la vela disfrutan en Newport Beach. Más al sur, Laguna Beach (p. 620) destaca por su sofisticada mezcla de dinero, cultura y belleza natural. Su pasado bohemio aún se asoma en las galerías de arte del centro, los artesanales bungalós ocultos entre grandes mansiones y los anuales Festival of Arts y Pageant of the Masters.

11

LAURA CIAPPONI / GETTY IMAGES ©

12

JASON TODD / GETTY IMAGES ©

Monterey

13 El pueblo pesquero de Monterey (p. 470) evoca la crudeza de las novelas realistas de John Steinbeck. Hay que hacer un crucero para observar las ballenas de la reserva marina, algunos de cuyos otros moradores también nadan en el acuario ecológico y familiar de Cannery Row. Para un ambiente marítimo más auténtico, hay que ir al faro más antiguo de la costa oeste, en el Pacific Grove, o pasear por el centro de Monterey entre jardines y edificios de adobe, vestigios del paso de los españoles, los mexicanos y los primeros americanos.
Monterey Bay Aquarium

Coronado

14 Retroceder en el tiempo es posible con solo cruzar a toda velocidad el curvo puente de la bahía o subir al ferri de San Diego a la costeña Coronado, una ciudad turística anclada en una época más refinada para deleitarse del ambiente de la alta sociedad de finales del s. XIX en el suntuoso "Hotel Del" (p. 642), antiguo alojamiento de reyes y presidentes, y donde Marilyn Monroe retozaba en *Con faldas y a lo loco*. Luego, se puede bordear en bicicleta playas níveas hasta la Silver Strand de la península parar a tomar un helado o un algodón de azúcar. Hotel del Coronado.

Big Sur

15 Junto a unos misteriosos bosques de secuoyas cubiertos de musgo, la costa rocosa de Big Sur (p. 484) es un lugar enigmático. Hay que emular a los autóctonos, sobre todo si desea hallar recónditas fuentes termales y playas de arena color cárdena o lugares donde proliferan grandes piedras de jade. Mayo es la mejor época para las cascadas, y tras las vacaciones de verano, cuando las multitudes ya se han marchado, el sol aún brilla. Si se mira al cielo quizás se vea el amenazado cóndor de California sobrevolar los acantilados.

JOE MCBRIDE / GETTY IMAGES ©

S. GREG PANOSIAN / GETTY IMAGES ©

DAVID PEEVERS / GETTY IMAGES ©

Lago Tahoe

16 En las montañas de Sierra Nevada, a orillas del segundo lago más profundo de EE UU, se halla este campamento base permanente (p. 366). En verano, sus aguas azules invitan a bañarse, navegar en piragua o bucear con tubo. Los aficionados a la bicicleta de montaña pueden descender por caminos de una sola vía y los excursionistas recorrer las sendas entre bosques. Tras oscurecer, es posible descansar en una casita frente al agua y tostar unos *s'mores* bajo las estrellas. En invierno, las estaciones de esquí dejan más que satisfechos a los fanáticos del esquí nórdico, los descensos o el *snowboard*.

Santa Bárbara

17 Esta ciudad que se autodenomina la "Riviera americana" (p. 520) es tan idílica que arranca suspiros: palmeras mecidas por el viento, playas blancas, barcos que se balancean en el puerto; aunque suene a cliché turístico, es verdad. La reina de las misiones de California es de una belleza única, con sus edificios encalados de adobe y tejados rojos del centro, reconstruidos fielmente en su estilo colonial español tras el devastador terremoto de 1925. La ciudad se puede visitar en un día o en un fin de semana vinícola.
Misión Santa Bárbara

Surf

18 Aunque nunca se haya practicado surf, no se puede negar la influencia de este deporte en todos los aspectos de la vida californiana, desde la moda a la jerga callejera. Con las encrespadas olas de esta costa no hace falta tomar el avión a Hawái. Los "pro" surfean en las rompientes de Malibú, Huntington Beach (o "Surf City USA"), La Jolla y Santa Bárbara, mientras que los neófitos aprenden en campamentos "surfaris" que hay entre el norte de San Diego y Santa Cruz.

Gold Country

19 "Go west, young man!" ("Al Oeste, joven") pudo haber sido el grito de guerra de decenas de miles de inmigrantes que llegaron a esta región durante la fiebre del oro, hacia 1848. Estas áridas estribaciones de Sierra Nevada son un pozo de historia. La Hwy 49, que serpentea por pueblos aletargados y minas abandonadas, también pasa por pozas aptas para el baño, aguas para practicar *rafting*, pistas que bajar en bicicleta de montaña y viñedos donde catar caldos añejos. Columbia State Historic Park (p. 362)

Por la costa con Amtrak

20 Rutas con sugestivos nombres, como Coast Starlight y Pacific Surfliner, invitan a recorrer SoCal en tren. Al sur de San Luis Obispo se otean playas remotas desde los vagones panorámicos de Amtrak, que en un pispás lleva a Santa Bárbara. Más adelante, Carpintería y Ventura son ideales para darse un baño, antes de llegar a la Union Station de LA. Al sur está la histórica misión San Juan Capistrano y los pueblos costeros del condado del Norte y, para acabar, el centro de San Diego. Tren de Amtrak, Los Ángeles

HOLGER LEUE / GETTY IMAGES ©

19

HAL BERGMAN PHOTOGRAPHY / GETTY IMAGES ©

20

Lassen Volcanic National Park

21 En el extremo sur de la cordillera volcánica de las Cascades, Lassen (p. 280), un extraño paisaje con lodos burbujeantes, fumarolas, coloridos conos de ceniza y lagos en cráteres, no recibe el gentío de otros parques nacionales más famosos, pero ofrece picos que conquistar, aguas azules en las que remar, bosques donde acampar y sendas entabladas para recorrer el fabuloso Bumpass Hell. Bumpass Hell, Lassen Volcanic National Park.

Palm Springs

22 Oasis tachonado de estrellas en el Mojave desde los días del Rat Pack de Frank Sinatra, Palm Springs (p. 668) es un centro turístico chic en pleno desierto. Hay que imitar a las estrellas del espectáculo y los bohemios modernos y descansar junto a la piscina de un hotel de los años cincuenta, visitar galerías de arte, comprar en tiendas *vintage* y tomar cócteles hasta el alba. También se puede caminar por barrancos desiertos o subir al teleférico y escalar una cima en los montes San Jacinto.

JOHN ELK III / GETTY IMAGES ©

PANORAMIC IMAGES / GETTY IMAGES ©

Channel Islands

23 Estas islas, que parecen un puñado de perlas tiradas frente a la costa, llevan habitadas miles de años, desde que tribus chumash fundaron aldeas sobre sus remotas rocas. Además, acogen una rica vida marina, como arrecifes de coral y elefantes marinos. El Channel Islands National Park (p. 554) es un paraíso natural ideal para practicar kayak y buceo con tubo, mientras que la mediterránea isla de Santa Catalina y los hoteles de su puerto son perfectos para una escapada estilosa.

Bosque de Kelp, isla Anacapa (p. 554)

Mendocino

24 Este es el castillo de arena soñado de la costa norte. Nada reconforta tanto como un paseo entre zarzamoras y acantilados. En verano, vientos empapados de bruma llevan ráfagas de lavanda y jazmín a las características torres de agua del pueblo. El batir de las olas y las playas llenas de maderas de deriva recuerdan la fuerza del mar. Fundado en el s. XIX como un puerto que construyeron los habitantes de Nueva Inglaterra, Mendocino (p. 229) es ahora territorio de bohemios cuyas religiones incitan a amar el arte y la naturaleza.

Point Reyes National Seashore

25 Este parque es un buen resumen del norte de California. En Point Reyes (p. 127) se puede atravesar la falla de San Andrés, llegar hasta un faro que parece alzarse en el fin del mundo y ver las ballenas migratorias con binoculares, además de observar las gracias chillonas de una colonia de elefantes marinos en la Chimney Rock, caminar entre manadas de alces y conducir hasta playas barridas por el viento en las que el horizonte parece no tener fin. Faro de Point Reyes (p. 128).

Lo esencial

Para más información, véase 'Guía práctica' (p. 757)

Moneda
Dólar estadounidense
(US$)

Idioma
Inglés

Visados
No suelen ser necesarios para los países acogidos al Programa de Exención de Visado (VWP) con el permiso ESTA (se puede solicitar en línea al menos 72 h antes).

Dinero
Abundan los cajeros automáticos. Es habitual que se pida la tarjeta de crédito para hacer reservas. Rara vez se aceptan cheques de viaje (en US$). Las propinas son obligatorias.

Teléfonos móviles
Los únicos teléfonos extranjeros que funcionan en EE UU son los multibanda GSM. Conviene comprar tarjetas SIM de prepago in situ.

Hora
Hora estándar del Pacífico (GMT/UTC -8 h)

Cuándo ir

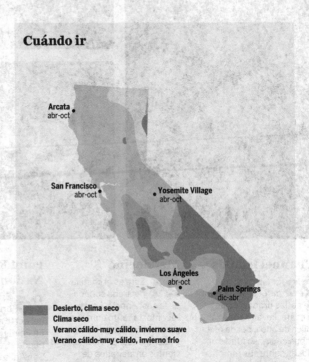

Arcata
abr-oct

San Francisco
abr-oct

Yosemite Village
abr-oct

Los Ángeles
abr-oct

Palm Springs
dic-abr

Desierto, clima seco
Clima seco
Verano cálido-muy cálido, invierno suave
Verano cálido-muy cálido, invierno frío

Temporada alta (jun-ago)
➡ El precio del alojamiento sube un 50-100%.
➡ En las fiestas importantes aumentan el gentío y los precios.
➡ El verano es la temporada baja en el desierto, con más de 38°C.

Temporada media (abr-may y sep-oct)
➡ Menos gente y precios más bajos, en especial en la costa y las montañas.
➡ Temperaturas suaves y cielos azules.
➡ Clima más húmedo en primavera y más seco en otoño.

Temporada baja (nov-mar)
➡ El precio del alojamiento baja en la costa.
➡ Frío, tormentas frecuentes y nieve en las montañas.
➡ El invierno es temporada alta en los desiertos del sur.

Webs útiles

California Travel & Tourism Commission (www.visitcalifornia.com) Guías para planificar viajes.

Lonely Planet (www.lonelyplanet.es) Información sobre destinos, foro de viajeros, etc.

LA Times Travel (www.latimes.com/travel) Noticias y blogs.

Sunset (www.sunset.com/travel/california) Consejos de viaje.

California State Parks (www.parks.ca.gov) Actividades, campings, etc.

CalTrans (www.dot.ca.gov) Estado de las carreteras.

Teléfonos útiles

Todos los números tienen un prefijo de zona de tres dígitos seguido de un número de siete. Para llamadas de larga distancia y gratis, hay que marcar el 1 y luego los 10 dígitos.

Prefijo de país	1
Prefijo internacional	011
Operadora	0
Urgencias	911
Información telefónica (local)	411

Tipos de cambio

Argentina	1 ARS	0,1 US$
Chile	100 CLP	0,16 US$
Colombia	100 COP	0,04 US$
México	10 MXN	0,65 US$
Perú	1 PEN	0,32 US$
Zona euro	1 €	1,08 US$

Para tipos de cambio actualizados, visítese www.xe.com.

Presupuesto diario

**Económico:
Hasta 75 US$**

➡ Dormir en albergue: 25-55 US$

➡ Comida para llevar: 6-12 US$

**Medio:
75-200 US$**

➡ Motel de dos estrellas o doble en hotel: 75-150 US$

➡ Automóvil de alquiler (seguro y gasolina aparte): 30-75 US$

**Alto:
Desde 200 US$**

➡ Hotel de tres estrellas o resort de playa: 150-300 US$

➡ Comida de tres platos (bebidas aparte) en un buen restaurante: 75-100 US$

Horario comercial

Los comercios y restaurantes pueden cerrar antes y algunos días más en temporada baja (en invierno, y en verano en los desiertos). Horarios estándar:

Bancos 9.00-17.00 de lunes a martes, hasta las 18.00 los viernes, 9.00 -13.30 algunos sábados.

Bares 17.00-14.00 a diario.

Horario comercial (general) 9.00-17.00 de lunes a viernes.

Discotecas 22.00-4.00 de jueves a sábado.

Oficinas de correos 8.30-16:30 de lunes a viernes, 9.00-12.00 algunos sábados.

Restaurantes 7:30-10:30, 11:30-14.30 y 17.30-21.00 a diario, algunos viernes y sábados hasta más tarde.

Tiendas 10.00-18.00 de lunes a sábado, 12.00-17.00 domingos (los centros comerciales abren más tarde).

Cómo llegar

Aeropuerto internacional de Los Ángeles (p. 591) Los taxis llevan en 30 min-1 h a casi todos los destinos (30-50 US$). Hay traslados puerta a puerta (16-27 US$) las 24 h. El autobús FlyAway (8 US$) va al centro. Hay traslados gratis al LAX City Bus Center y la estación del Metro Rail.

Aeropuerto internacional de San Francisco (p. 770) Los taxis a la ciudad (35-55 US$) tardan 25-50 min. Hay traslados puerta a puerta (16-20 US$) las 24 h. Los trenes BART (8,65 US$, 30 min) conectan el aeropuerto de 5.30 a 23.45.

Cómo desplazarse

El automóvil es el medio de transporte más popular. También se puede volar (caro) y ahorrar en autobús y tren. En las urbes, para distancias largas, conviene tomar un autobús, tren, tranvía o funicular, o parar un taxi.

Automóvil El tráfico en las zonas metropolitanas y las carreteras de la costa puede ser una pesadilla, sobre todo de lunes a viernes en horas punta (7.00-10.00 y 15.00- 19.00). Aparcar en la ciudad sale caro.

Tren Es lo más rápido para moverse por la zona de la bahía de San Francisco y Los Ángeles, pero no llega a todas partes. Luego están los trenes regionales de Amtrak, más caros y de largo recorrido.

Autobús Suele ser la opción más barata y lenta, con extensas redes urbanas. Las líneas interurbanas, regionales y de largo recorrido de Greyhound son limitadas y cuestan más.

Para más información sobre **cómo desplazarse,** véase p. 769

Lo nuevo

Bay Bridge

Después de años de costosos retrasos en las obras, por fin ha abierto el elegante nuevo tramo del Bay Bridge de San Francisco entre Oakland y la isla de Yerba Buena, accesible en automóvil, bicicleta y a pie. (p. 129)

Sunnylands

Cerca de Palm Springs, esta moderna finca de mitad del s. xx en la que se han alojado jefes de estado, reyes y estrellas de Hollywood está rodeada de jardines del desierto y una colección de arte. (p. 675)

Ace Hotel, centro de Los Ángeles

La cadena hotelera de moda de Portland sorprende con sus aperturas y el restaurado United Artists Theatre, un reluciente cine de los años veinte que acoge espectáculos de música y danza. (p. 586)

Exploratorium

Recién ampliado y reubicado junto al mar, este museo interactivo de ciencias hace las delicias de grandes y pequeños. (p. 75)

SFJAZZ Center

Situado en Hayes Valley, es el único centro construido y dedicado exclusivamente al *jazz* del país y en él actúan grandes leyendas. (p. 101)

Zona vinícola de Paso Robles

Reconocida por la revista *Wine Enthusiast* como "región vinícola del año" en el 2013, hace mucho tiempo que en estos soleados viñedos de la costa central se cultivan uvas de primera. (p. 504)

Funk Zone de Santa Bárbara

Un barrio creativo e inquieto a dos pasos de la playa y con un espacio dedicado al arte, la comida, la cerveza artesanal y los vinos regionales: justo lo que esta ciudad algo sosa necesitaba. (p. 528)

Yosemite National Park

En el 2014, el parque nacional más querido de California, el mismo que impulsó toda la red de parques nacionales del país, celebró su 150 aniversario. (p. 408)

Legoland Hotel

A un corto trayecto de Carlsbad, en el norte de San Diego, los alojamientos de este parque temático permiten a los niños vivir como piratas o gobernar su propio castillo. (p. 663)

Anaheim Packing District

A poco más de 3 km de Disneyland, en el centro de Anaheim, esta antigua planta de empaquetado de cítricos y concesionario de vehículos de principios del s. xx ha sido transformada en un gran centro comercial. (p. 604)

Túneles y ruta de Devil's Slide

En Pacifica, al sur de San Francisco, un peligroso tramo de la Hwy 1 propenso a los desprendimientos ha sido asfaltado para disfrute de senderistas y ciclistas; los conductores atraviesan la zona por largos túneles. (p. 155)

Para más recomendaciones e información, visítese lonelyplanet.com/california

En busca de...

Buena mesa

Influida por culturas inmigrantes durante más de 200 años, la cocina californiana sobresale por su creatividad y mezcla, p. ej., tacos de *kimchi* o comida afroamericana vegana.

Chez Panisse La chef Alice Waters revolucionó la cocina californiana en los años setenta con sus creaciones de temporada y cercanía. (p. 143)

French Laundry La alta cocina de Thomas Keller es uno de los 'platos fuertes' de la región vinícola de Napa. (p. 173)

'Food trucks' de Los Ángeles Están por todas partes, pero fue en LA, donde ahora hay 200 chefs sobre ruedas, donde se desató la fiebre del restaurante móvil.

Ferry Building En el muelle de San Francisco se congregan vendedores de comida y hay un mercado agrícola. (p. 97)

Tacos de pescado Un buen lugar para probar este sabroso tentempié de Mexicali es la playa de San Diego. (p. 645)

Cerveza artesanal

Puede que las barricas de los viñedos de California se lleven todo el protagonismo, pero lo que se elabora en las cubas de cobre de todo el estado es igual de valioso.

Lost Coast Brewery Para pedir una pinta de Downtown Brown y admirar el arte conceptual de las etiquetas. (p. 259)

Anderson Valley Brewing Company En esta fábrica del condado de Mendocino se puede jugar al disc golf con una botella de oatmeal stout. (p. 241)

Stone Brewing Company Estos advenedizos de San Diego elaboran cervezas con impronta, como la Arrogant Bastard Ale o una porter ahumada con un toque de chipotle. (p. 649)

Anchor Brewing Fundada en el s. XIX, la cervecera más antigua de San Francisco firma la inconfundible Steam Beer. (p. 64)

Sierra Nevada Brewing Company Esta fábrica pionera ofrece circuitos y sirve su popular pale ale en Chico. (p. 323)

Parques temáticos

Si el itinerario del viajero incluye visitar "El lugar más feliz del mundo", emocionarse con la magia de Hollywood o montarse en una montaña rusa, el sur de California es su destino.

Disneyland Las familias con niños acuden en masa al parque temático soñado por Walt Disney y el cercano Disney California Adventure. (p. 601)

Universal Studios Hollywood Un parque temático de cine con un recorrido en tranvía por sets de rodaje, atracciones y espectáculos con efectos especiales. (p. 570)

Legoland California Parque temático más sencillo construido con esos entrañables cubos. (p. 661)

San Diego Zoo Safari Park Circuito en tranvía al estilo safari por un zoológico. (p. 662)

Senderismo

Los californianos no han dejado de caminar desde que los nativos americanos trazaron los primeros senderos por el desierto. Rutas costeras, oasis de palmeras, picos vertiginosos y bosques frondosos aguardan al viajero.

Sierra Nevada Ideal para hacer caminatas por parques nacionales y paisajes alpinos, o para subir al monte Whitney. (p. 455)

Costa norte Los más aguerridos emprenden el Lost Coast Trail, mientras que las familias prefieren los brumosos bosques de secuoyas. (p. 251)

Condado de Marin Sus cabos tientan a los excursionistas a cruzar el Golden Gate en dirección al Point Reyes. (p. 127)

Palm Springs y los desiertos Para descubrir oasis secretos, llanuras de sal y los cañones de los nativos de California. (p. 666)

Pueblos

Cerca de las concurridas metrópolis californianas aguardan preciosas escapadas de playa, montaña o entre los viñedos.

Calistoga Lugar pintoresco moteado de *spas* con baños de barro para los "vaqueros con botas" del valle de Napa. (p. 180)

Bolinas Aldea al final de la carretera en el norteño condado de Marin. (p. 124)

Ferndale Preciosa granja de la época victoriana medio escondida en la costa norte. (p. 255)

Mammoth Lakes Punto de partida de aventuras al aire libre durante todo el año por el este de la Sierra. (p. 444)

Seal Beach Antiguo destino surfista en el condado de Orange con una calle principal y un puerto encantador. (p. 610)

Parques nacionales y estatales

El interior de California, con sus cimas dentadas, praderas elevadas y dunas desérticas, rivaliza en belleza con una costa que deslumbra con su diversidad e islas azotadas por el viento.

Yosemite National Park Ascenso a Sierra Nevada, con cascadas que caen en valles labrados por glaciares y prados floridos. (p. 408)

Redwood National & State Parks Perderse por los bosques con los árboles más altos del mundo en la brumosa costa norte. (p. 266)

Death Valley National Park Reductos de vida en un paisaje desértico, salpicado de rarezas geológicas. (p. 699)

Arriba: Valle de Yosemite, Yosemite National Park (p. 408).
Abajo: Victorian Inn, Ferndale (p. 256).

Lassen Volcanic National Park Acampada junto a lagos alpinos y caminatas por las solfataras de barro del Bumpass Hell. (p. 280)

Channel Islands National Park Huir de la civilización en las recónditas islas del sur, apodadas las "Galápagos de California". (p. 554)

Vida nocturna

California cuenta con clubes de lo más chic, pero si al viajero no le gusta vestirse de gala, encontrará numerosos bares igual de divertidos.

Los Ángeles Los DJ pinchan en los glamurosos clubs de Hollywood, mientras el cercano WeHo es la zona cero gay de la ciudad. (p. 587)

San Francisco Los *beatniks* reinan en North Beach, Mission es territorio *hipster* y en Castro ondea la bandera del arcoíris. (p. 99)

San Diego El Gaslamp Quarter, el histórico barrio rojo, es perfecto para ir de *pubs*; a los bares de surfistas hay que ir en chanclas. (p. 648)

Las Vegas, Nevada Las discotecas de alto voltaje de Strip son pura fantasía. (p. 717)

Localizaciones de cine y TV

Toda California es un plató, o al menos lo parece. Además, se puede participar como público en algún programa o hacer una visita guiada por un estudio de cine de Los Ángeles.

Los Ángeles Origen de Hollywood, LA está llena de lugares de cine, desde Mulholland Drive hasta Malibú. (p. 558)

Bahía de San Francisco Revivir clásicos como *El halcón maltés* y los *thrillers* de Hitchcock *Vértigo* y *Los pájaros*.

Lone Pine Emocionarse con los viejos *westerns* que se rodaron en las Alabama Hills, en el este de la Sierra. (p. 456)

Condado de Orange Aquí las telenovelas, las comedias dramáticas y los *realities* descubrieron el filón de la cultura popular. (p. 595)

Mendocino Esta aldea de la costa norte es una eterna protagonista de películas, entre ellas *Al este del Edén* y *The Majestic*. (p. 229)

Rarezas

Los desiertos del sur y la costa norte atraen a chiflados y a personajes únicos, mientras que la alocada Los Ángeles y la bohemia San Francisco rebosan de experiencias estrambóticas.

Venice Boardwalk Un zoo humano de cachas, malabaristas de motosierras y encantadores de serpientes vestidos de Speedo. (p. 569)

Kinetic Grand Championship Estrafalarias, caprichosas y artísticas esculturas humanas en movimiento por la costa norte. (p. 261)

Integratron Supuestamente construido con la ayuda de alienígenas, esta máquina del tiempo y el rejuvenecimiento está cerca de Joshua Tree. (p. 684)

Madonna Inn Hotel de la Costa Central, con 110 habitaciones insólitas, desde la "Caveman" hasta la "Hot Pink". (p. 510)

Mystery Spot Desvergonzada trampa turística de Santa Cruz, al estilo *kitsch* años cuarenta. (p. 464)

Solvang Pueblo de aire danés ubicado en la región vinícola de Santa Bárbara e inspirado en un cuento de Hans Christian Andersen. (p. 544)

Las Vegas, Nevada Volcanes, torre Eiffel y una pirámide egipcia, todo falso. (p. 710)

Museos

¿Quién dijo que California solo tiene cultura popular? Podría pasarse todo el viaje de galerías de arte excepcionales, exposiciones científicas y tecnológicas o planetarios increíbles.

Balboa Park Pasar el día en San Diego entre museos de arte, historia y ciencia de gran nivel, también aptos para niños. (p. 632)

Getty Center y Getty Villa Museos de arte tan bellos como su ubicación elevada y sus vistas al mar en West LA y Malibú. (pp. 566 y 566)

California Academy of Sciences Museo de historia natural ecológico en el Golden Gate Park de San Francisco con una selva tropical de cuatro plantas y un tejado vivo. (p. 93)

LA County Museum of Art Más de 150 000 obras de arte de todas las épocas. (p. 563)

Griffith Observatory No hay mejor lugar para ver estrellas en Hollywood que este planetario cimero. (p. 563)

MH de Young Museum Un templo de cobre dedicado al arte de todo el planeta en el Golden Gate Park de San Francisco. (p. 93)

Exploratorium Hasta a los adultos les encanta aprender ciencia en este centro interactivo y surrealista a cubierto y al aire libre de la bahía de San Francisco. (p. 75)

Old Town State Historic Park, San Diego (p. 634).

Historia

Las tribus nativas americanas, los presidios coloniales, las misiones católicas españolas, los pueblos mexicanos y las aldeas mineras abandonadas han dejado su huella en California.

Misión San Juan Capistrano Una joya meticulosamente restaurada en el Camino Real que une San Diego y Sonoma. (p. 625)

Gold Country Para seguir la pista de los pioneros del Oeste y los esforzados mineros o para cribar oro. (p. 340)

Casco antiguo de San Diego Viaje en el tiempo en el lugar donde estuvo el primer pueblo civil colonial español de California. (p. 634)

Monterey State Historic Park Edificios de adobe en los que revivir la California de los españoles, los mexicanos y los primeros americanos. (p. 471)

Bodie State Historic Park Pueblo minero abandonado en el este de la Sierra, sobre el lago Mono. (p. 439)

Manzanar National Historic Site Campo de internamiento de japoneses de la II Guerra Mundial. Doloroso capítulo del pasado de EE UU. (p. 455)

Con perros

Irse de vacaciones y dejar al peludo en casa no es divertido. En estos lugares al aire libre los acogen con las patas y los brazos abiertos.

Huntington Beach La mayor y mejor playa para perros de SoCal, donde pueden correr más de 3 km sin correa. (p. 611)

Lago Tahoe Fantástica zona de Sierra Nevada con senderos, playas, *campings* y cabañas. (p. 366)

Carmel-by-the-Sea En la costa central, todo el mundo trae aquí a sus mascotas para comer y jugar en el agua. (p. 482)

Big Bear Lake Con senderos aptos para perros, cabañas y *campings* en las montañas de las afueras de LA. (p. 593)

De compras

En cualquier lugar de California, pero especialmente en la costa, siempre hay cerca una gran *boutique*, un *outlet* con descuentos o ropa *vintage* que pide a gritos un hueco en la maleta del viajero.

Los Ángeles Hay que olvidarse de Beverly Hills. Robertson Blvd tiene más boutiques por manzana y la juvenil Melrose Ave, más tiendas a la última. (p. 588)

San Francisco Artísticas tiendas de segunda mano y numerosos comercios indie entre Marina y Mission. (p. 104)

Condado de Orange Los pequeños centros comerciales de Costa Mesa y las *boutiques* de gente guapa de Laguna Beach valen la pena. (p. 619)

Palm Springs Un paraíso para joyas *retro* del s. xx y espacios *outlet*. (p. 677)

Mes a mes

Enero

El mes más húmedo ralentiza los viajes costeros, mientras que las estaciones de esquí están a rebosar, como los desiertos del sur.

☆ Desfile del Torneo de las Rosas

Justo antes del partido de fútbol americano del Rose Bowl, este famoso desfile de Año Nuevo con carrozas llenas de flores, bandas y caballos que hacen cabriolas atrae a más de 700 000 personas a Pasadena, junto a Los Ángeles. (p. 570)

Año Nuevo chino

Petardos, desfiles, danzas de leones y comida callejera reciben el año nuevo lunar, a finales de enero o principios de febrero. Algunas de las celebraciones más coloridas tienen lugar en San Francisco y Los Ángeles.

Febrero

Otro mes lluvioso, pero las estaciones de esquí siguen muy ajetreadas. Las flores silvestres empiezan a abrirse. En San Valentín todo está lleno.

🦌 Observación de la naturaleza

Febrero es ideal para ver ballenas migratorias, colonias de elefantes marinos que se aparean y dan a luz, mariposas monarca y cientos de especies de aves.

◉ Semana del arte moderno

Si gusta el ambiente *retro* de Palm Springs, a mediados de mes se celebra una semana de visitas arquitectónicas, exposiciones de arte y fiestas en torno a la modernidad de mediados del s. xx. (p. 674)

☆ Premios de la Academia

La alfombra roja se convierte en una pasarela de estrellas del celuloide para la entrega anual de los Oscar en el Dolby Theatre a finales de febrero o principios de marzo.

Marzo

Llueve menos y los viajeros vuelven a la costa. Las plantas silvestres siguen en flor y el turismo en el desierto alcanza su pico. La temporada de esquí baja.

🦌 Festivales de la Mendocino Coast Whale

En pleno auge de la migración de las ballenas grises hacia el norte, Mendocino, Fort Bragg y otros pueblos de la zona lo celebran con tres semanas de degustaciones de comida y vino, exposiciones de arte, caminatas guiadas por la naturaleza y charlas.

🐦 Festival de las golondrinas

Las golondrinas tornan a la misión San Juan Capistrano, en el condado de Orange, hacia el 19 de marzo. Esta histórica ciudad celebra su herencia hispano-mexicana con actos durante todo el mes (p. 625).

Abril

Temporada alta en el desierto por las flores silvestres y media en las montañas y la costa. Bajan los precios de los hoteles, salvo para las vacaciones de primavera.

☆ Coachella Music & Arts Festival

Bandas de rock *indie,* DJ de culto, roqueros míticos y raperos se juntan a las afueras de Palm Springs durante tres días locos de música repartidos en dos fines de semana de mediados de mes. (p. 674)

☆ San Francisco International Film Festival

Desde 1957, este festival alegra SF con más de 150 filmes de cine indepen-diente, con estrenos de todo el mundo, a finales de abril y principios de mayo. (p. 88)

Mayo

El tiempo empieza a ser caluroso, aunque algunas zonas costeras siguen cubiertas de niebla *(may grey)*. El fin de semana del Memorial Day, uno de los de mayor movimiento, marca el inicio del verano.

✨ Cinco de Mayo

Margaritas, música y alegría conmemoran la victoria de los mexicanos sobre el ejército francés en la Batalla de Puebla el 5 de mayo de 1862. LA y San Diego lo celebran con mucho estilo.

◎ Calaveras County Fair y Jumping Frog Jubilee

Inspirado en la famosa historia de Mark Twain, el pueblo de Angels Camp, pionero de la Fiebre del Oro, ofrece diversión familiar a la antigua en un fin de semana largo de mediados de mayo con conciertos *country* y *western* y mu-chos *cowboys.*

🏃 Bay to Breakers

El tercer domingo de mayo, corredores disfrazados (prohibido ir desnudo) y caminantes ebrios hacen su peregrinaje anual entre el Embarcadero de San Francisco y la Ocean Beach. Algunos participantes se visten de salmón y corren a 'contracorriente' desde la meta (p. 91).

Junio

Cuando termina el colegio, casi toda California se llena, desde las playas hasta los complejos de montaña, aunque en los desiertos el aire quema y aún queda bruma en la costa *(june gloom)*.

☆ Mes del Orgullo

Las celebraciones del Orgu-llo Gay de California tienen lugar en junio e incluyen desfiles de disfraces, fiestas de salida del armario, músi-ca en directo, DJ, etc. Des-tacan las de San Francisco y Los Ángeles; San Diego lo celebra a mediados de julio.

Julio

La temporada de playa alcanza su apogeo, sobre todo en SoCal. Los parques temáticos y los *resorts* de montaña están tomados por las familias. El 4 de julio es el fin de semana con más desplazamientos de todo el verano.

☆ Reggae on the River

Rastafaris, *hippies* y otros amantes de la fiesta dis-frutan durante dos días a finales de julio y principios de agosto de conciertos, puestos de artesanía, comi-da ambulante, malabaris-mos, noches de acampada y baños.

◎ Festival of Arts y Pageant of the Masters

Exposiciones de cientos de artistas vivos y un espec-táculo de pinturas "recrea-das" por actores acom-pañados de una orquesta llenan Laguna Beach, en el condado de County, en julio y agosto. (p. 622)

◎ California State Fair

Un millón de personas llega a Sacramento para montar en noria, animar a los comedores de tarta, pasear por exposiciones de productos agrícolas y artesanía, catar vinos y cervezas artesanales y es-cuchar música durante dos semanas a finales de julio. (p. 311)

☆ Comic-Con International

Es la mayor convención anual del país del cómic, la ciencia ficción y la anima-ción, con muchos coleccio-nistas de cultura popular y extravagantes disfraces, se celebra en San Diego a finales de julio. (p. 640)

Agosto

Las temperaturas mantienen las playas llenas. Las vacaciones de verano acaban, pero todo el estado, excepto los desiertos, sigue abarrotado. Los desplazamientos suben ligeramente antes del puente del Día del Trabajo.

☆ Old Spanish Days Fiesta

Santa Bárbara muestra su cultura ranchera española, mexicana y americana con desfiles, rodeos, exposiciones de artesanía y espectáculos de música y baile a principios de mes.

◉ Perseidas

Estas lluvias de meteoros a mediados de agosto son la mejor época para ver estrellas fugaces a simple vista, en particular en lugares como los parques nacionales de Joshua Tree y Death Valley, en los desiertos.

Septiembre

El último suspiro estival es el fin de semana festivo del Día del Trabajo, cuando casi todo se llena. Con la vuelta al colegio, en las playas y ciudades empiezan a verse menos visitantes.

☆ Monterey Jazz Festival

Estrellas del *jazz* clásico, magos de la fusión y percusionistas coinciden en uno de los festivales de *jazz* con más tradición del mundo, celebrado en la costa central durante un largo fin de semana de mediados de septiembre. (p. 475)

◉ Fleet Week y Miramar Air Show

El orgullo militar de San Diego se viste de gala durante esta semana (en realidad, más de un mes) de acontecimientos por tierra, mar y aire que incluye desfiles, conciertos, paseos en barco y el mayor espectáculo aéreo de EE UU a finales de septiembre o principios de octubre. (p. 640)

Octubre

El tiempo es soleado y agradable, pero ya es temporada media, con muchas ofertas en la costa, ciudades, montañas y desiertos, y temperaturas más frescas.

🍷 Fiestas del vino

Durante todo el mes y bajo un cielo azul, las zonas vinícolas de California celebran la vendimia con banquetes *gourmet*, fiestas de pisado de uva y catas. Algunos actos empiezan ya en septiembre.

☆ Hardly Strictly Bluegrass

Más de medio millón de personas acuden a los conciertos gratis al aire libre que se organizan en el Golden Gate Park el primer fin de semana de octubre. Grandes nombres como Emmylou Harris y Gillian Welch comparten escenario con músicos de folk, *blues* y *jazz*. (p. 91)

☆ Halloween

Cientos de miles de personas salen por el barrio LGBTQ de Los Ángeles, West Hollywood, para divertirse con fiestas y actuaciones.

Algunos disfraces *hot* hay que verlos para creerlos.

Noviembre

Las temperaturas caen y empiezan los chubascos aislados y las tormentas de nieve. Las zonas costeras, las ciudades e incluso los desiertos están más disponibles, salvo para Acción de Gracias. Empieza la temporada de esquí.

◉ Día de los Muertos

Los mexicanos honran a sus difuntos el 2 de noviembre con desfiles de disfraces, calaveras de azúcar, *picnics* en los cementerios, procesiones con velas y altares increíbles en ciudades como San Francisco, Los Ángeles y San Diego.

◉ Death Valley '49ers

Este campamento anual de Furnace Creek, con canciones junto a la hoguera, torneos de tiro de herradura y un espectáculo de arte del Oeste, rememora los años de la Fiebre del Oro. (p. 704)

Diciembre

Las lluvias empiezan a empapar la costa y aumentan los viajes a las regiones desérticas. Navidad y Nochevieja son épocas de mucho movimiento.

◉ Parade of Lights

Anima las fiestas navideñas con adornos náuticos y barcos engalanados e iluminados en muchos puertos de California, especialmente en Newport Beach y San Diego, en el condado de Orange.

Itinerarios

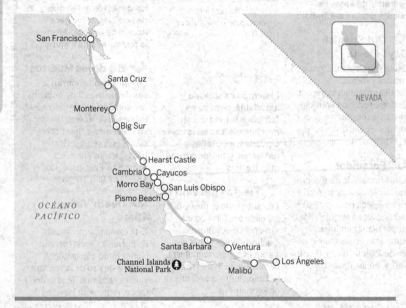

San Francisco

Santa Cruz

Monterey

Big Sur

Hearst Castle

Cambria   Cayucos

Morro Bay   San Luis Obispo

Pismo Beach

OCÉANO PACÍFICO

NEVADA

Santa Bárbara   Ventura

Channel Islands   Los Ángeles
National Park   Malibú

De Los Ángeles a San Francisco

1 SEMANA

Los primerizos pueden conocer un poco las dos mitades del estado (sur y norte) con este impresionante itinerario costero de 720 km entre la "City of Angels" y la "City by the Bay".

Se empieza en los **Los Ángeles,** llena de estrellas, locales nocturnos y ambiente cosmopolita. Se avanza hacia el norte por la célebre **Malibú** y sus idílicas playas hasta **Ventura,** de donde salen barcos al **Channel Islands National Park,** y la sofisticada **Santa Bárbara,** entre viñedos. Al norte de la *retro* **Pismo Beach** y la universitaria **San Luis Obispo,** la Hwy 1 rodea pequeños y pintorescos pueblos costeros como **Morro Bay,** **Cayucos** y **Cambria** hasta llegar al **Hearst Castle.**

Se prosigue al norte por vertiginosos acantilados y la conmovedora **Big Sur,** con sus bosques de secuoyas y cascadas, hasta el acuario de **Monterey,** el mejor del estado. Después se monta en la montaña rusa del paseo marítimo de **Santa Cruz.**

La lenta y serpenteante Hwy 1 pasa por faros, playas ventosas y bahías hasta llegar a **San Francisco,** capital de la contracultura y paraíso de la comida ecológica y los cócteles artesanales.

 3 SEMANAS Clásicos de California

Esta gran ruta, que incluye casi todos los hitos del estado, comienza en el norte, en la neblinosa San Francisco, y termina 2200 inolvidables kilómetros después en la soleada San Diego, a las puestas de México.

Primero una dosis de cultura urbanita en **San Francisco,** orgullosa de su bahía, seguido de un barco a la prisión de Alcatraz, "la Roca", un paseo en teleférico y un rato por el verde Golden Gate Park. Al norte, por el Golden Gate, se llega al **condado de Marin.** Las uvas más famosas de California crecen al este, en el rústico **valle de Sonoma** y el sofisticado **valle de Napa.** Se sigue al oeste vía los viñedos y manzanares del rural **valle de Anderson** para tomar la Hwy 1 al norte hasta **Mendocino,** un pueblo costero victoriano de postal.

Más al norte se retoma la Hwy 101 en **Leggett,** donde empieza de verdad el mágico circuito del Redwood Empire. El **Humboldt Redwoods State Park** acoge algunos de los árboles más altos del planeta. Es posible relajarse en la histórica **Eureka,** con arquitectura victoriana de colores pasteles, o su radical vecina del norte, **Arcata.** Después se gira al este por la Hwy 299 para hacer un largo viaje junto a los lagos de los Trinity Alps hasta la oculta **Weaverville.** Se sigue al este y luego al sur por la I-5 hasta **Redding,** donde las familias atestan el Turtle Bay Exploration Park. La Hwy 44 lleva al este al sobrenatural **Lassen Volcanic National Park,** un mundo infernal pero hermoso en el extremo sur de la sierra de las Cascadas.

Hacia el sureste por la Hwy 89 se va al **lago Tahoe,** lugar de recreo al aire libre en Sierra Nevada. Se puede bajar por la Hwy 395, en el este de la Sierra, y tomar la ruta alternativa que sube por Tioga Rd (abierta en verano) al **Yosemite National Park** para ver altísimas cascadas y secuoyas.

Después se pone rumbo hacia **Los Ángeles,** con sus playas de cine, variopintos barrios y cocina de vanguardia. Se pueden pisar las aceras de Hollywood y descansar en la arena de la chic Santa Mónica o la peculiar Venice. Más al sur, junto a las preciosas playas del **condado de Orange,** se llega a **San Diego,** donde disfrutar del surf y los tacos de pescado.

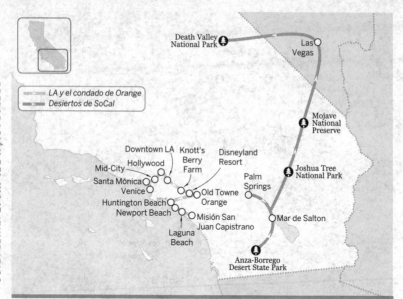

LA y el condado de Orange
Desiertos de SoCal

5 DÍAS — LA y el condado de Orange

Atractivos de primera, playas temerarias y marisco fresco forman el trío irresistible de esta ruta por el sur del estado que cubre 160 km de sol, arena y surf.

En **Los Ángeles** se va al norte entre la excéntrica **Venice** y la marítima **Santa Mónica,** con el carnaval de su muelle. Después de fotografiar las aceras estrelladas de **Hollywood,** ver los museos de **Mid-City** y sumergirse en el arte y la cultura del **centro de LA,** se visita a Mickey en Disneyland. Al lado, el Disney California Adventure es un homenaje al Golden State. Ambos parques temáticos, propiedad de **Disneyland Resort,** están en Anaheim, no muy lejos de la **Knott's Berry Farm** y sus emocionantes atracciones y la nostálgica **Old Towne Orange.**

Ahora se sigue hacia el oeste hasta **Huntington Beach,** la "Surf City, USA", donde alquilar una tabla, jugar al vóley playa y hacer una hoguera. A continuación se para en **Newport Beach** para ver y ser visto en sus muelles, y después al sur hasta la colonia de artistas de **Laguna Beach,** para volver a la I-5 y parar brevemente en la histórica **misión San Juan Capistrano.**

10 DÍAS — Desiertos de SoCal

Los desiertos del sur de California, con sus enormes dunas, oasis de palmeras, cráteres y conos de ceniza, parecen de otro planeta. Esta ruta de 1280 km es para perderse.

Se empieza en **Palm Springs,** obra maestra de la arquitectura de mediados del s. XX: mojitos junto a la piscina, excursiones a cañones y un teleférico que lleva a unas montañas con aroma de pino.

Por el valle de Coachella se pasa por granjas de dátiles y junto al **mar de Salton,** que parece un espejismo, y después se gira al oeste por el agreste **Anza-Borrego Desert State Park** para ver musmones y cuevas esculpidas por el viento.

Al norte está el **Joshua Tree National Park,** famoso por sus enormes cantos rodados y árboles retorcidos. Más al norte está la **Mojave National Preserve,** que protege dunas "cantoras" y el mayor bosque de árboles de Josué del planeta.

Quienes quieran un cambio pueden ir a **Las Vegas.** Pero antes de apostar en los casinos de Strip se podría ir al **Death Valley National Park,** con sus salinas sobrenaturales y cañones jaspeados.

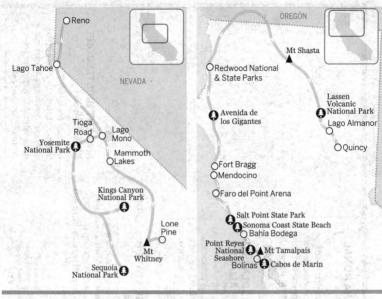

10 DÍAS — De marcha por Sierra Nevada

Nada como el incomparable paisaje de prados de flores y lagos de Sierra Nevada. Este viaje de 1360 km hay que hacerlo en verano, cuando las carreteras están abiertas.

Los **Sequoia National Park y el Kings Canyon National Park** son sorprendentes, con los árboles más grandes del mundo y un desfiladero más profundo que el Gran Cañón. Se continúa al oeste y el norte hasta el **Yosemite National Park,** donde estruendosas cascadas y monolitos de granito erosionados se alzan sobre un verde valle. La elevada **Tioga Rd** (solo verano), en Yosemite, permite contemplar las cimas nevadas de Sierra Nevada. Al sur por la Hwy 395 se llega a **Mammoth Lakes,** campamento base de aventuras durante todo el año, y tras otros 160 km, a **Lone Pine,** a la sombra del inmenso **monte Whitney.**

Al norte queda el **lago Mono** y sus curiosas formaciones de toba calcárea, visibles desde un kayak. Se continúa al **lago Tahoe,** una joya de intenso color azul acunada por picos entrecruzados por escarpadas sendas, manantiales y pistas de esquí, y se cruza la frontera de Nevada para ver los casinos y el ambiente nocturno de **Reno.**

2 SEMANAS — Costa y montañas del norte

Al norte de San Francisco, la Hwy 1 esquiva orillas rocosas, calas recónditas y playas azotadas por el viento antes de unirse a la Hwy 101. Este es un circuito memorable de 1280 km por las majestuosas montañas del norte.

Se cruza el Golden Gate para caminar por los **cabos de Marin** o el **monte Tamalpais.** De camino al norte se pasa por **Bolinas** y la agreste y bella **Point Reyes National Seashore.** Después de la **bahía Bodega** se puede parar a comer en **Sonoma Coast State Beach** o en el **Salt Point State Park.** Ahora la costa se vuelve realmente agreste. Se puede ascender al **faro del Point Arena,** curiosear por **Mendocino** y subirse al tren Skunk en **Fort Bragg.** La Hwy 1 vira hasta unirse a la Hwy 101 y continúa hacia el norte hasta el condado *hippie* de Humboldt. Se puede caminar bajo las secuoyas de la **Avenida de los Gigantes** o por los brumosos **Redwood National & State Parks.** Al este, por Oregon, la I-5 Fwy va al sur hasta el **monte Shasta.** Hay que presentar respetos a la montaña y continuar hacia el sureste por la Hwy 89 hasta el **Lassen Volcanic National Park,** una maravilla geológica, y el **lago Almanor,** cerca de la localidad de **Quincy.**

Fuera de ruta

0 | 200 km

LOST COAST

Una ruta mochilera épica, una excursión de un día al faro de Punta Gorda o un recorrido por la playa en la remota Shelter Cove, una escapada nocturna (p. 250)

LAVA BEDS NATIONAL MONUMENT

Una maravilla geológica: ríos de lava, conos volcánicos, volcanes en escudo y cráteres. Para ponerse un casco y trepar por dos docenas de tubos de lava (p. 301)

REGIÓN VINÍCOLA DEL CONDADO DE AMADOR

Explorar una de las regiones vinícolas más antiguas y menos conocidas al pie de Sierra Nevada. Allí, las viejas uvas zinfandel crecen en un suelo rico en minerales (p. 355)

BODIE STATE HISTORIC PARK

Sobre el lago Mono, este viejo campamento minero de la Fiebre del Oro es un pueblo fantasma con 200 edificios detenidos en el tiempo (p. 439)

ANCIENT BRISTLECONE PINE FOREST

Al circular por la Hwy 395 entre Mammoth Lakes y Lone Pire es fácil saltarse el desvío a los árboles más viejos del mundo, retorcidos por el viento y el tiempo (p. 454)

DELTA DE LOS RÍOS SACRAMENTO-SAN JOAQUÍN

Relajarse junto a canales y humedales ricos en fauna, saborear productos de granja y visitar pueblecitos con salones de antaño y pintorescos lugares históricos (p. 318)

IDAHO

UTAH

OREGÓN

Alturas

Susanville

Weed

Arcata
Eureka

Leggett

Redding

Red Bluff

Chico

Nevada City

Río Sacramento

Calistoga

San Rafael
San Francisco

Palo Alto

Sacramento

Locke

Stockton

Sutter Creek

Reno
Truckee

Lago Tahoe

Carson City

Bodie State Historic Park

Lago Mono

Mammoth Lakes

Sonora

Yosemite National Park

Ancient Bristlecone Pine Forest

Lava Beds National Monument

MOJAVE NATIONAL PRESERVE

Con mayor belleza solitaria que el Valle de la Muerte, este sereno desierto de conos volcánicos, árboles de Josué y dunas 'cantarinas', es ideal para excursionistas y caravanistas (p. 697)

PINNACLES NATIONAL PARK

De camino a ninguna parte, este pequeño parque merece un gran desvío para avistar a los amenazados cóndores californianos en su planear sobre las rocas (p. 503)

MINERAL KING VALLEY

Olvidar el gentío del valle de Yosemite e ir al sur, al Sequoia National Park. Moldeada por glaciares, esta cuenca llena de flores silvestres tienta por sus senderos y prístinos lagos alpinos (p. 433)

ANZA-BORREGO DESERT STATE PARK

Cerca de la frontera mexicana, esta zona fue antaño un mar. Este mosaico del desierto de Sonora alberga aguas termales, cuevas y muflones de las rocosas (p. 687)

Preparación del viaje
Rutas por carretera

California resulta irresistible para los amantes del volante. Sus serpenteantes carreteras costeras, soleados viñedos, prominentes secuoyas y espectaculares paisajes desérticos, así como las altísimas cumbres de Sierra Nevada, dejan estupefacto. Solo hay que asegurarse de que el alquiler del vehículo sea con kilometraje ilimitado.

Consejos

Clubes del automóvil

El AAA (p. 773) y el Better World Club (p. 773) son buenas opciones que cubren los servicios de grúa y asistencia en carretera.

Teléfonos móviles

Usar un móvil sin manos libres mientras se conduce es ilegal en California.

Combustible

Hay gasolineras por doquier, excepto en los parques nacionales y las zonas desérticas y montañosas deshabitadas. Un galón (3,78 l) cuesta más de 4 US$.

Estado de las carreteras

El California Department of Transportation (p. 370) ofrece información actualizada sobre el estado de las carreteras y los desvíos, y acerca del uso de cadenas.

Límites de velocidad

A menos que se indique lo contrario, el límite es de 65 mph (104 km/h) en autopistas, 55 mph (88 km/h) en carreteras principales y 35 mph (56 km/h) en carreteras secundarias. Para más información, como normas de circulación, peligros, alquiler de vehículos, seguros, permisos de circulación y pasos fronterizos, véase p. 773.

Carreteras de la Pacific Coast

Se aconseja huir de las colapsadas autopistas y ver la vida pasar desde las apacibles carreteras. Las rutas costeras de dos carriles de California, que serpentean a lo largo de 1600 km junto a vertiginosos acantilados y pasan por puentes emblemáticos, secuoyas centenarias, faros históricos y excéntricos pueblos de playa, marcan el límite del continente. Solo el tramo de la Hwy 1 que cruza los condados de Orange y Los Ángeles es oficialmente la Pacific Coast Hwy (PCH), pero no hay que preocuparse por estos tecnicismos, pues las Hwy 1 y 101 son igual de cautivadoras.

Por qué ir

Entre las grandes urbes de San Diego, Los Ángeles y San Francisco, se descubrirán playas y rompientes ocultos, chozas en las que sirven pescado capturado el mismo día y muelles de madera en los que admirar la puesta de sol sobre el Pacífico. Innumerables curvas ofrecen espectaculares vistas al mar, a veces soleadas y otras parcialmente tapadas por una tétrica bruma. Al norte de San Francisco, los pueblos pesqueros dan acceso a playas salvajes y bosques de secuoyas centenarias.

Cuándo ir

Esta ruta es asequible todo el año, pero el cielo está más azul entre julio y septiembre y, a veces, en octubre. En mayo y junio las nubes pueden cubrir casi toda la costa al sur de San Francisco. En invierno llueve y hace frío, y más en la costa norte.

La ruta

Conducir por todo el litoral del estado permite conocer la soleada vida playera de SoCal y los bosques brumosos de NorCal, además de parar en las ciudades. Si solo se tiene tiempo para hacer una parte, conviene empezar por las playas del condado de Orange, por la PCH; la Hwy 1 desde el *hippie* Big Sur hasta Mendocino, en el norte, vía el Golden Gate de San Francisco; o la verde y norteña Redwood Coast, entre Eureka y Crescent City.

Mejor desvío

Por la Hwy 101, la increíble Avenida de los Gigantes, de 51 km, serpentea bajo la fronda de los árboles más altos del mundo dentro del Humboldt Redwoods State Park.

Tiempo y kilometraje

Entre siete y diez días; 1600 km.

Por el apartado este de la pintoresca Sierra

La US Hwy 395 recorre la agreste parte trasera de Sierra Nevada vía las sobrenaturales columnas de toba calcárea del lago Mono, pinares tupidos, lagos alpinos cristalinos y numerosos manantiales. Fuera del asfalto se puede disfrutar de infinitas actividades al aire libre, como acampada, senderismo o escalada.

Por qué ir

Esta ruta está plagada de espectáculos geológicos, como las curiosas formaciones volcánicas del lago Mono y el Devils Postpile, así como el altísimo monte Whitney (4421 m), el punto más alto de 48 estados. Para relajarse, nada como pasar una tarde de baño en un manantial. De camino también hay lugares de interés histórico como Bodie, un pueblo minero abandonado, y Manzanar, donde

fueron injustamente recluidas 10 000 personas de ascendencia japonesa durante la II Guerra Mundial.

Cuándo ir

De junio a septiembre es temporada alta, y en mayo y junio las cotas más elevadas quizá estén libres de nieve. En octubre se puede coincidir con la caída de las hojas doradas de los álamos. No se recomienda conducir en invierno, ya que en las carreteras puede haber hielo o incluso estar cerradas por la nieve.

La ruta

Si se viene de los desiertos de SoCal, hay que tomar la Hwy 395 al sur de Lone Pine. Desde el norte, Reno, Nevada, es el punto de acceso más cercano. Quien venga del Yosemite National Park por la Hwy 120 y el puerto de montaña de Tioga (normalmente abierto may o jun-oct o nov) encontrará la Hwy 395 en Lee Vining.

Mejor desvío

El Ancient Bristlecone Pine Forest acoge algunos de los árboles vivos más antiguos del planeta (como el llamado Matusalén, de unos 4700 años). Está 35 km al este de Big Pine por la Hwy 168 y luego hacia el norte por la White Mountain Rd.

Tiempo y kilometraje

Entre tres y cinco días; 560 km.

Hwy 49 a través del Gold Country

El número de esta carretera no es coincidencia: homenajea a los "forty-niners", los primeros buscadores de la Fiebre del Oro. En la actualidad, la Hwy 49 (Golden Chain Hwy) conecta las poblaciones históricas y las colinas del Gold Country, en las estribaciones de Sierra Nevada, a un corto trayecto de la capital del estado, Sacramento.

Por qué ir

Para revivir los tiempos de los pioneros de California, cuando las prospecciones mineras, los trabajadores del ferrocarril y los rufianes entraron atropelladamente en el Salvaje Oeste. Se puede subir en un antiguo tren de vapor, cribar oro o entretenerse en museos vivientes de historia y viejos *saloons*. La Hwy 49 también pasa por regiones vinícolas poco conocidas, como el condado de Amador, donde se cultiva la vieja uva zinfandel. Si el sol del verano pica demasiado, hay pozas aptas para el baño, cuevas que explorar y ríos de aguas bravas para descender.

Cuándo ir

El sol está casi garantizado de mayo a octubre. En julio y agosto se pueden alcanzar los 38°C. En abril suele llover y noviembre no está mal.

La ruta

La Hwy 49 se puede tomar en su extremo sur, en Jamestown, cerca de Sonora, o en el norte, en Nevada City. En la mayor parte de esta zigzagueante carretera no se puede ir a más de 35 mph (56 km/h).

Mejor desvío

La Hwy 49 cruza la US Hwy 50 en Placerville y la I-5 Fwy en Auburn, ambas a menos de 1 h al oeste de Sacramento. Se aconseja pasar un día en los museos y lugares de interés histórico de la capital del estado y, en julio, acudir a la multitudinaria California State Fair.

Tiempo y kilometraje

Entre tres y cuatro días; 320 km.

Ruta 66

La ruta estadounidense por excelencia conecta calles de pueblos y caminos rurales. Bautizada por el novelista californiano John Steinbeck como la "Carretera Madre", acaba triunfalmente en SoCal vía desierto de Mojave. El viajero sabrá que ha dado con ella cuando vea restaurantes con luces de neón, autocines, moteles del s. xx y atracciones *kitsch* por todas partes.

Por qué ir

Se empieza en la calurosa Needles, en la frontera con Arizona, y de camino al oeste se pasa por los espeluznantes pueblos fantasma y vías de ferrocarril del desierto de Mojave. En el apeadero de Barstow se para

a ver el museo del tren y la propia Ruta 66. En lo alto del paso de Cajoin, en el Summit Inn, hay que pedir una hamburguesa de avestruz y un batido de dátiles, y después dormir en un tipi a las afueras de San Bernardino antes de llegar a Pasadena y LA para coronar el viaje con las palmeras y el carnaval del muelle de Santa Mónica.

Cuándo ir

La primavera trae la floración de las plantas del desierto y temperaturas suaves antes de que caiga el abrasador verano. El tramo entre Los Ángeles y San Bernardino o incluso Victorville se puede hacer en cualquier época del año.

La Ruta

Hay que ser todo un sabueso para no perder el rastro a la Ruta 66. La realineación de la carretera, las calles sin salida y los tramos asfaltados para la interestatal son parte del camino. Es inevitable perderse; web www.historic66.com facilita indicaciones detalladas. Las condiciones en el desierto pueden ser duras; no hay que pisar demasiado el acelerador.

Mejor desvío

Desde cerca de la parada técnica en el desierto de Amboy, quedan unos 64 km al noreste hasta Kelso, en la enorme Mojave National Preserve, un lugar moteado de conos de ceniza, árboles de Josué, dunas y senderos.

Tiempo y kilometraje

Entre dos y tres días; 512 km.

Condado de Marin y el Wine Country

Esta ruta parte de la zona de la bahía, en el norte del estado, deja la montañosa San Francisco atrás y atraviesa el emocionante Golden Gate de camino a los picos y playas del condado de Marin antes de parar para probar los vinos de los famosos valles de Napa y Sonoma.

Por qué ir

El condado de Marin, al otro lado de la bahía de San Francisco, ofrece playas salvajes, olas enormes y bosques de secuoyas. Hay que parar para probar las ostras y el queso artesanal de camino a la agreste y ventosa Point Reyes National Seashore, antes de adentrarse hacia la región vinícola más célebre del norte del estado, donde chefs estelares dirigen restaurantes ecológicos y docenas de bodegas producen caldos premiados, ya sea en los graneros rústicos con tejado de hojalata de Sonoma o en las exclusivas cavas de Napa. Para acabar, nada mejor que un baño de lodo volcánico en Calistoga.

Cuándo ir

En cualquier época del año. Las fiestas locales se celebran en primavera o en otoño. En verano, las temperaturas son altas en la costa, y mucho más en el interior. El invierno, con las tormentas y el frío, esta ruta es perfecta para ver la naturaleza costera en estado puro.

La ruta

Se sigue la Hwy 1 en dirección norte, se cruza el Golden Gate hacia el condado de Marin y se bordea la costa hasta Point Reyes. Allí se gira hacia el interior para tomar la Hwy 101 hasta Santa Rosa. Se vuelve al sur por la Hwy 12 vía el valle de Sonoma y se toma la Hwy 29 para ir a Calistoga, al norte de Napa.

Mejor desvío

Hacia el interior desde la Hwy 101, en el condado de Marin, está el pueblo de Tiburon, de donde sale un ferri al Angel Island State Park, con sus lugares de interés histórico, rutas de senderismo y ciclismo, calas y playas en medio de la bahía de San Francisco.

Tiempo y kilometraje

Tres días; 280 km.

Valle de la Muerte

Por aquí pasaban las carretas de los pioneros y buscadores de oro que llegaban a California. Pueblos fantasma y minas abandonadas recuerdan cómo lucharon aquellas personas para sobrevivir en un lugar así, aunque este parque nacional, el mayor de su tipo fuera de Alaska, está de hecho muy vivo gracias a sus dunas "cantoras", cañones esculpidos por el agua, manantiales ocultos y maravillosas flores silvestres.

Por qué ir

Aquí está la cuenca Badwater, el punto más bajo de América del Norte, a 86 m bajo el nivel del mar. Las vistas son aún más espectaculares desde el Artists Drive, un circuito de dirección única, el Zabriskie Point y el Dante's View, ambos al este de Furnace Creek. Hay que reservar tiempo para caminar por las salinas y las dunas, subir por los estrechos cañones, coronar cráteres de volcanes extintos y atravesar las erosionadas *badlands*.

Cuándo ir

Casi todo el mundo va entre febrero y abril por las temperaturas frescas y la floración de las plantas silvestres. En verano, cuando se alcanzan los 49°C, el valle de la Muerte atrae a masoquistas que no saben que el calor extremo es malo para la salud y el motor del automóvil.

La ruta

Solitarias carreteras entrecruzan el parque nacional. Para no deshacer lo andado, conviene empezar en el sur, cerca de la cuenca Badwater, conducir hacia el norte hasta Furnace Creek, girar al oeste hacia los Stovepipe Wells y las Panamint Springs, desviarse para ver los cañones Emigrant y Wildrose, y acabar en el norte, junto al Scotty's Castle.

Mejor desvío

Al este del parque, al otro lado de la frontera con Nevada por la Hwy 374, la abandonada aldea de Rhyolite fue la perla de la época minera cuando el valle de la Muerte estaba en su máximo apogeo. Al lado se sitúa el idiosincrásico y alucinante Goldwell Open Air Museum, al aire libre.

Tiempo y kilometraje

Entre tres y cuatro días; 640 km.

Mejores viajes y escenarios por carretera de California

200 km

0

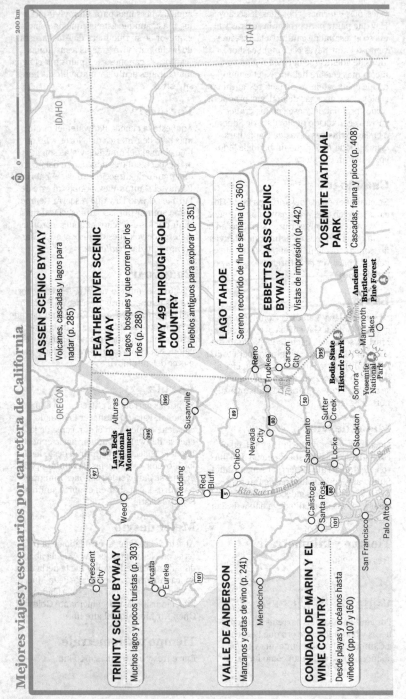

LASSEN SCENIC BYWAY
Volcanes, cascadas y lagos para nadar (p. 285)

FEATHER RIVER SCENIC BYWAY
Lagos, bosques y que corren por los ríos (p. 288)

HWY 49 THROUGH GOLD COUNTRY
Pueblos antiguos para explorar (p. 351)

LAGO TAHOE
Sereno recorrido de fin de semana (p. 360)

EBBETTS PASS SCENIC BYWAY
Vistas de impresión (p. 442)

YOSEMITE NATIONAL PARK
Cascadas, fauna y picos (p. 408)

TRINITY SCENIC BYWAY
Muchos lagos y pocos turistas (p. 303)

VALLE DE ANDERSON
Manzanos y catas de vino (p. 241)

CONDADO DE MARIN Y EL WINE COUNTRY
Desde playas y océanos hasta viñedos (pp. 107 y 160)

IDAHO

UTAH

OREGÓN

Crescent City

Arcata
Eureka

Weed

Redding

Red Bluff

Lava Beds National Monument

Alturas

Susanville

Chico

Río Sacramento

Mendocino

Calistoga
Santa Rosa

San Francisco

Palo Alto

Nevada City

Reno
Truckee

Carson City

Sacramento

Locke

Stockton

Sutter Creek

Bodie State Historic Park

Sonora

Yosemite National Park

Mammoth Lakes

Ancient Bristlecone Pine Forest

Río Sacramento

PENÍNSULA DE MONTEREY

La famosa 17-Mile Drive (p. 470)

HWY 99

Granjas del Valle Central y la 'Pequeña Suecia' (p. 327)

CARRETERAS DE LA COSTA DEL PACÍFICO

El circuito por carretera definitivo de California (p. 458)

SIERRA VISTA SCENIC BYWAY

Imponentes montañas, prados y lagos (p. 424)

PARQUES NACIONALES DE SECUOYA Y KINGS CANYON

Cañones profundos y árboles gigantes (p. 427)

ZONA VINÍCOLA DE SANTA BÁRBARA

Misiones españolas, viñedos y carreteras rurales (p. 536)

EASTERN SIERRA SCENIC BYWAY

Montañas épicas para grandes aventuras (p. 437)

VALLE DE LA MUERTE

Espectaculares panoramas del desierto (p. 699)

RUTA 66

La histórica "Carretera Madre" de Norteamérica (p. 693)

PALMS TO PINES SCENIC BYWAY

Para refrescarse por encima de Palm Springs (p. 668)

ANGELES CREST SCENIC BYWAY

Para planear sobre Los Ángeles (p. 571)

RIM OF THE WORLD SCENIC BYWAY

Escapada a Big Bear Lake (p. 593)

Río Joaquín

San José
Santa Cruz
Monterey

Cambria
Morro Bay
San Luis Obispo

Paso Robles

Pinnacles National Park

Fresno

Bakersfield

CALIFORNIA

Bishop

Kings Canyon National Park

Sequoia National Park

Death Valley National Park

Mojave

Los Ángeles

Santa Mónica

Santa Bárbara

Anaheim
Newport Beach
Laguna Beach

Oceanside

San Diego

Tijuana

Barstow

Palm Springs

Indio

Anza-Borrego Desert State Park

Mexicali

Needles

Mojave National Preserve

Blythe

Yuma

ARIZONA

MÉXICO

Mar de Salton

Preparación del viaje

Playas, nadar y surf

La vida de playa y la cultura del surf forman parte del desenfadado estilo de vida californiano, así que, como los lugareños, cualquier día vale para ir a montar olas. Las playas del sur son más soleadas para nadar, mientras que las del norte, más rocosas y, a veces, neblinosas, atraen a los recolectores de conchas.

Las mejores playas

San Diego
Coronado, Mission Beach, Pacific Beach, La Jolla.

Condado de Orange
Newport Beach, Laguna Beach, Crystal Cove State Park, Doheny State Beach.

Los Ángeles
Santa Mónica, Venice, South Bay, Malibú.

Santa Bárbara
East Beach, El Capitán State Beach, Refugio State Beach, Carpintería State Beach.

Costa Central
Main Beach (Santa Cruz), Moonstone Beach, Cayucos, Pismo State Beach.

Zona de la bahía de San Francisco
Stinson Beach, Point Reyes National Seashore, Pacifica State Beach.

Costa Norte
Sonoma Coast State Beach, Lost Coast, Trinidad State Beach.

Nadar

Para tumbarse al sol y darse un chapuzón en el Pacífico, el mejor destino es el sur de California (o SoCal), con kilómetros de amplias playas de arena entre Santa Bárbara y San Diego. La temperatura del océano allí es tolerable a partir de mayo o junio, y alcanza su mejor momento en julio y agosto.

Las playas del norte de California (o NorCal) suelen ser rocosas, con corrientes peligrosas en algunas zonas y ventosas, por lo que no invitan tanto a nadar. Además, el agua está fría todo el año, por lo que siempre hay que usar traje de neopreno.

Hacer fogatas en la playa durante la puesta del sol ha sido una tradición local, aunque ahora está prohibido en casi todas las playas por motivos medioambientales. Legalmente solo se puede hacer fuego en los fosos dispuestos a tal efecto (hay que llegar pronto y llevar leña). Salvo en los *campings*, beber alcohol suele estar prohibido en la playa.

Si hace mucho calor, otras alternativas para refrescarse son visitar Legoland (p. 661), en el North County, en San Diego, el **Soak City Orange County** (☏714-220-5200; www.knotts.com; adultos/niños 3-11 años y séniores 27/22 US$; ☉med may-sep; ⊞), en Anaheim, cerca de Disne-

➡ **Stinson Beach** (p. 124) Condado de Marin.

➡ **Trinidad State Beach** (p. 264) Costa Norte.

Las mejores playas para hacer fogatas

➡ **Huntington City Beach** (p. 611) Condado de Orange.

➡ **Main Beach** (Corona del Mar State Beach; p. 619) Condado de Orange.

➡ **Mission Beach** San Diego.

➡ **Carmel Beach City Park** (p. 483) Costa Central.

➡ **Ocean Beach** (p. 92) San Francisco.

El mejor voley-playa

➡ **Manhattan Beach** (p. 567) South Bay, Los Ángeles.

➡ **Hermosa Beach** (p. 567) South Bay, Los Ángeles.

➡ **Huntington City Beach** (p. 611) Condado de Orange.

➡ **Mission Bay** (p. 637) San Diego.

➡ **East Beach** (p. 526) Santa Bárbara.

Libros y planos

La excelente *California Coastal Access Guide* (University of California Press, 2014) contiene planos muy completos de todas las playas (también las más desiertas), arrecifes, puertos, refugios, miradores y *campings* de costa públicos, con valiosa información sobre aparcamiento, senderos, instalaciones y accesibilidad.

¡CUIDADO CON LAS CORRIENTES!

De verse atrapado por una corriente que arrastre mar adentro, lo más importante es intentar mantenerse a flote, no caer presa del pánico y jamás intentar nadar contracorriente, agotador y posiblemente letal. En vez de eso, hay que nadar en paralelo a la costa y cuando la corriente pierda su fuerza, nadar de vuelta a la orilla.

---

ylandia, o el Wet 'n' Wild Palm Springs (p. 673), en el desierto.

Consejos de seguridad

➡ Casi todas las playas, sobre todo las del sur, tienen banderas que señalan las zonas de surf y baño, y advierten sobre el estado del mar.

➡ Las playas más populares (la mayoría en el sur) tienen salvavidas, pero ello no implica que puedan ser peligrosas para nadar. Hay que respetar todas las indicaciones y preguntar por las condiciones antes de aventurarse.

➡ Después de una gran tormenta se recomienda dejar pasar al menos tres días para bañarse, pues el nivel de contaminación por los vertidos al mar de los desagües aumenta peligrosamente.

➡ La calidad del agua varía según el lugar y de un día a otro. Para informarse sobre el estado del mar y las playas, consúltese con Beach Report Card (http://brc.healthebay.org), que publica Heal the Bay (www.healthebay.org), una organización sin ánimo de lucro.

Las mejores playas para ir en familia

➡ **Silver Strand State Beach** (p. 635) Coronado.

➡ **Santa Monica State Beach** (p. 568) Los Ángeles.

➡ **Leo Carrillo State Beach** Malibú.

➡ **Balboa Peninsula** (p. 615) Newport Beach.

➡ **Carpinteria State Beach** (p. 549) Condado de Santa Bárbara.

➡ **Arroyo Burro Beach County Park** (p. 524) Santa Bárbara.

➡ **Avila Beach** (p. 513) Condado de San Luis Obispo.

➡ **Natural Bridges State Beach** (p. 463) Santa Cruz.

Surf

Toca disfrutar del surf, aunque no se haya pisado nunca una tabla. Es innegable que este deporte influye en todos los aspectos de la vida en las playas californianas, desde la ropa de calle hasta las expresiones coloquiales. El surf es toda una obsesión en SoCal, sobre todo en los condados de San Diego y Orange.

Las olas más potentes llegan a finales de otoño y en invierno. Mayo y junio suelen ser los meses más flojos, aunque el clima es mucho más agradable, y que nadie se crea todas esas imágenes de rubias sobre la tabla en biquini: sin un traje de neopreno se congelarían, salvo en pleno verano, y más aún en NorCal.

Las multitudes pueden ser un problema en muchas zonas de surf, además de los surfistas más 'territoriales'. Es buena idea trabar amistad con algún local antes de surfear las olas más famosas, como las de las playas de Windansea o Surfrider, en Malibú.

En estas aguas hay tiburones, pero rara vez atacan a las personas. La mayoría de los ataques se producen en el llamado "triángulo rojo", entre Monterrey, en la costa central, la bahía de Tomales, al norte de San Francisco, y las islas de Los Farallones.

Alquiler y clases

En todas las playas de surf hay tiendas de alquiler de material: una tabla/traje de neopreno cuesta unos 20/10 US$ por medio día.

El precio de una clase de 2 h para principiantes parte de 100 US$/persona; las clases particulares pueden costar más de 125 US$. Para los más empeñados, varias escuelas ofrecen cursos intensivos de fin de semana más caros y campamentos "surfaris" de una semana.

El surf de remo (o SUP), cada vez más popular, es más fácil de aprender. Los precios de alquiler del equipo y de las clases son similares en toda la costa, de San Diego al norte de la bahía de San Francisco.

El mejor surf profesional

California está llena de excelentes rompientes de fácil acceso, la mayoría en SoCal. Los surfistas expertos no deberían perderse los siguientes:

➡ **Huntington Beach** (p. 611) Quizá esta playa del condado de Orange tenga las olas más consistentes de toda la costa oeste, con miles de rompientes.

➡ **Trestles** (p. 626) El mejor lugar de veraneo del condado de Orange, con olas grandes pero piadosas, surf veloz y rompientes de izquierda y derecha.

➡ **Playa de Windansea** (p. 654) Esta playa de San Diego tiene un poderoso rompiente en arrecife, y en la cercana **Big Rock** (p. 654) se forman buenos tubos.

➡ **Surfrider Beach** (p. 566) Un rompiente limpio en Malibú que todavía es mejor con olas grandes.

➡ **Rincon Point** (p. 525) En Carpintería, otro pico legendario que nunca se acaba.

➡ **Steamer Lane** (p. 462) Picos cristalinos y rompiente de arrecife sin rocas bajo un antiguo faro con un pequeño museo del surf, en Santa Cruz.

➡ **Mavericks** (p. 156) Grandes olas en la Half Moon Bay. En invierno superan los 15 m de altura. Para saber más sobre el concurso anual de surf, visítese www.mavericksinvitational.com.

Las mejores olas para principiantes

Los rompientes en arena de bahías largas y poco profundas ofrecen olas pequeñas y suaves. A lo largo de la costa californiana hay muchos de estos lugares, con escuelas de surf que ofrecen cursos de iniciación:

➡ **San Diego** Mission Beach (p. 636), Pacific Beach (p. 636), La Jolla (p. 654), Oceanside (p. 663).

➡ **Condado de Orange** Seal Beach (p. 610), Huntington Beach (p. 611), Newport Beach (p. 614), Laguna Beach (p. 620).

➡ **Los Ángeles** Santa Mónica (p. 567), Malibú (p. 566).

➡ **Condado de Santa Bárbara** Playa de Leadbetter (p. 526), Carpintería (p. 548).

➡ **Costa central** Santa Cruz (p. 462), Cayucos (p. 494).

Webs

➡ **Surfline** (www.surfline.com) ofrece atlas, *webcams* y noticias desde San Diego hasta el condado de Humboldt.

➡ La web de la revista '**Surfer**' (www.surfermag.com), con sede en el condado de Orange, ofrece reportajes de viajes, análisis de material, blogs, foros y vídeos.

➡ **Surfrider Foundation** (www.surfrider.org) es una organización sin ánimo de lucro que trabaja para proteger el medioambiente costero.

➡ Para estar al día con el vocabulario surfista, visítese el portal **Riptionary** (www.riptionary.com).

Libros y planos

➡ *Surfer Magazine's Guide to Southern California Surf Spots* (Chronicle Books, 2006) y *Surfer Magazine's Guide to Northern and Central California Surf Spots* (Chronicle Books, 2006), resistentes al agua, contienen análisis, recomendaciones, planos y fotografías profesionales.

Preparación del viaje

Acampada y aire libre

California es como un patio de recreo todo el año. La primavera es para ir de excursión por el desierto, el sol del verano invita a nadar en el Pacífico, el otoño es para pedalear por las montañas y el invierno, para avistar ballenas. Los aficionados a las emociones fuertes pueden planear sobre los acantilados del océano, escalar paredes de granito o atar una cometa a la tabla de surf.

'Camping'

Acampar en California es mucho más que dormir barato. Desde Big Sur hasta Oregón se puede plantar la tienda junto a lagos y arroyos alpinos con vistas a los escarpados picos de Sierra Nevada, en las bellas playas del sur del estado o bajo las altas secuoyas. Los desiertos de SoCal son lugares mágicos para acampar junto a las dunas.

Si no se lleva tienda, se puede comprar (o alquilar) una en los comercios de deportes que hay en la mayoría de las ciudades y los pueblos próximos a los parques nacionales.

Tipos de 'camping'

➡ **'Campings' primitivos** Por lo general tienen hornillos, mesas de picnic y acceso a agua potable y letrinas; son más frecuentes en los bosques nacionales (USFS) y en los montes del Bureau of Land Management (BLM).

➡ **'Campings' construidos** Principalmente en los parques estatales y nacionales, disponen de más comodidades, como retretes con cisterna, parrillas y, en ocasiones, duchas con agua caliente.

➡ **'Campings' privados** Pensados para las autocaravanas, ofrecen conexión a la red eléctrica y de agua, además de recogida de aguas grises y negras. Hay pocas parcelas para tiendas y, de tenerlas, son poco atractivas. Suele haber duchas con agua caliente y lavandería autoservicio, y, a veces, piscina, wifi y cabañas.

Cuándo y dónde

Mejores épocas para ir

Ciclismo y bicicleta de montaña abr-oct

Excursionismo abr-oct

Kayak, buceo con tubo y submarinismo jul-oct

Escalada en roca abr-oct

Esquí y 'snowboard' dic-mar

Observación de ballenas ene-mar

'Rafting' en aguas bravas abr-oct

'Windsurf' abr-oct

Las mejores experiencias

Excursionismo John Muir Trail

Ciclismo Pacific Coast Highway

Senderismo Redwood National & State Parks

Bicicleta de montaña Lago Tahoe

Escalada en roca Yosemite National Park

Kayak en el mar Channel Islands

Buceo de tubo y submarinismo La Jolla

'Rafting' en aguas bravas Sierra Nevada

Mejores lugares para acampar en California

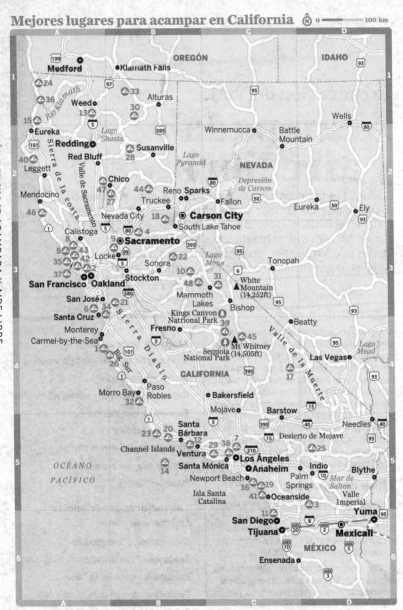

0 —————— 100 km

OREGÓN — **IDAHO**

Medford · Klamath Falls

Weed · Alturas

Eureka

Redding · Susanville

Red Bluff

Leggett · Chico · Reno · Sparks

Mendocino · Truckee · Fallon

Nevada City · **Carson City**

Calistoga · South Lake Tahoe

Locke · **Sacramento**

San Francisco · Oakland · Stockton · Sonora

San José · Tonopah

Santa Cruz · White Mountain (14,252ft)

Monterey · Mammoth Lakes · Bishop

Carmel-by-the-Sea · Kings Canyon National Park · Beatty

Fresno · Sequoia National Park · Mt Whitney (14,505ft) · Las Vegas

Big Sur

Morro Bay · Paso Robles · **CALIFORNIA**

Santa Bárbara · Bakersfield · Barstow · Needles

Channel Islands · Mojave · Desierto de Mojave

Ventura · Santa Mónica · **Los Ángeles** · **Anaheim** · Indio · Blythe

Newport Beach · Palm Springs · Mar de Salton · Valle Imperial

Isla Santa Catalina · Oceanside · Yuma

San Diego

Tijuana · **Mexicali**

MÉXICO

Ensenada

NEVADA

Winnemucca · Battle Mountain · Wells

Depresión de Carson

Eureka · Ely

OCÉANO PACÍFICO

➡ **'Campings' sin automóviles** Ofrecen más paz y privacidad, y pueden ser más económicos que los que admiten automóviles. Algunos *campings* naturales de los parques estatales están reservados a los senderistas y ciclistas en ruta larga.

Temporadas y reservas

Muchos *campings,* sobre todo en las montañas y NorCal, cierran de finales de otoño a principios de primavera o verano. Las fechas varían cada año, según el clima y la

Mejores lugares para acampar en California

nieve. Los *campings* privados suelen abrir todo el año, particularmente los más próximos a las ciudades, playas y carreteras principales.

Muchos *campings* públicos y privados aceptan reservas para todas o algunas parcelas, mientras que otros se atienen a un riguroso orden de llegada. El precio de las estancias por noche van desde gratis, en el caso de los *campings* más primitivos, hasta los 60 US$ o más que cuestan las parcelas dotadas de todas las conexiones para autocaravanas.

Hay servicios para buscar *campings* públicos y privados, comprobar su ubicación, ver qué ofrecen, consultar la disponibilidad y operar en línea. Es posible que apliquen una tasa de reserva de hasta 10 US$.

Recreation.gov (✆877-444-6777, 518-885-3639; www.recreation.gov; casi todas parcelas de tiendas y autocaravanas 10-25 US$). Reservas de *campings* y cabañas en parques nacionales, bosques nacionales (USFS) y otras zonas recreativas federales (p. ej., BLM).

ReserveAmerica (✆916-638-5883, 800-444-7275; www.reserveamerica.com) Reservas de *campings* y cabañas en los parques estatales de California que aceptan reservas, además de parques regionales y algunos *campings* privados de la East Bay y el condado de Orange.

Kampgrounds of America (KOA; ✆888-562-0000; http://koa.com) Cadena nacional de *campings* privados con toda clase de instalaciones, también para autocaravanas.

Good Sam Club (✆866-205-7451; www.goodsamclub.com) Recurso gratis de búsqueda en línea de *campings* públicos y privados populares entre usuarios de autocaravanas. La cuota anual del club (desde 25 US$) ofrece un 10% de descuento en algunos *campings*.

En bicicleta

A ponerse el casco: California es territorio ciclista, ya sea para pasear por la playa, sentir la adrenalina en la montaña o hacer cicloturismo por la costa. La temporada se alarga todo el año en la mayoría de las zonas costeras, aunque a veces la niebla prive de las vistas en invierno y en mayo y junio. En invierno es mejor evitar la costa norte y las montañas (demasiada lluvia y nieve en las alturas), y en verano, los desiertos de SoCal (mucho calor).

Normas de circulación

➡ En los parques nacionales, las bicicletas suelen estar limitadas a las carreteras asfaltadas y los caminos de tierra; no se permiten en los senderos ni campo a través.

➡ Casi todos los bosques nacionales y montes del BLM están abiertos a los ciclistas de montaña, que deben restringirse a las rutas marcadas y ceder el paso a senderistas y jinetes.

➡ En los parques estatales de California está prohibido pedalear por los senderos, a menos que se indique lo contrario. Las carreteras asfaltadas y las pistas de tierra están abiertas a las bicicletas de carretera y de montaña.

Los mejores lugares para pedalear

➡ Incluso las zonas urbanas más grandes tienen carriles bici, sobre todo en SoCal. Se puede circular por el South Bay Trail de la playa de Los Ángeles o por el carril bici costero de localidades como Santa Bárbara o Newport Beach.

➡ En la zona de la bahía de San Francisco se puede pedalear por el Golden Gate Park (p. 93) y por el Golden Gate (p. 74), para después montarse en un ferri y cruzar la bahía desde Sausalito. La isla de Ángel es otra excelente combinación de bicicleta y ferri.

➡ En la costa central, el Monterey Peninsula Recreational Trail, con vistas al océano, y la panorámica 17-Mile Drive atraen a ciclistas de todos los niveles.

➡ Muchas de las regiones vinícolas de California tienen bonitas rutas ciclistas libres y guiadas, incluidos los valles de Napa y Sonoma.

➡ Para los ciclistas de carretera nada supera la sinuosa Hwy 1 de la costa, sobre todo el espectacular tramo de Big Sur.

➡ En el norte, el Humboldt Redwoods State Park (p. 39) invita a pedalear entre los árboles más altos del mundo por la Avenida de los Gigantes.

➡ En Sierra Nevada, el vale de Yosemite ofrece caminos asfaltados que pasan junto a prados, cascadas y agujas de granito.

Mejores zonas para la bicicleta de montaña

➡ Al norte de San Francisco, los cabos de Marin ofrecen numerosos senderos, mientras que el monte Tamalpais se reivindica como la cuna del ciclismo de montaña.

➡ Entre las mejores rutas cerca del lago Tahoe figuran la Mr Toad's Wild Ride y el Flume Trail. En el vecino Gold Country, Downieville ofrece un increíble descenso (p. 349).

➡ Los fans de la velocidad adoran el parque ciclista veraniego del monte Mammoth, con casi 130 km de estrechos senderos. Otras estaciones de esquí que abren en verano para el ciclismo de montaña son Big Bear Lake, en las afueras de LA, y Northstar (p. 394), en el lago Tahoe.

➡ Los parques nacionales de Joshua Tree y Death Valley tienen kilómetros de carreteras rurales; también el Anza-Borrego Desert State Park, a las afueras de San Diego, y Santa Monica Mountains, al norte de Los Ángeles.

➡ Algunos de los parques estatales más populares entre los ciclistas de montaña son el Prairie Creek Redwoods en NorCal, la Montaña de Oro en la costa central y la Crystal Cove en el condado de Orange.

➡ En el interior de Monterrey, el Fort Ord National Monument ofrece más de 130 km de senderos de tierra estrechos y cortafuegos.

Mapas y webs

Las tiendas de ciclismo locales y algunas oficinas de turismo proporcionan rutas ciclistas, mapas y consejos.

➡ **California Bicycle Coalition** (p. 772) ofrece enlaces a mapas gratis en línea, programas para compartir bicicleta y tiendas.

➡ **Adventure Cycling Association** (p. 772) vende guías con rutas largas y mapas.

➡ **League of American Bicyclists** (www.bikeleague.org) ayuda a encontrar tiendas especializadas y clubes ciclistas locales.

➡ Para foros en línea y opiniones sobre circuitos: **www.mtbr.com** y **www.socaltrailriders.org**.

Senderismo

California es perfecta para explorarla a pie, tanto si se quiere coronar picos de 4000 m, visitar oasis en los desiertos, pasear entre los árboles más altos y antiguos del

GRANDES CAMINATAS

Entre los senderos de largo recorrido más famosos que atraviesan California está el **Pacific Crest National Scenic Trail** (PCT; www.pcta.org), de 4264 km, que va de México a Canadá. El **John Muir Trail** (JMT; www.pcta.org), de 340 km, que en su mayor parte discurre a lo largo del PCT, une el valle de Yosemite con el monte Whitney por las tierras altas de Sierra Nevada. El **Tahoe Rim Trail** (www.tahoerimtrail.org) ofrece inspiradoras vistas del lago Tahoe y sigue los pasos de los pioneros y los nativos americanos a lo largo de 266 km. La **California Coastal Trail Association** (www.coastwalk.org) trabaja en un sendero de 1930 km a lo largo de la costa californiana que ya está medio terminado.

planeta o caminar junto a los surfistas. En primavera y a principios de verano, las flores silvestres de las colinas costeras, los prados de las montañas, los bosques húmedos y, sobre todo, los desiertos conforman una bella paleta de colores.

Mejores excursiones

Siempre hay un sendero cerca, incluso en las zonas metropolitanas. Los parques nacionales y estatales tienen una amplia variedad de ellos, desde sencillas rutas por la naturaleza, aptas para sillas de ruedas y cochecitos de bebé, hasta de varios días.

➡ **Sierra Nevada** En los parques nacionales de Yosemite, Sequoia y Kings Canyon, y alrededor del lago Tahoe, se puede subir a cascadas, prados floreados y lagos alpinos, abordar imponentes picos graníticos o pasear por fragantes pinares.

➡ **Desiertos de SoCal** El mejor tiempo para verlos es primavera y otoño. Los parques nacionales de Death Valley y Joshua Tree, la Mojave National Preserve y el Anza-Borrego Desert State Park están llenos de cañones, oasis de palmeras, pueblos mineros fantasma, conos volcánicos, dunas de arena y llanuras de sal.

➡ **Zona de la bahía de San Francisco** Los cabos de Marin, el bosque de Muir, el monte Tamalpais y el Point Reyes National Seashore, todos a 90 min desde San Francisco, albergan rutas excelentes.

➡ **Costa Norte** Los Redwood National & State Parks y la Avenida de los Gigantes ofrecen paseos por bosques de antiguas secuoyas. También se pueden visitar playas remotas en el desafiante Lost Coast Trail (p. 251).

➡ **Montañas del norte** Coronar el monte Shasta es toda una experiencia, y el Lassen Volcanic National Park brinda un extraño paisaje de fumarolas humeantes, conos y cráteres.

➡ **Los Ángeles** La Santa Monica Mountains National Recreational Area, donde se han filmado películas y series de televisión, se puede recorrer en automóvil. También se puede ir a Big Bear Lake, más fresco.

Tarifas y permisos

➡ En la mayoría de los parques estatales se cobra por aparcar 4-15 US$/día. Por lo general, peatones y ciclistas no pagan. Lo mejor es estacionar fuera y acceder a los parques a pie. Hay que recordar que los parques de California tienen poca financiación y necesitan el apoyo de los visitantes.

➡ La entrada a un parque nacional suele costar entre 15 y 20 US$/vehículo para siete días consecutivos. Algunos, como los de Channel Islands o Redwood, son gratis.

➡ Para entrar sin limitaciones a los parques y bosques nacionales y otras zonas federales hay que adquirir un pase anual America the Beautiful (p. 761). Se vende en los centros de visitantes de los parques nacionales, en los accesos a los mismos y en casi todos los puestos de guardabosques de los USFS.

➡ De no tener el American the Beautiful, se necesitará un **National Forest Adventure Pass** (☏909-382-2623, 909-382-2622; www.fs.fed.us/r5/sanbernardino/ap/; 5 US$/día, pase anual 30 US$) para aparcar en algunas áreas recreativas de los bosques nacionales de SoCal, a la venta en los puestos de guardabosques de los USFS y en tiendas de deportes (la web da una lista completa).

➡ Los permisos, necesarios para las excursiones con pernoctación y las travesías de varios días, se consiguen en puestos de guardabosques y centros de visitantes de los parques (el precio varía: desde gratis hasta de más de 20 US$). Suele haber una cuota diaria en temporada alta (fin primavera-ppios otoño). Algunos permisos pueden reservarse y los de las rutas más populares (como la del monte Whitney) suelen agotarse meses antes.

Mapas y webs

➡ En casi todos los puntos de inicio de las rutas hay tablones de anuncios con mapas de rutas básicas e información sobre seguridad, y algunos incluso tienen folletos-guía de la ruta.

➡ Para excursiones cortas por parques nacionales y estatales suelen ser suficientes los mapas gratis de los centros de visitantes o puestos de guardabosques, pero para las más largas se necesita un mapa topográfico.

➡ Los mapas topográficos se venden en las librerías de los parques, centros de visitantes, puestos de guardabosques y en las tiendas de deportes. La **USGS Store** (www.store.usgs. gov) ofrece sus mapas topográficos (a veces desfasados) gratis, descargables en PDF, si bien se pueden pedir copias impresas en línea.

➡ Es importante aprender a minimizar el impacto humano en el medioambiente; un buen sitio para informarse al respecto es la web de **Leave No Trace Center for Outdoor Ethics** (http://lnt.org).

Submarinismo y buceo

Por toda la costa californiana hay arrecifes, pecios y bosques de algas, además de criaturas marinas. Las aguas son más cálidas en SoCal, pero se recomienda el traje de neopreno para bucear todo el año.

En las tiendas de submarinismo locales facilitan equipamiento, guías, instructores y circuitos en barco. Si ya se tiene un certificado PADI, se puede reservar inmersiones con una botella por 65-150 US$, mejor con, al menos, un día de antelación. Los cursos para principiantes incluyen una clase básica y una inmersión desde la playa o un barco por 150 US$.

En cuanto al buceo con tubo, la mayoría de las tiendas del sector alquilan equipos por 20-45 US$/día. Si se va a salir más de una vez, vale la pena comprarse gafas, tubo y aletas. Nunca hay que tocar nada mientras se bucea, ni ir solo.

¡Y TODAVÍA HAY MÁS!

ACTIVIDAD	LUGAR	REGIÓN
Observación de aves	Klamath Basin Nat. Wildlife Refuges	Montañas del norte
	Lago Mono	Sierra Nevada
	Salton Se	Los desiertos
Espeleología	Lava Beds National Monument	Montañas del norte
	Crystal Cave	Sierra Nevada
	Pinnacles National Monument	Costa central
Pesca*	Dana Point	Condado de Orange
	San Diego	San Diego
	Bahía Bodega	Costa Norte
	Trinity Alps	Costa y montañas del norte
Golf	Palm Springs y valle de Coachella	Los Desiertos
	Pebble Beach	Costa central
	Torrey Pines	San Diego
'Ala delta' y parapente	Torrey Pines	San Diego
	Santa Bárbara	Condado de Santa Bárbara
Equitación	Yosemite National Park	Sierra Nevada
	Wild Horse Sanctuary	Montañas del norte

* Para licencias de pesca, normativa y localizaciones, consúltese www.wildlife.ca.gov.

Los mejores lugares de inmersión y buceo con tubo

➡ La San Diego-La Jolla Underwater Park Ecological Reserve es ideal para los submarinistas principiantes. La cala de La Jolla atrae a buceadores con tubo.

➡ Los submarinistas y buceadores con tubo más expertos pueden ir al Crystal Cove State Park y a la Divers Cove, en el condado de Orange, y a los naufragios de Mission Beach, en San Diego.

➡ Cerca de la costa de Los Ángeles y Ventura, la isla de Santa Catalina y el Channel Islands National Park son los dos principales destinos de submarinismo y buceo de tubo.

➡ Con su refugio marino nacional, la bahía de Monterrey ofrece inmersiones y buceo de superficie de gran calidad, pero se precisa traje de neopreno.

➡ Al sur de Monterrey, la Point Lobos State Natural Reserve es otra perla para submarinistas y buceadores con tubo (hay que reservar los permisos).

'Rafting' en aguas bravas

California está surcada por docenas de ríos turbulentos y aguas bravas alimentadas por los deshielos, aptas para todos los niveles. Los mejores descensos por ríos están en Sierra Nevada y el Gold Country, pero en las montañas del norte también hay descensos divertidos.

El *rafting* en aguas bravas comporta riesgos, y no son infrecuentes los accidentes entre principiantes, aunque las heridas graves son raras. No se requiere experiencia para las excursiones guiadas a ríos con rápidos de hasta grado III, pero para los de grado IV se precisa buena forma física y ser buen nadador.

Temporada y tarifas

La temporada alta va de abril a octubre, aunque depende de cada río y del deshielo

PREPARACIÓN DEL VIAJE ACAMPADA Y AIRE LIBRE

ACTIVIDAD	LUGAR	REGIÓN
	Sur del lago Tahoe	Lago Tahoe
Circuitos en globo	Del Mar	San Diego
	Temecula	San Diego
	Valle de Napa	Wine Country: Napa y Sonoma
'Kiteboard' y 'windsurf'	Bahía de San Francisco	San Francisco
	Mission Bay	San Diego
	Lago Donner	Lago Tahoe
Kayaks y canoas	Channel Islands National Park	Condado de Santa Bárbara
	Elkhorn Slough	Costa central
	Mendocino	Costa norte
	Bahía de Tomales	Condado de Marin
	Russian River	Wine Country: Napa y Sonoma
	Morro Bay	Costa central
	San Diego	San Diego
	Laguna Beach	Condado de Orange
Escalada en roca	Yosemite National Park	Sierra Nevada
	Joshua Tree National Park	Los Desiertos
	Pinnacles National Park	Costa central

primaveral. Los descensos se efectúan en balsas grandes para 12 o más personas o en otras más pequeñas para seis; estas últimas resultan más emocionantes porque se pueden acometer rápidos más turbulentos y reman todos los tripulantes.

California Whitewater Rafting (www. c-w-r.com) cubre las principales zonas de *rafting*, con enlaces a empresas especializadas y grupos dedicados a la conservación de los ríos. Las agencias ofrecen varios tipos de circuitos, con salidas de mañana, tarde y noche o expediciones de varios días. Hay que reservar con antelación y calcular que el precio por una salida de un día parte de 100 US$.

Observación de ballenas

Se pueden ver ballenas grises en la costa de California durante su migración anual de diciembre a abril, mientras que las ballenas blancas, rorcuales y cachalotes pasan en verano y otoño. La observación de ballenas desde la costa (p. ej., desde los faros) es gratis, pero las probabilidades de avistamiento son menores.

Casi todas las poblaciones portuarias ofrecen excursiones para ver ballenas, sobre todo en invierno. Hay que llevar prismáticos e ir abrigado y con impermeable. El mar picado puede provocar mareos. Lo mejor es sentarse fuera en la segunda cubierta del barco, pero no demasiado cerca de los humos de las máquinas.

Los cruceros de medio día para ver ballenas cuestan 25-90 US$ por adulto (hasta el 50% menos para los niños). Hay que reservar, al menos, un día antes. Los mejores operadores limitan el número de pasajeros y llevan a un experto a bordo. Algunas agencias permiten repetir la salida gratis si no se ha avistado nada en la primera.

Deportes de nieve

Paisajes alpinos, cabañas de lujo, remontadores veloces, montañas cubiertas de nieve polvo y un sinfín de pistas con descensos facilísimos como el de "Sesame Street" y pistas negras diamante como la "Death Wish" integran las vacaciones blancas en California. Las montañas de Sierra Nevada ofrecen los mejores descensos y pistas para

esquiadores y *snowboarders,* aunque en los últimos años ha nevado poco.

La temporada de esquí arranca a finales de noviembre/principios de diciembre y se prolonga hasta finales de marzo/principios de abril, siempre según el tiempo y la altitud. Todas las estaciones ofrecen escuelas de esquí, equipo de alquiler y una amplia variedad de pases, con opciones de medio día y abonos de varios días. Los precios varían mucho, entre 45 y 115 US$/día para los adultos, con descuentos para niños, adolescentes y séniores. Los paquetes "Ski & Stay", que incluyen el alojamiento, a veces suponen un buen ahorro.

Los mejores lugares para los deportes de nieve

➡ **Alrededores del lago Tahoe** Por su gran variedad, la docena larga de estaciones de esquí alpino y *snowboard* que circundan el lago Tahoe son insuperables. Junto a algunas de fama mundial como Squaw Valley (p. 369), sede de las Olimpiadas de Invierno de 1960, hay un montón de pequeñas estaciones más económicas, con menos gente y excelentes pistas para principiantes y familias. Royal Gorge (p. 371), cerca de Truckee, es la mayor estación de esquí de fondo de Norteamérica. Los 'parques de nieve', ideales para niños, tienen circuitos de trineo y otros entretenimientos.

➡ **Montes Mammoth y June** El monte Mammoth (p. 444) es muy apreciado por los fanáticos del descenso y suele tener una temporada de esquí y de *snowboard* más larga. Los principiantes y de nivel medio suelen ir a las pistas del vecino monte June (p. 443), también menos concurridas.

➡ **Yosemite National Park** Es el país helado de las maravillas, donde se halla Badger Pass (p. 416), una estación ideal para ir en familia y para esquiadores y *snowboarders* principiantes. Es la más antigua de California y un buen lugar para el esquí de fondo y las caminatas con raquetas de nieve; y a los niños les encantará el *tubing*. En Yosemite se puede practicar esquí de fondo y hacer excursiones con raquetas, como en los parques de Sequoia y Kings Canyon (p. 427).

➡ **Montañas del norte** El Mount Shasta Board & Ski Park (p. 291) es muy popular entre familias.

➡ **Cerca de Los Ángeles** El soleado sur de California se vuelca en la nieve en Big Bear Lake. El tranvía aéreo de Palm Springs llega a la sierra de San Jacinto (p. 668), donde se pueden alquilar raquetas de nieve o esquís de fondo.

Preparación del viaje

Viajar con niños

California es un destino hecho a medida para viajar en familia. Los más pequeños preferirán los parques temáticos y los adolescentes, los lugares donde hay famosos, pero todos podrán disfrutar de la naturaleza, desde soleadas playas con palmeras hasta montañas que pueden visitarse todo el año.

California para niños

No hay mucho de qué preocuparse al viajar por California con niños, siempre que use protector solar.

Los descuentos para niños se aplican por doquier: desde las entradas a museos y cines hasta los billetes de autobús y las estancias en moteles. Pero la definición de "niño" varía: unas veces llega hasta los 18 años y otras, hasta los 6. Para montar en algunas atracciones de los parques se exige una edad mínima.

No hay problema para ir con pequeños a los restaurantes, excepto en los más selectos. Suelen ofrecer tronas y menú infantil, además de manteles individuales de papel y ceras de colores para dibujar. En los parques temáticos es buena idea llevar una nevera con comida y así ahorrar un poco. En la carretera, los supermercados venden platos precocinados.

En los supermercados y las farmacias hay potitos, leche maternizada, pañales y demás. Casi todas las mujeres adoptan una actitud discreta a la hora de dar el pecho en público. Muchos lavabos públicos tienen cambiador, y en algunos aeropuertos y museos hay aseos familiares mixtos.

Lo mejor para los niños

Es fácil mantener entretenidos a los niños de viaje por California. En los parques nacionales y estatales, los centros de visi-

Las mejores regiones para niños

Los Ángeles

Ver a las estrellas de Hollywood, conocer la magia del cine de los estudios Universal y después ir a las playas y al Griffith Park a tumbarse bajo el sol. ¿Que llueve? Pues a los museos de la ciudad, que tanto gustan a los pequeños.

San Diego, Disneyland y el condado de Orange

En SoCal abundan los parques temáticos: Disneyland, la Knott's Berry Farm, el San Diego Zoo & Safari Park, Legoland y muchos más. Ah, y las playas no pueden ser más bonitas.

Zona de la bahía de San Francisco

Para explorar museos interactivos, curiosos y sorprendentes, oír gruñir a los leones marinos en el muelle 39 o en la Point Reyes National Seashore, pasear por el Golden Gate Park y montar en los famosos tranvías de San Francisco.

Yosemite y Sierra Nevada

Ver a los niños boquiabiertos ante las cascadas y los picos graníticos de Yosemite o ante las secuoyas gigantes, los árboles más grandes del planeta, es todo un espectáculo. En el este de Sierra, Mammoth Lakes depara aventuras al aire libre todo el año.

tantes ofrecen actividades familiares, otras guiadas por guardabosques y programas autoguiados "Junior Ranger", con los cuales los pequeños ganan una insignia tras completar uno.

Parques temáticos

➡ **Disneyland** (p. 598) y Disney California Adventure Kids (p. 604) Pequeños y mayores con espíritu infantil adoran estos parques maravillosos.

➡ **Knott's Berry Farm** (p. 608) Cerca de Disney, este original parque de SoCal ofrece un montón de emociones, sobre todo la noche de Halloween.

➡ **Legoland** (p. 661) Un mundo de fantasía construido con piezas de colores para niños de todas las edades; en el North County, San Diego.

➡ **Universal Studios Hollywood** (p. 570) Atracciones basadas en películas de acción, espectáculos de efectos especiales y un circuito en tranvía por platós al aire libre.

Acuarios y zoos

➡ **Monterey Bay Aquarium** (p. 471) Conocer a los habitantes de las profundidades en un refugio marino nacional.

➡ **San Diego Zoo Safari Park** (p. 632) Salir de safari por el mundo en el mejor y mayor zoo de California.

➡ **Aquarium of the Pacific** (p. 659) La procedencia de las criaturas marinas del moderno acuario de Long Beach va desde las aguas cálidas de Baja California hasta el gélido norte del Pacífico, lo que incluye una laguna con tiburones.

➡ **Living Desert** (p. 672) En las afueras de Palm Springs, este zoo educativo cuenta con un hospital de animales que se puede visitar y acampadas familiares bajo las estrellas.

➡ **Seymour Marine Discovery Center** (p. 461) Con lagunas de marea para explorar en la playa cercana, el acuario de Santa Cruz, dependiente de la universidad, convierte en divertida la ciencia interactiva.

Playas

➡ **Los Ángeles** (p. 558) La diversión del Carnaval y un acuario aguardan en el muelle de Santa Mónica; y se puede ir a las playas perfectas de Malibú por la Hwy 1.

➡ **Condado de Orange** (p. 610) Para elegir entre los juegos infantiles de Newport Beach en el muelle de Balboa y la arena de Laguna Beach, Huntington Beach (conocida como "Surf City, USA") o la antigua Seal Beach.

➡ **San Diego** (p. 628) Visitar la idílica Silver Strand de Coronado, jugar en Mission Bay junto al SeaWorld, disfrutar en La Jolla y relajarse en plan surfista en los pueblos de playa del North County.

➡ **Costa Central** (p. 458) Tumbarse en las playas de Santa Bárbara, para después ir hacia el norte hasta el famoso muelle y paseo marítimo de Santa Cruz.

➡ **Lago Tahoe** (p. 366) En verano, es la escapada preferida en California, en Sierra Nevada.

Al aire libre

➡ **Yosemite National Park** (p. 408) Paisaje de Sierra Nevada, con cascadas, lagos alpinos, valles glaciares y picos.

➡ **Redwood National & State Parks** (p. 266) Varias reservas naturales protegen una fauna y flora extraordinarias, secuoyas incluidas.

➡ **Lassen Volcanic National Park** (p. 280) Un lugar tranquilo en el norte de California con un paisaje volcánico sobrenatural y un *camping* y cabañas junto a un lago.

➡ **Griffith Park** (p. 563) Mayor que el Central Park de Nueva York, proporciona todo un caudal de diversión infantil en Los Ángeles: desde paseos en trenecitos hasta un tiovivo y un planetario.

Museos

➡ **San Francisco** (p. 70) La ciudad tiene una amplia oferta cultural infantil, p. ej., en los interactivos Exploratorium, el multimedia Children's Creativity Museum y la ecológica California Academy of Sciences del Golden Gate Park.

➡ **Los Ángeles** (p. 558) Ver estrellas (las del cielo) en el Griffith Observatory, huesos de dinosaurios en el Natural History Museum of Los Angeles y el Page Museum en La Brea Tar Pits, y después tocarlo casi todo en el California Science Center.

➡ **San Diego** (p. 628) El Balboa Park está lleno de museos y tiene un zoo de fama mundial. También se puede visitar el céntrico New Children's Museum.

→ **Condado de Orange** (p. 695) Para llevar a los pequeños científicos al Discovery Science Center, o darse un baño de cultura en el Kidseum del Bowers Museum, ambos cerca de Disneyland.

→ **Montañas del norte** (p. 273) El Redding's Turtle Bay Exploration Park combina un ecomuseo, un arboreto y jardines botánicos y de mariposas junto al río Sacramento.

Antes de partir

Los desplazamientos con niños siempre duran más de lo previsto, sobre todo en zonas como Los Ángeles, San Diego y San Francisco, donde hay que calcular un tiempo extra por posibles despistes y atascos.

Alojamiento

Regla número uno: al reservar hay que decir que se viaja con niños, pues en algunos lugares, sobre todo en los B&B, podría ser un problema. También hay que especificar el tipo de habitación que se quiere, aunque no siempre sirva de algo.

Los moteles y hoteles suelen tener habitaciones con dos camas o con un sofá-cama extra. A veces, también tienen plegatines o cunas (hay que pedirlos al reservar), con un suplemento por noche. En algunos lugares cuelgan lo de "Kids stay free" ("niños gratis"), aunque si se piden camas extras ya no se aplica.

Los *resorts* ofrecen actividades diurnas infantiles y servicio de canguro, este último también en los hoteles. Hay que preguntar si los canguros están autorizados y concertados con el hotel, cuánto cobran por hora y niño, si se aplica una tarifa mínima y si cobran recargo por el transporte y las comidas.

Transporte

Las aerolíneas suelen permitir que los niños de hasta 2 años viajen gratis (con comprobante de edad), pero no los que sobrepasen esta edad, que ocupan asiento. Los pequeños también se benefician de generosos descuentos en la mayoría de trenes y autobuses.

En los automóviles, los menores de 6 años y los que pesen menos de 27 kg deben ir en una silla especial en el asiento trasero con el cinturón de seguridad abrochado. La mayoría de las agencias de alquiler de vehículos ofrecen estas sillas por 10 US$/día, pero hay que reservarlas.

En las carreteras hay pocas zonas de descanso y quedan alejadas unas de otras, y los baños de las gasolineras y los restaurantes de comida rápida suelen estar sucios. No obstante, siempre hay algún centro comercial cerca, con lavabos limpios.

Qué llevar

Protector solar, sobre todo, además de gorra, bañador, chancletas y gafas para nadar. Las sombrillas y tumbonas, los cubos y las palitas se pueden comprar en los supermercados y farmacias de la zona. En muchas playas se alquilan bicicletas y equipo para deportes acuáticos.

Para unas vacaciones al aire libre, interesa llevar calzado de montaña ya usado y equipo de acampada propio. Hay accesorios que pueden adquirirse o alquilarse en las tiendas de deportes y de material de montaña, pero siempre es mejor probarlo todo antes de salir.

Las botas de montaña nuevas provocan ampollas y montar una tienda nueva a oscuras no es fácil.

Si se olvida algo importante, **Traveling Baby Company** (www.travelingbaby. com) y **Baby's Away** (www.babysaway.com) alquilan cunas, cochecitos, sillitas de automóvil, tronas, mochilas y material de playa, entre otros.

Libros y recursos en línea

→ *Travel with Children*, de Lonely Planet, está lleno de consejos valiosos y anécdotas divertidas, sobre todo para padres primerizos y niños que no hayan viajado antes.

→ **Lonelyplanet.com** (www.lonelyplanet.com) permite hacer preguntas y recibir consejos de otros viajeros en los foros "Kids to Go" y "USA" del Thorn Tree.

→ **Visit California** (www.visitcalifornia.com), la web turística oficial del estado, recoge sitios de interés y actividades para familias; búsquese en "Family Fun" y "Events".

→ **Travel for Kids** (www.travelforkids.com) tiene buenos listados de puntos de interés, actividades, hoteles para familias y recomendaciones de libros infantiles de las regiones de California.

Mercado de frutas y hortalizas en el muelle 39 (p. 78), San Francisco

Preparación del viaje
Comida y bebida

Cuando se come en el "Golden State", a menudo se quiere felicitar al chef, el cual enseguida compartirá dicho honor con granjeros, pescadores, rancheros y productores de alimentos artesanales locales. Además, la cocina californiana no para de progresar y refinarse, y con ella, la del resto de los restaurantes del país.

Los 10 mejores festivales gastronómicos

Asparagus Festival
Valle Central (p. 329), finales de abril.

Arcata Bay Oyster Festival
Costa norte (p. 261), mediados de junio.

California Avocado Festival
Condado de Santa Bárbara (p. 548), principios de octubre.

Castroville Artichoke Festival
Cerca de Monterrey (p. 475), mayo/junio.

Gravenstein Apple Fair
Condado de Sonoma (p. 201), mediados de agosto.

Little Italy Festa
San Diego (p. 640), mediados de octubre.

Mendocino Wine & Mushroom Festival
Costa norte (p. 230), principios de noviembre.

National Date Festival
(www.datefest.org) Afueras de Palm Springs, febrero.

San Diego Beer Week
(http://sdbw.org) principios de noviembre.

Strawberry Festival at Monterey Bay
Costa central (p. 475), principios de agosto.

Cocina californiana: un antes y un después

"Que los ingredientes hablen por sí solos" es el lema de la cocina californiana. Con frutas, hortalizas, pescado y carne tan frescos no hacen falta salsas francesas ni espumas tecnológicas para que un plato resulte memorable. Dicho esto, las fijaciones gastronómicas locales siempre se exageran: no todos los californianos se alimentan de hamburguesas bañadas en *ketchup* artesanal.

Sin embargo, cuando chefs neoyorkinos como David Chang y Anthony Bourdain se mofaron de la cocina californiana al decir que no era más que emplatar un higo ecológico, sus colegas californianos respondieron que Nueva York necesitaba salir de la ciudad y probar los higos Mission, una de las cientos de variedades autóctonas cultivadas o desarrolladas en California desde finales del s. XVIII.

La revolución gastronómica californiana del s. XX

Hoy, los productos de cercanía y de temporada están de moda, pero esto es algo que en California comenzó hace 40 años. Al amainar la turbulenta década de 1960 muchos idealistas desilusionados vieron que la revolución no se iba a servir en bandeja, pero los pioneros granjeros ecológicos no estaban dispuestos a rendirse.

En 1971 Alice Waters abrió su hoy legendario restaurante Chez Panisse (p. 143) en una casa reformada de Berkeley con una idea entonces radical: aprovechar al máximo los productos de temporada y de producción sostenible de California. Combinó las florituras de la cocina francesa con los ingredientes locales, y los comensales apreciaron la diferencia.

Hoy, el credo de Waters por los ingredientes ecológicos, de temporada y de cercanía conjuga a la perfección con el movimiento *slow food,* de impacto mundial. En California, los mercados de granjeros son populares puntos de encuentro semanales entre las comunidades locales, que aprecian los productos artesanales, como la miel y el queso, y cercanos.

Cocina de fusión global

Además de tierras fértiles, California posee otra ventaja culinaria: una actitud experimental que se remonta a la época del Salvaje Oeste. La mayoría de los mineros de la Fiebre del Oro eran hombres que no sabían cocinar, lo cual dio como resultado cosas tan terribles como las tortillas de gelatina, pero también platos como el *hangtown fry* (revuelto de huevos, bacón y ostras rebozadas en pan de maíz) o los *dim sum* cantoneses, o en el primer restaurante italiano de EE UU, que abrió en San Francisco en 1886.

Unos 150 años más tarde, la fusión no es una moda pasajera en California, sino algo instintivo; los chefs saben dar un toque internacional a los sabores locales. Las cartas a menudo mezclan ingredientes y técnicas culinarias que toman prestados del otro lado del Pacífico, de Sudamérica o del lejano Mediterráneo, cuyo clima y territorio son similares a los locales.

Hay que tener presente que California perteneció a México antes de convertirse en estado de EE UU en 1850, y que casi el 40% de su población actual es latina, por lo que no debe sorprender que casi todas las cartas tengan versiones 'californizadas' de 'incunables' mexicanos, sobre todo de comida para llevar; de esa polinización gastronómica surgen el burrito californiano (una tortita de harina gigante rellena a reventar) o el taco coreano (ternera marinada picante con *kim chi* encurtido sobre pequeñas tortitas de maíz).

Especialidades regionales

Si se calcula la distancia entre el origen de un tomate y el del tenedor que lo pincha, seguro que en California es menor de lo que se cree. Elegir los mejores platos de las cartas depende de dónde se esté y de la época del año; p. ej., el invierno no es temporada de cosecha ni en el fértil Valle Central, pero es el tiempo ideal para disfrutar de los cítricos del sur del estado.

Zona de la bahía de San Francisco

Para los mineros que llegaban a estos lares durante la Fiebre del Oro, San Francisco ofrecía una variedad sin igual de novedades y cocinas, desde tentempiés chinos baratos hasta selectas cenas francesas para los que se hacían ricos. Hoy, los comensales intrépidos tienen más restaurantes por cápita en San Francisco que en cualquier otra ciudad de EE UU (p. ej., 5 veces más que en Nueva York), además de más de una veintena de grandes mercados de granjeros.

Algunos de los platos locales más novedosos han arraigado con fuerza, como el popularísimo *cioppino* (estofado de pescado y marisco), las barritas de chocolate de la familia Ghirardelli, y el *sourdough bread,* un pan elaborado con masa madre de la época de la Fiebre del Oro y con un sabor muy característico.

Cioppino.

En la actualidad, no hay chef en la zona de la bahía que no incluya en su menú degustación ingredientes silvestres, como rebozuelos hallados bajo los robles californianos, lechuga de minero de las colinas de Berkeley u ortigas de los jardines traseros de San Francisco.

Wine Country: Napa y Sonoma

El prestigio internacional logrado por los vinos de esta zona en la década de 1970 atrajo a muchos interesados; y a la hora de comer, los queseros de Sonoma y los restauradores de Napa les atendieron gustosos. En 1994, el chef Thomas Keller convirtió un *saloon* de Yountville del s. XIX en una referencia gastronómica local, The French Laundry (p. 173), que ofrecía festines a base de productos ecológicos locales y una elegancia informal. Otros chefs que buscaban fama y fortuna entre los pudientes catadores de vinos enseguida invadieron la zona. Para conocer el panorama de productos locales y artesanos, es buena idea acercarse al Napa's Oxbow Public Market (p. 167).

Tacos de pescado.

Costa norte

En la década de 1970, los *hippies* de San Francisco optaron por volver a un estilo de vida sencillo y autosuficiente, lo que incluía recuperar tradiciones como elaborar pan y queso en casa y cultivar sus propias hortalizas. Pioneros en el cultivo sin pesticidas, estos hacendados *hippies* innovaron la cocina sana y ecológica con su apuesta por lo sano.

En la costa norte se puede degustar la influencia de las tradiciones ohlone y miwok. Junto con la pesca tradicional han surgido granjas sostenibles de ostras. Además, la naturaleza también ha sido generosa con esta tierra, p. ej., con su miel y frutas del bosque. Los recolectores más intrépidos conocen todas las plantas comestibles, desde las oxalidáceas hasta algas de Mendocino, aunque los escondites de las mejores setas aún es un secreto local.

Valle Central y la costa central

La mayoría de las hortalizas de California se cultivan en el fértil Valle Central, al sur de Sacramento, pero los *gourmets* que viajan por carretera suelen pasar rápido por esta gran huerta, no vaya a ser que el olor de los rebaños de ganado les quite el apetito. Una gran parte de la región sigue dedicada a la agricultura a gran escala, pero también incluye las granjas que han contribuido a que California se haya convertido en el mayor productor de alimentos ecológicos de EE UU.

En la costa central, el pescado y el marisco más frescos se capturan en la bahía de Monterey (para elegir los más sostenibles en las cartas de los restaurantes, visítese www.seafoodwatch.org). Por su parte, catas de vino excelentes aguardan en las montañas de Santa Cruz, envueltas en la niebla, en las cálidas colinas de Paso Robles y en los soleados valles al norte de Santa Bárbara. Hay puestos de venta de productos de granja por toda la costa, desde fresas de Watsonville hasta aguacates de Carpintería. En San Luis Obispo el mercado de granjeros semanal celebra los productos locales y las barbacoas al estilo de Santa María.

Sur de California

Los *angeleños* saben que la comida más auténtica está en Koreatown si se busca un

JESSICA BOONE / GETTY IMAGES ©

Hora del cóctel, Los Ángeles.

ton Beach en busca de los mejores tacos de pescado *cal-mex.*

Hay quien dice que la inmortalidad no se consigue gracias a una estrella Michelin o en el Paseo de la Fama, sino con un plato que lleve tu nombre. Bob Cobb, el famoso propietario del Brown Derby Restaurant, en Hollywood, dio nombre a la ensalada Cobb (lechuga, tomate, aguacate, huevo, pollo y queso azul), inventada ya en los años treinta.

Wolfgang Puck, un chef de origen austriaco, puso de moda a los chefs-estrella con su restaurante Spago, en Sunset Strip, en 1982. Las reservas de mesa van tan buscadas como los pases VIP de los mejores clubes; pero como sucede con los taquillazos de Hollywood, los restaurantes de moda de LA no siempre están a la altura de las circunstancias; quien busque opiniones sin tapujos puede leer al reputado crítico gastronómico Jonathan Gold en *Los Angeles Times* o seguirle en Twitter (@ thejgold). Si todo falla, siempre se puede acudir a alguno de los muchos *food trucks*, camiones de comida callejera, sobre todo en LA y San Diego, o a los restaurantes de Hollywood que no han cambiado nada desde la invención del Technicolor.

sabroso *kalbi* (asado de tira marinado y a la parrilla), al este de Los Ángeles si se quieren tacos al pastor (cerdo marinado y frito), en Torrance si apetece unos fideos *ramen* y en el valle de San Gabriel para probar *dim sum* chino. Más al sur, los surfistas de San Diego y el condado de Orange van de Ocean Beach a Hunting-

Vino, cerveza y otras bebidas

Las bebidas con graduación dicen mucho de California. Los viñedos de las misiones del s. XVIII dieron al estado el gusto por el

---

CONSEJOS PARA CATAR VINO

➡ **Removerlo** Antes de catar un tinto reserva hay que mover la copa para que el caldo se oxigene y libere sus aromas.

➡ **Olerlo** Mejor si se introduce la nariz en la copa (sin que se moje de vino).

➡ **Probarlo** Se da un sorbo y se pasa el caldo de un lado a otro de la boca para apreciar los sabores y texturas. Después de tragarlo, hay que expulsar el aire por la nariz para sentir el 'final' que deja.

➡ **Si se conduce, o si se va en bicicleta, no tragarlo** Es fácil beber de más en una cata, por lo que se recomienda escupirlo.

➡ **Comprar no es obligatorio** Una cata no obliga a comprar, sobre todo si la cata es pagada o si forma parte de un circuito, pero sí que es habitual comprar una botella antes de ir de *picnic* a una bodega.

➡ **Tomárselo con calma** No hay prisa. Como máximo se recomienda visitar tres o cuatro bodegas al día.

➡ **No fumar** Ni en los jardines. Hay que esperar a haber abandonado la finca.

Arriba: Ferry Plaza.
Mercado de granjeros
(p. 97), San Francisco.

Abajo: viñedo del valle de
Napa (p. 163).

'FOOD TRUCKS' Y RESTAURANTES 'POP-UP'

Entre semana, los californianos almuerzan en menos de 30 min, por lo que cada segundo cuenta. Creativos camiones de comida callejera o *food trucks,* recorren las calles de varias ciudades con comida *gourmet* para llevar, desde rollitos de curri y *naan* indios hasta panes chinos con pato asado y mango fresco. Para saber donde está el *food truck* más cercano, solo hay que buscar "food truck" en Twitter. Hay que llevar dinero en efectivo y protector solar, ya que muchos "camiones" no aceptan tarjetas de crédito y suele haber cola.

Últimamente, se puede cenar en espacios urbanos inesperados, como galerías de arte, almacenes o escaparates de tiendas. Los chefs de los restaurantes *pop-up* preparan cenas temáticas muy creativas, inspiradas en la comida callejera o en los banquetes de las bodegas. Los *gourmets* van a la caza de estas experiencias gustativas vía Twitter y webs como www.eater.com. Se paga en efectivo y hay que llegar pronto, ya que los mejores platos se acaban enseguida.

vino, y la Fiebre del Oro del s. XIX lo llenó los bares. En 1850, en San Francisco había una mujer por cada cien hombres, pero 500 *saloons* que servían aguardiente. Hoy la tradición del vino, la cerveza y los cócteles se reinventa de la mano de cultos viticultores, maestros cerveceros y microdestiladores, y también de tostadores de cafés.

Vino

Como el vino francés tardaba mucho en llegar a California vía Australia durante la Fiebre del Oro, tres hermanos de Bohemia, los Korbel, empezaron a elaborar su champán en 1882. Hoy, la bodega que fundaron, Russian River, es el mayor productor de vino espumoso de EE UU.

Algunos vinos californianos superaron el escrutinio federal de la Ley Seca (1920-1933) con la excusa de que las uvas eran para elaborar vinos sacramentales, lo que mantuvo a los bares clandestinos de la Costa Oeste bien surtidos y evitó que las autoridades arrancaran las cepas.

En 1976, cuando California tenía fama de productora de vino peleón y espumoso embotellado, las bodegas del valle de Napa y de las montañas de Santa Cruz se ganaron un estatus internacional. En una cata a ciegas de prestigiosos críticos internacionales, su cabernet sauvignon y su chardonnay arrebataron los mejores premios a venerables caldos franceses. Aquel hito pasó a la historia como "el juicio de París", como recuerda la divertida película *Bottle Shock* (2008).

Durante la burbuja de internet de finales de los años noventa, poseer un viñedo era señal inequívoca de estatus en Silicon Valley. Parecía una inversión sólida; hasta el funesto retorno de la filoxera, que infectó varias hectáreas de viñedos en todo el estado. Aquel desastre se tradujo en logros, y los vinicultores repensaron su filosofía y adoptaron métodos ecológicos y biodinámicos para mantener el terreno sano y evitar las plagas.

Cerveza

En California hay más de 400 fábricas de cerveza artesana (más que en cualquier otro estado de EE UU) y los *geeks* de la cerveza se alborozan con las *tripel* belgas y discuten sobre los niveles relativos de lúpulo. No pasa nada por pedir cerveza con comida selecta, incluso hay sumilleres que así lo aconsejan con algunos platos.

Cualquier ciudad californiana que se precie cuenta al menos con una fábrica de cerveza o cervecería de prestigio que sirve cerveza artesana que no se encuentra en ningún otro lugar. San Diego y la costa norte tienen una reputada cultura cervecera, pero también hay cerveceras artesanas

CERVEZA Y VAPOR

Echar vapor adquirió un nuevo significado durante la Fiebre del Oro, cuando unos emprendedores intentaron cumplir con la demanda de bebida y elaboraron cerveza a alta temperatura. El resultado fue una cerveza de color ámbar, rica, con sabor a malta y tan efervescente que cuando se abría un barril salía una neblina que parecía vapor. Así se elabora desde 1896 la Anchor Steam, la cerveza insignia de la San Francisco's Anchor Brewing Company, con un equipo de destilación de cobre.

Anchor Brewing Company, San Francisco.

memorables en la costa central, sobre todo cerca de Santa Cruz y Santa Bárbara, y en la zona de la bahía de San Francisco.

Muchas cerveceras artesanas de California han empezado a envasar en lata para abaratar el precio, ser más ecológicos y facilitar la distribución. Pocas cosas son tan satisfactorias como abrir una lata de cerveza fría en el *camping,* la playa o en la montaña.

Cócteles

En el norte de California se preparan cócteles desde la época dorada de Barbary Coast en San Francisco, cuando servían para sedar a los marineros y embarcarlos en navíos que partían lejos. Hoy los lugares más modernos del estado recuperan recetas antiguas e inventan nuevos cócteles. Que nadie se alarme al ver una copa de Sazerac con un poco de absenta o rompope con tequila y piel de naranja ecológica. Originaria de México, el cóctel *margarita* (elaborado con tequila, lima, Cointreau, hielo y sal) ha refrescado a la soleada SoCal desde 1940.

Cuenta la leyenda que el *martini* se inventó cuando un bebedor entró en un bar de San Francisco y pidió una copa antes de ir a Martinez, al otro lado de la bahía.

El *martini* original llevaba vermut seco, ginebra, *bitters,* limón, marrasquino y hielo, aunque en la época de Sinatra y su Rat Pack la receta se redujo a ginebra con vermut seco y una o dos olivas. El tropical *mai tai* (con ron, *orgeat, curaçao* y zumo de lima) es otro cóctel supuestamente inventado en la zona de la bahía, en el Trader Vic's tiki bar, en Oakland, en los años cuarenta.

Café

California es el centro de la "tercera ola" del café. El crítico y premio Pulitzer Jonathan Gold lo define como café que se elabora en granjas locales, no se importa, y se tuesta aprovechando al máximo las características únicas del grano. Las tiendas de café de la "tercera ola" de Los Ángeles no suelen tostar su propio café, sino que eligen los mejores granos de pequeños tostaderos de la costa oeste y Chicago. Blue Bottle Coffee, de San Francisco, incorporó un elemento de "cuarta ola" al usar un sifón de café japonés para filtrar sus cafés. Mientras, Ritual Coffee Roasters, en San Francisco, es lo último para los fanáticos de la cafeína, con un café muy especializado que tuestan en pequeñas cantidades y preparan a mano.

De un vistazo

Las ciudades de California tienen más sabores que un tarro de gominolas. Se parte de San Francisco, ecológica y *geek chic* a partes iguales, o de Los Ángeles, un mosaico multicultural de docenas de ciudades independientes. Se va por la costa hacia el sur, por las cinematográficas playas del sur de California hasta la surfista San Diego. O se va a las escarpadas montañas de Sierra Nevada, con un desvío a los bellos desiertos de SoCal, o para perderse por los bosques de secuoyas del norte. Cuando se disipan las nieblas costeras, más de 1700 km de playa aguardan al viajero; además, los viñedos nunca están muy lejos.

San Francisco	Condado de Marin y la zona de la bahía	Wine Country: Napa y Sonoma
Comida Cultura Arte	Excursiones y ciclismo Comida Ciudades	Bodegas Comida Ciclismo y piragüismo
La fama de la "costa izquierda" de California se la lleva San Francisco, cuyas virtudes son el "háztelo tú mismo", la sostenibilidad y la espontaneidad. Librepensadores, tecnólogos, *gourmets* y artistas forman el creativo cóctel de esta ciudad.	Del condado de Marin se aprecian sus playas, fauna y rutas de excursionismo y ciclismo. Se pueden visitar las granjas de la zona y regresar al cemento por las calles 'contraculturales' de 'Bezerkely' y 'Oaktown.'	Entre frutales y ranchos, estos soleados valles han convertido Napa, Sonoma y el Russian River en la principal región vinícola de California, así como en escaparate de una cocina basada en productos de granja.
p. 70	p. 107	p. 160

Costa norte y los bosques de secuoyas

Fauna
Excursiones
Rutas panorámicas

Las secuoyas son el principal reclamo del salvaje litoral norteño. Para sacar al *hippie* que se lleva dentro en el condado de Humboldt, o explorar los pueblos desde la bahía Bodega hasta Eureka.

p. 217

Montañas del norte

Montañas
Lagos
Rutas panorámicas

El sagrado monte Shasta une a nativos americanos, alpinistas y poetas *new age*. También hay parajes más agrestes, como el volcánico Bumpass Hell de Lassen, y senderos y lagos remotos.

p. 273

Sacramento y el Valle Central

Historia
Museos
Granjas y ferias

La capital del estado invita a conocer el pasado de California. Es ideal visitarla en julio, para la feria estatal, y después cruzar el delta del río para conocer su alma agrícola.

p. 309

Gold Country

Historia
Espeleología y 'rafting'
Bodegas

Visitar las laderas de Sierra Nevada es descubrir el rico filón de la historia del Salvaje Oeste en la famosa región de las minas de oro. Más emociones: *rafting,* visitar cuevas o catar vinos por bodegas rústicas.

p. 340

Lago Tahoe

Deportes de invierno
Deportes acuáticos
Cabañas y 'campings'

El mayor lago alpino de Norteamérica es un patio de recreo todo el año; en invierno, para esquiar a nivel olímpico, y en verano, para refrescarse con un chapuzón. Los flamantes casinos de Nevada son otra diversión.

p. 366

Yosemite y Sierra Nevada

Fauna
Excursiones y escalada
Rutas panorámicas

Picos de granito, praderas y lagos alpinos, manantiales termales, cañones profundos y bosques de secuoyas gigantes adornan la icónica cordillera californiana. Zona perfecta para las aventuras estivales al aire libre.

p. 405

Costa central

Playas
Fauna
Rutas panorámicas

Desde la *hippy* Santa Cruz hacia el sur se llega a la universitaria San Luis Obispo, con la bahía de Monterrey de por medio, ideal para ver ballenas o recorrer los bosques de secuoyas de Big Sur, donde las cascadas cobran vida y los cóndores californianos surcan los cielos.

p. 458

Condado de Santa Bárbara

Playas
Bodegas
Deportes al aire libre

De estilo colonial español, la coqueta Santa Bárbara preside playas de arena blanca a menos de 1 h en automóvil de los viñedos. La zona ofrece buceo con tubo, submarinismo y kayak marino en el preciado Channel Islands National Park, cerca de la costa.

p. 518

Los Ángeles

Vida nocturna
Comida
Playas

Los Ángeles no se reduce a playas soleadas y celebridades. Se puede disfrutar de una dosis de cultura en el centro y bucear por sus variopintos barrios, desde el histórico Little Tokyo hasta la alfombra roja de Hollywood.

p. 558

Disneyland y condado de Orange

Parque de atracciones
Playas
Surf

Las playas del condado de Orange suelen estar abarrotadas de surfistas bronceados, fanáticos del vóley-playa y bellezas de culebrón. En el interior, todo el mundo disfrutará de la magia de Disney.

p. 595

San Diego y alrededores

Playas
Comida mexicana
Museos

La ciudad más meridional de California, con un clima casi perfecto todo el año y que parece estar siempre de vacaciones, invita a descansar en la playa, comer tacos de pescado o pasear por las plazas, jardines y museos del Balboa Park.

p. 628

Palm Springs y los desiertos

'Resorts' y 'spas'
Flores silvestres
Excursiones y escalada

Turística y de espíritu *retro,* Palm Springs revive lo mejor de los tiempos del Rat Pack. Se puede ir de excursión o a escalar en Joshua Tree y aventurarse en todoterreno por el valle de la Muerte.

p. 666

En ruta

Costa norte y los bosques de Secuoyas (p. 217)

Montañas del norte (p. 273)

Gold Country (p. 340)

Lago Tahoe (p. 366)

Wine Country: Napa y Sonoma (p. 160)

Yosemite y Sierra Nevada (p. 405)

San Francisco (p. 70)

Condado de Marin y la zona de la bahía (p. 107)

Sacramento y el Valle Central (p. 309)

Costa central (p. 458)

Palm Springs y los desiertos (p. 666)

Condado de Santa Bárbara (p. 518)

Disneyland y el condado de Orange (p. 595)

Los Ángeles (p. 558)

San Diego y alrededores (p. 628)

San Francisco

Sumario »

Los mejores restaurantes

➡ Coi (p. 96)

➡ Benu (p. 97)

➡ La Taqueria (p. 98)

➡ Rich Table (p. 99)

➡ Aziza (p. 99)

Los mejores hoteles

➡ Hotel Drisco (p. 94)

➡ Hotel Vitale (p. 94)

➡ Hotel Bohème (p. 92)

➡ Inn San Francisco (p. 94)

➡ Argonaut Hotel (p. 94)

Por qué ir

San Francisco es la capital mundial de lo raro, desde callejuelas con murales y nombres de poetas hasta playas nudistas en una antigua base militar. No hay que descartar apresuradamente las descabelladas ideas locales. También se veían como disparates la biotecnología, los derechos de los gays, los ordenadores personales, los tranvías y la buena cocina de origen ecológico, hasta que esta ciudad los introdujo en la corriente dominante hace ya décadas. Además, la niebla matinal borra la divisoria entre tierra y mar, lo real y lo posible.

En San Francisco no se siguen estrictamente las normas. El puente Golden Gate y Alcatraz (admirados por los del lugar en la distancia) son tan solo una opción; el visitante es libre de seguir su propio instinto por el Golden Gate Park, las coloridas casas victorianas y las galerías de Mission. Solo hay que ser puntuales para la cena, pues en esta ciudad la felicidad también se come.

Cuándo ir
San Francisco

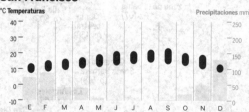

Ene-mar Precios de temporada baja, fresco pero rara vez frío y desfile del Año Nuevo lunar.

May-ago Festivales y mercados de granjeros compensan los altos precios y la fría niebla de la tarde.

Sep-nov Cielo azul, conciertos gratis, hoteles baratos y gastronomía otoñal.

Bay Bridge

El otro puente emblemático de San Francisco se inspiró en la idea de un loco. Tras perder la razón y hasta la camisa durante la Fiebre del Oro, Joshua Norton se autoproclamó "Emperador de estos EE UU y Protector de México" y ordenó construir un puente que cruzara la bahía en 1872. Los contribuyentes se tomaron su tiempo: el Bay Bridge se completó en 1936. Pero en el terremoto de Loma Prieta de 1989 se derrumbó el segmento oriental, cuya reparación costó 12 años y 6400 millones de dólares.

La idea de Norton dejó de parecer tan brillante cuando el artista Leo Villareal instaló 25 000 luces led que ofrecen un cautivador espectáculo de 2,9 km totalmente aleatorio, sin patrones ni repeticiones. Se verá a diario desde el atardecer hasta las 2.00, hasta marzo del 2015, aunque una campaña de micromecenazgo intenta mantenerlo hasta el 2026. Más información en thebaylights.org.

INDISPENSABLE

⇒ **Tabernas** Barbary Coast vuelve a cobrar vida con el resurgimiento de los *saloons* del Oeste (p. 100), cuyos cócteles de *whisky* y ginebra son resultado de investigaciones históricas.

⇒ **Cocina de azotea** Los chefs locales emplean ahora ingredientes muy cercanos, cultivados escalera arriba: miel de abeja urbana en el Jardinière (p. 99), pensamientos en el Coi (p. 96), hierbas aromáticas en el farm:table (p. 95) y verduras para los sintecho en la iglesia de Glide (p. 74).

⇒ **Todo lo verde** Esta es la ciudad más verde de EE UU, con sus pioneros *parklets* (espacios públicos ganados a la calle), normas de compostaje y el mayor espacio arbolado urbano del país: el Golden Gate Park (p. 93).

San Francisco gratis

⇒ **Música** El Golden Gate Park acoge conciertos gratis en verano y otoño, desde ópera y *reggae* hasta el Hardly Strictly Bluegrass.

⇒ **Libertad de expresión** Gracias a ella la editorial y librería City Lights (p. 74) ganó en 1957 el famoso caso sobre su derecho a publicar el escandaloso *Aullido* de Allen Ginsberg. En ella, el visitante es libre de leer lo que desee en la designada "silla del poeta".

⇒ **Amor** Durante el Orgullo Gay las calles se llenan de golosinas y preservativos gratis, y más de un millón de personas se besa con desconocidos bajo banderas del arcoíris.

⇒ **Espíritus libres** Por doquier en la ciudad, y se es libre de unirse a ellos.

Datos básicos

⇒ **Población** 839 336 hab
⇒ **Superficie** 122 km²
⇒ **Prefijo de zona** ☎415

Antes de partir

⇒ **Tres semanas antes** Reservar un circuito a Alcatraz y cena en el Coi o el Benu.

⇒ **Dos semanas antes** Entrenarse para afrontar las colinas del centro, las aventuras del Golden Gate Park y los bares de Mission.

⇒ **Una semana antes** Comprar entradas para la ópera o la Sinfónica de San Francisco y prepararse un disfraz, pues siempre hay algún desfile.

Webs

⇒ **SF Bay Guardian** (www.sfbg.com) Ocio, arte y política locales.

⇒ **SFGate** (www.sfgate.com) Noticias y reseñas de eventos.

Historia

Ostras y pan de bellota constituían la comida del asentamiento mexicano ohlone de San Francisco hacia 1848, pero bastó un año y unas pepitas de oro para que apareciera el champán y los *chow mein* a tutiplén. El oro descubierto en las estribaciones de la cercana Sierra Nevada convirtió la apacible aldea de 800 almas en una ciudad portuaria de 100 000 buscadores de oro, granujas, prostitutas y personas honestas, difíciles de distinguir en sus 200 tabernas.

En 1854, el oro australiano saturó el mercado, lo que hizo cundir el pánico. Los amotinados incendiaron la "Sydney Town" de la ribera y luego la emprendieron con la comunidad china, obligada por ley a vivir y trabajar en Chinatown entre 1877 y 1945. A los peones chinos no les quedó más remedio que trabajar en la peligrosa construcción del ferrocarril, que se abría paso por el Oeste a golpe de dinamita, minas y talas, y en la construcción de las grandes mansiones de Nob Hill, sobre Chinatown.

El terremoto e incendio de 1906 desbarató las grandes aspiraciones de la ciudad. Compañías de teatro y divas de la ópera actuaron gratis entre las humeantes ruinas; la rápida reconstrucción se produjo al impresionante ritmo de 15 edificios al día.

En la II Guerra Mundial se confinó aquí a los soldados acusados de insubordinación y homosexualidad, como escarmiento. En cambio, eso impulsó la pujante contracultura de la ciudad, con el *jazz* de North Beach y la poesía de la generación *beat*. Cuando la CIA quiso probar los efectos del LSD, el dispuesto voluntario Ken Kesey (autor de *Alguien voló sobre el nido del cuco*) lo mezcló con zumo e inauguró la psicodelia de los años sesenta.

El Verano del Amor supuso amor libre, música y comida gratis en Haight, y el pionero movimiento gay de Castro propició la elección de Harvey Milk como concejal de distrito, es decir, en el primer funcionario abiertamente gay del país. Cuando en los años ochenta el sida azotó la ciudad, toda ella se unió para convertirse en un modelo mundial para su prevención y tratamiento.

El pensamiento rompedor local engendró la Red en los años noventa, hasta que la burbuja de las *puntocom* estalló en el 2000.

LOS BARRIOS EN DOS PALABRAS

North Beach y las colinas Poesía y loros, vistas de altura, cotilleo italiano y ópera en gramola.

Embarcadero y los muelles Ciencia, leones marinos, alimentos selectos e idas y venidas a Alcatraz.

Downtown y Financial District Con bancos y *boutiques*, Barbary Coast ha perdido su fama de salvaje, pero tiene parques de secuoyas y arte provocador.

Chinatown Tejados estilo pagoda, partidas de *mahjong*, complots revolucionarios y aventuras en históricos callejones.

Hayes Valley, Civic Center y Tenderloin Suntuosos edificios, fabulosos espectáculos, bares de mala muerte, tranvías de cable, joyas gastronómicas y diseño local.

SoMa Acrónimo de South of Market, donde se juntan la alta tecnología y el gran arte, y todos se lanzan con desenfreno a la pista de baile.

Mission Un libro en una mano, un burrito en la otra, y murales por doquier.

Castro Orgullosamente gay, con pitos de samba, aceras arcoíris y políticas de importancia histórica.

Haight Estampas del pasado y moda de vanguardia, librepensamiento, música gratis y *skates* caros.

Japantown, Fillmore y Pacific Heights *Sushi en* las fuentes, John Coltrane en el altar y *rock* en Fillmore.

Marina y el Presidio *Boutiques*, comidas ecológicas, paz y nudismo en una antigua base militar.

Golden Gate Park y las avenidas La fabulosa veta verde de San Francisco, rodeada de lugares *gourmet* para surfistas hambrientos.

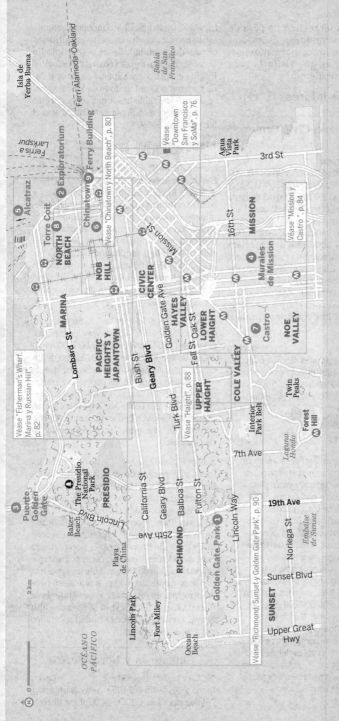

Imprescindible

1 Elegir lo que más apetezca en el **Golden Gate Park** (p. 93), un parque de 1,6 km de ancho.

2 Ver cómo la realidad supera a la ciencia ficción en el **Exploratorium** (p. 75).

3 Mirar cómo baila la niebla en lo alto de las torres del **Golden Gate** (p. 74).

4 Examinar la pintoresca historia de la ciudad,

representada en los **murales de Mission** (p. 87).

5 Planear la huida de **Alcatraz** (p. II color), la famosa isla-cárcel.

6 Deambular por 150 años de historia californiana en **Chinatown** (p. 74).

7 Salir a celebrar la historia LGBT en **Castro** (p. 83), centro del universo gay.

8 Quedarse sin aliento con

la subida, los restaurados murales y las vistas de la **torre Coit** (p. 79).

9 Comer en el **Ferry Building** (p. 97), sede de la gastronomía sostenible local.

La intrépida San Francisco no para de presentar ideas sorprendentes: medios sociales, aplicaciones para móviles, biotecnología. Hay que visitarla para ver qué será lo siguiente.

⦿ Puntos de interés

Union Square, Civic Center y Tenderloin

★ **Asian Art Museum**　　　　　MUSEO
(plano p. 76; ☎415-581-3500; www.asianart.org; 200 Larkin St; adultos/estudiantes/niños 12/8 US$/gratis, 1ᵉʳ do de mes gratis; ⊙10.00-17.00 ma-do, hasta 21.00 ju; 👶; Ⓜ Civic Center, Ⓑ Civic Center) Desde antiguas miniaturas persas hasta arquitectura nipona de vanguardia, este museo abarca tres pisos y 6000 años de arte oriental. Es la mayor colección de este tipo fuera de Asia (18 000 piezas). También ofrece excelentes programas para todas las edades, desde teatro de sombras y yoga para niños hasta eventos nocturnos entre semana del Artist's Drawing Club, con interculturales mezclas sonoras.

Ayuntamiento　　　　EDIFICIO HISTÓRICO
(plano p. 76; ☎exposiciones 415-554-6080, inf. circuitos 415-554-6139; http://sfgsa.org/index. aspx?page=1085; 400 Van Ness Ave; ⊙8.00-20.00 lu-vi, circuitos 10.00, 12.00 y 14.00; 👶; Ⓜ Civic Center, Ⓑ Civic Center) GRATIS Su imponente cúpula estilo *beaux arts* ha cubierto los altibajos cívicos de la ciudad, desde el matrimonio homosexual hasta las vistas de McCarthy. Erigida en 1915 para superar en estilo a París y en tamaño al Capitolio de Washington, se mostró inestable hasta que se modernizó con ingeniosa tecnología antisísmica tras el terremoto de 1989.

Iglesia Metodista Unida Glide　　　　IGLESIA
(plano p. 76; ☎415-674-6090; www.glide.org; 330 Ellis St; ⊙celebraciones 9.00 y 11.00 do; Ⓜ Powell, Ⓑ Powell) El coro de *gospel* de cien voces y coloridas túnicas inicia las celebraciones dominicales con su bienvenida a cualquiera que entre. Con ayuda de voluntarios, esta iglesia proporciona un millón de comidas gratis al año y vivienda a familias antes sin techo. Los jueves de 10.00 a 14.00, los voluntarios recogen en el huerto Graze the Roof de la azotea vegetales de cultivo ecológico para dichas comidas.

Luggage Store Gallery　　　GALERÍA DE ARTE
(plano p. 76; ☎415-255-5971; www.luggagestore gallery.org; 1007 Market St; ⊙12.00-17.00 mi-sa; Ⓜ Civic Center, Ⓑ Civic Center) Sin ánimo de lucro, esta galería hace dos décadas que insufla algo de vida a una de las peores manzanas de la ciudad. Ha lanzado a célebres grafiteros locales como Barry McGee y Clare Rojas. Imprescindible ver la puerta camuflada con aerosol y el nuevo mural de los brasileños Os Gemeos.

Union Square　　　　PLAZA
(plano p. 76; cruce de Geary St, Powell St, Post St y Stockton St; 🚋 Powell-Mason, Powell-Hyde, Ⓑ Powell) Esta plaza debe su nombre a los mítines unionistas de la Guerra Civil y aúna a espíritus libres y gente de mundo. Rodeada de centros comerciales, la preside la diosa de la Victoria, de bronce, con el pecho al aire cuyo modelo fue Alma Spreckels, la dama que fundó la Legión de Honor. Ante las protestas públicas, Apple alteró el proyecto de su tienda principal en esta plaza y así mantener la querida fuente de Stockton St obra de Ruth Asawa, con símbolos de la ciudad aportados por 250 colaboradores.

Chinatown y North Beach

★ **City Lights Bookstore**　　　EDIFICIO
(plano p. 80; ☎415-362-8193; www.citylights.com; 261 Columbus Ave; ⊙10.00-24.00) Esta librería

GOLDEN GATE

Cuesta creer que la Marina casi rechazó este emblemático puente (plano p. 73; www.goldengatebridge.org/visitors; junto a Lincoln Blvd; hacia el norte gratis, hacia el sur peaje 6 US$, billete electrónico a matrículas con licencia; 🚌28, todos los autobuses Golden Gate Transit) *art déco* de 1937, obra de los arquitectos Gertrude e Irving Murrow y el ingeniero Joseph B. Strauss. Fotografiarlo como lo hizo Hitchcock, desde Fort Point (plano p. 112; ☎415-556-1693; www.nps.gov/fopo; Marine Dr; gratis; ⊙10.00-17.00 vi-do; 🅿; 🚌28) GRATIS, da vértigo. Desde el Vista Point, en Marin, los fans de la niebla pueden contemplar cómo esta se hincha al pasar por los cables del puente, cual nieve carbónica en un concierto de *rock*. La impresión es total si se cruzan a pie o en bicicleta sus 3,2 km.

TRES CALLEJONES HISTÓRICOS DE CHINATOWN

➡ **Waverly Place** (plano p. 80; 📷30, 🚋California St, Powell-Mason) Cuando Chinatown quedó devastado por el terremoto y el incendio de 1906, los promotores inmobiliarios intrigaron para que se realojara a los vecinos en zonas menos atractivas fuera de la ciudad. Pero representantes del consulado chino y varios comerciantes armados volvieron resueltos a Waverly Place y celebraron ceremonias religiosas en altares aún humeantes. Waverly es también el nombre del personaje principal del *bestseller* de Amy Tan *El club de la buena estrella*.

➡ **Spofford Alley** (plano p. 80; 📷1, 15, 30, 45) Sun Yat-sen tramó el derrocamiento del último emperador chino en el n° 36, y en los años veinte allí hubo tiroteos entre contrabandistas. Spofford se ha suavizado y hoy, al oscurecer, se oye el remover de las fichas de *mahjong* y a los tañedores de *erhu* (violín chino de dos cuerdas) en los centros de mayores.

➡ **Ross Alley** (plano p. 80; 📷1, 30, 45) Otrora llamada Manila St, Spanish St y Mexico St por las señoritas que trabajaban en sus burdeles, esta callejuela llena de murales se maquilla a veces para salir en películas, como *Karate Kid II* e *Indiana Jones y el templo maldito*. Se puede escribir la propia fortuna en la **Golden Gate Fortune Cookie Factory** (56 Ross Alley; gratis; ⏰8.00-19.00), donde hacen galletitas de la suerte personalizadas (50 ¢ unidad).

---

marcó un hito en la libertad de expresión cuando su fundador, el poeta *beat* Lawrence Ferlinghetti, y su director, Shigeyoshi Murao, defendieron su derecho a "publicar lúbrica y deliberadamente" el magnífico *Aullido* de Allen Ginsberg en 1957. Se es libre de leer en la "silla del poeta" del piso de arriba que da a Jack Kerouac Alley, de aprovisionarse de revistas en el entresuelo y de contemplar ideas radicales en las secciones de "Trapos Sucios" y "Continentes Robados" de abajo.

Beat Museum MUSEO
(plano p. 80; 📞1-800-537-6822; www.kerouac.com; 540 Broadway; adultos/estudiantes 8/5 US$; ⏰10.00-19.00; 📷10, 12, 30, 41, 45, 🚋Powell-Hyde, Powell-Mason) Proyecta fascinantes películas sobre el mundo literario de la generación *beat* local (c. 1950-1969) en un destartalado cine. El piso de arriba acoge altares a logros como *En la carretera* y otros libros que ampliaron la perspectiva de EE UU al incluir lo marginal. Los circuitos guiados de 2 h (13.00 mi, sa y do; adultos/estudiantes 30/25 US$) abarcan el museo y los lugares frecuentados por aquellas gentes.

Chinese Historical Society of America MUSEO
(CHSA; plano p. 80; 📞415-391-1188; www.chsa.org; 965 Clay St; ⏰12.00-17.00 ma-vi, 11.00-16.00 sa; 📷1, 30, 45, 🚋California St) GRATIS Para saber cómo era ser chino en EE UU durante la Fiebre del Oro, la construcción del ferrocarril transcontinental o el apogeo *beat*. El edificio fue erigido en 1932 como la YWCA (Young Women's Christian Association) de Chinatown por Julia Morgan, principal arquitecta del Hearst Castle. Es el mayor instituto histórico de los chinos de EE UU, un tesoro de objetos e historias personales.

🚇 Fisherman's Wharf

⭐**Exploratorium** MUSEO
(plano p. 82; 📞415-528-4444; www.exploratorium.edu; muelle 15; adultos/niños 25/19 US$, ju noche 15 US$; ⏰10.00-17.00 ma-do, mayores 18 años solo ju 18.00-22.00; 📷❤; 📷F) 🅿 ¿Hay una ciencia del *skateboard*? ¿El retrete desagua en distinto sentido según el hemisferio? La respuesta está aquí, a través de más de 600 geniales exhibiciones. En menos de 1 h se puede protagonizar videos musicales de fractales, crear arte bacteriano y recorrer a oscuras la Cúpula Táctil. Fundado en 1969 por Frank Oppenheimer, el físico de la bomba atómica, el recién reubicado y ampliado museo muestra que la vida supera a la ciencia ficción.

⭐**Musée Mécanique** PARQUE DE ATRACCIONES
(plano p. 82; 📞415-346-2000; www.museemecanique.org; muelle 45, hangar A; ⏰10.00-19.00 lu-vi, hasta 20.00 sa y do; 🅿; 📷47, 🚋Powell-Mason, Powell-Hyde, 📷F) ¿Dónde más se puede guillotinar a un hombre por 25 ¢? Máquinas recreativas del s. XIX como esta compiten con la diabólica Ms. Pac-Man por la calderilla del visitante.

Downtown San Francisco y SoMa

Vallejo St

Broadway

Pacific Ave

Jackson St

Mini Park

Washington St

NOB HILL

Clay St

Sacramento St

California St Cable Car Turnaround

California St

Pine St

Bush St

Austin St

Fern St

TENDERLOIN

Sutter St

26

Post St

22

Geary St

Myrtle St

36

O'Farrell St

Olive St

Ellis St

Willow St

Eddy St

Larch St

Turk St

19

Golden Gate Ave

Elm St

McAllister St

CIVIC CENTER

Civic Center Plaza

Asian Art Museum

1

United Nations Plaza

31

38

4

Fulton St

24

Grove St

35

Ivy St

15

Hayes St

30

Fell St

Hickory St

Oak St

Van Ness

Page St

Rose St

Haight St

Vallejo St

Broadway

Mason St

Powell St

Trenton St

CHINATOWN

Portsmouth Square

Taylor St

Jones St

Leavenworth St

Larkin St

Huntington Park

8

Joice St

St Mary's Square

Stockton St

Mason St

Grant Ave

13

17

UNION SQUARE

11

27

42

32

Taylor St

7

Powell St

Powell St Cable Car Turnaround

Powell St

B

40

M

Hallidie Plaza

44

Jessie St

Centro de información de visitantes de San Francisco

34

37

5th St

Market St

Mary St

9

Stevenson St

Jessie St

Mission St

6th St

Tehama St

Julia St

14

7th St

Minna St

Natoma St

Harriet St

Russ St

Van Ness Ave

Hayes St

Polk St

Laskie St

8th St

Howard St

Langton St

Moss St

Victoria Manalo Draves Park

9th St

Harrison St

Stevenson St

Grace St

Dore Al

10th St

33

Tehama St

Clementina St

Folsom St

Ringold St

Heron St

11th St

Minna St

Natoma St

12th St

Otis St

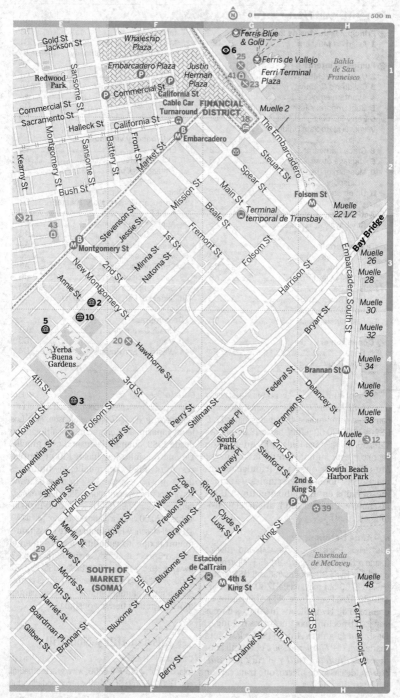

N   0 ———————— 500 m

Gold St
Jackson St

Whaleship
Plaza

Ferris Blue
& Gold

6

25

Ferris de Vallejo

Ferri Terminal
Plaza

Bahía
de San
Francisco

Redwood
Park

Embarcadero Plaza

Justin
Herman
Plaza

41

23

Commercial St

Commercial St

California St
Cable Car
Turnaround

FINANCIAL
DISTRICT

Muelle 2

Sacramento St

Halleck St

California St

18

The Embarcadero

Kearny St

Montgomery St

Sansome St

Battery St

Front St

Market St

Embarcadero

Steuart St

Spear St

Bush St

Sacramento St

21

43

Stevenson St

Jessie St

Mission St

Main St

Beale St

Terminal
temporal de Transbay

Folsom St

Muelle
22 1/2

Montgomery St

2nd St

Minna St

Natoma St

1st St

Fremont St

Folsom St

Harrison St

Bay Bridge

Embarcadero South St

Muelle
26

Muelle
28

Annie St

New Montgomery St

5

2

10

20

Hawthorne St

Yerba
Buena
Gardens

3rd St

Bryant St

Muelle
30

Muelle
32

4th St

3

Howard St

28

Folsom St

Rizal St

Perry St

Stillman St

Federal St

Brannan St

Delancey St

Muelle
34

Muelle
36

Clementina St

Shipley St

Clara St

Harrison St

Taber Pl

South
Park

Yarney Pl

2nd St

Stanford St

Brannan St

Muelle
38

Muelle
40

12

Merlin St

Bryant St

Zoe St

Welsh St

Ritch St

Freelon St

Brannan St

Clyde St

Lusk St

2nd &
King St

South Beach
Harbor Park

Oak Grove St

29

SOUTH OF
MARKET
(SOMA)

5th St

Bluxome St

Estación
de CalTrain

King St

39

Ensenada
de McCovey

Muelle
48

Morris St

6th St

Harriet St

Boardman Pl

Gilbert St

Brannan St

Bluxome St

Townsend St

4th &
King St

Berry St

Channel St

4th St

3rd St

Terry Francois St

Downtown San Francisco y SoMa

USS 'Pampanito' EMPLAZAMIENTO HISTÓRICO
(plano p. 82; ☑415-775-1943; www.maritime.org/pamphome.htm; muelle 45; adultos/niños 12/6 US$; ◎9.00-20.00 ju-ma, hasta 18.00 mi; 🚻; 🚌19, 30, 47, 🚋Powell-Hyde, Ⓜ F) Además de recorrer este submarino de la II Guerra Mundial, puede oírse a la tripulación hablar sobre modos indetectables y ataques inesperados en un audiocircuito (3 US$) fascinante. Emerger es un alivio (claustrofóbicos, ¡ojo!).

Maritime National
Historical Park EMPLAZAMIENTO HISTÓRICO
(plano p. 82; www.nps.gov/safr; 499 Jefferson St, muelle de Hyde St; adultos/niños 5 US$/gratis; ◎9.30-17.00 oct-may, hasta 17.30 jun-sep; 🚻; 🚌19, 30, 47, 🚋Powell-Hyde, Ⓜ F) Amarrados en el muelle de Hyde St, sus históricos barcos son la atracción más auténtica del lugar. Destacan la goleta *Alma* (1891), la goleta maderera *CA Thayer* (1895), el remolcador de palas *Eppleton Hall* y el carguero *Balclutha*, de casco de hierro, que traía carbón de Australia y Gales.

Muelle 39 MUELLE
(plano p. 82; www.pier39.com; Beach St y el Embarcadero; 🅿🚻; 🚌47, 🚋Powell-Mason, Ⓜ F) Los leones marinos viven su sueño californiano desde 1989, cuando llegaron a este muelle. De enero a julio hay hasta 1300 ejemplares. Al otro lado del muelle, los tiburones del **Aquarium of the Bay** (plano p. 82; www.aquariumofthebay.com; muelle 39; adultos/niños/familias 21,95/12,95/64 US$; ◎10.00-19.00 lu-ju, hasta 20.00 vi-do, a diario en verano; 🚻; 🚌49, 🚋Powell-Mason, Ⓜ F) pululan sobre el visitante, mientras que los caballitos aguardan en el clásico **San Francisco Carousel** (plano p. 82; www.pier39.com; muelle 39; entrada 3 US$; ◎11.00-19.00; 🚻; 🚌47, 🚋Powell-Mason, Ⓜ F) En el centro de visitantes alquilan sillitas de paseo, cargan móviles gratis y tienen consigna.

◉ **Russian Hill y Nob Hill**

Catedral Grace IGLESIA
(plano p. 76; ☑415-749-6300; www.gracecathedral.org; 1100 California St; donativo recomendado adul-

tos/niños 3/2 US$; misas do gratis; ☺8.00-18.00 lu-sa, hasta 19.00 do, misas 8.30 y 11.00 do; 🚋1, 🚋California St) Completada tras 40 años y tres reconstrucciones, esta iglesia celebra la iniciativa humana y de la comunidad con un tríptico de Keith Haring en la capilla del sida, murales de la creación de la ONU en San Francisco y vidrieras góticas como la de Albert Einstein entre arremolinadas partículas atómicas. Estupenda acústica; en la web informan de las actuaciones del coro.

San Francisco Art Institute   GALERÍA DE ARTE

(plano p. 82; www.sfai.edu; 800 Chestnut St; gratis; ☺galerías Walter y McBean 11.00-19.00 ma, hasta 18.00 mi-sa, Diego Rivera Gallery 9.00-17.00; 🚋Powell-Mason) GRATIS Fundado en la década de 1870, el SFAI fue la vanguardia del expresionismo abstracto de la bahía en los años sesenta, del arte conceptual de los setenta y del arte de los nuevos medios en los noventa; se conocerá el arte futuro en las **galerías Walter y McBean**. En la **Diego Rivera Gallery** se ve al propio artista ante su mural de 1931 *La realización de un fresco mostrando la construcción de una ciudad*, que es San Francisco.

Lombard Street   CALLE

(plano p. 82; 900 bloques de Lombard St; 🚋Powell-Hyde) Quizá se hayan visto sus ocho empinadas revueltas en postales, películas *(Vértigo)*, televisión y hasta en videojuegos *(Pro Skater, de Tony Hawk)*. Arriates de flores zigzaguean en la llamada "la calle más retorcida el mundo", primacía que en realidad corresponde a Vermont St. Lombard suele cerrarse al tráfico los fines de semana de verano, cuando los paseantes acometen la subida de 250 escalones hasta el **Sterling Park** para ver atardecer con el marco del Golden Gate.

◉ Japantown

Japan Center   EDIFICIO

(www.sfjapantown.org; 1737 Post St; ☺10.00-24.00; 🚋2, 3, 22, 38, 38L) Un reino de lo *kawaii* (lindo), este centro comercial de 1968 es una joya, con jardines de piedra, puentes de madera y figuritas del *maneki-neko* (gato de la suerte) entre barras de *sushi*. Tras perder la noción del tiempo en fotomatones de pegatinas, karaokes, galerías de *ukiyo-e* (xilografías) y salas de videojuegos nipones, aguardan los cerezos junto a la pagoda de Peace Plaza.

Cottage Row   CALLE

(junto Bush St entre Webster St y Fillmore St; 🚋2, 3, 22, 38) Es como regresar a 1860. En este pasaje declarado lugar histórico (la antigua Japan Street), los japoneses estadounidenses vivían en casitas de madera, con huertecillos traseros con ciruelos, hasta su deportación en la II Guerra Mundial. La San Francisco's Japanese American Citizens League obtuvo 45 años más tarde una disculpa oficial, y hoy este parquecito público es un punto de orgullo de la comunidad.

MERECE LA PENA

TORRE COIT

Esta **torre** (plano p. 80; ☎415-362-0808; http://sfrecpark.org/destination/telegraph-hill-pioneer-park/coit-torre; Telegraph Hill Blvd; ascensor (no residentes) adultos/niños 7/5 US$; ☺10.00-17.30 mar-sep, 9.00-16.30 oct-feb; 🚋39) ofrece unas vistas para gritar, sobre todo tras subir las empinadas escaleras de Filbert St o Greenwich St hasta lo alto de Telegraph Hill. Este peculiar proyectil de 64 m es un monumento a los bomberos de la ciudad financiado por la excéntrica heredera Lillie Hitchcock Coit. Lillie bebía, fumaba y jugaba a las cartas como cualquier bombero fuera de servicio, no solía perderse ningún incendio ni funeral del cuerpo y hasta se hizo bordar su emblema en las sábanas.

La torre suscitó controversias incluso antes de inaugurarse en 1934. Los murales del vestíbulo, financiados con fondos federales, mostraban a los ciudadanos durante la Gran Depresión en bares clandestinos, comedores de beneficencia y sindicatos de obreros del puerto. Las autoridades denunciaron a los 25 muralistas por comunistas, pero los vecinos de la ciudad se unieron para proteger su obra como un tesoro nacional.

Recién renovados, los radiantes murales amplían la visión del mundo, al igual que las vistas de 360° desde el mirador que corona la torre. Hay circuitos guiados gratis los sábados a las 11.00 para ver los murales de la escalera de caracol.

Chinatown y North Beach

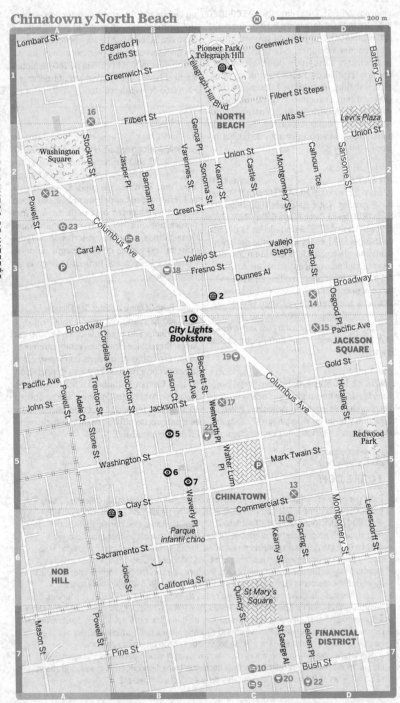

N 0 — 200 m

Lombard St

Edgardo Pl
Edith St

Pioneer Park/
Telegraph Hill

Greenwich St

Battery St

Greenwich St

Telegraph Hill Blvd

4

Filbert St Steps

Filbert St

16

Alta St

**NORTH
BEACH**

Levi's Plaza

Union St

Washington
Square

Stockton St

Jasper Pl

Genoa Pl

Varennes St

Sonoma St

Kearny St

Castle St

Montgomery St

Calhoun Tce

Sansome St

Union St

12

Powell St

Bannam Pl

Green St

Green St

23

Columbus Ave

Card Al

8

Vallejo St

Vallejo
Steps

Bartol St

Broadway

18

Fresno St

Dunnes Al

14

2

Osgood Pl

1

*City Lights
Bookstore*

Pacific Ave

15

Broadway

Cordelia St

Stockton St

Jason Ct

Grant Ave

Beckett St

19

Columbus Ave

Gold St

**JACKSON
SQUARE**

Hotaling St

Pacific Ave

John St

Powell St

Adele Ct

Trenton St

Stone St

Jackson St

Wentworth Pl

17

Redwood
Park

5

21

Walter Lum Pl

Washington St

Mark Twain St

6

7

Waverly Pl

CHINATOWN

13

Montgomery St

Leidesdorff St

3

Clay St

Commercial St

11

*Parque
infantil chino*

Sacramento St

Joice St

Kearny St

Spring St

**NOB
HILL**

California St

St Mary's
Square

Quincy St

Mason St

Powell St

Pine St

Belden Pl

St George Al

**FINANCIAL
DISTRICT**

Bush St

10

9

20

22

Chinatown y North Beach

◎ Marina y Presidio

★ Crissy Field   PARQUE
(plano p. 82; www.crissyfield.org; 1199 East Beach; 🚌30, PresidioGo Shuttle) El aeródromo militar de Presidio renació como refugio de aves costeras y para amantes de la cometa y el *windsurf,* con vistas al Golden Gate.

★ Baker Beach   PLAYA
(☼amanecer-anochecer; 🚌29, PresidioGo Shuttle) Aunque peligrosa para nadar (salvo con pleamar), esta antigua zona militar es por sus imbatibles vistas del Golden Gate el lugar preferido de la ciudad para broncearse, sobre todo su extremo norte, con opción nudista, hasta que entra la niebla de la tarde.

Centro de visitantes
de Presidio   INFORMACIÓN TURÍSTICA
(www.presidio.gov; Montgomery St y Lincoln Blvd, edificio 105; ☼10.00-16.00 ju-do; 🚌PresidioGo Shuttle) "Oro en paz, fierro en guerra" es el lema oficial de San Francisco, que pese a ello no ha tenido demasiada actividad militar desde que en 1776 ohlones reclutados a la fuerza construyeron el presidio español. El reformado Officers Club tiene exposiciones arqueológicas y cocina californiana de la famosa chef Traci des Jardins. Instituciones culturales como el Walt Disney Family Museum (plano p. 82; 📞415-345-6800; www.waltdisney.org; 104 Montgomery St, Presidio; adultos/estudiantes/niños 20/15/12 US$; ☼10.00-18.00 mi-lu, último acceso 17.00; 🅿🚻; 🚌43, PresidioGo Shuttle) bordean la antigua plaza de armas, y hay una estatua de Yoda frente al George Lucas' Letterman Digital Arts Center.

◎ SoMa

Contemporary Jewish Museum   MUSEO
(plano p. 76 📞415-344-8800; www.thecjm.org; 736 Mission St; adultos/niños US$12/gratis, después de 17.00 ju 5 US$, 1er ma de mes gratis; ☼11.00-17.00 lu-ma y vi-do, hasta 20.00 ju; Ⓜ Montgomery, Ⓑ Montgomery) Una caja de acero azul en equilibrio sobre un ángulo insufla vida al centro comercial de la ciudad, literalmente. El arquitecto Daniel Libeskind basó su emblemático diseño en la forma de la palabra hebrea *l'chaim* ("por la vida"). Se trata de una subestación eléctrica reconvertida, donde las galerías iluminan la vida e ideales judíos a través de artistas tan diversos como Andy Warhol, Maurice Sendak, Marc Chagall y Gertrude Stein.

Cartoon Art Museum   MUSEO
(plano p. 76; 📞415-227-8666; www.cartoonart.org; 655 Mission St; adultos/estudiantes 8/6 US$, 1er ma del mes gratis; ☼11.00-17.00 ma-do; 🚻; 🚌14, 15, 30, 45, Ⓜ Montgomery, Ⓑ Montgomery) El creador de *Snoopy,* Charles M. Schultz, financió este famoso museo dedicado al cómic y los dibujos animados. Muchos reconocerán las portadas de *Capitán América* de Mike Zeck y admirarán a *Mr. Natural,* un clásico *underground* de R. Crumb. Pero hasta los más entendidos hallarán aquí algo nuevo, desde conferencias de animadores de Pixar hasta homenajes a mujeres dibujantes con Trina Robbins, una leyenda del cómic local.

Museum of the African Diaspora   MUSEO
(MoAD; plano p. 76; 📞415-358-7200; www.moadsf.org; 685 Mission St; adultos/estudiantes/niños 10/5 US$ /gratis; ☼11.00-18.00 mi-sa, 12.00-17.00 do; 🅿🚻; 🚌14 15, 30, 45, Ⓜ Montgomery, Ⓑ Mont-

Fisherman's Wharf, Marina y Russian Hill

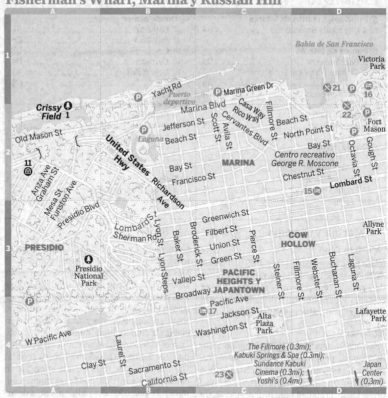

Bahía de San Francisco

Fisherman's Wharf, The Marina y Russian Hill

gomery) En sus tres pisos se narra la epopeya de esta diáspora con un plantel internacional de artistas, escritores e historiadores. Las exposiciones trimestrales han mostrado rutilantes personajes reales del exitoso nigeriano británico Chris Ofili, retratos del *jazz* de Har-

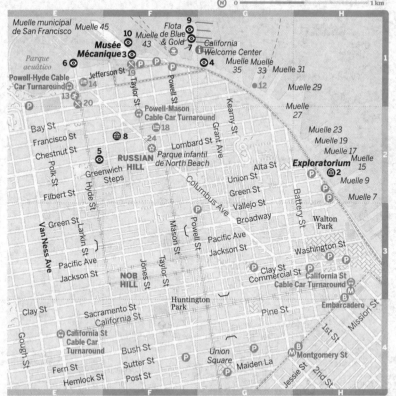

lem de Romare Bearden y colchas de retazos de los sidis del sur de la India, descendientes de esclavos africanos. Imprescindible el conmovedor vídeo narrado por Maya Angelou.

Mission y Castro

★ 826 Valencia
PUNTO CULTURAL

(plano p. 84; ☎415-642-5905; www.826valencia.org; 826 Valencia St; ◷12.00-18.00; ⊞; ⊟14, 33, 49, Ⓑ16th St Mission, ⓂJ) Sin ánimo de lucro, esta tienda tiene todo lo que precisa un bucanero, sea un parche de ojo o cartas de navegación. También oculta una escuela de escritura para los niños del barrio, y quien lo desee puede aprender a hacer videojuegos, revistas y demás.

Misión Dolores
IGLESIA

(Misión San Francisco de Asís; plano p. 84; ☎415-621-8203; www.missiondolores.org; 3321 16th St; adultos/niños 5/3 US$; ◷9.00-16.00 nov-abr, hasta 16.30 may-oct; ⊟22, 33, Ⓑ16th St Mission, ⓂJ) El edificio más antiguo de la ciudad, de 1776, fue reconstruido en 1782 con la fuerza de los ohlones y los miwoks; en el cementerio, una cabaña conmemora a los 5000 peones indios que murieron de privaciones y sarampión. Eclipsa a la capilla original de adobe la basílica neochurrigueresca de 1913, con vidrieras de las 21 misiones de California.

GLBT History Museum
MUSEO

(plano p. 84; ☎415-621-1107; www.glbthistory.org/museum; 4127 18th St; entrada 5 US$, 1er mi de mes gratis; ◷11.00-19.00 lu y mi-sa, 12.00-17.00 do; ⓂCastro) El primer museo gay de EE UU recoge grandes momentos y retos históricos: folletos de la campaña de Harvey Milk, entrevistas con el pionero escritor bisexual Gore Vidal, cajas de cerillas de las desaparecidas casas de baños y códigos penales de los años cincuenta.

Mission y Castro

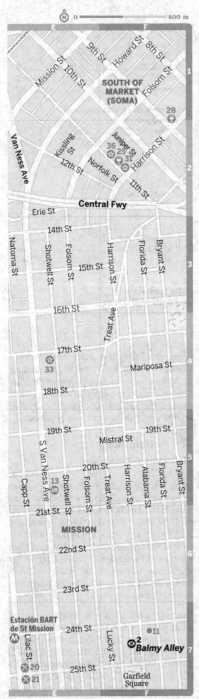

**Harvey Milk Plaza
y Jane Warner Plaza** PLAZA

(Market St y Castro St; MCastro) Una gran bandera arcoíris ondea en **Harvey Milk Plaza** (plano p. 84; 24, 33, F, Castro St), pequeño espacio dedicado al dueño de una tienda de fotografía de Castro asesinado poco después de convertirse en el primer funcionario gay del país y símbolo de los derechos civiles de los homosexuales. Junto a la terminal de la línea F, **Jane Warner Plaza** (plano p. 84) toma el nombre de una lesbiana del Castro agente de policía. La comunidad gay viene en busca de sol y color local, como las protestas en tanga contra la prohibición del nudismo en San Francisco del 2013.

**Human Rights Campaign
Action Center** LUGAR HISTÓRICO

(plano p. 84; 415-431-2200; http://shop.hrc.org/san-francisco-hrc-store; 575 Castro St; 10.00-20.00 lu-sa, hasta 19.00 do) Quien haya visto la película *Mi nombre es Harvey Milk* reconocerá la fachada de su antigua tienda de fotografía, hoy sede de este centro de la HRC (siglas en inglés de Campaña por los Derechos Humanos). Sus seguidores luchan por los derechos LGBT y acuden a firmar peticiones, comprar alianzas y admirar el mural con la célebre frase de Milk: "Si una bala me atraviesa la cabeza, que esa bala destruya las puertas de todos los armarios".

◉ Haight

Haight y Ashbury PUNTO DE INTERÉS

(plano p. 88; 6, 33, 37, 43, 71) Epicentro de la psicodelia de los años sesenta, este mítico cruce aún atrae a la contracultura. Cualquier sábado, aquí se pueden firmar peticiones del partido verde, encargar poemas u oír tocar música de los Hare Krishna o Bob Dylan. El reloj de arriba siempre marca las 4.20, el símbolo internacional de los fumadores de mariguana.

Alamo Square Park PARQUE

(plano p. 84; Hayes St y Scott St; 5, 21, 22, 24) GRATIS Las "damas pintadas" (casas de colores pastel) que forman la coqueta hilera del lado este de Alamo Square palidecen ante los pintorescos edificios del flanco norte. Allí se verá el barroco Barbary Coast, con fachadas recubiertas de tablillas superpuestas y complicadas cenefas de madera bajo los aleros de puntiagudos tejados. En la esquina noroeste, la mansión Westerfield (1889) ha

Mission y Castro

sobrevivido a inquilinos como rusos zaristas contrabandistas, músicos de *jazz* de Fillmore y comunas *hippies,* además de a rituales del fundador de la Iglesia de Satán, Anton LaVey.

🌐 Richmond

Coastal Trail   SENDERO
(plano p. 90; www.californiacoastaltrail.info; Fort Funston hasta Lincoln Park; ☉amanecer-anochecer; 🚌1, 18, 38) Con un total de 14,4 km, este sendero parte cerca de los antiguos búnkeres nucleares del Fort Funston, cruza los 6,4 km de la Ocean Beach, rodea Presidio y acaba en el puente Golden Gate. Para un paseo más breve, se toma el sendero junto a las ruinas de los Sutro Baths, se va hacia los acantilados de Land's End a disfrutar de las vistas y luego se baja a la Legión de Honor del Lincoln Park.

**California Palace
of the Legion of Honor**   MUSEO
(plano p. 90; 🕿415-750-3600; http://legionofhonor. famsf.org; 100 34th Ave; adultos/niños US$10/gratis, 2 US$ dto. con billete Muni, 1ᵉʳ ma de mes gratis; ☉9.30-17.15 ma-do; 🅿🚻; 🚌18) Spreckels, en su tiempo gran modelo de escultores, donó este museo para levantar la moral de la ciudad

y honrar a los californianos caídos en la I Guerra Mundial. Aquí hay desde nenúfares de Monet hasta paisajes sonoros de John Cage, marfiles iraquíes y cómics de R. Crumb (parte de la fabulosa colección Achenbach de 90 000 piezas de arte gráfica del museo).

🏃 Actividades

Ciclismo y patinaje

Blazing Saddles   CICLISMO
(plano p. 82; 🕿415-202-8888; www.blazingsaddles.com/san-francisco; 2715 Hyde St; bici alquiler por hora 8-15 US$, por día 32-88 US$, bicis eléctricas por día 48-88 US$; ☉8.00-19.30; 🚻; 🚋Powell-Hyde) Para recorrer la orilla, se alquilan bicicletas en la tienda principal de Hyde St o en siete puntos del Fisherman's Wharf. También las hay eléctricas, además de servicio de devolución 24 h y extras (cuerdas de *puenting,* mochilas, etc.).

Golden Gate Park Bike & Skate   CICLISMO
(plano p. 90; 🕿415-668-1117; www.goldengateparkbikeandskate.com; 3038 Fulton St; *skates* por hora 5-6 US$, por día 20-24 US$, bicis por hora 3-5 US$, por día 15-25 US$, bicis tándem por hora/día 15/75 US$, discos 6/25 US$; ☉10.00-18.00; 🚻; 🚌5, 31, 44) Además de bicicletas y patines de ruedas

(en paralelo o en línea), esta tiendecita junto al parque alquila bolsas de *disc golf* para el cercano campo gratis de *frisbee*.

Kayak y avistamiento de ballenas

City Kayak   KAYAK

(plano p. 76; ☑415-294-1050; www.citykayak.com; muelle 40, South Beach Harbor; alquiler de kayak por hora 35-65 US$, 3 h clase y alquiler 59 US$, circuitos 58-98 US$; MBrannan) Los novatos pueden aprender kayak y surcar las tranquilas aguas cerca del Bay Bridge; los expertos, enfrentarse a las corrientes bajo el Golden Gate; y los románticos, disfrutar de apacibles circuitos nocturnos.

Oceanic Society   AVISTAMIENTO DE BALLENAS

(☑reservas 415-256-9941; www.oceanic-society.org; circuitos 125 US$/persona; ⊘reservas 8.30-17.00 lu-vi, salidas sa y do) Los avistamientos no son algo casual en los circuitos en barco llevados por naturalistas los fines de semana durante las migraciones de las ballenas (med oct-dic). En otras épocas, van a los Farallones, 27 millas náuticas al oeste de San Francisco.

'Spas'

★Kabuki Springs & Spa   SPA

(☑415-922-6000; www.kabukisprings.com; 1750 Geary Blvd; entrada 25 US$; ⊘10.00-21.45, mixto ma, mujeres solo mi, vi y do, hombres solo lu, ju y sa; ☐22, 38) Para relajarse, en estos baños japoneses hay que frotarse con sal en la sala de vapor, meterse en la piscina caliente, lanzarse a la fría y volver a atemperarse en la sauna. Se exige bañador los martes, cuando son mixtos, pero es opcional el resto de la semana. El silencio es obligado; si se oye el *gong,* ¡chitón!

☞ Circuitos

Las visitas diurnas a Alcatraz (www.nps.gov/alca) incluyen fascinantes audiocircuitos en los que se oye a prisioneros y guardias, mientras que guardas forestales guían los espeluznantes circuitos al ocaso; resérvese, mínimo, con dos semanas. Véase también p. II color.

Alcatraz Cruises   CIRCUITO EN BARCO

(plano p. 82; ☑415-981-7625; www.alcatrazcruises.com; de día circuitos adultos/niños/familias 30/18/92 US$, de noche adultos/niños 37/22 US$) Los ferris a Alcatraz zarpan del muelle 33 cada 30 min de 9.00 a 15.55; hay circuitos nocturnos a las 18.10 y 18.45.

★Precita Eyes Mission Mural Tours   CIRCUITO

(plano p. 84; ☑415-285-2287; www.precitaeyes.org; adultos 15-20 US$, niños 3 US$; ⊘véase web; ☐) Muralistas guían estos circuitos de 2 h a pie o en bicicleta que abarcan 60-70 murales en un radio de 6-10 manzanas de Balmy Alley. Esta asociación de arte del barrio, sin ánimo de lucro, destina los ingresos a mantener los murales.

Chinatown Alleyway Tours   CIRCUITO

(☑415-984-1478; www.chinatownalleywaytours. org; adultos/estudiantes 18/12 US$; ⊘11.00 sa; ☐; ☐8X, 8AX, 8BX) Adolescentes de Chinatown

---

MURALES DE MISSION

Indignados ante la política exterior de EE UU en América Central e inspirados en los murales locales de la Agencia para el Progreso del Empleo obra de Diego Rivera, en los años setenta los muralistas de Mission decidieron transformar el panorama político, calle a calle. Hoy se ven más de 400 murales en calles del barrio como:

➤ **★Balmy Alley** (plano p. 84; ☑415-285-2287; www.precitaeyes.org; entre 24th St y 25th St; ☐10, 12, 27, 33, 48, ☐24th St Mission) Entre Treat Ave y Harrison St, a lo largo de 35 años los murales han convertido las puertas de garaje en proclamas políticas y artísticas, desde el dedicado a monseñor Romero hasta el homenaje a la edad de oro del cine mexicano.

➤ **Clarion Alley** (plano p. 84; entre 17th St y 18th St, junto a Valencia St; ☐14, 22, 33, ☐16th St Mission, MJ) Aquí solo los mejores sobreviven, como el florido *Capitalism Is Over (If You Want It)* de Megan Wilson, o el de *Lo llevas dentro,* de Jet Martinez, surrealista paisaje donde una silueta humana es una perspectiva de Clarion Alley.

➤ **Women's Building** (plano p. 84; 3543 18th St; ☐; M18th St, ☐16th St Mission) Abraza el Edificio de Mujeres el mural más grande de la ciudad, *MaestraPeace,* un despliegue de la fuerza femenina pintado por 90 mujeres en 1994. En él figuran desde antiguas diosas chinas y mayas hasta pioneras modernas como la nobel Rigoberta Menchú, la poeta Audre Lorde y la artista Georgia O'Keeffe.

Haight

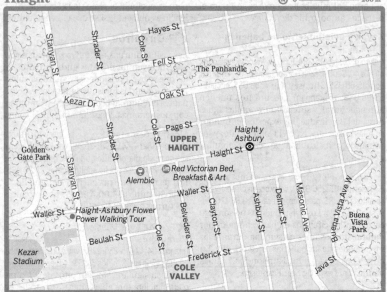

guían los circuitos de esta asociación sin ánimo de lucro que se adentran en el pasado del barrio chino, si el tiempo lo permite. Resérvese cinco días antes, o costará el doble. Pago solo en efectivo.

Public Library City Guides   CIRCUITO
(☎415-557-4266; www.sfcityguides.org; se agradecen donaciones/propinas) GRATIS Historiadores voluntarios guían circuitos sin ánimo de lucro organizados por barrios y temas: "*Art déco* de la Marina", "Centro de la Fiebre del Oro", "Secretos del Fisherman's Wharf", "Caminata por la escalera de Telegraph Hill" y otros.

Sea Foraging Adventures   CIRCUITO
(www.seaforager.com; circuitos desde 42 US$/persona; ⊙calendario y reservas en línea) Experto en la vida marina de California, Kirk Lombard ofrece aventuras guiadas a lugares secretos de la costa urbana en busca de comestibles, desde algas *bullwhip* (*Nereocystis luetkeana*) hasta anguilas bajo el Golden Gate.

**Emperor Norton's
Fantastic Time Machine**   CIRCUITO
(http://emperornortontour.com/; salida circuitos de Union Square; circuitos 20 US$; ⊙circuitos 11.00 y 14.30 ma y do; ☐2, 38, ⒷPowell) Leyendas de la Fiebre del Oro y el Lejano Oeste en un paseo

de 2¾ h encabezado por el autoproclamado emperador Norton, excéntrico maquinador y visionario del Bay Bridge, que encarna el historiador local Joseph Amster.

**Haight-Ashbury Flower
Power Walking Tour**   CIRCUITO A PIE
(plano p. 88; ☎415-863-1621; www.haightashburytour.com; adultos/niños menores 9 años 20 US$/gratis; ⊙10.30 ma y sa, 14.00 ju, 11.00 vi; ☐6, 71, ⓂN) Largo y curioso paseo de 2 h por 12 manzanas de historia *hippie,* tras los pasos de Jimi Hendrix, Jerry García y Janis Joplin. El grupo se encuentra en Stanyan St esq. Waller St. Hay que reservar.

⭐ Fiestas y celebraciones

Febrero

Año Nuevo lunar   CULTURAL
(www.chineseparade.com) Petardos, legiones de pequeños especialistas en artes marciales y un dragón danzante de 60 m: este desfile es lo más destacado del invierno.

Abril y mayo

SF International Film Festival   CINE
(www.sffs.org) Las estrellas se alinean y los directores lanzan estrenos en el festival de cine más antiguo del país.

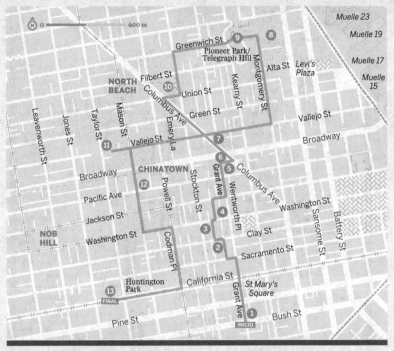

Circuito a pie
Cumbres de San Francisco

INICIO PUERTA DEL DRAGÓN
FINAL CATEDRAL GRACE
DISTANCIA 3,7 KM; 2½ H

Este paseo corona las tres colinas más famosas (Telegraph, Russian y Nob) de la ciudad, todas con poéticas vistas.

Se entra en Chinatown por la **1 puerta del Dragón,** se sube por Grant Ave, se gira a la izquierda por Sacramento St y luego a la derecha hasta **2 Waverly Place** (p. 75), con templos coloristas. En Clay St se va a la izquierda y luego a la derecha por **3 Spofford Alley** (p. 75), donde Sun Yat-sen urdió la revolución. Al final de la manzana se toma a la derecha Washington y en seguida a la izquierda. **4 Ross Alley** (p. 75), antaño llena de burdeles y hoy, de murales.

Se toma Jackson a la derecha hasta Grant, y de nuevo a la derecha por la evocadora **5 Jack Kerouac Alley.** Más adelante se para en la histórica librería **6 City Lights** (p. 74), para leer un poema en la "silla del poeta".

En Columbus se va a la izquierda y en Vallejo, a la derecha para tomar un café en el **7 Caffe Trieste** (p. 100) donde Coppola imaginó *El padrino*. Más allá por Vallejo se sube la escalera hasta tomar a la izquierda Montgomery St, y tras tres manzanas, a la izquierda, se sube también la escalonada y flanqueada por casitas **8 Greenwich Street Steps**. Se entra en la **9 torre Coit** (p. 79z) para ver, abajo, cómo era la ciudad a través de murales, y, arriba, la panorámica de la bahía.

Se baja la cuesta, vía los loros y maestros de taichi de **10 Washington Square.** En Columbus se gira a la izquierda y en Vallejo, a la derecha, se recorren tres manzanas y por otra pintoresca escalera se sube al florido **11 parque Ina Coolbrith.** La vista de Alcatraz deja sin aliento. La última cumbre se corona sin esfuerzo: con el **12 cable car Powell-Mason** hasta Nob Hill para recorrer el laberinto de meditación de la **13 catedral Grace** (p. 78).

SAN FRANCISCO

Richmond, Sunset y Golden Gate Park

Iris Ave
Cook St
Spruce St
Parker Ave
Commonwealth Ave
Palm Ave
Arguello Blvd
2nd Ave
3rd Ave
4th Ave
5th Ave
6th Ave
7th Ave
8th Ave
9th Ave
10th Ave
11th Ave
12th Ave

Parque infantil Rossi
Turk Blvd
Universidad de San Francisco

Balboa St
Cabrillo St

17

12

Park Presidio Blvd

Funston Ave
14th Ave
15th Ave
16th Ave
17th Ave
18th Ave
19th Ave
20th Ave
21st Ave
22nd Ave
23rd Ave
24th Ave

Fulton St

Lake St
California St
Clement St
Geary Blvd
Anza St

25th Ave

13

THE RICHMOND

26th Ave
27th Ave
28th Ave
29th Ave
30th Ave
31st Ave
32nd Ave
33rd Ave
34th Ave
35th Ave
36th Ave
37th Ave
38th Ave

34th Ave
Clement St

31st Ave
Lake St

Camino del Mar
Campo de golf del Lincoln Park

7
6

Lincoln Park
Fort Miley

Point Lobos Ave

39th Ave
40th Ave
41st Ave
42nd Ave

Balboa St
Cabrillo St
Fulton St

Anza St

45th Ave

47th Ave
48th Ave

La Playa St
Upper Great Hwy

Molinos de viento
47th Ave

16

Great Hwy
OCEAN BEACH

Sutro Heights Park

Point Lobos

Seal Rocks

OCÉANO PACÍFICO

John F Kennedy Dr
Estadio Tú

8
4

Lawn Bowling Club
Parque infantil

Stanyan St
Frederick St
Kezar Dr
Carl St
Parnassus Ave
Hugo St
Lincoln Way
Bowling Green Dr

3rd Ave
4th Ave
5th Ave
6th Ave
7th Ave
8th Ave
9th Ave
10th Ave
11th Ave
12th Ave
Funston Ave
14th Ave
15th Ave
16th Ave
17th Ave
18th Ave

19th Ave
20th Ave
21st Ave

Irving St

24th Ave
25th Ave
26th Ave
27th Ave
28th Ave
29th Ave
30th Ave
31st Ave
32nd Ave
33rd Ave
34th Ave
35th Ave

Sunset Blvd
38th Ave

Irving St
Judah St

44th Ave
45th Ave
46th Ave
47th Ave
48th Ave

California Academy of Sciences

1

MH de Young Museum

3

9

11

Colina Strawberry
Lago Stow

Crossover Dr

Golden Gate Park

2

Lago Blvd

Indio
Elk Glen

Golden Gate Park
Middle Dr W

Estáblos del Golden Gate Park

Lago Metson

Martin Luther King Dr

Lago Spreckels

Lago Middle

5

North Lake
South Lake

Lincoln Way

14

15

10

THE SUNSET

Stanyan St

P

Richmond, Sunset y el Golden Gate Park

Bay to Breakers DEPORTE
(www.baytobreakers.com; registro 58-89,50 US$) El tercer domingo de mayo, esta carrera de disfraces va de Embarcadero hasta la Ocean Beach (12,07 km); algunos 'salmones' corren contracorriente.

Junio
Orgullo Gay de SF CULTURAL
La ciudad necesita más de un día para celebrar su orgullo: junio empieza con el International LGBT Film Festival (www.frameline.org; ⊙med jun) y acaba a lo grande el último fin de semana con el Pink Saturday's (Sábado Rosa), la Dyke March (Marcha de los Marimachos; www.dykemarch.org) y el Pride Parade (desfile; www.sfpride.org).

Agosto y septiembre
Outside Lands MÚSICA
(www.sfoutsidelands.com/; 1/3 días 115/375 US$) En el Golden Gate Park, tres días de grandes actuaciones (p. ej., Kanye West, Macklemore, The Killers, The Flaming Lips) y juerga con comida *gourmet,* cervezas y vinos locales.

Folsom Street Fair FERIA CALLEJERA
(www.folsomstreetfair.com) El último fin de semana de septiembre, cuero y fustas, amén de zurras en las nalgas, en favor de obras benéficas locales.

Octubre y noviembre
Litquake LITERATURA
(www.litquake.org) En octubre, para beber con escritores y conseguir libros firmados.

Hardly Strictly Bluegrass MÚSICA
(www.strictlybluegrass.com) A principios de octubre, en el Golden Gate Park se celebran tres días de conciertos gratis de *bluegrass* (de Elvis Costello a Gillian Welch).

Día de los Muertos FESTIVAL
(www.dayofthedeadsf.org) Desfile de espeluznantes disfraces, calaveras de azúcar y preciosos altares en Mission el 2 de noviembre.

🛏 Dónde dormir

Union Square y Tenderloin

Hotel des Arts HOTEL $
(plano p. 80; ☎415-956-3232, 800-956-4322; www.sfhoteldesarts.com; 447 Bush St; h con baño 129-199 US$, sin baño 99 US$; ⊛; Ⓜ Montgomery, Ⓑ Montgomery) Alojamiento económico para forofos del arte, con alucinantes murales *underground;* es como dormir dentro de un cuadro. Estancia mínima de siete noches para las habitaciones con baño privado. Llévense tapones para los oídos.

Pacific Tradewinds Hostel ALBERGUE $
(plano p. 80; ☎415-433-7970, 888-734-6783; www.sanfranciscohostel.org; 680 Sacramento St; dc 35 US$; ⊛⊛; ⓺1, Ⓑ California St, Ⓑ Montgomery) En azul y blanco, es el más estiloso de los albergues locales. Tiene una buena cocina, duchas de pavés impolutas y un personal estupendo. Habrá que cargar escaleras arriba con el equipaje, pero no hay toque de queda

Hotel Carlton HOTEL DE DISEÑO $$
(plano p. 76; ☎415-673-0242, 800-922-7586; www.hotelcarltonsf.com; 1075 Sutter St; h 175-245 US$; ⊛⊛⊛; ⓺2, 3, 19, 38, 47, 49) ⊘ Recién renovado y fuera del circuito habitual (a 10 min a pie de Union Square), este hotel resulta muy adecuado para viajeros del mundo. Las impecables habitaciones tienen un aire alegre y sofisticado. Hay paneles solares y, abajo, un excelente restaurante de Oriente Medio.

MERECE LA PENA

OCEAN BEACH

Hay que abrigarse para recorrer los 6,4 km de la Ocean Beach (plano p. 90; ☑415-561-4323; www.parksconservancy. org; Great Hwy; ⊘amanecer-anochecer; ⊞5, 18, 31, ⓂN), allí donde acaba el Golden Gate Park y empieza el Pacífico. Todo el año hay gente que levanta castillos en la arena, pero solo los mejores surfistas desafían sus corrientes. Quizá haya dólares en la arena y pecios del s. xix en su extremo sur, pero no hay que salirse de los senderos a su paso por las frágiles dunas, refugio invernal de asustadizos chorlitos nivales. Solo se permite hacer fogatas en los artísticos receptáculos ad hoc (nada de alcohol). Para beber algo, frente al mar, el Beach Chalet (plano p. 90; ☑415-386-8439; www.beachchalet.com; 1000 Great Hwy; ⊘9.00-22.00 lu-ju, hasta 23.00 vi, 8.00-23.00 sa, 8.00-22.00 do; ⓗ; ⊞5, 18, 31) tiene cerveza artesana en un patio con calefacción y murales de los años treinta.

Phoenix Hotel
MOTEL $$

(plano p. 76; ☑415-776-1380, 800-248-9466; www. thephoenixhotel.com; 601 Eddy St; h 209-244 US$; ⓟ🕸📶❄; ⊞19, 31, 47, 49) El mejor alojamiento para los roqueros, con fiestas en la piscina del patio (llévense tapones para los oídos), mucho arte pop y una larga lista de rebeldes californianos (Red Hot Chili Peppers, Joan Jett, Keanu Reeves) que frecuentan este motel de mediados del s. xx en el duro Tenderloin. Aparcamiento y entrada al Kabuki Springs & Spa (p. 87) gratis.

Golden Gate Hotel
HOTEL $$

(plano p. 76; ☑415-392-3702, 800-835-1118; www. goldengatehotel.com; 775 Bush St; h con/sin baño 190/135 US$; @📶; ⊞2, 3, 🚋Powell-Hyde, Powell-Mason) Como una antigua pensión, se trata de un edificio *eduardiano* de 1913 con unos dueños amables y una decoración hogareña desparejada. Casi todas las sencillas habitaciones tienen baño propio; pídase una con bañera de patas. El gato y las galletas caseras reconfortan tras las caminatas.

★Orchard Garden Hotel
HOTEL-BOUTIQUE $$$

(plano p. 80; ☑415-399-9807, 888-717-2881; www. theorchardgardenhotel.com; 466 Bush St; h 295-370

US$; 🕸@📶; ⊞2, 3, 30, 45, Ⓑ Montgomery) El primero de la ciudad con todas las prácticas sostenibles, incluidos mobiliario (de madera), productos de limpieza y una soleada terraza en la azotea. Incluye toques de lujo como almohadas de plumón y sábanas de algodón. Muy tranquilo.

Hotel Rex
HOTEL-BOUTIQUE $$$

(plano p. 76; ☑415-433-4434, 800-433-4434; www. thehotelrex.com; 562 Sutter St; h 287-309 US$; 🕸@📶❄; 🚋Powell-Hyde, Powell-Mason, ⓂPowell, ⒷPowell) La música francesa de gramófono evoca el Algonquin neoyorquino de los años veinte. Las habitaciones, espléndidas, lucen lámparas con pantalla pintadas a mano, arte local y lujosas camas con mucho plumón. Las exteriores son luminosas pero ruidosas; pídase aire acondicionado.

North Beach

San Remo Hotel
HOTEL $$

(plano p. 82; ☑415-776-8688, 800-352-7366; www. sanremohotel.com; 2237 Mason St; h con baño compartido 99-139 US$; @📶❄; ⊞30, 47, 🚋Powell-Mason) Uno de los hoteles con mejor calidad/precio de la ciudad. Data de 1906 y le sobra encanto y antigüedades. Las habitaciones más baratas tienen ventanas que dan al pasillo, mientras que en las suites familiares caben hasta cinco personas. No hay ascensor.

★Hotel Bohème
HOTEL-BOUTIQUE $$$

(plano p. 80; ☑415-433-9111; www.hotelboheme. com; 444 Columbus Ave; h 214-275 US$; @📶; ⊞10, 12, 30, 41, 45) Una loa a la época *beat,* con fotografías y colores de entonces y sombrillas que velan las luces. Las habitaciones son algo pequeñas y, algunas, ruidosas, pero quizá el animado barrio de North Beach inspire la próxima novela del huésped.

Fisherman's Wharf

★HI San Francisco
Fisherman's Wharf
ALBERGUE $

(plano p. 82; ☑415-771-7277; www.sfhostels.com; Bldg 240, Fort Mason; dc incl. desayuno 30-42 US$, h 75-109 US$; ⓟ@📶; ⊞28, 30, 47, 49) Este antiguo hospital militar es hoy una ganga de alojamiento, con habitaciones privadas y dormitorios (algunos mixtos) de 4-22 camas, más una cocina enorme. No hay 'toque de queda' ni calefacción durante el día (llévese ropa de abrigo). Aparcamiento gratis limitado.

INDISPENSABLE

GOLDEN GATE PARK

Conocido como "el parque", en el Golden Gate Park (plano p. 90; http://sfrecpark.org; 🖼️🅿️; 🚇5, 18, 21, 28, 29, 33, 44, 71, Ⓜ️N) 🍃 los vecinos de San Francisco encuentran lo que más aprecian, como espíritus libres, música gratis, *frisbee* y bisontes.

En su extremo este, todo el año es posible unirse a los corros de tambores en la Hippie Hill, a los jugadores de bolos sobre hierba en el histórico Lawn Bowling Club, a los chiquitines aferrados como lapas al centenario carrusel y a quienes meditan contemplativos en el AIDS Memorial Grove (plano p. 90). Al oeste, las tortugas chapotean junto a los veleros en miniatura del lago Spreckels, se hacen ofrendas en altares paganos detrás del diamante de béisbol y se celebran conciertos gratis en los Polo Fields, que en 1967 acogieron el festival *hippie* Human Be-In.

Si esto aún suena hoy exagerado, imagínese al proponerlo en 1866. Cuando el arquitecto del Central Park de Nueva York, Frederick Law Olmsted, rehusó convertir más de 411 Ha de dunas en el mayor parque desarrollado del mundo, aceptó el proyecto del joven y tenaz ingeniero de caminos William Hammond Hall, quien insistió en que, en vez de casinos, hoteles, pistas de carreras y una aldea de iglús, debería incluir un jardín botánico (Strybing Arboretum; plano p. 90; 🖂415-661-1316; www.strybing.org; 1199 9th Ave; adultos/niños 7/5 US$, 2º ma de mes gratis; ⏱️9.00-18.00 abr-oct, hasta 17.00 nov-mar, librería 10.00-16.00; 🖼️; 🚇6, 43, 44, 71, Ⓜ️N) 🍃, un potrero para bisontes (plano p. 90) y cascadas en el lago Stow.

Hoy el parque ofrece 12 km de senderos para ciclistas, 19 km de rutas ecuestres, 1 campo de tiro con arco, estanques de pesca con mosca, 4 campos de fútbol y 21 canchas de tenis. Los domingos, cuando JFK Dr se cierra al tráfico alrededor de 9th Ave, hay que ir allí a bailar o ver bailar 'roller disco' (sobre patines) y 'lindy hop'. El resto del tiempo, lo más destacado del parque es:

MH de Young Museum (plano p. 90; 🖂415-750-3600; http://deyoung.famsf.org/; 50 Hagiwara Tea Garden Dr; adultos/niños 10/6 US$, dto. con billete Muni 2 US$, 1er ma de mes gratis, reserva en línea 1 US$; ⏱️9.30-17.15 ma-do, hasta 20.45 vi abr-nov; 🚇5, 44, 71, Ⓜ️N) La falla tectónica artificial esculpida por Andy Goldsworthy en la acera lleva a este elegante edificio de Herzog & De Meuron, revestido de cobre que al oxidarse se camufla con el verde del parque. Más descaradas son sus exposiciones, desde máscaras de Oceanía y joyas de Bulgari hasta retratos setenteros de la liberación gay del californiano Anthony Friedkin.

California Academy of Sciences (plano p. 90; 🖂415-379-8000; www.calacademy.org; 55 Music Concourse Dr; adultos/niños 34,95/24,95 US$, dto. con billete Muni 3 US$; ⏱️9.30-17.00 lu-sa, 11.00-17.00 do; 🅿️🖼️; 🚇5, 6, 31, 33, 44, 71, Ⓜ️N) Renzo Piano diseñó este emblemático edificio sostenible: bajo su "techo vivo" de flora californiana alberga 38 000 animales, con una pluvisilva de cuatro pisos y un acuario en dos niveles. Se organizan "noches en la academia" solo para niños (con pernoctación) y, para mayores de 21, la NightLife de los jueves, velada con cócteles en un ambiente de jungla.

Japanese Tea Garden (plano p. 90; 🖂reservas de ceremonia de té 415-752-1171; www.japaneseteagardensf.com; 75 Hagiwara Tea Garden Dr; adultos/niños 7/2 US$, antes de 10.00 lu, mi y vi gratis; ⏱️9.00-18.00 mar-oct, hasta 16.45 nov-feb; 🅿️🖼️; 🚇5, 44, 71, Ⓜ️N) Desde 1894, en sus más de 2 Ha los cerezos florecen en primavera, los arces mutan a rojo en otoño y el tiempo se suspende en este jardín zen. El centenario bosque de bonsáis es un legado de su fundador, Makoto Hagiwara, quien los cuidó hasta ser deportado con su familia y otros japoneses estadounidenses en la II Guerra Mundial y luego dedicó décadas a su recuperación. En el pabellón de té hay que tomar té verde y galletitas de la suerte, inventadas para la inauguración del jardín.

Conservatory of Flowers (plano p. 90; 🖂info 415-831-2090; www.conservatoryofflowers.org; 100 John F Kennedy Dr; adultos/niños 7/2 US$, 1er ma de mes gratis; ⏱️10.00-16.30 ma-do; 🚇5, Ⓜ️N) Este restaurado invernadero victoriano (1878) muestra el poder de las flores, con orquídeas colgantes, nenúfares flotantes y platas a la caza de insectos.

❶ GANGAS Y COSTES OCULTOS

San Francisco, la cuna del hotel-*boutique*, tiene estilosas habitaciones a partir de 150 US$ de precio medio, más el 16% de tasa hotelera (albergues, exentos) y 35-50 US$ de aparcamiento. Para gangas y plazas de última hora, consúltese Lonely Planet (http://hotels. lonelyplanet.com) y los especialistas en alojamiento local HotelTonight (www. hoteltonight.com), Airbnb (www.airb-nb.com), Bed & Breakfast SF (www. bbsf.com), Hipmunk (www.hipmunk. com) y Hotwire (www.hotwire.com).

⭐ **Argonaut Hotel**　　　HOTEL-BOUTIQUE **$$$**
(plano p. 82; ☑415-563-0800, 800-790-1415; www. argonauthotel.com; 495 Jefferson St; h 389-449 US$, con vistas 489-529 US$; ✴@🛜❄; ☐19, 47, 49, 🚋Powell-Hyde) ⦿ Construido como fábrica de conservas en 1908, el mejor hotel del Fisherman's Wharf tiene centenarias vigas de madera, paredes de ladrillo vista y una tremenda decoración náutica donde no faltan espejos en forma de ojo de buey. Todas las habitaciones disponen de camas comodísimas y bases de iPod, aunque algunas son pequeñas y oscuras; vale la pena pagar por una con vistas a la bahía.

🛏 Marina y Pacific Heights

Coventry Motor Inn　　　MOTEL **$$**
(plano p. 82; ☑415-567-1200; www.coventrymoto-rinn.com; 1901 Lombard St; h 155-165 US$; 🅿✴🛜; ☐22, 28, 30, 43) Ofrece la mejor calidad-precio de los muchos moteles de Lombard St (Hwy 101), con sosas pero amplias y cuidadas habitaciones y extras como aire acondicionado y aparcamiento a cubierto.

⭐ **Hotel Drisco**　　　HOTEL-BOUTIQUE **$$$**
(plano p. 82; ☑415-346-2880, 800-634-7277; www. hoteldrisco.com; 2901 Pacific Ave; h incl. desayuno 375-425 US$; @🛜; ☐3, 24) Señorial apartotel entre las mansiones de Pacific Heights, con servicio atento y decoración sobria-chic. Pídase una habitación con vistas a la ciudad y los taxis.

🛏 SoMa

Hotel Vitale　　　HOTEL-BOUTIQUE **$$$**
(plano p. 76; ☑415-278-3700, 888-890-8688; www.hotelvitale.com; 8 Mission St; h 419-509 US$;

✴@🛜❄; 🚇Embarcadero, 🚊Embarcadero) Tras sus cristales tintados se esconde este relajado y lujoso hotel en plena costa. No falta de nada: sábanas de 450 hilos, *spa* con dos *jacuzzis* en la azotea y un elegante salón abajo. Algunas habitaciones tienen espectaculares vistas del Bay Bridge.

Good Hotel　　　MOTEL **$$$**
(plano p. 76; ☑415-621-7001, 800-444-5819; www. thegoodhotel.com; 112 7th St; h 199-279 US$; @🛜❄; 🚇Civic Center, 🚊Civic Center) ⦿ Hotel sostenible muy en la onda, con cabeceros de madera recuperada, arañas de luces a base de botellas y colchas de forro polar hecho de envases de refresco reciclados. Las desventajas son lo sospechoso del barrio y el ruido de la calle; pídase una habitación trasera.

🛏 Mission y Castro

Inn San Francisco　　　B&B **$$**
(plano p. 84; ☑800-359-0913, 415-641-0188; www.innsf.com; 943 S Van Ness Ave; h incl. desayuno 185-310 US$, con baño compartido 135-200 US$; 🅿@🛜; ☐14, 49) ⦿ En una mansión victoriana italianizante de 1872 impecablemente conservada, este B&B ofrece antigüedades, flores frescas, camas mullidas y, en algunas habitaciones, *jacuzzi*. En el jardín inglés hay una casita independiente para hasta seis personas y un *jacuzzi* de secuoya. Aparcamiento limitado; mejor reservar.

Inn on Castro　　　GLBT, B&B **$$**
(plano p. 84; ☑415-861-0321; www.innoncastro. com; 321 Castro St; h incl. desayuno 165-185 US$, sin baño 125-145 US$, apto autoservicio 165-210 US$; 🛜; 🚇Castro) En esta casa adosada eduardiana la decoración setentera retrotrae al apogeo *disco* de Castro. Ofrece elegantes habitaciones *retro* y desayunos excepcionales (el dueño es chef). Pregúntese por los cercanos apartamentos que también alquilan.

Parker Guest House　　　B&B **$$$**
(plano p. 84; ☑415-621-3222, 888-520-7275; www.parkerguesthouse.com; 520 Church St; h incl. desayuno 209-259 US$; @🛜; ☐33, 🚋J) El alojamiento gay más señorial del Castro ocupa dos mansiones *eduardianas* pareadas que comparten jardín y sala de vapor. Las elegantes habitaciones tienen cómodas camas arropadas con edredones de plumón y baños relucientes.

Haight y Hayes Valley

Metro Hotel HOTEL **$**

(plano p. 84; 415-861-5364; www.metrohotelsf.com; 319 Divisadero St; h 88-100 US$; 6, 24, 71) Habitaciones limpias y baratas con baño, recepción 24 h, patio ajardinado y, abajo, excelentes *pizzas,* en el centro de Haight. No hay ascensor.

Chateau Tivoli B&B **$$**

(415-776-5462, 800-228-1647; www.chateautivoli.com; 1057 Steiner St; h incl. desayuno 175-215 US$, con baño compartido 115-135 US$; 5, 22) Junto a Alamo Sq, este soberbio edificio que alojó a Isadora Duncan y Mark Twain rebosa encanto, con sus torrecillas, maderas talladas y, según dicen, un fantasma. No hay ascensor ni TV.

Red Victorian Bed,
Breakfast & Art B&B **$$**

(plano p. 88; 415-864-1978; www.redvic.net; 1665 Haight St; h incl. desayuno 179-189 US$, sin baño 119-149 US$; 33, 43, 71) Los años setenta perviven en este edificio de 1906 con habitaciones temáticas (p. ej., "Summer of Love" y "Flower Children"). Aunque solo tienen baño cuatro de las 18 habitaciones, todas incluyen el desayuno ecológico en el Peace Café de abajo. Descuentos por estancias largas. No hay ascensor.

Hayes Valley Inn HOTEL **$$**

(plano p. 76; 415-431-9131, 800-930-7999; www.hayesvalleyinn.com; 417 Gough St; d incl. desayuno 93-115 US$, cama de matrimonio 103-126 US$; 21, Van Ness) Entre tentadoras *boutiques* y bistrós e increíblemente razonable, este hotel ofrece sencillas habitaciones pequeñas con baño compartido, personal amable y un perro bonachón. Habrá que llevar tapones para los oídos y dar un paseo hasta el baño. Sin ascensor.

Parsonage B&B **$$$**

(plano p. 84; 415-863-3699; www.theparsonage.com; 198 Haight St; h 220-270 US$; 6, 71, streetcar F) Los encantadores dueños están justamente orgullosos de los detalles victorianos italianizantes (como arañas de bronce y chimeneas de mármol de Carrara) de sus 23 amplias habitaciones. El desayuno se sirve en el elegante comedor y, antes de ir a descansar, se ofrece un *brandy* o un chocolate caliente junto al fuego.

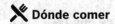 **Dónde comer**

Union Square

farm:table ESTADOUNIDENSE **$**

(plano p. 76; 415-292-7089; www.farmtablesf.com; 754 Post St; platos 6-9 US$; 7.30-14.00 ma-vi, 8.00-15.00 sa y do; 2, 3, 27, 38) Con solo una mesa comunal de madera dentro y dos más y una barra para comer de pie fuera, en este restaurante emplean ingredientes locales ecológicos. La carta, que cambia a diario, la cuelgan en Twitter (@farmtable). Pago en efectivo.

Sweet Woodruff CAFÉ, CALIFORNIANA **$**

(plano p. 76; 415-292-9090; www.sweetwoodruffsf.com; 798 Sutter St; platos 8-14 US$; 8.00-21.30 lu-vi, 9.30-21.30 sa y do; 2, 3, 27) El benjamín de la familia del vecino Sons & Daughters (una estrella Michelin), ofrece cocina de temporada de categoría en pequeños platos, p. ej., pimientos de Padrón asados con *fromage blanc* y patatas asadas al erizo de mar con bacón. Sin camareros ni florituras, solo sabor.

Cafe Claude FRANCESA **$$**

(plano p. 76; 415-392-3505; www.cafeclaude.com; 7 Claude Lane; principales 15-23 US$; 11.30-22.30 lu-sa, 17.30-22.30 do; Montgomery, Montgomery) Oculto en un callejón del centro, este lindo retiro tiene mesas fuera y un personal encantador. El almuerzo se sirve hasta las 17.00, y los fines de semana hay *jazz* en directo. Buen *coq au vin* y mejor carta de vinos.

Chinatown y North Beach

Liguria Bakery PANADERÍA **$**

(plano p. 80; 415-421-3786; 1700 Stockton St; *focaccia* 4-5 US$; 8.00-13.00 ma-vi, desde 7.00 sa; 8X, 30, 39, 41, 45, Powell-Mason) Adormilados estudiantes de arte y abuelas italianas hacen cola ya a las 8.00 para la *focaccia* de pasas y canela en este centenario horno de leña, y dejan a los rezagados de las 9.00 la de tomate o la clásica de romero. Tienen también cajas para *picnic.* Pago solo en efectivo.

City View CHINA **$**

(plano p. 80; 415-398-2838; 662 Commercial St; platos 3-8 US$; 11.00-14.30 lu-vi, desde 10.00 sa y do; 8X, 10, 12, 30, 45, California St) A elegir de la carta o de los carritos cargados de empanadillas de gambas, brécol chino con ajo, punzantes costillas y otros tentadores *dim sum.*

ⓘ A TOMAR EN CUENTA

San Francisco es la ciudad con más restaurantes per cápita de EE UU. Se hallarán gangas en www.blackboardeats.com y www.opentable.com; como los mejores son muy pequeños, resérvese ya. Algunos restaurantes cobran con descaro un recargo del 4% para cubrir la obligatoria (a nivel local) asistencia sanitaria para sus trabajadores. A la cuenta de la comida hay que añadir el 9,5% de impuestos, más un 15-25% de propina.

Hay que llegar antes de las 12.00 para optar a los primeros de las vaporeras de bambú.

★Cotogna   ITALIANA $$

(plano p. 80; ✆415-775-8508; www.cotognasf.com; 490 Pacific Ave; principales 17-29 US$; ⏱11.30-23.00 lu-ju, 11.30-24.00 vi y sa, 17.00-21.30 do; ✉; 🚃10,12) Pasta casera, *pizzas* al horno de leña y asados al espetón con hierbas cultivadas en la azotea que prueban la mano del chef Michael Tusk al elegir y equilibrar los ingredientes. Sin reserva, váyase tarde a almorzar.

Z & Y   CHINA $$

(plano p. 80; ✆415-981-8988; www.zandyrestaurant.com; 655 Jackson St; principales 9-20 US$; ⏱11.00-21.30 lu-ju, hasta 22.30 vi-do; 🚃8X, 🚋Powell-Mason, Powell-Hyde) Cerdo agridulce y cerdo *mu-shu* pasables, pero sensacionales platos abrasadores de Sichuan como especiadas empanadillas de cerdo, judías verdes con ampollas del calor, fideos caseros y pescado hecho a fuego lento en aceite de chile. Si no se llega pronto, habrá que esperar.

Cinecittà   PIZZERÍA $$

(plano p. 80; ✆415-291-8830; www.cinecittarestaurant.com; 663 Union St; *pizzas* 12-15 US$; ⏱12.00-22.00 do-ju, hasta 23.00 vi y sa; ✉🖐; 🚃8X, 30, 39, 41, 45, 🚋Powell-Mason) La barra se llena para tomar *pizza* con cervezas locales de grifo y charlar con Romina, su dueña romana. Las lealtades de North Beach se reparten entre la romana Travestere (mozzarella, rúcula y jamón) y la napolitana O Sole Mio (alcaparras, aceitunas, mozzarella y anchoas).

★Coi   CALIFORNIANA $$$

(plano p. 80; ✆415-393-9000; www.coirestaurant.com; 373 Broadway; menú 195 US$; ⏱17.30-22.00 ma-sa; 🚃8X, 30, 41, 45, 🚋Powell-Mason) 🍸 El siempre cambiante e imaginativo menú de gustación de siete platos y postre del chef Daniel Patterson es como comerse la costa californiana: pensamientos cultivados en una azotea adornan la lengua de pato de Sonoma, y abulones salvajes asoman entre marismas de brotes de guisante. En el destartalado sofá se puede disfrutar del único maridaje de vinos californianos de la ciudad por 115 US$; lo bastante generoso para dos.

🍴 Fisherman's Wharf y Russian Hill

Puestos de cangrejos del Fisherman's Wharf   PESCADO Y MARISCO $

(plano p. 82; al pie de Taylor St; principales 5-15 US$; 🖐F) Hombres musculosos remueven humeantes calderos de cangrejo Dungeness para llevar. La temporada del cangrejo va de invierno a primavera, pero hay gambas y otros mariscos todo el año. Se puede ir con lo pescado a los bancos de Promenade del muelle 43 para comer sentados o cruzar las puertas de cristal señalizadas como "Passageway to the Boats" en 8/9 Fisherman's Wharf para disfrutar mientras se ven los barcos.

★Gary Danko   CALIFORNIANA $$$

(plano p. 82; ✆415-749-2060; www.garydanko.com; 800 North Point St; menú de 3/5 platos 76/111 US$; ⏱17.30-22.00; 🚃19, 30, 47, 🚋Powell-Hyde) Ideal para compartir su trío de *crèmes brûlées*. El cristal ahumado de los ventanales evita que los viandantes babeen ante la langosta asada con setas de cardo, la pechuga de pato con compota de ruibarbo o la espléndida carta de quesos. Solo con reserva.

🍴 Marina, Japantown y Pacific Heights

Off the Grid   CAMIÓN DE COMIDA $

(plano p. 82; www.offthegridsf.com; 2 Marina Blvd; platos 5-10 US$; ⏱17.00-23.00 vi; 🖐; 🚃22, 28) Unos 30 camiones de comida se juntan aquí los viernes en la mayor fiesta culinaria móvil de la ciudad; otras noches/ubicaciones atraen a menos camiones (véase la web). Hay que llegar antes de las 18.30 o habrá que esperar 20 min para los panecillos de pato asado de Chairman Bao, el pollo de corral asado con hierbas de Roli Roti y los postres de Crème Brûlée Man. Pago solo en efectivo; se come en el muelle con vistas a poniente sobre el Golden Gate.

★ **Greens**   VEGETARIANA, CALIFORNIANA $$
(plano p. 82; ☑415-771-6222; www.greensrestaurant.
com; edificio A, Fort Mason Center, esq. Marina Blvd
y Laguna St; almuerzo 15-18 US$, cena 18-25 US$;
◷11.45-14.30 y 17.30-21.00 ma-vi, desde 11.00 sa,
10.30-14.00 y 17.30-21.00 do, 17.30-21.00 lu; ☑⌁;
⬚28) ⚑ Contundentes bocadillos de beren-
jena asada y chili de frijoles negros con nata
agria y jalapeños encurtidos, entre otras deli-
cias. Los ingredientes provienen de una gran-
ja zen de Marin. Hay que reservar los fines de
semana, o llevarse el pedido para disfrutarlo
en un banco de la ribera.

State Bird Provisions   CALIFORNIANA $$
(☑415-795-1272; statebirdsf.com; 1529 Fillmore
St; ◷17.30-22.00 do-ju, hasta 23.00 vi y sa; ⬚22,
38) James Beard lo nombró mejor nuevo
restaurante del 2013 por su creativa versión
del *dim sum*, con esotéricos ingredientes locales como polen de hinojo y garo. Hay que
reservar o, si no, llegar antes de las 17.00 para
conseguir sitio en la cotizada barra. Los precios engañan; tanto platito pequeño suma.

Tataki   JAPONESA $$
(plano p. 82; ☑415-931-1182; www.tatakisushibar.
com; 2815 California St; platos 12-20 US$; ◷11.30-

14.00 y 17.30-22.00 lu-ju, 11.30-14.00 y 17.30-22.30 vi,
17.00-22.30 sa, 17.00-21.30 do; ⬚1, 24) ⚑ Pione-
ros del *sushi* sostenible, los chefs Kin Lui,
Raymond Ho y Kenny Zhu salvan la cena y
los mares con su salvelino (trucha alpina)
de acuicultura con *yuzu* y el muy califor-
niano rollo Golden State (especiada vieira
recolectada a mano, atún rojo del Pacífico,
aguacate de cultivo orgánico y láminas de
manzana).

⤬ SoMa

Zero Zero   PIZZERÍA $$
(plano p. 76; ☑415-348-8800; www.zerozerosf.com;
826 Folsom St; *pizzas* 12-19 US$; ◷11.30-14.30 y
16.00-22.00 lu-ju, hasta 23.00 vi, 11.30-23.00 sa,
11.30-22.00 do; ⓂPowell, ⒷPowell) El nombre
alude a la harina "00" empleada en las famosas *pizzas* napolitanas de borde hinchado,
pero con ingredientes de inspiración local.
Aunque la Geary mezcla con acierto almejas
japonesas, bacón y chiles, la estrella es la Castro, cargada de salchicha casera.

★ **Benu**   CALIFORNIANA, DE FUSIÓN $$$
(plano p. 76; ☑415-685-4860; www.benusf.com; 22
Hawthorne St; menú degustación 195 US$; ◷17.30-

EL FERRY BUILDING

Además de centro del transporte de la bahía, el **Ferry Building** (plano p. 76; ☑415-983-
8000; www.ferrybuildingmarketplace.com; Market St y Embarcadero; ◷10.00-18.00 lu-vi, 9.00-
18.00 sa, 11.00-17.00 do; ⓅⒶ; ⓂEmbarcadero, ⒷEmbarcadero) es el templo culinario de la
ciudad.

Mercado de granjeros de Ferry Plaza (plano p. 76; ☑415-291-3276; www.cuesa.org;
Market St y the Embarcadero; ◷10.00-14.00 ma y ju, 8.00-14.00 sa; ⓂEmbarcadero, ⒷEmbarca-
dero) Los chefs famosos buscan en sus puestos rarezas, los sibaritas se lanzan sobre los
albaricoques ecológicos y los camiones de tamales tienen auténticos clubs de fans. Tras
intercambiar recetas en las colas, se lleva el *picnic* al muelle 2.

Slanted Door (plano p. 76; ☑415-861-8032; www.slanteddoor.com; 1 Ferry Bldg; almuerzo
16-36 US$, cena 18-45 US$; ◷11.00-16.30 y 17.30-22.00 lu-sa, 11.30-16.30 y 17.30-22.00 do;
ⓂEmbarcadero, ⒷEmbarcadero) Charles Phan ha ganado el premio James Beard al mejor
chef del 2014 por su fresca cocina californiana de inspiración vietnamita; impresionante
el pato a las cinco especias con higo. Resérvese o váyase a la ventanilla de comida para
llevar.

Hog Island Oyster Company (plano p. 76; ☑415-391-7117; www.hogislandoysters.com; 1
Ferry Bldg; 4 ostras 13 US$; ◷11.30-21.00 lu-ju, hasta 22.00 vi, 11.00-22.00 sa, 11.00-21.00 do;
ⓂEmbarcadero, ⒷEmbarcadero) ⚑ Ostras de batea sostenible de la bahía de Tomales a
discreción: con salsa *beurre blanc* a la alcaparra, con bacón y pimentón o al natural, con
espumoso de Sonoma.

Mijita (plano p. 76; ☑415-399-0814; www.mijitasf.com; 1 Ferry Bldg; platos 4-10 US$; ◷10.00-
19.00 lu-ju, hasta 20.00 vi, 9.00-20.00 sa, 8.30-15.00 do; ☑⌁; ⓂEmbarcadero, ⒷEmbarcadero)
Los tacos de pescado sostenible y el *agua fresca* (ponche de frutas frescas) triunfan en
este local californiano-mexicano cuya dueña es la chef Traci des Jardins.

20.30 ma-sa; 🚌10, 12, 14, 30, 45) El chef/dueño Corey Lee (antes del French Laundry en Napa) borda la cocina de fusión. Con el tacto de un DJ de SoMa mezcla la alta cocina sostenible local con los sabores de todas las orillas del Pacífico. El cangrejo Dungeness y la trufa dan tal sabor a su falsa sopa de aleta de tiburón que no se creerá.

✗ Mission y Castro

★ La Taqueria   MEXICANA $
(plano p. 84; 🗹415-285-7117; 2889 Mission St; burritos 6-8 US$; ⏱11.00-21.00 lu-sa, hasta 20.00 do; 🚻; 🚌12, 14, 48, 49, Ⓑ24th St Mission) El mejor burrito de la ciudad solo lleva carne bien asada a la parrilla, frijoles cocinados a fuego lento y la clásica salsa de tomatillo o mezquite, todo en tortita de harina.

★ Ichi Sushi   SUSHI' $$
(🗹415-525-4750; www.ichisushi.com; 3282 Mission St; *sushi* 4-8 US$; ⏱17.30-22.00 lu-ju, hasta 23.00 vi y sa; 🚌14, 49, Ⓑ24th St Mission, ⓂJ) Muy superior a otros locales de *sushi*. El pescado, de origen sostenible, cortado con precisión y en justo equilibrio sobre arroz bien compacto, lleva toques de *yuzu* gelificado y microscó-

picos pedacitos de rábano *daikon* y chile, lo que hace impensable recurrir a la salsa de soja.

★ Namu Gaji   COREANA, CALIFORNIANA $$
(plano p. 84; 🗹415-431-6268; www.namusf.com; 499 Dolores St; platitos 10-21 US$; ⏱11.30-16.00 mi-vi, desde 10.30 sa y do, 17.00-22.00 ma-ju y do, 17.00-23.00 vi y sa; 🚌22, 33, ⓂJ, Ⓑ16th St Mission) 🍃 *Soul food* de inspiración coreana que muestra las ventajas gastronómicas de esta urbe. Destacan las sabrosas empanadillas de setas *shiitake,* la tiernísima lengua de buey marinada y la olla de piedra de arroz con verduras de cultivo ecológico, filete de vaca de hierba y un huevo de corral de Sonoma.

★ Frances   CALIFORNIANA $$$
(plano p. 84; 🗹415-621-3870; www.frances-sf.com; 3870 17th St; principales 20-27 US$; ⏱17.00-22.00 do-ju, hasta 22.30 vi y sa; ⓂCastro) Melissa Perello, su dueña y cocinera, dejó un gran restaurante del centro para abrir este bistró que ofrece alegres sabores de temporada y texturas de lujo. Ñoquis de ricotta de oveja con crujientes *bimi,* calamares a la parrilla con limón *meyer* confitado y vino

---

DELICIAS DE SAN FRANCISCO

En está ciudad se inventaron las tabletas de chocolate durante la Fiebre del Oro y los cordones de terciopelo ponen orden en las colas de las heladerías. Ahí van algunas tentaciones locales:

➡ ★**Craftsman & Wolves** (plano p. 76; 🗹415-913-7713; http://craftsman-wolves.com; 746 Valencia St; repostería 3-7 US$; ⏱7.00-19.00 lu-ju, hasta 20.00 vi, 8.00-20.00 sa, 8.00-19.00 do; 🚌14, 22, 33, 49, Ⓑ16th St Mission, ⓂJ) El elegante mostrador muestra joyas del calibre de *petisús* de caramelo salado y tarta ajedrezada con sésamo negro.

➡ **Bi-Rite Creamery** (plano p. 76; 🗹415-626-5600; www.biritecreamery.com; 3692 18th St; helados 3-7 US$; ⏱11.00-22.00 do-ju, hasta 23.00 vi y sa; 🚻; 🚌33, Ⓑ16th St Mission, ⓂJ) 🍃 Los helados ecológicos justifican la cola, p. ej., el de caramelo salado y el de fresa balsámica.

➡ **Tout Sweet** (plano p. 76; 🗹415-385-1679; www.toutsweetsf.com; Geary St y Stockton St, Macy's, 3ª planta; horneados 2-8 US$; ⏱10.00-20.00 lu-mi, Hasta 21.00 ju-sa, 11.00-19.00 do; 🚌2, 38, 🚋Powell-Mason, Powell-Hyde, Ⓑo Powell St) Yigit Pura (ganador de *Top Chef*) elabora *macarons* franceses en irreverentes sabores locales, como el de cereza amarga/ *bourbon* y el de mantequilla de cacahuete y jalea.

➡ **Benkyodo** (🗹415-922-1244; www.benkyodocompany.com; 1747 Buchanan St; *mochi* 1,25-2 US$; ⏱8.00-17.00 lu-sa; 🚌2, 3, 22, 38) A diario aparecen sus míticos *mochi* (pasteles de arroz); los de té verde, mantequilla de cacahuete y fresa rellena de chocolate se acaban pronto.

➡ **Mission Pie** (plano p. 76; 🗹415-282-1500; www.missionpie.com; 2901 Mission St; trozo de *pie* US$3.50-4; ⏱7.00-22.00 lu-vi, desde 8.00 sa, desde 9.00 do; 📶🍃🚻; 🚌12, 14, 48, 49, Ⓑ24th St Mission) 🍃 Clásico pastel de manzana servido caliente con nata ecológica, en un local victoriano con certificado verde y juguetes para los críos.

artesano del Wine Country servido por onzas (1 fl. oz= 29,574 ml).

Haight y Hayes Valley

Second Act COMIDA DE ARTESANOS **$**
(http://secondactsf.com/; 1727 Haight St; platos 5-12 US$; ⏰8.00-18.00, hasta 20.00 vi) Cuando el cine de gestión colectiva Red Vic cerró, los vecinos pidieron un bis: ahora el "Segundo Acto" acoge a artesanos locales de comida y un espacio de eventos del barrio. Hay que probar las empanadillas del Anda Piroshki, la *soul food* del High Cotton Kitchen y el helado de cereza y lavanda de la Eatwell Farm. Los viernes, vale la pena quedarse a la *happy hour* y los estrenos de cine independiente (véase la web).

⭐**Rich Table** CALIFORNIANA **$$$**
(plano p. 84; ☎415-355-9085; http://richtablesf. com; 199 Gough St; comidas 17-30 US$; ⏰17.30-22.00 do-ju, hasta 22.30 vi y sa; 🚇5, 6, 21, 47, 49, 71, Ⓜ Van Ness) 🍴 Dan ganas de rebañar el plato al acabar la sopa fría de albaricoque con panceta o los canelones de conejo con crema de berros. Los propietarios y chefs Sarah y Evan Rich, matrimonio, crean exquisita cocina californiana como el "Dirty hippie" (*pannacotta* de suero de mantequilla de cabra con encima semillas de girasol y de cáñamo). Hay que reservar de dos a cuatro semanas antes (por telefono) o ir pronto para sentarse en la barra.

⭐**Jardinière** CALIFORNIANA **$$$**
(plano p. 76; ☎415-861-5555; www.jardiniere.com; 300 Grove St; principales 18-32 US$; ⏰17.00-22.30 ma-sa, hasta 22.00 do y lu; 🚇5, 21, 47, 49, Ⓜ Van Ness) 🍴 Máster de *Top Chef* y *Iron Chef* y premiada con el James Beard, Traci Des Jardins aboga por una lujuriosa cocina californiana sostenible. Elabora *tagliatelle* caseros con mucho tuétano y las vieiras las cubre con erizo de mar. Los lunes, dos platos y postre con maridaje de vinos cuestan 55 US$.

Richmond y Sunset

⭐**Outerlands** CALIFORNIANA **$$**
(plano p. 90; ☎415-661-6140; www.outerlandssf. com; 4001 Judah St; sándwiches y platillos 7-14 US$, principales 18-22 US$; ⏰10.00-15.00 ma-vi, desde 9.00 sa y do, 17.30-22.00 ma-do; 🚼; 🚇18, Ⓜ N) 🍴 Si el viento de Ocean Beach provocara desazón, esta cabaña en la playa es un bistró con reconfortante comida

californiana ecológica. El *brunch* incluye *crêpes* holandesas a la sartén de hierro con *ricotta* casera, y el almuerzo, un combinado de sándwich de queso artesano fundido y sopa de aire campesino. Hay que reservar, o tomarse un vino mientras se espera.

Nopalito MEXICANA **$$**
(plano p. 90; ☎415-233-9966; www.nopalitosf. com; 1224 9th Ave; ⏰11.30-22.00; 🚼; 🚇6, 43, 44, 71, Ⓜ N) 🍴 Al sur del Golden Gate Park, aquí sirven excelente comida *cal-mex* de origen sostenible, como sabrosas tortas (bocadillos), tacos de carnitas (carne braseada) y chocolate a la taza con canela. No reservan; llámese 2 h antes para ponerse a la lista de espera.

⭐**Aziza** MARROQUÍ, CALIFORNIANA **$$$**
(plano p. 90; ☎415-752-2222; www.aziza-sf.com; 5800 Geary Blvd; principales 19-29 US$; ⏰17.30-22.30 mi-lu; 🚇1, 29, 31, 38) Ganador del *Iron Chef,* Mourad Lahlou logra con inspiración marroquí e ingredientes californianos ecológicos sabores de otro mundo, como la hojaldrada *basteeya* (pastela) rellena de *confit* de pato de Sonoma y cebolla caramelizada o el cordero de Marin a fuego lento sobre cebada al azafrán. Para rematar, la *bavaroise* de albaricoque de Melissa Chou, la chef repostera.

🍷 Dónde beber y vida nocturna

Union Square

⭐**Rickhouse** BAR
(plano p. 80; ☎415-398-2827; www.rickhousebar. com; 246 Kearny St; ⏰17.00-2.00 lu, 15.00-2.00 ma-vi, 18.00-2.00 sa; Ⓜ Montgomery, Ⓑ Montgomery) Con paredes de madera procedentes de barricas de *bourbon* de un convento de los montes Ozark donde se destilaba en secreto y lleno de estanterías, aunque ponen el énfasis en los *bourbons* raros, también se puede tomar un auténtico pisco *punch* en ponchera.

Irish Bank 'PUB'
(plano p. 80; ☎415-788-7152; www.theirishbank. com; 10 Mark Lane; ⏰11.30-2.00; Ⓜ Montgomery, Ⓑ Montgomery) Cañas bien tiradas, patatas fritas gruesas con vinagre de malta y salchichas con mucha mostaza son los básicos de este buen irlandés con acogedoras salitas en las

que charlar. Los fumadores tienen mesas bajo los toldos del callejón.

Chinatown y North Beach

★ Caffe Trieste
CAFÉ

(plano p. 80; ☎415-392-6739; www.caffetrieste.com; 601 Vallejo St; ⊙6.30-23.00 do-ju, hasta 24.00 vi y sa; ☎; ☐8X, 10, 12, 30, 41, 45) Una institución de North Beach desde los años cincuenta: poesía en las paredes del baño, ópera en la gramola, acordeones en directo cada semana y alguna aparición del laureado poeta *beat* Lawrence Ferlinghetti. También es posible tomarse un café exprés bajo el mural siciliano donde Coppola esbozó *El padrino*. Pago solo en efectivo.

★ Comstock Saloon
BAR

(plano p. 80; ☎415-617-0071; www.comstocksaloon. com; 155 Columbus Ave; ⊙12.00 hasta 2.00 lu-vi, desde 16.00 sa, 16.00-24.00 do; ☐8X, 10, 12, 30, 45, ⓑPowell-Mason) Taberna victoriana con cócte-

les a juego: el pisco *punch* lleva jarabe de goma arábiga a la piña, y el *martinez* (precursor del *martini*), ginebra, vermú, bíteres y marrasquino. Llámese para sentarse en los reservados del salón o para saber si hay *ragtime* en directo.

Specs'
BAR

(☎415-421-4112; 12 William Saroyan Pl; ⊙16.30-2.00 lu-vi, desde 17.00 sa y do) Para beber jarras de cerveza Anchor Steam, entre paredes llenas de objetos de la marina mercante y veteranos dispuestos a amotinarse a la hora del cierre.

Li Po
BAR

(plano p. 80; ☎415-982-0072; www.lipolounge. com; 916 Grant Ave; ⊙14.00-2.00; ☐8X, 30, 45, ⓑPowell-Mason, Powell-Hyde) Tras su entrada de falsa gruta de 1937, en sus reservados de vinilo rojo, Ginsberg y Kerouac debatían sobre el sentido de la vida junto a un buda dorado y lámparas chinas. Se puede tomar una cerveza o un fuerte *mai tai* chino a base de *baiju* (licor de arroz). Esporádicas comparecencias de DJ en el sótano.

EL SAN FRANCISCO DE AMBIENTE

Aquí lesbianas, gays, bisexuales y transexuales tienen tantos recursos que cuesta elegir. Aunque Castro es el centro gay y Mission gusta a las lesbianas, los más jóvenes van a bailar al desaforado SoMa.

➡ **The Stud** (plano p. 84; www.studsf.com; 399 9th St; entrada 5-8 US$; ⊙12.00-2.00 ma, desde 17.00 mi y sa, 17.00-3.00 ju y vi, 17.00 hasta 24.00 do; ☐12, 19, 27, 47) Un grande de la movida gay desde 1966, se diversifica más allá de los hombretones de cuero con lunes roqueros, martes *drag,* miércoles de humoristas/karaoke y viernes de baile, además de cabaré cuando la cabaretera/DJ Anna Conda puede.

➡ **Lexington Club** (plano p. 84; ☎415-863-2052; www.lexingtonclub.com; 3464 19th St; ⊙17.00-2.00 lu-ju, desde 15.00 vi-do; ☐14, 33, 49, ⒷGth St Mission) En el bar de lesbianas de mayor (y peor) fama se corre el peligro de encandilarse con la nueva novia de la exnovia entre tragos fuertes, máquinas de *flipper* y tatuajes.

➡ **Aunt Charlie's** (plano p. 76; ☎415-441-2922; www.auntcharlieslounge.com; 133 Turk St; entrada 2-5 US$; ⊙12.00-2.00 lu-vi, desde 10.00 sa, 10.00-24.00 do; ⓜPowell, ⒷPowell) Un antro con el mejor espectáculo de *drag queens* clásico (22.00 vi y sa). Los martes por la noche los chicos de la escuela de arte alucinan con la música *bathhouse disco* del Tubesteak (5 US$).

➡ **Endup** (plano p. 76; ☎415-646-0999; www.theendup.com; 401 6th St; entrada 5-20 US$; ⊙22.00 ju-4.00 vi, 23.00 vi-11.00 sa, 22.00 sa-4.00 lu, 22.00 lu-4.00 ma; ☐12, 27, 47) Desde 1973 tiene baile de tarde los domingos, si bien la fiesta realmente empieza el sábado, y quizá se acabe viendo amanecer el lunes sobre la autopista.

➡ **Rickshaw Stop** (plano p. 76; ☎415-861-2011; www.rickshawstop.com; 155 Fell St; entrada 5-35 US$; ⊙variable, véase a web; ⓜVan Ness) Ritmos insólitos mantienen a tope la pista de este fabuloso y diminuto local apto para todas las edades (mayores de 18 años) y orientaciones; triunfan las noches de *bhangra* y de gogós lesbianas

➡ **Sisters of Perpetual Indulgence** (plano p. 76; www.thesisters.org) Para disparatados recaudadores de fondos, véase la web de esta "vanguardista orden de monjas raritas", como se autodescribe esta obra benéfica e institución de San Francisco.

Centro y SoMa

★ Bar Agricole
BAR

(plano p. 84; 415-355-9400; www.baragricole.com; 355 11th St; 18.00-22.00 ma-ju y do, 17.30-23.00 vi y sa; 9, 12, 27, 47) Sus cócteles son para diplomarse en historia: el *bellamy scotch sour* con clara de huevo pasa el examen, pero el *tequila fix* con lima, sirope de goma arábiga a la piña y bíteres es de matrícula. No hay que perderse los huevos duros picantes con erizo de mar.

Blue Bottle Coffee Company
CAFÉ

(www.bluebottlecoffee.net; 66 Mint St; 7.00-19.00 lu-vi, 8.00-18.00 sa y do) La curiosa cafetera de vacío de 20 000 US$ hace un café superior de comercio justo, solo comparable a los agridulces mocas y al *gibraltar,* un invento fuera de carta.

Local Edition
COCTELERÍA

(415-795-1375; www.localeditionsf.com; 691 Market st; 17.00-2.00 lu-vi, desde 19.00 sa) Se oculta en el sótano de la antigua sede de los periódicos de Hearst. La luz es tan tenue que quizá se tropiece con alguna máquina de escribir, lo que se perdona por su *pulitzer,* un peligroso cóctel a base de jerez y escocés.

DNA Lounge
DISCOTECA

(plano p. 84; www.dnalounge.com; 375 11th St; entrada 3-25 US$; 21.00-3.00 vi y sa, otras noches variable; 12, 27, 47) De los últimos grandes clubes de San Francisco, con música en directo, la Bootie con *mashup* para bailar, la Trannyshask con *drag queens* y, los lunes, la gótica Death Guild para mayores de 18 años.

Mission

Ritual Coffee Roasters
CAFÉ

(plano p. 84; 415-641-1011; www.ritualroasters.com; 1026 Valencia St; 6.00-20.00 lu-ju, hasta 22.00 vi, 7.00-22.00 sa, 7.00-20.00 do; ; 14, 49, 24th St Mission) Los fieles hacen cola para tomar un café exprés tostado en la casa y especialidades de cafés de filtro con fantásticas descripciones de sus granos, p. ej., "con notas de anacardo y hollejo de uva".

El Rio
DISCOTECA

(415-282-3325; www.elriosf.com; 3158 Mission St; entrada 3-8 US$; 13.00-2.00; 12, 14, 27, 49, 24th St Mission) Los DJ se inspiran en la parroquia: ecléctica, enrollada e internacionalmente *sexy,* sea cual sea la orientación sexual. Con los *margaritas* la multitud no para de bailar al son de los *mashups* de *disco*-punk y de coquetear en el jardín trasero. Juego de tejo y ostras gratis los viernes a las 17.30. Solo efectivo.

Haight y Hayes Valley

★ Smuggler's Cove
BAR

(plano p. 76; 415-869-1900; www.smugglerscovesf.com; 650 Gough St; 17.00-1.15; 5, 21, 49, Van Ness) La "Caleta del Contrabandista" es un bar polinesio donde los piratas pueden tomar un *dead reckoning* (ron nicaragüense, oporto seco, licor de vainilla y bíteres) o elegir entre 400 tipos de ron y 70 cócteles.

★ Toronado
PUB

(plano p. 84; 415-863-2276; www.toronado.com; 547 Haight St; 11.30-2.00; 6, 22, 71, N) Más de 50 variedades de cerveza de barril y cientos de embotellada. Se pueden maridar las cervezas de temporada con salchichas (pago en efectivo) del contiguo Rosamunde (plano p.84; 415-437-6851; http://rosamundesausagegrill.com; 545 Haight St; salchichas 6.50-7 US$; 11.30-22.00 do-mi, hasta 23.00 ju-sa; 6, 22, 71, N) para estar en la gloria, aunque el ruido sea ensordecedor.

Alembic
BAR

(plano p. 88; 415-666-0822; www.alembicbar.com; 1725 Haight St; 16.00-2.00 lu-vi, desde 12.00 sa y do; 6, 33, 37, 43, 71, N) Dispone de 250 licores para elaborar brebajes tan potentes que pueden dejar al cliente más machacado que su muy pisoteado suelo o su techo de metal labrado. Hay que pedir un *lava lamp* (champán rosado con bíter de nuez) en honor a Haight o enmudecer con un *charlie chaplin* (ginebra a la endrina, lima y licor de albaricoque).

☆ Ocio

Música en directo

★ SFJAZZ Center
JAZZ

(plano p. 84; 866-920-5299; www.sfjazz.org; 201 Franklin St; conciertos variable; 5, 7, 21, Van Ness) Aunque el centro de *jazz* más grande y nuevo de EE UU programa artistas de temporada como Wynton Marsalis, Regina Carter y Tony Bennett, lo realmente emocionante son sus experimentales *jam sessions* del pianista Jason Moran con patinadores de *skateboard* en una rampa dentro del auditorio. Las baratas localidades de gallinero son como banquetas, pero tienen buena vista del escenario y antepechos para las bebidas.

★ The Chapel
MÚSICA EN DIRECTO

(plano p. 84; ✆415-551-5157; www.thechapelsf.com; 777 Valencia St; entrada 15-22 US$; ▢14, 33, Ⓜ J, Ⓑ16th St Mission) El emblemático edificio (1914) del movimiento Craftsman tiene una acústica celestial en su sala de 12 m de altura, donde el público enloquece con propuestas como las *jam sessions* de la Preservation Hall Jazz Band con Nick Lowe, el lío del gran coro Polyphonic Spree y la revista de *drag queens* que incluye un *playback* del *OK Computer* de Radiohead. Muchos espectáculos son para todas las edades, salvo cuando algunos cómicos como W. Kamau Bell se ponen picantes.

The Fillmore
SALA DE CONCIERTOS

(✆415-346-3000; www.thefillmore.com; 1805 Geary Blvd; entradas desde 20 US$; ⊙espectáculos nocturnos) Hendrix, Zeppelin, Janis…, todos pasaron por aquí. El mítico lugar donde se lanzó la psicodelia, como atestiguan los pósteres del piso superior, ofrece actuaciones en su sala de 1250 asientos con un escenario circular.

Slim's
MÚSICA EN DIRECTO

(plano p. 84; ✆415-255-0333; www.slimspresents.com; 333 11th St; entradas 12-30 US$; ⊙taquilla 10.30-18.00 lu-vi y espectáculos nocturnos; ▢9, 12, 27, 47) Gogol Bordello, los Expendables y los Mekons garantizan pasarlo bien en esta sala de tamaño medio, donde Prince y Elvis Costello han actuado sin anunciarse. Los espectáculos son para todas las edades, aunque los bajitos quizá sufran cuando la gente empiece a dar botes. Para sentarse en la galería, hay que reservar cena (25 US$).

Great American Music Hall
MÚSICA EN DIRECTO

(plano p. 76; ✆415-885-0750; www.gamh.com; 859 O'Farrell St; entrada 12-35 US$; ⊙taquilla 10.30-18.00 lu-vi y espectáculos nocturnos; ▢19, 38, 47, 49) Este antiguo burdel está lleno de sorpresas:

ℹ A LA CAZA DE ENTRADAS

En **TIX Bay Area** (www.tixbayarea.org) venden entradas a mitad de precio para el mismo día; pago en efectivo. Consúltese la venta anticipada para conciertos y otros espectáculos en **Ticketmaster** (www.ticketmaster.com) y **SHN** (www.shnsf.com).

Black Rebel Motorcycle Club en acústico, *jam sessions* de *bluegrass* u hombretones que se balancean al son de Vetiver. Hay que ir pronto para conseguir asiento en la galería o un hueco cerca del escenario.

Independent
MÚSICA EN DIRECTO

(plano p. 84; ✆415-771-1421; www.theindependentsf.com; 628 Divisadero St; entradas 12-45 US$; ⊙taquilla 11.00-18.00 lu-vi, espectáculos hasta 21.30; ▢5, 6, 21, 71) Bien reputado por sus espectáculos de soñadores *indies* (Magnetic Fields, Rogue Wave), mitos del *rock* (Courtney Love, Marky Ramone), pop alternativo (Imagine Dragons, Vampire Weekend) y extravagantes eventos como el Campeonato de EE UU de Guitarra Invisible.

Yoshi's
JAZZ, MÚSICA EN DIRECTO

(✆415-655-5600; www.yoshis.com; 1330 Fillmore St; ⊙espectáculos 20.00 y/o 22.00 ma-do, cenas 17.30-21.00 ma y mi, 17.30-22.00 ju, 17.30-22.30 vi y sa, 17.00-21.00 do; ▢22, 31) En tiempos, al barrio de Fillmore lo llamaban "el Harlem del Oeste", y por aquí aún pasan figuras mundiales como el guitarrista Leon Redbone, la cantante Nancy Wilson y el grupo de mística sufí y música electrónica Niyaz, además de reuniones de los Pantera Negra y un fabuloso *sushi*.

Mezzanine
MÚSICA EN DIRECTO

(plano p. 76; ✆415-625-8880; www.mezzaninesf.com; 444 Jessie St; entrada 10-40 US$; Ⓜ Powell, Ⓑ Powell) Las paredes de ladrillo retumban con las actuaciones de Wyclef Jean, Quest Love, Method Man, Nas y Snoop Lion (alias Dogg), además de clásicos alternativos como Dandy Warhols y Psychedelic Furs.

Teatro

★ American Conservatory Theater
TEATRO

(ACT; plano p. 76; ✆415-749-2228; www.act-sf.org; 415 Geary St; ⊙taquilla 12.00-18.00 lu, hasta bajada del telón ma-do; ▢38, 🚋Powell-Mason, Powell-Hyde) En el teatro Geary del Conservatorio Americano se estrenan los espectáculos rompedores destinados a Broadway, como *Angels in America* de Tony Kushner y *Black Rider* de Robert Wilson, con libreto de William S. Burroughs y música de Tom Waits.

Beach Blanket Babylon
CABARÉ

(BBB; plano p. 80; ✆415-421-4222; www.beachblanketbabylon.com; 678 Green St; entrada 25-100 US$; ⊙espectáculos 20.00 mi, ju y vi, 18.30 y 21.30 sa, 14.00 y 17.00 do; ▢8X, 🚋Powell-Mason) Este emblemático cabaré de 1974 mantiene la frescura con comedias de actualidad y enormes pelucas. Se parodia sin piedad a ídolos populares y jefes de estado, aunque estén presentes el presidente Obama, la reina Isabel II o los SF Giants.

Cobb's Comedy Club HUMORISTAS
(plano p. 82; ☑415-928-4320; www.cobbscomedyclub.com; 915 Columbus Ave; entrada 12.50-45 US$, mín. con 2 copas; ☺espectáculos variable; ⬛8X, 30, 39, 41, 45, ⬛Powell-Mason) Las mesas compartidas pegadas entre sí crean un ambiente íntimo para el talento rompedor de grandes humoristas, desde Dave Chappelle a Louis CK. Consúltense en la web los pases y eventos cómicamente distorsionados (p. ej., el "*Brunch Burlesque* del Día del Padre").

AsiaSF DRAG QUEENS
(plano p. 76; ☑415-255-2742; www.asiasf.com; 201 9th St; desde 39 US$/persona; ☺19.15-23.00 mi, ju y do, 19.15-2.00 vi, 17.00-2.00 sa; ⬛Civic Center, ⬛Civic Center) Platos de inspiración asiática y cócteles servidos con descaro por famosas *drag queens*. Estas divas estremecen el bar/pasarela cada hora, pero, después de las copas, todo el mundo se mezcla en la pista de abajo. Llévese efectivo para propinas.

Música clásica, ópera y danza

⭐**Davies Symphony Hall** MÚSICA CLÁSICA
(plano p. 76; ☑entradas de última hora 415-503-5577, 415-864-6000; www.sfsymphony.org; 201 Van Ness Ave; ⬛Van Ness, ⬛Civic Center) La Sinfónica de San Francisco tiene nueve *grammys,* y es comprensible: su director, Michael Tilson Thomas, mantiene al público encendido con Beethoven, Mahler y hasta Metallica. La temporada va de septiembre a julio. A través del teléfono 24 h se venden entradas de última hora a 20 US$ para el día siguiente; no hay que perderse las charlas gratis de antes del concierto.

⭐**San Francisco Opera** ÓPERA
(plano p. 76; ☑415-864-3330; www.sfopera.com; War Memorial Opera House, 301 Van Ness Ave; entradas 10-350 US$; ⬛Civic Center, ⬛Van Ness) Rivaliza con el Metropolitan de Nueva York con óperas originales como *Dolores Claiborne* de Stephen King y reposiciones de Verdi y Puccini a cargo del aclamado director toscano Nicola Luisotti. Se pueden reservar o conseguir entradas de pie a 10 US$ en el mismo día, a las 10.00 y dos horas antes de subir el telón.

⭐**Teatro ODC** DANZA
(plano p. 84; ☑415-863-9834; www.odctheater.org; 3153 17th St; ☺taquilla 12.00-15.00 lu-vi) Lleva 40 años redefiniendo la danza con arriesgados espectáculos de septiembre a diciembre, ade-

SAN FRANCISCO PARA NIÑOS

En esta ciudad la imaginación cobra vida, con loros salvajes por los alrededores de la torre Coit (p. 81) y leones marinos al sol en el muelle 39 (p. 80). Es emocionante montar en los destartalados tranvías de cable, sin cinturón de seguridad. Se hallarán compañeros de juego en el Golden Gate Park (p. 97) y el Crissy Field (p. 81). El **Children's Creativity Museum** (plano p. 76; ☑415-820-3320; www.zeum.org; 221 4th St; entrada 11 US$; ☺10.00-16.00 mi-do sep-may, ma-do jun-ago; ⬛; ⬛Powell, ⬛Powell) muestra robots, videojuegos de imágenes reales y talleres de animación en 3D.

Véase además: Exploratorium (p. 75), Academia de Ciencias de California (p. 93), Cartoon Art Museum (p. 81), Musée Mécanique (p. 75), Japan Center (p. 79), y 826 Valencia (p. 83).

más de tener artistas invitados todo el año y 200 clases a la semana.

San Francisco Ballet DANZA
(plano p. 76; ☑415-861-5600, entradas 415-865-2000; www.sfballet.org; War Memorial Opera House, 301 Van Ness Ave; entradas 10-120 US$; ⬛Van Ness, ⬛Civic Center) Ofrece cien espectáculos al año con una maravillosa puesta en escena en la War Memorial Opera House de enero a mayo; véanse fechas y ofertas en la web.

Cine

⭐**Castro Theatre** CINE
(plano p. 84; ☑415-621-6120; www.castrotheatre.com; 429 Castro St; adultos/niños 11/8,50 US$; ☺espectáculos variable; ⬛Castro) Antes de la proyección, el público corea las melodías del órgano Mighty Wurlitzer, sobre todo el clásico *San Francisco,* de 1936. No hay que perderse las reposiciones de películas antiguas ni tampoco los clásicos de culto precedidos por recreaciones en directo con *drag queens.* Solo efectivo.

⭐**Roxie Cinema** CINE
(plano p. 84; ☑415-863-1087; www.roxie.com; 3117 16th St; regular/matinal 10/7 US$; ⬛14, 22, 33, 49, ⬛16th St Mission) Pequeño cine de barrio sin ánimo de lucro, con interés en estrenos independientes internacionales, filmes polémicos y documentales prohibidos en otros lugares, sin anuncios y con presentaciones personales.

Sundance Kabuki Cinema CINE
(☎415-346-3243; www.sundancecinemas.com; 1881 Post St; adultos 9.75-15 US$, niños 9.50-12 US$; 🚇2, 3, 22, 38) 🖉 El Sundance Institute de Robert Redford lleva este innovador multicine con estrenos de películas e inauguraciones de festivales, sin anuncios. Ofrece más de 21 títulos en cómodas butacas de fibra reciclada donde se puede beber alcohol.

Deportes

San Francisco Giants BÉISBOL
(plano p. 76; ☎415-972-2000; www.sfgiants.com; AT&T Park, 24 Willie Mays Plaza; entradas 5-135 US$) Hay que ir a ver cómo se disputan las World Series.

🔒 De compras

La ciudad tiene famosos grandes almacenes y *boutiques* de marca por Union Sq, como **Macy's** (plano p. 76; www.macys.com; 170 O'Farrell St; ⏱10.00-21.00 lu-sa, 11.00-19.00 do; 🚇Powell-Mason, Powell-Hyde, Ⓜ Powell, Ⓑ Powell) y el **Westfield San Francisco Centre** (plano p. 76; www.westfield.com/sanfrancisco; 865 Market St; ⏱10.00-20.30 lu-sa, hasta 19.00 do; 🚽; 🚇Powell-Mason, Powell-Hyde, Ⓜ Powell, Ⓑ Powell). Pero lo que solo se vende en San Francisco se hallará por Haight, Castro, Mission y Hayes Valley.

★**Gravel & Gold** ARTÍCULOS DEL HOGAR, REGALOS
(plano p. 76; ☎415-552-0112; www.gravelandgold. com; 3266 21st St; ⏱12.00-19.00 lu-sa, hasta 17.00 do; Ⓜ24th St Mission, Ⓑ24th St Mission) Un regreso al campo y a las raíces de California: grandes bolsos de seda estampada, vestidos de nido de abeja de campesina *hippie*, pósteres ecológicos sesenteros de Osborne/Woods y libros raros sobre arquitectura de los sesenta de casas de playa.

★**Park Life** ARTE, REGALOS
(plano p. 84; ☎415-386-7275; www.parklifestore. com; 220 Clement St; ⏱12.00-20.00 lu-ju, desde 11.00 vi y sa, 11.00-19.00 do; 🚇1, 2, 33, 38, 44) Tienda de diseño, editorial independiente y galería de arte donde venden preciosidades como colgantes de California, catálogos de las utopías de Shaun O'Dell o el retrato de John Coltrane que irradia ondas arcoíris obra de Ian Johnson.

★**Heath Ceramics** ARTÍCULOS DEL HOGAR
(plano p. 90; ☎415-399-9284; www.heathceramics. com; 1 Ferry Bldg; ⏱10.00-19.00 lu-vi, 8.00-18.00 sa, 11.00-17.00 do; Ⓜ Embarcadero, Ⓑ Embarcadero) Toda mesa de San Francisco que se precie debe contar con esta moderna (y cara) vaji-

lla de gres hecha a mano que un estudio de Sausalito produce desde 1948. Los viernes se venden piezas con alguna tara.

★**Betabrand** ROPA
(plano p. 76; ☎800-694-9491; www.betabrand.com; 780 Valencia St; ⏱11.00-19.00 lu-vi, hasta 20.00 sa, 12.00-18.00 do; 🚇14, 22, 33, 49, Ⓑ16th St Mission) Somete a votación en línea diseños experimentales y hace ediciones limitadas de los ganadores, como calcetines con estampado de embutido, esmóquines reversibles y pantalones con las vueltas reflectantes para ir al trabajo en bici.

ℹ Información

PELIGROS Y ADVERTENCIAS

Hay que mantenerse alerta, sobre todo de noche en SoMa, Mission y Haight. A menos que se sepa el destino, se deben evitar los sórdidos Tenderloin (delimitado este-oeste por Powell St y Polk St y norte-sur por O'Farrell St y Market St), Skid Row (6th St entre Market St y Folsom St) y Bayview-Hunters Point. Los mendigos y los sintecho son parte de San Francisco; aunque pedirán monedas, llegan más lejos los donativos a entidades sin ánimo de lucro locales. No hay que entretenerse con los mendigos de noche o cerca de cajeros automáticos; un simple *I'm sorry* ("Lo siento") es una respuesta educada.

URGENCIAS Y ASISTENCIA MÉDICA

Clínica gratis de Haight Ashbury (☎415-762-3700; www.healthright360.org; 558 Clayton St; ⏱con cita previa; 🚇6, 33, 37, 43, 71, ⓂN) Servicio de salud mental y abuso de substancias, previa cita.

San Francisco General Hospital (☎urgencias 415-206-8111, hospital principal 415-206-8000; www.sfdph.org; 1001 Potrero Ave; ⏱24 h; 🚇9, 10, 33, 48) Atiende a pacientes sin seguro; no se exige documentación.

Walgreens (☎415-861-3136; www.walgreens. com; 498 Castro St, esq. 18th St; ⏱24 h; 🚇24, 33, 35, ⓂF, K, L, M) Farmacia y medicamentos sin receta, con sucursales por toda la ciudad (véase la web).

ACCESO A INTERNET

Por toda la ciudad hay puntos de wifi gratis; véase el más cercano en www.openwifispots.com.
Apple Store (☎415-392-0202; www.apple. com/retail/sanfrancisco; 1 Stockton St; ⏱9.00-21.00 lu-sa, 10.00-20.00 do; 📶; Ⓜ Powell St) Wifi y acceso a terminales gratis.
San Francisco Public Library (☎415-871-4294; www.sfpl.org; 100 Larkin St; ⏱10.00-18.00 lu y sa, 9.00-20.00 ma-ju, 12.00-18.00

vi, 12.00-17.00 do; 🛜; Ⓜ Civic Center) Acceso a terminales de internet gratis (15 min); conexión wifi irregular.

DINERO

Bank of America (www.bankamerica.com; 1 Market Plaza; ⊙9.00-17.00 lu-ju, hasta 18.00 vi)

CORREOS

Oficina de correos de Rincon Center (plano p. 76; www.usps.gov; 180 Steuart St; ⊙7.30-17.00 lu-vi, 9.00-14.00 sa; Ⓜ Embarcadero, Ⓑ Embarcadero)

Oficina de correos (plano p. 76; www.usps. gov; Macy'i, 170 O'Farrell St; ⊙10.00-17.00 lu-sa; 🚋 Powell-Mason y Powell-Hyde, Ⓜ Powell St, Ⓑ Powell St) En los grandes almacenes Macy's.

INFORMACIÓN TURÍSTICA

California Welcome Center ((plano p. 82; ☑415-981-1280; www.visitcwc.com; muelle 39, edificio P, suite 241b; ⊙9.00-19.00)

Centro de información de visitantes de San Francisco (plano p. 76; ☑415-391-2000, eventos 415-391-2001; www.onlyinsanfrancisco. com; planta inferior, Hallidie Plaza, Market St y Powell St; ⊙9.00-17.00 lu-vi, hasta 15.00 sa y do; 🚋 Powell-Mason, Powell-Hyde, Ⓜ Powell St, Ⓑ Powell St) Información práctica; teléfono de eventos 24 h.

WEBS

Craig's List (http://sfbay.craigslist.org) Eventos, actividades, trueques, cosas gratis y citas.

Eater (http://sf.eater.com) Dónde comer y beber.

Flavorpill (www.flavorpill.com) Música en directo, conferencias, inauguraciones de arte y estrenos de cine.

The Bold Italic (www.thebolditalic.com) Tendencias, inauguraciones y opiniones locales.

Urban Daddy (www.urbandaddy.com) Bares, tiendas, restaurantes y eventos.

ⓘ Cómo llegar y salir

AVIÓN

San Francisco tiene tres aeropuertos principales:

➡ **Aeropuerto internacional de San Francisco** Casi todos los vuelos internacionales son a/ desde el SFO, 22,5 km al sur del centro por la Hwy 101.

➡ **Aeropuerto internacional de Oakland** Al otro lado de la bahía, para llegar desde otras ciudades de EE UU en compañías de bajo coste como JetBlue y Southwest.

➡ **Aeropuerto internacional de San José Norman Y Mineta** A solo 80 km de SF por la Hwy 101, accesible en Caltrain.

AUTOBÚS

Hasta que se complete la nueva terminal en el 2017, la **terminal temporal de Transbay** (plano p. 76; Howard St y Main St) es la principal estación interurbana, con autobuses de **AC Transit** (www.actransit.org) para el este de la bahía, de **Golden Gate Transit** (http://goldengate transit.org) para el norte a Marin y Sonoma, y de **SamTrans** (www.samtrans.com) para el sur a Palo Alto y la costa del Pacífico. **Greyhound** (☑800-231-2222; www.greyhound.com) tiene servicios diarios a Los Ángeles (59 US$, 8-12 h), Truckee junto al lago Tahoe (31 US$, 5½ h) y otros destinos.

AUTOMÓVIL Y MOTOCICLETA

Las principales compañías de alquiler tienen sucursales en los aeropuertos y el centro.

FERRI

Blue & Gold (plano p. 76; ☑415-705-8200; www.blueandgoldfleet.com; ida 6,25 US$) Opera el ferri Alameda-Oakland desde el muelle 41 y el Ferry Building.

Golden Gate Ferry (☑415-455-2000; www. goldengateferry.org; adultos/niños 9,75/4,75 US$; ⊙6.00-21.30 lu-vi, 10.00-18.00 sa y do) Va desde el Ferry Building a Sausalito y Larkspur.

Ferri a Vallejo (plano p. 76; ☑877-643-3779; www.baylinkferry.com; adultos/niños 13/6,50 US$) Para ir a Napa sin automóvil, con salidas del Ferry Building (6.30-19.00 entre semana, 11.00-19.30 fines de semana); admiten bicicletas. Desde la terminal de ferris de Vallejo se toma el autobús nº 10 de VINE al valle de Napa.

TREN

Amtrak (☑800-872-7245; www.amtrakcalifor nia.com) Cubre San Francisco vía estaciones de Oakland, con autobuses de enlace gratis a San Francisco. Algunas líneas pintorescas con coches cama son Los Ángeles-Seattle (35 h) vía Oakland en el *Coast Starlight* y Chicago-Oakland (51 h) en el *California Zephyr*.

CalTrain (www.caltrain.com; esq. 4th St y King St) Une San Francisco con el sur de la bahía, hasta San José.

ⓘ Cómo desplazarse

Consúltense las opciones de transporte de la zona de la bahía, salidas y llegadas, en ☑511 o www.511.org.

A/DESDE EL AEROPUERTO

➡ **BART** Tren directo a/desde el centro (30 min).

➡ **SuperShuttle** (☑800-258-3826; www. supershuttle.com) Las furgonetas puerta a puerta salen de la zona de recogida de equipajes y llevan en 45 min a casi cualquier destino de la ciudad; 17 US$.

➤ **Taxis** A/desde el centro cuestan 35-50 US$.

BART

Bay Area Rapid Transit (www.bart.gov; ida 8,25 US$) une el SFO, Mission, el centro urbano y el este de bahía. Dentro de San Francisco, un billete de ida cuesta desde 1,75 US$.

BICICLETA

Resulta más segura en el Golden Gate Park y por la ribera; son fáciles de alquilar.

AUTOMÓVIL

Mejor no conducir en San Francisco: en la calle escasea el aparcamiento y el control de parquímetros es implacable. Cerca del centro hay aparcamientos en 5th St esq. Mission St, Union Sq y Sutter St esq. Stockton St. Las tarifas diarias son de 25-50 US$.

Si la grúa se lleva el automóvil, este se recupera en **Autoreturn** (☎415-865-8200; www.autoreturn.com; 450 7th St, SoMa; ⊗24 h; Ⓜ27, 42). La multa es de 73 US$, más la grúa y el depósito (453,75 US$ las primeras 5 h).

Los socios de la **American Automobile Association** (AAA; ☎800-222-4357, 415-773-1900; www.aaa.com; 160 Sutter St; ⊗8.30-17.30 lu-vi) pueden llamar al servicio de urgencias 24 h.

MUNI

MUNI (Municipal Transit Agency; www.sfmuni.com) opera líneas de autobús, tranvía y *cable car* (tranvía de cable). El billete normal de autobús o tranvía cuesta 2 US$, válido para transbordos durante 90 min; consérvese el billete para evitar una multa de 100 US$. El *cable-car* cuesta 6 US$/trayecto.

El pase **MUNI Passport** (de 1/3/7 días 14/22/28 US$) permite viajar sin límite en toda la red de MUNI (*cable cars* incl.); a la venta en el centro de visitantes de San Francisco y muchos hoteles.

Algunas líneas clave son:
➤ **California de cable car** California St entre Market St y Van Ness Ave
➤ **F** Fisherman's Wharf-Castro
➤ **J** Centro-Mission
➤ **K, L, M** Centro-Castro
➤ **N** De Caltrain a Haight y Ocean Beach
➤ **Powell-Mason** y **Powell-Hyde de cable cars** De Powell St y Market St al Fisherman's Wharf
➤ **T** Embarcadero-Caltrain

TRAYECTOS COMPARTIDOS Y TAXI

Empresas como **Uber** (www.uber.com) y **Lyft** (www.lyft.com) ofrecen trayectos compartidos con conductores en su mayoría no profesionales, con tarifas fijas desde unos 15 US$ dentro de la ciudad. El servicio, rápido, se carga a la cuenta del cliente, que tiene que registrarse y/o descargarse una aplicación en el móvil.

Los taxis de la ciudad cobran 2,75 US$/milla, más una propina del 10% (mín. 1 US$); la bajada de bandera son 3,50 US$. Tienen su propia aplicación para llamadas y pago, descargable en www.flywheel.com. Algunas de las principales compañías son:

DeSoto Cab (☎415-970-1300; www.desotogo.com)

Green Cab (☎415-626-4733) Vehículos híbridos; colectivo propiedad de los trabajadores.

Luxor (☎415-282-4141; www.luxorcab.com)

Yellow Cab (☎415-333-3333; www.yellowcabsf.com)

Condado de Marin y la zona de la bahía

Sumario »

Por qué ir

La zona que rodea a San Francisco es muy rica en paisajes, fauna y flora. Cruzado el Golden Gate hacia Marin, aguardan antiguos bosques de secuoyas que tapan los rayos del sol y manadas de uapitíes que brincan por los riscos de la bahía de Tomales. También hay ballenas grises, a la vista junto al ventoso Point Reyes, y halcones que sobrevuelan los cabos de Marin.

A la vanguardia del pensamiento intelectual, las universidades de Stanford y California atraen a profesores y estudiantes de todo el mundo. Berkeley fue también la cuna del movimiento que fomenta el consumo de alimentos de producción local, y la ciudad aún sigue al frente de causas medioambientales e izquierdistas. Al sur de San Francisco, la Hwy 1 recorre kilómetros de costa sin urbanizar y calas de arena.

Los mejores restaurantes

➡ Chez Panisse (p. 143)

➡ Sushi Ran (p. 116)

➡ Lake Chalet (p. 135)

➡ Duarte's Tavern (p. 157)

➡ Ippuku (p. 143)

Los mejores alojamientos

➡ HI Faro del Pigeon Point (p. 157)

➡ Cavallo Point (p. 111)

➡ Mountain Home Inn (p. 120)

➡ Hotel Shattuck Plaza (p. 143)

Cuándo ir
Berkeley

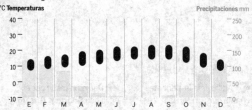

Dic-mar Época de cría de los elefantes marinos y de la migración de las ballenas grises.

Mar-abr La floración silvestre alcanza su máximo esplendor en los senderos de toda la zona.

Jun-sep Los mercados de granjeros se llenan de fragantes frutas de temporada.

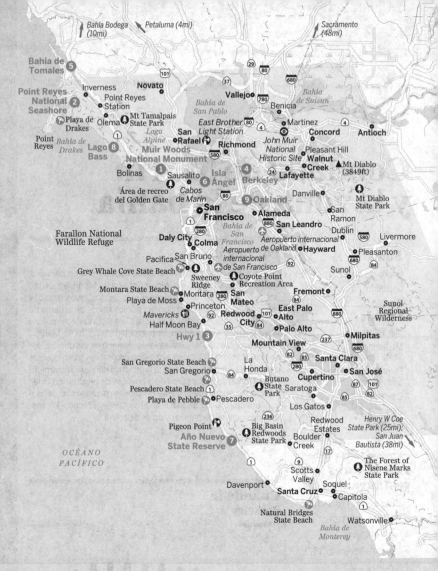

Imprescindible

① Admirar la imponente cúpula que forman las secuoyas en el **Muir Woods National Monument** (p. 123).

② Retozar con uapitíes y ballenas grises en la **Point Reyes National Seashore** (p. 127).

③ De Pacifica a Santa Cruz por la **Hwy 1**, entre calas y playas.

④ Darse un festín por el delicioso **Gourmet Ghetto** (p. 140), en Berkeley.

⑤ Practicar kayak en la **bahía de Tomales** (p. 126) entre focas y un fabuloso litoral.

⑥ Recorrer a pie o en bicicleta el perímetro de la panorámica **isla Ángel** (p. 148).

⑦ Espiar a los elefantes marinos en la **Año Nuevo State Reserve** (p. 158).

⑧ Saltar 'de bomba' en el maravilloso **lago Bass** (p. 125).

⑨ Visitar el **Chabot Space & Science Center** (p. 132), en Oakland, y maravillarse con las estrellas.

CONDADO DE MARIN

Este condado de la zona de la bahía intenta vivir de manera consciente según el sueño californiano. Es el territorio que se extiende al otro lado del Golden Gate, si se cruza desde San Francisco. Su población tiene un nivel de renta alto y lleva un estilo de vida aparentemente despreocupado. Puede que los municipios del condado tengan aspecto de idílicas aldeas, pero lo cierto es que sus tiendas satisfacen los gustos más caros y cosmopolitas.

Geográficamente, el condado de Marin es casi un espejo de San Francisco, ya que se trata de una península orientada al sur que casi roza el extremo norte de la ciudad, rodeada por el océano y la bahía. No obstante, Marin es más agreste, más verde y más montañoso. Las secuoyas salpican las colinas costeras, las olas rompen contra los acantilados y los senderos para excursionistas y ciclistas se entrecruzan por el glorioso paisaje del Point Reyes, el bosque de Muir y el monte Tamalpais, todo lo cual hace del condado de Marin una excelente escapada desde San Francisco.

❶ Información

El **Marin Convention & Visitors Bureau** (☎866-925-2060, 415-925-2060; www.visitmarin.org; 1 Mitchell Blvd, San Rafael; ☺9.00-17.00 lu-vi) ofrece información turística sobre todo el condado.

❶ Cómo llegar y desplazarse

La ajetreada Hwy 101 se dirige al norte desde el Golden Gate (7 US$ de peaje en sentido a San Francisco) y atraviesa Marin por la mitad; por su parte, la Hwy 1, siempre tranquila, serpentea por la escasamente poblada zona costera. A la altura de San Rafael, Sir Francis Drake Blvd atraviesa la zona oeste de Marin desde la Hwy 101 hasta el océano.

La Hwy 580 entra desde el este de la bahía por el Richmond-San Rafael Bridge (5 US$ de peaje en sentido oeste) hasta unirse con la Hwy 101 en Larkspur.

Los frecuentes autobuses de **Marin Airporter** (☎415-461-4222; www.marinairporter.com; precio 20 US$) conectan las paradas de Marin con el aeropuerto internacional de San Francisco (SFO) entre 4.00 y 22.30; los de la línea San Francisco-Marin, salen cada 30 min.

Cabos de Marin (Marin Headlands)

Majestuosos sobre las aguas del extremo norte del Golden Gate, la belleza escarpada de estos cabos es asombrosa, y a tan solo unos kilómetros del centro urbano de San Francisco. Todavía quedan en pie fuertes y algún que otro búnker de la época de la ocupación militar, hace más de un siglo; irónicamente, esta es la razón de que sea un parque protegido. Por ello, no es de extrañar que se trate una de las zonas de la bahía más populares entre excursionistas y ciclistas: los senderos serpentean por los cabos y ofrecen unas vistas sensacionales del océano, el Golden Gate y San Francisco, de camino a playas solitarias y rincones aislados.

◉ Puntos de interés

Para disfrutar de las mejores vistas y caminar por senderos, hay que cruzar el Golden Gate y salir directamente por Alexander Ave; a continuación, descender a la izquierda, por debajo de la carretera, y seguir al oeste. La Conzelman Rd es una carretera que serpentea hacia la parte alta de las colinas y termina en una bifurcación: si se continúa al oeste y se convierte en una vía abrupta, de un solo carril, en su descenso al Point Bonita, desde donde sigue hacia la playa Rodeo y el Fort Barry; por su parte, la McCullough Rd avanza hacia el interior y se une a la Bunker Rd en dirección a la playa Rodeo.

Colina Hawk COLINA
Situada unos 3 km por la Conzelman Rd, en esta colina se citan miles de aves de presa migratorias que sobrevuelan los acantilados desde finales de verano hasta comienzos del otoño.

❶ CÓMO DESPLAZARSE

Si se van a usar diferentes transportes públicos, se puede sacar la regional Clipper card (www.clippercard.com), apta para los sistemas Caltrain, BART, SamTrans, VTA, Golden Gate Transit y Golden Gate Ferry. Evita tener que comprar varios billetes y ofrece pequeños descuentos, además de casi el 50% en el Golden Gate Ferry.

¿POR QUÉ HAY TANTA NIEBLA?

Cuando el sol estival calienta el aire de un Pacífico bastante frío, se forma una niebla a cierta distancia de la costa; para entender bien cómo esta se desplaza hacia el interior hay que conocer la geografía local. La amplia región agrícola del interior, el Valle Central, está rodeada de montañas, cual bañera gigante. La única brecha en las montañas a nivel del mar es el Golden Gate, al oeste, que resulta ser la dirección en la que suelen soplar los vientos dominantes. Conforme el valle interior se calienta y el aire se eleva, se crea un déficit de aire a nivel del suelo, lo que genera un viento que se ve arrastrado hacia la única apertura que encuentra: el Golden Gate, lo que ocurre de forma rápida e impredecible. La única indicación de que se avecina una avalancha de niebla es un viento racheado, aunque no siempre, ya que puede haber niebla en las playas al sur del Golden Gate y sol 1 km más al norte. Las colinas bloquean la niebla, sobre todo cuando la presión atmosférica es alta, algo común en verano. Es por esto que los meteorólogos hablan de los microclimas de la zona de la bahía. Así, en julio, no es extraño que en el interior haya 38°C mientras que en la costa apenas se alcancen los 21°C.

Faro del Point Bonita
FARO
(www.nps.gov/goga/pobo.htm; junto a Field Rd; ⊙12.30-15.30 sa-lu) GRATIS Al final de la Conzelman Rd, se llega a este faro tras un impresionante paseo de 800 m desde el aparcamiento. Desde el extremo del faro se divisa el lejano Golden Gate y el perfil urbano de San Francisco. También en la mirador privilegiado para observar las focas moteadas en temporada. Para visitarlo en un circuito a la luz de la luna llena, resérvese plaza en el ☎415-331-1540.

Nike Missile Site SF-88
LUGAR HISTÓRICO
(☎415-331-1453; www.nps.gov/goga/nike-missile-site.htm; junto a Field Rd; ⊙12.30-15.30 ju-sa) GRATIS En este museo de la Guerra Fría el personal lo componen veteranos de guerra, a quienes se puede ver cómo montan un misil sin carga explosiva. También es posible descender en un montacargas hasta el tenebroso silo y los mandos de control, que, por suerte, nunca llegaron a usarse.

ⓘ PEAJE DEL GOLDEN GATE

El peaje (7 US$) para cruzar el puente de Marin a San Francisco es electrónico; ya no hay que parar. Con vehículo de alquiler, se puede usar el programa de pago de la compañía o pagar en línea por adelantado; y los motoristas reciben una notificación por correo si no han realizado el prepago en línea. Para más información, visítese www.goldengate.org/tolls/tolltipsforvisitors.php.

Marine Mammal Center
CENTRO DE RESCATE DE ANIMALES
(☎415-289-7325; www.marinemammalcenter.org; ⊙10.00-17.00; 👶) GRATIS En la colina que hay sobre la laguna Rodeo, este centro se dedica a curar a mamíferos marinos para devolverlos a su medio. Durante la temporada de cría, en primavera, el centro puede albergar varias decenas de pequeñas focas huérfanas; normalmente, se permite a los visitantes verlas antes de la liberación.

Headlands Center for the Arts
GALERÍA
(☎415-331-2787; www.headlands.org; 944 Simmonds Rd; ⊙12.00-17.00 do-ju) GRATIS En el Fort Barry, varios barracones rehabilitados se han convertido en talleres que albergan estudios abiertos con artistas residentes, charlas, representaciones y demás.

🏃 Actividades

Senderismo

Al final de la Bunker Rd se encuentra la playa Rodeo, protegida del viento por altos acantilados. Desde este punto sale el Coastal Trail, que deambula durante aproximadamente 5,5 km hacia el interior y pasa por búnkeres militares abandonados hasta llegar al Tennessee Valley Trail. Luego continúa durante 9,5 km por los cabos borrascosos hasta Muir Beach.

A lo largo de toda la costa hay antiguos emplazamientos militares de baterías muy interesantes: búnkeres de hormigón abandonados, excavados en la tierra y con unas vistas fabulosas. La evocadora batería de Townsley, a 800 m a pie o en bicicleta desde el aparcamiento del Fort Cronkite, ofrece paseos subterráneos gratis de 12.00 a 16.00 cada primer domingo del mes.

Tennessee Valley Trail SENDERISMO
Este sendero ofrece bonitas vistas de la escarpada costa y es una de las excursiones más populares de Marin (y más los fines de semana), sobre todo para las familias. Se trata de un breve sendero circular de 6 km con fácil acceso al océano. Desde la Hwy 101, hay que tomar la salida de Mill Valley-Stinson Beach-Hwy 1, girar a la izquierda en la Tennessee Valley Rd desde la Shoreline Hwy, y seguir hasta llegar a la zona de aparcamiento e inicio del sendero.

Bicicleta de montaña
En los cabos de Marin hay excelentes rutas de ciclismo de montaña, que se suman a la experiencia de atravesar en bicicleta el Golden Gate.

Por el Coastal Trail, al oeste de la bifurcación de la Conzelman Rd con la McCullough Rd, se recorre un buen tramo de tierra de unos 19 km, que serpentea en su descenso hasta la Bunker Rd; allí se encuentra con el Bobcat Trail, que se une con el Marincello Trail y baja hasta llegar a la zona de aparcamiento del valle de Tennessee. Se puede regresar a la Bunker Rd por los senderos de Old Springs y Miwok, un poco más suaves que el de Bobcat, pero también con cuestas.

Equitación
Miwok Livery Stables (☎415-383-8048; www.miwokstables.com; 701 Tennessee Valley Rd; excursión por senderos 75 US$) ofrece excursiones por senderos en una ladera con impactantes vistas del monte Tam y el océano. Imprescindible reservar.

🛏 Dónde dormir
En la región hay cuatro pequeñas zonas de acampada; para llegar a dos de ellas hay que recorrer al menos 1,6 km desde el aparcamiento más cercano. Los *campings* de Hawk, Bicentennial y Haypress se encuentran en el interior y son de acampada libre, si bien hay que reservar en el centro de visitantes de los cabos de Marin. Ninguno tiene agua.

Kirby Cove Campground CAMPING $
(☎877-444-6777; www.recreation.gov; parcela 25 US$; ☺abr-oct) En un rincón sombreado y espectacular cerca de la entrada de la bahía, hay una pequeña playa desde la que se ve el Golden Gate arqueado sobre las rocas cercanas. Por la noche, pueden distinguirse las

sombras de los cargueros al pasar y, a veces, oír el lúgubre sonido de una sirena entre la niebla. Resérvese con mucha antelación.

HI Marin Headlands Hostel ALBERGUE $
(☎415-331-2777; www.norcalhostels.org/marin; Fort Barry, edificio 941; dc 26-30 US$, h 72-92 US$, todos con baño compartido; @) 🖉 Es el lugar perfecto para despertarse y ver los ciervos pastar. Este albergue de HI se encuentra entre el bosque y un austero complejo militar de 1907. Las camas son cómodas y tiene dos cocinas bien equipadas y un salón con chimenea, billar y *ping-pong*. Fuera aguardan buenas rutas de excursionismo.

Cavallo Point HOTEL $$$
(☎888-651-2003, 415-339-4700; www.cavallopoint.com; 601 Murray Circle; h desde 359 US$; 🌸🖲@🛜🛒🐾) 🖉 Ocupa 18 Ha de la zona verde más espectacular de la zona de la bahía y su fama es reciente. El hotel apuesta por lo ecológico y ofrece un completo *spa* y actividades al aire libre. Se puede elegir entre habitaciones bien renovadas en los cuarteles del icónico Fort Baker y alojamientos más modernos, con energía solar y bellas vistas a la bahía y a un torreón del Golden Gate.

ℹ Información
Se puede consultar en la **Golden Gate National Recreation Area** (GGNRA; ☎415-561-4700; www.nps.gov/goga) y el **centro de visitantes de los cabos de Marin** (☎415-331-1540; www.nps.gov/goga/marin-headlands.htm; Fort Barry; ☺9.30-16.30), en una vieja capilla fuera de la Bunker Rd, cerca del Fort Barry.

ℹ Cómo llegar y salir
Si se dispone de vehículo, cruzado el Golden Gate, hay que tomar la salida de Alexander Ave y bajar a la izquierda, por debajo de la autovía. La Conzelman Rd, a la derecha, recorre la zona de los riscos; se puede seguir también la Bunker Rd, que llega hasta los cabos a través de un túnel de carril único. También es muy fácil llegar a estas carreteras en bicicleta desde el puente.

Entre semana, los autobuses nº 2, 4 y 92 de **Golden Gate Transit** (☎415-455-2000, 511; www.goldengatetransit.org) dan servicio a Sausalito (4,75 US$) y los cabos del este. Los sábados, domingos y festivos, el autobús nº 76X de **MUNI** (☎511, 415-701-2311; www.sfmta.com) sale cada hora del Financial District de San Francisco al centro de visitantes de los cabos de Marin y la playa Rodeo. Ambas líneas cuentan con portabicicletas.

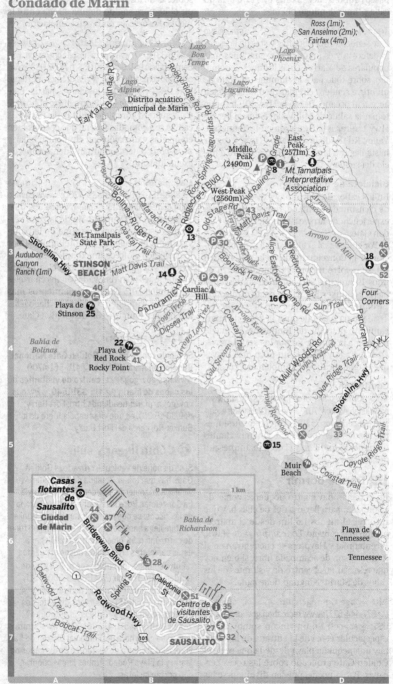

Ross (1mi);
San Anselmo (2mi);
Fairfax (4mi)

Lago
Bon
Tempe

Lago
Alpine

Lago
Phoenix

Lago
Lagunitas

Distrito acuático
municipal de Marin

Fairfax Bolinas Rd

Rocky Ridge Rd

Rock Springs Lagunitas Rd

East
Peak
(2571m) **3**

Middle
Peak
(2490m)

8

7

Mt Tamalpais
Interpretative
Association

Arroyo Cascade

West Peak
(2560m)

Arroyo Spike Buck

Old Railroad Grade

Ridgecrest Blvd

Cataract Trail

Old Stage Rd

Bolinas Ridge Rd

Coastal Trail

Matt Davis Trail

43

38

Arroyo Old Mill

Alice Eastwood Camp Rd

Redwood Trail

Mt Tamalpais
State Park

13

30

46

18

52

Shoreline Hwy

Audubon
Canyon
Ranch (1mi)

**STINSON
BEACH**

Matt Davis Trail

14

39

Cardiac
Hill

Bootjack Trail

Sun Trail

Four
Corners

40

49

Playa de
Stinson **25**

Panoramic Hwy

Arroyo Webb

Dipsea Trail

Arroyo Lone Tree

16

Arroyo Kent

Coastal Trail

Muir Woods Rd

Panoramic Hwy

Bahía de
Bolinas

22

Playa de
Red Rock
Rocky Point **41**

Cold Stream

Arroyo Redwood

Arroyo Redwood

Diaz Ridge Trail

Shoreline Hwy

Coyote Ridge Trail

50

33

15

Muir
Beach

Coastal Trail

Playa de
Tennessee

**Casas
flotantes
de
Sausalito** **2**

**Ciudad
de Marin**

44

47

Bridgeway Blvd

Bahía de
Richardson

Tennessee

0   1 km

Oakwood Trail

6

Bridgeway Blvd

28

Spring St

Caledonia St

51

Centro de
visitantes
de Sausalito

35

27 **32**

Redwood Hwy

Bobcat Trail

SAUSALITO

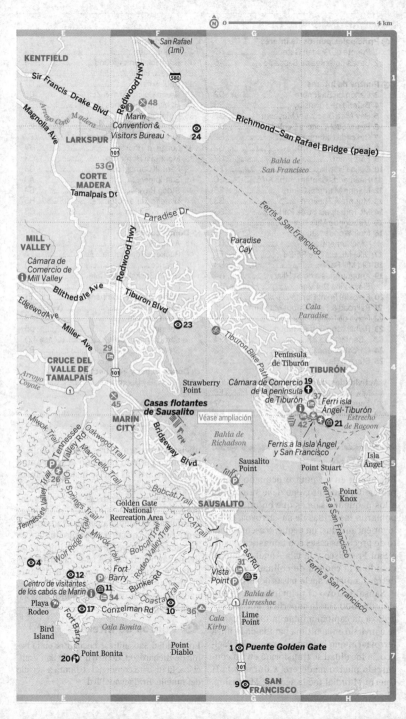

Condado de Marin

Sausalito

Enclavada en un puerto pequeño y bien protegido, Sausalito, que debe su nombre a los pequeños sauces que en un tiempo poblaron las orillas de sus arroyos, es un lugar encantador; un pequeño asentamiento de preciosas casas con fantásticas vistas a San Francisco y la isla Ángel. Además, debido a la cadena de colinas que tiene detrás, la niebla suele pasar de largo.

Sausalito tuvo al principio una extensión de 7600 Ha: la superficie que se concedió a un capitán militar en 1838. Cuando se convirtió en la última parada de la línea ferroviaria que bajaba a la costa del Pacífico, la localidad se transformó en un concurrido puerto maderero, y durante la II Guerra Mundial fue la sede de Marinship, un astillero enorme. Tras la guerra empezó un nuevo periodo bohemio gracias a una colonia de artistas que se instaló en 'arcas' (barcos-casa amarrados por la bahía). Todavía se conservan cientos de estas viviendas flotantes.

En la actualidad, Sausalito es un importante refugio turístico, atestado de tiendas de recuerdos y *boutiques* de lujo. Es el primer municipio que se encuentra tras cruzar el Golden Gate, por lo que durante el día hay mucha gente y aparcar no es nada fácil. Ir en ferri desde San Francisco es más relajante.

◉ Puntos de interés

En realidad Sausalito se encuentra en la bahía de Richardson, dentro de la de San Francisco. El distrito comercial se limita a la calle del muelle, Bridgeway Blvd.

SENDERISMO Y CICLISMO POR EL GOLDEN GATE

Cruzar el Golden Gate a pie o en bicicleta hasta Sausalito es un modo entretenido de evitar el tráfico, disfrutar de las vistas y respirar la refrescante brisa de Marin. Es un trayecto llano en su mayor parte o cuesta abajo si se va al norte desde San Francisco (de vuelta, hay una gran cuesta al salir de Sausalito; o se puede tomar el ferri).

El camino tiene unos 6,5 km desde el extremo sur del puente y se tarda menos de 1 h. Los peatones pueden acceder al puente por el camino del lado este entre 5.00 y 21.00 a diario (hasta 18.00 en invierno). Normalmente, los ciclistas utilizan el del lado oeste, excepto entre semana de 5.00 a 15.50, cuando deben utilizar el mismo acceso que los peatones, que tienen preferencia. Después de las 21.00 (18.00 en invierno), los ciclistas pueden cruzar el puente por una puerta de seguridad que hay en el acceso este. En el sitio web del puente (www.goldengatebridge.org/bikesbridge/bikes.php) se avisan los cambios.

Los ciclistas más ambiciosos pueden ir hasta San Rafael por el túnel Cal Park Hill, un paso seguro que va de Larkspur (otra terminal de ferris) a San Rafael.

Los sitios web de la San Francisco Bicycle Coalition (www.sfbike.org) y la Marin County Bicycle Coalition (www.marinbike.org) tienen más información y recursos.

CONDADO DE MARIN Y LA ZONA DE LA BAHÍA SAUSALITO

★ Casas flotantes de Sausalito
ARQUITECTURA

Lo bohemio sigue de moda en la bahía de Richardson, donde los espíritus libres habitan cientos de curiosas casas flotantes, entre aves marinas y focas. Hay de todo, desde castillos psicodélicos con murales hasta ruinosas chozas llenas de sal o inmaculadas mansiones de tres plantas. Es una comunidad muy unida, cuyos residentes cuidan pequeños huertos en los muelles.

Se puede husmear un poco por los muelles cerca de Bridgeway, entre las calles Gate 5 y Gate 6½.

Bay Model Visitors Center
MUSEO

(☎415-332-3871; www.spn.usace.army.mil/Missions/Recreation/BayModelVisitorCenter.aspx; 2100 Bridgeway Blvd; ☺9.00-16.00 ma-sa, más 10.00-17.00 sa y do verano; ☻) Uno de los mejores lugares de la ciudad, que fascina a niños y mayores por igual, es el centro de visitantes del Cuerpo de Ingenieros del Ejército, que funciona con energía solar. Situado en uno de los antiguos (y fríos) almacenes de Marinship, cuenta con una maqueta hidráulica de la bahía de San Francisco y la región del delta de 60 700 m². Se puede visitar por libre.

Bay Area Discovery Museum
MUSEO

(☎415-339-3900; www.baykidsmuseum.org; 557 McReynolds Rd; entrada 11 US$, gratis 1er mi de mes; ☺9.00-17.00 ma-do; ☻) Justo bajo la torre norte del Golden Gate, en East Fort Baker, este museo con actividades prácticas está destinado especialmente a los niños. Cuenta con exposiciones permanentes en varios idiomas, además de un taller sobre el oleaje, un pequeño túnel submarino y una amplia zona recreativa exterior con un barco naufragado por el que corretear. Hay también un pequeño café.

Plaza Viña Del Mar
PARQUE

Cerca de la terminal de ferris, esta plaza tiene una fuente flanqueada por estatuas de elefantes de más de 4 m, procedentes de la Exposición Panamá-Pacífico, celebrada en San Francisco en 1915.

🏃 Actividades

Sausalito es genial para pedalear, ya sea para dar un tranquilo paseo por la localidad, para hacer una excursión por el Golden Gate o para rutas más largas. Desde la terminal de ferris, lo más fácil es dirigirse al sur por Bridgeway Blvd y girar a la izquierda en East Rd hacia el Bay Area Discovery Museum. Otro buen itinerario es ir hacia el norte por Bridgeway Blvd y cruzar bajo la Hwy 101 hacia el Mill Valley. En Blithedale Ave, se puede girar al este, hacia Tiburón; hay un sendero para bicicletas paralelo a una parte de Tiburon Blvd.

Sea Trek Kayak & SUP
KAYAK

(☎415-332-8494; www.seatrek.com; Schoonmaker Point Marina; kayaks individuales/dobles 20/35 US$/h) Con buen tiempo, la bahía de Richardson es irresistible. Allí, cerca del Bay Model Visitor Center, se alquilan kayaks y tablas de surf a remo. No se necesita experiencia. También ofrecen clases y salidas en grupo.

Además, hay excursiones guiadas en kayak alrededor de la isla Ángel desde 75 US$/

persona, que pueden incluir acampada (125 US$).

Sausalito Bike Rentals · ALQUILER DE BICICLETAS

(☑415-331-2453; www.sausalitobikerentals.com; 34a Princess St; bici 10 US$/h; ☺10.00-18.00) Bicicletas de carretera, montaña, tándems (25 US$/h) y eléctricas (20 US$/h) con las que explorar la zona.

🛏 Dónde dormir

En los siguientes alojamientos cobran 15-20 US$/noche por aparcar.

Hotel Sausalito · HOTEL HISTÓRICO $$

(☑415-332-0700; www.hotelsausalito.com; 16 El Portal; h 180-225 US$, ste 305-320 US$; ❈🐾) Está situado a unos pasos del ferri, justo en el centro de la localidad; es un hotel magnífico de 1915 que mezcla un gran regusto de época con toques más modernos, como las estaciones de reproductores de MP3.

Inn Above Tide · POSADA $$$

(☑415-332-9535, 800-893-8433; www.innabovetide.com; 30 El Portal; h incl. desayuno 345-625 US$, ste 735-1100 US$; ❈@🐾) Situado cerca de la terminal de ferris, este alojamiento tiene 31 habitaciones modernas y espaciosas, casi suspendidas sobre el agua; la mayoría dispone de terraza privada y chimenea, y todas, prismáticos para otear el horizonte y disfrutar de unas vistas envidiables de la bahía. Prestan bicicletas gratis.

Gables Inn · POSADA $$$

(☑415-289-1100; www.gablesinnsausalito.com; 62 Princess St; h incl. desayuno 199-545 US$; @🐾) Se trata de una posada tranquila y acogedora, con nueve habitaciones en una casa histórica de 1869 y otras seis en un edificio más nuevo. Las más caras tienen baño-*spa*, chimenea y balcón con vistas espectaculares; pero incluso las más pequeñas y económicas son estilosas. El precio incluye vino y queso por la noche.

🍴 Dónde comer

En Bridgeway Blvd abundan las cafeterías de precio medio, varios restaurantes de comida étnica económicos y algunos más caros encarados a la bahía.

Avatar's · INDIA $$

(www.enjoyavatars.com; 2656 Bridgeway Blvd; principales 10-17 US$; ☺11.00-15.00 y 17.00-21.30 lu-sa; 🐾🖐) Sirven comida de "confusión étnica", en forma de sorprendentes platos que incorporan ingredientes mexicanos, italianos y cari-

beños; p. ej., enchilada punjabí con boniatos al curri o raviolis de espinacas y champiñones con salsa alfredo de mango y pétalos de rosa. Complacen todas las dietas (*vegana,* sin gluten, etc.).

Fish · PESCADO Y MARISCO $$

(☑415-331-3474; www.fish311.com; 350 Harbor Dr; principales 14-28 US$; ☺11.30-20.30; 🖐) 🐾 Cuenta con unas mesas de *picnic* de madera roja que dan a la bahía Richardson, en las que se pueden tomar sándwiches de pescado, ostras o un buey de mar. Es el líder local en la promoción del pescado fresco capturado de forma sostenible, además de ofrecer un maravilloso salmón salvaje en temporada. Pago solo en efectivo.

Sushi Ran · JAPONESA $$$

(☑415-332-3620; www.sushiran.com; 107 Caledonia St; *sushi* 4-33 US$; ☺11.45-14.30 lu-vi, 17.00-22.00 do-ju, hasta 23.00 vi y sa; 🐾) Muchos habitantes de la zona de la bahía lo consideran el mejor lugar para comer *sushi*. Sin reserva, la larga espera por una mesa se pasa mejor en el bar de vinos y sake adjunto.

Murray Circle · ESTADOUNIDENSE MODERNA $$$

(☑415-339-4750; www.cavallopoint.com/dine.html; 601 Murray Circle, Fort Baker; principales de cena 23-34 US$; ☺7.00-11.00 y 11.30-14.00 lu-vi, hasta 14.30 sa y do, 17.30-22.00 do-ju, hasta 23.00 vi y sa) Instalado en el Cavallo Point, en un comedor coqueto bajo un techo con molduras, aquí hay una buena despensa local de carne, pescado y marisco, transformados en platos como hamburguesas de ternera ecológica o ensalada de cangrejo Dungeness. Resérvese para la cena.

ℹ Información

El **centro de visitantes de Sausalito** (☑415-332-0505; www.sausalito.org; 780 Bridgeway Blvd; ☺11.30-16.00 ma-do) ofrece información local; también tiene un quiosco de información en la terminal de ferris.

ℹ Cómo llegar y salir

En automóvil a Sausalito desde San Francisco, hay que tomar la primera salida tras cruzar el Golden Gate, la de Alexander Ave, y después seguir las indicaciones para Sausalito. No es fácil aparcar en la calle, pero hay cinco aparcamientos públicos.

El autobús nº 10 de **Golden Gate Transit** (☑415-455-2000; www.goldengatetransit.org) circula a diario hasta Sausalito desde el centro de San Francisco (4,75 US$). Los fines de semana y festivos de finales de mayo a principios de septiembre, el autobús nº 61 de **West Marin Stagecoach** (☑415-526-3239; www.marintransit.org/stage.html) alarga su recorrido hasta Sausalito y Fort Baker, con seis salidas diarias al Mt Tamalpais State Park, Stinson Beach y Bolinas.

El ferri es una forma entretenida y fácil de ir a Sausalito. **Golden Gate Ferry** (☑415-455-2000; www.goldengateferry.org; 10,25 US$/ida) opera desde el Ferry Building de San Francisco (6-9 diarios, 30 min). **Blue & Gold Fleet** (☑415-705-8200; www.blueandgoldfleet.com; muelle 41, Fisherman's Wharf; ida 11 US$) va a Sausalito desde la zona del Fisherman's Wharf, en San Francisco (4-5 diarios). Ambas opciones funcionan todo el año y cargan gratis la bicicleta.

Tiburón

Se encuentra en el extremo de una pequeña península orientada al centro de la bahía, con unas vistas impresionantes. Con subirse al ferri que sale desde San Francisco, pasear por las tiendas de Main St y comer algo ya se ha visto Tiburón, también un punto de partida para ir a la vecina isla Ángel.

☉ Puntos de interés y actividades

La zona centro está limitada por Tiburon Blvd, con Juanita Lane y la encantadora Main St que se arquean desde él. Esta última se conoce también como Ark Row, ya que en ella, en tierra firme, han echado raíces viejas casas flotantes, ahora convertidas en comercios.

Railroad & Ferry Depot Museum MUSEO
(www.landmarkssociety.com; 1920 Paradise Dr; donativo recomendado 5 US$; ☉13.00-16.00 mi-do abr-oct) Antigua terminal de un ferri con capacidad para 3000 personas que iba a San Francisco y de un tren que antaño llevaba a Ukiah, al norte, este edificio de finales del s. xix alberga una maqueta a escala del centro comercial de Tiburón de hacia 1909.

Antigua iglesia de St Hilary IGLESIA
(201 Esperanza; ☉13.00-16.00 do abr-oct) Desde la hermosa ladera que rodea a este espléndido ejemplo del gótico carpintero del s. xix se disfrutan unas vistas maravillosas.

Richardson Bay Audubon Center RESERVA NATURAL
(☑415-388-2524; http://richardsonbay.audubon.org/; 376 Greenwood Beach Rd; ☉9.00-17.00 lu-sa; ▣) En una bocacalle de Tiburon Blvd, este centro da cobijo a una gran variedad de aves marinas.

Ferri isla Ángel-Tiburón CIRCUITO EN BARCO
(☑415-435-2131; www.angelislandferry.com; ida y vuelta adultos/niños/bici 13.50/11.50/1 US$, crucero al anochecer adultos/niños 6-12/3-5 años 20/10/5 US$) Circuitos a la puesta de sol los viernes y sábados (may-oct), previa reserva.

🛏 Dónde dormir

Lodge at Tiburon HOTEL $$
(☑415-435-3133; www.lodgeattiburon.com; 1651 Tiburon Blvd; h desde 179 US$; ▣@🖭🏊) ✎ Hoy es un hotel moderno, cómodo y elegante, pero el hormigón del vestíbulo y la escalera recuerda al motel más básico que fue. Tiene la mejor relación calidad/precio de la ciudad, está cerca de todo (ferri incl.) y cuenta con piscina, muchos DVD, bicicletas de alquiler, aparcamiento gratis y una azotea con chimenea y embriagadoras vistas al monte Tamalpais.

Water's Edge Hotel HOTEL $$$
(☑415-789-5999; www.watersedgehotel.com; 25 Main St; h incl. desayuno 249-539 US$; ▣@🖭) ✎ Un muelle que se extiende sobre la bahía, habitaciones minimalistas y elegantes con vistas a la bahía y una buena combinación de comodidad y estilo. Prestan bicicletas gratis y obsequian con vino y queso al anochecer.

🍴 Dónde comer

Sam's Anchor Cafe PESCADO Y MARISCO $$
(☑415-435-4527; www.samscafe.com; 27 Main St; principales 14-32 US$; ☉11.00-21.30 lu-vi, 9.30-22.00 sa y do; ▣) Buen proveedor de marisco y hamburguesas desde 1920, aunque al entrar parece una choza desangelada, la parte abierta de atrás disfruta de unas vistas insuperables. En una tarde cálida, no hay quien se resista a un cóctel o a un sabroso plato de langostinos salteados.

Caprice ESTADOUNIDENSE $$$
(☑415-435-3400; www.thecaprice.com; 2000 Paradise Dr; principales 17-58 US$; ☉17.00-22.00 ma-do y 11.00-15.00 do) Merece la pena reservar una mesa para disfrutar de las románticas y fascinantes vistas de la isla Ángel, el Golden Gate y San Francisco a la puesta de sol. Ofrece sobre todo marisco, pero también destacan

MERECE LA PENA

ISLA ÁNGEL

La isla Ángel (☑415-435-5390; www.parks.ca.gov/?page_id=468), en la bahía de San Francisco, tiene un clima moderado y brisas suaves, perfecto para practicar el senderismo y el ciclismo, y hacer un *picnic* en una cala protegida con vistas a los alrededores urbanos, cercanos pero distantes. La historia de la isla, que ha sido zona de caza y pesca para el los miwok, base militar, centro de inmigración, campo de internamiento japonés en la II Guerra Mundial y campo de misiles Nike, ha dejado algunos fuertes y búnkeres a los que asomarse. La isla tiene 19 km de caminos y senderos, incluidos uno que sube al monte Livermore de 238 m (prohibidas las bicis) y otro perimetral de 8 km.

La Immigration Station (☑415-435-5537; www.aiisf.org/visit; ⊙11.00-15.00 lu-vi, 11.00-16.00 sa y do), en activo de 1910 a 1940, fue la 'Ellis Island' de la Costa Oeste; si bien en un principio fue un centro de revisión y detención de inmigrantes chinos, que entonces tenían prohibida la entrada en EE UU por la Ley de Exclusión China. Muchos detenidos permanecían en ella durante largo tiempo antes de ser devueltos a casa. Uno de los puntos de interés más inusuales de la isla es la triste y nostálgica poesía china grabada en las paredes de estos barracones. El lugar es hoy un museo excelente; los circuitos (adultos/niños 7/5 US$) más amplios incluyen la entrada y pueden reservarse o comprarse a la llegada.

Sea Trek (www.seatrek.com) ofrece excursiones en kayak por la isla. Se pueden alquilar bicicletas en la cala Ayala (12,50/40 US$ h/día), donde también hay circuitos en tranvía (15 US$). Los circuitos de 2 h en *segway* (68 US$) y en ciclomotores eléctricos (50 US$) son otra opción, previa reserva. Los horarios de los circuitos varían según la temporada; más información en www.angelisland.com.

Se puede acampar en la isla, y cuando zarpa el último ferri por la noche, el lugar es un remanso de paz, salvo por lo insistentes mapaches. La docena de 'campings' (☑800-444-7275; www.reserveamerica.com; parcela tienda 30 US$), accesibles a pie, en bicicleta o en kayak, suelen reservarse con meses de antelación. Cerca del embarcadero del ferri hay un café con sándwiches y tentempiés.

Cómo llegar y salir

Desde San Francisco, se toma el ferri de Blue & Gold Fleet (plano p. 82; ☑415-773-1188; www.blueandgoldfleet.com; ida y vuelta adultos/niños 17/9,50 US$) en el muelle 41. De mayo a septiembre hay tres servicios diarios los fines de semana y dos entre semana; el resto del año el horario se reduce.

Desde Tiburón, se toma el ferri Angel Island-Tiburon (☑415-435-2131; www.angelis landferry.com; ida y vuelta adultos/niños/bicicleta 13,50/11,50/1 US$).

Desde Oakland, San Francisco Bay Ferry (☑415-705-8291; www.sanfranciscobayferry. com; ida y vuelta adultos/niños 14,50/8,50 US$) opera un servicio de ida y vuelta los fines de semana de verano.

la crema de alcachofas y el lomo de ternera. Imprescindible bajar la escalera para ver la chimenea, construida en el lecho rocoso de la playa. Entre semana, una cena de 3 platos (30 US$) sale más barata.

ℹ Información

La **cámara de comercio de la península de Tiburón** (☑415-435-5633; www.tiburonchamber.org; 96b Main St) ofrece información sobre la zona.

ℹ Cómo llegar y salir

El autobús nº 8 de Golden Gate Transit (☑415-455-2000; www.goldengatetransit.org) opera un servicio directo entre San Francisco y Tiburón (4,75 US$) toda la semana.

En automóvil, por la Hwy 101, hay que buscar la salida de Tiburon Blvd, E Blithedale Ave y Hwy 131, que continúa al este hacia la ciudad, hasta que se cruza con las calles Juanita Lane y Main St.

Blue & Gold Fleet (☑415-705-8200; ida 11 US$) zarpa a diario desde muelle 41 o desde el Ferry Building (entre semana, solo en horario laboral) de San Francisco a Tiburón. La bicicleta sale gratis. Desde Tiburón, también hay ferris regulares a la isla Ángel.

Sir Francis Drake Blvd y alrededores

Las ciudades del entorno de Sir Francis Drake Blvd, como Larkspur, Corte Madera, Ross, San Anselmo y Fairfax, evocan la vida tranquila de los pueblos, aunque el ambiente es mucho más agitado por la Hwy 101.

En el este, en Larkspur, destacan los escaparates de Magnolia Ave y las secuoyas del cercano cañón de Baltimore. En el lado este de la carretera se encuentra la descomunal cárcel de San Quintín, la más antigua y famosa de California, fundada en 1852. Johnny Cash grabó en ella un disco en 1969, después del gran éxito obtenido con *Folsom Prison*.

Se puede montar en la bicicleta y rodar por el puente peatonal desde la terminal de ferris hacia el otro lado de la calle para ir al Marin Country Mart, un centro comercial con una docena de excelentes restaurantes con terraza. Uno de los mejores lugares es el *pub* Marin Brewing Company (www.marin brewing.com; 1809 Larkspur Landing Cir, Marin Country Mart, edificio 2, Larkspur; principales 12-19 US$; ⊙11.30-24.00 do-ju, hasta 1.00 vi y sa; 🍴), detrás de cuya barra se ven las calderas tras un cristal. Arne Johnson, su maestro cervecero, ha ganado muchos premios y una Mt Tam Pale Ale acompaña muy bien la carta de *pizzas*, hamburguesas y contundentes sándwiches.

Al sur, Corte Madera acoge una de las mejores librerías de la zona de la bahía, Book Passage (✆415-927-0960; www.bookpas sage.com; 51 Tamal Vista Blvd; ⊙9.00-21.00), en el centro comercial Marketplace. Ofrece una nutrida sección de viajes y frecuentes presentaciones de autores.

Por el oeste a lo largo de Sir Francis Drake, San Anselmo tiene un pequeño y bonito centro urbano alrededor de San Anselmo Ave, con varias tiendas de antigüedades. El atractivo centro del vecino Fairfax cuenta con una amplia oferta para comer e ir de compras, si bien los ciclistas se congregan en Gestalt Haus Fairfax (28 Bolinas Rd, Fairfax; ⊙11.30-23.00 do y lu, 11.30-24.00 ma y mi, 11.30-2.00 ju-sa), por su aparcamiento, juegos de mesa, cervezas europeas de barril y salchichas de carne o *veganas*.

El Arti (www.articafe.com; 7282 Sir Francis Drake Blvd, Lagunitas; principales 10-14 US$; ⊙12.00-21.00; 🚗) 🌿, entre la Hwy 1 y la Hwy 101 en la pequeña población de Lagunitas, es una tentadora parada para tomar una comida india ecológica. Tiene un comedor informal y cómodo y una terraza, además de deliciosas fuentes de pollo *tikka*.

Seis millas al este de Olema en Sir Francis Drake Blvd, el Samuel P Taylor State Park (✆415-488-9897; www.parks.ca.gov/?page_id=469; aparcamiento 8 US$, parcelas para tiendas y autocaravanas 35 US$, cabañas 100 US$) ofrece bonitas zonas de acampada entre bosques de secuoyas y un puñado de cabañas nuevas de cinco plazas, muy solicitadas, con electricidad y estufas de leña. El parque está junto al asfaltado Cross Marin Trail, con kilómetros de paisaje por explorar a lo largo de una antigua vía férrea.

ℹ Cómo llegar y desplazarse

Golden Gate Ferry (✆415-455-2000; www. goldengateferry.org) opera un servicio diario de ferris (9,50 US$, 50 min) del Ferry Building de San Francisco a Sir Francis Drake Blvd en Larkspur, justo al este de la Hwy 101. Se puede cargar la bicicleta.

San Rafael

Este es el municipio más antiguo y grande de Marin, algo menos lujoso que la mayoría de sus vecinos, pero con suficiente ambiente y una parada habitual entre los viajeros que van al Point Reyes. Al norte de San Rafael, la Lucas Valley Rd tuerce al oeste hacia la Point Reyes Station, tras pasar el rancho Skywalker de George Lucas. La calle principal de San Rafael, Fourth St, llena de cafés y tiendas, sale desde el centro al oeste hasta que se cruza con Sir Francis Drake Blvd, para continuar al oeste, hacia la costa.

◉ Puntos de interés

China Camp State Park PARQUE
(✆415-456-0766; www.parks.ca.gov/?page_id=466; por automóvil 5 US$) Situado unos 6,5 km al este de San Rafael, este parque es un lugar agradable para ir de *picnic* o hacer una breve excursión. Para llegar, hay que tomar la salida N San Pedro Rd desde la Hwy 101 y continuar casi 5 km en dirección este. Antaño había una aldea pescadora china; un pequeño museo expone objetos de la época.

Misión San Rafael Arcángel MISIÓN
(www.saintraphael.com; 1104 5th Ave) Esta misión, fundada en 1817, que sirvió como sanatorio para nativos americanos aquejados de enfermedades europeas, da fe del origen de la localidad. El edificio actual es una réplica de 1949.

🛏 Dónde dormir y comer

China Camp State Park   CAMPING $

(☎800-444-7275; www.reserveamerica.com; parcelas tienda 35 US$) Ofrece 30 parcelas para entrar sin vehículo, con duchas y buena sombra.

Panama Hotel   B&B $$

(☎415-457-3993; www.panamahotel.com; 4 Bayview St; i/d con baño compartido 75/90 US$, h 120-195 US$; ❀🛜🐾) Un B&B emplazado en un edificio de 1910 con 10 habitaciones muy bohemias, cada una diferente, y un restaurante con un patio muy bonito.

⭐**Sol Food Puerto**
Rican Cuisine   PUERTORRIQUEÑA $$

(☎415-451-4765; www.solfoodrestaurant.com; esq. Lincoln Ave y 3rd St; principales 7.50-16 US$; ⏱7.00-24.00 lu-ju, hasta 2.00 vi, 8.00-2.00 sa, hasta 24.00 do) 🍽 Ventiladores cenitales lentos, muchas plantas tropicales y ritmos latinos crean un ambiente relajado para saborear deliciosos platos como el sándwich jíbaro y especialidades a base de plátanos, hortalizas y carnes ecológicas.

☆ Ocio

Rafael Film Center   CINE

(☎415-454-1222; www.cafilm.org/rfc; 1118 4th St) Céntrico cine restaurado con una innovadora programación de autor.

ℹ Cómo llegar y salir

Hay muchos autobuses de **Golden Gate Transit** (☎415-455-2000, 511; www.goldengatetransit. org) entre San Francisco y el San Rafael Transit Center, situado en las calles 3rd y Hetherton (5,75 US$, 1 h).

Mill Valley

Esta es una de las localidades más pintorescas de la bahía. En sus orígenes un municipio maderero que debe su nombre a un aserradero de la década de 1830, el pueblo es hoy un lugar muy distinto, repleto de casas increíblemente caras, automóviles impresionantes y *boutiques* distinguidas.

Mill Valley fue también el punto de partida del paisajístico tren turístico que iba al monte Tamalpais. Las vías se retiraron en 1940 y el espacio de la estación lo ocupa ahora la librería-café Depot Bookstore & Cafe.

◉ Puntos de interés y actividades

Old Mill Park   PARQUE

Situado a varias manzanas al oeste del centro de la localidad, a lo largo de Throckmorton Ave, este parque es ideal para ir de merienda; cuenta además con una réplica del aserradero homónimo. Al cruzar el puente del arroyo Old Mill se llega a los **escalones Dipsea,** punto de partida del Dipsea Trail.

⭐**Dipsea Trail**   SENDERISMO

Encantador, y también difícil, el sendero de Dipsea, de 11 km, sube por la sierra costera y baja a Stinson Beach, un atajo por una esquina del bosque de Muir. Parte del Old Mill Park con una subida de 676 escalones en tres tramos y sigue por altibajos antes de llegar al mar. La línea nº 61 de **West Marin Stagecoach** (www.marintransit.org/stage.html) va de Stinson Beach a Mill Valley, lo que permite hacer la excursión en un día en un solo sentido.

Entre los tramos de escaleras hay partes que no están bien señalizadas, pero se puede preguntar por el lugar.

🎉 Fiestas y celebraciones

Mill Valley Film Festival   CINE

(www.mvff.com; ⏱oct) Se celebra en octubre y programa películas independientes con buena crítica internacional.

🛏 Dónde dormir

Acqua Hotel   HOTEL-BOUTIQUE $$

(☎415-380-0400, 888-662-9555; www.marinhotels. com; 555 Redwood Hwy; h incl. desayuno desde 159 US$; ❀🐾@🛜) 🍽 Ofrece vistas a la bahía y el monte Tamalpais, una recepción con una relajante chimenea y una fuente, y habitaciones modernas, de líneas elegantes y decoradas con tejidos preciosos.

Mountain Home Inn   POSADA $$$

(☎415-381-9000; www.mtnhomeinn.com; 810 Panoramic Hwy; h 195-345 US$, desayuno incl..; 🛜) Situado entre secuoyas, píceas y pinos en una cresta del monte Tamalpais, este es un retiro moderno a la vez que rústico. Las habitaciones más grandes son de una belleza tosca, con grandes columnas de madera. Las más pequeñas son acogedoras guaridas para dos personas. El mapa de los senderos, muy bien colocado en el aparador, deja claro que es un lugar para a tomarse un respiro y relajarse.

🍴 Dónde comer y beber

Depot Bookstore & Cafe CAFÉ $
(www.depotbookstore.com; 87 Throckmorton Ave;
principales hasta 10 US$; ⏰7.00-19.00; 📶) Situa-
do en pleno centro de la ciudad, aquí sirven
capuchinos, sándwiches y comidas ligeras. En
la librería venden un montón de publicaciones locales, guías de senderismo incluidas.

Buckeye Roadhouse ESTADOUNIDENSE $$
(📞415-331-2600; www.buckeyeroadhouse.com; 15
Shoreline Hwy; principales 18-37 US$; ⏰11.30-22.30
lu-sa, 10.30-22.00 do) Abierto en 1932 como res-
taurante de carretera, hoy es una de las joyas
culinarias del condado de Marin, con coci-
na americana de primera. Para atiborrarse
de pollo "al ladrillo" con chile y lima, y una
porción de *s'more pie* (tarta de chocolate y
nubes), antes de retomar la Hwy 101.

Mill Valley Beerworks PUB
(www.millvalleybeerworks.com; 173 Throckmorton
Ave; principales 18-32 US$; ⏰17.30-22.30 lu-vi,
11.30-22.30 sa y do, cocina cerrada 15.00-17.30) 🍴
Tiene 60 variedades de cerveza embotellada y
una docena de barril, algunas de elaboración
propia (de la Fort Point Brewing Company, en
San Francisco), además de platos deliciosos,
elaborados con ingredientes de granja. El am-
biente es austero pero estiloso, con mesas de
madera rústica y una pared de azulejos de
estaño.

ℹ️ Información

Se puede obtener información en la **cámara
de comercio de Mill Valley** (📞415-388-9700;
www.millvalley.org; 85 Throckmorton Ave;
⏰10.00-16.00 ma-vi).

ℹ️ Cómo llegar y salir

Desde San Francisco o Sausalito, hay que tomar la
Hwy 101 hacia el norte, hasta la salida de Mill Valley-
Stinson Beach–Hwy 1. A continuación, se sigue por
la Hwy 1 (llamada también Shoreline Hwy) hacia Al-
monte Blvd, que se convierte en Miller Ave y lleva al
centro de Mill Valley.

Desde el norte, hay que tomar la salida E
Blithedale Ave de la Hwy 101 y seguir al oeste,
hacia Mill Valley.

El autobús nº 4 de **Golden Gate Transit**
(📞415-455-2000; www.goldengatetransit.org)
va directo de San Francisco a Mill Valley (4,75
US$) los fines de semana; la línea 17 (2 US$)
circula por la zona a diario desde la terminal de
ferris de Sausalito.

Mt Tamalpais State Park

El majestuoso monte Tamalpais custodia el
condado de Marin. La belleza de sus 783 m
de altura y de la zona circundante resultan
de lo más inspirador, sobre todo si se tiene
en cuenta que está a solo 1 h de las zonas
metropolitanas más grandes del estado.

El Mt Tamalpais State Park (📞415-388-
2070; www.parks.ca.gov/mttamalpais; aparcamiento
8 US$) se creó en 1930. En parte fue donación
del congresista y naturalista William Kent,
que también cedió los terrenos que en 1907
se convirtieron en el Muir Woods National
Monument. Las 2520 Ha del parque acogen
ciervos, zorros, linces rojos y kilómetros de
senderos.

El monte Tam, como es conocido, fue un
lugar sagrado para los miwok durante miles
de años. A finales del siglo XIX, los habitantes de
San Francisco lo utilizaban como escapada
de un día al bullicio de la ciudad. En 1896 se
terminó de construir el trazado ferroviario
más sinuoso del mundo, con 281 curvas, que
iba desde Mill Valley hasta la cima. Aunque la
vía se cerró en 1930, la llamada Old Railroad
Grade es una de las caminatas más conocidas
y pintorescas del lugar.

🔘 Puntos de interés

La Panoramic Hwy asciende desde Mill Va-
lley, a través del parque, hasta Stinson Beach.
Desde la Pantoll Station, la oficina central del
parque, hay casi 7 km en automóvil hasta la
cima del East Peak ("Pico Este"); hay que to-
mar la Pantoll Rd y después Ridgecrest Blvd,
con vistas panorámicas. A 10 min de paseo,
hay un puesto de vigilancia de incendios con
asombrosas vistas a la bahía.

Mountain Theater TEATRO
(📞415-383-1100; www.mountainplay.org; adultos/ni-
ños 40/20 US$) Este espacio de piedra natural
y aforo para 4000 personas acoge la anual
Mountain Play durante seis tardes de fin de
semana entre mediados de mayo y finales
de junio. Hay un servicio de enlace gratis
desde Mill Valley. También hay **programas
astronómicos** (www.friendsofmttam.org/astro-
nomy.html; ⏰abr-oct) gratis una vez al mes,
los sábados por la noche, cerca de la luna
nueva.

🏃 Actividades

Senderismo
Hacerse con el mapa del parque es una buena
inversión, ya que hay docenas de senderos

que vale la pena recorrer. El **Steep Ravine Trail** sale de la Pantoll Station y sigue junto a un arroyo arbolado hacia la costa (3,3 km aprox. solo ida). Para una ruta más larga, pasados 3,5 km hay que girar a la derecha, hacia el noroeste, y tomar el **Dipsea Trail**, que serpentea entre los árboles durante 1,6 km antes de terminar en Stinson Beach, donde se puede parar a comer y, a continuación, continuar en dirección norte, hacia la ciudad, y seguir las indicaciones del **Matt Davis Trail**, que supone un buen rodeo de 4,3 km de regreso a la Pantoll Station. Este último sendero continúa más allá de la oficina del parque alrededor de toda la montaña, con unas vistas soberbias.

Otra opción interesante es el **Cataract Trail**, que bordea el arroyo Cataract desde el final de la Pantoll Rd; son unos 4,8 km hasta el lago Alpine. Los últimos 1,6 km se hacen por una 'escalera' espectacular de raíces de árboles que desciende junto a la **cascada Cataract**.

Bicicleta de montaña

Los ciclistas deben permanecer en los cortafuegos y no pueden usar los senderos de un solo carril, además de no superar los 24 km/h. Los guardabosques son muy quisquillosos con estas normas y las multas podrías ser considerables.

El camino más conocido es la **Old Railroad Grade**. Para una subida suave, de 9,6 km y aproximadamente a 684 m de altura, hay que salir de Mill Valley al final de W Blithedale Ave para ir hacia el East Peak. Se tarda alrededor de 1 h en llegar al West Point Inn desde Mill Valley. También se puede empezar por algo más fácil y salir desde una zona más alta, como el Mountain Home Inn; después hay que recorrer la **Gravity Car Grade** hacia la Old Railroad Grade y el West Point Inn. Desde este punto, el camino hasta la cima, a solo 30 min, es fácil.

Desde el oeste de la Pantoll Station, los ciclistas pueden utilizar el **cortafuegos del Deer Park**, que pasa cerca del Dipsea Trail y atraviesa un bosque de secuoyas gigantescas, para llegar a la entrada principal del bosque de Muir. Otra alternativa es tomar la extensión sureste del **Coastal Trail**, que ofrece unas vistas impresionantes de la costa antes de unirse a la Hwy 1,3 km al norte de Muir Beach. Ambas opciones obligan a regresar a Mill Valley vía la Frank Valley/Muir Woods Rd, que asciende pronunciadamente (240 m) hacia la Panoramic Hwy, que cuando baja hacia Mill Valley se denomina Sequoia Valley Rd. Si se gira a la izquierda en Wildomar y dos veces a la derecha en el Mill Creek Park, se llega al centro de Mill Valley.

La Marin County Bicycle Coalition (p. 115), cuyo mapa es la biblia del ciclismo local, ofrece más información sobre rutas y normas para los ciclistas.

🍴 Dónde dormir y comer

⭐ **Steep Ravine** CAMPING, CABAÑAS $
(plano p. 48; ☏800-444-7275; www.reserveamerica.com; nov-sep; parcela tienda 25 US$, cabañas 100 US$) Está al salir de la Hwy 1, 1,6 km al sur de Stinson Beach, con siete parcelas frente al mar y nueve cabañas rústicas para cinco personas. Aunque aceptan reservas con hasta siete meses de antelación, se agotan pronto.

Bootjack Campground CAMPING $
(Panoramic Hwy; parcela tienda 25 US$) Reabierto hace poco tras décadas cerrado, este *camping* ofrece 15 plazas que no hace falta reservar y accesibles a pie por dos de los mejores senderos excursionistas del parque, junto al arroyo Redwood, con amplias vistas al sur. Está casi 1 km al noroeste de la Pantoll Station.

Pantoll Campground CAMPING $
(Panoramic Hwy; tienda parcelas 25 US$) Del aparcamiento al *camping* hay un paseo de 90 m, a pie o en bicicleta. Ofrece 16 parcelas sin reserva. Sin duchas.

West Point Inn REFUGIO, CABAÑA $
(☏info 415-388-9955, reservas 415-646-0702; www.westpointinn.com; 100 Old Railroad Grade Fire Rd, Mill Valley; h por adulto/niño 50/25 US$) Cargado con el saco de dormir, se puede caminar hasta este rústico escondite de 1904, en la cima de la colina, construido como escala para el tren turístico de Mill Valley y el monte Tamalpais. Sirven desayunos con tortitas (10 US$) los domingos en verano.

ℹ Información

La **Pantoll Station** (☏415-388-2070; www.parks.ca.gov/?page_id=471; 801 Panoramic Hwy; ☉variable; 🛜) es la oficina central del parque, donde venden mapas detallados del mismo.
La **Mt Tamalpais Interpretative Association** (www.mttam.net; ☉11.00-16.00 sa y do) lleva un pequeño centro de visitantes en el East Peak.

ℹ Cómo llegar y salir

Para llegar a la Pantoll Station en automóvil, hay que tomar la Hwy 1 en dirección a la Panoramic Hwy y buscar las indicaciones. La línea nº 61 de **West Marin Stagecoach** (☎415-526-3239; www.marintransit.org/stage.html) opera en microbuses diarios (2 US$) desde Marin City vía Mill Valley (además de un servicio los fines de semana y festivos desde el ferri de Sausalito) hasta la Pantoll Station y el Mountain Home Inn.

Muir Woods National Monument

Caminar entre los árboles más altos del mundo es algo que solo se puede hacer en el norte de California y en una pequeña zona del sur de Oregón. Las viejas secuoyas del bosque de Muir (☎415-388-2595; www.nps. gov/muwo; Muir Woods Rd, Mill Valley; adultos/niños 7 US$/gratis; ☺8.00-puesta de sol) son las más cercanas a San Francisco; a solo 19 km al norte del Golden Gate. En un principio, fueron los leñadores quienes echaron el ojo a estos árboles, pues el bosque del Redwood Creek, como se conocía la zona, parecía un lugar ideal para construir una buena presa. Estos planes se vieron interrumpidos cuando el congresista y naturalista William Kent compró una parte del bosque y, en 1907, donó 118 Ha al gobierno federal. En 1908, el presidente Theodore Roosevelt convirtió el lugar en monumento nacional y lo llamó John Muir en honor al naturalista y fundador de la organización medioambiental Sierra Club.

El bosque de Muir es un lugar muy visitado, sobre todo los fines de semana. Lo mejor es ir hacia mitad de semana, por la mañana temprano o a última hora de la tarde, cuando hay menos autobuses turísticos. Aunque, incluso en las horas de más bullicio, con tan solo un breve paseo por senderos rodeados de árboles enormes y vistas preciosas es fácil apartarse de la multitud. En un bonito café sirven ricos platos locales y ecológicos, así como bebidas calientes que sientan de maravilla cuando hay niebla.

🏃 Actividades

El circuito del Main Trail Loop, de 1,6 km, es una caminata agradable por el bosque del Redwood Creek hasta los árboles (de 1000 años de antigüedad) del Cathedral Grove; el regreso se hace por el Bohemian Grove, donde está el árbol más alto del parque, de 76,2 m. El Dipsea Trail es una subida de 3,2 km que llega hasta la cima de la bien denominada colina Cardiac.

También se puede bajar hacia el bosque de Muir a través de los senderos que salen de la Panoramic Hwy o desde el Bootjack Trail, que parte de la zona de *picnic* Bootjack. Una última posibilidad es salir desde el *camping* que hay junto a la oficina central del monte Tamalpais, por el Ben Johnson Trail.

ℹ️ Cómo llegar y salir

El aparcamiento se llena a reventar en las épocas más concurridas, por lo que es mejor usar el servicio de enlace estacional **Muir Woods Shuttle** (Route 66F; www.marintransit.org; ruta circular adultos/niños 5 US$/gratis; ☺fin de semana y fest fin mar-oct). El trayecto de 40 min conecta con los ferris de Sausalito que llegan de San Francisco antes de las 15.00.

En automóvil, hay que conducir al norte por la Hwy 101, tomar la Hwy 1 y continuar al norte por la Hwy 1/Shoreline Hwy hasta llegar a la Panoramic Hwy, que se encuentra en una bifurcación a la derecha, y seguir unos 1,6 km hasta los Four Corners y girar a la izquierda en la Muir Woods Rd. El camino está bien señalizado.

Muir Beach

El desvío hacia Muir Beach desde la carretera Hwy 1 queda señalizado por la hilera de buzones más larga de la costa norte. Muir Beach es un municipio pequeño y tranquilo, con una playa agradable, aunque no cuenta con servicio directo de autobuses. Al norte se encuentra el mirador de Muir Beach, con vistas soberbias de toda la costa; durante la II Guerra Mundial, estos puestos de observación sirvieron para montar guardia ante la posible llegada de barcos japoneses.

🛏️ Dónde dormir y comer

Green Gulch Farm & Zen Center RETIRO $$
(☎415-383-3134; www.sfzc.org; 1601 Shoreline Hwy; i 90-155 US$, d 160-225 US$, d casitas 350-400 US$, todos con 3 comidas; @🤫) 🍴 Es un tranquilo retiro budista en las colinas sobre Muir Beach. Las instalaciones son elegantes y modernas. El precio incluye además un bufé vegetariano delicioso. En la cima, que está a 25 min a pie, hay una casita de retiro.

Pelican Inn PUB $$$
(☎415-383-6000; www.pelicaninn.com; 10 Pacific Way; principales 14-34 US$; 🧒) De estilo Tudor británico, este es el único comercio de Muir Beach. Excursionistas, ciclistas y familias visitan su acogedor restaurante y bar para

calentarse junto al fuego, tomar una cerveza o jugar a los dardos. La comida, británica, es solo aceptable, pero el ambiente es espectacular. En el piso superior hay siete habitaciones de lujo (desde 206 US$) con mullidas camas con dosel.

Stinson Beach

Situada 8 km al norte de Muir Beach, Stinson Beach se anima mucho los fines de semana soleados. La localidad flanquea la Hwy 1 a lo largo de tres manzanas y está repleta de galerías, tiendas, restaurantes y B&B. La playa está casi siempre sumida en la niebla, pero cuando sale el sol, se llena de surferos y familias. En esos días despejados se puede ver Point Reyes y San Francisco; además, es lo suficientemente larga como para dar un buen paseo.

Puntos de interés

Playa de Stinson PLAYA
Solo se aconseja el baño entre finales de mayo y mediados de septiembre; para información sobre el tiempo y el oleaje, se puede llamar al ☑415-868-1922. Se encuentra una manzana al oeste de la Hwy 1.

Playa de Red Rock PLAYA
Esta playa nudista se halla 1,6 km al sur del pueblo y suele estar menos abarrotada, también porque se accede por un empinado sendero desde la Hwy 1.

★**Audubon Canyon Ranch** RESERVA DE FAUNA
(☑415-868-9244; www.egret.org; con donativo; ⊙normalmente 10.00-16.00 sa, do y fest med mar-med jul) Situado unos 5 km al norte de Stinson Beach por la Hwy 1, en las colinas que hay sobre la laguna Bolinas, este es un importante lugar de anidamiento para la gran garza azul y la garza blanca, con miradores dispuestos en las laderas. Con bajamar, las focas suelen dormitar en los bancos de arena de la laguna. Hay que confirmar el horario de visitas, ya que algún anidamiento fallido podría haberlo alterado.

Dónde dormir y comer

Sandpiper MOTEL, CABAÑAS $$
(☑415-868-1632; www.sandpiperstinsonbeach.com; 1 Marine Way; h 145-225 US$; 🐾) Junto a la Hwy 1 y a cuatro pasos de la playa, este alojamiento ofrece 10 habitaciones y cabañas confortables con chimeneas de gas y pequeñas cocinas en un frondoso jardín con merendero. Los precios caen de noviembre a marzo; los fines de semana exigen una estancia mínima de dos noches.

Parkside Cafe ESTADOUNIDENSE $$
(☑415-868-1272; www.parksidecafe.com; 43 Arenal Ave; principales 9-25 US$; ⊙7.30-21.00, café desde 6.00) 🍴 Muy famoso por sus copiosos desayunos y almuerzos, además de por su excelente cocina costera. Se recomienda reservar para la cena.

ℹ Cómo llegar y salir

Los microbuses (2 US$) de la línea nº 61 de **West Marin Stagecoach** (☑415-526-3239; www.marintransit.org/stage.html) llevan a Stinson Beach a diario desde Marin City y, los fines de semana y festivos, hasta el ferri de Sausalito. En automóvil desde San Francisco, hay casi 1 h, aunque los fines de semana suele haber mucho tráfico.

Bolinas

A pesar de ser una localidad menos turística, Bolinas ofrece algunas tentaciones. Esta aletargada comunidad a pie de playa, hogar de escritores, músicos y pescadores, es difícil de encontrar. El departamento estatal de carreteras solía colocar señales en el desvío de la Hwy 1, pero los lugareños las quitaban, así que dejaron de intentarlo.

Puntos de interés y actividades

★**Point Blue Conservation Science** OBSERVATORIO DE AVES
(☑415-868-0655; www.pointblue.org) El antiguo Point Reyes Bird Observatory está junto a Mesa Rd, al oeste del centro. En la Palomarin Field Station ofrecen demostraciones de anillamiento de aves, un centro de visitantes y una ruta en plena naturaleza. Las demostraciones son de martes a domingo por la mañana de mayo a finales de noviembre, y el resto del año, los miércoles, sábados y domingos.

Bolinas Museum MUSEO
(☑415-868-0330; www.bolinasmuseum.org; 48 Wharf Rd; ⊙13.00-17.00 vi, 12.00-17.00 sa y do) GRATIS Este complejo de cinco galerías expone la obra de artistas locales y la historia de la región. Búsquese la ajada señal de la carretera de Bolinas sujeta en la pared, porque seguro que no se habrá visto ninguna de entrada en la ciudad.

Playa de Agate PLAYA

Hay varias pozas a lo largo de los 3 km de costa en la playa de Agate, cerca del final del Duxbury Point.

2 Mile Surf Shop SURF

(☑415-868-0264; www.2milesurf.com; 22 Brighton Ave; ☺9.00-18.00 may-oct, 10.00-17.00 nov-abr) El surf es una actividad popular en la zona, y en esta tienda, detrás la oficina de correos, alquilan tablas y neoprenos y ofrecen clases. Para conocer el parte de surf, llámese al ☑415-868-2412.

Senderismo

Más allá del observatorio está el aparcamiento de Palomarin, con acceso a varios **senderos** de la parte sur de la zona protegida de la Point Reyes National Seashore; p. ej., uno de 5 km, muy fácil y conocido, que conduce al **lago Bass**, un lugar delicioso del interior, rodeado de altos árboles y perfecto para darse un baño en un día caluroso.

Si se continúa 2,4 km hacia el noroeste se llega a otro sendero bastante mal conservado que conduce a la **cascada Alamere**, un tobogán impresionante de 15 m de alto. Sin embargo, merece la pena caminar otros 2,4 km hasta la **playa de Wildcat** y retroceder después 1,6 km por la arena.

🛏 Dónde dormir y comer

Smiley's Schooner Saloon & Hotel MOTEL $$

(☑415-868-1311; www.smileyssaloon.com; 41 Wharf Rd; h 104-124 US$; 🐾☎🖥) Un lugar con solera (1851) que ofrece habitaciones sencillas pero correctas. Las tarifas de última hora de fin de semana suelen ser una ganga. El bar, donde sirven algunos platos y programan conciertos de jueves a sábado, lo frecuentan colgados y marineros con canas.

Bolinas People's Store CAFÉ, MERCADO $

(14 Wharf Rd; ☺8.30-18.30; ☑) 🍴 Este pequeño y sorprendente mercado-cooperativa queda oculto detrás del centro social. Sirven café de comercio justo y venden productos ecológicos, sopa recién elaborada y excelentes tamales. Se puede comer a la sombra en las mesas del patio y rebuscar algo útil en la Free Box, llena de ropa y otros artículos de segunda mano.

Coast Café ESTADOUNIDENSE $$

(www.bolinascoastcafe.com; 46 Wharf Rd; principales 10-22 US$; ☺11.30-15.00 y 17.00-20.00 ma-ju, hasta 21.00 vi, 8.00-15.00 y 17.00-21.00 sa, hasta 20.00 do; ☑🖥) 🍴 Es el único restaurante propiamente dicho de la localidad, con una solicitadísima terraza con jardineras y música en directo los jueves y domingos por la noche. De comer, hay *fish and chips*, ostras a la parrilla o tortitas con un café divino.

ℹ Cómo llegar y salir

La línea nº 61 de **West Marin Stagecoach** (☑415-526-3239; www.marintransit.org/stage. html) lleva a diario (2 US$) desde la terminal de Marin City (fines de semana y fest desde el ferri de Sausalito) hasta el centro de Bolinas. En automóvil, hay que seguir la Hwy 1 hacia el norte desde Stinson Beach y girar al oeste a Bolinas en la primera carretera que se encuentra al norte de la laguna; en el primer stop, hay que tomar a la izquierda la carretera de Olema-Bolinas y seguir 3,2 km hasta Bolinas.

Olema y Nicasio

Olema se encuentra 16 km al norte de Stinson Beach, cerca de la intersección de la Hwy 1 y Sir Francis Drake Blvd. Olema fue el principal poblado del oeste de Marin en la década de 1860. Por aquel entonces, había un servicio de diligencia a San Rafael y seis tabernas. En 1875, cuando se construyó el ferrocarril, que pasaba por la Point Reyes Station en vez de por Olema, la importancia del lugar comenzó a decaer. En 1906 volvió a la actualidad debido por situarse en el epicentro del gran terremoto de San Francisco.

El **Bolinas Ridge Trail,** con casi 20 km de subidas y bajadas y apto para caminantes y ciclistas, comienza aproximadamente 1,6 km al oeste de Olema, en Sir Francis Drake Blvd, y ofrece vistas maravillosas.

En el chirriante edificio de 1876 de la antigua Olema Inn, el restaurante **Sir & Star** (☑415-663-1034; www.sirandstar.com; esq. Sir Francis Drake Blvd y Hwy 1; principales 20 US$, precio fijo sa/otras noches 75/48 US$; ☺17.00-21.00 mi-do, abre antes en verano; ☎) 🍴 deleita a los comensales con productos estacionales de Marin como ostras de bahía de Tomales, cangrejo Dungeness y *foie* de pato. Se recomienda reservar.

A unos 15 min en automóvil de Olema, en el centro geográfico del condado de Marin, está Nicasio, una pequeña localidad con sabor rural. En el centro está el **Rancho Nicasio** (☑415-662-2219; www.ranchonicasio.com; 1 Old Rancheria Rd; ☺11.30-15.00 y 17.00-21.00 lu-ju, hasta 22.00 vi, 11.00-15.00 y 17.00-22.00 sa, hasta 21.00 do), un rústico *saloon* por el que regularmente pasan músicos de *blues, rock* y *country* locales y del resto del país.

❶ Cómo llegar y salir

El autobús n° 68 de **West Marin Stagecoach** (☎415-526-3239; www.marintransit.org/stage. html) hace el servicio diario desde el centro de transportes de San Rafael hasta Olema y el Samuel P Taylor State Park (2 US$).

Nicasio está en el flanco oeste de la Lucas Valley Rd, a 16 km de la Hwy 101.

Point Reyes Station

A pesar de que el tren dejó de pasar en 1933 y de su pequeño tamaño, Point Reyes Station aún es el centro del oeste de Marin. La región estaba dominada por lecherías y fincas cuando, en la década de 1960, fue invadida por artistas. En la actualidad es una curiosa combinación de galerías de arte y tiendas turísticas, con el añadido de una taberna muy popular.

🛏 Dónde dormir y comer

En Point Reyes y alrededores hay bastantes casitas coquetas, cabañas y B&B. La **cámara de comercio del oeste de Marin** (☎415-663-9232; www.pointreyes.org) ofrece varios listados, al igual que la **Point Reyes Lodging Association** (☎415-663-1872, 800-539-1872; www.ptreyes.com).

Windsong Cottage
Guest Yurt   YURTA **$$**
(☎415-663-9695; www.windsongcottage.com; 25 McDonald Lane; d yurta 185-210 US$; ☎) Una estufa de madera, una bañera privada al aire libre, una enorme y comodísima cama y una cocina con provisiones para desayunar hacen de esta tienda redonda un pedazo de paraíso.

Bovine Bakery   PANADERÍA **$**
(www.thebovinebakery.com; 11315 Hwy 1; pasta 3 US$; ☺6.30-17.00 lu-vi, 7.00-17.00 sa y do) 🌱 No se debe dejar el pueblo sin pasarse por la que quizá sea la mejor panadería de Marin. Un buen *bear-claw* (bollo con forma de garra de oso) y un café ecológico son una buena forma de empezar el día.

Tomales Bay Foods
& Cowgirl Creamery   DELI, MERCADO **$**
(www.cowgirlcreamery.com; 80 4th St; sándwiches 6-12 US$; ☺10.00-18.00 mi-do; ☑) 🌱 Mercado local en un antiguo granero en el que se venden productos *gourmet* para ir de *picnic,* como quesos y alimentos ecológicos. Se puede reservar plaza para degustar quesos y ver cómo se elaboran artesanalmente (5 US$). Toda la leche es de procedencia local y ecológica, con cuajo vegetariano en todos los quesos tiernos.

Osteria Stellina   ITALIANA **$$**
(☎415-663-9988; www.osteriastellina.com; 11285 Hwy 1; principales 15-24 US$; ☺11.30-14.30 y 17.00-21.00; ☑) 🌱 Restaurante especializado en cocina italiana casera a base de ingredientes locales. La carta incluye *pizzas,* pasta, carnes del rancho Niman y helado de leche de búfala.

Pine Cone Diner   CAFETERÍA **$$**
(www.pineconediner.com; 60 4th St; principales 9-13 US$; ☺8.00-14.30; ☑) 🌱 Sirven copiosos desayunos y almuerzos en un bonito comedor *retro* o al aire libre. Hay que probar las galletas de suero de leche, el revuelto de chorizo o de tofu y el sándwich de ostras fritas.

☆ Ocio

Old Western Saloon   MÚSICA EN DIRECTO, BAR
(☎415-663-1661; esq. Shoreline Hwy y 2nd St; ☺10.00-24.00 o 2.00) Un rústico *saloon* de 1906 con música en directo y mesas decoradas con herraduras. El príncipe Carlos de Inglaterra pasó a tomarse una cerveza cuando visitaba la zona en el 2006.

❶ Cómo llegar y salir

Al entrar en la localidad, la Hwy 1 se convierte en Main St. El autobús n° 68 de **West Marin Stagecoach** (☎415-526-3239; www.marintransit.org/stage.html) opera un servicio diario desde el centro de transportes de San Rafael (2 US$).

Inverness

Esta pequeña localidad, último puesto de avanzada en el viaje hacia el oeste, se extiende a lo largo del lado oeste de la **bahía de Tomales**. Hay buenos lugares para comer y, entre las colinas circundantes y la pintoresca línea de costa, un montón de casitas de alquiler y B&B muy curiosos. No muy lejos, en dirección norte, aguardan unas playas magníficas.

🏃 Actividades

Blue Waters Kayaking   KAYAK
(☎415-669-2600; www.bluewaterskayaking.com; alquiler/circuitos desde 50/68 US$; ⛵) Con dos

establecimientos, uno en el Tomales Bay Resort, en Inverness, y otro al lado de la bahía en Marshall (en la Hwy 1, 13 km al norte de Point Reyes Station), aquí ofrecen varios circuitos por la bahía de Tomales. También se puede alquilar un kayak y salir por libre hasta playas y rocas remotas; no se requiere experiencia previa.

🛏 Dónde dormir

Cottages at Point
Reyes Seashore
BUNGALÓS $$
(☎800-416-0405, 415-669-7250; www.invernessvalleyinn.com; 13275 Sir Francis Drake Blvd; h 139-219 US$; 🕙🐾🖥) 🐾 Medio escondido en el bosque, a 1,6 km de la ciudad, este alojamiento es ideal para las familias, con habitaciones limpias y modernas con cocina americana en bungalós con tejado a dos aguas. También hay una pista de tenis, *spa,* campo de equitación, zona de barbacoa y reproductores de DVD, además de un gran jardín y un sendero natural privado. Está pasada la población en dirección a la península de Point Reyes.

Tomales Bay Resort
MOTEL $$
(☎415-669-1389; www.tomalesbayresort.com; 12938 Sir Francis Drake Blvd; h 125-275 US$; 🕙🖥) Situado junto a la bahía, este motel tiene 36 habitaciones y una piscina (no climatizada). De domingo a jueves y en invierno, cuando baja los precios, es una de las mejores gangas de la zona.

Dancing Coyote
Beach Cottages
BUNGALÓS $$$
(☎415-669-7200; www.dancingcoyotebeach.com; 12794 Sir Francis Drake Blvd; casitas 200-260 US$; 🕙🖥) Ofrece cuatro cabañas modernas, tranquilas y cómodas frente a la bahía de Tomales, con tragaluces y vistas en todas direcciones. Las cocinas, muy bien equipadas, están provistas de ricos productos para desayunar y en las chimeneas nunca falta leña.

ℹ Cómo llegar y salir

Desde la Hwy 1, Sir Francis Drake Blvd lleva directamente a Inverness. El autobús nº 68 de **West Marin Stagecoach** (☎415-526-3239; www.marintransit.org/stage.html) para aquí a diario en su ruta desde San Rafael (2 US$).

Point Reyes National Seashore

La península de **Point Reyes** (plano p. 48; www.nps.gov/pore) GRATIS se caracteriza por un

ℹ SERVICIO DE ENLACE DE POINT REYES

Con buen tiempo, la carretera a la Chimney Rock y el faro se cierra a los vehículos privados los fines de semana y festivos desde finales de diciembre hasta mediados de abril, lo que remite al servicio de enlace (5 US$, menores de 17 años gratis) desde la playa de Drakes.

viento constante y una belleza toscamente labrada que ha atraído desde siempre a mamíferos marinos y aves migratorias, aunque también ha provocado montones de naufragios. Fue aquí, en 1579, donde sir Francis Drake desembarcó para reparar su barco, el *Golden Hind.* Durante sus cinco semanas de estancia colocó una placa de bronce cerca de la costa para reclamar esta tierra como inglesa. Según los historiadores, este hecho ocurrió en la playa de Drakes, donde aún se puede ver una marca. En 1595 ocurrió el primer naufragio en estas aguas, el del *San Agustín,* un barco español que había salido de Manila cargado con bienes de lujo; todavía hoy la corriente arrastra hasta la costa parte de aquella carga. A pesar de los adelantos de la navegación moderna, estas aguas aún son muy peligrosas.

La zona protegida de la Point Reyes National Seashore abarca 176 km² de playas limpias y la península ofrece muchas posibilidades para hacer senderismo y acampar. Se recomienda llevar ropa de abrigo, incluso en los días más soleados.

◉ Puntos de interés y actividades

Para disfrutar de vistas imponentes solo hay que seguir el Earthquake Trail desde la oficina central del parque en Bear Valley ("valle del Oso"). El sendero llega hasta el hueco de casi 5 m que separa las dos mitades de lo que antes fue una valla; un testimonio de la intensidad del terremoto de 1906, que tuvo su epicentro en esta región. Hay otro sendero más corto desde el centro de visitantes hasta Kule Loklo, una reproducción de un poblado miwok.

La Limantour Rd, que parte de la Bear Valley Rd aproximadamente 1,6 km al norte del centro de visitantes del Bear Valley, conduce hasta el Point Reyes Hostel y a la playa de Limantour, donde se puede seguir una senda por el Limantour Point, con el Estero de Limantour a un lado y la bahía de Drakes al otro. El **Inverness Ridge Trail** va desde la Limantour Rd hasta el monte Vision (385 m), que ofrece unas vistas espectaculares de toda la costa. Por el otro lado, se puede llegar en automóvil casi hasta la cima.

A 3 km de Inverness, la Pierce Point Rd se bifurca a la derecha desde el Sir Francis Drake Blvd. Desde allí, es posible llegar a dos hermosas playas: a la playa de Marshall en un paseo de 1,6 km desde la zona de aparcamiento, y a la Hearts Desire, en el **Tomales Bay State Park,** en automóvil.

La Pierce Point Rd continúa hasta las inmensas dunas de arena de la **laguna Abbotts,** un lugar siempre ventoso y repleto de aves costeras. Al final de la carretera se encuentra el Pierce Point Ranch, una finca que marca el principio del **Tomales Point Trail,** de 5,6 km, que atraviesa la **Tule Elk Reserve.** Resulta magestuoso ver los enormes cuernos de uno de los abundantes uapitíes con el Tomales Point de fondo, la bahía Bodega al norte, la bahía de Tomales al este y el Pacífico al oeste.

★ **Faro del Point Reyes** FARO
(☉faro 10.00-16.30 vi-lu, sala de lentes 14.30-16.00 vi-lu) GRATIS Este faro se encuentra al final de Sir Francis Drake Blvd. Llegar aquí es como hacerlo al fin del mundo, aunque ofrece los mejores **avistamientos de ballenas** de toda la costa. El faro se encuentra debajo del cabo, accesible a través de más de 300 escalones. Por un camino corto y muy agradable se llega a la cercana **Chimney Rock.** También en los alrededores está el mirador desde el que ver la **colonia de elefantes marinos** del parque. Se recomienda alejarse del agua en las playas North y South, de fortísimo oleaje.

Five Brooks Stables EQUITACIÓN
(☎415-663-1570; www.fivebrooks.com; paseos desde 40 US$; ⊕) Se puede cabalgar tranquilamente por un prado o subir a más de 300 m hasta la cresta de Inverness para disfrutar de las vistas del valle de Olema. Si se pueden aguantar 6 h de cabalgada, se podrá recorrer la costa hasta la cascada Alamere vía la playa de Wildcat.

🛏 **Dónde dormir**

Despertarse bajo un manto de niebla mientras se escucha comer a los ciervos es habitual en cualquiera de los cuatro popularísimos '**campings**' (☎877-444-6777; www. recreation.gov; parcela tienda 20 US$) de Point

Reyes, todos con agua, mesas y letrinas. Aceptan reservas con seis meses de antelación (los fines de semana están muy solicitados). Se llega tras andar o pedalear por un sendero de entre 3,2 y 9,6 km, aunque también se puede obtener un permiso para acampar en la playa, en la bahía de Tomales. En el centro de visitantes del Bear Valley dan permisos para el mismo día.

★ **HI Point Reyes Hostel** ALBERGUE $
(☎415-663-8811; www.norcalhostels.org/reyes; 1390 Limantour Spit Rd; dc 25 US$, h 82-120 US$, todos con baño compartido; @) ⚐ Cerca de la Limantour Rd, este rústico albergue de HI ofrece barracas con estancias cálidas y acogedoras, grandes ventanales y zonas al aire libre con vistas a las colinas. También tiene un edificio más nuevo con certificación LEED y cuatro habitaciones privadas (estancia mínima de 2 noches en fin de semana) y una espectacular cocina moderna. Se ubica en un valle aislado, a 3 km del océano y rodeado de magníficos senderos.

ℹ **Información**

La oficina central del parque, el **centro de visitantes del Bear Valley** (☎415-464-5100; www. nps.gov/pore; ☉10.00-17.00 lu-vi, desde 9.00 sa y do), está cerca de Olema y ofrece información y mapas. Otros puntos de atención son el faro de Point Reyes y el **Kenneth Patrick Center** (☎415-669-1250; ☉9.30-16.30 sa, do y festivos), en la playa de Drakes. Todos los centros de visitantes abren más tiempo en verano.

ℹ **Cómo llegar y salir**

En automóvil, se puede llegar al Point Reyes por varias rutas. La más sinuosa discurre por la Hwy 1, vía Stinson Beach y Olema. Otra más directa es dejar la Hwy 101 en San Rafael y seguir por Sir Francis Drake Blvd hasta el final de Point Reyes. La última es por la salida central de San Rafael, hacia el oeste, por 4th St, que gira hacia Sir Francis Drake Blvd. Por cualquiera de estas rutas se tarda alrededor de 1½ h en llegar a Olema desde San Francisco.

Al norte de Olema, donde se unen las carreteras Hwy 1 y Sir Francis Drake Blvd, está la Bear Valley Rd; hay que girar a la izquierda para llegar al centro de visitantes del Bear Valley. Para ir a las zonas más lejanas del Point Reyes, hay que seguir Sir Francis Drake Blvd vía la Point Reyes Station y salir en dirección a la península, a 1 h de camino.

A PIE Y EN BICICLETA POR EL BAY BRIDGE

Inaugurado en el 2013, el Bay Bridge Trail (www.baybridgeinfo.org/path) es un sendero separado para peatones y ciclistas a lo largo del nuevo Bay Bridge que se extiende entre Oakland y la isla de Yerba Buena. El sendero tiene dos puntos de acceso: desde el exterior de la tienda Ikea de Shellmound St en Emeryville (a 2,4 km de la estación BART de MacArthur), y desde la esquina de Maritime St y Burma Rd en West Oakland. La distancia de ida es de unos 8 km desde Emeryville y de 5,6 km desde West Oakland, y a lo largo del camino hay varios bancos para sentarse y gozar de las vistas.

A cuatro pasos del ferri en Jack London Square, en Bay Area Bikes (☎510-836-2311; www.bayareabikerentals.net; 427 Water St; alquiler desde 25 US$/día; ☉10.00-17.00 lu-vi, 9.00-18.00 sa y do) alquilan bicicletas con casco y candado.

El autobús nº 68 de **West Marin Stagecoach** (www.marintransit.org/stage.html) procedente de San Rafael para a diario en el centro de visitantes del Bear Valley (2 US$).

ESTE DE LA BAHÍA

La mayoría de los habitantes de San Francisco considera que el este de la bahía lo forman Berkeley y Oakland, pero en la región hay muchas otras poblaciones que ascienden abruptamente desde las planicies de la bahía hacia los elegantes enclaves de las colinas. Sus museos, universidades, restaurantes y parques, además de un mejor clima, son solo algunos de los motivos que atraen a los viajeros desde la gran ciudad.

Oakland

Su nombre significa "tierra de robles", por los grandiosos árboles que en otros tiempos se alineaban en sus calles. Oakland es a San Francisco lo que Brooklyn a Manhattan. Hasta cierto punto, es más barata que su vecina de las colinas y suele acoger a gente que huye de los elevados precios de la vivienda de San Francisco. La ciudad es étnicamente muy diversa, con una importante comunidad afroamericana y un largo historial de lucha sindical. Los agricultores urbanos ocupan terrenos abandonados para crear jardines comunitarios, las familias encuentran más espacio para acomodarse y los residentes se burlan de la niebla de San Francisco mientras disfrutan de un soleado clima mediterráneo.

◉ Puntos de interés y actividades

Broadway es la columna vertebral del centro de Oakland; se extiende desde Jack London Sq, en el muelle, hacia el norte, hasta Piedmont y Rockridge. Telegraph Ave sale de Broadway en 15th St y va hacia el norte, a Berkeley, a través del barrio de Temescal (ubicado entre las calles 40th St y 51st St). San Pablo Ave también avanza al norte desde el centro y llega hasta Berkeley. Desde Broadway, al este, Grand Ave lleva al distrito comercial de Lake Merritt.

Las estaciones de BART del centro se encuentran en Broadway, en las calles 12th St y 19th St; hay otras estaciones cerca de Lake Merritt, Rockridge y Temescal (estación MacArthur).

◎ Downtown

El centro de Oakland está repleto de edificios históricos y de un creciente número de negocios locales con mucho color. Ya que el acceso desde San Francisco es tan fácil, con los trenes BART o el ferri, vale la pena dedicar medio o un día a visitar a pie o en bicicleta la zona (y las vecinos Chinatown y Jack London Sq).

El **centro**, una zona peatonal que se encuentra entre Broadway y Clay St, 12th St y 14th St, es el corazón de Oakland. Las torres gemelas del **Ronald Dellums Federal Building** están en Clay St, en la parte de atrás de la calle. El **ayuntamiento**, situado en 14th con Clay, es un hermoso pabellón de estilo *beaux arts* de 1914 reconstruido.

El ambientado **casco antiguo de Oakland** se extiende a lo largo de Washington St, entre 8th St y 10th St, y está formado por edificios de entre 1860 y 1890 restaurados. La zona también acoge un **mercado de granjeros** los viernes por la mañana.

Situado al este de Broadway y efervescente de actividad comercial, el **Chinatown** de Oakland, mucho más pequeño que el de San Francisco, se concentra en las calles Franklin

Oakland

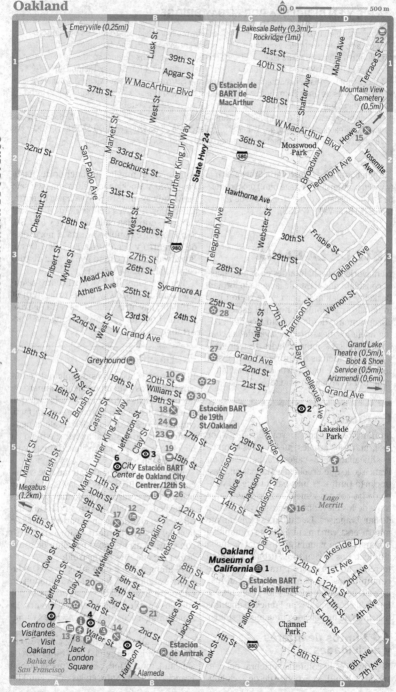

0 — 500 m

Emeryville (0,25mi)

Bakesale Betty (0,3mi);
Rockridge (1mi)

Manila Ave
Terrace St
22

41st St
40th St
Lusk St
39th St
Apgar St
W MacArthur Blvd
Estación de
BART de
MacArthur
38th St
Shafter Ave
Mountain View
Cemetery
(0,5mi)
37th St
West St
Market St
36th St
Mosswood
Park
Broadway
Piedmont Ave
Howe St
15
W MacArthur Blvd
Yosemite
Ave
32nd St
San Pablo Ave
33rd St
Brockhurst St
State Hwy 24
580
Hawthorne Ave
31st St
Chestnut St
28th St
West St
29th St
Telegraph Ave
30th St
Frisbie St
Oakland Ave
27th St
26th St
25th St
Sycamore Al
28th St
29th St
Vernon St
Filbert St
Myrtle St
Mead Ave
Athens Ave
980
25th St
28
Valdez St
27th St
Harrison St
Bay Pl
Grand Lake
Theatre (0,5mi);
Boot & Shoe
Service (0,5mi);
Arizmendi (0,6mi)
22nd St
West St
23rd St
24th St
27
Grand Ave
22nd St
21st St
Bellevue Ave
Grand Ave
18th St
W Grand Ave
Greyhound
10
20th St
William St
19th St
29
30
Estación BART
de 19th
St/Oakland
2
Lakeside
Park
17th St
16th St
19th St
18
24
23
19
15th St
17th St
Lakeside Dr
19th St
Harrison St
Alice St
Jackson St
Madison St
11
14th St
Market St
Brush St
Castro St
Jefferson St
Clay St
6
City
Center
3
Estación BART
de Oakland City
Centrer/12th St
Lago
Merritt
Martin Luther King Jr Way
11th St
10th St
9th St
26
12th St
16
Megabus
(1,2km)
17
12
25
Franklin St
Webster St
Oak St
14th St
6th St
5th St
Jefferson St
Washington St
6th St
8th St
7th St
Oakland
Museum of
California
1
12th St
Lakeside Dr
1st Ave
Gve St
Clay St
20
5th St
4th St
3rd St
Alice St
Jackson St
Estación BART
de Lake Merritt
E 12th St
2nd Ave
E 11th St
4th Ave
31
7
2nd St
4
9
14
21
2nd St
Fallon St
E 10th St
Channel
Park
Centro de
Visitantes
Visit
Oakland
13
8
5
Water St
Harrison St
Estación
de Amtrak
880
E 8th St
6th Ave
7th Ave
Jack
London
Square
Bahía de
San Francisco
Alameda

Oakland

St y Webster St desde sus orígenes en la década de 1870.

Uptown

Hacia el norte del centro de Oakland se encuentra el barrio alto, que alberga muchas de las joyas *art-decó* de la ciudad y un creciente elenco de restaurantes. La zona se extiende entre Telegraph y Broadway, y limita con Grand Ave por el norte.

Great Western Power Company ESCALADA, GIMNASIO
(☎510-452-2022; www.touchstoneclimbing.com; 520 20th St; pase diario 15-20 US$; ⊙6.00-22.00 lu-ju, hasta 23.00 ma y ju, 10.00-18.00 sa y do) Una antigua central eléctrica para ponerse en forma (que nadie se pierda la chimenea). Aquí se puede trepar por una pared de 14,6 m de altura (alquiler de equipo completo, 5 US$), divertirse en una roca de 140 m², tomar clases de yoga o ponerse en forma en el gimnasio.

Jack London Square

La zona en la que una vez el escritor y aventurero Jack London montó un buen número lleva hoy en día su nombre, y la reciente reurbanización ha añadido un multicines, bloques de pisos, excelentes restaurantes y varios bares. Por su bonita localización, en

los muelles, merece la pena pasear por ella, sobre todo los domingos, cuando el **mercado de granjeros** (⊙10.00-14.00) toma la zona, o recorrer el puerto en kayak. El ferri desde San Francisco, toda una excursión en sí misma, deja a unos pasos.

Jack London's Yukon Cabin MONUMENTO
En el extremo este de la plaza hay una réplica de la cabaña que ocupó Jack London durante la fiebre del oro en el Yukón, construida en parte con la madera de la original. Otra parada interesante junto a la cabaña es la taberna Heinold's First & Last Chance Saloon.

USS 'Potomac' BARCO HISTÓRICO
(☎510-627-1215; www.usspotomac.org; entrada 10 US$; ⊙11.00-15.00 mi, vi y do) El USS *Potomac*, de 50 m de eslora, la "Casa Blanca flotante" de Franklin D. Roosevelt, permanece amarrado en Clay St con Water St, junto al muelle de ferris. Varias veces al mes, de mayo a octubre, ofrece cruceros históricos de 2 h (adultos/niños 55/35 US$).

Lago Merritt

Rodeado por un sendero de 5,6 km, es un lugar muy conocido para pasear o correr. Lo bordean dos avenidas muy comerciales: **Lakeshore Ave**, en el extremo este, y **Grand Ave**, a lo largo de la orilla norte.

★**Oakland Museum of California** MUSEO
(OMCA; ☎888-625-6873, 510-318-8400; www.museumca.org; 1000 Oak St; adultos/niños 9-17 años 15/6 US$, 1er do de mes gratis; ⊙11.00-17.00 mi-do, hasta 21.00 vi; 🅿) Cerca del extremo sur del lago y a una manzana de la estación BART de Lake Merritt, este museo ofrece exposiciones temporales de arte y ciencia, además de excelentes colecciones permanentes sobre la rica ecología e historia del estado. Los viernes por la noche la entrada cuesta la mitad y hay sesiones de DJ, *food trucks* y talleres de arte gratis para niños.

Children's Fairyland PARQUE DE ATRACCIONES
(☎510-452-2259; www.fairyland.org; 699 Bellevue Ave; entrada 8 US$; ⊙10.00-16.00 lu-vi, hasta 17.00 sa y do jun-ago, variable fuera de temporada; 🅿) El Lakeside Park, en el extremo norte del lago salino, alberga esta atracción de 4 Ha, que data de 1950 y tiene un precioso tren ambientado en los cuentos de hadas, un tiovivo y una pequeña noria.

**Lake Merritt
Boating Center** DEPORTES ACUÁTICOS
(☎510-238-2196; www2.oaklandnet.com; 568 Bellevue Ave; alquiles de botes 12-24 US$/h; ⊙a diario mar-oct, sa y do nov-feb) Canoas, barcas de remo, kayaks, pedales y veleros de alquiler.

⊙ **Piedmont Ave y Rockridge**

Al norte del centro de Oakland, Broadway se convierte en una prolongada hilera de concesionarios de automóviles denominada Broadway Auto Row. A continuación se encuentra Piedmont Ave, una avenida abarrotada de tiendas de antigüedades, cafés, restaurantes finos y una cinemateca.

Rockridge, un barrio adinerado, es una de las zonas comerciales más conocidas de Oakland. Se centra en College Ave, que va desde Broadway hasta el campus de la universidad de UC Berkeley. En College Ave hay muchas tiendas de ropa, buenas librerías, varios *pubs* y cafés y bastantes restaurantes de calidad.

Mountain View Cemetery CEMENTERIO
(www.mountainviewcemetery.org; 5000 Piedmont Ave; ⊙6.30-19.00) Situado al final de Piedmont Ave, tal vez sea el paraje artificial más tranquilo y encantador del este de la bahía. Diseñado por Frederick Law Olmstead, arquitecto del Central Park de Nueva York, este cementerio es un lugar fantástico para pasear, con vistas magníficas.

⊙ **Colinas de Oakland**

Los grandes parques de las colinas de Oakland son ideales para excursiones de un día y exigentes salidas en bicicleta; el **East Bay Regional Parks District** (www.ebparks.org) gestiona más de 1900 km de senderos en 65 parques regionales, reservas y áreas recreativas de los condados de Alameda y Contra Costa.

Junto a la Hwy 24 se encuentra la **Robert Sibley Volcanic Regional Preserve,** el parque más septentrional de las colinas de Oakland. Desde el pico Round Top (528,3 m) se tienen unas vistas espectaculares de la zona de la bahía. Skyline Blvd sale de Sibley en dirección sur, a través del **Redwood Regional Park** y el adjunto **Joaquin Miller Park,** hasta el **Anthony Chabot Regional Park.** Un paseo a pie o en bicicleta de montaña por cualquiera de ellos hará olvidar que se está en una zona urbana. En el extremo sur del parque Chabot se encuentra el enorme lago **Chabot,** con un sendero perimetral fácil; en el **marina de Lake Chabot** (☎510-247-2526; www.norcalfishing.com/chabot) se alquilan canoas, kayaks y otras embarcaciones.

**Chabot Space
& Science Center** CENTRO CIENTÍFICO
(☎510-336-7300; www.chabotspace.org; 10000 Skyline Blvd; adultos/niños 16/12 US$; ⊙10.00-17.00 mi y ju, hasta 22.00 vi y sa, 10.00-17.00 do, más 10.00-17.00 ma verano; 🅿) Ideal para los aficionados a la astronomía, este centro ofrece exposiciones y un planetario. Con buen tiempo, ofrecen observaciones gratis los viernes y sábados por la noche (19.30-22.30) con un telescopio refractor de 50 cm.

🛏 **Dónde dormir**

La **Berkeley and Oakland Bed & Breakfast Network** (www.bbonline.com/ca/berkeley-oakland) contiene listas de casas particulares que alquilan habitaciones, suites y cabañas, desde 100 US$/noche; muchas exigen una estancia mínima de dos noches. Se recomienda reservar.

**Anthony Chabot
Regional Park** CAMPING $
(☎510-639-4751, reservas 888-327-2757; www.ebparks.org/parks/anthony_chabot; parcela tienda 25 US$, parcelas autocaravana con conexiones 25-35 US$; 🅿) Este parque de más de 2000 Ha ofrece 75 plazas abiertas todo el año y duchas son agua caliente. Reservar (tasas de gestión, 8 US$) a través www.reserveamerica.com.

Waterfront Hotel
HOTEL-BOUTIQUE **$$**

(☎510-836-3800; www.waterfronthoteloakland.com; 10 Washington St; h 149-279 US$; ✸@🛜🏊🐾) Papel estampado y lámparas marineras completan la decoración náutica de este luminoso y alegre hotel junto al puerto. Una gran chimenea rematada en latón calienta el vestíbulo, y las habitaciones, muy confortables, tienen reproductor de MP3, cafetera, microondas y nevera. La habitaciones con vistas al agua son mejores, pues sufren menos el traqueteo de los mercancías que pasan por la parte que da a la ciudad.

Washington Inn
HOTEL HISTÓRICO **$$**

(☎510-452-1776; www.thewashingtoninn.com; 495 10th St; h incl. desayuno 99-140 US$; ✸@🛜) Pequeño y moderno hotel de ambiente *boutique* instalado en un edificio histórico del centro. Tiene habitaciones con carácter y sofisticación eficiente. Lástima que el espectacular vestíbulo, de altísimos techos, se haya desaprovechado al amueblarlo con sillas en lugar de sofás de terciopelo. Pero el bar es perfecto para tomar un cóctel antes de cenar. El lugar está rodeado de buenos restaurantes.

Claremont Resort & Spa
RESORT **$$$**

(☎800-551-7266, 510-843-3000; www.claremontresort.com; 41 Tunnel Rd; h 215-309 US$, más 26 US$ tasa nocturna del *resort*; ✸@🛜🏊🐾) Glamuroso edificio blanco de 1915, con restaurantes elegantes, centro de *fitness*, piscinas, pistas de tenis y un *spa* muy completo. Las habitaciones con vistas a la bahía son excelentes. Está al pie de las colinas de Oakland, cerca de la Hwy 13 (Tunnel Rd), próxima a Claremont Ave en el límite con Berkeley.

🍴 Dónde comer

Los restaurantes de Oakland, divertidos y sofisticados, rivalizan con los de la vecina San Francisco.

✕ Uptown, Downtown y Jack London Square

Ratto's
DELI **$**

(www.rattos.com; 821 Washington St; sándwiches desde 6 US$; ◷8.30-16.30 lu-vi, 9.30-15.30 sa; 🖉) Para comer al aire libre, no hay nada como un sándwich en este antiguo colmado de Oakland (desde 1897) con barra y unas pocas mesas en la acera. Tiene una clientela muy devota.

Rudy's Can't Fail Cafe
ESTADOUNIDENSE **$$**

(www.iamrudy.com; 1805 Telegraph Ave; principales 9-13 US$; ◷7.00-1.00; 🖉🍴) Cafetería moderna con mesas hechas con tableros de juegos y curiosidades expuestas en vitrinas. El ambiente es un poco de chico malo, quizá porque su propietario es el bajista de Green Day. Sirven huevos rancheros (o su versión con tofu) todo el día, pero también se pueden pedir hamburguesas. Está junto al Fox Theater.

Bocanova
LATINOAMERICANA **$$**

(☎510-444-1233; www.bocanova.com; 55 Webster St; principales 12-28 US$; ◷11.30-21.30 lu-ju, 11.00-22.30 vi y sa, hasta 21.30 do) Con vistas al mar desde la soleada Jack London Sq, este restaurante ofrece un patio exterior y un comedor interior de estilo industrial-chic, bajo lámparas colgantes de cristal. Su cocina es panamericana, con platos como huevos rellenos de cangrejo Dungeness y vieiras al curri. Los fines de semana hay que reservar, y los miércoles, cuando las botellas de vino cuestan la mitad.

✕ Lago Merritt

Arizmendi
PANADERÍA **$**

(http://lakeshore.arizmendi.coop; 3265 Lakeshore Ave; porciones de *pizza* 2,50 US$; ◷7.00-19.00 ma-sa, hasta 18.00 do, hasta 15.00 lu; 🖉) Perfecta para desayunar o almorzar. La *pizza* vegetariana, los panes recién horneados y los bollitos calientes resultan adictivos.

Boot & Shoe Service
PIZZERÍA **$$**

(☎510-763-2668; www.bootandshoeservice.com; 3308 Grand Ave; *pizza* desde 10 US$; ◷17.30-22.00 ma-ju, 17.00-22.30 vi y sa, hasta 22.00 do) 🍴 En una antigua zapatería, sus actuales dueños triunfan con *pizzas* al horno de leña, cócteles originales y entrantes creativos, todo a base de ingredientes frescos de producción sostenible.

Lake Chalet
PESCADO Y MARISCO **$$$**

(☎510-208-5253; www.thelakechalet.com; 1520 Lakeside Dr; principales 17-36 US$; ◷11.00-22.00 lu-ju, hasta 23.00 vi, 10.00-23.00 sa, 10.00-22.00 do) Tanto para tomarse un *martini* y unas ostras en la larga barra durante la *happy hour* (15.00-18.00 y 21.00-cierre) como para darse un festín de cangrejo asado junto a una ventana del comedor formal, o cruzar el lago Merritt en una **góndola** (www.gondolaservizio.com; desde 60 US$/pareja) veneciana, esta antigua oficina del parque y varadero, ya centenaria, es hoy un restaurante muy agradable. Resérvese los fines de semana.

ZONA MOCHILERA DE LA BAHÍA

Para pernoctar en plena naturaleza pero al lado de la ciudad, solo hay que asir la mochila y dirigirse a una de las siguientes joyas. En **Sports Basement** (http://community.sports-basement.com/rentals/camping) y **REI** (www.rei.com) alquilan todo el material.

➜ **Point Reyes National Seashore** (☎877-444-6777; www.recreation.gov; parcela tienda 20 US$) *Campings* accesibles a pie o en bicicleta junto al océano, con lavabos y agua potable.

➜ **Henry W Coe State Park** (p. 152) El lugar donde acampan los lugareños cuando nieva en Sierra. Este enorme parque tiene kilómetros de campiña montañosa, con estanques y arroyos estacionales.

➜ **Hawk Camp** (www.nps.gov/goga/planyourvisit/outdooractivities.htm) *Camping* remoto en los cabos de Marin, con buenas vistas y lavabos, pero sin agua.

➜ **Isla Ángel** (p. 118) Tan cerca y a la vez tan lejos de la ciudad; incluso se ven los barcos cargueros pasar bajo el Golden Gate.

➜ **Ohlone Wilderness Trail** (www.ebparks.org/parks/ohlone) Aventura de 45 km a través de montañas y cañones en el este de la bahía.

Piedmont Ave y Rockridge

À Côté MEDITERRÁNEANA $$
(☎510-655-6469; www.acoterestaurant.com; 5478 College Ave; platos 8-20 US$; ☺17.30-22.00 do-ma, hasta 23.00 mi y ju, hasta 24.00 vi y sa) Es uno de los mejores restaurantes de College Ave. Lo que en la carta se denomina *flatbread* hace referencia a las *pizzas* de toda la vida, y los mejillones al Pernod son la marca de la casa.

Commis CALIFORNIANA $$$
(☎510-653-3902; www.commisrestaurant.com; 3859 Piedmont Ave; cena de 8 platos 95 US$; ☺desde 17.30 mi-sa, desde 17.00 do; ☐) El único restaurante con estrella Michelin del este de la bahía tiene un comedor minimalista y unos pocos y codiciados puestos en la barra (reservas solo por teléfono) desde donde se ve al chef James Syhabout y a su equipo en plena acción. Reserva recomendable.

Temescal y Emeryville

Emeryville es una pequeña localidad encajada entre Oakland y el sur de Berkeley por la I-80.

Bakesale Betty SÁNDWICHES, PANADERÍA $
(www.bakesalebetty.com; 5098 Telegraph Ave; sándwiches 8 US$; ☺11.00-14.00 ma-sa; ☐) Betty Barakat (con peluca azul), expatriada australiana y antigua alumna de Chez Panisse, elabora un celestial bizcocho de fresa y suculentos sándwiches de pollo frito, entre otras delicias. Del techo cuelgan rodillos de amasar y en la acera hay tablas de planchar a modo de mesas.

Emeryville Public Market INTERNACIONAL $
(www.publicmarketemeryville.com; 5959 Shellmound St, Emeryville; principales hasta 10 US$; ☺7.00-21.00 lu-sa, 7.00-20.00 do; ☐) Los más quisquillosos pueden cruzar las vías de Amtrak hacia el interior para elegir entre decenas de puestos de comida étnica internacional.

Homeroom ESTADOUNIDENSE $$
(☎510-597-0400; www.homeroom510.com; 400 40th St; principales 9-16 US$; ☺11.00-22.00 ma-do; ☐☐) 🍴 El *Mac-n-cheese*, lo último en comida casera local, merece una gran ovación en este curioso restaurante decorado como un colegio. La carta, más *gourmet* que la de un comedor escolar, incluye platos regionales como el Ivy Leaguer Truffle, cangrejo Dungeness, opciones *veganas* y el picante Exchange Student Sriracha. Tienen seis tipos de cerveza de barril, siempre cambiantes.

🍷 Dónde beber y vida nocturna

⭐ **Café Van Kleef** BAR
(☎510-763-7711; www.cafevankleef.com; 1621 Telegraph Ave; ☺12.00-2.00 ma-vi, 16.00-2.00 sa-lu) Para pedirse un *greyhound* (con zumo de pomelo recién exprimido) y contemplar la colección de instrumentos musicales antiguos, las cabezas disecadas falsas, las lámparas de araña y demás recuerdos extravagantes que decoran este bar estrafalario, *kitsch* y surreal, incluso si se está ebrio. Programan

blues, jazz y algo de *rock* en directo los fines de semana, además de sesiones de DJ y algún espectáculo de *drag-queens* otras noches.

Awaken Cafe
CAFÉ

(www.awakencafe.com; 1429 Broadway; ☺7.30-22.00 lu-ju, hasta 24.00 vi, 8.30-24.00 sa, hasta 19.00 do; ☎) Café muy céntrico que se llena de gente informatizada mientras engulle *bagels* cocido en un horno de leña y bebe café de comercio justo Four Barrel, hasta las 17.00. Los conciertos afro-cubanos, de folk o de R&B toman el relevo a partir de las 19.00 (entrada gratis-15 US$).

Beer Revolution
CERVECERÍA

(www.beer-revolution.com; 464 3er St; ☺12.00-23.00 lu-sa, hasta 21.00 do) Ofrece casi 50 cervezas de barril y más de 500 embotelladas. Además, no hay pantallas que distraigan y la música permite charlar sin tener que gritar. En su página de Facebook informan sobre las sesiones *meet-the-brewer* y las barbacoas de los domingos.

Blue Bottle Coffee Company
CAFÉ

(www.bluebottlecoffee.net; 300 Webster St; ☺7.00-17.30 lu-vi, desde 8.00 sa y do) 🍃 Cafés exprés que algunos consideran los mejores del país, a base de granos de origen específico que se tuestan in situ. Su **café** (4270 Broadway; ☺7.00-18.00 lu-vi, 8.00-18.00 sa y do) más nuevo, en el histórico edificio WC Morse (un concesionario de camiones de la década de 1920) tiene dos mesas comunitarias, techos altos y una decoración minimalista blanca perfecta para disfrutar de un expreso o un café Oji filtrado en frío.

Trappist
PUB

(www.thetrappist.com; 460 8th St; ☺12.00-24.30 do-ju, 12.00-1.30 vi y sa) Tan frecuentado que tuvo que salir de su caja de zapatos original para expandirse por un segundo escaparate y terraza trasera, su especialidad son las cervezas belgas tipo *ale*. Más de dos decenas de marcas de cerveza rotan en los tiradores. Los sabrosos guisos y sándwiches las acompañan muy bien, además de otros platos específicos para comer con cerveza (8,50-12 US$).

Make Westing
CÓCTELERÍA

(www.makewesting.com; 1741 Telegraph Ave; ☺16.00-2.00) Con el nombre de un relato de Jack London, sus pistas de bochas del interior, gratis, y eclécticos cócteles llenan este local del Uptown todos los fines de semana. Perfecto para tomarse un *garden gimlet* y matar el hambre con palomitas al cilantro o al chile habanero.

Heinold's First & Last Chance
BAR

(www.heinolds.com; 48 Webster St; ☺15.00-23.00 lu, 12.00-23.00 ma-do, hasta 24.00 vi y sa) Construido en 1883 con madera de un viejo barco ballenero y con una inclinación del 20% desde el terremoto de 1906, lo de mantener el equilibrio en este bar es prescriptivo desde que se entra. Jack London era uno de sus parroquianos.

Tribune Tavern
BAR

(www.tribunetavern.com; 401 13th St; ☺11.30-22.00 lu-vi, 10.30-23.00 sa y do) Copas sofisticadas bajo un elegante techo de cinc prensado y bombillas en un céntrico edificio de 1923, antigua sede del periódico *Oakland Tribune,* todo un icono de Oakland, con su reloj de neón rojo.

☆ Ocio

Oakland First Fridays (www.oaklandfirstfridays. org) es un festival callejero que se celebra cada primer viernes del mes de 17.00 a 21.00, cuando Telegraph Ave se cierra al tráfico entre las calles 27th St y W Grand Ave, y miles de personas la invaden entre puestos de comida, música y conciertos. La cita coincide con un recorrido por galerías de arte llamado **Oakland Art Murmur** (www.oaklandartmurmur. com; ☺18.00-21.00), que también organiza el más tranquilo Saturday Stroll, cada sábado por la tarde.

Música

Uptown
MÚSICA EN DIRECTO

(☎510-451-8100; www.uptownnightclub.com; 1928 Telegraph Ave; gratis-20 US$; ☺ma-do) Con una ecléctica programación que incluye música *indie*, punk, experimental, espectáculos de

---

¡GENIOS DEL 'FLIPPER', UNÍOS!

Es hora de abandonar la videoconsola, la última aplicación para el móvil y perderse entre los timbres y las luces parpadeantes del **Pacific Pinball Museum** (☎510-769-1349; www.pacificpinball.org; 1510 Webster St, Alameda; adultos/niños menores de 16 años 15/7,50 US$; ☺14.00-21.00 ma-ju, hasta 24.00 vi, 11.00-24.00 sa, hasta 21.00 do; ⚐), que reúne casi cien *flippers* de entre los años treinta hasta la actualidad y *jukebox* antiguas en las que suenan éxitos del pasado. Tómese el autobús nº 51A de AC Transit desde el centro de Oakland.

burlesque y divertidas fiestas con DJ: una buena mezcla de espectáculos nacionales y talento local, solo a dos manzanas de la estación BART.

Yoshi's $\qquad$ JAZZ
(☑510-238-9200; www.yoshis.com/oakland; 510 Embarcadero West; entrada 15-49 US$) Ofrece un sólido calendario de *jazz* con talentos venidos de todo el mundo. También es un restaurante japonés, por lo que se puede disfrutar de un plato de *sushi* antes del espectáculo. A veces, estudiantes y jubilados pagan la mitad.

Luka's Taproom & Lounge $\qquad$ DJ
(www.lukasoakland.com; 2221 Broadway; ☉DJ mi-do) En este concurrido restaurante y *lounge* del Uptown los DJ hacen bailar a la clientela con una sentida mezcla de *hip-hop, reggae, funk* y *house*. Los viernes y sábados después de las 23.00 se suele cobrar una consumición mínima de 10 US$.

Teatros y cines
El Fox Theater, rodeado de bares y restaurantes de moda, es el núcleo de la actividad nocturna del Uptown.

Fox Theater $\qquad$ TEATRO
(www.thefoxoakland.com; 1807 Telegraph Ave) Cual ave fénix resurgido de sus cenizas urbanas, esta maravilla *art-déco* restaurada de 1928 da brillo al centro de la ciudad y es el epicentro del espectáculo del Uptown. Es un popular escenario para montajes nacionales e internacionales.

Paramount Theatre $\qquad$ TEATRO
(☑510-465-6400; www.paramounttheatre.com; 2025 Broadway) En esta inmensa obra de arte *art déco* de 1931 se proyectan filmes clásicos varias veces al mes, además de ser la sede de la Oakland East Bay Symphony (www.oebs. org) y del Oakland Ballet (www.oaklandballet.org). El primer y tercer sábado de cada mes se ofrecen circuitos guiados (5 US$), a las 10.00.

Grand Lake Theatre $\qquad$ CINE
(☑510-452-3556; www.renaissancerialto.com; 3200 Grand Ave) Ubicado en el lago Merritt, se trata de toda una joya de 1926. La clientela se mantiene fiel al gallinero y al órgano Wurlitzer que suena cada sábado y domingo.

New Parkway Theater $\qquad$ CINE
(☑510-658-7900; www.thenewparkway.com; 474 24th St) En este magnífico y tranquilo cine se reestrenan películas de calidad en un ambiente confortable que incluye cerveza, vino y *pizza* a precios razonables; los pedidos se sirven en los asientos.

Deportes
Los grandes encuentros deportivos se disputan en el Coliseum o en el Oracle Arena, ambos cerca junto a la I-880 (estación BART de Coliseum/Oakland Airport). Para animar a los Golden State Warriors, el equipo de baloncesto de la NBA de la zona de la bahía, a los Oakland A's, el de béisbol de la zona de la bahía (que juega en la American League), y a los Raiders, el de fútbol de Oakland (que juega en la NFL), consúltese la web www.coliseum.com.

ⓘ Información

El diario de Oakland es el *Oakland Tribune* (www.insidebayarea.com/oakland-tribune). El semanario *East Bay Express* (www.eastbayexpress.com), gratis, da buena información sobre Oakland y Berkeley.

Centro de visitantes Visit Oakland (☑510-839-9000; www.visitoakland.org; 481 Water St; ☉9.30-16.00 ma-do) En Jack London Sq.

ⓘ Cómo llegar y salir

AVIÓN
El aeropuerto internacional de Oakland (p. 770) se encuentra al otro lado de la bahía, frente a San Francisco, por lo general menos saturado y más barato, además de estar bien conectado con Southwest Airlines.

BART
Dentro de la zona de la bahía, la mejor forma de llegar a Oakland y volver es con la red **BART** (☑510-465-2278, 511; www.bart.gov). Los trenes tienen un horario regular de 4.00 a 24.00 entre semana, de 6.00 a 24.00 los sábados y de 8.00 a 24.00 los domingos, con una frecuencia media de 15-20 min.

En las estaciones de Richmond o Pittsburg/Bay Point van bien para ir al centro de Oakland. El billete para ir a las estaciones de 12th o 19th St desde el centro de San Francisco cuesta 3,30 US$. Para ir de San Francisco al lago Merritt o a la estación de Oakland Coliseum/Airport hay que tomar un tren de BART que vaya a Fremont o a Dublin/Pleasanton. Rockridge está en la línea Pittsburg/Bay Point. Entre Oakland y el centro de Berkeley se puede tomar un tren Fremont-Richmond.

Si se va a conectar con los autobuses AC Transit, hay que sacar un *transfer* de las máquinas blancas de AC Transit en la estación BART para ahorrarse 25 ¢ del precio del billete.

AUTOBÚS

La compañía regional **AC Transit** (☏511, 510-817-1717; www.actransit.org; pase diario 5 US$) tiene prácticos autobuses que van de la estación Transbay Temporary Terminal de San Francisco a Howard St y Main St en el centro de Oakland y Berkeley, y otros entre las dos ciudades del este de la bahía. Hay muchos que van a Oakland desde San Francisco en horas punta (4,20 US$), pero solo la línea O cubre este recorrido durante todo el día y los fines de semana; la parada está en la esquina de 5th St y Washington St, en el centro de Oakland.

Por la noche, cuando ya no circulan los trenes BART, la mejor opción de transporte público entre San Francisco y Oakland es la línea de autobús nº 800, que sale cada hora desde Market St, en el centro, y la estación Transbay Temporary Terminal de San Francisco hasta 14th St con Broadway.

Para ir entre semana de Berkeley al centro de Oakland (2,10 US$), está el autobús 1R, rápido y frecuente, que une los centros de las dos ciudades por Telegraph Ave. También se puede tomar el nº 18, que circula a diario por Martin Luther King Jr Way.

Greyhound (☏510-832-4730; www.greyhound.com; 2103 San Pablo Ave) opera autobuses directos de Oakland a Vallejo, San José, Santa Rosa y Sacramento. La estación está muy descuidada. La compañía de bajo coste **Megabus** (enfrente desde la entrada sur a la estación BART de W Oakland) tiene servicio diario a Los Ángeles (7 h).

AUTOMÓVIL Y MOTOCICLETA

En automóvil desde San Francisco, hay que cruzar el Bay Bridge y entrar en Oakland por uno de estos dos caminos: la I-580, que se dirige a la I-980 y pasa muy cerca del centro de la ciudad; o la I-880, que gira hacia el oeste de Oakland y entra por cerca del extremo sur de Broadway. La I-880 sigue hasta el Coliseum, pasa por el aeropuerto internacional de Oakland y llega hasta San José.

Para cruzar el puente en sentido a San Francisco, se paga un peaje de entre 4 y 6 US$, según la hora y el día de la semana.

FERRI

El ferri es la manera más agradable de viajar entre San Francisco y Oakland, ya que se puede disfrutar de unas vistas espléndidas, aunque también la más lenta y cara. Desde el Ferry Building de San Francisco, el **ferri Alameda-Oakland** (☏510-522-3300; www.sanfrancisco bayferry.com) navega hasta Jack London Sq (ida 6,25 US$, 30 min, aprox. 12 servicios diarios, los fines de semana también zarpa desde el muelle 41). El precio incluye un billete de autobús que se puede utilizar en la línea de AC Transit que sale de Jack London Sq.

TREN

Oakland es una parada regular de los trenes de Amtrak que operan por la costa. Desde la **estación de Amtrak** (☏800-872-7245; www.amtrak. com; 245 2nd St) de Oakland, en Jack London Sq, se puede tomar el autobús AC Transit nº 72 al centro de Oakland (y entre semana y los sábados por la noche, el Broadway Shuttle, gratis), o un ferri que cruce la bahía hasta San Francisco.

Los pasajeros de Amtrak con reserva para ir a San Francisco deben desembarcar en la estación de Amtrak en Emeryville, a una parada de Oakland. Desde allí, un autobús de Amtrak lleva a la parada del Ferry Building de San Francisco. El servicio de enlace **Emery Go Round** (www.emerygoround.com), gratis, tiene un trayecto que incluye la **estación de Amtrak de Emeryville** (☏800-872-7245; www.amtrak. com; 5885 Horton St) y la de BART de MacArthur. Emeryville también es la estación terminal del California Zephyr (9.10, 1 diario) que va a Chicago vía Reno, Salt Lake City y Denver.

🛈 Cómo desplazarse

A/DESDE EL AEROPUERTO

El tren de BART es la opción de transporte más fácil y barata. Desde la estación BART de Coliseum/Oakland Airport, el nuevo tren Oakland Airport Connector (6 US$, 15 min) va directo al aeropuerto cada 5 min durante el horario de BART.

SuperShuttle (☏800-258-3826; www.super-shuttle.com) es una de las muchas empresas privadas de servicios de enlace directo que operan en el aeropuerto de Oakland. La ida a destinos de San Francisco cuesta alrededor de 27 US$ por el primer pasajero y 15 US$ por el segundo. También sirven a otros destinos del este de la bahía. Hay que reservar con antelación.

Un taxi desde el aeropuerto internacional de Oakland hasta el centro de Oakland/San Francisco cuesta unos 30/60 US$.

AUTOBÚS

AC Transit (p. 137) tiene una extensa red de autobuses dentro de Oakland. El billete cuesta 2,10 US$ (importe exacto).

El **Broadway Shuttle** (www.meetdowntow noak.com/shuttle.php; ☺7.00-19.00 lu-vi, hasta 1.00 vi, 18.00-1.00 sa), gratis, circula por Broadway entre Jack London Sq y el lago Merritt, con paradas en Old Oakland/Chinatown, las estaciones de BART del centro y el Uptown. Los autobuses, de color verde, pasan cada 10-15 min.

Berkeley

Esta ciudad es la cuna del *free speech,* un movimiento por la libertad de expresión nacido en la década de 1960, y del movimiento por los derechos de los discapacitados. Como ciudad universitaria, Berkeley también constituye un lugar muy activo en cuanto a discursos intelectuales (sobre todo de centroizquierda) a nivel nacional. Se trata de una de las poblaciones más activistas y ruidosas del país, con una interesante mezcla de progresistas canosos y estudiantes idealistas.

Berkeley cuenta a su vez con una amplia comunidad surasiática, como evidencian la abundancia de tiendas de saris en University Ave y el gran número de maravillosos restaurantes indios.

◉ Puntos de interés y actividades

Berkeley se encuentra unos 20,8 km al este de San Francisco y está rodeada por la bahía al oeste, por las colinas al este y por Oakland al sur. La I-80 recorre el extremo oeste de la ciudad, junto al puerto deportivo; desde allí sale University Ave, hacia el este, en dirección al centro de la ciudad y al campus universitario.

Shattuck Ave cruza University Ave una manzana al oeste del campus, en la que es la principal intersección del centro. Al sur está la zona comercial del centro y la estación BART de Downtown Berkeley.

◉ Universidad de California, Berkeley

El campus de Berkeley de la Universidad de California es el más antiguo del estado. La decisión de fundar la universidad se tomó en 1866 y los primeros estudiantes llegaron en 1873. En la actualidad, la universidad presume de más de 35 000 estudiantes, más de 1500 profesores y numerosos Premios Nobel.

Desde Telegraph Ave se accede al campus por Sproul Plaza y la puerta de Sather, un punto de reunión para ver pasar gente, escuchar a oradores y tocar los timbales. Hay otro acceso desde Center St y Oxford Lane, cerca de la estación de Downtown.

★**UC Berkeley Art Museum**   MUSEO
(☎510-642-0808; www.bampfa.berkeley.edu; 2626 Bancroft Way; adultos/niños 10/7 US$; ☺11.00-17.00 mi-do) Este museo tiene 11 galerías de arte y una gran variedad de obras, desde la China antigua hasta las más modernas. El complejo alberga también una librería, un café y un jardín de esculturas. Está previsto que el museo y el apreciado Pacific Film se trasladen a una nueva sede en Oxford St entre las calles Addison y Center en el 2016.

★**Campanile**   PUNTO DE INTERÉS
(Sather Tower; adultos/niños 3/2 US$; ☺10.00-15.45 lu-vi, hasta 16.45 sa, 10.00-13.30 y 15.00-16.45 do; ⊕) Conocida oficialmente como Sather Tower, el Campanile imita a la basílica de San Marcos, en Venecia. El chapitel (98,4 m) ofrece unas vistas preciosas de la zona de la bahía y en la parte superior se puede observar el carillón de 61 campanas. Hay recitales todos los días a las 7.50, 12.00 y 18.00, y se toca una pieza más larga los domingos a las 14.00.

Museum of Paleontology   MUSEO
(☎510-642-1821; www.ucmp.berkeley.edu; ☺8.00-22.00 lu-ju, hasta 17.00 vi, 10.00-17.00 sa, 13.00-22.00 do) GRATIS Situado en el Valley Life Sciences Building, este museo es sobre todo un centro de investigación cerrado al público. Ofrece exposiciones de fósiles en el atrio, p. ej., un esqueleto de *Tyrannosaurus rex.*

Bancroft Library   BIBLIOTECA
(☎510-642-3781; www.bancroft.berkeley.edu; ☺10.00-17.00 lu-vi) Esta biblioteca cuenta, entre otras joyas, con originales de Mark Twain, una primera edición de las obras de teatro de Shakespeare y los archivos del Donner Party. Entre otras piezas de la historia californiana puede verse la sorprendentemente pequeña pepita de oro que disparó la Fiebre del Oro en 1849. Para hacerse socio de la biblioteca, hay que ser mayor de 18 años (o graduado) y presentar dos documentos identificativos (uno de ellos con fotografía). El mostrador de registros está justo en la entrada.

Phoebe A Hearst Museum of Anthropology   MUSEO
(☎510-643-7648; http://hearstmuseum.berkeley. edu; Kroeber Hall) Al sur del Campanile, en el Kroeber Hall, este museo expone muestras de culturas indígenas de todo el mundo, incluida una amplia colección sobre los nativos

californianos. Cerrado por reformas, reabrirá en el 2015.

Sur del campus

Telegraph Ave CALLE
Esta avenida ha sido siempre el corazón de la vida universitaria de Berkeley, con las aceras atestadas de estudiantes, investigadores y jóvenes de compras que se abren paso entre vendedores, músicos callejeros y vagabundos. Hay un montón de lugares para tomar algo que suelen ser bastante buenos.

La frenética energía que emerge de la puerta de Sather a diario es una abigarrada mezcla de jóvenes *hippies* tardíos que evocan días pasados y chavales de pantalón caído o punkis. Los mendigos piden dinero por doquier y en los puestos callejeros se vende de todo.

People's Park PARQUE
Al este de Telegraph Ave, entre Haste St y Dwight Way, está este parque, un referente en la historia local al haber sido el campo de batalla política entre los ciudadanos y el gobierno estatal a finales de la década de 1960. Desde entonces, es más bien un lugar de encuentro para los sintecho. Gracias a una obra de rehabilitación pública, se ha reformado algo, y de vez en cuando se organiza algún festival.

Darrio de Elmwood BARRIO
Al sur, por College Ave, se encuentra este rincón encantador de tiendas y restaurantes que supone una alternativa más tranquila al trajín de Telegraph Ave. Algo más al sur está Rockridge.

First Church of Christ Scientist IGLESIA
(www.friendsoffirstchurch.org; 2619 Dwight Way; ☺misas do) Esta impresionante iglesia de Bernard Maybeck, de 1910, usa hormigón y madera en su mezcla de influencias del estilo *arts and crafts,* asiáticas y neogóticas. Maybeck fue profesor de arquitectura en la universidad de UC Berkeley y diseñó el Palace of Fine Arts de San Francisco, aparte de muchas casas monumentales de las colinas de Berkeley. Se ofrecen circuitos gratis el primer domingo de cada mes a las 12.15.

Julia Morgan Theatre TEATRO
(☎510-845-8542; 2640 College Ave) Al sureste del People's Park está este teatro de madera de secuoya, construido en 1910 con exquisito gusto y cuyo escenario, anteriormente una iglesia, es obra de la arquitecta local Julia Morgan, autora también de muchos edificios en la zona de la bahía, como el Hearst Castle.

Downtown

El centro de Berkeley se sitúa en torno a Shattuck Ave, entre University Ave y Dwight Way. La zona se ha convertido en una especie de barrio artístico, con muchas tiendas, restaurantes y edificios públicos restaurados. En el corazón del mismo está el proclamado territorio de los actores del Berkeley Repertory Theatre y la Aurora Theatre Company; además hay conciertos en el Freight & Salvage Coffeehouse y también hay varios cines buenos.

DEPORTES ACUÁTICOS EN LA BAHÍA

La preciosa bahía de San Francisco ofrece un montón de recursos para disfrutar en ella.

California Canoe & Kayak (☎510-893-7833; www.calkayak.com; 409 Water St, Oakland; alquiler por hora kayak individual/doble 20/30 US$, canoa 30 US$, tabla de remo 20 US$; ☺10.00-18.00) Alquila kayaks, canoas y tablas de surf a remo en Jack London Sq, en Oakland.

Cal Adventures (☎510-642-4000; www.recsports.berkeley.edu; 124 University Ave, Berkeley; 👶) Dirigido por el UC Berkeley Aquatic Center y situado en la Berkeley Marina, ofrece clases de vela, *windsurf* y kayak marino para adultos y jóvenes.

Cal Sailing Club (www.cal-sailing.org; marina de Berkeley) Club asequible sin ánimo de lucro dirigido por voluntarios que ofrece programas de vela y *windsurf,* con sede en la Berkeley Marina.

Boardsports School & Shop (www.boardsportsschool.com) Clases y alquileres de *kitesurf, windsurf* y tabla a remo desde sus tres locales en San Francisco, Alameda (este de la bahía) y Coyote Point.

Sea Trek Kayak & SUP (p. 115) Situado en Sausalito, ofrece kayaks y tablas de surf a remo, además de un fabuloso circuito de remo bajo la luna llena.

Norte de Berkeley

El famoso **Gourmet Ghetto** se encuentra al norte del campus, no muy lejos del mismo. Se trata de un barrio de casas encantadoras, con jardín en el porche, parques y una increíble concentración de algunos de los mejores restaurantes de California. Se extiende por Shattuck Ave, al norte de University Ave, durante varias manzanas; el restaurante más conocido es Chez Panisse. Hacia el noroeste se llega a **Solano Ave,** una avenida que cruza desde Berkeley hasta Albany, llena de tiendas originales y buenos restaurantes.

En Euclid Ave, al sur de Eunice St, está el **Berkeley Rose Garden,** con tranquilos bancos en los que descansar entre un mar de rosas en floración casi perpetua, ordenadas por colores. Al cruzar la calle, hay otro parque muy pintoresco, con una zona infantil y un tobogán de 30 m de largo.

Colinas de Berkeley

Tilden Regional Park   PARQUE
(www.ebparks.org/parks/tilden) Este parque de 841 Ha, en las colinas del este, es la joya de Berkeley. Tiene más de 48 km de senderos de

Centro de Berkeley

dificultad variable, desde caminos pavimentados hasta difíciles subidas (una parte del Bay Area Ridge Trail incl.), un tren de vapor en miniatura (3 US$), una granja infantil, un maravilloso y silvestre jardín botánico, un campo de golf (☏510-848-7373) de 18 hoyos y un centro de educación medioambiental. El lago Anza es ideal para ir de *picnic* y, de primavera a finales de otoño, para nadar (3,50 US$).

El autobús nº 67 de AC Transit hace el recorrido hasta el parque los fines de semana y en vacaciones desde la estación BART de Downtown, pero solo para en las entradas entre semana.

UC Botanical Garden at Berkeley JARDINES (☏510-643-2755; www.botanicalgarden.berkeley.edu; 200 Centennial Dr; adultos/niños 10/2 US$; ☉9.00-17.00, cerrado 1er ma de mes) Situado en las colinas del cañón de Strawberry, este jardín botánico de casi 14 Ha tiene más de 12 000 especies de plantas: una de las colecciones más variadas de EE UU.

Un cortafuegos envuelve el cañón y ofrece unas vistas magníficas de la ciudad y del Lawrence Berkeley National Laboratory, de acceso restringido. Se puede llegar al sendero desde la zona de aparcamiento que hay en Centennial Dr, al suroeste del jardín, para terminar cerca del Lawrence Hall of Science.

Al jardín se puede llegar con el servicio de enlace de Bear Transit de la línea H.

**Lawrence Hall
of Science** CENTRO DE CIENCIAS
(☏510-642-5132; www.lawrencehallofscience.org; Centennial Dr; adultos/sénior y niños 7-8/3-6 años 12/9/6 US$; ☉10.00-17.00 diario; ⊞) Cerca de Grizzly Peak Blvd, este centro recibe su nombre de Ernest Lawrence, Premio Nobel por inventar el ciclotrón, un acelerador de partículas. Lawrence fue un miembro clave en el Proyecto Manhattan para el desarrollo de la bomba atómica durante la II Guerra Mundial; también llevan su nombre los laboratorios Lawrence Berkeley y Lawrence Livermore. El centro ofrece frece exposiciones interactivas para niños y adultos (muchas de ellas cierran entre semana) sobre temas que van desde los terremotos hasta la nanotecnología. En el exterior hay una maqueta de 18 m de altura de una molécula.

El autobús nº 65 de Transit lleva hasta el Hall of Science desde la estación BART de Downtown. Otra opción es el servicio de enlace de Transit Bear a la universidad (línea H) desde el Hearst Mining Circle.

Oeste de Berkeley

Marina de Berkeley PUERTO DEPORTIVO

Situado en el lado oeste de University Ave, lo frecuentan gaviotas escandalosas, tipos silenciosos que pescan en el muelle, perros sueltos y muchas cometas, sobre todo los fines de semana ventosos. El primer puerto deportivo como tal data de 1936, aunque sus orígenes como muelle son mucho más antiguos; construido en la década de 1870, en 1920 fue sustituido por un embarcadero de ferris de 4,8 km (la longitud la determinó la poca profundidad de la bahía). Ahora se ha reconstruido parte del embarcadero original, con buenas vistas de la bahía.

Adventure Playground PARQUE INFANTIL

(☑510-981-6720; www.cityofberkeley.info/adventureplayground; ☉11.00-17.00 sa y do y diarios med jun—med-ago, cerrado última semana del año; ☉) En la marina de Berkeley, es uno de los mejores parques infantiles del país: está al aire libre y pensado para incentivar la creatividad y la cooperación. Niños de todas las edades, bajo supervisión adulta, pueden ayudar a construir y pintar las estructuras que quieran. También hay una tirolina espectacular.

San Pablo Ave CALLE

La antigua US Rte 40 era la principal carretera de acceso desde el este antes de construir la I-80. La zona al norte de University Ave aún cuenta con algunos hostales, restaurantes y antros con luces de neón. Al sur hay locales más modernos, como el pequeño tramo de tiendas de regalos y cafés por Dwight Way.

Distrito comercial de 4th St BARRIO

Oculto en una zona industrial cerca de la I-80, sus tres manzanas ofrecen aceras sombreadas para hacer compras exclusivas o solo pasear, además de algunos buenos restaurantes.

Takara Sake MUSEO

(www.takarasake.com; 708 Addison St; ☉12.00-18.00) GRATIS Expone herramientas tradicionales de madera para hacer sake y un breve vídeo sobre su elaboración. La fábrica no se visita, pero se ve algo. Por una ventana se ofrecen catas (5 US$).

🛏 Dónde dormir

Los precios se disparan durante los eventos universitarios especiales, como graduaciones (mediados de mayo) y partidos de fútbol. En esas fechas, los moteles más antiguos de University Ave son una buena opción. Para conocer otros alojamientos en B&B, visítese **Berkeley & Oakland Bed & Breakfast Network** (www.bbonline.com).

YMCA ALBERGUE $

(☑510-848-6800; www.ymca-cba.org/locations/downtown-berkeley-hotel; 2001 Allston Way; i/d con baño compartido desde 49/81 US$; @🕏🛜🏊) En un edificio céntrico centenario, este albergue es la opción más barata de la ciudad. El precio de las austeras habitaciones privadas (todas con baño compartido y algunas aptas para sillas de ruedas) incluye el uso de la sauna, la piscina, el gimnasio y la cocina. Las nº 310 y 410 hacen esquina y tienen unas vistas fantásticas a la bahía. Se accede por Milvia St.

Berkeley City Club HOTEL HISTÓRICO $$

(☑510-848-7800; www.berkeleycityclub.com; 2315 Durant Ave; h/ste incl. desayuno desde 165 US$; @🛜🏊) Diseñado por Julia Morgan, arquitecta del Hearst Castle, las 35 habitaciones y deslumbrantes zonas comunes de este edificio histórico remodelado de 1929 sugieren un salto en el tiempo hasta una época más refinada. Tiene varios patios, jardines y terrazas exuberantes y tranquilos de estilo italiano y una asombrosa piscina a cubierto. Las habitaciones que terminan en 4 y 8 tienen unas vistas maravillosas de la bahía y el Golden Gate.

Bancroft Hotel HOTEL HISTÓRICO $$

(☑800-549-1002, 510-549-1000; www.bancrofthotel.com; 2680 Bancroft Way; h incl. desayuno 135-179 US$; @🛜) 🍃 Originalmente un club de mujeres, este espléndido edificio de estilo *arts and crafts* de 1928 está en la calle que sale del campus, a dos manzanas de Telegraph Ave, y ofrece 22 habitaciones muy confortables y bellamente amuebladas (la 302 incluye un precioso balcón) y una azotea con espectaculares vistas de la bahía. No hay ascensor.

Rose Garden Inn POSADA $$

(☑800-922-9005, 510-549-2145; www.rosegardeninn.com; 2740 Telegraph Ave; h incl. desayuno desde 138 US$; @🛜) Repartido por dos casas antiguas rodeadas de jardines, este bonito lugar, de floreada decoración, aunque está a pocas manzanas de la animada Telegraph Ave, es muy tranquilo.

Downtown Berkeley Inn MOTEL $$

(☑510-843-4043; www.downtownberkeleyinn.com; 2001 Bancroft Way; h 79-129 US$; ✳🛜) Motel económico tipo *boutique* con 27 habitaciones grandes con TV de pantalla plana.

★ Hotel Shattuck Plaza — HOTEL $$$
(☎510-845-7300; www.hotelshattuckplaza.com; 2086 Allston Way; h desde 195 US$; ❄@🖅) Nada menos que 15 millones de US$ costó renovar y ajardinar esta céntrica joya centenaria. El vestíbulo, con arañas de cristal rojo italiano, papel de pared estampado victoriano y el símbolo de la paz formado con baldosas en el suelo, da acceso a unas habitaciones confortables equipadas con edredones y a un espacioso restaurante con columnas donde sirven todo tipo de platos. Las habitaciones de Shattuck Ave son las más tranquilas y las "cityscape" tienen vistas a la bahía.

Hotel Durant — HOTEL-BOUTIQUE $$$
(☎510-845-8981; www.hoteldurant.com; 2600 Durant Ave; h desde 209 US$; @🖅) 🍴 A una manzana del campus, este hotel de 1928 ofrece un vestíbulo redecorado con fotografías de anuarios y un móvil colgante fabricado con exámenes, mientras que las pequeñas habitaciones tienen cortinas de ducha que recuerdan a diccionarios y matraces reconvertidos en lamparitas.

✖ Dónde comer

Telegraph Ave está llena de cafés, pizzerías y restaurantes baratos; además, la Little India de Berkeley se extiende a lo largo de University Ave. En el centro, en Shattuck Ave, cerca de la estación BART, hay muchos más restaurantes. La parte de Shattuck Ave al norte de University Ave es el 'Gourmet Ghetto', con muchos y excelentes restaurantes.

✖ Centro y alrededores del campus

Mercado de granjeros de Berkeley — MERCADO $
(esq. Center St y MLK Way; ⊙10.00-15.00 sa) Mercado en el centro de la ciudad donde comprar productos ecológicos o sabrosa comida preparada y sentarse a comerla en el MLK Park, frente al ayuntamiento. Funciona todo el año.

Au Coquelet Café — CAFÉ $
(www.aucoquelet.com; 2000 University Ave; principales 7-13 US$; ⊙6.00-1.30 do-ju, hasta 2.00 vi y sa; 🖅) Abre hasta tarde y es una parada muy popular para comer algo después del cine o durante las largas noches de estudio. En la entrada sirven café y pastas, mientras que en la zona de la claraboya y en la sala grande de atrás aguarda una gran variedad de tortillas, pasta, sándwiches, hamburguesas y ensaladas.

★ Ippuku — JAPONESA $$
(☎510-665-1969; www.ippukuberkeley.com; 2130 Center St; platos pequeños 5-18 US$; ⊙do-ju 17.00-22.00, hasta 23.00 vi y sa) Especializado en *shochu* (catas 12 US$), un destilado de arroz, cebada o boniato, los japoneses dicen que les recuerda a los *izakayas* (restaurantes tipo *pub*) de Tokio. Se puede elegir de entre una carta de brochetas de carne y sentarse en una mesa tradicional de madera –descalzo– o en una cabina elevada. Imprescindible reservar.

Gather — CALIFORNIANA $$
(☎510-809-0400; www.gatherrestaurant.com; 2200 Oxford St; principales de almuerzo 11-19 US$, cenas 15-25 US$; ⊙11.30-14.00 lu-vi, desde 10.00 sa y do, y 17.00-22.00 diarios; 🖅) 🍴 Apto tanto para *gourmets veganos* como para carnívoros convencidos. En un interior de madera recuperada, salpicada de enredaderas verdes sobre la cocina abierta, los clientes se derriten ante platos elaborados con ingredientes locales y carnes de animales criados de forma sostenible. Resérvese para la cena.

La Note — FRANCESA $$
(☎510-843-1535; www.lanoterestaurant.com; 2377 Shattuck Ave; principales de desayuno 10-14 US$, cenas 15-20 US$; ⊙8.00-14.30 lu-vi, hasta 15.00 sa y do, y 18.00-22.00 ju-sa) Preparan unos desayunos magníficos: un buen tazón de café con leche acompañado de panqueques de avena y frambuesas o de jengibre y limón con peras cocidas. Los fines de semana hay que esperar.

✖ Norte de Berkeley

Cheese Board Pizza — PIZZERÍA $
(www.cheeseboardcollective.coop; 1512 Shattuck Ave; porción/media *pizza* 2.50/10 US$; ⊙7.00-20.00 ma-sa; 🖅) En esta cooperativa venden más de 300 quesos distintos. Solo falta añadir un poco de pan recién hecho y ya se puede ir de *picnic*. Otra opción es sentarse en el local adjunto y pedir un trozo de la fabulosa *pizza* vegetal del día; a veces hay música en directo.

★ Chez Panisse — CALIFORNIANA $$$
(☎cafe 510-548-5049, restaurante 510-548-5525; www.chezpanisse.com; 1517 Shattuck Ave; café cenas principales 22-30 US$, restaurante cenas a precio fijo 65-100 US$; ⊙café 11.30-14.45 y 17.00-22.30 lu-ju, hasta 15.00 y hasta 23.30 vi y sa; restaurante

17.30-18.00 y 20.00-20.45 lu-ju y media hora más tarde vi y sa) 🍴 Los sibaritas acuden a este restaurante a 'adorar' a Alice Waters, la inventora de la cocina californiana. Ocupa un edificio de estilo *arts and crafts* en el Gourmet Ghetto y su menú de precio fijo permite probarlo todo, aunque también se puede gastar menos en el café de arriba, más informal. Se aceptan reservas con hasta un mes de antelación.

A pesar de su fama, el restaurante, aún bueno y muy concurrido, mantiene un ambiente acogedor.

✗ West Berkeley

Vik's Chaat Corner
INDIA **$**

(📞644 4432; www.vikschaatcorner.com; 2390 4th St, en Channing Way; platos 5-8 US$; ⏱11.00-18.00 lu-ju, hasta 20.00 vi-do; 🚼) 🍴 Este local de *chaat* de toda la vida se ha trasladado a un local más grande, a una manzana al este del paseo marítimo, pero aún congrega a muchos oficinistas y familias indias cada mediodía. Se recomienda el *cholle* (un curri de garbanzos picante) o alguna de las variadas *dosa* (*crêpes* saladas) del menú de fin de semana.

Bette's Oceanview Diner
DINER **$$**

(www.bettesdiner.com; 1807 4th St; principales 6-13 US$; ⏱6.30-14.30 lu-vi, hasta 16.00 sa y do) Resulta ideal para desayunar, aunque siempre está abarrotado. Sirve unas *crêpes* tipo suflé al horno deliciosas y otras de patata al estilo alemán con salsa de manzana, además de huevos y sándwiches. Está a eso de una manzana al norte de University Ave.

🍷 Dónde beber y vida nocturna

Caffe Strada
CAFÉ

(2300 College Ave; ⏱6.00-24.00; 🛜) Es un local muy popular entre los estudiantes, con un acogedor patio a la sombra y buenas bebidas de café. Se recomienda el café moca con chocolate blanco, marca de la casa.

Torpedo Room
CERVECERÍA

(www.sierranevada.com/brewery/california/torpedo room; 2031 4th St; ⏱11.00-20.00 ma-sa, 12.00-17.00 do) Ofrece degustaciones de 118 ml (2 US$ cada una) de las 16 cervezas que rotan por los tiradores de la nueva sala de catas de la cervecera Sierra Nevada. No sirven cañas, pero hay jarras para llevar y una breve selección de tentempiés. Está una manzana al sur de University Ave.

Jupiter
PUB

(www.jupiterbeer.com; 2181 Shattuck Ave; ⏱11.30-1.00 lu-ju, 11.30-1.30 vi, 12.00-1.30 sa, 12.00-24.00 do) Dispone de un montón de cervezas artesanas que se pueden consumir en el bar al aire libre, además de buenas *pizzas* y música en directo.

Albatross
PUB

(www.albatrosspub.com; 1822 San Pablo Ave; 18.00-2.00 do-ma, 16.30-2.00 mi-sa) Situado una manzana al norte de University Ave, el *pub* más antiguo de Berkeley es también uno de los más atractivos y agradables de toda la zona de la bahía. Suele haber partidas de dardos y juegos de mesa.

Triple Rock Brewery & Ale House
FÁBRICA DE CERVEZA

(www.triplerock.com; 1920 Shattuck Ave; ⏱11.30-1.00 lu-mi, hasta 2.00 ju-sa, hasta 24.00 do) Inaugurada en 1986, fue uno de los primeros *pubs* del país en servir cerveza artesana. La barra de madera antigua y la terraza al aire libre de arriba son geniales.

Guerilla Café
CAFÉ

(📞510-845-2233; www.guerillacafe.com; 1620 Shattuck Ave; ⏱7.00-14.00 lu, 7.00-16.30 ma-vi, 8.00-16.30 sa y do) 🍴 Muy de los años setenta, es un local pequeño y chispeante, con un ambiente político muy creativo y una barra decorada con azulejos de lunares, obra de uno de los propietarios-artistas; con el pedido dan un número en una tarjeta con la imagen de algún revolucionario, guerrillero o libertador. Tienen desayunos y sándwiches elaborados con ingredientes ecológicos y de comercio justo, y sirven café de tueste local Blue Bottle.

☆ Ocio

El corredor de las artes, en Addison St entre Milvia St y Shattuck St, alberga una animada oferta de ocio.

Música en directo

En Berkeley hay bastantes salas de conciertos privadas. La entrada puede costar entre 5 y 20 US$ y muchas exigen tener más de 18 años.

Freight & Salvage Coffeehouse
FOLK, MÚSICAS DEL MUNDO

(📞510-644-2020; www.thefreight.org; 2020 Addison St; 🎵) Ofrece 50 años de historia y una localización en el barrio artístico del centro, además de buena música folk y del mundo. Es apto para todas las edades, con entradas al 50% para menores de 21 años.

La Peña Cultural Center MÚSICAS DEL MUNDO (☑510-849-2568; www.lapena.org; 3105 Shattuck Ave) Localizado varias manzanas al este de la estación BART de Ashby, este centro cultural y café chileno ofrece un dinámico programa musical y de artes plásticas orientado a la paz y la justicia. Repárese en el mural de la fachada.

Ashkenaz FOLK, MÚSICAS DEL MUNDO (☑510-525-5054; www.ashkenaz.com; 1317 San Pablo Ave; ☑) Centro social de música y danza que atrae a activistas, *hippies* y aficionados al folk, el *swing* y a las músicas del mundo que les guste bailar. También se dan clases.

924 Gilman PUNK ROCK (www.924gilman.org; 924 Gilman St; ☑vi-do) Local apto para todas las edades, sin alcohol y atendido por voluntarios. Es toda una institución en la Costa Oeste. Desde la estación BART de Berkeley, se toma el autobús nº 25 de AC Transit hasta Gilman St con 8th St.

Cines

Pacific Film Archive CINE (PFA, ☑510-642-5249; www.bampfa.berkeley.edu; 2575 Bancroft Way; adultos/niños 9,50/6,50 US$) Es una filmoteca de renombre internacional, con un programa en continua renovación de películas clásicas e internacionales. La sala es espaciosa y los asientos son lo suficientemente cómodos como para ver más de una película.

Teatro y danza

Zellerbach Hall ARTES ESCÉNICAS (☑510-642-9988; http://entradas.berkeley.edu) Situado en el extremo del campus, cerca de Bancroft Way y Dana St, este espacio acoge danza, conciertos y espectáculos de todo tipo.

Berkeley Repertory Theatre TEATRO (☑510-647-2949; www.berkeleyrep.org; 2025 Addison St; entradas 35-100 US$) Esta respetada compañía produce atrevidas versiones de obras clásicas y modernas desde 1968. Casi todos los espectáculos tienen entradas a mitad de precio para los mecenas menores de 30 años.

California Shakespeare Theater TEATRO (☑510-548-9666; www.calshakes.org; taquilla 701 Heinz Ave) Compañía con sede en Berkeley, en un espléndido anfiteatro al aire libre. Se la conoce comúnmente como "Cal Shakes" y tiene una larga tradición en Shakespeare y otros clásicos. La temporada abarca de junio a septiembre, siempre que haga buen tiempo.

Aurora Theatre Company TEATRO (☑510-843-4822; www.auroratheatre.org; 2081 Addison St) En este íntimo teatro del centro se representan obras modernas e intelectualmente estimulantes, montadas con una sutil estética de teatro de cámara.

Marsh ARTES ESCÉNICAS (☑510-704-8291; www.themarsh.org; 2120 Allston Way) La "cuna del teatro nuevo" de Berkeley ofrece eclécticos espectáculos de monólogo y comedias.

Shotgun Players TEATRO (☑510-841-6500; www.shotgunplayers.org; 1901 Ashby Avenue)☑ La primera compañía de teatro del país totalmente alimentada por energía solar representa obras fascinantes y

---

DONDE LA TIERRA TEMBLÓ

Quien sienta curiosidad por conocer de primera mano los efectos de un terremoto, quizá quiera acercarse a alguno de estos lugares:

➡ El **Earthquake Trail**, en la Point Reyes National Seashore, muestra las secuelas del gran terremoto de 1906.

➡ El **Cypress Freeway Memorial Park**, en 14th St y Mandela Parkway, conmemora a los 42 muertos y a quienes ayudaron a rescatar a los supervivientes cuando la autovía Cypress se colapsó en West Oakland, una de las imágenes más duras del terremoto de Loma Prieta de 1989.

➡ En el **Forest of Nisene Marks State Park** (☑831-763-7062; www.parks.ca.gov/?page_id=666; aparcamiento 8 US$), cerca de Aptos, en el condado de Santa Cruz, un cartel en el Aptos Creek Trail marca el epicentro del seísmo de Loma Prieta, y en el Big Slide Trail se pueden ver algunas fisuras.

➡ En la UC Berkeley, la falla Hayward pasa justo por debajo del **Memorial Stadium**.

provocadoras en un espacio recoleto, enfrente de la estación BART de Ashby.

Deportes

El Memorial Stadium es el estadio deportivo de la universidad, con capacidad para 63 000 espectadores. El Hayward Fault está más abajo. En años no consecutivos acoge el famoso partido de fútbol americano entre los equipos de UC Berkeley y Stanford.

En la taquilla de Cal Athletic (☎800-462-3277; www.calbears.com; 2223 Fulton St) del campus informan sobre las entradas de todos los eventos deportivos de la UC Berkeley. En algunos casos se agotan con semanas de antelación.

 ## De compras

Telegraph Ave es una bifurcación que sale del campus UC y sus establecimientos están orientados casi exclusivamente a los estudiantes. Ofrece una nutrida dosis del espíritu *hippie* urbana, bisutería hecha a mano y toda la parafernalia de las tiendas de productos de cannabis, además de tiendas de música. Otras zonas de compras son College Ave, en el barrio de Elmwood, 4th St, al norte de University Ave, o Solano Ave.

Amoeba Music MÚSICA
(☎510-549-1125; 2455 Telegraph Ave; ⊙10.30-20.00 lu-ju, hasta 22.00 vi y sa, 11.00-20.00 do) Para pasarse horas y horas. Está tienda está repleta de CD, DVD, cintas y vinilos, nuevos y de segunda mano.

Moe's LIBROS
(☎510-849-2087; 2476 Telegraph Ave; ⊙10.00-22.00) Cuatro plantas de libros nuevos, usados y de liquidación.

University Press Books LIBROS
(☎510-548-0585; 2430 Bancroft Way; ⊙10.00-20.00 lu-vi, hasta 18.00 sa, 12.00-17.00 do) Enfrente del campus, al otro lado de la calle, esta librería universitaria vende obras de profesores de la UC Berkeley y otras editoriales académicas y de museos.

Down Home Music MÚSICA
(☎510-525-2129; www.downhomemusic.com; 10341 San Pablo Ave, El Cerrito; ⊙11.00-19.00 ju-do) Al norte de Berkeley, en El Cerrito, esta es una tienda de primer nivel dedicada a la música tradicional, el *blues,* el folk, la música latina y músicas del mundo. Está asociada con el sello Arhoolie, que desde principios de la década de 1960 publica grabaciones de gran calidad.

Rasputin MÚSICA
(☎800-350-8700; www.rasputinmusic.com; 2401 Telegraph Ave; ⊙11.00-19.00 lu-ju, hasta 20.00 sa, 12.00-19.00 do) Gran tienda de música llena de ediciones nuevas y usadas.

North Face Outlet DEPORTES DE MONTAÑA
(☎510-526-3530; esq. 5th St y Gilman St; ⊙10.00-19.00 lu-sa, 11.00-17.00 do) Tienda de saldos de la respetada marca, con sede en la zona de la bahía. Está a unas manzanas de San Pablo Ave.

REI DEPORTES DE MONTAÑA
(☎510-527-4140; 1338 San Pablo Ave; ⊙10.00-21.00 lu-vi, hasta 20.00 sa, hasta 19.00 do) Esta enorme y ajetreada cooperativa atrae a gente activa que quiere alquilar todo tipo de artículos y ropa para el aire libre.

 ## Información

Alta Bates Summit Medical Center (☎510-204-4444; www.altabatessummit.org; 2450 Ashby Ave) Tiene servicio de urgencias 24 h.
Visit Berkeley (☎800-847-4823, 510-549-7040; www.visitberkeley.com; 2030 Addison St; ⊙9.00-13.00 y 14.00-17.00 lu-vi, 10.00-13.00 y 14.00-16.00 sa) El práctico Berkeley

---

EAST BROTHER LIGHT STATION

East Brother Light Station (☎510-233-2385; www.ebls.org; d incl. desayuno y cenas 295-415 US$; ⊙ju-do) La mayoría de los residentes de la zona nunca ha oído hablar de esta pequeña isla cercana a Richmond, en el este de la bahía, y aún son menos los que saben que el East Brother Light Station es un extraordinario B&B victoriano de cinco habitaciones. En este romántico faro o estación de niebla (la alarma se usa oct-mar) tiene ventanas con estupendas vistas a la bahía y se pueden ver las focas del puerto retozar en las gélidas corrientes.

Los anfitriones sirven un aperitivo con champán por la tarde, y entre una comida *gourmet* y otra se puede salir a pasear por el ventoso islote de 4000 m² o curiosear fotografías y objetos antiguos.

Convention & Visitors Bureau ofrece una guía de visita gratis.

Centro de visitantes de la UC Berkeley (☎510-642-5215; http://visitors.berkeley. edu; 101 Sproul Hall; ⊙circuitos normalmente 10.00 lu-sa y 13.00 do) Tiene mapas e información sobre el campus. Ofrece visitas gratis de 90 min por el campus, a las 10.00 de lunes a sábado y a las 13.00 los domingos; hay que reservar.

ⓘ Cómo llegar y salir

BART

Los servicios de **BART** (☎511,510-465-2278; www. bart.gov) son la manera más fácil de moverse entre San Francisco, Berkeley, Oakland y otros puntos del este de la bahía. Hay trenes aproximadamente cada 10 min, de 4.00 a 24.00 entre semana, menos frecuentes desde las 6.00 los sábados y desde las 8.00 los domingos.

Para llegar a Berkeley, hay que tomar un tren con destino a Richmond que pase por una de estas tres estaciones de BART: Ashby (Adeline St y Ashby Ave), Downtown Berkeley (Shattuck Ave y Center St) o North Berkeley (Sacramento St y Delaware St). Cuesta 3,75-4 US$ entre Berkeley y San Francisco, y 1,85 US$ entre Berkeley y el centro de Oakland. Después de las 20.00 entre semana, de las 19.00 los sábados y todo el día los domingos, no hay servicio directo entre San Francisco y Berkeley; en su lugar, hay que tomar el tren Pittsburg/Bay Point y hacer transbordo en la estación de la calle 19th St en Oakland.

Se recomienda sacar un billete intercambiable **BART-to-Bus**, válido también para los autobuses; se obtienen en las máquinas blancas de AC Transit, junto a los tornos de entrada en las estaciones de BART y reducen la tarifa del autobús de enlace en 25 ¢.

AUTOBÚS

La compañía regional **AC Transit** (☎511, 510-817-1717; www.actransit.org) tiene varios autobuses que van de la Transbay Temporary Terminal, en San Francisco, al este de la bahía. La línea F sale de la Transbay Temporary Terminal hasta University Ave con Shattuck Ave, aproximadamente cada 30 min (4,20 US$, 30 min).

Entre Berkeley y Oakland (2,10 US$), entre semana, se recomienda tomar el autobús nº 1R, rápido y frecuente, que recorre Telegraph Ave entre los centros de ambas ciudades, o el nº 18, que pasa a diario y sigue Martin Luther King Jr Way. El nº 51B recorre University Ave desde la estación BART de Berkeley hasta la marina de Berkeley.

AUTOMÓVIL Y MOTOCICLETA

Con vehículo propio, se puede llegar a Berkeley desde San Francisco a través del Bay Bridge y continuar por la I-80 (hacia University Ave, el centro de Berkeley y el campus de la UCB) o por la Hwy 24 (hacia College Ave y las colinas de Berkeley).

Cruzar el puente en sentido a San Francisco se cuesta entre 4 y 6 US$, según la hora y el día de la semana.

TREN

El tren de Amtrak para en Berkeley, pero en la parada no hay personal y las conexiones directas son escasas. La cercana **estación del Amtrak de Emeryville** (☎800-872-7245; www.amtrak.com; 5885 Horton St), pocos kilómetros al sur, es más cómoda.

Para llegar a la estación de Emeryville desde el centro de Berkeley, hay que tomar el autobús F de Transbay o el tren de BART hasta la estación de MacArthur y luego el autobús gratis de Emery Go Round (ruta Hollis) hasta la red Amtrak.

ⓘ Cómo desplazarse

El transporte público, la bicicleta y los propios pies del viajero son las mejores formas de recorrer el centro de Berkeley.

CICLISMO

Las bicicletas son un medio de transporte muy económico y seguro; además, hay carriles bici con señales de distancia a los lugares más importantes. Al norte de Berkeley, **Wheels of Justice** (☎510-524-1094; www.wheelsofjustice.com; 1554 Solano Ave, Albany; ⊙11.00-19.00 ju,10.00-18.00 vi-mi, hasta 17.00 do) alquila bicicletas de montaña (35 US$/ 24 h).

AUTOBÚS

AC Transit cuenta con autobuses públicos que recorren Berkeley y la compañía **Bear Transit** (http://pt.berkeley.edu/around/beartransit) de la UC Berkeley dispone de un servicio de enlace de la estación BART de Downtowzn a varios puntos del campus (1 US$). Desde la parada de Hearst Mining Circle, la línea H va por Centennial Dr hasta las partes más altas del campus.

AUTOMÓVIL Y MOTOCICLETA

Se han instalado muchas barreras para impedir el tráfico rodado a gran velocidad por calles residenciales, por lo que en algunos barrios habrá que zigzaguear.

Mt Diablo State Park

👁 Puntos de interés

Mt Diablo State Park PARQUE
(📞925-837-2525; www.mdia.org; por vehículo 6-10 US$; ⏰8.00-anochecer) Los 1137 m de altitud del monte Diablo le permiten cubrirse de nieve durante la época más fría. Cuando está despejado, las vistas desde la cima son extraordinarias. Al oeste se ve toda la bahía y las islas Farallon, mientras que al este se divisa desde el Valle Central hasta Sierra Nevada.

El parque tiene más de 80 km de senderos y es accesible desde Walnut Creek, Danville o Clayton. También se puede conducir hasta la cima, donde hay un centro de visitantes.

🛏 Dónde dormir

'Campings' del Mt Diablo CAMPING $
(📞800-444-7275; www.reserveamerica.com; parcelas para tienda y caravana 30 US$) De los tres *campings*, los de Juniper y Live Oak tienen duchas. A veces cierran los tres si hay riesgo de incendios y cortan el agua en épocas de sequía.

ℹ Información

Centro de visitantes del Mt Diablo State (⏰10.00-16.00) La oficina del parque está en el cruce de las dos carreteras de acceso.

John Muir National Historic Site

John Muir Residence LUGAR HISTÓRICO
(📞925-228-8860; www.nps.gov/jomu; 4202 Alhambra Ave, Martinez; ⏰10.00-17.00 mi-do) GRATIS Está solo 24 km al norte de Walnut Creek, en una bucólica zona agrícola del moderno y animado Martinez. Aunque el ascético y frugal Muir escribió sobre sus travesías por la High Sierra a base de una dieta de té y pan, los que conozcan la historia del fundador del icónico Sierra Club se sorprenderán al ver que su casa (construida por su suegro) es todo un modelo de refinamiento victoriano-italiano, con una torrecilla, una salita con tapicería elegante y finas molduras blancas.

La 'guarida' de escritor de Muir está tal y como él la dejó, con papeleras llenas de hojas arrugadas y bolas de pan secas (su tentempié favorito) sobre el mantel.

Todavía se puede ver una parte del huerto, y los visitantes pueden probar algunas frutas, según la temporada. El terreno incluye el **Martinez Adobe** de 1849, una parte del rancho en el que se construyó la casa, y los senderos rodeados de robles del vecino **monte Wanda**.

ℹ Cómo llegar y salir

El parque está justo al norte de la Hwy 4, accesible con los autobuses de **County Connection** (www.cccta.org) con Amtrak y BART.

Vallejo

Esta fue la capital oficial del estado de California durante una semana en 1852, justo el tiempo que tardó la Asamblea Legislativa, algo caprichosa, en cambiar de opinión. Al año siguiente, de nuevo probaron con Vallejo, pero al mes cambiaron otra vez, esta vez a Benicia. Ese mismo año, Vallejo se convirtió en el emplazamiento de la primera instalación naval de los Estados Unidos en la costa oeste, el Mare Island Naval Shipyard, cerrado en la actualidad.

👁 Puntos de interés

Six Flags Discovery Kingdom PARQUE DE ATRACCIONES
(📞707-643-6722; www.sixflags.com/discoveryking dom; adultos/menores 1,2 m 63/43 US$; ⏰aprox. 10.30-18.00 vi-do primavera y otoño, hasta 20.00 o 21.00 a diario verano, variable fin de semana y horario de vacaciones dic) La mayor atracción turística de la ciudad es este parque de animales y temático, con grandes montañas rusas y otras atracciones, incluidos espectáculos con tiburones y una orca. El sitio web ofrece importantes descuentos. Para llegar, desde la I-80 se toma la salida de la Hwy 37, en dirección oeste, 8 km al norte del centro de Vallejo. El aparcamiento cuesta 20 US$.

Vallejo Naval & Historical Museum MUSEO
(📞707-643-0077; www.vallejomuseum.org; 734 Marin St; entrada 5 US$; ⏰12.00-16.00 ma-sa) Cuenta la breve historia de Vallejo como capital del estado de California y como sede naval de la Costa Oeste.

ℹ Cómo llegar y salir

San Francisco Bay Ferry (📞415-705-8291; www.sanfranciscobayferry.com; ida adultos/niños 13/6,50 US$) opera ferris que zarpan hacia Vallejo desde el muelle 41 en el Fisherman's

Wharf, en San Francisco, y desde el Ferry Building; el trayecto dura 1 h. En San Francisco, se pueden obtener descuentos para entrar y paquetes con transporte al Six Flags. El ferri es también la forma de ir al Wine Country, con conexiones con los autobuses de **Napa Valley Vine** (www.ridethevine.com) y con el **Napa Valley Wine Train** (www.winetrain.com/ferry).

LA PENÍNSULA

Se trata de una enorme franja de barrios al sur de San Francisco, apretujados entre la bahía y las estribaciones costeras, que llegan más allá de San José. En esta zona se encuentran esparcidos Palo Alto, la Universidad de Stanford y Silicon Valley. Al oeste de las estribaciones, la Hwy 1 baja hacia la costa del Pacífico por la Half Moon Bay y una serie de playas, hasta llegar a Santa Cruz. La Hwy 101 y la I-280 llegan a San José y allí se conectan con la Hwy 17, la ruta más tranquila hasta Santa Cruz. Cualquiera de estas rutas se puede combinar para hacer un circuito circular más interesante o más amplio hasta la península de Monterey.

No hay que perder el tiempo en buscar Silicon Valley en los mapas, porque no aparece. Ese nombre es el apodo que se le ha dado al valle de Santa Clara, que desciende desde Palo Alto a través de Mountain View, Sunnyvale, Cupertino y Santa Clara hasta llegar a San José. Se le llama así porque se considera la cuna de los microordenadores, y los chips de silicio constituyen su base. Se trata de un valle amplio y llano, con localidades que forman básicamente una hilera de centros comerciales y parques industriales unidos por un amasijo de autovías. No es fácil imaginar que en otros tiempos, tras la II Guerra Mundial, esta región fueran huertos y granjas.

De San Francisco a San José

Al sur de la península de San Francisco, la I-280 hace de línea divisoria entre la zona sur de la bahía, densamente poblada, y la costa del Pacífico, escarpada y poco poblada. Esta vía ofrece además unas vistas imponentes de las colinas y embalses, por lo que resulta una opción más pintoresca que la ajetreada Hwy 101, que atraviesa kilómetros de aburridos polígonos comerciales. Por desgracia, ambas arterias, que discurren paralelas de norte a sur, se colapsan en las horas punta y los fines de semana.

La **Sweeney Ridge** (www.nps.gov/goga/planyourvisit/upload/sb-sweeney-2008.pdf) es un emplazamiento histórico desde el que los exploradores españoles vieron por primera vez la bahía de San Francisco. Representa un punto principal de unión entre Pacífica y San

PARAÍSO DE LOS 'NERDS'

Considerado el mayor museo del mundo dedicado a la historia de los ordenadores, el **Computer History Museum** (☎650-810-1010; www.computerhistory.org; 1401 N Shoreline Blvd, Mountain View; adultos/estudiantes y jubilados 15/12 US$; ⊙10.00-17.00 mi-do) ofrece exposiciones cambiantes con algunas de las 10 000 piezas de su colección, desde un ábaco hasta un iPod, además de superordenadores Cray-1, un diferencial Babbage (calculadora mecánica de la era victoriana) y el primer servidor de Google.

Que nadie espere ver el último iPhone o conseguir un consejo del Genius Bar. En los **Apple Headquarters** (www.apple.com/companystore; 1 Infinite Loop, Cupertino; ⊙10.00-17.30 lu-vi), los fans de la marca podrán comprar prendas y recuerdos con el logo de la manzana en su tienda y lamentar la ausencia de Steve Jobs.

Aunque no hay circuitos oficiales por **Googleplex** (www.google.com/about/company/facts/locations; 1600 Amphitheatre Pkwy, Mountain View), los visitantes pueden pasear por el campus y admirar las zonas verdes por donde transitan los *googlers*. No hay que perderse el "dessert yard" frente al edificio 44, con setos esculpidos que representan los sistemas operativos Android (¡un *cupcake*!, ¡un *donut*!, ¡un *robot*!) y, al otro lado de la calle, un dentudo *T-Rex* adornado con flamencos rosas junto a una pista de voleibol.

En la sede de la compañía, el **Intel Museum** (☎408-765-5050; www.intel.com/museum; 2200 Mission College Blvd, Santa Clara; ⊙9.00-18.00 lu-vi, 10.00-17.00 sa) GRATIS tiene exposiciones sobre el nacimiento y el desarrollo de la industria computacional, con un énfasis especial en los microchips y en la labor de Intel. Circuitos guiados solo con reserva.

Bruno, y ofrece a los senderistas unas vistas incomparables del océano y la bahía. Desde la I-280, hay que salir por Sneath Lane y seguir los 3 km que recorre hacia el oeste, hasta que termina al principio del sendero de subida.

Justo en la bahía, en el lado norte de San Mateo, 6,4 km al sur del aeropuerto internacional de San Francisco, está la Coyote Point Recreation Area (aparcamiento 6 US$; ⛟), un popular parque infantil (con un castillo enorme) y destino de *windsurf*. La principal atracción, antaño conocida como Coyote Point Museum, es la CuriOdyssey (☎650-342-7755; www.curiodyssey.org; adultos/niños 9/7 US$; ◷10.00-17.00 ma-sa, 12.00-17.00 do; ⛟), con novedosas exposiciones para niños y adultos sobre ciencia y fauna. Hay que dejar la Hwy 101 en Coyote Point Dr.

Universidad de Stanford

La Universidad de Stanford (www.stanford.edu) fue fundada en Palo Alto por Leland Stanford, uno de los cuatro grandes promotores del Central Pacific Railroad y antiguo gobernador de California. Cuando el hijo único de la familia Stanford murió por una fiebre tifoidea durante una visita a Europa en 1884, sus padres decidieron construir la universidad en su memoria. El centro abrió en 1891 y ha crecido hasta convertirse en una institución prestigiosa y rica. El campus se alza sobre las antiguas caballerizas familiares, de ahí que se la conozca comúnmente como "La Hacienda" (The Farm).

◉ Puntos de interés

Main Quad PLAZA
La escultura de bronce de *Los burgueses de Calais* de August Rodin marca la entrada a Main Quad, una plaza abierta en la que los 12 edificios originales del campus (una mezcla de arquitectura neorrománica y estilo misionero) se unieron en 1903 con la Memorial Church. Esta iglesia, conocida también como MemChu, es famosa por su preciosa fachada de mosaicos, sus vidrieras y sus cuatro órganos, con más de 8000 tubos.

Hoover Tower TORRE
(adultos/niños 2/1 US$; ◷10.00-16.00, cerrada durante exámenes finales, descansos entre sesiones y algunos festivos) Este icono del campus, situado al este de Main Quad, mide 87 m de altura y ofrece magníficas vistas. Alberga la biblioteca universitaria, oficinas y parte de la conservadora Hoover Institution sobre guerra, revolución y paz (donde Donald Rumsfeld sacudió a toda la comunidad universitaria al aceptar un puesto tras dimitir como ministro de Defensa).

Cantor Center for Visual Arts MUSEO
(http://museum.stanford.edu; 328 Lomita Dr; ◷11.00-17.00 mi y vi-do, hasta 20.00 ju) GRATIS Este amplio museo de 1894 abarca desde obras de civilizaciones antiguas hasta arte, escultura y fotografía contemporáneos.

Rodin Sculpture Garden PARQUE DE ESCULTURAS
Al sur del Cantor Center, este parque cuenta con la mayor colección de obras de Rodin fuera de París, incluida una reproducción de la colosal *Puerta del infierno*. Por el campus hay otras esculturas de artistas como Andy Goldsworthy y Maya Lin.

ℹ️ Información

Centro de visitantes de Stanford (www.stanford.edu/dept/visitorinfo; 295 Galvez St) ofrece paseos guiados gratis por el campus a las 11.00 y a las 15.15 a diario todo el año

---

WINCHESTER MYSTERY HOUSE

La Winchester Mystery House (☎408-247-2101; www.winchestermysteryhouse.com; 525 S Winchester Blvd; adultos/jubilados/niños 6-12 33/30/25 US$; ◷9.00-17.00 oct-mar, 9.00-19.00 abr-sep) es una curiosa casa encargada especialmente por la heredera de la dilapidada fortuna del Winchester. Se trata de una ridícula mansión victoriana con 160 habitaciones de varios tamaños y poca utilidad, con pasillos que no llevan a ninguna parte y una escalera que termina en el techo. Por lo visto, Sarah Winchester dedicó 38 años a la construcción de esta gigantesca frivolidad porque creía que los espíritus de las personas asesinadas por los rifles Winchester así se lo pidieron. No se escatimó en gastos, y el inmenso edificio ocupa una superficie de 1,6 Ha. Hay circuitos guiados cada 30 min que hacen un recorrido estándar de 1 h e incluyen un paseo libre por los jardines, así como la entrada a una exposición de armas y rifles. La casa está situada al oeste del centro de San José y al norte de la I-280, al otro lado de Santana Row.

excepto en vacaciones de invierno (med dic-ppios ene) y festivos. También hay circuitos especializados.

ℹ Cómo llegar y salir

El servicio de enlace público y gratis de la Universidad de Stanford, **Marguerite** (http://transportation.stanford.edu/marguerite), presta servicio desde las estaciones de Caltrain de Palo Alto y California Ave hasta el campus y tiene portabicicletas. Aparcar en el campus es caro y difícil.

San José

A pesar de su historia y diversidad cultural, San José ha estado siempre a la sombra de San Francisco. Fundado en 1777 como San José de Guadalupe, se trata del asentamiento español más antiguo de California. Su centro, pequeño respecto al tamaño de la ciudad, se llena de veinteañeros marchosos los fines de semana. Hoy, los polígonos industriales, las empresas informáticas y las viviendas ocupan muchas de las haciendas, fincas y espacios abiertos que en su día se extendían entre la bahía y las colinas circundantes.

◉ Puntos de interés

El centro de San José lo marca la intersección de la Hwy 87 con la I-280. La Hwy 101 y la I-880 completan el cuadro. 1st St recorre más o menos de norte a sur toda la urbe, desde la antigua ciudad portuaria de Alviso, en la bahía de San Francisco, hacia el centro; al sur, la I-280 pasa a llamarse Monterey Hwy.

La Universidad de San José está al este del centro. El barrio de SoFA, que cuenta con numerosos clubes nocturnos, restaurantes y galerías, se localiza en un tramo de 1st St al sur de San Carlos St.

★**History Park**   PARQUE

(☎408-287-2290; www.historysanjose.org; esq. Senter Rd y Phelan Ave; ☺11.00-17.00 ma-do, cerrado 1ᵉʳ lu del mes) Se trata de un museo de historia al aire libre en pleno centro de la ciudad, en el Kelley Park, que reúne una serie de edificios históricos de diferentes partes de San José, entre ellos una réplica a media escala de la **Electric Ligth Tower**. La torre original se construyó en 1881 y tenía 72 m de alto, y fue un intento pionero de iluminación de las calles, ya que pretendía dar luz a todo el centro de la ciudad. Fue un fracasó absoluto, pero permaneció en pie como hito hasta que el óxido y el viento la abatieran en 1915.

Otros edificios destacados del lugar son un **templo chino** de 1888 y el **Pacific Hotel**, con exposiciones itinerantes. En el **Trolley Restoration Barn** restauran tranvías históricos que operan en la línea de San José, y los fines de semana se puede hacer un corto recorrido en tranvía por el propio parque.

Tech Museum of Innovation   MUSEO

(The Tech; ☎408-294-8324; www.thetech.org; 201 S Market St; adultos/niños 3-17 15/10 US$; ☺10.00-17.00; 📶) Este fantástico museo de la tecnología, frente a la plaza de Cesar Chavez, atiende a temas como la robótica, la exploración espacial y la genética. También tiene un cine IMAX (entrada 5 US$) donde se proyectan filmes a lo largo del día.

San Jose Museum of Art   MUSEO

(☎408-271-6840; www.sjmusart.org; 110 S Market St; adultos/estudiantes y séniors 8/5 US$; ☺11.00-17.00 ma-do) Con una importante colección de obras del s. XX y varias exposiciones temporales muy imaginativas, el mejor museo de arte de la ciudad destaca también en la zona de la bahía. El edificio principal nació como oficina de correos en 1892, resultó dañado en el terremoto de 1906 y se convirtió en museo en 1933.

**Rosicrucian
Egyptian Museum**   MUSEO

(☎408-947-3635; www.egyptianmuseum.org; 1342 Naglee Ave; adultos/niños/estudiantes 9/5/7 US$; ☺9.00-17.00 mi-vi, 10.00-18.00 sa y do) Al oeste del centro, este inusual muse es uno de los mayores atractivos de San José. Incluye una reproducción de una antigua tumba egipcia subterránea de dos estancias. El museo es la pieza central del **Rosicrucian Park** (Naglee Ave esq. Park Ave), localizado al oeste del centro de San José.

MACLA   GALLERÍA DE ARTE

(Movimiento de Arte y Cultura Latino Americana; ☎408-998-2783; www.maclaarte.org; 510 S 1st St; ☺12.00-19.00 mi y ju, 12.00-17.00 vi y sa) GRATIS Esta puntera galería de arte, centrada en artistas latinos consagrados y emergentes, es uno de los mejores espacios artísticos comunitarios de la zona de la bahía, con espectáculos a micro abierto, conciertos de *hip-hop* y otras músicas, teatro experimental y exposiciones artísticas intelectualmente muy estimulantes. También forma parte del famoso recorrido artístico y feria callejera **South First Fridays** (www.southfirstfridays.com).

SAN JOSÉ PARA NIÑOS

Children's Discovery Museum (📞408-298-5437; www.cdm.org; 180 Woz Way; entrada 12 US$; ⏱10.00-17.00 ma-sa, desde 12.00 do; 🚼) Este céntrico (Woz Way St, llamada así por Steve Wozniak, el cofundador de Apple) museo de la ciencia y la creatividad tiene pantallas táctiles que incorporan arte, tecnología y medio ambiente, con multitud de juguetes y zonas de juegos educativos muy divertidas.

Great America (📞408-986-5886; www.cagreatamerica.com; 4701 Great America Pkwy, Santa Clara; adultos/niños menor de 1,2 m 60/40 US$; ⏱abr-oct; 🚼) Si se puede aguantar la publicidad, los niños disfrutarán con estas emocionantes atracciones. Las entradas compradas por internet son más baratas que en taquilla; aparcar cuesta 15 US$, aunque también hay transporte público.

Raging Waters (📞408-238-9900; www.rwsplash.com; 2333 South White Rd; adultos/niños menor 122 cm 39/29 US$, aparcamiento 6 US$; ⏱may-sep; 🚼) Este parque acuático, en el Lake Cunningham Regional Park, tiene rápidos toboganes, piscina de olas y un ingenioso fuerte. Descuentos en línea.

Plaza de Cesar Chavez   PLAZA

Esta arbolada plaza, en pleno centro, formaba parte de la plaza original del pueblo de San José de Guadalupe y es el espacio público más antiguo de la ciudad. Recibe su nombre de César Chávez, fundador del United Farm Workers, que pasó parte de su vida en San José, y está rodeada de museos, teatros y hoteles.

Basílica catedral de St Joseph   IGLESIA

(80 S Market St) La primera iglesia del pueblo, en el extremo de la plaza, fue construida originalmente con ladrillo de adobe en 1803. Reconstruida tres veces debido a terremotos e incendios, el edificio actual data de 1877.

Santana Row   ZONA COMERCIAL

(www.santanarow.com; Stevens Creek Blvd y Winchester Blvd) Esta exclusiva zona comercial al oeste del centro es un espacio de usos múltiples, con tiendas, restaurantes y locales de ocio, junto con un hotel-*boutique, lofts* y apartamentos. En las noches cálidas, una multitud frenética pulula por esta zona de aire mediterráneo.

🛏 Dónde dormir

Los hoteles del centro están ocupados todo el año por convenciones y ferias de muestras, por lo que las tarifas entre semana suelen ser más altas que los fines de semana.

Henry W Coe State Park   CAMPING $

(📞408-779-2728, reservas 800-444-7275; www.reserveamerica.com; parcelas 20 US$; 🚗) Al sureste de San José, cerca de la colina Morgan, este enorme parque estatal tiene 20 zonas de acampada accesibles en automóvil. Están sobre una cresta con vistas a las colinas y los cañones del parque. No hay duchas ni se puede reservar con menos de dos días de antelación, aunque casi nunca están llenos, excepto los festivos y fines de semana de primavera y verano.

Los senderistas (permiso 5 US$) pueden pernoctar en el parque.

Westin San Jose   HOTEL HISTÓRICO $$

(📞866-870-0726, 408-295-2000; www.thesainteclaire.com; 302 S Market St; h fin de semana/entre semana desde 129/179 US$; ❄🐕@🛜♿) Este icónico hotel de 1926 frente a la plaza de Cesar Chaves, el antiguo Sainte Claire, cuenta con un vestíbulo precioso con techos decorativos en textura de piel. Las habitaciones son un poco pequeñas, y estaban siendo reformadas cuando se visitó.

Hotel De Anza   HOTEL $$

(📞800-843-3700, 408-286-1000; www.hoteldeanza.com; 233 W Santa Clara St; h do-ju/vi y sa 149/239 US$; ❄🐕@🛜♿) Es un hotel céntrico, una belleza *art déco* remodelada, aunque el diseño contemporáneo ha acabado con la historia del lugar. Las habitaciones cuentan con comodidades de lujo y las que dan al sur son algo más grandes.

Hotel Valencia   HOTEL-BOUTIQUE $$$

(📞866-842-0100, 408-551-0010; www.hotelvalencia-santanarow.com; 355 Santana Row; h incl. desayuno 199-309 US$; ❄@🛜♿) La fuente del vestíbulo y la moqueta de color rojo oscuro de los pasillos dan ambiente a este hotel tranquilo y moderno de 212 habitaciones, situado en el complejo comercial de Santana Row. En las habitaciones, el minibar, los albornoces y

---

el *jacuzzi* crean un oasis de lujo con toques de diseño europeo y asiático.

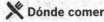 Dónde comer

Tofoo Com Chay
VEGETARIANA, VIETNAMITA **$**
(408-286-6335; 388 E Santa Clara St; principales 6,50 US$; 9.00-21.00 lu-vi, 10.00-18.00 sa;
) Muy bien situado junto al campus de la Universidad de San Jose, estudiantes y vegetarianos hacen cola para saborear sus platos vietnamitas, como el *pho* con proteína vegetariana o unos platos combinados enormes.

Original Joe's
ITALIANA **$$**
(www.originaljoes.com; 301 S 1st St; principales 15-37 US$; 11.00-23.00 do-ju, 11.00-24.00 vi y sa) Se trata de un local muy conocido en San José, de la década de 1950. Está siempre lleno y los camareros van de un lado a otro sirviendo tradicionales platos italianos. Lo normal es tener que esperar.

Arcadia
ASADOR **$$$**
(408-278-4555; www.michaelmina.net/restaurants; 100 W San Carlos St; principales de almuerzo 12-19 US$, cenas 28-50 US$; 6.30-14.00 diarios, 17.30-22.00 lu-sa) Este estupendo asador del nuevo estilo americano, situado en el Marriott Hotel, está dirigido por el famoso chef Michael Mina.

Dónde beber y vida nocturna

La mayor concentración de locales nocturnos está en S 1st St, conocida como SoFA, y alrededor de S 2nd en San Fernando. Jóvenes marchosos ambas zonas los viernes y sábados por la noche.

Singlebarrel
COCTELERÍA
(www.singlebarrelsj.com; 43 W San Salvador St; 17.00-24.00 do y ma, 17.00-1.30 mi-sa) Un *lounge* al estilo de los bares clandestinos, donde los camareros, enfundados en chalecos de *tweed*, mezclan con maestría cócteles personalizados

(12 US$), con recetas de antes de la Ley Seca. Suele haber cola.

Caffe Frascati
CAFÉ
(www.caffefrascati.com; 315 S 1st St; 7.00-22.00 lu-ju, 8.00-24.00 vi, hasta 21.00 do;
) Fotografías de aficionados al teatro decoran las paredes de este local de techos altos próximo al California Theatre. Se puede saborear un capuchino con una tarta o un *panini,* o acudir a un concierto los viernes y sábados por la noche. El primer viernes de mes hay ópera.

Trials Pub
PUB
(www.trialspub.com; 265 N 1st St; desde 17.00) Situado al norte de San Pedro Sq, este local es ideal para tomarse una cerveza cómodamente. Cuenta con muchas cervezas de barril excelentes, como la Fat Lip, buena comida de bar y una chimenea en el salón del fondo.

Hedley Club
LOUNGE
(www.hoteldeanza.com/hedley_club.asp; 233 W Santa Clara St) Situado dentro del elegante 1931 Hotel De Anza, este es un buen sitio para tomar una copa tranquila en un ambiente selecto de estilo *art déco.* Hay conciertos de *jazz* de jueves a sábado por la noche.

South First Billiards
BAR, PISCINA SALÓN
(www.facebook.com/420southfirst; 420 S 1st St; 16.00-24.00 lu-ju, 16.00-2.00 vi y sa) Acogedor y buen club donde jugar al billar. En su página de Facebook anuncian los conciertos y las sesiones de DJ.

Ocio

Música en directo

Blank Club
MÚSICA EN DIRECTO
(www.theblankclub.com; 44 S Almaden; ma-sa) Pequeño *club* cerca de la estación de Greyhound, fuera de las principales calles de marcha. Los grupos actúan en un escenario adornado de espumillón plateado y una bola de discoteca preside sus divertidas fiestas de baile *retro.*

¿PSYCHO DONUTS?

¿Quién iba a saber que un bollo azucarado con un agujero provocaría tantas risas y un placer tan endiablado? Para saberlo hay que ir al **Psycho Donuts** (www.psycho-donuts. com; 288 S 2nd St; 7.00-22.00 lu-ju, hasta 24.00 vi, 8.00-24.00 sa, hasta 22.00 do;), donde los dependientes, vestidos como personal sanitario, ofrecen plástico de burbujas para pasar el rato mientras los clientes se deciden por uno de sus disparatados bollos, como el Cereal Killer (con nubes y cereales por encima), el Headbanger (con cara desencajada y relleno de gelatina roja) o el tentador S'mores, cuadrado.

Teatros

California Theatre   TEATRO
(☎408-792-4111; www.sanjosetheaters.org/theaters/california-theatre; 345 S 1st St) Con un interior de estilo español digno de una catedral, esta es la sede de la Ópera de San José y la Sinfónica de Silicon Valley, así como del festival anual de cine de la ciudad, Cinequest (www.cinequest.org), que se celebra de finales de febrero a principios de marzo.

Deportes

SAP Center   ESTADIO
(☎408-287-9200; www.sapcenteratsanjose.com; esq. Santa Clara y N Autumn Sts) El antiguo HP Pavilion, un enorme espacio de cristal y metal, es hoy el estadio de los San Jose Sharks, el equipo de la ciudad que juega en la NHL (National Hockey League). La liga empieza en septiembre y termina en abril.

San Jose Earthquakes   FÚTBOL
(www.sjearthquakes.com) El equipo de San José que participa en la Major League Soccer juega de febrero a octubre. Hasta el 2015, cuando se inaugure su nuevo estadio, al oeste del aeropuerto de San José, se les puede ver en el Buck Shaw Stadium (500 El Camino Real, Santa Clara) de Universidad de Santa Clara.

ℹ Información

Para saber qué hay que hacer y dónde, se puede consultar el semanario gratis *Metro* (www.metroactive.com) o la sección de destacados del viernes del diario *San Jose Mercury News* (www.mercurynews.com).

San Jose Convention & Visitors Bureau
(☎800-726-5673, 408-295-9600; www.sanjose.org)

Santa Clara Valley Medical Center (☎408-885-5000; 751 S Bascom Ave; ◷24 h)

ℹ Cómo llegar y salir

AVIÓN

El aeropuerto internacional Mineta San José (p. 770), situado 3 km al norte del centro entre la Hwy 101 y la I-880, ofrece wifi gratis y varios vuelos nacionales desde sus dos terminales.

BART

Para acceder al sistema BART en el este de la bahía, el autobús nº 181 de **VTA** (☎408-321-2300; www.vta.org) conecta a diario la estación BART de Fremont con el centro (4 US$).

AUTOBÚS

Los autobuses de Greyhound que van a Los Ángeles (22-59 US$, 7-10 h) salen de la **estación de Greyhound** (☎408-295-4151; www.greyhound.com; 70 Almaden Ave). La nueva compañía de bajo coste **Megabus** (us.megabus.com) ofrece enchufes eléctricos y wifi gratis, y viaja a Los Ángeles por entre 10 y 40 US$; salidas desde la estación de Diridon.

El autobús Hwy 17 Express de VTA (ruta 970) hace una práctica ruta diaria entre la estación de Diridon y Santa Cruz (5 US$, 1 h).

AUTOMÓVIL Y MOTOCICLETA

San José está en un extremo de la bahía de San Francisco, aproximadamente a 64 km de Oakland (por la I-880) y San Francisco (por la Hwy 101 o la I-280). En la Hwy 101 siempre hay mucho tráfico. Aunque la I-280 es algo más larga, es mucho más bonita y no suele estar tan saturada. La Hwy 17 sigue al sur, hacia Santa Cruz.

Muchos comercios del centro ofrecen descuentos de 2 h de aparcamiento; los fines de semana, hasta las 18.00, los aparcamientos municipales y los del centro son gratis. En www.sjdowntownparking.com hay información detallada.

TREN

Caltrain (☎800-660-4287; www.caltrain.com), un servicio de cercanías que recorre toda la península entre San José y San Francisco, hace unos 36 viajes diarios (los fines de semana, menos); el trayecto, de entre 60 (en los Baby Bullet) y 90 min, cuesta 9 US$ y se puede llevar bicicleta en los vagones al efecto. Es la mejor opción, porque el tráfico puede ser caótico siempre. La terminal de San José, la **estación de Diridon** (junto a 65 Cahill St), está justo al sur de la Alameda.

La estación de Diridon es también la terminal de **Amtrak** (☎408-287-7462; www.amtrak.com), que conecta San José con Seattle, Los Ángeles y Sacramento; y de **Altamont Commuter Express** (www.acerail.com), que va a Great America, Livermore y Stockton.

VTA tiene un servicio de enlace gratis entre semana, el Downtown Area Shuttle o DASH, entre la estación y el centro de la ciudad.

ℹ Cómo desplazarse

Los autobuses de VTA recorren todo Silicon Valley. Desde el aeropuerto, los servicios gratis de enlace Airport Flyer de VTA (ruta nº 10) salen cada 10-15 min y van a la estación Metro/Airport

Light Rail, con enlace al tren ligero de San José hasta el centro. La ruta también lleva a la estación de Caltrain de Santa Clara. El billete para todos los autobuses (excepto los de las líneas exprés) y el tren ligero cuesta 2 US$ por trayecto y 6 US$ por un pase de un día.

La línea principal del tren ligero de San José recorre 32 km de norte a sur desde el centro. En dirección sur llega hasta Almaden y Santa Teresa. Hacia el norte, va al Civic Center, el aeropuerto y Tasman, donde conecta con otra línea que va al oeste, vía Great America y hasta el centro de Mountain View.

De San Francisco a Half Moon Bay

La rapidez con que desaparece el paisaje urbano entre la escarpada costa casi sin explotar es una de las sorpresas de la zona de la bahía. El tramo de 112 km de la carretera costera Hwy 1 que hay entre San Francisco y Santa Cruz es uno de los más bonitos que se puedan hacer. En su mayoría una pista sinuosa de dos carriles, la carretera pasa por pequeños puestos de productos agrícolas y por una playa tras otra. No obstante, la mayoría de estas playas sufren un oleaje salvaje e impredecible, por lo que son más apropiadas para tomar el sol que para bañarse. No se cobra acceso a las playas, pero aparcar puede costar varios dólares.

En el Montara Point (35,4 km al sur de San Francisco) y el Pigeon Point (58 km) hay una concentración de albergues de la red HI, aislados y con unos paisajes increíbles, lo que convierte a esta ruta en un periplo muy interesante; no obstante, la Hwy 1, demasiado estrecha, puede resultar muy estresante e incluso peligrosa para los ciclistas inexpertos.

Pacifica y la Devil's Slide

Pacífica y Point San Pedro, que se encuentran a 24 km del centro de San Francisco, marcan el final de la expansión urbana. Al sur de Pacifica se halla la Devil's Slide, una preciosa zona costera de acantilados ahora atravesada por un túnel, aunque los senderistas y ciclistas pueden recorrer el adyacente Devil's Slide Coastal Trail, una sección asfaltada de 2 km de la antigua Hwy 1.

En Pacifica, las principales atracciones son la playa de Rockaway y la popular Pacifica State Beach (también conocida como playa de Linda Mar; en automóvil 3 US$), en la cual se halla la Nor-Cal Surf Shop (☎650-738-9283; 5440 Coast Hwy; ☺9.00-18.00 do-vi, 8.00-18.00 sa), donde alquilan tablas de surf (19 US$/día) y trajes de agua (16,50 US$).

De la cala de Gray Whale a Mavericks

La Gray Whale Cove State es una de las playas nudistas más conocidas de la costa, situada al sur del Point San Pedro. Hay que aparcar al otro lado de la carretera y cruzar la Hwy 1 para llegar a la misma. La Montara State Beach está solo a 800 m al sur. Desde la localidad de Montara, a 35 km de San Francisco, hay senderos que suben desde el aparcamiento del arroyo Martini hasta el McNee Ranch, que ofrece un montón de rutas de excursionismo y ciclismo, incluido un agotador ascenso al mirador panorámico del monte Montara, y acceso al nuevo parque del Ranch Corral de Tierra (www.nps.gov/goga/rcdt.htm), de 1600 Ha.

El Point Montara Lighthouse Hostel (☎650-728-7177; www.norcalhostels.org/montara; esq. Hwy 1 y 16th St; dc 27 US$, h 75 US$; @🖥), una antigua estación de control de la niebla de 1875, está al lado del actual faro, que data de 1928. Cuenta con un salón, cocina y clientela internacional, y ofrece varias habitaciones privadas para parejas o familias. Se recomienda reservar con antelación, sobre todo los fines de semana de verano. El autobús nº 17 de SamTrans para delante.

La Fitzgerald Marine Reserve (☎650-728-3584; www.fitzgeraldreserve.org; ♿), al sur del faro de la playa de Moss, es una extensa zona de lagunas de marea que sirve de hábitat a la foca común. Con bajamar, se puede pasear por las lagunas (con un calzado adecuado) y observar los innumerables cangrejos, estrellas de mar, moluscos y coloridas anémonas de mar. Es ilegal sacar cualquier criatura o piedra de la reserva marina. Desde la Hwy 1 en la playa de Moss, hay que girar al oeste hacia California Ave y conducir hasta el final. El autobús nº 17 de SamTrans para a lo largo de la Hwy 1.

Con vistas al océano, la Moss Beach Distillery (☎650-728-5595; www.mossbeachdistillery. com; esq. Beach Way y Ocean Blvd; principales 15-36 US$; ☺12.00-21.00 lu-sa, desde 11.00 do; 🐕) es un icono de 1927. Si hace buen tiempo, la terraza del restaurante es el mejor lugar en varias millas a la redonda para tomar un cóctel o una copa de vino. Se recomienda reservar.

CARRETERA PANORÁMICA: LA HIGHWAY 84

Tierra adentro hay una serie de amplios tramos de colinas que permanecen notablemente intactos, a pesar de los enormes núcleos de población que hay un poco más al norte y al este. La Hwy 84, al este hacia Palo Alto, serpentea a través de bosques de secuoyas y parques con buenas opciones de senderismo y ciclismo de montaña.

Desde la San Gregorio State Beach (8 US$/automóvil), a 1,6 km por la Hwy 1, se puede poner a bailar descalzo al ritmo de *bluegrass*, música celta o folk, ya que aquí se encuentra el San Gregorio General Store (www.sangregoriostore.com), un local con conciertos los fines de semana; se recomienda echarle un vistazo a la barra de madera decorada con hierros de marcar ganado de la zona.

Al este, a 13 km, se encuentra la pequeña localidad de La Honda, antiguo hogar de Ken Kesey, autor de *Alguien voló sobre el nido del cuco* y punto de partida para el psicodélico viaje en autobús, en 1964, del *Ponche de ácido lisérgico* de Tom Wolfe. Situando en una antigua herrería, el Apple Jack's (650-747-0331) es un bar rústico y casero con mucho ambiente local.

Para pasear entre las secuoyas, el parque Sam McDonald (650-879-0238; http://parks.smcgov.org/sam-mcdonald-park; aparcamiento 6 US$), 3 km al sur de La Honda en Pescadero Rd, ofrece varios senderos interesantes y una remota cabaña (http://lp.sierraclub.org/hikers_hut/hikers_hut.asp; adultos 25-30 US$, niños 2-10 10 US$) que se puede alquilar.

Al sur está el pueblo de Princeton, con una franja de costa llamada Pillar Point. Los barcos de pesca descargan las capturas del día en puerto de Pillar Point, parte de las cuales se pueden disfrutar en varios restaurantes del muelle. En el puerto, en Half Moon Bay Kayak (650-773-6101; www.hmbkayak.com; 10.00-16.00 mi-lu) alquilan kayaks y ofrece circuitos guiados en Pillar Point y en la Fitzgerald Marine Reserve. En la Half Moon Bay Brewing Company (www.hmbbrewingco.com; 390 Capistrano Rd; principales 15-23 US$; 11.30-21.00 lu-ju, hasta 22.00 vi, 9.30-22.00 sa y do;) sirven pescado y marisco, hamburguesas y una tentadora variedad de cervezas locales en un patio al aire libre a cubierto y con calefacción, que tiene vistas a la bahía. Los fines de semana hay música en directo.

En el extremo oeste de Pillar Point se encuentra Mavericks, una zona que atrae a los surfistas de olas gigantes más importantes del mundo para desafiar sus rompientes extensas, bruscas y muy peligrosas. El campeonato de surf anual de Mavericks suele ser entre diciembre y marzo, aunque se convoca solo unos días antes, cuando el oleaje aprieta.

Half Moon Bay

Desarrollado como zona de vacaciones durante la época victoriana, ahora, el principal municipio costero que hay entre San Francisco (45 km al norte) y Santa Cruz (64 km al sur) cuenta con tramos de playa muy largos que aún atraen a excursionistas de fin de semana y surfistas apasionados. Half Moon Bay se extiende por la Hwy 1 (que a su paso por la localidad se llama Cabrillo Hwy), pero, a pesar de su desarrollo, es un lugar relativamente pequeño. La calle principal es un tramo de cinco manzanas llamado Main St lleno de tiendas, cafés, restaurantes y algunos B&B de categoría. El Half Moon Bay Coastside Visitors Bureau (650-726-8380; www.halfmoonbaycham ber.org) ofrece información a los visitantes.

Las calabazas son un producto más destacado de Half Moon Bay, y la cosecha de antes de Halloween se celebra durante el Art & Pumpkin Festival (www.pumpkinfest.miramarevents.com), que arranca con el Campeonato Mundial de Levantamiento de Calabazas, con ejemplares que pueden superar los 450 kg.

Aproximadamente 1,6 km al norte del cruce con la Hwy 92, el Sea Horse Ranch (650-726-9903; www.seahorseranch.org) ofrece paseos diarios a caballo por la playa. Una excursión de 2 h cuesta 75 US$; la de las 8.00, solo 50 US$.

El autobús nº 294 de SamTrans (800-660-4287; www.samtrans.com) opera desde la estación de Hillsdale Caltrain en San Mateo hasta Half Moon Bay; el nº 17 conecta por la costa con la playa de Moss y Pacifica, y su servicio entre semana a Pescadero es muy limitado.

De Half Moon Bay a Santa Cruz

Esta zona ha sido siempre de primera, con un tramo largo de costa, un clima benigno y abundante agua dulce. Cuando los españoles levantaron sus misiones por toda la costa a finales de la década de 1700, este territorio llevaba ya habitado cientos de años por los nativos ohlone. Pescadero se estableció formalmente en 1856 como asentamiento ganadero y granjero, aunque fue su ubicación en la ruta de la diligencia, lo que ahora es la Stage Rd, lo que lo convirtió en un destino de vacaciones muy popular. El peñasco de Pigeon Point fue una estación de observación de ballenas muy activa hasta 1900, cuando los contrabandistas de la época de la Ley Seca promovieron el aislamiento de las playas regionales para sus trapicheos con el alcohol.

Pescadero

Con 150 años de antigüedad, este es un punto bajo la niebla en el cruce costero entre San Francisco y Santa Cruz. Los fines de semana, el diminuto centro de la localidad se estira todo lo que puede para albergar a los ciclistas que hacen una parada de avituallamiento y a los senderistas. A todos les atraen las vistas invernales de las colinas verde esmeralda y marrón esparto durante el verano, las playas del Pacífico, naturales y llenas de focas y pelícanos, y los parques cubiertos de secuoyas.

◉ Puntos de interés y actividades

Hay varias y bonitas playas de arena, a destacar la **playa de Pebble**, una joya de marisma casi 3 km al sur de Pescadero Creek Rd que parte de la Bean Hollow State Beach. La orilla está llena de minúsculas delicias para la vista, como ágatas, jade y cornalinas. Los observadores de aves disfrutarán de la **Pescadero Marsh Reserve**, situada en la carretera que sale de la Pescadero State Beach.

★ **Faro del Pigeon Point**   FARO

(☎650-879-2120; www.parks.ca.gov/?page_id=533) A lo largo de la costa, a un paseo de 8 km, se encuentra este faro, de 35 m, uno de los más altos de la costa oeste. Este icono de 1872 tuvo que cerrar el acceso a su torre superior cuando empezaron a caerse trozos de cornisa (está en proceso de restauración), pero su luz aún funciona, y aunque

es un lugar ventoso, está bien para otear ballenas grises. El albergue emplazado allí es uno de los mejores del estado.

Butano State Park   PARQUE

(☎650-879-2040; por automóvil 10 US$, *camping* 35 US$ abr-nov) Unos 8 km al sur de Pescadero, linces rojos y coyotes viven discretamente en las 1133 Ha de este cañón lleno de secuoyas. Desde la Hwy 1, hay que tomar la Gazos Creek Rd.

🛏 Dónde dormir y comer

★ **HI Pigeon Point**
Lighthouse Hostel   ALBERGUE $

(☎650-879-0633; www.norcalhostels.org/pigeon; 210 Pigeon Point Rd; dc 26-27 US$, h/t/6 camas 75/101/162 US$, todas con baño compartido; @🛜) 🏄 Este destacado albergue de HI disfruta de una ubicación magnífica. Hay que llegar muy temprano para porder hacerse con un sitio en la bañera de agua caliente con hidromasaje al aire libre y contemplar el rugir de las olas mientras la luz del faro recorre el cielo estrellado.

Costanoa   CABAÑAS, CAMPING $$

(☎877-262-7848, 650-879-1100; www.costanoa.com; 2001 Rossi Rd; tienda/cabaña con baño compartido desde 89/179 US$; h 203-291 US$; 🛜) Aunque este *resort* incluye un '**camping**' (☎800-562-9867; www.koa.com/campgrounds/santa-cruz-north; parcela tienda 30-34 US$, parcela caravana desde 69 US$; 🛜🐾), es una opción de lo más cómoda. Los edredones de plumas envuelven a los huéspedes en cómodas tiendas-cabaña de tela, y los campistas más frioleros pueden usar las "zonas de confort" comunes, con saunas finlandesas las 24 h, asientos junto al fuego en el patio, suelos radiantes y duchas con agua calientes.

Las habitaciones privadas, con chimenea y acceso al *jacuzzi*, satisfacen a los menos espartanos. Hay un **restaurante** (principales cena 17-36 US$) y un *spa*, así como bicicletas de alquiler y paseos a caballo.

Pescadero Creek Inn B&B   PENSIÓN $$

(☎888-307-1898; www.pescaderocreekinn.com; 393 Stage Rd; h 155-225 US$; 🛜) 🏄 Ofrece una casita de campo de dos dormitorios e impecables habitaciones victorianas en una tranquila granja centenaria restaurada con jardín junto a un arroyo.

★ **Duarte's Tavern**   ESTADOUNIDENSE $$

(☎650-879-0464; www.duartestavern.com; 202 Stage Rd; principales 11-45 US$; ⊙7.00-21.00) Este

LA COSTA CULINARIA

Pescadero es famoso por la Duarte's Tavern, pero hay restaurantes más cerca.

Arcangeli Grocery/Norm's Market (Norm'i Market; www.normsmarket.com; 287 Stage Rd, Pescadero; sándwiches 6,50-8,75 US$; ☉10.00-18.00 lu-ju, 9.00-18.00 sa y do) Sirven sándwiches deliciosos, perfectos para un *picnic*, que se pueden acompañar con salsa casera de alcachofas y una botella fría de vino californiano. Hay que probar un trozo del famoso pan de hierbas con ajo y alcachofas, recién horneado casi cada hora.

Harley Farms Cheese Shop (☏650-879-0480; www.harleyfarms.com; 250 North St, Pescadero; ☉10.00-17.00 mi-do; ⚐) Otro de los tesoros culinarios de la zona. Tienen quesos de cabra artesanales y cremosos, aderezados con frutas, frutos secos y todo un arcoíris de flores comestibles. Se ofrecen circuitos por la granja los fines de semana, previa reserva, una nueva tienda con productos de cosmética corporal y pinturas no tóxicas elaborados con leche de cabra, y cenas mensuales de cinco platos en el pajar restaurado del granero.

Pie Ranch (www.pieranch.org; 2080 Cabrillo Hwy, Pescadero; ☉12.00-18.00 ju y vi, 10.00-18.00 sa y do; ⚐)⚑Para comprar productos frescos, huevos y café, además de sorprendentes tartas elaboradas con fruta del lugar. La memorable granja, con forma de tarta, es una organización sin ánimo de lucro dedicada al fomento del liderazgo y la educación alimentaria de jóvenes urbanos. En el sitio web se ofrece información sobre los recorridos mensuales por la granja, situada 17,7 km al sur de la Pescadero Creek Rd.

Swanton Berry Farm (☏650-469-8804; www.swantonberryfarm.com; Coastways Ranch, 640 Cabrillo Hwy, Pescadero; ☉10.00-16.00 vi-do) Para apreciar mejor los rigores y recompensas de la vida en una granja, es posible arremangarse y recolectar fruta en esta plantación ecológica cerca de Año Nuevo. Es una asociación sindical, gestionada por United Farm Workers, de César Chávez, donde cultivan kiwis y moras olallie. Su **puesto de granja y recolección personal de fresas** (☉8.00-17.00) está 13,6 km más al sur, cerca de Davenport.

Bonnie Doon Vineyard (☏831-471-8031; www.bonnydoonvineyard.com; 450 Hwy 1, Davenport; ☉11.00-17.00 ju-lu) Para deleitarse con una cata (10-20 US$) en la nueva sala de degustaciones junto a la carretera de la aclamada bodega de Randall Grahm mientras se saborea bajo la luz de las bombillas y alrededor de mesas rústicas de madera un buen Cigare Volant ("cigarro volador") y otros vinos elaborados con variedades de uva menos conocidas.

restaurante familiar e informal ya va por la cuarta generación. La clientela es una mezcla de sibaritas con aires interesantes, ciclistas y vaqueros polvorientos. Para muchos, la ciudad y este local son sinónimos. Se recomienda reservar.

❶ Cómo llegar y salir

En automóvil, la ciudad está casi 5 km al este de la Hwy 1, por la Pescadero Creek Rd, al sur de la San Gregorio State Beach. Entre semana, el autobús nº 17 de **SamTrans** (www.samtrans.com) tiene un servicio diario a/desde Half Moon Bay.

Año Nuevo State Reserve

Las dunas del cabo de Año Nuevo son muy ruidosas. La causa son los miles de elefantes marinos que se reúnen allí durante todo el año. Sus rugidos llegan a su máximo apogeo en la época de celo, en invierno. La playa se encuentra 8 km al sur del Point Pigeon y 43,5 km al norte de Santa Cruz.

Los elefantes marinos eran igual de intrépidos hace 200 años, pero desgraciadamente los cazadores, armados con garrotes, no tenían el mismo sentimiento amistoso para con estos animales que los turistas, armados con cámaras. Entre 1800 y 1850, este animal estuvo al borde la extinción. Solo sobrevivió un puñado de ellos en la zona de las islas Guadalupe, cerca del estado mexicano de la Baja California. Gracias a la aparición de sustitutos para el aceite de foca y a la actitud conservacionista de los últimos tiempos, el elefante marino se recuperó y reapareció en la costa sur de

California hacia 1920. En 1955 ya se veían de nuevo en la playa de Año Nuevo.

De mitad de diciembre a finales de marzo es la época de apareamiento y nacimiento, cuando hay que contratar con mucha antelación la visita a la reserva, accesible solo con visitas guiadas, muy demandadas, y más entre mediados de enero y mediados de febrero, cuando se recomienda llamar con ocho semanas de antelación. A veces el mal tiempo puede provocar cancelaciones de última hora.

El resto del año no hace falta reservar, pero se necesitan permisos, que se obtienen en el puesto de entrada; hay que llegar antes de las 15.00 de septiembre a noviembre y de las 15.30 de abril a agosto.

Aunque en la **oficina del parque** (☏650-879-2025, información grabada 650-879-0227; www.parks.ca.gov/?page_id=523) atienden a preguntas generales, las reservas para la temporada alta deben hacerse en el ☏800-444-4445 o a través de http://anonuevo.reserveamerica.com. Estos recorridos cuestan 7 US$ y la entrada, 10 US$/vehículo todo el año. Desde la estación forestal, se recorren entre 5 y 8 km entre ir y volver por la arena, en total 2-3 h. No se permite el acceso de perros ni tampoco la entrada a visitantes la primera mitad de diciembre.

Hay otro punto de observación más cómodo al sur, en Piedras Blancas.

Wine Country: Napa y Sonoma

Sumario »

Los mejores restaurantes

➡ The Shed (p. 213)
➡ Oxbow Public Market (p. 170)
➡ Fremont Diner (p. 193)
➡ Madrona Manor (p. 215)

Los mejores alojamientos

➡ Beltane Ranch (p. 195)
➡ Cottages of Napa Valley (p. 169)
➡ Mountain Home Ranch (p. 182)
➡ El Bonita (p. 176)

Por qué ir

La principal región vinícola de EE UU se ha ganado también una de las mejores reputaciones a nivel mundial. Pero, pese al promocionadísimo "estilo Wine Country", no hay que olvidar que es esta tierra el origen de dicha tradición.

Los suaves cerros, poblados de robles centenarios, adoptan un color leonado bajo el cálido sol del verano. Las hileras de viñedos cubren las laderas hasta donde alcanza la vista. Detrás, los exuberantes bosques de secuoyas bordean los cauces de los ríos que serpentean hasta el mar.

En los condados de Napa y Sonoma hay más de 600 bodegas; pero es su calidad lo que marca la diferencia, sobre todo en Napa, avanzadilla también de la escena culinaria de San Francisco y rival directa de Francia en materia enológica. Sonoma presume de mayor diversidad agrícola, con granjas donde se elaboran queso de cabra, huertos 'autoservicio' y puestos de fruta en la carretera. Lo mejor es perderse por las carreteras secundarias, merendar por alguna ladera soleada y tocar la tierra. Solo así se conocerá lo más valioso del Wine Country.

Cuándo ir
Napa

°C Temperaturas   Precipitaciones mm

Ene Temporada baja; los valles se cubren de flores amarillas.

Abr-may La mejor época para el senderismo, con días largos y cálidos.

Sep-oct Temporada alta; tiempo de vendimia.

ℹ Cómo llegar y salir

Los condados de Napa y Sonoma tienen una ciudad y un valle epónimos. La ciudad de Sonoma, en el condado de Sonoma, está en el extremo sur del valle de Sonoma. Lo mismo ocurre con la ciudad, el condado y el valle de Napa.

Desde San Francisco, hay transporte público hasta los valles, pero no llega a los viñedos. Para más información, llámese al ☑511 desde la zona de la bahía o visítese www. transit.511.org.

Ambos valles están a 90 min en automóvil de San Francisco. Napa, más interior, supera las 400 bodegas y atrae a más visitantes; los fines de semana de verano suele haber mucho tráfico. En el condado de Sonoma, con 260 bodegas, 40 de ellas en su valle, es menos comercial y visitado. Si se tiene poco tiempo, es mejor ir a Sonoma.

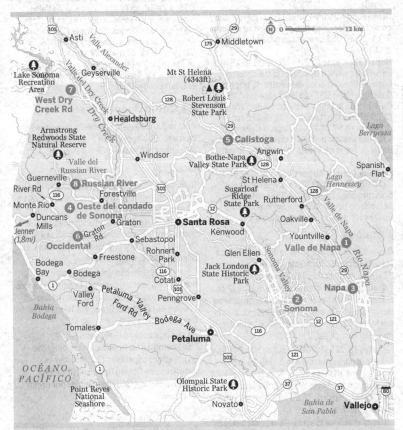

WINE COUNTRY: NAPA Y SONOMA CUÁNDO IR

Imprescindible

❶ Probar los mejores tintos de California en el **valle de Napa** (p. 163).

❷ Hacer un *picnic* en **Sonoma Plaza** (p. 188), la plaza más grande del estado.

❸ Degustar comida artesana en el **Oxbow Public Market** (p. 170), en Napa.

❹ Perderse por las carreteras secundarias del oeste del condado de Sonoma, como la **Coleman Valley Road** (p. 204).

❺ Sumergirse en barro de ceniza volcánica en **Calistoga** (p. 190).

❻ Mezclarse con lugareños curiosos en el **Occidental Farmers Market** (p. 203).

❼ Pedalear entre bodegas por la bucólica **West Dry Creek Road** (p. 198), en el valle del Dry Creek.

❽ Descender el **Russian River** (p. 196) en canoa o kayak.

AUTOBÚS

Evans Transportation (☎707-255-1559; www.
evanstransportation.com) Enlaces (29 US$) a
Napa desde los aeropuertos de San Francisco
y Oakland.

Golden Gate Transit (☎415-923-2000; www.
goldengate.org) La línea nº 70/80 va de San
Francisco a Petaluma (10,25 US$) y Santa
Rosa (11,25 US$); para en 1st St y Mission St.
Conecta con los autobuses de Sonoma County
Transit.

Greyhound (☎800-231-2222; www.greyhound.
com) Tiene servicios de San Francisco a Santa
Rosa (22-30 US$); conectan con los autobuses
urbanos.

Napa Valley Vine (☎707-251-2800, 800-
696-6443; www.nctpa.net) Opera 10 autobuses urbanos diarios del centro de Napa a
Calistoga (1,50 US$); la línea exprés nº 29
(lu-vi) va de la terminal del ferris de Vallejo
(3,25 US$) y la estación BART de El Cerrito
del Norte (5,50 US$), vía Napa, a Calistoga;
y la línea urbana nº 11 a diario de la terminal de ferris de Vallejo al centro de Napa
(1,50 US$).

Sonoma County Airport Express (☎800-
327-2024, 707-837-8700; www.airportex
pressinc.com) Enlaces (34 US$) entre el
aeropuerto del condado de Sonoma (Santa
Rosa) y los de San Francisco y Oakland.

AUTOMÓVIL

Desde San Francisco, se toma la Hwy 101 hacia
el norte –por el Golden Gate–, después la Hwy
37 al este hasta la Hwy 121, en dirección norte,
y se sigue hasta la intersección de la Hwy 12 con
la Hwy 121. Para llegar al valle de Sonoma, se va
por la Hwy 12 al norte, y al valle de Napa, al este
por la Hwy 12/121. Con poco tráfico se tardan 70
min, y en hora punta, 2 h.

La Hwy 12/121 se divide al sur de Napa: la Hwy
121 vira al norte y se une con la Hwy 29 (o St
Helena Hwy), y la Hwy 12 confluye con la Hwy 29
en dirección sur, hacia Vallejo. Entre semana, la
Hwy 29 se colapsa de 15.00 a 19.00 y ralentiza la
vuelta a San Francisco.

Desde el este de la bahía, o desde el centro de
San Francisco, se toma la I-80 al este hasta la
Hwy 37 en dirección oeste (al norte de Vallejo) y
después se sigue por la Hwy 29 hacia el norte.

Desde Santa Rosa, se va por la Hwy 12 hacia
el este para llegar al extremo norte del valle de
Sonoma. Desde Petaluma y la Hwy 101, se va al
este por la Hwy 116.

FERRI

Baylink Ferry (☎877-643-3779; sanfrancisco-
bayferry.com) Va del centro de San Francisco
a Vallejo (adultos/niños 13/6,50 US$, 60 min);
conecta con la línea nº 29 (entre semana) o la
nº 11 (a diario) de Napa Valley Vine.

TREN

Amtrak (☎800-872-7245; www.amtrak.com)
Opera trenes a Martínez (sur de Vallejo), con
conexiones en autobús a Napa (45 min), Santa
Rosa (1¼ h) y Healdsburg (1¾ h).

Trenes BART (☎415 989-2278; www.bart.gov)
Va de San Francisco a El Cerrito del Norte (4,40
US$, 30 min). La línea nº 29 de Napa Valley
Vine viaja entre semana de BART a Calistoga
vía Napa; los sábados, **SolTrans** (☎707-648-
4666; www.soltransride.com) va de BART a
Vallejo (5 US$, 30 min), con conexiones con
la línea nº 11 de Napa Valley Vine a Napa y
Calistoga; los domingos, no hay conexión en
autobús desde BART.

❶ Cómo desplazarse

Para visitar bodegas se necesita un automóvil o
bicicleta. Otra opción es ir a las salas de cata de
los centros urbanos de Napa o Sonoma.

BICICLETA

Recorrer el Wine Country en bicicleta es algo
inolvidable, sobre todo por vías secundarias. La
ruta más bucólica es la West Dry Creek Rd, al
noroeste de Healdsburg, en el condado de Sonoma. En el valle de Sonoma, se toma la Arnold
Dr en vez de la Hwy 12 y, en el valle de Napa, el
Silverado Trail en lugar de la Hwy 29.

No es muy duro pedalear por la zona –los valles son casi llanos–, pero la ruta entre los valles
de Napa y Sonoma es exigente, sobre todo las
cuestas de la Oakville Grade y la Trinity Rd (entre
Oakville y Glen Ellen).

Los autobuses de Greyhound (30-40
US$) permiten facturar bicicletas plegadas
en maletines especiales (10 US$; llámese
antes). Los de Golden Gate Transit tienen
portabicicletas gratis, disponibles por orden
de llegada.

AUTOMÓVIL

El valle de Napa tiene 48 km de longitud, 8 km en
su punto más ancho (la ciudad de Napa) y 1,6 km
en el más estrecho (Calistoga). Dos carreteras
lo conectan de norte a sur: la Hwy 29 (St Helena
Hwy) y el Silverado Trail, 1,6 km al este y más
paisajístico. Lo mejor es ir por una ruta y volver
por la otra.

Según la American Automobile Association,
el valle de Napa es uno de los destinos rurales
de vacaciones más frecuentados del estado.
Conviene tener en cuenta que durante los fines
de semana de verano y otoño el tráfico es insu-

frible, sobre todo por la Hwy 29, entre Napa y St Helena.

Las bucólicas carreteras que atraviesan el valle y unen el Silverado Trail con la Hwy 29, incluidos los cruces de Yountville, Oakville y Rutherford, son más tranquilas. Para disfrutar del paisaje están la Oakville Grade y la rural Trinity Rd (que va al suroeste y conecta con la Hwy 12 en el valle de Sonoma). Ambas son más estrechas, sinuosas y bonitas, pero complicadas si hay tormenta. La Mt Veeder Rd cruza los inmaculados paisajes del oeste de Yountville.

No hay que conducir si se ha bebido. La policía persigue de cerca a los infractores.

Hay atajos entre los valles de Napa y Sonoma: desde Oakville, se puede tomar la Oakville Grade hasta la Trinity Rd; desde St Helena, la Spring Mountain Rd llega a la Calistoga Rd; desde Calistoga, por la Petrified Forest Rd se llega a la Calistoga Rd.

TRANSPORTE PÚBLICO

Napa Valley Vine (☎707-251-2800, 800-696-6443; www.nctpa.net) La línea nº 10 va a diario desde el centro de Napa hasta Calistoga (1,50 US$, 1¼ h).

Sonoma County Transit (☎800-345-7433, 707-576-7433; www.sctransit.com) Opera autobuses de Santa Rosa a Petaluma (2,45 US$, 70 min), Sonoma (3,05 US$, 1¼ h) y el oeste del condado de Sonoma, incluidos los municipios del valle del Russian River (3,05 US$, 30 min).

VALLE DE NAPA

Cuna del Wine Country moderno, este valle es famoso por sus majestuosos cabernet-sauvignon, bodegas tipo *château* y fabulosa gastronomía. Atrae a cuatro millones de visitantes al año, muchos para amodorrarse entre catas y comidas, darse un masaje y descansar como reyes.

Hace unas décadas, este tramo de 8 por 56 km de antiguas paradas de la diligencia parecía detenido en el tiempo: un tranquilo valle agrícola. La uva se empezó a cultivar en la época de la Fiebre del Oro, pero la filoxera, la Ley Seca y la Gran Depresión redujeron las 140 bodegas que había en la década de 1890 a unas 25 en la decada de 1960.

En 1968, Napa fue declarado reserva natural, lo que bloqueó cualquier desarrollo urbanístico con fines no agrícolas, y el suelo del valle no podía dividirse en parcelas inferiores a 16 Ha. Se preservó la belleza natural del valle, pero, en 1976, cuando los vinos de Napa se hicieron los más altos honores en una cata a ciegas en París, el precio de la tierra se disparó; solo podían construir los más ricos, de ahí la imponente arquitectura de muchas bodegas. Queda algún negocio familiar, pero la mayoría del valle pertenece a conglomerados internacionales.

El valle gira en torno a la ciudad de Napa, aunque el trabajo real se hace en su interior. La ciudad no es muy bonita, pero tiene lugares destacables como el Oxbow Public Market. Otros son municipios pintorescos como St Helena, Yountville y Calistoga, más famoso por el agua que por el vino.

Bodegas del valle de Napa

La variedad cabernet-sauvignon es la reina de la zona. Los agricultores no pueden dejar de cultivarla, pero en la zona también crecen otras uvas amantes del calor, como la sangiovese o la merlot.

Los vinos de Napa, caldos complejos, se cuentan entre los mejores del mundo. Las bodegas del valle venden muchos vinos para guardar; los vinos de Sonoma, sin embargo, suelen ser mejores para degustar cuando aún son 'jóvenes'.

Artesa Vineyards & Winery BODEGA
(☎707-254-2126; www.artesawinery.com; 1345 Henry Rd, Napa; copa 12 US$, cata 15-20 US$, incl. circuito 30 US$; ⊗10.00-16.30) Buenos espumosos y pinot. Con una arquitectura barcelonesa ultramoderna y situada en una montaña al suroeste de Napa, la bodega disfruta de unas vistas de la bahía de San Pablo insuperables. Hay circuitos (11.00 y 14.00). Botellas 20-60 US$.

Vintners' Collective CATAS
(plano p. 168; ☎707-255-7150; www.vintnerscollective.com; 1245 Main St, Napa; cata 10-30 US$; ⊗11.00-18.00) Este burdel del s. xix es hoy un lugar moderno en el centro de Napa. Funciona como escaparate de 20 bodegas de alta gama, demasiado pequeñas para tener sede propia.

Twenty Rows BODEGA
(☎707-265-7750; www.twentyrows.com; 880 Vallejo St, Napa; cata 10 US$; ⊗11.00-17.00 ma-sa, con cita previa do y lu) En la única bodega en activo del centro de la ciudad de Napa elaboran un cabernet-sauvignon ligero (20 US$/botella). La cata es divertida a la vez que profesional, en un garaje fresco con muebles de plástico. Buen sauvignon blanc.

CIRCUITOS POR LOS VIÑEDOS DE NAPA Y SONOMA

Varios circuitos permiten beber y así no tener que conducir. Algunas bodegas no admiten limusinas (la gente que las usa suele ser antipática y no comprar); además, las empresas de limusinas tienen itinerarios fijos, con pocas opciones de elegir.

Circuitos y alquiler de bicicletas

Los circuitos guiados cuestan unos 90 US$/día (bici, catas y almuerzo incl.). Alquiler una bicicleta cuesta 25-85 US$/día, siempre con reserva.

Backroads (☎800-462-2848; www.backroads.com) Paseos guiados en bicicleta y a pie (todo incl.).

Calistoga Bike Shop (☎707-942-9687; www.calistogabikeshop.com; 1318 Lincoln Ave, Calistoga; ☺10.00-18.00) Paquetes de alquiler y circuitos por bodegas (90 US$); servicio de recogida y envío de botellas.

Getaway Adventures (☎800-499-2453, 707-568-3040; http://getawayadventures.com; circuitos 149 US$) Circuitos guiados de uno o varios días (algunos con kayak) por Napa, Sonoma, Calistoga, Healdsburg y el Russian River, más excursiones de uno o varios días.

Good Time Touring (☎888-525-0453, 707-938-0453; www.goodtimetouring.com) Circuitos por el valle de Sonoma, el Dry Creek y el oeste del condado de Sonoma.

Napa River Velo (plano p. 168; ☎707-258-8729; www.naparivervelo.com; 680 Main St, Napa; ☺10.00-19.00 lu-vi, 9.00-18.00 sa, 10.00-17.00 do) Alquileres por día y circuitos de fin de semana (recogida y envío de botellas incl.).

Napa Valley Adventure Tours (☎707-224-9080, 707-259-1833; www.napavalleyadventuretours.com; 1147 1st St, Napa) Circuitos por bodegas, excursiones por rutas alternativas, caminatas y kayak. Alquileres por día.

Napa Valley Bike Tours (☎707-944-2953; www.napavalleybiketours.com; 6500 Washington St, Yountville; ☺8.30-17.00) Alquileres por día y circuitos de poca y media dificultad.

Spoke Folk Cyclery (☎707-433-7171; www.spokefolk.com; 201 Center St, Healdsburg; ☺10.00-18.00 lu-vi, hasta 17.00 sa y do) Alquilan bicicletas de paseo, de carrera y tándems.

Wine Country Bikes (☎707-473-0610, peaje gratis 866-922-4537; www.winecountrybikes.com; 61 Front St, Healdsburg; alquileres por día desde 39 US$, circuitos guiados de varios días desde 595 US$; ☺9.00-17.00) Alquilan en el centro de Healdsburg y circuitos de varios días por el condado de Sonoma.

Otros circuitos

Wine Country Jeep Tours (☎800-539-5337, 707-546-1822; www.jeeptours.com; 3 h circuito 75 US$) Recorren carreteras secundarias del Wine Country y bodegas-*boutique* en todoterreno (10.00 y 13.00). Organizan circuitos por la costa de Sonoma.

Antique Tours Limousine (☎707-761-3949; www.antiquetours.net) Salidas en un descapotable Packard de 1947 (circuitos 120-170 US/h).

Beau Wine Tours (☎800-387-2328, 707-938-8001; www.beauwinetours.com) Circuitos por bodegas en sedanes y limusinas largas (60-95 US$/h, 4-6 h mín.).

Beyond the Label (☎707-363-4023; www.btlnv.com; por pareja 995 US$) Circuitos personalizados, con almuerzo en casas de vinateros y guiados por lugareños.

Flying Horse Carriage Company (☎707-849-8989; www.flyinghorse.org; circuito 4 h 150 US$/persona; ☺vi-lu) Paseos en coches de caballos por el valle de Alexander (*picnic* incl.).

Magnum Tours (☎707-753-0088; www.magnumwinetours.com) Vehículos especiales y limusinas desde 65-125 US$/h (mín. 4 h, sa mín. 5 h). Servicio excepcional.

★ **Hess Collection**   BODEGA, GALERÍA (☎707-255-1144; www.hesscollection.com; 4411 Redwood Rd, Napa; cata 15 US$, galería gratis; ☺10.00-17.30) 🖋 Tiene obras de arte de lo más variado, también grandes lienzos (Francis Bacon y Louis Soutter incl.). En la sala de catas, tipo cueva, sirven sus afamados cabernet y chardonnay; se aconseja también el viognier. Domina todo el valle, con una sinuosa carretera de acceso. Conviene reservar. Botellas 20-60 US$. No hay que confundirla con Hess Select, la tienda *gourmet*.

Darioush BODEGA
(☎707-257-2345; www.darioush.com; 4240 Silverado Trail, Napa; cata 18-40 US$; ☉10.30-17.00) Se asemeja a un palacio persa moderno: columnas altas, muebles de Le Corbusier, alfombras persas y paredes de travertino. Es famosa por el cabernet, pero también tienen chardonnay, merlot y shiraz, sin mezclas. Ofrecen maridajes de vino y queso. Botellas 40-95 US$.

Regusci BODEGA
(☎707-254-0403; www.regusciwinery.com; 5584 Silverado Trail, Napa; cata 25-30 US$, incl. circuito 30-60 US$; ☉10.00-17.00) Rodeada de 70 Ha de viñedos, esta bodega de finales de la década de 1800 es una de las más antiguas de Napa. Elaboran caldos al estilo burdeos. Está en la zona oriental, la más tranquila del valle, ideal para los días más ajetreados. Tiene un merendero en un robledal. No se necesita pedir cita. Botellas 36-140 US$.

★ Robert Sinskey BODEGA
(☎707-944-9090; www.robertsinskey.com; 6320 Silverado Trail, Napa; cata 25 US$, incl. circuito 50-75 US$; ☉10.00-16.30) 🍃 Esta bodega, propiedad de un chef, ofrece vistas panorámicas y buenos vinos. La sala de catas es espectacular, de piedra y sobre una colina, repleta de madera

de secuoya y teca, como una pequeña catedral. Se especializa en variedades ecológicas de vinos brillantes y ácidos pinot, merlot y cabernet, caldos alsacianos excepcionales, vino gris, cabernet franc y rosado seco, diseñados para maridar bien. Devuelven el precio de la cata (con tapas) con la compra de dos botellas. Por teléfono informan sobre los circuitos culinarios. Botellas 28-100 US$.

Robert Mondavi BODEGA
(☎888-766-6328; www.robertmondaviwinery.com; 7801 Hwy 29, Oakville; cata y circuito 20-55 US$; ☉10.00-17.00; 🅿) Se llena de autobuses turísticos y pertenece a una corporación, pero tienen circuitos excelentes para quien no sepa nada de vinos. En verano, organiza maravillosos **conciertos** al aire libre (llámese por teléfono). Botellas 25-150 US$.

Elizabeth Spencer CATAS
(☎707-963-6067; www.elizabethspencerwines.com; 1165 Rutherford Rd, Rutherford; cata 20 US$; ☉10.00-17.30) Las catas son en un almacén ferroviario de 1872 con jardín. Esta pequeña y tentadora bodega elabora pinot noir en botellas gigantes, un sauvignon blanc con sabor a pomelo, un grenache suave y un cabernet característico. Botellas 30-95 US$.

Mumm Napa BODEGA, GALERÍA
(☎800-686-6272; www.mummnapa.com; 8445 Silverado Trail, Rutherford; copa 8 US$; cata 18-40 US$, circuito 25 US$; ☉10.00-16.45) Ofrece vistas espectaculares del valle y vinos espumosos respetables; se catan en una terraza que da a

---

¿NAPA O SONOMA?

Los valles de Napa y Sonoma discurren en paralelo, separados por los Mayacamas, una sierra estrecha pero imponente, pero son muy distintos. Es fácil mofarse de Napa por su agresiva sofisticación, monumentos al ego, 'casas-trofeo' y 'esposas-trofeo', alojamientos a 1000 US$ la noche, catas desde 50 US$ y esnobismo en general, pero la realidad es que en Napa se producen algunos de los mejores vinos del mundo. Es una región constreñida por su geografía que discurre por un único valle, así que es fácil de visitar. Inconvenientes: precios altos y mucho tráfico; aunque hay casi 400 bodegas, muy cerca entre sí, y el valle es maravilloso.

Hay tres Sonomas: la ciudad de Sonoma, que está en el valle de Sonoma, que está en el condado de Sonoma, cual muñecas rusas. Este valle es más campechano y de izquierdas. Pese a los cambios, aún carece del punto chic de Napa (excepto Healdsburg) y a los lugareños les gusta así. Los vinos son más asequibles, pero sus 260 bodegas están más esparcidas. Los fines de semana, es mejor Sonoma (el condado o el valle), con menos tráfico. Entre semana se puede ir a Napa también. Lo mejor es dedicarles de dos a cuatro días: uno a cada valle y uno o dos al oeste del condado de Sonoma.

La primavera y el otoño son las mejores épocas. Los veranos son calurosos, polvorientos y bulliciosos. En otoño llueve fino, pero es la época de la vendimia y el prensado de las uvas, así que el alojamiento se dispara.

ℹ️ RESERVAR VISITA EN BODEGAS

Dadas las estrictas normas locales, muchas bodegas de Napa no admiten visitas sorpresa. Si se va a algo más que a comprar, hay que llamar antes, aunque esto también depende. Se aconseja concertar una cita y reservar el almuerzo o la cena.

los viñedos. Conviene llegar pronto para evitar las multitudes, o pagar 40 US$ por la Oak Terrace para catas privadas (mejor reservar).

⭐ Frog's Leap   BODEGA

(☎707-963-4704; www.frogsleap.com; 8815 Conn Creek Rd, Rutherford; cata 15 US$, incl. circuito 20 US$; ⏱con cita previa; 🚻🔅) 🍴 Incluye senderos sinuosos entre jardines mágicos y frutales (en julio se recolectan los melocotones) en torno a un granero de 1884 con gatos y pollos. El ambiente es informal y sencillo, y hacen hincapié en la diversión. El sauvignon blanc es su mejor vino; el merlot es correcto, y el cabernet, comedido y seco, atípico de la zona. Todo es de cultivo ecológico. Hay que pedir cita. Botellas 22-42 US$.

⭐ Tres Sabores   BODEGA

(☎707-967-8027; www.tressabores.com; 1620 South Whitehall Lane, St Helena; circuito y cata 20 US$; ⏱con cita previa; 🔅) 🍴 Está en el extremo más occidental del valle, donde las laderas de viñedos tocan las boscosas colinas. Muestra el Napa antiguo: nada de esnobismo, solo buen vino. Elaboran un zinfandel tipo borgoña de estructura elegante y un sauvignon blanc vivo que el *New York Times* incluyó en el "Top 10" de su tipo en California. Es esencial reservar.

Por sus las 14 Ha corretean gallinas de guinea y ovejas que controlan las plagas, y perros labradores que persiguen mariposas entre las antiguas cepas. Tras el circuito, lo mejor es acoplarse a una mesa de *picnic* a la sombra de los olivos y disfrutar de una copa con vistas preciosas al valle. Botellas 22-80 US$.

Hall   BODEGA

(plano p. 178; ☎707-967-2626; www.hallwines.com; 401 St Helena Hwy, St Helena; cata 30 US$, circuito 50 US$; ⏱10.00-17.30; 🔅) Su propietario, el antiguo embajador de Bill Clinton en Austria, se especializa en sauvignon blanc, merlot y cabernet sauvignon muy afrutados, al estilo californiano. La sala de catas es espectacular, con una barra sin asientos y cristaleras panorámicas con vistas a los viñedos y las colinas; tiene una gran colección de arte, incluido un conejo gigante de cromo sobre las vides. Botellas 22-80 US$.

Long Meadow Ranch   CATAS

(plano p. 178; ☎707-963-4555; www.longmeadowranch.com; 738 Main St, St Helena; cata 15-25 US$; ⏱11.00-18.00) 🍴 Destaca por las catas de aceite de oliva (gratis), además de por sus buenos cabernet, sauvignon blanc, chardonnay y pinot noir cultivados en la hacienda (botellas 20-47 US$), servidos en una casa de labranza de 1874 entre jardines.

Pride Mountain   BODEGA

(plano p. 178; ☎707-963-4949; www.pridewines.com; 3000 Summit Trail, St Helena; cata y circuito 20-25 US$; ⏱con cita previa) Es una de las bodegas favoritas por los enólogos de culto. Está en la cima del monte Spring, en la frontera entre Napa y Sonoma, y embotellan bajo ambas denominaciones. El cabernet sauvignon, de estructura sólida, y el contundente merlot son sus vinos más famosos, pero también tienen un viognier elegante (genial con ostras) y un destacable cabernet franc (solo en bodega). El merendero es espectacular: El Viewpoint ofrece vistas de alucine y la Ghost Winery aporta sombra e incluye las ruinas de una bodega del s. xix (hay que reservar la cata). Botellas 38-70 US$.

Titus   BODEGA

(plano p. 178; ☎707-963-3235; www.titusvineyards.com; 2971 Silverado Trail North, St Helena; cata 20 US$; ⏱con cita previa; 🚻🔅) Bodega sencilla en una diminuta granja de 1910 a la sombra de robles, rodeada de una valla blanca y rosales. Hay que llamar antes para catar un cabernet sauvignon afrutado y con buena relación calidad-precio y un zinfandel de viñas viejas, en una cocina antigua con vistas a los viñedos. Después, lo mejor es sacar la copa y pasear entre las vides. Devuelven el precio de la cata con la compra (botellas 20-70 US$).

Casa Nuestra   BODEGA

(plano p. 178; ☎866-844-9463; www.casanuestra.com; 3451 Silverado Trail North, St Helena; cata 10 US$; ⏱con cita previa) 🍴 En esta bodega familiar de la vieja escuela Dan la bienvenida con una bandera de la paz y un retrato de Elvis, elaboran mezclas inusuales con variedades interesantes (como un buen chenin blanc) y un cabernet franc 100%. Cultivo ecológico y energía solar. Permiten hacer *picnic* gratis (hay que llamar y comprar 1 botella) bajo unos sauces llorones y entre cabras felices. Botellas 20-60 US$.

Cade
BODEGA

(plano p. 178; 📞707-965-2746; www.cadewinery.com; 360 Howell Mountain Rd S, Angwin; cata 40-70 US$; ⏰con cita previa) 🚗 Está en el monte Veeder, a 549 m sobre el valle y con vistas alucinantes. Es un lugar de postín y la primera bodega de cultivo ecológico de Napa, con certificación LEED de oro. Los halcones surcan el cielo mientras se degusta un brillante sauvignon blanc y un exquisito cabernet sauvignon, más bordolés que californiano. Imprescindible reservar. Botellas 44-80 US$.

Ladera
BODEGA

(plano p. 178; 📞707-965-2445, 866-523-3728; www.laderavineyards.com; 150 White Cottage Rd S, Angwin; cata 25 US$; ⏰con cita previa) 🚗 En lo alto del monte Howell, ideal para escapar de las multitudes, aquí elaboran un cabernet sauvignon y un sauvignon blanc maravillosos, poco conocidos y cultivados en la hacienda. La bodega, de 1886, una de las más antiguas de Napa, queda apartada, entre muros de piedra. Botellas 28-85 US$.

Schramsberg
BODEGA

(plano p. 178; 📞707-942-2414; www.schramsberg.com; 1400 Schramsberg Rd, junto a Peterson Dr; circuito y cata 50 US$; ⏰con cita previa 10.00, 11.30, 12.30, 13.30 y 14.30) Es la segunda bodega más antigua de Napa. Su espumoso brut es uno de los mejores de California y el primer vino nacional que se sirvió en la Casa Blanca, en 1972. Su insignia es el blanc de blancs. La cata con circuito (resérvese con mucha antelación) es cara, pero se prueban los *tête de cuvées,* no solo los espumosos populares. Botellas 22-100 US$.

Castello di Amorosa
BODEGA, CASTILLO

(plano p. 178; 📞707-967-6272; www.castellodiamorosa.com; 4045 Hwy 29, Calistoga; entrada y cata 19-29 US$, incl. circuito guiado 34-75 US$; ⏰9.30-18.00, hasta 17.00 nov-feb) Es una réplica de un castillo italiano del s. XII, con foso, muros de piedra, frescos de artistas italianos, catacumbas de ladrillo con bóvedas romanas y una cámara de tortura. Hay catas sin cita, pero merece la pena hacer el circuito. Tiene variedades italianas, y un merlot que combina genial con las *pizzas.* Botellas 20-125 US$.

Lava Vine
BODEGA

(plano p. 178; 📞707-942-9500; www.lavavine.com; 965 Silverado Trail; cata 10 US$; ⏰10.00-17.00; 👶🐾) 🚗 La llevan unos fiesteros que rompen con el esnobismo de Napa y dan un toque desenfadado a sus buenos vinos (no es raro que se pongan a tocar música). Los niños y los perros pueden jugar fuera mientras los clientes se mueven al ritmo de animada música en la pequeña sala de catas. Permiten hacer *picnic.* Se aconseja reservar. Botellas 25-55 US$.

Vincent Arroyo
BODEGA

(plano p. 178; 📞707-942-6995; www.vincentarroyo.com; 2361 Greenwood Ave, Calistoga; ⏰con cita previa) GRATIS En la sala de catas, en un garaje, se conocerá al Sr. Arroyo, famoso por su petite sirah y su cabernet sauvignon de uvas cultivadas en la hacienda. Venta solo directa. Es tal su calidad que colocan el 75% de la producción antes del embotellado. Las catas son gratis, pero con reserva. Botellas 22-45 US$.

Napa

Entre semana, el centro neurálgico del valle era una ciudad anodina, con escaparates, casitas victorianas y almacenes junto al río, pero el *boom* inmobiliario atrajo al dinero y transformó el centro urbano en un referente de arte y gastronomía.

⊙ Puntos de interés

Napa está entre el Silverado Trail y la St Helena Hwy/Hwy 29. Para llegar al centro, hay que salir de la Hwy 29 por 1st St hacia el este, la calle principal, llena de tiendas y restaurantes.

★ Oxbow Public Market
MERCADO

(plano p. 168; 📞707-226-6529; www.oxbowpublicmarket.com; 610 1st St; ⏰9.00-19.00 lu, mi y ju, hasta 20.00 ma, vi y sa, 10.00-18.00 do; 🅿) 🚗 Tiene puestos, tiendas de menaje y degustaciones de todo tipo. Es un centro *gourmet,* con predominio de los productos de temporada y cultivo sostenible. Váyase con hambre.

★ di Rosa Art + Nature Preserve
GALERÍA, JARDINES

(📞707-226-5991; www.dirosaart.org; 5200 Hwy 121; entrada 5 US$, circuitos 12-15 US$; ⏰10.00-16.00 mi-do) Con 88 Ha y situada al oeste del centro, entre los viñedos de Carneros se alza la escultura de una oveja de chatarra. Gran colección de arte californiano en sus galerías interiores y esculturas en sus jardines. Se aconseja reservar un circuito.

Napa

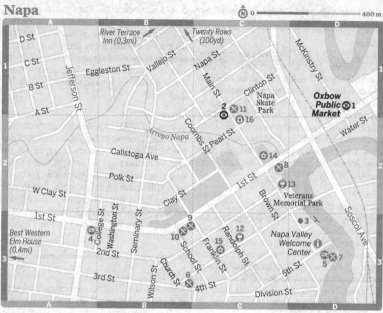

Napa

☞ Circuitos

Napa Valley Wine Train CIRCUITO EN TREN
(☎800-427-4124, 707-253-2111; www.winetrain.
com; adultos/niños desde 109/74 US$) Es una
forma cómoda, aunque turística, de ver el
Wine Country, con excursiones diarias (3 h)
en antiguos vagones Pullman entre Napa y
St Helena. Hay un circuito opcional por las
bodegas. Los trenes salen de McKinstry St,
cerca de 1st St.

🛏 Dónde dormir

En verano la demanda supera a la oferta. Los
precios se disparan los fines de semana. Calistoga es otra opción.

Chablis Inn MOTEL $$
(☎707-257-1944; www.chablisinn.com; 3360 So-
lano Ave; h lu-vi 89-109 US$, sa y do 169-189 US$;
❇@☎☀) Buena relación calidad-precio,
cerca del único tramo de autovía de Napa.
Tiene *jacuzzi*.

⭐ Carneros Inn
RESORT **$$$**

(☎707-299-4900; www.thecarnerosinn.com; 4048 Sonoma Hwy; h lu-vi 485-570 US$, sa y do 650-900 US$; ❋@🛜🏊🐾) Rompe los tópicos del Wine Country con su estética contemporánea y *retro*, de temática rural. Dentro de sus semiadosados, de metal, aguardan suelos de madera de cerezo, cabeceros de gamuza, chimeneas de leña y bañeras enormes. Lo mejor: descansar de día en la piscina sobre la colina y sentarse de noche junto a las chimeneas exteriores. Tiene dos restaurantes maravillosos.

Milliken Creek Inn
POSADA **$$$**

(☎888-622-5775, 707-255-1197; www.millikencreekinn.com; 1815 Silverado Trail; h incl. desayuno 295-750 US$; ❋@🛜) Es un lugar elegante y sencillo que combina el encanto de una posada, el servicio de un gran hotel y la intimidad de un B&B. Ofrece habitaciones de estilo colonial inglés impecable y comodidades de lujo, como chimeneas y sábanas de calidad. Se aconseja reservar una con vistas al río. Llevan el desayuno a la habitación..

Cottages of Napa Valley
BUNGALÓS **$$$**

(☎707-252-7810; www.napacottages.com; 1012 Darns Lane; d 395-500 US$; c 475-575 US$; ❋🛜) Ocho casitas inmaculadas y de calidad, ideales para una escapada romántica, con bañeras grandes, chimeneas de gas y barbacoas en torno a un gran jardín con pinos enormes. Las nº 4 y 8 tienen porche privado y hamacas. Lo malo es el ruido del tráfico, aunque el interior es silencioso.

Andaz Hotel
HOTEL **$$$**

(☎707-224-3900; napa.andaz.hyatt.com; 1450 1st St; h 289-389 US$; ❋@🛜) Está en pleno centro y data del 2009. Parece un hotel de una gran ciudad, con habitaciones tipo ejecutivo y estilo *sexy* y *retro* de los años sesenta, cerca de restaurantes y bares.

Napa River Inn
HOTEL **$$$**

(plano p. 168; ☎877-251-8500, 707-251-8500; www.napariverinn.com; 500 Main St; h incl. desayuno 249-549 US$; ❋@🛜🐾) Está junto al río, en el edificio Hatt, de 1884. Ofrece habitaciones de gama media-alta en tres edificaciones, que van de lo victoriano a lo moderno. Cerca hay restaurantes y bares. Admiten mascotas.

River Terrace Inn
HOTEL **$$$**

(☎7070-320-9000, 866-627-2386; www.riverterraceinn.com; 1600 Soscol Ave; h 189-360 US$; ❋🛜🏊) Alojamiento de gama alta para ejecutivos, tipo hotel de cadena con arquitectura de centro comercial; da al río Napa. Hay piscina exterior climatizada.

Casita Bonita
BUNGALÓS **$$$**

(☎707-321-4853, 707-259-1980; www.lacasitabonita.com; c 395 US$; ❋🛜) Casita bien decorada con dos habitaciones, cocina completa y huerto. A los niños les encantan los pollos. Es ideal para dos parejas o una familia (estancia mín. 2 noches). En el sitio web figura la ubicación.

Best Western Ivy Hotel
HOTEL **$$$**

(☎800-253-6272, 707-253-9300; www.ivyhotelnapa.com; 4195 Solano Ave; h 180-295 US$; ❋@🛜🏊) Reformado en el 2011, este alojamiento de dos plantas, colorido y elegante, en la periferia al norte de la ciudad, ofrece extras como nevera, microondas y servicio de lavandería. Buena relación calidad-precio hasta los 250 US$.

Napa Winery Inn
HOTEL **$$$**

(☎800-522-8999, 707-257-7220; www.napawineryinn.com; 1998 Trower Ave; h incl. desayuno lu-vi 179-279 US$, sa y do 229-339 US$; ❋@🛜🏊🐾) Buena relación calidad-precio y servicio, decoración normal y *jacuzzi*, al norte del centro. Las habitaciones reformadas son las mejores.

Blackbird Inn
B&B **$$$**

(plano p. 168; ☎888-567-9811, 707-226-2450; www.blackbirdinnnapa.com; 1775 1st St; h incl. desayuno 185-300 US$; ❋🛜) Es un lugar maravilloso, de estilo *arts and crafts* y con solo ocho habitaciones, aunque sufre el ruido de la calle.

ℹ️ RECORTAR GASTOS EN NAPA

Para ahorrar, se puede compartir una cata entre dos personas y preguntar antes si el precio de la misma se reembolsa con la compra de alguna botella (poco frecuente). Las tarifas de los circuitos no se comparten. En los hoteles o centros de visitantes hay cupones para catas gratis o con descuento, así como en napatouristguide.com. Si alojarse en un hotel del valle es inviable, se puede recurrir al oeste del condado de Sonoma. Más cerca están Vallejo y el American Canyon, a 20 min del centro de Napa, con moteles por 75-125 US$ en temporada alta. También hay hoteles de cadena a 30 min, en Fairfield, por las salidas 41 (Pittman Rd) y 45 (Travis Blvd) de la I-80.

TEMPORADA ALTA VS. TEMPORADA BAJA

Muchos restaurantes y hoteles del Wine Country reducen su actividad en invierno. Sin embargo, siempre hay que reservar, sobre todo en verano, o quizá no se consiga comer. Las tarifas de los hoteles suben en la época popular del pisado de las uvas (sep y oct).

Best Western Elm House POSADA $$$
(☎707-255-1831; www.bestwesternelmhouseinn. com; 800 California Blvd; h incl. desayuno 199-299 US$; ✳@☎) Habitaciones con muebles sencillos, ideales para viajeros conservadores. Está a 15 min a pie del centro; el acceso por la carretera es fácil. Hay *jacuzzi*.

✖ Dónde comer

Conviene reservar. De julio a mediados de agosto en los puestos de la Deer Park Rd y el Silverado Trail (cruzada la Deer Park Rd, frente al puesto granjero de Stewart) venden melocotones.

★ Oxbow Public Market MERCADO $
(☎707-226-6529; www.oxbowpublicmarket.com; 644 1st St; platos desde 3 US$; ⊘9.00-19.00 lu, mi y ju-sa, hasta 20.00 ma, 10.00-17.00 do) ✔ Es un mercado *gourmet* ideal para conocer los sabores del norte de California. Destacan las ostras de **Hog Island** (6 unidades 16 US$); la comida casera del **Kitchen Door**, del célebre chef Todd Humphries (principales 14-24 US$); los bocadillos venezolanos en pan de maíz del **Pica Pica** (9 US$); la genial comida *cal-mex* del **C Casa** (tacos 5-9 US$); la repostería del **Ca'Momi** (2 US$); y los helados ecológicos del **Three Twins** (cucurucho 1 bola 3,75 US$).

Los martes es la tarde de los comercios locales (17.00-20.00), con descuentos. Los martes y sábados por la mañana hay un mercado de granjeros. Algunos puestos abren hasta las 21.00, incluso los domingos.

Alexis Baking Co CAFÉ $
(plano p. 168; ☎707-258-1827; www.alexisbakin gcompany.com; 1517 3rd St; platos 7-13 US$; ⊘7.00-15.00 lu-vi, 7.30-15.00 sa, 8.00-14.00 do; ☑🐕) Favorito de esta autora para tomar huevos revueltos, cereales, bocadillos en pan de *focaccia* y grandes tazas de café. También hay almuerzos para llevar.

Taqueria Maria MEXICANA $
(☎707-257-6925; www.taqueriamaria.com; 640 3rd St; principales 8-13 US$; ⊘9.00-20.30 do-ju, hasta 21.00 vi y sa; ☑🐕) Comida mexicana fiable, también para el bolsillo. Hacen desayunos.

Buttercream Bakery CAFETERÍA $
(☎707-255-6700; www.buttercreambakery.com; 2297 Jefferson St; desayuno 5 US$; ⊘5.30-15.00) Esta cafetería a rayas rosas es un viaje al pasado. Sirven desayunos todo el día y almuerzos a base de bocadillos, a cargo de matronas con sombras de ojos intensas.

Soda Canyon Store GOURMET $
(☎707-252-0285; www.sodacanyonstore.com; 4006 Silverado Trail; ⊘6.00-17.30 lu-sa, 7.30-17.00 do) Junto a la carretera, con un merendero a la sombra, es una parada cómoda de visita a bodegas al norte de la ciudad.

Oenotri ITALIANA $$
(plano p. 170; ☎707-252-1022; www.oenotri.com; 1425 1st St; principales de cena 17-29 US$, almuerzos 13-15 US$; ⊘11.30-14.30 y 17.30-21.00 do-ju, hasta 22.00 vi y sa) ✔ Destacan el *salumi* y la pasta, ambos caseros, además de las *pizzas* napolitanas al horno de leña. Su menú cambiante de cocina italiana tradicional a base de productos de la zona y servida en un espacio diáfano, con paredes de ladrillo, atrae a muchos comensales.

Carpe Diem Wine Bar CALIFORNIANA $$
(☎707-224-0800; www.carpediemwinebar.com; 1001 2nd St; principales 17-19 US$; ⊘16.00-21.00 lu-ju, hasta 22.00 vi y sa) Muy concurrido, en este restaurante y vinoteca con vidrieras preparan platos ingeniosos y sabrosos, desde pinchitos sencillos y panes sin levadura hasta hamburguesas de avestruz, surtidos de *salumi* y –atención– *confit* de pato gratinado con queso.

Pearl Restaurant ESTADOUNIDENSE MODERNA $$
(☎707-224-9161; www.therestaurantpearl.com; 1339 Pearl St; principales 15-23 US$; ⊘11.30-14.00 y 17.30-21.00 ma-sa; 🐕) Bistró lleno de lugareños (admiten perros) con mesas de madera y techos de vigas abiertas. La comida incluye chuletas de cerdo de grosor doble, pollo con polenta verde, tacos de ternera y ostras, su especialidad.

Pizza Azzuro PIZZERÍA $$
(plano p. 168; ☎707-255-5552; www.azzurropizzeria. com; 1260 Main St; principales 13-16 US$; ⊘11.30-21.00 do-ju, hasta 21.30 vi y sa; ☑🐕) Bullicioso clásico de Napa donde tomar *pizzas* suaves

y crujientes, pan *manciata* con verduras, ensalada César y pasta, entre otros.

Norman Rose Tavern
COMIDA DE PUB $$
(plano p. 168; ☎707-258-1516; www.normanro senapa.com; 1401 1st St; principales 10-24 US$; ☺11.30-21.00 do-ju, hasta 22.00 vi y sa; ➜) Madera reciclada, bancos forrados de piel y hamburguesas. Las patatas fritas son geniales. Solo hay vino y cerveza.

Bounty Hunter
Wine Bar & Smokin' BBQ
PARRILLA $$
(plano p. 168; ☎707-226-3976; www.bountyhunterwi nebar.com; 975 1st St; principales 13-24 US$; ☺11.00-22.00 do-ju, hasta 24.00 vi y sa; ➜) Está en un ultramarinos de 1888, tiene un toque del Viejo Oeste y sirven parrilladas soberbias de carnes ahumadas en el lugar. Destaca el pollo asado sobre una lata de cerveza Tecate. Hay 10 tipos de cerveza y 40 vinos de la región por copas.

Torc
CALIFORNIANA $$$
(☎707-252-3292; www.torcnapa.com; 1140 Main St; principales 26-29 US$; ☺17.00-21.30 diarios, 10.30-14.30 sa y do) Restaurante muy popular con mezclas tan interesantes como tostadas de espárragos blancos con trufa negra de primavera o pichón con alcachofas y regaliz, todo fresco. El comedor, de piedra, con techo de vigas abiertas y mesas de pino desnudas, es perfecto para ver gente. Esencial reservar.

Bistro Don Giovanni
ITALIANA $$$
(☎707-224-3300; www.bistrodongiovanni.com; 4110 Howard Lane; principales 16-28 US$; ☺11.30-22.00 do-ju, hasta 23.00 vi y sa) Típico bar de carretera con platos de pasta modernos, *pizzas* crujientes y carnes a la brasa. Es importante reservar. Los fines de semana se llena (de gente y ruido). Se aconsejan las mesas con vistas al viñedo.

Angèle
FRANCESA $$$
(plano p. 168; ☎707-252-8115; www.angelerestau rant.com; 540 Main St; principales de almuerzo 14-27 US$, cena 26-34 US$; ☺11.30-22.00) Cocina francesa fiable: ensalada *niçoise* y *croque-monsieur* a mediodía y *confit* de pato y *beef bourguignon* para la cena. Tiene una terraza con vistas al río y un comedor acogedor donde pasar un rato con un buen vino.

🍷 Dónde beber y vida nocturna

Empire
LOUNGE
(☎707-254-8888; www.empirenapa.com; 1400 1st St; ☺17.30-24.00 ma-ju, hasta 2.00 vi y sa) Ambiente evocador, con luz de velas y una pecera de medusas. Es muy urbano, con buenos cócteles y música animada. No hay pista de baile.

Billco's Billiards & Darts
BAR DE DEPORTES
(plano p. 168; www.billcos.com; 1234 3rd St; ☺12.00-24.00) Clientes con pantalones de camuflaje que toman cervezas artesanas y juegan a los dardos, pero en plan refinado.

Downtown Joe's
BAR DE DEPORTES, CERVECERÍA
(plano p. 168; www.downtownjoes.com; 902 Main St en 2nd St; 🔊) Hay música en directo los jueves y los domingos, y deportes a diario.

⭐ Ocio

Silo's Jazz Club
MÚSICA EN DIRECTO
(plano p. 168; ☎707-251-5833; www.silosjazzclub. com; 530 Main St; entrada variable; ☺18.00-22.00 mi-ju, 19.00-24.00 vi y sa, variable do) Ambiente de cabaré, vino y cerveza, además de conciertos de *jazz* y *rock* (noches vi y sa); los miércoles y jueves son perfectos para ir a beber. Los fines de semana es mejor reservar.

City Winery at Napa
Valley Opera House
TEATRO
(plano p. 168; ☎707-260-1600; www.citywinery.com/ napa; 1030 Main St) La ópera de Napa, de la década de 1880, acoge un restaurante y bar de vinos abajo y un cabaré con 300 asientos arriba; actúa gente como Ginger Baker y Graham Nash. El horario varía (normalmente, ju-do noche).

Uptown Theatre
TEATRO
(plano p. 168; ☎707-259-0333; www.uptowntheatre napa.com; 1350 3rd St) Restaurado en 1937, por aquí pasan grandes actores.

UN 'PICNIC' ENCANTADOR

Al contrario que en Sonoma, Napa tiene pocos lugares para hacer *picnic* legalmente. A continuación se exponen algunos, de sur a norte. Conviene llamar antes y comprar una botella (o copas) del vino del lugar. Las leyes de California prohíben conducir si se lleva una botella abierta en el vehículo (no en el maletero).

➡ Regusci (p. 165)
➡ Napa Valley Museum (p. 172)
➡ Pride Mountain (p. 166)
➡ Casa Nuestra (p. 166)
➡ Lava Vine (p. 167)

ⓘ ENVÍOS

Bodega Shipping Co (☑Napa Office 707-968-5462, oficina de Sonoma 707-343-1656; www.bodegashippingco.com) recoge botellas en los valles de Napa y Sonoma, las empaqueta y las envía a todo EE UU por UPS, sin tarifas sorpresa. También hacen envíos a destinos internacionales. El envío nacional de una caja (12 botellas) cuesta 35-70 US$; 10 US$ más en verano por el control de temperatura; los envíos internacionales salen por 180-340 US$.

🛍 De compras

Betty's Girl   ROPA DE MUJER, VINTAGE
(plano p. 168; ☑707-254-7560; www.bettysgirlnapa.com; 968 Pearl St; ⊙11.00-18.00 ju y vi, 10.00-14.00 sa) Kim Northrup diseña fabulosos vestidos de cóctel y prendas personalizadas para mujeres (arreglos y envío incl.). También atienden en otras horas con cita previa.

Napa Valley Olive Oil Mfg Co   COMIDA
(nvoliveoil.com; 1331 1st St; ⊙10.00-17.30) Se pueden probar 30 aceites de oliva y vinagres en esta tienda *gourmet* del centro, donde también venden sales y mermelada de la zona.

Napa General Store   REGALOS
(plano p. 168; ☑707-259-0762; www.napagenerals tore.com; 540 Main St; ⊙8.00-18.00) Recuerdos ingeniosos del Wine Country a buen precio. Tienen una vinoteca para acompañantes no aficionados a las compras.

ⓘ Información

Napa Library (☑707-253-4241; www.countyo fnapa.org/Library; 580 Coombs St; ⊙10.00-21.00 lu-ju, hasta 18.00 vi y sa; 🛜) Biblioteca con acceso gratis a internet.
Napa Valley Welcome Center (plano p. 168; ☑707-251-5895, asistencia de alojamiento 707-251-9188, gratis 855-847-6272; www.visitna pavalley.com; 600 Main St; ⊙9.00-17.00; 🚙) Ofrecen ayuda con el alojamiento, pases para catas, ofertas en *spas* y mapas de las bodegas.
Queen of the Valley Medical Center (☑707-252-4411; www.thequeen.org; 1000 Trancas St; ⊙24 h) Con servicio de urgencias.

ⓘ Cómo desplazarse

En verano, hay *ciclotaxis* en la puerta de los restaurantes del centro, sobre todo al final de Main St, cerca del Napa Valley Welcome Center.

El servicio de automóviles compartidos **Uber** (www.uber.com) funciona en Napa.

Yountville

Situada 14,5 km al norte de Napa, Younville, antigua parada de la diligencia, es hoy un destino gastronómico de altos vuelos, con más estrellas Michelin per cápita que cualquier otra ciudad de EE UU. Hay buenos alojamientos, muy convenientes para no tener que conducir tras la cena, pero de noche es un sitio aburridísimo. Napa, St Helena y Calistoga son mejores campamentos base. Washington St es la principal vía comercial.

👁 Puntos de interés

Ma(i)sonry   GALERÍA, CATAS
(☑707-944-0889; www.maisonry.com; 6711 Washington St; ⊙10.00-18.00 do-ju, hasta 19.00 vi y sa) En una casa de piedra con jardín de 1904, esta bodega-cooperativa y galería ofrece caros muebles y arte moderno-rural muy caro, además de catas (25-45 US$, con reserva)

Napa Valley Museum   MUSEO
(☑707-944-0500; www.napavalleymuseum.org; 55 Presidents Circle, junto a California Drive; adultos/niños 5/2,50 US$; ⊙10.00-17.00 mi-lu) Este museo moderno, de 12 000 m², supone un repaso a la historia cultural local, con muchas pinturas de la zona. Desde la ciudad, está al otro lado de Hwy 29.

🛏 Dónde dormir

Napa Valley Railway Inn   POSADA **$$**
(☑707-944-2000; www.napavalleyrailwayinn.com; 6523 Washington St; h 125-260 US$; ❋@🛜❄) Permite dormir en un vagón reconvertido, parte de dos trenes aparcados en un anden central. Hay poca privacidad, pero el precio es moderado. Llévense tapones para los oídos.

Maison Fleurie   B&B **$$$**
(☑800-788-0369, 707-944-2056; www.maisonfleu rienapa.com; 6529 Yount St; h incl. desayuno 160-295 US$; ❋@🛜❄) Un casa centenaria y un almacén de carruajes cubiertos de hiedra, en estilo francés provincial. El desayuno es enorme y sirven vino y *hors d'oeuvres* por la tarde. Hay *jacuzzi*.

Bardessono   HOTEL DE LUJO **$$$**
(☑877-932-5333, 707-204-6000; www.bardessono. com; 6524 Yount St; h 600-800 US$, ste desde 800

US$; 🌢@🛜🎔) 🏊 Fue el primer hotel de California en recibir la certificación LEED platino. El exterior se cuela en el interior y todo es reciclado, con un estilo japonés austero, en tonos neutrales y ángulos rectos, quizá demasiado urbano. Hay una terraza con piscina y un *spa*.

Poetry Inn
POSADA $$$

(📞707-944-0646; www.poetryinn.com; 6380 Silverado Trail; h incl. desayuno 650-1400 US$; 🌢🛜🎔) Con una situación cimera al este de Yountville, este alojamiento lujoso pero contenido ofrece las mejores vistas del valle de Napa y tres habitaciones con balcón, chimenea de leña, sábanas finas y bañeras enormes con duchas exteriores e interiores.

Napa Valley Lodge
HOTEL $$$

(📞707-944-2468, 888-944-3545; www.napavalleylodge.com; 2230 Madison St; h 300-475 US$; 🌢🛜🎔) Parece un bloque de pisos, pero las habitaciones son espaciosas y modernas, algunas con chimenea. Hay *jacuzzi*, sauna y sala de ejercicios.

Petit Logis
POSADA $$$

(📞707-944-2332, 877-944-2332; www.petitlogis.com; 6527 Yount St; h lu-vi 195-285 US$, sa y do 265-295 US$; 🌢🛜) Bordeada por cedros, se trata de un lugar sencillo, acogedor y cómodo, con cinco habitaciones decentes, todas con bañera de hidromasaje y chimenea de gas.

🍴 Dónde comer

Reservar es imprescindible. En el **Yountville Park** (esq. Washington y Madison Sts) hay mesas de *picnic* y barbacoas; frente a la oficina de correos, un colmado; y en la ciudad, una **camioneta de tacos** (6764 Washington St) genial.

Bouchon Bakery
PANADERÍA $

(📞707-944-2253; http://bouchonbakery.com; 6528 Washington St; productos desde 3 US$; 🕑7.00-19.00) Hojaldres franceses tan buenos como en París y un café fuerte. Casi siempre hay cola.

Napa Style Paninoteca
CAFÉ $

(📞707-945-1229; www.napastyle.com; 6525 Washington St; platos 8-10 US$; 🕑11.00-15.00) Pertenece al televisivo chef Michael Chiarello y está en su tienda, Napa Style, donde poder degustar ensaladas bien montadas, *paninis* (p. ej., de cerdo asado a fuego lento) y vinos ecológicos.

Redd Wood
ITALIANA $$

(📞707-299-5030; www.redd-wood.com; 6755 Washington St; *pizzas* 12-16 US$, principales 24-28 US$;

🕑11.30-15.00 y 17.00-22.00, hasta 23.00 vi y sa) Es la *trattoria* informal del famoso chef Richard Reddington, destacable por su pasta casera, *salumi* y *pizzas* al horno de leña.

★ French Laundry
CALIFORNIANA $$$

(📞707-944-2380; www.frenchlaundry.com; 6640 Washington St; cena a precio fijo 295 US$; 🕑plaza 11.00-13.00 vi-do, 17.30-21.15 a diario) En la cumbre culinaria de California, el chef Thomas Keller ofrece una de las mejores experiencias gastronómicas del mundo. Hay que reservar dos meses antes para cenar a las 22.00 o registrarse en OpenTable.com para hacerlo a las 24.00. Conviene llegar pasadas las 19.00, pues el primer servicio es muy rápido.

Ad Hoc
CALIFORNIANA $$$

(📞707-944-2487; www.adhocrestaurant.com; 6476 Washington St; cena precio fijo desde 52 US$; 🕑17.00-22.00 lu y ju-sa, 10.00-13.00, 17.00-22.00 do) Aplica la fórmula ganadora del patriarca culinario de Yountville, Thomas Keller, a base de su cocina casera estadounidense preferida en menús familiares de cuatro platos inamovibles (pese a restricciones dietéticas). El lunes es la noche del pollo frito, que también lo ofrecen (fines de semana a mediodía, solo para llevar) en **Addendum** (🕑11.00-14.00 ju-sa), la última aventura de Keller, justo detrás, centrada en parrilladas por encargo para llevar al mediodía.

Bouchon
FRANCESA $$$

(📞707-944-8037; www.bouchonbistro.com; 6354 Washington St; principales 19-45 US$; 🕑11.00-24.00 lu-vi, desde 10.00 sa y do) Es el restaurante francés de Thomas Keller, con detalles dignos de París; solo desentonan los clientes con bermudas. La carta incluye ostras, sopa de cebolla, pollo asado, pierna de cordero, trucha con almendras, quesos cremosos y unos profiteroles perfectos.

Bistro Jeanty
FRANCESA $$$

(📞707-944-0103; www.bistrojeanty.com; 6510 Washington St; principales 19-30 US$; 🕑11.30-22.30) Por definición, los bistrós franceses sirven comida tradicional a viajeros cansados, y eso es lo que hace aquí el chef y propietario francés Philippe Jeanty: *cassoulet* suculentas, *coq au vin*, bistec con patatas fritas, cerdo estofado con lentejas y una sopa de tomate deliciosa.

Mustards Grill
CALIFORNIANA $$$

(📞707-944-2424; www.mustardsgrill.com; 7399 St Helena Hwy; principales 25-30 US$; 🕑11.30-21.00 lu-ju y do, hasta 22.00 vi y sa; 🍴) Este original bar de carretera del valle siempre está lleno. Sirven comida tradicional californiana a la leña: carnes asadas, pierna de cordero, chuletas de cerdo, ensaladas suculentas y sándwiches.

Étoile CALIFORNIANA $$$
(☎707-944-8844; www.chandon.com; 1 California Dr, Chandon Winery; principales de almuerzo 28-36 US$, principales de cena 29-39 US$; ⏰11.30-14.30 y 18.00-21.00 ju-lu) Situado en la bodega de Chandon, es un lugar perfecto para un almuerzo exquisito, además de para visitar la bodega y conducir lo mínimo.

🍸 Dónde beber y ocio

Pancha's BAR TASCA
(6764 Washington St; ⏰12.00-2.00) A primera hora acuden a beber tequila trabajadores de los viñedos y, a última, camareros.

Lincoln Theater TEATRO
(☎box office 707-949-9900; www.lincolntheater.org; 100 California Dr) Entre su variado programa figura la Napa Valley Symphony.

🔒 De compras

Napa Style COMIDA
(☎707-945-1229; www.napastyle.com; 6525 Washington St; ⏰10.00-18.00) Es la única tienda local correcta, situada en el V Martketplace. También tienen los sofisticados utensilios de cocina del célebre chef Michael Chiarello.

Oakville y Rutherford

Si no fuese por su famosa tienda de alimentación, Oakville (71 hab.) pasaría desapercibida. Los viñedos se extienden por doquier. Rutherford (164 hab.) es más llamativo.

🛏 Dónde dormir y comer

No hay alojamientos económicos.

★ Auberge du Soleil HOTEL DE LUJO $$$
(☎800-348-5406, 707-963-1211; www.aubergedusoleil.com; 180 Rutherford Hill Rd, Rutherford; h 850-1200 US$, ste 1500-4000 US$; ❉ ⏰ ≋) Para un fin de semana romántico y sin privaciones. El **comedor** (principales de desayuno 16-19 US$, almuerzo 31-42 US$, menú cena 3/4/6 platos 105/125/150 US$) ofrece una experiencia idealizada en Napa: desayunos de lujo, almuerzos relajados y cenas dignas de declaración, y las vistas del valle son fascinantes (nada de sentarse dentro). Hay que reservar y llegar antes de la puesta de sol.

Sur del valle de Napa
0 — 2 km

Sur del valle de Napa

Rancho Caymus HOTEL $$$
(☎800-845-1777, 707-963-1777; www.ranchocaymus.com; 1140 Rutherford Rd, Rutherford; h 179-299 US$; ❀@🛜🐾) Hotel tipo hacienda muy valorado por el patio alicatado con la fuente, las chimeneas tipo kiva, las vigas de roble y unas tarifas geniales.

La Luna Market & Taqueria MERCADO $
(☎707-963-3211; 1153 Rutherford Rd, Rutherford; platos 4-6 US$; ⊙9.00-17.00 may-nov) Frecuentado por los trabajadores de los viñedos por sus almuerzos a base de burritos y la salsa picante casera.

Oakville Grocery GOURMET, MERCADO $$
(☎707-944-8802; www.oakvillegrocery.com; 7856 Hwy 29, Oakville; sándwiches 9-15 US$; ⊙6.30-17.00) La mejor tienda *gourmet* del Wine Country: quesos, embutidos, pan, aceitunas y vinos excelentes, aunque algo caros. Tienen mesas fuera y posibilidad de hacer *picnic* cerca.

Rutherford Grill ESTADOUNIDENSE $$
(☎707-963-1792; www.rutherfordgrill.com; 1180 Rutherford Rd, Rutherford; principales 15-30 US$)

Pertenece a una cadena, pero permite codearse con vinicultores locales para el almuerzo. La comida no defrauda: costillas, pollo al grill y alcachofas a la parrilla. No cobran por descorchar botellas.

St Helena

Se sabrá que se llega a St Helena (ha- *li* -na) porque el tráfico se detiene. Es la Rodeo Dr de Napa; la avenida principal del centro histórico, Main St (Hwy 29), está llena de *boutiques* lujosas. Aparcar los fines de semana en verano es casi imposible (búsquese detrás del centro de visitantes).

⊙ Puntos de interés

Silverado Museum MUSEO
(plano p. 178; ☎707-963-3757; www.silveradomuseum.org; 1490 Library Lane; ⊙12.00-16.00 ma-sa) GRATIS Incluye una colección de objetos de Robert Louis Stevenson. En 1880, el escritor –pobre y desconocido– se alojó con su esposa en un barracón abandonado en la antigua mina de Silverado, en el monte St Helena, lo que le inspiró su novela *Los colonos de*

Silverado. Para llegar, hay que girar al este desde la Hwy 29 a la altura del semáforo de Adams St y cruzar las vías del tren.

Mercado de granjeros   MERCADO

(plano p. 178; www.sthelenafarmersmkt.org; ☉7.30-12.00 vi may-oct) En el Crane Park, 800 m al sur del centro.

🎓 Cursos

Culinary Institute
of America at Greystone   CURSO DE COCINA

(plano p. 178; ☎707-967-2320; www.ciachef.edu/california; 2555 Main St; principales 25-29 US$; demostraciones de cocina 20 US$; ☉restaurante 11.30-21.00, demostraciones 13.30 sa y do) Esta casa solariega de piedra de 1889, convertida en escuela de cocina, incluye una **tienda gastronómica** con artículos y libros de cocina, un **restaurante** exquisito, **demostraciones de cocina** los fines de semana y **clases de catas de vinos** impartidas por expertos, como Karen MacNeil, autora de *The Wine Bible*.

🛏 Dónde dormir

El Bonita   MOTEL $$

(plano p. 178; ☎707-963-3216; www.elbonita.com; 195 Main St; h 169-239 US$; ✳@🛜🏊🐾) Habitaciones reformadas (las más tranquilas, de-

---

PASEOS EN AVIÓN Y GLOBO

El Wine Country es alucinante desde el aire: un tapiz de múltiples tonos, colinas onduladas, valles profundos y viñedos intrincados. Hay que reservar.

Vintage Aircraft Company (plano p. 188; ☎707-938-2444; www.vintageaircraft.com; 23982 Arnold Dr, Sonoma) sobrevuela Sonoma en un biplano antiguo con un piloto que hace piruetas bajo petición (50 US$ extra; paseo 20 min 1/2 adultos 175/260 US$).

Los vuelos en globo por el valle de Napa salen a las 6.00-7.00, cuando el aire es más fresco; suelen incluir un desayuno con champán al aterrizar (adultos 200-250 US$, niños 150-175 US$). Llámese a **Balloons above the Valley** (☎800-464-6824, 707-253-2222; www.balloonrides.com) o a **Napa Valley Balloons** (☎800-253-2224, 707-944-0228; www.napavalleyballoons.com), ambas en Yountville.

---

trás), zonas encantadoras, *jacuzzi* y sauna. Muy solicitado.

Wydown Hotel   HOTEL-BOUTIQUE $$$

(plano p. 178; ☎707-963-5100; www.wydownhotel.com; 1424 Main St; h lu-vi 269-380 US$, sa y do 379-475 US$; ✳🛜) Muy a la moda (abierto en el 2012), céntrico y bien atendido, este hotel tiene 12 enormes y elegantes habitaciones, con elementos de terciopelo copetudo, piel envejecida, baños con azulejos tipo metro y camas grandes de matrimonio, con ropa de cama finísima y blanquísima.

Harvest Inn   POSADA $$$

(plano p. 178; ☎707-963-9463, 800-950-8466; www.harvestinn.com; 1 Main St; h incl. desayuno 369-569 US$; ✳@🛜🏊🐾) 🐾 Esta antigua hacienda cuenta con 74 habitaciones repartidas por edificios dispersos por unos terrenos muy cuidados. El edificio más nuevo es normal; se aconsejan las habitaciones con vistas al viñedo (y *jacuzzi* privado).

Meadowood   RESORT $$$

(plano p. 178; ☎800-458-8080, 707-963-3646; www.meadowood.com; 900 Meadowood Lane; h desde 600 US$; ✳@🛜🏊) En una hondonada entre pinos y senderos, este es el retiro más grandioso de Napa, con casas y habitaciones repartidas en torno a un campo de *croquet*. Las casas de las colinas, con chimenea, son lo mejor; las habitaciones con vistas al campo carecen de privacidad, pero están bien para familias. El ambiente es de club de campo conservador: ideal para vestirse de lino y jugar al *Gran Gatsby*. A los niños les encanta la piscina gigante.

🍴 Dónde comer

Por regla general, conviene reservar.

Napa Valley Olive Oil Mfg Co   MERCADO $

(plano p. 178; ☎707-963-4173; www.oliveoilsainthelena.com; 835 Charter Oak Ave; ☉8.00-17.30) Introdujo en Napa las delicias de Italia antes de la llegada de las tiendas *gourmet*: un *prosciutto* y salami auténticos, aceitunas carnosas, pan fresco, quesos con nueces y, claro, aceite de oliva. El propietario no duda en prestar cuchillo y bandeja para hacer una merienda en las mesas de madera desvencijadas del césped. Pago solo en efectivo.

Sunshine Foods   MERCADO, GOURMET $

(plano p. 178; www.sunshinefoodsmarket.com; 1115 Main St; ☉7.30-20.30) Es el mejor mercado de la ciudad, con una excelente tienda *gourmet*.

CATAS DE VINOS

Para descubrir el verdadero Wine Country se recomienda visitar bodegas familiares tipo *boutique* (producción inferior a 20 000 cajas anuales) y medianas (20 000-60 000 cajas anuales). Está claro: entre una cena con 10 invitados y otra con 1000, es fácil adivinar cuál será mejor. Además, las bodegas pequeñas controlan más la calidad y es difícil encontrar sus vinos en otras partes.

Las catas o *flights* ("vuelos") incluyen de cuatro a seis vinos diferentes. Las bodegas de Napa cobran entre 10 y 50 US$. En el valle de Sonoma salen por entre 5 y 20 US$, a menudo reembolsables con la compra de una botella. En este último, a veces son gratis o cuestan entre 5 y 10 US$. Solo los mayores de 21 años pueden participar en una cata.

Si se bebe es mejor no conducir: las carreteras tienen abundantes curvas y controles policiales, sobre todo en la Hwy 29 de Napa.

Para no saturarse, no conviene visitar más de tres bodegas en un día. Muchas abren a diario (10.00/11.00-16.00/17.00); se aconseja llamar antes si se tiene mucho interés o para hacer un circuito, sobre todo en Napa, donde, por ley, algunas bodegas solo admiten visitantes con cita previa. Para comprar, es mejor asociarse al club de vinos de la bodega (si lo hay); es gratis y ofrecen descuentos, pero exigen una compra mínima anual.

Model Bakery CAFÉ **$**
(plano p. 178; ☏707-963-8192; www.themodelbakery.com; 1357 Main St; platos 5-10 US$; ☺6.30-18.00 lu-sa, 7.00-17.00 do) Buenos productos de panadería, como bollitos y magdalenas, además de ensaladas, *pizzas*, bocadillos y un café excepcional.

Gillwood's Cafe ESTADOUNIDENSE **$**
(plano p. 178; www.gillwoodscafe.com; 1313 Main St; platos 8-13 US$; ☺7.00-15.00; 🖶) Adecuado para desayunar o almorzar, con *scrambles*, panqueques, sándwiches, hamburguesas y ensaladas. Tienen cerveza y vino.

Gott's Roadside ESTADOUNIDENSE **$$**
(plano p. 178; ☏707-963-3486; http://gotts.com; 933 Main St; principales 10-15 US$; ☺7.00-21.00, hasta 22.00 may-sep; 🖶) 🍴 Típico bar de carretera (el nombre original, "Taylor's Auto Refresher", se conserva en el local), perfecto para rozar la hierba con los pies mientras se disfruta de una buena hamburguesa (de ternera o de atún claro), una ensalada Cobb o un taco de pescado. Los fines de semana es mejor llamar o reservar por internet. Tienen otro local en el Oxbow Public Market (p. 170).

Cindy's Backstreet Kitchen ESTADOUNIDENSE MODERNA **$$**
(plano p. 178; ☏707-963-1200; www.cindysbackstreetkitchen.com; 1327 Railroad Ave; principales 16-28 US$; ☺11.30-21.30) 🍴 Atractivo y acogedor a la antigua, como la comida, tradicional californiana (ensalada de aguacate y papaya, pato a la leña, filetes con patatas fritas y hamburguesas). También tienen fantásticos mojitos.

Cook ITALO-CALIFORNIANA **$$**
(plano p. 178; ☏707-963-7088; www.cooksthelena.com; 1310 Main St; comidas 14-23 US$, cenas 16-28 US$; ☺11.30-22.00 lu-sa, 10.00-21.00 do) Local pequeño con cristalera, comida sencilla (pasta y *risotto* caseros, costillas de cerdo y hamburguesas) y muchos lugareños. La espera, aun con reserva, está asegurada.

Armadillo's MEXICANA **$$**
(plano p. 178; www.armadillosnv.com; 1304 Main St; principales 8-12 US$; ☺11.00-21.00 do-ju, hasta 22.00 vi y sa) Cocina mexicana respetable y a buen precio.

Restaurant at Meadowood CALIFORNIANA **$$$**
(plano p. 178; ☏707-967-1205; www.meadowood.com; 900 Meadowood Lane; menú de 9 platos 225 US$; ☺17.30-22.00 lu-sa) Si no se consigue reserva en el French Laundry (p. 173), este es el otro tres estrellas Michelin del valle, con precios algo más altos, un comedor elegante pero no recargado y alta cocina sin pasarse en modernidades. El Auberge tiene mejores vistas, pero en cuanto a comida y servicio, este lo supera.

Terra CALIFORNIANA **$$$**
(plano p. 178; ☏707-963-8931; www.terrarestaurant.com; 1345 Railroad Ave; menú de 4/5/6 platos 78/93/105 US$; ☺18.00-21.00 mi-do) Uno de los grandes restaurantes del Wine Country, donde mezclan a la perfección las cocinas japonesa, francesa e italiana. El plato estrella es el bacalao negro asado, marinado con *sake*, con bolas hervidas de langostinos en caldo de *shiso*. En la barra sirven tapas sin reserva, pero la clave está en el comedor.

Norte del valle de Napa

0 —————————— 2 km

Tubbs Ln

Grant St

16

29

10

Meadowlark Country
House (0.3mi); Safari
West (1mi); bosque
petrificado (3.5mi);
Santa Rosa (12mi);
Guerneville (26mi)

24

28

Véase ampliación
de "Calistoga"

Washington St

Lake St

CALISTOGA

Grant St

Silverado Trail

21

37

26

Brannan

30

31

22

Cedar St

13

23

20

54

56

35

55

39

St Helena Hwy

41

17

18

Cámara de comercio
y centro de visitantes

42

27

53

Napa River

Washington St

Véase ampliación
de "Calistoga"

25

5

57

33

Calistoga

12

Lommel Rd

Bothe Napa
Valley
State Park

Larkmead

Silverado Trail

2

11

Santa
Rosa
(12mi)

St Helena Hwy

1

Rio Napa

4

8

29

128

3

Lodi La

Sanitarium Rd

38

St Helena

61

15

49

52

Deer
Park Rd

36

48

43

40

45

44

19

60

Spring Mountain Rd

Oak Ave

Spring St

58

46

51

Pope St

29

Véase ampliación de "St Helena"

14

ST
HELENA

Pope St

St Helena Hwy

47

50

Spring St

ST
HELENA

Charter Oak Ave

6

St Helena
Welcome
Center

32

34

9

7

59

Norte del valle de Napa

Goose & Gander MODERNA $$$
(plano p. 178; ☎707-967-8779; www.goosegander.com; 1245 Spring St; principales 23-32 US$; ⊙17.00-22.00 do-ju, 12.00-24.00 vi y sa) Está una casa reformada estilo *arts & crafts*, con techos tipo catedral y una marquetería magnífica. Tiene un ambiente de club propicio para beber, con excelentes cócteles y una carta ingeniosa (a veces, algo pesada); destacan platos como la ensalada de gambas y sandía

(solo en verano; tienen jardín). Para beber, los habituales prefieren el *pub* del sótano.

Farmstead ESTADOUNIDENSE MODERNA $$$
(plano p. 178; ☎707-963-9181; www.farmsteadnapa.com; 738 Main St; principales 16-27 US$; ⊙11.30-21.00) ◆ Ocupa un granero diáfano de vigas abiertas con reservados grandes de piel y un porche con mecedoras, un espacio muy atractivo para los jóvenes. Muchos

productos son propios, como la ternera de pasto. En el menú, estilo campechano, destacan los platos a la leña.

Market ESTADOUNIDENSE MODERNA **$$$**
(plano p. 178; ☎707-963-3799; www.marketsthelena.com; 1347 Main St; principales 18-27 US$; ☺11.30-21.00) 🍴 Raciones grandes de comida estadounidense sencilla y fresca, con ensaladas suculentas de ingredientes locales y principales que alimentan el alma, como el pollo frito a la crema. El comedor, con paredes de piedra, data del s. XIX, al igual que la barra de la pared, donde preparan cócteles al gusto. No cobran por descorchar botellas.

🛍 De compras

Main St está llena de *boutiques* exclusivas (calcetines 100 US$), aunque también quedan comercios tradicionales.

Woodhouse Chocolates COMIDA
(plano p. 178; www.woodhousechocolate.com; 1367 Main St; ☺10.30-17.30) Tiene pinta de Tiffany & Co, con chocolates caseros a precios de joya, aunque de gran calidad.

Napa Soap Company BELLEZA
(plano p. 178; www.napasoap.com; 651 Main St; ☺10.00-17.30) 🍴 Productos de baño ecológicos, elaborados en la región.

Baksheesh ARTÍCULOS DE HOGAR
(plano p. 178; www.baksheeshfairtrade.com; 1327 Main St; ☺10.00-18.00) 🍴 Objetos de decoración de comercio justo procedentes de 38 países.

Lolo's Consignment VINTAGE
(plano p. 178; www.lolosconsignment.com; 1120 Main St; ☺10.30-16.00 lu, hasta 17.30 ma-sa, 11.00-16.00 do) Vestidos geniales y baratos, y prendas de cachemir antiguas.

Vintage Trunk VINTAGE
(plano p. 178; http://vintagetrunkonline.com; 1210 Main St; ☺10.30-17.30) Un alijo de diseñadores de ropa de mujer de alta gama (desde 90 US$).

Main Street Books LIBROS
(plano p. 178; 1315 Main St; ☺10.00-17.30 lu-sa, 11.00-15.00 do) Con una buena selección de libros usados.

ℹ Información

St Helena Welcome Center (plano p. 158; ☎707-963-4456; www.sthelena.com; 657 Main St; ☺9.00-17.00 lu-vi, plus 10.00-16.00 sa-do may-nov) Información y ayuda con el alojamiento.

Calistoga y alrededores

Es la ciudad menos aburguesada del valle de Napa, con un ambiente sencillo y una calle principal tradicional, con tiendas normales. Aquí la apariencia no es tan importante. La mayoría de los turistas no llega tan al norte, aunque debería.

El famoso escritor Robert Louis Stevenson dijo: "La región del monte St Helena está llena de manantiales de aguas sulfurosas y termales… La propia Calistoga parece posada en una fina capa sobre un lago subterráneo en ebullición."

Así es. Calistoga es conocida por el agua mineral homónima, que se embotella desde 1924. Sus fuentes y géiseres le han valido el apodo de "La fuente termal del Oeste". Se aconseja visitar un *spa* y dejarse mimar con la especialidad de la zona: un baño de barro caliente, con ceniza volcánica del cercano monte St Helena.

La ciudad debe su curioso nombre a Sam Brannan, que, al fundarla en 1859, se inspiró en Saratoga, la ciudad neoyorquina de los balnearios. Parece que a Sam, a quien le gustaba darle a la bebida, en la inauguración, se le trabó la lengua y anunció la fundación de la "Cali-stoga" de "Sara-fornia".

🔴 Puntos de interés

La Hwy 128 y la Hwy 29 hacen el mismo recorrido desde Rutherford hasta St Helena pero se dividen en Calistoga: la Hwy 29 vira al este y se convierte en Lincoln Ave, a través del Silverado Trail hacia el Clear Lake; y la Hwy 128 sigue al norte como Foothill Blvd. Las tiendas y restaurantes de Calistoga se concentran en Lincoln Ave.

Sharpsteen Museum MUSEO
(plano p. 178; ☎707-942-5911; www.sharpsteen-museo.org; 1311 Washington St; donativo recomendado 3 US$; ☺11.00-16.00; 👶) GRATIS Situado frente al pintoresco edificio del ayuntamiento (original de 1902, concebido como ópera), este museo fue creado por un antiguo animador de Disney (su Oscar figura en él). Alberga un diorama fantástico de la ciudad en la década de 1860, una gran casa de muñecas victoriana, un coche de caballos a tamaño real, obras de taxidermia geniales y una casita de campo restaurada del retiro vacacional de Brannan (la única

casa suya que queda en su sitio está el nº 106 de Wapoo Ave).

Parques estatales de Bale Grist Mill y Bothe-Napa Valley
PARQUE HISTÓRICO

(707-942-4575; parks.ca.gov;) La misma entrada vale para los dos, ambos con merenderos. El **Bale Grist Mill State Historic Park** (plano p. 178; 707-963-2236; adultos/niños 5/2 US$;) incluye una **rueda de molino de agua** de 11 m de altura que data de 1846 (la más grande en activo de Norteamérica) y aún muele harina (sa y do 10.00-16.00, a veces vi y lu). Un sendero de 1,6 km lleva hasta el adjunto **Bothe-Napa Valley State Park** (plano p. 178; 707-942-4575; aparcamiento 8 US$; 8.00-anochecer;), donde hay una **piscina** (5 US$) y un *camping* (p. 182), aparte de bosques de secuoyas con senderos.

Para grupos de dos o más adultos, es mejor ir primero a Bothe y pagar 8 US$, en vez de la tarifa por persona que cobran en Bale Grist. El molino y los dos parques están en la Hwy 29/128, a mitad de camino entre St Helena y Calistoga. A principios de octubre, se celebra el festival de historia en vivo **Old Mill Days.**

Old Faithful Geyser
GÉISER

(plano p. 178; 707-942-6463; www.oldfaithfulgeyser.com; 1299 Tubbs Lane; adultos/niños/menor 5 años 14/8 US$/gratis; 9.00-18.00, hasta 17.00 nov-mar;) Es la versión en miniatura del Old Faithful de Yellowstone. Lanza agua hirviendo a 20 m de altura cada 30 min. Aquí se respira el más puro estilo yanqui de carretera: exposiciones interpretativas pintadas a mano, *picnics* y una pequeña granja de animales domésticos, llamas incluidas. Está 3 km al norte de la ciudad, junto al Silverado Trail. Se consiguen cupones de descuento en línea.

Bosque petrificado
BOSQUE

(707-942-6667; www.petrifiedforest.org; 4100 Petrified Forest Rd; adultos/niños 10/5 US$; 9.00-19.00 verano, hasta 17.00 invierno) Hace tres millones de años, una erupción volcánica en el monte St Helena derribó algunas secuoyas en este lugar, hoy junto a la Panamericana. Los árboles cayeron en sentido opuesto al del estallido, y a lo largo de milenios sus poderosos troncos se petrificaron. Una ruta breve explicativa atraviesa el bosque. Los primeros tocones se descubrieron en 1870. Un monumento conmemora la visita de Robert Louis Stevenson en 1880, quien describe la zona en *Los colonos de Silverado.*

Está 8 km al noroeste de la ciudad, por una salida de la Hwy 128.

BODEGAS PARA NIÑOS
➡ Kaz (p. 188) Tienen plastilina, zona de juegos y mosto.

➡ Benziger (p. 187) Paseos en tranvía al aire libre.

➡ Frog's Leap (p. 166) Hay gatos, pollos y *croquet.*

➡ Casa Nuestra (p. 166) Tienen cabras.

➡ Castello di Amorosa (p. 167) Castillo genuino.

➡ Lava Vine (p. 167) Con una zona de juegos cubierta de hierba.

Safari West
RESERVA NATURAL

(707-579-2551; www.safariwest.com; 3115 Porter Creek Rd; adultos 70-80 US$, niños 3-12 años 32 US$;) Lo de ver jirafas en pleno Wine Country parece una locura, pero estas 162 Ha protegen cebras, guepardos y otros animales exóticos, muchos en libertad. Se ven en safaris guiados (2,5 h) en todoterrenos abiertos; hay que reservar (mayores de 3 años). Para los más aventureros, dentro de la reserva se puede pernoctar en magníficas **cabañas** (225-305 US$, desayuno incl.) con paredes de lona.

Robert Louis Stevenson State Park
PARQUE

(707-942-4575; www.parks.ca.gov; Hwy 29; amanecer-anochecer) GRATIS Situado 13 km al norte de Calistoga, este es un parque poco desarrollado, con un cono volcánico (inactivo desde hace mucho) del monte St Helena, que marca el final del valle de Napa y suele nevar en invierno. La subida de 8 km a la cima (1324 m) es extenuante, pero las vistas lo valen: hasta 323 km en un día despejado de invierno. Conviene informarse del tiempo. Otra opción es recorrer los 3,5 km del **Table Rock Trail**, con imponentes vistas del valle. Las temperaturas son mejores para la época de floración (feb-may), aunque el otoño ofrece los paisajes más bonitos. Aquí está la **mina de Silverado** donde Stevenson y su esposa pasaron su luna de miel en 1880.

🏃 Actividades

Oat Hill Mine Trail
CICLISMO, EXCURSIONISMO

(plano p. 178) Es una de las rutas técnicamente más desafiantes del norte de California, apta solo para ciclistas de montaña y senderistas curtidos. Más moderada, hay una subida de 800 m desde la ciudad hasta un banco con increíbles vistas del valle. El inicio del sendero está en la intersección de la Hwy 29 y el Silverado Trail.

Calistoga Bike Shop ALQUILER DE BICICLETAS

(plano p. 178; ☎707-942-9687, 866-942-2453; www.calistogabikeshop.com; 1318 Lincoln Ave; ⏱10.00-18.00) Alquilan bicicletas de montaña con doble suspensión (75 US$/día) e híbridas (12/39 US$ por hora/día) e informan de las rutas. También ofrecen paquetes para visitar viñedos (90 US$/día) que incluyen cestas para las botellas y servicio de recogida y envío gratis.

'Spas'

Calistoga es famosa por sus aguas termales y baños de barro caliente. El barro es de ceniza volcánica y turba; cuanta más ceniza contenga, mejor será el baño.

Los paquetes son de 60-90 min y cuestan 70-90 US$. Se comienza con una inmersión parcial en barro caliente y un rato en remojo en agua mineral cálida, seguido de un baño de vapor y un poco de reposo envuelto en una manta. Añadir un masaje aumenta el precio a 130 US$ o más.

Algunos *spas* dan la opción de estar en pareja. Entre las variaciones hay envolturas en una fina capa de arcilla pintada sobre la piel, envolturas herbales, baños de algas y tratamientos con masajes. A veces, tienen cupones de descuento en el centro de visitantes. Hay que reservar cuanto antes, sobre todo para los fines de semana de verano.

Muchos *spas* ofrecen paquetes de tratamientos y algunos, descuento si se añade el alojamiento.

★ Indian Springs Spa SPA

(plano p. 178; ☎707-942-4913; www.indianspringscalistoga.com; 1712 Lincoln Ave; ⏱con cita previa 9.00-20.00) El balneario en activo más antiguo de Calistoga tiene bañeras de cemento para el barro (extraen su propia ceniza) y una piscina enorme de agua termal. La loción corporal de pepino es genial.

Spa Solage SPA

(plano p. 178; ☎707-226-0825; www.solagecalistoga.com/spa; 755 Silverado Trail; ⏱ con cita previa 8.00-20.00) Es un lugar de primera clase, con salas para parejas y un surtido de fango y barro para tratamientos "autoservicio". Cuentan con sillas de gravedad cero donde envolverse en una manta y una piscina donde el bañador es opcional.

Dr Wilkinson's Hot Springs Resort SPA

(plano p. 178; ☎707-942-4102; www.drwilkinson.com; 1507 Lincoln Ave; ⏱con cita previa 10.00-15.30) Funciona desde hace 50 años. Su barro tiene más turba.

Mount View Spa SPA

(plano p. 178; ☎707-942-5789, 800-816-6877; www.mountviewhotel.com; 1457 Lincoln Ave; ⏱con cita previa 9.00-21.00) Muy completo y genial para quien prefiera el barro pintado a la inmersión.

Lavender Hill Spa SPA

(plano p. 178; ☎707-341-6002, 800-528-4772, 707-942-4495; http://lavenderhillspa.com; 1015 Foothill Blvd; ⏱con cita previa 9.00-21.00 ju-lu, hasta 19.00 ma y mi) Pequeño y coqueto, usan un barro más suave, menos pringoso y con olor a lavanda.

Golden Haven Hot Springs SPA

(plano p. 178; ☎707-942-8000; www.goldenhaven.com; 1713 Lake St; ⏱con cita previa 8.00-20.00) De estilo sencillo y antiguo, con baños de barro y masajes para parejas.

Calistoga Spa Hot Springs SPA, NATACIÓN

(plano p. 178; ☎866-822-5772, 707-942-6269; www.calistogaspa.com; 1006 Washington St; ⏱con cita previa 8.30-16.30 ma-ju, hasta 21.00 vi-lu, piscinas para nadar 10.00-21.00; ⏷) Ofrecen baños de barro tradicionales y masajes en un complejo con motel y dos **piscinas** enormes para que los niños jueguen mientras los padres se 'embarran' (bonos de piscina 25 US$).

🛏 Dónde dormir

Bothe-Napa Valley State Park Campground CAMPING $

(plano p. 48; ☎800-444-7275; www.reserveamerica.com; 3801 Hwy 128; parcelas tienda y caravana 35 US$; ⏷⏷) Está 5 km al sur, en una zona de sombra cerca de un bosque de secuoyas, con duchas de monedas y magníficas rutas de senderismo. Las parcelas 28-36 son las más aisladas.

★ Mountain Home Ranch RESORT $$

(☎707-942-6616; www.mountainhomeranch.com; 3400 Mountain Home Ranch Rd; h 111-121 US$, cabañas 71-156 US$; ⏷⏷⏷) ⏷ Abierta en 1913, está hacienda de 137 Ha, fuera de la ciudad, es una vuelta a la vieja California. Tiene habitaciones sencillas y cabañas rústicas, ideales para familias. Quizá se coincida con algún grupo de retiro espiritual. Tiene un lago privado con canoas, zonas de pesca y manantiales de aguas cálidas. El desayuno está incluido, pero para cenar, habrá que conducir hasta la ciudad. Se aconseja llevar botas de senderismo.

Dr Wilkinson's Motel
& Hideaway Cottages   MOTEL, CASAS $$

(plano p. 178; 707-942-4102; www.drwilkinson. com; 1507 Lincoln Ave; h 149-255 US$, casitas 165-270 US$;) Tiene buena relación calidad-precio y estilo de los años cincuenta, con habitaciones cuidadas que dan al patio de la piscina y *jacuzzi*. Hay 3 piscinas (una cubierta) y baños de barro. En el socio Hideaway Cottages alquilan casitas sencillas con cocina a buen precio, también con piscina y *jacuzzi*.

EuroSpa & Inn   MOTEL $$

(plano p. 178; 707-942-6829; www.eurospa. com; 1202 Pine St; h incl. desayuno 145-199 US$;) Con solo una planta, es un lugar inmaculado y tranquilo, con extras como chimeneas de gas, vino vespertino y un pequeño *spa*. El servicio es genial, pero la piscina es pequeña.

Golden Haven Hot Springs   MOTEL $$

(plano p. 178; 707-942-8000; www.goldenhaven. com; 1713 Lake St; h 165-239 US$;) Tiene un *spa* y ofrece paquetes de alojamiento, con habitaciones a buen precio y bien cuidadas, algunas con *jacuzzi*.

Best Western Stevenson Manor   HOTEL $$

(plano p. 178; 800-528-1238, 707-942-1112; www. stevensonmanor.com; 1830 Lincoln Ave; h entre semana 159-189 US$, fin de semana 249-289 US$;) Hotel de negocios normal, con buenos extras como un desayuno completo caliente. La planta superior es la más tranquila, pero no hay ascensor.

Calistoga Spa Hot Springs   MOTEL $$

(plano p. 178; 707-942-6269, 866-822-5772; www. calistogaspa.com; 1006 Washington St; h 187-235 US$;) Abarrotado de familias los fines de semana, sus habitaciones son normales, con cocina y algo gastadas (mejor las reformadas), pero hay piscinas fantásticas (dos grandes y una infantil con minicascada) y un *jacuzzi* enorme para adultos, además de barbacoas y un bar de aperitivos al aire libre, y wifi en el vestíbulo.

Calistoga Inn   POSADA $$

(plano p. 178; 707-942-4101; www.calistogainn. com; 1250 Lincoln Ave; h con baño compartido incl. desayuno 129-169 US$;) Ofrece 18 habitaciones limpias y sencillas con baño compartido, sobre un bar bullicioso (llévense tapones para los oídos). No hay TV ni ascensor.

Solage   RESORT $$$

(plano p. 178; 866-942-7442, 707-226-0800; www. solagecalistoga.com; 755 Silverado Trail; h 530-675 US$;) Es el mejor hotel-*spa* de Calistoga, con mucho estilo: casitas chic semiadosadas y una glamurosa piscina con palmeras. Las habitaciones son austeras, con techos abovedados y duchas con suelo de piedras. Hay bicicletas de paseo.

Indian Springs Resort   RESORT $$$

(plano p. 178; 707-942-4913; www.indianspringscalistoga.com; 1712 Lincoln Ave; refugio h 229-359 US$, casita 259-429 US$, casita 2 dormitorios 359-499 US$;) Representa la vieja escuela en Calistoga, con bungalós (algunos para hasta 6) que dan a un césped central con palmeras, zonas para jugar al tejo y a las bochas, hamacas y barbacoas. También cuenta con lujosas habitaciones tipo motel (solo adultos) y una piscina enorme con aguas termales.

Chateau De Vie   B&B $$$

(plano p. 178; 877-558-2513, 707-942-6446; www. cdvnapavalley.com; 3250 Hwy 128; h incl. desayuno 229-429 US$;) Rodeado de viñedos y con vistas maravillosas del monte St Helena, este B&B ofrece cinco habitaciones modernas con extras de lujo y una decoración elegante, nada pomposa. Los propietarios, encantadores, sirven vino por la tarde en el soleado patio (se retiran pronto). Hay *jacuzzi* y una piscina grande. Frecuentado por gays.

Meadowlark Country House   B&B $$$

(800-942-5651, 707-942-5651; www.meadowlar kinn.com; 601 Petrified Forest Rd; h incl. desayuno 210-265 US$, ste 285 US$;) Situado al oeste de la ciudad en una parcela de 8 Ha, aquí se encontrará lujo de estilo contemporáneo. Muchas habitaciones tienen terraza y *jacuzzi*. Fuera hay sauna y piscina (bañador opcional). El sincero anfitrión vive en otra casa y ofrece consejos, pero desaparece pronto. Hay una casita fabulosa por 465 US$. Frecuentado por gays.

Mount View Hotel & Spa   HOTEL HISTÓRICO $$$

(plano p. 178; 707-942-6877, 800-816-6877; www. mountviewhotel.com; 1457 Lincoln Ave; h lu-vi 209-429 US$, sa y do 279-459 US$;) En pleno centro, este hotel de 1917 tiene un estilo italiano algo moderno, lo que contrasta un poco con el edificio, a la manera de misión. Las habitaciones parecen nuevas. Hay *spa* y piscina climatizada, pero no ascensor.

Chanric
B&B $$$

(plano p. 178; ☎707-942-4535; www.thechanric. com; 1805 Foothill Blvd; h incl. desayuno 249-439 US$; 🅿✴🛜🏊) Casa victoriana cerca de la carretera con habitaciones pequeñas de muebles modernos y muchos extras gratis, como champán de bienvenida y desayunos de tres platos. Frecuentado por gays. No hay ascensor.

Hotel d'Amici
HOTEL $$$

(plano p. 178; ☎707-942-1007; www.hoteldamici. com; 1436 Lincoln Ave; h incl. desayuno 200-300 US$; ✴🅿🛜) Ofrece cuatro habitaciones espaciosas en una 2ª planta. El desayuno continental está incluido, pero no hay ni ascensor ni personal.

Cottage Grove Inn
BUNGALÓS $$$

(plano p. 178; ☎707-942-8400, 800-799-2284; www.cottagegrove.com; 1711 Lincoln Ave; casitas 315-450 US$; ✴🛜) Casitas románticas con chimenea de leña, bañera para dos y porche con mecedoras.

Aurora Park Cottages
CASAS $$$

(plano p. 178; ☎877-942-7700, 707-942-6733; www. aurorapark.com; 1807 Foothill Blvd; casitas incl. desayuno 269-299 US$; ✴🛜) Ofrece seis casitas amarillas impolutas, con suelos de madera pulida, camas muy cómodas y terraza, alineadas junto a unos jardines floreados. Pese a la cercanía de la carretera, de noche impera el silencio. El anfitrión es genial.

Sunburst Calistoga
MOTEL $$$

(plano p. 178; ☎707-942-0991; www.thesunburst calistoga.com; 1880 Lincoln Ave; h 229-289 US$; 🅿🛜🏊) Tiene solo una planta y data de la década de 1950, aunque fue reformado en el 2013 con una estética entre moderna y de su época. Es un motel normal, con muebles mejores que la media y paredes finas.

Chelsea Garden Inn
B&B $$$

(plano p. 178; ☎707-942-0948; www.chelseagar deninn.com; 1443 2nd St; h incl. desayuno 195-350 US$; ✴🛜🏊) En una calle tranquila, ofrece cinco habitaciones floreadas de acceso privado que dan a unos jardines preciosos. Las zonas oxidadas de la piscina pueden obviarse.

Wine Way Inn
B&B $$$

(plano p. 178; ☎800-572-0679, 707-942-0680; www.winewayinn.com; 1019 Foothill Blvd; h 189-299 US$; ✴🛜) Pequeña casa de 1910 cerca de la carretera, de propietarios agradables.

 Dónde comer

Buster's Southern BBQ
BARBACOA $

(plano p. 178; ☎707-942-5605; www.busterssouther nbbq.com; 1207 Foothill Blvd; platos 8-12 US$; ⏱10.00-19.30 lu-sa, 10.30-18.00 do; 🚻) Costillas ahumadas, pollo y hamburguesas, además de cerveza y vino.

Calistoga Inn & Brewery
ESTADOUNIDENSE $$

(plano p. 178; ☎707-942-4101; www.calistogainn. com; 1250 Lincoln Ave; principales de almuerzo 11-15 US$, de cena 15-30 US$; ⏱11.30-15.00 y 17.30-21.00) Con un jardín-cervecería, los domingos se llena de lugareños. Entre semana, son mejores las mesas grandes de roble del comedor, muy acogedoras para degustar su sencilla cocina estadounidense. Los fines de semana de verano hay música en directo.

Solbar
CALIFORNIANA $$$

(☎707-226-0850; www.solagecalistoga.com; 755 Silverado Trail; principales de almuerzo 17-20 US$, de cena 24-34 US$; ⏱7.00-11.00, 11.30-15.00 y 17.30-21.00) ✒ Estilo chic-rural en un restaurante-*resort* con estrella Michelin; la carta saca el máximo partido a los productos de temporada. También es un spa (p. 182), así que tampoco faltan las recetas ligeras. Esencial reservar.

JoLé
CALIFORNIANA $$$

(plano p. 178; ☎707-942-5938; www.jolerestau rant.com; 1457 Lincoln Ave; principales 25-30 US$; ⏱17.00-21.00) Su dueño y chef elabora platos ingeniosos a base de productos frescos de temporada, p. ej., lenguado con uvas ácidas pequeñas, coles de Bruselas caramelizadas con alcaparras y *strudel* de manzanas Baldwin ecológicas con helado y caramelo quemado. El menú de cuatro platos cuesta 55 US$. Es esencial reservar.

Calistoga Kitchen
CALIFORNIANA $$$

(plano p. 178; ☎707-942-6500; www.calistogakit chen.com; 1107 Cedar St; principales de almuerzo 12-18 US$, de cena 18-29 US$; ⏱17.30-21.00 ju, 11.30-15.00 y 17.30-21.00 vi y sa, 9.30-15.00 do) Es una casita con escasa decoración, rodeada de una valla blanca, genial para almorzar en el jardín. El chef aprecia la sencillez, con ingredientes de calidad y media docena de platos siempre cambiantes, como un delicioso estofado de cordero. Se aconseja reservar.

All Seasons Bistro
ESTADOUNIDENSE MODERNA $$$

(plano p. 178; ☎707-942-9111; www.allseasonsnapa valley.net; 1400 Lincoln Ave; principales de almuerzo 12-18 US$, de cena 18-27 US$; ⏱12.00-14.00 y 17.30-20.30 ma-do) ✒ Es como una casa de comidas con manteles blancos, pero excelente, con propuestas que van desde filetes con patatas fritas hasta platos combinados, como escalopes empanados en harina de maíz con *succotash* de verano.

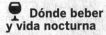 Dónde beber y vida nocturna

Yo El Rey
CAFÉ

(plano p. 178; ☎707-942-1180; www.yoelreyroasting. com; 1217 Washington St; ◷6.30-18.00) ✎ Pequeño asador, frecuentado por modernos, con un café soberbio de comercio justo.

Hydro Grill
BAR

(plano p. 178; ☎707-942-9777; 1403 Lincoln Ave; ◷8.30-24.00 do-ju, hasta 2.00 vi y sa) Siempre está animado. Los fines de semana hay música en directo.

Solbar
BAR

(plano p. 178; ☎707-226-0850; www.solagecalistoga.com; 755 Silverado Trail; ◷11.00-21.00) Buenos cócteles caseros junto a las chimeneas al aire libre y una piscina con palmeras. Tipo bar-*resort* pijo.

Brannan's Grill
BAR

(plano p. 178; ☎707-942-2233; www.brannanscalistoga.com; 1374 Lincoln Ave; ◷11.00-23.00) Es el restaurante más atractivo de Calistoga, con una barra de caoba donde tomar *martinis* y cervezas artesanas; los fines de semana hay *jazz* en vivo.

Susie's Bar
BAR

(plano p. 178; ☎707-942-6710; 1365 Lincoln Ave) Para llevar la gorra de lado, tomar cerveza y jugar al billar a ritmo de *rock* clásico.

🛍 De compras

Calistoga Pottery
CERÁMICA

(plano p. 178; ☎707-942-0216; www.calistogapottery. com; 1001 Foothill Blvd; ◷9.00-17.00) Cerámica artesanal, torneada a mano in situ.

Coperfield's Bookshop
LIBROS

(plano p. 178; ☎707-942-1616; 1330 Lincoln Ave; ◷10.00-19.00 lu-sa, 10.00-18.00 do) Librería independiente, con planos y guías de la zona.

ℹ Información

Cámara de comercio y centro de visitantes (plano p. 178; ☎707-942-6333, 866-306-5588; www.calistogavisitors.com; 1133 Washington St; ◷9.00-17.00)

DE REBAJAS

Para sacar más partido a las tarjeta están las liquidaciones de temporada.

'**Outlets' de Napa Premium** (☎707-226-9876; www.premiumoutlets.com; 629 Factory Stores Dr, Napa; ◷10.00-21.00 lu-sa, hasta 19.00 do) Tiene 50 tiendas.

'**Outlets' de Petaluma Village Premium** (☎707-778-9300; www.premiumoutlets.com; 2200 Petaluma Blvd North, Petaluma; ◷10.00-21.00 lu-sa, hasta 19.00 do) Hay 60 tiendas en el condado de Sonoma.

'**Outlets' de Vacaville Premium** (☎707-447-5755; www.premiumoutlets.com/vacaville; 321 Nut Tree Rd, Vacaville; ◷10.00-21.00 lu-sa, hasta 19.00 do) Tiene 120 tiendas en la I-80, al norte del Wine Country.

VALLE DE SONOMA

El estilo sencillo de Sonoma es irresistible. Al contrario que el moderno Napa, aquí nadie repara en si se conduce una chatarra o si se vota a los ecologistas. Los lugareños la llaman "Slow-noma" (*slow* es "lento"). La ciudad de Sonoma es una base genial para explorar el Wine Country, además de incluir lugares de interés histórico del s. XIX en torno a la plaza más grande del estado. A mitad de camino de subida por el valle, surge la diminuta Glen Ellen, en fuerte contraste con la ciudad más septentrional del valle, Santa Rosa, una urbe ordinaria y con mucho tráfico. Si se tiene más de un día, se aconseja explorar la parte oeste de Sonoma, rural y tranquila, vía el valle del Russian River hasta el mar.

La Sonoma Hwy/Hwy 12 está llena de bodegas. Va de Sonoma a Santa Rosa, para después seguir al oeste del condado de Sonoma. Arnold Dr, con menos tráfico (pero pocas bodegas) discurre en paralelo por el oeste del valle hasta Glen Ellen.

Bodegas del valle de Sonoma

Sobre los 27 km del valle de Sonoma hay innumerables colinas cubiertas de reluciente hierba, así que sus más de 40 bodegas pasan un poco desapercibidas, aunque muchas son igual de buenas que las de Napa. Este es el reino de las uvas zinfandel y syrah.

En estas bodegas se puede hacer *picnic*. En la ciudad de Sonoma se encontrarán planos y cupones de descuento, o, si se viene desde el sur, en el centro de visitantes del valle de Sonoma (p. 191), que está en los Cornerstone Gardens.

De punta a punta, la visita al valle llevará un mínimo de 5 h.

Homewood
BODEGA

(plano p. 188; ☑707-996-6353; www.homewood winery.com; 23120 Burndale Rd, en Hwy 121/12; cata 5 US$; ☺10.00-16.00; 🖫) Lugar sencillo. La sala de catas es un garaje y el vinatero elabora 'oportos' de primera, un garnacha al estilo del valle del Ródano, monastrell y syrah (cuanto más oscuro, mejor), y vinos de postre de cosecha tardía, entre ellos un viognier y un albariño excelentes. Botellas 22-42 US$; devuelven el precio de la cata con la compra.

Robledo
BODEGA

(plano p. 188; ☑707-939-6903; www.robledofa milywinery.com; 21901 Bonness Rd, junto a Hwy 116; cata 10-15 US$; ☺con cita previa 10.00-17.00 lu-sa, 11.00-16.00 do) Fundada por un antiguo jornalero mexicano, hoy la llevan sus hijos. Los vinos se sirven entre un mobiliario labrado a mano, en un garaje, e incluyen un sauvignon blanc joven, un syrah dulzón, un cabernet con cuerpo y un pinot noir afrutado. Botellas 18-60 US$.

Gundlach-Bundschu Winery
BODEGA

(plano p. 188; ☑707-939-3015; www.gunbun.com; 2000 Denmark St, Sonoma; catas 10-15 US$, incl.

MANUAL DEL WINE COUNTRY

Cuando la gente habla de Sonoma se refiere a todo el condado, que, al contrario que Napa, es enorme: desde la costa se adentra por el valle del Russian River hasta el valle de Sonoma y, al este, hasta el valle de Napa. Por el sur, va desde la bahía de San Pablo (extensión de la de San Francisco) hasta Healdsburg, al norte. Es esencial dividir Sonoma en distritos.

El oeste del condado de Sonoma es todo lo que hay al oeste de la Hwy 101 e incluye el valle del Russian River y la costa. El valle de Sonoma abarca, de norte a sur, toda la Hwy 12. En el norte del condado de Sonoma están el valle de Alexander, al este de Healdsburg, y el valle del Dry Creek, al norte de Healdsburg. En el sur, Carneros se divide entre la frontera de Sonoma y Napa, al norte de la bahía de San Pablo. Cada región tiene sus vinos característicos, según el clima.

Cuando en el interior la temperatura es alta, en las zonas costeras permanece fresca. En el oeste del condado y en Carneros, la niebla nocturna cubre los viñedos. Los vinos de estilo borgoña son los mejores, sobre todo los pinot noir y chardonnay. Más al interior, en el valle de Alexander, el valle de Sonoma y gran parte del valle del Dry Creek (y el valle de Napa), los viñedos están protegidos por la niebla. Allí se cultivan más al estilo de burdeos, sobre todo cabernet sauvignon, sauvignon blanc, merlot y otras variedades amantes del calor. Para probar los famosos cabernet de California hay que ir a Napa. Las variedades zinfandel y del Ródano, como el syrah y el viognier, crecen en ambas regiones, cálidas y frías. En climas más frescos los vinos son más ligeros y elegantes, y en los más cálidos, más contundentes y rústicos. Obsérvese que las cepas, cuanto más gruesas, más viejas. Las uvas de vides viejas aportan color y complejidad.

Algunos datos básicos: bodega y viñedo no es lo mismo. Las uvas crecen en un viñedo y se fermentan en una bodega. Las bodegas que cultivan sus propias uvas se llaman haciendas, encargadas del cultivo y el embotellado; también fermentan uvas de otros viñedos. Cuando los vinateros hablan de vinos de un solo viñedo o de denominación de un viñedo, implica que el control de calidad más férreo. "Variedad única" significa que las uvas son de la misma especie (p. ej., 100% merlot), pero pueden proceder de viñedos distintos. Los reservas son los de producción más limitada; suelen venderse solo en la bodega.

No hay que tener miedo de preguntar. A los vinateros les encanta explayarse. Si no se sabe cómo catar o qué comprar, la persona tras el mostrador ayudará a acertar. Hay que escupir el vino; la más mínima embriaguez reduce la capacidad de distinción.

Para referencias prácticas, se aconseja hacerse con *The Wine Bible* (2001, Workman Publishing), de Karen MacNeil, o *The Oxford Companion to Wine* (2001, Workman Publishing), de Jancis Robinson.

circuito 20-50 US$; ⊙11.00-16.30, hasta 17.30 jun-med oct; 🐾) 🍃 La bodega familiar más antigua de California parece un castillo, pero el ambiente es sencillo. La fundó en 1858 un inmigrante bávaro. Sus vinos estrella son el gewürztraminer y el pinot noir; fue la primera bodega del país en elaborar un merlot 100%. Está cuesta abajo por un camino sinuoso (genial para ir en bici) con zona de *picnic*, senderos y un lago. Circuitos por la cueva de 2000 barricas (20 US$) solo con reserva. Botellas 22-45 US$.

★Bartholomew
Park Winery   BODEGA

(☎707-939-3026; www.bartpark.com; 1000 Vineyard Lane, Sonoma; cata 10 US$, incl. circuito 20 US$; ⊙11.00-16.30) 🍃 Genial para ir en bicicleta, esta bodega ocupa una reserva de 152 Ha, con merenderos a la sombra de las secuoyas y senderos con vistas al valle. Las viñas se plantaron en 1857 y producen un sauvignon blanc con certificado ecológico, un cabernet sauvignon más suave que el de Napa y un zinfandel suculento. Ofrecen visitas guiadas (previa reserva, vi-do). Botellas 22-45 US$.

Hawkes   CATAS
(plano p. 190; ☎707-938-7620; www.hawkeswine. com; 383 1st St W, Sonoma; cata 10 US$; ⊙11.00-18.00) Es una sala de catas sencilla, perfecta si se está en el centro de Sonoma y no se quiere conducir. Ofrecen un merlot y un cabernet sauvignon corpulento y puro. Botellas 30-70 US$. Devuelven el precio de la cata por compras superiores a 30 US$.

Little Vineyards   BODEGA
(plano p. 188; ☎707-996-2750; www.littlevineyards. com; 15188 Sonoma Hwy, Glen Ellen; cata 15 US$; ⊙11.00-16.30 ju-lu; 🐾🍽) Su nombre ("Pequeños Viñedos") le viene que ni pintado, pues se trata de una bodega familiar pequeña rodeada de cepas, con una barra de catas con quemaduras de cigarros en la que se emborrachaba Jack London antes de que la trajeran aquí. Entre sus grandes tintos hay syrah, petite sirah, zinfandel, cabernet y mezclas deliciosas. Tienen un buen merendero en la terraza con vistas y alquilan una casita entre las vides. Botellas 20-45 US$.

BR Cohn   BODEGA
(plano p. 188; ☎800-330-4064, 707-938-4064; www.brcohn.com; 15000 Sonoma Hwy, Glen Ellen; cata 10 US$; ⊙10.00-17.00) Siempre abarrotada, su fundador fue el manager de The Doobie Brothers en la década de 1970. Tam-

bién eleboran aceites de oliva de cultivo ecológico. Entre sus mejores vinos tienen un cabernet sauvignon excelente, algo raro en Sonoma. Hay una tiendecita *gourmet* donde probarlo todo. En otoño, organizan conciertos benéficos, con grupos como The Skynyrd y The Doobies. Botellas 16-45 US$.

Arrowood   BODEGA
(plano p. 188; ☎707-935-2600; www.arrowoodvi neyards.com; 14347 Sonoma Hwy; cata 20 US$; ⊙10.00-16.30) 🍃 La sala de catas está sobre una colina, con vistas al valle dignas de postal y un ambiente aburguesado, muy recargado para Sonoma. Destacan el chardonnay y el cabernet sauvignon. Devuelven el precio de la cata al comprar dos botellas. Botellas 25-90 US$.

Imagery Estate   BODEGA
(plano p. 188; ☎707-935-4515; www.imagerywi nery.com; 14335 Sonoma Hwy; cata 10-20 US$; ⊙10.00-16.30; 🐾🍽) 🍃 Producen variedades menos conocidas de cultivo biodinámico, muy comercializadas; destacan el cabernet franc y el sangiovese. Las botellas llevan etiquetas diseñadas por artistas; los originales se exponen en la galería de la hacienda. En los encantadores jardines hay una zona de *picnic* con césped y espacios para jugar con herraduras y bochas. Tienen productos para completar la merienda. Botellas 24-45 US$.

Benziger   BODEGA
(plano p. 188; ☎707-935-4527, 888-490-2739; www.benziger.com; 1883 London Ranch Rd, Glen Ellen; catas 15-20 US$, circuito en tranvía adultos/ menores 21 años 25/10 US$; ⊙10.00-17.00, circuitos en tranvía 11.30-15.30; 🐾🍽) 🍃 Ofrecen el mejor curso intensivo sobre la viticultura local. El circuito (no se puede reservar) incluye un paseo en vagoneta al aire libre (según el clima) por los viñedos biodinámicos y una cata de cuatro caldos. Hay una zona de *picnic* genial y espacio para juegos. El vino de amplia producción es aceptable (se aconsejan los reservas), pero lo mejor es el circuito. Botellas 15-80 US$.

Wellington   BODEGA
(plano p. 188; ☎800-816-9463; www.wellington vineyards.com; 11600 Dunbar Rd, Glen Ellen; cata 10 US$; ⊙10.30-16.30) 🍃 Es famosa por los 'oportos' (uno blanco incl.) y los tintos con cuerpo. Elaboran un zinfandel genial de vides plantadas en 1892. El *noir de noir* es el favorito de los entendidos. Botellas 15-30 US$. Devuelven el precio de la cata con la compra.

Loxton BODEGA

(plano p. 188; ☎707-935-7221; www.loxtonwines. com; 11466 Dunbar Rd, Glen Ellen; ☉11.00-17.00) **GRATIS** Es una bodega discreta, con vistas de lujo y catas gratis, propiedad del australiano Chris. La sala de catas es un almacén pequeño donde se prueban syrah y zinfandel maravillosos, un chardonnay joven y afrutado y un buen 'oporto'. Botellas 16-30 US$.

★ Kaz BODEGA

(plano p. 188; ☎707-833-2536; www.kazwinery. com; 233 Adobe Canyon Rd, Kenwood; cata 5 US$; ☉11.00-17.00 vi-lu; 🚻🎪) 🍷 Es la bodega de culto favorita de Sonoma, diestros en mezclas. Ofrecen variedades poco conocidas, como los alicante bouschet y lenoir, y un cabernetmerlot interesante. Los niños pueden probar el mosto y correr por la zona de juegos. Botellas 20-48 US$.

Sonoma y alrededores

Aunque ya hay *boutiques* de moda donde antes había ferreterías, Sonoma aún conserva un encanto añejo gracias a su gran plaza y los edificios que la circundan, como congelados en el tiempo. Además, en la plaza se puede beber, algo raro en los parques de California, aunque solo de 11.30 al atardecer.

Sonoma tiene una historia muy rica. En 1846 protagonizó una segunda revolución en EE UU, esta vez contra México, cuando el General Mariano Guadalupe Vallejo promovió que los estadounidenses de la frontera ocuparan el presidio de Sonoma para declarar su independencia. Apodaron a California la "Bear Flag Republic" ("República de la Bandera del Oso"), por la bandera que crearon para la batalla.

La república tuvo una vida corta. La guerra entre México y EE UU estalló un mes después y EE UU se anexionó California. Pero la revuelta dio la bandera a este estado, que aún muestra las palabras "California Republic" bajo un oso pardo fornido. Vallejo fue encarcelado, aunque al final regresó a Sonoma y desempeñó un papel crucial en su desarrollo.

⊙ Puntos de interés

★ Sonoma Plaza PLAZA

(plano p. 190; entre Napa St, Spain St y 1st St) El **ayuntamiento**, construido entre 1906 y 1908 al estilo misionero, está en el centro. Sus cuatro fachadas son idénticas; según parece, to-

Valle de Sonoma

Valle de Sonoma

dos los comercios exigieron tenerla delante. En la esquina noreste está el **monumento a la Bear Flag** ('Bandera del Oso'). El **mercado de granjeros** (17.30-20.00ma, abr-oct) muestra todas las semanas los increíbles productos de Sonoma.

Sonoma State Historic Park LUGAR HISTÓRICO
(☎707-938-9560; www.parks.ca.gov; adultos/niños 3/2 US$; ◎10.00-17.00) Consta de varios puntos de interés, casi todos juntos. La misión San Francisco Solano de Sonoma, la última de California, ancla la plaza. Los cuarteles de Sonoma albergan exposiciones sobre la vida en el s. XIX. El vestíbulo del Toscano Hotel, de 1886, bien conservado, puede verse. La casa de Vallejo (1852) queda unos 800 m al noroeste. Una entrada da acceso a todos los lugares, incluida la **Petaluma Adobe** (☎707-762-4871; www.petalumaadobe.com; 3325 Adobe Rd, Petaluma; ◎10.00-17.00 sa y do), la hacienda de Vallejo, a 24 km.

➔ **Misión San Francisco Solano de Sonoma**
(plano p. 190; ☎707-938-9560; 114 E Spain St) En la esquina noreste de la plaza, la misión se construyó en 1823, en parte para impedir que los rusos de Fort Ross se trasladasen al interior. Fue la nº 21 y la última misión de California (el punto más septentrional en El Camino Real), y la única construida en el período mexicano (las demás las fundaron los españoles). Conserva cinco estancias originales; la capilla, de 1841, es de visita obligada.

➔ **Cuarteles de Sonoma**
(plano p. 190; ☎707-939-9420; parks.ca.gov; 20 E Spain St; adultos/niños 3/2 US$; ◎10.00-17.00) Los construyó Vallejo en adobe entre 1836 y 1840 para acoger a las tropas mexicanas. Hoy, unas muestras interpretativas describen la vida en los períodos mexicano y estadounidense. Se convirtieron en la capital de una nación de delincuentes el 14 de junio de 1846, cuando los colonos estadounidenses, con varios grados de sobriedad, sorprendieron a la guardia y declararon una "California Republc" independiente, con una bandera que mostraba el garabato de un oso.

EE UU se hizo con el poder al cabo de un mes, pero abandonó los barracones durante la Fiebre del Oro, y en 1860 Vallejo los convirtió en (cómo no) una bodega.

Sonoma

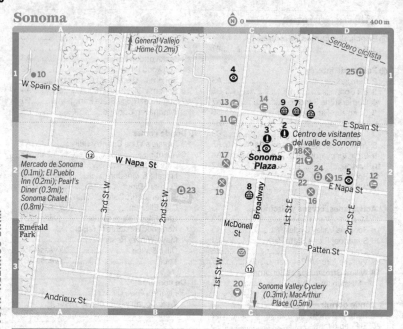

Sonoma

➜ Toscano Hotel

(plano p. 190; ☎707-938-9560; 20 E Spain St) GRATIS
Originalmente una tienda y biblioteca de la

década de 1850, el edificio se convirtió en hotel en 1886. Es posible asomarse al vestíbulo
(10.00-17.00). Salvo por el tráfico exterior,

poco más ha cambiado. Hay circuitos gratis (13.00-16.00, sa y do).

→ **Casa del general Vallejo**

(☎707-938-9559; 363 3rd St W) Es un edificio encantador, situado 800 m al noroeste de la plaza, conocido como Lachryma Montis ("lágrimas de la montaña", en latín). Se construyó entre 1851 y 1852 para el general Vallejo y recibió el nombre de la fuente que alberga. La familia, que percibió buenos ingresos por bombear agua a la ciudad, conservó el lugar hasta 1933, cuando el estado de California la adquirió, muebles incluidos. Hay circuitos guiados (13.00, 14.00 y 15.00 sa y do) y un carril bici hasta el lugar desde el centro.

La Haye Art Center CENTRO DE ARTE
(plano p. 190; ☎707-996-9665; 148 E Napa St; ⏰11.00-17.00) GRATIS Es una cooperativa situada en una fundición adaptada; se puede recorrer la galería acristalada y conocer a los artistas (escultor, alfarero y pintores) en sus estudios.

Sonoma Valley Museum of Art MUSEO
(plano p. 190; ☎707-939-7862; www.svma.org; 551 Broadway; adultos/familias 5/8 US$; ⏰11.00-17.00 mi-do) Expone obras de artistas como David Hockney. Destaca la exposición anual del Día de los Muertos (oct).

Bartholomew Park PARQUE
(☎707-938-2244; www.bartholomewpark.org; 1000 Vineyard Lane; ⏰10.00-18.00) GRATIS Sus 152 Ha son el principal destino al aire libre cerca de la ciudad, accesible por Castle Rd. Se puede hacer *picnic* bajo robles gigantes y recorrer 5 km de senderos; desde lo más alto del mismo se ve San Francisco. La **Palladian Villa**, en la entrada, es una réplica de la residencia original del conde Haraszthy (12.00-15.00, sa y do). Hay una buena bodega independiente.

Cornerstone Sonoma JARDINES
(plano p. 188; ☎707-933-3010; www.cornerstone gardens.com; 23570 Arnold Dr, Hwy 121; ⏰10.00-16.00; ♿) GRATIS Son 25 jardines abiertos al público, diseñados por famosos paisajistas de vanguardia, que exploran las posibilidades entre arte y naturaleza. Los niños podrán corretear mientras sus padres exploran las tiendas de postín, prueban vinos y recopilan información en el **centro de visitantes del valle de Sonoma** (plano p. 188; ☎707-935-4747; www.sonomavalley.com; Cornerstone Gardens, 23570 Hwy 121; ⏰10.00-16.00); hay una cafetería buena, aunque cara. La enorme silla azul Adirondack que hay al borde de la carretera es digna de ver.

Destacan las creaciones *Earth Walk,* de Pamela Burton, hundidos, y *Rise,* de Planet Horticulture, que exagera el espacio.

🏃 Actividades

Muchos alojamientos ofrecen bicicletas.

Traintown PARQUE DE ATRACCIONES
(plano p. 188; ☎707-938-3912; www.traintown.com; 20264 Broadway; ⏰10.00-17.00 a diario fin may-med sep, vi-do med sep-fin may; ♿) Está 1,6 km al sur de la plaza. Una locomotora en miniatura hace paseos (20 min, 5,75 US$) y hay otras seis atracciones tradicionales (2,75 US$/paseo), tiovivo y noria incluidos.

Sonoma Valley Cyclery ALQUILER DE BICICLETAS
(plano p. 188; ☎707-935-3377; www.sonomacyclery.com; 20091 Broadway/Hwy 12; bicis desde 30 US$/día; ⏰10.00-18.00 lu-sa, hasta 16.00 do; ♿) Sonoma es perfecta para pedalear: llana y con muchas bodegas cerca del centro. Los fines de semana hay que reservar.

Willow Stream Spa en el Sonoma Mission Inn SPA
(plano p. 188; ☎707-938-9000; www.fairmont.com/sonoma; 100 Boyes Blvd; ⏰7.30-20.00) Pocos *spas* del Wine Country se parecen a este. Se ofrecen dos tratamientos los fines de semana (entre semana 89 US$; hay que reservar) que permiten el uso de tres pozas termales exteriores y dos interiores, el gimnasio, la sauna y la sala de vapor herbal en un baño románico. Solo mayores de 18 años.

🎓 Cursos

Ramekins Sonoma Valley Culinary School COCINA
(plano p. 190; ☎707-933-0450; www.ramekins.com; 450 W Spain St; ♿) Degustaciones excelentes y clases intensivas. Los fines de semana hay "campamentos culinarios" para adultos y niños.

🛏️ Dónde dormir

En temporada baja, los precios se desploman. Conviene haber reservado, y pregúntese también por el aparcamiento, algunos alojamientos históricos no tienen. Otra opción es Glen Ellen y, para presupuestos bajos, Santa Rosa.

Sonoma Chalet B&B $$
(☎800-938-3129, 707-938-3129; www.sonomacha let.com; 18935 5th St W; h 160-180 US$, con baño compartido 140 US$, casitas 195-225 US$; ☎) Está una antigua granja, rodeado por colinas on-

duladas. Hay una casa tipo chalé suizo con habitaciones, balconcitos y adornos de campo. Pero destacan las casitas independientes; la Laura's tiene chimenea de leña. El desayuno, incluido en el precio, lo sirven en una terraza con vistas a una reserva natural. Las habitaciones con baño compartido no tienen aire acondicionado. No hay teléfono ni internet.

Sonoma Hotel HOTEL HISTÓRICO $$
(plano p. 190; ☎800-468-6016, 707-996-2996; www.sonomahotel.com; 110 W Spain St; h incl. desayuno 170-200 US$, ste 250 US$; ❊🐾📶) Data de la década de 1880 y tiene un estilo a juego, con mucho encanto, mobiliario rural de madera de sauce incluido. El ruido lo amortiguan las ventanas dobles; no hay ascensor ni aparcamiento.

Swiss Hotel HOTEL HISTÓRICO $$
(plano p. 190; ☎707-938-2884; www.swisshotelsonoma.com; 18 W Spain St; h incl. desayuno lu-vi 150-170 US$, sa y do 200-240 US$; ❊📶) Fue inaugurado en 1905, lo que explica lo irregular de los suelos. Los diseños florales están anticuados, pero las habitaciones son espaciosas, salen a buen precio y comparten un balcón que da a la plaza. Abajo hay un bar-restaurante algo ruidoso. No hay aparcamiento ni ascensor.

Windhaven Cottage CASAS $$
(plano p. 188; ☎707-483-1856, 707-938-2175; www.windhavencottage.com; 21700 Pearson Ave; casa 155-165 US$; ❊📶) Es una ganga repartida en dos espacios: una casa romántica con techos de madera abovedados y chimenea, y un estudio precioso de 244 m², ambos con *jacuzzi*. Hay pista de tenis, bicicletas y barbacoa.

Sonoma Creek Inn MOTEL $$
(plano p. 188; ☎888-712-1289, 707-939-9463; www.sonomacreekinn.com; 239 Boyes Blvd; h 116-225 US$; ❊📶📶) Es un lugar precioso, con habitaciones inmaculadas y alegres, de estilo americano antiguo. No está en el centro, pero las bodegas del valle quedan cerca. Reservas de última hora (si hay suerte) por 89 US$.

El Dorado Hotel HOTEL-BOUTIQUE $$$
(plano p. 191; ☎707-996-3220; www.eldoradosonoma.com; 405 1st St W; h lu-vi 165-265 US$, sa y do 245-325 US$; P❊📶📶) Ofrece toques estilosos, como sábanas de calidad, que justifican el precio y, junto a los balcones privados con vistas a la plaza o al patio trasero, compensan el tamaño reducido de las habitaciones (pese al ruido, las que dan a la plaza son mejores). No hay ascensor.

El Pueblo Inn MOTEL $$$
(plano p. 188; ☎707-996-3651, 800-900-8844; www.elpuebloinn.com; 896 W Napa St; h incl. desayuno 189-239 US$; ❊📶@📶📶) Situado 1,6 km al oeste del centro, este negocio familiar ofrece camas maravillosas, césped, piscina climatizada (genial para los niños) y un *jacuzzi* (24 h).

Sonoma's Best Guest Cottages CASAS $$$
(plano p. 188; ☎800-291-8962, 707-933-0340; www.sonomasbestcottages.com; 1190 E Napa St; casitas 199-349 US$, c 279-395 US$; ❊📶) Estas cuatro casitas coloristas y tentadoras incluyen dormitorio, salón, cocina y barbacoa, además de muebles cómodos, estéreo, DVD y bicicletas. Está 1,6 km al este de la plaza.

Hidden Oak Inn B&B $$$
(plano p. 190; ☎707-996-9863; www.hiddenoakinn.com; 214 E Napa St; h incl. desayuno 195-245 US$; ❊📶📶) Dispone de tres habitaciones en un edificio *arts & crafts* de 1914; el servicio es encantador.

MacArthur Place POSADA $$$
(☎800-722-1866, 707-938-2929; www.macarthurplace.com; 29 E MacArthur St; h desde 350 US$, ste desde 499 US$; ❊📶@📶📶) Es el mejor hostal de Sonoma ofrece servicio completo, en una antigua hacienda con jardines centenarios.

🍴 Dónde comer

Valle adentro, en el Sugarloaf Ridge State Park (p. 195), se encontrarán zonas de *picnic* con barbacoas junto a arroyos. En la Hwy 12, entre Boyes Blvd y Aqua Caliente, hay camionetas de tacos que cierran tarde.

Angelo's Wine Country Deli GOURMET $
(plano p. 188; ☎707-938-3688; 23400 Arnold Dr; sándwiches 7 US$; ⊙9.00-17.30) Este local de carretera, al sur de la ciudad, destaca por tener una vaca en el tejado y por sus jugosos sándwiches y cecina casera.

Pearl's Diner CAFETERÍA $
(☎707-996-1783; 561 5th St W; principales 7-10 US$; ⊙7.00-14.30; 🌱) Frente a la pared del Safeway que da al oeste, en este bar barato sirven contundentes desayunos americanos, con un bacón de primera y gofres con helado de vainilla derretido.

Sonoma Market MERCADO, GOURMET $
(☎707-996-3411; www.sonoma-glenellenmkt.com; 500 W Napa St; sándwiches desde 6 US$; ⊙5.30-22.00) Los mejores productos y sándwiches de Sonoma.

★ **Fremont Diner** ESTADOUNIDENSE **$$**
(plano p. 188; ☎707-938-7370; http://thefremontd iner.com; 2698 Fremont Dr; principales 10-16 US$; ☺8.00-15.00 lu-mi, hasta 21.00 ju-do; ⊞) ✐ Bar de carretera con productos frescos; en horas punta, la cola sale por la puerta. Dentro está mejor, pero también tiene mesas de *picnic* fuera, bajo una lona, para disfrutar de panqueques de ricotta con auténtico sirope de arce, pollo con gofres, sánwiches gigantes de ostras, parrilladas deliciosas y tortitas de pan de maíz. Para evitar colas, váyase pronto o tarde.

Sunflower Caffé & Wine Bar CAFÉ **$$**
(plano p. 190; ☎707-996-6845; www.sonomasun flower.com; 421 1st St W; platos 8-15 US$; ☺7.00-16.00; ☏) Tiene un jardín trasero enorme, genial para desayunar, almorzar tranquilamente o tomar un vino por la tarde.

Red Grape ITALIANA **$$**
(plano p. 190; ☎707-996-4103; http://theredgrape. com; 529 1st St W; principales 10-20 US$; ☺11.30-22.00; ⊞) Espacio amplio y diáfano correcto si se busca comida fácil, como *pizzas,* finas y crujientes, y ensaladas grandes. También para llevar.

Della Santina's ITALIANA **$$**
(plano p. 190; ☎707-935-0576; www.dellasantinas. com; 135 E Napa St; principales 14-24 US$; ☺11.30-15.00 y 17.00-21.30) Los camareros no han cambiado nunca y los "platos del día", raras veces, pero la comida ítalo-americana (*linguini* al pesto, *parmigiana* de ternera o pollo asado) está buenísima. El patio de ladrillo resulta encantador en las noches cálidas.

Taste of the Himalayas INDIA, NEPALÍ **$$**
(plano p. 190; ☎707-996-1161; 464 1st St E; principales 10-20 US$; ☺11.00-2.30 ma-do, 17.00-22.00 a diario) Sirven curris picantes, una sopa de lentejas exquisita y carnes guisadas.

★ **Cafe La Haye** CALIFORNIANA **$$$**
(plano p. 190; ☎707-935-5994; www.cafelahaye.com; 140 E Napa St; principales 20-32 US$; ☺17.30-21.00 ma-sa) ✐ Es de los mejores lugares en Sonoma de cocina americana moderna. Todos los productos son de un radio de 100 km. El comedor se llena y el servicio roza lo mecánico, pero muchos sibaritas aprecian su sencillez y sus sabores intensos. Resérvese lo antes posible.

the girl & the fig FRANCESA **$$$**
(plano p. 190; ☎707-938-3634; www.thegirlandthe fig.com; 11 W Spain St; principales 20-27 US$;

☺11.30-22.00 lu-vi, 11.00-23.00 sa, 10.00-22.00 do) Bistró francés de provincias con mesas en un jardín, ideales para una noche de celebración. Tienen buenos platillos (12-14 US$), como mejillones al vapor con patatas paja y *confit* de pato con lentejas, y entre semana hay un menú de tres platos por 36 US$ (con vino 12 US$ más). Muy buenos quesos. Es esencial reservar.

El Dorado Kitchen CALIFORNIANA **$$$**
(plano p. 190; ☎707-996-3030; www.eldoradoso noma.com; 405 1st St W; principales de almuerzo 12-17 US$, de cena 24-31 US$; ☺8.00-11.00, 11.30-14.30 y 17.30-21.30) ✐ Es la opción más peripuesta de la plaza de cocina contemporánea de fusión californiana y mediterránea, con ingredientes regionales de temporada y platos como ensalada de *confit* de pato y ravioli caseros, servidos en un comedor con una mesa común central. En el bar ofrecen buenas raciones (9-15 US$) y cócteles caseros. Hay que reservar.

La Salette PORTUGUESA **$$$**
(plano p. 190; ☎707-938-1927; www.lasalette-res taurant.com; 452 1st St E; principales de almuerzo 12-25 US$, de cena 19-25 US$; ☺11.30-14.00 y 17.30-21.00) ✐ Cocina portuguesa contemporánea más que correcta y a buen precio, incluido un guiso marinero genial. Hay que reservar.

Harvest Moon Cafe ESTADOUNIDENSE MODERNA **$$$**
(plano p. 190; ☎707-933-8160; www.harvestmoonca fesonoma.com; 487 1st St W; principales 19-29 US$; ☺17.30-21.00 mi-lu) ✐ Bistró informal situado en una acogedora casa de 1836. Su cambiante carta se nutre de productos locales, como el *risotto* con ricotta de Bellwether Farms. Si hace bueno, se aconseja reservar en el patio.

🍷 Dónde beber y ocio

En la plaza hay **conciertos de 'jazz'** gratis cada segundo martes de mes (jun-sep, 18.00-20.30); conviene llegar pronto y llevarse la merienda.

Murphy's Irish Pub PUB
(plano p. 190; ☎707-935-0660; www.sonomapub. com; 464 1st St E; ☺12.00-23.00) Solo sirven cervezas artesanas; tienen buenas patatas fritas cortadas a mano y *shepherd's pie* (pastel gratinado con carne, verduras y puré de patatas). Hay música en directo (noches ju-do).

Swiss Hotel BAR
(plano p. 190; www.swisshotelsonoma.com; 18 W Spain St; ☺11.30-24.00) Lleno de lugareños y

turistas, en este bar de 1909 sirven comida buena y mejores cócteles.

Hopmonk Tavern
FÁBRICA DE CERVEZA

(plano p. 190; ☎707-935-9100; www.hopmonk.com; 691 Broadway; ☉11.30-22.00) Es un *gastropub* moderno (platos 10-20 US$) que incluye un jardín-cervecería. Tiene 16 variedades de cerveza de barril, cada una servida en su vaso. Hay música en directo (vi-do).

Enoteca Della Santina
BAR DE VINOS

(plano p. 190; www.enotecadellasantina.com; 127 E Napa St; ☉16.00-22.00 lu-ju, hasta 23.00 vi, 14.00-23.00 sa, 14.00-22.00 do) Tienen 30 vinos de todo el mundo, también de la tierra.

Steiner's
BAR

(plano p. 190; www.steinerstavern.com; 465 1st St W; ☉6.00-2.00; ☏) Es el bar más antiguo de Sonoma. Los domingos por la tarde se llena de ciclistas y moteros.

Sebastiani Theatre
CINE

(plano p. 190; ☎707-996-2020; sebastianitheatre. com; 476 1st St E) Construido en 1934, en este cine proyectan películas de autor y reposiciones; a veces hay teatro.

🛍 De compras

Vella Cheese Co
COMIDA

(plano p. 190; ☎707-938-3232; www.vellacheese. com; 315 2nd St E; ☉9.30-18.00 lu-sa) Es famoso por sus quesos *dry-jack*, que elaboran desde los años treinta, y hacen un buen *mezzo secco* con la corteza espolvoreada con cacao. Envasan al vacío.

Tiddle E Winks
JUGUETES

(plano p. 190; ☎707-939-6933; www.tiddleewinks. com; 115 E Napa St; ☉10.30-17.30 lu-sa, 11.00-17.00 do; ♿) Juguetes de mediados del s. xx.

Sign of the Bear
ARTÍCULOS DE HOGAR

(plano p. 190; ☎707-996-3722; 435 1st St W; ☉10.00-18.00) Imprescindible para los amantes del menaje de cocina.

Chateau Sonoma
ARTÍCULOS DE HOGAR, REGALOS

(plano p. 190; ☎707-935-8553; www.chateausonoma.com; 153 W Napa St; ☉10.30-18.00 lu-sa, 11.00-17.00 do) Francia en Sonoma, con artículos de regalo exclusivos y objetos de decoración.

Readers' Books
LIBROS

(plano p. 190; ☎707-939-1779; readers.indiebound. com; 130 E Napa St; ☉10.00-19.00 lu-sa, hasta 18.00 do) Librería independiente.

ℹ Información

Oficina de correos de Sonoma (plano p. 190; ☎800-275-8777; www.usps.com; 617 Broadway; ☉9.00-17.00 lu-vi)

Sonoma Valley Hospital (☎707-935-5000; www.svh.com; 347 Andrieux St) Con servicio de urgencias 24 h.

Centro de visitantes del valle de Sonoma (plano p. 190; ☎707-996-1090; www.sonomavalley.com; 453 1st E; ☉9.00-17.00 lu-sa, 10.00-17.00 do) Gestionan el alojamiento, ofrecen un buen folleto con rutas de senderismo e informan sobre actividades. Tiene una sucursal en los Cornerstone Gardens (p. 191).

Glen Ellen y Kenwood

Esto es un reducto de la vieja Sonoma (vallas blancas junto a un arroyo bordeado por álamos), ideal para dar un paseo tras la visita a las bodegas o para pasar una noche romántica bajo las estrellas.

La Arnold Dr es la calle principal y una buena ruta secundaria para recorrer el valle. Las principales atracciones locales son el Jack London State Historic Park y la bodega Benziger (p. 187).

Kenwood está al norte, por la Hwy 12, pero no tiene un centro como Glen Ellen.

👁 Puntos de interés y actividades

Jack London State Historic Park
PARQUE

(plano p. 188; ☎707-938-5216; www.jacklondonpark. com; 2400 London Ranch Rd, Glen Ellen; por automóvil 10 US$, circuito adultos/niños 4/2 US$; ☉9.30-17.00) Napa tendrá a Robert Louis Stevenson, pero Sonoma tuvo a Jack London. El parque (566 Ha) recorre los últimos años de su vida e incluye un museo excelente. Hay senderos (algunos aptos para bicis de montaña) por bosques salpicados de robles, con una altitud de entre 180 y 700 m; un circuito fácil de 3 km serpentea hasta un lago, perfecto para hacer *picnic*. Cuidado con los robles venenosos.

London (1876-1916) fue pescador en Oakland, buscador de oro en Alaska y regatista en el Pacífico, a la par que novelista, y terminó aquí como agricultor. Adquirió el Beauty Ranch en 1905 y se mudó a él en 1910. Con su segunda esposa, Charmian, vivió y escribió en una casita de campo mientras se construía la Wolf House, que se quemó antes de terminarse (1913). El desastre fue devastador para London, que murió antes de que se reiniciaran las obras. Su viuda levantó la House of Happy Walls, que se conserva como museo, a 800 m de las ruinas de la Wolf House. La tumba de London está entre las dos. Hay varias rutas que recorren la finca.

Sugarloaf Ridge State Park SENDERISMO

(plano p. 188; 707-833-5712; www.parks.ca.gov; 2605 Adobe Canyon Rd, Kenwood; por automóvil 8 US$) Ofrece rutas fantásticas de senderismo (si no hace un calor abrasador). Los días despejados hay unas vistas del mar alucinantes desde el **monte Bald,** mientras que por el **Bushy Peak Trail** se ve el valle de Napa. Son caminos de exigencia media (4 h i/v).

Morton's Warm Springs NATACIÓN

(plano p. 188; 707-833-5511; www.mortonswarm springs.com; 1651 Warm Springs Rd, Glen Ellen; adultos/niños 15/5 US$; 10.00-18.00 sa, do y festivos may y sep, ma-do jun-ago;) Es un club de natación familiar a la antigua, con dos piscinas de aguas termales, rutas limitadas de senderismo, instalaciones de voleibol y barbacoas. No aceptan tarjetas de crédito de martes a viernes (llévese la cantidad justa). Para llegar, de la Sonoma Hwy desde Kenwood hay que girar al oeste por la Warm Springs Rd.

Triple Creek Horse Outfit PASEOS A CABALLO

(707-887-8700; www.triplecreekhorseoutfit.com; 60/90min paseos 75/95 US$; mi-lu) Permiten explorar el Jack London State Park a lomos de un caballo, con vistas alucinantes del valle de Sonoma. Hay que reservar.

🛏 Dónde dormir

Sugarloaf Ridge State Park CAMPING $

(plano p. 188; 800-444-7275; www.reserveameri ca.com; 2605 Adobe Canyon Rd, Kenwood; parcelas tienda y caravana 35 US$;) Es el *camping* más cercano a la ciudad, al norte de Kenwood, en un parque encantador sobre las colinas accesible en vehículo. Hay 50 parcelas, duchas limpias (con monedas) y rutas geniales.

Jack London Lodge MOTEL $$

(plano p. 188; 707-938-8510; www.jacklondon lodge.com; 13740 Arnold Dr, Glen Ellen; h lu-vi 124 US$, sa y do 189 US$;) Tiene un estilo pretérito, con mucha madera y habitaciones cuidadas que incluyen reproducciones de antigüedades. Entre semana es una ganga y a veces se puede negociar el precio. Hay *jacuzzi* y una taberna al lado.

Glen Ellen Cottages BUNGALÓS $$

(plano p. 188; 707-996-1174; www.glenelleninn. com; 13670 Arnold Dr, Glen Ellen; casitas lu-vi 139-

🛈 LA VENDIMIA

La vendimia es la recolección, que se hace en otoño, cuando las hojas de las vides adquieren colores brillantes y en el ambiente se huele la fermentación tras el prensado. Los agricultores celebran fiestas de la cosecha. Todo el mundo quiere estar para esas fechas, por lo que los precios de las habitaciones se disparan. Para conseguir invitación a una fiesta, hay que unirse a un club de vinos.

159 US$, sa y do 209-249 US$;) Ocultas tras el Glen Ellen Inn, estas cinco casitas junto a un arroyo se hacen querer, cada una con su bañera enorme de hidromasaje, ducha de vapor y chimenea de gas.

⭐ Beltane Ranch B&B $$$

(plano p. 188; 707-996-6501; www.beltaneranch. com; 11775 Hwy 12, Glen Ellen; d incl. desayuno 160-285 US$;) Este lugar regala un viaje a la Sonoma del s. XIX, entre pastos y viñedos. El edificio, de color amarillo limón, data de la década de 1890, con porches dobles con hamacas y muebles de mimbre blanco. Las habitaciones, sencillas y de estilo rural, tienen acceso privado, y nada de teléfono o TV que distraiga del éxtasis bucólico. Sirven el desayuno en la cama.

Gaige House Inn B&B $$$

(plano p. 188; 707-935-0237, 800-935-0237; www.gaige.com; 13540 Arnold Dr, Glen Ellen; d incl. desayuno desde 275 US$, ste desde 425 US$;) Es una de las posadas más chic de Sonoma. Tiene 23 habitaciones, cinco de ellas en una casa de 1890 de estilo euroasiático. Las mejores son las "suites zen" de estilo japonés, con todos los lujos, como bañeras autónomas de roca de granito vaciada. Fabuloso.

Kenwood Inn & Spa POSADA $$$

(plano p. 188; 800-353-6966, 707-833-1293; www.kenwoodinn.com; 10400 Sonoma Hwy, Kenwood; h incl. desayuno 450-825 US$;) Unos jardines frondosos rodean los bungalós cubiertos por la hiedra con 25 habitaciones, diseñados como casas solariegas mediterráneas. Incluye dos *jacuzzis* (uno con cascada) y un *spa*, por lo que es ideal para enamorados y aburrido para solteros. No admiten niños. Se aconsejan las habitaciones con balcón.

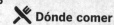

Dónde comer

Glen Ellen

Village Market
GOURMET, MERCADO $

(plano p. 188; www.sonoma-glenellenmkt.com; 13751 Arnold Dr, Glen Ellen; 6.00-20.00) Lugar fantástico con una zona *gourmet* enorme.

Garden Court Cafe
CAFÉ $

(plano p. 188; 707-935-1565; www.gardencourt-cafe.com; 13647 Arnold Dr, Glen Ellen; principales 9-12 US$; 8.30-14.00 mi-lu) Desayunos básicos, sándwiches y ensaladas.

fig cafe & winebar
FRANCESA, CALIFORNIANA $$

(plano p. 188; 707-938-2130; www.thefigcafe.com; 13690 Arnold Dr, Glen Ellen; principales 18-22 US$; 10.00-15.00 sa y do, 17.30-21.00 a diario) Vale la pena ir a Glen Ellen solo para probar la comida sencilla y tradicional de fusión californiana y provenzal de este restaurante. Pruébense los calamares fritos con alioli picante al limón, el *confit* de pato o los mejillones con patatas fritas. Además, tienen vinos a buen precio y un excelente *brunch* los fines de semana.

Yeti
INDIA $$

(plano p. 188; 707-996-9930; www.yetirestaurant.com; 14301 Arnold Dr, Glen Ellen; principales 12-22 US$; 11.30-14.30 y 17.00-21.00) Cocina india y nepalí buenísima, servida en un patio junto a un arroyo, en un molino reconvertido, y a buen precio.

Glen Ellen Inn
ESTADOUNIDENSE $$

(plano p. 188; 707-996-6409; www.glenelleninn.com; 13670 Arnold Dr, Glen Ellen; principales 16-25 US$; 11.30-21.00 ju-ma, 17.30-21.00 mi) Ostras, *martinis* y filetes a la brasa, además de un amplio surtido de bebidas. El jardín es maravilloso.

Mayo Winery Reserve
BODEGA $$

(plano p. 188; 707-833-5504; www.mayofamilywinery.com; 9200 Sonoma Hwy, Kenwood; menú de 7 platillos 35 US$; con cita previa 11.00-17.00) Ofrece un banquete en siete pequeños platos acompañados de siete vinos (35 US$) en una sala de catas con poco encanto, junto a la carretera.

Cafe Citti
ITALIANA $$

(plano p. 188; 707-833-2690; www.cafecitti.com; 9049 Sonoma Hwy, Kenwood; principales 8-15 US$; 11.00-15.30 y 17.00-21.00;) Establecimiento de productos *gourmet* italoamericanos frecuentado por lugareños; se pide en la barra. Destacan el pollo asado, los ñoquis y los raviolis caseros; al mediodía, sirven *pizzas* y bocadillos en pan de *focaccia* horneado in situ.

Kenwood Restaurant & Bar
CALIFORNIANA $$$

(plano p. 188; 707-833-6326; www.kenwoodrestaurant.com; 9900 Sonoma Hwy, Kenwood; principales 22-30 US$; 11.30-20.30 mi-do) Con un patio de piedra que flanquea unos viñedos y unos jardines floreados, este restaurante junto a la carretera está muy bien para un almuerzo relajado. Buenos productos de la zona en platos sencillos pero deliciosos, como costillas de cerdo con bacón o pollo asado. El menú a base de platillos (10-16 US$) es ideal para picar entre bodegas. Hay que reservar.

Aventine
ITALIANA $$$

(plano p. 188; 707-934-8911; http://glenellen.aventinehospitality.com; 14301 Arnold Dr, Glen Ellen; principales 14-28 US$; 16.30-22.00 ma-vi, 11.00-22.00 sa y do) El representante en Sonoma del popular restaurante de San Francisco y Hollywood ocupa un antiguo molino harinero, con un patio exterior soleado. La cocina es de inspiración italiana; p. ej., albóndigas rellenas de mozzarella con pesto sobre polenta. Hay que reservar.

Olive & Vine
ESTADOUNIDENSE MODERNA $$$

(plano p. 188; 707-996-9152; oliveandvinerestaurant.com; 14301 Arnold Dr, Glen Ellen; principales 23-36 US$; 17.30-21.00 mi-do) También en un molino harinero reformado, este con muebles desparejos y desgastados pero chic y sabores de temporada. Es esencial reservar.

De compras

Wine Country Chocolates
Tasting Bar
COMIDA

(plano p. 188; 707-996-1010; www.winecountrychocolates.com; 14301 Arnold Dr, Glen Ellen; 10.00-17.00) Permite catar buenos chocolates con varios grados de pureza.

Figone's Olive Oil
COMIDA

(plano p. 188; 707-282-9092; www.figoneoliveoil.com; 9580 Sonoma Hwy, Kenwood; 11.00-17.00) Venden aceite de oliva virgen extra propio, también con sabores como el de limón meyer. La cata es gratis.

ZONA DEL RUSSIAN RIVER

El oeste del condado de Sonoma, famoso en su día por sus manzanos y residencias vacacionales, ahora está ocupado por viñedos y el río se ha hecho un hueco entre las principales denominaciones de vinos de California, sobre todo su pinot noir.

"El río", como lo llaman los lugareños, es un destino muy frecuentado los fines de semana de verano para pasear en canoa, catar vinos y caminar por bosques de secuoyas. En invierno, el río se suele desbordar y no hay nadie.

El Russian River nace en las montañas del norte de Ukiah, en el condado de Mendocino, pero sus tramos más conocidos están al suroeste de Healdsburg. Al norte de Santa Rosa está la River Rd, la arteria principal de la parte más baja del valle, que une la Hwy 101 con la costera Hwy 1 en Jenner. La Hwy 116 va al noroeste desde Cotati vía Sebastopol, y en Guerneville se une a la River Rd, para seguir al oeste, hasta el mar. La Westside Rd conecta Guerneville y Healdsburg. Las carreteras sinuosas del oeste del condado son confusas y allí la cobertura de móvil es limitada; se aconseja llevar un buen mapa.

Bodegas de la zona del Russian River

Hay varias regiones vinateras en el condado de Sonoma, famosas por distintas razones (p. 186). En algunos estantes de folletos turísticos tienen el útil mapa de carreteras *Russian River Wine Road* (www.wineroad.com).

Valle del Russian River

De noche, la niebla costera se concentra en la parte alta del valle, que suele desvanecerse a media mañana. La pinot noir crece muy bien aquí, al igual que la chardonnay, que se cultiva en regiones cálidas pero prefiere los tiempos de espera prolongados de climas más frescos. La mayoría de las bodegas están en la Westside Rd, entre Guerneville y Healdsburg.

Hartford Family Winery · BODEGA

(☎707-887-8030; www.hartfordwines.com; 8075 Martinelli Rd, Forestville; cata 15 US$; ◷10.00-16.30) ✦ Muy lujosa para la zona, esta bodega se ubica en un valle bucólico rodeado por colinas cubiertas de secuoyas, en una de las vías secundarias más bonitas de la zona. Se especializa en un buen pinot de un solo viñedo (doce tipos) y chardonnay y zinfandel de vides viejas. Hay mesas de *picnic* en el jardín, con sombrillas. Botellas 38-90 US$. Devuelven el precio de la cata con la compra.

Korbel · BODEGA

(☎707-824-7000, 707-824-7316; www.korbel.com; 13250 River Rd, Guerneville; ◷10.00-17.00; ✦) **GRATIS** Tiene unos rosales maravillosos (abr-oct) y una tienda *gourmet* ideal para una cata gratis; el champán es aceptable.

Iron Horse Vineyards · BODEGA

(☎707-887-1507; www.ironhorsevineyards.com; 9786 Ross Station Rd, Sebastopol; cata 20 US$; ◷10.00-16.30) Está sobre una colina, con unas vistas del condado alucinantes. Es famosa por el pinot noir y los espumosos. La sala de catas exterior es muy agradable. Sirven ostras (3 US$, 12.00-16.00 do, abr-oct). Está en un desvío de la Hwy 116. Botellas 27-85 US$.

Marimar · BODEGA

(☎707-823-4365; www.marimarestate.com; 11400 Graton Rd, Sebastopol; cata 10-15 US$; ◷11.00-16.00; ✦) ✦ Esta bodega de la firma española Torres está en medio de ninguna parte y se especializa en pinot ecológico (siete tipos) y variedades españolas. La sala de catas, tipo hacienda española, está sobre un monte; tiene una terraza con vistas alucinantes al viñedo, genial para *picnics*. Ofrecen maridajes de tapas y vino (45 US$). Botellas 29-57 US$.

Gary Farrell · BODEGA

(☎707-473-2900; www.garyfarrellwines.com; 10701 Westside Rd, Healdsburg; cata 15-25 US$; ◷10.30-16.30; ✦) Suspendida entre bosques de secuoyas sobre una colina con vistas al río Russian, aquí elaboran un chardonnay elegante y un pinot de sabor persistente. Botellas 32-60 US$.

Porter Creek · BODEGA

(☎707-433-6321; www.portercreekvineyards.com; 8735 Westside Rd, Healdsburg; ◷10.30-16.30; ✦) ✦ **GRATIS** Las catas se realizan en una bolera de los años veinte, al más puro estilo del norte de California. Son pioneros de la agricultura biodinámica y sus especialidades son el pinot noir y el chardonnay de alta acidez, aunque también elaboran un zinfandel sedoso y otros vinos estilo borgoña. Botellas 20-72 US$; catas gratis.

Hop Kiln Winery · BODEGA

(☎707-433-6491; www.hopkilnwinery.com; 6050 Westside Rd, Healdsburg; cata 7 US$; ◷10.00-17.00) Se trata de un lugar de interés histórico, muy fotogénico, con una sala de catas siempre llena en un antiguo secadero de lúpulo. Destacan los vinagres de sabores (10 US$), ideales para regalar.

Zona del Russian River

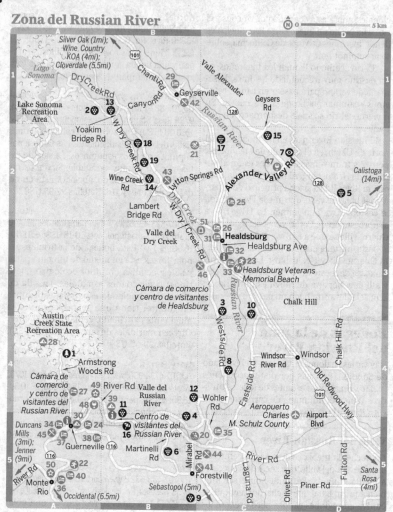

De La Montanya

BODEGA

(☎707-433-3711; www.dlmwine.com; 999 Foreman Lane, Healdsburg; cata 10 US$; ☺con cita previa lu-ju, 11.00-16.30 vi-do; 🅿) Es una bodega diminuta, embutida entre viñedos y famosa por sus pequeñas producciones de 17 variedades de uvas, todas cultivadas en la finca. Destacan el viognier, el primitivo, el pinot y el cabernet, aunque el blanco "de verano" y el gewürztraminer van muy bien para el aperitivo. Tienen un merendero a la sombra de los manzanos y pista de bochas y herraduras. Botellas 20-60 US$. Devuelven el precio de la cata con la compra.

J Winery

BODEGA

(☎707-431-3646; www.jwine.com; 11447 Old Redwood Hwy, Healdsburg; cata 20 US$, circuito 30 US$; ☺11.00-17.00) 🍷 Elabora algunos de los mejores (aunque caros) vinos espumosos frescos de Sonoma. Ideal para sentarse a derrochar con maridajes de vino y comida (45 US$; vi-do, may-oct, hay que llamar antes). Botellas 20-90 US$.

Valle del Dry Creek

Este valle está entre montañas de 600 m. Es un lugar cálido, muy adecuado para la sau-

Zona del Russian River

vignon blanc y la zinfandel y, en ciertos puntos, la cabernet sauvignon. Está al oeste de la Hwy 101, entre Healdsburg y el lago Sonoma. La Dry Creek Rd es la vía rápida principal. La rural West Dry Creek Rd, que discurre en paralelo, es genial para recorrerla en bicicleta.

Quivira
BODEGA

(☏707-431-8333; www.quivirawine.com; 4900 West Dry Creek Rd; cata 10 US$; ⊙11.00-17.00; 🚻🅿) 🖘 Recibe a los visitantes con girasoles, lavandas y el quiquiriquí de los gallos. Es bodega y granja biodinámica, con circuitos autoguiados por el jardín y un merendero junto a los viñedos. Los niños pueden entretenerse con cerdos y pollos mientras los padres prueban variedades del Ródano, mezclas poco usuales y un sauvignon blanc-gewürztztraminer delicioso. Botellas 22-45 US$. Devuelven el precio de la cata con la compra.

Unti Vineyards
BODEGA

(☏707-433-5590; www.untivineyards.com; 4202 Dry Creek Rd; cata 5 US$; ⊙con cita previa 10.00-16.00; 🅿) 🖘 Sirven tintos cultivados en la hacienda (como un garnacha estilo Châteauneuf-du-Pape, una syrah cautivador y un sangiovese soberbio) en una sala con vistas al valle. Es ideal para los amantes de los vinos artesanales. Botellas 23-40 US$. Devuelven el precio de la cata con la compra.

Family Wineries
BODEGA

(☏707-433-0100; familywines.com; 4791 Dry Creek Rd; cata 10 US$; ⊙10.30-16.30) Se trata de una cooperativa donde degustar variedades de seis bodegas-*boutique* demasiado pequeñas como para tener sala propia. Devuelven el precio de la cata con la compra.

Truett Hurst Vineyards
BODEGA

(☏707-433-9545; www.truetthurst.com; 5610 Dry Creek Rd; catas 5-10 US$; ⊙10.00-17.00) 🖘 Es la bodega biodinámica más nueva del Dry Creek, con sillas Adirondack para hacer *picnic* junto a un arroyo. Sirven un zinfandel añejo tremendo, un petite sirah destacable y un pinot del Russian River en una sala de catas moderna y preciosa. Se puede pasear entre jardines aromáticos y mariposas en torno a un arroyo donde desovan los salmones en otoño. Los sábados sirven tentempiés y hay música en directo (do 13.00-16.30). Botellas 18-50 US$.

Bella Vineyards
BODEGA

(☏707-473-9171; www.bellawinery.com; 9711 West Dry Creek Rd; cata 10 US$; ⊙11.00-16.30) Está en el extremo norte del valle, en unas cuevas excavadas en las colinas. La finca incluye vides de 110 años procedentes del valle de Alexander. Se especializan en unos imponentes zinfandel y syrah, pero también tienen un rosado ideal para barbacoas y un zinfandel de cosecha tardía que acompaña muy bien a los *brownies*. Botellas 25-42 US$.

Preston Vineyards
BODEGA

(www.prestonvineyards.com; 9282 West Dry Creek Rd; cata 5 US$; ⊙11.00-16.30; 🚻) 🖘 Fue uno de los pioneros del cultivo ecológico. La finca (s. xix) representa al viejo Sonoma. La casa de labor es la actual sala de catas. La estrella es un sauvignon blanc cítrico; se aconsejan las variedades del Ródano y los vinos de edición limitada: mourvèdre, viognier, cinsault y barbera. Hornean un buen pan y hay un merendero genial bajo los nogales, además de bochas (lu-vi). Botellas 24-38 US$. Devuelven el precio de la cata con la compra.

Valle de Alexander

Las vistas de postal y los amplios viñedos de este bucólico valle flanquean las montes Mayacamas. Los veranos son cálidos, ideales para las uvas cabernet sauvignon, merlot y chardonnay; también se dan la sauvignon blanc y la zinfandel. Para información sobre eventos, visítese www.alexandervalley.org.

Hanna
BODEGA

(☏800-854-3987, 707-431-4310; http://hannawinery.com; 9280 Hwy 128, Healdsburg; cata 10-20 US$; ⊙10.00-16.00; 🚻) Está junto a colinas salpicadas de robles. Sirven merlot y cabernet cultivados en la finca, y zinfandel y syrah afrutados. Ofrecen maridajes de vino y queso (25 US$). Botellas 18-56 US$.

Hawkes
CATAS

(☏707-433-4295; www.hawkeswine.com; 6734 Hwy 128, Healdsburg; cata 10 US$; ⊙10.00-17.00; 🚻) Es una parada cómoda en el valle. El cabernet, de cosecha única, está de lujo, al igual que la mezcla, y también elaboran un chardonnay nítido y refrescante, sin fermentación maloláctica. Botellas 30-70 US$. Devuelven el precio de la cata con la compra.

Stryker Sonoma
BODEGA

(☏707-433-1944; www.strykersonoma.com; 5110 Hwy 128, Geyserville; cata 10 US$; ⊙10.30-17.00; 🚻) 🖘 Ofrece vistas de alucine desde la sala de catas, de cemento y vidrio sobre una colina. Destacan el zinfandel y el sangiovese afrutados (de venta solo aquí). Está bien para hacer un *picnic*. Botellas 20-50 US$. Devuelven el precio de la cata con la compra.

Trentadue BODEGA
(☎888-332-3032, 707-433-3104; www.trentadue.com; 19170 Geyserville Ave, Geyserville; cata 5-10 US$; ☺10.00-17.00; 🐾) Se especializa en 'oportos'; el de sabor a chocolate es un buen regalo.

Sebastopol

Las uvas han sustituido a las manzanas, pero la identidad agrícola de Sebastopol sigue vinculada al fruto bíblico, como queda patente en la gran fiesta estival de la Gravenstein Apple Fair. El centro de la ciudad, por el tráfico, parece más urbano, pero conserva un aire *hippie*. Es la zona más despreocupada del Wine Country, con buenos precios para alojarse.

La Hwy 116 divide el centro del municipio; el tráfico hacia el sur va por Main St y hacia el norte, por Petaluma Ave. Al norte de la ciudad, la vía recibe el nombre de Gravenstein Hwy N y sigue hacia Guerneville; al sur, es Gravenstein Hwy S, que lleva a la Hwy 101 y a Sonoma.

☉ Puntos de interés

Sebastopol está rodeado por granjas, jardines y reservas de animales ideales para las familias, además de huertos autoservicio. Para una lista de todo el condado, véase la 'Sonoma County Farm Trails Guide' (www.farmtrails.org).

★ **The Barlow** MERCADO
(☎707-824-5600; thebarlow.net; 6770 McKinley St; ☺8.30-21.30; 🚗) En una antigua planta procesadora de manzanas de 5 Ha, esta aldea de granjeros, artistas, vinateros, tostadores de café, destiladores de licores y restauradores independientes muestran la diversidad culinaria y artística del oeste del condado. En las casetas se puede probar desde cerveza casera hasta helados congelados con nitrógeno, y conocer a los artesanos en sus talleres. Los jueves (16.00-20.00, med jun-med oct) acoge una 'feria callejera', con música en directo y vendedores locales.

Spirit Works Distillery DESTILERÍA
(☎707-634-4793; www.spiritworksdistillery.com; 6790 McKinley St, 100, The Barlow; cata 5 US$, circuito 15 US$; ☺11.00-16.00 ju-do) 🍷 Alternativa tonificante a las catas de vinos. Elaboran

licores soberbios en pequeñas producciones (vodka, ginebra y, dentro de poco, *whiskey* con trigo rojo de invierno californiano de cultivo ecológico). Las catas y compras se realizan en el mismo almacén. Visitas solo con reserva (vi-do 16.00). Botellas 27-36 US$.

California Carnivores JARDINES
(☎707-824-0433; www.californiacarnivores.com; 2833 Old Gravenstein Hwy S; ☺10.00-16.00 ju-lu) Ni los *veganos* se resisten a admirar estas increíbles plantas carnívoras (la colección más grande en EE UU), con especímenes de todo el mundo.

Mercado de granjeros MERCADO
(www.sebastopolfarmmarket.org; esq. Petaluma y McKinley Aves; ☺10.00-13.30 do) En la plaza del centro.

✹ Fiestas y celebraciones

Apple Blossom Festival CULTURAL
(appleblossomfest.com) Música en directo, comida, bebida, un desfile y exposiciones en abril.

Gravenstein Apple Fair COMIDA
(www.gravensteinapplefair.com) Arte, artesanía, comida, vinos y cervezas, juegos, ocio y actividades familiares en agosto.

🛏 Dónde dormir

Alojarse en Sebastopol es práctico para visitar el valle del Russian River, la costa y el valle de Sonoma.

Sebastopol Inn MOTEL $$
(☎800-653-1082, 707-829-2500; www.sebastopolinn.com; 6751 Sebastopol Ave; h 119-209 US$; ❄🐾🛜🏊) Es un lugar encantador y tranquilo, habitualmente con tarifas razonables y habitaciones sencillas de buen ver. Hay zonas de césped para los niños y *jacuzzi*.

Fairfield Inn & Suites HOTEL $$
(☎800-465-4329, 707-829-6677; www.winecountryhi.com; 1101 Gravenstein Hwy S; h 134-249 US$; ❄@🛜🏊) Sencillo pero moderno, con extras como neveras, cafeteras y un *jacuzzi*.

🍴 Dónde comer

Fiesta Market MERCADO $
(Pacific Market; ☎707-823-9735; fiestamkt.com; 550 Gravenstein Hwy N; ☺8.00-20.00) Alimentos y productos excelentes para ir de *picnic;* está al norte del centro.

East-West Cafe
MEDITERRÁNEA $

(☎707-829-2822; www.eastwestcafesebastopol.
com; 128 N Main St; comidas 9-13 US$; ⊗8.00-21.00
lu-sa, hasta 20.00 do; 🅿🖸) 🖉 Sirven de todo,
desde hamburguesas hasta tortitas enrolla-
das rellenas y huevos rancheros (tortilla de
maíz con huevo frito y salsa de chile).

Slice of Life
VEGETARIANA $

(☎707-829-6627; www.thesliceoflife.com; 6970 Mc-
Kinley St; principales hasta 10 US$; ⊗11.00-21.00
ma-vi, 9.00-21.00 sa y do; 🖸) 🖉 Comida *vegana*-
vegetariana increíble. También es *pizzería* y
sirven desayunos todo el día. Hay *smoothies*
(licuados) y batidos de dátiles.

Screamin' Mimi
HELADERÍA $

(☎707-823-5902; www.screaminmimisicecream.
com; 6902 Sebastopol Ave; ⊗11.00-22.00) Helados caseros deliciosos.

Mom's Apple Pie
POSTRES $

(☎707-823-8330; www.momsapplepieusa.com;
4550 Gravenstein Hwy N; tarta entera 7-17 US$;
⊗10.00-18.00; 🅿🖸) Junto a la carretera, su
fuerte son las tartas, con un hojaldre exquisito. La de manzana está muy rica, al igual
que la de arándanos azules, y aún más con
helado de vainilla.

Forchetta Bastoni
ITALIANA, SURESTE ASIÁTICO $$

(☎707-829-9500; www.forchettabastoni.com; 6948
Sebastopol Ave; principales 10-16 US$; ⊗11.00-21.00
do-ju, hasta 22.00 vi y sa; 🖸) En un almacén re-
convertido con paredes de ladrillo, dos coci-
nas propuestas distintas: una italiana y otra
del sureste asiático. Se elige una, se toma
asiento, y a disfrutar de *pizzas* en horno de
leña, pasta y carnes asadas, o de fideos, boles
de arroz y curris. Los indecisos tienen el bar.

Red's Apple Roadhouse
ESTADOUNIDENSE $$

(☎707-861-9338; www.redsappleroadhouse.com;
4550 Gravenstein Hwy N; principales 9-15 US$;
⊗8.00-21.30 ma-sa, hasta 17.00 do) 🖉 Es un local de carretera rústico, al norte del centro
(junto al Mom's Apple Pie), donde ahúman
bacón y *pastrami*, hornean pan y sirven una
cocina estadounidense sencilla de calidad,
con productos de cultivo local y platos como
pollo frito con gofres, sándwiches de cerdo a
la barbacoa, galletas con salsa de carne y los
clásicos macarrones con queso. Tienen cervezas y vinos de la zona. Hay música en directo
(noches mi y vi).

Hopmonk Tavern
COMIDA DE PUB $$

(☎707-829-9300; www.hopmonk.com; 230 Petalu-
ma Ave; principales 12-23 US$; ⊗11.30-21.00 do-mi,

hasta 21.30 ju-sa, bar hasta 1.30; 🖱) En esta esta-
ción de trenes reformada de 1903 sirven 76
variedades de cerveza, cada una en su vaso
específico, que complementan bien la carta
de hamburguesas, calamares fritos, embuti-
dos y ensaladas.

K&L Bistro
FRANCESA $$$

(☎707-823-6614; www.klbistro.com; 119 S Main St;
almuerzo 14-20 US$, cena 19-29 US$; ⊗11.00-21.00)
Cocina sencilla provinciana de fusión californiana y francesa en un espacio cordial de bar
y parrilla, con un patio junto a la acera. Entre
los clásicos hay mejillones con patatas fritas
y filetes a la parrilla con reducción de vino
tinto. Es esencial reservar.

Zazu Kitchen & Farm
ITALIANA, ESTADOUNIDENSE MODERNA $$$

(☎707-523-4814; zazukitchen.com; 6770 McKinley
St, 150, The Barlow; principales de almuerzo 13-18
US$, de cena 24-29 US$; ⊗11.30-22.00 mi y ju, hasta
24.00 vi, desde 9.00 sa y do, desde 17.00 lu) 🖉 Des-
taca por su filosofía "del huerto a la mesa".
Crían cerdos y todos los ingredientes son de
la zona, aunque flojea en algunos platos y
el espacio, de estilo industrial, es ruidoso.
Buenas *pizzas,* ensaladas, *salumi* y bacón
caseros, y desayunos correctos.

🍷 Dónde beber y ocio

Woodfour Brewing Co.
FÁBRICA DE CERVEZA

(☎707-823-3144; www.woodfourbrewing.com;
6780 Depot St, The Barlow; ⊗11.00-21.00 do-ju,
hasta 23.00 vi y sa) 🖉 En esta cervecería que
funciona con energía solar sirven 12 cervezas
caseras, ligeras en alcohol y lúpulos, además
de variedades amargas. Tiene una carta bue-
nísima de raciones diseñadas para maridar
con la cerveza, desde tentempiés sencillos
hasta platos refinados, mejores que los del
resto de cervecerías californianas.

Taylor Maid Farms
CAFÉ

(☎707-634-7129; www.taylormaidfarms.com; 6790
Depot St, The Barlow; ⊗6.00-19.00 do-ju, hasta 21.00
vi y sa) 🖉 Cafetería de la tercera ola donde se
permite elegir el método de elaboración del
café (filtrado, prensado, etc.). Tuestan granos
ecológicos y ofrecen bebidas excepcionales de
temporada, como café con leche y lavanda.

Hardcore Espresso
CAFÉ

(☎707-823-7588; 1798 Gravenstein Hwy S; ⊗6.00-
19.00; 🖱) 🖉 Típico local del norte de Cali-
fornia, con espacio dentro y fuera, situado
al sur del centro y frecuentado por *hippies*
y locos del arte, que acuden a beber cafés y

licuados. No es más que una choza con techo de metal corrugado y mesas con sombrillas.

Jasper O'Farrell's BAR
(☏707-823-1389; 6957 Sebastopol Ave; ⊙12.00-2.00) Bar bullicioso con billares y música en directo muchas noches; hay buenas bebidas del día.

Hopmonk Tavern MÚSICA EN DIRECTO
(☏707-829-7300; www.hopmonk.com; 230 Petaluma Ave; ⊙11.30-23.00 do-mi, hasta 24.00 ju-sa) Se trata de una taberna y jardín-cervecería siempre lleno. Tiene el calendario de música más diverso de la ciudad, con artistas como Jonathan Richman.

🛍 De compras

Gravenstein Hwy S está llena de tiendas de antigüedades, en dirección hacia la Hwy 101.

Aubergine VINTAGE
(☏707-827-3460; 755 Petaluma Ave; ⊙10.00-18.00) Mucha ropa europea de segunda mano, con fines benéficos.

Sumbody BELLEZA
(☏707-823-2053; www.sumbody.com; 118 N Main St; ⊙10.00-19.00 lu-mi, hasta 20.00 ju-sa, hasta 18.00 do) Hay productos ecológicos para el baño y ofrecen limpiezas de cutis a buen precio (49 US$) y masajes (85 US$) en un *spa* propio.

Toyworks JUGUETES
(☏707-829-2003; www.sonomatoyworks.com; 6940 Sebastopol Ave; ⊙10.00-18.00 lu-sa, 11.00-17.00 do; 🖈) Venden juguetes y tienen una colección genial de juegos infantiles.

Funk & Flash ROPA
(☏707-829-1142; www.funkandflash.com; 228 S Main St; ⊙11.00-19.00) Ropa de fiesta estilo *disco*, inspirada en el Burning Man.

Antique Society ANTIGÜEDADES
(☏707-829-1733; www.antiquesociety.com; 2661 Gravenstein Hwy S; ⊙10.00-17.00) Son 125 vendedores de antigüedades bajo un mismo techo.

Beekind COMIDA, ARTÍCULOS DE HOGAR
(☏707-824-2905; www.beekind.com; 921 Gravenstein Hwy S; ⊙10.00-18.00 lu-sa, hasta 16.00 do) 🖈 Miel de la zona y velas de cera de abeja.

Copperfield's Books LIBROS
(☏707-823-2618; www.copperfields.net; 138 N Main St; ⊙10.00-19.00 lu-sa, hasta 18.00 do) Librería independiente. Organizan eventos literarios.

Midgley's Country Flea Market MERCADO
(☏707-823-7874; mfleamarket.com; 2200 Gravenstein Hwy S; ⊙6.30-16.30 sa y do) Es el rastro más grande de la región.

ℹ Información

Cámara de comercio y centro de visitantes de la zona de Sebastopol (☏877-828-4748, 707-823-3032; www.visitsebastopol.org; 265 S Main St; ⊙10.00-16.00 lu-vi) Mapas y planos, información y exposiciones.

Occidental y alrededores

Esta preciosa población del oeste del condado de Sonoma ha sido refugio de artistas, inmigrantes del éxodo rural de las décadas de 1960 y 1970 e intelectuales. La calle principal, que se puede recorrer en 1 h, está llena de edificios del s. xix. Hacia el norte se llega al Russian River, en Monte Rio. En Navidad, las familias de la bahía acuden a Occidental para comprar abetos, y la ciudad se viste de gala y se festeja a sí misma un fin de semana de galletas decoradas y villancicos en la Bocce Ballroom del Union Hotel.

💿 Puntos de interés y actividades

Occidental Farmers Market MERCADO
(www.occidentalfarmersmarket.com; ⊙16.00-anochecer vi jun-oct) Merece la pena conocer a la comunidad local y visitar el mercado de granjeros, animado con músicos, artesanos y, como gran atracción, **Gerard's Paella** (www.gerardspaella.com), famoso por un programa de TV de cocina.

Sonoma Canopy Tours AIRE LIBRE
(☏888-494-7868; www.sonomacanopytours.com; 6250 Bohemian Hwy; adultos 99-109 US$, niños 69 US$) Al norte de la ciudad, se atraviesa una bóveda de secuoyas a través de siete tirolinas conectadas, para terminar el recorrido con un descenso en rápel de 24 m. Hay que reservar.

Osmosis SPA
(☏707-823-8231; www.osmosis.com; 209 Bohemian Hwy, Freestone; ⊙con cita previa) Situado 5 km al sur, en Freestone, es un tranquilo *spa* de inspiración japonesa, donde miman a los clientes con baños de enzimas secas y fibras aromáticas de madera de cedro (baño y envoltura en manta 89-99 US$). En los encantadores jardines dan té y masajes. Hay que reservar.

🛏 Dónde dormir

Occidental Hotel
MOTEL $$

(☎877-867-6084, 707-874-3623; www.occidental
hotel.com; 3610 Bohemian Hwy; h 120-160 US$, h 2
dormitorios 200-240 US$; ✱🐕🍴📶🐾) Bien cuida-
do y, a veces, tarifas negociables.

Valley Ford Hotel
POSADA $$

(☎707-876-1983; www.vfordhotel.com; h 115-175
US$) Rodeada por pastos, en Valley Ford, 13
km al sur, esta posada data del s. XIX y tiene seis
habitaciones, todas con buenas camas, tarifas
geniales y un buen restaurante de carretera.

Inn at Occidental
POSADA $$$

(☎707-874-1047, 800-522-6324; www.innatocciden
tal.com; 3657 Church St; h incl. desayuno 249-339
US$; 🐾) En un edificio victoriano preciosa-
mente restaurado, este es uno de los aloja-
mientos más bonitos de Sonoma, lleno de
antigüedades. Las 18 habitaciones incluyen
chimenea de gas y camas muy confortables.

🍴 Dónde comer

Howard Station Cafe
ESTADOUNIDENSE $

(☎707-874-2838; www.howardstationcafe.com; 3811
Bohemian Hwy; principales 6-12 US$; ⏰7.00-14.30
lu-vi, hasta 15.00 sa y do; 🐾🐾) Grandes platos
de comida casera y zumos recién elaborados.
Pago solo en efectivo.

Wild Flour Bread
PANADERÍA $

(www.wildflourbread.com; 140 Bohemian Hwy, Frees-
tone; productos desde 3 US$; ⏰8.30-18.30 vi-lu) Pa-
nes ecológicos de masa madre cocidos en un
horno de ladrillo, bollos gigantes y buen café.

Bohemian Market
GOURMET $

(☎707-874-3312; 3633 Main St; ⏰8.00-21.00) El
mejor suministrador de alimentos de Occi-
dental, con productos delicatesen.

Rocker
Oysterfeller's
ESTADOUNIDENSE MODERNA $$

(☎707-876-1983; www.rockeroysterfellers.com;
14415 Hwy 1, Valley Ford; principales 13-24 US$;
⏰17.00-20.30 ju y vi, desde 15.00 sa, desde 10.00 do)
Un bar de carretera con una destacable cocina; p. ej., ostras braseadas, pasteles de cangrejos de la zona, filetes y pollo frito. Buena carta
de vinos. Los domingos sirven un *brunch*.

Barley & Hops
COMIDA DE PUB $$

(☎707-874-9037; www.barleynhops.com; 3688 Bohe-
mian Hwy; principales 10-15 US$; ⏰16.00-21.30 lu-ju,
desde 11.00 vi-do) Tienen más de 100 cervezas,
bocadillos, ensaladas gigantes y *shepherd's
pie*.

Union Hotel
ITALIANA $$

(☎707-874-3555; www.unionhoteloccidental.com;
3703 Bohemian Hwy; comidas 15-25 US$; ⏰11.00-
21.00; 🐾) De los dos restaurantes italoameri-
canos de comida casera que hay en Occidental, este es un poco mejor (aunque tampoco
para tirar cohetes). Sirven un almuerzo difícil
de superar en un salón de 1869: *pizza*, ensalada y soda (12 US$). Para cenar, se aconseja
una mesa en la fabulosa Bocce Ballroom.

Bistro des Copains
FRANCESA-CALIFORNIANA $$$

(☎707-874-2436; www.bistrodescopains.com; 3728
Bohemian Hwy; principales 24-26 US$, menú de 3
platos 40-45 US$; ⏰17.00-21.00 mi-lu) 🍷 Es un
local agradable que atrae a sibaritas con una
cocina tradicional de fusión californiana y
francesa, como filetes con patatas fritas y
pato asado, y grandes vinos (10 US$ por el
descorche). Hay que reservar.

🛍 De compras

Verdigris
ARTÍCULOS DE HOGAR

(☎707-874-9018; www.1lightartlamps.com; 72 Main
St; ⏰11.00-18.00 ju-lu) Lámparas maravillosas.

WINE COUNTRY: NAPA Y SONOMA ZONA DEL RUSSIAN RIVER

MERECE LA PENA

RUTA PAISAJÍSTICA: COLEMAN VALLEY RD

La ruta más pintoresca del Wine Country no atraviesa vides, sino que son 16 km sinuo-
sos por el oeste del condado de Sonoma, de Occidental al mar. Es mejor no ir a primera
hora para evitar la densa niebla. Se conduce hacia el oeste, con el sol a la espalda y el
océano enfrente. Primero se pasa por bosques de secuoyas y valles con abetos musgo-
sos: una imagen fantasmagórica entre la niebla. Pero las mejores instantáneas aguardan
más adelante, cuando la carretera asciende las colinas, salpicadas por robles nudosos
y formaciones rocosas, con el enorme Pacífico a los pies. La carretera termina en la
costera Hwy 1, cerca de la Sonoma Coast State Beach (p. 222), para después girar a la
izquierda y seguir por la diminuta localidad de Bodega (no confundir con la bahía Bode-
ga), protagonista del clásico de Hitchcock de 1963, *Los pájaros*.

Hand Goods CERÁMICA
(☑707-874-2161; www.handgoods.net; 3627 Main St;
☺10.00-18.00) Cooperativa alfarera.

Guerneville y alrededores

Es el mayor retiro vacacional de la zona del
Russian River. En verano, Guerneville se llena
los fines de semana de gays juerguistas, lesbianas amantes del sol y cerveceros con gre-
ñas y Harleys, lo que le ha valido el apodo de
"Groin-ville" (*groin* es "partes pudendas"). La
ciudad se ha aburguesado, pero no ha perdido su ambiente y aún llegan masas deseosas
de diversión para pasear en canoa, caminar
entre secuoyas y colocarse con cócteles junto
a una piscina.

Río abajo hay algunas zonas poco recomendables por las drogas. La cámara de
comercio ha conseguido expulsar de Main
St, en Guerneville, a la mayoría de los drogadictos, pero no de otras zonas poco frecuentadas. Si muchos lugares del bosque parecen
repulsivos –sobre todo los *campings*–, segu-
ramente es porque lo son.

Unos 6,5 km corriente abajo, el minúsculo
Monte Río tiene una indicación en la Hwy
166 que reza "Vacation Wonderland" ("Paraíso Vacacional"); es una exageración, pero la
playa, donde se admiten perros, triunfa entre
las familias. Más al oeste está la idílica Dun-
cans Mills, con docenas de habitantes y edificios históricos convertidos en tiendas cucas.
Río arriba, al este de Guerneville, Forestville
se asemeja más al suave Wine Country.

☺ Puntos de interés
y actividades

Para playas de arena y pozas por el río, un
buen punto es la **Sunset Beach** (www.sonoma
county.org/parks; 11060 River Rd, Forestville; por automóvil 7 US$; ☺7.00-anochecer), accesible desde
la ciudad. Para pescar y remar, la temporada
va de mediados de mayo y principios de octubre; después, con las lluvias, el río es peligroso. En el centro de Guerneville se monta
un **mercado de granjeros** (mi jun-sep, 15.00-
19.00). En verano, los sábados, hay otro mercado en la playa de Monte Río (11.00-14.00).

Armstrong Redwoods
State Natural Reserve BOSQUE
(☑información 707-869-2015, office 707-869-9177,
centro de visitantes 707-869-2958; www.parks.
ca.gov; 17000 Armstrong Woods Rd; por automóvil
8 US$; ☺8.00-anochecer; ☝) Este magnífico
bosque de secuoyas de 325 Ha está 3 km

al norte de Guerneville. Lo salvó de la tala
un magnate maderero del s. xix. Hay rutas
breves interpretativas que llevan a arboledas
mágicas, con ejemplares de 30 pisos de altura. Más allá, 32 km de senderos atraviesan
bosques de robles en la vecina **Austin Creek**
State Recreation Area, una de las pocas zonas todavía salvajes del condado de Sonoma.
Se puede acceder gratis a pie o en bicicleta;
solo se cobra por aparcar el automóvil.

Burke's Canoe Trips PIRAGÜISMO
(☑707-887-1222; www.burkescanoetrips.com; 8600
River Rd, Forestville; alquiler canoa/kayak incl. traslados 65/45 US$; ☺10.00-18.00 lu-vi, 9.00-18.00 sa
y do) Grandes propuestas para pasar un día
en el río, como excursiones en canoa y kayak
(transporte de vuelta del vehículo incl.). Hay
que reservar; son unas 4 h en total. Tienen
un *camping* en una zona de secuoyas junto
al río (10 US$/persona).

R3 Hotel Pool NATACIÓN
(Triple R; ☑707-869-8399; www.ther3hotel.com;
16390 4th St, Guerneville; ☺9.00-24.00) GRATIS La
piscina del Triple R, de ambiente fiestero,
solo para adultos y orientada a gays, es gratis si se consume algo. Hay que llevar toalla
y bañador (obligatorio).

Pee Wee Golf & Arcade GOLF, CICLISMO
(☑707-869-9321; 16155 Drake Rd at Hwy 116, Guerneville; 18/36 hoyos 8/12 US$; ☺11.00-22.00 jun-
ago, hasta 17.00 sa y do may y sep; ☝) Permite
viajar hasta 1948 gracias a su minigolf de 36
hoyos; los obstáculos se decoran con pinturas
brillantes, como el *T. rex* y el oso Yogi. Está
al sur del puente de la Hwy 116. Se pueden
llevar bebidas y alquilan barbacoas de gas
(20 US$).

King's Sport & Tackle PESCA, KAYAK, PIRAGÜISMO
(☑707-869-2156; www.kingsrussianriver.com; 16258
Main St, Guerneville; ☺8.00-18.00) Perfecta para
informarse sobre la pesca y las condiciones
del río. Alquilan kayaks (35-55 US$), canoas
(55 US$) y equipo de pesca.

River Rider ALQUILER DE BICIS
(☑707-483-2897; www.riverridersrentals.com;
medio día/día completo alquiler 25/45 US$; ☺7.00-
19.00) Ofrecen bicicletas y pases para catas
de vinos bajo petición, con descuentos para
alquileres de varios días.

Johnson's Beach DEPORTES ACUÁTICOS
(☑707-869-2022; www.johnsonsbeach.com; 16241
First St, Guerneville; kayak y canoa por hora/día
10/30 US$; ☺10.00-18.00 may-sep; ☝) Alquilan

canoas, botes a pedales y embarcaciones varias (desde 30 US$). La entrada a la playa es gratis y se puede acampar.

Northwood Golf Course
GOLF

(☎707-865-1116; www.northwoodgolf.com; 19400 Hwy 116, Monte Rio; a pie 25-27 US$, con cochecito 33-35 US$, 9 hoyos 25-35 US$, 18 hoyos 35-53 US$; ⊙7.30-anochecer) Tiene un campo de nueve hoyos (par 36) diseñado por Alistair MacKenzie en la década de 1920.

⭐ Fiestas y celebraciones

Monte Rio Variety Show
MÚSICA

(www.monterioshow.org) Acoge a miembros de la elitista y secreta Bohemian Grove (información: Google); a veces, hay famosos (jul).

Lazy Bear Weekend
CULTURAL

(www.lazybearweekend.com) Para osos gays (ago).

Russian River Jazz & Blues Festival
MÚSICA

(www.russianriverfestivals.com) En septiembre, hay un día de *jazz* seguido por otro de *blues*, con estrellas de la talla de BB King.

🛏 Dónde dormir

Hay varias opciones económicas en la zona del Russian River, con precios que caen entre semana. Los fines de semana y en vacaciones conviene reservar con tiempo. Debido a las crecidas del río, algunos alojamientos tienen fríos suelos de linóleo; llévense zapatillas.

Guerneville

Alojarse en el centro permite ir a pie a restaurantes y bares.

Guerneville Lodge
CAMPING $

(☎707-869-0102; www.guernevillelodge.com; 15905 River Rd; parcelas 40 US$) Es la zona más bonita para acampar en el centro de Guerneville, en un césped frente al río y comodidades como duchas de agua caliente, parcelas grandes, acceso a nevera y parrillas. Las solicitadas habitaciones del refugio cuestan 189-229 US$.

Bullfrog Pond Campground
CAMPING $

(☑lu-vi reservas e información 707-869-9177, sa y do puesto de guarda 707-869-2015; www.steward cr.org; parcelas con/sin reserva 35/25 US$; 🐕) Se llega por una carretera empinada desde la Armstrong Redwoods State Natural Reserve; está a 6,5 km del puesto de guarda de la entrada. Ofrece parcelas boscosas con agua fría y otras campestres más primitivas, accesibles a pie o a caballo. Reservas a través de www.hipcamp.com o por teléfono.

Schoolhouse Canyon Campground
CAMPING $

(☎707-869-2311; www.schoolhousecanyon.com; 12600 River Rd; parcelas 30 US$; 🐕) Está unos 3 km al este de Guerneville, con parcelas cuidadas bajo árboles altos, al cruzar la carretera desde el río. Tiene duchas de agua caliente (con monedas) y baños limpios. Tranquilo de noche.

Johnson's Beach Resort
CABAÑAS, CAMPING $

(☎707-869-2022; www.johnsonsbeach.com; 16241 1st St; parcelas tienda 25 US$, caravana 25-35 US$, cabañas 75 US$, por semana 400 US$) Junto al río, en Guerneville, este *camping* ofrece cabañas rústicas, aunque limpias, todas con cocina. Hay mucho ruido (llévense tapones para los oídos). Pago solo en efectivo.

Fern Grove Cottages
CABAÑAS $$

(☎707-869-8105; www.ferngrove.com; 16650 River Rd; cabaña desayuno incl.. 159-219 US$, con cocina 199-269 US$; @🐕🌊❄🐕) Es el lugar de vacaciones más animado del centro de Guerneville. Las cabañas, con paneles de pino, son de estilo *vintage*, ocultas bajo secuoyas y rodeadas por jardines, algunas con *jacuzzi* y chimenea. La piscina es de agua salada. El anfitrión, un inglés encantador, hace de conserje. El desayuno incluye bollitos caseros.

Highlands Resort
CABAÑAS, CAMPING $$

(☎707-869-0333; www.highlandsresort.com; 14000 Woodland Dr; parcelas 20-30 US$, h con baño 90-100 US$, sin baño 70-80 US$, casitas 120-205 US$; 🌊❄🐕) Situado en una colina boscosa a un paseo de la ciudad, es el centro vacacional gay más moderado de Guerneville. Tiene habitaciones sencillas, casitas con porches y una buena zona de acampada. Tanto en la piscina (grande) como en el *jacuzzi*, el bañador es opcional (entre semana/fin de semana 10/15 US$/día).

R3 Hotel
RESORT $$

(Triple R; ☎707-869-8399; www.ther3hotel.com; 16390 4th St; h lu-vi 80-150 US$, sa y do 105-215 US$; 🐕🌊) Es el centro fiestero por excelencia para gays y lesbianas, más conocido como "Triple-R". Ofrece habitaciones simples estilo motel en torno a un porche con bar y piscina que se llena los fines de semana de verano; no se permiten mascotas. Se recomienda por el ambiente, siempre que no se busque tranquilidad, aunque entre semana es apacible y en invierno está muerto.

Riverlane Resort CABAÑAS $$

(☏707-869-2323, 800-201-2324; www.riverlaneresort.com; 16320 1st St; casitas 90-140 US$; 🛜🏊) Está en pleno centro. Tiene casitas sencillas muy limpias, con cocina, muebles desparejos y porches con barbacoa. Recomendable para viajeros sin muchas exigencias o campistas que busquen algo mejor. Hay una piscina climatizada, una playa privada y *jacuzzi*.

Applewood Inn POSADA $$$

(☏800-555-8509, 707-869-9093; www.applewoodinn.com; 13555 Hwy 116; h incl. desayuno 215-345 US$; ❄@🛜🏊) En una finca oculta en un monte boscoso al sur de la ciudad, este es un alojamiento cómodo con preciosos detalles de los años veinte, maderas oscuras y muebles robustos que remiten al bosque. Las habitaciones tienen *jacuzzi*, duchas para parejas, sábanas de calidad y, algunas, chimenea. También hay un pequeño *spa*.

Boon Hotel + Spa HOTEL-BOUTIQUE $$$

(☏707-869-2721; www.boonhotels.com; 14711 Armstrong Woods Rd; h165-275 US$; 🛜🏊🍴) 🅿 Ofrece 14 habitaciones en torno a un patio con piscina (y *jacuzzi*), en un edificio moderno de mediados del s. xx con toques minimalistas. El aspecto es austero pero nuevo. Para ir a la ciudad se necesita vehículo; hay bicicletas gratis.

Santa Nella House B&B $$$

(☏707-869-9488; www.santanellahouse.com; 12130 Hwy 116; h incl. desayuno 199-219 US$; @🛜🏊) Cuatro habitaciones sencillas con chimeneas de leña y mobiliario victoriano, en un edificio de 1871, al sur de la ciudad. Las de la planta alta son más grandes. Hay *jacuzzi* y sauna.

Forestville

Raford Inn B&B $$$

(☏800-887-9503, 707-887-9573; http://rafordinn.com; 10630 Wohler Rd, Healdsburg; h185-270 US$; ❄@🍴) 🅿 Ocupa un edificio victoriano de 1880 en lo alto de una colina, rodeado por viñedos laberínticos y vistas maravillosas del atardecer. Las habitaciones son espaciosas, algunas con chimenea.

Farmhouse Inn POSADA $$$

(☏800-464-6642, 707-887-3300; www.farmhouseinn.com; 7871 River Rd; h445-795 US$; ❄@🛜🏊) Este nidito de amor es la principal posada de la zona: casitas estilosas de habitaciones espaciosas con saunas, baños de vapor y chimeneas de leña. Incluye un pequeño *spa* y un restaurante de primera. Conviene llegar temprano para aprovechar la estancia.

Monte Rio

Village Inn POSADA $$

(☏707-865-2304; www.villageinn-ca.com; 20822 River Blvd; h145-235 US$; 🛜) 🅿 Propiedad de un conserje jubilado, este es un lugar a la antigua, con 11 habitaciones bajo árboles enormes, algunas con vistas al río y todas con nevera y microondas. No hay ascensor.

Rio Villa Beach Resort RESORT $$

(☏877-746-8455, 707-865-1143; www.riovilla.com; 20292 Hwy 116; h con cocina 149-209 US$, sin cocina 139-189 US$; ❄🛜🏊) Pequeño y soleado *resort* junto al río, entre grandes secuoyas. Las habitaciones están bien cuidadas, pero son sencillas, unas pocas con aire acondicionado. Se aconsejan las alejadas de la carretera. Lo mejor son los espacios exteriores, como la amplia terraza junto al río, la chimenea y las parrillas.

Highland Dell POSADA $$

(☏707-865-2300; highlanddell.com; 21050 River Blvd; h109-179 US$; 🕙abr-nov; ❄🛜) 🅿 Construida en 1906 con aires de gran hotel, se reformó en el 2007. La fachada da al río. Encima del enorme comedor hay 12 habitaciones luminosas de aspecto nuevo con camas cómodas. No tiene ascensor.

Duncans Mills

Casini Ranch CAMPING $

(☏800-451-8400, 707-865-2255; www.casiniranch.com; 22855 Moscow Rd; parcelas tienda 45-52 US$, caravana con algunas conexiones 47-58 US$, todas conexiones 53-56 US$; 🛜🏊) Está en el tranquilo Duncans Mills, en los terrenos de una hacienda con vistas al río. Es un lugar enorme y bien gestionado, con baños impolutos. Entre los extras hay kayaks y botes a pedales (5-10 US$/día).

🍴 Dónde comer

Guerneville

Hay un buen **camión de tacos** en el aparcamiento del Safeway, en 16451 Main St.

Big Bottom Market MERCADO, CAFÉ $

(☏707-604-7295; www.bigbottommarket.com; 16228 Main St; sándwiches 7-10 US$; 🕙8.00-17.00

do-ju, hasta 18.00 vi y sa) 🍴 Tienda *gourmet* y de vinos, también con pasteles deliciosos.

Coffee Bazaar   CAFÉ $
(☎707-869-9706; www.mycoffeeb.com; 14045 Armstrong Woods Rd; platos 5-9 US$; ⊗6.00-20.00; 🛜) Local a la última con ensaladas, bocadillos y desayunos todo el día. Al lado hay una buena librería de viejo.

Taqueria La Tapatia   MEXICANA $
(☎707-869-1821; 16632 Main St; principales 7-14 US$; ⊗11.00-21.00) Precios muy razonables.

Garden Grill   BARBACOA $
(☎707-869-3922; www.gardengrillbbq.com; 17132 Hwy 116, Guernewood Park; principales 6-12 US$; ⊗8.00-20.00) Situado 1,6 km al oeste de Guerneville, este local de carretera tiene un patio con secuoyas y buenas carnes ahumadas in situ, aunque las patatas fritas podrían ser mejores. Sirven desayunos hasta las 15.00.

Food for Humans   MERCADO $
(☎707-869-3612; 16385 1st St; ⊗9.00-20.00; 🍴) 🍴 Productos ecológicos. Es mejor que el vecino Safeway, pero no tienen carne.

Seaside Metal
Oyster Bar   MARISCO Y PESCADO $$
(☎707-604-7250; seasidemetal.com; 16222 Main St; platos 11-16 US$; ⊗17.00-22.00 mi-do) Es la filial local del gran San Francisco's Bar Crudo, con grandes ventanales y marisco vivo; sirven ostras, almejas, langosta y platos de pescado crudo, todo exquisito. Las opciones calientes son más limitadas.

Dick Blomster's
Korean Diner   COREANA, ESTADOUNIDENSE $$
(☎707-896-8006; 16236 Main St; principales 15-20 US$; ⊗17.00-22.00 do-ju, hasta 2.00 vi y sa jun-ago, hasta 23.00 vi y sa sep-may) De día es una cafetería al estilo de los años cuarenta y de noche, un bar coreano-americano con una barra bien surtida. También sirven bocadillos fritos de manteca de cacahuete y mermelada, y el pollo frito del otro KFC (el "Korean fried crack"), con salsa marrón azucarada (lo mejor tras una juerga).

Boon Eat + Drink   CALIFORNIANA $$$
(☎707-869-0780; http://eatatboon.com; 16248 Main St; principales de almuerzo 14-18 US$, de cena 15-26 US$; ⊗11.00-15.00 lu, ma, ju y vi, 17.00-21.00 lu-vi, 10.00-15.00 y 17.00-22.00 sa y do) Cocina californiana elegante de temporada, a base de ingredientes locales. Es un bistró pequeño, de estilo moderno americano, con mesas apretadas que se llenan todas las noches (si no se ha reservado, habrá que esperar).

Applewood Inn
Restaurant   CALIFORNIANA $$$
(☎707-869-9093; www.applewoodinn.com; 13555 Hwy 116; principales 20-28 US$; ⊗17.30-20.30 mi-do) Para acomodarse junto al fuego en un comedor a la altura de las copas de los árboles y disfrutar de buenos platos de fusión europea y californiana que sacan el máximo partido a los productos de temporada, como el costillar de cordero con chimichurri a la menta o la trucha ahumada con maíz y langosta. Los domingos por la noche tienen un menú por 35 US$. Es esencial reservar.

🗡 Forestville

Canneti Roadhouse   ITALIANA $$
(☎707-887-2232; http://cannetirestaurant.com; 6675 Front St; principales de almuerzo 12-24 US$, de cena 15-28 US$; ⊗11.30-15.00 mi-sa, hasta 17.00 do, 17.30-21.00 ma-do) 🍴 Fiable *cucina Italiana*, a base ingredientes de calidad de la zona, a cargo de un chef toscano, en un espacio austero del centro de Forestville. Merecen la pena los 15 min en automóvil desde Guerneville. En la carta hay desde sencillas *pizzas* al horno de ladrillo hasta un menú degustación de cinco platos típico de la Toscana (55 US$; solo cenas). En días cálidos, se aconseja el patio, bajo una secuoya gigante. Hay que reservar.

Farmhouse Inn   ESTADOUNIDENSE MODERNA $$$
(☎707-887-3300; www.farmhouseinn.com; 7871 River Rd; cena de 3/4 platos 69/84 US$; ⊗desde 17.30 ju-lu) 🍴 Reconocido con una estrella Michelin, la cocina de este restaurante está basada en ingredientes de cercanía y ecológicos de temporada como cordero de Sonoma, salmón salvaje y conejo de caza, su especialidad. No descuidan ningún detalle, desde los aperitivos en el jardín hasta el servicio de quesos junto a las mesas, aunque sus detractores lo consideran caro. Hay que reservar.

🗡 Monte Rio

Don's Dogs   COMIDA RÁPIDA $
(☎707-865-4190; esq. Bohemian Hwy y Hwy 116; sándwiches 4-12 US$; ⊗9.00-16.00 ju-lu oct-may, hasta 19.00 diarios jun-sep; 🛜) Perritos calientes *gourmet,* vino, cerveza, desayunos sencillos y café, tras el Rio Theater.

Highland Dell ALEMANA **$$$**

(☎707-865-2300; http://highlanddell.com; 21050 River Blvd; principales 20-22 US$; ⏰16.00-22.00 vima abr-nov) El comedor es espectacular, estilo chalé, con una altura de 3 pisos y una terraza con vistas al río, y la cocina, de inspiración alemana, con muchos filetes y *schnitzel*. Amplio surtido de bebidas.

Village Inn ESTADOUNIDENSE **$$$**

(☎707-865-2304; www.villageinn-ca.com; 20822 River Blvd; principales 19-26 US$; ⏰17.00-20.00 mi-do) Ofrecen una carta de bistecs y mariscos sencilla que no distrae de las maravillosas vistas al río, además de una buena oferta de vinos de la zona y alcoholes en general.

🌿 Duncans Mills

Cape Fear Cafe ESTADOUNIDENSE **$$**

(☎707-865-9246; 25191 Main St; principales de almuerzo 9-15 US$, de cena 15-25 US$; ⏰10.00-20.00 lu y ju, hasta 15.00 ma y mi, hasta 21.00 vi-do) Cafetería rural en una granja del s. XIX de aspecto encantador pero poco fiable, excepto para los *brunchs* de fin de semana, con unos huevos Benedict excelentes. Adecuado como parada de camino a la costa.

🍷 Dónde beber y vida nocturna

Stumptown Brewery FÁBRICA DE CERVEZA

(www.stumptown.com; 15045 River Rd, Guerneville; ⏰11.00-24.00 do-ju, hasta 2.00 vi y sa) Es el mejor bar heterosexual de Guerneville, aunque abierto a cualquier tipo de cliente. Hay una gramola, billares, un jardín-cervecería junto al río y cervezas caseras, todo 1,6 km al este del centro. La comida, típica de *pub*, es buena, incluidas carnes ahumadas a la parrilla.

Rainbow Cattle Company GAY

(www.queersteer.com; 16220 Main St, Guerneville; ⏰12.00-24.00 do-ju, hasta 2.00 vi y sa) Es el garito insignia de los gays, con *pinball* y tejo.

Sophie's Cellars BAR DE VINOS

(☎707-865-1122; www.sophiescellars.com; 25179 Main St/Hwy 116, Duncans Mills; copa 7-15 US$; ⏰11.00-17.00 lu, ju, sa y do, hasta 19.00 vi) En esta vinoteca rural de Duncans Mills, la parada perfecta entre el río y la costa, sirven vinos por copas y ofrecen catas de caldos regionales, además de queso, salami y una selección cuidada de botellas. La *happy hour* (vi 16.00-19.00) congrega a mucha gente entre aperitivos y bebidas especiales.

☆ Ocio

Rio Theater CINE

(☎707-865-0913; www.riotheater.com; esq. Bohemian Hwy y Hwy 116, Monte Rio; adultos/niños 8/5 US$; 🎦) Esta sala le da un nuevo sentido al plan de cena y peli: un edificio prefabricado de la II Guerra Mundial convertido en cine en 1950, con un quiosco donde sirven perritos calientes *gourmet* con bebida y patatas por 7 US$. En el 2014 pusieron calefacción, pero aún facilitan mantas. Único en Monte Rio. Hay pelis todas las noches (y a veces, tarde do), pero mejor llamar antes, sobre todo en temporada baja.

Main Street Station CABARÉ

(☎707-869-0501; www.mainststation.com; 16280 Main St, Guerneville; ⏰19.00-22.00 o 23.00; 🎦) GRATIS Conciertos acústicos de *jazz*, *blues* y espectáculos de cabaré a diario en verano y los fines de semana en invierno. Adecuado para familias porque también es un restaurante italoamericano (mejor ceñirse a la *pizza*).

Rio Nido Roadhouse MÚSICA EN DIRECTO

(☎707-869-0821; www.rionidoroadhouse.com; 14540 Canyon Two, Rio Nido) Es un bar de carretera ruidoso, junto a la River Rd, 6,5 km al este de Guerneville, con conciertos de lo más ecléctico (sa 18.00, a veces, vi y do; visítese la web).

🛍 De compras

En el diminuto Duncans Mills (85 hab.), 13 km al oeste de Guerneville, hay un buen puñado de comercios en casitas envejecidas del s. XIX.

Mr Trombly's Tea & Table COMIDA Y BEBIDA

(www.mrtromblystea.com; 25185 Main St, Duncans Mills; ⏰10.00-17.00 do-ju, hasta 18.00 sa y do) Venden varios tipos de té y teteras, además de artículos de cocina de calidad, incluidas vajillas a buen precio.

Pig Alley JOYERÍA

(☎707-865-2698; www.pigalleyshop.com; 25193 Main St, Duncans Mills; ⏰10.30-17.30) Enorme selección de joyas hechas a mano en EE UU; destacan los pendientes.

ℹ Información

Cámara de comercio y centro de visitantes del Russian River (☎707-869-9000, 877-644-9001; www.russianriver.com; 16209 1st St, Guerneville; ⏰10.00-16.45 lu-sa, más 10.00-15.00 do may-sep) Información y referencias sobre alojamientos.

Centro de visitantes del Russian River
(☎707-869-4096; ☉10.00-15.00 oct-abr, hasta 16.00 may-sep) Está en la Korbel Cellars.

Santa Rosa

La ciudad más grande del Wine Country, sede del condado de Sonoma, reivindica a dos hijos nativos: un dibujante de fama mundial y un horticultor aclamado, cuyos legados incluyen museos y jardines como para ocupar toda una tarde. Pero hay poco más que hacer, a no ser que se necesite reparar el vehículo o se coincida en julio con la **Sonoma County Fair** (www.sonomacountyfair.com), celebrada en el recinto ferial de Bennett la Valley Rd. Con mucho tráfico y cada vez más grande, a Santa Rosa le falta encanto (excepto en el centro, donde las secuoyas sobrepasan los edificios), pero ofrece alojamientos a buen precio y acceso fácil al condado y el valle de Sonoma.

⊙ Puntos de interés y actividades

El principal tramo de compras es 4th St, que termina en la Hwy 101 y nace al otro lado de la autovía, en la histórica Railroad Sq. Es más barato aparcar en los garajes del centro (0,75 US$/h, 8 US$ máx.) que en la calle. Al este de la ciudad, 4th St se convierte en la Hwy 12, que se adentra en el valle de Sonoma.

Luther Burbank Home & Gardens   JARDINES
(☎707-524-5445; www.lutherburbank.org; esq. Santa Rosa Ave y Sonoma Ave; ☉8.00-anochecer) GRATIS
Es una casa del s. XIX con reminiscencias griegas, donde el pionero horticultor Luther Burbank (1849-1926) desarrolló híbridos de plantas, como la margarita de Shasta. Los jardines son enormes y encantadores. La casa y el adyacente **Carriage Museum** (circuito guiado adultos/niños 7 US$/gratis; ☉10.00-15.30 ma-do abr-oct) acogen exposiciones sobre la vida y la obra de Burbank; se ofrecen visitas gratis autoguiadas por el móvil. Al cruzar la calle, frente a la casa, está el **Julliard Park**, con zona de juegos infantil.

Charles M Schulz Museum   MUSEO
(☎707-579-4452; www.schulzmuseum.org; 2301 Hardies Lane; adultos/niños 10/5 US$; ☉11.00-17.00 lu y mi-vi, 10.00-17.00 sa y do; 🖈) Charles Schulz, residente en Santa Rosa y creador de la tira cómica *Snoopy,* nació en 1922, publicó su primer dibujo en 1937, presentó a Snoopy y a Charlie Brown en 1950 y ralizó su famosa tira hasta casi su muerte, en el 2000. Este museo

moderno honra su legado con un laberinto de Snoopy, obras relacionadas con la tira y una recreación del estudio de Schulz. La tienda de regalos Snoopy's Gallery puede obviarse.

Mercado de granjeros   MERCADO
(4th y B Sts; ☉17.00-20.30 mi med may-ago) Es el mayor mercado de su tipo en el condado de Sonoma. En el Santa Rosa Veterans Building (8.30-13.00 sa; 1351 Maple Ave) se monta otro durante todo el año.

Redwood Empire Ice Arena   PATINAJE
(☎707-546-7147; www.snoopyshomeice.com; 1667 West Steele Lane; adultos incl. *skates* 9-12 US$, niños 7-10 US$; 🖈) Esta pista de patinaje, que perteneció a Schultz, abre casi todas las tardes (conviene llamar). Llévese un jersey.

Children's Museum of Sonoma County   CENTRO DE CIENCIAS
(☎707-546-4069; www.cmosc.org; 1835 Steele Lane; entrada 7 US$; ☉9.00-16.00 ma-sa, 12.00-16.00 do; 🖈) Orientado a niños de hasta 10 años, es un animado centro de aprendizaje que insta al descubrimiento, la exploración y la creatividad con muestras interactivas, muchas de ellas al aire libre, centradas en la naturaleza y la ciencia. Permiten hacer *picnic*. No admiten adultos sin niños.

🛏 Dónde dormir

Se aconseja buscar hoteles de cadena cerca de Railroad Sq. Cleveland Ave está llena de moteles poco memorables en el lado oeste de la Hwy 101, entre las salidas a Steele Lane y Bicentennial Lane (el Motel 6 no es aconsejable). En el cercano Windsor hay dos hoteles de cadena (el Hampton Inn y el Holiday Inn); hay que salir de la Hwy 101 por Central Windsor.

Spring Lake Park   CAMPING $
(☎707-539-8092, reservas 707-565-2267; www.sonomacountyparks.org; 5585 Newanga Ave; parcelas 32 US$; 🚐) 🅿 Está a 6,5 km del centro, en un parque encantador junto a un lago; hay que reservar (8,50 US$) en línea o por teléfono (10.00-15.00 entre semana). Aunque el parque es accesible todo el año y se puede nadar en verano, el *camping* solo abre de mayo a septiembre y los fines de semana de octubre a abril. Hay que tomar 4th St hacia el este, girar a la derecha en Farmer's Lane, pasar la primera Hoen St y girar a la izquierda en la segunda Hoen St, para después doblar a la izquierda por Newanga Ave.

Hillside Inn
MOTEL **$**

(☎707-546-9353; www.hillside-inn.com; 2901 4th St; i/d nov-mar 70/82 US$, abr-oct 74/86 US$; 🖥️🏊) El hotel con mejor relación calidad-precio de Santa Rosa está cerca del valle de Sonoma. Usar la cocina tiene un recargo de 4 US$. El mobiliario está viejo y el servicio es peculiar, pero todo está bien mantenido. Al lado hay un café excelente para desayunar.

Hotel La Rose
HOTEL HISTÓRICO **$$**

(☎707-579-3200; www.hotellarose.com; 308 Wilson St; h lu-vi 139-199 US$, sa y do 159-229 US$; ❄️🖥️) 🌿 Se reparte entre Railroad Sq, en un edificio histórico de ladrillo de 1907 bien conservado, y al otro lado de la calle, en una cochera de los años ochenta tipo complejo con habitaciones cuadradas y espaciosas. La decoración es en tonos pastel demodé, pero las camas son excelentes, con sábanas de calidad y edredones, y algunas habitaciones incluyen bañera con hidromasaje.

Flamingo Resort Hotel
HOTEL **$$**

(☎800-848-8300, 707-545-8530; www.flamingoresort.com; 2777 4th St; h 159-269 US$; ❄️@🖥️🏊) 🌿 En un terreno de 4,5 Ha, este es un hotel moderno de mediados del siglo pasado, además de un centro de conferencias. Las habitaciones son normales, tipo hotel de negocios, pero la piscina es gigante (a 28°C todo el año). Tienen un club de *fitness* y gimnasio. Los fines de semana doblan los precios.

Best Western Garden Inn
MOTEL **$$**

(☎888-256-8004, 707-546-4031; www.thegardeninn.com; 1500 Santa Rosa Ave; h lu-vi 119-139 US$, sa y do 199-229 US$; ❄️@🖥️🏊) Motel bien mantenido, al sur del centro, con dos piscinas. Las habitaciones de atrás dan al jardín con césped, pero las frontales de arriba son más tranquilas. El lugar es seguro, limpio y cómodo, si bien la calle es algo sórdida de noche.

Vintners Inn
POSADA **$$$**

(☎800-421-2584, 707-575-7350; www.vintnersinn.com; 4350 Barnes Rd; h 245-495 US$; ❄️@🖥️) 🌿 Al norte de la ciudad (cerca de River Rd) y rodeado por viñedos, este alojamiento ofrece comodidades de clase preferente, incluido *jacuzzi,* aunque no piscina. Ofrece precios especiales de última hora.

🍴 Dónde comer

Jeffrey's Hillside Cafe
ESTADOUNIDENSE **$**

(www.jeffreyshillsidecafe.com; 2901 4th St; platos 8-12 US$; ⏰7.00-14.00; 🪑) 🌿 Situado al este

---

CATAS DE ACEITE DE OLIVA

Tras tanto vino, quizá apetezca visitar uno de los siguientes fabricantes de aceite de oliva y mojar pan crujiente; son gratis. La cosecha y la molienda son en noviembre.

➡ BR Cohn (p. 187)

➡ Napa Valley Olive Oil Mfg Co (p. 172)

➡ Long Meadow Ranch (p. 166)

➡ Figone's Olive Oil (p. 196)

---

del centro, cerca del valle de Sonoma, es un lugar excelente para desayunar o tomar un *brunch* antes de ir de catas. Su propietario es el chef Jeffrey.

Rosso Pizzeria & Wine Bar
PIZZERÍA **$$**

(☎707-544-3221; www.rossopizzeria.com; 53 Montgomery St, Creekside Shopping Centre; *pizzas* 13-17 US$; ⏰11.00-22.00; 🪑) 🌿 Fantásticas *pizzas* al horno de leña, ensaladas originales y vinos destacables.

Naked Pig
CAFÉ **$$**

(☎707-978-3231; 435 Santa Rosa Ave; principales 11-14 US$; ⏰8.00-15.00 mi-do) 🌿 En este diminuto café, situado en una antigua cochera de autobuses, todo se prepara in situ. Sirven desayunos y almuerzos sencillos y deliciosos, con productos frescos, en mesas comunes.

El Coqui
CARIBEÑA **$$**

(☎707-542-8868; http://elcoqui2eat.com; 400 Mendocino Ave; principales de almuerzo 10-14 US$, de cena 14-19 US$; ⏰11.00-22.00 lu-sa, 12.00-21.00 do) Comida puertorriqueña deliciosa, incluidos plátanos rellenos, además de cerveza y vino. Único en el Wine Country.

Spinster Sisters
CALIFORNIANA **$$$**

(☎707-528-7100; www.thespinstersisters.com; 401 South A St; principales de almuerzo 10-16 US$, de cena 23-26 US$; ⏰8.00-15.00 lu, hasta 22.00 ma-vi, 9.00-22.00 sa y do) 🌿 A la vanguardia culinaria de Santa Rosa, en este restaurante informal elaboran sus propios *bagels,* quesos y charcutería. Buenas tapas (7-14 US$) y vinos.

🍷 Dónde beber y vida nocturna

⭐ Russian River Brewing Co
FÁBRICA DE CERVEZA

(www.russianriverbrewing.com; 729 4th St; ⏰11.00-24.00 do-ju, hasta 1.00 vi y sa) En la cervecería más famosa de Santa Rosa elaboran una destacable Indian Pale Ale de tipo imperial (la Pliny the Elder) y una excelente cerveza amarga envejecida en barriles de vino, además de buenas *pizza* y comida de *pub*.

❶ Información

California Welcome Center y centro de visitantes de Santa Rosa (☎800-404-7673, 707-577-8674; www.visitsantarosa.com; 9 4th St; ◷9.00-17.00 lu-sa, 10.00-17.00 do) Ayudan con alojamiento para el mismo día. Está en Railroad Sq, al oeste de Hwy 101; hay que salir de la Hwy 12 o la 101 hacia el centro.
Santa Rosa Memorial Hospital (☎707-546-3210; 1165 Montgomery St)

Healdsburg y alrededores

De ser una población agrícola aletargada, solo conocida por su desfile Future Farmers of America, Healdsburg ha pasado a ser la capital culinaria de la zona. La plaza central está llena de restaurantes y cafés para sibaritas, salas de catas y *boutiques* modernas. Los fines de semana de verano el tráfico es agobiante, aunque la ciudad conserva su aspecto histórico. Se recomienda visitarla entre semana, pasear por sus calles arboladas, probar la cocina local y empaparse del sabor del norte de California.

◉ Puntos de interés

La plaza está rodeada de salas de catas. En verano, los martes por la tarde hay conciertos gratis.

Healdsburg Museum ·····MUSEO
(☎707-431-3325; www.healdsburgmuseum.org; 221 Matheson St, Healdsburg; donativo recomendado; ◷11.00-16.00 mi-do) Incluye instalaciones cautivadoras sobre la historia del norte del condado de Sonoma, centradas en Healdsburg. Hay folletos de circuitos a pie.

**Biblioteca pública
de Healdsburg** ·····BIBLIOTECA
(☎707-433-3772; sonomalibrary.org; esq. Piper St y Center St; ◷10.00-18.00 ma, ju y vi, hasta 20.00 mi, hasta 16.00 sa) La biblioteca de referencia de la vinicultura del Wine Country.

**Healdsburg Veterans
Memorial Beach** ·····PLAYA
(☎707-433-1625; www.sonomacountyparks.org; 13839 Healdsburg Ave, Healdsburg; aparcamiento 7 US$; ◷7.00-anochecer; ☗) Se puede nadar (hay socorristas los fines de semana de verano);

para información respecto a las corrientes, visítese www.sonoma-county.org/health/services/freshwater.asp.

Locals Tasting Room ·····CATAS
(☎707-857-4900; www.tastelocalwines.com; Geyserville Ave y Hwy 128, Geyserville; ◷11.00-18.00) GRATIS
Ubicada 13 km al norte de Healdsburg, esta sala de catas, independiente y diminuta, representa a 12 pequeñas bodegas, con catas gratis.

Mercados de granjeros ·····MERCADO
(www.healdsburgfarmersmarket.org; Healdsburg) Se puede descubrir la abundancia agrícola local en el mercado de los martes (esq. Vine St y North St; ◷15.30-18.00 mi jun-oct) y el mercado de los sábados (◷9.00-12.00 sa may-nov), este último situado una manzana al oeste de la plaza.

🏃 Actividades

Después de pasear por la plaza, se puede ir a catar vinos al valle del Dry Creek o al valle del Russian River (p. 197). Pasear en bicicleta por la sinuosa West Dry Creek Rd es muy agradable, al igual que remar por el Russian River, que atraviesa la ciudad. En Spoke Folk Cyclery (p. 164) alquilan bicicletas.

**Coppola Winery
Swimming Pool** ·····NATACIÓN, BODEGA
(☎707-857-1400, 877-590-3329; www.francisfordcoppolawinery.com; 300 Via Archimedes, Geyserville; adultos/niños 30/15 US$; ◷11.00-18.00 a diario jun-sep, vi-do abr, may y oct; ☗) La bodega de Francis Ford Coppola tiene dos piscinas enormes interconectadas que permiten pasar un fantástico día con los críos. Conviene reservar una cabina (135 US$), con sillas para cuatro y pases para catas; el bono de un día incluye el uso de toalla y sitio en el césped. Los fines de semana en verano se llena rápido; se aconseja llegar antes de las 10.45.

Russian River Adventures ·····PIRAGÜISMO
(☎707-433-5599; russianriveradventures.com; 20 Healdsburg Ave, Healdsburg; adultos/niños 50/25 US$; ☗☒) Se puede recorrer un tramo del río en canoa hinchable, con paradas para columpiarse en cuerdas, nadar en pozas o sentarse en playas de gravilla a observar aves. Especializada en turismo sostenible, además de guías, ofrece servicio de transporte al final del día. Llevan a los niños río abajo mientras los padres van de catas (guías 120 US$/día). Hay que reservar.

Getaway Adventures
CICLISMO, KAYAK

(☎800-499-2453, 707-763-3040; www.getawayadventures.com) Organizan rutas matinales en bicicleta por los viñedos del valle del Dry Creek, seguidas de un almuerzo y un paseo opcional en kayak por el Russian River (150-175 US$).

River's Edge Kayak
& Canoe Trips
PASEOS EN BARCA

(☎707-433-7247; www.riversedgekayakandcanoe.com; 13840 Healdsburg Ave, Healdsburg) Alquilan canoas robustas (medio día/1 día 90/110 US$) y kayaks (40/55 US$). Para rutas sin guía, ofrecen servicio de enlace.

Cursos

The Shed
CURSO

(☎707-431-7433; healdsburgshed.com; 25 North St, Healdsburg) 🌿 Es el centro culinario del Healdsburg (p. 214). Organizan clases y talleres sobre cocina y sostenibilidad, desde conservación de semillas y cría de abejas hasta destilación en casa y fermentación de kombucha. Acogen charlas de grandes entendidos como Michael Pollan.

Relish Culinary
Adventures
CLASES DE COCINA

(☎707-431-9999, 877-759-1004; www.relishculinary.com; 14 Matheson St, Healdsburg; ⊙con cita previa) Ofrecen excursiones culinarias de un día, clases de cocina con degustaciones y cenas organizadas por viticultores.

⚑ Fiestas y celebraciones

Russian River Wine
Road Barrel Tasting
VINO

(www.wineroad.com) Para probar vino directamente del tonel en marzo, antes de ser embotellado.

Future Farmers Parade
CULTURAL

(www.healdsburgfair.org) La ciudad entera se echa a la calle en mayo para el desfile de agricultores.

Wine & Food Affair
COMIDA

(www.wineroad.com/events) En noviembre, más de cien bodegas ofrecen maridajes de comida y vino.

🛏 Dónde dormir

Healdsburg es un destino caro, pues la demanda supera a la oferta. Las tarifas se relajan algo en invierno y en primavera. Guerneville, a solo 20 min, es más barato. La mayoría de las posadas de Healdsburg están cerca de la plaza, y hay varios B&B en los alrededores. Hay algunos moteles en la salida del Dry Creek de la Hwy 101.

Cloverdale Wine Country KOA
CAMPING $

(☎800-368-4558, 707-894-3337; www.winecountrykoa.com; 1166 Asti Ridge Rd, Cloverdale; parcelas tienda/caravana desde 50/65 US$, cabañas 1/2 dormitorios 85/95 US$; 🏖🐾🛜🏊) Situada a 10 km del centro de Cloverdale (salida 520), junto a la Hwy 101, este *camping* incluye duchas de agua caliente, piscina, *jacuzzi*, lavandería, botes a pedales y bicicletas.

L&M Motel
MOTEL $$

(☎707-433-6528; www.landmmotel.com; 70 Healdsburg Ave, Healdsburg; h 150-180 US$; 🏖🐾🛜🏊) Lugar sencillo y limpio a la antigua con grandes zonas de césped y barbacoas, ideal para familias. Hay sauna seca y *jacuzzi*. En invierno, las tarifas bajan.

Geyserville Inn
MOTEL $$

(☎877-857-4343, 707-857-4343; www.geyservilleinn.com; 21714 Geyserville Ave, Geyserville; h lu-vi 129-169 US$, sa y do 269-289 US$; 🏖🛜🐾🏊) Situado 13 km al norte de Healdsburg, este es un alojamiento de categoría, situado entre viñedos. Las habitaciones, impolutas, tienen muebles elegantes y detalles como almohadas de plumas. Se aconseja pedir una reformada. Hay *jacuzzi*.

Best Western Dry Creek
MOTEL $$

(☎707-433-0300; www.drycreekinn.com; 198 Dry Creek Rd, Healdsburg; h lu-vi 109-149 US$, sa y do 219-319 US$; 🏖🐾@🛜🏊) Motel normal de precio medio, con buen servicio y *jacuzzi* exterior. Las habitaciones nuevas tienen bañeras de hidromasaje y chimeneas de gas.

Hotel Healdsburg
HOTEL $$$

(☎707-431-2800, 800-889-7188; www.hotelhealdsburg.com; 25 Matheson St, Healdsburg; h incl. desayuno desde 450 US$; 🏖🐾@🛜🏊) En la misma plaza, es un hotel *cool* y minimalista, con cemento y terciopelo y extras de calidad como camas exquisitas y bañeras hondas. El *spa* es muy completo.

H2 Hotel
HOTEL $$$

(☎707-431-2202, 707-922-5251; www.h2hotel.com; 219 Healdsburg Ave, Healdsburg; h incl. desayuno lu-vi 289-389 US$, sa y do 409-509 US$; 🏖🐾@🛜🏊) 🌿 El hermano pequeño del Healdsburg tiene el mismo estilo angular de cemento, pero como se construyó desde cero con el certificado LEED de oro, presume de tejado ecológico, materiales reutilizados y habitaciones de aspecto nuevo, además de una piscina pequeña y bicicletas gratis.

Madrona Manor
HOTEL HISTÓRICO $$$

(☎800-258-4003, 707-433-4231; www.madrona manor.com; 1001 Westside Rd, Healdsburg; h incl. desayuno lu-vi 260-305 US$; sa y do 385-515 US$; ❄🎾🛜🏊) Perfecto para amantes de las hosperías rurales y las casas solariegas. Es un sitio majestuoso de 1881 que rezuma elegancia victoriana, rodeado por 3 Ha de bosques y jardines centenarios, todo sobre una colina a 1,6 km al oeste del centro, ideal para visitar las bodegas de la Westside Rd.

Belle de Jour Inn
B&B $$$

(☎707-431-9777; www.belledejourinn.com; 16276 Healdsburg Ave, Healdsburg; h 225-295 US$, ste 355 US$; ❄🎾🛜) Es un alojamiento encantador, con habitaciones soleadas y sencillas, muebles rurales y extras como accesos privados, sábanas secadas al sol y bañeras con hidromasaje. Jardines muy bien cuidados.

Healdsburg Inn on the Plaza
POSADA $$$

(☎800-431-8663, 707-433-6991; www.healdsburg ginn.com; 110 Matheson St, Healdsburg; h 295-375 US$; ❄🎾🛜🏊) Tiene habitaciones estilosas y elegantes de aspecto conservador, cual casa de verano burguesa, con sábanas finas y chimeneas de gas. Algunas incluyen bañeras dobles de hidromasaje. Da a la plaza, de ahí su precio.

Honor Mansion
POSADA $$$

(☎707-433-4277, 800-554-4667; www.honorman sion.com; 891 Grove St, Healdsburg; h incl. desayuno 330-595 US$; ❄🎾🛜🏊) Se trata de una mansión victoriana de 1883 en un terreno espectacular tipo *resort*, con habitaciones cómodas y un servicio maravilloso.

Camellia Inn
B&B $$$

(☎707-433-8182, 800-727-8182; www.camelliainn. com; 211 North St, Healdsburg; h 139-395 US$; ❄🎾🛜🏊) Es una mansión de 1869 con mobiliario elegante, además de una habitación económica (139 US$), una familiar con dos camas (259 US$) y mucho más.

Haydon Street Inn
B&B $$$

(☎707-433-5228, 800-528-3703; www.haydon.com; 321 Haydon St, Healdsburg; h 195-325 US$, casita 425 US$; ❄🎾🛜) Tiene dos plantas con un gran porche frontal y una casita independiente.

Piper Street Inn
POSADA $$$

(☎707-433-8721, 877-703-0370; www.piperstreetinn. com; 402 Piper St, Healdsburg; h 295 US$; ❄🎾🛜🏊) Casita con jardín acogedora.

🍴 Dónde comer

En la capital culinaria del condado de Sonoma, lo más complicado será elegir un lugar, y siempre hay que reservar.

⭐ The Shed
CAFÉ, MERCADO $

(☎707-431-7433; healdsburgshed.com; 25 North St, Healdsburg; platos 3-15 US$; ⏰8.00-19.00 milu; 🚲) 🍃 A la vanguardia del consumo local, aquí muelen harinas de la zona, prensan aceitunas, fermentan vinagres y kombucha de frutos de temporada y cultivan alimentos. Incluye un café con platos cocinados a la leña, un bar de fermentación con cócteles de frutas caseros, un bar-cafetería con dulces geniales y un mercado con comidas preparadas para llevar.

Healdsburg Bar & Grill
COMIDA DE PUB $$

(☎707-433-3333; www.healdsburgbarandgrill.com; 245 Healdsburg Ave, Healdsburg; principales 9-15 US$; ⏰8.00-21.00) Es el *gastropub* del ganador de *Top Chef Masters,* Doug Keane, genial para cuando se tiene un hambre voraz pero apetece algo sencillo (macarrones con queso, sándwiches de cerdo asado, hamburguesas, patatas fritas con trufa y parmesano). Para desayunar, sirven *bagels* y gofres caseros. Tiene jardín.

Oakville Grocery
GOURMET $$

(☎707-433-3200; www.oakvillegrocery.com; 124 Matheson St, Healdsburg; sándwiches 10 US$; ⏰8.00-19.00) Venden pescado ahumado y caviar, y hacen sándwiches de rechupete: todo lo necesario para un *picnic* de lujo. Los precios son altos, pero la terraza con chimenea y vistas a la plaza, ideal para tomar un poco de queso y vino, es impagable.

Scopa
ITALIANA $$

(☎707-433-5282; www.scopahealdsburg.com; 109-A Plaza St, Healdsburg; principales 15-24 US$; ⏰17.30-22.00 ma-do) *Pizzas* perfectas de masa fina y crujiente, cocina casera italiana (pollo estofado a fuego lento de Nonna, con verduras salteadas fundidas con polenta tostada), una clientela animada y vinos a buen precio en esta antigua barbería.

Diavola
ITALIANA $$

(☎707-814-0111; www.diavolapizzera.com; 21021 Geyserville Ave, Geyserville; pizzas 15-18 US$; ⏰11.30-21.00; 🚲) 🍃 Es ideal para almorzar en la ruta de catas por el valle de Alexander, p. ej., *salumi* casero excelente o una *pizza* fina y crujiente. Es un lugar de ladrillo típico del Lejano Oeste, tan ruidoso que ahoga los gritos de los niños.

Ravenous
ESTADOUNIDENSE MODERNA **$$**

(☎707-431-1302; 117 North St, Healdsburg; principales de almuerzo 12-17 US$, de cena 20-24 US$) La oferta figura en la pizarra, a base de la cocina tradicional californiana y hamburguesas excelentes, para degustar en un comedor de ocho mesas en el antiguo vestíbulo de un teatro.

Costeaux French Bakery & Cafe
CAFÉ **$$**

(☎707-433-1913; www.costeaux.com; 417 Healdsburg Ave, Healdsburg; principales 10-13 US$; ⏱7.00-15.00 lu-sa, hasta 13.00 do; 🛜) Cafetería-panadería grande y diáfana, adecuada para almorzar ensaladas y bocadillos en pan casero; sirven desayunos todo el día, tortillas y huevos revueltos incluidos.

★Madrona Manor
CALIFORNIANA **$$$**

(☎800-258-4003, 707-433-4231; www.madrona manor.com; 1001 Westside Rd, Healdsburg; menú de 6/11 platos 106/129 US$; ⏱18.00-21.00 mi-do) ✦ Resulta difícil encontrar un lugar más encantador para declararse: un porche con vistas a un jardín de una mansión victoriana refinada, si bien su artística alta cocina no tiene nada de antigua. La mantequilla la hacen ellos mismos, todos los platos se acompañan con un pan distinto recién horneado, el cordero y el queso proceden de un poco más abajo, y entre los postres hay helado ultracongelado en una mesita auxiliar. Se aconseja reservar mesa en el porche para antes de la puesta de sol.

Mateo's Cucina Latina
MEXICANA **$$$**

(☎707-433-1520; www.mateoscocinalatina.com; 214 Healdsburg Ave, Healdsburg; platillos 11-15 US$, principales 21-25 US$; ⏱11.30-21.00 ju-ma, 16.00-21.00 mi, cerrado ma nov-abr) ✦ Su alta cocina inspirada en Yucatán integra técnicas soberbias e ingredientes locales y ofrece resultados tan destacables como las empanadas de ortiga silvestre y el lechón asado a fuego lento, cuyos sutiles sabores brillan entre las especias. La barra, bien surtida, incluye tequilas y mezcales raros. Hay que reservar; mejor en el jardín.

Barndiva
CALIFORNIANA **$$$**

(☎707-431-0100; www.barndiva.com; 231 Center St, Healdsburg; principales de almuerzo 15-22 US$, de cena 28-38 US$; ⏱12.00-2:15 y 17.30-21.00 mi-sa, desde 11.00 do) ✦ Impecable cocina regional de temporada en un bar muy moderno con un jardín precioso. El servicio, a veces, floja un poco.

Compra de alimentos

Dry Creek General Store
GOURMET **$**

(☎707-433-4171; www.drycreekgeneralstore1881. com; 3495 Dry Creek Rd, Healdsburg; sándwiches 8-10 US$; ⏱6.30-18.00) Tienda de estilo *retro* donde también se puede tomar un café en el destartalado porche delantero, entre vecinos y ciclistas. Tienen sándwiches de queso manchego y salami de la Toscana en un pan de chapata consistente y jugoso.

Cheese Shop
COMIDA **$**

(☎707-433-4998; www.sharpandnutty.com; 423 Center St, Healdsburg; ⏱11.00-18.00 lu-sa) Quesos importados y regionales de alta gama.

Shelton's Natural Foods
MERCADO, GOURMET **$**

(☎707-431-0530; www.sheltonsmarket.com; 428 Center St, Healdsburg; ⏱8.00-20.00) ✦ Alternativa independiente a los colmados de lujo, con precios razonables.

Moustache Baked Goods
PANADERÍA **$**

(☎707-395-4111; moustachebakedgoods.com; 381 Healdsburg Ave, Healdsburg; *cupcakes* 3 US$; ⏱11.00-19.00) ✦ Tienen dulces increíbles de producción pequeña y local (algunos sin gluten), incluidos unos *cupcakes* deliciosos con mezclas inusuales, como sirope de arce con bacón.

Noble Folk Ice Cream & Pie Bar
POSTRES **$**

(☎707-395-4426; 116 Matheson St, Healdsburg; trozo 5,25 US$, cono pequeño 3,25 US$; ⏱12.00-21.00) ✦ Helado casero y empanadas dulces clásicas estadounidenses, todo elaborado con ingredientes locales de calidad.

Downtown Bakery & Creamery
PANADERÍA **$**

(☎707-431-2719; www.downtownbakery.net; 308A Center St, Healdsburg; ⏱7.00-17.30) Típica panadería de Healdsburg, con pastas perfectas para el desayuno y panes especiales.

Jimtown Store
GOURMET, MERCADO **$$**

(☎707-433-1212; www.jimtown.com; 6706 Hwy 128; sándwiches 6-14 US$; ⏱7.30-15.00 lu, mi y ju, hasta 17.00 vi-do) Es una de las paradas favoritas en el valle de Alexander, perfecta para comprar productos de *picnic,* incluidos bocadillos hechos con condimentadas cremas caseras.

🍷 Dónde beber y ocio

Flying Goat Coffee
CAFÉ

(www.flyinggoatcoffee.com; 324 Center St, Healdsburg; ⏱7.00-19.00) ✦ Café de comercio justo tostado in situ. Por la mañana se llena de vecinos.

Bear Republic Brewing Company
FÁBRICA DE CERVEZA

(☎707-433-2337; www.bearrepublic.com; 345 Healdsburg Ave, Healdsburg; ⏱11.00-21.30 do-ju, hasta 23.00 vi y sa) Cervezas de elaboración artesanal galardonadas, comida de *pub* y música en directo los fines de semana.

Alexander Valley Bar
COCTELERÍA

(AVB; ☎707-431-1904; 3487 Alexander Valley Rd, Medlock Ames Winery; ⏱17.00-21.00 do-ju, hasta 23.00 vi y sa) Cócteles artesanos (10 US$) con lo que crece en el jardín y puestas de sol increíbles sobre los viñedos.

Raven Theater & Film Center
TEATRO

(☎707-433-5448; www.raventheater.com; 115 N Main St, Healdsburg) Conciertos, eventos y películas de autor de estreno.

🛍 De compras

The Shed
HUERTO, CULINARIO

(☎707-431-7433; healdsburgshed.com; 25 North St, Healdsburg; ⏱8.00-19.00 mi-lu) Venden utensilios y suministros para cultivar, preparar y compartir comida, incluidas semillas heredadas de agricultores locales, harina de California molida in situ y prácticas baterías de cocina.

Jimtown Store
REGALOS

☎707-433-1212; www.jimtown.com; 6706 Hwy 128) Junto a la carretera, en el valle de Alexander, venden todo tipo de baratijas antiguas, velas y hules mexicanos, además de productos *gourmet*.

Gardener
JARDINES

(☎707-431-1063; www.thegardener.com; 516 Dry Creek Rd, Healdsburg) 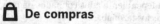 Todo para la jardinería; una belleza rural.

One World
REGALOS, ARTÍCULOS DE HOGAR

(☎707-473-0880; www.oneworldfairtrade.net; 104 Matheson St, Healdsburg; ⏱10.00-18.00 lu-sa, hasta 17.30 do) Venden artículos de comercio justo procedentes de cooperativas.

Options Gallery
ARTESANÍA, JOYERÍA

(☎707-431-8861; www.optionsgallery.com; 126 Matheson St, Healdsburg; ⏱10.30-17.30 lu-sa, 11.00-16.00 do) Regalos, artesanía y joyería de artistas locales.

Copperfield's Books
LIBROS

(☎707-433-9270; copperfieldsbooks.com; 104 Matheson St, Healdsburg; ⏱9.00-18.00 do-ju, hasta 19.00 vi y sa) Buenos libros de interés general.

Levin & Company
LIBROS, MÚSICA

(☎707-433-1118; 306 Center St, Healdsburg; ⏱9.00-21.00 lu-sa, 10.00-18.00 do) Novelas y CD. También es una galería de arte cooperativista.

ℹ Información

Cámara de comercio y centro de visitantes de Healdsburg (☎707-433-6935, 800-648-9922; www.healdsburg.com; 217 Healdsburg Ave, Healdsburg; ⏱9.00-17.00 lu-vi, hasta 15.00 sa, 10.00-14.00 do) Situada una manzana al sur de la plaza, tienen mapas de las bodegas e información sobre paseos en globo, golf, tenis, *spas* y granjas (en el folleto *Farm Trails*); no hay ascensor. Abre las 24 h.

California
en imágenes

Alcatraz

En el muelle 33 se toma un ferri para ir a la antigua prisión más famosa de EE UU. La mera travesía de 2,4 km por la bahía ya justifica el gasto, con su impresionante panorámica de la ciudad. Tras desembarcar en el **muelle del ferri** , se emprende la caminata de 530 m hasta lo alto de la isla, o en tranvía (2 cada h).

De subida a la **casa del centinela** ❷, se ve lo escarpado de la isla; antes de ser cárcel, fue un fuerte. En la década de 1850 el ejército sacó piedra de la rocosa costa, dejándola acantilada. De este modo, los barcos solo podían atracar en un puerto, separado del edificio principal por una salida (un puente levadizo y un foso en lo que sería la garita). En el interior, a través de las rejillas del suelo se verá el primer calabozo de Alcatraz.

Voluntarios miman los espléndidos **Officer's Row Gardens** ❸, contrapunto a los descuidados rosales que rodean el quemado esqueleto de la **casa del alcaide** ❹. Arriba del todo, junto a la puerta delantera del **edificio principal de celdas** ❺, se puede fotografiar el bello panorama, que incluye **vistas del Golden Gate** ❻. Encima de la puerta principal del edificio administrativo, nótense los **letreros y pintadas históricas** ❼, antes de entrar en la prisión a ver la **celda de Frank Morris** ❽, el fugado más famoso de Alcatraz.

JOHN A VLAHIDES ©

Letreros y pintadas históricas
La de "Hogar de la Tierra India Libre" en la torre del agua la hicieron los nativos americanos durante su ocupación (1969-1971). Sobre la puerta del edificio de celdas, se lee "Free" (Libre) en las alteradas barras rojas y blancas del emblema d[e] águila y la bandera.

Casa del alcaide
Durante la ocupación india, los incendios destruyeron la casa del alcaide y otras estructuras. El Gobierno culpó a los indios y los indios, a la administración Nixon, que quería minar el apoyo popular.

Plaza
de arm[as]

CONSEJOS

➡ Resérvese, como mínimo, con dos semanas las visitas diurnas autoguiadas, y antes aún las nocturnas guiadas por guardas forestales. Para circuitos por los jardines, véase www.alcatrazgardens.org.

➡ Váyase preparado para andar; hay una empinada cuesta desde el ferri. Los visitantes suelen pasar 2-3 h en la isla. Solo hay que reservar el ferri de ida; se puede volver en cualquier otro.

➡ No hay comida (solo agua), pero se puede llevar la propia; solo se permite comer en el muelle del ferri. Llévense varias prendas, pues el tiempo cambia rápido y suele hacer viento.

DAVID CLAPP / GETTY IMAGES ©

Dársena y muelle del ferri
Un mapa gigante ayuda a orientarse. En el cercano edifici[o] 64, cortos de cine y exposiciones dan una perspectiva histórica de la prisión y detalle[s] sobre la ocupación ind[ia]

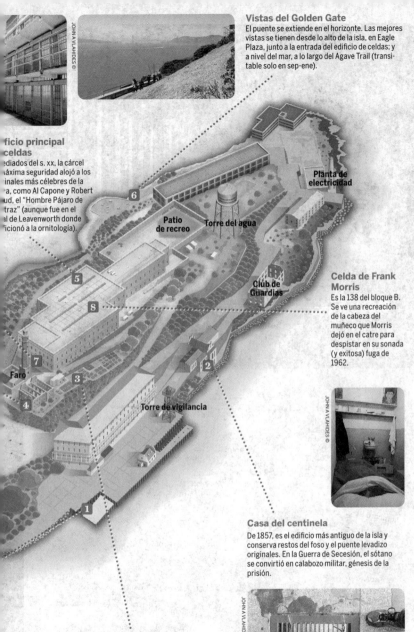

Vistas del Golden Gate
El puente se extiende en el horizonte. Las mejores vistas se tienen desde lo alto de la isla, en Eagle Plaza, junto a la entrada del edificio de celdas; y a nivel del mar, a lo largo del Agave Trail (transitable solo en sep-ene).

...ficio principal ...celdas
...ediados del s. xx, la cárcel ...áxima seguridad alojó a los ...inales más célebres de la ...a, como Al Capone y Robert ...ud, el "Hombre Pájaro de ...traz" (aunque fue en el ...al de Leavenworth donde ...ficionó a la ornitología).

Planta de electricidad

Patio de recreo

Torre del agua

Club de Guardias

Celda de Frank Morris
Es la 138 del bloque B. Se ve una recreación de la cabeza del muñeco que Morris dejó en el catre para despistar en su sonada (y exitosa) fuga de 1962.

Faro

Torre de vigilancia

Casa del centinela
De 1857, es el edificio más antiguo de la isla y conserva restos del foso y el puente levadizo originales. En la Guerra de Secesión, el sótano se convirtió en calabozo militar, génesis de la prisión.

Officer's Row Gardens
En el s. xix los soldados trajeron mantillo para embellecer la isla con jardines, que más tarde cuidaron presos de confianza; según Elliott Michener, eso fue lo que le mantuvo cuerdo. Hoy eligen las plantas historiadores, ornitólogos y arqueólogos.

San Francisco en tranvía

El tranvía es mejor que una atracción de feria. Los novatos pierden el equilibrio y acaban en el regazo de desconocidos, pero los habituales, inclinados hacia atrás y agarrados al asidero de cuero, bajan cual surfistas. En este circuito se dominará la técnica para recorrer las colinas sin despeinarse.

En el ❶ **Powell St Cable Car Turnaround** hay una plataforma giratoria de madera donde se da la vuelta el tranvía y un quiosco antiguo. Se compra un Muni Passport de un día (14 US$) para no pagar 6 US$ por trayecto y se toma la línea Powell-Hyde a Nob Hill.

El tambaleante ascenso da idea de lo duro que sería para los caballos remontar este resbaladizo risco. Los tranvías de cable, invento de Andrew Hallidie, sobrevivieron al terremoto e incendio de 1906, que destruyó las mansiones de Snob Hill; la ❷ **catedral Grace** (p. 78) se reconstruyó.

Se retoma la misma línea, que pasa veloz junto a la sinuosa y florida ❸ **Lombard Street** (p. 79) hacia el ❹ **Fisherman's Wharf.** La terminal del puerto se llama Friedel Klussman, quien, en 1947, salvó a este transporte de su cierre, pues, según él, el coste de mantenerlo era menor que los ingresos por turismo que generaba. El alcalde pidió que se votara, y "la señora del tranvía" ganó por mucho.

En el muelle se sabrá cómo veían la ciudad los marinos al salir del submarino ❺ **USS 'Pampanito'** (p. 78). Tras presenciar peleas del Oeste en las máquinas recreativas *vintage* del ❻ **Musée Mécanique** (p. 75), se toma la línea Powell-Mason hacia North Beach.

Se para en el ❼ **San Francisco Art Institut** (p. 79) a ver el paisaje urbano de 1934, obra de Diego Rivera, o para comer algo en la ❽ **Liguria Bakery** (p. 95). Se pasea por North Beach y Chinatown o se toma la línea Powell-Mason para conocer el pasado en la ❾ **Chinese Historical Society of America** (p. 75). Cerca se puede tomar la línea de California St, la más antigua. La terminal está junto al ❿ **Ferry Building** (p. 97), donde aguarda la *happy hour* de ostras y champán.

Arriba: Tranvía Turnaround; abajo: tranvía que remonta Hyde St desde el Fisherman's Wharf.

Fauna de California

Singulares criaturas habitan la tierra, el cielo y las aguas de los variados ecosistemas de California. Pueden verse en el mar o en el bosque, o simplemente alzando la vista.

1. Elefante marino
Con narices como trompas, los enormes machos pelean ruidosos por el dominio de la playa.

2. Oso negro
El nombre engaña, pues su pelaje puede ser de tonos marrones, negros, canela o leonados.

3. Cóndor de California
Este carroñero amenazado se caracteriza por sus 3 m de envergadura. Pese a que su número ha aumentado con la cría en cautividad, el envenenamiento por plomo aún es su principal amenaza.

4. Ballena gris
Espectaculares saltos y chorros de agua señalan el paso de este enorme mamífero. Grupos de ballenas migran cada año entre México y Alaska; la mejor época para verlos es de diciembre a abril.

5. León marino de California
Con cara de perro y desmesuradas aletas, estos vocingleros pinnípedos se reúnen en grandes grupos sociales. En San Francisco, la colonia del muelle 39, adorada por los turistas, apareció misteriosamente en 1989, tras el terremoto de Loma Prieta.

6. Ciervo mulo
Omnipresente en todo el estado, se reconoce por sus grandes orejas y frente negra. Los machos tienen cornamenta bifurcada.

7. Tortuga del desierto de California
Estos reptiles que pueden vivir más de medio siglo excavan madrigueras para sobrevivir al calor y al frío extremos.

8. Halcón
En California hay una decena de variedades, y suelen planear en las corrientes térmicas de las crestas. Estas rápidas rapaces son famosas por su aguda vista y fuertes garras.

9. Puma
Estos grandes felinos territoriales se alimentan sobre todo de cérvidos. Cazan del atardecer al amanecer, y alcanzan velocidades punta de 80 km/h.

10. Babosa banana
Así llaman a la grande y amarilla *Ariolimax columbianus*; en los bosques hay que andar con cuidado de no pisarlas.

11. Mariposa monarca
Estas preciosidades de colores naranja y negro cubren miles de kilómetros en su migración anual.

12. Alce
Tres subespecies recorren el estado. Los majestuosos machos exhiben su cornamenta y emiten espectaculares berridos en otoño, época de celo.

1. Colorido otoñal, cañón de Lundy (p. 441) 2. Lago May, Yosemite National Park. 3. Emerald Bay (p. 385). 4. John Muir Trail (p. 409).

Las mejores caminatas de Sierra Nevada

Repleta de picos graníticos, gélidos lagos azules y praderas con serpenteantes arroyos, Sierra Nevada llama a quienes sueñan con la montaña. El paisaje se ve muy bien desde el automóvil, pero otra cosa es olerlo y tocarlo. "Sierra de la Luz" la llamó el cofundador del Sierra Club, John Muir, lo que se entenderá perfectamente cuando se presencie su arrebol alpino.

Yosemite High Sierra Camps

Campings para recorrer la sierra alta de Yosemite sin cargar con comida ni tienda, y así compartir mejor las vistas con las marmotas. Destacan las rutas con pernoctación en el prístino lago May, la cascada de Glen Aulin y el lago estrella de Vogelsang.

Cañón de Lundy

En la Hoover Wilderness, al este de Yosemite, los industriosos castores cortan y apilan frondosos álamos temblones y las vaporosas cascadas introducen más y más al caminante en este impresionante y solitario cañón.

John Muir Trail

Se carga la mochila y se va del corazón de Yosemite a la cima del monte Whitney (el más alto de los contiguos EE UU), una ruta de más de 300 km pasa por más de seis puertos que superan los 3000 m. Se cruzan gélidos ríos y arroyos entre el traficado valle de Yosemite, el campo sin carreteras de Sequoia y Kings Canyon, y la cumbre del monte Whitney.

Little Lakes Valley

Para maravillarse ante una perfecta cadena de lagos alpinos entre picos nevados. Con la cabecera de sendero más alta de la Sierra, no hay que ganarse el ascenso.

Desolation Wilderness

Al oeste del lago Tahoe, se puede ir al lago Eagle y más allá desde la Emerald Bay, o emprender una caminata de un día, más larga, hasta lo alto del monte Tallac. Es fácil llegar a esta zona salvaje, cuyo paisaje labrado por los glaciares excusa a las multitudes.

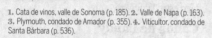

1. Cata de vinos, valle de Sonoma (p. 185). 2. Valle de Napa (p. 163). 3. Plymouth, condado de Amador (p. 355). 4. Viticultor, condado de Santa Bárbara (p. 536).

SEAN BOGGS / GETTY IMAGES ©

Las mejores regiones vinícolas de California

Los viñedos nunca quedan demasiado lejos en California, ni los vinos que catar. El encanto de estas zonas vinícolas es el contacto con la naturaleza californiana: visitar granjas y huertos biodinámicos, pedalear por soleadas carreteras secundarias entre salas de catas y saborear la inspirada cocina de temporada de chefs de prestigio.

Valles de Napa y Sonoma

En esta excelente región vinícola se descubre un paisaje único en el que afamados viticultores ofrecen catas de las barricas al sol de los viñedos. Las variedades chardonnay y cabernet sauvignon son especialmente apreciadas en Napa.

Valle de Russian River

Al oeste del condado de Sonoma, de los viñedos boscosos del Russian River surgen un aterciopelado pinot noir de color rubí y un luminoso chardonnay. Como mejor se degustan es en las pequeñas salas de cata de esta campiña.

Condado de Santa Bárbara

En los valles de Santa Ynez y Santa María hay rutas enológicas y la posibilidad de charlar con los viticultores mientras se catan pinot noir biodinámicos.

Paso Robles

Célebre por su afrutado y aromático zinfandel, esta región soleada y calurosa de la costa central tiene docenas de bodegas junto a ranchos de caballos, puestos de granja y selectos productores de aceite de oliva.

Valle de Anderson

Al oeste del condado de Mendocino, una ruta panorámica discurre por este bucólico valle lleno de manzanos y vinos blancos alsacianos, espumosos y suaves pinot noir.

Condado de Amador

En las laderas de Sierra Nevada las viejas vides de zinfandel crecen en un suelo rico en minerales que da a estos vinos su especial carácter agreste.

Las mejores playas del sur de California

La dorada costa de SoCal tiene cientos de kilómetros de playas; es casi imposible quedarse solo una. Habrá que escoger según las preferencias: hacer surf en un rompiente de fama mundial, bucear con tubo a todo color o tomar el sol.

1. Santa Mónica (p. 567)
Un muelle de feria con un tiovivo con energía solar y un diminuto acuario para críos preside esta playa de 4,8 km, lugar de recreo de LA.

2. Malibú (p. 566)
Aunque los famosos que aquí viven no deseen compartir sus idílicas calas, con tesón y algo de información privilegiada se podrán compartir tan carísimas vistas.

3. Huntington Beach (p. 611)
"Surf City, USA" (marca registrada) tiene esa vida de playa que cabe imaginar en SoCal, desde surf junto al muelle hasta fogatas en la arena al atardecer.

4. Mission Beach (p. 636)
La excursión a la playa más divertida de San Diego empieza en la montaña rusa de madera Giant Dipper y acaba con la puesta de sol en el paseo marítimo.

5. Crystal Cove State Park (p. 620)
¿Hartos de cuidadas playas con chicas en biquini? Esta del condado de Orange es salvaje: una joya para buscar conchas y hacer submarinismo.

6. Coronado (p. 635)
Para pedalear por la Silver Strand o retozar como Marilyn Monroe en la arena ante al emblemático Hotel Del de San Diego.

7. East Beach (p. 526)
En Santa Bárbara junto al histórico muelle Stearns, es de fácil acceso y en verano se llena de bañistas, aficionados al voleibol e incluso al kayak marino.

8. Carpinteria State Beach (p. 549)
Hasta los más pequeños pueden chapotear y hurgar en las pozas de marea de esta clásica del condado de Santa Bárbara, con arena suave y palmeras.

6

8

Costa norte y los bosques de secuoyas

Por qué ir

Una tortuosa carretera recorre esta región, de aire tan remoto que hasta hay un trecho sin vías de acceso conocido como Lost Coast ("Costa Perdida"). Con contados biquinis y pocos surfistas, la costa norte no es una canción de los Beach Boys.

El lugar es panorámico pero salvaje e incluso algo inquietante, habitado por nieblas espectrales, los árboles más altos del mundo, una hierba muy potente y poblaciones de dos semáforos. Se podrá explorar calas armado de mantas y vino del lugar, otear ballenas en la distancia y acabar el día al amor del fuego en alguna casa victoriana. Conforme se avanza hacia el norte se hallarán valles de secuoyas, ríos anchos y musgosos bosques en estado primigenio. Por su parte, la mezcla de residentes incluye a magnates de la madera y amantes de los árboles y a cultivadores de marihuana y políticos radicales de toda clase y condición.

Los mejores restaurantes

➡ Café Beaujolais (p. 232)
➡ Brick & Fire (p. 258)
➡ Café Aquatica (p. 223)
➡ Mario's Lost Coast Cafe (p. 256)
➡ Table 128 (p. 242)

Los mejores alojamientos

➡ Mar Vista Cottages (p. 226)
➡ Philo Apple Farm (p. 242)
➡ Benbow Inn (p. 249)
➡ Alegria (p. 231)
➡ Gold Bluffs Beach (p. 268)

Cuándo ir
Eureka

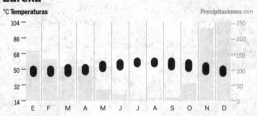

Jun-jul La estación más seca en los bosques de secuoyas es ideal para caminatas y vistas.

Ago-oct Tiempo cálido y cielos despejados: las mejores condiciones para recorrer la Lost Coast.

Dic-abr Migración de las ballenas. Con la primavera aparecen los ballenatos.

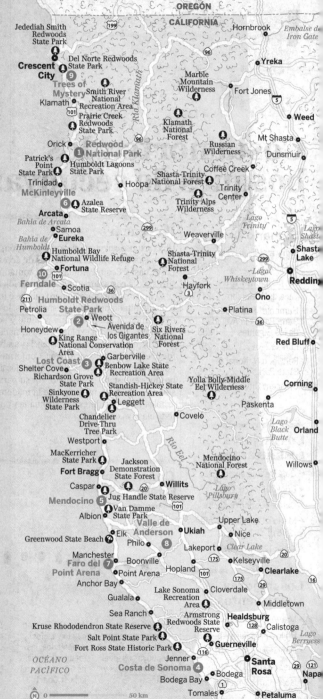

Imprescindible

1. Explorar los colosales bosques y la espectacular costa de los **Redwood National & State Parks** (p. 266).

2. Sentirse insignificante entre los gigantes del **Humboldt Redwoods State Park** (p. 253).

3. Patearse la exuberante, remota y salvaje **Lost Coast** (p. 250).

4. Descubrir alguna cala escondida en la **Sonoma Coast** (p. 222).

5. Dejarse mimar en los B&B de **Mendocino** (p. 229).

6. Catar las mejores cervezas del norte en la **Six Rivers Brewery** (p. 263) de McKinleyville.

7. Contemplar la recortada costa desde lo alto del **faro de Point Arena** (p. 226).

8. Visitar los apacibles viñedos del **valle de Anderson** (p. 241).

9. Experimentar el estilo de carretera americano en el *kitsch* **Trees of Mystery** (p. 271), en la Hwy 101.

10. Sentirse como transportado a los saludables años cincuenta en la localidad lechera de **Ferndale** (p. 255).

❶ Cómo desplazarse

Aunque la Hwy 1 es popular entre los ciclistas y existen conexiones en autobús, el automóvil es casi imprescindible. Quienes visiten el extremo norte y no dispongan de mucho tiempo deberían hacerlo por la carretera interior Hwy 101, más rápida, y luego dirigirse a la costa. La ventosa Hwy 1 abraza la costa y luego se dirige al interior para terminar en Leggett, donde conecta con la Hwy 101. Ni Amtrak ni Greyhound llegan a las poblaciones costeras por las que discurre la Hwy 1.

Amtrak (☎800-872-7245; www.amtrakcalifornia.com) opera el *Coast Starlight* entre Los Ángeles y Seattle. Desde LA, los autobuses de la compañía llegan a varias poblaciones de la costa norte, además de a Leggett (85 US$, 11 h, 2 diarios) y Garberville (87 US$, 11½ h, 2 diarios).

Quienes opten por el autobús se enfrentarán a una tediosa pesadilla, aunque casi todas las poblaciones de la región están comunicadas. **Greyhound** (☎800-231-2222; www.greyhound.com) tiene servicios entre San Francisco y Ukiah (44 US$, 3 h, 1 diario), Willits (44 US$, 3½ h, 1 diario), Rio Dell (cerca de Fortuna, 57 US$, 6 h, 1 diario), Eureka (57 US$, 6¾ h, 1 diario) y Arcata (57 US$, 7 h, 1 diario).

Mendocino Transit Authority (MTA; ☎800-696-4682, 707-462-1422; www.4mta.org; tarifas 3,25-7,75 US$) ofrece el autobús nº 65, que circula a diario entre Mendocino, Fort Bragg, Willits, Ukiah y Santa Rosa, para regresar por la tarde; el nº 95, que comunica Point Arena con Santa Rosa vía Jenner, Bodega Bay y Sebastopol; el nº 75, que, entre semana, se encamina hacia el norte desde Gualala hasta la intersección del río Navarro con la Hwy 128, para después dirigirse al interior por el valle de Anderson hasta Ukiah, y volver por la tarde. La línea de la costa norte va del cruce del río Navarro a Albion, Little River, Mendocino y Fort Bragg, de lunes a viernes. La mejor opción de largo recorrido es el autobús diario entre Fort Bragg y Santa Rosa vía Willits y Ukiah (21 US$, 3 h).

Al norte del condado de Mendocino, **Redwood Transit System** (☎707-443-0826; www.hta.org) opera autobuses (3 US$), de lunes a sábado, entre Scotia y Trinidad (2½ h) vía Eureka (1¼ h) y Arcata (1½ h). **Redwood Coast Transit** (☎707-464-9314; www.redwoodcoasttransit.org) tiene servicios de lunes a viernes entre Crescent City, Klamath (1,50 US$, 1 h, 5 diarios) y Arcata (30 US$, 2 h, 3 diarios), con numerosas paradas intermedias.

HIGHWAY 1

Conocida más al sur como Pacific Coast Hwy o PCH, los norteños prefieren llamarla simplemente Hwy 1.

Sea como fuere, que el viajero se prepare para un itinerario por acantilados solitarios sobre las poderosas olas del mar. En comparación con la famosa costa Big Sur, el tramo de la Hwy 1 que discurre por la costa norte es más desafiante, recóndito y auténtico, pues pasa por granjas, poblaciones pesqueras y playas apartadas. Se puede otear el brumoso horizonte del Pacífico en busca de ballenas, así como admirar las formaciones rocosas. De día, el trecho entre Bodega Bay y Fort Bragg requiere 4 h, y por la noche, con la niebla, mucho más. El destino más popular del lugar es Mendocino.

Si se tiene en cuenta su proximidad a la bahía de San Francisco, los condados de Sonoma y Mendocino conservan su belleza natural, con algunos de los acantilados costeros más espectaculares del país. Cuando la Hwy 1 vira hacia el interior para desaparecer y unirse a la Hwy 101, este territorio junto al Pacífico, la conocida como Lost Coast, desvela los monumentos naturales mejor preservados del estado.

Los alojamientos suelen colgar el cartel de completo desde el Memorial Day hasta el Labor Day (o fin may-ppios sept), así como los fines de semana de otoño, y a menudo exigen una estancia mínima de dos noches, por lo que se recomienda reservar con tiempo.

Bahía Bodega

Aquí se rodaron los exteriores de la película de Hitchcock *Los pájaros*. Los domingueros de la zona de la bahía de San Francisco acuden a estas playas y lagunas de marea para ver ballenas o disfrutar de la pesca, el surf y el pescado. La propia población de Bahía Bay, un puñado de restaurantes, hoteles y tiendas que flanquean la Hwy 1, no es para pasear, pero constituye una base excelente para explorar las calas de la Sonoma Coast State Beach (p. 222).

Originariamente habitada por los indios pomo, la bahía debe su nombre a Juan Francisco de la Bodega y Quadra, capitán de la goleta española *Sonora,* que fondeó en el lugar en 1775. A principios del xix, llegaron los rusos, que pusieron en marcha explotaciones agrícolas para cultivar el trigo que abastecería a los campamentos de tramperos rusos instalados desde la costa de Alaska hasta Fort Ross. Estos se marcharon, abandonando sus fuertes y explotaciones, en 1842.

La Hwy 1 atraviesa la localidad por el este. Al oeste de la misma está la península que constituye la entrada al puerto.

◉ Puntos de interés y actividades

El surf, la playa y la pesca deportiva son las principales actividades. De diciembre a abril, se pueden avistar ballenas desde los barcos pesqueros. Todo el mundo vende cometas estupendas para volarlas en la Bodega Head. La guía *Farm Trails* (www.farmtrails.org) del centro de visitantes de la costa de Sonoma (p. 222) sugiere visitas a ranchos locales, huertos, granjas y colmenas.

Bodega Head   MIRADOR
En la punta de la península, este cabo se alza 80 m sobre el mar. Para llegar (y ver el mar abierto), desde la Hwy 1 hay que tomar al oeste por la Eastshore Rd y, más adelante, a la derecha por la Bay Flat Rd en el stop señalizado. Es un lugar perfecto para el avistamiento de ballenas. También se pueden recorrer los senderos de la zona, como el de casi 5 km que llega hasta el Bodega Dunes Campground o el de 3,5 km que va al Salmon Creek Ranch.

Bodega Marine
Laboratory & Reserve   CENTRO CIENTÍFICO
(☏707-875-2211; www.bml.ucdavis.edu; 2099 West-side Rd; ☉14.00-16.00 vi) GRATIS Gestionada por la University of California (UC) Davis, esta reserva de 106 Ha, donde conviven la enseñanza y la investigación (su laboratorio estudia la bahía Bodega desde los años veinte), suma diversos entornos marinos, zonas costeras rocosas, marismas, dunas y humedales de agua dulce. Casi todos los viernes los docentes de este centro guían circuitos por el laboratorio y los alrededores.

Ren Brown Collection Gallery   GALERÍA
(www.renbrown.com; 1781 Hwy 1; ☉10.00-17.00 mido) Esta colección de grabados japoneses modernos y obras de California proporciona un paréntesis a las actividades al aire libre. No hay que perderse el jardín japonés de atrás.

Chanslor Ranch   PASEOS A CABALLO
(☏707-785-8849; www.chanslorranch.com; 2660 N Hwy 1; paseos desde 40 US$) Al norte de la población, ofrece excursiones a caballo por la costa y el interior. Ron, al frente del grupo, recomienda hacer la ruta del arroyo Salmón o reservar una cabalgada a la luz de la luna. Los beneficios de las salidas de 90 min por la playa se destinan a apoyar un programa de recuperación de caballos. También organizan rutas con pernoctación en tiendas campaña, excelentes para familias. Si se reserva una salida, el aparcamiento es gratis.

Bodega Bay Sportfishing
Center   PESCA, OBSERVACIÓN DE BALLENAS
(☏707-875-3344; www.bodegacharters.com; 1410 Bay Flat Rd) Ofrece salidas de un día de pesca (135 US$) y otras de 3 h para avistar ballenas (adultos/niños 50/35 US$). También venden cebos, aparejos y permisos.

Bodega Bay Surf Shack   SURF
(☏707-875-3944; http://bodegabaysurf.com; 1400 N Hwy 1; alquiler tabla de surf/neopreno/kayak desde 17/17/45 US$) Quien desee lanzarse a las olas,

---

LOS PÁJAROS DE BODEGA BAY

Bodega Bay debe su fama a Alfred Hitchcock, que rodó en esta localidad y bahía homónima su famosa película *Los pájaros*. El visitante aún puede percibir el supuesto emplazamiento de la granja de Mitch Brenner (interpretado por Rod Taylor). En su día acogedor, el Tides Restaurant, sigue en su sitio, aunque en 1962 fue transformado en un complejo de restauración. Se recomienda adentrarse hasta la pequeña población de Bodega Bay para encontrar dos iconos de la película: la escuela y la iglesia. Ambas se conservan tal cual. La **Bodega Country Store** (☉8.00-20.00) afirma tener más parafernalia de *Los pájaros* que ningún otro sitio del mundo.

La actriz Tippi Hedren, ahora octogenaria, va a Bodega Bay al menos una vez al año para colaborar en eventos y recaudaciones de fondos. También estuvo en el 2013 con motivo de la celebración del 50 aniversario de la película: un nuevo festival que se espera que se convierta en anual.

Por una extraña coincidencia, poco después de que el rodaje de *Los pájaros* empezara, se produjo un ataque real de gaviotas en Capitola, al sur de Santa Cruz.

en esta tienda encontrará equipo de alquiler, clases e información específica.

✨ Fiestas y celebraciones

Bodega Seafood,
Art & Wine Festival   COMIDA, VINO
(www.winecountryfestivals.com; 🔊) A finales de agosto, este festival de comida y bebida reúne a los mejores productores de vino y cerveza de la zona, en Bodega Bay. Mucho marisco y actividades para niños.

Bodega Bay Fishermen's Festival   CULTURAL
(www.bbfishfest.org) A finales de abril, este festival culmina con la bendición de la flota pesquera, el desfile de embarcaciones, la feria de artesanía, muchas cometas y un festín.

🛏 Dónde dormir

Hay muchas opciones, desde *campings* y moteles coquetos hasta hoteles elegantes, pero todo se llena rápido en temporada alta. Los campistas deberían considerar las parcelas gestionadas por el estado del norte de la población.

Parques regionales del
condado de Sonoma   CAMPINGS $
(📞707-565-2267; www.parks.sonomacounty.ca.gov; parcela tienda 7 US$, parcela autocaravana sin conexiones 32 US$) Hay algunas parcelas que no necesitan reservarse en el **Doran Regional Park** (201 Doran Beach Rd), en el Miwok Tent Campground, y en el ventoso **Westside Regional Park** (2400 Westshore Rd), que es mejor para las autocaravanas y está orientado a los amantes del mar, con playas, duchas de agua caliente, oportunidades de pesca y rampas para embarcaciones. Ambos están muy solicitados. La Sonoma Coast State Beach (p. 222) también es magnífica para acampar.

Bodega Harbor Inn   MOTEL $$
(📞707-875-3594; www.bodegaharborinn.com; 1345 Bodega Ave; h 80-155 US$, casitas 135-175 US$; 🛜🐾) Rodeado de césped y con antigüedades tanto falsas como auténticas, este modesto pero encantador alojamiento es la opción más económica de Bodega Bay. En algunas habitaciones admiten mascotas por 15 US$ más un depósito de garantía de 50 US$. También ofrece variedad de casitas y alquileres por el pueblo.

Chanslor Guest Ranch   RANCHO $$
(📞707-875-2721; www.chanslorranch.com; 2660 Hwy 1; parcela 40 US$, tiendas amuebladas desde 80 US$, h desde 175 US$) Situado 1,6 km al norte

de Bodega Bay, este rancho cuenta con habitaciones y parcelas para acampar. Los programas de vida natural y los paseos guiados a caballo mejoran su oferta, que incluye vistas de las praderas y el mar.

Bodega Bay Lodge & Spa   HOTEL $$$
(📞888-875-2250, 707-875-3525; www.bodegabaylodge.com; 103 Hwy 1; h 190-470 US$; @🛜🐾🏊) Este pequeño complejo de playa es lo más lujoso del lugar: piscina con vistas al mar, campo de golf, *jacuzzi* y club de *fitness* a la última. Por la noche acoge catas de vino. Las habitaciones más caras tienen mejores vistas, pero todas disfrutan de balcón. También aloja el mejor *spa* de Bodega Bay y su restaurante más elegante, el **Duck Club** (📞707-875-3525; principales 16-37 US$; ⏱7.30-11.00 y 18.00-21.00).

Bay Hill Mansion   B&B $$$
(📞877-468-1588; www.bayhillmansion.com; 3919 Bay Hill Rd; d 279-299 US$; 🛜🏊) De lujo, esta espaciosa y moderna mansión está decorada con buen gusto pero escasa imaginación, aunque es insuperable respecto a la limpieza y la comodidad. Tras un masaje o clase de yoga privados, los amables anfitriones pueden indicar los mejores puntos de la zona. Las vistas son de árboles, con un atisbo de la bahía.

🍴 Dónde comer y beber

Para comer buen pescado junto al muelle hay dos opciones: el **Tides Wharf & Restaurant** (835 Hwy 1; desayuno 8-22 US$, almuerzo 13-28 US$, cena 16-28 US$; ⏱7.30-21.30 lu-ju, 7.30-22.00 vi, 7.00-22.00 sa, 7.00-21.30 do; 🔊) y el **Lucas Wharf Restaurant & Bar** (595 Hwy 1; principales 9-28 US$; ⏱11.30-21.00 lu-vi, 11.00-22.00 sa; 🔊), ambos con vistas y cartas similares de *clam chowder* (sopa espesa de almejas), pescado frito y *coleslaw* (ensalada de repollo), además de tiendas para comprar provisiones. El primero acoge un mercado de pescado, mientras que el segundo tiene menos ambiente de fábrica.

Spud Point
Crab Company   PESCADO Y MARISCO $
(www.spudpointcrab.com; 1910 Westshore Rd; platos 4-11 US$; ⏱9.00-17.00; 🔊) Cócteles agridulces de cangrejo y auténtica *clam chowder* en mesas de *picnic* con vistas al puerto. Se llega por la Bay Flat Rd.

The Birds Cafe   MEXICANA, ESTADOUNIDENSE $
(1407 Hwy 1; comidas 6-14 US$; ⏱11.30-17.00) Carta corta a base de tacos de pescado, *fish and*

chips, sopa de almejas y algunas ensaladas, más ostras a la parrilla en temporada. Se pide en la barra y se come fuera, en mesas de *picnic* con vistas a la bahía. Hay cerveza y vino. Una maravilla.

Terrapin Creek
Cafe & Restaurant   CALIFORNIANA $$

(☎707-875-2700; www.terrapincreekcafe.com; 1580 Eastshore Dr; principales de almuerzo 12-19 US$, de cena 23-30 US$; ⊙11.00-14.30 y 16.30-21.00 ju-do; 🖊) 🍴 El restaurante de alta gama más interesante de Bodega Bay propone platos locales tan reconfortantes como bacalao negro con limoncillo y caldo de coco, y una ensalada de cangrejo Dungeness perfecta, con sabor a mar. Las notas de *jazz* y la iluminación tenue redondean el ambiente.

Gourmet Au Bay   BAR DE VINOS

(913 Hwy 1; ⊙11.00-18.00 ju-ma) Brisa marina y catas de vino en su terraza trasera.

ℹ️ Información

Centro de visitantes de la costa de Sonoma

(☎707-875-3866; www.bodegabay.com; 850 Hwy 1; ⊙9.00-17.00 lu-ju y sa, hasta 18.00 vi, 10.00-17.00 do) El mejor de la costa, frente al Tides Wharf. Además, venden el *North Coaster,* un pequeño periódico independiente con brillantes disertaciones sobre la cultura local.

Sonoma Coast State Beach

Con una extensión de 27 km desde la Bodega Head al Vista Trail, la Sonoma Coast State Beach (☎707-875-3483) está integrada por playas separadas por cabos rocosos. Algunas son calas pequeñas y otras, amplias y largas, la mayoría conectadas por senderos costeros con magníficas vistas. El oleaje a menudo es traicionero, por lo que hay que vigilar a los pequeños. Respecto a acampar, no se puede hacer en cualquier parte, y la mayoría de las zonas adaptadas a tal uso son solo para uso diurno.

⊙ Puntos de interés y actividades
Playas

Paya del Salmon Creek   PLAYA

Situada alrededor de una laguna, ofrece 3 km para andar y buenas olas para hacer surf.

Playas de Portuguese
y Schoolhouse   PLAYA

De fácil acceso y con calas protegidas entre formaciones rocosas.

Duncan's Landing   PLAYA

Por la mañana, las embarcaciones pequeñas descargan cerca de este cabo rocoso, también un buen lugar para ver flores silvestres en primavera.

Playa de Shell   PLAYA

Un paseo de madera conduce a una zona perfecta nadar en las lagunas que se forman con bajamar.

Goat Rock   PLAYA

Famosa por su colonia de focas, tumbadas al sol en la desembocadura del Russian River.

🛏️ Dónde dormir

Bodega Dunes   CAMPING $

(☎800-444-7275; www.reserveamerica.com; 3095 Hwy 1, bahía Bodega; parcela tienda y autocaravana 35 US$, uso diurno 8 US$) El *camping* más grande de la Sonoma Coast State Beach es también el más cercano a Bodega Bay. Las parcelas se hallan en lo alto de las dunas; posee duchas con agua caliente, pero la sirena que avisa de la niebla no para en toda la noche.

Wright's Beach Campground   CAMPING $

(☎800-444-7275; www.reserveamerica.com; parcelas tienda y autocaravana 35 US$, uso diurno 8 US$) De los pocos *campings* que permiten acampar a lo largo de la Sonoma Coast State Beach, este es el mejor, aunque flojea en cuanto a privacidad. Las parcelas se reservan hasta con seis meses de antelación; las nº 1-12 se hallan en plena playa. Tiene barbacoas para uso diurno y es perfecto para los aficionados al kayak marino. Por lo demás, lo mejor es permanecer fuera del agua, pues las mareas recuerdan su letalidad cada año.

Jenner

Encaramada en las colinas que miran al Pacífico y sobre la desembocadura del Russian River, la pequeña Jenner da acceso a la costa y a la región vinícola del Russian River. La desembocadura del río alberga una colonia de focas comunes, cuyas crías nacen entre marzo y agosto. Está restringido acercarse a las crías, ya que tocarlas puede propiciar que sus madres las abandonen. Los voluntarios responden a las preguntas de los visitantes en la zona acordonada. Como mejor se ven es en kayak; durante casi todo el año, Water Treks Ecotours (☎707-865-2249; alquiler 2 h desde 25 US$; ⊙10.00-15.00) alquila kayaks junto a la carretera. La Hwy 1 hacia el norte brinda uno de los tramos más bellos y ventosos de carretera de California. En muchas zonas no hay cobertura para los móviles.

Dónde dormir y comer

Jenner Inn & Cottages · HOTEL $$

(707-865-2377; www.jennerinn.com; 10400 Hwy 1; h incl. desayuno junto al arroyo 118-278 US$, casitas 228-298 US$; @) Algunas son casitas muy lujosas con vistas al mar provistas de cocina y chimenea, y otras, más pequeñas y junto al río, pero todas poseen un equipamiento típico de principios de los noventa.

★ Café Aquatica · CAFÉ $

(www.cafeaquatica.com; 10439 Hwy 1; sándwiches 10-13 US$; ☎) Este es uno de esos cafés de ensueño de la costa norte: una cabaña a la marinera con repostería recién hecha, café de cultivo orgánico, simpáticos lugareños y terraza con vistas al Russian River.

★ River's End · CALIFORNIANA $$$

(707-865-2484; www.rivers-end.com; 11048 Hwy 1; principales de almuerzo 14-26 US$, de cena 25-39 US$; ◷12.00-15.00 y 17.00-20.30 ju-lu; ✍) Restaurante de postal de postín con platos de primera a precios en consonancia, aunque el auténtico lujo es el panorama. Al mar dan también sus **casitas** (h y casitas 159-229 US$) de paneles de madera, sin TV ni wifi ni teléfono. Prefieren que no vayan menores de 12 años.

Fort Ross State Historic Park

Los edificios de este **parque histórico** (707-847-3286; www.fortrossstatepark.org; 19005 Hwy 1; por automóvil 8 US$; ◷10.30-16.00 sa y do) son un curioso testimonio de la exploración de esta costa por la Rusia zarista y dan una idea del Lejano Oeste pre-estadunidense. Se trata de un lugar tranquilo y pintoresco con un gran pasado.

En marzo de 1812, un grupo de 25 rusos y 80 indígenas de Alaska (entre ellos algunos miembros de las tribus kodiak y aleutian) construyeron un fuerte de madera en este lugar, cerca de una aldea kashaya pomo. Este era el puesto avanzado más meridional del que disponía el comercio ruso de pieles del s. XIX en la costa estadounidense del Pacífico. Fort Ross servía como base para cazar nutrias marinas y comerciar con la alta California, así como para cultivar la tierra, con el fin de asegurar el abastecimiento de los asentamientos rusos en Alaska. Los rusos levantaron el fuerte en agosto de 1812 y lo abandonaron en 1842, al reducirse la población de nutrias y la poca rentabilidad de la agricultura.

El Fort Ross State Historic Park, 18 km al norte y en un bonito enclave, es una fiel reconstrucción del fuerte. Los edificios originales se vendieron, se desmontaron y se llevaron a Sutter's Fort durante la Fiebre del Oro. El **centro de visitantes** (707-847-3437) alberga un museo con exposiciones históricas y una librería sobre historia rusa y californiana. Pregúntese por las excursiones al cementerio ruso.

Durante el **Fort Ross Heritage Day,** el último sábado de julio, voluntarios disfrazados recrean la historia del fuerte. Para información sobre otros eventos, visítese la web www.parks.ca.gov o llámese al centro de visitantes.

Aunque entre semana el fuerte está cerrado (por recortes presupuestarios), si hubiera algún grupo escolar quizá se pueda echar un vistazo.

Dónde dormir

Stillwater Cove
Regional Park · CAMPING $

(reservas 707-565-2267; www.sonoma-county. org/parks; 22455 N Hwy 1; parcelas tienda y autocaravana 28 US$) Situado 3,2 km al norte de la Timber Cove, este *camping* cuenta con duchas con agua caliente y organiza caminatas bajo pinos de Monterrey. Las parcelas 1, 2, 4, 6, 9 y 10 tienen vistas al océano.

Timber Cove Inn · POSADA $$

(800-987-8319, 707-847-3231; www.timberco veinn.com; 21780 N Hwy 1; h desde 155 US$, con vistas al mar desde 183 US$) Es una posada de los sesenta que en su día encarnó el lujo campestre. Aunque el nivel ha bajado, aún es cara. No obstante, la rústica arquitectura es magnífica, y en el salón resuena el piano y el crepitar de la chimenea. Las habitaciones que dan al mar recuerdan a una casa arbórea, con detalles en madera, balcones, chimeneas y camas amplias. En cualquier caso, se recomienda ir para ver la estatua a la paz (28 m) de Benny Bufano, el tótem espectacular al borde del mar. El caro restaurante no es nada especial, y durante la visita de esta autora el personal se mostró de lo más antipático.

Salt Point State Park

Este impresionante **parque estatal** (☎707-847-3321; por automóvil 8 US$; ⏰centro de visitantes 10.00-15.00 sa y do abr-oct) de 24 km² tiene acantilados de arenisca junto a un mar lleno de algas kelp y rutas de senderismo que atraviesan ventosas praderas y boscosas colinas que comunican bosquecitos con calas de lagunas mareales. El parque, de 10 km de ancho, está atravesado por la falla de San Andrés, razón por la cual el suelo es muy diferente en su parte este y en la oeste. No hay que perderse los *tafoni*, unas paredes rocosas erosionadas en forma de panal situadas cerca de la cala de Gerstle. Para una buena fotografía, párese en el mojón de 45 millas, con vistas de cabañas de madera de secuoya, cabras que pastan y cabos que se adentran en el mar.

Aunque muchas de las zonas de uso diurno se han cerrado por recortes presupuestarios, hay senderos que parten de la Hwy 1 con vistas de la costa. La plataforma que mira a la **Sentinel Rock** queda a un paseo del aparcamiento de la cala de Fisk Mill, en el extremo norte del parque. Más al sur, las focas retozan al sol en la **Gerstle Cove Marine Reserve**, una de las primeras reservas submarinas de California. Se puede caminar entre las lagunas de marea, pero no hay que mover las piedras porque el sol podría matar a algunas criaturas. Entre abril y junio, la gran atracción es la **Kruse Rhododendron State Reserve**. Gracias a la abundante luz filtrada, los rododendros rosados alcanzan una altura de 9 m, lo que los convierte en la especie más alta del mundo; desde la Hwy 1, tómese al este la Kruse Ranch Rd y síganse las indicaciones. Hay que asegurarse de que se pasa por el breve **Rododendron Loop Trail**.

🛏 Dónde dormir

Campings de Woodside y Gerstle Cove   CAMPING **$**
(☎800-444-7275; www.reserveamerica.com; parcela tienda y autocaravana 35 US$; ⏰Woodside abr-sep) Estos dos *campings*, ambos señalizados desde la Hwy 1, ofrecen parcelas con agua fría. El de Woodside está en el interior y se halla bien protegido por pinos de Monterrey. La arboleda de la cala de Gerstle se quemó hace más de una década y solo se ha regenerado parcialmente, lo que otorga a los ennegrecidos troncos un aire fantasmal cuando la niebla se agarra a sus ramas.

Ocean Cove Lodge Bar & Grill   MOTEL **$**
(☎707-847-3158; www.oceancovelodge.com; 23255 Hwy 1; h desde 69 US$; ❈☎) Situado solo unos minutos al sur del Salt Point State Park, este motel es una bendición para presupuestos ajustados: alojamiento básico pero en un enclave fabuloso, con *jacuzzi* y un restaurante a la estadounidense inusitadamente bueno.

Stuart Point Store & Retreat   CASITAS DE LONA, COMESTIBLES **$$**
(32000 Hwy 1; d de lona lu-vi 155 US$, sa y do 225-250 US$; ⏰8.00-17.00) Al norte del Salt Point State Park, hay que parar a tomar un tentempié o un café y hacer fotografías en el que quizá sea el negocio familiar ininterrumpidamente en activo más antiguo (1868) al oeste del Misisipi. Aunque la decoración sea de entonces, los selectos productos son pura delicia moderna. El propietario vive en el aledaño rancho antiguo, y 0,5 km al sur por la Hwy 1 están los restos de una vieja escuela.

Ahora, en la finca de 485 Ha se ofrece *glamping* (acampada de lujo) en tiendas de lona enclavadas sobre acantilados de 120 m de alto, con camas de matrimonio y ropa blanca de lujo. Es algo caro, dado que no hay electricidad (tiendas iluminadas con lámparas a pilas) y que las duchas están fuera, pero el marco es incomparable.

Sea Ranch

Aunque tiene sus incondicionales, esta exclusiva urbanización cerrada da cierta sensación de secta de película. La lujosa parcelación que se extiende 16 km a lo largo de la costa está conectada con una red bien vigilada de carreteras privadas. Aprobada antes de la existencia del organismo de control Coastal Commission, esta comunidad fue precursora del concepto de "crecimiento lento", con estrictas normas de edificación que exigen que las casas sean de madera antigua. Según el *Sea Ranch Design Manual,* "no es un lugar para grandes diseños arquitectónicos, sino un enclave para explorar los sutiles matices de encajar...". Y lo han conseguido. Se ofrecen en alquiler algunas propiedades, recomendables para estancias cortas, aunque se impone no romper ninguna de las normas, o el servicio de seguridad llamará a la puerta. Para provisiones y gasolina, es preferible acudir a Gualala.

Tras años de litigios, se ha ordenado abrir caminos públicos a playas privadas, actualmente bien señalizados. Hay senderos que parten de los aparcamientos junto a la carretera y conducen al mar y a los acantilados, pero no se puede entrar en las propiedades adyacentes. La **playa de Stengel** (Hwy 1, milla 53,96) posee una escalera de acceso, la **Walk-On Beach** (Hwy 1, milla 56,53) proporciona acceso para sillas de ruedas, y la **playa de Shell** (Hwy 1, milla 55,24) también tiene escalones hasta la arena; en los tres casos, el aparcamiento cuesta 6 US$. Para información sobre excursiones, mapas y otros, contáctese con la **Sea Ranch Association** (www.tsra.org).

El **Sea Ranch Lodge** (☎707-785-2371; www.searanchlodge.com; 60 Sea Walk Dr; h incl. desayuno 199-369 US$; ☎) 🖉, una joya de la arquitectura californiana de la década de 1970, ofrece amplias y lujosas habitaciones minimalistas, muchas con impresionantes vistas al mar y algunas con *jacuzzi* y chimenea. Su buen **restaurante** contemporáneo (principales de almuerzo 12-18 US$, de cena 22-38 US$; ☎8.00-21.00) ofrece una carta para entendidos, desde pechuga de pato hasta tacos de pescado. Al norte del alojamiento se ve la iglesia aconfesional de Sea Ranch; se halla en la parte de la Hwy 1 que da a la montaña, en el mojón de 55,66 millas. Tanto con tiempo o presupuesto limitados, se trata de la mejor razón para parar en Sea Ranch.

Según la temporada, hasta podría resultar asequible alquilar una casa en Sea Ranch; ccontáctese con **Rams Head Realty** (www.ramshead-realty.com), **Sea Ranch Rentals** (www.searanchrentals.com) o **Sea Ranch Escape** (www.searanchescape.com).

Gualala y Anchor Bay

Solamente 2½ h al norte de San Francisco, Gualala es el centro costero del norte de Sonoma para escapadas de fin de semana, pues se halla en medio del "Banana Belt" ("Cinturón del plátano"), un tramo de costa conocido por su atípico clima soleado.

Fundada como población maderera en la década de 1860, su centro se extiende por la Hwy 1, con un distrito comercial donde hay una gran tienda de alimentación y algunos comercios bonitos y caros. Al norte, la tranquila población de Anchor Bay alberga varias hosterías, un pequeño centro comercial y, más hacia el norte, una sucesión de playas difíciles de encontrar. Ambas localidades son bases excelentes para explorar la zona.

ANNAPOLIS WINARY

Al sur de Sea Ranch, en la Hwy 1 se verán indicaciones para la **Annapolis Winery** (☎707-886-5460; www.annapoliswinery. com; 26055 Soda Springs Rd; cata 5 US$; ☎12.00-17.00 diarios). Se toma a la derecha por la Annapolis Rd y tras 12 sinuosos y pintorescos kilómetros se llega a esta pequeña y apartada pero encantadora bodega. En esta explotación familiar elaboran vinos muy buenos. Particularmente alabados son sus gewürztraminer, pinot noir y 'oporto' zinfandel. También se disfrutará de las vistas de las viñas y los montes costeros si se va de *picnic* (in situ venden algunas vituallas, pero se pueden llevar las propias).

◉ Puntos de interés y actividades

Al norte de Anchor Bay, al llegar al mojón de 11,41 millas, a 11 km, hay que desviarse hacia **Schooner Gulch**. Un sendero se adentra en el bosque y baja por los acantilados hasta una playa de arena con marismas. Hay que mantenerse a la derecha en la bifurcación del camino para llegar a la **playa de Bowling Ball**, donde la bajamar deja al descubierto grandes rocas redondeadas que parecen preparadas para jugar a los bolos. No hay que dejar de consultar las tablas de mareas de la cala Arena. Para que las bolas sean visibles, la previsión de la marea baja debe ser inferior a +1,5 pies.

Gualala Arts Center CENTRO CULTURAL (☎707-884-1138; www.gualalaarts.org; ☎9.00-16.00 lu-vi, 12.00-16.00 sa y do) En el interior respecto a la Old State Rd, en el extremo sur de la población y construido por voluntarios, este centro acoge exposiciones temporales, organiza el **Art in the Redwoods Festival** a finales de agosto y posee mucha información sobre arte local.

Adventure Rents KAYAK (☎888-881-4386, 707-884-4386; www.adventure rents.com) En verano, en la desembocadura del río se forma un banco de arena que lo separa del mar y que se convierte en una laguna de aguas cálidas. Este negocio alquila **canoas** (2 h/medio día/día completo 70/80/90 US$) y **kayaks** (2 h/medio día/día completo 35/40/45 US$) y proporciona instrucción.

🛏 Dónde dormir y comer

De las dos poblaciones, Gualala posee más servicios y es más práctica, pues tiene algunos moteles buenos y un par de tiendas de alimentación. La verdura fresca puede comprarse en el **mercado de granjeros** (Gualala Community Center; ⊙10.00-12.30 sa jun-oct) y las provisiones ecológicas y el vino, en el **Anchor Bay Village Market** (35513 S Hwy 1).

Gualala Point Regional Park — CAMPING $

(http://parks.sonomacounty.ca.gov; 42401 Highway 1, Gualala; parcela tienda 32 US$) A la sombra de un grupo de secuoyas y fragantes laureles de la bahía de California, un corto sendero conecta este *camping* situado junto a un arroyo con la playa. La calidad de las parcelas, varias de ellas apartadas, lo convierten en el mejor lugar de acampada de esta zona de la costa.

Gualala River Redwood Park — CAMPING $

(⊉707-884-3533; www.gualalapark.com; uso 6 US$/día, parcela tienda y autocaravana 42-49 US$) Otro *camping* excelente del condado de Sonoma. Situado hacia el interior respecto a la Old State Rd, permite acampar y hacer caminatas junto al río.

★St Orres Inn — HOTEL $$

(⊉707-884-3303; www.saintorres.com; 36601 Hwy 1, Gualala; B&B 95-135 US$, casitas 140-445 US$; 🕾🐾) Es famoso por su arquitectura de aire ruso, con madera toscamente labrada, vidrieras y cúpulas de cobre bruñido. En sus terrenos de cuento, 36 Ha tachonadas de setas silvestres, las casitas artesanales van de lo rústico a lo lujoso. El estupendo **restaurante** (⊉707-884-3335; principales de cena 40-50 US$) ofrece platos de aire californiano que bien valen el dispendio, en uno de los comedores más románticos de la costa.

North Coast Country Inn — B&B $$

(⊉800-959-4537, 707-884-4537; www.north coastcountryinn.com; 34591 S Hwy 1, Gualala; h incl. desayuno 185-235 US$; 🕾🐾) Emplazado en una colina del interior bajo enormes árboles y rodeado por un bonito jardín, los extras de este alojamiento comienzan con su amable propietario y el *jacuzzi*. Las seis habitaciones de estilo campestre están decoradas con grabados y poseen vigas vistas, chimenea, juegos de mesa y entrada privada.

★Mar Vista Cottages — CABAÑAS $$$

(⊉877-855-3522, 707-884-3522; www.marvistamen docino.com; 35101 S Hwy 1, Gualala; cabañas 175-305 US$; 🕾🐾) 🖈 Renovadas con elegancia, estas cabañas de pesca de la década de 1930 brindan una sencilla pero estilosa escapada costera y un compromiso ecológico puntero. El armonioso entorno es la suma de muchos detalles: la ropa blanca se tiende sobre plantas de lavanda, los huéspedes rebuscan en el huerto ecológico la comida y las gallinas ponen por ahí los huevos del siguiente desayuno. Suelen exigir una estancia mínima de dos noches.

Laura's Bakery & Taqueria — MEXICANA $

(⊉707-884-3175; 38411 Robinson Reef Rd, en Hwy 1, Gualala; principales 7-12 US$; ⊙7.00-19.00 lu-sa; 🖈) Un agradable paréntesis de la escena culinaria más cara de la Hwy 1, con platos de taquería fantásticos (una ganga los de pescado al estilo Baja) y sorprendentes recetas de mole fresco y distantes vistas del mar.

Bones Roadhouse — BARBACOA $$

(www.bonesroadhouse.com; 39350 S Hwy 1, Gualala; principales 9-20 US$; ⊙11.30-21.00 do-ju, hasta 22.00 vi y sa) Con sabrosas carnes ahumadas y un concurrido ambiente de moteros, esta parrilla es la escala más divertida de Gualala para almorzar. Los fines de semana suele haber *blues* en directo.

❶ Información

Centro de visitantes de la costa de Redwood (www.redwoodcoastchamber.com; 39150 Hwy 1, Gualala; ⊙12.00-17.00 ju-sa) Para información local.

Point Arena

Esta localidad pequeña y tranquila combina el confort con el estilo de vida relajado y ecléctico de California. El viajero podrá sentarse en los muelles que quedan 1,6 km al norte del casco urbano, en la cala Arena, y observar cómo los surfistas se mezclan con los pescadores y los *hippies*.

⊙ Puntos de interés

Faro del Point Arena — FARO

(⊉707-882-2777; www.pointarenalighthouse.com; 45500 Lighthouse Rd; adultos/niños 7,50/1 US$; ⊙10.00-15.30, hasta 16.30 fin may-ppios sep) Unos 3 km al norte del pueblo, este faro de 1908 (el más alto de la costa oeste de EE UU) tiene 10 pisos y es el único de California al que se puede subir. Tiene una lente de Fresnel y vistas extraordinarias. También acoge un museo y es posible alojarse al lado (p. 227).

Stornetta Public Lands
RESERVA NATURAL

Para avistar aves, caminar sobre rocas en terrazas y pasar por cuevas marinas y acceder a calas ocultas, hay que descender 1,6 km por la Lighthouse Rd desde la Hwy 1 y buscar los carteles del Bureau of Land Management (BLM), a la izquierda, que conducen a esta zona pública de 458 Ha. La caminata más espectacular es la que discurre junto a la costa; se puede empezar también en la Lighthouse Rd, en un pequeño estacionamiento 1 km antes del aparcamiento del faro.

🛏 Dónde dormir y comer

Wharf Master's Inn
HOTEL $$

(☏800-932-4031, 707-882-3171; www.wharfmasters. com; 785 Iversen Ave; h 100-195 US$; 🕾🐾) Habitaciones modernas y pequeñas en un acantilado con vistas a los barcos pesqueros y a un muelle sobre pilotes. Limpias y arregladas, las habitaciones son como de hotel de cadena.

Coast Guard House Inn
HOTEL $$

(☏707-882-2442; www.coastguardhouse.com; 695 Arena Cove; h 165-265 US$; 🕾) Perfecta para respirar el encanto costero de otros tiempos si se está dispuesto a aguantar tuberías antiguas. Se trata de una casa estilo cabo Cod de 1901, provista de habitaciones con vistas al mar.

Coast Guard Homes
ALQUILER TURÍSTICO $$

(☏877-725-4448; 45500 Lighthouse Rd; casas 135-235 US$) Los fans de los faros pueden alojarse junto al de Point Arena en la antigua y sencilla casa del guarda costero, con tres dormitorios y cocina. Se trata de un retiro tranquilo y ventoso.

Franny's Cup & Saucer
PANADERÍA $

(www.frannyscupandsaucer.com; 213 Main St; productos desde 2 US$; 🕾8.00-16.00 mi-sa) La *patisserie* más coqueta de este tramo de costa está regentada por Franny y su madre Barbara. Las tartas de bayas y los imaginativos bombones caseros son tan lindos que da pena comérselos, pero solo hasta que se da el primer mordisco. Varios domingos al año organizan un *brunch* en el jardín (25 US$).

Arena Market
ORGÁNICA, DELI $

(www.arenaorganics.org; 183 Main St; 🕾7.30-19.00 lu-sa, 8.30-18.00 do; 🕾🐾) 🍃 En el *deli* situado delante de esta tienda bien surtida de productos ecológicos preparan excelentes opciones vegetarianas y sin gluten para llevar, a menudo con productos de granjas locales. La sopa (de autoservicio) es deliciosa.

Pizzas N Cream
PIZZERÍA $$

(www.pizzasandcream.com; 790 Port Rd; *pizzas* 10-18 US$; 🕾11.30-21.00; 🕾🐾) En la cala Arena, es un lugar agradable con *pizzas* exquisitas y ensaladas frescas, además de cerveza y helado.

🍷 Dónde beber y ocio

215 Main
BAR

(www.facebook.com/215Main; 215 Main St; 🕾14.00-2.00 ma-do) Edificio histórico restaurado donde tomarse una cerveza o un vino. Los fines de semana hay *jazz*.

Arena Cinema
CINE

(www.arenatheater.org; 214 Main St) Películas comerciales, extranjeras y de autor.

Manchester

Si se sigue por la Hwy 1, unos 11 km al norte de Point Arena se encontrará un desvío que conduce a la larga Manchester State Beach. Los alrededores están casi deshabitados, aunque Point Arena queda muy cerca.

En el Ross Ranch (☏707-877-1834; www. rossranch.biz), en la Irish Beach, otros 8 km al norte, organizan paseos a caballo de 2 h por la playa (60 US$) o por la montaña (50 US$); conviene reservar.

El impresionante Mendocino Coast KOA (☏707-882-2375; www.manchesterbeachkoa.com; parcela tienda/autocaravana desde 29/49 US$, cabañas 64-78 US$; 🕾🐾) es un *camping* privado con apretadas parcelas bajo enormes pinos de Monterrey, un pabellón de cocina, duchas con agua caliente, *jacuzzi* y bicicletas. Las cabañas son una opción para familias que deseen quieran más comodidades.

LOS MEJORES ENCLAVES PARA VER BALLENAS

Sirve cualquier punto costero, pero los siguientes son los mejores de la costa norte:

➡ Bodega Head (p. 220)

➡ Mendocino Headlands State Park (p. 229)

➡ Jug Handle State Reserve (p. 233)

➡ MacKerricher State Park (p. 237)

➡ Shelter Cove & Lost Coast (p. 250)

➡ Trinidad Head Trail (p. 264)

➡ Klamath River Overlook (p. 270)

Unos 400 m al oeste, el *camping* del **Man- chester State Park** (www.parks.gov.ca; parcela tienda y autocaravana 29-39 US$), soleado y expuesto, ofrece agua fría y tranquilidad junto al mar. No admiten reservas.

Elk

Unos 30 min al norte de Point Arena, Elk es famoso por sus increíbles vistas de las formaciones rocosas que sobresalen del agua. También es uno de los pueblos más lindos (si bien bastante acicalado) antes de llegar a Mendocino. Aquí hay que olvidarse del teléfono móvil, pues no hay cobertura. El **centro de visitantes** (5980 Hwy 1; ⏱11.00- 13.00 sa y do med mar-oct) acoge una exposición sobre el pasado maderero local. En el extremo sur del pueblo, la **Greenwood State Beach** está en la desembocadura del arroyo Greenwood.

En una pequeña casa de madera con vistas al mar, **Elk Studio Gallery & Artist's Collective** (www.artists-collective.net; 6031 S Hwy 1; ⏱10.00-17.00) está repleto de arte local, desde tallas y cerámica hasta fotografía y joyas.

🛏 Dónde dormir y comer

Griffin House HOTEL **$$**
(☎707-877-3422; www.griffinn.com; 5910 S Hwy 1; casitas incl. desayuno 138-260 US$; 🗑🐕) El alojamiento más asequible del lugar ofrece una adorable serie de sencillas casitas azul pastel con estufas de leña junto al acantilado.

Elk Cove Inn & Spa HOTEL **$$$**
(☎800-725-2967; www.elkcoveinn.com; 6300 S Hwy 1; h 100-375 US$, casitas 275-355 US$; 🗑🐕) Aunque varios B&B de categoría aprovechan las vistas, las de este hotel son imbatibles: está sobre un acantilado con una escalera que baja a una playa tachonada de madera de deriva. Los precios de la amplia gama de habitaciones y casitas incluyen desayuno, vino, champán y cócteles, además del uso de su lujoso *spa*.

Harbor House Inn HOTEL **$$$**
(☎800-720-7474, 707-877-3203; www.theharborhou seinn.com; 5600 S Hwy 1; h y casitas incl. desayuno y cena 360-490 US$; 🐕) Ocupa una mansión de 1915 estilo *arts and crafts* (cerrada por reformas durante la visita de esta autora), con espléndidos jardines sobre el acantilado y una playa privada. Los precios incluyen una gran cena de cuatro platos en el comedor con vistas al mar y una alabada carta de vinos.

Queenie's Roadhouse Cafe CAFÉ **$**
(☎707-877-3285; 6061 S Hwy 1; platos 6-10 US$; ⏱8.00-15.00 ju-lu; 🐕) Todo el mundo recomienda este excelente café *retro*-chic por sus imaginativas delicias de desayuno (como gofres de arroz silvestre) y almuerzo.

Bridget Dolan's ESTADOUNIDENSE **$$**
(☎707-877-1820; 5910 S Hwy 1; principales 10-15 US$; ⏱16.30-20.00) Pequeño y encantador restaurante donde tomar cosas sencillas como empanadas y salchichas con puré de patatas.

Van Damme State Park

Localizado 5 km al sur de Mendocino, el **Van Damme State Park** (☎707-937-5804; www.parks.ca.gov; por coche 8 US$) de 741 Ha atrae a nadadores, aficionados a rebuscar en la arena y amantes del kayak hasta su playa de fácil acceso. El parque es conocido por su **bosque enano,** donde el suelo ácido y una impenetrable capa de caliche bajo la superficie favorecen el crecimiento de unos bonsáis que solo se elevan unos decímetros del suelo. El bosque cuenta con una pasarela accesible para sillas de ruedas. Para llegar, hay que salir de la Hwy 1 por la Little River Airport Rd rumbo el este, a 800 m al sur del Van Damme State Park, y seguir 4,8 km más. Otra opción es subir a pie o en bicicleta desde la zona de acampada por el **Fern Canyon Scenic Trail,** de 5,6 km, que cruza una y otra vez el Little River.

El **centro de visitantes** (☎707-937-4016; ⏱10.00-15.00 vi-do) acoge exposiciones, vídeos y programas sobre naturaleza, y hay un paseo circular de ½ h que sale desde las inmediaciones.

En el parque hay dos bonitos '**campings**' (☎800-444-7275; www.reserveamerica.com; parcelas tienda y caravana 35 US$; 🐕), ambos con duchas con agua caliente y acceso con vehículo. Uno está al lado de la Hwy 1 y el otro, en una pradera en alto, con mucho espacio para que jueguen los niños. Tras una caminata cuesta arriba de solo 2 km desde el Fern Canyon hay nueve '**campings' medioambientales** (parcela tienda 25 US$) que se nutren de agua de arroyo sin tratar.

Para circuitos de espeleología en kayak (60 US$), contáctese con **Kayak Mendocino** (☎707-937-0700; www.kayakmendocino.com).

Mendocino

Es el pueblo perfecto de la costa norte, con B&B rodeados de rosaledas, cercas blancas de madera y torres de agua de madera de secuoya al estilo de Nueva Inglaterra. Los turistas de la zona de la bahía pasean por el cabo entre bayas y flores silvestres, mientras los cipreses se alzan sobre impresionantes acantilados. El poder de la naturaleza es evidente por doquier, desde los campos repletos de madera de deriva hasta los túneles de las cuevas o el impresionante oleaje. La población está llena de tiendas bonitas y se ha ganado el sobrenombre de Spendocino (de *spend,* que significa "gastar") por sus precios. En verano, las fragantes ráfagas de lavanda y jazmín impregnan el ambiente, atemperado por el aire salobre de las olas, que nunca dejan de oírse.

Construido por inmigrantes de Nueva Inglaterra en la década de 1850, Mendocino prosperó durante el s. xix, pues desde aquí salían los barcos madereros rumbo a San Francisco. En la década de 1930 los aserraderos cerraron y la localidad quedó sumida en el abandono hasta que artistas y bohemios la redescubrieron en los años cincuenta. Para evitar el gentío, váyase entre semana o en temporada baja.

◉ Puntos de interés

Las calles Mendocino están flanqueadas por galerías que organizan inauguraciones el segundo sábado de cada mes, de 17.00 a 20.00.

Mendocino Art Center GALERÍA
(☏707-937-5818, 800 653 3328; www.mendocinoartcenter.org; 45200 Little Lake St; ☉10.00-17.00 abr-oct, a 16.00 ma-sa nov-mar) Sito tras un recinto de esculturas de hierro, el centro artístico local ocupa una manzana entera llena de árboles y acoge exposiciones, el Helen Schonei Theatre (81 asientos) y clases de arte de fama nacional. Aquí se puede conseguir el *Mendocino Arts Showcase,* una publicación trimestral con todos los eventos y festivales del lugar.

Kelley House Museum MUSEO
(www.mendocinohistory.org; 45007 Albion St; entrada 2 US$; ☉11.00-15.00 ju-ma jun-sep, vi-lu oct-may) Con una biblioteca de investigación y exposiciones temporales sobre los orígenes de California y Mendocino, este museo de 1861 también organiza caminatas de 2 h por 10 US$ (llámese para los horarios).

Templo de Kwan Tai TEMPLO
(www.kwantaitemple.org; 45160 Albion St) Asomarse por la ventana de este templo de 1852 revela un antiguo altar dedicado al dios chino de la guerra. Visitas con cita previa.

Faro del Point Cabrillo FARO
(www.pointcabrillo.org; Point Cabrillo Dr; ☉11.00-16.00 sa y do ene y feb, a diario mar-oct, vi-lu nov y dic) GRATIS Restaurado en 1909, este sólido faro se alza en una reserva de fauna de 121 Ha al norte del pueblo, entre el Russian Gulch y la playa de Caspar. De mayo a septiembre se ofrecen **paseos guiados** (11.00 do). Ahora se alquilan a los turistas la casa del farero y las casitas del faro. (p. 231).

☆ Actividades

La zona ofrece desde circuitos enológicos hasta observación de ballenas, compras, caminatas y ciclismo. Para surcar el río o hacer kayak marino se puede acudir a la pequeña Albion, que abraza la parte norte de la desembocadura del río homónimo, al sur de Mendocino.

Catch A Canoe & Bicycles Too! PIRAGÜISMO, KAYAK
(☏707-937-0273; www.catchacanoe.com; Stanford Inn by the Sea, 44850 Comptche-Ukiah Rd; alquiler kayak y canoa adultos/niños desde 28/14 US$; ☉9.00-17.00) Al sur de la población, en el Stanford Inn, aquí alquilan bicicletas, kayaks y estables canoas con balancines para remontar el estuario del Big River, de casi 13 km, el estuario sin urbanizar más largo del norte de California. No hay carreteras ni edificios, solo playas, bosques, marismas, arroyos, mucha fauna y flora y emplazamientos madereros históricos. Se recomienda llevarse la merienda y una cámara para captar los restos de los puentes ferroviarios y las garzas reales.

Mendocino Headlands State Park AIRE LIBRE
Espectacular parque con senderos que entrecruzan los acantilados y las calas rocosas. Pregúntese en el centro de visitantes por los paseos guiados de los fines de semana.

✺ Fiestas y celebraciones

Para un listado completo de los festivales de Mendocino, se recomienda visitar el centro de visitantes o www.gomendo.com.

Mendocino Whale Festival OBSERVACIÓN DE FAUNA
(www.mendowhale.com) Catas de vino, degustaciones de sopa de pescado, observación de

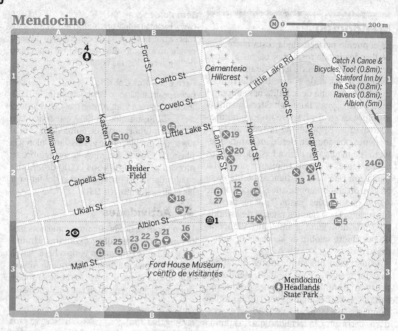

Mendocino

ballenas y audiciones musicales, a principios de marzo.

Mendocino Music Festival MÚSICA
(www.mendocinomusic.com; 🎵) A mediados de julio, este festival acoge conciertos de orquesta y de música de cámara en los cabos, con ensayos abiertos y sesiones matinales para los niños.

Mendocino Wine & Mushroom Festival COMIDA, VINO
(www.mendocino.com) Se celebra a principios de noviembre, con simposios y circuitos guiados para recoger setas.

🛏 Dónde dormir

La calidad y los precios son altos, y los fines de semana suelen exigir estancias de dos noches. En Fort Bragg, 16 km al norte, hay alojamientos más económicos. Todos los precios de los B&B incluyen el desayuno, pero solo algunos tienen TV. Para una lista de casas de campo y B&B, contáctese con Mendocino Coast Reservations (☎800-262-7801, 707-937-5033; www.mendocinovacations.com; 45084 Little Lake St; ☻9.00-17.00).

Russian Gulch
State Park   CAMPING **$**
(☎reservas 800-444-7275; www.reserveamerica.com; parcela tienda y autocaravana 35 US$) Situado en un cañón boscoso 3 km al norte de Mendocino, este *camping* ofrece parcelas privadas accesibles en automóvil, duchas con agua caliente, una cascada pequeña y el Devil's Punch Bowl (un arco marino desmoronado).

Andiron   CABAÑAS **$$**
(☎800-955-6478, 707-937-1543; http://theandiron.com; 6051 N Hwy 1, Little River; mayoría de cabañas 109-299 US$; ☎☻) ✦ Con una decoración *vintage,* estas casitas de los años cincuenta sitas junto la carretera son una opción divertida llena de rosas y encaje de Mendocino. Cada una posee dos habitaciones con temática a juego: la Read ("Leer") posee libros, cómodos sillones antiguos y monóculos, y la anexa Write ("Escribir"), una gran pizarra y una máquina de escribir. Pero la favorita de los viajeros es la Here and There ("Aquí y allá"), con mapas antiguos, artilugios aeronáuticos de la década de 1960 y piezas varias de la costa norte.

MacCallum House Inn   B&B **$$**
(☎800-609-0492, 707-937-0289; www.maccallumhouse.com; 45020 Albion St; h y casitas desde 149 US$, torre del agua desde 225 US$; @☎☻) ✦ Es el mejor B&B del lugar, con jardines coloristas, alegres casitas, una lujosa casa moderna y, a destacar, una de las históricas torres de agua de Mendocino, restaurada como suite de lujo, con el cuarto en la planta baja, sauna en el 2º piso y vistas a la costa desde lo alto.

Todas las opciones incluyen albornoces, reproductores de DVD, estéreos y sábanas de hilo.

Packard House   B&B **$$**
(☎888-453-2677, 707-937-2677; www.packardhouse.com; 45170 Little Lake St; h 175-225 US$; ☻) Este B&B de estilo contemporáneo es el más chic del lugar, con preciosas telas, coloridos cuadros minimalistas y baños de piedra caliza.

Headlands Inn   B&B **$$**
(☎707-937-4431; www.headlandsinn.com; esq. Albion St y Howard St; h 139-249 US$; ☻) Acogedora casa antigua de dos pisos, con camas mullidas, jardín inglés y chimenea. Las habitaciones son tranquilas y tienen vistas al mar, y el desayuno *gourmet* se sirve en la cama.

Sea Gull Inn   B&B **$$**
(☎888-937-5204, 707-937-5204; www.seagullbb.com; 44960 Albion St; h 130-198 US$, granero 200 US$; ☻) Cuco motel reconvertido, con impecables colchas blancas, desayuno ecológico y un florido jardín. Es un lugar sumamente cómodo, de precio justo y a mano de todo.

Lighthouse Inn at
Point Cabrillo   B&B HISTÓRICO **$$**
(☎866-937-6124, 707-937-6124; www.pointcabrillo.org; Point Cabrillo Dr; casa del farero desde 461 US$, casitas desde 132 US$; ☻) A la sombra del faro en una finca de 121 Ha, ahora se alquilan a los turistas la señorial casa del farero y dos más pequeñas del personal de hacia 1900. Todas tienen porche y fastuosa decoración de época, aunque no mucha intimidad.

★**Alegria**   B&B **$$$**
(☎800-780-7905, 707-937-5150; www.oceanfrontmagic.com; 44781 Main St; h 239-299 US$; ☻) Escondite romántico con vistas a la costa desde la cama y al mar desde los porches, además de chimenea en todas las habitaciones. Un bonito sendero lleva a una playa grande, de color ámbar gris. Los amables anfitriones ofrecen un fabuloso desayuno servido en la zona de comedor con vistas al mar. Hay habitaciones más baratas enfrente, en la luminosa Raku House (www.rakuhouse.com; h desde 159 US$).

Glendeven   B&B **$$$**
(☎707-937-0083; www.glendeven.com; 8205 N Hwy 1; h 165-320 US$; ☻) ✦ Elegante finca situada 3,2 km al sur de la población, con huerto ecológico, llamas (alimentadas a diario al atardecer) y senderos por la costa y el bosque, además de un bar de vinos de Mendocino. Las románticas habitaciones tienen una relajante decoración en tonos neutros, chimenea y ropa blanca de primera, mientras que en el bistró se disfrutan de cenas en plan "de la granja a la mesa".

Brewery Gulch Inn   B&B **$$$**
(☎800-578-4454, 707-937-4752; www.brewerygulchinn.com; 9401 N Hwy 1; d incl. desayuno 245-495 US$; ☻) ✦ Luminoso y con olor a bosque, al sur de la localidad, este alojamiento tiene camas mullidas y butacas de cuero para leer,

entre otros detalles, en sus 10 modernas habitaciones, todas ellas con TV de pantalla plana, chimenea de gas y bañera de hidromasaje. Por la tarde, los anfitriones agasajan con vino a los huéspedes, y, después, con tentempiés nocturnos. El desayuno a la carta se sirve en un comedor con vistas al mar, en lontananza.

Stanford Inn by the Sea
HOTEL $$$

(☎800-331-8884, 707-937-5615; www.stanfordinn. com; esq. Hwy 1 y Comptche-Ukiah Rd; h 211-299 US$; @🖥🏋🐾) 🍴 Esta maravilla de hotel en una finca de 4 Ha ofrece chimenea de leña, paredes de pino, arte original, equipo estéreo y colchones de primera en todas las habitaciones. Si a ello se añade un paseo por el huerto ecológico que surte al excelente restaurante del lugar, el Ravens (p. 232), la piscina cubierta del solárium y el *jacuzzi*, se tendrá una escapada sublime.

Mendocino Hotel
HOTEL HISTÓRICO $$$

(☎800-548-0513, 707-937-0511; www.mendocino hotel.com; 45080 Main St; h con/sin baño desde 261/186 US$, ste 475 US$; P🖥) Construido en 1878 –el primer hotel de la localidad–, se trata de una reliquia del Viejo Oeste, si bien las modernas suites del jardín son modernas y confortables. Aunque es estupendo, se pasan con los precios, sobre todo en el caso de las habitaciones con baño compartido.

🍴 Dónde comer

La influencia del turismo en la zona de la bahía ha propiciado un excelente panorama culinario que abraza con entusiasmo los principios de ecología y sostenibilidad. Siempre hay que reservar. Es fácil abastecerse para *picnics* en la tienda de alimentos ecológicos **Mendosa's** (☎8.00-21.00; www.harvestmarket. com; 10501 Lansing St) 🍴 con *deli*, y en el **mercado de granjeros** (esq. Howard y Main St; ⏰12.00-14.00 vi may-oct).

GoodLife Cafe & Bakery
CAFÉ $

(http://goodlifecafemendo.com; 10485 Lansing St; comidas ligeras 6-10 US$; ⏰8.00-16.00) 🍴 Lugareños y turistas confluyen en este café acogedor, ruidoso y sin pretensiones. Hay productos de panadería y café de comercio justo para desayunar; y comida reconfortante como macarrones con queso o boles de curri para almorzar, incluidas muchas opciones sin gluten.

Mendocino Market
DELI $

(45051 Ukiah St; sándwiches 6-9 US$; ⏰11.00-17.00 lu-vi, a 16.00 sa y do; 🖥) Preparan sándwiches enormes y otras provisiones para *picnics*.

Mendocino Cafe
CALIFORNIANA, DE FUSIÓN $$

(www.mendocinocafe.com; 10451 Lansing St; principales de almuerzo 12-16 US$, de cena 21-33 US$; ⏰11.30-20.00; 🍴) Uno de los pocos restaurantes formales que a la vez sirve almuerzos fuera, en su terraza rodeada de rosas y con vistas al mar. Se recomiendan los tacos de pescado o el Healing Bowl (bol de fideos *soba*, miso, setas *shiitake* y carne o pescado). Para cenar hay filetes a la parrilla y pescado y marisco.

Ledford House
MEDITERRÁNEA $$

(☎707-937-0282; www.ledfordhouse.com; 3000 N Hwy 1, Albion; principales 14-30 US$; ⏰17.00-20.00 mi-do; 🍴) Desde esta taberna californiana-mediterránea (a destacar el estofado y los ñoquis) puede verse el mar y escuchar *jazz* en directo casi a diario.

Flow
CALIFORNIANA $$

(45040 Main St; principales 10-25 US$; ⏰8.00-22.00; 🖥🍴) Llevado por los del Mendocino Cafe, este nuevo y concurrido establecimiento es el que tiene mejores vistas al mar (está en un 2º piso). Además del *bruch,* su especialidad son los platillos a la mexicana, las *pizzas* artesanas y una sublime sopa de cangrejo Dungeness local. Hay también opciones *veganas* y sin gluten.

Patterson's Pub
COMIDA DE PUB $$

(www.pattersonspub.com; 10485 Lansing St; principales 13-16 US$; ⏰cocina hasta 23.00) Si se llega tarde y con hambre, este lugar es la salvación, con buena comida de *pub* (*fish and chips,* hamburguesas y grandes ensaladas) y cerveza fría. Lo único que rompe su tradicional ambiente irlandés es la plétora de pantallas planas. *Brunch* muy concurrido (sa y do; 10.00-14.00).

★ Café Beaujolais
CALIFORNIANA $$$

(☎707-937-5614; www.cafebeaujolais.com; 961 Ukiah St; principales de cena 23-35 US$; ⏰11.30-14.30 mi-do, cena desde 17.30 a diario) 🍴 Este restaurante franco-californiano de Mendocino ocupa una casa de 1896 convertida en un comedor monocromático muy urbano y chic. Su cocina, refinada e inspirada, atrae a clientes de San Francisco. La carta, que podría incluir una crujiente pechuga de pato de Petaluma, está repleta de productos locales y cambia con la estación.

Ravens
CALIFORNIANA $$$

(☎707-937-5615; www.ravensrestaurant.com; Stanford Inn, Comptche-Ukiah Rd; desayuno 11-15 US$, principales 24-30 US$; ⏰8.00-10.30 lu-sa, hasta 12.00 do, cena 17.30-22.00; 🍴) 🍴 Aquí aplican el concepto de alta cocina contemporánea a platos vegetarianos y *veganos*. La materia prima, ecológica cien por cien, proviene de la huerta del Stanford Inn (p. 231), y se atreven con todo, desde un *strudel* de palma de mar y mini hamburguesas de champiñón portobello hasta postres del recetario más vetusto.

MacCallum House
Restaurant   CALIFORNIANA $$$
(☎707-937-0289; www.maccallumhouse.com; 45020 Albion St; platos de café 12-18 US$; principales 25-42 US$; ⊗8.15-10.00 lu-vi, a 11.00 sa y do, 17.30-21.00 diario; ☑) ✐ El comensal podrá sentarse en la galería o junto a la chimenea para disfrutar de una cena romántica a base de aves, pescados o *risottos*. Todo se elabora en la casa, cuyo compromiso con la sostenibilidad y los ingredientes ecológicos es casi tan visionario como la carta. El menú del Grey Whale Bar es una de las pocas gangas de cuatro estrellas de Mendocino.

955 Ukiah Street   CALIFORNIANA $$$
(☎707-937-1955; www.955restaurant.com; 955 Ukiah St; principales 18-37 US$; ⊙desde 18.00 ju-do) Es de esas instituciones poco conocidas, con una carta de rigurosa temporada; cuando lo visitó esta autora había delicias como langostinos salvajes marinados en cebollino y yogur. El comedor, bohemio y de iluminación atemperada, da a un jardín laberíntico. En la web aparece el menú diario de dos platos y postre con vino por solo 25 US$ y otras informaciones.

🍷 Dónde beber y vida nocturna

Para cócteles, váyase al Mendocino Hotel o al Grey Whale Bar del MacCallum House Restaurant, y para bullicio y cerveza, al Patterson's Pub.

Dick's Place   DIVE BAR
(45080 Main St) Excelente para experimentar otro Mendocino y pasarlo bien con su ruidosa clientela.

🛍 De compras

Las calles de Mendocino son excelentes para ir de compras, pues la ausencia de cadenas asegura regalos únicos, a menudo caros. También hay pequeñas galerías de arte.

Compass Rose Leather   OBJETOS DE CUERO
(45150 Main St) Desde cinturones hechos a mano y diarios de cuero hasta bolsos y cajas con clavijas de seguridad, todo de calidad incuestionable.

Out Of This World   AIRE LIBRE
(45100 Main St) Tienda de telescopios, prismáticos y juguetes didácticos.

Village Toy Store   JUGUETES
(10450 Lansing St) Cometas y un surtido de juguetes de madera a la antigua que no se ven en las tiendas de cadena; casi nada lleva pilas.

Gallery Bookshop   LIBROS
(www.gallerybookshop.com; 319 Kasten St) Gran selección de temática local, títulos de editoriales californianas pequeñas y guías de naturaleza especializada.

Twist   ROPA
(45140 Main St) ✐ Prendas ecológicas de fibras naturales y montones de ropa y juguetes elaborados en la zona.

Moore Used Books   LIBROS
(990 Main St) Esta casa antigua en el extremo este de Main Street es un gran escondite para cuando hace mal tiempo, con más de 10 000 libros usados.

ℹ Información

Ford House Museum y centro de visitantes
(☎707-537-5397; http://mendoparks.org; 735 Main St; ⊙11.00-16.00) Mapas, libros, información y exposiciones, incluida una maqueta a escala del Mendocino de 1890.

Jug Handle State Reserve

Entre Mendocino y Fort Bragg, Jug Handle conserva una escalera ecológica que se puede ver si se recorre un sendero natural de 8 km (ida y vuelta). Cinco terrazas ascienden desde el litoral, cada una de 30,48 m; unos 100 000 años separan la formación de cada una. Una de las terrazas atesora un bosque enano, parecido al bosquecillo del Van Damme State Park. En el aparcamiento facilitan guías de la zona. También es un buen punto de partida para salir a los cabos, observar ballenas o relajarse en la playa. Es fácil pasar de largo la entrada; hay que fijarse en el desvío que queda al norte de Caspar.

La Jug Handle Creek Farm & Nature Center (☎707-964-4630; www.jughandlecreekfarm.com; parcela tienda 14 US$, h y cabañas adultos 45 US$, estudiantes 38 US$; ☑) es una granja sin ánimo de lucro de 15 Ha, con cabañas rústicas y habitaciones de albergue en una casa del s XIX. Hay que llamar antes. En automóvil, hay que ir de Mendocino a Caspar (8 km dirección norte); la granja se halla en el lado oriental de la Hwy 1; después de la Fern Creek Rd, tómese el segundo camino.

Fort Bragg

Enclave de un aserradero, un centro destartalado y lugareños recelosos de los foráneos. Desde que el aserradero cerró en el 2002, la población empieza a abrazar la economía del turismo. Aquí únicamente se habla de qué hacer con los terrenos costeros del aserradero, con todo tipo de ideas, desde un centro de investigación marina hasta bloques de pisos. Pero la opinión del pueblo no cuenta mucho, pues (adquisiciones previstas incl.) supondrá solo 40 de las 168 Ha totales; el resto es de Georgia Pacific, propiedad a su vez de Koch Industries, donde los hermanos Koch tienen participación mayoritaria.

Entretanto, Fort Bargg sigue con su desarrollo como alternativa comedida a Mendocino, a pesar de que su extremo sur es espantoso. El lugar está infestado de hamburgueserías de cadenas y demás cuyos edificios afean el panorama, en fuerte contraste con la ausencia total de franquicias en los 280 km de la Hwy 1 desde el Golden Gate hasta aquí. Pero tampoco hay que alarmarse, pues en el centro se hallarán mejores hamburguesas y café, arquitectura de la vieja escuela y vecinos deseosos de presumir de pueblo.

La Hwy 20 es la principal vía de entrada a Fort Bragg desde el este. Casi todos servicios se hallan cerca de Main St, un tramo de 3,2 km de la Hwy 1. Franklin St discurre en paralelo, una manzana al este.

⊙ Puntos de interés y actividades

Fort Bragg ofrece las mismas actividades típicas de esta costa (rebuscar en la playa, surf, senderismo) que Mendocino, pero alojarse aquí es mucho más barato y, casi seguro, menos pintoresco y pretencioso. El muelle está en Noyo Harbor (la desembocadura del río Noyo), al sur del centro, donde se ofrecen salidas para avistar ballenas y pescar en alta mar.

Mendocino Coast
Botanical Gardens   JARDINES
(☎707-964-4352; www.gardenbythesea.org; 18220 N Hwy 1; adultos/niños/sénior 14/5/10 US$; ⊙9.00-17.00 mar-oct, a 16.00 nov-feb; ☀) Esta joya del norte de California contiene flora autóctona, rododendros y diversas especies de rosas. El lugar es espectacular, con un huerto ecológico que lo cuidan voluntarios para dar de comer a los necesitados. Sinuosos caminos recorren sus 19 Ha costeras al sur de la población, los principales accesibles en silla de ruedas.

Glass Beach   PLAYA
Bautizada en honor al cristal pulido por el mar (o lo que queda de él) de su arena, esta playa forma parte del MacKerricher State Park (p. 237). Se puede llegar por el camino de los cabos desde Elm St, una bocacalle de Main St, pero hay que dejar el cristal (los visitantes no deben llevarse recuerdos).

Northcoast Artists Gallery   GALERÍA
(www.northcoastartists.org; 362 N Main St; ⊙10.00-18.00) Esta cooperativa de arte local cuenta con la guía *Fort Bragg Gallery & Exhibition Guide,* que orienta al viajero acerca de las galerías de la localidad. Las inauguraciones se programan para el primer viernes de cada mes. Una manzana al este está Franklin St, flanqueada por librerías y anticuarios.

Triangle Tattoo & Museum   MUSEO
(www.triangletattoo.com; 356B N Main St; ⊙12.00-19.00) GRATIS Muestra el arte multicultural e internacional del tatuaje.

Guest House Museum   MUSEO
(☎707-964-4251; www.fortbragghistory.org; 343 N Main St; entrada 2 US$; ⊙13.00-15.00 lu, 11.00-14.00 ma-vi, 10.00-16.00 sa-do may-oct, 11.00-14.00 ju-do) Majestuosa estructura victoriana de 1892 con fotografías y reliquias sobre la historia de Fort Bragg. Horario variable.

★ Skunk Train   TREN HISTÓRICO
(☎866-866-1690, 707-964-6371; www.skunktrain.com; adultos/niños 54/34 US$; ☀) Orgullo de Fort Bragg, este antiguo tren recibió su apodo ("tren mofeta") en 1925 debido a sus apestosos motores de vapor propulsados por gas, si bien hoy las históricas locomotoras diesel y de vapor son inodoras. Los convoyes salen de Fort Bragg y de Willits (p. 246) hasta Northspur, donde dan la vuelta (quien desee ir a Willits, debe planificar la pernoctación en el lugar). La estación está en el centro, en Laurel St, una manzana al oeste de Main St.

All-Aboard
Adventures   PESCA, OBSERVACIÓN DE BALLENAS
(☎707-964-1881; www.allaboardadventures.com; 32400 N Harbor Dr) El capitán Tim dirige excursiones para coger cangrejos y pescar

salmones (5 h, 80 US$) y para avistar ballenas en la temporada de migración (2 h, 35 US$).

Pudding Creek Trestle PASEO MARÍTIMO ENTARIMADO

(🚶) Bonito paseo, al norte del centro urbano.

🎉 Fiestas y celebraciones

Fort Bragg Whale Festival NATURALEZA

(www.mendowhale.com) Se celebra el 3er fin de semana de marzo, con catas de cerveceras pequeñas, mercadillos de artesanía y salidas para observar ballenas.

Paul Bunyan Days CARNAVAL

(www.paulbunyandays.com) Se convoca el fin de semana del Labor Day, en septiembre, y festeja la historia maderera de California con una demostración de la misma, bailes en grupo, desfiles y una feria.

🛏 Dónde dormir

Aquí hay alojamientos más económicos que en Mendocino, pero, como en casi todos los moteles de la ruidosa Hwy 1, no hay aire acondicionado y molesta la carretera. Los B&B no tienen TV, pero incluyen el desayuno. El motel anodino que sale más a cuenta es el **Colombi Motel** (☎707-964-5773; www.colombimotel.com; 647 Oak St; h 1/2 dormitorios con cocinita desde 60/70 US$; 📶), en el mismo pueblo, no en la carretera.

Country Inn B&B $

(☎707-964-3737; www.beourguests.com; 632 N Main St; h 80-220 US$; 📶🐾) Esta monada de primorosas cenefas de madera, situada en pleno centro, sale a cuenta como alternativa a los moteles de cadena. La encantadora familia anfitriona facilita información sobre la zona. Se puede pedir que lleven el desayuno a la habitación y, por la noche, darse un baño en el *jacuzzi* de la parte de atrás.

California Department of Forestry CAMPING $

(☎707-964-5674; 802 N Main St; 🕐8.00-16.30 lu, hasta 12.00 ma-ju) Aquí facilitan mapas, permisos e información de acampada para el **Jackson State Forest**, al este de Fort Bragg, donde es gratis acampar pero que atrae a todo tipo de gente, por lo que no se recomienda a familias ni a mujeres en solitario.

Shoreline Cottages MOTEL, CASITAS $$

(☎707-964-2977; www.shoreline-cottage.com; 18725 Shoreline Hwy, Fort Bragg; d 95-165 US$; 📶🐾) Ha-

CERVEZAS DE LA COSTA NORTE

De fuerte sabor a lúpulo, al estilo belga y las rubias suaves son las especialidades regionales. El siguiente recorrido propone un excelente fin de semana largo por las cervezas en la región.

➡ Ukiah Brewing Co (p. 244), Ukiah

➡ Anderson Valley Brewing Company (p. 241), Boonville

➡ North Coast Brewing Company (p. 236), Fort Bragg

➡ Six Rivers Brewery (p. 263), McKinleyville

➡ Eel River Brewing (p. 255), Fortuna

bitaciones sencillas para cuatro personas y casitas con cocina alrededor de un arbolado césped. Las habitaciones familiares son una ganga, con arte moderno en las suites. Todas las estancias tienen bases de iPod, tentempiés y acceso a los DVD; también hay un *jacuzzi* comunal.

Grey Whale Inn B&B $$

(☎800-382-7244, 707-964-0640; www.greywhaleinn.com; 615 N Main St; h 110-195 US$; 📶) De gestión familiar, este cómodo B&B está en un edificio histórico en la parte norte del pueblo, a un breve paseo del centro y de la Glass Beach. Ofrece habitaciones sencillas que salen a cuenta, sobre todo para familias.

Weller House Inn B&B $$$

(☎877-893-5537, 707-964-4415; www.wellerhouse.com; 524 Stewart St; h 200-310 US$; 📶) En esta mansión de 1886 las habitaciones están equipadas con colchones muy cómodos y buena ropa de cama. El depósito de agua es la estructura más elevada de la localidad, con un *jacuzzi* en lo más alto. El desayuno se sirve en un impresionante salón de baile.

🍴 Dónde comer

Como pasa con el alojamiento, Fort Bragg es menos caro para comer que Mendocino, aunque tiene un par de opciones realmente destacables. Otra posibilidad es hacerse con provisiones en el **mercado de granjeros** (esq. Laurel St y Franklin St; 🕐15.30-18.00 mi may-oct), en el centro, o en el **Harvest Market** (☎707-964-7000; esq. Hwy 1 y Hwy 1 20; 🕐5.00-23.00).

Cowlick's Handmade Ice Cream
HELADERÍA $

(250B N Main St; bola desde 1,85 US$; ☉11.00-21.00) Estupendos helados, desde sabores clásicos hasta muy poco habituales como el de *candy cap mushroom* (hongo parecido al níscalo), que recuerda y mejora al sirope de arce, el de jengibre o el de mora con virutas de chocolate. También hay deliciosos sorbetes, como el de Campari al pomelo.

Los Gallitos
MEXICANA $

(130 S Main St; burritos 5,25-6,25 US$; ☉11.00-20.00 lu-sa, desde 10.00 do) Chiquito y atestado, es el mejor mexicano de la costa: patatas fritas caseras, guacamole no muy machacado y platos siempre sabrosos, desde tacos de pescado fresco hasta tamales de cerdo y generosas sopas. Está al otro lado del aparcamiento de la CVS (una farmacia).

Living Light Café
VEGANA $

(☎707-964-2420; 301 N Main St; principales 5-11 US$; ☉8.00-17.30 lu-sa, hasta 16.00 do; ☐) ❁ Esta extensión del célebre Living Light Culinary Institute (una de las escuelas de cocina cruda más punteras del país) ofrece una sabrosa carta para llevar, a la altura de la comida de alguno de los mejores restaurantes. Hay que probar la *pizza* a la siciliana con masa de semillas germinadas, postres crudos (increíbles los *brownies*), las ensaladas y los zumos frescos.

Headlands Coffeehouse
CAFÉ $

(www.headlandscoffeehouse.com; 120 E Laurel St; platos 4-8 US$; ☉7.00-22.00 lu-sa, a 19.00 do; ☎☐) El mejor café de la población se halla en pleno centro histórico, con techos altos y mucho ambiente. La carta recibe alabanzas por sus *waffles* belgas, sopas caseras, ensaladas vegetarianas, *panini* y lasaña.

Eggheads
DESAYUNO $

(www.eggheadsrestaurant.com; 326 N Main St; platos principales 8-15 US$; ☉7.00-14.00) Cincuenta variedades de tortillas, crepes o burritos, algunas con buey del Pacífico.

★Piaci Pub & Pizzeria
ITALIANA $$

(www.piacipizza.com; 120 W Redwood Ave; principales 8-18 US$; ☉11.00-21.30 lu-ju, hasta 22.00 vi y sa, 16.00-21.30 do) De visita obligada, esta pizzería es famosa tanto por sus sofisticadas *pizzas* de horno de ladrillo de leña como por su larga lista de cervezas artesanas. Se recomienda la *pizza* "Gustoso", con queso de cabra, pesto y peras de temporada sobre masa fina. Es un lugar pequeño, ruidoso y divertido, con un ambiente mucho más de bar que de restaurante. En las horas punta habrá que esperar.

Mendo Bistro
ESTADOUNIDENSE $$

(☎707-964-4974; www.mendobistro.com; 301 N Main St; principales 14-28 US$; ☉17.00-21.00; ☺) Local abarrotado de jóvenes los fines de semana con una carta a medida: se elige la carne, la preparación y la salsa para acompañarla entre una amplia variedad de opciones. El ruidoso comedor, en la 2ª planta, es lo bastante grande para que los niños correteen sin que nadie lo note.

North Coast Brewing Company
FÁBRICA DE CERVEZA $$

(www.northcoastbrewing.com; 455 N Main St; principales 8-25 US$; ☉7.00-21.30 do-ju, hasta 22.00 vi y sa) Sus cortes de carne poco comunes y su listado de platos del día demuestran que aquí se toman la comida tan en serio como la bebida, con unas hamburguesas y unas patatas con ajo que pasan muy bien con su selección de cervezas artesanas. Una escala genial para devotos de esta bebida.

☆ Ocio

Gloriana Opera Company
TEATRO

(www.gloriana.org; 721 N Franklin St) Musicales y opereta.

🔒 De compras

El compacto centro de Fort Bragg alberga numerosas tiendas, incluida una hilera de anticuarios en Franklin St.

Outdoor Store
EQUIPO PARA AIRE LIBRE

(www.mendooutdoors.com; 247 N Main St) Si se planea acampar en la costa o explorar la Lost Coast, esta es la mejor tienda de equipamiento de la región, con mapas detallados, combustible para hornillo y ropa de calidad.

Mendocino Vintage
ANTIGÜEDADES

(www.mendocinovintage.com; 344 N Franklin St) De las tiendas de Franklin, esta es sin duda la más enrollada, con una vitrina repleta de joyas *vintage,* cristalerías antiguas y objetos varios.

❶ Información

Cámara de Comercio de la costa de Fort Bragg-Mendocino(www.fortbragg.com; 332 N Main St, 1 US$/15 min; ☉9.00-17.00 lu-vi, a 15.00 sa) Acceso a internet.

Mendocino Coast District Hospital (☎707-961-1234; 700 River Dr; ☉24 h) Con sala de urgencias.

❶ Cómo llegar y desplazarse

Fort Bragg Cyclery (📞707-964-3509; www.fortbraggcyclery.com; 221a N Main St; alquiler de bicis desde 32 US$/día) Alquiler de bicicletas.

Mendocino Transit Authority (MTA; 📞800-696-4682, 707-462-1422; www.mendocinotransit.org) Opera los autobuses de la ruta 5 "BraggAbout" entre el puerto de Noyo y Elm St, al norte del centro (2 US$), con servicios todo el día.

MacKerricher State Park

Este **parque** (📞707-964-9112; www.parks.ca.gov), localizado 4,8 km al norte de Fort Bragg, protege 14,4 km de rocas, playas, dunas y marismas intactos.

El **centro de visitantes** (🕐10.00-16.00 lu-vi, 9.00-18.00 sa y do jun-ago, 9.00-15.00 sep-may) está al lado del esqueleto de ballena que hay a la entrada del parque. Se puede recorrer el **Coastal Trail**, que discurre a través de playas de arena oscura, y ver plantas insólitas y en peligro de extinción (hay que ir con cuidado). El **lago Cleone** es un una extensión de 12 Ha de agua dulce llena de truchas y frecuentada por más de 90 especies de aves. En el cercano **Laguna Point** hay una pasarela acondicionada para sillas de ruedas con paneles explicativos que va a parar adonde están las focas del puerto. Entre diciembre y abril pueden avistarse ballenas. El **Ricochet Ridge Ranch** (📞707-964-7669; www.horse-vacation.com; 24201 N. Hwy 1) ofrece paseos a caballo entre secuoyas o por la playa (50 US$/90 min).

Al norte del parque, la **Pacific Star Winery** (33000 Hwy 1; cata 5 US$; 🕐11.00-17.00) es una bodega inusitadamente enclavada en un acantilado sobre el mar. Los vinos, aunque no entusiasman a los entendidos, son bebibles, y los dueños son encantadores; además, se anima al visitante a merendar en alguna de las numerosas mesas frente al mar, a recorrer las breves sendas que bordean los acantilados y a disfrutar en general, lo que no es difícil.

Los populares '**campings**' (📞800-444-2725; www.reserveamerica.com; parcela tienda y autocaravana 35 US$), protegidos entre pinares, cuentan con duchas con caliente y agua potable; las primeras parcelas que se reservan son las nº 21-59. Hay otras, más apartadas pero estupendas (nº 1-10), que se ofrecen por orden de llegada.

Westport

Si el tranquilo Westport parece el fin del mundo, es porque lo es. El último pueblo antes de la Lost Coast, 24 km al norte de Fort Bragg por una carretera llena de curvas, es el último lugar habitado antes de que la Hwy 1 vire hacia el interior en su ascenso hasta la Hwy 101 en Leggett, a 35 km.

Hay que ir 2,4 km al norte de la localidad para ir a la **Westport-Union Landing State Beach** (📞707-937-5804; parcela tienda 25 US$), de 4,8 km de largo. Un sendero bastante duro, solo transitable con bajamar, sale del *camping* y pasa junto a marismas y riachuelos; llévese agua.

🛏 Dónde dormir y comer

Westport Inn   HOTEL $
(📞707-964-5135; www.westportinnca.com; 37040 N Hwy 1; h incl. desayuno desde 70 US$; 🐾) Azul y rojo y adornado con flores de plástico, este es un alojamiento sencillo en el pueblo.

★**Westport Hotel & Old Abalone Pub**   HOTEL $$
(📞877-964-3688; www.westporthotel.us; Hwy 1; h 150-225 US$; 🐾) Es lo bastante tranquilo como para jactarse en su lema: "Por fin has encontrado la nada". Las habitaciones son alegres y bonitas (edredones de plumas, muebles de madera noble, diseños sencillos) y disfrutan de excelentes vistas. El estiloso *pub* de la planta baja es la única opción para cenar del lugar, así que hay que agradecer su deliciosa cocina de fusión californiana (p. ej., salchicha de *turduken* y puré de patatas o *rock shrimp mac and cheese,* especie de pastel de gambas recubierto de queso y pasta), además de comida de *pub* muy bien presentada.

Howard Creek Ranch   RANCHO $$
(📞707-964-6725; www.howardcreekranch.com; 40501 N Hwy 1; h 90-198 US$, cabañas 105-198 US$; 🐾) Localizado en unos impresionantes terrenos (24 Ha) de bosque y tierras de labor, este rancho ofrece alojamiento en una casa de la década de 1880 o en unas pocas cabañas que incluyen una cochera, cuyas estupendas habitaciones de madera de secuoya son obra de la experta mano del dueño. Los precios incluyen un completo desayuno.

POR LA HIGHWAY 101

Para llegar a las zonas más remotas y salvajes de la costa norte de forma rápida se

COSTA NORTE Y LOS BOSQUES DE SECUOYAS WESTPORT

recomienda evitar la serpenteante Hwy 1 y tomar la interior Hwy 101, que sale hacia el norte desde San Francisco como autovía y se convierte en una carretera de dos o cuatro carriles al norte del condado de Sonoma, con algún semáforo en las poblaciones pequeñas.

Escapar de la zona de la bahía a horas punta (entre semana 16.00-19.00) no es fácil. Pueden haber atascos al atravesar Santa Rosa o Willits, donde los camiones que se dirigen a la costa toman la Hwy 20.

Aunque la Hwy 101 no resulta tan atractiva como la ruta costera, es más rápida y menos sinuosa, lo que deja tiempo para desviarse a las zonas vinícolas de los condados de Sonoma y Mendocino (este último se proclama como la región vinícola más verde del país), explorar el valle de Anderson, visitar el Clear Lake o tomar las aguas en los *resorts* termales de Ukiah.

Hopland

Linda puerta de entrada a la región vinícola del condado de Mendocino, Hopland alardea de su conciencia ecológica a cada paso. En 1866 se plantaron las primeras cepas, pero la industria se paralizó poco después con la entrada en vigor de la Ley Seca. Hoy el alcohol ha relanzado la economía local, con las catas de vino como principal atractivo.

◉ Puntos de interés y actividades

Hopland es una buena base para explorar las bodegas de la región. Más información al respecto en www.destinationhopland.com, y para conseguir mapas de la zona, visítese www.visitmendocino.com.

Real Goods Solar
Living Center   CENTRO MEDIOAMBIENTAL
(www.solarliving.org; 13771 S Hwy 101; ☉9.00-18.00; ♿) ✿ Este activo campus futurista de 4,6 Ha es en gran parte el responsable de la conciencia medioambiental de la zona. La Real Goods Store, que vendió el primer panel solar en EE UU, es una impresionante casa de venta de balas de paja que además ofrece catas gratis de Frey Wine. Se recomienda dar un donativo de 3-5 US$ por realizar el circuito por el centro (11.00-15.00 vi-sa, abr-oct).

Sip! Mendocino   BODEGA
(www.sipmendocino.com; 13420 S Hwy 101; cata 5 US$; ☉11.00-18.00) En el centro de Hopland, este es un lugar agradable para orientarse,

conseguir un mapa de la región y probar varios vinos sin tener que conducir por carreteras secundarias. Los amables propietarios guían al visitante a través de 18 caldos con deliciosos aperitivos y un patio lleno de flores.

Saracina   BODEGA
(www.saracina.com; 11684 S Hwy 101; ☉10.00-17.00) ✿ El punto culminante de la visita es el descenso al frescor de esta bodega, que produce blancos sensuales de origen ecológico y sostenible.

Fetzer Vineyards
Organic Gardens   BODEGA
(www.fetzer.com; 13601 Eastside Rd; ☉9.00-17.00) ✿ Sus prácticas sostenibles han elevado la calidad de sus caldos, además de poseer unos jardines preciosos. Vinos con una relación calidad-precio excelente.

Brutocao
Schoolhouse Plaza   DEGUSTACIÓN DE VINOS
(www.brutocaoschoolhouseplaza.com; 13500 S Hwy 101; ☉10.00-17.00) En el centro de Hopland, esta bodega posee campos de bochas y tintos audaces, una combinación excelente.

Graziano Family of Wines   BODEGA
(www.grazianofamilyofwines.com; 13251 S Hwy 101; ☉10.00-17.00) Especializada en vinos ítalo-californianos (nebbiolo, dolcetto, barbera y sangiovese) a precios excelentes.

🛏 Dónde dormir y comer

Piazza de Campovida   POSADA $$$
(☎707-744-1977; www.piazzadecampovida.com; 13441 S Hwy 101; ste 250-285 US$; ☎) Muy confortable, este alojamiento aúna lo moderno californiano con lo italiano. Las amplias suites disponen de *jacuzzi,* chimenea y terraza privada. La acogedora pizzería de delante tiene grandes mesas para compartir y fantásticas *pizzas* artesanas; se puede llevar el vino, y no cobran por el descorche.

Hopland Tap House   COMIDA DE PUB $
(13351 S Hwy 101; principales 6-9 US$; ☉11.30-21.00 mi-lu) Lugareños simpáticos, buenos sándwiches, cervezas locales y un juego de tejo en un luminoso edificio de ladrillo.

Bluebird Cafe   ESTADOUNIDENSE $
(☎707-744-1633; 13340 S Hwy 101; desayuno y almuerzo 5-15 US$, cena 12-22 US$; ☉7.00-14.00 lu-ju, a 19.00 vi-do; ♿) Para paladares conservadores, en este *diner* clásico sirven desayunos contundentes, hamburguesas gigantes y pastel casero (deliciosa la selección veraniega de

melocotón-arándano). Para algo diferente, pruébense las hamburguesas de carne de caza, como la de jabalí con *chutney* de manzana o la de alce con rábano picante.

Clear Lake

Con más de 160 km de litoral, el "Lago Claro" es el mayor de California (el Tahoe es más grande, pero rebasa la frontera del estado de Nevada). En verano, sus aguas se llenan de algas, un hábitat excelente para los peces (sobre todo la perca) y para miles de aves. El monte Konocti, un volcán inactivo de 1280 m, custodia el paraje. No obstante, los asentamientos humanos no siempre están a la altura de semejante grandeza y miles de hectáreas junto al lago aún muestran las heridas de los incendios del 2008.

◉ Puntos de interés y actividades

Los lugareños se refieren a la parte norte del lago como Upper Lake y a la sureste como Lower Lake. En la orilla noroeste, 45 min en automóvil al este de Hopland por la Hwy 175 (desvío de la Hwy 101) está el agradable Lakeport (4695 hab.), con todos los servicios, y el pequeño Kelseyville (3353 hab.), al más puro estilo del Viejo Oeste, 11 km al sur. El pueblo más grande (y feo) del lago es Clearlake, junto a la orilla sureste.

La Hwy 20 une las más bien sosas poblaciones de Nice (la más septentrional) y Lucerne, 6,4 km al sureste. El lindo Middletown queda 32 km al sur de Clearlake en el cruce de la Hwy 175 y la Hwy 29, unos 40 min al norte de Calistoga.

Clear Lake State Park   PARQUE ESTATAL
(☎707-279-4293; 5300 Soda Bay Rd, Kelseyville; por automóvil 8 US$) A 10 km de Lakeport, en la orilla occidental del lago, este parque es idílico, con senderos y oportunidades de pesca, salidas en barco y *campings*. La observación de aves es inmejorable. El centro de visitantes expone objetos de interés geológico e histórico.

Redbud Audubon Society   OBSERVACIÓN DE AVES
(www.redbudaudubon.org) En Lower Lake, este grupo conservacionista organiza caminatas para observar aves.

🛏 Dónde dormir y comer

Los fines de semana y en verano, cuando la gente escapa al frescor de las aguas del lago, conviene reservar.

🏠 Lakeport y Kelseyville

En la vía principal entre Kelseyville y Lakeport hay varios moteles, aunque para este fresco, el Clear Lake State Park posee cuatro 'campings' (☎800-444-7275; www.reserveamerica.com; parcela tienda y caravana 35 US$) con duchas. El semanal mercado de granjeros (Hwy 29 y Thomas Rd; ⊙8.30-12.00 sa may-oct) está en Kelseyville.

Mallard House   MOTEL $
(☎707-262-1601; www.mallardhouse.com; 970 N Main St, Lakeport; h con cocina 69-149 US$, sin cocina 55-99 US$; ❄🐾🛜) Entre los moteles con deslizaderos para barcas, este, tipo casa de pueblo, sale más a cuenta, enfrente de una playita medio cubierta de juncos.

★Lakeport English Inn   B&B $$
(☎707-263-4317; www.lakeportenglishinn.com; 675 N Main St, Lakeport; h 185-210 US$, casitas 210 US$;

LAS MEJORES BODEGAS DEL CLEAR LAKE

De norte a sur, las siguientes cuatro bodegas son las mejores; algunas ofrecen visitas previa reserva. Las catas suelen costar 5-10 US$.

Ceago Vinegarden (www.ceago.com; 5115 E Hwy 20, Nice; ⊙12.00-17.00) Ocupa un espectacular rincón de la costa norte. Elabora vinos afrutados y biodinámicos.

Brassfield Estate (www.brassfieldestate.com; 10915 High Valley Rd, Clearlake Oaks; ⊙11.00-17.00 mar-nov, desde 12.00 dic-abr) Impresionante y singular finca de la apartada denominación High Valley; pruébense el Eruption y el Serenity.

Wildhurst Vineyards (www.wildhurst.com; 3855 Main St, Kelseyville; ⊙10.00-17.00) El mejor vino del lago, aunque el lugar carece de encanto. Se recomienda su sauvignon blanc.

Langtry Estate Vineyards (21000 Butts Canyon Rd, Middletown; ⊙11.00-17.00) El viñedo más bonito. Hay que probar su 'oporto'.

❋❀) La mejor pensión del lago Clear es una casa de 1875 de estilo gótico *carpenter* o rural con 10 habitaciones. Los fines de semana organizan grandes meriendas (llámese para reservar).

Skylark Shores Resort
HOTEL **$$**

(☎800-675-6151; www.lakeportskylarkshores.com; 1120 N Main St, Lakeport; h 84-145 US$; ❋❀❀) Con su dispersión de habitaciones antiguas bien cuidadas, muchas de ellas a orillas del lago, lleno de patos y de niños que chapotean, y otras que dan a una amplia pradera salpicada de barbacoas, este hotel tiene aire de campamento de vacaciones sesentero. Algunas casas tienen cocina. Hay un muelle público para echar la barca al agua.

Park Place
ESTADOUNIDENSE **$**

(50 3er St, Lakeport; principales 7-11 US$; ☉11.00-21.00 ma-do, hasta 15.00 lu) 🍴 Sencillo pero junto al agua, este es un lugar luminoso donde tomar platos sencillos (pasta, hamburguesas y *pizzas*) elaborados con productos locales sostenibles a precios estupendos. Un favorito del lugar.

Studebaker's Coffee House
DELI **$**

(3990 Main St, Kelseyville; sándwiches desde 6 US$; ☉6.00-16.00 lu-vi, 7.00-16.00 sa, 7.00-14.00 do) Encantadora cafetería de las de antes, con suelos de linóleo ajedrezado en blanco y negro y fotografías antiguas, estupendos sándwiches (también vegetarianos) y buen café.

★Saw Shop
Gallery Bistro
CALIFORNIANA **$$$**

(☎707-278-0129; www.sawshopbistro.com; 3825 Main St, Kelseyville; platos pequeños 10-16 US$, principales 15-26 US$; ☉desde 15.00 ma-sa) El mejor restaurante del condado ofrece cocina californiana, con opciones como salmón salvaje o costillar de cordero, así como comedidas raciones de *sushi*, tacos de langosta, hamburguesas de ternera de Kobe y *pizzas* de base fina.

🏠 Orilla norte

Tallman Hotel
HOTEL HISTÓRICO **$$**

(☎888-880-5253, 707-274-0200; www.tallmanho tel.com; 9550 Main St, Nice; casitas 169-274 US$; ❋❀❀❀) 🍴 Seguramente su elemento más destacable sea el edificio histórico restaurado a conciencia (baños con azulejos, iluminación tenue, ropa de cama mullida), aunque el resto de la propiedad, incluidas varias casitas construidas de forma sostenible, es igual de

tranquila. El umbroso jardín, la piscina, los patios de ladrillo y los porches rezuman una elegancia atemporal. Las habitaciones del jardín poseen bañeras japonesas, y todo se calienta con un eficiente sistema de energía geotermal-solar.

Featherbed Railroad Co
HOTEL **$$**

(☎800-966-6322, 707-274-8378; www.featherbe drailroad.com; 2870 Lakeshore Blvd, Nice; vagones incl. desayuno 175-220 US$; ❋❀) Diez cómodos vagones de verdad. Algunos rozan lo hortera (el Easy Rider tiene una cabecera de Harley Davidson y un espejo en el techo), pero, si se tiene sentido del humor, resultan divertidos. Enfrente hay una playa pequeña.

Sea Breeze Resort
CASITAS **$$**

(☎707-998-3327; www.seabreezeresort.net; 9595 Harbor Dr, Glenhaven; casitas 125-180 US$; ☉abr-oct; ❋❀) Estas siete casitas con jardín están al sur de Lucerne, en una península a orillas del lago. Todas tienen barbacoa.

🏠 Middletown

★Harbin Hot Springs
SPA **$$**

(☎800-622-2477, 707-987-2377; www.harbin.org; Harbin Hot Springs Rd; parcela tienda y autocaravana entre semana/fin de semana 30/40 US$, dc 40/60 US$, i 50-75 US$, d 100-190 US$) Con una historia que arranca en el s. xix como balneario y complejo turístico, este lugar aún desprende un aire de relax con sus piscinas de aguas termales frías y calientes. El uso del bañador es opcional. Aquí nació el *watsu* (masaje flotante) y hay maravillosas terapias corporales. Organizan talleres de yoga y de salud holística, y la finca cuenta con 464 Ha para salir de paseo.

Las habitaciones se distribuyen en edificios victorianos (que necesitan reformas) y comparten una única cocina vegetariana. Se vende comida en el mercado, el café y el restaurante. Solo se admiten visitas de día (20 US$) de lunes a jueves.

El lugar se halla a 4,8 km de la Hwy 175. Desde Middletown, hay que seguir por Barnes St, que se convierte en la Big Canyon Rd, y luego tomar a la izquierda en la bifurcación.

🍷 Dónde beber y ocio

Los viernes por la noche de verano hay **conciertos** gratis en el Library Park (en Lakeport), junto al lago, con sonidos de *blues* y *rockabilly* para disfrute de los viajeros de mediana edad. Por su parte, las Harbin Hot Springs presentan una sorprendente programación de danza y músicas del mundo.

Kelsey Creek Brewing FÁBRICA DE CERVEZA
(3945 Main St, Kelseyville; ⌚14.00-20.00 ma-vi, 12.00-20.00 sa, 12.00-17.00 do) Ambiente local divertido con cerveza artesana, cáscaras de cacahuete por el suelo y un aire relajado ideal para traerse la comida y el perro.

Lakeport Auto Movies CINE
(www.lakeportautomovies.com; 52 Soda Bay Rd, Lakeport; por automóvil 1/2/3 personas 10/18/25 US$) Lakeport es la sede de uno los pocos autocines que quedan. Sesiones viernes y sábados por la noche.

Información

Centro de información de visitantes del Lake County (www.lakecounty.com; 6110 E Hwy 120, Lucerne; ⌚9.00-17.00 lu-sa, 12.00-16.00 do) Con información exhaustiva y una excelente web del condado.

Cómo desplazarse

Lake Transit (☎707-994-3334, 707-263-3334; www.laketransit.org) opera autobuses entre semana entre Middletown y Calistoga (3 US$, 35 min, 3 diarias); los jueves van hasta Santa Rosa. Hay autobuses a Ukiah (5 US$, 2 h, 4 diarios) desde Clearlake vía Lakeport (3 US$, 1¼ h, 7 diarios). Lo mejor es llamar antes, pues acomodar rutas y horarios puede resultar complicado.

Valle de Anderson

Este valle, la ruta más común para ir a Mendocino desde San Francisco, es célebre por sus manzanos, viñedos, pastos y tranquilidad. Aunque es famoso principalmente por sus bodegas de vino, también abundan las posibilidades para hacer excursiones a pie o en bicicleta.

Puntos de interés y actividades

Boonville (1488 hab.) y **Philo** (349 hab.) son las principales poblaciones. Desde Ukiah, la Hwy 253 se dirige al sur hasta Boonville (32 km). Los 96,5 km de curvas de la Hwy 128 que comunican Cloverdale, en la Hwy 101 al sur de Hopland, con Albion, en la Hwy 1, brindan un magnífico paisaje.

'BOONTLING'

Boonville es célebre por el *boontling*, un singlar idioma que se desarrolló a finales del s. XIX, cuando Boonville era un lugar muy remoto. Los lugareños lo desarrollaron para divertirse y *shark* ("asombrar") a los foráneos. Quizá se escuche a los *codgie kimmies* ("mayores") pedir una *zeese* ("taza de café") o una *bahl gorms* ("comida buena"), y, con mucha suerte, se verá el remolque llamado Boont Region De-arkin' Moshe (literalmente "máquina indestructible del valle de Anderson"). En www.andersonvalleymuseum.org aparece un diccionario.

Philo Apple Farm GRANJA
(www.philoapplefarm.com; 18501 Greenwood Rd, Philo; ⌚amanecer-anochecer) La mejor fruta no se consigue en los puestos de la carretera sino en esta preciosa granja ecológica, ya sea al natural (manzanas y peras) o en conserva. En el lugar también se ofrecen **clases de cocina**, impartidas por algunos de los mejores cocineros de la región vinícola, y la posibilidad de alojarse en una de sus casitas (p. 242).

Anderson Valley Brewing Company FÁBRICA DE CERVEZA
(☎707-895-2337; www.avbc.com; 17700 Hwy 253; ⌚11.00-18.00) Al este del cruce de la Hwy 128, esta cervecera a la bávara elabora con energía solar cervezas de premio, que se pueden degustar mientras se juega en el **campo de disc golf**, aunque el sol puede ser peligroso. Ofrece visitas a las 13.30 y 15.00 a diario (solo ma y mi en invierno); llámese antes.

Anderson Valley Historical Society Museum MUSEO
(www.andersonvalleymuseum.org; 12340 Hwy 128; ⌚13.00-16.00 sa y do feb-nov) En una pequeña escuela de color rojo remodelada al este de Boonville, este museo muestra objetos históricos.

Fiestas y celebraciones

Pinot Noir Festival VINO
(www.avwines.com) Una de las numerosas fiestas del vino de este valle, celebrada en mayo.

LAS MEJORES BODEGAS DEL VALLE DE ANDERSON

En el valle crecen la pinot noir, la chardonnay y la gewürztztraminer. Casi todas las **bodegas** (www.avwines.com) están en Philo. Muchas son empresas familiares que ofrecen catas y, solo algunas, visitas guiadas gratis:

Navarro (www.navarrowine.com; 5601 Hwy 128; ⊙10.00-18.00) La mejor, con un premiado pinot noir y un delicioso riesling; permiten hacer *picnic*.

Esterlina (www.esterlinavineyards.com) Excelentes tintos.

Husch (www.huschvineyards.com; 4400 Hwy 128; ⊙10.00-17.00) El viñedo más antiguo del valle ofrece exquisitas catas en una casita cubierta de rosas.

Bink (9000 Hwy 128; ⊙11.00-17.00 mi-lu) Vinos artesanales muy alabados, servidos en el complejo Madrones.

Sierra Nevada World
Music Festival MÚSICA
(www.snwmf.com) En junio, el *roots reggae* impregna el ambiente, junto con el aroma de la otra hierba de Mendocino.

Mendocino County Fair FERIA
(www.mendocountyfair.com) Todo un clásico del condado, a mediados de septiembre.

🛏 Dónde dormir

Los alojamientos se llenan los fines de semana.

Hendy Woods State Park CAMPING $
(☎707-937-5804, reservas 800-444-7275; www.reserveamerica.com; parcela tienda y autocaravana 40 US$, cabañas 60 US$) Lindante con el río Navarro en la Hwy 128, al oeste de Philo, aquí se encontrará senderismo, posibilidades de *picnic* y un boscoso *camping* con duchas de agua caliente.

The Other Place CASITAS $$
(☎707-895-3979; www.sheepdung.com; Boonville; casitas 150-350 US$; 🐾🐾) Casitas privadas totalmente equipadas en lo alto de cerros, fuera del pueblo, en un rancho de 202 Ha.

★**Philo Apple Farm** CASITAS $$$
(☎707-895-2333; www.philoapplefarm.com; 18501 Greenwood Rd, Philo; h lu-ju 200 US$, vi-do 275 US$) Cuatro exquisitas casitas hechas de materiales reutilizados, en un bucólico manzanar (p. 241). Todas ofrecen espacios luminosos, suelos de madera, muebles sencillos y vistas de los árboles, pero la favorita de esta autora es la Red Door, con bañera de patas y una ducha a cielo abierto en su porche privado. El lugar está a menudo ocupado por los participantes de los cursos de cocina, así que conviene reservar lo antes posible. El río Navarro, con zonas de baño, queda a un paseo.

Boonville Hotel HOTEL-BOUTIQUE $$$
(☎707-895-2210; www.boonvillehotel.com; 14050 Hwy 128, Boonville; h 150-360 US$; 🐾) Decoradas con un estilo rústico contemporáneo, con suelos de sisal, colores pastel y ropa de cama de calidad, las habitaciones de este histórico hotel son ideales para los urbanitas irredentos.

The Madrones HOTEL $$$
(www.themadrones.com; 9000 Hwy 28, Philo; h 160-325 US$; 🐾) En la parte de atrás de este complejo de aire mediterráneo que incluye un restaurante y la estupenda sala de catas Bink Wines (p. 242), las amplias "dependencias de huéspedes" son de un lujo moderno a lo *country*, más un toque toscano.

🍴 Dónde comer

En Boonville, los restaurantes abren y cierran cuando les place, también según la estación. En la Hwy 128 se venden provisiones como queso y pan de calidad en varios lugares.

Paysenne HELADERÍA $
(14111 Hwy 128, Boonville; cono 2 US$; ⊙10.00-15.00 ju-lu) La fantástica heladería local ofrece los innovadores sabores del Three Twins Ice Cream (tres mellizos), con deliciosas opciones como Lemon Cookie (galleta de limón) y Strawberry Je Ne Sais Quoi (fresa con un toque de vinagre balsámico).

Boonville General Store DELI $
(17810 Farrer Lane, Boonville; platos 5-12 US$; ⊙7.30-15.00 lu-ju, 7.30-15.00 y 17.30-20.00 vi, 8.30-15.00 sa y do) Enfrente del Boonville Hotel, esta tienda está bien para aprovisionarse de sándwiches con pan casero, *pizzas* de masa fina y quesos ecológicos.

★**Table 128** CALIFORNIANA $$
(14050 Hwy 128, Boonville; principales de almuerzo 10-14 US$, de cena 19-31 US$; ⊙18.30-20.15 vi-do)

Los viajeros adoran su cambiante carta, con platos sencillos pero seguros como pollo asado, cordero local a la parrilla y tarta de queso. El servicio familiar hace que cenar aquí resulte informal a la vez que elegante, en grandes mesas rústicas y con iluminación suave. También hay estupendos vinos, cervezas artesanas, buen escocés y cócteles.

Lauren's   ESTADOUNIDENSE **$$**
(www.laurensgoodfood.com; 14211 Hwy 128, Boonville; principales 13-16 US$; ⊙17.00-21.00 ma-sa; ⊘⑂) Los lugareños acuden por su cocina ecléctica y su interesante carta de vinos. Ocasionales conciertos en el escenario que hay tras el ventanal frontal.

ⓘ Información

Cámara de Comercio del valle de Anderson (⊘707-895-2379; www.andersonvalleychamber.com; 9800 Hwy 128, Boonville) Ofrece información turística y un calendario completo de eventos anuales.

Ukiah

Sede del condado, la ciudad más grande de Mendocino es básicamente una parada práctica para poner gasolina y comer algo. Pero si hubiera que pernoctar, tampoco está tan mal, pues se trata de un lugar amable cada vez más sofisticado. Hay una plétora de cadenas hoteleras idénticas, algunos moteles más baratos de mediados del siglo pasado y un puñado de establecimientos buenos para comer. Si bien sus mayores atractivos, unas fuentes termales y un amplio campus de estudios budistas, se hallan en las afueras. Para dar un paseo, es agradable el barrio de tiendas, por School St cerca de los juzgados.

⊙ Puntos de interés

Germain-Robin   DESTILERÍA
(⊘707-462-0314; unit 35, 3001 S State St; ⊙con cita previa) La quinta generación de un destilador venido de Cognac (Francia) elabora un excelente brandi. Visitas solo con cita previa.

Grace Hudson Museum & Sun House   MUSEO
(www.gracehudsonmuseum.org; 431 S Main St; entrada 4 US$; ⊙10.00-16.30 mi-sa, desde 12.00 do) Una manzana al este de State St, los pilares de esta colección son las pinturas de Grace Hudson (1865-1937), cuyos sensibles retratos del pueblo pomo acompañan a la perfección a las obras etnológicas y las cestas de los na-

tivos americanos que reunió su marido, John Hudson.

✸ Fiestas y celebraciones

Redwood Empire Fairs   FERIA
(www.redwoodempirefair.com) De finales de julio a primeros de agosto.

Ukiah Country PumpkinFest   CULTURAL
(www.cityofukiah.com; ⑂) Se celebra a finales de octubre, con una feria de artesanía, un carnaval infantil y un concurso de violín.

🛏 Dónde dormir

Aquí están todas las cadenas hoteleras, junto a la carretera, a destacar el **Hampton Inn** (⊘707-462-6555; hamptoninn3.hilton.com; 1160 Airport Blvd; h 143-209 US$; ❋☎✶). Para algo con más singular, en los alrededores de la ciudad hay balnearios y *campings*.

Discovery Inn Motel   MOTEL **$**
(⊘707-462-8873; www.discoveryinnukiahca.com; 1340 N State St; h 51-95 US$; ❋☎✶) Limpio aunque anticuado, con una piscina de 23 m y varios *jacuzzis*.

✕ Dónde comer

Sería un crimen optar por la comida rápida de la carretera, pues la boyante oferta gastronómica de Ukiah casa bien con los vinos de la región.

★ Schat's Courthouse Bakery & Cafe   CAFÉ **$**
(www.schats.com; 113 W Perkins St; principales de almuerzo 3-7 US$, de cena 8-14 US$; ⊙5.30-18.00 lu-vi, hasta 17.00 sa) Fundada por unos panaderos holandeses, en este horno y café hacen una estupenda variedad de panes densos, sándwiches, *wraps,* grandes ensaladas, ricos platos calientes, desayunos completos y repostería casera.

Ukiah Farmers Market   MERCADO **$**
(esq. School St y Clay St; ⊙9.00-12.00 sa) Productos frescos de granja, artesanía y entretenimiento.

Kilkenny Kitchen   CAFÉ **$**
(www.kilkennykitchen.com; 1093 S Dora St; sándwiches 8 US$; ⊙10.00-15.00 lu-vi; ⊘⑂) Escondido en un barrio al sur del centro, los trabajadores del condado adoran este alegre local por su variedad de sopas (p. ej., una fría de pepino exquisita en verano) y sándwiches. También son fantásticas las ensaladas (como la de pera, nueces y queso azul), y tienen menú infantil.

★ **Saucy** PIZZERÍA $$

(☎707-462-7007; 108 W Satandley St; *pizzas* 11-19 US$; ⊙11.30-21.00 lu-ju, hasta 22.00 vi, 12.00-22.00 sa) Además de artísticas *pizzas* (con ingredientes como longaniza calabresa, polen de hinojo y pesto de albahaca y almendras), tienen sopas increíbles, ensaladas, pasta y entremeses; las albóndigas de Nana están de muerte, igual que la *minestrone*. El ambiente de ciudad pequeña resulta chic a la par que bullicioso.

Oco Time JAPONESA $$

(☎707-462-2422; www.ocotime.com; 111 W Satandley St; principales de almuerzo 7-10 US$, de cena 8-19 US$; ⊙11.15-14.30 ma-vi, 17.30-20.30 lu-sa; ☑) Lleno de lugareños, aquí sirven los mejores *sushi*, cuencos de fideos y *oco* (deliciosa mezcla de algas, repollo a la parrilla, huevo y fideos) de Ukiah. El ambiente es fantástico, con un personal amable. La pega es que siempre está abarrotado, así que conviene reservar.

Patrona ESTADOUNIDENSE NUEVA $$

(☎707-462-9181; www.patronarestaurant.com; 130 W Standley St; principales de almuerzo 10-16 US$, de cena 15-34 US$; ⊙11.00-21.00; ☑) ✐ Su excelente y sabrosa cocina natural, rigurosamente de temporada, deleitará los más sibaritas. Ofrece platos como pollo asado, chuletas de cerdo a la sal al horno, pasta casera y vinos locales. Hay que reservar y preguntar por el menú del día.

Himalayan Cafe HIMALAYA $$

(www.thehimalayancafe.com; 1639 S State St; curris 15 US$; ☑) Al sur del centro se encuentra este buen restaurante de especiada cocina nepalí, con curris y pan cocinados en horno *tandoori*.

⛾ Dónde beber y ocio

Se recomienda preguntar en la cámara de comercio sobre la agenda cultural, que incluye conciertos los domingos de verano en el Todd Grove Park –con un delicioso ambiente festivo– y bailes locales.

Los bares y las coctelerías flanquean State St.

Ukiah Brewing Co CERVECERÍA

(www.ukiahbrewingco.com; 102 S State St; 🛜) ✐ Un lugar genial para beber, con cerveza ecológica de elaboración propia y mucha animación los fines de semana.

Black Oak Coffee Roasters CAFÉ

(476 N State St; café con leche a la lavanda desde 4 US$; ⊙6.30-18.00) Local grande y moderno

donde tomarse, p. ej., un café con leche a la lavanda local o un batido de chía y *matcha*. También preparan almuerzos y desayunos ligeros.

Información

State St, que se extiende de norte a sur al oeste de la Hwy 101, es la calle principal de Ukiah. School St, cerca de Perkins St, también ofrece un buen paseo.

Bureau of Land Management (☎707-468-4000; 2550 N State St) Mapas e información sobre acampada en la naturaleza, senderismo y ciclismo.

Cámara de Comercio de Greater Ukiah (☎707-462-4705; www.gomendo.com; 200 S School St; ⊙9.00-17.00 lu-vi) Una manzana al oeste de State St; información sobre Ukiah, Hopland y el valle de Anderson.

Alrededores de Ukiah

Bodegas de Ukiah

Hectáreas de viñedos se extienden en todas direcciones a la entrada de la población, una zona que disfruta de un clima muy parecido al de Napa. En la cámara de comercio de Ukiah facilitan un plano con las bodegas. El precio de las catas suelen rondar los 5 US$.

Parducci Wine Cellars BODEGA

(www.parducci.com; 501 Parducci Rd, Ukiah; ⊙10.00-17.00) ✐ Con plantación, vendimia y producción sostenibles, la "bodega más verde de América" elabora tintos de terruño, asequibles y audaces. La sala de catas, de ladrillo e iluminación suave, es perfecta para escapar del calor estival, probar vinos y charlar sobre prácticas sostenibles.

Nelson Family Vineyards BODEGA

(www.nelsonfamilyvineyards.com; 550 Nelson Ranch Rd, Ukiah; ⊙10.00-17.00; 👪) Al norte de Ukiah, esta bodega, viñedo y finca de perales, olivos y abetos con magníficas vistas del valle es ideal para hacer un *picnic* (en un bosquecillo de secuoyas), trabar amistades y degustar un chardonnay no demasiado dulce y unos tintos fastuosos.

Vichy Hot Springs Resort

Vichy es el balneario de aguas termales más antiguo de California: se inauguró en 1854. La composición del agua concuerda con la de su célebre homónima francesa. Hace un siglo,

Mark Twain, Jack London y Robert Louis Stevenson viajaron hasta aquí en busca de las propiedades reconstituyentes de sus aguas, que lo curan todo, desde la artritis hasta la irritación por roble venenoso.

Muy bien conservado, el **balneario** (☎707-462-9515; www.vichysprings.com; 2605 Vichy Springs Rd, Ukiah; i/d 145/205 US$, h junto al arroyo 205/255 US$, casitas desde 295 US$; ❋🐾❄) ofrece hoy los únicos baños termales de agua carbonatada natural de América del Norte. A diferencia de otros, aquí es prescriptivo el uso del bañador (alquiler 2 US$). Precios: 30/50 US$ por 2 h/ todo el día.

Entre las instalaciones hay una piscina, una bañera de agua termal natural, 10 bañeras interiores y exteriores con agua a 38°C (su temperatura natural) y una gruta donde sorber agua con gas. También se ofrecen masajes y tratamientos faciales. La entrada incluye el acceso a 280 Ha de jardines, que lindan con los terrenos del Bureau of Land Management (BLM). Hay senderos que conducen a una cascada de 12 m, a una vieja mina de cinabrio y a cotas de 335 m.

La suite y las dos casitas de campo, edificadas en 1854, son las tres construcciones más antiguas del condado de Mendocino. Las acogedoras habitaciones con suelos de madera incluyen camas de primera, el desayuno y servicios de *spa,* pero no tienen TV.

Desde la Hwy 101, hay que salir por la Vichy Springs Rd al este y seguir las señales durante 4,8 km. Ukiah está a 5 min, pero es un mundo aparte.

Orr Hot Springs

Complejo con opción nudista que encanta a lugareños, adeptos a la vuelta al campo, mochileros y turistas liberales, estas **fuentes termales** (☎707-462-6277; parcela tienda 50-60 US$, d 150-180 US$, cabañas 215-250 US$; ❄) ofrecen bañeras privadas, sauna, piscina de roca alimentada por manantial, sala de vapor, masaje y mágicos jardines. La entrada cuesta 30 US$/día.

El alojamiento incluye el acceso al balneario y a la cocina comunal; algunas de las rústicas casitas tienen cocina privada. Imprescindible reservar.

Desde la Hwy 101, tómese la salida de N. State St, sígase al norte durante 400 m hasta la Orr Springs Rd, desde donde quedan 14,4 km en sentido oeste; una media hora de subida empinada y con muchas curvas.

Montgomery Woods State Reserve

Situadas 3 km al oeste de Orr, las 460 Ha de esta **reserva** (Orr Springs Rd) protegen cinco bosques de secuoyas centenarias, con algunos de los ejemplares mejor conservados a un día en automóvil de San Francisco. Cerca de las mesas de *picnic* y de los aseos empieza un circuito de 3,2 km que cruza el arroyo y los bosques. Está apartada, por lo que los visitantes suelen tenerla para ellos en exclusiva. Solo se puede visitar de día. No se permite acampar.

Lago Mendocino

Entre montañas, 8 km al nordeste de Ukiah, este embalse de 728 Ha ocupa el valle que fuera el ancestral hogar de los pomo. En la orilla norte del lago, el **centro de visitantes Pomo** (☎707-467-4200) ha tomado como modelo una casa circular pomo, con exposiciones sobre la cultura de la tribu y la presa. Al tiempo de escribir esta guía, el centro estaba cerrado por obras, pero ofrecían información por teléfono para acampar.

La presa del Coyote, de 1066 m de longitud y 32 m de altura, perfila la esquina suroeste del embalse; su parte oriental es un hábitat natural protegido de 275 Ha. El **Army Corps of Engineers** (www.spn.usace.army.mil/mendo cino; 1160 Lake Mendocino Dr; ⏱8.00-16.00 lu-vi) construyó la presa, gestiona el lago y facilita información. Su oficina está en la parte inferior del mismo.

Hay 300 **parcelas para tiendas y autocaravanas** (☎877-444-6777; www.reserveusa.com; parcela 25-30 US$), en su mayoría con duchas con agua caliente, y rudimentarias parcelas accesibles solo en barca (8 US$).

City of Ten Thousand Buddhas

Situado 5 km al este de Ukiah por la Talmage Rd, la '**Ciudad de los 10 000 Budas**' (☎707-462-0939; www.cttbusa.org; 2001 Talmage Rd; ⏱8.00-18.00) fue en el pasado un hospital mental. A partir de 1976 se convirtió en una suntuosa y tranquila comunidad chinobudista de 195 Ha. Destaca el vestíbulo del templo, donde realmente pueden contarse 10 000 budas. Al ser un centro de culto, se impone ser respetuoso con los fieles. Se puede almorzar en el **restaurante chino** (4951 Bodhi Way; principales 8-12 US$; ⏱12.00-15.00; ❄) vegetariano.

Willits

Sito 32 km al norte de Ukiah, aquí se mezcla los escapados al norte de California con los leñadores y los rancheros (el instituto posee un equipo de rodeo). Las farolas de la calle principal están decoradas con potros salvajes y vaqueros, pero el alma del lugar también es bohemia. Aunque los ranchos, la madera y la industria son sus pilares, el estilo *hippy* no está fuera de lugar. Para los visitantes, su mayor reclamo es la terminal este del Skunk Train. Fort Bragg está 56,3 km en la costa, aproximadamente a 1 h por la sinuosa Hwy 20.

⊙ Puntos de interés y actividades

La **Hwy 162/Covelo Rd**, 16 km al norte de Willits, constituye una excelente ruta por la Northwestern Pacific Railroad junto río Eel y a través del **Mendocino National Forest**. Km solo 50 km, pero hay que contar al menos con 1 h por las curvas, aunque se pasa por preciosos cañones fluviales y colinas. Al final se llega a **Covelo,** conocido por su inusual valle redondeado.

Mendocino County Museum   MUSEO
(www.mendocinomuseum.org; 400 E Commercial St; adultos/niños 4/1 US$; ⊙10.00-16.30 mi-do) Es uno de los mejores museos comunitarios de esta mitad del estado, pues logra contextualizar bien las vidas de los primeros colonos (en gran parte gracias a cartas antiguas), además de acoger una fuente de soda de la década de 1920 y una barbería. Se puede pasar 1 h entre los objetos y cestos de los pomo y los yuki o de lectura sobre temas de actualidad de la zona. Fuera, en el **Roots of Motive Power** (www.rootsofmotivepower.com) se realizan ocasionales demostraciones de maquinaria y de tala de árboles con máquinas de vapor.

Ridgewood Ranch   LUGAR HISTÓRICO
(☑reservas 707-459-7910; www.seabiscuitheritage. com; 16200 N Hwy 101; circuitos 20 US$) El residente más famoso de Willits fue el caballo Seabiscuit, que se crió aquí. En el rancho organizan circuitos de 90 min (9.30 lu, mi y vi jun-sept) y, previa cita, otros de 3 h para ocho o más personas; véase más información en la web. Con reserva, se montan gratis salidas por la naturaleza circundante guiadas por voluntarios.

Skunk Train   TREN HISTÓRICO
(☑866-866-1690, 707-964-6371; www.skunktrain. com; adultos/niños 54/34 US$) La estación está en E Commercial St, tres manzanas al este de la Hwy 101. Los trenes unen Willits y Fort Bragg (p. 234).

Jackson Demonstration State Forest   SENDERISMO
En este bosque, 24 km al oeste de Willits por la Hwy 20, aguardan actividades recreativas diurnas, como caminatas educativas y senderos para bicicleta de montaña. También se puede acampar.

✯ Fiestas y celebraciones

Willits Frontier Days & Rodeo   RODEO
(www.willitsfrontierdays.com) Desde 1926, Willits celebra el rodeo más antiguo de California, la primera semana de julio.

🛏 Dónde dormir

Algunos de los moteles de la población (y hay al menos un centenar) son establecimientos de mala muerte, por lo que se recomienda echar un vistazo a la habitación antes de registrarse; se puede preguntar por los paquetes Skunk Train. A las afueras de Willits hay un par de ruidosos *campings* para autocaravanas solo aptos para campistas desesperados.

Old West Inn   MOTEL $
(☑707-459-4201; www.theoldwestinn.com; 1221 S Main St; h 79 US$; ❊❄) La fachada es como del Salvaje Oeste, y cada habitación tiene un tema, desde la "Establo" hasta la "Barbería". La decoración es sencilla pero agradablemente imaginativa. Además es el alojamiento más recomendado, simpático y limpio del lugar.

Jackson Demonstration State Forest   CAMPING $
(☑707-964-5674; parcela 15 US$) Las parcelas poseen hoyos para barbacoas y de aseo, pero no hay agua corriente. Hay que obtener el permiso a través de la persona que lo gestiona o en el quiosco de autorregistro.

Baechtel Creek Inn & Spa   HOTEL-BOUTIQUE $$
(☑800-459-9911, 707-459-9063; www.baechtelcree kinn.com; 101 Gregory Lane; d incl. desayuno 119-159 US$; ❊❄❄❄) Como única opción elegante en Willits, este hotel atrae a una mezcla interesante de grupos de japoneses, viajeros de negocios y aficionados al vino. Las habitaciones estándar no son nada del otro mundo, pero incluyen excelente ropa de cama, estaciones de iPod y cuadros bonitos. Las suites reciben con vino local y más espacio. Otras

buenas bazas son la piscina y los exquisitos huevos del desayuno, servido en el patio.

Dónde comer

Loose Caboose Cafe SÁNDWICHES $
(10 Woods St; sándwiches 7-11 US$; ☺7.30-15.00)
La gente se emociona al hablar de los sándwiches (deliciosos los Reuben y Sante Fe Chicken) de este local, siempre abarrotado para el almuerzo.

Aztec Grill MEXICANA $
(781 S Main St; burritos 5-8 US$; ☺5.00-21.00) Pese a estar en la gasolinera de Chevron, según el voto unánime de los lugareños es el mejor mexicano de Willits, y barato.

Mariposa Market ALIMENTACIÓN $
(600 S Main St) La tienda local de productos ecológicos.

Ardella's Kitchen ESTADOUNIDENSE $
(35 E Commercial St; principales 5-11 US$; ☺6.00-12.00 ma-sa) Local perfecto para picar algo e inmejorable para desayunar, además de para cotillear. Buenos precios, raciones grandes recién elaboradas y un buen humor contagioso.

Adam's Restaurant MEDITERRÁNEA $$$
(✆707-456-9226; 50 S Main St; principales 22-27 US$) El restaurante más aparente de Willit, famoso por sus pasteles de cangrejo y platos principales de celebración como el filete New York (lomo bajo de res), el osobuco de cordero o la bullabesa, además de por su *crème brûlée* de arándano para el postre. Ambiente sencillo y servicio estelar.

Dónde beber y ocio

Shanachie Pub BAR
(50 S Main St; ☺lu-sa) Divertido y pequeño, junto a un jardín y con mucha cerveza de barril.

Willits Community Theatre TEATRO
(www.willitstheatre.org; 37 W Van Lane) Obras galardonadas, lecturas y comedia.

De compras

JD Redhouse & Co ROPA, MENAJE PARA LA CASA
(212 S Main St; ☺10.00-18.00) Empresa familiar, esta tienda céntrica es un buen reflejo del propio Willit, pues ofrece básicos para los vaqueros (botas y grano, herramientas y ropa vaquera) y caprichos para los turistas. Su mostrador (con excelente helado hecho en Mendocino) es un fresco refugio cuando afuera aprieta el calor.

Book Juggler LIBROS
(182 S Main St; ☺10.00-19.00 lu-ju, hasta 20.00 vi, hasta 18.00 sa, 12.00-17.00 do) Hileras repletas de ejemplares nuevos y de segunda mano, libros de música y periódicos locales (entre ellos el divertido *Anderson Valley Advertiser*).

COSTA SUR DE LOS BOSQUES DE SECUOYAS

Hay algo realmente mágico en el terreno arcilloso y el aire brumoso "más allá de la cortina de secuoyas". Esta región da cobijo a los árboles más altos y la 'hierba' más potente del planeta. Al norte de Fort Bragg, los domingueros de la bahía de San Francisco y los B&B de lujo dan paso a las guerras de la madera, las macetas de marihuana y a un ejército de osos tallados. La cultura del 'cultivo' es palpable, y los ingentes beneficios que deja en la región tienen efectos colaterales evidentes: una omnipresente población de paso que trabaja en los campos, el respeto a los carteles de "No trespassing" ("prohibido el paso") y una realidad política en precario equilibrio entre libertarios armados, izquierdistas radicales y el típico caos universitario. No obstante, la principal razón para visitar esta zona es su magnífico paisaje de inmaculados bosques de secuoyas centenarias.

ℹ Información

Redwood Coast Heritage Trails (www.redwoods.info) ofrece una aproximación a la región con sus itinerarios por los faros, de cultura nativa norteamericana, las industrias maderera y ferroviaria y la vida marítima.

Leggett

Esta población, que marca el comienzo de la tierra de las secuoyas y el final de la Hwy 1, tiene poco más que una gasolinera cara (pago solo efectivo), una pizzería y dos mercados (no siempre abiertos).

Unos 2,5 km al norte se puede visitar la **Standish-Hickey State Recreation Area** (✆707-925-6482; www.parks.ca.gov; 69350 Hwy 101; por automóvil 8 US$; ♿), de 400 Ha, para ir de merienda, a nadar y pescar en el río Eel y a seguir los senderos entre bosques de secuoyas vírgenes y de reforestación. Los **'campings'** (✆800-444-7275; www.reserveamerica.com; parcela tienda y autocaravana 35 US$), con duchas

Costa sur de los bosques de secuoyas

Ⓝ 0 ▬▬▬▬▬ 20 km

OCÉANO
PACÍFICO

Trinidad

McKinleyville

Lanphere Dunes Preserve

Arcata

Samoa Peninsula *Bahía de Arcata*

Samoa

Eureka *Arcata Marsh & Wildlife Sanctuary*

Bahía de Humboldt

Humboldt Bay National Wildlife Refuge

Playa de Centerville

Ferndale

Fortuna

Cabo Mendocino (211)

Rio Dell (101)

Scotia

Pepperwood

Faro de Punta Gorda

Redcrest

Petrolia

Mattole Campground

Humboldt Redwoods State Park

Weott

King Range National Conservation Area

Honeydew

Myers Flat

Bosque de Rockefeller

Big Flat

Pico King

Miranda

Avenida de los Gigantes

Lost Coast *Lost Coast Trail*

Phillipsville

Black Sands Beach

Redway

Shelter Cove

Benbow Lake State Recreation Area

Garberville

Campings de *Wailaki y Nadelos*

Richardson Grove State Park

Sinkyone Wilderness State Park

Standish-Hickey State Recreation Area

Usal Beach Campground

Leggett

(1)

de agua caliente, abren todo el año, pero se llenan en verano; es mejor evitar las parcelas que dan a la carretera.

El privado **Chandelier Drive-Thru Tree Park** (www.drivethrutree.com; 67402 Drive Thru Tree Road, Leggett; por automóvil 5 US$; ⊙8.30-

21.00; 🖼) abarca 80 Ha de bosque virgen de secuoyas, con senderos y zonas de *picnic*, y acoge un ejemplar horadado a través de cuyo tronco pasan los automóviles.

La turística **Confusion Hill** (www.confusionhill.com; 75001 N Hwy 101; adultos/niños Gravity House 5/4 US$, paseos en tren 8,50/6,50 US$; ⊙9.00-18.00 may-sep, 10.00-17.00 oct-abr; 🖼), de 1949, es la más buscada de las atracciones que salpican la ruta hacia el norte del estado. La Gravity House reta a los mareados visitantes a mantener el equilibrio con su ángulo de 40°. Los niños y los amantes de lo *kitsch* se vuelven locos con sus divertidos espacios, mientras que los paseos en el tren de vía estrecha son una aventura para los más pequeños.

Para una hamburguesa, alimentos básicos u otros buenos productos típicamente estadounidenses, la **Price's Peg House** (☎707-925-6444; 69501 Hwy 101; ⊙8.00-21.00) está al norte de Leggett en la Hwy 101.

Richardson Grove State Park

Unos 24 km al norte de Leggett y partido en dos por el río Eel, el sereno **bosquecito de Richardson** (☎707-247-3318; www.parks.ca.gov; por automóvil 8 US$) abarca 566 Ha de bosque virgen. Hay muchos árboles milenarios y de más de 91 m de alto, pero pocos senderos. En invierno es un buen sitio para pescar salmones plateados y rosados. Los planes de CalTrans de ensanchar la carretera que lo atraviesa han desatado fuertes protestas.

En el **centro de visitantes** (⊙9.00-14.00), en un refugio de la década de 1930 con chimenea, venden libros. El parque es básicamente una **zona de acampada** (☎reservas 800-444-7275; www.reserveamerica.com; parcela tienda y autocaravana 35 US$) con tres áreas independientes y duchas con agua caliente; algunas permanecen abiertas todo el año. En la cara este del río aguarda el sombreado Oak Flat, con una playa de arena.

Lago Benbow

En el río Eel, 3 km al sur de Garberville, la **Benbow Lake State Recreation Area** (☎verano 707-923-3238, invierno 707-923-3318; 8 US$ por automóvil), de 486 Ha, existe cuando una presa de temporada forma el lago de 11 Ha de Benbow, de mediados de junio a mediados de septiembre. A mediados de agosto hay que evitar nadar en él o en el río hasta dos semanas después del festival Reggae on the River, pues 25 000 personas usan estas aguas como bañera; a principios de verano es cuando están más limpios. Se puede evitar la tasa diaria si se aparca cerca del puente y se baja al río a pie. Como afirma un guarda, se puede flotar desde el lugar a través de los bosques de secuoyas por la Avenida de los Gigantes.

🛏 Dónde dormir

Camping CAMPING **$**
(☎reservas 800-444- 7275; www.reserveamerica. com; parcela tienda y autocaravana 35 US$) Abre todo el año, aunque siempre sujeto a los cierres de puentes por las inundaciones en invierno. Esta parte del Eel disfruta de orillas amplias, por lo que es excelente para tomar el sol y nadar.

⭐ Benbow Inn HOTEL HISTÓRICO **$$$**
(☎707-923-2124, 800-355-3301; www.benbowinn. com; 445 Lake Benbow Dr, Garberville; h 99-315 US$, cabaña 230-315 US$; ❄🐶🕸🐾) Este monumento a la elegancia de la década de 1920 se ha convertido en un emblema nacional por ser el primer complejo de lujo del imperio de las secuoyas. La élite de Hollywood solía frecuentar el vestíbulo del complejo, de estilo Tudor, donde aún se puede jugar al ajedrez junto al fuego o disfrutar de un té a media tarde y de unos entremeses por la noche.

Las habitaciones tienen camas de primera, muebles antiguos y licoreras de jerez (cortesía de la casa). En el **comedor** (desayuno y almuerzo 10-15 US$, principales de cena 22-32 US$), con amplios ventanales, la comida es excelente, en particular su alabado *rib eye* (entrecot deshuesado).

Garberville

El principal centro de aprovisionamiento de la parte sur del condado de Humboldt es también la base principal para visitar la Lost Coast, al oeste, y la Avenida de los Gigantes, al norte. Existe una relación precaria entre los veteranos guardas forestales y los *hippies*, muchos de los cuales llegaron en la década de 1970 para cultivar "sinsemilla" (una potente marihuana sin semillas) después de que los federales los echaran de Santa Cruz. Según las últimas noticias, los *hippies* ganan las guerras de la cultura, aunque la controversia continúa. Al oeste, a 3 km, la variopinta pariente de Garberville, Redway, posee menos

servicios. Garberville está unas 4 h al norte de San Francisco y 1 h al sur de Eureka.

✨ Fiestas y celebraciones

El **Mateel Community Center** (www.mateel. org), en Redway, es el centro neurálgico de los veteranos festivales de la zona que celebran de todo: desde la marihuana hasta los mimos.

Reggae on the River MÚSICA
(www.reggaeontheriver.com) A mediados de julio, las multitudes acuden a este festival de *reggae*, músicas del mundo, ferias de artesanía, acampada y baños en el río.

Avenue of the Giants Marathon MARATÓN
(www.theave.org) Uno de los maratones más pintorescos del país; en mayo.

Harley-Davidson Redwood Run CARRERA DE MOTOCICLETAS
(www.redwoodrun.com) En junio, las secuoyas retumban con el sonido de cientos de motocicletas.

🛏 Dónde dormir

Hay un sinfín de moteles prácticos, si bien muchos de ellos alquilan las habitaciones por largas temporadas y pueden albergar personajes dudosos. Al sur del pueblo, el Benbow Inn es el mejor alojamiento. Para algo económico, el **Humboldt Redwoods Inn** (☎707-923-2451; www.humboldtredwoodsinn. com; 987 Redwood Dr; h 65-110 US$; ❄🕸🐾) es el que tiene menos mala pinta.

Riverwood Inn HOTEL **$**
(☎707-943-1766; www.riverwoodinn.info; 2828 Avenue of the Giants, Phillipsville; h 80-98 US$; 🐾) Unos 9 km al norte de Garberville, este animado parador de 1937, típicamente estadounidense, tiene un bar grande en la parte delantera, un restaurante mexicano correcto en la de atrás y sencillas habitaciones (algunas con bonitas terrazas) en la planta baja. Casi todos los fines de semana por la noche hay música en directo; tras disfrutar de la juerga con lugareños y moteros de paso, la cama para dormirla va de perlas.

🍴 Dónde comer y beber

Woodrose Café DESAYUNO **$$**
(www.woodrosecafe.com; 911 Redwood Dr; comidas 9-16 US$; ⏰8.00-12.00; 🐾🖐) El magnífico café de Garberville sirve platos ecológicos (tortillas, revueltos de verduras y tortitas de trigo sarraceno con sirope de arce de verdad) en un espacio acogedor. Para almorzar, hay en-

saladas, sándwiches de todo tipo de carne natural y burritos de calidad. Abundan las opciones sin gluten.

Cecil's New Orleans Bistro CAJÚN **$$$**
(www.cecilsgarberville.com; 733 Redwood Dr; principales de cena 18-28 US$; ☉17.00-21.00 ju-lu) Local en una 2ª planta con vistas a Main St y platos ambiciosos que quizá hayan acuñado el estilo californiano-*cajún*. Se recomienda empezar con los tomates verdes fritos y seguir con el guiso de cerdo ahumado. Para información sobre los conciertos, visítese la web.

Branding Iron Saloon BAR
(744 Redwood Dr) Cerveza artesana, lugareños amables, billar y una barra de *striptease* en el centro del local.

❶ Información

Para estar al tanto de lo que pasa de verdad, sintonícese la radio local **KMUD FM91** (www. kmud.org).
Cámara de Comercio de la zona de Garberville-Redway (www.garberville.org; 784 Redwood Dr; ☉10.00-16.00 may-ago, lu-vi sep-abr) En el interior del Redwood Drive Center.

Lost Coast

El magnífico destino mochilero de la costa norte es un accidentado tramo donde los estrechos caminos de tierra ascienden agrestes picos costeros y las playas volcánicas de arena oscura y bruma etérea se ciernen sobre el oleaje mientras los alces pastan en los bosques. La King Range se alza a 1200 m a 5 km de la costa, donde la Hwy 1 acorta por el interior al norte de Westport hasta el sur de Ferndale. La costa se convirtió en "perdida" (Lost) cuando la red de carreteras del estado catalogó la zona como intransitable a principios del s. xx.

Las mejores caminatas y *campings* se hallan en la King Range National Conservation Area y el Sinkyone Wilderness State Park, que conforman el tramo central y meridional, respectivamente, de la región. La zona norte de la King Range es más accesible, aunque menos impresionante.

En otoño el tiempo es claro y fresco. Las flores silvestres florecen de abril a finales de mayo y las ballenas grises emigran desde diciembre hasta finales de abril. La temporada más cálida y seca va de junio a agosto, aunque predomina la bruma. Téngase presente que el tiempo puede cambiar muy rápido.

❶ Información

Aparte de algunos pueblos insignificantes, Shelter Cove, la apartada población 40 km al oeste de Garberville, es la única opción para servicios. Se recomienda hacerse con provisiones en Garberville, Fort Bragg, Eureka o Arcata. La zona consta de territorio público y propiedad privada; conviene visitar la oficina del Bureau of Land Management para conseguir información, permisos y mapas. Hay pocas rutas circulares para senderistas, pero los guardas pueden aconsejar sobre servicios fiables (aunque caros) de transporte en la zona. Advertencia: como en la zona se cultiva mucha marihuana, hay que permanecer en el camino y respetar los carteles de "No trespassing" ("prohibido el paso"), pues puede que haya alguien armado. También hay que estar atento a las garrapatas (la enfermedad de Lyme es común) y guardar la comida en contenedores a prueba de osos, obligatorios para acampar.
Bureau of Land Management (BLM; ☎707-825-2300, 707-986-5400; 768 Shelter Cove Rd; ☉8.00-16.30 lu-sa sep-may, 8.00-16.30 lu-vi jun-ago) Unos 14 km al este de Shelter Cove, aquí facilitan mapas e indicaciones de senderos y zonas de acampada; fuera de horario, se exponen en el exterior.

Sinkyone Wilderness State Park

Llamada así por el pueblo sinkyone, que en su día la habitó, esta zona virgen de 2980 Ha se extiende al sur de Shelter Cove por una costa inmaculada. La atraviesan 35 km del Lost Coast Trail, desde Whale Gulch hasta el Usal Beach Campground al sur; se tardan al menos tres días en recorrer este sendero, que serpentea por altas crestas sobre playas desiertas batidas por el oleaje; algunos senderos secundarios bajan hasta el agua. Cerca del extremo norte del parque, es posible registrarse en el (embrujado) **Needle Rock Ranch** (☎707-986-7711; parcela tienda 35 US$) para los *campings* adyacentes. Es la única fuente de agua potable. Para informarse de cuándo cierra el rancho (la mayor parte del tiempo), contáctese con el Richardson Grove State Park (p. 248).

Para llegar a Sinkyone, hay que conducir al oeste desde Garberville y Redway por la Briceland-Thorn Rd, 34 km a través de Whitethorn hasta Four Corners, girar a la izquierda (sur) y seguir 5,6 km por una ca-

SENDERISMO POR LA LOST COAST

La mejor forma de disfrutar de la "Costa Perdida" es a pie, y las mejores caminatas son las que atraviesan las regiones meridionales dentro de las zonas de Sinkyone y Kings Range Wilderness. Algunas de las rutas más estimulantes comienzan en el Mattole Campground, al sur de Petrolia, en el borde norte de la Kings Range. Está en el extremo del océano de la Lighthouse Rd, a 6,4 km de la Mattole Rd (a veces indicada como Hwy 211), al sureste de Petrolia.

Tanto Wailaki como Nadelos tienen 'campings' (parcela tienda 8 US$) con retretes y agua. A lo largo de la cordillera hay otros cuatro *campings* con retretes pero sin agua (excepto el Honeydew, que tiene agua de río purificada). Ofrecen numerosas parcelas sin reserva y otras rudimentarias accesibles solo a pie. Se precisa un contenedor a prueba de osos y un permiso, ambos disponibles en el Bureau of Land Management (BLM).

Lost Coast Trail Este sendero sigue 40 km por la costa desde el Mattole Campground, al norte, hasta la Black Sands Beach, en la Shelter Cove, al sur. Por los vientos del norte, es mejor recorrerlo de norte a sur; cuéntense con tres o cuatro días. En octubre, noviembre, abril y mayo el tiempo es muy cambiante y los vientos pueden soplar de sur a norte, según si hay una borrasca. La mejor época para caminar es a principios de junio y finales de agosto entre semana, y todo septiembre y octubre. Es una ruta conocida; cuando más gente hay en durante el Memorial Day, el Labor Day y los fines de semana de verano. El único transporte de enlace legal de fiar en la zona es el caro **Lost Coast Shuttle** (☏707-223-1547; www.lostcoastshuttle.com; 2 personas 200-450 US$, pasajero extra 25 US$); el precio depende de la distancia.

Entre sus atractivos hay un faro abandonado en la Punta Gorda, restos de naufragios, lagunas de marea y abundante fauna, incluidos leones marinos, focas y unas 300 especies de aves. El camino es en su mayor parte llano, pasa por playas y atraviesa algunas zonas rocosas. A lo largo del Lost Coast Trail, **Big Flat** es el destino campestre más popular. Para no quedarse atrapados se precisa un listado de las mareas: del arroyo Buck al arroyo Miller solo se puede pasar con bajamar.

Punta Gorda Lighthouse Hike Buena caminata de un día. Desde el inicio en el Mattole Campground, el sendero de 4,8 km avanza hacia el sur por la costa hasta el faro de la Punta Gorda (el regreso es contra el viento).

Senderos de Ridgeline Para evitar las aglomeraciones, se recomienda tomar cualquiera de los (extenuantes) senderos cuesta arriba que salen de la playa hacia los riscos. Para la gratificante pero dura excursión de 34 km que empieza en el Lost Coast Trail, se toma el Buck Creek Trail hasta el King Crest Trail y este hasta el Rattlesnake Ridge Trail. El panorama de 360° desde el **pico King** es soberbio, sobre todo con luna llena o durante una lluvia de estrellas. Aunque en la costa el tiempo sea fresco y brumoso, arriba puede hacer un calor endiablado; llévese varias prendas, un mapa topográfico y una brújula, pues la señalización es limitada.

rretera en mal estado hasta el rancho; se tarda 1½ h.

En el extremo sur del parque desde la Hwy 1 hay un acceso al **Usal Beach Campground** (parcela tienda 25 US$; no admiten reservas). Al norte de Westport hay que tomar la County Rd 431 (sin asfaltar) en el mojón de la milla 90,88 en la Hwy 1 y subir los 9,6 km hasta el campamento. La pista se nivela todos los años a finales de la primavera, así que en verano es transitable para vehículos con tracción a dos ruedas. La mayoría de las parcelas están pasado el cartel que hay junto a la playa. Es preciso usar contenedores a prueba de osos o guardar la comida en el maletero. No hay que perderse los alces que comen las altas hierbas (viven detrás de las parcelas 1 y 2) ni las águilas pescadoras en la desembocadura del río.

Al norte del *camping*, la Usal Rd (County Rd 431) está en muy mal estado y solo es transitable con un todoterreno y una motosierra, y no es broma.

King Range National Conservation Area

Con 56 km de costa virgen y riscos continuos que caen en picado al mar, la zona, de 24 280 km², alcanza su cota más alta en el pico King (1246 m). Este es el lugar más lluvioso de California, pues la sierra recibe más de

3000 mm (a veces hasta 6000 mm) de lluvia anual, lo que provoca frecuentes desprendimientos; en invierno, la nieve cubre los picos. En cambio, la zona de Shelter Cove, a nivel del mar, recibe solo 1700 mm de lluvia y nada de nieve. Dos tercios de la zona esperan la catalogación de parque natural.

Para más información, visítese el Bureau of Land Management (BLM; p. 250). Para caminatas con pernoctación se precisa un permiso. No hay que tomar a la izquierda la Briceland-Thorn Rd en busca de la "población" de Whitethorn, pues no existe. Whitethorn es el nombre que da el BLM para designar la zona en general. Para llegar a la oficina del BLM desde Garberville/Redway, hay que seguir las indicaciones a Shelter Cove y buscar el panel informativo en la carretera, 0,4 km pasada la oficina de correos. En el BLM de Arcata (p. 263) también facilitan información y permisos.

Las restricciones para hacer hogueras comienzan el 1 de julio y duran hasta las primeras lluvias copiosas, por lo general, en noviembre. Durante este período no se permite encender fuego fuera de los *campings* desarrollados.

Norte de la King Range

Aunque menos aventurero, se puede acceder a la zona norte de la Lost Coast todo el año a través de la estrecha pero asfaltada Mattole Rd. Se necesitarán unas 3 h para cubrir los serpenteantes 109 km desde Ferndale, en el norte, a la costa de Mendocino y de nuevo al interior hasta el Humboldt Redwoods State Park (p. 253) y la Hwy 101. No hay secuoyas; la vegetación se compone de pasto y hierbas altas. No obstante, el lugar ofrece bellas estampas de vistas amplias y flores silvestres que alcanzan su mayor belleza en primavera.

Se pasará por dos pueblos pequeños, ambos parada de postas del s. xix. **Petrolia** posee una **tienda** (📞707-629-3455; ⊘9.00-17.00) multiusos que alquila recipientes antiosos y vende provisiones para el camino, buena cerveza y gasolina. **Honeydew** posee un **ultramarinos**. El trayecto es muy bonito, aunque el paisaje verdaderamente espectacular e indómito de la costa perdida está más al sur, en las regiones más remotas.

Shelter Cove

La única comunidad de cierta envergadura de la Lost Coast está rodeada por la King Range National Conservation Area y linda con una gran cala orientada al sur. Es una pequeña subdivisión costera con una pista de aterrizaje en medio (muchos visitantes son pilotos privados). Hace medio siglo, los estafadores del sur de California dividieron el terreno, construyeron la pista y trajeron a inversores potenciales, a los que convencieron de comprar terrenos en la costa para su jubilación. Pero no les informaron de que una empinada y sinuosa carretera de tierra era el único acceso ni de que el mar erosionaba las parcelas.

Hoy aún hay solo una carretera, pero está asfaltada. Los teléfonos móviles no funcionan por estos lares, por lo que es un buen lugar para desaparecer. El pueblo, aunque aletargado y anodino, ofrece surf (de principiantes a avanzados), kayak marino, observación de ballenas desde la orilla y fantásticas lagunas de marea; a un breve trayecto en automóvil se extiende hacia el norte la impresionante **Black Sands Beach,** de varios kilómetros. Se alquilan tablas de surf, kayaks, trajes de neopreno y demás en **Lost Coast Surf Shack** (tabas 25 US\$/día, kayaks medio/día entero 45/70 US\$; ⊘10.30-16.30).

🛏 Dónde dormir

Shelter Cove RV Park,
Campground & Deli CAMPING \$
(📞707-986-7474; 492 Machi Rd; parcela tienda y caravana 33/43 US\$) Puede que sus servicios sean básicos, pero el aire del mar es insuperable y el *deli* ofrece *fish & chips* de calidad.

Oceanfront Inn & Lighthouse HOTEL \$\$
(📞707-986-7002; www.sheltercoveoceanfrontinn. com; 10 Seal Court; h 150-250 US\$; 🛜) Aunque no cautive desde fuera, sus amplias y luminosas habitaciones, cuidadas y modernas, con microondas, nevera y terraza, tienen fantásticas vistas al mar. En la planta baja, el **Cove Restaurant** es el mejor del lugar para comer.

Tides Inn HOTEL \$\$
(📞707-986-7900; www.sheltercovetidesinn.com; 59 Surf Pt; h 165 US\$, ste con cocina 190-380 US\$; 🛜) Sobre lagunas de marea repletas de estrellas y erizos de mar, las impolutas habitaciones de este hotel ofrecen excelentes vistas; se recomiendan las pequeñas suites del 3er piso. Las suites están bien para las familias, y los niños son cálidamente recibidos por el gerente, que no para de sugerir actividades.

Inn of the Lost Coast
HOTEL $$

(☎888-570-9676, 707-986-7521; www.innofthe
lostcoast.com; 205 Wave Dr; h 160-250 US$; ☎🏊) El alojamiento más enfocado a las familias tiene limpias habitaciones con lo básico para cocinar, impresionantes vistas al mar y chimenea. Abajo hay una cafetería y un práctico sitio de *pizza* para llevar, además de *ping-pong* y *jacuzzi*.

Spy Glass Inn
HOTEL $$$

(☎707-986-4030; www.spyglassinnatsheltercove.
com; 118 Dolphin Dr; ste 295-335 US$; ☎) Sobre un acantilado a un breve paseo a pie del pueblo, las lujosas suites relativamente nuevas de este hotel tienen todas *jacuzzi* con vistas al mar, cocina completa y ventanas que enmarcan la costa.

🍴 Dónde comer

Shelter Cove General Store
ALIMENTACIÓN $

(☎707-986-7733; 7272 Shelter Cove Rd) Para avituallarse (alimentos y gasolina incl.). Está 3,2 km más allá del pueblo.

Cove Restaurant
ESTADOUNIDENSE $$

(☎707-986-1197; 10 Seal Ct; principales 8-25 US$; ☉10.00-14.00 y 17.00-21.00 ju-do) El mejor lugar para comer; tiene de todo, desde salteados de verdura hasta filetes New York.

Humboldt Redwoods State Park y la Avenida de los Gigantes

No hay que perderse este mágico trayecto en automóvil por el mayor parque de secuoyas de California, el Humboldt Redwoods State Park (www.humboldtredwoods.
org), de 21 200 Ha, 6800 de las cuales son el hogar de centenares de ejemplares milenarios, incluidos algunos de los árboles más colosales del mundo. También acoge tres cuartas partes de los cien árboles más altos del planeta. Téngase en cuenta que estos bosques son comparables (y según algunos, superiores) a los del Redwood National Park (p. 266), situado más al norte, a un largo trayecto en automóvil, aunque aquí el paisaje es menos variado.

Se puede salir de la Hwy 101 por el desvío de "Avenue of the Giants" (Avenida de los Gigantes) y seguir por esta vía alternativa, más pequeña, hasta la interestatal; es un increíble tramo de doble sentido de 51,4 km. En los arcenes hay letreros con el plano de la carretera: uno en la entrada sur de la mis-

ATRAVESAR ÁRBOLES

Tres secuoyas horadadas esperan el paso de automóviles en la Hwy 101, un extraño vestigio de una carretera de otros tiempos.

→ **Chandelier Drive-Thru Tree**
(p. 248) Hay que doblar los retrovisores y cruzar lentamente; luego aguarda una tienda de regalos *kitsch*. El mejor, en Leggett.

→ **Shrine Drive-Thru Tree** (13078 Avenue of the Giants, Myers Flat; a pie/al volante 3/6 US$; ☉amanecer-anochecer; 🐾) Hay que mirar al cielo mientras se cruza. El menos impresionante de los tres.

→ **Tour Thru Tree** (430 Highway 169, Klamath; ☉amanecer-anochecer; 🐾) Se toma la salida 769 en Klamath, se atraviesa un árbol y quizá luego se vea un emú.

ma, 9,6 km al norte de Garberville, cerca de Phillipsville, y otro en el acceso norte, al sur de Scotia, en Pepperwood; por la Hwy 101 hay varios desvíos.

El **California Federation of Women's Clubs Grove**, 4,8 km al norte, acoge una interesante chimenea de cuatro lados diseñada por la arquitecta de San Francisco Julia Morgan en 1931 para conmemorar "la naturaleza intacta del bosque".

El **bosque de Rockefeller**, 7,2 km al oeste de la avenida-vía Mattole Rd, está igual que hace un siglo. Es el mayor bosque primigenio de secuoyas del mundo y alberga el 20% del total de los árboles que quedan. Se hace a pie el circuito de 4 km del **Big Trees Loop**; nótese que cuando lo visitó esta autora se había quitado un puente peatonal y había que cruzar el río por un árbol caído al inicio del sendero. Pronto se dejan de ver automóviles, y entonces parece que se ha vuelto a la época de los dinosaurios.

En el **Founders Grove**, al norte del centro de visitantes, el **Dyerville Giant** se derrumbó en 1991 debido a la caída de otro árbol. Solo si se recorren los 112 m de longitud de este coloso, cuyo diámetro rebasa con creces la estatura de una persona, se advierte la grandeza estos árboles milenarios.

El parque está tejido por una red de más de 160 km de senderos para recorrer a pie, en bicicleta o a caballo. Hay caminos más cortos por el Founders Grove y el bosque de Rockefeller, incluido el **Drury-Chaney Loop Trail** (lleno de frutas del bosque en verano). Para retos mayores, se puede probar con el conocido **Grasshopper Peak Trail**, al sur del centro de visitantes, que sube hasta un mirador-cortafuegos a 1029 m.

🛏 Dónde dormir y comer

Si hubiera que permanecer en la avenida, varias poblaciones tienen alojamientos sencillos de calidad y confort variables, si bien la mejor opción es acampar en Humboldt Redwoods.

'Campings' del Humboldt Redwoods State Park   CAMPING $
(☎800-444-7275; www.reserveamerica.com; parcela desde 35 US$) El parque gestiona cinco *campings* con duchas con agua caliente, dos medioambientales, cinco de excursionismo, uno de ciclismo/senderismo y uno ecuestre. De los urbanizados, el Burlington Campground, que abre todo el año, está junto al centro de visitantes y cerca de un buen número de senderos. El Hidden Springs Campground, 8 km al sur, y el Albee Creek Campground, en la Mattole Rd, pasado el bosque de Rockefeller, abren de mediados de mayo a principios de otoño.

Miranda Gardens Resort   RESORT $$
(☎707-943-3011; www.mirandagardens.com; 6766 Avenue of the Giants, Miranda; casitas con cocina 165-300 US$, sin cocina 115-200 US$; 🏊🐾) El mejor alojamiento a cubierto de la Avenida. Las casitas, ligeramente rústicas, poseen paneles de madera de secuoya, algunas con chimenea pero todas impecables. El recinto, con mesas de *ping-pong*, zona infantil e impresionantes secuoyas, ofrece un ambiente sano para familias.

Chimney Tree   ESTADOUNIDENSE $
(1111 Avenue of the Giants, Phillipsville; hamburguesas 7-11 US$; ⏱10.00-19.00 may-sep) Apropiado para comer algo rápido. Crían su propio ganado con pasto. En cambio, las patatas fritas son congeladas.

Riverbend Cellars   BODEGA $$
(www.riverbendcellars.com; 12990 Avenue of the Giants, Myers Flat; ⏱11.00-17.00) Para un poco más de sofisticación, aquí se elabora el excelente tinto Centauro, una mezcla de varias uvas del estado.

ℹ Información

Centro de visitantes (☎707-946-2263;

⏱9.00-17.00 may-sep, 10.00-16.00 oct-abr) Al sur de Weott, funciona con personal voluntario; hay vídeos y venden mapas.

Scotia

Durante años, Scotia fue la última 'población empresarial' de California, gestionada por la Pacific Lumber Company, que construyó casas en serie y mantenía un desdén hacia los foráneos de pelo largo que se adentraban en sus sierras y enormes árboles. La empresa, que quebró en el 2006, vendió la fábrica a otra compañía maderera, y aunque el lugar aún tiene un ambiente algo inquietante, los visitantes ya no deben seguir ningún código de conducta. La historia de la población se cuenta en el **Scotia Museum** (www.townofscotia.com; Main St esq. Bridge St; ⏱8.00-16.30 lu-vi jun-sep), en el extremo sur, que también hace las veces de centro de visitantes. El **centro de pesca** (gratis) del museo es muy informativo (e irónico, si se tiene en cuenta que la tala de madera destruye los hábitats marinos) y alberga el acuario de agua dulce más grande de la costa norte.

Hay deprimentes moteles y cafeterías en el deslucido **Rio Dell**, al otro lado del río, pero lo mejor es alojarse en el mismo Scotia en el histórico aunque insulso **Scotia Inn** (☎707-764-5338; www.thescotiainn.com; 100 Main St; h 75-150 US$; 📶🐾), con habitaciones de empapelado floral y cortinas de encaje. En su día, Rio Dell fue el pueblo del libertinaje, pues, al no pertenecer a la compañía, tenía bares y prostitutas. En 1969 la carretera rodeaba la población, que acabó por marchitarse.

Por la Hwy 101 se verá lo que parece ser un interminable bosque de secuoyas, aunque en realidad se trata de hileras de árboles, conocido como el "tramo bonito", es decir, una ilusión creada para los turistas. La mayoría de los árboles centenarios se talaron. La **Bay Area Coalition for Headwaters Forest** (www.headwaterspreserve.org) ayudó a conservar más de 2830 Ha de terreno con fondos públicos a través de provisiones en una larga negociación entre la Pacific Lumber Company y agencias estatales y federales.

Sin dejar la Hwy 101, se recomienda parar en la **Eel River Brewing** (www.eelriverbrewing.com; 1777 Alamar Way; ⏱11.00-23.00 lu-do), con un agradable jardín, excelentes hamburguesas y cerveza ecológica.

Ferndale

La población con más encanto de la costa norte está repleta de impecables edificios victorianos, conocidos como *butterfat palaces* (palacios de la nata), pues se construyeron gracias a la riqueza generada por la industria láctea. Hay tantos que todo el lugar es un referente histórico. Los propietarios de las industrias lecheras construyeron la población en el s. XIX y esta sigue en manos de la "mafia de la leche"; p. ej., para convertirse en lugareño de pleno derecho hay que vivir aquí 40 años. Un paseo por Main St es un recorrido por la América supersana del pequeño comercio, con galerías, heladerías y emporios de antaño. Aunque Ferndale vive del turismo, ha evitado convertirse en un decorado y no tiene tiendas de cadena. Aunque es un lugar delicioso para pasar una noche de verano, en invierno está muerta.

◎ Puntos de interés

A unos 800 m del centro urbano por Bluff St, se podrá disfrutar de un corto paseo entre los campos de flores silvestres, estanques, bosquecillos de secuoyas y eucaliptos del **Russ Park,** de 44 Ha. El **cementerio,** también en Bluff St, es muy bonito, con lápidas que se remontan hasta la década de 1800 y vistas del océano. Por la Centerville Rd, hay 8 km hasta la **playa de Centerville,** una de las pocas playas del condado de Humboldt en la que se permite pasear a los perros sin correa.

Kinetic Sculpture Museum   MUSEO
(580 Main St; ☺10.00-17.00 lu-sa, 12.00-16.00 do; ♿) En este almacén se exhiben los extravagantes artilugios propulsados a mano usados en el anual Kinetic Grand Championship (p. 261). Con formas que se asemejan a peces gigantes y ovnis, estos coloridos montones de chatarra llevan a los participantes en carreras por la carretera, además de lanzar agua y gas en las celebraciones de mayo.

Fern Cottage   EDIFICIO HISTÓRICO
(☎707-786-4835; www.ferncottage.org; Centerville Rd; visitas grupo 10 US$/persona; ☺con cita previa) Esta mansión de 1866 de estilo gótico *carpenter* creció hasta contener 32 habitaciones. Solo lo habitó una familia, por lo que el interior permanece intacto.

✦✦ Fiestas y celebraciones

Esta población pequeña posee un ajetreado calendario social, especialmente en verano. Para más información, calendario incluido, visítese en www.victorianferndale.com.

Tour of the Unknown Coast   CARRERA DE BICICLETAS
(www.tuccycle.org) En mayo, en esta carrera de 100 millas (160 km) se ascienden casi 3050 m.

Humboldt County Fair   FERIA
(www.humboldtcountyfair.org) A mediados de tagosto se celebra la feria más veterana de California.

🛏 Dónde dormir

Francis Creek Inn   MOTEL $
(☎707-786-9611; www.franciscreekinn.com; 577 Main St; h desde 85 US$; ☎) Situado en el centro del pueblo, este motel de propiedad y gestión familiar luce una fachada con galerías con barandilla de madera blanca y acoge habitaciones sencillas y limpias con una excelente relación calidad-precio. La recepción está en la tienda Red Front, a la vuelta de la esquina.

Humboldt County Fairgrounds   CAMPING $
(☎707-786-9511; www.humboldtcountyfair.org; 1250 5th St; parcela tienda y autocaravana 10/20 US$) Hay que torcer al oeste por Van Ness St y seguir unas cuantas manzanas hasta desembocar en este *camping* con césped y duchas.

Hotel Ivanhoe   HOTEL HISTÓRICO $$
(☎707-786-9000; www.ivanhoe-hotel.com; 315 Main St; h 95-145 US$; ☎) La posada más antigua de Ferndale se inauguró en 1875. Cuenta con cuatro habitaciones llenas de antigüedades y una galería en el 2º piso muy al estilo del Viejo Oeste. El salón anexo, con madera oscura y latón, es un lugar encantador para tomar una copa antes de irse a dormir.

Shaw House   B&B $$
(☎800-557-7429, 707-786-9958; www.shawhouse.com; 703 Main St; h 110-159 US$, ste 200-250 US$; ☎☎) Este emblemático palacio de la nata fue la primera estructura permanente de Ferndale, completada por el padre fundador Seth Shaw en 1866. Hoy es el B&B más antiguo de California, emplazado en un amplio recinto. Conserva elementos antiguos, incluidos techos de madera pintados. La mayoría de las habitaciones poseen entrada privada y tres tienen balcones que dan a un gran jardín.

Victorian Inn   HOTEL HISTÓRICO $$
(☎888-589-1808, 707-786-4949; www.victorianvilla geinn.com; 400 Ocean Ave; h 105-225 US$; ☎) En un antiguo banco, este edificio de dos pisos data de 1890 y cuenta con habitaciones so-

leadas, equipadas con moqueta, fina ropa de cama y antigüedades.

★ **Gingerbread Mansion** B&B HISTÓRICO **$$$**
(☎707-786-4000; www.gingerbread-mansion.com; 400 Berding St; h 175-495 US$; ☎) El colmo de la elegancia láctea, este edificio de 1898 estilo reina Ana-Eastlake es el más fotografiado del lugar. El interior no es menos historiado: cada habitación tiene su propia (y compleja) mezcla de empapelado floral, moqueta con dibujo, suntuosos muebles antiguos y quizá una chimenea, fresco, vidriera o estatua griega para rematar.

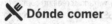 Dónde comer

En la localidad se come estupendamente, sobre todo por Main St, donde se verán desde establecimientos de empanadas y helados hasta una carnicería/*deli* y bombonería; la siguiente lista es solo una introducción. En el **mercado de granjeros** (400 Ocean Ave; ☉10.30-14.00 sa may-oct) venden verduras y productos lácteos locales, incluido un queso muy fresco.

★ **Mario's Lost Coast Cafe** VEGETARIANA, VEGANA **$**
(468 Main St; sándwiches 7,25 US$; ☉10.00-15.30; ☎☎) Impresionante. Mario muele su propia harina, cuece su propio pan y sabe tanto de gastronomía que no es de extrañar que sus sopas, sándwiches, ensaladas y repostería sean de lejos la mejor opción vegetariana al norte de Fort Bragg. Café cortesía de la casa. Pago solo en efectivo.

No Brand Burger Stand HAMBURGUESERÍA **$**
(989 Milton St; hamburguesas 7 US$; ☉11.00-17.00) En un local diminuto, oculto por un edificio industrial a la entrada de la población, aquí elaboran una jugosa hamburguesa con jalapeño y doble de queso que es con mucho la mejor de la costa norte. Aparte de hamburguesas, la carta solo ofrece espesos batidos.

Poppa Joe's ESTADOUNIDENSE **$**
(409 Main St; principales 5-7 US$; ☉11.00-20.30 lu-vi, 6.00-12.00 sa y do) *Diner* de ambiente insuperable, donde los trofeos cuelgan de las paredes, los suelos forman un ángulo precario y los hombres mayores juegan al póquer todo el día. Los desayunos, cien por cien estadounidenses, están muy ricos (sobre todo las tortitas).

Ocio

Ferndale Repertory Theatre TEATRO
(☎707-786-5483; www.ferndale-rep.org; 447 Main St) Excelente compañía comunitaria que ofrece un programa contemporáneo muy interesante en el histórico edificio del Hart Theatre.

🔒 De compras

Main St es genial para ir de tiendas. Cabe destacar las de segunda mano donde venden pantalones vaqueros de marca y botas vaqueras a precios razonables.

Blacksmith Shop & Gallery OBJETOS DE METAL
(☎707-786-4216; www.ferndaleblacksmith.com; 455 y 491 Main St) Para comprar arte de hierro forjado y muebles de artesanía, esta tienda ofrece la mayor colección de forja de EE UU.

Abraxas Jewelry & Leather Goods JOYAS
(505 Main St) Joyas muy bonitas a precios bastante asequibles. La sala de atrás está repleta de sombreros.

Humboldt Bay National Wildlife Refuge

Esta inmaculada **reserva natural** (www.fws.gov/humboldtbay) protege hábitats húmedos en beneficio de más de 200 especies de aves que emigran anualmente a lo largo de la ruta del Pacífico. Entre el otoño e inicios de la primavera, cuando los gansos aleutianos descienden en masa, pueden verse más de 25 000 ejemplares cerca del centro de visitantes.

La estación álgida de las aves acuáticas y las rapaces va de septiembre a marzo, y de mediados de marzo a finales de abril para las barnaclas del Pacífico y las aves migratorias costeras. Las gaviotas, charranes, cormoranes, pelícanos, garcetas y garzas se ven todo el año. Frente a la costa están las focas del puerto; llévense binoculares. Si está abierta, tómese la South Jetty Rd hacia el sur, hasta la desembocadura de la bahía de Humboldt.

El **centro de visitantes** (1020 Ranch Rd; ☉8.00-17.00) facilitan mapas. Se sale de la Hwy 101 por la Hookton Rd, 17,6 km al sur de Eureka, y luego se toma al norte la carretera del litoral, en el lado oeste. Abril es el mes del **Godwit Days**, un festival que festeja la migración de aves de la primavera.

Eureka

Al norte de Garberville, a 1 h de viaje y al borde de la enorme bahía de Humboldt se halla Eureka, la bahía más grande al norte de San Francisco. Con una arteria de centros comerciales que rodean el precioso centro histórico, Eureka lleva su papel de sede del condado con cierta torpeza. Pese a su diversa e interesante comunidad de artistas, escritores, paganos y otros librepensadores, la localidad solo muestra su cara alocada ocasionalmente. El Redwood Coast Dixieland Jazz Festival (www.redwoodcoastmusicfestivals.org) es una cita divertida con celebraciones por toda la población, mientras que los conciertos estivales animan el muelle de F Street. Hay que visitar Old Town, un pequeño barrio con coloridas casas victorianas, tiendas interesantes y un paseo marítimo revitalizado. Por la noche, no hay que perderse la divertida población vecina de Arcata.

◉ Puntos de interés

En las oficinas de turismo distribuyen el *Eureka Visitors Map*, con información exhaustiva de circuitos a pie y rutas en automóvil, con especial hincapié en la arquitectura y la historia. Old Town, por la 2nd St y la 3rd St desde C St a M St, que antaño era la zona desfavorecida de Eureka, se ha transformado en un concurrido barrio de calles peatonales. F Street Plaza y Boardwalk discurren a lo largo del paseo marítimo a los pies de F St. Las galerías de arte celebran sus inauguraciones cada primer sábado de mes.

Blue Ox Millworks & Historic Park
EDIFICIO HISTÓRICO
(www.blueoxmill.com; adultos/niños 6-12 años 10/5 US$; ⊗9.00-16.00 lu-sa; ⊞) Es uno de los siete talleres estadounidenses especializados en usar antiguas herramientas y serrerías para elaborar la ornamentación *gingerbread* de los edificios victorianos; los circuitos autoguiados de 1 h recorren el molino y los edificios históricos, como una herrería y un deslizador de maderos del s. xix.

Romano Gabriel Wooden Sculpture Garden
JARDINES
(315 2nd St) Lo mejor para ver en el centro es esta colección de arte protegida por cristal. Durante 30 años, los personajes de madera del jardín delantero de Gabriel deleitaron a los lugareños. Tras su muerte en 1977, la ciudad los trasladó hasta aquí.

Clarke Historical Museum
MUSEO
(www.clarkemuseum.org; 240 E St; donativo recomendado 3 US$; ⊗11.00-16.00 mi-sa) El mejor museo histórico de este tramo de costa contiene el típico conjunto de reliquias: pañuelos bordados y cuadros de los notables que hicieron historia en la zona (en este caso, Ulysses Grant, que fue despedido de su puesto en Fort Humboldt por embriaguez). Destacan las intrincadas cestas de las tribus locales.

Mansión de Carson
EDIFICIO HISTÓRICO
(143 M St) Uno de los edificios victorianos más bellos de Eureka es esta ornamentada residencia perteneciente al magnate maderero William Carson. Su construcción (década de 1880) requirió 100 hombres y un año entero. La casa rosada de enfrente, en el 202 de M St, es de estilo Queen Anne (1884) y fue diseñada por los mismos arquitectos y concebida como regalo de boda para el hijo de Carson.

Sequoia Park
PARQUE
(www.sequoiaparkzoo.net; 3414 W St; parque gratis, zoo adultos/niños 5/3 US$; ⊗zoo 10.00-17.00 may-sep, ma-do oct-abr; ⊞) Este bosquecillo de secuoyas centenarias de 31 Ha aparece cual sorprendente joya en medio de un barrio residencial. Posee caminos para pasear e ir en bicicleta, una zona infantil y de ocio y un pequeño zoo.

Morris Graves Museum of Art
MUSEO
(www.humboldtarts.org; 636 F St; entrada 5 US$; ⊗12.00-17.00 ju-do) Al otro lado de la Hwy 101, este excelente museo programa exposiciones de artistas californianos y acoge actuaciones en su biblioteca Carnegie library, la primera pública del estado, de 1904.

Discovery Museum
MUSEO
(www.discovery-museum.org; 517 3rd St; entrada 4 US$; ⊗ 10.00-16.00 ma-sa, desde 12.00 do; ⊞) Museo interactivo para niños.

🏃 Actividades

Crucero del puerto
CRUCEROS
(www.humboldtbaymaritimemuseum.com; crucero comentado adultos/niños 18/10 US$) El visitante puede abordar el *Madaket* (1910), el barco de pasajeros en funcionamiento continuo más antiguo de América, e informarse sobre la historia de la bahía de Humboldt. Sito a los pies de C St, transportaba a pasajeros y trabajadores del aserradero hasta que se construyó el puente de Samoa en 1972. El crucero con cóctel del atardecer (10 US$) tiene el bar con

licencia más pequeño del estado; también hay un crucero comentado de 75 min.

Hum-Boats Sail, Canoe & Kayak Center
ALQUILER DE EMBARCACIONES
(www.humboats.com; Startare Dr; ⊙9.00-17.00 lu-vi, hasta 18.00 sa y do abr-oct, hasta 14.30 nov-mar) En la Woodley Island Marina, aquí alquilan kayaks y veleros, ofrecen clases, visitas, transporte, salidas al anochecer y paseos en kayak bajo la luna llena.

🛏 Dónde dormir

Todas las cadenas están presentes en la Hwy 101. En verano, los precios son altos, aunque, a veces, se encuentran ofertas en Arcata, al norte, o Fortuna, al sur. También hay varios moteles sin aire acondicionado que cuestan entre 55 y 100 US$ (mejor los que quedan apartados de la carretera). Los alojamientos más económicos se hallan al sur del centro urbano, en una calle periférica.

Abigail's Elegant Victorian Mansion
HOTEL $$
(☎707-444-3144; www.eureka-california.com; 1406 C St; h 115-145 US$; 🛜) En este museo de historia, catalogado como National Historic Landmark (Emblema Histórico Nacional), los amabilísimos propietarios derrochan simpatía.

Eureka Inn
HOTEL HISTÓRICO $$
(☎877-552-3985, 707-497-6903; www.eurekainn.com; esq. 7th St y F St; h desde 109 US$; 🛜) Enorme y majestuoso, las renovaciones avanzan lentamente. Es un lugar acogedor, como de pensión de principios del s. xx, con un vago aire de Lejano Oeste. El personal es amabilísimo, y tiene un bar restaurante correcto.

Bayview Motel
MOTEL $$
(☎866-725-6813, 707-442-1673; www.bayviewmotel.com; 2844 Fairfield St; h 94-175 US$; 🛜🐾) Habitaciones impolutas al estilo de un hotel de cadena, algunas con patio a la bahía de Humboldt.

Eagle House Inn
HOTEL HISTÓRICO $$
(☎707-444-3344; www.eaglehouseinn.com; 139 2nd St; h 105-250 US$; 🛜) En el casco antiguo, este hotel victoriano grandote tiene 24 habitaciones encima de un salón de baile de principios de siglo que acoge de todo, desde cine y teatro hasta eventos especiales. Las habitaciones y zonas comunes están bien decoradas, con valioso mobiliario de la época. Las mejores habitaciones son las que hacen esquina, con zonas para sentarse en torretas que dan a la calle.

Daly Inn
B&B $$
(☎800-321-9656, 707-445-3638; www.dalyinn.com; 1125 H St; h con baño 170-185 US$, sin baño 130 US$) Esta mansión de 1905, de estilo colonial, está impecablemente conservada y ofrece habitaciones únicas con antigüedades de finales del s. xix. Los salones tienen curiosos acabados de madera y fuera hay árboles centenarios.

Carter House Inns
B&B $$$
(☎800-404-1390, 707-444-8062; http://carterhouse.com; 301 L St, Eureka; h incl. desayuno 179-385 US$; 🛜🐾) Esta imitación victoriana de reciente construcción incorpora habitaciones con ropa de cama de primera y comodidades modernas, además de suites con chimenea de mármol y *jacuzzi*. Los mismos propietarios gestionan tres suntuosas casas: una de una planta de 1900, un refugio para recién casados y una réplica de una mansión de San Francisco de la década de 1880 que el dueño construyó con sus propias manos.

A diferencia de otros lugares, el gerente solo aparece cuando se le necesita. Se puede desayunar en la habitación o en el restaurante, un espacio elegante y sencillo.

🍴 Dónde comer

Eureka tiene la suerte de contar con dos excelentes tiendas de alimentación de productos ecológicos: **Eureka Co-op** (esq. 5th St y L St) y **Eureka Natural Foods** (1626 Broadway), además de con dos **mercados de granjeros** (esq. 2nd St y F St; ⊙10.00-13.00 ma jun-oct) semanales y el **Henderson Center** (⊙10.00-13.00 ju jun-oct). La vibrante escena culinaria se desarrolla en el centro de la población.

Ramone's
PANADERÍA, DELI $
(2223 Harrison St; principales 6-10 US$; ⊙7.00-18.00 lu-sa, 8.00-16.00 do) Sándwiches, sopas y *wraps* para llevar.

★ Brick & Fire
CALIFORNIANA $$
(☎707-268-8959; 1630 F St; *pizzas* desde 14 US$, principales 15-25 US$; ⊙11.30-20.30 lu, mi y ju, 11.30-21.00 vi, 17.00-21.00 sa y do) El mejor restaurante de Eureka es un rincón íntimo y bohemio en tonos cálidos, casi siempre concurrido. Ofrece *pizzas* de masa fina, deliciosas ensaladas (p. ej., de pera y queso azul) y un cambiante surtido de aperitivos y platos principales que realzan los productos locales, setas silvestres incluidas. La carta de vinos

es seria; los camareros sabrán aconsejar al respecto.

Kyoto
JAPONESA $$

(☎707-443-7777; 320 F St; *sushi* 4-6 US$, principales 15-27 US$; ☺11.30-15.00 y 17.30-21.30 ma-sa) Con fama de elaborar el mejor *sushi* del condado, en este diminuto y atestado local es casi inevitable entablar conversación con los comensales vecinos. La carta de *sushi* y *sashimi* se remata con vieiras a la parrilla y ensalada de puntas de helechos. Se recomienda reservar.

Waterfront
Café Oyster Bar
PESCADO Y MARISCO $$

(102 F St; almuerzos 8-17 US$, cenas 15-24 US$; ☺9.00-21.00) Con bonitas vistas a la bahía y platos de almejas al vapor, *fish and chips,* ostras o sopas marineras, este restaurante está bien para almorzar, sobre todo por el ambiente, además de para el *brunch* dominical, amenizado con *jazz* y cócteles *Ramos fizz.*

Restaurant 301
CALIFORNIANA $$$

(☎800-404-1390; www.carterhouse.com; 301 L St; principales de cena 23-32 US$; ☺18.00-21.00) La mejor mesa de Eureka se encontrará en este sofisticado y romántico restaurante, cuya carta californiana contemporánea se surte de productos de su propio huerto ecológico (puede visitarse). Los principales son caros, pero tienen un menú que es una buena (y no muy costosa) introducción a la cocina local. El Chef's Grand Menu, de ocho platos (96 US$), solo se aconseja para ocasiones especiales.

🍷 Dónde beber y vida nocturna

Lost Coast Brewery
FÁBRICA DE CERVEZA

(☎707-445-4480; 617 4th St; 10 degustaciones 12 US$; ☺11.00-22.00 do-ju, hasta 23.00 vi y sa; 🛜) Puede que la lista de cervezas de este colorido local no satisfaga a los más exigentes, aunque ofrece Downtown Brown Ale, Great White y Lost Coast Pale Ale. Tras unas cuantas pintas, su comida a base de fritos parece más tentadora.

2 Doors Down
BAR DE VINOS

(1626 F St; copa/botella desde 5/19 US$; ☺16.40-21.30 mi-lu) Muy acogedor y atractivo, de aire victoriano, este bar tiene más de 80 vinos; abren cualquier botella si se piden a partir de dos copas. También hay muchos tentempiés,

y se puede pedir que traigan algo del contiguo Brick & Fire (p. 258).

Shanty
BAR

(213 2nd St; ☺12.00-2.00; 🛜) Un lugar tan dejado como divertido. Se puede jugar al billar, al *donkey kong,* al comecocos y al *ping-pong,* o relajarse en el patio trasero entre veinteañeros y treintañeros modernos.

Old Town Coffee & Chocolates
CAFÉ

(211 F St; ☺7.00-21.00) Mucho antes de llegar ya se percibe el aroma a café recién tostado. Hay muchas mesas, repostería y un tablero donde se puede invitar a una taza de lo que sea al cliente que más apetezca.

☆ Ocio

Para conocer la escena gay local, consúltese www.queerhumboldt.com.

Morris Graves Museum of Art
ARTES ESCÉNICAS

(www.humboldtarts.org; 636 F St; donativo recomendado 4 US$; ☺12.00-17.00 ju-do) Cartel de espectáculos muy variados de septiembre a mayo, normalmente los sábados por la noche y los domingos por la tarde.

The Alibi
CLUB

(www.thealibi.com; 744 9th St) Conciertos los miércoles y sábados.

🔒 De compras

Eureka es una cuadrícula; las calles numeradas se cruzan con las identificadas con letras. Para ver escaparates se puede acudir a las manzanas 300, 400 y 500 de 2nd St, entre D St y G St. Los alquileres moderados y los espacios modernos propician el comercio independiente.

Shipwreck
VINTAGE

(430 3rd St; ☺10.00-18.00 lu-vi, 12.00-17.00 do) La calidad de sus prendas (vaqueros y cazadoras de cuero, vestidos y sombreros de los años cuarenta) se complementa bien con joyas y objetos de papelería.

Going Places
LIBROS

(328 2nd St; ☺10.30-17.30 lu-sa, 11.00-17.00 do) Guías, ropa y mercancía internacional que harán las delicias de cualquier mochilero. Una de las tres librerías excelentes del casco antiguo.

ℹ Información

Cámara de Comercio de Eureka (☎800-356-6381, 707-442-3738; www.eurekachamber.

com; 2112 Broadway; ⏰8.30-17.00 lu-vi; 📞)
El centro de información principal está en
Hwy 101.

Oficina central del Six Rivers National Forest
(📞707-442-1721; 1330 Bayshore Way; ⏰8.00-
16.30 lu-vi) Mapas e información.

ℹ️ Cómo llegar y desplazarse

El aeropuerto de Arcata/Eureka (ACV), con
conexiones regionales, es pequeño y caro. La
estación de Greyhound está en Arcata.

Eureka Transit Service (📞707-443-0826;
www.eurekatransit.org) opera autobuses (1,70
US$) de lunes a sábado.

Península de Samoa

Las dunas cubiertas de hierba y las ventosas
playas se extienden por esta península de 800
m de ancho y 11 km de largo que marca el límite occidental de la bahía de Humboldt. Algunos tramos son espectaculares, sobre todo
las dunas, que forman parte de un sistema
de dunas de 54 km (el más importante de
California), con excelentes oportunidades de
ver animales. La Hwy 255 es una carretera secundaria que discurre entre Eureka y Arcata.

En el extremo sur de la península, la **Samoa Dunes Recreation Area** (⏰amanecer-
atardecer) está bien para pescar y comer al
aire libre. Para ver animales hay que ir a
Mad River Slough & Dunes; desde Arcata,
se llega por el Samoa Blvd durante 4,8 km
hacia el oeste, y después se gira a la derecha
por Young St, el desvío de Manila. Se puede
aparcar en el centro comunitario, desde donde parte un camino que atraviesa marismas
y canales de marea. Hay más de 200 especies
de aves: acuáticas migratorias en primavera y otoño, pájaros cantores en primavera y
verano, aves costeras en otoño e invierno y
zancudas todo el año.

Estas dunas vírgenes alcanzan alturas que
sobrepasan los 24 m. Debido a la fragilidad
del entorno, solo se puede acceder con una
visita guiada. **Friends of the Dunes** (www.
friendsofthedunes.org) ofrece paseos guiados
gratis; hay que registrarse en su página web
vía correo electrónico (información y puntos
de partida en la misma web).

El lugar para almorzar por excelencia es
la **Samoa Cookhouse** (📞707-442-1659; www.
samoacookhouse.net; 908 Vance Ave; desayunos 12
US$, almuerzos 13 US$, cenas 16 US$; ⏰7.00-15.00
y 17.00-20.00; �), la última cocina de campaña
de campamento maderero que queda en el

Oeste, con bufé libre para degustar en largas mesas de cuadros rojos. Los niños pagan
la mitad. Está 5 min al noroeste de Eureka,
tras cruzar el puente de Samoa; solo hay que
seguir las señales. Desde Arcata, tómese el
Samoa Blvd (Hwy 255).

Arcata

La población más progresista de la costa
norte rodea una plaza central llena de universitarios, campistas, transeúntes y turistas.
A veces huele a pachuli y políticamente se
inclina mucho a la izquierda, pero su profundo abrazo a la sostenibilidad ha alimentado
algunas de las acciones cívicas más progresistas del país. Aquí, los camiones de la basura
funcionan con biodiésel, los objetos reciclados se recogen en bicicletas tándem, el agua
sobrante se filtra en las marismas y casi todas
las calles poseen carril bici.

Fundada en 1850 como base para los campamentos madereros, hoy se define como un
imán para veinteañeros que buscan ampliar
su mente en la Humboldt State University
(HSU) y/o a través de la potente marihuana
que crece cerca. Después de que una propuesta estatal de 1996 legalizara la marihuana con
fines terapéuticos, Arcata se convirtió en lo
que un artículo del *New Yorker* calificó como
"el corazón de la maría de calidad". Desde entonces, la economía de la zona se halla unida
a este cultivo.

El trazado urbano es en red, con calles numeradas (de este a oeste) y otras con letras
(de norte a sur). G St y H St van al norte y al
sur (respectivamente) hasta la HSU y la Hwy
101. La plaza está bordeada por las calles G
St, H St, 8th St y 9th St.

◉ Puntos de interés

En **Arcata Plaza** hay dos monumentos históricos nacionales: la **Jacoby's Storehouse**
(H St esq. 8th St), de 1857, y el **Hotel Arcata** (G
St esq. 9th St), de 1915. Otro edificio histórico
magnífico es el **Minor Theatre** (1013 10th St),
de 1914, según algunos historiadores locales
el teatro más antiguo del país, construido ex
profeso para proyectar películas.

Humboldt State University UNIVERSIDAD
(HSU; www.humboldt.edu; 1 Harpst St) Sita en
la parte nororiental de la población, esta
universidad acoge el Campus Center for Ap-
propriate Technology (CCAT), líder mundial
en el desarrollo de tecnología sostenible; los
viernes a las 14.00 puede visitarse la **CCAT**

House, una residencia que solo usa el 4% de energía de un edificio de tamaño similar.

Arcata Marsh & Wildlife Sanctuary RESERVA DE FAUNA
Está a orillas de la bahía de Humboldt, con 8 km de senderos y numerosas aves. La Redwood Region Audubon Society (☑826 7031; www.rras.org; donativo recomendado) ofrece paseos guiados por ella los sábados a las 8.30, llueva o haga sol, que parten del aparcamiento en el extremo sur de I St. Friends of Arcata Marsh también organiza paseos guiados los sábados a las 14.00 desde el Arcata Marsh Interpretive Center (☑707-826-2359; 569 South G St; gratis; ☺9.00-17.00).

🏃 Actividades

Finnish Country Sauna & Tubs SPA, MASAJES
(☑707-822-2228; http://cafemokkaarcata.com; esq. 5th St y J St; adultos/niños 30 min 9,50/2 US$; ☺12.00-23.00 do-ju, hasta 1.00 vi y sa) Cual sueño de un bohemio europeo alternativo, alrededor de una charca de ranas hay *jacuzzis* de madera de secuoya al aire libre (1/2 /1 h 9/17 US$) y saunas, ambos privados. El personal es amable y las instalaciones, sencillas y limpias. Resérvese con tiempo, sobre todo los fines de semana.

HSU Center Activities AIRE LIBRE
(www.humboldt.edu/centeractivities) Esta oficina en la 2ª planta del University Center, al lado de la torre del reloj del campus, propone multitud de talleres y excursiones, además de equipo de alquiler, también para no estudiantes.

Piscina de Arcata NATACIÓN
(ww.arcatapool.com; 1150 16th St; adultos/niños 7/4,50 US$; ☺5.30-21.00 lu-vi, 9.00-18.00 sa, 13.00-16.00 do; ♿) Tiene un *jacuzzi*, sauna y sala de ejercicios mixtos.

Adventure's Edge AIRE LIBRE
(www.adventuresedge.com; 650 10th St; ☺9.00-18.00 lu-sa, 10.00-17.00 do) Alquilan, venden y reparan equipos para actividades de aventura.

🎉 Fiestas y celebraciones

Kinetic Grand Championship CARRERA
(www.kineticgrandchampionship.com) El evento local más famoso se celebra el fin de semana del Memorial Day, cuando individuos recorren en increíbles artefactos autopropulsados 61 km desde Arcata hasta Ferndale.

Arcata Bay Oyster Festival GASTRONOMÍA
(www.oysterfestival.net) Mágica celebración de las ostras y la cerveza, en junio.

North Country Fair FERIA
(www.sameoldpeopl.org) Divertida feria callejera de septiembre en la que actúan grupos como The Fickle Hillbillies.

🛏 Dónde dormir

Arcata tiene alojamientos asequibles, pero no muchos. Al norte de la población, cerca de Giuntoli Lane, en la Hwy 101, hay un puñado de hoteles, entre ellos el Comfort Inn y el Hampton Inn. Más al norte, en la Clam Beach, hay zonas de acampada más baratas.

Fairwinds Motel MOTEL $
(☑707-822-4824; www.fairwindsmotelarcata.com; 1674 G St; i 70-75 US$, d 80-90 US$; ☎) Prácticas habitaciones, si bien algo ruidosas, en un motel estándar de la Hwy 101. Aunque es más caro de los de cadena, tiene la ventaja de estar en la población.

Hotel Arcata HOTEL HISTÓRICO $$
(☑707-826-0217; www.hotelarcata.com; 708 9th St; h 89-156 US$; ☎) Edificio emblemático de 1915 sito en la plaza, con personal amable, techos altos y habitaciones cómodas de calidad variable. Las de la parte delantera dan a la plaza, pero las traseras son más tranquilas.

Lady Anne Inn B&B $$
(☑707-822-2797; www.ladyanneinn.com; 902 14th St; h 115-140 US$) Los rosales flanquean el camino que conduce a esta mansión de 1888, llena de curiosidades victorianas. Las ornamentadas habitaciones son bonitas, pero el desayuno se cobra aparte.

Arcata Stay ALQUILER TURÍSTICO $$
(☑877-822-0935, 707-822-0935; www.arcatastay.com; apt desde 169 US$) Excelente recurso para alquilar casitas y apartamentos. Se exige un mínimo de dos noches y el precio baja a medida que se alarga la estancia.

🍴 Dónde comer

En Arcata hay restaurantes muy buenos, y casi todos son informales.

Los mercados de granjeros de Arcata Plaza (☺9.00-14.00 sa abr-nov) y del aparcamiento del Wildberries Market (☺15.30-18.30 ma jun-oct) son fantásticos. Unas manzanas al norte del centro están algunos de los mejores restaurantes de la población, en G St.

Wildberries Marketplace MERCADO, DELI **$**
(www.wildberries.com; 747 13th St, Arcata; sándwiches 4-10 US$; ⏰6.00-24.00; 📶) El mejor lugar para comprar alimentos en Arcata, con productos naturales, un buen *deli,* panadería y bar de zumos.

North Coast Co-op ALIMENTACIÓN **$**
(esq. 8th St y I St; ⏰6.00-21.00) Enorme, se trata de toda una institución de la costa norte en productos ecológicos; delante hay un quiosco.

Japhy's Soup & Noodles FIDEOS **$**
(1563 G St; principales 5-9 US$; ⏰11.30-20.00 lu-vi) Ensaladas generosas, un sabroso curri de coco, ensaladas frías de fideos y sopas caseras, todo a precios económicos.

Stars Hamburgers HAMBURGUESAS **$**
(1535 G St; hamburguesas 3-6 US$; ⏰11.00-20.00 lu-ju, a 21.00 vi, a 19.00 sa, 12.00-18.00 do; 📶) Usa ternera de pasto para elaborar sus ricas hamburguesas.

Los Bagels BAGELS **$**
(1061 I St; *bagels* desde 3,75 US$; ⏰6.30-17.00 lu-vi, 7.00-17.00 sa, 7.00-15.00 do) Mezcla la "comida judía tradicional con el sabor de México" en sus *bagels* (panecillos en forma de rosca), con muchas salsas, como la sueca de eneldo.

NO A LA LEGALIZACIÓN: NÚMEROS DE LA MARIHUANA EN HUMBOLDT

Se calcula que en el condado de Humboldt un quinto de la población cultiva su famosa marihuana. Durante décadas, aquí buena parte de la economía se ha desarrollado en efectivo, sin mediación de bancos ni de impuestos, aunque ha sido lo bastante próspera como para sustentar numerosas empresas. En los años noventa los cultivadores vendían la cosecha a unos 6000 US$/libra (0,45 kg), pero el precio ha caído hasta unos 1000 US$/libra desde su legalización para uso medicinal. Si, como se espera, la marihuana se legaliza totalmente en el 2016, los precios caerían aún más; todo se vería afectado, desde los restaurantes hasta las tiendas de ropa. Así que esas pegatinas de "Salva al Humboldt County. Mantén la marihuana ilegal" que se ven por ahí, van en serio.

(receta del Larrapin Restaurant de Trinidad), la mejor del mundo para los lugareños.

Don's Donuts COMIDA RÁPIDA **$**
(933 H St; donuts 80 ¢-1,35 US$, sándwiches desde 6 US$; ⏰24 h) Sabrosos *donuts* y sándwiches del sudeste asiático, a cualquier hora.

Arcata Scoop HELADERÍA **$**
(1068 I St; conos desde 3,50 US$; ⏰12.00-22.30) Maravillosos sabores inspirados en productos de temporada, como el de lavanda, vainilla y miel, a cargo del mismo equipo del popularísimo Fairfax Scoop del condado de Marin.

⭐ **3 Foods Cafe** DE FUSIÓN **$$**
(www.cafeattheendoftheuniverse.com; 835 J St; platos 4-14 US$; ⏰5.30-22.00 ma-ju, hasta 23.00 vi y sa, hasta 21.00 do; 📶) Muy a tono con la oferta de Arcata, aquí se encontrarán fantasiosos platillos cosmopolitas (como tacos a la tailandesa o pollo frito en suero de leche) a precios moderados; a veces ofrecen un menú a 20 US$. Los cócteles con infusión de lavanda son un buen comienzo. Los grandes macarrones con queso son los favoritos de la mayoría.

Wildflower Cafe & Bakery CAFÉ **$$**
(📞707-822-0360; 1604 G St; desayuno y almuerzo 5-8 US$, principales de cena 15-16 US$; ⏰8.00-20.00 do-mi; 📶) Estupendo para los vegetarianos, este local pequeño propone *frittatas*, tortitas y curris, además de ensaladas frescas.

Machine Works CALIFORNIANA **$$**
(937 10th St; principales 10-20 US$; ⏰17.00-22.00 lu-do, 10.00-14.00 sa y do) En el interior de la Robert Goodman Winery, los lugareños alaban tanto su *brunch* (con opciones como cangrejo Benedict o huevos horneados en *mousse* de queso de cabra) como sus platos, desde sopa de cebolla hasta hamburguesas y costillas braseadas con salsa Hoisin. Estupendo también para tomar imaginativos cócteles.

Folie Douce ESTADOUNIDENSE MODERNA **$$$**
(📞707-822-1042; www.foliedoucearcata.com; 1551 G St; principales de cena 24-37 US$; ⏰17.30-21.00 ma-ju, hasta 22.00 vi y sa; 📶) 🍴 Local diminuto pero increíblemente famoso con un breve aunque imaginativa carta a base de platos de temporada estilo bistró, desde asiáticos hasta mediterráneos, con especial atención a los ingredientes ecológicos locales. Alabadas *pizzas* de horno de leña (16-22 US$) y *brunch* dominical. Imprescindible reservar.

🍸 Dónde beber y vida nocturna

Bares y coctelerías bordean el flanco norte de la plaza. La ciudad está llena de cafés y cervecerías.

⭐ **Six Rivers Brewery** FÁBRICA DE CERVEZA
(www.sixriversbrewery.com; 1300 Central Ave, McKinleyville; ⏱11.30-24.00 ma-do, desde 16.00 lu) Esta cervecera, una de las primeras a cargo de una mujer en California, lo tiene todo: cerveza de calidad, ambiente comunitario, conciertos ocasionales y alitas picantes. La cerveza a la pimienta es fantástica. Aunque a primera vista la carta parezca aburrida comida de *pub* (principales 11-18 US$), todo es fresco y las raciones son grandes. También hay estupendas *pizzas*.

Redwood Curtain Brewery FÁBRICA DE CERVEZA
(550 S G St, suite 6; ⏱15.00-23.00 lu-vi, 12.00-23.00 sa y do) Más nueva (abierta en el 2010), esta cervecera es una joyita con un surtido de maravillosas variedades artesanas, además de música en directo casi cada jueves y sábado. Dan galletitas saladas gratis para picar.

Humboldt Brews BAR
(www.humbrews.com; 856 10th St) Popular cervecería remodelada con elegancia. Enorme surtido de selectas cervezas de barril, tacos de pescado y alitas picantes (comida de *pub* 5-10 US$). Música en directo a diario.

Cafe Mokka CAFÉ
(www.cafemokkaarcata.com; esq. 5th St y J St) Sito en el Finnish Country Sauna & Tubs (p. 261), es el local favorito de los bohemios por su apacible aire de antaño, buen café y galletas caseras (tentempiés 4 US$).

☆ Ocio

Arcata Theatre CINE
(www.arcatatheater.com; 1036 G St) Una exquisita remodelación ha devuelto a la vida a este cine en el que se proyectan películas de arte y ensayo, documentales de *rock*, cintas mudas y mucho más. Sirven cerveza.

Center Arts ARTES ESCÉNICAS
(☎entradas 707-826-3928; www.humboldt.edu/centerarts/) Acoge sorprendentes conciertos y otros eventos en el campus: desde Diana Krall y Dave Brubeck a Ani DiFranco. Las entradas se sacan en la University Ticket Office, en la HSU Bookstore de la 3ª planta del University Center.

🛍 De compras

Tin Can Mailman LIBROS
(www.tincanbooks.com; 1000 H St) Dos plantas de libros de segunda mano, con muchos títulos difíciles de encontrar.

ℹ Información

Arcata Eye (www.arcatayeye.com) Periódico gratis donde se enumera la agenda local.
Bureau of Land Management (BLM; ☎707-825-2300; 1695 Heindon Rd) Información sobre la Lost Coast.
California Welcome Center (☎707-822-3619; www.arcatachamber.com; ⏱9.00-17.00) En el cruce de la Hwy 299 y la Hwy 101, con información de la zona.

ℹ Cómo llegar y desplazarse

United (www.united.com) ofrece vuelos regionales (caros) al aeropuerto de Arcata/Eureka.
Greyhound (www.greyhound.com) conecta Arcata; desde San Francisco hay que calcular 57 US$ y 7 h. Los **autobuses de Redwood Transit** (www.hta.org) llegan a Arcata y Eureka con las rutas de Trinidad-Scotia (3 US$, 2½ h), menos los domingos.
Los **autobuses urbanos de Arcata** (☎707-822-3775; ⏱lu-sa) paran en el **Arcata Transit Center** (☎707-825-8934; 925 E St en 9th St). Para trayectos compartidos, consúltese el tablón de anuncios de la North Coast Co-op (p. 262).
Revolution Bicycle (www.revolutionbicycle.com; 1360 G St) y **Life Cycle Bike Shop** (www.lifecyclearcata.com; 1593 G St; ⏱lu-sa) alquilan, reparan y venden bicicletas.
Solo en Arcata: **Library Bike** (www.arcata.com/greenbikes; 865 8th St) presta bicicletas con un depósito de 20 US$, que se recupera al devolverla (hasta 6 meses de margen). Son viejas, pero funcionan.

COSTA NORTE DE LOS BOSQUES DE SECUOYAS

El viajero ha llegado a la nada. Aquí los árboles son tan grandes que las diminutas poblaciones de la carretera parecen aún más insignificantes. El escenario es impresionante: acantilados y rocas, tradiciones nativas, legendarias remontadas de los ríos por los salmones, árboles gigantescos, poblaciones trabajadoras y jubilados con todoterrenos. Es, sin duda, la zona más peculiar de la costa de California. Se recomienda visitarla con tiempo y, aunque hay numerosos moteles de mediados de siglo, en lo posible, dormir al aire libre.

Trinidad

Esta risueña y pequeña población costera aúna casas de lujo con el ambiente surfista más desenfadado. Queda un poco apartada de las rutas convencionales, pero cada vez hay más turismo y la pesca mantiene próspera la economía local.

Su nombre se lo debe a los capitanes españoles que atracaron aquí sus barcos el domingo de la Santísima Trinidad de 1775. La localidad no prosperó hasta la década de 1850, cuando se convirtió en un importante puerto minero.

⊙ Puntos de interés y actividades

Trinidad es pequeña: se llega por la Hwy 101 o, desde el norte, por la Patrick's Point Dr (que más al sur se convierte en la Scenic Dr). Para llegar al centro, tómese Main St.

En el quiosco de información (p. 266) facilitan mapas del lugar con senderos, a destacar el Trinidad Head Trail, con fabulosas vistas de la costa e ideal para observar ballenas (dic-abr). Se puede dar un paseo por la preciosa Trinidad State Beach; hay que tomar Main St, girar a la derecha por Stagecoach y después, por la segunda a la izquierda (la primera es una zona de *picnic*) hasta el pequeño solar.

La Scenic Dr se dirige al sur, bordea sinuosa los acantilados y pasa por minúsculas calas con vistas a la bahía. La carretera se difumina poco a poco hasta llegar a la amplia playa de Luffenholtz (accesible por una escalera) y las serenas y blancas arenas de la playa de Moonstone. Para llegar desde la Hwy 101, hay que salir por 6th Ave/Westhaven. Más al sur Moonstone se convierte en el Clam Beach County Park.

Todo el año se puede hacer surf, pero quizá sea peligroso: a menos que el viajero sepa de condiciones marinas y se mantenga fuera del peligro (no hay socorristas), se recomienda Crescent City, más protegida.

HSU Telonicher Marine Laboratory ACUARIO
(☎707-826-3671; www.humboldt.edu/marinelab; 570 Ewing St; circuito autoguiados 1 US$; ⊙9.00-16.30 lu-vi, 10.00-17.00 sa y do med sep-med may; 🚼) Cerca de Edwards St, este laboratorio tiene un tanque táctil, varios acuarios (con un reseñable pulpo gigante del Pacífico), una enorme

mandíbula de ballena y un estupendo mapa en 3D del fondo oceánico. Un naturalista guía las expediciones por lagunas de marea (90 min, 3 US$). Todos los circuitos son con cita previa; hay que llamar y preguntar por las condiciones.

🛏 Dónde dormir

Muchas posadas bordean la Patrick's Point Dr, al norte de la localidad. Trinidad Retreats (www.trinidadretreats.com) y Redwood Coast Vacation Rentals (www.redwoodcoastvacationrentals.com) gestionan el alquiler de propiedades locales.

Clam Beach CAMPING $
(parcela tienda por automóvil 15 US$) Al sur de Trinidad junto a la Hwy 101, la "playa de las Almejas" es ideal para acampar, aunque a veces hay mucha gente y es una favorita de los viajeros sin techo. Se puede acampar en las dunas (búsquense los cortavientos naturales). Hay agujeros como váteres, agua fría, mesas de *picnic* y lugares para hacer fuego.

View Crest Lodge HOTEL $$
(☎707-677-3393; www.viewcrestlodge.com; 3415 Patrick'i Point Dr; parcela 27 US$, casitas 1 dormitorio 95-240 US$; 🐾) En la ladera de una colina junto al mar, este hotel ofrece modernas casitas bien cuidadas a precios estupendos, algunas con vistas y *jacuzzi* y casi todas con cocina. También está bien para acampar.

Trinidad Inn HOTEL $$
(☎707-677-3349; www.trinidadinn.com; 1170 Patrick'i Point Dr; h 75-195 US$; 🐾🖥) Habitaciones impecables y decoradas con gusto (muchas de ellas con cocina totalmente equipada) llenan este lujoso hotel de tejamaniles grises bajo altos árboles.

★ Trinidad Bay B&B B&B $$$
(☎707-677-0840; www.trinidadbaybnb.com; 560 Edwards St; h incl. desayuno 200-300 US$; 🐾) Frente al faro, este precioso y luminoso alojamiento estilo cabo Cod domina el puerto y el Trinidad Head. El desayuno se sirve en las habitaciones, decoradas de forma individualizada; por la tarde la casa huele a galletas recién horneadas. La habitación Trinity Alps, con cocina americana, está bien preparada para familias.

Lost Whale Inn B&B $$$
(☎707-677-3425; www.lostwhaleinn.com; 3452 Patrick'i Point Dr; h incl. desayuno 199-325 US$, ste 408-750 US$; 🐾) Encaramado en lo alto de un

verdoso acantilado, a cuyo pies rompen las olas y gritan los leones marinos, este amplio, moderno y luminoso B&B ofrece unas vistas impagables del mar. Los jardines cuentan con un *jacuzzi* operativo las 24 h. No admiten a menores de 7 años.

Turtle Rocks Oceanfront Inn B&B $$$

(📞707-677-3707; www.turtlerocksinn.com; 3392 Patrick'i Point Dr; h incl. desayuno 195-335 US$) Todas las habitaciones tienen alucinantes vistas del mar en este elegante y apacible alojamiento moderno, en 1 Ha batida por el viento.

🍴 Dónde comer y beber

Lighthouse Café COMIDA RÁPIDA $

(📞707-677-0390; 355 Main St; principales 6-9 US$; ⏲11.00-19.00 ma-do; 🖥) 🌿 Enfrente del Chevron, es un local pequeño, artístico y divertido. La comida no solo sale rápida, sino también buena, a base de productos de origen ecológico. Se recomiendan las imaginativas sopas, *fish and chips* (con patatas cortadas a mano), hamburguesas de vacuno local de pasto y helados caseros. Se pide en la barra y luego se elige asiento dentro o fuera.

Katy's Smokehouse
& Fishmarket PESCADO Y MARISCO $

(www.katyssmokehouse.com; 740 Edwards St; ⏲9.00-18.00) 🌿 Elaboración propia de delicioso pescado ahumado y en conserva, sin química, a partir de piezas frescas pescadas con caña. No es un restaurante.

The Seascape PESCADO Y MARISCO $$

(1 Bay St; principales 12-35 US$; ⏲7.00-20.30) A este restaurante a la antigua se va a disfrutar de la panorámica del mar, más que de la comida. Es un lugar precioso para ver entrar las capturas del día mientras se toma un trozo de pastel o una reconfortante sopa de almejas.

Larrupin Cafe CALIFORNIANA $$$

(📞707-677-0230; www.larrupin.com; 1658 Patrick'i Point Dr; principales 20-37 US$; ⏲17.00-21.00) Gusta a todos. Los tapetes marroquíes, las paredes marrones, los arreglos florales que desafían la gravedad y las alfombras orientales de color burdeos crean un ambiente ideal para una cita romántica. La carta siempre incluye buenos pescados y carnes a la brasa de mezquite (pruébese la falda de vacuno ahumada). En verano, resérvese mesa en el patio ajardinado, con música en directo los miércoles por la noche.

Costa norte de los bosques de secuoyas

COSTA NORTE Y LOS BOSQUES DE SECUOYAS TRINIDAD

Moonstone Grill PESCADO Y MARISCO **$$$**
(Moonstone Beach; platos principales 20-90 US$;
⊙17.30-20.30 mi-do) Ostras, salmón rosado del
Pacífico o entrecot deshuesado con especias
acompañados por unas vistas inolvidables de
una playa muy fotogénica. Si parece demasia-
do caro, también se puede optar por tomar
solo una copa de vino.

Beachcomber Café CAFÉ
(☑707-677-0106; 363 Trinity St; ⊙7.00-16.00 lu-vi,
8.00-16.00 sa y do) Galletas caseras y lugareños
amables. Hay que traerse la taza si se quiere
una bebida para llevar. Los viernes hay mú-
sica en directo y cerveza de barril.

❶ Información

Quiosco de información (esq. Patrick ' i Point
Dr y Main St) Al oeste de la autovía. El folleto
Discover Trinidad tiene un buen mapa.
Cámara de comercio de Trinidad (☑707-667-
1610; www.trinidadcalif.com) Información en
línea, pues no hay centro de visitantes.

Patrick's Point State Park

Los acantilados se adentran en el mar en el
Patrick's Point (☑707-677-3570; www.parks.
ca.gov; 4150 Patrick'i Point Dr; por automóvil 8 US$),
de 256 Ha, donde las playas de arena lindan
con los cabos de roca. Situado a 8 km de Tri-
nidad, es fácil llegar y supone la mejor apues-
ta en plan familiar. En este cuidado parque se
puede pasear por los panorámicos salientes,
subir por enormes formaciones rocosas, ver
los saltos de las ballenas, reflejarse en las ma-
rismas o escuchar a los leones marinos y a los
pájaros cantores.

Sumêg (⊙horario de sol) GRATIS es una fiel re-
producción de una aldea yurok, con construc-
ciones en madera de secuoya tallada a mano
donde los nativos americanos se reúnen para
celebrar sus tradiciones. En el jardín se verán
las plantas autóctonas que usan para la ela-
boración de cestos y medicinas.

En la **playa de Agate** se pueden buscar
trocitos de jade y ágatas erosionadas por el
mar. Basta con seguir las señales hasta las
marismas, pero hay que desplazarse con cui-
dado y respetar las normas. El **Rim Trail**, de
3,2 km, un viejo camino yurok que recorre
los acantilados, es un circuito cerrado por
los enormes salientes rocosos. La **Wedding
Rock** es uno de los rincones más románticos
del parque. Otros senderos conducen hasta
formaciones peculiares como la **Ceremonial
Rock** y la **Lookout Rock**.

Los tres **'campings'** (☑reservas 800-444-
7275; www.reserveamerica.com; parcela tienda y ca-
ravana 35 US$) del parque tienen duchas con
agua caliente que funcionan con monedas y
baños limpios. Los del arroyo Penn y Abalone
quedan más protegidos que el de la playa de
Agate.

Humboldt Lagoons State Park

Este parque se extiende por kilómetros de
costa y presenta largas playas así como la-
gunas costeras. La **Big Lagoon** y la **Stone
Lagoon** son excelentes para salir en kayak y
observar aves. Los atardeceres son espectacu-
lares, sin construcciones artificiales a la vista.
Se puede ir de *picnic* al extremo norte de la
Stone Lagoon, en cuyo centro de visitantes,
en la Hwy 101, aunque haya cerrado, hay un
lavabo y un panel informativo.

La **Freshwater Lagoon**, 1,6 km al norte,
también es una buena laguna para ver aves.
Al sur de la Stone Lagoon, la diminuta **Dry
Lagoon** (una marisma de agua dulce) ofrece
una fantástica caminata y piedras de ágata;
se aparca en la zona de *picnic* de la Dry La-
goon y se sigue por un sendero que bordea
la orilla hasta la Stone Lagoon y el mar, a
través de bosques y humedales. En total son
4 km (solo ida) casi siempre llanos, pero muy
poca gente se aventura por él porque no está
señalizado.

Todas las parcelas se ofrecen por orden de
llegada. El parque gestiona dos **'campings'
medioambientales** (parcela 20 US$; ⊙abr-oct);
hay que llevar agua. La Stone Lagoon posee
seis zonas de acampada con acceso en bar-
ca. Hay que registrarse en el Patrick's Point
State Park, como mínimo 30 min antes del
atardecer.

Humboldt County Parks (☑707-445-7651;
parcela tienda 20 US$) gestiona una bonita zona
de *picnic* en un bosque de cipreses y un *cam-
ping* junto a la Big Lagoon, a 1,6 km de la
Hwy 101, con lavabos con cisterna y agua fría,
pero sin duchas.

Redwood National & State Parks

Terrenos públicos administrados de forma
conjunta por los gobiernos estatal y federal,
los **Redwood National & State Parks** in-
cluyen el Redwood National Park, el Prairie
Creek Redwoods State Park, el Del Norte

Coast Redwoods State Park y el Jedediah Smith Redwoods State Park. Al principio, el Prairie Creek Park y el Jedediah Smith Park eran terrenos destinados a la tala, pero en 1960 los activistas consiguieron protección y hoy estos parques son Patrimonio Mundial y Reserva de la Biosfera.

Poco visitados si se comparan con los del sur, los árboles vivos más altos del mundo se alzan aquí desde 500 años antes de la creación del Imperio romano. Impresionan de verdad.

En un exuberante valle en la punta sur del parque, el pueblo de Orick (650 hab.) tiene poco más que unas cuantas tiendas, la única gasolinera entre Trinidad y Klamath y montones de madera tallada.

Redwood National Park

Al norte del centro de visitantes del sur, se toma al este por la Bald Hills Rd hasta el bosquecillo de Lady Bird Johnson, a 3 km, una de las arboledas más espectaculares y concurridas del parque, fácil de recorrer por un sendero circular de 1,6 km. Se siguen otros 8 km de cuesta por las Bald Hills hasta el Redwood Creek Overlook, donde, desde lo alto, a 640 m, se disfruta de una panorámica del bosque y de todas las cuencas. Al rebasar el mirador, se encontrará el desvío con una verja que va al Tall Trees Grove, con algunos de los árboles más altos del mundo. Los guardabosques conceden 50 permisos al día para el acceso de vehículos. En el centro de visitantes se puede recoger dicho permiso y la combinación del candado que abre la verja. Se tardan 4 h en ir y volver: un descenso de 9,6 km por una accidentada carretera de tierra (velocidad máx. 24 km/h) y una empinada caminata de 2 km (solo ida) que desciende 243 m por el bosque.

Hay senderos más largos, como el Redwood Creek Trail, que también llegan al Tall Trees Grove. Se precisa un permiso (gratis) para recorrer la zona y acampar (algo muy recomendable, pues es la zona más propicia para ello de la costa norte); es más accesible desde el Memorial Day al Labor Day, en verano, cuando abren los puentes peatonales. En otras épocas, cruzar el arroyo puede ser peligroso o imposible.

Para excursiones de senderismo, kayak, pesca y mucho más, se recomienda contactar con Redwood Adventures (☎866-733-9637; www.redwoodadventures.com; 7 Valley Green Camp Rd, Orick), cuyos guías conocen la zona mejor

EL AMENAZADO MÉRGULO JASPEADO, EL GUARDIÁN DEL BOSQUE

En los Redwood National & State Parks hay pocas instalaciones gracias a esta pequeña ave blanca y negra pardusca que anida en sus longevos bosques. Las talas han diezmado su población por la pérdida de hábitat, pero los científicos del parque han descubierto que también ha influido el aumento de predadores córvidos (cuervos, arrendajos, etc.). Los restos de comida atraen a los córvidos, por lo que el número de visitantes que acampe o coma en el parque afecta directamente en la disminución del mérgulo jaspeado. A fin de protegerlo, para evitar los restos de comida se han impuesto tales restricciones que es casi imposible construir nada nuevo.

que nadie y llevan a puntos que no se encontrarían nunca de ir por cuenta propia. Para paseos a caballo de mayo a noviembre, llámese a Redwood Creek Bukarettes (☎707-499-2943; www.redwoodcreekbukarettes.com; 1000 Drydens Rd, Orick; salidas 1½ h desde 60 US$).

🛏 Dónde dormir

Elk Meadow Cabins   CABAÑAS $$$
(☎866-733-9637; www.redwoodadventures.com; 7 Valley Green Camp Rd, Orick; cabañas 179-279 US$; 🌐🐾) Impolutas y luminosas cabañas con cocina equipada y todas las comodidades modernas en mitad del parque. Buena opción si se va en grupo y, desde luego, la más confortable. Es fácil ver alces que pastan al lado por la mañana. Las cabañas son para hasta 6-8 personas; se cobra una tarifa adicional de 45 US$ por la limpieza.

❶ Información

A diferencia de casi todos los demás, en el Redwood National Park no cobran nada ni hay garita en la entrada en la carretera, por lo que es imperativo obtener el mapa (gratis) en su oficina central de Crescent City (p. 270) o en el centro de información de Orick. Aquí los guardas emiten permisos para visitar el Tall Trees Grove y prestan contenedores de comida a prueba de osos.

Para informarse a fondo sobre la ecología de las secuoyas, se recomienda adquirir el manual oficial del parque. La **Redwood Parks Association** (www.redwoodparksassociation.org) proporciona información en su web, incluidas descripciones detalladas de las rutas del parque.

Centro de información del Redwood (centro de visitantes de Kuchel; ☑707-464-6101; www.nps.gov/redw; Hwy 101; ☉9.00-18.00 jun-ago, hasta 17.00 sep-oct y mar-may, hasta 16.00 nov-feb) Está en la Hwy 101, 1,6 km al sur de Orick.

Prairie Creek Redwoods State Park

Famoso por poseer unos de los mejores bosques vírgenes de secuoyas del mundo y una costa intacta, este sector de 5665 Ha de los Redwood National & State Parks ofrece espectaculares rutas panorámicas en automóvil y 112 km de rutas de senderismo, muchas de ellas accesibles con niños. En el **centro de visitantes del arroyo Prairie** (☑707-464-6101; ☉9.00-17.00 mar-oct, 10.00-16.00 nov-feb; 🖈) facilitan mapas, información y una chimenea para descansar. A los críos les encantarán los dioramas automáticos de taxidermia.

🏃 Actividades

Hay 28 senderos para ciclistas y excursionistas que cruzan el parque, pero solo unas pocas rutas atraen a los senderistas experimentados, para lo cual es mejor el Del Norte Coast Redwoods State Park. Los que dispongan de poco tiempo o tengan movilidad reducida deben detenerse en el **Big Tree**, un sencillo paseo de 90 m. Del centro de visitantes parten unos senderos naturales, entre ellos el Revelation Trail y el Elk Prairie Trail. Se puede pasear por el **Ah-Pah Interpretive Trail**, un sendero maderero recién reforestado. La ruta más gratificante es el espectacular **Coastal Trail**, de 18 km, entre secuoyas primigenias.

Pasado el Gold Bluffs Beach Campground, la carretera acaba en el segundo punto más visitado de los parques, el **Fern Canyon**, cuyas paredes rocosas de 18 m de alto y cubiertas de helechos (*ferns*) se ven en la película de Spielberg *El mundo perdido: Parque Jurásico II*. Se trata de uno de los enclaves de la costa norte de California más húmedos y exuberantes, de un verde esmeralda que impresiona.

Newton B. Drury Scenic Parkway
PASEO EN AUTOMÓVIL

Al norte de Orick se encuentra la salida a la carretera de 13 km del parque, que discurre paralela a la Hwy 101 a través de bosques vírgenes de secuoyas centenarias. De los apartaderos salen numerosos senderos, algunos aptos para familias y otros que cumplen los requisitos de la Ley de Personas con Discapacidades, incluidos el Big Tree y el Revelation Trail.

🛌 Dónde dormir

Bienvenidos a la naturaleza: aquí la única opción para dormir es los *campings* que hay en el extremo sur del parque.

⭐ **Gold Bluffs Beach**   CAMPING $

(parcela tienda 35 US$) Maravilloso, situado en la playa entre acantilados de 30 m de alto y el mar abierto, este *camping* tiene algunos rincones protegidos del viento y duchas con agua calentada con energía solar. Las parcelas en lo alto de los acantilados y bajo los árboles son las mejores. No admite reservas.

Elk Prairie Campground   CAMPING $

(☑reservas 800-444-7275; www.reserveamerica.com; parcela tienda y autocaravana 35 US$) Hay duchas con agua caliente, algunas parcelas apartadas y un riachuelo poco profundo. Las parcelas 1-7 y 69-76 se hallan en praderas de hierba a pleno sol; las 8-68 están bajo los árboles. Para acampar en pleno bosque de secuoyas, resérvense de la 20 a la 27.

Del Norte Coast Redwoods State Park

Al norte de Klamath, los cañones profundos y los bosques densos caracterizan este **parque** (☑707-464-6101, ext 5120; por automóvil 8 US$/día) de 2560 Ha (casi 26 km²), la mitad de ellas de bosque virgen de secuoyas, con 24 km de rutas de senderismo. Conmueve hasta a los más desalmados observadores.

En la oficina central de los Redwood National and State Parks (p. 272) de Crescent City y en el centro de información del Redwood de Orick facilitan mapas e información sobre las excursiones guiadas.

Desde la costa, la Hwy 1 discurre por la **playa de Wilson** y continúa entre bosques.

Se puede salir de *picnic* a la **False Klamath Cove**. Si se va al norte, se verá cómo los colosales árboles crecen sobre las paredes del cañón. Llegar al agua es casi imposible, a no ser que se sigan los senderos Damnation Creek o Footsteps Rock.

El Damnation Creek Trail solo tiene 6,4 km, pero el desnivel de 335 m y las secuoyas de las laderas lo convierten en la mejor excursión del parque. La ruta (no señalizada)

SMITH RIVER NATIONAL RECREATION AREA

Al oeste de los Jedediah Smith Redwoods State Park, el río Smith discurre a lo largo de la Hwy 199. Nace en los montes Siskiyou y serpentea por profundos cañones bajo densos bosques. Cada año remontan sus cristalinas aguas el salmón real (oct-dic) y la trucha arcoíris (dic-abr). Es ideal para acampar (hay 4 *campings* urbanizados) y hacer senderismo (120 km de senderos), *rafting* (233 km de aguas bravas navegables) y kayak; para pescar, consúltese la normativa. Hay que parar en la **oficina central del Six Rivers National Forest** (☎707-457-3131; www.fs.fed.us/r5/sixrivers; 10600 Hwy 199, Gasquet; ⊗8.00-16.30 a diario may-sep, lu-vi oct-abr) para orientarse. Tienen folletos del **Darlingtonia Trail** y la **Myrtle Creek Botanical Area**, para hacer excursiones sencillas y de paso apreciar plantas poco comunes y aprender sobre la geología de la zona.

comienza en un aparcamiento de la Hwy 101, en el mojón de la milla 16.

Desde el **Crescent Beach Overlook** y la zona de *picnic* se pueden avistar ballenas en invierno. En el extremo norte del parque, se aprecia bien que las olas castigan la **playa de Crescent**, al sur de Crescent City por la Enderts Beach Rd.

El **Mill Creek Campground** (☎800-444-7275; www.reserveamerica.com; parcelas tienda y caravana 35 US$) posee duchas con agua caliente y 145 parcelas en un bosque de secuoyas. Las parcelas más bonitas son las que están más alejadas.

Jedediah Smith Redwoods State Park

Es el más septentrional de los Redwood National & State Parks. Los bosques más tupidos del **parque** (☎707-464-6101, ext 5112; uso 8 US$/día) están 16 km al noreste de Crescent City (vía la Hwy 101 al este hasta la Hwy 197). Pocos senderos se adentran en el parque. Sí lo hace la **panorámica Howland Hill Rd**, de 17,6 km, que atraviesa zonas de otra forma inaccesibles (hay que tomar la Hwy 199 hasta la South Fork Rd; gírese a la derecha después de cruzar dos puentes). Es una carretera por la que no pueden pasar las autocaravanas.

Se recomienda dar un paseo por el **bosquecillo de Simpson-Reed**. Hay una **poza apta para el baño** y una zona de *picnic* cerca de la entrada. Desde el extremo del *camping* sale un sendero de 800 m que cruza el **río Smith** por un puente peatonal que solo se abre en verano. Por aquí se llega al **Stout Grove**, el bosquecillo más famoso del parque. En el **centro de visitantes** (☎707-464-6101; ⊗10.00-16.00 a diario jun-ago, sa y do sep-oct y abr-may) venden mapas de senderismo y guías de naturaleza. Si se vadea el río, hay que ser

prudente, pues, especialmente en primavera, hay fuertes corrientes y el agua está muy fría.

🛏 Dónde dormir

Campground　　　　　　CAMPING $
(☎reservas 800-444-7275; www.reserveamerica.com; parcela tienda y autocaravana 35 US$) *Camping* con preciosas parcelas entre bosques de secuoyas junto al río Smith.

Hiouchi Motel　　　　　　MOTEL $
(☎888-881-0819, 707-458-3041; www.hiouchimotel.com; 2097 Hwy 199; i 50 US$, d 65-71 US$; @🏊🛜) para los que no sean campistas, este renovado motel ofrece habitaciones sencillas y limpias.

Klamath

Anunciada por las estatuas de enormes osos dorados que guardan el puente sobre el río Klamath, esta es una de las minúsculas poblaciones de los Redwood National & State Parks entre el Prairie Creek Redwoods State Park y el Del Norte Coast Redwoods State Park. Con una gasolinera/mercado, un restaurante y un casino, es en esencia un pueblito muy *kitsch* al borde de la carretera. En el centro está la **oficina central de Yurok Tribal**, la sede tribal de los yurok; el pueblo y gran parte de la zona circundante es el territorio originario de esta tribu. Klamath está 1 h aproximadamente al norte de Eureka.

🅞 Puntos de interés y actividades

En la desembocadura del **río Klamath** convergen el mar, la ribera, el bosque y los pastizales. Para disfrutar de las mejores vistas, hay que ir hacia el norte hasta la Requa Rd y al **Klamath River Overlook** para un *picnic* en lo alto sobre las playas, repletas de madera arrastrada por el mar. En días claros, es de los miradores más espectaculares de la costa norte. También es de los mejores puntos de California para avistar ballenas, que aquí hacen una de sus primeras escalas en su ruta al sur desde Alaska. El Coastal Trail, hacia el norte, es una buena excursión. La Hidden Beach está desierta. Se puede acceder al sendero por el extremo norte del Motel Trees.

Justo al sur del río, desde la Hwy 101, la panorámica Coastal Drive es una carreterita que serpentea por altísimos acantilados sobre el mar. Debido a la erosión, desde el 2011 se ha cerrado al tráfico motorizado un tramo de 5,3 de sus 15,2 km (entre el inicio del sendero de la Carruther's Cove y el cruce de la Coastal Drive con la Alder Camp Rd), pero se puede hacer a pie o en bicicleta. Aunque forme parte de Redwood National Park, está más cerca de Klamath.

Klamath Jet Boat Tours   CIRCUITOS EN BARCO
(www.jetboattours.com; 17635 EE UU 101; 2 h circuitos adultos/niños 45/25 US$) Excursiones en lanchas motoras y salidas de pesca dirigidas por los yurok.

🛏 Dónde dormir y comer

Klamath es más económica que Crescent City, aunque tiene menos lugares para comer o comprar provisiones. En la zona hay parques privados para autocaravanas.

Flint Ridge Campground   CAMPING
(📞707-464-6101) GRATIS A unos 6 km del puente del Klamath vía la Coastal Drive, este es un *camping* solo para tiendas accesible solo a pie, en una pradera de altos helechos y musgo. Desde el aparcamiento hay 10 min (unos 800 m) cuesta arriba en dirección este. No hay agua, abundan los avistamientos de osos (proporcionan contenedores in situ) y hay que llevarse la basura del mismo. Pero, claro, es gratis.

Ravenwood Motel   MOTEL $
(📞866-520-9875, 707-482-5911; www.ravenwood motel.com; 131 Klamath Blvd; h/ste con cocina 75/125 US$; 🛜) Sus habitaciones son mejores que las de Crescent City, todas decoradas de forma diferente, con mobiliario de estilo urbano.

⭐**Historic Requa Inn**   HOTEL HISTÓRICO $$
(📞707-482-1425; www.requainn.com; 451 Requa Rd, Klamath; h 119-199 US$; 🛜) 🌿 Construido en 1914, este hotel rural, situado sobre los cerros que dan a la desembocadura del Klamath, es uno de los favoritos de la costa norte. Además, es CO_2 neutro. Muchas de las encantadoras habitaciones de estilo estadounidense antiguo tienen fascinantes vistas al brumoso río, al igual que desde el comedor, donde se puede degustar nueva cocina nativa estadounidense de origen ecológico.

Crescent City

Aunque fue fundada como puerto marítimo y centro de aprovisionamiento para las minas de oro en 1853, la historia de la población quedó literalmente arrasada en 1964, cuando la mitad de sus casas fueron engullidas por un *tsunami*. Se reconstruyó, pero el puerto quedó devastado de nuevo en el 2011 por el terremoto y el *tsunami* de Japón, cuando la ciudad fue evacuada. Crescent City aún es la última población grande de California al norte de Arcata, aunque la niebla y la humedad constantes, las sirenas y la construcciones de los sesenta la favorecen. La economía local depende de la pesca de gambas y cangrejos, los impuestos de los hoteles y la cárcel de máxima seguridad de Pelican Bay, que a su vez añade tensión al ambiente y numerosos policías a las calles.

Al entrar en la ciudad, la Hwy 101 se divide en dos calles de sentido único. Para visitar los lugares más emblemáticos, hay que girar al oeste por Front St, hacia el faro. El centro urbano está por 3rd St.

🎯 Puntos de interés y actividades

En agosto, la Del Norte County Fair acoge un rodeo. El Jedediah Smith Redwoods State Park (p. 269) queda 16 km tierra adentro.

North Coast Marine Mammal Center   CENTRO DE CIENCIAS
(📞707-465-6265; www.northcoastmmc.org; 424 Howe Dr; entrada con donativo; ⏰10.00-17.00; 🖥) 🌿 Al este del Battery Point, en la clínica de este centro curan animales heridos (focas, leones marinos y delfines) con la idea de devolverlos a su hábitat natural (solicitan un donativo).

Faro del Battery Point   FARO
(📞707-467-3089; www.delnortehistory.org; adultos/niños 3/1 US$; ⏰10.00-16.00 mi-do abr-oct) Datado de 1856, este faro aún da su luz en una pequeña isla rocosa de fácil acceso con

bajamar. Hay un **museo** (3 US$) in situ. El horario indicado está sujeto a cambios debido a las mareas y el tiempo.

Beachfront Park   PARQUE
(Howe Dr; ⊞) Entre B St y H St, este parque acoge una playa sin olas junto al puerto. Más al este, en Howe Dr, cerca de J St, se llega a **Kidtown**, con toboganes, columpios y un castillo.

🛏 Dónde dormir

Aquí los moteles son caros, pero en las arterias principales de entrada y salida a la ciudad hay numerosos hoteles. El condado gestiona dos excelentes *campings* a la salida de la ciudad; las parcelas se adjudican por orden de llegada.

★ Curly Redwood Lodge   MOTEL $
(📞707-464-2137; www.curlyredwoodlodge.com; 701 Hwy 101 S; h 56-98 US$; ❄🛜) Totalmente recubierto de paneles de madera procedentes de una sola secuoya que medía más de 5,5 m de diámetro, este motel, restaurado y transformado en una joya *kitsch* de mediados de siglo, gustará a los amantes de lo *retro*. Las habitaciones están limpias y son espaciosas y confortables.

Bay View Inn   HOTEL $
(📞800-742-8439; www.ccbvi.com; 2844 Fairfield; h 55-135 US$; ❄🛜) Habitaciones luminosas y modernas con microondas y nevera. Tiene cierto aire de hotel de cadena superior a la media, pero las coloridas colchas y los amables anfitriones le aportan un toque hogareño. Las habitaciones de la parte de atrás de la planta superior ofrecen vistas del faro y el puerto.

Crescent Beach Motel   MOTEL $
(📞707-464-5436; www.crescentbeachmotel.com; 1455 Hwy 101 S; h 84-136 US$; ❄🛜) Al sur de la población, este motel sencillo y anticuado es el único alojamiento en la playa. Evítense las habitaciones sin vistas.

Florence Keller Park   CAMPING $
(📞707-464-7230; http://www.co.del-norte.ca.us; 3400 Cunningham Lane; parcela 10 US$) Gestionado por la autoridad del condado, este *camping* ofrece 50 parcelas en un hermoso bosque de secuoyas jóvenes. Tómese la Hwy 101 hacia el norte hasta la Elk Valley Cross Rd y síganse las indicaciones.

Ruby Van Deventer Park   CAMPING $
(4705 N Bank Rd; parcela 15 US$; ⊞) A orillas del río Smith, junto a la Hwy 197, estas 18 parcelas también están gestionadas por el condado.

✖ Dónde comer

Good Harvest Café   ESTADOUNIDENSE $
(575 Hwy 101 S; principales 7-14 US$; ⏰7.00-21.00 lu-sa, desde 8.00 do; 🖉⊞) Espacioso y popular café local en la acera opuesta al puerto. Tiene un poco de todo (y bastante bueno), desde sopas y sándwiches hasta comidas completas y batidos. La exquisita cerveza, la chimenea y las opciones vegetarianas lo convierten en el mejor lugar para cenar de la ciudad.

Tomasini's Enoteca   ITALIANA, ESTADOUNIDENSE $
(960 3rd St; principales 4-11 US$; ⏰7.30-14.00; 🖉) Con ensaladas, sándwiches y *jazz* los fines de semana por la noche.

Chart Room   PESCADO Y MARISCO $$
(130 Anchor Way; principales cena 10-28 US$; ⏰6.30-19.00 do-ju, a 20.00 vi y sa; ⊞) En el extremo del muelle del South Harbor, se trata de un local famoso por su *fish and chips*. Suele estar lleno de familias, jubilados, amantes de las Harley y gentes de negocios de la zona.

ⓘ Información

Cámara de Comercio de Crescent City-Del Norte (📞800-343-8300, 707-464-3174; www.northerncalifornia.net; 1001 Front St; ⏰9.00-17.00 may-ago, lu-vi sep-abr) Información local.

TREES OF MYSTERY

Con enormes estatuas de Paul Bunyan y Babe el Buey Azul en el aparcamiento, el muy turístico **Trees of Mystery** (📞707-482-2251; www.treesofmystery.net; 15500 Hwy 101; adultos/niños y jubilados 14/7 US$; ⏰8.00-19.00 jun-ago, 9.00-16.00 sep-may; ⊞) es un lugar ideal para las familias, los amantes de lo *kitsch* y quienes no puedan caminar mucho. Un teleférico lleva entre las copas de las secuoyas y, en el "Tall Tales Forest", estatuas hechas con motosierra relatan los cuentos de Paul Bunyan. Detrás de la tienda de regalos, el inusitadamente bueno (y gratis) **End of the Trail Museum** muestra una notable colección de arte y artefactos de los nativos estadounidenses.

Oficina central de los Redwood National & State Parks (☎707-464-6101; 1111 2nd St; ⊙9.00-17.00 oct-may, hasta 18.00 jun-sep) En la esquina de K St; hay guardas forestales e información sobre los cuatro parques bajo su jurisdicción.

❶ Cómo llegar y desplazarse

United Express (☎800-241-6522) vuela hasta el **aeropuerto de Crescent City** (CEC), al norte de la ciudad. **Redwood Coast Transit** (www.redwoodcoasttransit.org) sirve a Crescent City con sus autobuses (1 US$) y, de lunes a sábado, también a Klamath (1,50 US$, 1 h, 2 diarios) y Arcata (30 US$, 2 h, 2 diarios), con diversas paradas intermedias.

Tolowa Dunes State Park & Lake Earl Wildlife Area

Este **parque estatal y reserva natural** (☎707-464-6101, ext 5112; ⊙amanecer-atardecer), localizado 3,2 km al norte de Crescent City, abarca 4000 Ha de humedales, dunas, prados y dos lagos: el **Earl** y el **Tolowa**. Hay más de 250 especies de aves y, en tierra, coyotes y ciervos; es posible salir a pescar truchas o a recorrer 32 km de senderos, a pie o en bicicleta; en el mar, se pueden ver ballenas, focas y leones marinos

El parque y la reserva están administrados por el California State Parks y el Department of Fish and Game (DFG). El DFG se centra en la gestión de las distintas especies de caza y pesca por ejemplar, mientras que State Parks se concentra en la diversidad del sistema y en los aspectos recreativos. La estricta normativa limita dónde y cuándo se puede cazar y circular; los senderos están señalizados.

Se recomienda inscribirse para sus dos '**campings**' (parcela 20 US$), en Jedediah Smith (p. 269) o en el Del Norte Coast Redwoods State Park (p. 268), ambos muy primitivos y sin posibilidad de reserva. En primavera y principios de verano abundan los mosquitos.

Pelican State Beach

El poco visitado **Pelican State Beach Park** (☎707-464-6101, ext 5151) protege 2 Ha de litoral en la frontera del estado con Oregón. Es un lugar ideal para volar cometas.

🛏 Dónde dormir

Clifford Kamph Memorial Park CAMPING **$**
(☎707-464-7230; 15100 Hwy 101; tienda parcela 10 US$) Lugar para montar la tienda junto al mar (sin barreras contra el viento); no admiten autocaravanas. Aunque las parcelas se hallan en una pradera sin mucha privacidad, todas cuentan con barbacoa.

Casa Rubio HOTEL-BOUTIQUE **$$**
(☎707-487-4313; www.casarubio.com; 17285 Crissey Rd; h 98-178 US$; 🛜🏠) Apartado y encantador, este hotel es la mejor razón para visitar el parque. Tres de las cuatro habitaciones con vistas al mar tienen cocina.

Montañas del norte

Los mejores restaurantes

➡ Red Onion Grill (p. 285)

➡ Trinity Café (p. 295)

➡ Café Maddalena (p. 297)

➡ La Grange Café (p. 305)

➡ Pangaea Café & Pub (p. 288)

Los mejores alojamientos

➡ McCloud River Mercantile Hotel (p. 300)

➡ Casa flotante en el lago Shasta (p. 279)

➡ Quincy Courtyard Suites (p. 288)

➡ Weaverville Hotel (p. 304)

➡ *Campings* del cañón del río Feather (p. 288)

Por qué ir

La "California oculta" se esparce de un modo bastante desordenado, pero este rincón del estado no está en el olvido. La costa y los bosques nubosos de secuoyas quedan lejos. Hay que prepararse para algo bien distinto: grandes extensiones de naturaleza (aprox. 9700 Ha protegidas) divididas por ríos y arroyos y salpicadas de lagos color azul cobalto, ranchos de caballos y cimas alpinas; más al este hay un tramo de desierto alto con arbustos, cortado por desfiladeros de tonos ámbar, cuevas y una luz espectacular, el sueño de todo fotógrafo. Esta zona es muy distinta a lo que la gente se imagina de California: la topografía se asemeja más a las antiguas Montañas Rocosas que al granito relativamente joven del Yosemite. Los municipios, aunque diminutos y con pocas comodidades, son lugares acogedores. Esta región es ideal para perderse en la inmensidad de lo remoto. Ni siquiera sus dos atracciones principales, el monte Shasta y el Lassen Volcanic National Park, se llenan en pleno verano, cuando tampoco es raro encontrar nieve.

Cuándo ir
Lassen Volcanic National Park

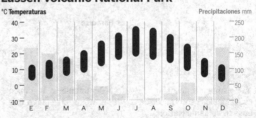

Jul-sep Clima cálido y puertos sin nieve; ideal para acampar en zonas rurales.

Oct-nov y abr-may Temporadas medias, con algún chaparrón y nieve en cotas altas.

Nov-ene Esquí en el monte Shasta. Estaciones de esquí aparte, los precios caen.

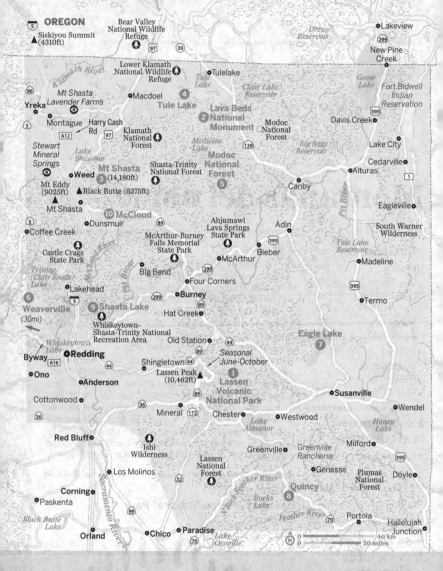

Imprescindible

1 Pasmarse ante los espectáculos geotérmicos del **Lassen Volcanic National Park** (p. 280).

2 Explorar las numerosas cuevas en el **Lava Beds National Monument** (p. 301).

3 Caminar y esquiar en el **monte Shasta** (p. 289).

4 Contemplar la migración de las aves sobre el **lago Tule** (p. 302).

5 Perderse en el **Modoc National Forest** (p. 302).

6 Desaparecer en **Weaverville** y vadear las aguas vecinas, llenas de truchas (p. 304).

7 Acampar a orillas del **lago Eagle** (p. 286).

8 Relajarse en la montañosa ciudad de **Quincy** (p. 287).

9 Compartir una **casa flotante** en el lago Shasta (p. 279).

10 Bailar en el famoso **McCloud Dance Country** (p. 299).

REDDING Y ALREDEDORES

Al norte de Red Bluff, la I-5 se convierte en una polvorienta carretera que muestra magníficas estampas de las montañas a ambos lados. Redding es la ciudad principal y el primer destino antes de adentrarse en las pequeñas poblaciones del extremo norte del estado, y los lagos de la zona invitan a organizar excursiones de día o acampadas. La espléndida naturaleza local está ahí mismo, al borde de la carretera.

Redding

Durante la Fiebre del Oro se la llamó Poverty Flats por su pobreza, pero la Redding actual es un lugar con mucho dinero y poco gusto, con centros comerciales, grandes almacenes y promociones urbanísticas por todo el centro. No es un destino turístico en sí, pero es el principal punto de partida hacia el noreste del estado y un lugar práctico para hacerse con provisiones antes de lanzarse a la naturaleza virgen. Las construcciones recientes, como el Sundial Bridge o el Turtle Bay Exploration Park, merecen una breve visita. El río Sacramento rodea el centro de Redding al norte y al este. Las arterias principales son Pine St y Market St, y el tráfico suele ser intenso.

◎ Puntos de interés y actividades

★Sundial Bridge   PUENTE
El "puente del Reloj de Sol", como un trasatlántico varado, es una de las grandes atracciones de Redding. La pasarela peatonal de cristal, obra del español Santiago Calatrava, conecta el Turtle Bay Exploration Park con la orilla norte del Sacramento. El puente/reloj de sol atrae a visitantes de todo el mundo que acuden a admirar esta obra de ingeniería. Tiene acceso desde el parque y conecta con el Sacramento River Trail. El paisaje ribereño circundante es precioso.

Turtle Bay Exploration Park   MUSEO, JARDINES
(☎800-887-8532; www.turtlebay.org; 844 Sundial Bridge Dr; adultos/niños 14/10 US$, después de 15.30 9/5 US$; ☻9.00-17.00 lu-sa y 10.00-17.00 do, cierra 1 h antes oct-mar; ☀) Este centro artístico, cultural y científico, apto para todas las edades, ocupa más de 120 Ha y presta especial atención a lo relacionado con la cuenca del Sacramento. Acoge museos de arte y de ciencias naturales, con muestras interactivas entretenidas para los niños. También hay jardines y viveros, un mariposario y un acuario con un tanque de 83 m^3 y un paso interior para contemplar mejor la fauna acuática de la región (tortugas incluidas).

En el Café at Turtle Bay (comidas 12 US$) sirven buen café y comidas ligeras correctas.

Cascade Theatre   EDIFICIO HISTÓRICO
(www.cascadetheatre.org; 1733 Market St) Céntrico teatro *art déco* de 1935 reformado y en activo. No suele acoger a grandes figuras, pero vale la pena echar un vistazo a su interior: una joya iluminada con neones.

Senderos por Redding EXCURSIONISMO, CICLISMO
Hay unos 130 km de senderos por parques, ríos y montañas para dar paseos, hacer largas caminatas o ir en bicicleta de montaña. Para mapas, visítese www.reddingtrails.com; también hay folletos en casi todos los hoteles. La estrella es el Sacramento River Trail, que bordea el río hasta la presa de Shasta. Hay varios puntos de acceso, como el Sundial Bridge.

Waterworks Park   PARQUE ACUÁTICO
(www.waterworkspark.com; 151 N Boulder Dr; pase diario adultos/niños 20/16 US$; ☻fin may-sep) Redding es muy calurosa. Aunque muchos hoteles y moteles tienen piscina, es más divertido chapotear en este parque acuático, incluido en el Avalanche, de cuatro pisos, con un río de aguas bravas artificial, grandes toboganes acuáticos, la relajante Lazy Lagoon y una piscina infantil. Es genial para niños y adultos.

🛏 Dónde dormir

La mayoría de los moteles y hoteles locales (incluidas muchas grandes cadenas, en su mayoría con piscinas pequeñas) se apiña en vías ruidosas. Hay un par de hileras cerca de la I-5, en el extremo sur de la ciudad: al oeste de la autovía, cerca de la salida de Cypress Ave en Bechelli Lane, y en Hilltop Dr. Se recomiendan los que se encuentran en la menos concurrida N Market St. Las mejores opciones para acampar están en los lagos Whiskeytown y Shasta.

Apples' Riverhouse B&B   B&B $$
(☎530-243-8440; www.applesriverhouse.com; 201 Mora Ct; h 99-115 US$; ☞) Rancho moderno situado apenas a unos pasos del Sacramento River Trail con tres habitaciones cómodas en el piso superior, dos de ellas con terra-

Redding

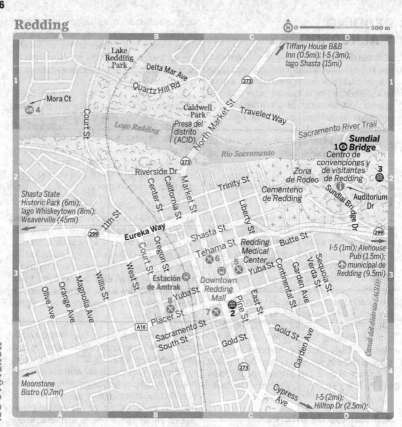

za. Queda algo alejado del centro, pero es el mejor alojamiento independiente de la ciudad. Por la tarde, sus amables dueños invitan a queso y vino, y se puede tomar prestada una bicicleta y aprovechar la proximidad del sendero.

Tiffany House B&B Inn B&B $$
(☎530-244-3225; www.tiffanyhousebb.com; 1510 Barbara Rd; h 125-170 US$; ☏✉) En una tranquila calle sin salida 1,5 km al norte del río, esta casita de campo victoriana alberga un gran jardín con magníficas vistas y habitaciones acogedoras, repletas de antigüedades, flores y volantes. Sus hospitalarios propietarios ofrecen la posibilidad de prepararse un delicioso desayuno.

🍴 Dónde comer y beber

Para comer bien en Redding, es imprescindible ir al centro.

Redding

◎ **Principales puntos de interés**

◎ **Puntos de interés**

🛏 **Dónde dormir**

🍴 **Dónde comer**

Grilla Bites SÁNDWICHES $
(www.grillabites.com; 1427 Market St; comidas 5-11 US$; ☉11.00-20.00 lu-ju, 11.00-21.00 vi y sa, 11.00-16.00 do; ☏✎) 🍴 La carta de sándwiches y la

barra de ensalada al peso son sencillas, pero todo es fresco y está elaborado con ingredientes autóctonos. Los sándwiches se aderezan con hierbas y mezclan estilos; el Thai Tuna es uno de los favoritos. Estaba en reformas cuando esta autora lo visitó la última vez.

Wilda's Grill PERRITOS CALIENTES, VEGETARIANA $
(1718 Placer St; principales 4,75-6 US$; ⊙11.00-16.00 lu-vi; 🖉) La combinación suena rara, pero funciona: hay perritos grandes excelentes, con ingredientes como cebolla asada, chili casero o queso azul, y para los vegetarianos, *falafel*, berenjena empanada y el apreciado Buddha Bowl, con arroz, verduras y salsas deliciosas y especiadas. En horas punta hay cola.

Cafe Paradisio MEDITERRÁNEA $$
(☎530-215-3499; 1270 Yuba St; principales de almuerzo 6-10 US$, de cena 8-25 US$; ⊙11.00-14.00 lu-sa, 17.00-22.00 lu-mi, 17.00-1.00 ju-sa; 🖉) Comida mediterránea con un toque asiático y recetas sencillas. El local es pequeño, informal y animado. Para empezar, tienen empanada de queso brie, seguida de salmón con curri de coco o una lasaña a los tres quesos. Las raciones son grandes y hay opciones vegetarianas.

Moonstone Bistro CALIFORNIANA $$$
(www.moonstonebistro.com; 3425 Placer St; principales de almuerzo 13-18 US$, de cena 24-36 US$; ⊙11.00-14.00 y 17.00-hasta tarde ma-sa, 10.00-14.00 do) 🖉 Ecológico, local, carnes de pasto libre, pescado con caña..., cualquier palabra asociada a la comida sostenible le va. Se aconsejan los tacos de pescado para el almuerzo y las costillas de cerdo ahumadas en pacana con reducción de mostaza para la cena; y los postres están de rechupete, como el suflé de chocolate. Hay cerveza artesanal.

Jack's Grill ASADOR $$$
(☎530 241 9705; www.jacksgrillredding.com; 1743 California St; principales 15-36 US$; ⊙17.00-23.00, bar desde 16.00 lu-sa) Quizá este curioso restaurante típico no parezca muy sugerente, con sus ventanas tintadas y escasa iluminación, pero su ambiente es de lo más popular, por no hablar de sus filetes: grandes, gruesos y perfectamente asados al carbón. Los habituales llegan hacia las 16.00, cuando se empieza a servir cócteles. No admiten reservas y es normal tener que esperar 1 h para conseguir mesa.

Alehouse Pub BAR
(www.reddingalehouse.com; 2181 Hilltop Dr.; principales 8-16 US$; ⊙15.00-24.00 lu-ju, 15.00-1.30 vi y sa) No es una cervecería cualquiera. Aquí sirven selectas variedades de barril y venden camisetas con inscripciones que lo confirman. Es un local divertido al que acuden jóvenes profesionales al salir del trabajo.

ℹ️ Información

California Welcome Center (☎530-365-1180; www.shastacascade.org; 1699 Hwy 273, Anderson; ⊙9.00-18.00 lu-sa, 10.00-18.00 do) Unos 15 km al sur de Redding, en el Prime Outlets Mall de Anderson, es un lugar práctico para los que pasan por el acceso de la I-5. Tienen mapas para senderistas y guías de actividades al aire libre; en la web figura un excelente apartado para planificar excursiones por la región.

Centro de convenciones y de visitantes de Redding (☎530-225-4100; www.visitredding.com; 777 Auditorium Dr.; ⊙9.00-18.00 lu-vi, 10.00-17.00 sa) Cerca del Turtle Bay Exploration Park.

Oficina central del Shasta-Trinity National Forest (☎530-226-2500; 3644 Avtech Pkwy; ⊙8.00-16.30 lu-vi) Está al sur de la ciudad, en el USDA Service Center, cerca del aeropuerto. Disponen de mapas y emiten permisos de acampada gratis para los siete bosques protegidos del norte de California.

ℹ️ Cómo llegar y desplazarse

Aeropuerto municipal de Redding (RDD; http://ci.redding.ca.us/transeng/airports/rma.htm; 6751 Woodrum Circle, Redding) Está junto a Airport Rd, 15 km al sureste de la ciudad. United Express vuela a San Francisco.

La **estación de Amtrak** (www.amtrak.com; 1620 Yuba St) queda una manzana al oeste del Downtown Redding Mall. No hay personal. Los billetes para el *Coast Starlight* se pagan en el tren, tras haberse reservado por teléfono o en línea. Tiene un servicio diario a Oakland (48 US$, 6 h), Sacramento (26 US$, 4 h) y Dunsmuir (28 US$, 1¾ h).

La **estación de autobuses de Greyhound** (1321 Butte St), junto al Downtown Redding Mall, no cierra nunca. Da servicio a San Francisco (42 US$, 8½ h, 4 diarios) y Weed (23 US$, 1½ h, 3 diarios). La **Redding Area Bus Authority** (RABA; www.rabaride.com) opera una docena de rutas urbanas hasta aproximadamente las 18.00 de lunes a sábado; billetes desde 1,50 US$ (no dan cambio).

Alrededores de Redding

Shasta State Historic Park

Por la Hwy 299, casi 10 km al oeste de Redding, en este **parque histórico estatal**

ⓘ DESVÍO DE LA SOSA I-5

Una buena alternativa de la I-5 para viajar al norte y al sur es la Hwy 3, que atraviesa el valle de Scott, un camino que recompensa con vistas de primera de los Trinity Alps. Comparado con la aburrida carretera principal, este desvío supone media jornada más al volante.

(☎520-243-8194; www.parks.ca.gov; ⊙10.00-17.00 vi-do) se conservan las ruinas de Shasta (no confundir con Mt Shasta City), una ciudad minera de la época de la Fiebre del Oro de la década de 1850. Durante su apogeo fue un gran centro, pero cuando el ferrocarril la pasó por alto para instalarse en Poverty Flats (la actual Redding), Shasta perdió su razón de ser.

El edificio de los Juzgados, construido en 1861, alberga hoy el mejor **museo** (☎530-243-8194; entrada 2 US$; ⊙10.00-17.00 ju-do; ⊕) de la región. Su colección de pistolas, los fantasmagóricos hologramas del sótano y la horca de la parte de atrás crean un conjunto inquietante. En el mostrador de información hay folletos con las rutas hasta el precioso cementerio católico, cervecerías en ruinas y muchos otros lugares históricos.

Lago Whiskeytown

Unos 3 km al oeste de la Hwy 299, el **lago Whiskeytown** (☎530-242-3400; www.nps.gov/whis; vehículo 5 US$/día) debe su nombre a un antiguo campamento minero. El lago se creó en 1960 a raíz de la construcción de una presa de 80 m para la producción de electricidad y la irrigación del Valle Central. Los pocos edificios que quedaron en pie se desplazaron y se anegó el campamento. John F. Kennedy presidió la ceremonia de inauguración, apenas dos meses antes de ser asesinado. Hoy, los habitantes de la zona descienden hasta sus 58 km de bosque sereno junto a la orilla para acampar, nadar, pedalear y buscar oro.

En el **centro de visitantes** (☎530-246-1225; ⊙9.00-18.00 may-sep, 10.00-16.00 oct-abr) en el extremo norte del lago, junto a la Hwy 299, dispensan mapas gratis e información sobre Whiskeytown y la Whiskeytown-Shasta-Trinity National Recreation Area. El personal, muy atento, sabe de lo que habla. Se ofrecen visitas comentadas por los guardabosques y caminatas guiadas. La excursión desde el centro de visitantes hasta la estruen-dosa **cascada de Whiskeytown** (5,5 km ida y vuelta) sigue un antiguo camino de taladores y supone una interesante visita rápida al lago.

El **arroyo Brandy**, en la orilla sur, es ideal para nadar. Justo fuera de la Hwy 299, en el extremo norte del lago, en **Oak Bottom Marina** (☎530-359-2269; alquiler de barcas 2/8 h desde 50/180 US$) alquilan barcas. En el lado oeste del lago, en el **Tower House Historic District** se hallan algunas ruinas de minas y la pionera Camden House, una casa que se puede visitar en verano. En invierno, es un rincón tranquilo para explorar, con un ambiente especial.

El **Oak Bottom Campground** (☎800-365-2267; parcelas tienda/autocaravana 20/22 US$) es un *camping* privado. No sobra el espacio, pero es más agradable que la mayoría, con muchos arbustos de manzanita que dan sombra. La mejor zona está junto a la orilla, accesible a pie. Hay **'campings' muy básicos** (verano/invierno 10/5 US$) alrededor del lago; el de acceso más fácil es el del **Crystal Creek,** sin agua pero con bonitas vistas.

Lago Shasta

Unos 15 min al norte de Redding, el origen del **lago Shasta** (www.shastalake.com) es la construcción de una presa en la década de 1940, con la consiguiente inundación de pueblos, vías de ferrocarril y el 90% de las tierras de la tribu wintu. El embalse más grande de California ahora alberga la mayor población de parejas de águilas calvas del estado. Rodeado de senderos y *campings,* se pone hasta los topes en verano. En el lago también viven más de 20 especies de peces, entre ellos la trucha arcoíris.

En el **puesto de guardabosques** (☎530-275-1589; 14250 Holiday Rd; ⊙8.00-16.30 lu-do may-sep, lu-vi oct-abr) facilitan mapas gratis e información sobre pesca, navegación y senderismo. Se accede desde la I-5 por la salida del Mountaingate Wonderland Blvd, unos 14 km al norte de Redding, y después a la derecha.

◉ Puntos de interés y actividades

El lago, conocido como "la capital mundial de las casas flotantes", lo frecuentan barqueros de todo tipo. La **Packer's Bay** es la mejor zona para estirar las piernas, con fácil acceso desde la I-5 (está señalizada), aunque la ruta más bonita (excepto en verano, cuando la falta de sombra la hace sofocante) es el **Clikapudi Trail**, de 12 km, también frecuentado por ciclistas de montaña y caballistas. Para llegar, sígase la Bear Mountain Rd varios kilómetros hasta el final.

Presa de Shasta PRESA

(☎530-275-4463; www.usbr.gov/mp/ncao/shasta/; 16349 Shasta Dam Blvd; ⊗centro de visitantes 8.00-17.00, circuitos 9.00-15.00) GRATIS En consonancia con los enormes elementos naturales de la zona, esta presa colosal (15 millones de toneladas) es la 2ª en tamaño de EE UU, solo por detrás de la de Grand Coolie, en el estado de Washington (la de Hoover, en Nevada, aunque la más alta del país, es la cuarta). Está en el extremo sur del lago, en el Shasta Dam Blvd.

Construida entre 1938 y 1945, su aliviadero de 148 m es tan alto como un edificio de 60 plantas y tres veces mayor que las cataratas del Niágara. Woody Guthrie escribió la canción *This Land Is Your Land* mientras entretenía a los trabajadores de la presa. El **centro de visitantes de la presa de Shasta** (☎530-275-4463; ⊗8.30-16.30) ofrece circuitos guiados fascinantes por el estruendoso interior de la presa (a diario 9.00, 11.00, 13.00 y 15.00); el documental es prescindible.

Cuevas del lago Shasta CUEVAS

(www.lakeshastacaverns.com; adultos/niños 3-11 años 22/13 US$; ⊗visitas 9.00-16.00; 🐾) Estas cuevas prehistóricas se esconden sobre los megalitos calizos del extremo norte del lago. Las visitas guiadas, diarias, incluyen un paseo en barca por el lago Shasta, y en las oficinas hay una amplia zona de juegos infantil. La sala de la Catedral es imponente. Se aconseja llevar una prenda de abrigo, pues, dentro, la temperatura es de 14ºC todo el año. Se llega por la salida de la Shasta Caverns Rd de la I-5, unos 24 km al norte de Redding; las cuevas están a unos 2 km (hay indicaciones).

🛏 Dónde dormir y comer

Por la orilla del lago abundan los *campings* para tiendas y autocaravanas, si bien las casas flotantes son la opción más popular, aunque suelen exigir una estancia mínima de dos noches. Conviene reservar lo antes posible, sobre todo en verano. En las casas flotantes caben de 10 a 16 adultos (aprox. 1600-8400 US$/semana). Los parques para autocaravanas suelen llenarse y carecen de sombra, pero cuentan con restaurantes. También se puede explorar la zona en una excursión de un día desde Redding.

'Campings' del US Forest Service (USFS) CAMPINGS $

(☎877-444-6777; www.reserveusa.còm; parcela 10-20 US$) Casi la mitad de los *campings* del lago abren todo el año. Hay muchos junto al agua, con vistas del lago y de las montañas, algunos de ellos muy apartados. Normalmente tienen embarcaderos gratis que se ocupan por orden de llegada; los que no lo tienen suelen estar más vacíos.

Para acampar fuera de las zonas designadas se exige un permiso, disponible gratis en las oficinas del USFS.

Holiday Harbor Resort CASAS FLOTANTES, CAMPING $

(☎530-238-2383; www.lakeshasta.com; Holiday Harbor Rd; parcela tienda y autocaravana 38,50 US$, casa flotante para 2 noches desde 920 US$; 🐾) Aunque orientado sobre todo a autocaravanas, también alquilan casas flotantes (las tarifas en temporada baja caen casi a la mitad) y en el concurrido puerto deportivo se ofrecen salidas de *parasailing* y de pesca. Hay un pequeño **café** (⊗8.00-15.00) con vistas al lago. Está cerca de la Shasta Caverns Rd, junto al lago.

Antlers RV Park & Campground CAMPING, CABAÑAS $

(☎530-238-2322; www.shastalakevacations.com; 20679 Antlers Rd; parcela tienda y autocaravana 18-42 US$, alquiler de caravana 88-105 US$; 🐾🏊🐶) Está al este de la I-5, en Lakehead, en el extremo norte del lago. Es muy popular y familiar; hay cabañas, una tienda básica y un puerto deportivo donde se alquilan embarcaciones y casas flotantes.

Lakeshore Inn & RV CAMPING $

(☎530-238-2003; www.shastacamping.com; 20483 Lakeshore Dr; parcela autocaravana 20-37 US$, cabañas desde 95 US$; 🐾🏊) Al oeste de la I-5, junto al lago, este complejo vacacional dispone de restaurante, taberna, una zona para jugar a las herraduras y cabañas muy sencillas.

MONTE LASSEN Y ALREDEDORES

Para estar a unas pocas horas de San Francisco, los espectaculares riscos, formaciones volcánicas y lagos alpinos del Lassen Volcanic National Park se conservan sorprendentemente bien. El terreno se cubre de nieve durante la mayor parte del invierno y de flores a finales de primavera. Aunque solo está a 80 km de Redding y podría visitarse en una excursión de un día desde allí, para hacerle justicia habría que invertir unos cuantos días en explorar la zona por sus sinuosas carreteras panorámicas. Desde el Lassen Volcanic National Park se pueden tomar dos carreteras de belleza similar: la Hwy 36 en sentido este, que pasa por Chester, el lago Almanor y la histórica Susanville, y la Hwy 89, que va hacia el sureste hasta la acogedora población de montaña de Quincy.

Lassen Volcanic National Park

El terreno seco, abrasador y desarbolado de este **parque nacional** (📞530-595-4444; www.nps.gov/lavo; entrada 7 días por automóvil 10 US$) de 42 900 Ha ofrece un fuerte contraste con el bosque de coníferas fresco y verde que lo rodea. Eso, en verano; en invierno, la nieve impide adentrarse mucho en él. Aun así, nada más acceder por la entrada suroeste el visitante se encuentra en otro mundo. Su manto de lava permite entrever el fascinante interior incandescente de la tierra. El terreno está salpicado de fuentes termales burbujeantes, pozas de barro humeantes, emanaciones sulfurosas nocivas, fumarolas,

ℹ INFORMACIÓN SOBRE LA NIEVE

Los guardabosques cuentan historias sobre gente que ha atravesado el condado en su autocaravana y encuentran cerrado el acceso al Lassen Volcanic National Park; mejor que eso no pase. La carretera que atraviesa el parque suele estar abierta entre junio y octubre, aunque en ocasiones se cierra por la nieve (hasta 12 m) hasta en pleno mes de julio. Los viajeros deberían llamar o consultar el sitio web del parque (www.nps.gov/lavo; "Current Conditions") para informarse antes de plantearse la visita al parque en cualquier momento, salvo agosto y septiembre. En cualquier otra época se pueden sufrir los efectos de las ventiscas o del deshielo.

torrentes de lava, conos de ceniza, cráteres y lagos volcánicos.

En sus orígenes, esta región se convertía cada verano en campamento y punto de encuentro de los pueblos nativos norteamericanos, en particular de los atsugewi, los yana, los yahi y los maidu. Aquí cazaban ciervos y recolectaban plantas para confeccionar cestos. Algunos nativos aún viven en las inmediaciones, trabajan cerca del parque e incluso colaboran con charlas sobre su historia milenaria y su cultura actual.

⊙ Puntos de interés y actividades

El **pico Lassen,** el mayor domo volcánico del mundo, se eleva a más de 3000 m sobre el nivel del mar. Está clasificado como volcán activo y su última erupción tuvo lugar en 1917, cuando una gran nube de humo, vapor y cenizas se dispersó sobre 11 km a la redonda. El parque nacional fue creado al año siguiente para proteger el paisaje formado por la erupción. Algunas de las zonas dañadas se han recuperado de forma impresionante, incluida el **Área Devastada,** al noreste del volcán.

La Hwy 89, que atraviesa el parque y recorre tres lados del pico Lassen, permite visitar pronunciadas formaciones geotérmicas, lagos de aguas cristalinas, fantásticas zonas de *picnic* y senderos remotos.

Por el parque serpentean 240 km de **senderos,** incluida una sección de 27 km del famoso Pacific Crest Trail. Los senderistas experimentados pueden afrontar el **Lassen Peak Trail.** Se tardan al menos 4½ h en completar los 8 km de ida y vuelta; los primeros 2 km hasta el mirador de Grandview son aptos para familias. Las vistas de 360° desde la cima son alucinantes, aun con niebla. A principios de temporada se necesita equipo de nieve y hielo para alcanzar la cima. Cerca del centro de visitantes de Kom Yah-Mah-Nee sale una pista más asequible de 4 km, que discurre entre praderas y bosques hasta la **cascada del arroyo Mill.** Más al norte, junto a la Hwy 89, se avistan los **Sulfur Works,** reconocibles por las pozas de barro burbujeantes, las columnas de vapor silbantes, las fuentes y las fumarolas. En el **Bumpass Hell,** una pista de pendiente moderada de 2,5 km y un sendero entarimado dan acceso a la zona geotérmica activa, con pozas de colores y espesas fumarolas.

La carretera y la pista serpentean entre conos de ceniza, lava y claros de exuberantes bosques alpinos, con vistas de los lagos Juniper y Snag y de las llanuras. La mayor parte de los lagos de montaña permanecen parcialmente helados en verano, aunque se puede pescar, nadar o navegar más abajo, en el lago Manzanita, cerca de la entrada norte del parque.

🛏 Dónde dormir y comer

Si se llega al Lassen Volcanic National Park desde el norte por la Hwy 89 no se verán muchos anuncios de gasolineras/comida/ alojamiento pasada Mt. Shasta City, así que la mejor opción es proveerse de alimentos en ruta y acampar.

El parque dispone de ocho 'campings' (📞877-444-6777; www.recreation.gov; parcela tienda y autocaravana 10-18 US$) y de muchos más en el circundante Lassen National Forest. Todos ellos abren aproximadamente de finales de mayo a finales de octubre, en función del tiempo. El lago Manzanita es el único que dispone de duchas con agua caliente, aunque los dos *campings* del lago Summit, en pleno parque, también suelen estar bastante abarrotados. Se puede reservar en los *campings* del lago Butte, en el extremo noreste del parque, en el noroeste del lago Manzanita, así como en los de Summit Lake North y Summit Lake South.

Si no se quiere acampar, el lugar más próximo para alojarse es Chester, con acceso a la entrada sur del parque. Cerca de la confluencia de la Hwy 89 con la Hwy 44, al norte, se encontrarán servicios básicos.

Acceso norte al parque

Manzanita Lake
Camping Cabins   CABAÑAS, CAMPING $
(📞verano 530-335-7557, invierno 530-200-4578; www.lassenrecreation.com; Hwy 89, cerca del lago Manzanita; cabañas 63-89 US$; 📶) Ofrece cabañas de madera de construcción reciente en una ubicación encantada, junto a uno de los lagos Lassen; las hay de una y dos habitaciones, aparte de estructuras algo más básicas con 8 literas (una ganga para grupos). Tienen taquillas a prueba de osos, calefactores de propano y hogueras, pero no hay ropa de cama, electricidad ni agua corriente.

Quien quiera disfrutar de la naturaleza con ciertas comodidades puede encargar con antelación un Camper Package, paquete que incluye las provisiones básicas para pasar una noche bajo las estrellas (desde 100 US$, tentempiés típicos incl.).

Manzanita Lake
Campground   CAMPING, CABAÑAS $
(📞877-444-6777; www.recreation.gov; parcela 10-18 US$; 📶) Es el mayor *camping* de esta zona, con acceso a un lago, vistas del pico Lassen y 179 parcelas con hogueras, mesas de *picnic* y taquillas a prueba de osos. Hay una tienda, duchas de agua caliente y alquiler de kayaks.

Hat Creek Resort
& RV Park   CABAÑAS, CAMPING $
(📞800-568-0109; www.hatcreekresortrv.com; 12533 Hwy 44/89; parcela tienda desde 15 US$, parcela autocaravana con/sin conexiones desde 26/15 US$, h 54-209 US$, *yurta* 54-119 US$; 📶📶) Está cerca de Old Station y es una buena segunda opción tras el Manzanita Lake Camping Cabins, a orillas de un agitado arroyo plagado de truchas. Algunas de las sencillas habitaciones y cabañas tienen cocinas completas. Se pueden comprar provisiones en el colmado y *deli*, y comer en mesas junto al río.

Entrada sur del parque

Mt Lassen/Shingletown KOA   CAMPING $
(📞530-474-3133; www.koa.com; 7749 KOA Rd; parcela tienda 29 US$, parcela autocaravana desde 42 US$, cabaña 67-160 US$; ⏱med mar-nov; 📶📶) Tiene el equipamiento habitual en un *camping* KOA, con zona de juegos, tienda y lavandería. Está junto a la Hwy 44, en Shingletown, unos 32 km al oeste del parque.

Childs Meadow Resort   CABAÑAS $
(📞530-595-3383; www.childsmeadowresort.com; 41500 E Hwy 36, arroyo Mill; d 60-70 US$, cabaña 75-150 US$) Tiene cabañas rústicas deterioradas (algunas que se asemejan más a caravanas) al borde de un prado montañoso espectacularmente frondoso, a 14,5 km de la entrada suroeste del parque. Ofrece una experiencia tipo refugio de montaña a la antigua, adecuadamente básica, pero muy cerca del parque.

Drakesbad Guest Ranch   RANCHO $$$
(📞530-529-1512, ext 120; www.drakesbad.com; Warner Valley Rd; h 140-190 US$/persona; ⏱jun-ppios oct; 📶) Está unos 27 km al noroeste de Chester, cerca del límite del parque. Los huéspedes, muchos de ellos habituales, se entretienen en la piscina de aguas termales o a lomos de un caballo. Salvo en la casa principal, no hay electricidad (las lámparas de queroseno y las hogueras dan a todo un tono encantador). El precio incluye comida típica. También hay especialidades vegetarianas y barbacoas al

Lassen Volcanic National Park

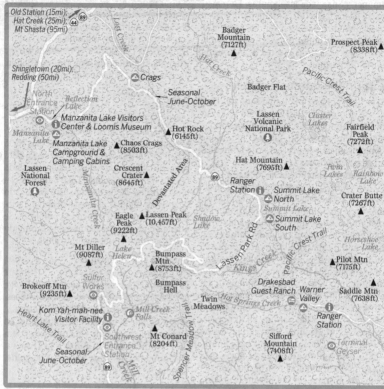

aire libre los miércoles. Es uno de los pocos lugares de la zona que siempre está lleno, así que conviene reservar lo antes posible.

ⓘ Información

Tanto en la entrada norte como en la suroeste, se ofrece un mapa gratis con información general.

Centro de visitantes de Kom Yah-Mah-Nee (☏ 530-595-4480; ◷ 9.00-18.00 jun-sep, variable oct-may) Este atractivo centro, 700 m al norte de la entrada suroeste del parque, ha obtenido la calificación máxima como "edificio verde". Acoge exposiciones didácticas (un volcán topografiado incl.), una librería, un auditorio, una tienda de regalos y un restaurante, además de mapas e información.

Centro de visitantes del lago Manzanita y Loomis Museum (☏ 530-595-4480; ◷ 9.00-17.00 jun-sep) Nada más pasar la taquilla del extremo norte del parque se podrán ver las exposiciones y el vídeo introductorio de este museo. En verano, guardabosques y volunta-

rios organizan actividades relacionadas con la geología, la fauna y flora, la astronomía y la cultura local. Información y mapas disponibles.

Oficina central del parque (☏ 530-595-4444; www.nps.gov/lavo; 38050 Hwy 36; ◷ 8.00-16.30 lu-do jun-sep, 8.00-16.30 lu-vi oct-may) Se halla 1,5 km al oeste del pequeño pueblo de Mineral y es el lugar más cercano para llenar el depósito y hacer compras.

ⓘ Cómo llegar y salir

Es casi imposible visitar este parque sin vehículo propio, aunque las carreteras de doble sentido que lo atraviesan y la abundante oferta de acampada en zonas protegidas lo convierten en un excelente destino para ciclistas experimentados.

El parque tiene dos entradas. La norte, por el lago Manzanita, está 80 km al este de Redding por la Hwy 44. La entrada suroeste está en la Hwy 89, unos 8 km al norte del cruce con la Hwy 36. Desde allí, se sigue durante otros 8 km al oeste por la Hwy 36 hasta Mineral y 70 km al

oeste hasta Red Bluff. En dirección este por la Hwy 36, a 40 km se halla Chester y a unos 96 km, Susanville. Quincy está a 104 km al sureste desde el cruce con la Hwy 89.

Lassen National Forest

Este enorme bosque nacional (www.fs.fed.us/r5/lassen), que rodea el pico Lassen y el Lassen Volcanic National Park, es tan grande que resulta difícil de imaginar: cubre 485 000 Ha de naturaleza en una zona llamada The Crossroads (cruce de caminos), donde confluyen la granítica Sierra, la zona volcánica de las Cascades, la meseta de Modoc y el Valle Central. Es en gran parte terreno virgen, aunque si el visitante se aleja lo suficiente de los caminos que lo rodean, seguro que verá rastros de la tala de árboles y de la actividad minera que aún se registran en su interior.

El bosque ofrece muchas posibilidades excursionistas, con 740 km de **senderos,** desde muy duros (como los 193 km del Pacific Crest Trail) hasta ambiciosas excursiones de un día (el Spencer Meadows National Recreation Trail, de 19 km) y otros simplemente para estirar las piernas (como el Heart Lake National Recreation Trail, de 5,5 km). Cerca del cruce de la Hwy 44 con la Hwy 89 se halla uno de los elementos más espectaculares del bosque, el oscuro tubo de lava de 550 m de la **cueva Subway.** Otros puntos de interés son el **Spattercone Crest Trail,** un sendero volcánico de 2,5 km, los lagos **Willow** y **Crater,** el **pico Antelope,** de 2342 m, y la **Hat Creek Rim,** una escarpadura de 275 m de alto y 22,5 km de extensión.

Para alejarse de las rutas habituales hay tres zonas vírgenes. Dos de ellas, ambas en cotas altas, son la **Caribou Wilderness** y la **Thousand Lakes Wilderness,** que conviene visitar de mediados de junio a mediados de octubre. La **Ishi Wilderness,** a menor altitud en las estribaciones del Valle Central, al este del Red Bluff, es más accesible en primavera y otoño. En verano, la temperatura supera los 37 °C. Acoge el mayor rebaño migratorio de ciervos de California, que puede superar las 20 000 cabezas.

La oficina del supervisor del Lassen National Forest está en Susanville. Hay otros puestos de guardabosques, como el del **distrito del lago Eagle** (☎530-257-4188; 477-050 Eagle Lake Rd, Susanville), el del **distrito de Hat Creek** (☎530-336-5521; 43225 E Hwy 299, Fall River Mills) y el del **distrito de Almanor** (☎530-258-2141; 900 E Hwy 36, Chester), 1,5 km al oeste de Chester.

Zona del lago Almanor

Apacible y de aguas color turquesa, el lago Almanor se extiende al sur del Lassen Volcanic National Park y es accesible por la Hwy 89 y la Hwy 36. Este lago artificial es un claro ejemplo de la política de conservación y gestión del territorio de California: el lago fue creado por la desaparecida Great Western Power Company y actualmente es propiedad de la Pacific Gas & Electric Company. Está rodeado de frondosos prados y altos árboles de hoja perenne, y no hace tanto apenas recibía visitas. Ahora hay una estación de esquí de 1200 Ha en las cumbres cercanas, por lo que cada vez se ven más viviendas cerca de la orilla y lanchas en sus aguas. En especial, la

WILD HORSE SANCTUARY

Desde 1978, la reserva Wild Horse Sanctuary (☎530-335-2241; www.wildhorsesanctuary.com; Shingletown; gratis; ☺9.00-16.00 mi y sa) GRATIS acoge caballos y burros que, de otra forma, habrían sido sacrificados. Los miércoles y sábados se puede ir al centro de visitantes para ver a estos animales, o incluso ofrecerse a trabajar gratis un día, previa cita. Para verlos en las llanuras se puede contratar una salida de dos o tres jornadas los fines de semana de primavera o verano (desde 435 US$/persona). Shingletown está 32 km al oeste del Lassen Volcanic National Park.

sección noreste ha adquirido mucha clase, e incluso hay algunas comunidades valladas. El escarpado extremo sur cuenta con kilómetros de pinares.

La principal población cerca del lago, Chester (2500 hab., 1380 m), no es muy atractiva. Si se pasa rápido, no se verán más que unas calles con escaparates anodinos junto a la carretera; pero pese a esa apariencia tristona, un mundillo artístico emergente, oculto en las calles secundarias, además de algunos alojamientos cómodos (aunque no tan emocionantes como los del lago).

🏃 Actividades

En muchos puntos del lago se alquilan embarcaciones y equipamientos para deportes acuáticos.

Bodfish Bicycles & Quiet Mountain Sports CICLISMO, AVENTURAS
(☎530-258-2338; www.bodfishbicycles.com; 152 Main St, Chester; ☺10.00-17.00 ma-sa, 12.00-16.00 do) Alquilan bicicletas (33 US$/día), esquís de fondo y raquetas de nieve, y venden canoas y kayaks. También es una buena fuente de información para ciclistas de montaña y de carretera, además de una parada obligada para quien quiera informarse de las estupendas excursiones a pedales por la región.

🛏 Dónde dormir y comer

Para acampar, las mejores opciones están en el interior del bosque nacional.

Chester

En la calle principal de Chester hay una sucesión de tabernas al estilo de los años cincuenta y hoteles de cadenas nacionales (a destacar el Best Western Rose Quartz Inn, algo caro). Muchos de estos establecimientos adaptan sus horarios a la temporada, que es corta, pues puede nevar hasta ya entrado el mes de junio. Los restaurantes son en plan hamburguesas con patatas o casas de comidas familiares; los mejores están a unos kilómetros de la localidad, por la orilla noreste del lago.

St Bernard Lodge B&B $$
(☎530-258-3382; www.stbernardlodge.com; 44801 E Hwy 36, Mill Creek; d con baño compartido desde 99 US$; 🐾) Este establecimiento a la antigua, situado 16 km al oeste de Chester, dispone de siete habitaciones con vistas a las montañas y al bosque, todas con paneles de madera en las paredes. Tienen caballos para cabalgar por la cercana red de senderos de Lassen, y una buena taberna donde sirven cocina estadounidense a base de carne.

Bidwell House B&B B&B $$
(☎530-258-3338; www.bidwellhouse.com; 1 Main St; h con baño compartido 80-115 US$, h con baño privado 125-260 US$, casita 185-285 US$; 🐾) Apartada de las calles principales, esta histórica residencia de verano de los pioneros John y Annie Bidwell está repleta de antigüedades. Es un alojamiento clásico con instalaciones modernas (tiene *spa* en algunas habitaciones). Permite disfrutar de un desayuno de tres platos, de galletas caseras y de un jerez por la tarde.

Knotbumper Restaurant ESTADOUNIDENSE $
(274 Main St; comidas 8-12 US$; ☺11.00-20.00 ma-sa) La amplia carta, de tipo informal, incluye tamales y bocadillos de gambas con lechuga. En verano, desde el animado porche se ven pasar los camiones. En invierno es con si estuviera cerrado.

Alrededores del lago

En verano conviene reservar un alojamiento junto al lago. Hay restaurantes y complejos hoteleros.

'Campings' de la zona recreativa del PG&E CAMPING $
(☎916-386-5164; http://recreation.pge.com/Reserve-a-Campsite/; parcela tienda 16-22 US$; 🐾) El Rocky Point Campground acoge tiendas

RUTA PAISAJÍSTICA: LASSEN SCENIC BYWAY

Incluso en pleno verano, la Lassen Scenic Byway es una ruta solitaria. Este largo itinerario circular atraviesa el salvaje norte de California, bordea el Lassen Volcanic National Park y rodea el pico Lassen, uno de los mayores volcanes inactivos del planeta. Cubre casi todas las zonas verdes del mapa regional: amplias extensiones perfectas para hacer caminatas, pescar, acampar o simplemente perderse. Poca gente se aventura por estos lares, y quien lo hace siempre regresa con algo que contar.

El punto de partida podría ser Redding o Sacramento, aunque no hay que esperar muchas comodidades. Las únicas poblaciones en la zona (lugares pequeños como Chester y Susanville) no son muy emocionantes de por sí, sino más bien puntos en los que repostar gasolina, comprar algo de cecina y disfrutar de la única comida caliente de la semana. Pero hay excepcionales atracciones por doquier: la cima volcánica, ominosa e inactiva del Lassen, altiplanicies barridas por el viento y la naturaleza aparentemente infinita de los bosques nacionales de Lassen y Plumas.

Este bucle sigue la Hwy 36, la Hwy 44 y la Hwy 89. En www.byways.org/explore/byways/2195 hay un mapa y algunos puntos destacados del mismo. La mejor época para recorrerlo es de finales de junio a mediados de octubre. En otros meses, estas carreteras pueden estar cerradas por la nieve.

y autocaravanas y está tan cerca del lago que algunas parcelas están prácticamente en la playa. Para algo más apartado, el Cool Springs Campground está en el embalse Butt, en su extremo sur, al final de la Prattville Butt Reservoir Rd.

Estos *campings* quedan en el interior de los bosques nacionales de Lassen y Plumas, en la orilla suroeste del lago. Las parcelas suelen ser más tranquilas que las de los *campings* privados para autocaravanas que hay junto a la orilla.

North Shore Campground CABAÑAS, CAMPING **$**
(☑530-258-3376; www.northshorecampground.com; parcela tienda 40 US$, parcela autocaravana 45-56 US$, cabaña 119-269 US$, caravana de alquiler 89 US$; ☎) Está a unos 3 km de Chester, en la Hwy 36. Es una zona amplia y boscosa que se extiende 1,6 km junto al agua, llena sobre todo de autocaravanas. También hay cabañas tipo rancho con cocina, geniales para familias. Es un lugar ideal para practicar el esquí acuático, pero no para quien busque tranquilidad.

Knotty Pine Resort & Marina CABAÑAS **$$**
(☑530-596-3348; www.knottypine.net; 430 Peninsula Dr; parcela autocaravana 175 US$/semana, cabaña 2 dormitorios con cocina 165 US$, h 145 US$; ☎) Junto al lago, 11 km al este de Chester, aquí se encontrarán cabañas sencillas y barcas, kayaks y canoas de alquiler.

Tantardino's ITALIANA **$$**
(☑530-596-3902; 401 Ponderosa Dr, Lake Almanor Peninsula; principales 9-19 US$; ☉11.30-21.00 ma-

sa) Sin duda, es el favorito de los lugareños para comer en la región; incluso la gente de Susanville recorre con gusto 51,5 km para probar su excelente lasaña a la siciliana, deliciosas *pizzas* y bocadillos de albóndigas o de *caprese* al mediodía. Es un lugar animado y agradable, con espacio para comer y beber fuera en verano. Para cenar hay que reservar.

★**Red
Onion Grill** ESTADOUNIDENSE MODERNA **$$$**
(www.redoniongrill.com; 384 Main St; comidas 16-29 US$; ☉11.00-21.00) Ofrece la cocina más exquisita junto al lago, tipo estadounidense moderna de alta calidad, con influencias italianas (como unos sencillos *fetuccini* con salsa Alfredo con gambas de roca y cangrejo), y platos de bar bien elaborados. El ambiente es informal y divertido (con farolillos y una chimenea), y cuentan con la mejor carta de vinos del lugar.

ℹ️ Información

Cámara de Comercio de Chester y el lago Almanor (☑530-258-2426; www.chesterlakealmanor.com; 529 Main St, Chester; ☉9.00-16.00 lu-vi) Información sobre alojamiento y actividades en el lago, y sobre el Lassen National Forest y el Lassen Volcanic National Park.

Puesto de guardabosques de Almanor y el Lassen National Forest (☑530-258-2141; 900 E Hwy 36; ☉8.00-16.30 lu-vi) Información similar a la de la Cámara de Comercio, 1,5 km al oeste de Chester.

WESTWOOD Y EL BIZZ JOHNSON TRAIL

Westwood, unos kilómetros al este de Chester, es un pueblecito al inicio del Bizz Johnson Trail, un sendero muy pintoresco que recorre los remotos 41 km que unen Westwood y Susanville. Los puentes de madera y el sendero, antaño servidumbres de paso de la Southern Pacific, se pueden recorrer a pie, en bicicleta de montaña, a caballo o con esquís de fondo (¡no se permiten vehículos a motor!). Es mejor hacer la ruta en sentido Westwood-Susanville, ya que casi siempre es cuesta abajo; se encontrarán guías de la misma en la Cámara de Comercio de Chester y en la estación de trenes de Susanville.

Susanville

Aunque se halla en una preciosa meseta desértica, 56 km al este del lago Almanor y 136,7 al noroeste de Reno, la capital del condado de Lassen (16 616 hab.) no tiene mucho encanto. Es más bien un lugar para aprovisionarse, con un Wal-Mart, unos cuantos semáforos y dos cárceles, además de buenos servicios para viajeros de paso y un par de lugares históricos modestos. El evento local más destacado es la Lassen County Fair (530-251-8900; www.lassencountyfair.org), celebrada en julio.

Para información sobre la ciudad, visítese la Cámara de Comercio del condado de Lassen (530-257-4323; www.lassencounty-chamber.org; 84 N Lassen St; 9.00-16.00 lu-vi). En la oficina del supervisor del Lassen National Forest (530-257-2151; 2550 Riverside Dr.; 8.00-16.30 lu-vi) disponen de mapas e información sobre las zonas protegidas de los alrededores.

La estación de trenes de Susanville, al sur de Main St, cerca de Weatherlow St, ha sido restaurada. Se halla al final del Bizz Johnson Trail (p. 286). En el centro de visitantes (530-257-3252; 601 Richmond Rd; 10.00-16.00 may-oct) alquilan bicicletas y ofrecen información sobre rutas ciclistas de montaña.

El Roop's Fort (1853), el edificio más antiguo de la ciudad debe su nombre a Isaac Roop, fundador de Susanville, que fue el núcleo comercial de la ruta de emigración Nobles Trail. La ciudad recibió el nombre de la

hija de Roop, Susan. Junto al fuerte se halla el Lassen Historical Museum (75 N Weatherlow St; entrada con donativo; 10.00-16.00 lu-vi may-oct), de reciente creación, con muestras de vestuario y objetos de la zona que justifican una visita de 20 min.

Los moteles de Main St cobran 65-90 US$/ noche; el High Country Inn (530-257-3450; www.high-country-inn.com; 3015 Riverside Dr; h 87-159 US$;) es el mejor. Pero se recomienda el Roseberry House B&B (530-257-5675; www.roseberryhouse.com; 609 North St; h/ste 110/135 US$;), una casa victoriana de 1902 con cierto encanto, situada dos manzanas al norte de Main St, y detalles agradables, como las sales de baño o los platitos con dulces, además de magdalenas y mermeladas caseras para el desayuno.

Para comer, el Lassen Ale Works (724 Main St; principales 9-21 US$; 11.00-22.00 lu-ju, 11.00-23.00 vi y sa, 9.00-22.00 do), relativamente nuevo, en el Pioneer Saloon (c. 1862), es un lugar reformado con mucho gusto. Es famoso por su *fish and chips*, aunque todo, desde los filetes hasta los sándwiches Reuben, es fresco. El servicio es también muy atento, y tienen siete cervezas artesanales (entre ellas, Pioneer Porter y Almanor Amber). Desafortunadamente, solo admiten a mayores de 21 años.

Sage Stage (530-233-6410; www.sagestage. com) opera autobuses a Redding vía Alturas (18 US$) y al sur, a Reno (22 US$). Susanville City Buses (530-252-7433) ofrece un circuito por la ciudad (billete 2 US$).

Lago Eagle

Quienes tengan tiempo para acercarse al segundo lago natural más grande de California se verán recompensados con uno de los lugares más impactantes de la región: una joya de un impresionante color azul en la alta meseta. De finales de primavera a otoño, unos 24 km al noroeste de Susanville, atrae a muchos visitantes en busca de frescor y aficionados a la natación, la pesca, la navegación y la acampada. En su orilla sur hay una pista de senderismo y varios 'campings' (reservas 877-444-6777; www.recreation.gov; parcela tienda/autocaravana 20/30-60 US$) bastante concurridos, gestionados por el Lassen National Forest y el Bureau of Land Management (BLM; 530-257-5381). Hay varios *campings* para tiendas, como el Merrill, el Aspen, el Christie y el Eagle. La mayoría están bastante sucios, en comparación con el precioso entorno, aunque el Merrill tiene algunas parcelas junto a la orilla muy solicitadas. El Merrill y el Eagle también ofrecen parcelas para autocaravanas. El cercano **puerto del lago Eagle** (www.eaglelakerecreationarea.com) dispone de duchas con agua caliente, lavandería y embarcaciones de alquiler. También es un buen lugar para salir a pescar (con licencia).

El **Eagle Lake RV Park** (☎530-825-3133; www.eaglelakeandrv.com; 687-125 Palmetto Way; parcela tienda/autocaravana 25/36,50 US$; cabaña 37-100 US$; ☎☎), en la orilla oeste, y el **Mariners Resort** (☎530-825-3333; Stones Landing; parcela autocaravana 37-40 US$, cabaña 110-190 US$), en la norte (más tranquila), alquilan barcas.

Quincy

Esta idílica localidad (1728 hab.) es una de las tres comunidades de las montañas del norte a punto de convertirse en una corporación municipal (las otras dos son Burney, en el condado de Shasta, y Weaverville). No se trata de una metrópolis, pero tiene un gran ultramarinos e incluso un Subway. En el 2013, *Budget Travel* la incluyó entre las mejores pequeñas ciudades de EE UU. Se halla en un valle alto del norte de la Sierra, al sureste del Lassen Volcanic National Park y del lago Almanor por la Hwy 89, y es un pueblo con encanto y cierta animación gracias a los estudiantes del Feather River College. El cercano río Feather, el Plumas National Forest, el Tahoe National Forest y sus espacios naturales hacen de Quincy una base excelente para explorar la zona.

En la localidad, la Hwy 70/89 se divide en dos calles de sentido único: Main St, que va al este, y Lawrence St, al oeste. Jackson St, una manzana al sur y paralela a Main St, es la tercera arteria local y su principal zona comercial; en esta zona se encontrará todo lo que se necesite.

◉ Puntos de interés y actividades

Con los folletos gratis sobre las rutas en automóvil o a pie del centro de visitantes se podrá explorar el **American Valley**. La **Feather River Scenic Byway** (Hwy 70) conduce hasta la Sierra. En verano, las aguas heladas del **río Feather** son perfectas para nadar, navegar en kayak, pescar o relajarse. La zona también es un paraíso para los deportes de invierno, sobre todo en el lago Bucks.

Plumas County Museum MUSEO
(☎530-283-6320; www.plumasmuseum.org; 500 Jackson St, en Coburn St; adultos/niños 2/1 US$; ◷9.00-16.30 ma-sa, 10.00-15.00 do; ⚑) El excelente museo del condado, situado justo detrás de los Juzgados, ocupa varias plantas con cientos de fotografías históricas y recuerdos de los tiempos de los maidu y de los primeros colonos, de los albores de la industria minera y maderera y de la construcción del ferrocarril, además de jardines floridos.

Juzgados del condado de Plumas EDIFICIO HISTÓRICO
(Main St) Los Juzgados del condado de Plumas, de 1921, están en el extremo oeste de Main St. Albergan columnas y escaleras de mármol, y en el vestíbulo una lámpara de bronce y cristal que pesa una tonelada.

Sierra Mountain Sports ACTIVIDADES AL AIRE LIBRE
(www.sierramountainsports.net; 501 W Main St) Frente a los Juzgados, aquí alquilan equipo de esquí nórdico y raquetas de nieve.

Big Daddy's Guide Service PESCA
(☎530-283-4103; www.bigdaddyfishing.com) El capitán Bryan Roccucci es Big Daddy, el único guía de pesca del noreste de California, gran conocedor de los lagos y organizador de salidas para todos los niveles (desde 175 US$/persona).

★☆ Fiestas y celebraciones

★**High Sierra Music Festival** MÚSICA
(www.highsierramusic.com) El primer fin de semana de julio, Quincy acoge este animado festival, famoso en todo el estado. Durante cuatro días, los cinco escenarios de la ciudad se llenan de arte y música de todo tipo (*indie rock*, *blues* clásico, *jazz* y folk), con artistas como Thievery Corporation, Lauryn Hill, Primus, Ben Harper y Neko Case.

Algún viejo cascarrabias del lugar lo llamará el Hippie Fest, pues es un evento bastante tranquilo en comparación con otros más alternativos de la región. Conviene reservar habitación o *camping* un par de meses antes. Quien no quiera acampar en el bosque nacional de los alrededores tiene Susanville, a 1 h por carretera, donde hay más habitaciones.

🛏 Dónde dormir

Ranchito Motel
MOTEL $

(☎530-286-2265; www.ranchitomotel.com; 2020 E Main St; h desde 79 US$; 🛜) Con columnas antiguas de madera, paredes encaladas de ladrillo, puertas de un granero antiguo y alguna rueda de carro decorativa, se trata de un lugar agradable, emplazado en la mitad este de la ciudad. Las habitaciones, modernas, están recién pintadas y resultan cómodas para su precio. Detrás hay una zona boscosa de varias hectáreas con muchas más posibilidades.

Pine Hill Motel
MOTEL $

(☎530-283-1670; www.pinehillmotel.com; 42075 Hwy 70; i/d/cabaña desde 69/75/150 US$; ✳🛜🐾🐕) Hotelito situado a 1,5 km del centro de Quincy, protegido por estatuas y rodeado de un gran jardín. Las habitaciones no tienen nada de especial, pero están limpias y al día; todas disponen de microondas, cafetera y nevera. Algunas cabañas tienen cocina completa.

'Campings' del cañón del río Feather
CAMPING $

(☎reservas 877-444-6777; www.fs.usda.gov; parcela tienda y autocaravana 23 US$) Las zonas de acampada del lugar están gestionadas por la oficina de guardabosques del distrito de Mt. Hough. Ocupan unos terrenos junto al río North Feather, al oeste de Quincy. Cinco de ellas son gratis, pero tampoco tienen agua corriente. Las parcelas se ocupan por orden de llegada.

★Quincy Courtyard Suites
APARTAMENTOS $$

(☎530-283-1401; www.quincycourtyardsuites.com; 436 Main St; apt 129-169 US$; 🛜) Alojarse en el edificio Clinch, de 1908, bien renovado y con vistas a la calle principal del centro de Quincy, hará que el viajero se sienta en el mejor lugar del pueblo. Las habitaciones son acogedoras a la vez que modernas y espaciosas, y los apartamentos cuentan con grandes cocinas nuevas, bañeras con patas y chimeneas de gas.

Ada's Place
B&B $$

(☎530-283-1954; www.adasplace.com; 562 Jackson St; casitas 100-145 US$; 🛜) Aunque tenga pinta de B&B, no lo es, pues no sirven desayunos. Pero esto tampoco es un problema, ya que sus tres estancias con jardín, de vivos colores, tienen una cocina completa. Sale algo más caro que otros, pero vale la pena, con claraboyas que le dan un ambiente diáfano. Lugar tranquilo y privado en pleno Quincy.

Greenhorn Guest Ranch
RANCHO $$$

(☎800-334-6939; www.greenhornranch.com; 2116 Greenhorn Ranch Rd; por persona y día incl. salidas a caballo 258 US$, ☉may-oct; 🛜🐎🐕) Es un rancho para disfrutar: en lugar de palear paja en los establos, los huéspedes pueden salir de excursión por la montaña, aprender a montar a caballo y hasta practicar el arte del rodeo, además de pescar, pasear, practicar el *square dance*, charlar por la noche junto a la hoguera, cocinar al aire libre o asistir a carreras de ranas. El precio incluye las comidas y los paseos a caballo.

🍴 Dónde comer y beber

Además de unos cuantos restaurantes, Quincy tiene una gran tienda y un enorme **mercado** (esq. Church St y Main St; ☉17.00-20.00 ju med jul-med sep), por lo que es un buen lugar para aprovisionarse.

★Pangaea Café & Pub
CAFÉ $$

(www.pangaeapub.com; 461 W Main St; principales 9-13 US$; ☉11.00-20.00 lu-mi, 11.00-21.00 ju y vi; ✳🛜🐾🐕) 🍴 Se trata de un local sencillo de aspecto familiar, y su encanto aumenta al conocer su compromiso con los productos locales. Sirven hamburguesas de ternera de la zona, *sushi* de salmón, un montón de *paninis* (muchos vegetarianos) y cuencos de arroz. Se llena de lugareños que beben cervezas artesanas, niños que correteañ y mucho amor.

Morning Thunder Café
DESAYUNO $$

(557 Lawrence St; comidas 9-16 US$; ☉7.00-14.00; 🍴) Es el mejor lugar de la localidad para desayunar, en plan casero y moderno a la vez, con un patio a la sombra de las parras. Casi toda la carta es vegetariana. Pruébense los *vegetaters* (verduras y patatas asadas con queso fundido), el *thunder melt* de pollo y aguacate o el *drunken pig,* que combina cerdo y piña.

Moon's
ITALIANA $$

(☎530-283-0765; 497 Lawrence St; principales 13-24 US$; ☉17.00-21.00 ma-do) El aroma a ajo lleva hasta este pequeño y acogedor chalé con un ambiente encantador. Vale la pena probar la carne y las especialidades ítalo-americanas como su *pizza* o su lasaña.

Sweet Lorraine's
CALIFORNIANA $$

(384 Main St; comidas 12-28 US$; ☉almuerzo lu-vi, cena lu-sa) En los días más calurosos, y particularmente al atardecer, su patio es muy agradable. La carta incluye cocina californiana ligera (pescado, pollo, sopas y ensaladas),

pero también costillas al estilo San Luis. Para acabar, tienen un pudin al *whisky*.

Drunk Brush BAR DE VINOS
(www.facebook.com/TheDrunkBrush; 438 Main St; ⊙14.00-19.00 lu-mi, 14.00-22.00 ju y vi, 14.00-20.00 sa) Agradable bodega con patio donde elegir entre 25 vinos y unas cuantas cervezas. Tentempiés, ambiente cálido y arte en cada rincón.

ℹ Información

Oficina de guardabosques del distrito de Mt. Hough (☏530-283-0555; 39696 Hwy 70; ⊙8.00-16.30 lu-vi) Situada 8 km al oeste del pueblo, dispone de mapas e información sobre actividades al aire libre.

Centro de visitantes del condado de Plumas (☏530-283-6345; www.plumascounty.org; 550 Crescent St; ⊙8.00-17.00 lu-sa) Está 800 m al oeste del centro.

Oficina central del Plumas National Forest (☏530-283-2050; 159 Lawrence St; ⊙8.00-16.00 lu-vi) Mapas e información sobre actividades al aire libre.

Lago Bucks

Unos 27 km al suroeste de Quincy por la Bucks Lake Rd (Hwy 119), este lago de montaña de aguas claras está rodeado de pinares y es ideal para nadar, pescar y navegar. La región está bordeada por preciosos **senderos**, incluido el Pacific Crest Trail, que atraviesa la Bucks Lake Wilderness, una zona virgen de 8500 Ha, al noroeste del Plumas National Forest. En invierno, los últimos 5 km de la Bucks Lake Rd están cerrados por la nieve, lo que los convierte en un paraíso para los esquiadores de fondo.

En el **Bucks Lake Lodge** (☏530-283-2262; www.buckslakelodge.com; 16525 Bucks Lake Rd; d 99-109 US$, cabaña 145-195 US$; 🐾🏠), a orillas del lago, alquilan barcas y equipos de pesca en verano y esquís de fondo en invierno. El **restaurante** (principales 8-16 US$) se llena de lugareños. El **Haskins Valley Inn** (☏530-283-9667; www.haskinsvalleyinn.com; 1305 Haskins Circle; h 129-149 US$; 🐾) es un B&B situado al otro lado del lago, con mobiliario recargado pero acogedor, cuadros de bosques, *jacuzzis*, chimeneas y un porche. La Cowboy Room, con sus rústicas alfombras y sólida cama con dosel, es la habitación más popular.

Hay varios **'campings'** (parcelas 20-25 US$) sin reserva abiertos de junio a septiembre. En la oficina central del Plumas National Forest

(p. 289) y en la oficina de guardabosques del distrito de Mt Hough (p. 289), en Quincy, tienen mapas.

MONTE SHASTA Y ALREDEDORES

"Solitario como Dios y blanco como la luna en invierno, el monte Shasta se levanta, imponente y solitario, en el corazón de los grandes bosques negros del norte de California", escribió el poeta Joaquin Miller. Verlo impresiona tanto que, en ese momento, empieza a adquirir verosimilitud la teoría *new age* de que se trata de un vórtice de energía.

Hay millones de formas de explorar la cumbre y el bosque que la rodea, el Shasta-Trinity National Forest, según la temporada: se pueden hacer itinerarios en automóvil o excursiones a pie, en bicicleta de montaña, practicar *rafting*, esquiar o calzarse las raquetas de nieve. A los pies del monte hay tres pueblecitos muy interesantes (Dunsmuir, Mt. Shasta City y McCloud), cada uno con su carácter, pero unidos por el amor a la montaña, y los tres cuentan con restaurantes y alojamientos de primera. En los escarpados alrededores se elevan las abruptas cumbres de los Castle Crags, 9,5 km al oeste de Dunsmuir.

Al noreste del monte Shasta, tras un largo trayecto por carretera, el camino se adentra en un mundo aparte, donde se extiende el Lava Beds National Monument, un manto de lava árido y petrificado que contrasta con los frescos humedales de Klamath Basin National Wildlife Refuges, al oeste de las Lava Beds.

Más hacia el este, las mesetas elevadas y desiertas dan paso a las montañas de la Sierra Norte. Los habitantes de esta zona remota se alegran de todo corazón de acoger a los viajeros, aunque no acaben de entender el porqué de la visita.

Monte Shasta

La belleza del monte Shasta es cautivadora, a la vista desde una distancia de más de 150 km desde muchas zonas del norte de California y el sur de Oregón. Aunque no es la cumbre más alta de California (4316 m; la quinta del estado), es especialmente espectacular porque se alza solitaria en el horizonte.

Forma parte de la gran cadena Cascade, que abarca el pico Lassen al sur, el monte

varias tribus nativas, como los shasta, los karuk, los klamath, los modoc, los wintu y los pit river. En 1851, la Fiebre del Oro ya había atraído a hordas de buscadores, que arrasaron el lugar y destruyeron el modo de vida tradicional de los nativos, que quedaron al borde de la extinción. Con la llegada del ferrocarril empezaron a arribar trabajadores y se comenzó a exportar madera para la industria pesada, entonces en plena expansión. Mt. Shasta City (antigua Sisson) era la única población de la zona donde no se aplicaba la Ley Seca, por lo cual se convirtió en el lugar predilecto de los madereros.

Los leñadores han dejado paso a místicos de mediana edad y a entusiastas de los deportes al aire libre. Aunque las laderas ejercen un influjo directo sobre los exploradores, las supuestas propiedades cósmicas de la cumbre también atraen a no pocos espiritualistas. En 1987, unas 5000 personas llegadas de todo mundo se congregaron aquí durante la Harmonic Convergence, una meditación comunitaria por la paz. Los nativos americanos adoraban la montaña porque la consideraban sagrada: la morada del Gran Espíritu.

Muchos de los visitantes se alojan en Redding, ya que cuenta con muchos hoteles prácticos en la carretera, pero Mt. Shasta City ofrece un equilibrio perfecto entre proximidad, precio y personalidad. Para comer, hay buenos restaurantes en las tres poblaciones junto a la montaña, si bien conviene llevar algún tentempié, ya que los trayectos a/desde los bosques pueden ser largos.

Puntos de interés y actividades

La Montaña

Por la Everitt Memorial Hwy (Hwy A10), con vistas espectaculares durante todo el año, se llega casi hasta la cumbre. Desde el centro de Mt. Shasta City hay que tomar Lake St en sentido este, girar a la izquierda por Washington Dr y seguir recto. Desde la **Bunny Flat** (2091 m), con aparcamiento, paneles informativos y un lavabo público, parten los senderos Horse Camp y Avalanche Gulch, que también conducen hasta lo alto; este lugar es bastante concurrido. El tramo de carretera más allá de la Bunny Flat solo está abierto de mediados de junio a octubre, según la nieve, pero, de estar accesible, vale la pena. Esta carretera conduce al **Lower Panther Meadow**. Desde el *camping* salen senderos que llevan hasta la fuente sagrada de los wintu, en las praderas más elevadas, cerca de **Old Ski Bowl** (2377

St Helens y el monte Rainier al norte, en el estado de Washington. La presencia de fuentes termales indica que el volcán está dormido, pero no extinto. Hacia 1850 se vio humo que salía del cráter, aunque la última erupción tuvo lugar hace unos 200 años. La montaña tiene dos cumbres: en la principal hay un cráter de unos 180 m de diámetro, y la más reciente y pequeña, en la ladera oeste, se llama Shastina, con un cráter de 800 m de ancho.

La montaña y el **Shasta-Trinity National Forest** (www.fs.fed.us/r5/shastatrinity) están salpicados de senderos y de lagos. La zona es ideal para pasar varios días o semanas de acampada, senderismo, *rafting,* esquí, ciclismo de montaña y navegación.

Desgraciadamente, la historia de los primeros colonos suena a familiar: los comerciantes de pieles europeos llegaron a la zona en la década de 1820 y se encontraron con m). Poco después, llega el mejor momento de la excursión. Desde el **Everitt Vista Point** (2409 m) parte un breve paseo, con paneles informativos, que va del aparcamiento hasta un peñasco que ofrece una estampa de ensueño del pico Lassen al sur, el monte Eddy y las montañas Marble al oeste, y de todo el valle de Strawberry abajo.

La mejor época para escalar hasta la cima es entre mayo y septiembre, preferiblemente en primavera y a principios de verano, cuando la ladera sur sigue cubierta por una capa de nieve blanda que permite caminar con más facilidad. Aunque la meteorología es poco fiable y los vientos soplan con fuerza, se podría ir y volver en un día tras 12 h o más de caminata. Pero es preferible dedicar dos días más tranquilos, con pernoctación en la montaña. Siempre, el tiempo empleado dependerá de la ruta escogida, el estado físico del excursionista y la meteorología (consúltese el boletín meteorológico grabado del Forest Service Mt. Shasta en el ☏530-926-9613).

La ascensión a la cumbre desde la Bunny Flat sigue la **Avalanche Gulch Route**. Aunque solo son 11 km, el desnivel supera los 2100 m, de modo que es importante aclimatarse; incluso los escaladores más en forma se quedarán sin aliento. Además, hacen falta crampones, un piolet y casco; todo se puede alquilar. Los desprendimientos no son habituales, pero hay que tenerlos en cuenta. Para ascender sin equipo, la única opción es la **Clear Creek Route**, que parte de la ladera este. A finales de verano esta ruta suele estar practicable solo con botas de montaña, aunque hay zonas de grava y es conveniente pernoctar por el camino. Los inexpertos deben contactar con el puesto de guardabosques del monte Shasta (p. 295) y consultar su listado de guías.

Se aplica una tasa de escalada de más de 3000 m: un pase de tres días a la cumbre cuesta 20 US$, y uno anual, 30 US$; en el puesto de guardabosques tienen más información. También se necesita un permiso (gratis) para acceder a las zonas de naturaleza virgen, tanto en la montaña como por los alrededores.

Mt Shasta Board & Ski Park DEPORTES DE INVIERNO
(☏estado de la nieve 530-926-8686; www.skipark. com; pase diario de remontes adultos/niños 44/25 US$; ⊙9.00-21.00 ju-sa, 9.00-16.00 do-ma) En la ladera sur del monte Shasta, junto a la Hwy 89 en dirección a McCloud, estas pistas

abren en función de la nieve. La estación tiene una caída vertical de 437,4 m, 32 vías alpinas y 29 km de rutas campo a través. Todas se ajustan bien a esquiadores principiantes e intermedios, y están menos concurridas que las pendientes del lago Tahoe. Hay equipos de alquiler, monitores y pases semanales, además de muchas opciones a buen precio para esquiar media jornada o incluso de noche (dispone de la mayor superficie para practicar esquí nocturno de California).

A veces, en verano, el parque acoge competiciones de ciclismo de montaña.

Los lagos

Hay un sinfín de lagos cristalinos cerca del monte Shasta. Algunos solo son accesibles por carreteras malas o senderos, pero son lugares perfectos para perderse.

El más cercano a Mt. Shasta City (y el más grande) es el precioso **lago Siskiyou**, 4 km al suroeste de la Old Stage Rd. Desde él, se puede observar la **presa de Box Canyon**, de 60 m de altura. Si se suben otros 11 km, al suroeste del lago Siskiyou en la Castle Lake Rd, se halla el **lago Castle**, un tesoro intacto rodeado de formaciones de granito y pinares. En verano es idóneo para nadar, pescar, hacer *picnic* y acampada libre; y en invierno, para patinar sobre sus aguas heladas. El **lago Shastina**, unos 24 km al noroeste de la localidad, junto a la Hwy 97, es otra joya.

❶ Información

La temporada turística va desde el Memorial Day (último lu may) hasta el Labor Day (1er lu sep), además de los fines de semana durante la época de esquí (fin nov-med abr, según la nieve). El puesto de guardabosques (p. 295) y el centro de visitantes (p. 295) están en Mt Shasta City.

Mt Shasta City

Cómodo y práctico, este municipio (3330 hab.) brilla a la sombra de la pirámide blanca del monte Shasta. El centro es encantador y permite pasarse horas en librerías, galerías y tiendas de moda. Es fácil orientarse: la montaña se alza al este del pueblo y no es extraño terminar con tortícolis de tanto admirarla. El centro está unas manzanas al este de la I-5. Hay que tomar la salida de Central Mt. Shasta y después seguir por Lake St en sentido este, pasar el centro de visitantes y continuar hasta la intersección principal en Shasta Blvd, su arteria más concurrida.

◉ Puntos de interés y actividades

Para hacer senderismo por libre, la primera parada es el puesto de guardabosques o el centro de visitantes, donde disponen de guías gratis muy buenas, con los puntos de acceso al Pacific Crest Trail bien detallados. La espléndida Black Butte, una impresionante montaña volcánica negra, se eleva a más de 900 m. El recorrido de ida y vuelta por la pista de 4 km que conduce hasta la cumbre llevará al menos 2½ h. Hay muchas zonas rocosas y una pendiente fuerte. Al no haber ni sombra ni agua, se desaconseja acometer la subida en verano. Conviene llevar un buen calzado con suela gruesa o botas de montaña, además de abundante agua. Para algo menos exigente, el Sisson-Callahan National Recreation Trail es un sendero de 16 km parcialmente asfaltado con estupendas vistas del monte Shasta y de la escarpadura de los Castle Crags, que ya usaban a mediados del s. XIX los prospectores, tramperos y vaqueros para viajar entre la población minera de Callahan y Sisson, como se llamaba Mt. Shasta City.

Mt. Shasta City Park y el nacimiento del río Sacramento PARQUE

(Nixon Rd) El río Sacramento nace cerca del Mt. Shasta Blvd, 1,5 km al norte del centro. Es difícil conseguir agua más pura, así que vale la pena llevarse la cantimplora. En el parque también hay pistas, zonas de *picnic,* canchas, campos de deporte y una zona de juegos para niños.

Sisson Museum MUSEO

(www.mountshastasissonmuseum.org; 1 Old Stage Rd; donativo recomendado 1 US$; ◷10.00-16.00 lu-sa, 13.00-16.00 do jun-sep, 13.00-16.00 vi-do oct-dic, 13.00-16.00 lu-do abr y may) Esta antigua piscifactoría, a 800 m de la carretera, ahora acoge curiosos objetos de montañismo y viejos cuadros. Las cambiantes exposiciones recuerdan la historia (geológica y humana) del lugar, aunque en ocasiones también muestran la obra de artistas locales. Al lado está la piscifactoría en activo más antigua del Oeste, con piscinas llenas de truchas arcoíris que luego se liberan en los lagos y ríos.

Shastice Park PATINAJE

(www.msrec.org; esq. Rockfellow Dr y Adams Dr; adultos/niños 10/5 US$; ◷10.00-17.00 lu-ju, hasta 21.00 vi y sa, 13.30-17.00 do) A esta inmensa pista de patinaje, localizada al este del centro, acuden patinadores sobre hielo/en línea en invierno/fines de semana de verano.

River Dancers Rafting & Kayaking RAFTING

(☎530-926-3517; www.riverdancers.com; 302 Terry Lynn Ave) Excelente agencia gestionada por ecologistas que organizan descensos de uno a cinco días por las aguas bravas de los ríos de la zona: el Klamath, el Sacramento, el Salmon, el Trinity y el Scott. Precios desde 75 US$ el medio día por el cercano río Sacramento.

Shasta Mountain Guides AVENTURAS

(☎530-926-3117; http://shastaguides.com) Ofrece ascensos guiados de dos días al monte Shasta (abr-sep, 650 US$/persona, equipo y comidas incl.) desde hace 30 años.

Cursos

Osprey Outdoors Kayak School KAYAK

(www.ospreykayak.com; 2925 Cantara Loop Rd) Michael Kirwin, instructor y propietario de la empresa, tiene fama por la calidad de sus clases de kayak en lagos y ríos de alta montaña. Los precios rondan los 175 US$ por adulto y día.

Mt Shasta Mountaineering School DEPORTES DE AVENTURA

(www.swsmtns.com; 210a E Lake St) Cursos para escaladores con experiencia o deseosos de tenerla. Una ascensión de dos días a la cima del Shasta cuesta 525 US$.

☞ Circuitos

Al monte Shasta no es obligatorio subir con una agencia, aunque no faltan opciones; pregúntese en el centro de visitantes.

Shasta Vortex Adventures AVENTURAS, MEDITACIÓN

(www.shastavortex.com; 400 Chestnut St) Ofrece una experiencia única en el monte Shasta, con excursiones de bajo impacto y un enfoque tanto espiritual como físico. Las salidas incluyen sesiones de meditación y de exploración del poder metafísico de la montaña. Una excursión de un día para dos personas cuesta 474 US$ y algo menos para grupos más grandes.

🛏 Dónde dormir

En Shasta hay de todo, desde *campings* rústicos hasta encantadores B&B. Si se buscan comodidades conviene reservar con tiempo, especialmente para los fines de semana y períodos de vacaciones o durante la temporada de esquí.

WEED Y LAS STEWART MINERAL SPRINGS

A las afueras de Weed, las **Stewart Mineral Springs** (☎530-938-2222; www.stewart-mineralsprings.com; 4617 Stewart Springs Rd; baños minerales 28 US$, sauna 18 US$; ⏱10.00-18.00 do-mi, 10.00-19.00 ju-sa) son un popular destino alternativo (el bañador es opcional) a orillas de un arroyo transparente. Los lugareños acuden a pasar el día y los viajeros, semanas. Henry Stewart fundó estos baños en 1875, después de que unos nativos americanos le "resucitaran". Stewart atribuyó su recuperación a las propiedades saludables de las aguas minerales que eliminan las toxinas del organismo.

Hoy se puede optar entre una bañera con patas privada o una sauna de madera. Entre los cuidados hay masajes, meditación, sauna india y un solárium junto al río. Vale la pena llamar antes para asegurarse de que hay plaza en la sauna de vapor y la sala húmeda, en especial los fines de semana. Hay opciones para comer y **alojarse** (tienda y RV parcelas 35 US$, tipis 50-55 US$, h 70 US$, cabañas 90-100 US$). Está unos 16 km al norte de Mt. Shasta City por la I-5; pasada la salida a Edgewood, después de Weed, hay que tomar a la izquierda por Stewart Springs Rd y seguir las indicaciones.

Mientras se esté en la zona, todos los sentidos disfrutarán en las **Mt Shasta Lavender Farms** (www.mtshastalavenderfarms.com; Harry Cash Rd, junto a Hwy A12; 100 tallos 4 US$; ⏱9.00-16.00 med jun-ppios ago), 25,7 km al noroeste de Weed, donde se podrá recoger espliego durante la floración (jun y jul), o probar una sabrosa *porter* (cerveza negra) en la **Weed Mt. Shasta Brewing Company** (www.weedales.com; 360 College Ave, Weed). La rica Mountain High IPA, de color ámbar, es deliciosa, pero fuerte (7°).

Los *campings* de la zona son excelentes y el centro de visitantes dispone de información sobre dos docenas de ellos. Los puestos de guardabosques del monte Shasta y McCloud ofrecen información sobre los *campings* del USFS. Si se acampa al menos a 60 m del agua y se dispone del permiso (gratis) para hacer fogata se puede plantar la tienda cerca de muchos lagos de montaña. Los lagos Castle (1965 m) y Gumboot (1830 m) cuentan con zonas de acampada libre (hay que purificar el agua para beber), aunque permanecen cerradas en invierno. En el encantador lago Toad (2151 m), a 29 km de Mt. Shasta City, no hay *campings,* pero está permitido acampar siempre y cuando se acaten las normas. Hay que descender por una pista de gravilla de 18 km (se aconseja un todoterreno) y andar los últimos 500 m.

Por S Mt Shasta Blvd hay muchos moteles económicos (60-140 US$ temporada alta), todos con bañera, agua caliente y wifi. Como muchos son de la década de 1950, los precios dependen de lo reformados que estén. Muchos moteles ofrecen bonos de esquí con descuentos en invierno y tarifas más reducidas entre semana todo el año.

★**Historic Lookout**
& Cabin Rentals CABAÑAS $
(☎530-994-2184; www.fs.fed.us/r5/shastatrinity; h hasta 4 personas desde 75 US$) Ofrece la mejor manera de dormir sin comodidades pero con estilo: en una torre vigía forestal, en laderas boscosas. Las cabañas (para 4 personas, construidas entre las décadas de 1920 y 1940) incluyen catres, mesas y sillas, y tienen vistas panorámicas. En el sitio web forestal nacional hay detalles sobre las torres vigías de Hirz Mountain, Little Mt Hoffman y Post Creek.

Panther Meadows CAMPING $
(parcela tienda gratis; ⏱normalmente jul-nov) Son 10 parcelas abiertas al público (sin agua potable) junto a los árboles, en la base de la montaña. Están unos kilómetros por encima de otros *campings,* pero aun así es fácil acceder desde la Everitt Memorial Hwy. No admite reservas y hay que llegar temprano para conseguir sitio.

Lake Siskiyou Camp-Resort CAMPING $
(☎530-926-2618; www.lakesis.com; 4239 WA Barr Rd; parcela tienda/autocaravana desde 20/29 US$, cabañas 107-152 US$; ☎☀🐾) Oculta en la orilla del lago Siskiyou, es una zona extensa con ambiente de campamento de verano (salón recreativo y puesto de helados incl.). De rústico tiene poco, con su playa para nadar y servicio de alquiler de kayaks, canoas, barcas de pesca y patines, pero por su equipamiento es una buena opción para familias con autocaravana.

Swiss Holiday Lodge
MOTEL $

(☎530-926-3446; www.swissholidaylodge.com; 2400 S Mt Shasta Blvd; d desde 60 US$; ☀☎☎☎) Regentado por una familia amable y un perrito muy enérgico, este motel dispone de habitaciones limpias y a buen precio, con vistas a la montaña desde las ventanas traseras.

Horse Camp
REFUGIO $

(www.sierraclubfoundation.org; por persona con/sin tienda 5/3 US$) Refugio alpino de 1923, gestionado por el Sierra Club, a 3 km de caminata desde la Bunny Flat y a 2430 m de altitud. La construcción de piedra y el entorno natural son preciosos. Solo hay personal de mayo a septiembre.

McBride Springs
CAMPING $

(parcelas tienda 10 US$; ☺Memorial Day-fin oct, según el tiempo) De fácil acceso desde la Everitt Memorial Hwy, este *camping* tiene agua corriente y váteres secos, pero no duchas. Está cerca del mojón de la milla 4, a 1525 m de altitud. No es un lugar bonito (una enfermedad mató recientemente a muchos de los abetos blancos que lo rodeaban), aunque sí práctico. Es mejor llegar a primera hora para asegurarse la parcela (no se admiten reservas).

★Shasta MountInn
B&B $$

(☎530-926-1810; www.shastamountinn.com; 203 Birch St; h con/sin chimenea 185/135 US$; ☎) Esta luminosa granja victoriana de 1904 es solo antigua por fuera. Dentro impera el minimalismo relajado, los colores intensos y la decoración elegante. Las habitaciones son espaciosas, con camas grandes y vistas exquisitas a la reluciente montaña. También tiene un jardín de buen tamaño, un porche envolvente, una sauna exterior y servicio de masaje podal complementario. Por si la relajación es poca, en el porche hay hamacas.

Dream Inn
B&B $$

(☎530-926-1536; www.dreaminnmtshastacity.com; 326 Chestnut St; h con baño compartido 80-160 US$, ste 120-160 US$; ☎☎) Cuenta con dos edificios en el centro de la ciudad: una casa de estilo victoriano y un inmueble tipo mediterráneo de dos pisos, con muebles de madera maciza. Una rosaleda con un estanque con kois une ambos edificios. Desayuno consistente incluido.

Finlandia Motel
MOTEL $$

(☎530-926-5596; www.finlandiamotel.com; 1612 S Mt Shasta Blvd; h 65-120 US$, con cocina 115-200 US$) Habitaciones estándar sin nada especial, sencillas y limpias, y suites con un toque más campestre: techos con vigas de madera de pino y vistas a la montaña. *Jacuzzi* al aire libre y sauna. Buena relación calidad-precio. Reserva imprescindible.

Strawberry Valley Inn
B&B $$

(☎530-926-2052; 1142 S Mt Shasta Blvd; d 99-159 US$; ☎) Las sobrias habitaciones rodean un patio ajardinado, lo que permite disfrutar del ambiente de un B&B sin necesidad de tener que charlar obligatoriamente con alguna pareja de recién casados en la mesa del desayuno (continental). Los huéspedes pueden usar la cocina y los nuevos propietarios se muestran encantados de poder ayudar.

Mt Shasta Resort
RESORT $$

(☎530-926-3030; www.mountshastaresort.com; 1000 Siskiyou Lake Blvd; h desde 109 US$, chalé 1/2 dormitorios desde 169/229 US$; ☎☎) Elegante complejo vacacional con campo de golf y *spa* algo apartado de la población, con unos chalés de estilo *arts and crafts* en pleno bosque y a orillas del lago Siskiyou. Son algo anodinos, pero están inmaculados, y todos tienen cocina y chimenea. Las habitaciones, más sencillas, quedan cerca del campo de golf, que cuenta con *greens* de cierta dificultad y espléndidas vistas de la montaña. También hay excelentes vistas desde el restaurante, especializado en cocina californiana y con una amplia selección de carnes.

✗ Dónde comer

Los restaurantes y cafés de moda van y vienen con los deshielos, aunque hay sitios bien asentados, frecuentados por lugareños y visitantes. Dunsmuir, 9,6 km al sur, es un centro culinario genial e inesperado. En verano, se monta un **mercado** (☺15.30-18.00 lu) en Mt Shasta Blvd.

Mount Shasta Pastry
PANADERÍA $

(610 S Mt Shasta Blvd; pastas desde 1,95 US$; ☺6.00-14.30 lu-sa, 7.00-13.00 do) ¿Quiche de queso feta y espinacas o *scramble* toscano? ¿Cruasanes hojaldrados o un hojaldre de albaricoque divino? O quizá alguno de sus increíbles bocadillos, *pizzas gourmet* y café Peet's. Difícil elección.

Poncho & Lefkowitz
MEXICANA, INTERNACIONAL $

(401 S Mt Shasta Blvd; comidas 4-12 US$; ☺11.00-16.00 ma-sa; ☎) Este elegante carrito de madera, rodeado de mesas de *picnic* es como una cafetería sobre ruedas donde sirven jugosas salchichas polacas, grandes raciones de na-

chos y burritos vegetales. Una buena opción para comer por la calle.

Berryvale Grocery & Deli
MERCADO $

(www.berryvale.com; 305 S Mt. Shasta Blvd; principales 9 US$; ☺8.30-19.00 lu-sa, 10.00-18.00 do; ✏) ✐ Colmado con productos ecológicos. En el excelente *deli* sirven buen café y una buena gama de ensaladas, bocadillos y burritos, todos sabrosos y en su mayoría vegetarianos.

★Trinity Café
CALIFORNIANA $$

(☎530-926-6200; 622 N Mt. Shasta Blvd; principales 17-28 US$; ☺17.00-21.00 ma-sa) El Trinity siempre ha estado a la altura de lo mejor de la bahía de San Francisco. Los dueños, procedentes de Napa, han dado al local un aire que recuerda a los viñedos, por supuesto, con una excelente selección de vinos. La carta incluye desde filetes perfectamente braseados hasta pollo entero al horno o una polenta crujiente por fuera y cremosa por dentro, todo de origen ecológico. El ambiente es cálido y apacible.

Lily's
CALIFORNIANA $$

(www.lilysrestaurant.com; 1013 S Mt Shasta Blvd; desayuno y principales de almuerzo 9-17 US$, principales de cena 14-25 US$; ☺8.00-16.00 lu-vi, 16.00-22.00 sa y do; ✏🐕) Cocina californiana de calidad (ensaladas con toques asiáticos y mediterráneos, bocadillos recién elaborados y todo tipo de opciones vegetarianas) en una bonita casa blanca de madera. Las mesas exteriores, junto a jardineras cubiertas de flores, casi siempre están llenas, en especial para el desayuno. Ha cerrado y vuelto a abrir varias veces, y de nuevo están al frente sus antiguos dueños, que lo mantienen entre los clásicos de Shasta.

Andaman Healthy Thai Cuisine
TAILANDESA $$

(313 N Mt. Shasta Blvd; principales 12-23 US$; ☺11.00-21.00 lu, ma, ju y vi, 16.00-21.00 sa y do) La comida es estupenda, pero la cocina y los camareros no dan abasto. Para los más tiquismiquis hay hamburguesas.

🍺 Dónde beber y vida nocturna

Goats Tavern
BAR

(www.thegoatmountshasta.com; 107 Chestnut St; ☺7.00-18.00; 🕾) Primero se puede probar una de sus 12 cervezas artesanas de barril, de lo mejor del país, y luego una *wino burger* (hamburguesa con queso de cabra a la pimienta, una gruesa loncha de bacón y re-

ducción de vino tinto). Es un lugar agradable, con camareros simpáticos, clientes habituales y un patio estupendo en verano.

Seven Suns Coffee & Cafe
CAFÉ

(1011 S Mt Shasta Blvd; comidas ligeras desde 6,75 US$; ☺5.30-19.00; 🕾) Local pequeño y apretado, siempre lleno, donde sirven café de cultivo ecológico, tostado en la zona. Algunas noches hay música acústica en directo.

🛍 De compras

¿En busca de un tambor africano importado, banderas budistas o un bonito cristal? Pues este es el lugar. En la zona comercial del centro hay unas cuantas tiendecitas con una gran oferta para el comprador espiritual.

Village Books
LIBROS

(320 N Mt Shasta Blvd; ☺10.00-18.00 lu-sa, 11.00-16.00 do) Incluye volúmenes fascinantes sobre el monte Shasta, con temáticas que van desde la geología y el senderismo hasta el folclore y el misticismo.

Fifth Season Sports
DEPORTES

(☎530-926-3606; http://thefifthseason.com; 300 N Mt Shasta Blvd; ☺8.00-17.00) En esta conocida tienda de deportes de aventura alquilan equipamiento de acampada y escalada y de excursionismo mochilero. El personal conoce bien la montaña. También tienen esquís, raquetas de nieve y *snowboards*.

ℹ Información

Puesto de guardabosques del monte Shasta (☎530-926-4511; www.fs.usda.gov/stnf; 204 W Alma St; ☺8.00-16.30 lu-vi) Situado una manzana al oeste de Mt Shasta Blvd, aquí emiten permisos de acampada y escalada y es un buen lugar para pedir consejo, informes meteorológicos y todo lo necesario para explorar la zona. También venden mapas topográficos.

Centro de visitantes del monte Shasta (☎530-926-4865; www.mtshastachamber. com; 300 Pine St; ☺9.00-17.30 lu-sa, 9.00-16.30 do verano, 10.00-16.00 lu-do invierno) Información detallada sobre ocio y alojamiento en el condado de Siskiyou.

ℹ Cómo llegar y desplazarse

Los autobuses de **Greyhound** (www.greyhound. com) van al norte y al sur por la I-5 y paran enfrente del Vet's Club (406 N Mt. Shasta Blvd) y en la **estación** (628 S Weed Blvd) de Weed, 13 km al norte por la I-5. Cubren la ruta a Redding (23 US$, 1 h 20 min, 3 diarios), Sacramento (55 US$, 5½ h, 3 diarios) y San Francisco (68 US$, 10½ h, 2-3 diarios).

En su ruta local por la I-5, el **autobús de STAGE** (☏530-842-8295; www.co.siskiyou.ca.us) pasa varias veces a diario (entre semana) por Mt. Shasta City (1,75-8 US$, según distancia), McCloud, Dunsmuir, Weed y Yreka. Hay más servicios que van a Yreka.

Dunsmuir

Fundada por la Central Pacific Railroad, Dunsmuir se llamó originariamente Pusher por los motores auxiliares que se empleaban para imprimir más fuerza a las pesadas locomotoras de vapor y así poder remontar la empinada pendiente de la montaña hasta llegar a la localidad. En 1886, el magnate canadiense del carbón Alexander Dunsmuir llegó a Pusher y quedó tan cautivado con el lugar que prometió una fuente a sus habitantes si le ponían su nombre al pueblo. La fuente está hoy en el parque.

Esta población ha sobrevivido a un cataclismo tras otro: aludes, incendios, inundaciones e incluso un vertido tóxico en la carretera en 1991. El río, limpio ya desde hace tiempo, ha recuperado su transparencia y los lugareños mantienen su espíritu valiente.

Dunsmuir alberga una animada comunidad de artistas, naturalistas, refugiados urbanos y lugareños orgullosos de los ríos llenos de peces (la pesca es genial) que lo rodean. En las calles del centro, que en tiempos de la Fiebre del Oro acogieron hasta cinco *saloons* y tres burdeles, ahora hay cafés, restaurantes y galerías, y el ferrocarril todavía forma parte de la esencia del lugar.

La I-5 divide la población en dos; el centro histórico, luminoso y agradable, está en la mitad sur.

⊙ Puntos de interés y actividades

La cámara de comercio tiene mapas de rutas ciclistas y zonas de baño en el río Upper Sacramento.

Ruddle Cottage   GALERÍA
(www.ruddlecottage.net; 5815 Sacramento Ave; ⊙10.00-16.00 may-oct, 11.00-16.00 nov-abr) Tras un sombrío jardín engalanado con eclécticas esculturas se halla la colorista galería de Jayne Bruck-Fryer. Fryer crea sus obras (desde esculturas hasta joyas) a partir de materiales reciclados. El bonito pez que cuelga en la ventana es pelusa de secadora.

California Theater   EDIFICIO HISTÓRICO
(5741 Dunsmuir Ave) Está en Dunsmuir Ave, en el extremo norte del centro. Cuando finalicen su restauración (gracias al esfuerzo comunitario), la sala recuperará su gloria original. Inaugurado en 1926, por este escenario pasaron estrellas de la talla de Clark Gable, Carole Lombard y los Hermanos Marx. Ahora ofrece reposiciones de películas, actuaciones musicales y clases de yoga.

Dunsmuir City Park & Botanical Gardens   PARQUE
(www.dunsmuirparks.org; ⊙amanecer-anochecer) GRATIS Por Dunsmuir Ave hacia el norte, pasada la carretera, se llega a este parque con sus jardines de especies autóctonas y una locomotora a vapor de época en la entrada. Un camino forestal desde los jardines hasta el río lleva a una pequeña cascada, pero la más grande y espectacular de Dunsmuir es la cascada Mossbrae.

Para llegar a esta última cascada hay que aparcar junto a las vías del tren (no hay indicaciones) y caminar al norte por el lado derecho de las vías durante unos 30 min, hasta llegar a un puente ferroviario de 1901. A unos metros del puente sale un camino que baja entre los árboles hasta el río y la cascada. Hay que tener mucha precaución al cruzar las vías, pues el ruido del río puede acallar al de un tren que se aproxima.

Shasta Valley Balloons   PASEOS EN GLOBO
(☏530-926-3612; www.hot-airballoons.com; 5304 Dunsmuir Ave, Dunsmuir; paseos 200 US$) Ver la zona desde un globo es un sueño. Tienen la oficina en Dunsmuir, pero los globos despegan desde el aeropuerto municipal de Montague, 9,6 km al este de Yreka.

🛏 Dónde dormir

Dunsmuir Lodge   MOTEL $
(☏530-235-2884; www.dunsmuirlodge.net; 6604 Dunsmuir Ave; h 79-153 US$; ⊛☎) Junto al acceso sur del pueblo, este motel tiene habitaciones básicas pero reformadas con gusto. Hay una zona de *picnic* con césped que domina la ladera del cañón. Es un lugar tranquilo y a muy buen precio.

Cave Springs   MOTEL, CABAÑA $
(☏530-235-2721; www.cavesprings.com; 4727 Dunsmuir Ave; cabaña desde 76 US$; h desde 99 US$; ⊛☎☎) Ofrece cabañas junto a un arroyo, en apariencia inalteradas desde la década de 1920, aunque recién reformadas por dentro. Son muy rústicas, si bien su ubicación en un

peñasco cubierto de pinos sobre el río Sacramento resulta encantadora e ideal para la pesca con caña. De noche, el ruido del agua se mezcla con el cautivador silbido de las locomotoras de tren.

Las habitaciones son sosas, pero lucen modernas y están bien equipadas.

Dunsmuir Inn & Suites MOTEL $

(☑530-235-4395; www.dunsmuirinn.com; 5400 Dunsmuir Ave; h 79-159 US$; ☎) Habitaciones sencillas pero inmaculadas. Es una buena opción sin lujos.

Railroad Park Resort POSADA, CAMPING $$

(☑530-235-4440, 800-974-7245; www.rrpark.com; 100 Railroad Park Rd; parcela tienda/autocaravana desde 29/37 US$, d 105-130 US$; ❈☎☎☎) Situada a 1,6 km de la ciudad, fuera de la I-5, aquí se puede pasar la noche en antiguos vagones y furgones acondicionados. Es divertido para los niños, que podrán corretear alrededor de las locomotoras y darse un chapuzón en la piscina. Los vagones de carga están lujosamente decorados con antigüedades y bañeras con patas, pero los furgones de cola son más sencillos y económicos. El entorno es muy tranquilo, junto al arroyo y con pinos alrededor del *camping*. Las vistas de los Castle Crags son estupendas.

🍴 Dónde comer y beber

Para ser una localidad pequeña, sorprende su oferta para comer.

Cornerstone Bakery & Café CAFÉ $

(5759 Dunsmuir Ave; principales 8-9 US$; ☉8.00-14.00 ju-lu; ☑) En pleno centro, sirven té y café suave, fuerte y exprés. Todos los horneados, incluidos los espesos y pegajosos rollitos de canela, son recién elaborados. Entre sus creativas tortillas, hay una de cactus. Cartas de vino y postres muy extensas.

★Dunsmuir
Brewery Works COMIDA DE PUB $$

(☑530-235-1900; www.dunsmuirbreweryworks.info; 5701 Dunsmuir Ave; principales 11-20 US$; ☉11.00-21.00 ma-do; ☎) Las frescas *ales* y las morenas *porter* presentan un equilibrio perfecto y parece que la IPA también es bastante buena, a tenor de los litros que de ella consumen los habituales. Para acompañar, hay platos espléndidos, como la ensalada de patata tibia, el *bratwurst* o una gruesa hamburguesa Angus. Todo ello se desarrolla en un buen ambiente, con un animado patio y simpáticos camareros.

Brown Trout Gallery
& Dogwood Diner CAFÉ $$

(☑530-235-0754; 5841 Sacramento Ave; principales 10 US$; ☉11.00-20.00 lu, ma y vi, 8.00-21.00 sa y do; ☎☑) Es un local informal, con techos altos y paredes de ladrillo (era un antiguo edificio mercantil), donde sirven platos creativos de inspiración internacional, como hamburguesas y ensaladas, o pasta y salmón salvaje. Los desayunos de los fines de semana son una bendición, con platos principales como huevos escalfados y alubias, tostada francesa de piña o pastelitos de canela rellenos de manteca de cacahuete.

Railroad Park
Dinner House CALIFORNIANA $$

(☑530-235-4440; Railroad Park Resort, 100 Railroad Park Rd; principales 15-28 US$; ☉17.00-21.00 vi y sa abr, 17.00-21.00 mi-do may-oct) En un vagón antiguo, con vistas a las Castle Crags, se trata de un restaurante-bar popular que rezuma ambiente de vagón restaurante, cargado de cocina californiana. Los viernes y sábados, el plato del día son cortes de ternera de primera.

YAKs AMERICANA $$

(4917 Dunsmuir Ave; principales aprox. 12 US$; ☉7.30-19.00 lu-sa, 7.30-17.00 do; ☎) Oculto bajo la señal de Hitching Post, fuera de la I-5, este lugar es genial para saltarse la dieta. Para desayunar, hay guiso cubano de carne y pimientos, o pastelitos de canela caseros y tostada francesa con siropes de la casa, como el de crema de bourbon y Baileys; y al almuerzo sirven una gran variedad de hamburguesas (se aconseja la rebozada en café tostado in situ). También tienen comida para llevar.

Sengthongs TAILANDESA, VIETNAMITA $$

(☑530-235-4770; http://sengthongs.com; 5855 Dunsmuir Ave; principales 17-27 US$; ☉normalmente 17.00-20.30 ju-do) Ambiente cordial y comida tailandesa, vietnamita y laosiana chisporroteante. Programan conciertos de *jazz, reggae,* salsa o *blues* casi a diario. Muchos platos son sencillos cuencos de fideos, pero los de carne, enriquecidos con jengibre, cebolleta y especias, son más elaborados y están deliciosos.

★Café Maddalena EUROPEA, NORTEAFRICANA $$$

(☑530-235-2725; www.cafemaddalena.com; 5801 Sacramento Ave; principales 22-25 US$; ☉17.00-22.00 ju-do feb-nov) Sencillo y elegante, este restaurante ha colocado a Dunsmuir en el mapa culinario del estado. La carta, concebida por el chef Bret LaMott (famoso por el Trinity Café) y renovada semanalmente, ofrece platos del sur de Europa y del norte de África. Sirvan como ejemplos el salmón real asado a la sartén con crema de albahaca y el conejo salteado con zanahorias y salsa de colmenillas.

La bodega está bien surtida de vinos mediterráneos, en especial españoles.

ⓘ Información

En la Cámara de Comercio de Dunsmuir (☎530-235-2177; www.dunsmuir.com; Suite 100, 5915 Dunsmuir Ave; ⊘10.00-15.30 ma-sa) ofrecen mapas gratis, folletos con rutas a pie y excelente información sobre actividades al aire libre.

ⓘ Cómo llegar y salir

Estación de Amtrak (www.amtrak.com; 5750 Sacramento Ave) Es la única parada de trenes en el condado de Siskiyou, pero no tiene personal. Los billetes para el *Coast Starlight* se sacan en el tren, tras haber reservado por teléfono o en línea; ofrece un servicio diario a Redding (28 US$, 1¾ h), Sacramento (38 US$, 5¾ h) y Oakland (42 US$, 8 h).

El **autobús de STAGE** (☎530-842-8295) incluye Dunsmuir en su ruta diaria (entre semana) por la I-5, que también llega a Mt Shasta City (2,50 US$, 20 min), Weed (4 US$, 30 min) y Yreka (6 US$, 1¼ h), con varios servicios al día. Los autobuses pasan por Dunsmuir Ave

Castle Crags State Park

Lo mejor de este parque estatal, junto a la Castle Crags Wilderness Area, son sus agujas de granito formadas hace unos 225 millones de años, con alturas comprendidas entre los 600 m junto al río Sacramento y los más de 2000 m en la cima. Los peñascos son parecidos a las formaciones graníticas del este de Sierra Nevada, y la Castle Dome de aquí se parece a la famosa Half Dome del Yosemite.

Los guardabosques del puesto de entrada al parque (☎530-235-2684; automóvil 8 US$) tienen información y mapas que cubren casi 45 km de rutas de senderismo. También se puede pescar en el río Sacramento en la zona de *picnic* del otro lado de la I-5.

Pasado el *camping* se llega al Vista Point, cerca del inicio del Crags Trail, de 4,3 km, que asciende por el bosque y cruza el ramal de la pista Indian Springs, para seguir cuesta arriba hasta la base de la Castle Dome. La recompensa son unas vistas insuperables del monte Shasta, sobre todo si se consigue aco-

meter los últimos 90 m que llevan al rocoso collado. El parque también tiene senderos ecológicos más asequibles y 13 km del Pacific Crest Trail que discurren por el parque y la base de los riscos.

El 'camping' (☎reservas 800-444-7275; www.reserveamerica.com; parcela tienda y autocaravana 35 US$) es una de las zonas públicas de acampada más bonitas de la región, fácilmente accesible desde la carretera. Dispone de agua canalizada, duchas con agua caliente y tres zonas para autocaravanas, aunque sin electricidad. Las parcelas para tiendas tienen sombra, pero se oye mucho el tráfico. Se puede acampar en cualquier sitio del Shasta-Trinity National Forest, que rodea el parque, si se consigue un permiso (gratis) para hacer fuego en las oficinas del parque. En el momento de redactar esta guía el futuro de este parque era incierto por causas económicas.

McCloud

Este antiguo pueblo industrial (1101 hab.), situado a los pies de la ladera sur del monte Shasta, es una alternativa a los alojamientos de Mt. Shasta City. Sus calles tranquilas conservan un encanto sencillo y relajado. Es el asentamiento más cercano al Mt. Shasta Board & Ski Park y está rodeado de una naturaleza exuberante. Entre los bosques, río arriba, algunos magnates de la costa oeste tienen grandes mansiones, p. ej., los Hearst y los Levi Strauss.

El pueblo saltó a primera plana al presentar batalla a la empresa Nestlé, que anunció su plan de instalar una planta embotelladora en el lugar que ocupaba un antiguo molino. Ante los daños que podía suponer eso para los ríos, un grupo de vecinos se organizó para oponerse. En el 2009 habían logrado involucrar a la gigante multinacional en enredos burocráticos y mala publicidad, y Nestlé abandonó el proyecto.

◉ Puntos de interés y actividades

El McCloud River Loop, un sendero de casi 10 km, parcialmente empedrado, que discurre junto a la cuenca alta del río McCloud, empieza en el Fowlers Camp, 9 km al este del pueblo por la Hwy 89, y vuelve a aparecer unos 18 km al este de McCloud. Por el camino, un desvío en las Three Falls pasa por tres cascadas y un bosque ribereño, hábitat y lugar de observación de aves en el

Bigelow Meadow. Se puede recorrer el camino en automóvil, bicicleta o a pie. A lo largo del mismo hay cinco *campings* donde no es necesario reservar.

Existen otras buenos itinerarios, como el del Squaw Valley Creek Trail (no confundir con la zona de esquí cerca del lago Tahoe), una pista forestal en forma de lazo de unos 8 km, al sur del pueblo, con zonas para nadar, pescar y hacer *picnic*. También al sur del pueblo, Ah-Di-Na son los restos de un asentamiento de nativos americanos y una hacienda propiedad de la familia de William Randolph Hearst. Se puede acceder a algunos tramos del Pacific Crest Trail desde el *camping* de Ah-Di-Na por un desvío de la Squaw Valley Rd, y también más arriba, cerca del Bartle Gap, para disfrutar de las vistas.

La pesca y el baño son muy populares en el lago McCloud, 14,5 km al sur del pueblo por la Squaw Valley Rd, señalizada en el pueblo como Southern Ave. También se puede pescar en la cuenca alta del río McCloud (repleto de truchas) y en el arroyo del valle de Squaw.

El enorme McCloud Mercantile es el lugar de referencia del centro. En la planta superior hay un hotel y un par de restaurantes, aunque, si se está de paso, también se puede comprar una bolsa de regaliz en el antiguo mostrador de golosinas y echar un vistazo a la planta baja. La colección de artículos a la venta es muy rústica y típica de la zona: mantas de lana, jabón artesano e interesantes regalos para aficionados a la jardinería, el excursionismo o la cocina.

El pequeño museo de historia (⊙11.00-15.00 lu-sa, 13.00-15.00 do) GRATIS de enfrente de la estación de autobuses cuenta con interesantes curiosidades sobre el pasado del lugar, aunque no le iría mal un poco de organización.

🛏 Dónde dormir

En McCloud, con alojamientos excelentes, se recomienda reservar. Para acampar, en la oficina del distrito de los guardabosques informan sobre la media docena de *campings* cercanos; el Fowlers Camp es el más conocido. Los hay desde zonas primitivas (en las que no hay que pagar, ni hay agua corriente) hasta otros más acondicionados (con duchas de agua caliente y tarifas de hasta 15 US$/parcela). También es posible alquilar cabañas de vigilancia antiincendios, con vistas impresionantes.

Stoney Brook Inn HOTEL $
(☎530-964-2300; www.stoneybrookinn.com; 309 W Colombero Dr; i/d con baño compartido 53/79 US$, d con baño privado 94 US$, ste con cocina 99-156 US$; ☎🐾) En pleno centro del pueblo, bajo una hilera de pinos, este B&B alternativo organiza retiros en grupo. Dispone de una piscina climatizada al aire libre, una sauna india y servicio de masajes previa cita. Las habitaciones de la planta baja son las más agradables. Disponibles desayunos vegetarianos.

McCloud Dance Country RV Park CAMPING $
(☎530-964-2252; www.mccloudrvpark.com; 480 Hwy 89, en Southern Ave; parcela tienda 28 US$,

---

ESQUÍ EN LAS MONTAÑAS DEL NORTE

Aunque no es el Tahoe, en invierno se encontrarán algunas pequeñas pistas de esquí tranquilas y la misma actitud del resto del estado. También hay sitios para calzarse las raquetas de nieve, ir en trineo, hacer esquí de fondo o divertirse sin más. El Lassen Volcanic National Park (p. 280) no tiene teleférico ni refugios, pero sí 240 km de rutas señalizadas y sin señalizar para hacer deportes de invierno sin motor. En primavera, mucha gente pasea por los bosques con los esquís.

Pruébese en las siguientes estaciones de esquí de la zona:

Mt Shasta Board & Ski Park (p. 291) Es la más grande de la región, aunque algunos inviernos no nieva lo suficiente como para que abra al cien por cien.

Coppervale Ski Hill (Westwood; pase diario 20-25 US$; ⊙12.30-16.30 ma y ju, 9.30-16.00 sa y do) Ni siquiera tiene sitio web (está a 24 km de Chester, cerca del lago Almanor), aunque sí un telesquí, una telecuerda y un medio tubo para *snowboard*. Los menores de 6 años no pagan.

Cedar Pass Snow Park (p. 303) Está bien metida en el Modoc National Forest, a 20 min de Alturas. Es un lugar diminuto, gestionado por la comunidad, que ofrece una telecuerda, un telesilla y buen ambiente familiar. En la página de Facebook detallan ofertas especiales y cambios de horario: https://www.facebook.com/NCCPSP.

parcela autocaravana 36-45 US$, cabañas 140-175 US$; 🚐🚫) Parcelas a la sombra de los árboles, con muchas autocaravanas. Es una buena opción para familias y ofrece unas vistas imponentes. Hay un arroyo cerca y una gran zona verde para hacer *picnic*. Las cabañas son sencillas, pero están limpias.

★ McCloud River Mercantile Hotel   POSADA $$

(📞530-964-2330; www.mccloudmercantile.com; 241 Main St; h incl. desayuno 129-250 US$; 🛜) En la 1ª planta del Mercantile, en el centro de McCloud, aquí se encontrarán techos altos, paredes de ladrillo y una combinación perfecta de lujo clásico y equipamiento moderno. Las diáfanas habitaciones incluyen flores frescas, camas mullidas y antiguas bañeras de patas.

McCloud Hotel   HOTEL HISTÓRICO $$

(📞530-964-2822; www.mccloudhotel.com; 408 Main St; h 128-199 US$; 🚫🛜) Desde su apertura en 1916, es la elección de muchos que visitan Shasta: un edificio regio, de color amarillo crema, que ocupa una manzana entera. El hotel se ha reformado lujosamente y al desayuno (incluido en el precio) no le falta un toque *gourmet*. Hay una habitación adaptada para viajeros con discapacidades.

McCloud River Inn   B&B $$

(📞530-964-2130; www.mccloudriverinn.com; 325 Lawndale Ct; h incl. desayuno 99-199 US$; 🚫) Las habitaciones de esta pintoresca y laberíntica casa victoriana son increíblemente grandes. Por la mañana, atención a las *frittatas,* mientras que por la noche sientan de maravilla un par de copas de vinos en el acogedor bar. El ambiente garantiza que se llene rápidamente.

✗ Dónde comer

Las opciones para comer en McCloud son escasas. Hay más variedad en Mt. Shasta City.

Mountain Star Cafe   VEGETARIANA $

(241 Main St; principales 7-9 US$; ⏱8.00-15.00; 🌱) 🍃 En el interior del antiguo Mercantile está este rincón para almorzar, toda una sorpresa, que ocupa platos vegetarianos elaborados con productos autóctonos y de origen ecológico. Entre las opciones de la carta había tortitas con *gravy,* sándwich Tempeh Ruben al ajo, ensalada de verduras asadas y una hamburguesa casera de avena y verduras.

White Mountain Fountain Cafe   ESTADOUNIDENSE $

(241 Main St; principales 8 US$; ⏱8.00-16.00) Local a la antigua donde sirven hamburguesas

y batidos en un rincón del Mercantile lleno de escaparates. El Not the Dolly Varden es un excelente sándwich vegetariano a base de calabacín asado, pimiento rojo y alioli.

🍷 Dónde beber y vida nocturna

McCloud Dance Country   DANZA

(www.mcclouddancecountry.com; esq. Broadway St y Pine St; pareja 20 US$; ⏱19.00 vi y sa) Para bailar en una pista de baile de 465 m² de madera de arce en el Broadway Ballroom de 1906, todo tipo de música, en pareja o en grupo. Los bonos para varios días, desde 299 US$ por pareja, incluyen clases y baile por la noche. Es una experiencia que vale la pena incluir en el programa del fin de semana. Véase la agenda en el sitio web, por si hubiera que reservar.

ℹ Información

Cámara de Comercio de McCloud (📞530-964-3113; www.mccloudchamber.com; 205 Quincy St; ⏱10.00-16.00 lu-vi)

Oficina de guardabosques del distrito de McCloud (📞530-964-2184; Hwy 89; ⏱8.00-16.30 lu-sa verano, 8.00-16.30 lu-vi resto del año) Información detallada sobre acampada, excursiones y ocio, 400 m al este del centro.

McArthur-Burney Falls Memorial State Park

Se trata de un **parque estatal** (📞530-335-2777, reservas verano 800-444-7275; www.parks.ca.gov; uso diurno/parcelas 8/25 US$; 🚻) precioso, localizado al sureste de McCloud, cerca de la intersección de la Hwy 89 y la Hwy 299 desde Redding. La cascada mide 39 m y por ella cae un caudal de agua constante de casi 380 000 m³ al día a una temperatura de 5°C todo el año. El agua cristalina filtrada por la roca volcánica surge de la base y los manantiales situados en la pared de la cascada. A Teddy Roosevelt le encantaba este lugar, al que llamaba "la octava maravilla del mundo".

Junto al aparcamiento parten senderos que suben y bajan por el río desde la cascada y que ofrecen vistas espectaculares. Cuidado con dónde se ponen los pies; en el 2011 un resbalón en las rocas causó la muerte de un excursionista. El sendero natural río abajo llega hasta el lago Britton; hay otros senderos que siguen parte del Pacific Crest Trail. Las escenas de la película *Cuenta conmigo* (1986) en las que los chicos esquivan el tren se filmaron en el puente del lago Britton.

El 'camping' (☎530-335-2777, reservas verano 800-444-7275; www.reserveamerica.com; parcela tienda y autocaravana 35 US$) del parque tiene duchas con agua caliente y abre todo el año.

Unos 16 km al noreste de la cascada McArthur-Burney, el **Ahjumawi Lava Springs State Park**, de 24 000 m², es conocido por sus abundantes manantiales, bahías de color aguamarina, islotes y torrentes irregulares de lava basáltica negra. Solo se puede llegar en los barcos que zarpan de la Rat Farm, unos 5 km al norte del pueblo por un camino de tierra. Se puede solicitar autorización para acampar por libre por teléfono en el McArthur-Burney Falls Memorial State Park.

Lava Beds National Monument

Un paisaje salvaje de roca volcánica carbonizada y colinas onduladas, este remoto **monumento nacional** (☎530-667-8113; www.nps. gov/labe; entrada por automóvil 7 días 10 US$) es razón de sobra para visitar la región. Cerca de la Hwy 139, al sur del Tule Lake National Wildlife Refuge, se despliega un excepcional paisaje volcánico de 186 km², con fuentes de lava, cráteres, conos de escoria, conos de salpicaduras, volcanes en escudo e impresionantes tubos de lava.

Los túneles de lava se forman cuando una superficie de lava caliente y expandida se enfría y se endurece con el aire fresco. La lava del interior queda protegida y sigue en estado líquido, por lo que continúa su flujo y deja tras de sí un tubo solidificado de lava. Se han encontrado unas cuatrocientas cuevas tubulares de este tipo en el parque, y se espera descubrir muchas más. Hoy hay una docena de ellas abiertas al público.

Al sur del parque, el **centro de visitantes** (☎530-667-2282, ext 230; ⏱8.00-18.00, más reducido invierno) distribuye mapas gratis, libros de actividades para niños e información sobre el monumento, sus elementos volcánicos y su historia. Los guardabosques prestan linternas no muy buenas y alquilan cascos y rodilleras (solo en verano) para explorar las cuevas; también en verano dirigen programas informativos que incluyen charlas junto a la hoguera y paseos guiados por cuevas. Para explorar las cuevas es imprescindible llevar una linterna potente, buen calzado y ropa de manga larga (la lava tiene aristas afiladas). No se puede ir en solitario.

Cerca del centro de visitantes, el corto **Cave Loop** permite pasar por carretera y en un solo sentido por muchos tubos de lava. La **cueva Mushpot**, la más próxima al centro de visitantes, está iluminada y tiene paneles informativos; además de ser preciosa, ofrece una buena caminata introductoria. Muchas otras cuevas requieren algo más de esfuerzo, como la Labyrinth, la Hercules Leg, la Golden Dome o la Blue Grotto. Todas ellas tienen una historia interesante: los visitantes solían patinar sobre hielo con linternas en el fondo de la Merrill, y cuando descubrieron la Ovls, esta estaba llena de cráneos de musmones. En el centro de visitantes se encontrarán folletos informativos sobre cada una de las cuevas. La Sunshine y la Symbol Bridge (a esta última se llega por una ruta fácil de 1,3 km) resultan de especial interés. Los guardabosques son muy estrictos con los turistas, así que conviene pasarse, antes de nada, por el centro de visitantes para evitar dañar el frágil entorno geológico y biológico del parque.

El gran cono negro del **Schonchin Butte** (1628 m) ofrece una vista panorámica fantástica. Se llega por un sendero empinado de 1,5 km. Una vez arriba, se puede visitar el puesto de vigilancia de incendios entre junio y septiembre. El **cráter Mammoth** es el origen de la mayoría de los flujos de lava de la zona.

En la base de un peñasco elevado, el Petroglyph Point (la punta noreste del monumento), hay unos **petroglifos** modoc milenarios muy gastados; por desgracia, la breve ruta explicativa está cerrada a causa del vandalismo, aunque merece la pena visitar el resto. Se recomienda solicitar en el centro de visitantes el folleto que explica su origen y posible significado. Hay cientos de nidos en los agujeros de la pared del acantilado donde se cobijan aves de las reservas naturales cercanas.

También en el extremo norte del monumento está el imprescindible paisaje laberíntico de **Captain Jack's Stronghold**, la antigua y eficaz zona defensiva de los indios modoc. Hay un folleto disponible para guiarse por el imponente sendero.

El 'camping' Indian Well (parcela tienda y autocaravana 10 US$), cerca del centro de visitantes, en el extremo sur del parque, tiene agua y retretes con agua, pero no duchas. Las parcelas tienen grandes vistas de los valles de los alrededores. El lugar más próximo para conseguir comida y material de acampada está en Tulelake, en la Hwy 139, pero poco más, aparte de un par de bares, un puñado de casas de madera y dos gasolineras.

Reservas naturales nacionales de la cuenca del Klamath

De las seis impresionantes reservas naturales de este grupo, las de Tule Lake y Clear Lake están íntegramente en California, la de Lower Klamath se reparte entre California y Oregón, y las de Upper Klamath, Klamath Marsh y Bear Valley se sitúan ya en Oregón. Las de Bear Valley y Clear Lake (no confundir con el Clear Lake al este de Ukiah) están cerradas al público para proteger su frágil ecosistema, pero el resto abren durante el día.

Estas reservas son el hábitat para una gran variedad de aves que siguen la ruta migratoria del Pacífico. Algunas solo se detienen aquí brevemente, mientras que otras se quedan más tiempo para aparearse, anidar y criar a sus polluelos. En las reservas siempre se pueden observar muchas aves, pero durante las migraciones de primavera y otoño la población puede alcanzar varios cientos de miles.

El **centro de visitantes** (☑530-667-2231; http://klamathbasinrefuges.fws.gov; 4009 Hill Rd, Tulelake; ⊙8.00-16.30 lu-vi, 10.00-16.00 sa y do) está en la parte oeste de la reserva del Tule Lake, unos 8 km al oeste de la Hwy 139, cerca del pueblo de Tulelake. Está indicado en la Hwy 139 y en ruta desde el Lava Beds National Monument. Tiene una librería y vídeos interesantes, así como mapas, información sobre avistamientos de aves y sobre el estado de las carreteras. Se alquilan casetas de observación. El folleto *Klamath Basin Birding Trail* (gratis) informa bien sobre puestos de observación, mapas y especies.

La migración de primavera alcanza su punto álgido en marzo y algunos años cubren el cielo más de un millón de aves. En abril y mayo llegan los pájaros cantores, las aves acuáticas y las zancudas. Algunas se quedan a anidar y otras, a recobrar fuerzas antes de seguir al norte. En verano, los patos, los gansos de Canadá y otros ánades crían aquí. La migración de otoño empieza a principios de noviembre. En invierno, la zona acoge la mayor concentración de águilas calvas del país, con una cifra que puede llegar a las 1000 entre diciembre y febrero. Las reservas de Tule Lake y Lower Klamath son los mejores lugares para avistar águilas y otras rapaces.

En las reservas de Lower Klamath y Tule Lake se han habilitado **pistas para automóviles;** hay un folleto en el centro de visitantes con un mapa de las mismas. Además, existen **rutas en canoa** en tres de las reservas. Las de Tule Lake y Klamath Marsh suelen abrir del 1 de julio al 30 de septiembre; no se alquilan canoas. Las rutas en canoa en la reserva del Upper Klamath abren todo el año; en el **Rocky Point Resort** (☑541-356-2287; 28121 Rocky Point Rd, Klamath Falls, fuera de la ctra.; alquiler de canoas, kayaks y patines por hora/medio día/día completo 15/30/40 US$), en la orilla oeste del lago Upper Klamath, alquilan canoas.

Se puede acampar en el cercano Lava Beds National Monument. Además, hay un par de *campings* para autocaravanas y moteles económicos por la Hwy 139, cerca de la pequeña localidad de Tulelake (1230 m), p. ej., el agradable **Ellis Motel** (☑530-667-5242; 2238 Hwy 139; d con/sin cocina 95/75 US$), 1,6 km al norte de la ciudad. El cómodo **Fe's B&B** (☑877-478-0184; www.fesbandb.com; 660 Main St; i/d con baño compartido 60/70 US$) tiene cuatro habitaciones sencillas en pleno centro (desayuno genial incl.). Los restaurantes pueden estar abiertos, o no (en la última visita, todo estaba cerrado un domingo a las 17.00). Otra opción es ir 14,5 km al norte, hasta Merrill (Oregón), y alojarse en el **Wild Goose Lodge** (☑541-331-2701; www.wildgooselodge.webs.com; 105 E Court Dr, Merrill, OR; h 60 US$, cabañas 120 US$; ☎☸), con buena relación calidad-precio y encanto campestre. La localidad propiamente dicha más próxima es Klamath Falls (Oregón), a 46,7 km de Tulelake.

Modoc National Forest

Es prácticamente imposible recorrer todo el perímetro de este **bosque nacional** (www.fs.usda.gov/modoc), pues ocupa casi 810 000 Ha en la esquina noreste de California. Quienes pasen por zonas remotas del noreste del estado estarán por él. Unos 22 km al sur del Lava Beds National Monument, en el extremo oeste del bosque, está el impresionante **lago Medicine,** en una caldera volcánica (un volcán hundido) y rodeado de pinos, formaciones volcánicas y zonas de acampada. El enorme volcán que dio lugar al lago es el de mayor superficie de California. Cuando entró en erupción, escupió piedra pómez y flujos de obsidiana aún visibles en el **monte Little Glass,** al este del lago.

El folleto *Medicine Lake Highlands: Self-Guided Roadside Geology Tour,* disponible en la oficina de guardabosques del distrito de McCloud, ofrece información para identificar y aprender sobre este medio. Las carreteras

LA AUTOPISTA DE LAS AVES

California está en la ruta migratoria del Pacífico, con cientos de especies de aves que se dirigen al sur en invierno y al norte en verano. Se pueden observar durante todo el año, pero los mejores momentos son la primavera y el otoño. Entre los asiduos de esta ruta hay desde diminutos pinzones, colibríes, golondrinas y picos picapinos hasta águilas, halcones, cisnes, gansos, patos, grullas y garzas. El camino que siguen se corresponde bastante con el de la I-5, así que seguir la interestatal en octubre puede ser espectacular, con las grandes formaciones de gansos en V y los halcones posados junto al asfalto.

En el norte de California hay reservas naturales que protegen los humedales utilizados por los ánades migratorios. Las reservas naturales nacionales de la cuenca del Klamath ofrecen la posibilidad de observar aves todo el año.

están cerradas por la nieve de mediados de noviembre a mediados de junio, pero aun entonces es una zona muy popular para practicar deportes de invierno, accesible vía esquí de fondo o con raquetas.

Si se llega hasta los **montes Warner,** es para felicitarse. Este apéndice de la gran cadena Cascade, al este del Modoc National Forest, probablemente sea la sierra menos visitada del estado. Tiene un clima muy inestable y registra ventiscas en cualquier época del año. La cadena montañosa se divide entre North Warners y South Warners en el **puerto de Cedar** (alt. 1921 m), al este de Alturas. En el recóndito **Cedar Pass Snow Park** (☏530-233-3323; pase diario de arrastre adultos/menores 6 años/6-18 años 15/5/12 US$; pase diario de telecuerda 5 US$; ⏱10.00-16.00 sa, do y fest temporada de esquí) se puede practicar todo tipo de esquí. La **South Warner Wilderness** ofrece 124 km de rutas de senderismo y equitación. La mejor época para disfrutar de ellas es desde julio hasta mediados de octubre.

Para mapas y permisos para hacer fogatas, contáctese con la **oficina central del supervisor del Modoc National Forest** (☏530-233-5811; 800 W 12th St; ⏱8.00-17.00 lu-vi) en Alturas.

Desde el bosque al este, hacia Nevada, se pasará por **Alturas,** anodina capital del condado de Modoc. La población fue fundada por la familia Dorris en 1874 como centro de aprovisionamiento para viajeros, y para eso mismo sirve hoy, con sus servicios básicos, moteles y restaurantes familiares. El mejor alojamiento local (y no mucho más caro que un motel) es el recién reabierto **Niles Hotel** (☏530-233-3773; www.nileshotel.com; 304 S Main St, Alturas; h desde 80 US$; ☏), de principios del s. xx, con una preciosa decoración de época y un restaurante con las mesas iluminadas por lamparitas de aceite.

AL OESTE DE LA I-5

La región al oeste de la I-5 es una joya, con los pueblos más rústicos y las zonas naturales más atractivas de todo el estado, lo suficientemente inaccesibles como para desalentar a las multitudes.

La **Trinity River Scenic Byway** (Hwy 299) serpentea junto al cauce del río Trinity y pasa bajo inmensos peñascos entre las llanuras de Redding y los bosques de secuoyas cerca de Arcata. Se abre camino también entre la vegetación más inmaculada de las montañas del norte y atraviesa el pueblo de Weaverville, de la época de la Fiebre del Oro.

La Hwy 3, la muy recomendable alternativa a la I-5, aunque más lenta y con más curvas, parte de Weaverville hacia el norte. Esta ruta de montaña atraviesa los Trinity Alps, una imponente cordillera de granito salpicada de lagos de aguas azules, y pasa por los lagos Lewiston y Trinity y los montes Scott para acabar en el valle de Scott, de color esmeralda y rodeado de montañas. Al final del camino, de pronto, aparece Yreka.

Weaverville

En 1941, un periodista entrevistó al británico James Hilton, autor de *Horizontes perdidos.* "De todos los lugares que ha visto en sus viajes –preguntó el periodista–, ¿cuál es el lugar que más se parecía al paraíso?" A lo que Hilton respondió: "Un pueblecito en el norte de California llamado Weaverville".

Las calles de Weaverville están flanqueadas de flores en verano y llenas de nieve en invierno. Este pueblo es la capital del condado de Trinity, y se halla rodeado de montañas y bosques que en un 75% son propiedad estatal. Aunque con más de 8500 km², el condado solo tiene 13 700 habitantes y ninguna autovía ni parquímetro.

Weaverville (3600 hab.), que figura en el Registro Nacional de Lugares Históricos estadounidense, tiene un ambiente relajado y bohemio (gracias en parte a los jóvenes que la han repoblado y a la subcultura del cultivo del cannabis). Se puede pasar un día entre las pintorescas fachadas de las tiendas o de galerías de arte, museos y edificios históricos. De tener más tiempo, hay 64 km de rutas de senderismo y bicicleta de montaña en el Weaverville Basin Trail System; también se puede lanzar el anzuelo a las aguas del río Trinity, el lago Trinity o el lago Lewiston, llenos de truchas comunes y salmones.

Puntos de interés y actividades

★ Weaverville Joss House State Historic Park EDIFICIO HISTÓRICO

(☎530-623-5284; www.parks.ca.gov; esq. Hwy 299 y Oregon St; circuito adultos/niños 4/2 US$; ⏰10.00-17.00 ju-do, cada hora circuitos hasta 16.00) Las paredes aquí hablan de verdad: están empapeladas por dentro con libros de donaciones, que tienen 150 años de antigüedad y pertenecen a la antaño floreciente comunidad china, los inmigrantes que construyeron las infraestructuras del norte de California y una cultura muy rica, casi desaparecida. El templo chino más antiguo de California en activo sin interrupción (y excepcionalmente bonito, de la década de 1870) está en Weaverville.

El rico santuario taoísta dorado y azul tiene un ornamentado altar de más de 3000 años traído desde China. La escuela contigua fue la primera en la que se enseñó a alumnos chinos de todo el estado. Incluso en Asia es raro ver un templo chino con sus elementos antiguos tan bien conservados.

JJ Jackson Memorial Museum y el Trinity County Historical Park MUSEO

(www.trinitymuseum.org; 508 Main St; entrada con donativo; ⏰10.00-17.00 diario may-oct, 12.00-16.00 diario abr y nov-24 dic, 12.00-16.00 ma y sa 26 dic-mar) Junto a la Joss House se pueden ver buenas muestras culturales y sobre la extracción del oro, así como antigua maquinaria, recuerdos, una cabaña minera y una herrería.

Highland Art Center GALERÍA

(www.highlandartcenter.org; 691 Main St; ⏰10.00-17.00 lu-sa, 11.00-16.00 do) Expone obras de artistas locales.

Coffee Creek Ranch PESCA, EXCURSIONISMO

(☎530-266-3343; www.coffeecreekranch.com) En el Trinity Center, organizan salidas de pesca de hasta una semana y excursiones en grupo por la Trinity Alps Wilderness.

Dónde dormir

El puesto de guardabosques (p. 305) ofrece información sobre los *campings* del USFS, sobre todo los de cerca del lago Trinity. Hay varios para autocaravanas, algunos con parcelas para tiendas, a lo largo de la Hwy 299.

Red Hill Motel & Cabins MOTEL $

(☎530-623-4331; www.redhillresorts.com; 116 Red Hill Rd; d 48 US$, cabañas con/sin cocina 64/52 US$; ☏❄) Alojamiento muy tranquilo y rústico, oculto bajo pinos ponderosa, en el extremo oeste de la ciudad, de salida por Main St, cerca de la biblioteca. Ofrece un conjunto de cabañas de madera rojas de la década de 1940, equipadas con cocina y nevera. Las habitaciones son sencillas y salen a buen precio. A veces se llena de grupos; conviene reservar.

Weaverville Hotel HOTEL HISTÓRICO $$

(☎800-750-8957; www.weavervillehotel.com; 203 Main St; h 99-260 US$; ❄☏) Exclusivo hotel histórico restaurado al estilo victoriano y con un ambiente del Viejo Oeste. Lujoso, pero no opulento. Los dueños, muy agradables, miman a los huéspedes, que pueden usar el gimnasio local y se benefician de 10 US$ de descuento en los restaurantes de la zona. No admiten a menores de 12 años.

Whitmore Inn HOTEL HISTÓRICO $$

(☎530-623-2509; www.whitmoreinn.com; 761 Main St; h 100-165 US$; ❄☏) Habitaciones lujosas y agradables en una céntrica casa victoriana con terraza, rodeada de vegetación. Tiene una habitación adaptada para discapacitados. No admiten a menores de 5 años.

Dónde comer

El centro de Weaverville está bien preparado para atender a los excursionistas: en verano, la calle principal cuenta con una gran oferta de comida y buenos precios. También se instala un mercadillo (⏰16.30-19.30 mi may-oct) en Main St los meses cálidos. En invierno, la temporada turística se acaba y los negocios acortan sus horarios.

Trinideli GOURMET $

(esq. 201 Trinity Lakes Blvd y Center St; sándwiches 5-9 US$; ⏰6.00-16.00 lu-vi) Sándwiches de lujo con ingredientes frescos y servidos con una sonrisa. El Trinideli (0,5 kg), con cuatro tipos de carne y tres de queso, saciará a los más famélicos, mientras que los típicos de pavo y jamón incluyen una explosión de verduras frescas y sabor. Los burritos de desayuno son perfectos para reponer energías antes de salir de excursión.

Mountain Marketplace MERCADOS $
(222 S Main St; ⏲9.00-18.00 lu-vi, 10.00-17.00 sa; 🖉) Para aprovisionarse de productos naturales, tomar un zumo o visitar su *deli* vegetariano.

Johnny's Pizza PIZZERÍA $$
(227 Main St; *pizzas* 9-26 US$; ⏲11.00-20.00) *Pizzas* en un buen ambiente, con *rock'n'roll* de fondo y personal agradable.

★ **La Grange Café** CALIFORNIANA $$
(☎530-623-5325; 315 N Main St; principales 15-28 US$; ⏲11.30-21.00 lu-ju, 11.30-22.00 vi-do, varía según temporada) En este restaurante amplio pero íntimo y muy premiado sirven platos excepcionales: ligeros, frescos y completos. La propietaria y chef, Sharon Heryford, sabe cómo agasajar a los comensales sin caer en lo pretencioso: col lombarda rellena de manzana en otoño, enchiladas de pollo en verano, y opciones de caza con verduras de temporada. El comedor, con paredes de ladrillo y vistas, es muy agradable. Cuando las mesas se llenan se puede comer en la barra. El bufé libre de sopa y ensalada es genial.

Dónde beber y ocio

Mamma Llama CAFÉ
(www.mammallama.com; 490 Main St; desayuno y sándwiches 4.50-10 US$; ⏲6.00-18.00 lu-vi, 7.00-18.00 sa, 7.00-15.00 do; 📶) Este lugar amplio y relajado es una institución local. Preparan un buen café exprés e incluye una selección de libros y CD para relajarse en los sofás. La reducida carta incluye desayunos, *wraps* y sándwiches, y tienen cervezas artesanales en botellín. De vez en cuando hay música folk en directo (a menudo con tambores).

Red House CAFÉ
(www.vivalaredhouse.com; 218 S Miner St; sopa desde 3 US$; ⏲6.30-17.30 lu-vi, 7.30-13.00 do) 🍃 Local amplio y diáfano decorado con bambú donde probar una amplia selección de tés, algún tentempié ligero y café de comercio justo. Hay platos del día, como la deliciosa sopa de arroz y pollo de los lunes. Tienen una ventanilla de comida para llevar, por si se va con prisa (algo raro en Weaverville).

¿CÓMO?

El **Willow Creek China Flat Museum** (☎530-629-2653; www.bigfootcountry.net; Hwy 299, Willow Creek; se aceptan donativos; ⏲10.00-16.00 mi-do may-sep, 11.00-16.00 vi y sa, 12.00-16.00 do oct-abr) ofrece una persuasiva colección sobre huellas de pies y manos, pelo y demás 'pruebas' que demuestran la existencia del monstruo de las nieves. La carretera homónima, la Bigfoot Scenic Byway (Hwy 96), empieza aquí y se dirige hacia el norte, entre montañas y ríos.

Trinity Theatre CINE
(310 Main St) Películas de estreno.

Información

Cámara de Comercio del condado de Trinity (☎530-623-6101; www.trinitycounty.com; 215 Main St; ⏲10.00-16.00) Mucha información útil y un personal que conoce su oficio.

Puesto de guardabosques de Weaverville (☎530-623-2121; www.fs.usda.gov/stnf; 360 Main St; ⏲8.00-16.30 lu-vi) Mapas, información y permisos para todos los lagos, bosques protegidos y reservas naturales del condado de Trinity y alrededores.

Cómo llegar y salir

Un autobús urbano de **Trinity Transit** (☎530-623-5438; www.trinitytransit.org; billete desde 1,50 US$) hace la ruta Weaverville-Lewiston vía la Hwy 299 y la Hwy 3 (lu-vi). Hay otro autobús entre Weaverville y Hayfork, un pequeño pueblo localizado unos 50 km al suroeste por la Hwy 3.

Lago Lewiston

La pequeña población de **Lewiston** es poco más que una serie de edificios junto a un cruce, 42 km al oeste de Redding, a unos 8 km de la Hwy 299 por el Trinity Dam Blvd y unos kilómetros al sur del lago Lewiston. Está junto al río Trinity, y los lugareños son muy respetuosos con el entorno: saben dónde pescar, adónde ir de excursión y cómo moverse.

El lago está unos 2,5 km al norte del pueblo y es una plácida alternativa a otras zonas de lagos gracias al límite de velocidad para embarcaciones (10 millas/h). El agua mantiene un nivel constante, lo que proporciona un hábitat ideal para peces y aves acuáticas. Las aves migratorias paran aquí y por la mañana se pueden ver águilas pescadoras y águilas calvas de caza. En la Trinity River Fish Hatchery (7.00-15.00) GRATIS retienen alevines de salmones y truchas comunes hasta que están listos para liberarlos en el río. En el único puerto deportivo en el lago, la Pine Cove Marina (www.pine-cove-marina.com; 9435 Trinity Dam Blvd), ofrecen información sobre el lago: su flora y fauna, alquiler de barcos y canoas, cenas en las que cada cual lleva un plato y excursiones guiadas por el campo.

Si solo se está de paso se puede parar en el Country Peddler (4 Deadwood Rd), un viejo granero tras un campo de amapolas lleno de antigüedades, viejas señales de tráfico y objetos de colección. Los dueños son grandes aficionados a la naturaleza y conocen bien la zona. Suele abrir solo en verano.

🛏 Dónde dormir y comer

Hay varios *campings* diseminados junto al lago. Para más información sobre los *campings* del USFS, contáctese con el puesto de guardabosques de Weaverville. Dos de ellos están a orillas del lago: el boscoso y más privado Mary Smith (877-444-6777; parcela tienda 11 US$; may-sep) y el soleado Ackerman (parcelas 11 US$), con zonas más amplias de hierba para familias. Si no hay nadie que atienda, el mismo viajero se puede registrar. En Lewiston hay todo tipo de *campings* para autocaravanas, cabañas de alquiler y moteles.

★ Lewiston Hotel   HOTEL HISTÓRICO $
(530-778-3823; 125 Deadwood Rd; h 60 US$;) En un edificio de 1862 desvencijado y lleno de recovecos, este hotel ofrece habitaciones pequeñas y rústicas que incluyen colchas, fotografías históricas y vistas al río, además de mucha personalidad, aunque sin baños privados. Se puede pedir la habitación del fantasma George. La decoración interior es a base de gigantes cabezas de alces disecadas, calendarios eróticos antiguos, sierras viejas y oxidadas y mucho más.

También tiene un bar animado que frecuentan los lugareños, un salón de baile y un restaurante (horario esporádico, sobre todo en invierno) especializado en el tierno corte de ternera *prime rib* (lomo alto).

Lakeview Terrace Resort   CABAÑAS, CAMPING $
(530-778-3803; www.lakeviewterraceresort.com; parcela autocaravana 30 US$, cabañas 80-155 US$;) Club vacacional de campo, 8 km al norte de Lewiston. Alquilan barcas.

Old Lewiston Bridge
RV Resort   CAMPING $
(530-778-3894; www.lewistonbridgerv.com; 8460 Rush Creek Rd, en Turnpike Rd; parcela tienda/autocaravana 15/28 US$, caravana de alquiler 65 US$;) Lugar agradable para aparcar la autocaravana, con parcelas junto al puente del río. Alquilan caravanas (4 personas, sábanas no incl.).

Old Lewiston Inn B&B   B&B $$
(530-778-3385; www.theoldlewistoninn.com; Deadwood Rd; h/ste 110/200 US$;) Ofrece el alojamiento más bonito de la ciudad, justo al lado del río, en una casa de 1875. El precio incluye desayunos campestres, el uso del *jacuzzi* y bonos para pescar con mosca. La suite con dos dormitorios es ideal para las familias.

Lago Trinity (Clair Engle)

Este apacible lago, el tercer embalse más grande de California, se sitúa bajo las espectaculares montañas nevadas al norte del lago Lewiston. En temporada baja todo está muy tranquilo, pero en verano se llena de gente que viene a nadar, pescar o practicar deportes acuáticos. La mayoría de los *campings,* caravanas, moteles, embarcaciones de alquiler y restaurantes están en su orilla oeste.

El Pinewood Cove Resort (530-286-2201; www.pinewoodcove.com; 45110 Hwy 3; parcela tienda/autocaravana 29/46 US$, cabañas 98-158 US$;), junto al lago, es muy popular, aunque no proporcionan ropa de cama.

La ribera este del lago es más tranquila, con *campings* más aislados, algunos accesibles solo en barca. En el puesto de guardabosques de Weaverville (véase p. 305) ofrecen información sobre los *campings* del USFS.

Montes Klamath y Siskiyou

Un denso conjunto de escarpadas montañas costeras da a esta región el nombre de Klamath Knot (Nudo de Klamath). Los bosques húmedos templados de la costa dejan paso a los bosques húmedos del interior, lo que resulta en una gran diversidad de hábitats para muchas especies, algunas endémicas. Hay unas 3500 plantas autóctonas. La fauna local incluye el búho moteado, el águila calva, la rana con cola, varias especies de salmón del Pacífico y carnívoros como el glotón y el puma. Hay quien dice que esta extraordinaria biodiversidad se debe a que la zona escapó a la glaciación masiva en la Edad de Hielo. Esto podría haber dado a las especies un refugio y más tiempo para adaptarse a condiciones bastante favorables.

En la zona también discurre la mayor concentración de ríos salvajes y pintorescos del país: el Salmon, el Smith, el Trinity, el Eel y el Klamath, entre otros. El otoño es todo un espectáculo.

Hay cinco parques naturales principales en la zona del Klamath Knot. La Marble Mountain Wilderness, al norte, se caracteriza por montañas altas y escarpadas, valles y lagos, todo ello salpicado por formaciones geológicas de mármol y granito, y una flora muy variada. La Russian Wilderness tiene 3237 Ha de cimas aisladas y lagos. La Trinity Alps Wilderness, al oeste de la Hwy 3, es una de las regiones más bonitas de la zona para hacer excursiones y acampar en la naturaleza, y cuenta con casi 1000 km de senderos que atraviesan sus cumbres graníticas y bordean sus lagos. La Yolla Bolly-Middle Eel Wilderness, al sur, está poco frecuentada, a pesar de su proximidad a la zona de la bahía, con lo que ofrece increíbles experiencias en el bosque más recóndito. En la Siskiyou Wilderness, el área más cercana a la costa, su cota máxima se alza a 2225 m sobre el nivel del océano, con vistas del mismo. Hay un extenso entramado de senderos por todo el parque, pero es difícil caminar en círculo.

La Trinity River Scenic Byway (Hwy 299) sigue el curso del río Trinity hasta la costa del Pacífico y está salpicada de hoteles, aparcamientos para autocaravanas y pueblos diminutos. Se puede practicar 'rafting' en aguas bravas en el arroyo Willow, 88 km al oeste de Weaverville. La Bigfoot Rafting Company (530-629-2263; www.bigfootrafting. com; excursiones de medio día/día completo 69/89 US$/persona) organiza excursiones guiadas y alquila balsas y kayaks (desde 40 US$/día).

Valle de Scott

Al norte del lago Trinity, la Hwy 3 asciende por la preciosa falda oriental de la Trinity Alps Wilderness hasta la cumbre del monte Scott (1646 m), para luego descender por el verde valle de Scott, una bucólica zona agrícola encajonada entre altas montañas. La carretera ofrece buenas ocasiones para caminar hasta los lagos, montar a caballo y pedalear

en bicicleta de carretera o de montaña. Si se quiere conocer su historia es recomendable hacerse con el folleto *Trinity Heritage Scenic Byway* en el puesto de guardabosques de Weaverville (véase p. 305) antes de aventurarse por esta ruta.

Etna (737 hab.), hacia el extremo norte del valle, es conocida por sus vecinos como "el último Gran Lugar de California", y quizá tengan razón. Acoge el fantástico Bluegrass Festival a finales de julio y en la diminuta Etna Brewing Company (www.etnabrew. net; 131 Callahan St; visitas guiadas gratis; *pub* 11.00-16.00 ma, 11.00-20.00 mi y ju, 11.00-21.00 vi y sa, 11.00-19.00 do; visitas con cita previa) se puede probar cerveza recién elaborada y picar algo. Para quedarse un tiempo se aconseja el inmaculado Motel Etna (530-467-5338; 317 Collier Way; i/d 50/60 US$), con 10 habitaciones. En el Scott Valley Drug (www.scottvalleydrug. com; 511 Main St; lu-sa) sirven unos *ice-cream sodas* (refresco con helado) al estilo clásico. En verano, esa gente que pasea llena de polvo con mochilas son senderistas que se toman un respiro en su ruta por el cercano Pacific Crest Trail; Etna es una de las parada favoritas para repostar.

Pasado Etna está Fort Jones (839 hab.), a solo 29 km de Yreka. El centro de visitantes (530-468-5442; 11943 Main St; 10.00-17.00 ma-sa, 12.00-16.00 do) está junto a la Guild Shop. En la misma calle, un pequeño museo (www. fortjonesmuseum.com; 11913 Main St; entrada con donativo; lu-sa Memorial Day-Labor Day) presenta una colección sobre los indios americanos.

Yreka

La ciudad más septentrional del interior de California, Yreka (wy-*ri*-ca; 7400 hab.), fue un asentamiento floreciente durante la Fiebre del Oro, como se aprecia en su maravillosa arquitectura de principios del s. xx. Muchos viajeros solo pasan por ella de camino a Oregón, pero su centro histórico, con toques modernos pero con un encanto muy del Salvaje Oeste, supone una parada genial para estirar las piernas, comer y repostar antes de adentrarse en el valle de Scott o en la naturaleza del noreste californiano.

Puntos de interés y actividades

Unos 40 km al norte de Yreka por la I-5, ya en Oregón, está la cima del Siskiyou (1314 m), cuyo acceso a menudo se cierra en invierno, aunque haga buen tiempo a ambos lados. Llámese al ☎530-842-4438 para comprobarlo.

Siskiyou County Museum
MUSEO

(www.siskiyoucountyhistoricalsociety.org; 910 S Main St; entrada 3 US$; ⏱9.00-15.00 ma-sa) Museo muy bien conservado, unas manzanas al sur del centro, sobre la historia de los pioneros y los indios americanos. La colección al aire libre presenta edificios históricos traídos de todo el condado.

Juzgados del condado de Siskiyou
EDIFICIO HISTÓRICO

(311 4th St) Este enorme y céntrico edificio de 1857 tiene en el vestíbulo una colección de pepitas, polvo y escamas de oro.

Excursiones en el tren de vapor 'Blue Goose'
FERROCARRIL

(www.yrekawesternrr.com; adultos/niños 2-12 años 20/12 US$) Este tren recorre una vía centenaria entre silbidos y resoplidos. El horario varía; consúltese el sitio web. Es una de las últimas vías que queda de la antigua red ferroviaria del estado.

Yreka Creek Greenway
PASEOS A PIE, EN BICICLETA

(www.yrekagreenway.org) Este sendero, tras los juzgados, es un buen lugar para pasear o pedalear entre los árboles.

🛏 Dónde dormir y comer

Moteles, moteles y más moteles: para presupuestos ajustados hay mucho donde comparar; Main St, en Yreka, está llena de moteles de mediados del s. xx. El Klamath National Forest gestiona varios *campings;* la oficina del supervisor ofrece información sobre ellos. Hay varios parques de autocaravanas en el extremo del pueblo. En W Miner St hay sitios menos convencionales para comer.

Klamath Motor Lodge
MOTEL $

(☎530-842-2751; www.klamathmotorlodge.net; 1111 S Main St; d desde 45 US$; 🛜🖥) Dueños especialmente amables, habitaciones limpias, servicio de lavandería: un lugar ideal para los excursionistas. El mejor motel de Yreka.

Klander's Deli
GOURMET $

(211 S Oregon St; sándwiches 6 US$; ⏱8.00-14.00 lu-vi) Quieren tanto a sus parroquianos que sus sabrosos sándwiches toman el nombre de algunos de ellos, como el Bob (con jamón, pavo, rosbif y queso suizo), en honor al primer propietario del lugar.

Nature's Kitchen
COMIDA SANA, PANADERÍA $

(☎530-842-1136; 412 S Main St; platos 7 US$; ⏱8.00-17.00 lu-sa; 🖥) Tienda-panadería de productos naturales donde sirven sabrosos platos vegetarianos, zumos recién elaborados y buen café exprés. La tienda es tan sana como completa.

ℹ Información

Oficina del supervisor del Klamath National Forest (☎530-842-6131; 1312 esq. Fairlane Rd y Oberlin Rd; ⏱8.00-16.30 lu-vi) Está en el extremo sur del pueblo y tiene información detallada sobre acampada y actividades de ocio. Enorme, el edificio se ve desde la carretera.

Cámara de Comercio de Yreka (☎530-842-1649; www.yrekachamber.com; 117 W Miner St; ⏱9.00-17.00, variable, según temporada; 🛜)

ℹ Cómo llegar y salir

Los autobuses de **STAGE** (☎530-842-8295; billetes desde 1,75 US$) recorren la región y parten de varios puntos en Yreka. Hay varios servicios diarios que circulan por la I-5, p. ej., a Weed, Mt. Shasta City, McCloud y Dunsmuir. También hay salidas diarias a Fort Jones (25 min), Greenview (35 min) y Etna (45 min) en el valle de Scott. Para Klamath River (40 min) y Happy Camp (2 h), solo hay servicios los lunes y viernes.

Sacramento y el Valle Central

Por qué ir

El Valle Central es una enorme extensión de campos dorados, colinas onduladas y canales fluviales que ocupan 644 km desde Chico hasta Bakersfield. La mitad de los alimentos de EE UU, y casi cualquier zanahoria, almendra y espárrago, se cultiva aquí.

En primavera, los ríos aumentan su caudal y reverdecen los huertos. En verano, enormes viñedos medran bajo un sol implacable y los productos llegan a los mercados directos del campo. En otoño e invierno, el cielo se suaviza y los patos y gansos visitan la zona. Las aves se quedan más que muchos viajeros, que suelen pasar volando de camino a destinos más populares, pero las calles con sombra y las mansiones majestuosas de las ciudades victorianas de la región y las comunidades paisajísticas que salpican el delta del Sacramento y la Hwy 99 justifican algo más que un vistazo desde la ventanilla.

Los mejores restaurantes

➡ Noriega's (p. 336)

➡ Kitchen Restaurant (p. 316)

➡ Peeve's Public House y mercado local (p. 333)

➡ Diane's Village Bakery & Cafe (p. 337)

Los mejores alojamientos

➡ Padre Hotel (p. 336)

➡ Citizen Hotel (p. 315)

➡ Lake Oroville State Recreation Area (p. 322)

Cuándo ir
Sacramento

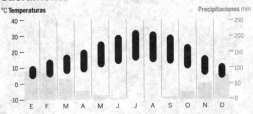

Feb-mar Época para tomar una empanada y una sidra caliente en el colorido Blossom Trail, en el valle.

Nov-feb Coincide con el regreso de millones de aves acuáticas a Sacramento.

May-sep Temporada pico de la cosecha, con muchos mercados de granjeros y festivales gastronómicos.

Imprescindible

1 Surcar en neumático los frescos ríos de **Chico** (p. 323).

2 Descorchar la emergente escena vinícola de **Lodi** (p. 327).

3 Probar los productos del valle en los **mercados de granjeros** (p. 314) de Sacramento.

4 Descubrir el legado de quienes construyeron el templo chino y el lago de **Oroville** (p. 321).

5 Sumarse a la buena onda de **Bakersfield** (p. 335) al ritmo de los iconos del *honky tonk*.

6 Descender rápidos de talla mundial en el **río Kern** (p. 338).

7 Bailar el palo de mayo en el Swedish Festival (p. 337) de Kingsburg.

8 Explorar los diques y las granjas del **delta del río Sacramento** (p. 318).

VALLE DE SACRAMENTO

El laberinto de canales que recorre el delta de los ríos Sacramento y San Joaquín abastece la bahía de San Francisco y divide el Valle Central por la mitad, con el valle de Sacramento al norte y el valle de San Joaquín al sur. El río Sacramento, el más largo de California, nace en el lago Shasta, en las montañas del norte, y alcanza la cuenca del valle en Red Bluff. Después, serpentea al sur a través de mesetas herbosas y huertos, antes de bordear perezoso la capital del estado, para seguidamente desplegarse por el delta y verter sus aguas en la bahía de San Francisco. El valle alcanza su máxima belleza con la floración primaveral. Los jardines con sombra y las casas señoriales de Sacramento, la capital del estado, y su vecina progresista, la universitaria Davis, ofrecen un afable alivio al calor estival.

Sacramento

Ciudad de contrastes, en horas punta, en este antiguo centro ganadero los todoterrenos de los políticos estatales se apilan junto a camionetas de granjeros embarradas. Sacramento tiene grandes arrabales, pero también *lofts* nuevos y *boutiques* de lujo apiñadas entre escaparates de mediados del s. xx.

Los lugareños han demostrado ser capaces de impulsar un universo pequeño pero próspero de gastronomía, arte y vida nocturna, y se jactan, con razón, del Second Saturday, la ruta mensual por galerías del Midtown, símbolo del despertar cultural de la urbe. Los omnipresentes mercados de granjeros, la oferta de productos frescos de granja y las cervezas artesanales son otros motivos de orgullo.

Historia

La historia del estado está contenida en Sacramento. Los pueblos del Paleolítico pescaban en los ríos y prosperaron antes de la llegada de los colonos y del azote de la viruela en la década de 1800. El control pasó de los españoles a los mexicanos y, finalmente, a los estadounidenses cuando en 1847 el suizo John Sutter llegó en busca de fortuna. Tras reconocer la importancia estratégica del control de los ríos principales, Sutter levantó un puesto de avanzada en una confluencia y armó una milicia privada. Dicha avanzadilla se convirtió pronto en un refugio seguro para comerciantes, y Sutter amplió su actividad comercial en todas direcciones.

CALIFORNIA STATE FAIR

Durante dos semanas a finales de julio, la California State Fair (☎916-263-3247; www.bigfun.org; 1600 Exposition Blvd; adultos/niños 12/8 US$) llena la Cal Expo, al este de la I-80, en la orilla norte del río American, con una ciudad en miniatura de vacas y atracciones de feria. Quizá sea el único lugar donde poder plantar una secuoya, ver parir a una cerda, montarse en una montaña rusa, asistir a carreras de obstáculos a caballo y probar exquisitos vinos de Napa en una tarde. También hay subastas (¡500 US$ por una docena de huevos!) y muestras agrícolas interactivas organizadas por la University of California Davis. Los hoteles próximos ofrecen servicios de enlace.

Fue en su serrería, cerca de Coloma, donde algo brilló en el río en 1848. ¡Eureka! Los buscadores de oro llegaron en estampida al puesto comercial, que terminó por llamarse como la recién aparecida ciudad de Sacramento. Aunque la ciudad sufrió varios incendios e inundaciones, prosperó y, en 1850, se convirtió en la capital del estado de California.

Poco después, los cuatro grandes (Leland Stanford, Mark Hopkins, Collis P. Huntington y Charles Crocker) concibieron la Transcontinental Railroad en Sacramento. En la estación de Amtrak de Sacramento cuelga un fresco del cuarteto fundador de la Central Pacific Railroad, que empezó a construirse aquí en 1863, y se conectó con la Union Pacific en Promontory (Utah) en 1869.

☉ Puntos de interés

Sacramento está a mitad de camino entre San Francisco y el lago Tahoe, delimitada por cuatro carreteras principales: la Hwy 99, la mejor ruta para atravesar el Valle Central; la I-5, al oeste; la I-80, que bordea por el norte el centro de la ciudad (al oeste se va a la zona de la bahía y al este a Reno); y la Hwy 50 (o Business Route 80), que recorre por el sur el centro, antes de avanzar al este hacia el lago Tahoe.

En medio está The Grid, con calles numeradas en dirección norte-sur y con letras en dirección este-oeste (Capitol Ave sustituye a M St). J St es una vía principal de sentido único que va al este del Downtown al Midtown.

Downtown Sacramento

The Grid

Es fácil encontrar los lugares de interés, pero todo está muy esparcido.

★ **California Museum** MUSEO
(www.californiamuseum.org; 1020 O St; adultos/niños 9/6,50 US$; ☉10.00-17.00 lu-sa, desde 12.00 do) Como sede del California Hall Of Fame, este museo moderno es el único lugar donde coinciden César Chávez, Mark Zuckerberg y Amelia Earhart. Destaca la muestra *California Indians,* con piezas e historias orales de más de cien tribus.

★ **Capitolio del estado de California** EDIFICIO HISTÓRICO
(capitolmuseum.ca.gov; 1315 10th St; ☉8.00-17.00 lu-vi, desde 9.00 sa y do) **GRATIS** Su cúpula reluciente es la estructura más reconocible de Sacramento. En el ala oeste cuelga un cuadro de Terminator en traje junto a los del resto de gobernadores estatales. Hay quien considera el **Capitol Park,** las 16 Ha de jardines y monumentos que rodean el edificio, más interesante que el propio capitolio. Hay circuitos cada hora hasta las 16.00.

Sutter's Fort State Historic Park LUGAR HISTÓRICO
(www.suttersfort.org; 2701 L St; adultos/niños 5/3 US$; ☉10.00-17.00) Fundado por John Sutter, durante un tiempo fue la única huella de un asentamiento de blancos en cientos de kilómetros a la redonda. Habrá que reservar 2 h para visitar el interior, con mobiliario, equipo médico y una herrería, como recién salido de la década de 1850.

State Indian Museum MUSEO
(www.parks.ca.gov; 2618 K St; adultos/niños 3/2 US$; ☉10.00-17.00) No sin ironía, el museo de los indios está a la sombra del Sutter's Fort. Incluye muestras y artesanía tribales excelen-

Crocker Art Museum MUSEO

(https://crockerartmuseum.org; 216 O St; adultos/niños 10/5 US$; ⏰10.00-17.00 ma, mi y vi-do, hasta 21.00 ju) Ocupa la ornamentada mansión victoriana de la familia Crocker y los edificios de su ampliación, impresionantes todos tanto por su arquitectura como por sus colecciones, que incluyen a pintores californianos y a maestros europeos. El arte contemporáneo tiene una entusiasta presentación.

California State Railroad Museum MUSEO

(www.csrmf.org; 125 I St; adultos/niños 10/5 US$, incl. viaje en tren 20/10 US$; ⏰10.00-17.00; 🚻) En el extremo norte del barrio, este museo acoge una impresionante colección de automotores y locomotoras, desde miniaturas hasta de tamaño real. Aunque el relato de las penurias sufridas por quienes tendieron las vías está edulcorado, el vagón litera Pullman equipado y los vagones restaurante antiguos emocionarán a los amantes de este medio de transporte. Se puede subir a un tren de pasajeros restaurado (adultos/niños 10/5 US$) en la taquilla de la Sacramento Southern Railroad, al cruzar la plaza, en Front St, y hacer un viaje de 40 min por el río (cada hora, fines de semana, abr-sep).

Sacramento History Museum MUSEO

(www.sachistorymuseum.org; 101 I St; adultos/niños 6/4 US$, Underground Tour mar-dic 15/10 US$; ⏰10.00-17.00; 🚻) Muestra historias y objetos de algunos de los ciudadanos más fascinantes de Sacramento, aunque mucha información está centrada en la época de la Fiebre del Oro. Venden entradas para el **Underground Tour**, una visita de 45 min por debajo de las calles de Old Sacramento.

tes, huellas de culturas casi aniquiladas por el fervor que prendió Sutter.

Old Sacramento

Este puerto fluvial junto al Downtown es el gran atractivo turístico de la ciudad. El aroma penetrante de los caramelos *saltwater taffy* y una restauración algo estridente le dan al histórico barrio el encanto de una tierra fronteriza de segunda categoría, pero está bien para dar un paseo en las tardes de verano, cuando sesenteros montados en Harleys retumban por las calles de adoquines y los turistas y funcionarios maqueados pasean junto al agua. La zona acoge la mayor concentración de California de edificios incluidos en el Registro Nacional de Lugares Públicos, muchos de ellos sedes de tiendas de baratijas de la Fiebre del Oro y caramelos. Hay algunas atracciones de calidad, pero la comida es un fiasco (mejor ir al Midtown).

Tower District

Está al sur del Midtown, en la esquina de Broadway con 16th St. Sobresale el Tower Theatre (p. 317), un cine precioso de estilo *art déco* de 1938 fácil de divisar de camino al centro. Al este por Broadway desde el teatro se llega a un tramo de restaurantes étnicos asequibles. La cadena de música **Tower Records** abrió aquí en 1960 y cerró en el 2006, víctima de la era digital; el cartel de neón aún sobrevive.

🏃 Actividades

El **American River Parkway** (orilla norte del American River), un sistema fluvial de 1861 Ha, es el mayor atractivo natural de Sacramento y uno de los hábitats ribereños más exten-

Downtown Sacramento

sos en la zona continental de EE UU, marcado por una red de senderos y zonas de *picnic*. Se accede desde Old Sacramento por Front St, hacia el norte, hasta que se convierte en Jiboom St y cruza el río, o por la salida de Jiboom St desde la I-5/ Hwy 99. El encantador y pavimentado **Jedediah Smith Memorial Trail** (American River Bike Trail) tiene 48 km desde Old Sacramento hasta el embalse de Folsom. En **City Bicycle Works** (www.citybicycleworks. com; 2419 K St; por hora/día desde 5/20 US$; ☉10.00-19.00 lu-vi, hasta 18.00 sa, 11.00-17.00 do) alquilan bicicletas.

✖ Fiestas y celebraciones

**Mercado de granjeros
del centro de Sacramento**　　MERCADO
(www.california-grown.com; esq. 8th y W St, bajo el paso de la Hwy 80; ☉8.00-12.00 do; 🅟) Sacramento tiene excelentes mercados de este tipo, a menudo animados con camiones de comidas y música en directo, todo el año, y a diario en verano y otoño.

Second Saturday　　CULTURA
(www.2ndsaturdaysacramento.com) Cada segundo sábado de mes, las galerías y tiendas del Midtown atraen a gente de todas las edades, con música al aire libre y actos culturales.

**Sacramento Music
Festival & Jubilee**　　MÚSICA
(www.sacmusicfest.com) Con 40 años ya cumplidos, este festival no decae: *jazz, rockabilly,* música latina, *swing, blues, zydeco* y todo lo que tenga ritmo el fin de semana del Memorial Day (fin may).

Gold Rush Days　　CULTURA
(www.sacramentogoldrushdays.com; 🅟) Carreras de caballos, trajes de época, música y actividades para niños convierten Old Sacramento en una fiesta el fin de semana del Labor Day (ppios sep).

🛏 Dónde dormir

La capital del estado atrae a muchos viajantes de negocios, así que no faltan hoteles, muchos de ellos con buenas ofertas en los recesos legislativos. A no ser que la visita exija ir a la Cal Expo, es mejor alojarse en el Downtown o el Midtown, donde hay mucho que hacer cerca. Para moteles *kitsch* de los años cincuenta hay que cruzar el río hasta West Sacramento, al **Motel Row** o lo que queda de él, en la Rte 40.

HI Sacramento Hostel　　ALBERGUE **$**
(☎916-443-1691; http://norcalhostels.org/sac; 925 H St; dc 29-33 US$; h con baño compartido/ privado desde 58/99 US$; ☉registro 14.00-22.00;

@🛜) Una enorme mansión victoriana acoge este buen albergue de precios módicos. Está a un paseo del capitolio, Old Sacramento y la estación de trenes, y tiene un piano en la recepción y un gran comedor. Atrae a una multitud internacional, normalmente abierta a compartir el trayecto en automóvil hasta San Francisco o el lago Tahoe.

Folsom Lake State
Recreation Area
CAMPING $

(📞916-988-0205; www.parks.ca.gov; 7806 Folsom-Auburn Rd; parcela tienda y autocaravana sin/con conexiones 33/58 US$; ⏰oficina 6.00-21.00 verano, 7.00-18.00 invierno) Sacramento es un buen punto para una última revisión del motor antes de adentrarse en Sierra Nevada. Pese a no ser ideal –el lago se infesta de lanchas–, es el único *camping* del KOA al oeste de la ciudad, en la I-80.

Delta King
B&B $$

(📞800-825-5464, 916-444-5464; www.deltaking. com; 1000 Front St; d incl. desayuno desde 139 US$; ✳🛜) Este barco de palas de 1927, anclado en Old Sacramento, se ilumina como un árbol navideño por la noche y es un lujo para dormir.

★ Citizen Hotel
HOTEL-BOUTIQUE $$$

(📞916-492-4460; www.jdvhotels.com; 926 J St; h/ ste 169/269 US$; ✳@🛜🛜) Da un toque más estiloso y muy moderno al grupo Joie de Vivre. Vacío durante mucho tiempo, se ha convertido en uno de los alojamientos más exquisitos de la zona. Tiene habitaciones elegantes, con sábanas de lujo y muchos dorados. En la recepción hay bicicletas de préstamo. También tiene un lujoso restaurante (principales desde 28 US$).

Amber House
B&B $$$

(📞800-755-6526, 916-444-8085; www.amberhou se.com; 1315 22nd St; h 199-279 US$; ✳@🛜) En el Midtown, es una casa colonial holandesa transformada en un B&B elegante, con habitaciones con bañeras de hidromasaje y chimeneas. La Mozart y la Vivaldi incluyen balcones privados perfectos para desayunar.

🍴 Dónde comer

Se aconseja obviar los lugares caros de Old Sacramento y junto al capitolio y dirigirse al Midtown o al Tower District. En J St y Broadway hay restaurantes modernos y asequibles, con mesas fuera en verano. Muchos utilizan ingredientes frescos de granja, aunque no lo indiquen.

Shoki II Ramen House
JAPONESA $

(📞916-441-0011; 1201 R St; comidas 8-16 US$; ⏰11.00-22.00 lu-vi, desde 12.00 sa, 11.00-20.00 do) Tiene dos establecimientos: el original en 24th St, donde se apiñan los comensales, y otro más nuevo en el Midtown que ofrece algo más de espacio y los mismos fideos caseros alucinantes. Las espinacas y las setas *shiitake* frescas que decoran los cuencos son de la zona y, claro, de cultivo ecológico.

Gunther's
HELADERÍA $

(www.gunthersicecream.com; 2801 Franklin Blvd; copas 4 US$; ⏰10.00-22.00) En esta antigua y popular cafetería elaboran su propio helado.

LA GRAN MIGRACIÓN

El valle de Sacramento es un lugar de descanso para innumerables especies migratorias llegadas en cantidades tan grandes que no se necesitarán prismáticos.

Oct-feb Cuatro millones de aves acuáticas pasan el invierno en cálidos humedales, en su ruta Great Pacific Flyway. Hay visitas guiadas en el Sacramento National Wildlife Refuge (p. 322).

Oct-ene El salmón real y la trucha cabeza de acero, en peligro de extinción, luchan por remontar los ríos para desovar. Pueden verse en el American River Parkway (p. 313) y la Nimbus Fish Hatchery (📞916-358-2884; www.dfg.ca.gov; 2001 Nimbus Rd, Gold River; ⏰8.00-15.00 lu-vi, desde 9.00 sa-do) GRATIS.

Mar-jun Se unen a la fiesta las mariposas blanca de la col, vanesa americana y papilio tigre occidental. Sus crías se alimentarán y echarán a volar al norte. En el Sacramento National Wildlife Refuge (p. 322) hay detalles.

Jun-ago Cientos de miles de murciélagos cola de ratón se refugian bajo la Yolo Causeway. Hay visitas para verlos posarse en el crepúsculo (www.yolobasin.org).

Plum Cafe
VEGANA $

(www.plumcafebakery.com; 2315 K St; platos 8-12 US$; ☎8.00-20.00 lu-ju, hasta 21.00 vi y sa, 10.00-20.00 do;) En esta panadería y local de *brunch,* en una casa victoriana restaurada con un jardín trasero cubierto, sirven comida *vegana* y sin gluten, sabrosa y sencilla. Los amantes del azúcar se sorprenderán con postres como el Entertainer (tipo *cupcake* de chocolate).

La Bonne Soupe Cafe
GOURMET $

(☎916-492-9506; 920 8th St; productos 5-8 US$; ☎11.00-15.00 lu-mi, hasta 20.00 ju y vi) Ofrecen una sopa y unos bocadillos divinos, dispuestos con tal cuidado que la cola de vecinos del centro sale por la puerta. Es un mostrador de almuerzos humildes donde prima la calidad sobre la rapidez.

Tank House BBQ and Bar
BARBACOA $$

(tankhousebbq.com; 1925 J St; *pork butt sando* 10 US$; ☎11.30-2.00 lu-vi, desde 11.00 sa y do) El ambiente moderno (desde peinados engominados hasta cerveza de lata por 6-10 US$) quizá resulte difícil de digerir, pero las parrilladas están muy bien. Nada mejor que sentarse en la barra, pedir y encenderse un pitillo (se fuma todo el día). De sentarse fuera, mejor a favor del viento.

Pizza Rock
PIZZERÍA $$

(www.pizzarocksacramento.com; 1020 K St; *pizzas* 14-30 US$; ☎11.00-22.00 do-ju, hasta 3.00 vi y sa;) Este pilar de K St Mall es un local ruidoso y enorme donde tomarse una *pizza* margarita genial, entre temática rocanrolera y personal tatuado.

Andy Nguyen's
VIETNAMITA, VEGETARIANA $$

(www.andynguyenvegetarian.com; 2007 Broadway; comidas 9-16 US$; ☎11.30-21.00 do y lu, hasta 21.30 ma-ju, hasta 22.00 vi y sa;) Local budista tranquilo, con platos vegetarianos muy buenos, ya sea en forma de guiso o de falsa carne (las patas de "pollo" llevan un huesecito de madera).

Waterboy
CALIFORNIANA $$

(☎916-498-9891; www.waterboyrestaurant.com; 2000 Capitol Ave; principales 13-29 US$; ☎11.30-14.30 lu-vi, 17.00-21.30 do-ju, hasta 22.30 vi y sa) Tiene un comedor con ventanas y muebles de mimbre, acorde al estilo del chef, que da un toque franco-italiano a los productos del Valle Central. La carta es ambiciosa y conseguida. La captura del día es siempre magnífica.

Lucca
ITALIANA $$

(luccarestaurant.com; 1615 J St; comidas 13-20 US$; ☎11.30-22.00 lu-ju, hasta 23.00 vi, 12.00-23.00 sa, 16.00-21.00 do) A un paseo del centro de convenciones se encuentra este buen restaurante italiano. Las patatas fritas con parmesano y alioli de trufa son el mejor entrante.

★Kitchen Restaurant
CALIFORNIANA $$$

(www.thekitchenrestaurant.com; No 101, 2225 Hurley Way; cena a precio fijo 125 US$; ☎17.00-22.00 mi-do) Regentado por el matrimonio de Randall Selland y Nancy Zimmer, este acogedor restaurante del noreste de la ciudad es la cumbre de la gastronomía de Sacramento. Las cenas degustación se centran, claro, en comida regional, de temporada y cultivo ecológico, elaborada a la perfección ante los comensales. Hay que reservar.

Mulvaney's B&L
ESTADOUNIDENSE MODERNA $$$

(☎916-441-6022; mulvaneysbl.com; 1215 19th St; principales 32-40 US$; ☎11.30-14.30 ma-vi, 17.00-22.00 ma-do) Están obsesionados con la cocina de temporada; el local es un parque de bomberos reconvertido en plan fino donde tomar pastas delicadas y carnes a la brasa. La carta cambia a diario.

Dónde beber y vida nocturna

Sacramento ofrece una doble personalidad a la hora de salir de copas: locales de lujo con camareros con bigote que agitan cócteles y garitos sin tonterías, con neones antiguos y cartas que empiezan y terminan en la cerveza con chupito. En The Grid hay de todo.

Temple Coffee Roasters
CAFETERÍA

(www.templecoffee.com; 1010 9th St; ☎6.00-23.00;) Espacio de acero y cemento frecuentado por jóvenes y modernos que toman café y té de cultivo ecológico y comercio justo de la mañana a la noche.

Mercantile Saloon
GAY

(☎916-447-0792; 1928 L St; ☎10.00-2.00) En un callejón en una casa victoriana de color amarillo, sirven bebidas fuertes por menos de 4 US$. Es un local tumultuoso con poco espacio personal. Se aconseja como inicio, antes de recorrer las cuatro manzanas de garitos gays conocidas como "Lavender Heights".

Pour House
PUB

(www.pourhousesacramento.com; 1910 Q St; ☎11.00-23.00 ma-mi, hasta 24.30 ju, hasta 1.00 vi, 10.00-1.30 sa, 9.00-22.00 do) *Pub* de lujo en el que las paredes tiemblan al paso de los trenes (no es el *whisky*). Si los sofás empiezan a parecer una buena cama, la culpa es de los grifos de cerveza oportunamente integrados en las mesas.

Rubicon Brewing Company   FÁBRICA DE CERVEZA

(www.rubiconbrewing.com; 2004 Capitol Ave; ⏰11.00-23.30 lu-ju, hasta 24.30 vi y sa, hasta 22.00 do) Aquí se toman muy en serio el lúpulo, con una buena selección de cervezas fermentadas in situ. La Monkey Knife Fight Pale Ale es ideal para bajar las bandejas de alitas picantes (12,49 US$/docena).

Old Tavern Bar & Grill   PUB

(1510 20th St; ⏰18.00-2.00) Espacio agradable que destaca entre los bares normales de Sacramento, con una enorme variedad de cervezas, jarras altas y música de los años ochenta.

58 Degrees and Holding Co   BAR DE VINOS

(www.58degrees.com; 1217 18th St; ⏰11.00-22.00 lu, mi y ju, hasta 23.00 vi y sa, hasta 21.00 do) Ofrece una amplia selección de tintos californianos y europeos, además de una exquisita carta de comida de bistró. Lo frecuentan jóvenes profesionales de la zona.

☆ Ocio

El semanario gratis *Sacramento News & Review* (www.newsandreview.com) publica una lista de los principales eventos.

Harlow's   MÚSICA EN DIRECTO

(www.harlows.com; 2708 J St) Buenas actuaciones de *jazz*, *R&B* y algo de salsa o *indie* en un espacio con clase y *martinis* potentes.

Old Ironsides   MÚSICA EN DIRECTO

(www.theoldironsides.com; 1901 10th St; entrada 5-10 US$; ⏰8.00-2.00 ma-vi y do, desde 18.00 sa) Es el escenario de algunas de las mejores bandas de música *indie* que pasan por la ciudad.

California Musical Theatre   ARTES ESCÉNICAS

(www.californiamusicaltheatre.com; 1419 H St) Compañía profesional que actúa en el Community Center Theater y el Wells Fargo Pavilion de la ciudad.

Sacramento River Cats   DEPORTES

(www.milb.com; Raley Field, 400 Ballpark Dr; entradas 8-60 US$; ⏰abr-sep) El equipo de béisbol de la liga menor de Sacramento juega al otro lado del río, en el Raley Field, con vistas al Tower Bridge, de estilo *art déco*.

Tower Theatre   CINE

(☎916-442-4700; www.ReadingCinemasUS.com; 2508 Landpark Dr) Sala histórica, digitalmente modernizada, donde ver cine clásico, extranjero e independiente.

Crest Theatre   CINE

(www.thecrest.com; 1013 K St) Perfectamente restaurado para lucir como en 1949, en este cine se proyectan películas independientes y extranjeras, y acoge al anual **Trash Film Orgy** (trashfilmorgy.com) los sábados de julio y agosto.

ℹ Información

Centro de convenciones y de visitantes (www.visitsacramento.com; 1608 I St; ⏰8.00-17.00 lu-vi) Información local, de actividades y horarios de autobuses. El personal del centro de visitantes (☎916.442.7644; www.visitsacramento.com; 1002 2nd St; ⏰10.00-17.00) de Old Sacramento da además buenas indicaciones.

ℹ Cómo llegar y salir

Estación de Amtrak (☎877-974-3322; www.capitolcorridor.org; 401 I St en 5th St) Está entre el centro y Old Sacramento. Es el mayor centro de comunicaciones en tren a todos los destinos al este y al oeste, además de las líneas de autobuses regionales que cubren el Valle Central. El trayecto a San Francisco es muy práctico (32 US$, 2 h).

Greyhound (www.greyhound.com; 420 Richards Blvd) La estación está 3 km al norte del Downtown, junto a la I-5 o N 7th St. Hay servicios a Colfax, en el Gold Country (30 US$, 1½ h), San Francisco (24 US$, 2 h), Bakersfield (51 US$, 6½ h), Los Ángeles (86 US$, 9 h) y otras grandes ciudades.

Aeropuerto internacional de Sacramento (SMF; www.sacairports.org; 6900 Airport Blvd) Está 19 km al norte del Downtown por la I-5; operan grandes aerolíneas estadounidenses y hay vuelos a México.

ℹ Cómo desplazarse

La línea 42B de la regional **Yolobus** (☎530-666-2877; www.yolobus.com) cuesta 2 US$ y circula cada hora entre el aeropuerto y el Downtown; también va a West Sacramento, Woodland y Davis. Los autobuses urbanos de **Sacramento Regional Transit** (RT; www.sacrt.com; billete/pase diario 2,50/6 US$) recorren la ciudad; también opera un tranvía entre Old Sacramento y el Downtown, además del sistema de tren ligero de Sacramento, muy conveniente en horas punta para comunicarse con la periferia. Por otro lado, sacramento es una ciudad genial para pedalear; en City Bicycle Works (p. 314) alquilan bicicletas.

ⓘ CÓMO DESPLAZARSE EN EL VALLE CENTRAL

Aunque la arteria principal del Valle Central está conectada por autobús y el Amtrak, es mejor recorrer la región en automóvil. Las rutas principales son la Hwy 99 y la I-5. La I-80 se cruza con la Hwy 99 en Sacramento, y la I-5 atraviesa la Hwy 99 al sur de Bakersfield. Amtrak (p. 317) cruza el estado con dos líneas: la del *San Joaquin,* por el Valle Central, y la del *Pacific Surfliner,* entre la costa central y San Diego. El *San Joaquín* para en casi todos los destinos turísticos. Greyhound (p. 317) tiene paradas en muchas localidades del Valle Central.

El Valle Central cuenta con numerosos senderos largos y rectos, ideales para pedalear, y el American River Parkway (p. 313) es una auténtica autopista de bicicletas que conecta el centro de Sacramento con Auburn.

Sin embargo, hoy, el principal tema de transporte en el valle Central es el tren de alta velocidad. Los votantes californianos dieron luz verde para construir una red de trenes rápidos que unirán San Francisco y Los Ángeles a velocidades de hasta 354 km/h (2½ h) en el 2029.

El presupuesto total es de 68 000 millones de US$, pero hay obstáculos legales; si todo sale bien, la primera fase será modesta: una vía de 46,6 km que unirá dos municipios rurales diminutos a cada lado de Fresno en el 2017.

Delta de los ríos Sacramento-San Joaquín

El delta del Sacramento es una extensa red de canales fluviales y municipios de una sola calle como sacados de los años treinta. Los fines de semana, los lugareños recorren a toda velocidad estas aguas cristalinas en lanchas motoras y sus carreteras sinuosas. Este enorme humedal abarca desde la bahía de San Francisco hasta Sacramento y, hacia el sur, hasta Stockton. Aquí confluyen los ríos Sacramento y San Joaquín para desembocar en la bahía. Con tiempo, se aconseja disfrutar de la brisa con olor a hierba del delta en la lenta ruta entre San Francisco y Sacramento, y pasar por los puentes de hierro de la sinuosa Hwy 160, que discurre perezosa entre arrozales, amplios huertos, orillas arenosas aptas para el baño y pueblecitos con mucha historia.

La localidad de Locke es la más fascinante, construida por los chinos que levantaron los diques responsables del fin de las inundaciones permanentes y del florecimiento de la agricultura. Tras un incendio malintencionado que barrió el asentamiento en 1912, un grupo de gente fue a pedirle al terrateniente George Locke un arrendamiento (California prohibía a los chinos ser propietarios de la tierra). Locke se convirtió en la única ciudad independiente fundada y administrada por chinos en EE UU; su estatus de no incorporación mantuvo lejos a los molestos agentes del orden público, lo que permitió la existencia de casas de juegos y locales de bebidas de contrabando. La calle principal de Locke, embutida bajo la carretera y el dique, conserva algunos habitantes de ojos rasgados, pero la sensación general es fantasmal, con edificios envejecidos protegidos que se ven en una tarde.

El colorido **Dai Loy Museum** (www.locketown.com/museum.htm; 5 Main St, Locke; entrada 1,25 US$; ⊙12.00-16.00 vi-do; 🖐), un antiguo salón de juegos lleno de fotografías y reliquias de actividades ludópatas (mesas de *pai gow* y una caja fuerte antigua incl.) es una parada popular. Cerca está el **Al the Wop's** (☎916-776-1800; 13943 Main St, Locke; principales 8-15 US$; ⊙11.00-21.00), un *saloon* en activo desde 1915 donde sirven gruesas tostadas con manteca de cacahuete, entre un suelo de madera que cruje y un techo cubierto por billetes de dólar rugosos y más de un par de bragas antiguas. En el **centro de visitantes** (☎916-776-1661; www.locketown.com; 13920 Main St, Walnut Grove; circuitos adultos/estudiantes 5/3 US$; ⊙centro de visitantes 12.00-16.00 ma y vi, 11.00-15.00 sa-do) hay mapas y organizan circuitos.

La Hwy 160 también atraviesa **Isleton**, famosa por los cangrejos de río, cuya calle principal tiene más tiendas, restaurantes, bares y edificios que recuerdan la herencia china de la región. El **Cajun Festival**, a finales de junio, atrae a gente de todo el estado; en la **Bob's Bait Shop** (www.isletonjoes.com; 212 Second St, Isleton; principales 5-17 US$; ⊙8.00-21.00) hay cangrejos vivos todo el año.

Más al oeste por la Hwy 160 aparecen las indicaciones del **Delta Loop**, una ruta con algunos bares y puertos deportivos donde se alquilan embarcaciones. Al final de la misma está la **Brannan Island State Recreation Area** (☏916-777-6671; www.parks.ca.gov; 17645 California 160; parcelas 28 US$; P ⎙), una instalación pulcra con parcelas y zonas de *picnic,* accesible en barco, automóvil o a pie.

En la década de 1930, la Oficina de Reclamaciones aprobó un programa agresivo de redirección de aguas (los proyectos Central Valley Regional Water y California State Water) para construir presas en los principales ríos de California y dirigir el 75% de su caudal por el Valle Central hasta las zonas agrícolas y el sur de California. El desvío afectó al delta, sus humedales y estuarios, y desencadenó un debate eterno. Se puede conocer el legado único de la zona en autobús o en un circuito autoguiado con **Delta Heartbeat Tours** (☏916-776-4010; http://delta heartbeattours.com; Deckhands Marina, 14090 Hwy 160, Walnut Grove), donde también informan sobre paseos en barco. Con vehículo propio, se aconseja recorrer el **Delta Grown Farm Trail** (☏916-775-1166; http://sacriverdeltagrown. org) GRATIS, para poder disfrutar de las frutas del delta.

Davis

Alberga un colegio de la Universidad de California con el departamento de viticultura líder del país y es un municipio soleado, donde las bicicletas doblan en número a los automóviles (el récord de bicis per cápita de EE UU). Los estudiantes constituyen aproximadamente la mitad de la población, y, entre las conservadoras localidades del valle de Sacramento, Davis es un baluarte progresista que cobra vida durante el año escolar.

De camino al centro, se pasa por pequeñas y cuidadas tiendas (¡el Ayuntamiento ha prohibido los establecimientos de más de 4645 m²!).

La I-80 bordea el extremo sur de la población; se puede acceder al centro por la salida de Richards Blvd. La University of California, Davis (UCD) está al suroeste del centro, entre las calles A St, 1st St y Russell Blvd.

⊙ Puntos de interés y actividades

Todo el mundo va sobre ruedas en la "Bike City USA", quizá porque la única elevación de la zona es el puente que cruza la carretera. El **lago Berryessa**, 48 km al oeste, es un destino muy popular.

UC Davis Arboretum　　　　　PARQUE
(http://arboretum.ucdavis.edu; 1 Shields Ave) GRATIS Arboleda tranquila con un circuito pavimentado de 5,6 km que recorre uno de los embalses más antiguos del estado, excavado en la década de 1860.

Pence Gallery　　　　　　　　GALERÍA
(www.pencegallery.org; 212 D St; ⊙11.30-17.00 ma-do) Esta galería comunitaria muestra arte californiano contemporáneo, además de ofrecer clases, conferencias y películas de arte y ensayo. Acoge una recepción gratis (19.00-21.00) cada segundo viernes de mes.

Davis Transmedia Art Walk　CIRCUITOS A PIE
(http://davisartwalk.com) GRATIS Circuito a pie de 2 h que recorre el arte público de Davis, en su mayoría entre D St y G St. Algunas obras interactúan con los móviles; se puede oír una audioguía o grabar las impresiones personales para los próximos visitantes. En el centro de visitantes del condado de Yolo (p. 320) y en el **John Natsoulas Center for the Arts** (www.natsoulas.com; 521 1st St; ⊙11.00-17.00 mi y ju, hasta 22.00 vi, 12.00-17.00 sa y do) GRATIS tienen mapas.

🛏 Dónde dormir

Como en muchas ciudades universitarias, las tarifas hoteleras de Davis son fijas, excepto en época de graduación o actividades especiales del campus, cuando se disparan. Lo peor es el ruido de los trenes que pasan por el medio de la ciudad. Para algo funcional (aunque soso), están los establecimientos de carretera.

University Park Inn & Suites　HOTEL $$
(☏530-756-0910; www.universityparkinn.com; 1111 Richards Blvd; h 90-140 US$; P ❋ @ ⎙ 🐾) Se encuentra al salir de la carretera, a un paseo del campus y el centro. Es de gestión independiente, está limpio, tiene suites espaciosas y sirven gofres por la mañana.

Aggie Inn　　　　　　　　　　HOTEL $$
(☏530-756-0352; www.aggieinn.com; 245 1st St; h desde 139 US$; ❋⎙) Enfrente de la entrada este de la UCD, se trata de un hotel limpio, moderno y sin pretensiones. Las casitas no son más que habitaciones normales, con cocina y bañeras de hidromasaje.

✕ Dónde comer y beber

Los universitarios tienen poco dinero, por lo que en el centro hay numerosos restaurantes étnicos muy asequibles. El **mercado de granjeros de Davis** (www.davisfarmersmarket.

org; esq. 4th St y C St; ⊙8.00-13.00 sa todo el año, 14.00-18.00 mi invierno) incluye vendedores, artistas callejeros y conciertos. También hay buenas tiendas para comprar alimentos, como el Co-op (http://davisfood.coop; 620 G St; ⊙7.00-22.00).

Sam's Mediterranean Cuisine
ORIENTE MEDIO $

(☎530-758-2855; 247 3er St; *shawarma* 6,39 US$; ⊙11.00-20.00 lu-vi, desde 12.00 sa) *Shawarma* y *falafel* deliciosos y baratos: esta casita con un toldo verde es toda una institución universitaria.

Woodstock's
PIZZERÍA $

(www.woodstocksdavis.com; 219 G St; porción 2,50 US$, *pizzas* 7-25 US$; ⊙11.00-1.00 lu-mi, hasta 2.00 ju-sa, 9:30-24.00 do; ☑) Elaboran las *pizzas* más populares de Davis, vendidas en porciones para el almuerzo. Aparte de las habituales, tienen opciones *gourmet* y vegetarianas, todas con una base de trigo correosa.

Delta of Venus Cafe & Pub
CAFÉ $

(www.deltaofvenus.org; 122b St; principales 7-11 US$; ⊙7.30-22.00 lu-mi, hasta 24.00 ju y vi, hasta 2.00 sa y do; ☑) Se trata de un bungaló de estilo *arts and crafts* reconvertido, con un patio frontal con sombra muy concurrido. Los desayunos, ensaladas, sopas y sándwiches incluyen opciones vegetarianas y *veganas*. Para la cena, se pueden pedir platos caribeños de carne

jerk (guisada) especiada y disfrutar del folclore de modernitos.

Davis Noodle City
ASIÁTICA $

(129 E St; principales 7-10 US$; ⊙11.00-21.30 lu-sa, hasta 20.30 do) Frecuentado por estudiantes hambrientos, que aprecian sus fideos caseros y panqueques de cebolleta.

Redrum
HAMBURGUESERÍA $

(☎530-756-2142; 978 Olive Dr; hamburguesas 6,25 US$; ⊙10.00-23.00 lu-ju, hasta 24.00 vi-do) Conocido antes como Murder Burger, aquí sirven hamburguesas de ternera y pavo personalizadas, batidos exprés espesos y patatas fritas onduladas y crujientes. El ZOOM (una fritura de calabacín, aros de cebolla y champiñones) es para morirse.

Davis Beer Shop
CERVECERÍA

(Bottle Shop; ☎530-756-5212; 211 G St; botellín desde 3 US$; ⊙11.00-23.00 lu-mi, hasta 24.30 ju-sa, hasta 21.00 do) Local apacible para tomar y comprar cervezas, con 650 variedades de tipo artesanal, en botellines o de barril, de importación o elaboradas en el mismo barrio. Tienen especiales del día de barril y permiten llevar comida.

☆ Ocio

Para comprar entradas e informarse sobre actividades artísticas en la UC Davis, llámese al Mondavi Center. Para actividades deportivas, está la taquilla de la UC Davis (☎530-752-2471; http://campusrecreation.ucdavis.edu; Aggie Stadium, junto a La Rue Rd).

Mondavi Center for the Performing Arts
SALA DE CONCIERTOS

(www.mondaviarts.org; 1 Shields Ave) Sala vanguardista en el campus UCD que acoge grandes espectáculos de teatro, música, danza y demás.

Varsity Theatre
SALA DE CONCIERTOS

(www.davisvarsity.net; 616 2nd St) Es la cinemateca preferida de Davis, abierta como sala de actuaciones en 1950.

Palms Playhouse
ARTES ESCÉNICAS

(www.palmsplayhouse.com; 13 Main St, Winters) Está carretera arriba, en Winters, y programa bandas de *rhythm 'n' blues* y de versiones.

ⓘ Información

La exhaustiva www.daviswiki.org es fascinante.

Centro de visitantes del condado de Yolo
(☎530-297-1900; www.yolocvb.net; suite 200, 132 E St; ⊙8.30-16.30 lu-vi) Ofrece mapas

---

ⓘ LA NIEBLA DE TULE

Tan densa como una bechamel, esta niebla causa colisiones en cadena cada año. En el 2007, más de cien coches y camiones chocaron en un tramo de la Hwy 99. En el peor de los casos, esas nubes densas y quietas limitan la visión a menos de 0,5 m.

La niebla de tule, llamada así por la vegetación de los pantanos de la zona, es más densa de noviembre a marzo, cuando el aire frío de las montañas se posa sobre el cálido valle y se condensa. Desaparece unas horas por la tarde, lo justo para que el suelo se caliente y se perpetúe el ciclo.

Al volante, se aconseja usar marchas cortas, extremar la distancia con los vehículos, mantener una velocidad cómoda y constante y evitar los adelantamientos.

> MERECE LA PENA
>
> ## LAGO OROVILLE
>
> Este lago (www.parks.ca.gov; 917 Kelly Ridge Rd; ☉8.00-noche), un destino veraniego popular, está 14,5 km al noreste de la ciudad, detrás de la presa de Oroville, la presa de adobe más grande del país. La circundante Lake Oroville State Recreation Area atrae a campistas, remeros y pescadores. El centro de visitantes (☎530-538-2219; www.parks.ca.gov; 917 Kelly Ridge Rd; ☉9.00-17.00) del lago incluye exposiciones sobre el California State Water Project y la historia tribal de la región, además de una torre mirador y mucha información de ocio.
>
> La zona alrededor del lago también está repleta de senderos; destaca el de 11,3 km (ida y vuelta) hasta la cascada Feather (195 m). Para descansar, Lazy T Trailrides (☎530-518-4052; http://lazyttrailrides.com; aparcamiento de la presa Saddle, frente a 283 Kelly Ridge Rd; 75 US$/persona; ☉paseos 10.00 y 17.00) ofrece paseos a caballo de 4 h en torno al lago. El Brad Freeman Bicycle Trail es un circuito de 66 km sin carreteras que lleva a los ciclistas hasta la cima de la presa de Oroville (234,7 m), y luego sigue el río Feather de vuelta a los embalses de Thermalito Forebay y Afterbay, al este de la Hwy 70. La ruta es casi llana, pero el ascenso a la presa es abrupto; hay mapas en la Cámara de Comercio de la zona de Oroville (www.orovillechamber.net; 1789 Montgomery St). En el Forebay Aquatic Center (www.forebayaquaticcenter.com; 930 Garden Dr; kayaks por día desde 35 US$; ☉10.00-18.00 mi-do may-sep) alquilan embarcaciones sin motor.
>
> Hay campings rústicos (p. 322) sobre tierra y agua.

gratis para ciclistas, folletos de viajes e información del tráfico.

ℹ️ Cómo llegar y salir

Amtrak (☎530-758-4220; 840 2nd St) La estación de Davis está en el extremo sur del centro. Hay trenes a Sacramento (9 US$, 26 min) o San Francisco (30 US$, 2 h) todo el día.

Yolobus (☎530-666-2877; ☉5.00-23.00) Las rutas 42A y 42B (2 US$) circulan entre Davis y el aeropuerto de Sacramento, y unen Davis con Woodland y el Downtown de Sacramento.

ℹ️ Cómo desplazarse

Hay que ir con cuidado con las bicicletas (sobre todo al salir de un aparcamiento marcha atrás o abrir la puerta del automóvil). Las dos ruedas son el principal medio de transporte local.

Ken's Bike, Ski, Board (www.kensbikeski. com; 650 G St; ☉9.00-20.00 lu-vi, hasta 19.00 sa, 12.00-17.00 do) Alquilan bicicletas básicas (desde 19 US$/día), de montaña y de carretera.

Unitrans (☎530-752-2877; http://unitrans. ucdavis.edu; ida 1 US$) Gestionado por estudiantes, ofrece autobuses de color rojo de dos plantas para recorrer la ciudad y el campus.

Oroville

Al norte del bullicio de Sacramento, este municipio tranquilo ha experimentado un sorprendente cambió. Mientras que antiguamente la avaricia por el oro generó muchos asentamientos de colonos blancos que expulsaron a las tribus nativas, hoy la gente acude en masa a los florecientes casinos tribales de las afueras de la ciudad en busca de riqueza. Aparte de las tragaperras, la economía local depende del hospital, los turistas que deambulan por el montón de tiendas de antigüedades de Montgomery St y de un festival anual (sep) que celebra la carrera del salmón.

La atracción más duradera de Oroville, aparte del lago, es un excelente museo creado por los descendientes de una comunidad china hace tiempo desperdigada. El resto de legados que se conservan están ligados a los pioneros que llegaron después de que John Bidwell descubriese oro en las proximidades en 1848, además de a un hombre misterioso que apareció en 1911 y que llegó a ser conocido como el "último indio salvaje" (p. 322). Oroville es también la puerta de entrada a las escarpaduras del norte de Sierra Nevada.

La Hwy 162 y la Hwy 70 van al noreste desde Oroville hacia las montañas y a Quincy. La Hwy 70 serpentea por el magnífico Feather River Canyon, una ruta especialmente cautivadora en otoño.

👁️ Puntos de interés y actividades

Templo chino   MUSEO
(☎530-538-2496; 1500 Broderick St; adultos/niños 3 US$/gratis; ☉12.00-16.00) Este templo res-

taurado es un museo que ofrece un fascinante vistazo al pasado chino de Oroville. Construido en 1863, el templo sirvió a la comunidad china que levantó los diques de la zona y llegó a alcanzar las 10 000 personas. Como museo, alberga una colección sin igual de vestuarios teatrales del s. XIX, santuarios religiosos y un jardincito con exquisitas reliquias de la dinastía Qing.

La historia del templo incluye su papel como última parada en las giras de las compañías teatrales cantonesas, pues, para aligerar la carga del barco de vuelta por el Pacífico, se dejaban atrás elaborados escenarios, trajes y marionetas.

Sacramento National
Wildlife Refuge
OBSERVACIÓN DE AVES

(www.fws.gov; entrada 6 US$; ⊙1 h antes y después del anochecer) Los verdaderos aficionados pasan aquí el invierno, cuando millones de aves acuáticas hacen su espectacular aparición. El **centro de visitantes** (☏530-934-2801; 752 County Rd, Willows; ⊙9.00-16.00, cerrado lu nov-feb, cerrado sa y do mar-oct) está junto a la I-5, cerca de Willows; a diario se abre una ruta espléndida para vehículos de 9,6 km y senderos para caminar. La temporada alta para avistar aves va de octubre a finales de febrero; las mayores bandadas de gansos llegan en diciembre y enero.

🛏 Dónde dormir y comer

Oroville es una plataforma de lanzamiento para excursiones de actividades al aire libre y hay un montón de *campings* en la zona, que se pueden reservar a través de la Cámara de Comercio, la oficina del USFS (p. 323) o el centro de visitantes del lago Oroville. Varios moteles económicos correctos, principalmente de cadena, y algunos establecimientos sencillos de los años cincuenta están por Feather River Blvd, entre la Hwy 162, al sur, y Montgomery St, al norte.

Respecto a la cocina, aparte de las cadenas de comida rápida, en el pequeño centro se puede disfrutar de buena comida de *pub* y vietnamita.

★ Lake Oroville State
Recreation Area
CAMPING $

(☏800-444-7275, 530-538-2219; www.parks.ca.gov; 917 Kelly Ridge Rd; parcela tienda/autocaravana 25/45 US$; 🐾) No es la opción más salvaje (de hecho, hay wifi), pero cuenta con buenas zonas rudimentarias para hacer senderismo y, quizá lo mejor del parque, pasear en barca. Incluye una caleta con parcelas flotantes (175 US$/noche).

ISHI, EL ÚLTIMO INDIO SALVAJE

Al alba del 28 de agosto de 1911 unos perros despertaron a los trabajadores que dormían en un matadero a las afueras de Oroville. Los perros mantenían a un hombre a raya: un nativo americano, desorientado y vestido con taparrabos.

El hombre salvaje se convirtió en una sensación mediática y los antropólogos de Berkeley viajaron a Oroville a conocerlo. Tras probar con lenguas nativas casi perdidas, determinaron que el hombre era un yahi, la tribu más meridional del Yana (o tribu Deer Creek), en teoría extinta.

El hombre no desveló su verdadero nombre, pero adoptó el de Ishi, que significa "hombre" en yana. Los antropólogos llevaron a Ishi al museo de la universidad, donde lo instalaron como muestra viviente y compartió su historia y su cultura hasta que murió de tuberculosis el 25 de marzo de 1916.

Según Ishi, en 1870, cuando era un niño, solo quedaban 12 o 15 yahi, ocultos en zonas remotas en las estribaciones al este de Red Bluff. En 1908, Ishi, su madre, su hermana y su tío eran los únicos supervivientes. Su familia había muerto el año pasado, por lo que quedó solo Ishi. Tras la muerte de Ishi, los periódicos anunciaron la desaparición de los yahí.

Los antropólogos han postulado hace poco que, aunque la tribu de Ishi quedó casi exterminada a manos de los colonos cuando él nació, unos pocos se refugiaron con otras tribus, por lo que algunos de sus parientes sobrevivieron.

El lugar donde capturaron a Ishi se recuerda con un pequeño monumento al este de Oroville, por la Oro-Quincy Hwy, en Oak Ave. Parte del Lassen National Forest donde vivían Ishi y los yahi hoy es la Ishi Wilderness.

ℹ Información

En la oficina de **guardabosques del distrito del río Feather** (oficina del US Forest Service; ☑530-534-6500; 875 Mitchell Ave; ⊗8.00-16.30 lu-vi) tienen mapas y folletos. Para conocer el estado de las carreteras, llámese al ☑800-427-7623.

ℹ Cómo llegar y salir

Aunque los autobuses de Greyhound (p. 317) paran cerca de la **gasolinera Valero** (☑530-533-2328; 555 Oro Dam Blvd E), unas manzanas al este de la Hwy 70, el automóvil es de lejos el modo más sencillo y barato de acceder a la zona. Hay dos autobuses diarios entre Oroville y Sacramento (35 US$, 1½ h).

Chico

Debido a su enorme población estudiantil, Chico derrocha la energía y despreocupación de las típicas fiestas universitarias durante el curso lectivo, en tanto que en verano se sume en una especie de resaca dormilona. Su centro sombreado por los robles y los eventos universitarios convierten a Chico en una de las sedes de eventos sociales más atractivas del valle de Sacramento, con bares y restaurantes trasnochadores.

Aunque la población languidece con el calor estival, las pozas para nadar del Bidwell Park suponen un alivio, al igual que surcar el plácido río Sacramento. Las excelentes cervezas de la Sierra Nevada Brewing Company, cerca del centro, son otra de las refrescantes bendiciones locales.

No falta ironía en el hecho de que el fundador de una ciudad tan loada por sus cervezas fuese John Bidwell, el célebre pionero californiano que se presentó a presidente de EE UU por el Partido Prohibicionista. En 1868, Bidwell y su filántropa esposa, Annie Ellicott Kennedy, se mudaron a su nueva mansión, ahora el Bidwell Mansion State Historic Park.

◉ Puntos de interés

Casi todos los lugares de interés están en el centro, al oeste de la Hwy 99; se accede fácilmente por la Hwy 32 (8th St). Main St y Broadway son las dos arterias principales; desde allí, Park Ave avanza hacia el sur y la arbolada Esplanade, hacia el norte.

Sierra Nevada Brewing
Company — FÁBRICA DE CERVEZA
(☑530-899-4776; www.sierranevada.com; 1075 E 20th St; circuito por la fábrica gratis, circuito Beer

Geek 25 US$; ⊗circuitos 11.00-16.00 do-ju, hasta 17.30 vi y sa) 🍺 Hordas de esnobs de la cerveza se reúnen en el lugar de nacimiento de la Sierra Nevada Pale Ale, de distribución internacional, y la Schwarber, una cerveza negra que solo se encuentra en Chico. También venden las aportaciones de la Beer Camp (www.beercamp.sierranevada.com), unas cervezas artesanales de tiradas cortas elaboradas por fanáticos de esta bebida en seminarios de verano accesibles solo con invitación. Hay circuitos frecuentes por la fábrica (gratis), pero quizá los auténticos cerveceros prefieran reservar la visita de 3 h (25 US$).

Además, organizan un circuito que repasa las vanguardistas prácticas sostenibles de la cervecera: sus paneles solares se cuentan entre los paneles privados más grandes del país, y se amplió un ramal del tren local para aumentar la eficiencia del transporte. Para recargar pilas hay un *pub* y restaurante (p. 324).

Chico Creek
Nature Center — CENTRO DE CIENCIAS
(www.bidwellpark.org; 1968 East 8th St; donativo recomendado adultos/niños 4/2 US$; ⊗11.00-16.00 mi-do; 🎫) Si se planea pasar la tarde en el Bidwell Park, primero debería verse este flamante centro, con una interesante exposición sobre la flora y fauna de la zona, además de actividades interactivas familiares sobre ciencia. La sala de exposiciones cierra los miércoles.

Chico State University — UNIVERSIDAD
En el **centro de información de la CSU** (☑530-898-4636; www.csuchico.edu; esq. 2nd St y Normal St; ⊗7.00-23.00 lu-ju, hasta 22.00 vi, 11.00-22.00 sa, 12.00-23.00 do año lectivo), en la planta principal de Bell Memorial Union, hay mapas gratis del campus, que se llena de fragancias florales en primavera, y se ofrece información sobre actividades y circuitos por el mismo.

Bidwell Mansion
State Historic Park — EDIFICIO HISTÓRICO
(☑530-895-6144; parks.ca.gov; 525 Esplanade; adultos/niños 6/3 US$; ⊗12.00-17.00 lu, 11.00-17.00 sa y do) El edificio más representativo de Chico es esta suntuosa mansión victoriana de 26 habitaciones construida entre 1865 y 1868 por los fundadores de la ciudad, John y Annie Bidwell, en la que se han alojado muchos presidentes del país. Las visitas son cada hora de 11.00 a 16.00.

Honey Run
Covered Bridge — EMPLAZAMIENTO HISTÓRICO
(www.honeyruncoveredbridge.com; aparcamiento 3 US$) Se trata de un puente histórico de

1894, con un estilo inusual para este lado del país, y es un motivo frecuente en los álbumes de bodas. Para llegar hay que tomar la pasarela de salida de la Hwy 99 al sur de Chico, dirigirse al este y tomar a la izquierda Honey Run-Humbug Rd; el puente se encuentra a 8 km de allí, en un pequeño parque.

🏃 Actividades

En verano, bajar en **neumático** por el río Sacramento servirá para refrescarse; alquilan neumáticos en los ultramarinos y otras tiendas de Nord Ave (Hwy 32) por 7-10 US$. Al río se accede por la Irvine Finch Launch Ramp, en la Hwy 32, unos kilómetros al este de Chico; se sale en Washout Beach, junto a River Rd.

Bidwell Park PARQUE
(www.bidwellpark.org) Con sus 1484 Ha, es el tercer parque municipal más grande del país. Se extiende 16 km hacia el noroeste de la población, por el arroyo Chico, con campos frondosos y kilómetros de **senderos**. La sección superior está casi silvestre, lo que resulta muy refrescante en pleno centro urbano. El lugar ha sido escenario de varias películas históricas, como *Lo que el viento se llevó* y *Las aventuras de Robin Hood*.

El parque está lleno de **lugares para nadar**, como en las zonas recreativas de One-Mile y Five-Mile, y pozas (Bear Hole, Salmon Hole y Brown Hole) en el Upper Bidwell Park, al norte de Manzanita Ave (hay nudistas).

Adventure Outing AVENTURAS
(☎530-898-4011; www.aschico.com/adventureou tings; 2nd St y Chestnut St, sótano del Bell Memorial Union; chalecos salvavidas 4-8 US$; ☺9.00-17.00 lu-vi) Regentado por estudiantes de la CSU, aquí alquilan equipos como chalecos salvavidas, balsas e incluso neveritas a precios muy razonables para el fin de semana o por semanas. También guían excursiones populares por el interior.

🎊 Fiestas y celebraciones

Con los estudiantes fuera de la ciudad, las familias aficionadas a las actividades al aire libre asaltan Chico en verano. El **Thursday Night Market** ocupa varias manzanas de Broadway (abr-sep). En City Plaza (Main St y W 4th St) se celebran los **Friday Night Concerts** (gratis) a partir de mayo.

🛏 Dónde dormir

Hay bastantes albergues cuidados con buenas piscinas, algunos de ellos ubicados a lo largo de la Esplanade, al norte del centro. En las épocas de graduación de la Chico State University y la vuelta al cole (may y oct, respectivamente) se disparan los precios.

Woodson Bridge
State Recreation Area CAMPING $
(☎530-839-2112; www.parks.ca.gov; South Ave; parcela tienda 25 US$) Está a la sombra, a orillas del Sacramento, y lo frecuentan pescadores. Lo rodea una densa reserva forestal ribereña, hogar de águilas calvas y aves raras. A las parcelas se accede en automóvil y se ocupan por orden de llegada (otoño-primavera). Llámese para consultar disponibilidad; en verano, se puede reservar en línea.

The Grateful Bed B&B $$
(☎530-342-2464; www.thegratefulbed.net; 1462 Arcadian Ave; h incl. desayuno 140-180 US$; ✸@) En un barrio residencial cerca del centro, esta casa señorial victoriana de 1905 tiene cuatro habitaciones de decoración acogedora y unos anfitriones afables.

★**Hotel Diamond** HOTEL HISTÓRICO $$$
(☎866-993-3100; www.hoteldiamondchico.com; 220 W 4th St; h 120-349 US$; ✸@🗢) En un edificio encalado de 1904, el alojamiento más lujoso en Chico ofrece ropa de cama de lujo y buen servicio de habitaciones. La Diamond Suite del ático, con mobiliario original y una espaciosa terraza, es asombrosa.

🍴 Dónde comer

El centro de Chico está lleno de establecimientos alegres para comer, muchos de ellos económicos. El **mercado de granjeros** (☎530-893-3276; www.chicofarmersmarket.com; 305 Wall St, aparcamiento municipal de Chico; ☺7.30-13.00 sa may-sep), al aire libre, atrae a gente del valle.

Nobby's HAMBURGUESERÍA $
(☎530-342-2285; 1444 Park Ave; hamburguesas 4,25-6,25 US$; ☺10.30-21.00 ma-sa) La Nobby Burger, rematada por una capa de queso crujiente y con un bacón grueso aún más crujiente, que es para morirse. El local es muy pequeño, por lo que seguramente haya que estar de pie. Pago solo en efectivo.

Celestino's Live
from New York Pizza PIZZERÍA $
(101 Salem St; *pizzas* desde 14 US$; ☺10.30-22.00 do-ju, hasta 23.00 vi y sa) Aquí elaboran una de

las mejores imitaciones de *pizza* neoyorquina del norte de California, además de empanadas con bordes gruesos y variaciones temáticas como del sándwich Godfather de carne. El menú del almuerzo (*pizza* y refresco) solo cuesta 4 US$.

Sin of Cortez CAFÉ $
(www.sinofcortez.com; 2290 Esplanade; principales 6-16 US$; ⏱7.00-14.00; ⓓ) Nunca ganará un premio a la rapidez, pero sus suculentos desayunos atrae a muchos vegetarianos y omnívoros. Se recomienda todo lo que lleve chorizo de soja.

Shubert's Ice Cream & Candy HELADERÍA $
(www.shuberts.com; 178 E 7th St; ⏱9.30-22.00 lu-vi, desde 11.00 sa y do) Esta institución de Chico, ahora al frente de la quinta generación de la misma familia Shubert, lleva elaborando helado y chocolates caseros desde hace más de 75 años.

El Paisa Taco Truck MEXICANA $
(esq. 8th St y Pine St; principales 1.50-5 US$; ⏱11.00-20.00) El debate sobre cuál es el mejor camión de tacos de Chico puede terminar en pelea, pero los universitarios arruinados sueñan con los de carnitas (cerdo) ahumadas de este.

Sierra Nevada Taproom & Restaurant CERVEZA ARTESANAL $$
(www.sierranevada.com; 1075 E 20th St; principales 10-32 US$; ⏱11.00-21.00 do-ju, hasta 22.00 vi y sa; ⓓ) Es el restaurante de la Sierra Nevada Brewery (p. 323), un auténtico destino local para tomar cerveza de barril, pero sin nada de ambiente; el comedor, enorme y ruidoso, es como la cafetería de una fábrica. Con todo, su comida de *pub* supera a la media y hay *ales* y *lagers* muy frescas, muchas disponibles solo aquí.

Leon Bistro CALIFORNIANA $$$
(http://leonbistro.com; 817 Main St; principales 18-35 US$; ⏱desde 17.00 mi-sa) Si lo más normal de la carta es una hamburguesa de ternera wagyu con mermelada de bacón y cebolla, la cosa pinta bien. La chef Ann Leon trabajó en varios restaurantes buenos antes de abrir este, de visita obligada para los sibaritas. También organiza frecuentes clases de cocina.

5th Street Steakhouse ESTADOUNIDENSE $$$
(www.5thstreetsteakhouse.com; 345 W 5th St; filetes desde 26 US$; ⏱11.30-14.30 vi, desde 16.30 diarios) Es donde los universitarios llevan a sus padres: manteles blancos, bistecs que se pueden

masticar con las pestañas y música de *jazz* en directo.

Red Tavern ESTADOUNIDENSE $$$
(www.redtavern.com; 1250 Esplanade; principales 17-28 US$; ⏱desde 17.00 ma-sa, 10.00-14.00 do) 🌱 Aunque algo peripuesto, es uno de los restaurantes preferidos de Chico para cenas exquisitas. La carta rebosa de ingredientes de la zona, de temporada y de origen ecológico.

🍷 Dónde beber y vida nocturna

Gracias a la tradición estudiantil de Chico, en Main St no faltan bares.

Empire Coffee CAFÉ
(http://empirecoffeechico.com; 434 Orange St; ⏱7.00-19.00; 📶) Está en una vagón naranja y azul del Empire Builder de 1947 y sus *baristas* crean elaboradas imágenes en la espuma del café; además, acoge noches de crochet los domingos. El café, de comercio justo y cultivo ecológico, y especialidades creativas como la raíz de maca y el matcha lo convierten en el destino más modernillo de Chico.

Madison Bear Garden BAR
(www.madisonbeargarden.com; 316 W 2nd St; ⏱11.00-1.45 lu-sa, desde 10.00 do; 📶) Con una decoración caprichosa y en un edificio espacioso de ladrillo, este bar es perfecto para charlar con estudiantes entre gruesas hamburguesas y bebidas frías. La embriaguez llega de noche, en el amplio jardín-cervecería.

Panama Bar & Cafe BAR
(http://panamabarcafeinchico.com; 177 E 2nd St; desde 3 US$; ⏱11.30-1.30 ma-sa, 11.00-21.00 do) Se especializa en 31 variedades del cóctel Long Island Iced Tea (aprox. 3 US$ la mayoría).

LaSalle's DISCOTECA
(www.lasallesbar.com; 229 Broadway; acceso al patio 5 US$; ⏱19.00-2.00 mi-do) Organizan noches de *hip-hop*, grandes éxitos y música *dance* antigua, además de conciertos de grupos que tocan de todo, desde *reggae* hasta *hard rock*.

⭐ Ocio

La publicación semanal gratis *Chico News & Review* (www.newsandreview.com) es una buena fuente de información local. Para obras de teatro, películas, conciertos, exposiciones y otras actividades culturales en el campus de la CSU, consúltese en la **CSU Box Office** (☎530-898-6333; http://www.csuchico. edu; esq. 3rd y Chestnut, Sierra Hall; ⏱11.00-18.00

lu-vi) o el centro de información de la CSU (p. 323).

Pageant Theatre
CINE
(www.pageantchico.com; 351 E 6th St; entradas 7,50 US$) Películas de todo el mundo y alternativas. El lunes es el día del espectador (3 US$).

1078 Gallery
ARTES ESCÉNICAS
(☎530-343-1973; www.1078gallery.org; 820 Broadway; ⊙12.30-17.30) Exhibe arte contemporáneo y acoge lecturas literarias y espectáculos de música y teatro innovadores.

ℹ️ Información

Cámara de Comercio y centro de visitantes de Chico (☎800-852-8570, 530-891-5556; www.chicochamber.com; 441 Main St; ⊙10.00-16.00 lu-vi) Información local y mapas para ciclistas.

ℹ️ Cómo llegar y desplazarse

Los autobuses de **Greyhound** (www.greyhound.com) paran a las 11.20 y 19.15 en la **estación de Amtrak** (www.amtrak.com; 450 Orange St) en su ruta a San Francisco (60 US$, 4 h 40 min), Reno (74 US$, 10 h), Los Ángeles (109 US$, 11 h) y ciudades intermedias. En la plataforma no hay personal, así que hay que sacar el billete antes o en el mismo vehículo, al conductor. Los trenes de Amtrak de la línea *Coast Starlight* salen de Chico a horas intempestivas: 1.47 a Redding (20 US$, 1 h) y 3.50 a Sacramento (26 US$, 2½ h). Los autobuses de enlace de Amtrak van a Oroville, Sacramento, Stockton, Fresno y Bakersfield, a horas razonables cuatro veces al día, pero hay que reservar una conexión en tren.

B-Line (Butte Regional Transit; ☎530-342-0221; www.blinetransit.com; 326 Huss Lane; adultos/niños 1,40/1 US$) opera los autobuses que circulan por el condado de Butte; recorren Chico y llegan a Oroville en 50 min.

El automóvil es la forma más fácil de desplazarse por Chico, al igual que la bicicleta; **Campus Bicycles** (www.campusbicycles.com; 330 Main St; medio día/día completo 20/35 US$) las alquila.

Red Bluff

Las ardientes calles de Red Bluff (una de las ciudades más calurosas de California por la trampa de aire caliente de las cascadas de Shasta) son poco interesantes, pero un vistazo al horizonte montañoso desvela su gancho.

Peter Lassen diseñó la ciudad en 1847, cuando se convirtió en un puerto clave del río Sacramento. Ahora es solo una parada para repostar de camino al parque nacional homónimo.

Aquí el mundo de los *cowboys* sigue muy vivo. Se los puede ver en acción el tercer fin de semana de abril, en el **Red Bluff Round-Up** (www.redbluffroundup.com; entradas 10-27 US$), un importante rodeo que data de 1918, o en cualquiera de sus garitos con sus máquinas de discos bien surtidas de música de Nashville. Para ropa vaquera, hay varias tiendas históricas en la zona comercial.

◎ Puntos de interés y actividades

Red Bluff Recreation Area
PARQUE
(www.fs.usda.gov) En la orilla este del río Sacramento, se trata de una extensa zona de praderas con senderos explicativos, rutas ciclistas, embarcaderos, un mirador excelente de aves y una rampa para ver salmones y truchas cabeza de acero (más concurrida en jul-sep).

William B Ide Adobe State Historic Park
LUGAR HISTÓRICO
(☎530-529-8599; 21659 Adobe Rd; por automóvil 6 US$; ⊙10.00-16.00 vi-do) Está en un lugar precioso y a la sombra, con vistas a una sección lánguida del río Sacramento. Conserva la casa original de adobe de una habitación, la vieja forja y las tierras del pionero William B. Ide, que 'luchó' en la Revuelta de la Bandera del Oso de 1846 en Sonoma y se convirtió en presidente de la República de la Bandera del Oso de California (duró 25 días).

Hay que ir 1,6 km al norte por Main St, tomar al este la Adobe Rd y seguir las indicaciones otros 1,6 km.

Sacramento River Discovery Center
CENTRO CIENTÍFICO
(www.srdc.tehama.k12.ca.us; 1000 Sale Lane; entrada con donativo; ⊙11.00-16.00 ma-sa; 🚻) Es apto para niños y acoge exposiciones sobre el río y la presa de Diversion, situada fuera. Siempre tiene las compuertas abiertas para permitir la migración del salmón real y el esturión verde y blanco, en peligro de extinción. Aunque no hay peces a la vista, sí lo están las 120 especies de aves. Organizan paseos para ver aves por 6,7 km de senderos accesibles con silla de ruedas (1er sa del mes, 8.00).

🛏️ Dónde dormir y comer

Hay más de una docena de moteles en la I-5 y al sur de la ciudad por Main St. En el barrio residencial histórico hay varios B&B. El panorama gastronómico reúne restaurantes chinos de comida para llevar, pizzerías y comida enlatada.

Sycamore Grove Camping Area CAMPING $

(☎530-824-5196; www.recreation.gov; parcela tienda 16-25 US$, parcela autocaravana 32,50 US$) Junto al río, en la Red Bluff Recreation Area, es un sitio tranquilo (del USFS) con parcelas para tiendas y caravanas que se ocupan por orden de llegada, con duchas nuevas compartidas y váteres con cisterna. El Camp Discovery (11 cabañas 175 US$/noche) se puede reservar entero.

Los Mariachis MEXICANA $

(www.redblufflosmariachis.com; 604 S Main St; principales 5-14 US$; ☉9.00-21.00 lu-vi, hasta 9:30 sa y do; ☀) Local luminoso, con vistas al cruce central de Red Bluff, regentado por una familia. Tienen una salsa genial y molcajetes (guiso de carne o marisco servido en un cuenco de piedra) que satisfacen a campistas hambrientos.

Thai House TAILANDESA $

(www.newthaihouse.com; 248 S Main St; principales 5-14 US$; ☉11.00-15.00 y 16.00-20.30 lu-vi, 11.00-20.30 sa, desde 12.00 do; P☀☀) ☀ Curris y sopas excelentes.

Palomino Room ESTADOUNIDENSE, BARBACOA $$

(http://palominoroom.com; 723 Main St; principales desde 11 US$; ☉desde 11.00 ma-vi, desde 16.00 sa; ☀) Sirven auténticas parrilladas texanas en un *saloon* abierto en 1946, famoso en otros tiempos por las peleas, pero ya curado y revestido con carteles de la época de los pioneros de Red Bluff. Se recomiendan la falda o las costillas con alubias verdes, envueltas en bacón y bañadas en jarabe de arce. También hay ensaladas. Los niños comen gratis los martes.

ℹ Información

Cámara de Comercio de Red Bluff (☎530-527-6220; www.redbluffchamber.com; 100 Main St; ☉8.30-16.00 lu, hasta 17.00 ma-ju, hasta 16.30 vi) Ofrecen orientación y un montón de folletos; es un edificio blanco al sur del centro.

ℹ Cómo llegar y salir

Muchos visitantes llegan a Red Bluff para descansar de la concurrida I-5. Por la autovía, la ciudad queda 3 h al norte de San Francisco y 15 min al norte de Sacramento. **Amtrak** (amtrak.com; esq. Rio St y Walnut St) y **Greyhound** (www.greyhound.com; 22700 Antelope Blvd) la conectan en autobús con otras urbes californianas.

VALLE DE SAN JOAQUÍN

La mitad sur del Valle Central, cuyo nombre proviene del río San Joaquín, se extiende desde Stockton hasta los montes Tehachapi, al sureste de Bakersfield. En esta zona todo parece llano: las vías férreas, las carreteras de doble sentido y los canales de riego.

Gracias a las medidas administrativas y al progreso en gestión de las aguas, lo que fue una región árida se sitúa hoy entre los lugares de mayor productividad agrícola del mundo. Algunas de las pequeñas localidades de la región, como Gustine y Reedley, conservan un ambiente muy tradicional, si bien empiezan a notar la influencia de la mano de obra latina que trabaja sus campos.

Es un lugar de urbanismo radical, a veces contenido. La gente llegada de las urbes costeras ha provocado una expansión incontrolada al este: más de 200 000 Ha de excelentes tierras de cultivo han quedado pavimentadas como circunscripciones en la última década. Lo que en otros tiempos fueron ranchos de ganado y viñedos, ahora son urbanizaciones de nombres nostálgicos: Indian Ranch (un gigante complejo comercial cuadrado) o Vineyard Estates (una hilera ordenada de grandes casas). Cada vez hay más césped, mientras los sistemas de riego se secan. El derecho sobre el agua preocupa a todos.

Para ver de verdad la región, conviene salir de la I-5 y viajar por la Hwy 99, casi tan famosa como la Route 66. Hará calor, mucho; lo mejor es bajar las ventanillas y subir el volumen del *country* vibrante o el retumbe del mexicano norteño (dominado por el acordeón). Con tiempo suficiente, se puede parar en los huertos y encontrarse con el pasado casi olvidado de California.

Muchas de las poblaciones del valle son excelentes puntos de partida para hacer una excursión al Yosemite National Park. La Hwy 99 está llena de los típicos albergues de carretera asequibles y establecimientos de cadenas hoteleras.

Lodi

Antigua capital mundial de las sandías, este tramo del valle está dominado ahora por unos vinos corpulentos. La brisa del delta del Sacramento atempera los calurosos viñedos de la zona, donde crecen algunas de las uvas zinfandel más antiguas del mundo. La diversidad del suelo de Lodi, a veces rocoso, a veces una arena fina, es lo que da a las uvas unas características únicas que permiten experimentar con variedades menos comunes.

Lodi acoge un montón de festivales dedicados a su famoso producto exportado, como el **Wine & Chocolate Weekend** (feb) o el **ZinFest** (may).

◉ Puntos de interés

**Lodi Wine &
Visitor Center**   CATAS
(www.lodiwine.com; 2545 W Turner Rd; cata 5 US$; ◷10.00-17.00) Para saborear los intensos zinfandel y petite sirah de Lodi. En la barra de madera para las catas, venden por copas más de cien caldos de la zona. Además, tienen mapas de las bodegas de la región. Está en las propiedades del hotel Wine & Roses.

Micke Grove Regional Park and Zoo   ZOO
(📞209-331-2010; www.mgzoo.com; 11793 N Micke Grove Rd; adultos/niños 5/3 US$, aparcamiento 5 US$; ◷10.00-17.00; 🚼) Es una buena parada para los pequeños de verdad, con una zona de juegos acuáticos, cucarachas silbantes y algunos leones marinos, además de atracciones infantiles en la llamada Fun Town. Incluye también un excepcional **jardín japonés** (www.sjparks.com; 11793 N Micke Grove Rd; ◷9.00-14.00 lu-ju, hasta 13.00 vi-do) GRATIS.

🛏 Dónde dormir y comer

En la Hwy 99 hay varios hoteles de cadenas económicas. Aunque las habitaciones son anodinas, la competencia hace que estén muy limpias y, quizá, resulten una ganga.

Wine & Roses   B&B $$$
(📞209-334-6988; www.winerose.com; 2505 W Turner Rd; h 179-240 US$, ste desde 335 US$; 🛜) Rodeado por un enorme jardín de rosas, es la oferta más lujosa entre los viñedos de Lodi. Las habitaciones son románticas, con buen gusto, baños de loza, artículos de

---

LAS MEJORES BODEGAS DE LODI

Las infravaloradas bodegas de Lodi ofrecen una fácil y deliciosa escapada de la zona de la bahía. Sus vinos son el resultado de muchas armas secretas de los enólogos.

Se accede bien desde la I-5 o la Hwy 99, y hay carreteras bien señalizadas. Hay mapas en el Lodi Wine & Visitor Center (p. 328).

Jesse's Grove (www.jessiesgrovewinery.com; 1973 W Turner Rd; ◷12.00-17.00) Este pilar de los viticultores de Lodi tiene una larga historia, una sala de catas nueva en el centro, en E Locust St, y conciertos en verano.

Harney Lane (www.harneylane.com; 9010 E Harney Lane; cata 5 US$; ◷11.00-17.00 ju-lu) Negocio familiar que existe desde siempre. Cabe destacar su tempranillo. Devuelven el precio de la cata con la compra.

d'Art (www.dartwines.com; 13299 N Curry Ave; cata 5 US$; ◷12.00-17.00 ju-lu) Helen y Dave Dart elaboran un cabernet intenso tan divertido y atractivo como la sala de catas. Devuelven el precio de la cata con la compra.

LangeTwins (www.langetwins.com; 1525 East Jahant Rd, Acampo; cata 5-10 US$; ◷11.00-16.00 ju-do) El viognier y las mezclas reserva merecen el viaje a esta bodega vanguardista de acero y madera de secuoya, 11 km al norte de la ciudad.

Riaza Wines (www.riazawines.com; 20 W Elm; ◷13.00-18.00 vi-sa, hasta 17.00 do) Tienen una sala de catas en el centro, con variedades españolas que crecen fecundas bajo el sol de Lodi.

Jeremy Wine Co (www.jeremywineco.com; 6 W Pine St; ◷13.00-17.00 mi-do) Sala de catas del centro, de madera y latón, donde sirven un sangiovese afrutado y luminoso.

Michael David (www.michaeldavidwinery.com; 4580 W Hwy 12; tasting 5 US$; ◷10.00-17.00) Lo llevan unos hermanos que se ganaron una clientela entusiasta gracias a unos vinos afrutados, con toques de roble. Destaca el famoso zinfandel 7 Deadly Zins. Es genial para el almuerzo, gracias al café y la tienda de tejidos antiguos. Devuelven el precio de la cata con la compra.

tocador de calidad y muy espaciosas. Las suites son geniales, algunas con terraza privada. Ofrecen buenos descuentos para estancias largas, un aclamado *spa* y un restaurante.

Cheese Central MERCADO **$**
(cheesecentrallodi.com; 11 N School St; ⊙10.00-18.00 lu-sa, 13.00 hasta 17.00 do) Lo regenta la quesera Cindy, que sabe mucho de maridajes con los vinos de Lodi. Sus clases de cocina son perfectas para apartarse un fin de semana de las vides.

Crush Kitchen & Bar ITALIANA **$$**
(📞209-369-5400; www.crushkitchen.com; 115 S School St, edificio Woolworth; principales 18-27 US$; ⊙desde 11.30 ju-lu, 17.00-21.00 mi) Tiene una carta de vinos de Lodi e importados larga y excelente, además de comidas acordes, de carencia italiana. Bastante más sofisticado que otros restaurantes de la ciudad, bordan la ensalada fresca de tomate, los ñoquis y el *confit* de pato.

Dancing Fox
Winery & Bakery ESTADOUNIDENSE, PANADERÍA **$$**
(📞209-366-2634; www.dancingfoxwinery.com; 203 S School St; principales desde 11 US$; ⊙7.30-21.00 ma-sa, 9.00-15.00 do) Aquí todo venera las uvas, desde los vinos de la finca de la familia Lewis hasta la levadura hecha con uvas petite sirah propias. Las mejores opciones de la extensísima carta implican el uso del horno de leña.

Stockton

Esta localidad ha sufrido bastantes altibajos. En el 2012, afectada duramente por las ejecuciones hipotecarias y casi 1000 millones de US$ de deuda, se convirtió en la ciudad más grande del país en solicitar la bancarrota.

Lo que queda de su orgulloso pasado como gran puerto interior, principal núcleo de suministros para los buscadores del oro y líder en la construcción naval y el transporte moderno, está ensombrecido por unas calles barridas por el crimen y fachadas en ruinas. Aun así, la reconstrucción del centro y la zona del paseo lacustre es uno de los esfuerzos comunes más prometedores del valle.

Una manzana al este del Weber Point está el **departamento de turismo** (📞209-938-1555; www.visitstockton.org; 125 Bridge Pl; ⊙9.00-17.00 lu-vi).

INDISPENSABLE

STOCKTON ASPARAGUS FESTIVAL

De todas las celebraciones gastronómicas del Valle Central, quizá ninguna dé tanta relevancia al ingrediente principal como el **Stockton Asparagus Festival** (http://asparagusfest.com; N Center St entre Oak St y W Weber Av; adultos/niños 13 US$/gratis), que reúne a más de 500 mayoristas para servir espárragos de todas las maneras (más de 100 toneladas de tallos verdes). Se extiende en el paseo junto al agua (fin abr).

◉ Puntos de interés y actividades

Weber Point
Events Center PUNTO DE INTERÉS
(www.stocktongov.com; 221 N Center St) Está en el centro, en el paseo marítimo del lago McLeod. Es el edificio blanco moderno situado en mitad de un parque herboso, que parece más bien un montón de barcos veleros, y marca el centro de la acción. Además, es la sede del enorme April Asparagus Festival, una serie de conciertos al aire libre y fuentes para que se refresquen los niños chillones.

Banner Island Ballpark BÉISBOL
(📞209-644-1900; www.stocktonports.com; 404 W Fremont St) Es un campo precioso que acoge los partidos del Stockton Ports (en la liga menor, abr-sep).

Haggin Museum MUSEO
(www.hagginmuseum.org; 1201 N Pershing Ave; adultos/niños 8/5 US$; ⊙13.30-17.00 mi-vi, 12.00-17.00 sa-do) Esta joya incluye un barco de 8 m de eslora de la empresa local Stephens Bros y una excelente colección de pinturas paisajísticas y de la época dorada de EE UU.

Opportunity Cruises PASEO EN BARCO
(http://opportunitycruises.com; 445 W Weber Ave, Stockton Marina; cruceros sin/con comida 37/55 US$) Permite navegar por el delta del Sacramento en barcos abiertos por los laterales; se sale del puerto deportivo.

🛏 Dónde dormir y comer

University Plaza Waterfront Hotel HOTEL **$$**
(📞209-944-1140; www.universityplazawaterfrontho tel.com; 110 W Fremont St; h desde 125 US$; 🛜)

Moderno edificio frente al puerto y al parque histórico, a un paseo de otros puntos del centro.

Manny's California Fresh Café
ESTADOUNIDENSE $

(📞209-463-6415; www.mannyscaliforniafresh.com; 1612 Pacific Ave; principales 4,95-7,95 US$; ⊙10.00-21.45) Sabrosas carnes a la brasa y sándwiches de pollo frito. Está en la frontera del barrio, en un tramo comercial en desarrollo de Pacific Ave, al norte del centro.

On Lok Sam
CANTONESA $

(http://newonlocksam.com; 333 S Sutter St; ⊙11.00-21.00) Se ubica al sur de la Crosstown Freeway (Hwy 4) y se fundó en 1895, en el centro del animado asentamiento chino de Stockton.

Modesto

La notoriedad del pasado local se debe sobre todo a la película *American Graffiti,* del director local George Lucas (1973). Aún se ven bólidos y ruedas llamativas, pero ya no obstruyen las calles los viernes por la noche.

Es un buen lugar para salirse de la polvorienta carretera. Viejos robles se arquean sobre sus calles y en el compacto centro se come bien. La Ernest & Julio Gallo Winery, fabricante de los vinos a granel más vendidos de EE UU, es de los mayores comercios.

El centro está al este de la Hwy 99 (mejor evitar la zona al oeste de la carretera), por 10th St y J St. Desde el centro, Yosemite Blvd (Hwy 132) discurre hacia al este, hacia el Yosemite National Park.

Muchos edificios históricos han sobrevivido a la renovación, incluido el State Theatre (www.thestate.org; 1307 J St), de 1934, que acoge películas y conciertos, y la terminal de Southern Pacific, una belleza de estilo misión en J St y 9th St, que aún es el núcleo de transportes local. El famoso Modesto Arch, en la esquina de 9th St e I St, está en el antiguo punto de acceso principal a Modesto. Lleva el eslogan de la ciudad ("Water, Wealth, Contentment, Health" o "Agua, riqueza, alegría, salud"), surgido en un concurso en 1912 y tan relevante ahora como entonces. Irónicamente, el sucinto poemita no ganó el concurso. Los jueces eligieron el simplón y menos elocuente "Nobody's Got Modesto's Goat" ("Nadie tiene la cabra de Modesto"), pero la alcaldía impuso su voto.

Cada junio, los espectáculos de automóviles clásicos y de *rock 'n' roll* llenan las calles durante el Graffiti Summer (http://visitmodesto.com). Entre todo el encanto de los años cincuenta, el brillante Gallo Center for the Arts (📞209-338-2100; www.galloarts.org; 1000 I St; ⊙10.00-18.00 lu-vi, desde 12.00 sa) trae grandes nombres al valle. Para detalles, consúltese en el centro de convenciones y de visitantes y (📞888-640-8467; http://visitmodesto.com; 1150 9th St).

✕ Dónde comer

Brighter Side
SÁNDWICHES $

(www.brighter-side.com; 1125 K St, esq. 13th St y K St; principales 5-6 US$; ⊙11.00-15.30 lu-vi; 🍴) Es un local pequeño y sencillo, localizado en una antigua gasolinera. Destacan los sándwiches Larry (salchicha kielbasa, champiñones, cebolleta en pan de centeno) y Christine (vegetariano), servidos en el patio al sol.

A&W Drive-In
ESTADOUNIDENSE $

(www.awrestaurants.com; 1404 G St, esq. 14th St y G St; hamburguesa con queso 3 US$, batidos 4 US$; ⊙10.00-21.00, hasta 20.00 oct-mar) Puesto *retro* de hamburguesas (parte de una cadena fundada en la vecina Lodi), donde los camareros en patines y los automóviles clásicos trajinan con batidos de zarzaparrilla. Dicen que George Lucas lo frecuentaba de joven.

Minnie's
CHINA $

(http://minnies.58-i.com; 107 McHenry Ave; principales desde 7,50 US$) En el extremo norte de la ciudad, es una institución pop polinesia de mediados del s. xx, uno de los restaurantes tiki que quedan de su época. Abrió en 1954, y la familia Mah ha conservado los grabados originales, el *rattan* y los favoritos de la carta, como el *chow mein* y los espárragos fritos. Los óleos sobre terciopelo de bellezas en *topless* son obra del famoso Ralph Burke Tyree.

Merced

Al Parque Nacional de Yosemite se puede ir desde muchos de los pueblos de esta parte del valle, pero sin duda Merced es la mejor escala, junto a la Hwy 140. El progreso no ha sido muy benévolo con la localidad: tiene más centros comerciales de lo que cabría esperar, aunque en el centro hay calles arboladas, casas victorianas y unos magníficos Juzgados de 1875. El distrito comercial del centro, en plena rehabilitación, cuenta con cines de la década de 1930, tiendas antiguas y algunos restaurantes informales.

La población también se renueva, en buena parte debido al nuevo campus de la Universidad de California, abierto en el 2005. Los primeros estudiantes de la UC Merced fueron apenas un millar, pero el centro crece cada año.

El centro se ubica al este de la Hwy 99, en Main St, entre R St y Martin Luther King Jr Way. En el California Welcome Center (☏209-724-8104; http://visitmerced.travel; 710 W 16th St; ☺8.30-17.00 lu-sa, 10.00-16.00 do), junto a la terminal de autobuses, tienen mapas de la zona e información sobre Merced y Yosemite.

La gran atracción de la zona es el Castle Air Museum (☏209-723-2178; www.castleairmuseum.org; 5050 Santa Fe Dr, Atwater; adultos/niños 10/8 US$; ☺9.00-17.00 abr-sep, 10.00-16.00 oct-mar) de Atwater, unos 9,6 km al noroeste, con su escuadrón de aviones militares restaurados de la II Guerra Mundial y las guerras de Corea y Vietnam al otro lado de un hangar enorme.

🛏 Dónde dormir y comer

HI Merced Home Hostel ALBERGUE $
(☏209-725-0407; www.hiusa.org; dc 20-23 US$; ☺recepción 17.30-22.00) En la parte noreste de la ciudad, ofrece seis camas y permite sentirse como en casa de unos tíos lejanos, el tipo de gente encantada de dar consejos sobre Yosemite en la mesa de la cocina. Resérvese con antelación (llamadas de 17.30 a 22.00). Recogen y llevan a los huéspedes a las estaciones de autobuses y trenes.

Hooper House Bear Creek Inn B&B $$
(☏209-723-3991; www.hooperhouse.com; 575 W North Bear Creek Dr; h 139-169 US$; ☀☁🐕) En una gran mansión colonial, es un retiro relajado. Las amplias habitaciones están muy bien decoradas con maderas nobles, camas mullidas y baños alicatados. Se puede pedir el desayuno (incl. en el precio) en la habitación.

Branding Iron ASADOR $$
(www.thebrandingiron-merced.com; 640 W 16th St; principales de almuerzo 9-11 US$, de cena 10-27 US$; ☺11.30-14.00 lu-vi, 17.00-22.00 do-ju, hasta 9:30 vi y sa) Lo frecuentan rancheros de la zona y se ha engalanado un poco para los grupos de turistas, pero los lugareños aún engullen suculentas bandejas de carne y la atmósfera es inequívocamente del Oeste. El comedor lo preside Old Blue, una enorme cabeza de toro disecada de una lechería local.

❶ Cómo llegar y salir

YARTS (Yosemite Area Regional Transportation System; ☏209-388-9589; www.yarts.com) opera de tres (invierno) a cinco (verano) autobuses diarios al valle de Yosemite desde varios puntos de Merced, como el **Merced Transpo Center** (www.mercedthebus.com; esq. 16th St y N St) y la **estación de Amtrak** (www.amtrak.com; 324 W 24th St, esq 24th St y K St). El viaje dura 2½ h y algunas de sus paradas son Mariposa, Midpines y Yosemite Bug Lodge & Hostel (ida/vuelta adultos/niños 25/18 US$, entrada parque incl.; toda una ganga). Hay espacio limitado para bicicletas, así que, en tal caso, mejor llegar pronto.

Greyhound (710 W 16th St) tiene servicios desde el Transpo Center (Los Ángeles 4/día, 6½ h, 43 US$).

Fresno

Situada en pleno centro árido del estado, Fresno es la mayor ciudad del Valle Central. Quizá no sea paisajística (es campo de pruebas para toda nueva cadena comercial), pero su ubicación, a 1 h de cuatro parques nacionales (Yosemite, Sierra, Kings Canyon y Sequoia), es preciosa y ofrece una última parada ideal antes de aventurarse por la naturaleza.

Por desgracia, desde hace unos años la economía local, basada en la agricultura, se ha visto afectada duramente por fuertes sequías y la bajada del precio de los alimentos, al tiempo que el desempleo aumentaba. Un movimiento de agricultores de la zona que pretende retomar las riendas quiere revolucionar la producción de alimentos a través de prácticas ecológicas sostenibles y salarios justos. Esto supone un renacimiento culinario y cultural de la ciudad, donde cada día los mejores productos ganan territorio.

Como muchas otras urbes del valle, Fresno acoge varias comunidades foráneas, como mexicanos, chinos y vascos, llegadas en diferentes oleadas. Más recientemente, miles de hmong han echado raíces en esta zona. El famoso representante de la veterana comunidad armenia, el escritor y dramaturgo William Saroyan, nació, vivió y murió en esta ciudad.

◉ Puntos de interés y actividades

El Tower District, al norte del centro, es un oasis de comercios para gays, cultura alternativa, libros y discos, discotecas y un puñado de restaurantes estilosos. Hay muchos edificios históricos junto a las vías de la estación de Santa Fe y en el centro, como la Fresno Water Tower (1894) y el Pantages (War-

CORRIDAS DE TOROS SIN SANGRE

Las corridas son ilegales en EE UU desde 1957, pero hay excepciones. Las comunidades portuguesas del Valle Central tienen permitido organizar corridas sin sangre en sus *festas*, grandes actos culturales que atraen a 25 000 personas en honor de san Antonio o Nuestra Señora de Fátima. Los pescadores y agricultores portugueses (en su mayoría de las Azores) comenzaron a asentarse en California a finales del s. XIX.

Hay procesiones con velas, bailes tradicionales, bendición de vacas, cantos de *pezinho* (con violín) y comida sin fin. Las principales fiestas son en verano, en Hanford, Gustine y Stevinson. No se hace mucha publicidad; se aconseja buscar "festas california" y ver qué sale.

nors) Theatre (1928). La gente se agolpa en el amplio **centro de convenciones** y en el **Chukchansi Park,** sede del equipo de béisbol de la Triple A de Fresno, los Grizzlies.

El centro está delimitado por Divisadero St, la Hwy 41 y la Hwy 99. El Tower District, en los alrededores del cruce de E Olive Ave con N Fulton Ave, está a 3,2 km en dirección norte.

Forestiere
Underground Gardens JARDINES
(☑559-271-0734; www.undergroundgardens.info; 5021 W Shaw Ave; adultos/niños 15/7 US$; ⊙circuitos 10.00-16.00 cada hora mi-do may-sep, más reducido oct-abr) Este monumento histórico fascinante, localizado dos manzanas al este de la Hwy 99, es el atractivo principal de Fresno. Los jardines son la singular obra del emigrante siciliano Baldasare Forestiere, quien en 1906 comenzó a cavar unas 28 Ha de tierra para plantar limoneros bajo tierra. Tardó 40 años en completar semejante hazaña.

Con un sistema de claraboyas único, Forestiere creó un espacio subterráneo precioso para cultivos comerciales y su propia vivienda. En los túneles hay dormitorios, una biblioteca, patios, grutas y un estanque. En el sitio web figuran las horas de visitas.

Tower Theatre EDIFICIO HISTÓRICO
(☑559-485-9050; www.towertheaterfresno.com; 815 E Olive Ave) El **Tower District** de Fresno, que

comenzó como meca comercial en los años veinte, debe su nombre al Tower Theatre, un hermoso teatro de estilo *art déco* de 1939. Aún es un centro de artes interpretativas, rodeado de librerías, *boutiques,* restaurantes y cafeterías modernos, y mucha gente a la última.

Fresno Art Museum MUSEO
(☑559-441-4221; www.fresnoartmuseum.org; 2233 N 1er St; entrada 5 US$; ⊙11.00-17.00 vi-do, hasta 20.00 ju) Acoge algunas de las exposiciones temporales de arte contemporáneo más fascinantes del valle, principalmente de artistas locales.

Woodward Park PARQUE
(www.fresno.gov; 7775 Friant Rd; por vehículo 5 US$; ⊙6.00-22.00 abr-oct, hasta 19.00 nov-mar) Es el parque más grande de la ciudad, con 121,5 Ha de instalaciones para barbacoas, lagos y estanques, un **jardín japonés** (adultos/niños 3 US$/50 ¢) y un enorme anfiteatro donde, entre otras, se representan obras de Shakespeare. Hay una red de 9,6 km de rutas ciclistas que se conecta con el **Lewis S Eaton Trail,** un sendero de 35,4 km que parte de la esquina noreste de Friant Rd hasta la presa de Friant.

Roeding Park PARQUE
(www.fresno.gov; 890 Belmont Ave; por vehículo 5 US$; ⊙6.00-22.00 abr-oct, hasta 19.00 nov-mar) Al este de la Hwy 99, este parque amplio y con sombra es la sede del pequeño **Chaffee Zoological Gardens** (☑559-498-2671; www.fresnochaffeezoo.com; adultos/niños 7/3,50 US$; ⊙9.00-16.00 lu-vi, hasta 18.00 sa y do; ♿). Al lado están el **Storyland** (☑559-264-2235; storylandplayland.com; 890 W Belmont Ave; adultos/niños 5/3,50 US$; ⊙10.00-16.00 sa y do; ♿), un mundo de fantasía infantil algo *kitsch* de 1962, y el **Playland** (storylandplayland.com; 890 W Belmont Ave; adultos/niños 5/3,50 US$; ⊙10.00-16.00 sa y do; ♿), con atracciones y juegos para niños.

🛏 Dónde dormir y comer

En Fresno abundan los alojamientos, tanto de aquellos que sirven de base para explorar los parques nacionales de Sequoia y Kings Canyon como de hoteles de cadena cercanos al aeropuerto o dos bloques del centro.

Las mejores opciones para comer están muy repartidas, pues Fresno es una ciudad muy de automóvil. Los locales más modernos están en el Tower District y ocultos entre escaparates abandonados del centro.

Delante de la Fresno Brewing Company rondan los **camiones de comida** (carthopfresno. com; Fulton Mall; ⊙10.00-14.00 ju) cada jueves, acompañados de música en directo. También hay excelentes **mercados de granjeros** (playfresno.org) todo el año.

Piccadilly Inn Shaw HOTEL $$
(☑559-348-5520; www.picadillyinn.com; 2305 W Shaw Ave; h 89-159 US$; ❈@❋) La mejor elección de Fresno, con una bonita piscina, habitaciones amplias y muchos servicios. En invierno, se aconseja pedir una con chimenea. Si estuviera completo, hay otros dos junto al aeropuerto: el Piccadilly Inn Express y el Piccadilly Inn Airport.

Dusty Buns Bistro ESTADOUNIDENSE $
(www.dustybuns.com; 608 E Weldon Ave; principales 6-7 US$; ⊙11.00-21.00 lu-sa) Sus orígenes como camión de bocadillos en bollos rellenos de ingredientes de la zona modernizaron la cultura culinaria de Fresno. La joven pareja al volante todavía se turna. Se recomienda el Dusty Bun, una brillante y pequeña creación de pollo asado al chipotle y ensalada de col.

Sam's Italian Deli & Market GOURMET $
(www.samsitaliandeli.com; 2415 N First St; principales 5-9 US$; ⊙9.00-18.00 lun-sa) Tienda y charcutería italiana auténtica. Entre otros, hay sándwiches de *pastrami, prosciutto* y mozzarella de primera.

Chicken Pie Shop ESTADOUNIDENSE $
(Grandmarie'i Chicken Pie Shop; ☑559-237-5042; 861 E Olive Ave; principales 7-8,45 US$; ⊙7.00-19.00 lu-vi, 8.00-14.00 sa y do) En esta institución del Tower District sirven preciosas empanadas rellenas de pollo con una cucharada de salsa de carne y unos filos hojaldrados, en nada parecidas a las masas pastosas y congeladas, salvo por la decoración.

★**Peeve's Public House y mercado local** ESTADOUNIDENSE $$
(peevespub.com; 1243 Fulton Mall; principales 10 US$; ⊙11.00-23.00 lu-ju, hasta 1.00 vi, 9.00-1.00 sa, 9.00-21.00 do) Ubicado en el desolado Fulton Mall del centro, este local lidera la nueva ola en Fresno de revitalización urbano-rural. Todos los ingredientes de sus tres platos del día (normalmente, hamburguesas y ensaladas), la docena de cervezas artesanales (5-6 US$) y la amplia carta de vinos son del condado de Fresno. Al lado, hay un mercado pequeño con buenos productos regionales.

☆ Ocio

En **Fresno Bee** (http://calendar.fresnobee.com) informan de actividades.

Tower Theatre for the Performing Arts ARTES ESCÉNICAS
(www.towertheatrefresno.com; 815 E Olive Ave) En el corazón del barrio más *cool* de Fresno, es difícil que esta columna *art déco* de neón pase inadvertida. Acoge actuaciones de *rock* y *jazz*, además de muchos eventos culturales.

❶ Información

Centro de convenciones y de visitantes de Fresno/Clovis (☑559-981-5500, 800-788-0836; www.playfresno.org; 1550 E Shaw Ave, suite 101; ⊙8.00-17.00 lu-vi) Situada en un complejo de oficinas anodino, ofrece información. También hay folletos en la Water Tower y en el aeropuerto.

❶ Cómo llegar y desplazarse

Amtrak (estación de Sante Fe; ☑559-486-7651; 2650 Tulare St; ⊙5.30-21.45) El tren *San Joaquin* es el modo más paisajístico de viajar por la zona. Para en el edificio blanco de la misión, en pleno centro de Fresno, de camino a otros destinos turísticos, como Yosemite (40 US$, 4 h, 2/día) y San Francisco (55 US$, 4 h).

Fresno Area Express (FAX; ☑559-621-7433; www.fresno.gov; ida 1,25 US$) Servicio urbano de transporte que opera autobuses diarios al Tower District (líneas 22 y 28) y a los Forestiere Underground Gardens (línea 20) desde el núcleo de transportes del centro, en Van Ness Ave y Fresno St.

Aeropuerto internacional Fresno Yosemite (FAT; www.flyfresno.com; 5175 E Clinton Way) En el Valle Central.

Greyhound (☑559-268-1829; 1033 H St) Sus autobuses paran en el centro, cerca del campo de béisbol de Chukchansi. Tiene varios servicios normales/exprés a Los Ángeles (31/32,50 US$, 5/4 h) y San Francisco (45/47 US$, 6/4 h).

Visalia

Por su próspera agricultura y centro urbano bien conservado, es una parada cómoda en el valle de camino a los parques nacionales de Sequoia y Kings Canyon o a las cimas de Sierra Nevada. Esquivada hace un siglo por el trazado del ferrocarril, la ciudad está 8 km al este de la Hwy 99, en la Hwy 198.

Las originales casas victorianas y del movimiento *arts and crafts* son joyas. Hay mapas con **circuitos autoguiados** interesantes en

EN LA GRANJA

No hay mejor manera de saborear esta región agrícola que en sus granjas. Muchas ofrecen visitas y oportunidades de recolectar. Los centros de visitantes del Valle Central informan sobre lugares populares. Algunas granjas familiares han introducido prácticas novedosas.

Riverdance Farm (☏209-394-1420; http://riverdancefarms.com; 12230 Livingston-Cressey Rd, Livingston) La permacultura produce unos arándanos azules y cerezas deliciosos de mayo a junio. Esta granja de frutas y frutos secos acoge además un **festival de la cosecha** el fin de semana después del Memorial Day (fin may).

Squaw Valley Herb Garden (www.squawvalleyherbgardens.com; 31765 E Kings Canyon Rd, Valle de Squaw; circuitos abr-oct desde 15 US$) Permite recorrer parterres de hierbas aromáticas y campos de lavanda en las imponentes estribaciones de Sierra Nevada.

T&D Willey Farm (http://tdwilleyfarms.com; 13886 Road 20, Madera) Es propiedad de Tom y Denesse que, entre su trabajo en un popular programa agrícola comunitario y dentro del movimiento regional de pequeñas granjas, cultivan de todo, desde rúcula hasta nabicol ecológicos. Hay visitas en octubre.

Page River Bottom Farms (17780 E Vino Ave, Reedley; ⊙8.00-17.00 lu-sa) Pollos, vacas ovejas y cerdos criados en libertad. Llámese para saber cuándo abren.

Organic Pastures (www.organicpastures.com; 7221 S Jameson Ave, Fresno; ⊙8.00-17.00 lu-vi) Es una lechería que ofrece leche cruda y derivados, como dulces cremosos, muy distintos a las de los supermercados. Hay visitas frecuentes y permiten acampar con las vacas el fin de semana del Memorial Day.

---

el sitio web del **centro de convenciones y de visitantes de Visalia** (☏559-334-0141; www.visitvisalia.org; 303 E Acequia Av; ⊙8.30-17.00 lu-vi).

La principal atracción de la zona es la **Kaweah Oak Preserve** (www.sequoiariverlands.org; 29979 Rd 182, Exeter; donativo adultos/niños 3/1 US$; ⊙8.00-anochecer), unos 11 km al oeste de la ciudad. Con 131 Ha de majestuosos robles de los que antaño se extendían desde Sierra Nevada hasta el (desaparecido) lago Tulare, en el valle, esta reserva es maravillosa para hacer rutas fáciles. Desde la Hwy 198, hay que tomar al norte la Rd 182 y, a 1 km, a la izquierda aparece el parque.

🛏 Dónde dormir y comer

Hay muchas opciones para comer, también cocina étnica, en Main St, entre Floral St y Bridge St.

Spalding House   B&B $
(☏559-739-7877; www.thespaldinghouse.com; 631 N Encina St; i/d 85/95 US$; ✴) Para una estancia encantadora.

★**Brewbaker's Brewing Company**   CERVECERÍA ARTESANA $
(www.brewbakersbrewingco.com; 219 E Main St; principales desde 8 US$; ⊙11.30-22.00; 🐾) Bue-

na comida de *pub* y cervezas artesanales, como la suave Sequoia Red.

❶ Cómo llegar y desplazarse

Las opciones de transporte en Visalia, incluido el acceso directo al Sequoia National Park (p. 432), pasan por el **Transit Center** (www.ci.visalia.ca.us; 425 E Oak Ave; ⊙6.00-21.30 lu-vi, 8.00-18.30 sa y do). **Amtrak** (www.amtrak.com; 425 E Oak Ave) ofrece servicios de enlace entre el Transit Center y la estación de Hanford (30 min, solo con reserva); la alternativa son los autobuses urbanos. Desde Hanford, hay conexión al resto de rutas de Amtrak estatales, como el *San Joaquin*, que va al norte, a Sacramento (32 US$, 4 h, 2 directos diarios) o al sur, a Bakersfield (22,50 US$, 1½ h, 6 diarios).

El cómodo **Sequoia Shuttle** (☏877-287-4453; www.sequoiashuttle.com; 425 E Oak Ave; adultos/niños ida y vuelta incl. entrada al parque 15/7 US$; ⊙fin may-sep), con portabicicletas, pasa por los hoteles más importantes y llega en 2 h al Giant Forest Museum (p. 432), en el Sequoia National Park. El **Visalia Towne Trolley** (425 East Oak Ave; billete 25¢; ⊙7.30-17.30 lu-ju, hasta 23.00 vi, 9.30-23.00 sa) pasa por la mayoría de los puntos de interés del centro en dos circuitos.

Bakersfield

Al aproximarse a Bakersfield, el paisaje evidencia la otra fiebre del oro de California: el camino está lleno de torres de perforación oxidadas que hurgan en los enormes campos petrolíferos del sur del estado. El oro negro se descubrió a finales de la década de 1800 y el condado de Kern, el más meridional en la Hwy 99, aún bombea más que algunos países de la OPEP.

La ciudad es el escenario de la obra *Oil!*, de Upton Sinclair, cuya adaptación cinematográfica *Pozos de ambición* obtuvo un Oscar en el 2007. En los años treinta, el oro negro atrajo a un buen numero de *okies* (granjeros de las polvorientas Great Plains) para trabajar en las torres de perforación. Los hijos de aquellos trabajadores, duros como el acero, le dieron el toque más del oeste al *country western* y crearon el Sonido Bakersfield a mediados de los años cincuenta, con leyendas como Buck Owens y Merle Haggard que desafiaban el delicado *establishment* de Nashville.

Bakersfield intenta sofisticarse como algunos de sus vecinos del valle, y el centro reserva sorpresas con una mezcla alentadora de edificios restaurados y restaurantes, teatros y clubes nuevos.

◎ Puntos de interés y actividades

El río Kern fluye por el extremo norte de Bakersfield, a la vez que marca la frontera con su vecino Oildale, obrero y conservador, y sede de numerosos campos de petróleo. Truxtun Ave y Chester Ave son las principales arterias del centro. Aunque víctima de un cierto abandono, el Old Town Kern, al este del centro, por Baker St y Sumner St, se mantiene por debajo de la decadencia. La **Bakersfield Historic Preservation Commission** (www.bakersfieldcity.us/edcd/historic/) ofrece mapas con paseos por el Old Town Kern y el centro histórico.

Five & Dime Antique Mall   PUNTO DE INTERÉS
(☑661-321-0061; 1400 19th St, edificio Woolworth; ◎10.00-17.00 lu-sa, desde 12.00 do) Tres pisos de ropa *retro*, de, al menos, la misma época que el edificio en el que se emplaza. Se aconseja ir cuando esté abierta la cafetería (p. 336).

Kern County Museum & Lori Brock Children's Discovery Center   MUSEO
(www.kcmuseum.org; 3801 Chester Ave; adultos/niños 10/7-9 US$; ◎10.00-17.00 ma-sa, desde 12.00

RUTA PAISAJÍSTICA: SENDERO DE FLORES

Cuando los frutales del Valle Central florecen, las sinuosas carreteras de Visalia son una ruta vespertina encantadora (conviene llevar antihistamínicos). El **Fresno County Blossom Trail** (www.gofresnocounty.com), de casi 100 km, alcanza su máximo esplendor entre febrero y marzo, cuando los huertos están bañados por los pétalos de tonos pastel de los albaricoques, almendros, melocotones, nectarinos, manzanos y cítricos. En mayo se podrán probar los resultados.

Hay mapas de la ruta en línea y en el centro de convenciones y de visitantes de Fresno/Clovis (p. 333), aunque es posible ir por libre si no molesta desviarse por carreteras secundarias entre Sanger, Reedley, Orange Cove, Selma, Fowler y Kingsburg.

do; P☻) ✿ Explora el oro negro y el amarillo en un pueblo de pioneros, con más de 50 edificios restaurados y réplicas. El inmueble principal acoge una gran exposición sobre fauna de la zona (disecada) y una original exhibición de objetos sobre los años de apogeo de la música Bakersfield, en el 2º piso.

California Living Museum   ZOO
(www.calmzoo.org; 10500 Alfred Harrell Hwy; adultos/niños 9/5 US$; ◎9.00-16.00; ☻) Zoo y jardín botánico, este museo incluye una colección de animales autóctonos y una casa destartalada, con todo tipo de serpientes de cascabel del estado. Queda a 20 min al volante del centro de Bakersfield, al noreste.

Cesar E Chavez National Monument   LUGAR HISTÓRICO
(☑661-823-6134; http://chavezfoundation.org; 29700 Woodford-Tehachapi Rd, Keene; entrada 3 US$; ◎10.00-16.00) Es la sede nacional de United Farmworkers of America, ubicada en un edificio recién declarado Monumento Nacional: Nuestra Señora Reina de la Paz, donde vivió el líder de los derechos civiles César Chávez desde 1971 hasta su muerte, en 1993. Hay muestras de la obra de Chávez, su oficina y su tumba. Keene está 43,5 km al sureste de Bakersfield por la Hwy 58.

Chávez, nacido cerca de Yuma (Arizona) en 1927, tenía 11 años cuando su familia perdió la granja y todos se vieron abocados a trabajar de jornaleros por toda California. Con 14 años, Chávez dejó el colegio para trabajar la tierra. Al final, se convirtió en un defensor del cambio social no violento, y negoció la mejora de los salarios y el acceso al agua y los aseos en el campo. Su labor sentó numerosos precedentes, como los primeros contratos sindicales que exigían el uso seguro de los pesticidas y la abolición de herramientas de mango corto que habían lisiado a generaciones de campesinos.

🛏 Dónde dormir y comer

Las carreteras cercanas a Bakersfield están sembradas de cadenas de moteles. Hay moteles económicos de la vieja escuela (desde 47 US$) en Union Ave, hacia el sur desde la Hwy 178, aunque pueden ser lugares turbios. Es fácil encontrar buena comida. Bakersfield tiene una genial tradición culinaria vasca, con multitud de raciones antes del plato principal, incluidas sopas, ensaladas, alubias, láminas finas de lengua de ternera agria y requesón.

★ **Padre Hotel** HOTEL-BOUTIQUE $$
(☏661-427-4900; www.thepadrehotel.com; 1702 18th St; h 119-229 US$, ste desde 459 US$) Es un bloque histórico que pasó varios años vacío

REYES Y REINAS DEL SONIDO BAKERSFIELD

Para conducir al sur por la Hwy 99 hace falta familiarizarse con los titanes de voz arrastrada de Bakersfield: Merle, Buck y otros maestros del tañido de la Telecaster y el desamor pueblerino.

➡ *I'm Gonna Break Every Heart I Can, Okie from Muskogee, The Bottle Let Me Down, Swinging Doors,* de Merle Haggard.

➡ *I've Got A Tiger by the Tail, Second Fiddle, Under Your Spell Again, The Streets of Bakersfield* (con Dwight Yoakam), de Buck Owens.

➡ *A Dear John Letter* (con Ferlin Husky), *Pitty, Pitty, Patter, (I've Got A) Happy Heart,* de Jean Shepard.

➡ *LA International Airport, The Great White Horse* (con Buck Owens), de Susan Raye.

y reabrió tras una reforma estilosa, con un restaurante de lujo y dos bares nuevos que se convirtieron en destinos de moda. Las habitaciones normales incluyen grandes detalles, como colchones gruesos, sábanas finas y muebles de diseño. Las dos suites temáticas (Oil Baron y Farmer's Daughter) incluyen duchas *sexies* para dos.

Woolworth Diner CAFETERÍA $
(☏661-321-0061; 1400 19th St, Five & Dime Antique Mall; hamburguesas 5,95 US$; ⏰11.00-16.00 lu-sa, 12.00-16.00 do) Conserva el mostrador del local de refrescos original, de su época gloriosa. Camareros con gorritos blancos sirven hamburguesas con queso y batidos geniales.

Wool Growers VASCA $
(☏661-327-9584; www.woolgrowers.net; 620 E 19th St; almuerzo 12,50 US$, principales de cena 16.40-27 US$; ⏰11.30-14.00 y 18.00-21.00 lu-sa) Permiten pedir los nueve (sí, nueve) acompañamientos sin el plato principal; otra opción es desabrocharse un botón y comérselo todo. Pletórico.

Luigi's ITALIANA $
(www.shopluigis.com; 725 E 19th St; principales 7,75-11,95 US$; ⏰11.00-14.30 ma-sa; 🖈) Decorado con fotografías en blanco y negro de leyendas del deporte, este impresionante local de almuerzos ya ha superado los 100 años. El pollo relleno se deshace en la boca y del excelente horno salen bollitos suaves de mantequilla y una empanada Butterfinger riquísima. El bar adjunto y tienda *gourmet* abre hasta las 16.00.

Dewar's Candy Shop HELADERÍA $
(☏661-322-0933; 1120 Eye St; copas desde 4,50 US$; ⏰10.00-21.00 lu-do; 🖈) Se llena de familias que se acoplan en los taburetes rosa de la barra ante helados caseros elaborados con productos de las granjas vecinas desde 1930. Hay sabores de ensueño, como el de láminas de limón y el de algodón de azúcar, que cambian con la temporada.

Jake's Original Tex Mex Cafe DEL SURESTE $
(www.jakestexmex.com; 1710 Oak E St; principales 7,95-13,29 US$; ⏰11.00-20.00 lu-sa) Esta excelente cafetería, más Tex que Mex, se llena de obreros que adoran su *pit beef* asado lentamente. Las patatas fritas con chili son un caos, mientras que los platos combinados son para hedonistas.

★ **Noriega's** VASCA $$
(☏661-322-8419; www.noriegahotel.com; 525 Sumner St; desayuno 10 US$, almuerzo 17 US$, cena 22

MERECE LA PENA

KINGSBURG: LA PEQUEÑA SUECIA DEL VALLE

La tranquila aldea de Kingsburg tiene una herencia étnica emocionante. Alrededor de 1873, cuando se creó como estación del trenes con el nombre de "Kings River Switch", llegaron dos suecos. Al poco, les siguieron más compatriotas, y en 1921, el 94% de la población ya era de origen sueco.

Draper St, la vía principal, está decorada con brillantes caballos de Dalecarlia, un símbolo sueco sagrado. Los cursis edificios tudor acogen tiendas de recuerdos y panaderías bien surtidas de galletas de mantequilla. Los restaurantes sirven panqueques, pequeñas albóndigas y soda de arándano rojo; hay que comer temprano, porque muchos cierran después del almuerzo. Diane, del **Diane's Village Bakery & Cafe** (☑559-897-7460; 1332 Draper St; principales hasta 8,25 US$; ⊗8.00-14.30 lu-sa), en la parte de atrás del Village Mall, cocina las recetas de su abuela, en el **Dala Horse** (☑559-897-7762; 1531 Draper St; principales 7,25-10,25 US$; ⊗6.00-14.30, hasta 14.00 sa, hasta 13.00 do) son generosos con la mermelada de arándano rojo, y June, un icono local y propietario de **Svensk Butik**, vende decoraciones nórdicas e informa del municipio. Se exagera un poco el pasado local, pero los vecinos están orgullosos de decir "Valkommen!"

Ha costado bastante conservar las estructuras antiguas. Bajo la torre y depósito de agua con forma de cafetera está **la cárcel** (http://www.kingsburghistoricalpark.org; 1400 Marion St; ⊗24 h) GRATIS. En el extremo este del pueblo, en el **Kingsburg Historical Park** (www.kingsburghistoricalpark.org; 2321 Sierra St; ⊗13.00-16.00 vi), hay una tienda, una escuela y un molino de viento, aparte de objetos y maquinaria de granja.

Una buena época para visitar el lugar son durante el festivo **Santa Lucia Festival** (1er sa dic) y el **Swedish Festival** (desfiles, baile del palo de mayo y un auténtico bufé de *smorgasbord;* may). La **Cámara de Comercio** (☑559-897-1111; www.kingsburg-chamber-of-commerce.org; 1475 Draper St; ⊗9.00-17.00) tiene el calendario.

US$; ⊗7.00-9.00, desde 12.00, desde 19.00 ma-do) Es la última institución vasca familiar de Bakersfield, donde caballeros hoscos aún se pasan la garrafa de vino. Por las mesas comunales discurren platos y más platos antes de un suave guiso de rabo de buey, costillas y cualquier otra proteína (los platos del día figuran en internet). Por su ambiente mágico y comida obtuvieron el prestigioso premio James Beard. Hay que reservar; el horario para sentarse es estricto.

The Mark ESTADOUNIDENSE **$$**
(atthemark.com; 1623 19th St; principales desde 17 US$; ⊗11.00-22.00 lu-vi, 16.00-11.30 sa, 19.30-23.30 do) Es uno de los nuevos locales finos del centro de Bakersfield, con banquetas rojas y clásicos de la gran ciudad, como *cioppino* y chuletitas de cordero con corteza de pistachos.

☆ Ocio

★ Buck Owens'
Crystal Palace MÚSICA EN DIRECTO
(☑661-328-7560; www.buckowens.com; 2800 Buck Owens Blvd) Es la primera parada para los fans del vigoroso patrimonio musical de la ciudad; luce un enorme rótulo de neón con la famo-

sa guitarra roja, blanca y azul de Buck. Es museo de la música (tienda de regalos desde 11.00), garito para beber y asador (cenas desde 17.00, *brunch* 9.30-14.00 do). Casi todas las noches recibe a grandes artistas del *country.* La pista de baile está dominada por lugareños con camisas elegantes con botones de presión, botas lustrosas y vaqueros ajustados.

Trout's & the
Blackboard Stage MÚSICA EN DIRECTO
(therockwellopry.webs.com; 805 N Chester Ave en Decatur St, Oildale; ⊗11.00-late lu-sa) Al norte de la ciudad, es el único garito que queda en la zona, renqueante tras medio siglo como testigo de un pasado alborotado. No es ninguna discoteca (lo único que brilla son los cristales rotos), pero por su escenario pasan leyendas del sonido Bakersfield y sus discípulos.

Fox Theater SALA DE CONCIERTOS
(www.foxtheateronline.com; 2001 H St) Este local maravilloso de la edad de oro recibe a artistas como Merle Haggard o los Pixies.

ℹ Información

Centro de convenciones y de visitantes de la Greater Bakersfield (☑661-852-7282; www.

MERECE LA PENA

WEEDPATCH CAMP

Durante la Gran Depresión, más de un millón de trabajadores blancos de los estados *dust bowl* (afectados por la sequía) del sur y las Grandes Llanuras llegaron al Valle Central. Los lugareños los apodaron "okies" (aunque no todos eran de Oklahoma) y la mayoría solo encontró penurias en el "estado dorado".

El Weedpatch Camp (Arvin Farm Labor Camp; ☎661-832-1299; www.weedpatchcamp. com; 8701 Sunset Blvd, Bakersfield; ☺con cita previa) es uno de los 16 campos que la Farm Security Administration levantó en la década de 1930 para ayudar a aquellos emigrantes, y el único que conserva los edificios originales. El periodista John Steinbeck investigó la vida de aquellas gentes en el campamento, lo que inspiró la película *Las uvas de la ira*. Cerca, aún hay hileras de casas que acogen a jornaleros durante los seis meses de la vendimia.

Desde Bakersfield, hay que tomar la Hwy 58 al este, hacia la Weedpatch Hwy, seguir al sur unos 11 km, pasar Lamont y girar a la izquierda en Sunset Blvd, para continuar casi otro kilómetro. A la derecha aparecerá el letrero de "Arvin Farm Labor Center". El Dust Bowl Festival es una celebración (gratis) de la historia de los okies (3er sa oct).

bakersfieldcvb.org; 515 Truxtun Ave; ☺8.00-17.00 lu-vi) En un edificio espacioso, con mapas y folletos.

❶ Cómo llegar y desplazarse

Airport Valet Express (☎661-363-5000; www.airportvaletexpress.com; 201 New Stine, suite 120; ida/ida y vuelta 49/89 US$; ☺hasta LAX 3.00, 8.00, 15.00, 20.00) Opera grandes autobuses naranjas y blancos entre Bakersfield (desde el lado norte del campus del San Joaquin Valley College) y el aeropuerto de Los Ángeles (2½ h, 8/día).

Estación de Amtrak (☎800-872-7245; 601 Truxtun Ave at S St) Hay trenes al norte, a Sacramento (45-65 US$, 5 h, 2 directos). Para los autobuses a Los Ángeles, hay que comprar el billete en combinación con uno de tren.

Golden Empire Transit (GET; www.getbus. org; 1830 Golden State Ave, Transit Center; billetes desde 1,25 US$) Es el eficiente sistema de autobuses urbanos; la línea 22 va al norte por Chester Ave hasta el Kern County Museum (p. 335) y Oildale (22 min).

Greyhound (☎661-327-5617; 1820 18th St en G St) Ofrece viajes baratos del centro de Bakersfield a Los Ángeles (9 US$, 2 h).

Zona del río Kern

Hace medio siglo, el río Kern nacía en las laderas del monte Whitney y recorría más de 270 km antes de desaguar en el lago Buena Vista, en el Valle Central. El lago se secó hace tiempo. Ahora, tras un descenso salvaje desde las tierras altas (11,4 m/km), varias presas contienen el Kern, empleado casi por completo para uso agrícola.

Los prístinos ramales superiores, declarados zona silvestre y paisajística, se conocen como "Killer Kern" por su fuerza a veces letal y son geniales para el *rafting*.

La Hwy 178 sigue el espectacular cañón del río Kern, que contribuye a hacer impresionante el viaje por la zona inferior del Sequoia National Forest. Al este del lago, la Hwy 178 serpentea por un pintoresco tramo de pinos y arboles de Josué de 80,4 km, antes de enlazar con la Hwy 395.

Hay dos puestos del guardabosques del USFS: uno en Kernville (☎760-376-3781; www.fs.usda.gov; ☺8.00-16.30 lu-vi) y otro en Lake Isabella (☎760-379-5646; ☺8.00-16.30 lu-vi). Ambos facilitan información sobre excursiones y acampada, mapas y permisos.

🏃 Actividades

Esta parte del estado se centra en el agua, y el *rafting* es su principal atracción. Lake Isabella es un tramo deprimente de comercios locales en el extremo sur del lago, pero la Hwy 155 sigue al norte, a Kernville, un municipio pequeño y muy coqueto que se extiende a ambos lados del río Kern y es el centro de los deportes acuáticos. Aunque el lago es un lugar conocido y seguro para bañarse, las fuertes corrientes del río pueden resultar muy peligrosas.

El Upper Kern y los Forks of the Kern (tramos del río al norte de Kernville) crean rápidos grado IV y V durante el deshielo de la primavera, lo que brinda algunos de los rápidos más impresionantes del país. Para abordar estos tramos se requiere experiencia, si bien hay otros tramos para novatos. Por debajo de Lake Isabella, el Kern es más dócil y seguro.

Actualmente, hay siete empresas de *rafting* autorizadas para operar desde Kernville; todas ofrecen precios competitivos y expediciones de mayo a agosto, según el tiempo. La excursiones incluyen concurridos recorridos de 1 h (desde 37 US$) y jornadas de un día por el Lower Kern (desde 119 US$), además de las experiencias de varios días Wild Forks of the Kern (desde 600 US$). Se puede llegar sin reserva y no se necesita experiencia. Suelen admitir niños a partir de 6 años.

Kern River Outfitters   RAFTING
(☎800-323-4234; http://kernrafting.com; 6602 Wofford Heights Blvd; ⏲8.30-17.30 lu-vi) Aparte de las típicas salidas, ofrece la ruta Pub & Grub solo para adultos, que incluye catas de cervezas en la Kern River Brewery.

**Mountain & River
Adventures**   RAFTING, AVENTURAS
(☎760-376-6553, 800-861-6553; www.mtnriver. com; 11113 Kernville Rd) Organizan salidas que combinan kayak y *rafting*, bicicleta de montaña y otras actividades.

Sierra South   RAFTING
(☎800-457-2082, 760-376-3745; www.sierra south.com; 11300 Kernville Rd) *Rafting* y paseos relajados en botes de pedales por el lago Isabella.

Whitewater Voyages   RAFTING
(☎660-376-8806, 800-400-7238; www.whi tewatervoyages.com; 11006 Kernville Rd) Fueron los primeros en guiar a los visitantes por las bifurcaciones salvajes y paisajísticas del Kern en 1980.

🛏 Dónde dormir

Lake Isabella posee moteles, pero Kernville es más bonito y tiene tarifas más razonables. Muchos exigen estancia mínima de dos noches los fines de semana.

USFS Campgrounds   CAMPING $
(☎877-444-6777; www.fs.usda.gov; parcela con más/menos servicios 24/20 US$) Este *camping* tiene una extensión de 16 km entre Lake Isabella y Kernville y al norte de Kernville, en la Mountain Hwy 99. Los guardabosques recomiendan los de Fairview y Limestone, más aislados. Los *campings* sin agua corriente ni electricidad son gratis.

Whispering Pines Lodge   B&B $$$
(☎760-376-3733; http://pineskernville.com; 13745 Sierra Way; h 189-219 US$, casa incl. desayuno 359 US$; ❄) Este apartado B&B, al norte del pueblo, combina el carácter rústico con un confort de lujo. En verano, las habitaciones con cocina se agotan pronto.

Gold Country

Sumario »

Los mejores restaurantes

➡ New Moon Café (p. 347)

➡ Big Springs Gardens (p. 351)

➡ Argonaut Farm to Fork Cafe (p. 352)

➡ La Cocina de Oro Taqueria (p. 350)

➡ Taste (p. 356)

Los mejores alojamientos

➡ Outside Inn (p. 346)

➡ Lure Resort (p. 349)

➡ Camino Hotel (p. 359)

➡ Imperial Hotel (p. 356)

Por qué ir

Hollywood atrae a los soñadores y Silicon Valley, a los busca-fortunas, pero desde hace siglos, puñados de jóvenes en busca de un golpe de suerte concurren en el interior del "Estado Dorado". Desde que en 1848 un destello en el American River llamara la atención de James Marshall, más de 300 000 estadounidenses y extranjeros llegaron para buscar oro en las laderas de Sierra. California se convirtió en un estado, con "Eureka" como su lema oficial, lo que lo consolidó como tierra de los descubrimientos y las oportunidades.

Los *forty-niners,* los primeros buscadores de oro, ya no están, pero un recorrido por la Hwy 49 (un nombre muy apropiado) a través de pueblos soñolientos, *saloons* de madera y senderos flanqueados por robles es casi un viaje al pasado. Entre las evocadoras tiendas de antigüedades y las bodegas de vinos subyacen las historias de violencia y bandolerismo de la Fiebre del Oro. Muchos viajeros apenas se detienen entre la costa y las montañas, con lo que se pierden la recompensa del recuerdo de una época agitada con la que arrancó este estado.

Cuándo ir
Nevada City

Abr-may Para buscar oro en las colinas de Jamestown tras el deshielo.

Jul Si el calor aprieta, nada como un chapuzón en una poza del río South Yuba.

Sep-nov La recolección de las crujientes manzanas marca la temporada de Apple Hill.

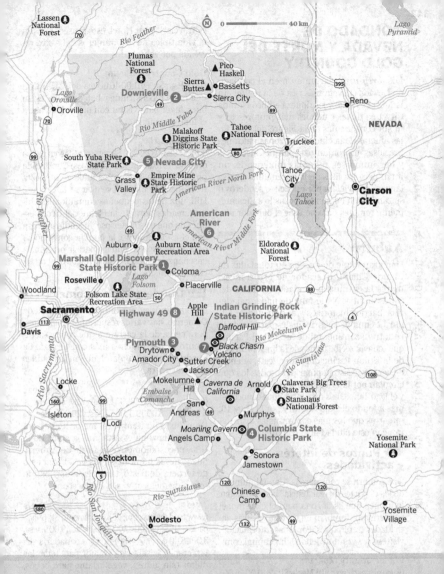

Imprescindible

① Ver la cuna de la California moderna en el **Marshall Gold Discovery State Historic Park** (p. 352).

② Descender por los senderos ciclistas de **Downieville** (p. 348).

③ Catar los vinos de las uvas que crecen en las colinas de **Plymouth** (p. 355).

④ Buscar anacronismos en la historia viva del **Columbia State Historic Park** (p. 362).

⑤ Pasear por las históricas calles de la tranquila **Nevada City** (p. 345), una joya del Gold Country.

⑥ Surcar las aguas bravas del **American River** (p. 351).

⑦ Seguir el rastro de los miwok, que antaño prosperaron cerca del **Indian Grinding Rock State Historic Park** (p. 357).

⑧ Conducir por la **Highway 49** (p. 351) a través de los condados de El Dorado y Amador en busca de antigüedades y helados.

CONDADO DE NEVADA Y NORTE DEL GOLD COUNTRY

Los *forty-niners* triunfaron en el condado de Nevada (la veta más rica de la región era la Mother Lode) y su riqueza edificó Nevada City, una de las ciudades más pintorescas y mejor conservadas de la Fiebre del Oro. En las afueras de la ciudad hay zonas naturales preciosas, un conjunto de parques históricos y herrumbrosas reliquias mineras. Es un imán para los fans de la adrenalina, que se lanzan en bicicleta por estrechos senderos o se zambullen en gélidas pozas lo suficientemente remotas para no usar el bañador.

Auburn

Una gran efigie de más de 40 toneladas de Claude Chana, buscador de oro francés, marca la entrada al condado de Placer del Gold Country. No le falta de nada: heladerías, barrios históricos y antigüedades. Auburn es una de las principales paradas de la ruta transcontinental de la Central Pacific, que todavía recibe trenes de la línea principal de la Union Pacific que van al este, además de ser un receso popular para todos los que circulan por la I-80 entre la zona de la bahía y el lago Tahoe. Los más intrépidos conocerán más a fondo el Gold Country por la Hwy 49, mientras que los más conformistas disfrutarán con esta ciudad bien comunicada.

◉ Puntos de interés y actividades

Que Auburn se considere la "Capital mundial de los deportes de resistencia" hace presagiar lo idónea que es la zona para el ciclismo, el senderismo (también en carrera) y otras actividades trepidantes. Para más información, visítese www.auburnendurancecapital.com.

Placer County Museum   MUSEO
(www.placer.ca.gov; 101 Maple St; ⊙10.00-16.00) GRATIS En la 1ª planta de los abovedados Juzgados del condado de Placer County (⊙8.00-17.00), de 1898, se exponen objetos de los nativos americanos y de la historia del transporte local. Ofrece un buen panorama sobre el pasado de la zona, incluida su impresionante colección de oro.

Bernhard Museum Complex   MUSEO
(291 Auburn-Folsom Rd; entrada con donativo; ⊙11.00-16.00 ma-do) Construido en 1851 como el Traveler's Rest Hotel, este museo muestra la vida típica de los granjeros del s. XIX, recreada por voluntarios.

Gold Country Museum   MUSEO
(1273 High St; ⊙11.00-16.00 ma-do) GRATIS Con una mina reconstruida y bateo de oro, es un buen lugar para visitar con niños. Está hacia el final de la feria.

Joss House   MUSEO
(☏530-823-0373; 200 Sacramento St; entrada con donativo; ⊙10.00-15.00 1er sa de mes) Construida por la familia Yue en los años veinte, esta residencia de madera se alza en la Chinese Hill, una de las pequeñas comunidades chinas creadas durante la Fiebre del Oro. Después de que un 'misterioso' incendio acabara con el asentamiento, la familia convirtió su casa en un espacio público para la oración, la enseñanza y como pensión. Richard, el nieto, cuenta la historia.

🛏 Dónde dormir y comer

En Lincoln Way, a la altura de la Cámara de Comercio, hay varios restaurantes populares, pero cerca de la carretera que rodea Sacramento St hay muchos más con terraza. Se puede encontrar alojamiento en las salidas de la carretera.

Ikedas   MERCADO $
(www.ikedas.com; 13500 Lincoln Way; sándwiches 6-9 US$; ⊙8.00-19.00 lu-ju, hasta 20.00 vi-do; 🖭) De ir justo de tiempo, el mejor lugar para parar en la zona es esta granja cerca de la I-80, pocos kilómetros al norte de Auburn. Sus gruesas hamburguesas vegetarianas o de ternera de pasto, tartas caseras y batido fresco de melocotón son deliciosos.

Tsuda   DELI $
(www.tsudabylina.com; 103 Sacramento St; principales 9 US$; ⊙7.00-17.00 lu-ju, hasta 19.00 vi y sa, 8.00-18.00 do; 🖭🖭🖭🖭) En esta panadería sirven crepes, ensaladas y comida para todas las dietas (sin gluten, vegetariana, para bebés, etc.). Se puede comer fuera, en el patio, donde admiten mascotas.

Auburn Alehouse   MICROCERVECERÍA $$
(www.auburnalehouse.com; 289 Washington; principales 8-21 US$; ⊙11.00-22.00 lu-ma, hasta 23.00 mi-ju, hasta 24.00 vi, 9.00-24.00 sa, 9.00-22.00 do) Uno de esos curiosos locales con excelente cerveza artesanal y buena comida: hamburguesas, boniatos fritos, *adult mac and cheese* y deliciosas ensaladas dulces y saladas. La degustación de cervezas es una buena ofer-

ta, ya que Auburn gana muchos premios por sus *ales* y *pilsners;* antes de probar la PU240 Imperial IPA, es mejor ceder las llaves del vehículo a otra persona. La cocina cierra 1 h antes que el bar.

Awful Annie's   ESTADOUNIDENSE **$$**
(www.awfulannies.com; 160 Sacramento St; principales 9-13 US$; ⊘8.00-15.00) Siempre está lleno, tanto por sus generosos revueltos de desayuno como por el soleado patio. Vale la pena la espera.

Katrina's   DESAYUNOS **$$**
(www.katrinascafe.com; 456 Grass Valley Hwy; principales 10-15 US$; ⊘7.00-14.30 mi-sa, hasta 14.00 do) Tortitas de yogur de limón y todo tipo de sándwiches en un ambiente de lo más hogareño. Muy auténtico.

🔒 De compras

Pioneer Mining Supply   DEPORTES DE MONTAÑA
(www.pioneermining.com; 878 High St; ⊘9.00-18.00 lu-vi, 10.00-16.00 sa) Aunque algo ariscos, son muy profesionales, organizan circuitos guiados (desde 100 US$/persona) y, para los más montañeros, tienen lo último en tecnología punta.

ℹ Información

La **Cámara de Comercio de la zona de Auburn** (☑530-885-5616; www.auburnchamber. net; 601 Lincoln Way; ⊘10.00-16.00 ma-vi) está en la terminal de la línea Southern Pacific, en el extremo norte de Lincoln Way. Tienen un montón de información local útil. Cerca hay un monumento a la Transcontinental Railroad.
California Welcome Center (centro de visitantes del condado de Placer; ☑530-887-2111; www.visitplacer.com; 1103 High St; ⊘9.00-16.30 lu-sa, 11.00-16.00 do) Buena información sobre el Gold Country y el este del estado.

ℹ Cómo llegar y salir

Amtrak (☑800-872-7245; www.amtrak.com; 277 Nevada St) opera un autobús a diario por la ruta Capital Corridor (http://capitolcorridor. org) que une Auburn y Sacramento (16 US$, 1 h); para el resto del territorio hay que conectar con los trenes de la zona de la bahía y el Valle Central. También hay un autobús-tren diario al este, hacia Reno (61 US$, 6 h).
   Gold Country Stage (☑888-660-7433; www. goldcountrystage.com; 1,50-3 US$, niños gratis) conecta Auburn, incluida su estación de Amtrak, con Grass Valley y Nevada City cinco veces a diario entre semana; los fines de semana no hay servicio. Tarda 30-50 min y los niños y las bicicletas viajan gratis.

El *California Zephyr* de Amtrak para en Auburn durante su viaje diario entre la zona de la bahía y Chicago vía Reno y Denver (3 h a San Francisco; 35 US$).

Auburn State Recreation Area

Este **parque** (☑530-885-4527; www.parks.ca.gov; por automóvil 10 US$; ⊘8.00-anochecer) tiene profundos cañones esculpidos por las rápidas aguas de los cauces North Fork y Middle Fork del American River, que confluyen bajo un puente de la Hwy 49, unos 6,4 km al sur de Auburn. A comienzos de la primavera, cuando el caudal sube, es muy popular para hacer *rafting* en aguas bravas, con descensos de grado II-V. A finales de verano, con las aguas más tranquilas, es ideal para nadar y tomar el sol, sobre todo en la confluencia de las aguas. Muchos senderos son compartidos para excursionistas, ciclista y caballistas.

🏃 Actividades

Uno de los senderos más famosos es el **Western States Trail**, que va de la Auburn State Recreation Area a la Folsom Lake State Recreation Area y el lago Folsom. Es el escenario de la famosa carrera **Western States 100-Mile Endurance Run** (www.wser.org) y de la **Tevis Cup** (www.teviscup.org), una carrera de resistencia a caballo. El **Quarry Trail** sigue llano desde la Hwy 49, al sur del puente, y bordea el American River Middle Fork, con varios desvíos al río.

All-Outdoors California
Whitewater Rafting   RAFTING
(☑800-247-2387; www.aorafting.com; desde 139 US$/persona; ⊘9.00-17.00 lu-vi (estacional)) Los mejores circuitos por los ríos American, Tuolumne y Stanislaus los ofrece de primavera a otoño esta empresa familiar. Sus salidas de

ASPIRAR A SER RICO

En los ríos y arroyos del Gold Country quizá se vea a alguien que intenta enriquecerse con una draga de succión, una especie de aspirador que draga el lecho del río. Este método de extraer oro fue prohibido en el 2009 por sus graves efectos secundarios, como alterar el hábitat ribereño y remover el tóxico mercurio, que los *forty-niners* usaban para sacar el oro del mineral.

HISTORIA TRIBAL DEL GOLD COUNTRY

Un puñado de museos cuentan historias de los pueblos nativos de esta región: miwok, maidu, konkow, monache, nisenan, tubatulabal, washo y yokut.

El **Maidu Museum & Historical Sight** (www.roseville.ca.us; 1970 Johnson Ranch Dr, Roseville; adultos/niños 4,50/4 US$; ◷9.00-16.00 lu-vi, hasta 13.00 sa [más amplio cada 3er sa]) se alza en el límite de un antiguo poblado maidu en el cual familias de esta tribu prosperaron durante más de 3000 años.

El museo circular del **Indian Grinding Rock State Historic Park** (p. 357) tiene una selección de objetos que representan a las diferentes tribus de la zona. En el exterior hay más reliquias.

El **California State Indian Museum** (p. 312) de Sacramento tiene las mayores colecciones de las tribus californianas, a las que a menudo dedica también exposiciones temporales.

---

rafting, de uno o varios días, incluyen pausas para caminar entre las rocas y visitar zonas históricas por los cañones. También ofrecen comida (el almuerzo de burritos ya merece la excursión). Consúltense descuentos en línea.

🛏 Dónde dormir

Auburn State Recreation Area　　　　CAMPING $

(parcela 25-35 US$) Hay parcelas básicas en un meandro del A. R. Middle Fork, en Ford's Bar, repleto de moras. Se llega tras un paseo de 3,2 km desde la Rucky-A-Chucky Rd, o tras medio día de navegación por el río. Los permisos de acampada se obtienen en la **oficina de guardabosques** (📞530-885-4527; 501 El Dorado St; ◷9.00-16.00 lu-vi).

Grass Valley

A priori, la hermana fea de Nevada City es un punto de avituallamiento y para cambiar el aceite, pero si se escarba un poco, se descubrirán algunos tesoros.

Historic Mill St y W Main St marcan el centro de la ciudad. E Main St va al norte, hasta los modernos centros comerciales y Ne-

vada City. Los jueves por la noche, de finales de junio a agosto, Mill St se cierra al tráfico y se llena de puestos de comida de granja, artesanía y música. En las afueras hay algunos de los pozos mineros más antiguos del estado. Sus habitantes fueron los primeros en buscar oro en minas (y excavar para dar con los filones en roca dura) en lugar de con bateo, y sacaron buen provecho.

👁 Puntos de interés

Empire Mine State Historic Park　　　　LUGAR HISTÓRICO

(www.empiremine.org; 10791 E Empire St; adultos/niños 7/3 US$; ◷10.00-17.00) Sobre 643 km de pozos mineros que profundizan hasta 3352 m bajo tierra se halla la explotación minera de cuarzo y oro mejor conservada del Gold Country, que merece un día entero de exploración. El recinto está lleno de maquinaria minera y edificios construidos con la piedra desechada. Se puede ver la claustrofóbica entrada del pozo principal, junto al castillete. Cerca del centro de visitantes están la mansión (que parece un club de campo), el jardín de rosas y la casita del jardinero de los propietarios de la mina, la familia Bourn.

De 1850 a 1956, estos mineros, la mayoría de ellos de Cornualles, extrajeron 6 millones de onzas de oro (valoradas hoy en 4000 millones de US$). Recorrer los senderos que pasan entre las minas y el material abandonado es gratis. Comienzan en los aparcamientos que hay tras el centro de visitantes y la Penn Gate, al oeste. El centro de visitantes organiza circuitos guiados (11.00-14.00) y facilita mapas.

North Star Mining Museum　　　　MUSEO

(Powerhouse and Pelton Wheel Museum; nevadacountyhistory.org; 10933 Allison Ranch Rd; entrada con donativo; ◷11.00-17.00 ma-sa, 12.00-16.00 do may-oct) Tiene una amplia colección de material minero del s. xix restaurado, pulido y engrasado: trituradoras, dragas, máquinas de embalar dinamita, bombas de vapor y la mayor turbina Pelton jamás construida en acción. La orilla del arroyo es ideal para hacer un *picnic.*

🛏 Dónde dormir y comer

Las cartas no varían mucho, pero la calidad es buena. Cerca del centro hay varios lugares donde tomar un buen *brunch,* y en los centros comerciales cerca de la carretera, todas las cadenas de restaurantes imaginables.

Holbrooke Hotel HOTEL HISTÓRICO **$$**
(📞530-273-1353, 800-933-7077; www.holbrooke.
com; 212 W Main St; h 129-179 US$, ste incl. desayu-
no 249 US$; ❈❄) En el registro de este hotel
de 1862 figuran las firmas de Mark Twain
y Ulysses Grant. Las habitaciones son anti-
guas, pero están limpias. En el **restaurante y
'saloon'** (principales 11-22 US$) sirven platos
sencillos en un ornamentado comedor o en
el patio, a la sombra; pero las mejores mesas
son las que miran a Main St. Entre semana,
los precios caen un 15-30%.

Cousin Jack Pasties PANADERÍA **$**
(100 S Auburn St; comidas 5,25-9 US$; ⏱10.30-
18.00 lu-sa, 11.00-17.00 do; 🖉) A cargo ya de la
quinta generación, sus empanadas de hojal-
dre rellenas de carne y patata, muy aprecia-
das por los mineros de Cornualles, no han
cambiado. Las hay de cordero, de ternera y
también vegetarianas, siempre con ingredien-
tes locales.

Lazy Dog Ice Cream HELADERÍA **$**
(www.spotlazydog.com; 111 Mill St; polos 4 US$;
⏱10.00-21.00 do-ju, hasta 22.00 vi y sa) Colorida
heladería-confitería de lo más variada. Ade-
más de las bolas de helado y los polos, hay
bombones y golosinas de época, como tubos
con líquidos de colores y piruletas de espiral.

Tofanelli's ITALIANA **$$**
(www.tofanellis.com; 302 W Main St; principales
8-23 US$; ⏱8.00-21.00 lu-ju, hasta 22.00 vi y sa)
Muy popular entre los lugareños que están
al día, este creativo restaurante ofrece ensaladas, buenos bistecs y platos de temporada
como los ravioli de calabacín en verano. Las
raciones son generosas, los precios, bajos, y
el patio es una delicia.

ℹ️ Información

**Centro de visitantes del Greater Grass
Valley** (📞530-273-4667; www.grassvalley
chamber.com; 128 Main St; ⏱10.00-17.00 lu-vi,
hasta 15.00 sa y do; 📶) En medio de los lugares de interés históricos se alza este establo
de ladrillo repleto de mapas y folletos de todo
el condado y más allá, incluido un detallado
paseo.

ℹ️ Cómo llegar y salir

Del transporte en Grass Valley se encarga **Gold
Country Stage** (📞888-660-7433; www.gol
dcountrystage.com), que conecta con Nevada
City cada hora de 7.00 a 18.00 entre semana y
de 8.00 a 16.00 los sábados. El billete cuesta
1,50-3 US$; los niños y las bicicletas viajan

gratis. La web informa sobre las conexiones a
Auburn y posibles cambios de horarios.

Las conexiones de los autobuses de Amtrak
(p. 343) se hacen en Colfax, 19,31 km al sur.

Nevada City

Esta ciudad es consciente de su encanto, pero
no presumida. Todo en ella es equilibrio. En
las tiendas hay banderolas de oración, batidos de chía y baratijas *new age*, mientras
que los bares ofrecen todo tipo de bebidas;
y al visitar el museo de historia local quizá
se coincida con algún veterano gruñón, mo-
chilero trotamundos o artista místico. En
medio de todo ello están las indispensables
atracciones turísticas de la Fiebre del Oro,
un centro histórico restaurado y docenas
de coquetos B&B.

Además, es la puerta de entrada al Tahoe
National Forest, aunque si se permanece
unos días en la ciudad se descubrirá una
cultura NorCal de lo más tentadora: compañías teatrales, cines independientes, librerías y salas de conciertos en activo casi
a diario.

Como mejor se conoce la ciudad es a pie,
sobre todo en verano, cuando sus calles están muy animadas. En diciembre, el manto
de nieve y las luces titilantes recuerdan escenas de un libro de cuentos. Broad St es
la calle principal y la hipotenusa del cruce
de la Hwy 49 con la Hwy 20.

⊙ Puntos de interés

La principal atracción es la ciudad en sí;
sus edificios restaurados, de ladrillo y hierro
forjado, exhiben su historia con orgullo. Hay
boutiques, galerías, restaurantes y bares fascinantes (aunque caros) por doquier, todos
con un pasado.

Firehouse No. 1 Museum MUSEO
(www.nevadacountyhistory.org; 214 Main St; entrada con donativo; ⏱13.00-16.00 ma-do may-oct)
Pequeño y cuidadísimo museo dirigido por
la Nevada County Historical Society. Desde
las maravillosas cestas maidu hasta los trajes de novia victorianos, sus objetos cuentan
la historia de los lugareños. Las piezas más
destacadas son los recuerdos de los colonos
chinos que a menudo construían las minas
pero sacaban poco provecho de ellas. Hacia
1880, los mineros de origen chino constituían
más de una quinta parte de la industria y
eran casi los únicos que debían pagar la elevada Tasa de Mineros Extranjeros.

GOLD COUNTRY NEVADA CITY

El altar lo salvó un comerciante local que lo ocultó en piezas por la ciudad para protegerlo de los saqueadores. Abre fuera de horario, previa cita.

Nevada City Winery BODEGA

(☎530-265-9463; ncwinery.com; 321 Spring St; ⊙sala de catas 12.00-17.00 do-ju, hasta 18.00 vi y sa) Esta popular bodega destaca por sus syrah y zinfandel, que pueden saborearse durante la visita a las instalaciones en el antiguo Miners Foundry Garage. Es un buen lugar para recabar información antes de visitar la región vinícola circundante.

🛏 Dónde dormir

Los fines de semana, Nevada City se llena de refugiados urbanitas que, inevitablemente, se sofocan ante los escaparates de las inmobiliarias. Hay B&B por todas partes. Las opciones más económicas son los *campings* de bosques nacionales, alrededor de la ciudad en cualquier dirección.

⭐Outside Inn MOTEL, CABAÑAS $$

(☎530-265-2233; www.outsideinn.com; 575 E Broad St; h 79-104 US$, ste 129-145 US$, casita 155-200 US$; ❇🐾🛜🐕🐕) La mejor opción para los exploradores más activos. Este motel acogedor y divertido (algo inusual) ofrece 12 habitaciones y tres cabañas atendidas por personal aficionado a las actividades al aire libre, y proporciona excelente información sobre excursiones por la zona. Algunas habitaciones tienen un patio con vistas a un pequeño arroyo, y todas, bonitos cubrecamas y acceso a las parrillas. Está a 10 min del centro.

Broad Street Inn PENSIÓN $$

(☎530-265-2239; www.broadstreetinn.com; 517 W Broad St; h incl. desayuno 115-125 US$; ❇🛜🐕) 🐾 Tiene seis habitaciones muy solicitadas por su sencillez (ni muñecas antiguas ni tapetes de encaje), pero modernas y alegres. Buena relación calidad-precio.

Red Castle Historic Lodgings B&B $$

(☎530-265-5135; www.redcastleinn.com; 109 Prospect St; h 155-210 US$; ❇🐕) El primer B&B de Nevada City es uno de los más antiguos del estado, en un edificio de ladrillo rojo sobre una colina cerca del centro. Su exterior neogótico acoge cuidados detalles victorianos, camas elevadas y un desayuno selecto. La habitación con más privacidad es la Garden Room.

Northern Queen Inn MOTEL, CABAÑAS $$

(☎530-265-5824; www.northernqueeninn.com; 400 Railroad Ave; h 90-140 US$; ❇@🛜) Ofrece muchas opciones, desde sencillas habitaciones con cama de matrimonio hasta chalés de dos plantas. Aunque algo anticuadas, las cabañas, con una pequeña cocina, son interesantes para grupos pequeños y familias.

🍴 Dónde comer

En una ciudad de pensadores holísticos no es de extrañar que la mayoría de las cartas apuesten por los ingredientes ecológicos y de temporada. Casi todos los restaurantes se hallan en un radio de tres manzanas por Commercial St y Broad St.

Café Mekka CAFÉ $

(☎530-478-1517; 237 Commercial St; comidas 5-15 US$; ⊙7.00-22.00 lu-ju, hasta 24.00 vi, 8.00-24.00 sa, hasta 22.00 do) Agradable cafetería, decorada en un estilo "barroco de almacén", donde sirven café y cerveza todo el día, además de sándwiches, *pizzas* y deliciosos postres. Algunas noches hay música folk en directo.

Treats POSTRES $

(http://treatsnevadacity.com; 110 York St; piezas 3,50-5 US$; ⊙13.00-17.00 lu-ju, 13.00-21.00 vi, 12.00-21.00 sa, 12.00-17.00 do; 🐕) El premio a la mejor heladería del Gold Country está muy reñido, pero este pequeño local (la brillante segunda carrera del heladero Bob Wright) lo ganaría de calle. Muchos de sus sabores se elaboran con productos naturales locales, como el sorbete River Hill Red (pimiento rojo dulce y fresas), el Mint Chip (*stracciatella* con menta) y el de pera al jengibre.

Ike's Quarter Cafe CAJÚN, DESAYUNOS $$

(www.ikesquartercafe.com; 401 Commercial St; principales 11-23 US$; ⊙8.00-15.00, cerrado ma; 🐾) Sus estupendos *brunchs*, con *flapjacks* de plátano y pacanas, jambalaya, *tempeh* criollo y mucho más, cautivan a las ancianitas. También está bien para probar la famosa "Hangtown Fry", una especie de revuelto con ostras, bacón, cebolla caramelizada y espinacas. Tienen opciones vegetarianas.

Fix for Foodies CAFÉ $$

(www.superfoodfix.com; 205 York St; principales 8-14 US$; ⊙11.00-20.00 ma-sa, 12.30-16.30 do; 🛜🐾) Este viejo establo no pasa desapercibido. Favorito de los crudívoros, *veganos* y obsesos de la salud en general, es el típico local donde elaboran su propia leche de almendras, batidos de durián y panes germinados.

Sopa Thai TAILANDESA $$
(www.sopathai.net; 312 Commercial St; principales
10-15 US$; ⊙11.00-15.00 y 17.00-21.30 lu-vi, 12.00-
21.30 sa y do) Con excelentes platos como el
curri rojo de mango, los mejillones al vapor
y los rollitos de primavera, es el mejor restau-
rante tailandés de la región. Está decorado
con tallas y sedas de importación, y las mesas
del patio siempre están muy concurridas al
mediodía. El buen menú de almuerzo cuesta
10,95 US$.

★**New Moon Café** CALIFORNIANA $$$
(www.thenewmooncafe.com; 203 York St; principa-
les 21-29,50 US$; ⊙23.30-14.00 ma-vi, 17.00-20.30
ma-do) 🍴 Pura elegancia, la carta de ingredientes ecológicos y locales de Peter Selaya
cambia con cada estación. En pleno verano,
se podrá pedir pescado de anzuelo o raviolis frescos caseros, con forma de medialuna.

☆ Ocio

Esta pequeña ciudad tiene un animado panorama artístico. Cada jueves, la sección de
ocio del periódico *The Union* (www.theu
nion.com) informa de todos los eventos del
condado.

Magic Theatre CINE
(www.themagictheatren.com; 107 Argall Way) Este
adorado teatro, 1,6 km al sur de la ciudad,
cuenta con una programación incomparable de películas inusuales, además de
palomitas recién hechas, café en tazas de
verdad y *brownies* calentitos.

Nevada Theatre TEATRO, CINE
(www.nevadatheatre.com; 401 Broad St) Esta
fortaleza de ladrillo es uno de los teatros
más antiguos de California (1865), frecuentado en su día por personajes como Jack
London, Emma Nevada o Mark Twain. Hoy
acoge a un selecto conjunto de pequeñas
compañías teatrales y series fílmicas fuera
de lo común.

❶ Información

Cámara de Comercio de Nevada City (☎530-
265-2692; www.nevadacitychamber.com; 132
Main St; ⊙9.00-17.00 lu-vi, 11.00-16.00 sa,
11.00-15.00 do) En el extremo este de Commercial St, ofrece excelente información y lavabos
públicos.
Oficina central del Tahoe National Forest
(☎530-265-4531; www.fs.usda.gov/tahoe; 631
Coyote St; ⊙8.00-16.30 lu-vi) Oficina muy útil
con información sobre senderismo y *campings*.
Abarca desde los alrededores de la ciudad

hasta el lago Tahoe y también venden mapas
topográficos.

❶ Cómo llegar y salir

Nevada City está servida por **Gold Country Stage** (☎530-477-0103; www.goldcountrystage.
com), que la conecta con Grass Valley (adultos
1,50 US$, 30 min) cada hora de 6.30 a 17.30
entre semana y de 7.30 a 16.30 los sábados. Los
niños y las bicicletas viajan gratis. Consúltese la
web para informarse de las conexiones a Auburn
y de posibles cambios de horario.

Las conexiones con los autobuses de Amtrak
(p. 343) se hacen en Colfax, 24 km al sur.

South Yuba River State Park

Estanques abruptos se nutren de rápidos vertiginosos entre estas 4451 Ha a lo largo del río
South Yuba, un conjunto de terrenos estatales y federales. Lo cruza una red de senderos
que va en aumento, como el Independence
Trail, apto para sillas de ruedas, que empieza
en el lado sur del puente del South Yuba en
la Hwy 49 y avanza durante unos 3 km con
vistas sobre el cañón. El mes de junio es la
mejor época para visitarlo, cuando los ríos
bajan llenos y las flores silvestres están en
su esplendor.

El puente cubierto sobre el South Yuba,
de un solo arco y armazón de madera, es el
más largo de EE UU (76 m) y está en Bridgeport (no confundir con la ciudad homónima
del este de Sierra). Es un entorno natural
perfecto para pasar el día de caminata y baños sin aglomeraciones. El Buttermilk Bend
Trail sigue el South Yuba durante 2,25 km,
con accesos al río y un sinfín de flores silvestres en primavera (aprox. abr).

En la oficina del parque estatal (☎530-
432-2546; www.parks.ca.gov; 17660 Pleasant Valley
Rd, Penn Valley; ⊙11.00-16.00 diarios mar-nov,
ju-do dic-feb), en Bridgeport, tienen mapas e
información del parque, también disponibles
en la oficina central del Tahoe National Forest, en Nevada City. Otro buen recurso es la
South Yuba River Park Association (www.
southyubariverstatepark.org).

Malakoff Diggins State Historic Park

Como un vestigio místico de la mecánica determinación de la búsqueda del

SWIMMING HOLE 101

Los ríos del Gold Country han proporcionado metales preciosos y pozas de color esmeralda ideales para nadar. En http://swimmingholes.org figura su localización.

En el río South Yuba, unos 13 km al noreste de Nevada City, en la Bloomfield Rd, bajo el puente **Edwards Crossing,** hay una poza muy popular, y 1,6 km corriente abajo, el espectacular conjunto de cascadas **Mountain Dog,** suficientemente discreto como para bañarse desnudo.

Para algo aún más remoto, váyase al río Stanislaus, 11,26 km al sur de Murphys por la Parrots Ferry Rd, y después al norte por la Camp Nine Rd. Cerca del final, donde el río se divide, se sube 1,6 km junto al cauce derecho hasta el **Camp Nine,** con una apacible poza caliza con una pequeña playa.

Consejos: antes de lanzarse al agua siempre hay que comprobar el estado de las cuerdas y las corrientes. Es importante llevar provisiones, recoger siempre la basura, no usar nada de cristal y, si hay que ir al 'baño', alejarse un mínimo de 100 m del agua.

oro, **Malakoff Diggins** (☏530-265-2740; 23579 North Bloomfield Rd; por automóvil 8 US$; ☺amanecer-anochecer) es un lugar para perderse por senderos flanqueados de helechos y contemplar el crudo atractivo de un paisaje convaleciente. Los acantilados estratificados, en tonos dorados y granates, y las pequeñas montañas de escombros son de una belleza curiosa, y todo ello forma parte del legado de la minería hidráulica.

En 1852 un minero francés llamado Anthony Chabot canalizó agua del Yuba a través de una manguera de lona para lanzarla contra las rocas. Para alcanzar las vetas de oro, los mineros excavaron un cañón de 183 m de profundidad; y aceleraron el proceso de selección al mezclar la lechada de la gravilla con mercurio para recuperar el oro y arrojar los restos al río. Cuando unas décadas después glaciares de escombros y residuos tóxicos que alcanzaban los 6 m de altura contaminaron los ríos y provocaron inundaciones mortales, agricultores y mineros se vieron las caras en los juzgados. En 1884, la Decisión Sawyer sentó un precedente crítico: un negocio próspero podía clausurarse por el bien común. Con la prohibición de trabajar en el Yuba, la mayoría de los cazafortunas se fueron a otros lugares. **North Bloomfield,** el pueblo minero que era el eje de la operación Malakoff, sigue cual fantasma dentro de los límites del parque.

La **oficina central del parque y el museo** (☏530-265-2740; ☺9.00-17.00, circuito 13.30 vi-do may-sep) organizan un circuito por el pueblo y la ocasión de ver algunas pepitas de oro impresionantes. El **Diggins Loop Trail,** de 1,6 km, es la forma más rápida de ver este

desgarrado paisaje lunar. Se puede reservar para **acampar** (☏800-444-7275; www.reserveamerica.com; parcela tienda 35 US$, cabañas 40 US$; ☺may-sep) en la colina Chute o en una cabaña minera por un poco más.

Se accede por la Tyler-Foote Crossing Rd, el desvío para ir al parque, 16 km al noroeste de Nevada City por la Hwy 49.

Río North Yuba

El tramo más septentrional de la Hwy 49 sigue el río North Yuba por una zona espectacular y remota de Sierra Nevada, conocido por su corta y dura estación de aguas bravas y de pesca con mosca. Ni una vida entera al aire libre sería suficiente para recorrer la red que los sendereristas, ciclistas y esquiadores abren cada temporada. En verano aún queda nieve en las cotas más altas y en muchas zonas se enciende la chimenea todo el año.

La mejor fuente de información sobre excursiones y *campings* es el **puesto de guardabosques del río Yuba** (☏530-288-3231; 15924 Hwy 49, Camptonville; ☺8.00-16.30 lu-vi).

Downieville

Emplazada en la intersección de los ríos North Yuba y Downie, la mayor ciudad del remoto condado de Sierra se ha convertido en uno de los principales destinos de ciclismo de montaña en EE UU, y de aventuras en plena naturaleza.

Pero, como es habitual en la mayoría de las poblaciones de la Fiebre del Oro, no todo fue un camino de rosas: el primer juez de paz local fue el barman del lugar y un cartel cuenta que en 1851 una jauría racista acabó ahorcando a una chicana llamada Josefa en el puente del pueblo, el único linchamiento de una mujer del que se tiene noticia en California. Downnieville conserva una siniestra afición por la justicia fronteriza y sus fantasmas; al otro lado del río hay una horca reconstruida, junto al centro cívico.

🏃 Actividades

Los montes y los ríos de la zona piden a gritos ser explorados. Algunas de las mejores excursiones incluyen el **Sierra Buttes Fire Lookout,** un recorrido moderado de 9,6 km que conecta con el **Pacific Crest Trail** antes de ascender 460 m para ofrecer vistas épicas desde una torre-mirador, y el **North Yuba Trail,** de 19,31 km a lo largo de la cresta del cañó; ambos empiezan detrás de los Juzgados. Hay muchas más opciones; se pueden conseguir mapas y transporte en las agencias locales. El estacional **centro de visitantes de Downieville** (Main St) está junto al equipamiento minero del Memorial Park.

Downieville Downhill DEPORTES DE AVENTURA
(www.downievilleclassic.com) Esta magnífica ruta de bicicleta de montaña lanza a los ciclistas por la Sierra Buttes y por un escalofriante descenso de 1200 m hasta Downieville. Hay muchas más rutas ciclistas panorámicas que explorar, como las de **Chimney Rock, Empire Creek** y **Rattlesnake Creek,** pero la razón por la cual muchos profesionales del ciclismo de montaña se dan cita en agosto es para participar en la **Downieville Classic,** una mezcla de campo a través, descenso y juerga general.

Las agencias locales ofrecen servicios de enlace cada hora hasta la línea de salida.

Yuba Expeditions CICLISMO DE MONTAÑA
(☏530-289-3010; www.yubaexpeditions.com; 208 Commercial St; alquiler de bicis 65-85 US$, lanzadera 20 US$; ⊙lanzadera 9.00-17.00 may-oct, reservar nov-abr) Dirigida por la Sierra Buttes Trail Stewardship, una organización sin ánimo de lucro en el centro del movimiento ciclista, esta empresa ofrece también mapas e información muy útiles para los no ciclistas.

Downieville Outfitters ALQUILER DE BICICLETAS
(☏530-289-0155; www.downievilleoutfitters.com; 114 Main St; alquiler de bicis desde 60 US$, lanzadera 20 US$; ⊙lanzadera 8.00-17.00 may-oct, reservas nov-abr) Alquiler de bicicletas y servicios de enlace en Downieville.

🛏 Dónde dormir y comer

En el centro de Downieville, el suave rugido de los rápidos arrulla a los ciclistas cansados en pequeños B&B; a lo largo de la Hwy 49, al este de la ciudad, hay opciones más remotas. Por su parte, casi todos los restaurantes se hallan en el cruce de Main St y Commercial St. Pero la mayoría de los negocios cierra en invierno.

Riverside Inn HOTEL $
(☏530-289-1000; www.downieville.us; 206 Commercial St; h 90-120 US$, ste incl. desayuno 185 US$; 🅿🐾🖥🌀) Once habitaciones con estufa y un encanto rústico y apartado. Todas tienen balcón con vistas al río y cinco de ellas, cocina. Los propietarios, los encantadores Nancy y Mike, son una buena fuente de información de la zona; en invierno prestan raquetas de nieve a los huéspedes.

'Campings' del Tahoe National Forest CAMPINGS $
(☏518-885-3639, reservas 877-444-6777; www.recreation.gov; parcela tienda 24 US$) Al oeste de la ciudad por la Hwy 49 hay una serie de *campings* bonitos. La mayoría de ellos cuentan con váteres secos, agua corriente y varias parcelas sin reserva junto al río Yuba. El más bonito es el **Fiddlecreek,** solo para tiendas, a orillas del río.

★ Lure Resort CABAÑAS, CAMPING $$
(☏800-671-4084; www.lureresort.com; cabañas del *camping* 80 US$, cabañas del guarda 135-290 US$; 🌀🖥) Excelente opción para alojarse en familia o con compañeros ciclistas. Este círculo de cabañas modernas y aseadas se halla junto a un sublime tramo del río abierto a la pesca con mosca y tiene grandes prados verdes para que jueguen los niños. Las sencillas cabañas en las que hay que llevar el saco de dormir tienen baños compartidos y capacidad para hasta cuatro personas (apretadas).

Carriage House Inn PENSIÓN $$
(☏530-289-3573; www.downievillecarriagehouse.com; 110 Commercial St; h incl. desayuno sencillo 85-175 US$; 🌀🖥) Hogareña y reformada, esta pensión tiene un encanto rústico realzado por las mecedoras y las vistas al río. Dos habitaciones comparten ducha.

Sierra Shangri-La CABAÑAS, HOTEL $$
(☏530-289-3455; www.sierrashangrila.com; h 115 US$, cabaña incl. desayuno 168-273 US$) Situadas 4,8 km al este de Downieville por la Hwy 49, estas remotas cabañas ribereñas acostum-

bran a estar reservadas en julio y agosto. Sin embargo, las habitaciones, todas con balcón y vistas al río, suelen estar disponibles.

★ **La Cocina de Oro Taqueria** MEXICANA **$**
(📞530-289-9584; 322 Main St; tacos desde 3,75 US$, burritos 10 US$; ⊙11.00-21.30 abr-dic; 🖋)
La propietaria y chef Feather Ortiz emplea hierbas aromáticas y pimientos de su huerto y compra el resto de ingredientes a los productores locales para ofrecer los platos más frescos. Los burritos tienen el tamaño de un perro chihuahua. Pago solo en efectivo.

Sierra City y Lakes Basin

Sierra City es el primer punto de avituallamiento para los que se dirigen a la **Sierra Buttes**, unas montañas escarpadas y rocosas que probablemente sean lo más parecido a los Alpes que se pueda ver en California sin tener que cargar con la mochila. También es el último punto de avituallamiento para quienes se dirigen al paraíso de la pesca que es la Lakes Basin. Para información sobre alojamiento y actividades en la zona, visítese www.sierracity.com.

◉ Puntos de interés y actividades

Hay una amplia red de senderos, incluido el acceso al famoso **Pacific Crest Trail**. El único comercio que casi siempre está abierto en la ciudad es la **Sierra Country Store** (📞530-862-1560; 213 Main St/Hwy 49; ⊙8.00-20.00 verano, 10.00-18.00 invierno; 🖘), que atiende a los caminantes del Pacific Crest Trail con su lavandería y *deli*.

Para llegar a la Sierra Buttes, y a los numerosos lagos y ríos de la zona, hay que tomar la Gold Lake Hwy al norte desde la Hwy 49 en Bassetts, 14,5 km al noreste de Sierra City. Una excelente caminata de 2 km sube al **pico Haskell** (2464 m), con vistas de la Sierra Buttes, el monte Shasta y más allá. Para llegar a la cabecera del camino, desde la Gold Lake Hwy hay que tomar la Haskell Peak Rd (Forest Rd 9), a la derecha, y continuar 13,67 km hasta el aparcamiento (señalizado).

🛏 Dónde dormir y comer

Solo hay una vía importante en la localidad: la Golden Chain Highway (Hwy 49). Todo el comercio se desarrolla en ella. Los hoteles

---

EN BUSCA DEL ORO

La Fiebre del Oro californiana empezó en 1848 cuando James Marshall inspeccionaba el aserradero que construía para John Sutter cerca de la actual Coloma. Marshall vio brillar algo en el desagüe y sacó una pepita "del tamaño de medio guisante". Marshall fue a Sacramento a contárselo a Sutter, quien examinó el oro mediante los métodos descritos en un manual. Sutter, dispuesto a terminar su aserradero, propuso a sus trabajadores que si no abandonaban sus puestos les permitiría quedarse con el oro que encontraran en su tiempo libre. Al cabo de poco, la noticia ya se había propagado como el humo.

Sam Brannan fue uno de los que viajaron a Coloma al calor de dichos rumores. Tras descubrir 170 g de oro en solo una tarde, se paseó por las calles de San Francisco al grito de "¡Oro en el American River!", y después compró todas las herramientas (de pañuelos a palas) que encontró. Cuando los enfebrecidos buscadores de oro fueron en busca de material, Brannan se lo vendió al doble de lo que le costó, y antes de que llegaran a las colinas, él ya se había hecho rico.

Las obras del aserradero terminaron en la primavera de 1848, cuando llegó la primera oleada de mineros de San Francisco. Unos meses después las ciudades se habían quedado sin hombres jóvenes y en los pueblos de las excavaciones los había a miles. La noticia del oro se extendió por todo el mundo y en 1849 más de 60 000 personas (los *forty-niners*) viajaron a California. Todos buscaban la Mother Lode: la supuesta veta principal de la que provenía todo el oro de los ríos y arroyos.

Cuando se extinguieron las primeras excavaciones, la mayoría de los buscadores se fue. Los procesos de extracción del oro dependían cada vez más de la mecánica, hecho que culminó con la práctica de la minería hidráulica, por la cual los mineros drenaban lagos y ríos para abastecer sus cañones de agua y reventar con ellos colinas enteras. Río abajo pueblos enteros se inundaron de barro y la cuestión llegó a los tribunales en 1884; finalmente, el juez Sawyer determinó que el coste medioambiental era excesivo para que continuara el negocio.

suelen contar con los mejores restaurantes, cuando están abiertos. El invierno es temporada muy baja.

'Campings' del USFS CAMPINGS $

(☎530-993-1410; parcela tienda 24 US$) Lo más económico para dormir son los *campings* del USFS que hay al este de Sierra City a lo largo de la Hwy 49. Los de Wild Plum, Sierra, Chapman Creek y Yuba Pass tienen todos váteres secos y agua corriente (el de Sierra solo del río) y parcelas sin reserva. El de Wild Plum (47 parcelas) es el más panorámico. Al norte de la Hwy 49, unos 3 km al norte de Bassetts por la Gold Lake Hwy, el de Salmon Creek es uno de los estupendos *campings* del USFP; tiene váteres secos, agua corriente y parcelas sin reserva para autocaravanas y tiendas, pero no tomas de corriente, además de las vistas más espectaculares de la Sierra Buttes, y nunca hay mucha gente. Las parcelas 16 y 20 están separadas del resto por un arroyo.

Buttes Resort CABAÑAS $$

(☎530-862-1170; www.buttesresort.citymax.com; 230 Main St; cabañas 90-155 US$) En el corazón de Sierra City, este pequeño alojamiento ocupa un entorno precioso junto al río, muy demandado por los excursionistas. Casi todas las cabañas tienen porche y barbacoa, y algunas, cocina completa. Los propietarios, grandes amantes de la naturaleza, prestan bicicletas y juegos de mesa.

★ Big Springs Gardens ESTADOUNIDENSE $$$

(☎530-862-1333; bigspringgardens.com; 32163 Hwy 49; adultos/niños 15/10 US$, acceso incl. bufé 35-39 US$; ⊗brunch 12.00 mi-do med jun-sep) Ofrece un *brunch* ideal a base de frutos del bosque y trucha fresca del estanque, servido en un comedor al aire libre, y, los viernes de julio y agosto, cenas de barbacoa. Hay rutas ciclistas a través del "Wild Garden", una zona verde con cascada y bonitas vistas. Hay que llamar para reservar cualquier actividad.

CONDADOS DE EL DORADO Y AMADOR

Fue en las laderas cubiertas de pinos y robles de la Sierra donde se encontró oro en California por primera vez, por lo que los colonos de habla hispana lo bautizaron como El Dorado, en recuerdo de la mítica ciudad sudamericana.

Hoy, los todoterrenos en ruta al sur del lago Tahoe dejan la Hwy 50 para encontrar una ladera llena de pueblos históricos, terrazas soleadas y el fértil suelo de una de las regiones vinícolas más pujantes del estado (hay que catar el zinfandel). También vale la pena desviarse para ver el punto en donde James Marshall vio el primer destello dorado.

Para viajar por la mayor parte del centro del Gold Country se necesita vehículo propio, pues el transporte público entre las poblaciones es algo errático. Lo bueno es que este tramo de la Hwy 49 es excelente.

Coloma-Lotus

El valle de Coloma-Lotus rodea el Sutter's Mill (el lugar del primer descubrimiento de oro en California) y el Marshall Gold Discovery State Historic Park. También es un gran punto de partida para salidas de *rafting*. El South Fork American River es el tramo más concurrido, con rápidos sensacionales y sin excesivas dificultades. Los novatos deberían decantarse por el Middle Fork.

🏃 Actividades

Las salidas de *rafting* de medio día suelen partir del Chili Bar y terminar cerca del parque estatal. Las de un día empiezan en el Coloma Bridge y llegan a la cascada Salmon, cerca del lago Folsom. Las primeras arrancan con unos rápidos de grado III y son muy intensas, mientras que las de una jornada empiezan suavemente y alcanzan el clímax en rápidos de grado IV, además de incluir un generoso almuerzo. La temporada de *rafting* suele ir de mayo a mediados de octubre, según el caudal. Los precios acostumbran a ser más bajos entre semana.

Quien no quiera mojarse puede observar a los que se lanzan por los Troublemaker Rapids, río arriba cerca del Sutter's Mill en el parque estatal.

Whitewater Connection RAFTING

(☎800-336-7238, 530-622-6446; www.whitewater connection.com; salidas medio día 94-114 US$, día completo 119-139 US$; ⊗abr-oct) Un clásico de la zona, con guías expertos y excelente comida.

🛏 Dónde dormir y comer

Si se busca un alojamiento sencillo y no importa la insipidez de un motel de carretera, es mejor decantarse por Auburn. En la zona abundan los restaurantes.

American River Resort
CAMPING, CABAÑAS **$**

(☎530-622-6700; www.americanriverresort.com; 6019 New River Rd; parcela tienda y autocaravana 35-55 US$, cabaña 180-280 US$; 🛜📶) Situado a menos de medio kilómetro cerca de la Hwy 49, justo al sur del Marshall Gold Discovery State Historic Park, este *camping* está más desarrollado que los demás de la zona: cuenta con un pequeño colmado, wifi gratis, un parque infantil, un estanque para pescar y una piscina. Las parcelas son muy sencillas, pero algunas están junto al río. Las más amplias y bonitas, con árboles, son las 14-29.

Coloma Club Cafe & Saloon
BAR Y ASADOR **$**

(☎530-626-6390; colomaclub.com; 7171 Hwy 49, Coloma; principales desde 9 US$; ⊘restaurante 6.30-21.00, bar 10.00-2.00) El patio de este alborotado y antiguo *saloon* se llena de vida con los guías y fanáticos del río cuando baja mucha agua.

Cafe Mahjaic
ESTADOUNIDENSE, GRIEGA **$$**

(Lotus Inn; ☎530-622-9587; www.cafemahjaic.com; 1006 Lotus Rd, Lotus; ⊘desde 17.00 mi-do; 🛜) Pan casero, carne ecológica y sentido del humor. La sofisticada carta incluye una Moody Soup que cambia según el ánimo del chef. El menú de cuatro platos por 28 US$ está muy bien. Los propietarios regentan también el **Lotus Inn,** con tres habitaciones (109-139 US$) y escondido en la casa de ladrillo detrás del restaurante.

Marshall Gold Discovery State Historic Park

Comparado con los colonos armados que reventaban colinas, protagonistas de las leyendas urbanas a lo largo de toda la Hwy 49, este **parque** (☎530-622-3470; marshallgold. org; por automóvil 8 US$; ⊘parque 8.00-17.00, hasta 19.00 fin may-ppios sep, museo 10.00-17.00; 🚹) es bucólico y tranquilo, aunque con dos trágicos protagonistas: John Sutter y James Marshall.

Sutter, que poseía un fuerte en Sacramento, se asoció con Marshall en 1847 para construir un aserradero en un tramo rápido del American River. El 24 de enero de 1848 Marshall descubrió oro en el río y, aunque los dos hombres intentaron mantenerlo en secreto, no pudieron evitar la invasión del pueblo. Pero, trágicas ironías de aquellos tiempos, muchos de los hombres que encontraron oro murieron casi arruinados, y a los inmigrantes se les obligaba a trabajar y se les ahogaba a base de impuestos.

En los escasos momentos en los que no hay miles de escolares pululando por el lugar, la zona del parque junto al río está bien para pasear. Se puede seguir el sendero hasta donde Marshall encontró el oro y empezó la leyenda del "Estado Dorado".

Tras una renovación, el parque incluye una trituradora y un **centro de información de visitantes y museo** (☎530-622-3470; 310 Back St, Coloma; circuitos adultos/niños 3/2 US$; ⊘10.00-17.00 mar-nov, hasta 16.00 dic-feb, circuitos guiados 11.00 y 13.00 todo el año), con dioramas históricos y una tienda con parafernalia de la época.

En una colina que domina el parque se alza el **James Marshall Monument,** donde el susodicho fue enterrado en 1885. Se puede realizar un circuito al volante, pero es mucho mejor pasear por los numerosos caminos que recorren el parque, y también entre artilugios mineros y por cementerios de los pioneros.

El bateo del oro (7 US$; gratis si se cuenta con equipamiento propio) es muy popular. En verano, de 10.00 a 15.00 (o por petición) se puede realizar un cursillo rápido de iniciación y 45 min de bateo.

🛏 Dónde dormir y comer

Coloma Resort
CAMPING, CABAÑAS **$**

(☎530-621-2267; www.colomaresort.com; 6921 Mt Murphy Rd; parcela tienda y autocaravana 45-49 US$, cabañas y caravanas de alquiler 100-295 US$; 🛜📶) Otro veterano *camping* ribereño, pero más adecuado para autocaravanas. Cuenta con una amplia oferta de actividades (principalmente familiares) y wifi. Tiene el ambiente de un campamento de verano.

★Argonaut Farm to Fork Cafe
ESTADOUNIDENSE **$**

(www.argonautcafe.com; 331 Hwy 49, Coloma; sándwiches 8 US$; ⊘8.00-16.00) Deliciosas sopas, sándwiches y café procedente de reputados proveedores de Sacramento y Coloma en una casita de madera entre el Sutter's Mill y la herrería en el Marshall Gold Discovery State Historic Park. Las colas de escolares para comprar helado ralentizan el servicio.

Placerville

Esta localidad siempre ha sido un lugar de paso. Desde sus orígenes, fue el destino de los cazafortunas que llegaban a California por el American River South Fork. En 1857, una diligencia cruzó Sierra Nevada y unió Placerville con el valle de Carson, en Nevada, un trayecto que acabó por convertirse en parte de la primera ruta transcontinental de diligencias de la nación.

Hoy, Placerville es un lugar para explorar en el viaje de Sacramento a Tahoe por la Hwy 50. Posee un centro urbano próspero, con tiendas de antigüedades y bares, donde los lugareños bromistas conservan la violenta fama de "Hangtown" ("Ciudad de la horca"), el nombre que la localidad recibió a mediados del s. xix cuando un puñado de hombres fueron ahorcados. Entre las varias y sorprendentes leyendas locales destaca la de "Snowshoe" John A. Thompson, un cartero que, a diario, en invierno, repartía más de 36 kg de correspondencia con sus esquís por las sierras hasta el valle de Carson.

◉ Puntos de interés

El corazón de Placerville es Main St, que discurre paralela a la Hwy 50, entre Canal St y la Cedar Ravine Rd. La Hwy 49 confluye con Main St en el límite occidental del centro urbano.

Como si fuera el decorado de una película, la mayoría de los edificios de Main St son fachadas falsas y robustas estructuras de ladrillo de la década de 1850, como la del larguirucho **campanario** de 1856, que se utilizaba para llamar a las patrullas de bomberos voluntarios.

Gold Bug Park and Mine   LUGAR HISTÓRICO (www.goldbugpark.org; 2635 Goldbug Ln; adultos/niños 6/4 US$; ⊙10.00-16.00 abr-oct, 12.00-16.00 sa y do nov-mar) El mejor museo de Placerville, situado 1,6 km al norte de la población, en Bedford Ave, ocupa cuatro antiguas concesiones mineras en las que se extrajo oro de 1849 a 1888. Se puede descender a la Gold Bug Mine, lavar alguna joya (2 US$) y recorrer el recinto y la zona de *picnic*. Los circuitos guiados cuestan 100 US$ para grupos de hasta 15 personas.

El Dorado County Historical Museum   MUSEO (http://museo.edcgov.us; 104 Placerville Dr; entrada con donativo; ⊙10.00-16.00 mi-do) Conjunto restaurado de edificios, máquinas mineras y negocios que repasa la historia de la Old Hangtown. Está en El Dorado County Fairgrounds, al oeste del centro; hay que salir al norte por Placerville Dr desde la Hwy 50.

BODEGAS DE PLACERVILLE

La calurosa y rocosa región de Placerville produce excelentes vinos, muy habituales en las cartas de los restaurantes de California. Se puede pasar toda una tarde por los agradables viñedos de El Dorado, aunque la experiencia será más completa si se dedica un fin de semana a visitas y catas, ampliada también al vecino condado de Amador. Más detalles en **El Dorado Winery Association** (☎800-306-3956; www.eldoradowines.org) o **Wine Smith** (☎530-622-0516; www.thewinesmith.com; 346 Main St, Placerville; ⊙11.00-20.00 lu-sa, desde 12.00 do), una tienda local con productos regionales.

Dos bodegas dignas de mención, situadas al norte de la Hwy 50, son la **Lava Cap Winery** (www.lavacap.com; 2221 Fruitridge Rd; ⊙11.00-17.00), que cuenta con una buena charcutería, y la **Boeger Winery** (www.boegerwinery.com; 1709 Carson Rd; ⊙10.00-17.00). Ambas ofrecen catas gratis.

🛏 Dónde dormir

Hay moteles de cadena en cada extremo del centro histórico de Placerville a lo largo de la Hwy 50.

National 9 Inn   MOTEL **$** (☎530-622-3884; www.national9inns.com; 1500 Broadway; h 50-89 US$; ❀@✿) Este hotel de los años cincuenta, recién reformado por una pareja joven, es la mejor oferta de Placerville, aunque se halla en el solitario extremo norte de la localidad. Por dentro es soso, pero las habitaciones cuentan con flamantes neveras, hornos microondas y baños reformados. Perfecto para apoyar los negocios independientes.

Cary House Hotel   HOTEL HISTÓRICO **$$** (☎530-622-4271; www.caryhouse.com; 300 Main St; h desde 121 US$; ❀@✿) Situado en pleno centro de Placerville, cuenta con un amplio y cómodo vestíbulo con vitrales retroiluminados que muestran escenas de la historia de la región. Este antiguo burdel ofrece habitaciones redecoradas (algunas con pequeñas cocinas) con mobiliario de época. Se recomienda pedir una con vistas al patio para evitar el ruido de la calle, o la

212, que, según dicen, está encantada. Más información en la web.

Albert Shafsky House B&B
B&B $$

(☏530-642-2776; www.shafsky.com; 2942 Coloma St; h 135-175 US$; ⌨📶) De todos los B&B victorianos de Placerville, este, cerca del centro, ofrece tres habitaciones con una florida decoración de época y lujosa ropa de cama.

✕ Dónde comer

Z-Pie
ESTADOUNIDENSE $

(www.z-pie.com; 3182 Center St; *pies* 7-8 US$; ⊙11.00-21.00) Con sus caprichosas versiones de los platos caseros estadounidenses de toda la vida, este local desenfadado ofrece *pies* de *gourmet* (filete al cabernet, pollo tailandés, estofado de tomatillo...) y cervezas californianas (degustación de 4 variedades 8 US$).

Sweetie Pie's
DESAYUNOS $

(www.sweetiepies.biz; 577 Main St; principales 5-12 US$; ⊙6.30-15.00 lu-vi, 7.00-15.00 sa, 7.00-13.00 do) De camino al lago Tahoe, muchos esquiadores se agolpan en el mostrador de este local los fines de semana para dar buena cuenta de sus desayunos a base de huevos y bollería recién horneada, p. ej., unos rollitos de canela divinos. También sirve almuerzos correctos.

Cozmic Café & Pub
COMIDA SALUDABLE $

(www.ourcoz.com; 594 Main St; raciones 4-10 US$; ⊙7.00-18.00 ma, mi y do, hasta 24.00 ju-sa; 📶♪) Ocupa el edificio histórico de Placerville Soda Works. Su carta es ecológica e incluye platos vegetarianos, así como batidos recién preparados. También ofrece una buena selección de cervezas artesanales y música en directo los fines de semana, cuando suele cerrar más tarde.

Heyday Café
CAFÉ $$

(www.heydaycafe.com; 325 Main St; principales 9-25 US$; ⊙11.00-21.00 ma-ju, hasta 22.00 vi y sa, hasta 20.00 do) En la carta, fresca y bien elaborada, predomina la comida italiana sencilla, que se disfruta bien en un interior de ladrillo y madera. También tiene una larga carta de vinos de la zona. Lugar muy popular para el almuerzo.

🍷 Dónde beber y vida nocturna

Los vinos del condado de El Dorado van al alza, como demuestran las varias salas de catas de la calle principal. Por otro lado, los bares de Placerville son muy similares a los del Oeste Medio: abren hacia las 6.00, se limpian una vez al año por Navidad y son ideales para conversar con los lugareños.

Liar's Bench
BAR

(☏530-622-0494; 255 Main St; ⊙8.00-1.00) Bar de toda la vida, bajo un letrero de neón de Martini que atrae al anochecer.

🔒 De compras

★Gothic Rose Antiques
ANTIGÜEDADES

(www.gothicroseantiques.com; 484 Main St; ⊙11.00-17.00 ju-do) La tienda más curiosa e interesante del Gold Country destaca por su colección de menaje gótico, artículos de ocultismo antiguos y sensibilidad un poco macabra. Cotillear entre instrumental médico antiguo, bichos disecados, fotografías de cadáveres del s. XIX y lo último en artículos de encaje y látex para el cementerio es de lo más emocionante.

Placerville Hardware
MENAJE DEL HOGAR

(www.placervillehardware.com; 441 Main St; ⊙8.00-18.00 lu-sa, hasta 17.00 do) Este edificio, de 1852, es todo un símbolo de Placerville, ya que es la tienda más antigua aún en funcionamiento al oeste del Mississippi. Tiene un montón de baratijas del Gold Country, aunque predominan las herramientas, como los martillos y los cubos. Ofrece un folleto para un circuito autoguiado por la ciudad.

Placerville Antiques & Collectibles
ANTIGÜEDADES

(☏530-626-3425; 448 Main St; ⊙10.00-18.00) De los numerosos anticuarios de Placerville, cabe destacar los que se reúnen en este espacio bien iluminado. Uno de sus fuertes son las asequibles vajillas de los años cincuenta.

Bookery
LIBRERÍA

(326 Main St; ⊙10.00-17.30 lu-ju, hasta 19.00 vi y sa, hasta 16.00 do) Excelente librería de segunda mano.

Placerville News Co
LIBRERÍA

(www.pvillenews.com; 409 Main St; ⊙8.00-18.30 lu-ju, hasta 19.00 vi y sa, hasta 17.30 do) Librería con el suelo de madera, muchos mapas y volúmenes de historia y de interés local.

ℹ Información

Centro de visitantes del condado de El Dorado (Cámara de Comercio; ☏530-621-5885; http://visit-eldorado.com; 542 Main St; ⊙9.00-17.00 lu-vi) Mapas e información local general: desde rutas por granjas hasta películas, cervecerías hasta el lago Tahoe.

ZONA VINÍCOLA DEL CONDADO DE AMADOR

Aunque quizá infravalorada entre las zonas vinícolas de California, esta región ofrece unas cuantas bodegas familiares abiertas a las visitas, la historia de la Fiebre del Oro y el carácter local, razones que invitan a realizar un recorrido enológico en un ambiente sencillo y relajado. Además, la región reivindica los zinfandel más antiguos de EE UU.

Hay dos pequeñas poblaciones, Plymouth y Amador City (p. 355). Se puede empezar en Amador y seguir la Hwy 49 al norte a través del ínfimo Drytown hasta Plymouth, junto a la Hwy 49, para después seguir por la Shenandoah Rd al noreste, que pasa ante laderas de viñedos impecables. Casi todos los viticultores locales son muy amables, ofrecen catas gratis y cuentan todo lo que se quiera saber sobre sus bodegas. En julio, 38 bodegas organizan un festival enológico de 10 días.

En las mismas bodegas y en la **Amador Vintners Association** (www.amadorwine. com) facilitan mapas.

Deaver Vineyards (www.deavervineyards.com; 12455 Steiner Rd, Plymouth; ☉10.30-17.00) Bodega familiar en la que todos los que sirven el vino llevan el mismo apellido que las botellas.

Drytown Cellars (www.drytowncellars.com; 16030 Hwy 49, Drytown; ☉11.00-17.00) La sala de catas más divertida del condado de Amador, gracias al viticultor Allen Kreutzer, un gran anfitrión, y a su selección de tintos.

Sobon Estate (www.sobonwine.com; 14430 Shenandoah Rd, Plymouth; ☉9.30-17.00 abr-oct, hasta 16.30 nov-mar) Fundada en 1856, esta bodega alberga también el Shenandoah Valley Museum (entrada gratis), dedicado a la elaboración del vino.

Wilderotter (www.wilderottervineyard.com; 19890 Shenandoah School Rd, Plymouth; ☉10.30-17.00) Por si su premiado sauvignon blanc no fuera suficiente, las catas se acompañan con quesos de la Cowgirl Creamery.

Amador 360 Wine Collective (amador360.com; 18950 Hwy 49, Plymouth; ☉11.00-18.00) Regentada por la pareja que organiza el festival Barbera cada año (http://barberafestival.com), esta amplia tienda ofrece caldos de bodegas que no organizan catas.

🛈 Cómo llegar y salir

Amtrak (☎877-974-3322; www.capitolcorridor. org) tiene varios autobuses diarios a Sacramento (20 US$, 1½ h), aunque algunos requieren de transbordo en tren para llegar a puntos más allá a lo largo de la ruta Capital Corridor.

El Dorado Transit (☎530-642-5383; www. eldoradotransit.com; 6565 Commerce Way, Diamond Springs; adultos/niños 1,50 US$/75¢) opera autobuses suburbanos cada hora entre semana de 7.00 a 16.00 hacia todas partes de la localidad desde el Placerville Station Transfer Center (2984 Mosquito Rd), una encantadora parada de autobuses a cubierto, con bancos y lavabos. Está a unos 800 m del centro, en el lado norte de la Hwy 50.

Plymouth y Amador City

Estos dos alegres pueblos pueden servir indistintamente de base para recorrer la región vinícola del condado de Amador. El primero, Plymouth, evoca con su anti-

guo nombre, Pokerville, la historia de la Fiebre del Oro. El pueblo no se despierta hasta tarde, con el olor a barbacoa, unos cuantos turistas que pasean y el ocasional estruendo de alguna motocicleta. Amador City fue el antiguo emplazamiento de la Keystone Mine, una de las minas de oro más prolíficas de California. La localidad quedó desierta desde que la mina cerró en 1942 hasta la década de 1950, cuando una familia de Sacramento compró sus decrépitos edificios y los convirtió en tiendas de antigüedades.

🔾 Puntos de interés

Amador Whitney Museum MUSEO
(☎209-267-5250; www.amador-city.com; Main St, Amador City; ☉12.00-16.00 vi-do) GRATIS La gran atracción de Amador ocupa una antigua estación de Wells Fargo y tiene un vagón y réplicas de una escena escolar y una mina. Vale la pena dedicarle los 15 min de la visita.

Chew Kee Store Museum MUSEO

(www.fiddletown.info; Fiddletown; entrada con donativo; ⊙12.00-16.00 sa abr-oct) Los restos de una época aguardan a las afueras de Plymouth. Este museo, 9,6 km al este en Fiddletown, es un antiguo herbolario que atendía a los trabajadores ferroviarios. Su polvorienta colección de objetos, para los que el tiempo se ha detenido, es puro arte.

Dónde dormir y comer

★ Imperial Hotel B&B $$

(☎209-267-9172; www.imperialamador.com; 14202 Main St, Amador City; h 105-155 US$, ste 125-195 US$; ❉❧) El mejor alojamiento de la zona, construido en 1879 pero remodelado. Es el típico hotel lleno de antigüedades, con elegantes toques *art-decó* que acentúan un estilo ya de por sí florido. Tiene un bar agradable y un restaurante con cocina de temporada (principales 13-28 US$). Los fines de semana de verano suelen exigir un mínimo de dos noches de alojamiento.

★ Taste CALIFORNIANA $$$

(☎209-245-3463; www.restauranttaste.com; 9402 Main St, Plymouth; principales 23-40 US$; ⊙11.30-14.00 sa y do, desde 17.00 lu-ju, desde 16.30 vi-do) Para reservar mesa. Excelentes vinos de Amador y cocina californiana.

Dónde beber y vida nocturna

Drytown Club BAR

(www.drytownclub.com; 15950 Hwy 49; ⊙12.00-24.00 mi-vi, hasta 2.00 sa, hasta 21.00 do) Típico local animado en el cual la gente empieza a beber demasiado temprano. Los fines de semana hay barbacoas y conciertos, a veces muy buenos.

Sutter Creek

Desde el balcón de una de las casas tan bien restauradas de la pintoresca Main St de Sutter Creek se puede ver casi todo el pueblo, una joya del Gold Country. Tiene aceras elevadas y a cubierto, con edificios con altos balcones y fachadas falsas que son el perfecto ejemplo de la arquitectura californiana del s. xix. Buena opción para pernoctar de visita a las bodegas de Amador y el condado de El Dorado.

En el **centro de visitantes de Sutter Creek** (☎800-400-0305, 209-267-1344; www.suttercreek.org; 71a Main St), atendido por voluntarios, facilitan un mapa con un paseo por la localidad, para seguir el rastro histórico de cornvalleses, yugoslavos e italianos que pasaron por el lugar, y ofrecen un excelente circuito gratis en automóvil a las minas de oro locales.

◎ Puntos de interés

Monteverde General Store EDIFICIO HISTÓRICO

(☎209-267-0493; 11a Randolph St; entrada con donativo; ⊙con cita previa) En su tiempo la típica tienda que era el centro de la vida social y económica del pueblo, bien representada por las sillas que rodean la estufa de leña y la detallada cronología histórica. Visitas guiadas por veteranos.

Knight Foundry MINA

(www.knightfoundry.org; 81 Eureka St) De las tres fundiciones que fabricaban bateas y trituradoras de roca en Sutter Creek, esta funcionó hasta 1996, lo que la convirtió en la última fundición hidráulica de EE UU. Durante la visita, el interior estaba cerrado, pero se prevé que reabra en un futuro.

Dónde dormir

Eureka Street Inn B&B $$

(☎209-267-5500; www.eurekastreetinn.com; 55 Eureka St; h incl. desayuno 145 US$; ❉❧) Cada una de las cuatro habitaciones de esta casa de 1914 llena de artesanía es diferente, pero todas cuentan con chimenea de gas. Está en una parte tranquila de la calle.

Hotel Sutter HOTEL $$

(☎209-267-0242; www.hotelsutter.com; 53 Main St; h 115-175 US$; P❉❧) Tras la polémica que ocasionó la reforma de la American Exchange, intacta desde hacía más de 150 años, sus modernas habitaciones (algunas con baño) y buen restaurante (principales 14-25 US$) parecen haber apaciguado los ánimos.

Sutter Creek Inn B&B $$

(☎209-267-5606; www.suttercreekinn.com; 75 Main St; h 120-210 US$; ❉) Las 17 habitaciones y casitas varían en cuanto a decoración e instalaciones (antigüedades, chimeneas, patios soleados...), pero todas poseen baño privado. Se puede echar una siesta en la hamaca del jardín o leer en una tumbona.

Dónde comer

Sutter Creek Ice Cream Emporium GOLOSINAS $

(☎209-267-0543; 51 Main St; ⊙11.00-18.00 ju-do) Suma puntos cuando la estrella del pueblo,

Stevens Price, se sienta al piano Milton de 1919 y toca *ragtime*. El antiguo propietario aún se pasa por el local durante el **Sutter Creek Ragtime Festival**, en agosto.

Pizza Plus   PIZZERÍA **$**
(www.suttercreekpizzaplus.com; 20 Eureka St; *pizzas* 14 US$; ⏱11.00-21.00; 🖶) *Pizzas* crujientes y de base fina (como la buenísima BBQ) y jarras de cerveza: ideal para pasar un rato de charla con los lugareños.

Thomi's Coffee & Eatery   ESTADOUNIDENSE **$**
(www.thomissuttercreek.com; 40 Hanford St; principales 6-9 US$; ⏱8.00-15.00 vi-mi; 🕾) Una auténtica estrella entre una galaxia de restaurantes. Clásicos desayunos a la parrilla, enormes ensaladas y buenos guisos. El comedor del fondo es de lo más acogedor en invierno, mientras que en verano hay un pequeño patio soleado.

Sutter Creek Cheese Shoppe   MERCADO **$**
(📞209-267-5457; www.suttercreekcheese.com; 33b Main St; ⏱10.00-17.00) Para comprar quesos californianos y de otros lugares. Si se llama con tiempo, preparan una selección de quesos para *picnic*, con pan de *baguette*, una tabla de cortar y un cuchillo; perfecto para ir de catas a las bodegas.

⭐ **Ocio**

Sutter Creek Theatre   ARTES ESCÉNICAS
(www.suttercreektheater.com; 44 Main St) Uno de los varios y excelentes centros culturales del Gold Country, con una historia casi centenaria de teatro, cine y otros.

Volcano

Una de las deterioradas placas de Volcano, 19,31 km río arriba desde Sutter Creek, describe a la localidad como un lugar de "historia tranquila". Aunque este pequeño pueblo en forma de ele y a orillas del arroyo Shutter cosechó toneladas de oro y fue escenario de una batalla de la Guerra Civil, hoy dormita en su remoto emplazamiento. Tan solo un puñado de monumentos de bronce atestiguan su vibrante pasado.

El arroyo Sutter, bordeado de grandes rocas de piedra caliza, delimita el centro urbano. Las rocas, hoy flanqueadas por mesas de *picnic*, son restos de las explosiones provocadas en las colinas por la minería hidráulica del oro. Aquel proceso tuvo terribles consecuencias medioambientales, si bien sus mineros ganaban 100 US$/día.

👁 **Puntos de interés y actividades**

Daffodil Hill   GRANJA
(📞209-296-7048; 18310 Rams Horn Grade; se aceptan donativos; ⏱10.00-16.00 med mar-med abr) Esta granja cimera, situada 3,21 km al noreste de Volcano, se engalana cada primavera con más de 300 000 narcisos. Las familias McLaughlin y Ryan se ocupan de la granja desde 1887, donde cultivan jacintos, tulipanes, violetas y lilas, y crían algún que otro pavo real.

Indian Grinding Rock State Historic Park   LUGAR HISTÓRICO
(📞209-296-7488; parks.ca.gov; 14881 Pine Grove-Volcano Rd; por automóvil 8 US$; ⏱museo 11.00-14.30 vi-do) Situado 3 km al suroeste de Volcano, es una zona sagrada para los indios miwok. Hay una aldea y un saliente rocoso con petroglifos (363 originales y otros añadidos modernos), además de más de mil hoyos-mortero, los *chaw'se*, para moler grano y semillas.

Black Chasm   CUEVA
(📞888-762-2837; www.caverntours.com; 15701 Pioneer Volcano Rd; adultos/niños 14,95/7,95 US$; ⏱10.00-17.00) Está medio kilómetro al este de Volcano y parece la típica trampa turística, pero un vistazo más detenido a los cristales de helictita (raros y brillantes, como los copos de nieve) hace más fácil soportar el gentío. Todos los guías son experimentados espeleólogos. Es imprescindible reservar para el intrépido circuito Labyrinth (79 US$).

🛏 **Dónde dormir y comer**

Indian Grinding Rock State Historic Park   CAMPING **$**
(www.reserveamerica.com; parcela tienda y autocaravana 30 US$) Bonito *camping* del Indian Grinding Rock State Historic Park, con agua potable, cañerías y 22 parcelas sin reserva bajo los árboles. Tiene conexiones para autocaravanas.

Volcano Union Inn   HOTEL HISTÓRICO **$$**
(📞209-296-7711; www.volcanounion.com; 21375 Consolation St; h incl. desayuno 119-139 US$; ❄🕾) El preferido de los hoteles históricos de Volcano ofrece cuatro habitaciones de suelos combados amorosamente modernizadas, dos de ellas con balcón a la calle. Los

TV de pantalla plana y demás detalles actuales no pegan mucho con el edificio antiguo, pero es un lugar confortable. Además, en el anexo **Union Pub** tienen una carta de comida extraordinaria y, quizá, algún violinista.

St George Hotel   HOTEL HISTÓRICO **$$**
(☎209-296-4458; www.stgeorgehotelvolcano.com; 16104 Main St; h 89-199 US$) Las tortuosas escaleras de este viejo y encantador hotel llevan a 20 habitaciones de varios tamaños y categorías (casi todas con baños compartidos), libres de ruido. El restaurante (cenas ju-do; *brunch* do) abunda en bistecs. Hay un *saloon*.

☆ Ocio

**Volcano Theatre
Company**   ARTES ESCÉNICAS
(www.volcanotheatre.org; adultos/niños 16/11 US$) Reputada compañía teatral que ofrece funciones en un anfiteatro al aire libre y en el restaurado Cobblestone Theater los fines de semana de abril a noviembre.

Jackson

Aunque tiene algunos edificios históricos y un pequeño centro, no es gran cosa. Jackson está en el cruce de la Hwy 49 y la Hwy 88, que sale al este desde la Hwy 49 en este punto, hacia las sierras, cerca de la estación de esquí de Kirkwood.

◉ Puntos de interés

Kennedy Gold Mine   EMPLAZAMIENTO HISTÓRICO
(☎209-223-9542; http://kennedygoldmine.com; 12594 Kennedy Mine Rd; adultos/niños 10/6 US$) Imposible pasar por alto el ominoso castillete de acero de casi 40 m de altura cuyas poleas subían minerales y mineros de las entrañas de la tierra. La que antaño fuera la mina más profunda del estado, hoy es un apacible parque para pasear. Los circuitos guiados duran 1½ h y visitan la trituradora, el lugar de recuperación del oro y enormes ruedas de extracción de relaves.

Allí mismo, el **Kennedy Tailing Wheels Park** cuenta con grandes ejemplos de ingeniería y destreza: cuatro ruedas de acero y madera de 17,67 m de diámetro transportaban el relave de la vecina Eureka Mine por encima de dos colinas bajas. Hay que subir a lo alto de la colina detrás de las ruedas para ver la presa.

Mokelumne Hill   LUGAR HISTÓRICO
(www.mokehill.org) Este casi ignoto asentamiento se halla 11,26 km al sur de Jackson cerca de la Hwy 49. Construido por tramperos franceses a principios de la década de 1840, es un buen lugar para ver edificios históricos sin la habitual saturación de tiendas de antigüedades y de regalos.

🛏 Dónde dormir y comer

National Hotel   HOTEL HISTÓRICO **$$**
(☎209-223-0500; www.national-hotel.com; 2 Water St; h 125-165 US$, ste 175-300 US$) El legendario hotel de Jackson ha sido objeto de una cuidada remodelación. Aunque conserva sus detalles históricos, todas las habitaciones se han reciclado con detalles de lujo, como chimeneas de gas o calefacción en el suelo. El excelente bar y asador de la planta baja completa el conjunto.

Mel's and Faye's Diner   ESTADOUNIDENSE **$$**
(www.melandfayesjackson.com; 31 N Hwy 49; comidas 7-12 US$; ☺10.00-23.00 do-ju, hasta 2.00 vi y sa) Una institución local junto a la Hwy 88. Si bien tiene una ventanilla de comida para llevar, el lugar invita a sentarse y comer bien. Grandes desayunos, hamburguesas clásicas (como la Miner, empapada en chile) y una barra de ensaladas.

❶ Información

Cámara de Comercio del condado de Amador (☎209-223-0350; www.amadorcountychamber.com; 115 Main St; ☺8.00-16.00 lu-vi, 10.00-14.00 sa y do) En medio de Main St., tienen suficientes folletos como para llenar varios contenedores de reciclaje.

❶ Cómo llegar y salir

La única forma de desplazarse con garantías por la zona es con vehículo propio. El condado de Placer está atendido por autobuses desde Jackson, pero los servicios son escasos y poco frecuentes. **Amador Transit** (☎209-267-9395; http://amadortransit.com; billete 1-2 US$; ☺lu-vi) funciona algo mejor, incluido un servicio diario entre semana a través de Sutter Creek a Sacramento (1 US$, 1 h), y si se tiene suficiente paciencia, con conexiones al condado de Calaveras y sur del Gold Country. En automóvil, Jackson está a 2½ h de San Francisco y a poco más de 1 h de las estaciones de esquí del sur del lago Tahoe.

APPLE HILL

En 1860, un minero plantó un manzano de la variedad Rhode Island Greening en una colina, lo que dio origen a la fértil Apple Hill, una zona de 52 km² al este de Placerville y al norte de la Hwy 50 con más de 60 plantaciones. Los horticultores venden las manzanas directamente al público, de agosto a diciembre, y algunos incluso permiten tomarlas del árbol. A lo largo de las estaciones se venden otras frutas e incluso abetos navideños.

Se pueden conseguir mapas de la Apple Hill en línea en la **Apple Hill Association** (☏530-644-7692; www.applehill.com), o usar la **Farm Trails Guide** (www.visit-eldorado.com) de El Dorado.

Un lugar estupendo para descansar mientras se visitan las granjas es el **Camino Hotel** (☏530-644-1800; www.caminohotel.com; 4103 Carson Rd, Camino; h incl. desayuno 60-150 US$), una antigua cabaña de leñadores (con suelos de madera que crujen) recién reformada. Los precios son una ganga (60 US$ entre semana) y la habitación nº 4 es ideal para las familias, con dos dormitorios unidos por un salón central. El desayuno hay que encargarlo.

CONDADO DE CALAVERAS Y EL SUR DEL GOLD COUNTRY

La parte meridional del Gold Country es un horno en verano, y al visitar sus núcleos históricos hay que realizar varias paradas para refrescarse. Viejas leyendas urbanas cobran vida gracias a algunos de los personajes de la región, como Mark Twain, que empezó a escribir acerca de un concurso de saltos de ranas en el condado de Calaveras, o Joaquín Murrieta, polémico símbolo de la rebeldía de la época fronteriza, que parece que frecuentó todos los bares y hoteles de la zona.

Angels Camp

En el tramo sur de la Hwy 49, un personaje destaca sobre todos los demás: el célebre escritor Mark Twain, que se dio a conocer con el relato *La famosa rana saltarina del condado de Calaveras,* escrito y ambientado en Angels Camp. Circulan diferentes teorías sobre cuándo y dónde Twain oyó este cuento, pero Angels Camp saca de ello el máximo provecho. En Main St hay varios imitadores y estatuas de Twain, así como ranas de bronce que homenajean a las campeonas de los últimos 80 años. Destaca la placa de Rosie the Ribeter, que en 1986 realizó un saltó récord de 6,4 m. Hoy, la localidad es una atractiva mezcla de edificios de los años del oro y de la época *art-déco.*

Además de libros de historia y mucha información, el **centro de visitantes del condado de Calaveras** (☏209-736-0049; www.gocalaveras.com; 1192 S Main St; ⊗9.00-16.00 lu-sa, 11.00-15.00 do;☎) propone un recorrido a pie y al volante por Angels Camp.

🏃 Actividades

Caverna Moaning   CUEVA
(☏209-736-2708; www.caverntours.com; 5350 Moaning Cave Rd, Vallecito; adultos/niños 14,95/7,95 US$; ⊗10.00-17.00) Puede que no sea una maravilla de la naturaleza, pero es muy emocionante. Los visitantes pueden hacer rápel a lo largo de 50 m hasta el fondo de la cueva (65 US$). El montón de huesos hallados en su interior es uno de los restos humanos más antiguos de EE UU. Fuera aguardan tirolinas y circuitos autoguiados por la naturaleza. Algunas citas de invierno, como los cantos de villancicos, sacan partido de la acústica de la cueva.

🎊 Fiestas y celebraciones

Angels Camp rentabiliza su conexión con Twain en el **Jumping Frog Jubilee** (www.frogtown.org), el tercer fin de semana de junio, que coincide con la feria del condado y una especie de *rally* de Harleys. En otoño, imitadores del escritor se dejan ver durante el **Gold Rush Day.**

🍴 Dónde comer

Por la Hwy 49 hay varios moteles y cafeterías donde repostar gasolina y calorías.

Sidewinders   CALIFORNIANA, MEXICANA $
(http://eatatsidewinders.com; 1252 S Main St; principales 6,50-8,50 US$; ⊗11.00-20.00 ma-sa; ⍢) Tacos, boles y rollitos de ternera, pollo, cerdo,

pescado o verduras. Los tacos empanados de pescado al guacamole entran muy bien con una cerveza local.

Crusco's
ITALIANA $$

(www.cruscos.com; 1240 S Main St; principales 14-26 US$; ⊘11.00-15.00 y 17.00-21.00 ju-lu) Distinguido restaurante del centro, con una carta auténtica del norte de Italia. Los propietarios viajan a Italia a menudo en busca de más recetas, como la cremosa Polenta Antonella (con pollo y salsa de setas).

❶ Cómo llegar y salir

Calaveras Transit (☏209-754-4450; http://transit.calaverasgov.us; billete 2 US$; ⊘oficina 6.00-17.00 lu-vi) ofrece el transporte público más fiable de la región desde el **Government Center** (891 Mountain Ranch Rd, San Andreas), en el centro de San Andreas, válido para ir a Angels Camp (2 US$, 30 min, varios diarios) y a otros pueblos vecinos. Se puede parar en el trayecto; basta hacer un gesto con el brazo. Para conexiones con el resto de California, solo hay que tomar la Route 1 hasta San Andreas, cambiar a la Route 3 hasta Mokelumne Hill y, finalmente, hacer transbordo con Amador County Transit.

Murphys

Con sus vallas blancas y encanto añejo, Murphys es una de las localidades más pintorescas del sur del Gold Country, merecedora del sobrenombre de "Reina de la Sierra". Está casi 13 km al este de la Hwy 49 por la Murphys Grade Rd, y debe su nombre a Daniel y John Murphy, fundadores de un puesto comercial y explotación minera en el arroyo Murphy en 1848. Contrataron como trabajadores a los apurados miwok y yokut de la región. Mientras que algunos colonos continuaban con su persecución de indígenas, John se casó con Pokela, hija de un gran jefe indio.

Main St, repleta de tiendas donde catar vinos, *boutiques* y galerías de arte, es ideal para pasear. Para más información sobre Murphys, véase www.visitmurphys.com.

◉ Puntos de interés y actividades

El vino (más que las ranas) es la gran atracción del condado de Calaveras, y Murphy es su epicentro. Parece que cada verano surgen un par de nuevas salas de cata.

Ironstone Vineyards
BODEGA

(www.ironstonevineyards.com; 1894 Six Mile Rd; ⊘8.30-17.00; 🖫) 🍷 Un atípico ambiente familiar relega el vino a un segundo plano en esta bodega. Hay una cascada natural, un órgano de tubos mecánico, exposiciones frecuentes de artistas locales y parajes llenos de flores. Cerca del *deli*, en el museo, se puede ver la lámina de oro cristalino más grande del mundo, de casi 20 kg, descubierta en Jamestown en 1992. Amplia sala de catas.

Newsome-Harlow
BODEGA

(www.nhvino.com; 403 Main St; cata 5 US$; ⊘12.00-17.00 lu-ju, 11.00-17.30 vi-do; 🖫🅱) Bodega familiar, con una animada sala de catas donde sirven los tintos que la han hecho famosa. A veces parece el centro social del barrio. Cuenta con un chef, una barbacoa y noches cinéfilas. Los niños y los perros son bienvenidos.

Murphys Old Timers Museum
MUSEO

(www.murphysoldtimersmuseum.com; 470 Main St; se solicita donativo; ⊘12.00-16.00 vi-do) Este museo de historia con humor ocupa un edificio de 1856 y cuenta con un ferrotipo del forajido Joaquín Murrieta y la entretenida "Wall of Comparative Ovations". Los circuitos guiados por la localidad parten del museo los sábados a las 10.00.

Caverna California
CUEVA

(☏209-736-2708; www.caverntours.com; adultos/niños 14,95/7,95 US$; ⊘10.00-17.00 abr-oct; 🖫) En Cave City, 19,31 km de curvas al norte de Murphys (tómese Main St hacia la Sheep Ranch Rd y luego hacia la Cave City Rd), hay una caverna natural que John Muir describió como "gráciles pliegues que se doblan como gruesas cortinas de seda rígida". Los circuitos regulares duran entre 60 y 90 min.

Los mayores de 16 años pueden probar con la Middle Earth Expedition (130 US$), que dura 4 h e incluye espeleología. El circuito a pie The Trail of Lakes, disponible solo hacia finales de la temporada de lluvias, es mágico. El tiempo es imprevisible, por lo que se recomienda llamar antes.

⊨ Dónde dormir

La mayoría de los alojamientos de Murphys son B&B de categoría. Por el mismo precio hay un puñado de **casitas de alquiler** (☏209-736-9372; www.murphysvacationrentals.com; 549 S Algiers St; casitas 115-160 US$) cerca de Main St. Se pueden buscar alternativas más económicas en los vecinos Angels Camp o Arnold.

CALAVERAS BIG TREES STATE PARK

Desde Angels Camp, la Hwy 4 asciende por la High Sierra, llega a la cima por el puerto de Ebbetts (p. 442), a 2660 m, y después desciende hasta los cruces con la Hwy 89 y la Hwy 395. Por el camino, la carretera pasa a través del duro Arnold, un pueblo con unos cuantos cafés y moteles junto a la carretera. Pero la verdadera razón para tomar la Hwy 4 está 3 km al este de Arnold y 32 km al este de Murphys: la oportunidad de conocer a los mayores organismos vivos del planeta.

El Calaveras Big Trees State Park (p. 442) alberga secuoyas gigantes. Estos remanentes del Mesozoico, que alcanzan los 100 m de altura y troncos de 10 m de diámetro, pueden pesar más de 2700 toneladas, como unas 20 ballenas azules.

Estos gigantones están repartidos por dos grandes bosques, uno de ellos fácilmente visible desde el North Grove Trail, una ruta autoguiada de 2,7 km accesible con cochecitos cerca de la entrada, donde el aire huele a pinos y a tierra. El River Canyon Trail, un desafiante sendero de 13 km (ida y vuelta) sube desde el North Grove, cruza una cresta y baja 300 m hasta el río Stanislaus. Se recomienda llevar suficiente agua para la vuelta.

Es posible encontrar árboles gigantes a lo largo de las 2428 Ha del parque, aunque los más grandes están en rincones remotos. El centro de visitantes (☎209-795-7980; 1170 E Hwy 4, Arnold; ⊙9.00-17.00 do-ju, hasta 18.00 vi-sa may-sep, estacional oct-abr) ofrece mapas y consejos sobre los senderos. Se puede echar un vistazo a las exposiciones sobre la biología de las secuoyas y descubrir cómo un grupo de personas ha luchado durante décadas para evitar que se convirtieran en mesas de *picnic*.

Acampar (☎800-444-7275; www.parks.ca.gov; junta a Hwy 4; parcela tienda y autocaravana 35 US$) es popular, pero es imprescindible reservar. El North Grove Campground está cerca de la entrada del parque, aunque hay menos gente en el Oak Hollow Campground, 6,43 km más allá por la carretera principal del parque. El lugar más auténtico son las parcelas medioambientales, accesibles a pie. Siempre hay que guardar la comida y los útiles de aseo en las taquillas a prueba de osos.

★ **Victoria Inn**　　　　　　B&B $$
(☎209-728-8933; www.victoriainn-murphys.com; 402 Main St; h 129-225 US$, casitas 190-450 US$; ☎) Alojamiento nuevo con habitaciones con bañeras de patas, camas trineo y balcones. Los espacios comunes, como el largo porche donde tomar tapas y vino del bar-restaurante (p. 362), tienen un atractivo campestre y moderno a la vez. Entre las habitaciones más sencillas cabe destacar la Opi's Cabin (158 US$), con una cama de hierro forjado y vigas a la vista.

Murphys Historic Hotel & Lodge　　B&B, HOTEL $$
(☎800-532-7684, 209-728-3444; www.murphyshotel.com; 457 Main St; d 129-149 US$) Ubicado en Main St desde 1855 o 1856 (según la placa que se mire), este hotel, parada obligatoria en la ruta de los lugares en los que durmió Mark Twain, ofrece una estructura original algo descuidada y edificios contiguos con habitaciones modernas y anodinas más caras. En el comedor sirven pollo frito (17 US$).

Murphys Inn Motel　　　　MOTEL $$
(☎888-796-1800, 209-728-1818; www.centralsierralodging.com; 76 Main St; h 129-149 US$, ste 180 US$; ❄@🅿🐾) Junto a la Hwy 4, a 800 m del centro del pueblo, este motel ofrece habitaciones limpias y modernas y una pequeña piscina. Le falta carácter, pero es de confianza.

🍴 Dónde comer

Alchemy Market & Café　　　MERCADO $$
(www.alchemymarket.com; 191 Main St; comidas 12-24 US$; ⊙mercado 11.00-16.30 ju-do, café 11.00-20.00 ju-ma) Además de para organizar un *picnic* original, la carta de la cafetería incluye estupendos platos para compartir en el patio.

Firewood　　　　　　CALIFORNIANA $$
(☎209-728-3248; www.firewoodeats.com; 420 Main St; principales 7-14 US$; ⊙11.00-21.00; 🅿) Una rareza de la ciudad. Abunda en florituras históricas, pero las paredes de hormigón y de chapa le dan un toque minimalista. Con buen tiempo, se puede comer al fresco. Ofrecen vino por copas, media docena de cervezas de

LAS MEJORES CUEVAS DEL GOLD COUNTRY

→ La caverna California (p. 360), en Murphys, con una amplia variedad de circuitos y mucha aventura, fue loada por el conservacionista pionero John Muir.

→ La caverna Moaning (p. 359), en Angels Camp, cuenta con el rápel de cueva más profundo de California y una tirolina por arriba.

→ La Black Chasm (p. 357), en Volcano, ofrece un paseo autoguiado por un apacible jardín zen en la superficie y rarísimos cristales de helictita bajo tierra.

barril y comida de *pub,* pero la especialidad de la casa es la *pizza* al horno de leña.

Grounds BISTRÓ $$
(209-728-8663; www.groundsrestaurant.com; 402 Main St; comidas 10-29 US$; 7.00-22.30 lu-vi, hasta 23.15 sa, 8.00-23.15 do;) Casual y elegante, es competente en todo, desde desayunos expertos y buenos platos principales ligeros hasta cenas los fines de semana a base de filetes o pescado fresco. El té de hierbas frío y las verduras son lo más solicitado cuando el calor aprieta.

V Restaurant & Bar MEDITERRÁNEA $$
(209-728-0107; http://vrestaurantandbar-mur phys.com; 402 Main St; principales 10-25 US$; 11.30-20.30 do-ju, hasta 21.30 vi y sa) Junto al Victoria Inn, es el restaurante más clásico de Murphys. Su oferta se centra en las tapas y la comida mediterránea, además de una creativa carta de cócteles. Entre las tapas destacan las olivas rellenas de anchoa fritas y, entre los platos, el entrecot. Los fines de semana, el comedor y el patio se llenan enseguida, cuando se recomienda reservar.

Columbia State Historic Park

Más que cualquier otro lugar del Gold Country, Columbia difumina la línea entre el presente y el pasado con un pueblo de la Fiebre del Oro muy bien conservado (voluntarios vestidos de época incl.) en el centro de una localidad moderna. Columbia se fundó en 1850 sobre la joya de las minas del sur, ya que en

ella se hallaron 150 millones de US$ en oro, y el centro del pueblo (que pasó a formar parte de la red de parques históricos estatales) casi no ha cambiado de aspecto. La autenticidad de Main St solo se ve alterada por el aroma a caramelo y el actor de turno que olvida quitarse el reloj digital. Tras los límites de estas manzanas hay hogares y negocios tan bien integrados que cuesta distinguir qué forma parte del parque y qué no.

La herrería, el teatro, los viejos hoteles y un bar son ventanas a la historia que se completan con actividades como el bateo de oro (desde 5 US$) y los *picnics.*

Los guías de los museos ofrecen **circuitos** gratis de 1 h los fines de semana a partir de las 11.00 desde el Columbia Museum. A las 17.00, cuando la mayoría de las tiendas y atracciones cierran, se tendrá el pueblo casi en exclusiva, por lo que no es mala idea quedarse a dormir.

Puntos de interés

Columbia Museum LUGAR HISTÓRICO
(inf. general 209-588-9128, museo 209-532-3184; esq. Main St y State St; 9.00-16.30 primavera y verano, 10.00-16.00 otoño y invierno) GRATIS Por toda la población se ven rocas de caliza y granito que más bien parecen huesos de dinosaurio. Fueron extraídas de las montañas circundantes por la minería hidráulica y raspadas por los buscadores de oro. Este renovado museo ofrece una fascinante explicación de dicha técnica.

Dónde dormir y comer

Fallon Hotel HOTEL $
(209-532-1470; parks.ca.gov; 11175 Washington St; h 50-115 US$;) Este histórico hotel es la sede de la compañía teatral más profesional de la región, el Sierra Repertory Theatre.

City Hotel HOTEL $$
(209-532-1479; parks.ca.gov/columbia; 22768 Main St; h 85-115 US$;) El más elegante del puñado de los hoteles victorianos restaurados de la zona ofrece habitaciones con vistas a un tramo arbolado de Main St y abiertas a bonitos salones. Su afamado restaurante (principales 15-30 US$) lo frecuenta un imitador de Twain y el vecino **What Cheer Saloon** es un local muy carismático de la región, con óleos de damas lozanas y papel de pared a rayas.

Cottages CASAS $$
(209-532-1479; parks.ca.gov; casa 1/2/3 dormitorios 126,50/148,50/170,50 US$) Confortable

alternativa a los hoteles, con dos casitas al final de la calle principal y otra más grande (con tres habitaciones) en Columbia St.

Columbia Mercantile MERCADO $
(☎209-532-7511; esq. Main St y Jackson St; ⊙9.00-18.00) Tentempiés y cotilleos. Productos muy variados.

☆ Ocio

Sierra Repertory Theatre TEATRO
(☎209-532-3120; www.sierrarep.org; 11175 Washington St, Fallon Hotel) Combina clásicos como *Romeo y Julieta* con obras populares.

Sonora y Jamestown

Fundado en 1848 por los mineros de Sonora (México), este lugar fue un cosmopolita centro comercial y cultural, con parques, tabernas y la mayor concentración de jugadores y de oro de toda la región minera. Los conflictos raciales echaron a los colonos mexicanos, y los inmigrantes europeos que usurparon su espacio se hicieron ricos gracias a la Big Bonanza Mine, lugar que ahora ocupa el instituto de secundaria de Sonora. Esta mina produjo 12 toneladas de oro en solo dos años (una pepita de 12,7 kg incl.).

Hoy, Sonora es una parada de camino al Yosemite National Park para tomar un refresco o comprar algún tentempié en alguna de las cadenas de restaurantes y tiendas de la periferia. Por suerte, el centro histórico está bien conservado (tanto que ha sido escenario de más de un rodaje cinematográfico).

La pequeña Jamestown está 5 km al sur de Sonora, al sur del cruce de la Hwy 49 y la Hwy 108. Fundada allá por la época de la primera huelga del oro en el condado de Tuolumne (1848), la localidad ha sufrido los vaivenes del vertiginoso desarrollo de la región, y en la actualidad vive gracias al turismo y las antigüedades. Tiene su encanto, pero es muy pequeña.

Dos carreteras cruzan Sierra Nevada al este de Sonora y enlazan con la Hwy 395 en la Eastern Sierra: la Hwy 108, que cruza por el puerto de montaña de Sonora, y la Hwy 120, por el de Tioga. El tramo de la Hwy 120 que atraviesa el Yosemite National Park solo está abierto en verano.

◉ Puntos de interés y actividades

El centro de Sonoma lo marca el cruce de Washington St y Stockton St, la primera de

ellas llena de tiendas, cafés y bares. Para salir de la ciudad se puede tomar el Dragoon Gulch Trail, una ruta circular de 4 km entre robles al noroeste de la calle principal por Alpine Lane.

Sonora también es un buen lugar para practicar 'rafting' en aguas bravas: el North Tuolumne tiene rápidos de grado IV y V, además de águilas reales y busardos colirrojos, mientras que el río Stanislaus, con rápidos de grado III, es más accesible. Sierra Mac River Trips (☎209-591-8027; www.sierramac.com; salidas desde 259 US$) y All-Outdoors (☎800-247-2387; www.aorafting.com; desde 164 US$) tienen buena fama y organizan salidas de uno o más días por varios ríos.

Railtown 1897
State Historic Park EMPLAZAMIENTO HISTÓRICO
(☎209-984-3953; www.railtown1897.org; 18115 5th Ave, Jamestown; adultos/niños 5/3 US$, incl. viaje en tren 15/8 US$; ⊙9.30-16.30 abr-oct, 10.00-15.00 nov-mar, viajes en tren 11.00-15.00 sa y do abr-oct; ⓘ) Cinco manzanas al sur de Main St, en Jamestown, esta colección estatal de trenes y material ferroviario ocupa 10 Ha y es la hermana fotogénica del museo ferroviario de Sacramento. Ha sido escenario de un sinfín de películas y series de TV como *Regreso al futuro III*, *Sin perdón* y *Solo ante el peligro*. Los fines de semana y festivos (cada hora 11.00-15.00) se puede recorrer la vía estrecha que antaño transportó minerales, madera y mineros.

Aunque el circuito se ha reducido a menos de 5 km, aún es el mejor recorrido en tren del Gold Country. Los solícitos voluntarios muestran el depósito de locomotoras y la estación restaurada, aunque se puede pasear sin más. El lugar tiene su punto romántico cuando florecen las amapolas entre los gigantes de acero oxidado y el aire huele a creosota, hogueras y pinos.

Tuolumne County Museum MUSEO
(www.tchistory.org; 158 W Bradford St, Sonora; ⊙10.00-16.00 lu-vi, hasta 15.30 sa) GRATIS En la antigua cárcel del condado de Tuolumne, de 1857, dos manzanas al oeste de Washington St, se halla este interesante museo con una fortuna en oro en exposición.

California Gold
Panning Lessons DEPORTES DE MONTAÑA
(☎209-694-6768; www.gold-panning-california.com; 17712 Harvard Mine Rd, Jamestown; desde 60 US$; ⊙9.00-15.00 jun-oct, o con cita previa) John y su

JOAQUÍN MURRIETA: ¿VILLANO O ANTIHÉROE?

En una tierra plagada de historias para no dormir, el protagonista más sombrío es Joaquín Murrieta, el forajido minero mexicano conocido por algunos como el "Robin Hood de la Fiebre del Oro". Las leyendas sobre el vengativo Murrieta son tan ubicuas como incongruentes: nació en Sonora (México) o en Quillota (Chile), y tras emigrar a California en 1850 en busca de oro o para vender caballos, se convirtió en un villano traicionero... ¿o en un heroico justiciero? A la luz difusa del pasado, su feroz venganza, real o no, forjó la figura del antihéroe más fascinante del Gold Country.

Gran parte de su leyenda cobró forma gracias a las novelas baratas de la época, pero por lo que han averiguado los historiadores, su vida pudo transcurrir como sigue: Murrieta y su hermano buscaban oro cerca de Hangtown (hoy Placerville). Tuvieron algo de suerte pero, o bien se vieron forzados a huir de un grupo de mineros angloamericanos que dieron una paliza a Murrieta y violaron a su esposa, o bien ocuparon las tierras sin pagar el impuesto que el estado imponía a los mineros extranjeros. Fuere como fuere y a falta de justicia, Murrieta formó una banda para matar a sus agresores y empezó una vida de bandolero que dejó todo un reguero de sangre y de oro robado. Su banda de forajidos, los Cinco Joaquines, aterrorizó a los mineros (sobre todo a los chinos) entre 1850 y 1853.

El gobernador John Bigler puso un alto precio a su cabeza, y en julio de 1853 un cazarrecompensas tejano llamado Harry Love presentó un tarro con la codiciada testa. Love recorrió las ciudades del norte de California y cobraba 1 US$ a todo aquel que quisiera ver su trofeo. Pero, aun muerto, la leyenda de Murrieta creció: una mujer que aseguraba ser su hermana negó que estuviera muerto y hubo gente que lo vio después de su supuesto asesinato. En cualquier caso, Joaquín Murrieta fue un héroe para muchos mexicanos y chilenos que sufrieron las leyes racistas y opresoras de la Fiebre del Oro, y de los que apenas se habla hoy.

experto personal venden botas de montaña y todo lo necesario para ir a buscar oro en el Woods Creek y alrededores. En un par de horas se tendrá la fiebre del oro y más de una ampolla. Tómese a la derecha por la Harvard Mine Rd y váyase hasta el aparcamiento con el cartel de "Gold Panning". Es mejor llamar antes.

Dónde dormir y comer

Bradford Place Inn B&B **$$**
(☎209-536-6075; www.bradfordplaceinn.com; 56 W Bradford St, Sonora; h 145-265 US$; ❄@📶) Unos preciosos jardines y porches rodean las cuatro habitaciones de este B&B que apuesta por la ecología. La romántica Bradford Suite tiene una bañera para dos.

Gunn House Hotel HOTEL HISTÓRICO **$$**
(☎209-532-3421; www.gunnhousehotel.com; 286 S Washington St, Sonora; h incl. desayuno 79-125 US$; ❄📶🏊) Alternativa más entrañable a los establecimientos seriados de las cadenas. Las habitaciones tienen decoración de época y hay mecedoras en el amplio porche. Osos de peluche, una bonita piscina y un generoso desayuno son otros alicientes para las familias.

Legends Books, Antiques & Old-Fashioned Soda Fountain ANTIGÜEDADES **$**
(☎209-532-8120; 131 S Washington, Sonora; ⏲11.00-17.00) Para tomar una zarzaparrilla, un perrito caliente o un helado de arándanos y hojear los libros en los viejos túneles donde los mineros escondían sus ahorros en el antiguo banco.

Lighthouse Deli & Ice Cream Shop DELI **$**
(www.thelighthousedeli.com; 28 S Washington, Sonora; sándwiches 8-9 US$; ⏲8.00-16.00 lu-sa) Los sabores de Nueva Orleans convierten a esta anodina tienda en una grata sorpresa. La *muffeletta*, un pedazo de paraíso *cajún* tostado con mucho jamón, salchichón, queso y *tapenade*, es el mejor sándwich en 160 km a la redonda.

Diamondback Grill ESTADOUNIDENSE **$**
(www.thediamondbackgrill.com; 93 S Washington St, Sonora; comidas 6-11 US$; ⏲11.00-21.30 vi y sa, hasta 20.00 do) Con sus paredes de ladrillo visto y detalles modernos, esta cafetería es un alivio tras tanta floritura victoriana. La carta la dominan los sándwiches (el de salmón y el de mozzarella con berenjena son

excelentes) y todo es casero. Tiene un bar de vinos y quesos.

Dónde beber y ocio

El suplemento gratis del *Union Democrat,* que se encuentra en todas partes, sale los jueves e incluye una cartelera de cine, música, teatro, etc. del condado de Tuolumne.

Iron Horse Lounge BAR
(209-532-4482; 97 S Washington St, Sonora; cerveza 3-6 US$; 8.30-2.00) Bar de toda la vida, en el centro de la ciudad, con botellas que brillan como el oro en la barra retroiluminada.

Sierra Repertory Theatre TEATRO
(209-532-3120; www.sierrarep.com; 13891 Hwy 108, Sonora; adultos 26-32 US$, niños 18 US$) Con sede en el este de Sonora, cerca del Junction Shopping Center, esta aclamada compañía también actúa en el Fallon Hotel (p. 362), en Columbia.

De compras

Sierra Nevada
Adventure Company DEPORTES DE MONTAÑA
(www.snacattack.com; 173 S Washington St, Sonora; 10.00-18.00) Mapas, material de venta y alquiler, y consejos y guías de las actividades al aire libre.

Información

Oficina de guardabosques del distrito de Mi-Wok (209-586-3234; 24695 State Hwy 108; 8.00-16.30 lu-vi) Información y permisos para el Stanislaus National Forest.
Centro de visitantes del condado de Tuolumne (209-533-4420; www.yosemite-goldcountry.com; 542 Stockton St, Sonora;

9.00-18.00 diarios jun-sep, lu-sa oct-may) Mejor que otros puntos de información que solo ofrecen folletos. Su personal asesora en la planificación de rutas por el Gold Country, el Yosemite National Park y el Stanislaus National Forest en Sierras, en la Hwy 108.

Cómo llegar y salir

La Hwy 108, la principal carretera de acceso a la zona, conecta con la I-5, 88 km al oeste, cerca de Stockton. Una entrada al Yosemite National Park está 96 km al sur por la Hwy 120, una ruta espectacular.

Desplazarse por el sur del Gold Country en transporte público es complicado. El servicio de autobuses es limitado y entre semana corre a cargo de **Tuolumne County Transit** (209-532-0404; www.tuolumnecountytransit.com; adultos/niños 1,50 US$/gratis; lu-vi), que pasa por Sonora cada hora de 7.00 a 19.46, y por Columbia y Jamestown con menos frecuencia. Los fines de semana de verano es mejor buscar los **'trolleys' verdes** (209-532-0404; www.historic49trolleyservice.com; adultos/niños 1,50 US$/gratis; 11.00-21.00 sa, hasta 16.00 do) climatizados que conectan los puntos de interés históricos de Columbia, Sonora y Jamestown cada hora hasta el Labor Day.

Los visitantes de Yosemite que se alojen en Sonora cuentan con **YARTS** (877-989-2878, 209-388-9589; www.yarts.com; adultos/niños ida y vuelta 25/18 US$, ida 13/9 US$), que opera dos autobuses que unen el centro de Sonora, Main St de Jamestown y Yosemite del 14 de jun al 1 de sep; en may y sep solo uno. Se puede pedir al conductor que se detenga fuera de paradas oficiales en Yosemite.

Lago Tahoe

Sumario »

Los mejores restaurantes

➡ Moody's Bistro & Lounge (p. 396)

➡ Cafe Fiore (p. 383)

➡ Fire Sign Cafe (p. 388)

➡ Rustic Lodge (p. 397)

➡ Old Granite Street Eatery (p. 403)

Los mejores alojamientos

➡ Cedar House Sport Hotel (p. 395)

➡ Hostel Tahoe (p. 398)

➡ PlumpJack Squaw Valley Inn (p. 393)

➡ Deerfield Lodge at Heavenly (p. 382)

➡ Clair Tappaan Lodge (p. 394)

Por qué ir

El lago Tahoe, con sus reflejos verdeazulados, es el segundo más profundo de EE UU. Conducir por los 116 km de su cautivadora y panorámica ribera mantendrá al viajero en forma al volante. Por lo general, la orilla norte es tranquila y selecta; la oeste, escarpada y antigua; la este, salvaje; y la sur, concurrida y de mal gusto, con moteles pasados de moda y casinos horteras. Por su parte, la vecina Reno es "la pequeña ciudad más grande del mundo".

Los picos corniformes que rodean el lago, asentados sobre la frontera entre los estados de California y Nevada, son destinos turísticos todo el año. El sol brilla sobre el Tahoe tres de cada cuatro días. Natación, remo, kayak, *windsurf,* surf a remo y otros deportes acuáticos son típicos en verano, junto con el senderismo, la acampada y el turismo de aventura. El invierno trae la nieve y esta a gentes de todas las edades que acuden a las prestigiosas estaciones de esquí y *snowboard.*

Cuándo ir
South Lake Tahoe

Jul y ago Temporada de playa; nacen las flores silvestres y se abren los senderos de excursionismo y ciclistas.

Sep-oct Más fresco, follaje exuberante y menos turistas pasado el Labor Day.

Dic-mar Deportes de nieve; peligro en las carreteras por las tormentas.

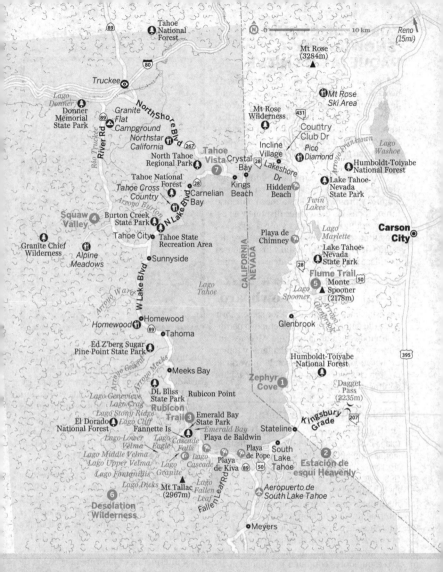

Imprescindible

① Contemplar la amplitud del lago Tahoe a bordo de un kayak o desde la **Zephyr Cove** (p. 377), una cala de arena.

② Deslizarse por las vertiginosas pistas de **Heavenly** (p. 370).

③ Recorrer a pie el **Rubicon Trail** (p. 386) desde el Vikingsholm Castle, a orillas de

la centelleante Emerald Bay, hasta el DL Bliss State Park.

④ Nadar en una laguna o patinar sobre hielo a 2400 m de altura cerca del teleférico de **Squaw Valley** (p. 391).

⑤ Bajar por el **Flume Trail** (p. 400) en bicicleta hasta el tranquilo lago Spooner.

⑥ Escapar de los veraneantes,

mochila en mano, por los lagos alpinos y los prados de alta montaña de la **Desolation Wilderness** (p. 375).

⑦ Acomodarse con la familia alrededor de una hoguera junto al lago o en una confortable cabaña en **Tahoe Vista** (p. 397), en la sencilla orilla norte del lago.

ZONAS DE ESQUÍ, 'SNOWBOARD' Y RAQUETAS DE NIEVE

El lago Tahoe ofrece al esquiador cientos de hectáreas de nieve repartidas por una docena de estaciones. Desde las gigantescas y selectas laderas de Squaw Valley, Heavenly y Northstar-at-Tahoe hasta parajes no menos sugestivos como los de Sugar Bowl y Homewood. Tahoe tiene pistas para niños y las pendientes más extremas.

La temporada de esquí suele durar de noviembre a abril, aunque puede empezar en octubre y prolongarse hasta mayo o incluso junio. Todas las estaciones disponen de escuelas, equipos de alquiler y otros servicios; consúltense sus webs para informarse del estado de la nieve, el tiempo y los autobuses de enlace gratis desde los hoteles de la zona.

Zonas de esquí del Tahoe

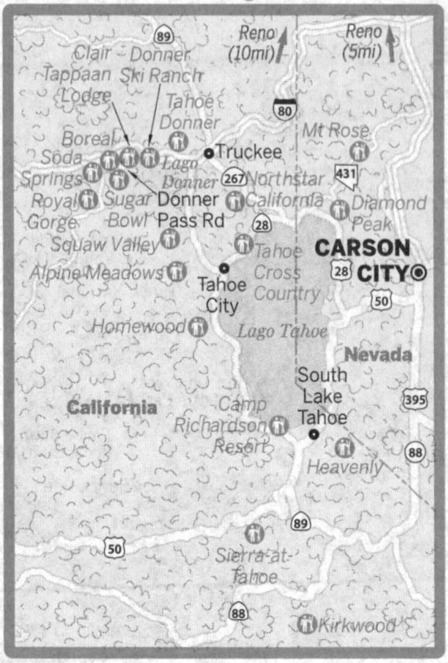

Esquí alpino y 'snowboard'

Las estaciones de esquí de Tahoe suelen abrir entre diciembre y abril, si el tiempo lo permite. En todas se alquilan equipo y hay restaurantes y cafeterías donde calentarse y tomar un bocado o una cerveza. En la mayoría se ofrecen clases de esquí y de *snowboard* para adultos y niños.

Truckee y puerto de Donner

Northstar California ESQUÍ, SNOWBOARD
(plano p. 372; ☎530-562-1010; www.northstarcalifornia.com; 5001 Northstar Dr, junto a Hwy 267, Truckee; adultos/13-22 años/5-12 años 116/96/69 US$; ⌚8.30-16.00; 👪) Situada 8,4 km al sur de la I-80, esta popularísima estación tiene magníficas pistas para esquiadores de nivel intermedio. Su posición, relativamente resguardada, la convierte en la segunda mejor opción, tras Homewood, cuando nieva; y sus siete *snowparks* son de máxima categoría. Los esquiadores con buen nivel pueden esquiar entre árboles en la vertiente opuesta de la montaña. Tras las recientes mejoras del pueblo, Northstar se parece mucho más a Squaw por las comodidades que ofrece. Los fines de semana se llena. Datos: 690 m de desnivel, 20 remontes y 97 pistas.

Sugar Bowl ESQUÍ, SNOWBOARD
(☎530-426-9000; www.sugarbowl.com; 629 Sugar Bowl Rd, junto a Donner Pass Rd, Norden; adultos/13-22 años/6-12 años 82/70/30 US$; ⌚9.00-16.00; 👪) Esta estación, cofundada por Walt Disney en 1939, es una de las más antiguas de Sierra Nevada. Presenta un terreno muy variado, con numerosos barrancos y cascadas. Las vistas son espléndidas en los días soleados, pero las condiciones atmosféricas empeoran rápido con los temporales.

El *resort* queda 5,6 km al sureste de la I-80 (salida Soda Springs/Norden). Datos: 457 m de desnivel, 13 remontes y 103 pistas.

Boreal ESQUÍ, SNOWBOARD
(☎530-426-3666; www.rideboreal.com; 19659 Boreal Ridge Rd, junto a I-80 salida Castle Peak/Boreal Ridge Rd, Truckee; adultos/5-12 años/13-17 años 52/20/43 US$, esquí nocturno adultos/niños 26/20 US$, *tubing* 30 US$; ⌚9.00-21.00; 👪) Recomendable para esquiadores novatos y de nivel intermedio, es la primera estación de la zona en abrir. Para los *snowboarders* hay cinco parques, uno de ellos con una *half-pipe* de competición de 137 m. Boreal, junto con Squaw, es la única estación que ofrece esquí nocturno en el norte del Tahoe. Datos: 152 m de desnivel, 7 remontes y 33 pistas.

Soda Springs ESQUÍ, SNOWBOARD
(☎530-426-3901; www.skisodasprings.com; 10244 Soda Springs Rd, por la I-80, salida Soda Springs/Norden, Soda Springs; adultos/menores 18 años 39/30 US$, moto de nieve 12 US$, toboganes 30 US$;

⊙10.00-16.00 ju-lu, lu-do en festivos; 🛒) Pequeña y bonita, les encanta a los niños, que pueden deslizarse por toboganes, montar en pequeñas motos de nieve o aprender a esquiar. Datos: 198 m de desnivel, 2 remontes y 16 pistas.

Donner Ski Ranch
ESQUÍ, SNOWBOARD

(☎530-426-3635; www.donnerskiranch.com; 19320 Donner Pass Rd, Norden; adultos/7-12 años/13-17 años 45/15/36 US$; ⊙9.00-16.00; 🛒) Generaciones enteras de esquiadores han disfrutado en esta pequeña estación de gestión familiar, ideal para aprender este deporte. Los precios bajan a partir de las 12.30. Queda 21 km al sureste de la I-80, salida Soda Springs/Norden. Datos: 228 m de desnivel, 6 remontes y 52 pistas.

Tahoe Donner
ESQUÍ, SNOWBOARD

(☎530-587-9444; www.tahoedonner.com; 11603 Snowpeak Way, junto a I-80 salida Donner Pass Rd, Truckee; adultos/7-12 años/13-17 años 45/21/40 US$; ⊙9.00-16.00; 🛒) Es pequeña, fácil y poco sofisticada. La visitan principalmente familias, principiantes y esquiadores de nivel medio. Datos: 182 m de desnivel, 5 remontes y 14 pistas.

Tahoe City y alrededores

Squaw Valley
ESQUÍ, SNOWBOARD

(plano p. 372; ☎530-452-4331; www.squaw.com; 1960 Squaw Valley Rd, junto a Hwy 89, Olympic Valley; adultos/13-22 años/hasta 13 años 114/94/66 US$; 🛒) Pocos esquiadores duchos pueden resistirse a esta enorme estación que albergó los Juegos Olímpicos de Invierno de 1960. Los más intrépidos disfrutarán con las vertiginosas cornisas y las empinadas bajadas, mientras que los principiantes podrán practicar en una zona aparte en lo alto de la montaña.

El desvío a la estación está 8 km al noroeste de Tahoe City. Datos: 868 m de desnivel, 29 remontes y más de 170 pistas.

Alpine Meadows
ESQUÍ, SNOWBOARD

(plano p. 372; ☎530-452-4356; www.skialpine.com; 2600 Alpine Meadows Rd, junto a Hwy 89, Tahoe City; adultos/hasta 13 años/13-22 años 114/66/94 US$; ⊙9.00-16.00) Aunque hoy pertenece a la vecina Squaw (las entradas son válidas para ambas estaciones, conectadas por un servicio de enlace gratis), Alpine aún es muy auténtica, sin pueblo de moda, poses ni multitudes. Acumula más nieve que Squaw y su política de límites abiertos permite practicar más esquí fuera de pista que ninguna otra. Tiene un *snowpark* diseñado por Eric Rosenwald.

El desvío queda 5,4 km al noroeste de Tahoe City. Datos: 548 m de desnivel, 13 remontes y más de 100 pistas.

Homewood
ESQUÍ, SNOWBOARD

(plano p. 372; ☎530-525-2992; www.skihomewood.com; 5145 Westlake Blvd, junto a Hwy 89, Homewood; adultos/5-12 años/13-19 años 79/29/59 US$; ⊙9.00-16.00; 🛒) Mayor de lo que parece desde la carretera, esta joya, 9,6 km al sur de Tahoe City, demuestra que lo más grande no siempre es lo mejor. Los visitantes bien informados adoran sus impresionantes vistas del lago, laderas bordeadas de árboles, descensos fáciles fuera de pista (entre ellos

(margen derecho) LAGO TAHOE ESQUÍ ALPINO Y 'SNOWBOARD'

ℹ️ CÓMO ESQUIAR MÁS BARATO EN TAHOE

Es más económico el pase para los remontes entre semana. También hay pases de medio día. Los precios suben los fines de semana y festivos, y las tarifas se incrementan casi cada año. Los padres deben preguntar por el bono intercambiable Parent Predicament para remontes que ofrecen algunas estaciones: permite que un progenitor esquíe mientras el otro se ocupa de los niños, y después se lo intercambian.

El **Bay Area Ski Bus** (☎925-680-4386; www.bayareaskibus.com) evita el engorro de conducir por la I-80. Los billetes de ida y vuelta parten de 109 US$ e incluyen los remontes, con diversos paquetes añadidos. Se puede tomar en San Francisco y Sacramento.

En San Francisco, **Sports Basement** (www.sportsbasement.com) vende tiques de remontes con descuento y cuenta con las mejores ofertas de alquiler de material para varias jornadas porque no cobra el día de recogida ni el de devolución.

Estas son algunas webs útiles para ahorrar:

Ski Lake Tahoe (www.skilaketahoe.com) Portal para las siete estaciones más grandes de Tahoe, con ofertas de todo tipo.

Sliding on the Cheap (www.slidingonthecheap.com) Sitio web que ofrece descuentos y ofertas para remontes.

ⓘ CONDUCIR EN INVIERNO POR EL LAGO TAHOE

Desde finales del otoño hasta principios de la primavera hay que llevar siempre cadenas (por si acaso), a la venta en las poblaciones situadas a lo largo de la I-80 y la Hwy 50. Conviene también meter en el maletero algunos suministros para emergencias (mantas, agua, linternas), por si ocurre una avería, hay atascos o se cierran las carreteras por nevadas o peligro de avalancha.

Antes de ponerse al volante, siempre hay que consultar el estado de las carreteras:

California Department of Transportation (CalTrans; ☎800-427-7623; www.dot.ca.gov)

Nevada Department of Transportation (NDOT; ☎877-687-6237, en Nevada 511; www.nevadadot.com)

el excelente, pero solo para expertos, Quail Face). A las familias les encanta sus pistas anchas y suaves, y además es el mejor lugar para esquiar cuando hay temporal. Datos: 502 m de desnivel, 8 remontes y 64 pistas.

South Lake Tahoe

Heavenly   ESQUÍ, SNOWBOARD
(plano p. 376; ☎775-586-7000; www.skiheavenly. com; 3860 Saddle Rd, South Lake Tahoe; adultos/13-18 años/5-12 años 99/89/59 US$; ☺9.00-16.00 lu-vi, 8.30-16.00 sa, do y festivos; ⊞) La madre de todas las estaciones de Tahoe posee la mayor superficie esquiable, la pista más larga (8,8 km) y el máximo desnivel de la zona. Se puede seguir el curso del sol si se esquía en la parte de Nevada por la mañana y en la parte de California por la tarde. Las vistas del lago y el desierto alto son maravillosas. Los cinco *snowparks* dan servicio para *snowboarders* de todos los niveles y el "High Roller" es solo para expertos. Datos: 1066 m de desnivel, 29 remontes y 97 pistas.

Kirkwood   ESQUÍ, SNOWBOARD
(☎209-258-6000; www.kirkwood.com; 1501 Kirkwood Meadows Dr, junto a Hwy 88, Kirkwood; adultos/5-12 años/13-18 años 89/61/76 US$; ☺9.00-16.00) Estación alejada de los caminos más frecuentados, en un valle a gran altura que recoge mucha nieve y la mantiene durante más tiempo que cualquier otra de Tahoe.

Tiene *snowparks* de primera categoría, y es la única estación de Tahoe con itinerarios fuera de pista accesibles en máquinas pisanieves. Los esquiadores forasteros deben contratar con antelación unos cursos prácticos de avalanchas. Está 56 km al suroeste de South Lake Tahoe por la Hwy 89; en la temporada de esquí operan autobuses de enlace (desde 15 US$). Datos: 609 m de desnivel, 15 remontes y 72 pistas.

Sierra-at-Tahoe   SNOWBOARD, ESQUÍ
(☎530-659-7453; www.sierrattahoe.com; 1111 Sierra-at-Tahoe-Rd, por la Hwy 50, Twin Bridges; adultos/5-12 años/13-22 años 84/25/74 US$; ☺9.00-16.00 lu-vi, 8.30-16.00 sa, do y fest; ⊞) Está unos 29 km al suroeste de South Lake Tahoe y cuenta con cinco *snowparks* y una *half-pipe* de 17 m de alto. Hay una pista para principiantes de 4 km y otras para los más avanzados. Los niños cuentan con cuatro "zonas de aventura", mientras que las Huckleberry Gates atraen por su terreno extremo fuera de pista a los más expertos. Datos: 670 m de desnivel, 14 remontes y 46 pistas.

Nevada

Mt Rose   ESQUÍ, SNOWBOARD
(☎775-849-0704; www.mtrose.com; 22222 Mt Rose Hwy/Hwy 431, Reno; adultos/niños 6-12 años/jóvenes 13-19 años 79/34/59 US$; ☺9.00-16.00) Es la estación de esquí más próxima a Reno y su cota mínima es la más alta de Tahoe (2500 m). Tiene cuatro *snowparks* y hay nieve hasta bien entrada la primavera. No experimenta excesivas aglomeraciones, pero como la montaña está orientada al

INDISPENSABLE

RAQUETAS DE NIEVE BAJO LAS ESTRELLAS

Una noche fría y tranquila y un vivo resplandor sobre el lago. ¿Qué podría resultar más mágico que una excursión con raquetas de nieve a la luz de la luna? Resérvese con tiempo, pues están muy solicitadas:

➡ Ed Z'Berg Sugar Pine Point State Park (p. 387)

➡ Squaw Valley (p. 391)

➡ Tahoe Donner (p. 369)

➡ Northstar California (p. 368)

➡ Kirkwood (p. 370)

TRINEOS, HINCHABLES Y OTROS JUEGOS DE NIEVE PARA NIÑOS

Las principales estaciones de esquí, como Heavenly y Kirkwood, en los alrededores de South Lake Tahoe, y Squaw Valley y Northstar California, cerca de Truckee, tienen pistas para que los pequeños se deslicen en trineo y, quizá, hinchables de alquiler. Las estaciones más pequeñas, como Sierra-at-Tahoe, a las afueras de South Lake Tahoe, y Boreal, Soda Springs y Tahoe Donner, todas cerca de Truckee, ofrecen también laderas suaves.

Para evitar las aglomeraciones, lo mejor es llevar el propio trineo a las zonas designadas del North Tahoe Regional Park en Tahoe Vista, en la orilla norte, o a Incline Village en Nevada, los Tahoe Meadows junto a la Mt Rose Hwy (Hwy 431) y el monte Spooner en la Hwy 50, todas en la orilla este del lago. En California, hay 'sno-parks' (☎916-324-1222; www.parks.ca.gov; pase por día/año 5/25 US$) a lo largo de la Hwy 89 en el cañón de Blackwood (plano p. 372), 4,8 km al sur de Tahoe City en la orilla oeste, y en Taylor Creek, al norte del Camp Richardson en South Lake Tahoe. Desde Sacramento o de la bahía de San Francisco, existen dos *sno-parks* en la I-80: uno en Yuba Gap (salida 161) y otro en el monte Donner (salida 176 Castle Peak/Boreal Ridge Rd); sus aparcamientos suelen llenarse ya a las 11.00 los fines de semana de invierno. Los abonos de aparcamiento de los *sno-parks* se compran en línea o en las tiendas locales.

Otras opciones son el **Hansen's Resort** (plano p. 376; ☎530-544-3361; www.hansen sresort.com; 1360 Ski Run Blvd; por persona incl. alquiler 15 US$/h; ⏰9.00-17.00), en South Lake Tahoe, o **Adventure Mountain** (☎530-577-4352; www.adventuremountaintahoe.com; 21200 Hwy 50; por automóvil 20 US$, alquiler por día hinchable/trineo 2 personas 20/10 US$; ⏰10.00-16.30 lu-vi, 9.00-16.30 sa, do y festivos), al sur de la ciudad, en el monte Echo.

norte recibe las tormentas de lleno y las pistas se cierran intermitentemente para controlar las avalanchas.

Excelentes ofertas en línea para entre semana; ida y vuelta con el servicio de enlace dese Reno, 15 US$. Datos: 548 m de desnivel, 8 remontes y 60 pistas.

Diamond Peak   ESQUÍ, SNOWBOARD
(plano p. 372; ☎775-832-1177; www.diamondpeak. com; 1210 Ski Way, junto a Tahoe Blvd/Hwy 28, Incline Village; adultos/7-12 años/13-23 años 59/120/49 US$; ⏰9.00-16.00; 🏠) Esta estación de tamaño medio es indicada para aprender, y los *snowboarders* pueden divertirse en su *snowpark*. Desde lo alto se tiene una panorámica de 360º del desierto, los picos y el lago. Enlace gratis durante la temporada desde Incline Village y Crystal Bay. Datos: 560 m de desnivel, 6 remontes y 30 pistas.

Esquí de fondo y raquetas de nieve

Las estaciones de esquí de fondo de Tahoe suelen abrir a diario de diciembre a marzo y, a veces, hasta abril. Casi todas ofrecen alquiler de equipo y clases, y, por lo general, no hace falta reservar; basta con presentarse a primera hora de la mañana.

Truckee y puerto de Donner

★**Royal Gorge**   ESQUÍ, RAQUETAS DE NIEVE
(☎530-426-3871; www.royalgorge.com; 9411 Pahatsi Rd, junto a I-80 salida Soda Springs/Norden, Soda Springs; adultos/13-22 años 29/22 US$; ⏰9.00-17.00; 🏠🐾) Los aficionados al esquí de fondo no querrán perderse la estación de esquí nórdico más grande de Norteamérica (ahora en manos de Sugar Bowl) y sus espectaculares 200 km de pistas que recorren 2428 Ha de terreno. Tiene magníficos carriles para esquí clásico y caminos abiertos. También admite a practicantes de *telemark* y a raquetistas.

Se ofrecen clases para grupos y campamentos de esquí para niños de 5 a 12 años (mejor reservar). Para algo distinto, se puede probar el *snowkite* en el nuevo **Sierra Snowkite Center** (www.sierrasnowkite.com).

Tahoe Donner   ESQUÍ, RAQUETAS DE NIEVE
(☎530-587-9484; www.tdxc.com; 15275 Alder Creek Rd, junto a I-80 salida Donner Pass Rd, Truckee; adultos/7-12 años/13-17 años 27/11/21 US$; ⏰8.30-17.00, esquí nocturno 17.00-19.00 mi; 🏠) Con 1942 Ha de bosque al norte de Truckee, tiene un terreno precioso con más de 100 km de pistas distribuidas en tres sistemas y 51 senderos. El lugar más bonito es el apartado valle de Euer, donde sirven comida los fines de semana en una cabaña. Son destacables los "Tiny

Lago Tahoe

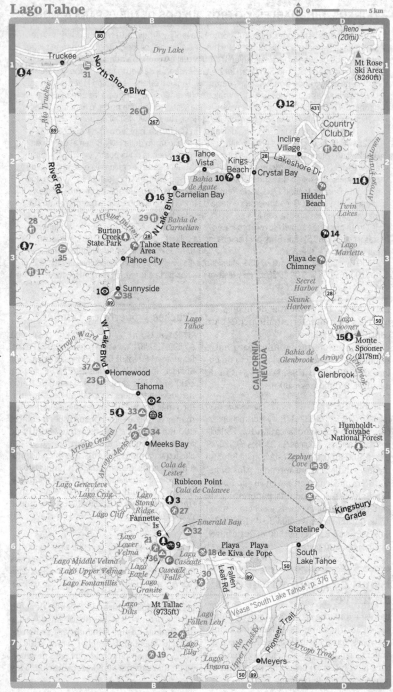

N 0 ————— 5 km

Reno
(20mi)

Mt Rose
Ski Area
(8260ft)

Truckee

North Shore Blvd

Dry Lake

Country
Club Dr

Incline
Village

Lakeshore Dr

Tahoe
Vista

Kings
Beach

Crystal Bay

Carnelian Bay

Bahía de Agate

Hidden
Beach

Twin
Lakes

Burton
Creek
State Park

Tahoe State Recreation
Area

Tahoe City

Bahía de
Carnelian

Lago
Marlette

Playa de
Chimney

Secret
Harbor

Skunk
Harbor

Sunnyside

Lago
Tahoe

Lago
Spooner

Monte
Spooner
(2178m)

Homewood

Tahoma

Glenbrook

Bahía de
Glenbrook

Humboldt-
Toiyabe
National Forest

Meeks Bay

Cala de
Lester

Rubicon Point

Cala de Calawee

Zephyr
Cove

Lago Genevieve

Lago Crag

Lago
Stony
Ridge

Lago Cliff

Fannette
Is

Emerald Bay

Kingsbury
Grade

Stateline

Lago
Lower
Velma

Lago
Cascade

Playa
de Kiva

Playa
de Pope

South
Lake Tahoe

Lago Middle Velma

Lago Upper Velma

Lago
Eagle

Cascade
Falls

Lago Fontanillis

Lago
Granite

Fallen
Leaf Rd

Lago
Diks

Mt Tallac
(9735ft)

Lago
Fallen Leaf

Véase "South Lake Tahoe", p. 376

Pioneer Trail

Lago
Lila

Meyers

Lagos
Angora

Lago Tahoe

Tracks", un campo de esquí y juegos de nieve para niños supervisado.

Northstar California ESQUÍ, RAQUETAS DE NIEVE (plano p. 372; ☏530-562-3270; www.northstarcalifornia.com; 5001 Northstar Dr, junto a Hwy 267; adultos/5-12 años 31/17 US$; ☺9.00-15.00 lu-ju, 8.30-16.00 vi-do y fest) Esta enorme estación, 11 km al sureste de la I-80, cuenta con una prestigiosa escuela de esquí nórdico y *telemark*, lo que la convierte en una opción magnífica para los novatos. Un paquete que incluye el alquiler de equipo y una clase en grupo cuesta 75 US$. Después se pueden explorar los 40 km de pistas. Hay circuitos con raquetas a la luz de la luna unas pocas veces al mes.

Clair Tappaan Lodge ESQUÍ, RAQUETAS DE NIEVE (☏530-426-3632, reserva de cabañas 800-679-6775; www.sierraclub.org/outings/lodges/ctl; adultos/hasta 12 años 7/3,50 US$; ☺9.00-17.00; ⊞) Se puede salir por la puerta con los esquís puestos si se alojó en este rústico hotel de montaña, cerca del monte Donner. Sus más de 11 km de pistas y senderos son ideales para principiantes y esquiadores de nivel medio, y conectan con kilómetros de esquí fuera de pista. Se pueden alquilar

esquís y raquetas en el hotel, que también ofrece clases a buen precio para todos los niveles (las inscripciones empiezan a diario a las 9.00).

Tahoe City y alrededores

Tahoe Cross Country ESQUÍ, RAQUETAS DE NIEVE (plano p. 372; ☏530-583-5475; www.tahoexc.org; 925 Country Club Dr, junto a N Lake Blvd/Hwy 28, Tahoe City; adultos/hasta 12 años/13-17 años 24/gratis/20; ☺8.30-17.00; ⊞⊞) Dirigido por la organización sin ánimo de lucro Tahoe Cross Country Ski Education Association, este centro 4,8 km al norte de Tahoe City ofrece 64 km de pistas (23 senderos) que serpentean entre preciosos bosques, adecuadas para todos los niveles. Las clases en grupo se acompañan con paquetes de alquiler de equipo a buenos precios; también se ofrecen descuentos en los pases para medio día. Vale la pena preguntar por las lecciones gratis de patinaje y por las de esquí de fondo para principiantes entre semana.

Se admiten perros en tres de los senderos.

Squaw Valley ESQUÍ, RAQUETAS DE NIEVE (plano p. 372; ☏530-583-6300; www.squaw.com; 1960 Squaw Valley Rd, junto a Hwy 89; pase/con esquí o raqueta de alquiler 18/32 US$) Aunque predominan los esquiadores alpinos, los 18 km de pista pisada que serpentean en torno a un prado alpino también satisfacen a los practicantes de esquí nórdico. Conviene reservar con tiempo los circuitos con raquetas a la luz de la luna. Para llegar a las cabeceras de sendero en el arroyo Squaw, donde se alquilan equipo de esquí de fondo, raquetas y trineos, hay que tomar un autobús gratis en el aparcamiento de la zona de esquí alpino.

Sur del lage Tahoe

Kirkwood ESQUÍ, RAQUETAS DE NIEVE
(☑209-258-7248; www.kirkwood.com; 1501 Kirkwood Meadows Dr, junto a Hwy 88, Kirkwood; adultos/5-12 años/13-18 años 24/12/18 US$; ☺9.00-16.00; 🐕) Esta estación de esquí de fondo tiene secciones que suponen un auténtico reto. Sus pistas se extienden a lo largo de 80 km, con zonas de patinaje separadas y tres refugios. Las vistas desde las pistas más elevadas son fenomenales.

Se ofrece alquiler de equipo, clases y circuitos. Se admiten perros en dos de los senderos. Queda por lo menos a 1 h al volante al sur del lago Tahoe.

Camp Richardson Resort ESQUÍ, RAQUETAS DE NIEVE
(☑530-542-6584; www.camprichardson.com; 1900 Jameson Beach Rd, junto a Emerald Bay Rd/Hwy 89, South Lake Tahoe; pase 12 US$; ☺9.00-16.00) En esta boscosa estación, con 9,6 km de pistas, se puede esquiar junto al lago u optar por el aislamiento de la Desolation Wilderness. La gente de la zona acude en masa para disfrutar de las excursiones de esquí clásico y con raquetas a la luz de la luna, que salen del Beacon Bar & Grill de la estación (p. 384).

SOUTH LAKE TAHOE Y STATELINE

Congestionada y probablemente más edificada de lo deseable, South Lake Tahoe es una calle llena de establecimientos comerciales que bordea el lago, respaldada por un fondo de montañas alpinas. Al pie de la famosa estación de esquí de Heavenly, y con la actividad de las mesas de juego de los casinos del otro lado de la frontera, en Stateline (Nevada), la orilla sur del lago atrae a los visitantes con su abundantísima oferta de actividades, alojamientos y restaurantes, y sobre todo por la playa en verano y por las toneladas de nieve polvo en invierno.

◉ Puntos de interés

Heavenly Gondola TELEFÉRICO
(plano p. 376; www.skiheavenly.com; Heavenly Village; adultos/5-12 años/13-18 años desde 45/27/37 US$; ☺10.00-17.00 jun-ago, reducida fuera de temporada; 🐾) Se puede llegar a tocar el cielo con este teleférico que recorre 3,8 km montaña arriba desde Heavenly Village en solo 12 min. Desde la plataforma-mirador, a 2780 m de altura, hay fantásticas vistas panorámicas de la cuenca del Tahoe, la Desolation Wilderness y el valle de Carson.

Desde aquí se puede tomar el telesilla Tamarack Express para ir a la cima de la montaña y al bar-restaurante del Tamarack Lodge.

Tallac Historic Site LUGAR HISTÓRICO
(plano p. 376; www.tahoeheritage.org; Tallac Rd; circuito opcional adultos/niños 10/5 US$; ☺10.00-16.00 a diario med jun-sep, vi y sa fin may-med jun; 🐾) **GRATIS** Al abrigo de un pinar y al borde de una ancha playa de arena, este lugar histórico se ubica en el solar, excavado por arqueólogos, del antiguo Tallac Resort, que fue un elegante centro de recreo de la alta sociedad de San Francisco a principios del s. xx. Se puede pasear a pie o en bicicleta libremente por el recinto boscoso, hoy convertido en un centro de arte comunitario. Los perros puede ir sueltos.

En el interior de la Baldwin Estate (1921), el museo expone material sobre la historia del *resort* y su fundador, Elias "Lucky" Baldwin, que ganó un dineral con la plata de Comstock Lode, en Nevada. Cerca de aquí queda la **Pope Estate** (1894), hoy destinada a exposiciones de arte y abierta para visitas guiadas (lu-do, excepto mi). El cobertizo de botes de la **Valhalla Estate** funciona como teatro. El **Grand Hall**, de 1923, alberga una galería de arte y una tienda de regalos. En verano se programan conciertos, obras teatrales y otros, sobre todo con ocasión del **Valhalla Festival of Arts, Music & Film** (☑530-541-4975; www.valhallatahoe.com; ☺jul-ago) que se celebra desde hace tres décadas.

El aparcamiento está 5 km al norte de la intersección de la Hwy 89 con la Hwy 50.

Lake Tahoe Historical Society Museum MUSEO
(plano p. 376; ☑530-541-5458; www.laketahoemuseum.org; 3058 Lake Tahoe Blvd; ☺normalmente

11.00-15.00 fin de semana) GRATIS Museo pequeño pero interesante, con objetos que evocan el pasado de Tahoe, como cestos de la tribu washoe, cachivaches de la industria minera y la maqueta de uno de los vapores que surcaban el lago. Los sábados por la tarde, en verano, hay una visita guiada a la restaurada cabaña, que data de la década de 1930.

🏃 Actividades

Senderismo

Muchos kilómetros de senderos abiertos en verano parten desde lo alto del teleférico, la Heavenly Gondola (p. 374), y brindan cautivadoras vistas del lago. El Lam Watah Nature Trail serpentea sobre la frontera interestatal por terrenos del USFS, bajo los pinos y alrededor de prados y lagunas, entre la Hwy 50 y la playa de Nevada, que empieza en el parque comunitario lindante con Kahle Dr.

Varias rutas fáciles arrancan cerca del centro de visitantes del USFS del arroyo Taylor (p. 385), por la Hwy 89. A lo largo de 1,6 km, casi siempre llano, el Rainbow Trail traza un bucle en torno a un prado bañado por un riachuelo, con paneles didácticos sobre ecología, fauna y flora. Por el lado opuesto de la Hwy 89, el Moraine Trail discurre a lo largo de suaves ondulaciones por la orilla del lago Fallen Leaf; se puede aparcar gratis al inicio de la ruta, cerca del *camping* nº 75. Ya en altitudes más frescas, la excursión de 1,6 km a los lagos Angora es otra ruta apropiada para los niños, sobre todo porque termina junto a una playa de arena apta para el baño. El inicio del sendero se halla en la Angora Ridge Rd, una transversal de la Tahoe Mountain Rd, a la que se accede por la Hwy 89.

Para caminatas más largas y duras a los lagos y prados alpinos hay varios senderos que llegan hasta la Desolation Wilderness, a los lagos Echo (al sur de la ciudad) o a Glen Alpine (cerca del lago Lily, al sur del lago Fallen Leaf), donde se puede visitar un histórico centro turístico y una cascada, y al Tallac (frente a la entrada de la playa de Baldwin). Las últimas dos cabeceras de senderos también llevan a la cima del monte Tallac (2967 m). Es una complicada excursión de un día de 16-19 km. Los permisos para los excursionistas de un día solo están disponibles en las cabeceras de los senderos; los de pernoctación están sujetos a cuotas.

INDISPENSABLE

DE EXCURSIÓN POR LA DESOLATION WILDERNESS

Esculpida por poderosos glaciares hace milenios, esta zona salvaje (plano p. 372; www.fs.usda.gov/eldorado/specialplaces) es la más popular de Sierra Nevada. Dispuesta al sur y al oeste del lago Tahoe y relativamente compacta, se trata de un paraíso de 259 km^2 repleto de afilados picos graníticos, cerúleos lagos alpinos, valles labrados por glaciares y pinares que menguan a medida que se sube. En verano, las flores silvestres despuntan entre las rocas.

Todo este esplendor invita a ser explorado campo a través. Seis grandes cabeceras de senderos ofrecen acceso desde el lado del lago Tahoe: Glen Alpine (plano p. 372), Tallac (plano p. 372), Echo Lakes (cerca del monte Echo en la Hwy 50), Bayview (plano p. 372), Eagle Falls (plano p. 372) y Meeks Bay (plano p. 372). Tallac y Eagle Falls son los más transitados, pero la sensación de soledad no tarda en presentarse en cuanto se deja atrás a los excursionistas.

Hay que pedir permisos todo el año, tanto de un día como con noche. Los excursionistas de un día pueden registrarse en las cabeceras de los senderos, pero los permisos para pernoctar deben reservarse en línea (pase 6 US$) a través de www.recreation.gov e imprimirse o recogerse en persona en una de las tres oficinas del USFS de South Lake Tahoe y Pollack Pines. Los permisos cuestan 5 US$ por noche o 10 US$ por dos o más noches, por persona.

Los cupos se aplican desde finales de mayo hasta finales de septiembre. Más de la mitad de los permisos de temporada pueden reservarse en línea, desde finales de marzo o abril; el resto están disponibles para quien llegue primero solo para el día de la entrada.

Son muy recomendables los envases a prueba de osos (se prestan sin cargo alguno en el USFS) y el repelente de mosquitos. Está prohibido hacer fuego, pero se pueden llevar hornillos. Los perros deben ir con correa en todo momento.

South Lake Tahoe

2 km
0

STATELINE

NEVADA
CALIFORNIA

Playa de Nevada (1.5mi);
Zephyr Cove (3mi)

Lake Pkwy
State Line Ave
Lakeshore Blvd
Cedar Ave
Pine Blvd
Park Ave
Friday Ave

Stateline Transit Center
Explore Tahoe
Heavenly Village Way
HEAVENLY VILLAGE

Keller Rd
Wildwood Ave
Ski Run Blvd
Needle Peak Rd
Forest Ave
Spruce Ave

El Dorado National Park

Arroyo Heavenly Valley

Pioneer Trail
Glenwood Way

South Lake Tahoe State Recreation Area
Fremont Ave
Johnson Blvd
Rufus Allen Blvd

Bijou Community Park
Al Tahoe Blvd
College Dr

Lakeview Ave
Lake Tahoe Visitors Authority
Los Angeles Ave

Arroyo Trout

USDA Lake Tahoe Basin Management Unit

Martin Ave
Black Bart Ave
O'Malley Dr

Lago Tahoe

Humedales de Truckee

SOUTH LAKE TAHOE

Lake Tahoe Blvd

Tahoe Keys Blvd
Venice Dr
TAHOE KEYS

Pope Beach Rd
Humedales de Truckee

Emerald Bay Rd

Jameson Beach Rd

Dunlap Dr
TAHOE VALLEY

The Y
15th St
13th St
11th St
10th St
Julie Ave
D St
South Y Transit Center
Lake Tahoe Blvd

Río Upper Truckee

El Dorado National Forest

Fallen Leaf Lake Rd

Centro de visitantes del USFS del arroyo Taylor
Playa de Baldwin (0.1mi);
Emerald Bay (3mi)

South Lake Tahoe

Puntos de interés
 1 Heavenly Gondola G1
 2 Lake Tahoe Historical Society
    Museum..E2
 3 Tallac Historic Site A1

Actividades, cursos y circuitos
   Action Watersports...................(véase 17)
 4 Anderson's Bike Rental B3
 5 Bijou Community Park E3
 6 Bijou Golf Course E2
   Camp Richardson Corral & Pack
    Station ....(véase 22)
   Camp Richardson Resort Marina .. (v. 45)
 7 Edgewood Tahoe Golf Course..............G1
 8 Playa de El Dorado E2
 9 Hansen's Resort F3
10 Heavenly...G2
11 Playa de Kiva...A1
   Lake Tahoe Balloons..................(véase 16)
   Lake Tahoe Cruises ....(véase 13)
12 Playa de Pope B1
   Shops at Heavenly Village...........(véase 1)
   Ski Run Boat Company ....(véase 13)
13 Ski Run Marina F2
14 Stream Profile Chamber A1
15 Tahoe Bowl E2
   Tahoe Keys Boat & Charter
    Rentals.......................................(véase 16)
16 Tahoe Keys Marina C2
17 Timber Cove Marina E2

Dónde dormir
18 968 Park Hotel..F1
19 Alder Inn F2
20 Basecamp Hotel.......................................G1
   Big Pines Mountain House........(véase 21)
21 Blue Lake Inn G1
22 Camp Richardson Resort.......................A1
23 Campground by the Lake......................E2

24 Deerfield Lodge at Heavenly F2
25 Fallen Leaf Campground A2
26 Fireside Lodge..B2
27 Harrah's..G1
28 Harvey's G1
29 Heavenly Valley Lodge............................F2
30 Inn by the Lake...E2
31 Landing F1
32 MontBleu...G1
33 Paradice Inn...G1
   Spruce Grove Cabins ....(véase 24)
   Timber Lodge ....(véase 1)

Dónde comer
   Blue Angel Cafe ....(véase 24)
34 Burger Lounge B3
   Cafe Fiore.....................................(véase 19)
35 Cork & More E2
36 Ernie's Coffee Shop C4
37 Freshie's..E2
38 Grass Roots Natural Foods C3
39 Lake Tahoe Pizza Co C4
40 Latin Soul G1
41 Off the Hook D3
42 Safeway...E2
43 Sprouts E2
   Sugar Pine Bakery ....(véase 47)

Dónde beber y vida nocturna
44 Alpina Coffee Café C3
45 Beacon Bar & Grill A1
46 Boathouse on the Pier............................E2
47 Brewery at Lake Tahoe F2
48 MacDuffs Pub..E2
   Opal Ultra Lounge......................(véase 32)
   Stateline Brewery ....(véase 1)

Ocio
   Improv .... (véase 28)

Playas y natación

En el lado de California, las mejores playas son Pope (plano p. 376; por automóvil 7 US$), Kiva (plano p. 376) y Baldwin (plano p. 372; por automóvil 7 US$), todas con mesas de *picnic* y barbacoas. La de Kiva ofrece aparcamiento gratis y acepta perros sueltos. Las tres se encuentran a lo largo de la Emerald Bay Rd (Hwy 89), que discurre de este a oeste del Tallac Historic Site. Cerca de allí, el lago Fallen Leaf, donde se rodaron escenas de *El guardaespaldas,* también está bien para nadar en verano. La playa de El Dorado (plano p. 376), junto al Lake Tahoe Blvd, es pública y gratis.

Mucha gente prefiere ir a Stateline y conducir 3 km más al norte hasta la bonita playa de Nevada (plano p. 372; por automóvil 7 US$), donde el viento se levanta por la tarde, o a la siempre concurrida Zephyr Cove (www.zephyrcove.com; 760 Hwy 50; por automóvil 8 US$), con un *resort* rústico y un puerto deportivo a lo largo de su kilométrico litoral de arena.

Paseos en barca y deportes acuáticos

Ski Run Boat Company (plano p. 376; 530-544-0200; www.tahoesports.com; 900 Ski Run Blvd), en la Ski Run Marina (plano p. 376, y Tahoe Keys Boat & Charter Rentals (plano p. 376; 530-544-8888; www.tahoesports.com; 2435 Venice Dr), en la Tahoe Keys Marina (plano p. 376), alquilan motoras, veleros y motos acuáticas (110-235 US$/h), así como kayaks, canoas, botes a pedales y tablas de surf a remo (25-35 US$/h). Para sobrevolar el lago en un parapente remolcado por una lancha, en la Ski Run Marina se ocupan de todo (paseos 55-80 US$).

Kayak Tahoe KAYAK, DEPORTES ACUÁTICOS
(☎530-544-2011; www.kayaktahoe.com; kayak sencillo/doble 1 h 20/32 US$, 1 día 65/85 US$, clases y circuitos desde 40 US$; ⏱10.00-17.00 sa y do jun-sep) Para alquilar un kayak o una tabla de SUP (surf de remo), tomar clases o apuntarse a un circuito guiado, incluidas salidas a remo hasta calas durante la puesta del sol, excursiones a la Emerald Bay y recorridos por el estuario del río Upper Truckee y la costa este. Tiene cinco sucursales en temporada: la Timber Cove Marina (plano p. 376), Vikingsholm (Emerald Bay) y las playas de Baldwin, Pope y Nevada.

Zephyr Cove Resort & Marina DEPORTES ACUÁTICOS
(☎775-589-4901; www.zephyrcove.com; 760 Hwy 50, NV; ⏱9.00-17.00) Alquilan motoras, botes a pedales, motos acuáticas, canoas, kayaks y tablas de surf de remo y ofrecen *parasailing* individual y en tándem.

Camp Richardson Resort Marina DEPORTES ACUÁTICOS
(plano p. 376; ☎530-542-6570; www.camprichardson.com; 1900 Jameson Beach Rd) Alquilan lanchas a motor, botes a pedales, esquís acuáticos, kayaks y material de surf de remo.

Bicicleta de montaña

Para expertos está la clásica **Mr Toad's Wild Ride,** con sus empinados descensos y curvas peraltadas que recuerdan a las atracciones de Disneyland. Abierta por lo general de julio a octubre, esta ruta que bordea el arroyo Saxon empieza en la Hwy 89 al sur de la ciudad, cerca del lago Grass y el puerto de Luther.

Los ciclistas de nivel intermedio tienen el **Powerline Trail,** un estrechísimo sendero de sentido único que atraviesa barrancos y arroyos; se puede enfilar por Ski Run Blvd, cerca de Heavenly, desde el extremo oeste de la Saddle Rd. Para terreno llano, se puede pedalear en torno al pintoresco lago Fallen Leaf. Cualquiera con buenos pulmones se atreverá con el **Angora Lakes Trail,** empinado pero asequible, que recompensa con unas amplias vistas del monte Tallac y el lago Fallen Leaf; empieza más al este, desde la Angora Ridge Rd y la Tahoe Mountain Ridge Rd.

Si se busca transporte y una bicicleta de montaña de alquiler para la Mr Toad's Wild Ride, el Tahoe Rim Trail (p. 385) y otros descensos, además de circuitos para toda la familia, contáctese con **Wanna Ride** (☎775-588-5800; www.wannaridetahoe.com; ⏱8.00-16.00 ma-sa). Para conocer el estado de los senderos, el calendario de las carreras, los días de voluntariado y otros acontecimientos especiales, contáctese con la **Tahoe Area Mountain Biking Association** (www.mountainbiketahoe.org).

SOUTH LAKE TAHOE PARA NIÑOS

Con un sinfín de actividades al aire libre, los niños nunca se quedarán sin montañas que explorar o playas en las que excavar; aunque si se cansan, siempre hay alternativas en la ciudad para variar un poco.

Stream Profile Chamber (plano p. 376; ☎530-543-2674; www.tahoeheritage.org; cabecera del camino en el centro de visitantes del USFS del arroyo junto a Taylor, off Hwy 89; ⏱8.00-17.00 fin may-sep, 8.00-16.00 oct; 🚻) Junto a una ruta excursionista para familias, esta estructura de cristal subterránea junto a un arroyo permite ver qué plantas y peces viven bajo el agua. En octubre desova el salmón del Pacífico. En la web se indica el programa.

Tahoe Bowl (plano p. 376; ☎530-544-3700; www.tahoebowl.com; 1030 Fremont Ave; partida por persona 4,50 US$, calzado de alquiler 4 US$; 🚻) Si llueve o si se quiere cansar un poco a los pequeños se puede ir a esta bolera a cubierto con 16 pistas, una pequeña cafetería, un puesto de *pizzas* y una mesa de *hockey*. Llámese antes para saber cuándo hay pistas abiertas.

Shops at Heavenly Village (plano p. 376; www.theshopsatheavenly.com; 1001 Heavenly Village Way; ⏱según la estación; 🚻) Galería comercial del centro con un minigolf en verano y una pista de patinaje sobre hielo en invierno. Visítese la web para horarios y precios actualizados.

ℹ CÓMO SORTEAR EL TRÁFICO EN SOUTH LAKE TAHOE

La vía principal este-oeste de South Lake Tahoe es un tramo de 8 km de la Hwy 50 que se llama Lake Tahoe Blvd. Casi todos los hoteles y negocios se concentran en torno a la frontera de California y Nevada, y en Heavenly Village. Los casinos están en Stateline, una ciudad totalmente independiente.

Al oeste de South Lake Tahoe, la Hwy 50 confluye con la Hwy 89 a la altura del cruce en Y. Las nevadas obligan a cerrar a veces la Hwy 89 al norte del Tallac Historic Site. El tramo de la Hwy 89 comprendido entre South Lake Tahoe y la Emerald Bay se conoce también como Emerald Bay Rd.

El tráfico por la Hwy 50 entre la bifurcación en Y y Heavenly Village se atasca todo el año hacia la hora del almuerzo y también sobre las 17.00 de lunes a viernes, pero lo peor son los domingos por la tarde, cuando regresan los esquiadores.

Una ruta alternativa y menos congestionada para atravesar la ciudad es el Pioneer Trail, que se desgaja hacia el este en el cruce de la Hwy 89 con la Hwy 50 (al sur de la Y) y confluye nuevamente con la Hwy 50 en Stateline.

Ciclismo

El **South Lake Tahoe Bike Path** discurre en llano y es un agradable paseo apto para todos; avanza hacia el oeste desde la playa de El Dorado para acabar en el **Pope-Baldwin Bike Path** una vez pasados el Camp Richardson, el Tallac Historic Site y el centro de visitantes del USFS del arroyo Taylor. Los centros de visitantes venden un mapa de rutas ciclistas del lago Tahoe, a través de la **Lake Tahoe Bicycle Coalition** (www.tahoebike.org), cuya web está repleta también de información ciclista. **Anderson's Bike Rental** (plano p. 376; ☎877-720-2121, 530-541-0500; www.laketahoebikerental.com; 645 Emerald Bay Rd/Hwy 89; 10 US$/h; 🚲) alquila bicicletas híbridas y cascos.

Golf y 'Disc Golf'

Edgewood Tahoe
Golf Course   GOLF
(plano p. 376; ☎775-588-3566; www.edgewoodtahoe.com; 100 Lake Pkwy, Stateline; pase 110-240 US$) El maravilloso paisaje es una poderosa distracción en este complicado campo de 18 hoyos, diseñado por George Fazio, donde se disputan torneos de primer nivel. Hay que reservar para el *tee-time,* y se alquilan carritos y palos.

Bijou Golf Course   GOLF
(plano p. 376; ☎530-542-6097; www.cityofslt.us; 3464 Fairway Ave; pase 17-28 US$, alquiler palos/carrito 15/5 US$; ☷med-abr-oct) Si no se sabe distinguir entre un *putter* y un hierro nueve, este campo municipal, con vistas al monte Heavenly, es el ideal para aprender. Construido en la década de 1920, tiene solo nueve hoyos, que se pueden completar dos veces. No hace falta reservar.

Kirkwood Disc-Wood   DISC GOLF
(☎209-258-7210; www.kirkwood.com; 1501 Kirkwood Meadows Dr, Kirkwood) GRATIS Terreno disparatado, distancias larguísimas y vistas memorables de Sierra Nevada desde un épico campo de 18 hoyos. Es aconsejable llamar antes para preguntar cómo llegar y comprobar los horarios antes de conducir 1 h al suroeste desde South Lake Tahoe.

Zephyr Cove Park   DISC GOLF
(www.douglascountynv.gov; Hwy 50 en Warrior Way, NV) GRATIS Campo de 18 hoyos homologado por la PDGA, con un emplazamiento envidiable en la orilla oeste del lago y muchas pendientes.

Bijou Community Park   DISC GOLF
(plano p. 376; www.cityofslt.us; 1201 Al Tahoe Blvd) GRATIS En la ciudad, estos 27 hoyos les complicarán las cosas incluso a los expertos con sus *greens* larguísimos en un terreno principalmente llano y arbolado.

Equitación

Tanto la **Camp Richardson Corral & Pack Station** (plano p. 376; ☎877-541-3113, 530-541-3113; www.camprichardsoncorral.com; Emerald Bay Rd/Hwy 89; paseos 43-164 US$; 🚲) como los **Zephyr Cove Stables** (☎775-588-5664; www.zephyrcovestable.com; Hwy 50, NV; paseos 40-80 US$; 🚲), 6,5 km al norte de los casinos de Stateline, ofrecen cabalgadas diarias en verano: desde paseos infantiles de 1 h por el bosque hasta excursiones más largas con vistas a praderas y lagos (con reserva).

Tirolinas

Zip Tahoe   TIROLINAS
(☎209-258-7330; www.ziptahoe.com; 1501 Kirkwood Meadows Dr, Kirkwood; circuito 2 h 125 US$;

⊗dic-med-abr y med jun-med sep) En Kirkwood hay seis tirolinas y dos puentes colgantes por entre las copas de los árboles, con vistas, debajo, de los *snowboarders* en invierno o de las flores silvestres en verano. Edad mínima: 8 años.

Circuitos

Lake Tahoe Cruises
CRUCEROS

(plano p. 376; ☏800-238-2463; www.zephyrcove. com; adultos/niños desde 49/15 US$) Dos barcos de vapor surcan el Tahoe todo el año y ofrecen cruceros con visitas turísticas, bebida y comida, entre ellos uno diario de 2 h a la Emerald Bay. El *Tahoe Queen* zarpa de la Ski Run Marina (aparcamiento en verano 8 US$), mientras que el MS *Dixie II* tiene su base en la Zephyr Cove Marina, en la orilla este, en Nevada.

Woodwind Cruises
CRUCEROS

(☏775-588-3000; www.tahoecruises.com; Zephyr Cove Marina, 760 Hwy 50, NV; crucero 1 h adultos/2-12 años desde 42/15 US$) Champán y momentos felices a bordo de este catamarán a vela son la forma perfecta de despejarse tras una tarde de playa. Tiene cinco salidas diarias en verano; se recomienda reservar.

Action Watersports
CRUCEROS

(plano p. 376; ☏530-544-5387; www.action-watersports.com; Timber Cove Marina, 3411 Lake Tahoe Blvd; adultos/menores 13 años 59/30 US$) Si hay prisa por llegar a la Emerald Cove y se quieren evitar los constantes atascos de la Hwy 89, lo mejor es tomar la motora *Tahoe Thunder,* que atraviesa el lago como una exhalación; eso sí, se acaba mojado. También ofrece salidas de *paralailing* (55-80 US$).

Lake Tahoe Balloons
GLOBO

(plano p. 376; ☏530-544-1221; www.laketahoeballoons.com; 295 US$/persona) Desde mayo hasta octubre (si el tiempo lo permite), se puede hacer un crucero en un catamarán que zarpa de la Tahoe Keys Marina y después subir a un globo aerostático que se eleva a 3000 m de altura desde el mismo barco. Las vistas del lago y Sierra Nevada dejan sin aliento. Solo con reserva.

Dónde dormir

South Lake Tahoe

La ciudad tiene un sinfín de opciones para todos los bolsillos. Los alojamientos se alinean por Lake Tahoe Blvd (Hwy 50) entre Stateline y Ski Run Blvd. Más al oeste, y más cerca de la intersección de la Hwy 50 con la Hwy 89, se extiende un rosario de moteles económicos que van desde lo aceptable hasta lo inexcusable. La temporada alta suele coincidir con la de esquí (dic-mar), más de junio a agosto. Algunos establecimientos imponen una estancia mínima, sobre todo los fines de semana y festivos. Para más alojamientos cerca de las pistas, contáctese con **Heavenly** (☏775-586-7000; www.skiheavenly.com).

Camp Richardson Resort
CABAÑAS, CAMPING $

(plano p. 376; ☏530-541-1801; www.camprichardson. com; 1900 Jameson Beach Rd; parcela tienda desde 35 US$, parcela autocaravana con conexiones parciales/totales desde 40/45 US$, h 95-215 US$, cabañas 125-263 US$; ☏) Lejos de la estética comercial del centro, este amplio *camping* familiar es un lugar muy animado en temporada (¡los osos merodean toda la noche!). Tienen cabañas por semanas en verano y habitaciones de hotel pasables junto al lago. También alquilan material deportivo y bicicletas, y al otro lado de la calle hay una popular heladería. Solo hay wifi en el vestíbulo.

Fallen Leaf Campground
CAMPING $

(plano p. 376; ☏530-544-0426, reservas 877-444-6777; www.recreation.gov; Fallen Leaf Lake Rd; parcela tienda y autocaravana 32-34 US$, *yurta* 84 US$; ⊗med may-med oct; ☏) Cerca de la orilla norte del espectacular lago Fallen Leaf, es uno de los *campings* más grandes y populares de la orilla sur del Tahoe, con duchas de pago y aproximadamente 200 parcelas boscosas, además de seis *yurtas* de tela de cinco plazas ideales para familias (hay que llevar el saco de dormir).

Big Pines Mountain House
MOTEL $

(plano p. 376; ☏530-541-5155; www.thebigpines. com; 4083 Cedar Ave; h incl. desayuno 50-129 US$; ☀@☏☏☏) Ofrece 70 cómodas habitaciones, algunas con bonitas vistas de las montañas. En verano se puede pasear hasta la playa privada próxima o bañarse en la piscina climatizada. Las chimeneas de gas calientan las habitaciones equipadas con minicocinas. Cobran 15 US$ por mascota.

Blue Lake Inn
MOTEL $

(plano p. 376; ☏530-544-6459; www.thebluelakeinn. com; 944 Friday Ave; h incl. desayuno 89-104 US$; ☀☏☏) Cerca de la Heavenly Gondola, este motel ofrece amplias habitaciones con comodidades básicas (microondas, nevera, cafetera y TV de pantalla plana), además de bañera y piscina al aire libre, con buena relación calidad-precio. Tarifa por mascota 15 US$.

Campground by the Lake CAMPING $
(plano p. 376; ☎530-542-6096; www.cityofslt.us; 1150 Rufus Allen Blvd; parcela tienda y autocaravana con/sin conexiones desde 40/29 US$, cabañas 49-80 US$; ☺abr-oct; ☎👫) El ruido de la carretera puede molestar, si bien la proximidad de la piscina municipal y de la pista de hielo hacen de este boscoso *camping* del centro una opción correcta, y tiene área de vaciado de aguas grises y negras de autocaravanas. Entre el Memorial Day (fin may) y el Labour Day (ppios set) hay cabañas disponibles.

Alder Inn POSADA $$
(plano p. 376; ☎530-544-4485; www.thealderinn. com; 1072 Ski Run Blvd; h 99-150 US$; ☎👫) Acogedor alojamiento en la ruta del autobús de enlace con Heavenly, esta posada llama la atención por su colorido, colchones con cubierta acolchada, artículos de tocador ecológicos, minineveras, microondas y modernos TV. Además, en verano, es posible remojarse los pies en la piscina. Los fines de semana se incluye un desayuno continental.

968 Park Hotel HOTEL-BOUTIQUE $$
(plano p. 376; ☎530-544-0968; www.968parkhotel. com; 968 Park Ave; h 109-309 US$; @☎👫) Motel muy moderno, remodelado con materiales reciclados, recuperados y rediseñados que le han valido una certificación LED. Es un bonito paraíso ecológico junto al lago. El bar del vestíbulo ofrece catas de vino gratis los viernes por la noche y, en verano, cuenta con una soleada piscina o un jardín zen, ambos lugares perfectos para relajarse.

Paradice Inn MOTEL $$
(plano p. 376; ☎530-544-6800; www.paradicemotel tahoe.com; 953 Park Ave; h 148-218 US$; ☎👫) Los viajeros cansados apreciarán la fabulosa hospitalidad de este pequeño motel de dos plantas. Al salir de las minimalistas habitaciones, bordeadas de cestas con flores, la Heavenly Gondola queda justo enfrente. También tienen suites de dos dormitorios.

Fireside Lodge HOSTAL $$
(plano p. 376; ☎530-544-5515; www.tahoefireside lodge.com; 515 Emerald Bay Rd/Hwy 89; d incl. desayuno 149-219 US$; ☎👫) Una cabaña de madera, tipo B&B, que acoge a familias. Prestan gratis bicicletas y kayaks, y ofrecen *s'mores,* vino y queso, cortesía de la casa, al anochecer. Las habitaciones y suites tienen chimeneas de gas con piedra del lecho del río, agradables colchas de *patchwork* y detalles decorativos, como ruedas de carromatos o esquís antiguos. Las mascotas pagan 25 US$.

Heavenly Valley Lodge B&B $$
(plano p. 376; ☎530-564-1500; www.heavenlyvalle ylodge.com; 1261 Ski Run Blvd; d incl. desayuno 145-255 US$; ☎👫) Situado en la ruta del servicio de enlace a Heavenly, este alojamiento familiar ha dado con el equilibrio perfecto entre el Tahoe antiguo (madera de pino, guijarros y chimeneas) y las comodidades modernas (reproductores de DVD y un gran archivo de películas), más un patio con hoguera y *happy hour* vespertina. Algunas habitaciones tienen minicocina. Tarifa por mascota 25 US$.

Basecamp Hotel HOTEL-BOUTIQUE $$
(plano p. 376; ☎530-208-0180; www.basecampho tels.com; 4143 Cedar Ave; d 109-229 US$, h 8 personas 209-299 US$, incl. desayuno en todas; ☎👫) Madera reciclada, lienzos con paisajes y otros objetos artísticos decoran este elegante motel antiguo. Destaca la habitación Great Indoors, con una cama cubierta como una tienda y una falsa fogata, para parejas; y las familias tienen espaciosas habitaciones con literas. Redondean la oferta una pequeña piscina climatizada en la azotea, un bar de vinos y cervezas, y cenas comunitarias. Tarifa por mascota 40 US$.

Spruce Grove Cabins CABAÑAS $$
(plano p. 376; ☎530-544-0549; www.sprucegrove tahoe.com; 3599-3605 Spruce Ave; cabaña 4-6 personas 169/215 US$; ☎👫) Separadas por una cerca en una tranquila calle residencial, el aire pretérito de estas pulcras cabañas con cocina hace sentirse como si se estuviera junto al lago. Por la limpieza se pagan 30 US$, y por las mascotas, una fianza reembolsable de 100 US$.

Los perros pueden corretear por el patio mientras el viajero se mece en una hamaca o se pone a remojo en los *jacuzzis* exteriores.

Inn by the Lake HOTEL $$$
(plano p. 376; ☎530-542-0330; www.innbythe lake.com; 3300 Lake Tahoe Blvd; h 180-300 US$; ☀@☎👫) Las habitaciones son bastante sosas, aunque detalles como un *jacuzzi* al aire libre de dos niveles, las suites *spa* con cocina y el uso libre de raquetas de nieve y bicicletas son estupendos. Las habitaciones de atrás son más baratas y tranquilas, pero no tienen vistas al lago. Tarifa por mascota 20 US$.

Deerfield Lodge at Heavenly
HOTEL-BOUTIQUE $$$

(plano p. 376; ☑530-544-3337; www.tahoedeerfiel dlodge.com; 1200 Ski Run Blvd; h/ste incl. desayuno desde 179/229 US$; ✱🖥🛜) Este pequeño hotel está cerca de la estación de esquí de Heavenly y ofrece una docena de habitaciones íntimas y amplias suites con patio o balcón y vistas al jardín, además de *jacuzzi*, chimenea de gas y divertidos percheros hechos con esquís y tablas de *snowboard*. Tarifa por mascota 25 US$.

En el vestíbulo se ofrecen copas de vino, *s'mores* para tostar en la hoguera y, en verano, barbacoas.

Timber Lodge
HOTEL $$$

(plano p. 376; ☑530-542-6600; www.marriott.com; 4100 Lake Tahoe Blvd; h 170-230 US$, ste desde 230 US$; ✱@🛜🖥) Que pertenezca a la cadena Marriott no es motivo para rechazar este moderno hotel con una situación envidiable: se ve pasar el teleférico de Heavenly a través de la ventana. Las habitaciones tienen una pequeña cocina, mientras que las suites tipo "villa de vacaciones" cuentan con cocina completa, chimenea y bañera. Aparcamiento 26 US$.

Landing
HOTEL DE LUJO $$$

(plano p. 376 ☑855-700-5263; www.thelandingta hoe.com; 4104 Lakeshore Blvd; d/ste desde 319/619 US$; ✱@🛜🖥🐾) El *resort* más nuevo y lujoso de esta parte del lago resplandece gracias a su *spa*, baños de mármol con inodoros iluminados y climatizados, cafeteras Keurig, playa privada y el selecto restaurante Jimmy's. Todas las habitaciones tienen chimenea. Otros detalles son el transporte gratis a la ciudad, la piscina exterior abierta todo el año y las catas de vino al atardecer. Tarifa por mascota 100 US$.

🏕 Stateline (Nevada)

En los complejos de los casinos de Nevada los precios dependen de la temporada, el día de la semana y la habitación. En invierno, se recomiendan los paquetes de esquí más alojamiento.

Nevada Beach Campground
CAMPING $

(plano p. 372; ☑775-588-5562, reservas 877-444-6777; www.recreation.gov; junto a Hwy 50, NV; parcela tienda y autocaravana 32-38 US$; ⏾med may-med oct; 🖥) Pequeño y a orillas del lago, unos 4 km al norte de Stateline, este *camping* tiene 48 parcelas entre pinos. Los perros con correa son bienvenidos, pero no en la playa.

Zephyr Cove Resort
CABAÑAS, CAMPING $$

(plano p. 372; ☑775-589-4907; www.zephyrcove. com; 760 Hwy 50, NV; parcela tienda y autocaravana con/sin conexiones desde 73/41 US$, cabaña 160-389 US$; ⏾*camping* may-sep, cabañas todo el año; 🛜🖥) En Nevada, unos 6,4 km al norte de Stateline, este *resort* familiar ofrece cabañas históricas repartidas entre los pinos y buenas instalaciones que incluyen duchas con agua caliente, barbacoas y hogueras. A elegir entre 93 plazas de autocaravana, 10 parcelas de tiendas (algunas con vistas al lago) o 47 parcelas en pleno bosque, accesibles a pie.

Se permiten perros con correa, excepto en la playa principal.

Harrah's
CASINO HOTEL $$

(plano p. 376; ☑775-588-6611; www.harrahslake tahoe.com; 15 Hwy 50, Stateline; h 80-369 US$; ✱@🛜🖥) Aspira a ser el mejor alojamiento de Stateline. Aquí se puede elegir entre habitaciones "de lujo", con dos baños y teléfono, o grandes suites con ventanales al lago. Pero las mejores vistas se obtienen desde algunas mesas de uno de los restaurantes de la planta alta.

MontBleu
CASINO HOTEL $$

(plano p. 376; ☑775-588-3515; www.montbleuresort. com; 55 Hwy 50, Stateline; h 70-210 US$, ste desde 240 US$; ✱@🛜🖥) Las zonas comunes lucen una decoración tipo hotel-*boutique* moderno, pero los pasillos son muy sosos. Las habitaciones, recién remodeladas, ofrece mullidos edredones y toques *art-déco*, y algunos baños cuentan con deliciosas bañeras redondas. Las de la 5ª planta son las mejores, mientras que las de categoría *premier* tienen vistas al lago. Hay una piscina interior con paisaje rocoso y mini cataratas.

Harvey's
CASINO HOTEL $$

(plano p. 376; ☑775-588-2411; www.harveysta hoe.com; 18 Hwy 50, Stateline; h 80-229 US$; ✱@🛜🖥🐾) El que fuera el primer casino de South Lake Tahoe, con 740 habitaciones, también es el más grande. Las habitaciones de la Mountain Tower tienen baños de mármol y mucho espacio, pero las reformadas de la Lake Tower son más elegantes. La piscina exterior climatizada funciona todo el año. Tarifa por mascota 75 US$; wifi 11 US$/día.

🍴 Dónde comer

Todos los grandes casinos de Stateline cuentan con una cafetería abierta las 24 h para aliviar las resacas y servir desayunos a los trasnochadores. Para matar el gusanillo o tomar un cóctel después de esquiar, la mayoría de los bares y cafés ofrecen también comida pasable, en algunos casos con vistas al lago y música en directo.

Sprouts

VEGETARIANA $

(plano p. 376; 3123 Harrison Ave; principales 7-10 US$; ⏰8.00-21.00; 🅿🐾) Café alegre, con productos en su mayoría ecológicos, que merece elogios por sus batidos y por una carta saludable de sopas, cuencos de arroz, sándwiches, burritos, hamburguesas de *tempeh* y ensaladas.

Sugar Pine Bakery

PANADERÍA $

(plano p. 376; 3564 Lake Tahoe Blvd; pastas 1-5 US$; ⏰8.00-17.00 ma-sa, hasta 16.00 do) Crujientes bocadillos, rollitos de canela, tartas de frutas y galletas de chocolate.

Cork & More

DELI $

(plano p. 376; www.thecorkandmore.com; 1032 Al Tahoe Blvd; sándwiches 5-10 US$; ⏰10.00-19.00) Especialidades, exquisiteces (sándwiches, sopas, ensaladas) y cestas de *picnic*.

Ernie's Coffee Shop

CAFETERÍA $

(plano p. 376; www.erniescoffeeshop.com; 1207 Hwy 50; principales 7.50-11; ⏰6.00-14.00; 🐾) Esta soleada cafetería, un clásico del lago, ofrece contundentes gofres y enormes tazas de café. Los niños mordisquearán las orejas de la tortita "Mickey Mouse".

Burger Lounge

COMIDA RÁPIDA $

(plano p. 376; ✆530-542-2010; www.burgerloungein tahoe.com; 717 Emerald Bay Rd; hamburguesas 6-8 US$; ⏰10.00-20.00 a diario jun-sep, 11.00-19.00 mi-do oct-may; 🐾) Es imposible pasar por alto la jarra gigante de cerveza que hay junto a esta cabaña de madera. Dentro, sirven las hamburguesas más sabrosas de la orilla sur, incluida la disparatada "Jiffy burger" (con mantequilla de cacahuete y queso cheddar), patatas fritas al pesto o ricos batidos de helado.

Freshie's

DE FUSIÓN $$

(plano p. 376; ✆530-542-3630; www.freshiestahoe. com; 3330 Lake Tahoe Blvd; principales 14-28 US$; ⏰11.30-21.00; 🐾) Desde *veganos* hasta fanáticos del marisco, todo el mundo encontrará algo rico en la extensa carta de este local de fusión hawaiana con vistas a poniente desde la terraza. Casi todos los productos son de la zona y ecológicos, y sus tacos de pescado al estilo *cajún* se cuentan entre lo mejor de South Lake Tahoe. A través de la *webcam* se puede saber si hay mucha cola.

Blue Angel Cafe

CALIFORNIANA $$

(plano p. 376; ✆530-544-6544; www.theblueangel cafe.com; 1132 Ski Run Blvd; almuerzo 11-16 US$,

cena 12-25 US$; ⏰11.00-21.00; 🛜🅿🐾🐕) Dentro de una bonita casa de madera, de subida a las pistas de Heavenly, este restaurante de cocina moderna e inspiración internacional propone marisco, sándwiches, ensaladas elaboradas, pasta y buenos bistecs de lomo. Tiene *happy hour* y platos especiales de almuerzo y cena.

Off the Hook

SUSHI $$

(plano p. 376; www.offthehooksushi.com; 2660 Lake Tahoe Blvd; principales 14-23 US$; ⏰17.00-22.00) La gente de la zona frecuenta este pequeño local que ofrece exóticos y variados platos de inspiración japonesa, hawaiana y californiana.

Latin Soul

LATINOAMERICANA $$

(plano p. 376; www.lakesideinn.com; 168 Hwy 50, Stateline; principales 9-28 US$; ⏰8.00-23.00) Para algo totalmente diferente, este pequeño restaurante de casino presenta una amplia y atrevida carta con sabores del sur del continente: churrasco argentino, cebiche de gambas y mojitos.

Getaway Cafe

ESTADOUNIDENSE $$

(www.getawaycafe.com; 3140 Hwy 50, Meyers; principales de desayuno y almuerzo 8-13 US$, de cena 10-19 US$; ⏰7.00-14.30 lu y ma, hasta 21.00 mi-do jun-ago, horario reducido fuera de temporada; 🐾) En las afueras de la localidad, al sur del punto de inspección agrícola, este es un sitio tranquilo, sin multitudes. El amable personal sirve enormes ensaladas de pollo, hamburguesas a la parrilla, pimientos rellenos, tostadas francesas al coco y otras delicias.

Lake Tahoe Pizza Co

PIZZERÍA $$

(plano p. 376; ✆530-544-1919; www.laketahoe pizzaco.com; 1168 Emerald Bay Rd/Hwy 89; *pizzas* 11-23 US$; ⏰16.00-21.30; 🐾) *Pizzas* de masa casera (también con harina de maíz o integral) desde la década de 1970. Entre sus interesantes combinaciones están la carnívora Barnyard Massacre o la *vegana* Green Giant.

★Cafe Fiore

ITALIANA $$$

(plano p. 376; ✆530-541-2908; www.cafefiore. com; 1169 Ski Run Blvd; principales 18-34 US$; ⏰17.30-21.00) Elegante y romántico pero no pretencioso. Pasta sabrosa, marisco y carnes complementados con una carta de 300 vinos, muchos de ellos galardonados. Cabe destacar el escalope de ternera, el helado casero de chocolate blanco y el casi perfecto pan de ajo. Solo hay siete mesas (en verano, una docena larga, cuando se suma el patio); imprescindible reservar.

Autoabastecimiento

Grass Roots Natural Foods COLMADO

(plano p. 376; 2030 Dunlap Dr; ⊙9.00-20.00; ✍) Productos de cultivo ecológico, *muffins* caseros, sándwiches y *pizzas* recién hechas.

Safeway SUPERMERCADO

(plano p. 376; www.safeway.com; 1020 Johnson Blvd; ⊙24 h) Comida típica de supermercado, con una tienda de delicatesen y panadería.

🍷 Dónde beber y ocio

Los cantos de sirena del *blackjack* y las tragaperras convocan a las masas en Stateline. No es Las Vegas, pero abundan las formas de perder un pico. Todos los casinos principales ofrecen espectáculos en directo y bares para entretenerse por la noche. Cada dos jueves sale el periódico '**Reno News & Review**' (www.newsreview.com/reno), gratis, que incluye una completa guía del ocio local. Para saber lo que se cuece en South Lake Tahoe se puede ojear el semanario *Lake Tahoe Action*, también gratis, editado por el '**Tahoe Daily Tribune**' (www.tahoedailytribune.com).

Beacon Bar & Grill BAR

(plano p. 376; www.camprichardson.com; Camp Richardson Resort, 1900 Jameson Beach Rd; ⊙11.00-22.00) Todo el lago Tahoe se contempla desde esta envolvente terraza de madera donde, para agarrarse una buena, no hay más que pedirse un Rum Runner. En verano actúan grupos de *rock*.

Boathouse on the Pier BAR

(plano p. 376; 3411 Lake Tahoe Blvd; ⊙11.00-21.00, horario más extenso jun-sep) En el lago que hay tras el conjunto del Beach Retreat, este selecto local de la Timber Cove es ideal para tomar un cóctel durante la puesta de sol al fresco en la terraza.

Brewery at Lake Tahoe FÁBRICA DE CERVEZA

(plano p. 376; www.brewerylaketahoe.com; 3542 Lake Tahoe Blvd; ⊙11.00-22.30) La Bad Ass Ale, marca estrella de esta cervecería, está siempre hasta la bandera. La barbacoa es pura dinamita, y en verano abren un patio junto a la carretera.

MacDuffs Pub PUB

(plano p. 376; www.macduffspub.com; 1041 Fremont Ave; ⊙11.30-22.00) Excelentes cervezas de barril que rotan en los tiradores, dardos y *fish and chips* y *shepherd's pie* (además de hamburguesas *gourmet* y *pizzas* al horno de leña) conforman este *gastropub* animado y oscuro que no desentonaría en Edimburgo.

Stateline Brewery FÁBRICA DE CERVEZA

(plano p. 376; www.statelinebrewery.com; 4118 Lake Tahoe Blvd; ⊙11.00-21.00 do-ju, hasta 22.30 vi y sa) Bar-restaurante subterráneo para sentarse junto a brillantes cubas industriales de cerveza. Tras un día bajo el sol del lago o de esquí en Heavenly (el teleférico queda cerca), una cerveza alemana o americana sabrá muy bien.

Opal Ultra Lounge CLUB

(plano p. 376; ☎775-586-2000; www.montbleuresort.com; MontBleu, 55 Hwy 50, Stateline; entrada gratis-10 US$; ⊙22.00-4.00 mi-sa) Los DJ y las gogós atraen a una clientela joven que disfruta y se deja pintar el cuerpo en este local. Las chicas quizá accedan gratis antes de medianoche. En verano, los domingos por la noche se organizan fiestas junto a la piscina del casino. Hay que vestirse para impresionar.

Alpina Coffee Café CAFÉ

(plano p. 376; 822 Emerald Bay Rd/Hwy 89; ⊙6.00-17.00; 📶) Ordenadores con internet, café de tueste local, buenos *bagels* y un jardín para el verano.

Improv COMEDIA

(plano p. 376; www.harveystahoe.com; 18 Hwy 50, Stateline; entrada 25-30 US$; ⊙normalmente 21.00 mi, vi y do, 20.30 y 22.30 sa) Cómicos de nueva hornada en acción en el cabaré-teatro del Harvey's, un casino al viejo estilo.

ℹ Información

Barton Memorial Hospital (☎530-541-3420; www.bartonhealth.org; 2170 South Ave; ⊙24 h) Urgencias 24 h. La unidad de cuidados intensivos está en Stateline Medical Center, en 155 Hwy 50, Stateline, Nevada.

Explore Tahoe (plano p. 376; ☎530-542-4637; www.cityofslt.us; Heavenly Village Transit Center, 4114 Lake Tahoe Blvd; ⊙9.00-17.00) Exposiciones interpretativas e información sobre ocio y transportes en una "cabecera de sendero urbana" para usos diversos.

Centro de visitantes del lago Tahoe (plano p. 376; ☎530-544-5255; www.tahoesouth.com; 3066 Lake Tahoe Blvd; ⊙9.00-17.00) Información turística, mapas, folletos y cupones de ahorro. Hay otro centro en Stateline (☎800-288-2463; www.tahoesouth.com; 169 Hwy 50, Stateline, Nevada; ⊙9.00-17.00 lu-vi).

Biblioteca de South Lake Tahoe (☎530-573-3185; www.eldoradolibrary.org/tahoe.htm;

1000 Rufus Allen Blvd; ☺10.00-20.00 ma y mi, hasta 17.00 ju-sa; 🛜) Puestos de internet gratis que se ocupan por orden de llegada.

Tahoe Urgent Care (☎530-553-4319; www. tahoeurgentcare.com; 2130 Lake Tahoe Blvd; ☺8.00-18.00) Ambulatorio.

USDA Lake Tahoe Basin Management Unit (plano p. 376; ☎530-543-2600; www.fs.usda. gov/ltbmu; 35 College Dr; ☺8.00-16.30 lu-vi) Permisos para parques y espacios naturales, e información sobre *campings* y actividades recreativas al aire libre.

Centro de visitantes del USFS del arroyo Taylor (plano p. 376; ☎530-543-2674; www. fs.usda.gov/ltbmu; Visitor Center Rd, junto a Hwy 89; ☺8.00-17.30 late may-oct) Información sobre actividades al aire libre y permisos, además de caminatas dirigidas por guardas forestales durante julio y agosto.

❶ Cómo llegar y salir

Desde el aeropuerto internacional Reno-Tahoe, **South Tahoe Express** (☎866-898-2463, 775-325-8944; www.southtahoeexpress.com; adultos/niños 4-12yr ida 30/17 US$) opera a diario varios autobuses de enlace a los casinos de Stateline; el trayecto dura entre 75 min y 2 h.

Amtrak (☎800-872-7245; www.amtrak.com) ofrece el autobús diario Thruway entre Sacramento y South Lake Tahoe (34 US$, 2½ h), con parada en el South Y Transit Center.

❶ Cómo desplazarse

Los principales centros de transporte de South Lake Tahoe son el **South Y Transit Center** (plano p. 376; 1000 Emerald Bay Rd/Hwy 89), al sur del cruce en Y de la Hwy 50 y la Hwy 89; y el **Stateline Transit Center** (plano p. 376; 4114 Lake Tahoe Blvd), más céntrico.

Los autobuses locales de **BlueGO** (☎530-541-7149; www.tahoetransportation.org; fare/pase diario 2/5 US$) circulan todo el año a diario de 6.00 a 23.00, con paradas a lo largo de la Hwy 50 entre los dos centros de tráfico.

Los fines de semana de verano, el **Emerald Bay Trolley** (www.tahoetransportation.org; billete 2 US$) de BlueGo va al norte desde el South Y Transit Center hasta el aparcamiento del Vikingsholm y la cascada Eagle en la Emerald Bay, pero conviene confirmar el horario, ya que cambia de año en año. Durante la temporada de esquí, BlueGO ofrece servicios gratis desde Stateline y South Lake Tahoe hasta todas las bases operativas de Heavenly cada 30 min desde paradas situadas a lo largo de la Hwy 50, el Ski Run Blvd y el Pioneer Trail.

TAHOE RIM TRAIL

Paralelo en parte al Pacific Crest Trail, el Tahoe Rim Trail (www.tahoerimtrail. org) discurre 264 km en torno a las altas cumbres de la cuenca del lago Tahoe. Tanto si se va a pie, a caballo o en bicicleta de montaña, se disfrutará de vistas del lago y de las cimas blancas de Sierra Nevada mientras se siguen las huellas de los pioneros, los pastores vascos y los nativos washo. Docenas de senderos señalizados por el perímetro del lago proporcionan accesos fáciles a excursionistas y ciclistas.

El Lake Tahoe Basin Trail Map (www.adventuremaps.net), que cubre la cuenca entera, es la mejor guía para senderistas, ciclistas y esquiadores de fondo.

ORILLA OESTE

La tupida margen occidental del lago Tahoe, entre la Emerald Bay y Tahoe City, es idílica. La Hwy 89 atraviesa preciosos parques nacionales con playas, senderos, zonas de acampada entre pinares y antiguas mansiones, y hay varias rutas por la Desolation Wilderness.

Todos los *campings* y muchos negocios echan la persiana entre noviembre y mayo. La Hwy 89 suele cerrarse después de las nevadas para despejar la vía o si hay peligro de avalancha; su tortuoso trazado hará entender por qué; y cuanto más al sur, peor.

Emerald Bay State Park

Paredes de granito y un litoral que parece esculpido ciñen la Emerald Bay (plano p. 372; ☎530-541-6498; www.parks.ca.gov; por automóvil 10 US$; ☺fin may-sep), una fotogénica cala. Su aspecto más cautivador es el agua, que cambia de verde trébol a verde jade según el ángulo de incidencia del sol.

⊙ Puntos de interés

Abundan las vistas panorámicas desde la Hwy 89, incluido el Inspiration Point (plano p. 372), frente al USFS Bayview Campground. Hacia el sur, la carretera ofrece una panorámica perfecta de la Emerald Bay al norte y del lago Cascade al sur.

Las hipnóticas aguas verdiazules de la bahía enmarcan la isla de Fannette. Esta deshabitada mota de granito, la única isla del lago Tahoe, guarda los restos de una casa de té de la década de 1920 que perteneció a la heredera Lora Knight, quien de vez en cuando llevaba a sus invitados en motora desde el Vikingsholm Castle (plano p. 372; circuito adultos/niños 10/8 US$; ☺11.00-16.00 fin may-sep), su mansión de estilo escandinavo en la bahía. El castillo de Vikingsholm es una extraña muestra de arquitectura escandinava antigua. Se terminó en 1929 y tiene curiosos elementos de diseño, como tejados cubiertos de césped en los que crecen flores silvestres al final de la primavera. Para llegar a la mansión hay que seguir un camino algo empinado de 1,6 km, que conduce también a un centro de visitantes.

🏃 Actividades y circuitos

Senderismo

El Vikingsholm Castle es el extremo sur del famoso Rubicon Trail (p. 386).

Dos transitados senderos conducen a la Desolation Wilderness. El Eagle Falls Trail (plano p. 372) sale del aparcamiento de la cascada Eagle (5 US$) y la atraviesa. Esta ruta corta suele congregar a muchos caminantes, pero el gentío desaparece pronto cuando el sendero continúa su ascensión hasta el Tahoe Rim Trail y los lagos Velma, Dicks y Fontanillis (hasta 16 km ida y vuelta).

Desde la parte trasera del USFS Bayview Campground se puede emprender una empinada subida de 6 km hasta el lago glacial de Granite, o bien otra más llevadera, de 2,4 km, hasta las Cascade Falls.

Paseos en bote

A la isla Fannette se puede llegar en barca todo el año, excepto durante la temporada de cría de la barnacla canadiense (normalmente feb-med jun); las barcas se alquilan en Meeks Bay o en South Lake Tahoe; desde esta última población es posible también apuntarse a cruceros o circuitos comentados en lancha motora por la bahía.

Buceo con tubo

Los buceadores preparados para zambullidas frías pueden visitar barcazas hundidas, una masa de rocas sumergidas y otros artefactos en los históricos y únicos Underwater State Parks of Emerald Bay y DL Bliss State Park. El Sierra Diving Center (www.sierradive. com) y el Adventure Scuba Center (www.

renoscuba.com), con sede en Reno, ofrecen clases y circuitos.

🛏 Dónde dormir

Eagle Point Campground CAMPING $
(plano p. 372; ☎530-525-7277, reservas 800-444-7275; www.reserveamerica.com; Hwy 89; parcela tienda y autocaravana 35 US$; ☺med jun-ppios sep) Con más de 90 parcelas en el Eagle Point, este *camping* ofrece servicios, duchas con agua caliente de pago, acceso a la playa y vistas de la bahía. Otras 20 parcelas dispersas están reservadas para campistas que lleguen en barca.

USFS Bayview Campground CAMPING $
(plano p. 372; Hwy 89; parcela tienda y autocaravana 15 US$; ☺jun-sep; 🐾) Enfrente del Inspiration Point, se trata de un primitivo *camping* del servicio forestal con 13 parcelas (no pueden reservarse) y váteres secos; lo malo es que sus reservas de agua potable suelen agotarse en julio.

DL Bliss State Park

El Emerald Bay State Park llega hasta el DL Bliss State Park (plano p. 372; ☎530-525-7277; www.parks.ca.gov; por automóvil 10 US$; ☺más tarde may-sep; 🐾), que cuenta con las playas más bonitas de la orilla oeste del lago en las calas de Lester y Calawee. Una ruta de unos 800 m conduce a la Balancing Rock, una enorme mole de granito encaramada a un pedestal natural. En el centro de visitantes (☺8.00-17.00) próximo a la entrada tienen una guía de la ruta.

Cerca de la cala de Calawee se encuentra el extremo norte del pintoresco Rubicon Trail (plano p. 372), que discurre por la orilla del parque a lo largo de 7,2 km, suaves casi en su totalidad, desde el Vikingsholm Castle (añádase 1,6 km del descenso hasta el castillo desde la Hwy 89) en el Emerald Bay State Park; el sendero pasa por calas perfectas para bañarse y brinda vistas magníficas durante todo el camino. Si se le añaden 1,5 km más se puede dar la vuelta y visitar el histórico faro restaurado, cuadrado y cercado por madera, que construyó la guardia costera en 1916. Situado a más de 2000 m de altura, es el faro más elevado de EE UU.

El 'camping' (plano p. 372; ☎800-444-7275; www.reserveamerica.com; parcela tienda y autocaravana 35-45 US$, parcela caminante y ciclista 7 US$; ☺med may-sep; 🐾) del parque tiene 145 parcelas, entre ellas algunas muy solicitadas cerca de la playa, además de váteres con cisterna, duchas con agua caliente de pago, mesas de *picnic,* cercos protectores para hogueras y un punto de recogida de residuos para autocaravanas.

El pequeño aparcamiento para visitantes de la cala de Calawee suele llenarse ya hacia las 10.00, en cuyo caso habrá que caminar 3,2 km desde la entrada del aparcamiento hasta la playa. Otra posibilidad es preguntar al personal del parque por los accesos más próximos al Rubicon Trail.

Meeks Bay

Es una reluciente bahía de aguas cálidas y poco profundas, con una amplia extensión de playas de arena, si bien bastante concurridas. Por el lado oeste de la carretera, unos cientos de metros al norte del parque de bomberos, hay otro inicio de sendero para la Desolation Wilderness. Un camino casi llano y con sombra discurre paralelo a la bahía antes de empinarse y cruzar el bosque hasta los lagos Genevieve (14,4 km ida y vuelta) y Crag (16 km ida y vuelta), ambos rodeados por los picos de Sierra.

🛏 Dónde dormir y comer

USFS Meeks Bay Campground   CAMPING $
(plano p. 372; ☑530-525-4733, reservas 877-444-6777; www.recreation.gov; parcela tienda y autocaravana 27-29 US$; ☺med may-med oct) Ofrece 36 plazas a lo largo de la playa, servicios, mesas de *picnic* y cercos para hogueras; para ducharse (de pago) hay que ir al vecino Meeks Bay Resort.

Meeks Bay Resort   CABAÑAS, CAMPING $$
(plano p. 372; ☑530-525-6946; www.meeksbayresort.com; 7941 Emerald Bay Rd/Hwy 89; parcela tienda/autocaravana con todas conexiones 30/50 US$, cabaña 125-400 US$; ☺may-oct) La tribu washoe ofrece diversas clases de alojamiento (en las cabañas se exigen estancias mínimas) y alquiler de kayaks y canoas. Para comer, se puede ir al asador enfrente del lago o al pequeño mercado, donde venden algunos comestibles y material de acampada, pesca y playa, además de artesanía tribal y libros culturales.

Ed Z'berg Sugar Pine Point State Park

Unos 16 km al sur de Tahoe City, este parque estatal (plano p. 372; ☑530-525-7982; www.parks.ca.gov; por automóvil 10 US$) ocupa un promontorio cubierto de pinos, álamos y abetos; tiene una playa apta para el baño, unos 20 km de senderos ciclistas y pesca abundante en el arroyo General. Un sendero ciclista asfaltado llega por el norte hasta Tahoe City. En invierno, casi 20 km de pistas de esquí de fondo aguardan al viajero dentro del parque; hay que reservar con antelación si se quiere tomar parte en uno de los circuitos con raquetas de nieve (☑530-525-9920; adultos/menores 12 años incl. alquiler de raquetas 25/gratis) a la luz de la luna. En verano, se ofrecen paseos en kayak y excursiones por la Sierra State Parks Foundation (www.sierrastateparks.org).

Entre los puntos de interés históricos destacan la modesta cabaña (plano p. 372) de William "General" Phipps, de 1872, uno de los primeros colonos de Tahoe, y, frente al lago, la más majestuosa y elegante Hellman-Ehrman Mansion (plano p. 372; circuitos adultos/7-17 años 10/8 US$; ☺10.30-15.30 med jun-sep), también conocida como la Pine Lodge, de 1903 y estilo reina Ana. El circuito guiado incluye su interior, ricamente decorado con chimeneas de mármol, cristaleras y muebles de época.

El solitario General Creek Campground (plano p. 372; ☑800-444-7275; www.reserveamerica.com; parcela tienda y autocaravana 25-35 US$; ☺fin may-med sep) del parque cuenta con 120 parcelas bastante amplias a la sombra de los pinos, váteres con cisterna y duchas de pago con agua caliente; una docena de parcelas abren todo el año (pero sin ducha).

Tahoma

A orillas del lago está también Tahoma, con oficina de correos y unos cuantos lugares donde comer y dormir.

La coquetas cabañas rojas del Tahoma Meadows Bed & Breakfast Cottages (☑530-525-1553; www.tahomameadows.com; 6821 W Lake Blvd, Tahoma; cabañas incl. desayuno 99-389 US$; ☺🐾), en un pinar, son de estilo rústico clásico, equipadas con gruesos edredones, un pequeño TV y baños con bañeras de patas. El viajero podrá anotar sus impresiones en el diario de la cabaña mientras se calienta los pies en la chimenea de gas. Tarifa por mascota 20 US$/noche.

En el cercano PDQ Market (6890 W Lake Blvd; ☺6.30-22.00) venden comestibles y delicatesen. Junto al agua, el Chamber's Landing (☑530-525-9190; 6400 W Lake Blvd; ☺normalmente 12.00-20.00 jun-sep) se jacta de ser el bar más antiguo del Tahoe, y es de los más frecuentados, en particular durante la *happy hour*.

Homewood

Este pueblecito tranquilo recibe en verano muchas embarcaciones de recreo y, en invierno, a esquiadores y *snowboarders*. En **West Shore Sports** (☎530-525-9920; www.westshoresports.com; 5395 W Lake Blvd; ⊗8.00-17.00) alquilan bicicletas, kayaks, material de surf de remo y esquís, tablas de *snowboard* y raquetas de nieve.

🛏 Dónde dormir y comer

USFS Kaspian Campground CAMPING $
(plano p. 372; ☎877-444-6777; www.recreation. gov; parcela tienda 19-21 US$; ⊗med may-med oct) Con nueve parcelas solo para tiendas, este *camping*, rodeado de pinos y abetos, se complementa con váteres con cisterna, mesas de *picnic* y cercos protectores para hogueras.

West Shore Inn POSADA $$$
(☎530-525-5200; www.westshorecafe.com; 5160 W Lake Blvd; h/ste incl. desayuno desde 199/349 US$; ❊❀❐) Las alfombras orientales y la decoración *arts & crafts* otorgan a este lujoso establecimiento con seis habitaciones un aire clásico. Las suites son contemporáneas, todas con chimenea y balcón al lago. Las tarifas incluyen la utilización de bicicletas, kayaks y tablas de surf a remo.

West Shore Café CALIFORNIANA, ESTADOUNIDENSE $$$
(☎530-525-5200; www.westshorecafe.com; 5160 W Lake Blvd; principales 12-33 US$; ⊗11.00-21.30 med jun-sep, 17.00-21.30 oct-med jun) En este acogedor restaurante el chef Mike Davis propone ricos platos elaborados con productos frescos y carnes de rancho, desde jugosas hamburguesas hasta trucha ártica con espaguetis de calabacín y setas. Se recomienda reservar para la cena.

Sunnyside

Es otro pueblecito lacustre apenas visible en el mapa, pero que cuenta con un par de restaurantes que bien merecen el desvío, y para quemar las calorías se puede alquilar una bicicleta en un **West Shore Sports** (☎530-583-9920; www.westshoresports.com; 1785 W Lake Blvd), donde también informan sobre actividades al aire libre. Se puede pedalear hasta Tahoe City, en dirección norte, por un camino asfaltado,

o bien alquilar una tabla de surf a remo y dirigirse a las concurridas playas de la zona.

🛏 Dónde dormir y comer

USFS William Kent Campground CAMPING $
(plano p. 372; ☎877-444-6777; www.recreation. gov; Hwy 89; parcela tienda y autocaravana 27-29 US$; ⊗med may-med oct) Unos 3,2 km al sur de Tahoe City, y al borde de la carretera, este *camping* ofrece más de 85 parcelas apretujadas pero con sombra. Incluye váteres con cisterna, mesas de *picnic* y acceso a la playa.

Sunnyside Lodge POSADA $$$
(☎530-583-7200; www.sunnysidetahoe.com; 1850 W Lake Blvd; d incl. desayuno 150-380 US$; ❀❐) Renovada hace poco, esta posada ofrece habitaciones modernas con baños nuevos, colchones cómodos y TV de pantalla plana, además de té con galletas por la tarde y un salón para huéspedes con vistas al lago. Las habitaciones que dan al jardín, más económicas, no tienen buenas vistas al lago. Nótese que hay mucha actividad en el restaurante y en el muelle del puerto deportivo vecino. Tarifa por mascota 35 US$.

★ **Fire Sign Cafe** ESTADOUNIDENSE $
(www.firesigncafe.com; 1785 W Lake Blvd; principales 7-13 US$; ⊗7.00-15.00; ❐❀) A la hora del desayuno, todo el mundo acude a probar sus tortillas, tortitas de arándanos, huevos a la benedictina, pasteles recién hechos y otras bombas de carbohidratos. En verano, lo mejor es sentarse en el patio exterior. Se recomienda llegar temprano.

Spoon ESTADOUNIDENSE $$
(☎530-581-5400; www.spoontakeout.com; 1785 W Lake Blvd; principales 9,50-15 US$; ⊗15.00-21.00, cerrado ma y mi oct-may; ❀) Se puede llamar para pedir comida para llevar o buscar un hueco en el acogedor comedor de la planta superior de esta cabaña junto a la carretera. Hay bocadillos de ternera a la barbacoa, hortalizas a la plancha, sopas, platos de pasta y enchiladas de pollo, además de *brownies* con helado de postre.

Sunnyside Restaurant CALIFORNIANA $$
(☎530-583-7200; www.sunnysidetahoe.com; 1850 W Lake Blvd; principales almuerzo 9,50-13 US$, cena 16-35 US$) Las carnes (costillas de cerdo con *chutney* de cerezas o el pollo asado al aroma de hinojo), los pescados y el marisco marcan la pauta de este restaurante a orillas del lago. En verano hay una terraza frente al agua, ideal tanto para comer como para tomar una

copa acompañada con varitas de calabacín fritas y un trozo de tarta hula.

❶ Cómo llegar y desplazarse

Desde Tahoma, los autobuses de **Tahoe Area Rapid Transit** (TART; ☑530-550-1212; www. placer.ca.gov/tart; billete/pase diario 2/4 US$; ⊙7.00-18.00) paran cada hora en el Ed Z'berg Sugar Pine Point State Park, Homewood y Sunnyside todo el año y continúan hacia Tahoe City y la orilla norte del lago.

Además, en verano, **North Lake Tahoe Water Shuttle** (☑530-581-8707; www.northlaketahoewatershuttle.com; ida adultos/menores 11 años 10/7 US$) ofrece media docena de servicios entre Tahoe Vista y Homewood/West Shore Café (30 min). Resérvese con antelación; admiten bicicletas.

TAHOE CITY

Esta localidad se emplaza a ambos lados de la intersección de la Hwy 89 con la Hwy 28, por lo que resulta casi inevitable pasar por ella al menos una vez durante el periplo alrededor del lago. Tahoe City queda muy a mano para comprar provisiones y alquilar material deportivo, y es también la población más cercana a Squaw Valley. La calle principal, N Lake Blvd, está repleta de tiendas de deportes y cafés.

◉ Puntos de interés

Gatekeeper's Museum y Marion Steinbach Indian Basket Museum MUSEO
(☑530-583-1762; www.northtahoemuseums.org; 130 W Lake Blvd/Hwy 89; adultos/menores 13 años 5 US$/gratis; ⊙10.00-17.00 a diario fin may-sep, 11.00-16.00 vi y sa oct-abr) Pequeña pero fascinante colección de objetos de interés relacionados con Tahoe, como recuerdos de los Juegos Olímpicos o de la época de las primeras máquinas de vapor. En la nueva ala hay una colección de cestería procedente de 85 tribus indígenas californianas.

Fanny Bridge PUENTE
Al sur del cruce de la Hwy 89 y la Hwy 28, el río Truckee atraviesa las compuertas de la presa y pasa bajo este puente. El lado que mira hacia el lago exhibe fotografías históricas y datos hidrológicos.

Watson Cabin MUSEO
(☑530-583-8717; www.northtahoemuseums.org; 560 N Lake Tahoe Blvd; adultos/menores 13 años 2 US$/gratis; ⊙12.00-16.00 ju-do med jun-ppios sep)

Unas manzanas al este del puente sobre el río Truckee, esta cabaña tan bien conservada de 1908 es una de las construcciones más antiguas del lugar, encarada a la playa.

🏃 Actividades

Playas y 'rafting'

Aunque no sea un paraje privilegiado para el baño, la **Commons Beach** es un parque pequeño y bonito con zonas de arena y hierba, mesas de *picnic*, un rocódromo y un parque infantil, así como, en verano, conciertos gratis (www.concertsatcommonsbeach.com) y cine al aire libre por las noches. Se admiten perros con correa.

Truckee River Raft Rentals RAFTING
(☑530-583-0123; www.truckeeriverraft.com; 185 River Rd; adultos/6-12 años 30/25 US$; ⊙8.30-15.30 jun-sep; 🚸) Este tramo del río Truckee, que fluye al noroeste desde el lago, es tranquilo y amplio, ideal para remeros principiantes. Esta empresa alquila balsas de *rafting* para cubrir el trayecto de 8 km desde Tahoe City hasta el River Ranch Lodge, e incluye el transporte de vuelta al pueblo. Indispensable reservar.

Senderismo

Vale la pena explorar los fabulosos senderos de la **Granite Chief Wilderness** (plano p. 372) al norte y al oeste de Tahoe City. Para mapas y direcciones, lo mejor es pasarse por el centro de visitantes. Entre las excursiones de un día, se recomienda el **Five Lakes Trail** (más de 6,4 km en círculo), de dificultad moderada, que parte de la Alpine Meadows Rd, por la Hwy 89, y discurre hacia Squaw Valley, y la suave caminata hasta los **Paige Meadows,** que desemboca en el Tahoe Rim Trail. Los Paige Meadows son un buen lugar para ciclistas de montaña primerizos y para andar con raquetas. No se exigen permisos de entrada, pero sí para encender fuego (hornillos de gas incl.). Los perros con correa están permitidos.

Ciclismo

El asfaltado **Truckee River Bike Trail** discurre durante 6,4 km desde Tahoe City hacia Squaw Valley, mientras que el **West Shore Bike Path** avanza 14,4 km en dirección sur hasta el Ed Z'berg Sugar Pine Point State Park, a tramos por el arcén de la carretera. Ambos son fáciles, pero los fines de semana de verano hay mucha gente. Se pueden alquilar bicicletas en cualquiera de las tiendas de N Lake Blvd. Hay que aparcar y dirigirse al inicio del sendero en el **64 Acres Park**, detrás del Tahoe City Transit Center. El excelente mapa ciclista de **Lake Tahoe Bicycle Coalition** (www.tahoebike.org) figura también en su web.

Tirolina

Tahoe Treetop Adventure Park TIROLINAS
(☑530-581-7563; www.tahoetreetop.com; 725 Granlibakken Rd, junto a Hwy 89; adultos/5-12 años 45/35 US$; ⏰10.00-17.30 sa y do ene-fin may, 9.00-19.30 a diario fin may-ago, horario reducido sep-dic; ⊛) En el Granlibakken Resort se pueden pasar 2½ h de paseo entre tres plataformas conectadas por tirolinas y puentes colgantes. Hay clases para todos los niveles, desde niños (con alturas que no superan los 3 m) hasta jóvenes intrépidos (dos tirolinas de 30 m y una de 91 m). Hay que reservar.

Deportes de invierno

Desde Tahoe City se llega fácilmente a media docena de estaciones de esquí alpino, de fondo y de *snowboard*.

Tahoe Dave's DEPORTES DE MONTAÑA
(☑530-583-0400, 530-583-6415; www.tahoedaves.com; 590 N Lake Tahoe Blvd; alquiler de esquís y *snowboad* por día desde 29 US$) La principal empresa regional de equipamiento, con sucursales en Squaw Valley, Kings Beach y Truckee (el material alquilado puede devolverse en cualquiera de ellas); aceptan reservas.

Dónde dormir

Si no se tiene reserva se puede acudir a los deslucidos moteles del N Lake Blvd. Para acampar, lo mejor es dirigirse al norte a los *campings* del USFS junto a la Hwy 89 o al sur por la Hwy 89 hasta los parques estatales y las poblaciones pequeñas de la orilla oeste del lago.

Mother Nature's Inn POSADA $$
(☑530-581-4278; www.mothernaturesinn.com; 551 N Lake Blvd; h 80-125 US$; ⊛⊛) Está en medio de la ciudad, detrás de la tienda Cabin Fever, y ofrece buena relación calidad-precio en sus tranquilas habitaciones tipo motel rústico aseado, con neveras, cafeteras, mobiliario ecléctico y colchones cómodos. Se puede andar hasta la Commons Beach. Por mascota se pagan 15 US$.

Pepper Tree Inn MOTEL $$
(☑530-583-3711; www.peppertreetahoc.com, 645 N Lake Blvd; h incl. desayuno 96-199 US$; ⊛⊛) Es el edificio más alto de Tahoe City, con habitaciones modernas y cómodas equipadas con microondas y mininevera; las de la planta alta, con *jacuzzi*, son las más solicitadas.

River Ranch Lodge POSADA $$
(plano p. 372; ☑530-583-4264; www.riverranchlodge.com; Hwy 89 en Alpine Meadows Rd; h incl. desayuno 115-190 US$; ⊛⊛) Aunque se escucha el ruido del tráfico y del bar de la planta baja, las habitaciones con vistas al río permiten dormirse al arrullo del río Truckee. Las de la planta alta tienen balcón. Se admiten mascotas, pero solo en verano.

Granlibakken HOTEL $$
(☑530-583-4242; www.granlibakken.com; 725 Granlibakken Rd, off Hwy 89; h/ste desde 150/242 US$, casas 1/2/3 dormitorios desde 330/409/516 US$; ⊛⊛) Las habitaciones del hotel son sencillas, pero las casas en régimen de multipropiedad, con cocina, chimenea y altillos, pueden ser adecuadas para familias y grupos. Entre los equipamientos hay cancha de tenis, *spa*, piscina y *jacuzzi*. En invierno ofrece una servicio de enlace a Homewood.

Dónde comer y beber

Tahoe House Bakery PANADERÍA $
(www.tahoe-house.com; 625 W Lake Blvd; productos 2-10 US$; ⏰6.00-18.00; ⊛) Antes de enfilar por la orilla oeste para pedalear o caminar, se aconseja pasarse por esta tienda abierta en la década de 1970, donde elaboran galletas, pasteles, exquisitos sándwiches, ensaladas y sopas caseras, entre otros. Su lema es: "Mientras usted duerme, nosotros amasamos".

New Moon Natural Foods DELI, COLMADO $
(505 W Lake Blvd; principales 6-12 US$; ⏰9.00-20.00 lu-sa, 10.00-19.00 do; ⊘) ⊘ Una tienda pequeña pero bien provista de sabrosos productos naturales y exóticos, todos envasados con materiales biodegradables. Se recomienda la ensalada tailandesa con verduras ecológicas y salsa de cacahuete picante.

Dam Cafe CAFÉ $
(55 W Lake Blvd; principales 6-11 US$; ⏰6.00-15.00) Al lado de la presa del río Truckee y el Fanny Bridge se encuentra esta casa donde se puede desayunar un burrito o tomar un batido de helado de frutas o un café exprés.

Syd's Bagelry and Espresso CAFÉ $
(550 N Lake Blvd; productos 2-8,50 US$; ⏰7.00-17.00; ⊛) Práctica cafetería en la calle principal donde sirven *bagels*, café de tueste local, batidos y burritos, todo elaborado con ingredientes ecológicos.

★**Dockside 700 Wine Bar & Grill** ESTADOUNIDENSE **$$**
(☎530-581-0303; www.dockside700.com; 700 N Lake Blvd; almuerzo 10-17 US$, cena 14-32 US$; ⏰11.30-20.00 lu-ju, hasta 21.00 vi-do; 🅿🚲) Ideal para pasar una lánguida tarde estival sentado en la cubierta con vistas a los barcos de la Tahoe City Marina. Para cenar, hay pollo, costillar de cerdo y filetes a la parrilla, además de pasta y *pizzas* con marisco. Se aconseja reservar.

Fat Cat CALIFORNIANA **$$**
(www.fatcattahoe.com; 599 N Lake Blvd; principales 9-14 US$; ⏰11.00-21.00, bar hasta 2.00; 🅿) Ni demasiado caro ni demasiado barato, en este restaurante informal tienen de todo: sopas inventadas con lo que hay a mano, ensaladas que se salen del plato, sándwiches, cuencos de pasta y mucho picoteo para compartir entre amigos. Los viernes y sábados por la noche hay conciertos *indies*.

Rosie's Cafe CAFETERÍA **$$**
(www.rosiescafe.com; 571 N Lake Blvd; desayuno y almuerzo 7-14 US$, cenas 14-20 US$; ⏰7.30-21.30; 🅿) Decoración a base de equipos de esquí antiguos, bicicletas y muchas y variadas cornamentas, y desayunos hasta las 14.30. La carta es variada y buena, pero su principal reclamo es el ambiente familiar.

River Ranch Lodge ESTADOUNIDENSE MODERNA **$$$**
(☎530-583-4264; www.riverranchlodge.com; Hwy 89 en Alpine Meadows Rd; principales patio y café 8-13 US$, restaurante 22-30 US$; ⏰almuerzo jun-sep, cena todo el año, horario según estación) Junto al río y con un patio, es un local muy popular para barbacoas entre ciclistas y practicantes de *rafting*.

Bridgetender Tavern PUB
(www.tahoebridgetender.com; 65 W Lake Blvd; ⏰11.00-23.00, hasta 24.00 vi y sa) Después de esquiar, la gente se reúne en este *pub* de madera para tomar cervezas, hamburguesas con patatas *chips* con chile y queso, o gofres al ajo (principales 8-14 US$). En verano, lo mejor es el patio.

Tahoe Mountain Brewing Co. FÁBRICA DE CERVEZA
(www.tahoebrewing.com; 475 N Lake Blvd; ⏰11.30-22.00) Elaboradas en el vecino Truckee, la Sugar Pine Porter, las cervezas añejas y la premiada Paddleboard Pale Ale maridan espléndidamente con el boniato frito, las hamburguesas y el resto de platos de *pub* en el patio con vistas al lago.

ℹ️ Información

Tahoe City Downtown Association (www.visittahoecity.org) Información turística y programa de actividades en línea.

Biblioteca de Tahoe City (☎530-583-3382; Boatworks Mall, 740 N Lake Blvd; ⏰10.00-17.00 ma y ju, 11.00-18.00 mi y vi, 10.00-14.00 sa; 🅿) Wifi y terminales de internet gratis.

Centro de información de visitantes de Tahoe City (☎530-581-6900; www.gotahoenorth.com; 100 N Lake Blvd; ⏰9.00-17.00) En la bifurcación de la Hwy 89 con la Hwy 28.

Truckee Tahoe Medical Group (☎ext 3 530-581-8864; www.ttmg.net; Trading Post Center, 925 N Lake Blvd; ⏰9.00-18.00 lu-sa todo el año, más 10.00-17.00 de ppios jul-ppios sep) Ambulatorio sin servicio de urgencias.

ℹ️ Cómo llegar y desplazarse

Al sur de la bifurcación de la Hwy 28 con la 89, el nuevo y moderno **Tahoe City Transit Center** (www.nextbus.com/tahoe; 870 Cabin Creek Rd, junto a Hwy 89), la principal terminal de autobuses local, cuenta con una cómoda sala de espera. Detrás está el aparcamiento para el comienzo del Tahoe Rim Trail y varias rutas de ciclismo.

Con un servicio fiable, **Tahoe Area Rapid Transit** (TART; ☎530-550-1212; www.laketahoetransit.com; billete/pase diario 1,75/3,50 US$) tiene autobuses con portabicicletas que recorren la orilla norte del lago hasta Incline Village como mucho, que bajan por la orilla oeste hacia el Ed Z'berg Sugar Pine Point State Park, y van al norte a Squaw Valley y Truckee por la Hwy 89. Los de las rutas principales suelen ofrecer servicio cada hora de 6.00 a 18.00 a diario.

Entre junio y septiembre TART también opera el **Night Rider,** un servicio de autobús local gratis que conecta Squaw Valley, Tahoe City, Carnelian Bay, Tahoe Vista, Kings Beach, Crystal Bay e Incline Village cada hora de 19.00 a 1.00. Hay otros dos autobuses nocturnos gratis (solo en verano) cada hora entre 18.30 y 24.00-1.00 a diario: uno entre Tahoe City y Tahoma vía Sunnyside y Homewood, y el otro entre Northstar, Kings Beach y Crystal Bay.

SQUAW VALLEY

El nirvana de la orilla norte del lago, la que fuera sede de los Juegos Olímpicos de invierno en 1960, aún es una de las mejores estaciones de esquí del mundo. Pero es un destino magnífico en cualquier época del año, por lo

LA EXPEDICIÓN DONNER ('DONNER PARTY')

En el s. XIX, decenas de miles de personas emigraron al Oeste por el camino de Overland en busca del sueño de una vida mejor en California. Entre ellas se encontraban los miembros de la desafortunada expedición Donner.

Las familias de George y Jacob Donner y su amigo James Reed partieron de Springfield (Illinois) en abril de 1846 con seis caravanas y un rebaño, con la intención de hacer la ardua travesía lo más cómodamente posible. Pero la marcha era lenta y cuando otros pioneros les hablaron de un atajo con el que se ahorraban más de 300 km, decidieron acortar el camino.

Sin embargo, en los montes Wasatch no había ningún camino para carretas y casi toda la comida se pudrió al calor implacable del desierto del Gran Lago Salado. Comenzaron las disputas y las peleas. James Reed mató a un hombre, por lo que fue expulsado del grupo y abandonado a su suerte. En ese momento la expedición había llegado a la falda oriental de Sierra Nevada, cerca de la actual Reno; la comida se agotaba, y la moral también.

Para que el ganado repusiera fuerzas, decidieron descansar allí unos días. Pero el riguroso invierno volvió impracticable lo que después se conocería como puerto de Donner y obligó a los pioneros a construir un precario refugio cerca de lo que hoy es el lago Donner. Les quedaba comida para un mes y la esperanza de que el tiempo mejorase. Pero no mejoró.

La nevada siguió durante semanas hasta alcanzar casi 7 m de espesor. No se podía cazar ni pescar. A mediados de diciembre, 15 miembros del grupo intentaron cruzar el puerto, pero enseguida se perdieron y se vieron atrapados por una tormenta de nieve que acabó con varios de ellos. Un mes más tarde, menos de la mitad por fin llegó al fuerte de Sutter, cerca de Sacramento. Habían conseguido sobrevivir a base de comer ciervo y los restos de sus compañeros fallecidos.

Cuando el primer grupo de rescate arribó al lago Donner, a finales de febrero, los miembros de la expedición aún seguían con vida, tras haberse alimentado de pellejos de buey. Pero cuando el segundo grupo de rescate, liderado por James Reed, consiguió llegar en marzo, hallaron evidencias de canibalismo por todas partes. Los diarios e informes hablaban de "enajenados que vivían en la más absoluta podredumbre, con cuerpos desnudos y semidevorados esparcidos por las cabañas". Muchos estaban demasiado débiles para poder viajar. Cuando el último grupo de rescate se presentó a mediados de abril, solo quedaba vivo Lewis Keseberg. Encontraron el cuerpo de George Donner limpio y envuelto en una sábana, pero ni rastro de su mujer, Tasmen Donner. Keseberg admitió haber comido carne de sus compañeros sin vida para poder sobrevivir, pero negó haber asesinado a Tasmen Donner. Keseberg pasó el resto de su vida tratando de limpiar su nombre. Al final, solo 47 de los 89 miembros de la expedición Donner lograron sobrevivir. Se instalaron en California, pero el terrible invierno en el lago Donner había cambiado sus vidas para siempre.

que esta lujosa estación de carácter familiar recibe en verano casi tantos visitantes como en invierno.

◉ Puntos de interés y actividades

En verano, gran parte de la acción se centra en el **High Camp** (☏800-403-0206; www.squaw.com; teleférico adultos/5-12 años/13-22 años 39/15/25 US$, pase todos accesos 46/19/38 US$; ⊙11.00-16.30; ⊕), a 2500 m de altura, al que se accede con un vertiginoso teleférico (se admiten perros con correa). Arriba hay una piscina climatizada al aire libre (adultos/niños 14/8 US$), un campo de *disc-golf* de 18 hoyos (gratis), dos pistas de tenis (con alquiler de raquetas y venta de pelotas) y una pista de patinaje (adultos/niños 14/8 US$) que en invierno es de hielo. Los billetes del teleférico incluyen la entrada al **Olympic Museum,** que rememora aquellos mágicos momentos de 1960.

Hay varias rutas desde el High Camp, incluido el bonito **Shirley Lake Trail** (8 km), que bordea un arroyo hasta llegar a una cascada; empieza en la base de la montaña, cerca del final de la Squaw Peak Rd, detrás del edificio del teleférico. Admiten perros con correa.

Otras actividades divertidas en la base de la montaña incluyen un recorrido de cuerdas con tirolinas, un muro preparado para la escalada, un minigolf y un Sky Jump (un trampolín de *puenting*), todas organizadas por el **Squaw Valley Adventure Center** (☎530-583-7673; www.squawadventure.com). Los amantes del golf pueden ir al **Links Resort at Squaw Creek Golf Course** (☎530-583-6300; www.squawcreek.com; green fee incl. cochecito 59-99 US$), de estilo escocés, 18 hoyos y 71 par, donde también alquilan palos.

🛏 Dónde dormir y comer

Para más hoteles y alojamiento, incluidos paquetes de vacaciones de esquí, contáctese con **Squaw Valley** (☎800-403-0206; www.squaw.com).

★PlumpJack
Squaw Valley Inn   HOTEL-BOUTIQUE **$$$**
(☎530-583-1576; www.plumpjacksquawvalleyinn.com; 1920 Squaw Valley Rd, Olympic Valley; h incl. desayuno verano/invierno 205-385/340-645; ✹@🛜✹✹) Todas las habitaciones tienen vistas a la montaña. El poder entrar y salir con los esquís puestos es muy de agradecer, pero no así los 150 US$ que se pagan por mascota. En el coqueto **PlumpJack Cafe** (principales 24-45 US$; ⏱7.30-21.30), con manteles impecables y cómodas banquetas, sirven inspirada cocina californiana de temporada y excelentes vinos.

Wildflour
Baking Company   PANADERÍA **$**
(www.wildfloursquaw.com; productos 2-12 US$; ⏱7.00-17.00) Sándwiches de pan recién horneado y *bagels* para un desayuno o merienda estupendos. Se encuentra en el sótano de la Squaw's Olympic House. Hay chocolate caliente Scharffenberger y cafés y tés Peet's.

Le Chamois
& Loft Bar   PIZZERIA, PUB **$$**
(www.squawchamois.com; 1970 Squaw Valley Rd; principales 7-17 US$; ⏱11.00-18.00 lu-vi, hasta 20.00 sa y do, bar hasta 21.00 o 22.00; ✹✹) Muy bien situado, entre el edificio del teleférico y la tienda de alquiler, aquí viene mucha gente a tomarse un sándwich o una *pizza* y una cerveza con vistas a la montaña.

ℹ Cómo llegar y salir

El pueblo de Squaw Valley, en la base del teleférico, queda a unos 20 min en automóvil desde Tahoe City o Truckee por la Hwy 89 (tómese el desvío de la Squaw Valley Rd).

Los autobuses de **Tahoe Area Rapid Transit** (TART; ☎530-550-1212; www.laketahoetransit.com; billete/pase diario 1,75/3,50 US$) entre Truckee y Tahoe City, Kings Beach y Crystal Bay paran en Squaw Valley cada hora aproximadamente, entre 6.00 y 17.00 a diario; y de diciembre a abril hay un servicio de enlace matinal gratis.

TRUCKEE Y EL LAGO DONNER

Truckee, acunado por las montañas y el Tahoe National Forest, es un pueblo sumido en la historia del Lejano Oeste. El ferrocarril lo puso en el mapa, luego se enriqueció con la industria maderera, e incluso rivalizó con Hollywood durante el rodaje de *La quimera del oro* (Charlie Chaplin, 1924). Hoy, el turismo llena las arcas locales gracias a la buena conservación de su centro histórico, a su proximidad al lago Tahoe y a que cuenta con nada menos que seis estaciones de esquí alpino y cuatro de esquí de fondo.

⊙ Puntos de interés

El espíritu del Viejo Oeste perdura en el centro de Truckee, donde los trabajadores del ferrocarril y los leñadores pululaban antaño entre tabernas, burdeles y casas de juego. Casi todos los edificios de finales del s. xix albergan ahora restaurantes y *boutiques* de lujo. El Donner Memorial State Park y el lago Donner quedan 4,8 km al oeste.

Donner Memorial State Park   PARQUE
(plano p. 372; www.parks.ca.gov; Donner Pass Rd; por automóvil 8 US$; ⏱museo 10.00-17.00, cerrado ma y mi sep-may; ✹) En el extremo oriental del lago Donner, este parque es uno de los lugares donde la expedición Donner quedó atrapada durante el trágico invierno de 1846-1847. A pesar de su horripilante historia, el lugar es maravilloso, con una playa de arena, mesas de *picnic*, senderos y, en invierno, esquí de fondo y raquetas de nieve.

La entrada incluye el acceso al **Emigrant Trail Museum**, con colecciones fascinantes y una película de 25 min que recrea las penurias de la fatídica expedición.

El nuevo y más multicultural **High Sierra Crossing Museum**, al otro lado del aparcamiento, sustituirá al otro museo cuando consiga la financiación suficiente. Por fuera, en el **Pioneer Monument** tiene un pedestal de 6,7 m: el espesor exacto de la nieve en aquel maldito invierno.

Old Jail
EDIFICIO HISTÓRICO

(www.truckeehistory.org; 10142 Jiboom St, esq. Spring St; donativo recomendado 2 US$; ⊙11.00-16.00 sa y do fin may y med jun-med sep) Utilizada sin interrupción hasta la década de 1960, esta cárcel de ladrillo rojo (1875) está llena de recuerdos de su turbulento pasado. Aquí estuvo recluido una vez George "Machine Gun" Kelly por robar en una tienda de saldos del pueblo, y también cumplieron condena en ella "Baby Face" Nelson y "Ma" Spinelli y su banda.

🤸 Actividades

Northstar
Mountain Bike Park
BICICLETA DE MONTAÑA

(www.northstarcalifornia.com; 5001 Northstar Drive, junto a Hwy 267; pase con remontador adultos/9-12 años 50/31 US$; ⊙jun-sep) Ofrece excelentes senderos, pero sin duda lo más emocionante de esta estación de esquí con remontadores son los descensos, además de los numerosos senderos estrechos de nivel intermedio y experto, y los cortafuegos. Tiene más de 160 km de senderos, además de alquiler de bicicletas y protecciones.

Back Country
DEPORTES DE MONTAÑA

(☎530-582-0909; www.thebackcountry.net; 11400 Donner Pass Rd; ⊙8.00-18.00, llamar antes invierno y primavera) Alquila bicicletas y raquetas de nieve, y alquila y vende material de escalada nuevo y usado, así como equipo para esquí de fondo.

Truckee Sports
Exchange
DEPORTES DE MONTAÑA

(☎530-582-4510; www.truckeesportsexchange. com; 10095 W River St; ⊙8.00-20.00) Alquiler de bicicletas, kayaks y tablas de surf de remo, además de esquís y equipo de esquí de fondo.

Playas y deportes acuáticos

Más cálido que el lago Tahoe, el **lago Donner** es ideal para nadar, pasear en barca y pescar (con licencia), practicar esquí acuático y *windsurf*.

West End Beach
NATACIÓN

(www.tdrpd.com; adultos/niños 4/3 US$; 🚻) Esta playa del lago Donner es muy popular entre las familias porque ofrece una zona de baño acordonada, un puesto de tentempiés, redes de voleibol y alquiler de kayaks, botes de remo y tablas de surf de remo.

Tributary Whitewater Tours
RAFTING

(☎530-346-6812; www.whitewatertours.com; excursión medio día adultos/7-17 años 69/62 US$; 🚻) Desde mediados de mayo hasta septiembre, esta veterana agencia organiza un descenso de media jornada por el río Truckee con rápidos de grado III+ que emocionan por igual a pequeños y mayores.

Senderismo y escalada

Truckee es una base de operaciones ideal para emprender caminatas por el **Tahoe National Forest** (plano p. 372), sobre todo por la zona del **monte Donner**. Una ruta muy transitada de 8 km que alcanza la cima del **monte Judah** (2512 m). Una excursión más larga y dura (que forma parte del Pacific Crest Trail) une el **puerto de montaña de Donner** con Squaw Valley (24 km por trayecto) y bordea las bases de picos prominentes, pero se necesitarán dos automóviles.

El monte Donner también es una de las mecas de la escalada en roca, con más de 300 rutas tradicionales y deportivas. Para aprender, se puede concertar una clase con **Alpine Skills International** (☎530-582-9170; www.alpineskills.com; 11400 Donner Pass Rd).

👉 Circuitos

Tahoe Adventure
Company
DEPORTES DE AVENTURAS

(☎530-913-9212; www.tahoeadventurecompany. com; circuitos por persona desde 55 US$) Magnífica opción para aventuras guiadas en la sierra. El personal conoce la zona y ofrece un servicio personalizado según los intereses y el nivel de habilidades del cliente, desde kayak, senderismo, bicicleta de montaña y escalada en roca hasta cualquier combinación. También ofrece circuitos de raquetas de nieve a la luz de luna llena, clases de surf de remo y paseos guiados en barca.

🛏 Dónde dormir

También hay algunos moteles y hoteles de categoría media, pertenecientes a cadenas de confianza, en las salidas de la I-80.

Clair Tappaan Lodge
ALBERGUE $

(☎530-426-3632; www.sierraclub.org; 19940 Donner Pass Rd, Norden; dc incl. comidas adultos/niños desde 65/45 US$) ✏ Situado 1,6 km al oeste de Sugar Bowl, este albergue de montaña, propiedad del Sierra Club, queda cerca de las principales estaciones de esquí y puede alojar hasta 140 personas en dormitorios colectivos y habitaciones familiares. Las tarifas incluyen las comidas, pero se espera que el cliente realice pequeñas tareas y que traiga el saco de dormir y la toalla.

En invierno se puede disfrutar del esquí de fondo, las raquetas de nieve y de los descensos en trineo.

Donner Memorial State Park
Campground
CAMPING $

(plano p. 372; ☑530-582-7894, reservas 800-444-7275; www.reserveamerica.com; parcela tienda y autocaravana 35 US$, parcelas para ciclistas y senderistas 7 US$; ☉fin may-fin sep) Cerca del lago Donner, este *camping* familiar tiene 138 parcelas con váteres con cisterna y duchas con agua caliente que funcionan con monedas.

'Campings' del USFS
CAMPING $

(☑518-885-3639; www.recreation.gov; parcelas 17-48 US$; ☻) Tres zonas de acampada básicas bien situadas a lo largo de la Hwy 89 (pero con ruido de la ctra.) junto al río: Granite Flat, Goose Meadow y Silver Creek. Todas tienen agua potable y váteres secos.

Truckee Hotel
HOTEL HISTÓRICO $$

(☑530-587-4444; www.truckeehotel.com; 10007 Bridge St; h incl. desayuno con baño compartido 59-149 US$, con baño privado 129-179 US$; ☎) El hotel más histórico de Truckee, con una atractiva fachada de ladrillo rojo, acoge huéspedes desde 1873. Hace poco ha renovado la moqueta y el mobiliario para darle un aire de lujo moderno de inspiración victoriana. Se puede aparcar en la calle. En su contra juega el ruido del tren y que no tenga ascensor.

Truckee Donner Lodge
HOTEL $$

(☑530-582-9999; www.truckeedonnerlodge.com; 10527 Cold Stream Rd; junto a I-80 salida Donner Pass Rd; h incl. desayuno 84-204 US$; ❋☎☻☻) Al oeste de la Hwy 89, proporciona acceso fácil en automóvil a las estaciones de esquí. Las espaciosas habitaciones cuentan con microoondas, nevera y, algunas, chimenea de gas. Desayuno incluido.

River Street Inn
B&B $$

(☑530-550-9290; www.riverstreetinntruckee.com; 10009 E River St; h incl. desayuno 145-210 US$; ☎) Al otro lado de la vía férrea, este edificio victoriano (1885) del casco histórico de Truckee tiene 11 habitaciones bonitas pero austeras. Conviene llevar tapones para los oídos por el ocasional ruido del tren.

★Cedar House
Sport Hotel
HOTEL-BOUTIQUE $$$

(plano p. 372; ☑530-582-5655; www.cedarhousesporthotel.com; 10918 Brockway Rd; h incl. desayuno 180-280 US$; ❀☻☻) ✦ Elegante y preocupado por el medio ambiente, su propósito es acercar a la gente a la naturaleza, y así cuenta con encimeras de papel reciclado, "cadenas de lluvia" para redistribuir el agua desde la terraza ajardinada, cañerías de bajo flujo y cubos de reciclaje en las habitaciones; sin embargo, tampoco hace ascos a los TV de pantalla plana o al *jacuzzi* al aire libre. Tarifa por mascota 75 US$.

Organizan circuitos guiados y actividades multiaventura al aire libre.

Hotel Truckee-Tahoe
HOTEL $$$

(☑530-587-4525; www.hoteltruckeetahoe.com; 11331 Brockway Rd; h incl. desayuno 189-229 US$; ❋❀☻☻) Para olvidarse de las cabañas de esquí de estilo *retro*-cursi, aquí se encontrarán acogedoras habitaciones sencillas en tonos tierra. Hay mullidos colchones, baños tipo *spa* y, en temporada, piscina climatizada exterior. Tarifa por mascota 50 US$.

✖ Dónde comer y beber

Coffeebar
CAFÉ $

(www.coffeebartruckee.com; 10120 Jiboom St; productos 3-9 US$; ☉6.00-22.00; ☎) ✦ Cafetería de estilo industrial, sencilla y alternativa, donde tomar helados italianos, deliciosos bollos, *kombucha* casero, exquisitas crepes para el desayuno, *panini* bien rellenos (en pan de *focaccia*), café exprés ecológico y tés especiales.

Squeeze In
CAFETERÍA $$

(www.squeezein.com; 10060 Donner Pass Rd; principales 8-15 US$; ☉7.00-14.00; ☻) Más de 60 variedades de tortillas, junto con hamburguesas, burritos y copiosas ensaladas en un local alegre enfrente de la estación de Amtrak. Desayunos contundentes.

Burger Me
HAMBURGUESERÍA $$

(www.burgermetruckee.com; 10418 Donner Pass Rd; hamburguesas 6,50-12.50; ☉11.00-21.00; ☻) Moderna hamburguesería con carnes de primera calidad y verduras frescas. Los más atrevidos (y hambrientos) pueden probar la Trainwreck, de ternera y con queso cheddar, aros de cebolla, estofado de pavo con chile y un huevo frito. Hay panecillos sin gluten.

★ **Moody's Bistro & Lounge** CALIFORNIANA $$$
(☎530-587-8688; www.moodysbistro.com; 10007 Bridge St; principales almuerzo 12-18 US$, cena 13-32 US$; ⊙11.30-21.30) 🍴 De ambiente refinado y con *jazz* en directo (noches ju-sa), este restaurante *gourmet* del Truckee Hotel rezuma estilo urbano. El chef se sirve de los ingredientes más frescos, ecológicos y cercanos para elaborar platos perfectos, como el lomo de cerdo con salsa barbacoa de melocotón, remolacha asada con hinojo o trucha alpina a la plancha.

Stella CALIFORNIANA $$$
(plano p. 372; ☎530-582-5665; www.cedarhouses porthotel.com; 10918 Brockway Rd; principales 28-59 US$; ⊙17.30-20.30 mi-do) 🍴 Instalado en el Cedar House Sport Hotel, este moderno comedor eleva el listón gastronómico de Truckee con elegancia californiana, con una carta de temporada que armoniza las influencias asiáticas y mediterráneas a base de pastas caseras, carnes a la brasa, pescados y mariscos. La carta de vinos es sensacional.

Fifty Fifty Brewing Co FÁBRICA DE CERVEZA
(www.fiftyfiftybrewing.com; 11197 Brockway Rd; ⊙11.30-23.30) El aroma del grano que se tuesta in situ impregna esta cervecería al sur del centro, cerca de la intersección con la Hwy 267. Se puede probar la popular Donner Party Porter o la Eclipse, envejecida en barril, acompañadas de una gran bandeja de nachos u otros picapicas.

ℹ Información

Tahoe Forest Hospital (☎530-587-6011; www.tfhd.com; 10121 Pine Ave, esq. Donner Pass Rd; ⊙24 h) Hospital especializado en lesiones deportivas, con servicio de urgencias.

Cámara de Comercio de Truckee Donner (☎530-587-2757; www.truckee.com; 10065 Donner Pass Rd; acceso a ordenadores 3 US$/15 min; ⊙9.00-18.00; 🖥) Dentro de la estación de Amtrak; tienen mapas de senderismo y wifi gratis.

Puesto de guardabosques del USFS del distrito de Truckee (☎530-587-3558; www.fs.usda.gov/tahoe; 10811 Stockrest Springs Rd, junto a I-80 salida 188; ⊙8.00-17.00 lu-sa, lu-vi en invierno) Información acerca del Tahoe National Forest.

ℹ Cómo llegar y desplazarse

Truckee se asienta a ambos lados de la I-80 y está unida con la orilla del lago por la Hwy 89 hasta Tahoe City o por la Hwy 267 hasta Kings Beach. La calle principal es Donner Pass Rd, donde se encuentra la estación de Amtrak. Brockway Rd empieza al sur del río y enlaza con la Hwy 267.

Aunque el aeropuerto Truckee Tahoe no tiene vuelos comerciales, **North Lake Tahoe Express** (☎866-216-5222; www.northlaketa hoeexpress.com; ida/ida y vuelta 45/85 US$) llega a Reno, el aeropuerto más cercano. Hay servicios diarios de autobús de 3.30 a 24.00 que cubren varias poblaciones del litoral norte y oeste del lago, y las estaciones de esquí de Northstar y Squaw Valley. Se aconseja reservar con tiempo.

Greyhound (☎800-231-2222; www.greyhound.com) tiene dos servicios diarios a Reno (15 US$, 1 h), Sacramento (40 US$, 2½ h) y San Francisco (35 US$, 5½-6 h). Los autobuses de Greyhound paran en la estación de trenes, al igual que los de Thruway de **Amtrak** (☎800-872-7245; www.amtrak.com) y el tren *California Zephyr*, que va a diario a Reno (16 US$, 1½ h), Sacramento (41 US$, 4½ h) y Emeryville/San Francisco (47 US$, 6½ h).

Truckee Transit (☎530-587-7451; www.laketahoetransit.com; billete/pase diario 2.50/5 US$) conecta la estación de trenes de Amtrak con el lago Donner cada hora de 9.00 a 17.00 de lunes a sábado. Para ir a Tahoe City y a otros pueblos del litoral norte, oeste o este, se puede tomar el autobús de TART en la estación de trenes; un billete sencillo cuesta 1,75 US$ (pase de un día 3,50 US$). Durante la temporada de esquí se refuerza el servicio con autobuses a muchas estaciones de la zona.

ORILLA NORTE

Al noreste de Tahoe City, la Hwy 28 atraviesa un rosario de pueblos bonitos, muchos de ellos con maravillosas playas, moteles a buen precio junto a la carretera y hoteles apiñados a orillas del lago. Con el encanto de épocas pasadas, el litoral norte del Tahoe no tiene las aglomeraciones de South Lake Tahoe, Tahoe City y Truckee, pero queda también cerca de las estaciones de esquí, de las zonas para bañarse y practicar kayak y de los senderos para excursiones.

En el **centro de visitantes del norte del lago Tahoe** (☎888-434-1262; www.gotahoenorth.com) pueden ayudar a orientarse, aunque su oficina más próxima se encuentra en Incline Village, ya en Nevada.

Tahoe Vista

Tiene más **playas públicas** (www.northta hoeparks.com) que ninguna otra población a orillas del lago. Las más populares están a lo largo de la Hwy 28 e incluyen la pequeña y célebre **playa de Moon Dunes**, con mesas de *picnic* y zonas para hogueras frente al Rustic Cottages, la **North Tahoe Beach** (7860 N Lake Blvd), cerca del cruce de la Hwy 267, con zona de *picnic,* barbacoa y canchas de vóley playa, y la **Tahoe Vista Recreation Area** (7010 N Lake Blvd; aparcamiento 10 US$), la favorita de los lugareños, con una pequeña zona verde y un puerto deportivo, además de la **Tahoe Adventure Company** (📞530-913-9212; www.tahoeadventurecompany.com), donde alquilan kayaks y material de surf de remo (15-80 US$).

Lejos del mundanal ruido, el **North Tahoe Regional Park** (plano p. 372; www.northta hoeparks.com; 6600 Donner Rd, junto a National Ave; por automóvil 3 US$; 🚗) ofrece caminatas por los bosques y ciclismo de montaña, un campo de *disc-golf* de 18 hoyos, un parque infantil y pistas de tenis en las que se puede jugar de noche. En invierno, también hay zona de trineos (se pueden alquilar) y circuitos de esquí de fondo y de raquetas de nieve. Para dar con este parque escondido hay que recorrer al menos más de 1,5 km desde la Hwy 28 hasta National Ave, torcer después por la Donner Rd y seguir las señales.

🛏 Dónde dormir

Cedar Glen Lodge　　　CABAÑAS Y CASA **$$**
(📞530-546-4281; www.tahoecedarglen.com; 6589 N Lake Blvd; h/ste/cabaña incl. desayuno 139-350 US$; @🅿🛜🏊) Renovadas totalmente y con un nuevo y exclusivo restaurante, estas preciosas cabañas y casas rústicas frente a la playa están revestidas en madera y ofrecen colchones nuevos y minicocinas o cocinas completas. Los niños disfrutarán con todos los complementos: mesas de *ping-pong*, un juego de la herradura, pista de voleibol, piscina exterior, mini golf y hogueras. Las mascotas pagan 30 US$.

Franciscan Lakeside Lodge　　CABAÑAS **$$**
(📞530-546-6300; www.franciscanlodge.com; 6944 N Lake Blvd; cabaña 93-399 US$; 🛜🏊) Para pasar el día en una playa privada o en la piscina y encender la parrilla tras la puesta de sol. Todas estas sencillas cabañas, casitas y suites tienen minicocina. Las que bordean el lago son mejores por las vistas,

pero las cabañas más interiores, además de más amplias, suelen disfrutar de mayor tranquilidad.

Firelite Lodge　　　　　　　MOTEL **$$**
(📞530-546-7222; www.tahoelodge.com; 7035 N Lake Blvd; h incl. desayuno 79-154 US$; 🛜🏊) Reconstruido hace poco con paredes gruesas, buenas ventanas, minicocinas y chimeneas de gas en cada habitación, este motel de gestión familiar ofrece una buena relación calidad-precio y mejor ubicación, con la Tahoe Vista Recreation Area al otro lado de la calle. Las habitaciones del piso superior, con camas enormes, tienen balcón con vistas al lago. Alquilan bicicletas y hay un *jacuzzi* al aire libre.

Rustic Cottages　　　　　CASITAS **$$**
(📞530-546-3523; www.rusticcottages.com; 7449 N Lake Blvd; casita incl. desayuno 109-244 US$; 🛜🏊) Ofrece 20 casitas de ensueño entre pinos. Casi todas tienen cocina y algunas, chimenea. Otras ventajas son los gofres y *muffins* caseros para el desayuno y, en invierno, el préstamo de trineos y raqueta*s* de nieve.

🍴 Dónde comer y beber

Old Post Office Cafe　　ESTADOUNIDENSE **$**
(5245 N Lake Blvd, Tahoe Vista; principales 6-12 US$; ⏱6.30-14.00) Al oeste del pueblo hacia Carnelian Bay, en este alegre cobertizo de madera sirven suculentos desayunos a base de patatas asadas con mantequilla, huevos Benedict en pastel de cangrejo, esponjosas tortitas y batidos de fruta fresca. Para conseguir mesa habrá que madrugar.

El Sancho's　　　MEXICANA, PARA LLEVAR **$**
(7019 N Lake Blvd; productos 4-10 US$; ⏱10.00-21.00) Taquería de carretera con buenos burritos, huaraches (tortillas de maíz con queso, carne y judías por encima) y refrescos de azúcar de caña.

★**Rustic Lodge**　　ESTADOUNIDENSE MODERNA **$$$**
(📞530-546-4281; www.tahoecedarglen.com/ dining; 6589 N Lake Blvd; principales 19-36 US$; ⏱17.00-21.00 mi-do; 🅿) 🍷 Acogedor restaurante y bar de vinos, decorado en madera y con chimenea, que forma parte del atractivo Cedar Glen Lodge. Sirven quesos artesanales y productos locales tales como carnes de animales criados en libertad y sin hormonas. Destacan las patatas fritas con aceite de trufa, la pechuga de pollo asada y cualquier postre. Mejor reservar.

¿CANSADO DE TAHOE?

Para pisar nieve sin agotar el presupuesto ni quedarse atascado en el tráfico los fines de semana, se puede ir a uno de los 19 'sno-parks' (☎916-324-1222; http://ohv.parks.ca.gov/?page_id=1233; pass por día/year 5/25 US$) de California. Repartidos a lo largo de las carreteras de Sierra, son parques asequibles con actividades de invierno (trineo, esquí de fondo o hacer muñecos de nieve).

Otra opción son las estaciones de esquí más pequeñas. Además de contar con pases de remontes más baratos, Bear Valley (www.bearvalley.com; Hwy 4) tiene su propia zona de juegos de nieve, Dodge Ridge (www.dodgeridge.com; Hwy 108) ofrece clases de contacto con la nieve para niños, y China Peak (www.skichinapeak.com; Hwy 168) tiene pocos esquiadores y está lejos de las congestionadas carreteras de Tahoe.

Gar Woods Grill & Pier   BAR
(☎530-546-3366; www.garwoods.com; 5000 N Lake Blvd; ⏰11.30-23.30) Aquí, a orillas del lago, entre una clientela bulliciosa, se rinde homenaje a la época de los clásicos barcos de madera. Se recomienda pasar de la parrilla y concentrarse en alguno de los cócteles a la puesta de sol.

Kings Beach

El carácter funcional de la pintoresca Kings Beach se percibe en el puñado de moteles sencillos de estilo *retro* que se alinean junto a la carretera, aunque en verano toda la atención se la lleva la **Kings Beach State Recreation Area** (plano p. 372; www.parks.ca.gov; ⏰anochecer-22.00; 👨‍👩‍👧🎿) GRATIS, una seductora playa de más de 200 m invadida de bañistas y perros (atados), con mesas de *picnic*, barbacoas y zona de juegos infantiles, además de puestos de alquiler de kayaks, motos acuáticas, patines, tablas de surf de remo (SUP) y otros. En **Adrift Tahoe** (☎530-546-1112; www.standuppaddletahoe.com; 8338 N Lake Blvd), uno de los operadores locales, alquilan kayaks, canoas y tablas de surf de remo, y ofrecen clases particulares y circuitos.

Más hacia el interior, el **Old Brockway Golf Course** (☎530-546-9909; www.oldbrockway.com; 400 Brassie Ave, nr esq Hwy 267 y N Lake Blvd; *greens fee* 25-50 US$, alquiler de palos/carrito desde 15/18 US$), de nueve hoyos, 36 par rápido y estilo años veinte, tiene vistas al lago entre los pinos. Antaño era popular entre las estrellas de Hollywood.

Para clases de yoga, zumba o de *jazzercise,* el **North Tahoe Event Center** (www.northtahoeparks.com/ntec.php; 8318 N Lake Blvd) está junto al lago.

🛏 Dónde dormir

⭐ Hostel Tahoe   ALBERGUE $
(☎530-546-3266; www.hosteltahoe.com; 8931 N Lake Blvd; dc 35 US$, d/f 80/90 US$; @🛜) 🅿 A pocos minutos de Northstar y la playa, este antiguo motel ofrece habitaciones privadas y dormitorios colectivos separados por sexos, con pinturas murales y cortinas finas. Su punto fuerte es un edificio común exento, con un salón soleado y una cocina con café, té y tentempiés. Se prestan bicicletas. Desayuno incluido los sábados y domingos.

🍴 Dónde comer y beber

Char-Pit   COMIDA RÁPIDA $
(www.charpit.com; 8732 N Lake Blvd; productos 3-11 US$; ⏰11.00-21.00; 👨‍👩‍👧) Puesto de comida rápida de los años sesenta sencillo y exitoso: hamburguesas y costillas de cerdo al estilo St Louis jugosas, aros de cebolla crujientes y palitos de mozzarella rebozados.

Log Cabin Caffe   CAFETERÍA $$
(☎530-546-7109; www.logcabinbreakfast.com; 8692 N Lake Blvd; principales 8-16 US$; ⏰7.00-14.00) Conviene llegar temprano (sobre todo los fines de semana) para disfrutar del mejor desayuno de la costa norte. Los huevos Benedict, las tortitas de trigo integral con fruta fresca y los gofres de naranja y arándanos son algunas de sus muchas especialidades. Llámese antes si no se quiere esperar mesa en torno a una hora.

Lanza's   ITALIANA $$
(www.lanzastahoe.com; 7739 N Lake Blvd; principales 12-23 US$; ⏰17.00-22.00, bar desde 16.30) Al lado del supermercado Safeway se sitúa esta apreciada *trattoria* con aroma a ajo y romero. Los platos son copiosos e incluyen pan y ensalada. En la entrada hay unas curiosas fotografías en tonos sepia de la familia del dueño.

Jason's Beachside Grille   BAR
(www.jasonsbeachsidegrille.com; 8338 N Lake Blvd; ⏰11.00-22.00) Para fiesta, lo mejor es esta terraza a orillas del lago, sin que importe que

sirvan comida estadounidense aburrida, como pollo ahumado con pasta y ensaladas (principales de cena 13-25 US$). En los días más fríos, los sofás de terciopelo rojo en torno a la chimenea son todo un imán, y en verano, la estrella es la puesta de sol.

Grid Bar & Grill PUB
(www.thegridbarandgrill.com; 8545 N Lake Blvd; ☺11.00-2.00) Puede parecer un tanto tosco, pero ofrece una *happy hour* baratísima y conciertos (desde *bluegrass* hasta punk), sesiones de DJ, karaoke y concursos nocturnos.

❶ Cómo llegar y desplazarse

Los autobuses de **Tahoe Area Rapid Transit** (TART; ☎530-550-1212; www.laketahoetran sit.com; billete/pase diario 1,75/3,50 US$) circulan a diario entre Tahoe City e Incline Village y paran en Tahoe Vista, Kings Beach y Crystal Bay cada hora de 6.00 a 18.00. Otra ruta de TART enlaza Crystal Bay y Kings Beach con la estación de Northstar cada hora de 8.00 a 17.00 a diario; en invierno, este autobús continúa hasta Truckee (de mayo a noviembre es preciso desviarse primero por Tahoe City).

En verano, North Lake Tahoe Water Shuttle (p. 389) ofrece media docena de servicios diarios entre Tahoe Vista y Tahoe City (30 min); resérvese con antelación; admiten bicicletas.

ORILLA ESTE

El litoral oriental del lago Tahoe se encuentra por completo en el estado de Nevada. Una gran parte de él continúa casi sin urbanizar gracias a George Whittell, un excéntrico *playboy* de San Francisco que, en otro tiempo, era dueño de una vasta extensión de este territorio, incluidos 43 km de costa. A su muerte, en 1969, la propiedad se vendió a un inversor privado que posteriormente anduvo en tejemanejes con el Servicio Forestal de EE UU y los Parques Estatales de Nevada, que finalmente se quedaron con una parte. A ello se debe que la orilla este aún ofrezca algunos de los mejores paisajes y diversiones al aire libre del Tahoe. La Hwy 28 se adentra en Nevada por Crystal Bay, pasa por Incline Village y discurre junto al lago hasta confluir con la Hwy 50, la cual continúa al sur hasta la Zephyr Cove y los casinos de Stateline.

Crystal Bay

Nada más cruzar a Nevada, las luces de neón empiezan a centellear y los palacios del juego de la vieja escuela tientan al dinero sudorosamente ganado por los viajeros. Aunque durante la última visita permanecía cerrado a causa de una reforma multimillonaria, el histórico Cal-Neva Resort, en la frontera entre California y Nevada, tiene una curiosa historia con fantasmas, gánsteres y hasta con Frank Sinatra, quien fue propietario del local durante una temporada. Cuando reabra, pregúntese por el circuito guiado por los túneles secretos.

También en la calle principal, el Tahoe Biltmore Lodge & Casino (☎800-245-8667; www.tahoebiltmore.com; 5 Hwy 28; h 84-129 US$; ☎☺) muestra su historia con fotografías del Tahoe clásico en las habitaciones del hotel. Para comer algo se puede ir al Cafe Biltmore (principales 8-15 US$; ☺7.00-16.00), bastante *kitsch*, con espejos en el techo y un bosque artificial, y después, al otro lado de la calle, al Crystal Bay Club Casino (☎775-833-6333; www.crystalbaycasino.com; 14 Hwy 28), a escuchar música en directo (normalmente bandas de versiones).

Para huir de los casinos y respirar aire con olor a pino solo hay que emprender la empinada subida de 1,6 km por la asfaltada Forest Service Rd 1601 hasta el Stateline Lookout, un mirador con vistas de la puesta de sol sobre el Tahoe y las montañas nevadas que lo circundan. Un sendero pasa cerca de la antigua torre de vigilancia contra incendios, en la actualidad ocupada por una plataforma de observación en dos alturas. Para encontrar el inicio del sendero hay que subir por Reservoir Rd, al este del aparcamiento del Tahoe Biltmore, girar después a la derecha por Lakeview Ave y seguir cuesta arriba cerca de 1 km hasta la verja de hierro (casi siempre cerrada), a mano izquierda.

Incline Village

Es una de las comunidades más glamurosas del lago y la puerta de acceso a las estaciones de esquí de Diamond Peak y Mt Rose. La última está 19,31 km al noreste por la Hwy 431 (Mt Rose Hwy). En verano, la vecina Mt Rose Wilderness (plano p. 372; www.fs.usda.gov/ltbmu) ofrece muchos kilómetros de paisaje agreste, incluida una agotadora ruta de

16 km hasta la cima del majestuoso monte Rose (3284 m). El sendero parte del aparcamiento del Mt Rose Summit, que en realidad no está en la cima, como su nombre parece indicar, sino 14,4 km monte arriba desde Incline Village. Para algo más suave, apto incluso para los niños, lo aconsejable es parar más o menos 1,6 km antes en los Tahoe Meadows (🏔). Hay que mantenerse en los senderos para no dañar los frágiles prados; se permiten perros con correa.

En verano, también se puede visitar la mansión de George Whittell, la Thunderbird Lodge (📞800-468-2463; www.thunderbirdlodge.org; adultos/6-12 años 39/19 US$; ⊙ma-sa may-oct, solo con reserva), donde el hombre pasaba los veranos con Bill, su león mascota. Los circuitos incluyen un recorrido por un túnel de 182 m hasta la casa donde George jugaba al póquer con Howard Hughes y otros famosos. La única forma de llegar a la casa es en el autobús de enlace desde el práctico centro de visitantes de Incline Village/Crystal Bay (📞775-832-1606; www.gotahoenorth.com; 969 Tahoe Blvd; ⊙8.00-17.00 lu-vi, 10.00-16.00 sa y do; 🚐) de la localidad, o por medio de un circuito en barco o en kayak (120-135 US$).

🛏 Dónde dormir

Hyatt Regency Lake Tahoe RESORT $$$
(📞775-832-1234; www.laketahoe.hyatt.com; 111 Country Club Dr; h do-ju/vi y sa desde 199/379 US$, ste y casita do-ju/vi y sa desde 319/629 US$; ❄@🏊🐾) Complejo decorado como un parador de montaña de estilo *arts and crafts*, con habitaciones y casitas a orillas del lago. Su spa es más grande que el casino. Además, tiene una playa privada y, en invierno, una piscina climatizada exterior.

🍴 Dónde comer y beber

Bite CALIFORNIANA $$
(📞775-831-1000; www.bitetahoe.com; 907 Tahoe Blvd; bandejas 8-19 US$; ⊙17.00-22.00, cerrado mi oct-may; 🐾) Su ubicación en un centro comercial no debería ser obstáculo para visitar este bar de tapas y vinos, creativo y ecléctico, donde los platos ligeros de temporada, con abundancia de verduras, se mezclan con interpretaciones modernas de clásicos caseros como las costillas de cerdo a la miel. La *happy hour* congrega a mucha gente.

Austin's ESTADOUNIDENSE $$
(www.austinstahoe.com; 120 Country Club Dr; principales 9-17 US$; ⊙11.00-21.00; 🐾🚹) Una cálida

bienvenida para toda la familia es lo que se encontrará en esta cabaña con terraza exterior, además de fritos de leche con salsa de jalapeños, filetes de pollo frito, pasteles de carne, hamburguesas y desbordantes cuencos de ensaladas, y enormes *martinis*.

Lone Eagle Grille BAR DE CÓCTELES
(www.laketahoe.hyatt.com; 111 Country Club Dr; ⊙11.30-22.00 do-ju, hasta 23.00 vi y sa) En el *cocktail lounge* del Hyatt se puede saborear un *margarita* y salir después a contemplar la puesta de sol junto al fuego en la playa.

Lake Tahoe-Nevada State Park

De vuelta al lago, hacia el sur, se halla el Lake Tahoe-Nevada State Park (plano p. 372; www.parks.nv.gov; por automóvil 7-12 US$), con playas, lagos y kilómetros de senderos. Casi 5 km al sur de Incline Village está la bonita Sand Harbor (plano p. 372; 📞775-831-0494; www.parks.nv.gov/parks/sand-harbor; 2005 Hwy 28; por automóvil 7-12 US$), una bahía poco profunda de aguas turquesas y brillantes y playas de arena blanca y rocas enmarcada por dos puntas de arena. Recibe mucha gente, sobre todo en julio y agosto, cuando se celebra el Lake Tahoe Shakespeare Festival (📞800-747-4697; www.laketahoeshakespeare.com).

En el extremo sur del parque, al norte de la intersección de la Hwy 50 y la Hwy 28, el lago Spooner (plano p. 372; 📞775-749-5980; www.parks.nv.gov; por automóvil 7-10 US$) es una zona popular de pesca deportiva, *picnics*, paseos por la naturaleza, acampada libre y esquí de fondo. El lago es también el punto de partida del famoso Flume Trail, un sendero de casi 21 km que se ha convertido en una especie de santo grial para los ciclistas curtidos. Desde el final del sendero cerca de Incline Village, se puede retroceder 16 km por el estrecho y sinuoso arcén de la Hwy 28 o bien subir a un autobús de enlace. Hay servicios de enlace y bicicletas de alquiler en la cabecera del sendero, dentro del parque, en la Spooner Summit Bike Rental Shop (📞775-749-1112; www.zephyrcove.com/flumetrail; alquiler de bicis de montaña por día 40-60 US$, servicio de enlace 10-15 US$; ⊙8.30-17.00 may-oct) o en la ciudad en Flume Trail Bikes (📞775-298-2501; www.theflumetrail.com; 1115 Tunnel Creek Rd, Incline Village; alquiler de bicis de montaña por día 35-85 US$, servicio de enlace 10-15 US$).

RENO (NEVADA)

Ciudad de grandes apuestas y de espectaculares aventuras al aire libre, Reno se resiste a ser encasillada. "La ciudad pequeña más grande del mundo" tiene algo que acelera el pulso de los amantes de la adrenalina, de los jugadores redomados y de la gente que busca acceso fácil a amplios espacios abiertos. El antaño rudo **Midtown**, bordeado por Liberty St (al sur del río) al norte y por Plumb Lane al sur, y atravesado por S Virginia St, ha revitalizado hace poco el centro de la ciudad con un montón de nuevos y excepcionales bares, restaurantes y centros de arte.

◉ Puntos de interés

National Automobile Museum   MUSEO

(☎775-333-9300; www.automuseum.org; 10 S Lake St; adultos/6-18 años 10/4 US$; ⊙9.30-17.30 lu-sa, 10.00-16.00 do; ♦) Estilizadas escenas callejeras ilustran un siglo de historia del automóvil en este interesante museo del motor. La colección, tan grande como impresionante, incluye vehículos únicos como el Mercury de 1949 de James Dean en el filme *Rebelde sin causa,* un Phantom Corsair de 1938 o un DeLorean chapado en oro de 24 quilates. También programan exposiciones temporales que muestran todo tipo de fabulosos vehículos antiguos y modificados.

Nevada Museum of Art   MUSEO

(☎775-329-3333; www.nevadaart.org; 160 W Liberty St; adultos/6-12 años 10/1 US$; ⊙10.00-17.00 mi y vi-do, hasta 20.00 ju) En un edificio brillante inspirado en las formaciones geológicas del desierto Black Rock al norte de la ciudad, una escalera flotante conduce hasta galerías de exposiciones y colecciones eclécticas dedicadas al arte del oeste estadounidense, al trabajo y a la fotografía de paisajes.

Fleischmann Planetarium & Science Center   MUSEO

(☎775-784-4811; http://planetarium.unr.nevada.edu; 1650 N Virginia St; planetarium adultos/menores 12 años 7/5 US$; ⊙12.00-19.00 lu-ju, hasta 21.00 vi, 10.00-21.00 sa, hasta 19.00 do; ♦) Un edificio con forma de platillo volante en la Universidad de Nevada para descubrir y contemplar el universo.

Nevada Historical Society Museum MUSEO

(☎775-688-1190; http://museums.nevadaculture. org; 1650 N Virginia St; adultos/menores 17 años 4 US$/gratis; ⊙10.00-17.00 ma-sa) Cerca del Uni-

versity of Nevada Science Center, este museo alberga exposiciones permanentes sobre letreros de neón, cultura nativa americana y la presencia del gobierno federal.

Circus Circus   CASINO

(www.circusreno.com; 500 N Sierra St; ⊙24 h; ♦) El más familiar de todos los casinos de la ciudad ofrece espectáculos de circo gratis para entretener a los niños bajo una carpa gigante; también hay juegos infantiles y videojuegos que parecen máquinas tragaperras.

Silver Legacy   CASINO

(www.silverlegacyreno.com; 407 N Virginia St; ⊙24 h) De ambientación victoriana, se le reconoce por su icónica cúpula blanca, desde la cual se proyecta periódicamente un espectáculo de luz y sonido más bien discreto.

Eldorado   CASINO

(www.eldoradoreno.com; 345 N Virginia St; ⊙24 h) Cuenta con una fuente de la fortuna de dudoso gusto que, probablemente, haría que Bernini, el escultor italiano renacentista, se revolviera en su tumba.

Harrah's   CASINO

(www.harrahsreno.com; 219 N Center St; ⊙24 h) Fundado en 1946 por el pionero del juego en Nevada, William Harrah, aún es uno de los casinos más grandes y populares de Reno.

Atlantis   CASINO

(www.atlantiscasino.com; 3800 S Virginia St; ⊙24 h) Inspirado en la mítica ciudad bajo el agua, cuenta con techos de espejo y florituras tropicales, como cascadas y palmeras.

🏃 Actividades

Reno se halla a 30-60 min en automóvil de las estaciones de esquí del lago Tahoe, y muchos hoteles y casinos locales ofrecen paquetes especiales de alojamiento y esquí.

Para más información sobre excursiones y rutas ciclistas que se pueden realizar por la región, incluida una a la cima del monte Rose y la Tahoe-Pyramid Bikeway, es buena idea descargarse la **guía 'Truckee Meadows Trails'** (www.washoecounty.us).

A poca distancia de los casinos, los rápidos de grado II y III del **Truckee River Whitewater Park** son aptos para niños en neumáticos y, a la vez, desafío suficiente para los profesionales del descenso en kayak. Dos rutas rodean el Wingfield Park, una pequeña isla que alberga conciertos gratis en verano. **Tahoe Whitewater Tours** (☎775-787-5000; www.truckeewhitewaterrafting.com; 400 Island Ave;

rafting adultos/niños 68/58 US$) y **Sierra Adventures** (☎866-323-8928; www.wildsierra.com; 11 N Sierra St; *tubing* 29 US$) ofrecen salidas en kayak y cursos.

👣 Circuitos

Historic Reno Preservation Society
PASEOS

(☎775-747-4478; www.historicreno.org; circuitos 10 US$) Para conocer la ciudad más a fondo, con circuitos a pie o en bicicleta dedicados a temas como la arquitectura, la política o la historia literaria.

✨ Fiestas y celebraciones

Reno River Festival
DEPORTES

(www.renoriverfestival.com; ⊗may) Los mejores kayakistas de estilo libre del mundo compiten en una trepidante carrera por el Whitewater Park a mediados de mayo. También hay conciertos gratis.

Hot August Nights
CULTURA

(www.hotaugustnights.net; ⊗ago) Siete días de ambiente *American Graffiti* en este festival de automóviles antiguos y *rock'n'roll* que se celebra a principios de agosto. Los precios de los hoteles se disparan como nunca.

🛏 Dónde dormir

Las tarifas de los hoteles varían mucho según el día de la semana y las celebraciones locales. Por lo general, de domingo a jueves son los días menos caros; los viernes, los precios suben un poco; y los sábados, pueden hasta triplicarse.

BURNING MAN

Durante una semana a finales de agosto, el festival **Burning Man** (www.burning man.com; entrada 380-650 US$) revoluciona el árido desierto de Black Rock, y en Nevada surge el tercer centro más poblado del estado: Black Rock City. Se trata de un festival de arte experimental (y alternativo) que alcanza su clímax con la quema de una enorme figura de madera. Hay un sinfín de excéntricos campamentos temáticos, bicicletas cubiertas de polvo, intercambios curiosos, gente desnuda y medio disfrazada, y mucha desinhibición.

Mt Rose
CAMPING $

(☎877-444-6777; www.recreation.gov; Hwy 431; parcela tienda y autocaravana 17-50 US$; ⊗med jun-sep) En verano es un lugar precioso para acampar en las alturas.

Sands Regency
HOTEL $

(☎775-348-2200; www.sandsregency.com; 345 N Arlington Ave; h do-ju desde 39 US$, vi y sa desde 85 US$; P❄✿🐾❄) Ofrece algunas de las habitaciones estándar más holgadas de la ciudad, decoradas con una alegre paleta de tonos azules, rojos y verdes: un soplo de aire fresco comparado con la típica decoración de los moteles. El gimnasio y el *jacuzzi* de la planta 17 disfrutan de magníficas vistas de las montañas. En verano disponen de una piscina al aire libre. Las habitaciones Empress Tower son las mejores.

Wildflower Village
MOTEL, B&B $

(☎775-747-8848; www.wildflowervillage.com; 4395 W 4th St; dc 34 US$, motel 63 US$, B&B 142 US$; P❄@❄) Más que un motel, esta colonia de artistas en el límite oeste de la ciudad con aspecto destartalado y ambiente creativo, es un estado de ánimo. Hay murales que decoran la fachada de cada habitación y se oye pasar a los trenes. En el *pub*-café suele haber música en directo y lecturas de poesía. Alquilan bicicletas.

Peppermill
CASINO HOTEL $$

(☎866-821-9996, 775-826-2121; www.peppermill-reno.com; 2707 S Virginia St; h do-ju 59-129 US$, vi y sa 79-209 US$, pase *resort* 16 US$; P❄✿@❄❄) 🌿 Muy popular, tiene un aire de opulencia al estilo de Las Vegas. Ofrece suites de tipo toscano en la torre nueva, de 600 habitaciones, y elegantes habitaciones remodeladas en el resto del *resort*. Las tres flamantes piscinas (una interior) son de ensueño y también hay un *spa*. El agua caliente y la calefacción del complejo funcionan con energía geotérmica.

🍴 Dónde comer

El panorama gastronómico de Reno va más allá de los bufés de los casinos.

Pho 777
VIETNAMITA $

(201 E 2nd St; principales 6-8 US$; ⊗10.00-21.00) Sencillo local para tomarse una sopa de fideos cerca de la hilera de casinos.

Peg's Glorified Ham & Eggs
CAFÉ $

(www.eatatpegs.com; 420 S Sierra St; principales 7-14 US$; ⊗6.30-14.00; 🚼) Según los lugareños, es la mejor cafetería de la ciudad, también con sabrosa (y no demasiado grasienta) comida a la parrilla.

★ **Old Granite Street Eatery** ESTADOUNIDENSE MODERNA **$$**
(☎775-622-3222; www.oldgranitestreeteatery.
com; 243 S Sierra St; principales cena 12-26 US$;
⏱11.00-22.00 lu-ju, hasta 23.00 vi, 10.00-23.00
sa, hasta 15.00 do) Un lugar bien iluminado
donde sirven platos ecológicos y caseros,
cócteles artesanales de la vieja escuela y
cervezas artesanales de temporada. Lleno
de antigüedades, seduce a los clientes con
su señorial bar de madera, el agua servida
en antiguas botellas de licor y su extensa
carta de temporada. Si no se ha reservado,
se puede disfrutar con los murales del gallo
y el cerdo hasta que alguien se levante de
la mesa comunal construida con la puerta
de un granero.

Silver Peak Restaurant & Brewery PUB **$$**
(www.silverpeakrestaurant.com; 124 Wonder St;
almuerzo 8,50-11 US$, cena 10-23 US$; ⏱restau-
rante 11.00-22.00 do-ju, hasta 23.00 sa y do, *pub*
abre 1 h más tarde) Sencillo y sin pretensio-
nes, este local está impregnado del carácter
alegre de los lugareños, que se encuentran
aquí para tomar cervezas artesanales y/o
comer bien (*pizzas*, pollo a la brasa, curri
de gambas y solomillo de ternera).

🍷 Dónde beber y vida nocturna

Jungle CAFÉ, BAR DE VINOS
(www.thejunglereno.com; 246 W 1st St; ⏱café
6.00-24.00, vino 15.00-24.00 lu-ju, 15.00-2.00 vi,
12.00-2.00 sa, 12.00-24.00 do; 🛜) Cafetería y
bar de vinos, pared con pared, con un bonito suelo de mosaico y un patio ribereño.
El bar de vinos ofrece catas semanales, y
en el café sirven *bagels* para desayunar y
sándwiches para almorzar (6-8 US$) y se
programan espectáculos musicales.

Chapel Tavern BAR DE CÓCTELES
(www.chapeltavern.com; 1099 S Virgina St;
⏱14.00-2.00 lu-mi, 14.00-4.00 ju-do) La meca
coctelera del Midtown ofrece sus propias
infusiones (pruébese la de *bourbon* con higos) y una carta de bebidas de temporada
que atrae a clientes todo el año, para disfrutar en el bar (decorado con cornamentas) o
en el patio exterior. Los viernes y sábados
hay sesiones de DJ y una clientela interge-
neracional.

Edge CLUB
(www.edgeofreno.com; 2707 S Virginia St, Peppermill; entrada 20 US$; ⏱ju y sa desde 22.00, vi des-

LAGO PYRAMID

Esta extensión azul en medio de un
paisaje árido, 40 km al norte de Reno,
en la reserva india de los paiute, es un
popular paraje recreativo. Los permisos
para **acampar** (parcelas sencillas por
vehículo y noche 9 US$) en la playa
de la orilla oeste del lago, y **pescar**
(9 US$/persona) están disponibles
en línea, en comercios de material de
montaña, en algunas tiendas de Reno
y en el **puesto de guardabosques**
(☎775-476-1155; http://plpt.nsn.us/
rangers; 2500 Lakeview Dr; ⏱9.00-13.00
y 14.00-18.00 ju-lu) al este de la SR 445
en Sutcliffe.

de 19.00) Amplia y brillante, es la discoteca
del Peppermill, llena de gogós, máquinas
de humo y luces láser que pueden provocar
una sobrecarga sensorial, en cuyo caso se
puede salir al patio *lounge*, con hogueras.

☆ Ocio

El semanal *Reno News & Review* (www.
newsreview.com), gratis, es la mejor fuente
de información local.

Entre la I-80 y el río Truckee, la céntrica
N Virginia St es la arteria de los casinos;
al sur del río continúa como S Virginia St.

Knitting Factory MÚSICA EN DIRECTO
(☎775-323-5648; http://re.knittingfactory.com;
211 N Virginia St) Local mediano animado por
éxitos *indie* y *mainstream*.

ℹ️ Información

Hay un centro de información junto a la recogida de equipajes del aeropuerto internacional Reno-Tahoe, que también tiene wifi gratis.

**Centro de convenciones y de visitantes
de Reno-Sparks** (☎800-367-7366; www.
visitrenotahoe.com; 135 N Sierra St, dentro
de Reno Envy; ⏱10.00-18.00)

ℹ️ Cómo llegar y salir

La mayoría de las grandes aerolíneas vuelan
al **aeropuerto internacional Reno-Tahoe**
(RNO; www.renoairport.com; 🛜), situado
unos 8 km al sureste del centro.

North Lake Tahoe Express (☎866-216-5222;
www.northlaketahoeexpress.com; ida 45 US$)
tiene un servicio de enlace (5 diarios, 3.30-

24.00) a/desde el aeropuerto desde/a varias localidades del litoral norte del lago Tahoe, incluidas Truckee, Squaw Valley e Incline Village. Resérvese con tiempo.

South Tahoe Express (☑866-898-2463; www.southtahoeexpress.com; adultos/niños ida 29,75/16,75 US$, ida y vuelta 53/30,25 US$) ofrece varios autobuses de enlace desde el aeropuerto hasta los casinos de Stateline; el trayecto dura entre 75 min y 2 h.

Para llegar a South Lake Tahoe (solo entre semana), el **autobús Intercity de RTC** (www.rtcwashoe.com; intercity 5 US$), con wifi, lleva hasta la Nevada DOT en Carson City (5 US$, 1 h, 6 diarios lu-vi), con conexión al autobús de **Blue-Go** (www.tahoetransportation.org/southtahoe) nº 21X (2 US$ con enlace al RTC Intercity, 1 h, 5-6 diarios), que va al Stateline Transit Center.

Greyhound (☑775-322-2970; www.greyhound.com; 155 Stevenson St) va a diario a Truckee, Sacramento y San Francisco (35 US$, 5-7 h), al igual que el tren *California Zephyr* de **Amtrak** (☑800-872-7245, 775-329-8638; www.amtrak.com; 280 N Center St), en dirección oeste. El tren es más lento y caro, pero también más confortable y paisajístico, y con una conexión de autobús desde Emeryville para pasajeros a San Francisco (51 US$, 7½ h). La compañía económica **Megabus** (www.megabus.com; ☎) tiene dos salidas diarias desde el casino Silver Legacy a San Francisco (desde 15 US$, 4½ h) vía Sacramento.

ⓘ Cómo desplazarse

Los hoteles de los casinos a menudo ofrecen transporte gratis a/desde el aeropuerto a sus huéspedes (y no piden ver la resera).

La compañía local **RTC Ride** (☑775-348-7433; www.rtcwashoe.com; por viaje 2 US$) cubre la ciudad, y la mayoría de las rutas convergen en la estación RTC 4th St del centro (entre Lake St y Evans Ave). Entre las rutas más prácticas están la línea RTC Rapid a S Virginia St, la 11 a Sparks y la 19 al aeropuerto.

El **autobús Sierra Spirit** (50¢) rodea los principales puntos de interés del centro (casinos y universidad incl.) cada 15 min de 7.00 a 19.00.

Yosemite y Sierra Nevada

Sumario »

Los mejores restaurantes

➡ Evergreen Lodge (p. 420)

➡ Lakefront Restaurant (p. 448)

➡ Tioga Pass Resort (p. 442)

➡ Narrow Gauge Inn (p. 423)

➡ Mountain Room Restaurant (p. 420)

Los mejores alojamientos

➡ High Sierra Camps (p. 418)

➡ Ahwahnee Hotel (p. 409)

➡ Evergreen Lodge Resort (p. 419)

➡ Sierra Sky Ranch (p. 424)

➡ Benton Hot Springs (p. 453)

Por qué ir

Sierra Nevada experimenta todo el año un desfile de deportes de nieve, *rafting* en aguas rápidas, excursionismo, ciclismo y escalada en roca. Los aficionados al esquí y al *snowboard* se deslizan por pendientes cubiertas de pinos y los amantes de la naturaleza consiguen en la zona escapar del estrés de la civilización moderna.

El espinazo oriental de California, una barrera topográfica tan formidable como bella, encierra magníficos paisajes, y entre cañones fluviales y picos de 4000 m aparecen pueblos fantasma abandonados por los primeros colonos blancos californianos, manantiales de aguas termales y nativos americanos que aún consideran esta tierra su hogar.

En los parques nacionales de Yosemite, Sequoia y Kings Canyon, el visitante se sentirá abrumado ante los bosques de secuoyas gigantes, las ancestrales formaciones rocosas y los valles, y la oportunidad de ver osos y otras criaturas salvajes.

Cuándo ir
Yosemite National Park

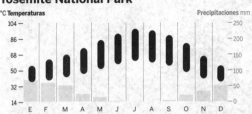

°C Temperaturas   Precipitaciones mm

May y jun Las cascadas de Yosemite fluyen espectaculares en primavera.

Jul y ago Adentrarse en la naturaleza salvaje de las montañas bajo un sol radiante.

Dic-mar Para un paseo invernal por los bosques nevados.

Reno (45mi)

CARSON
CITY

NEVADA

50 km

Lago
Walker

Lago
Tahoe

Incline Village

Tahoe City

El Dorado
National
Forest

South
Lake Tahoe

Grover
Hot Springs
State Park

Markleeville

Topaz Lake

Puerto de Monitor
(2534 m)

Walker

Arnold

Murphys

Calaveras
Big Trees
State Park

Puerto de Ebbetts
(2661m)

Lago
Alpine

Bear Valley

Río Mokelumne

Stanislaus
National
Forest

Sonora

Río Stanislaus

Puerto de Sonora
(2933m)

Humboldt-
Toiyabe
National
Forest

Bridgeport

Humboldt-Toiyabe
National Forest

Bodie State
Historic Park

Hoover
Wilderness

Cresta Doble

Groveland

Briceburg

Midpines

Río Tuolumne

Yosemite
National Park

Puerto de Tioga
(3031m)
(cerrado en invierno)

Yosemite
Village

El Portal

Ansel Adams
Wilderness

Lago
June

Lee Vining

Lago
Mono

Mammoth Mountain
(3368m)

Mammoth
Lakes

Devils Postpile

Inyo
National
Forest

Benton

Inyo
National
Forest

White
Mountain
(4344m)

Ancient Bristlecone

Lago
Crowley

Imprescindible

1 Marvillarse en las torrenciales cascadas del **Yosemite National Park** (p. 408) en primavera.

2 Deslizarse por las nevadas laderas de **Mammoth Mountain** (p. 444) en invierno.

3 Alzar la mirada al cielo a través de los mantos de secuoyas de los **parques nacionales de Sequoia y Kings Canyon** (p. 427).

4 Deambular por el evocador pueblo fantasma de **Bodie** (p. 439).

5 Surcar en kayak o piragua **el lago Mono** (p. 442) entre inquietantes torres de toba.

6 Contemplar la extraña formación volcánica de **Devils Postpile** (p. 451).

7 Sumergirse en los estanques de aguas

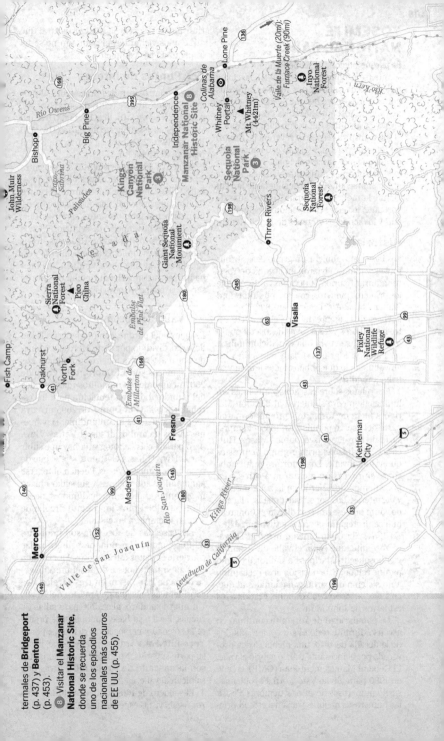

Fish Camp

Merced

140

152

99

Madera

Oakhurst

North Fork

41

168

Valle de San Joaquín

Río San Joaquín

Embalse de Millerton

41

Fresno

145

180

Kings River

Sierra National Forest

Pico China ▲

Embalse de Pine Flat

Giant Sequoia National Monument 4

180

245

63

Visalia

137

198

198

Acueducto de California

5

33

41

Kettleman City

33

198

5

43

Pixley National Wildlife Refuge 4

99

43

43

Three Rivers

198

Sequoia National Park 3

Sequoia National Forest 4

John Muir Wilderness

Bishop

Río Owens

Laguna Sabrina

Palisades

Big Pine

Kings Canyon National Park 3

168

395

Independence

Manzanar National Historic Site 8

Whitney Portal

Mt Whitney (4421m) ▲

Colinas de Alabama 9

Lone Pine

136

Valle de la Muerte (20mi); Furnace Creek (90mi) 4

Inyo National Forest

Río Kern

N e v a d a

S i e r r a

termales de **Bridgeport** (p. 437) y **Benton** (p. 453).

8 Visitar el **Manzanar National Historic Site**, donde se recuerda uno de los episodios nacionales más oscuros de EE UU. (p. 455).

YOSEMITE NATIONAL PARK

El parque nacional más bello de EE UU, Yosemite (se pronuncia yo-*sem*-ai-ti), fascina a todos. Desde las paredes rocosas surcadas por cascadas sobre las que se asienta el verde valle de Yosemite hasta las descomunales secuoyas gigantes del bosquecito Mariposa, el lugar inspira respeto y reverencia. Cuatro millones de personas visitan cada año el tercer parque más antiguo del país. Pero al alzar la vista sobre las multitudes, aún es posible emocionarse ante la altiva silueta de la Half Dome, la mole del Capitán, las cascadas de Yosemite, los lagos de la región subalpina del país y los senderos vírgenes de Hetch Hetchy.

Historia

Los indios ahwahnichi, un grupo de las tribus miwok y paiute, vivieron en la zona de Yosemite durante unos 4000 años antes de que los primeros pioneros, con Joseph Rutherford Walter a la cabeza, llegaran en 1833. Durante la época de la Fiebre del Oro, el conflicto entre los mineros y los nativos llegó a tal punto que en 1851 se envió una expedición militar (el Batallón Mariposa) para reprimir a los ahwahnichi, lo que obligó al jefe Tenaya y su tribu a rendirse.

Los relatos sobre cascadas y altísimas columnas de piedra siguieron al Batallón Mariposa fuera de Yosemite y pronto formaron parte del acervo popular. En 1855, el empresario de San Francisco, James Mason Hutchings, organizó el primer grupo de turistas que visitó el valle. Los informes publicados sobre su excursión alentaron a otros y en poco tiempo florecieron en la zona posadas y carreteras. Los conservacionistas, alarmados ante tal desarrollo, pidieron al Congreso que se protegiera la zona, y tuvieron éxito. En 1864, Abraham Lincoln firmó el Decreto Yosemite, que cedía el valle de Yosemite y el bosquecito Mariposa a California como parque estatal. Esta decisión abrió el camino a un sistema de parques nacionales al que, en 1890, se incorporó Yosemite, gracias a los esfuerzos de John Muir.

La popularidad de Yosemite continuó en ascenso durante todo el s. xx y, a mediados de la década de 1970, una niebla tóxica provocada por el incesante tráfico cubrió el valle. El General Management Plan (GMP), creado en 1980 para aliviar este y otros problemas, sufrió numerosos desafíos y demoras. Pese a las numerosas mejoras y a la necesidad prioritaria de preservar la belleza natural que atrae a los visitantes, el plan aún no se ha implantado por completo.

⊙ Puntos de interés

Existen cuatro entradas principales al parque: South Entrance (entrada sur; Hwy 41), Arch Rock (Hwy 140), Big Oak Flat (Hwy 120 W) y Tioga Pass o puerto de Tioga (Hwy 120 E). La Hwy 120 atraviesa el parque con el nombre de Tioga Rd.

La actividad de los visitantes se concentra en el valle de Yosemite, sobre todo en Yosemite Village, donde se encuentran el centro de visitantes principal, una oficina de correos, un museo, restaurantes y otros servicios. Curry Village es otro núcleo de servicios. Menos frecuentados, los Tuolumne Meadows atraen sobre todo a excursionistas, mochileros y escaladores. Wawona posee también una buena infraestructura. Hetch Hetchy, carente de servicios, recibe menos visitantes.

⊙ Valle de Yosemite

Es la joya del parque, con praderas de 11 km de largo, dividido por el río Merced y jalonado por majestuosos macizos graníticos. Los más famosos son **El Capitán** (El Cap), de 2307 m, uno de los monolitos más grandes del mundo, toda una tentación para los escaladores, y la **Half Dome**, de 2695 m, cuya redonda silueta es inconfundible. Hay buenas vistas de ambos desde el **Valley View**, pero para la clásica fotografía hay que subir por la Hwy 41 hasta el **Tunnel View,** que de paso brinda nuevas vistas. Pueden obtenerse panorámicas aún mejores, y sin sudar mucho ni aguantar grandes muchedumbres, desde el **Inspiration Point,** un circuito circular de 4 km que empieza en el túnel.

Las cascadas de Yosemite son impresionantes cuando el caudal de primavera las convierte en saltos estruendosos. La **cascada de Yosemite** (al oeste de Yosemite Village) se despeña por 739 m en tres niveles y se considera las más alta de América del Norte. Un nuevo sendero, accesible para sillas de ruedas, lleva a su base, aunque, si se prefiere la soledad y perspectivas distintas, por el **Yosemite Falls Trail** se puede llegar hasta su parte superior. No menos impresionantes son la **cascada de Bridalveil** y otras que salpican el valle.

El sendero de 1609 km hasta el **lago Mirror** regala vistas espectaculares y el reflejo de

❶ VISITA A YOSEMITE

De finales de junio a septiembre se puede acceder a todo el parque, con todas las instalaciones a pleno rendimiento. En esta época es más difícil, aunque no imposible, evitar las multitudes.

Hay menos gente en invierno, pero los cierres de carreteras, sobre todo la Tioga Rd, aunque también la Glacier Point Rd a su paso por la Badger Pass Ski Area, indican que la actividad se concentra en el valle y en Badger Pass. Los servicios turísticos se reducen al mínimo: casi todos los *campings* están cerrados y el resto de alojamientos, muy limitados. El invierno en Yosemite empieza con la primera nevada fuerte, que puede llegar pronto, incluso en octubre, y suele alargarse hasta mayo.

La primavera, cuando las cascadas están en todo su esplendor, es un buen momento para visitarlas. En otoño hay menos gente, un encantador arcoíris de fronda y un ambiente claro y nítido (aunque las cascadas, normalmente, son solo un hilo).

la Half Dome en sus tranquilas aguas. El lago se seca al final del verano.

Al sur, donde el río Merced fluye alrededor de dos islitas, están las **Happy Isles,** una zona concurrida para hacer *picnic,* nadar y pasear. También marca el principio de los senderos de John Muir y Mist hacia varias cascadas y la Half Dome.

Yosemite Museum MUSEO
(☎209-372-0200; ⏰9.00-17.00, normalmente cerrado 12.00-13.00) GRATIS Tiene artesanía miwok y paiute, como cestos, vestidos de ante bordados con cuentas y capas de baile forradas de plumas, y una **galería** con cuadros y fotografías de la colección permanente. Detrás del museo, un sendero atraviesa el **poblado indio** reconstruido, que se remonta a 1870 e incluye pesadas piedras, un granero de bellotas, una casa ceremonial redonda y otra cónica hecha con corteza de árbol.

Ahwahnee Hotel EDIFICIO HISTÓRICO
Se halla unos 400 m al este de Yosemite Village y es una mezcla de refugio de montaña y mansión de 1927. No es necesario estar alojado para visitarlo. El edificio, construido con granito, pino y cedro locales, luce vidrieras, mosaicos, alfombras amerindias y *kilims* turcos. En Navidades celebra el **Bracebridge Dinner** (☎801-559-5000; www.bracebridgedinners.com; 389 US$/persona), una especie de banquete y feria renacentista. Conviene reservar.

Nature Center at Happy Isles MUSEO
(⏰9.30-17.00 fin may-sep; ♿) Los montajes de este museo natural explican las diferencias entre las diversas piñas, rocas, rastros de animales y excrementos del parque. En la parte posterior destaca la exposición sobre el desprendimiento de rocas de 1996, cuando una laja de roca de 80 000 toneladas se deslizó

más de 600 m hasta el suelo del valle cercano, llevándose por delante la vida de un hombre y la de un millar de árboles.

◉ Glacier Point

Este mirador, a 2199 m sobre el nivel del mar y 975 m por encima del valle, brinda una de las panorámicas más cautivadoras de este último. A la izquierda de la Half Dome se extiende el cañón de Tenaya, con forma de U y de origen glaciar, y debajo se ven las cascadas de Vernal y Nevada. El Glacier Point está a 1 h en automóvil del valle de Yosemite por la Glacier Point Rd. Por la carretera

EL INSALVABLE PUERTO DE TIOGA

La Hwy 120, la ruta principal al Yosemite National Park desde el este de Sierra Nevada, atraviesa el puerto de montaña de Tioga, el más alto del lugar (3031 m). En la mayoría de los mapas figura la observación "Cerrado en invierno". Aunque esto es cierto, también es engañoso. La Tioga Rd suele cerrar con la primera nevada fuerte (oct) hasta mayo, junio o incluso julio. Atravesar el puerto en primavera, quizá no será posible. Según la política del parque, las quitanieves arrancan el 15 de abril; sin embargo, desde 1980 el puerto solo se ha abierto una vez en abril. Otras carreteras de montaña más al norte, como la Hwy 108, la 4 y la 88/89, también pueden estar cerradas por la nieve, aunque solo temporalmente. Llámese al ☎800-427-7623 para informarse sobre el estado de las carreteras y el tiempo.

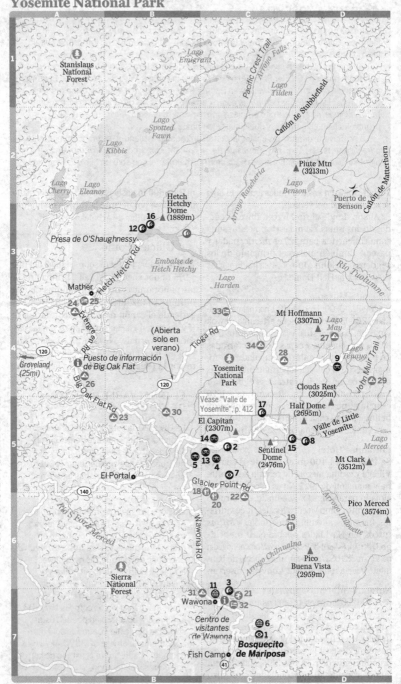

Yosemite National Park

hay senderos que llevan a otros miradores espectaculares, como los de **Dewey Point** y **Sentinel Dome**. También se puede llegar al Glacier Point por el **Four Mile Trail**. Si se ha conducido hasta el Glacier Point, el Four Mile Trail permite alejarse (a pie) de las multitudes y disfrutar de unas vistas aún más imponentes. También es posible llegar con el Glacier Point Hikers' Bus. Muchos excursionistas van en el autobús y regresan a pie.

Tioga Road y los Tuolumne Meadows

La Tioga Road (Hwy 120 E), la única carretera que atraviesa el parque, recorre 90 km a una altitud entre los 1888 m del Crane Flat y los 3031 m del puerto de Tioga. Las fuertes nevadas la mantienen cerrada entre noviembre y mayo. La vista más sobrecogedora se obtiene desde el **Olmsted Point**, aunque toda la bajada desde el cañón de Tenaya hasta la Half Dome es impresionante. En la ladera este del cañón se alza el **Clouds Rest**, de 3025 m. Hacia el este por la Tioga Rd se llega al azul y plácido **lago de Tenaya**, rodeado de pinos y precipicios graníticos.

Más adelante, a 88,4 km del valle de Yosemite, los Tuolumne Meadows, a 2621 m, conforman la mayor pradera subalpina de Sierra Nevada. Contrastan con el valle por sus exuberantes campos abiertos, lagos, picos graníticos y frescas temperaturas.

Tuolumne recibe menos visitantes que el valle, aunque la zona en torno al *camping*, la tienda del hotel y la oficina de turismo sí se suele llenarse los fines de semana, y algunas rutas rebosan de excursionistas, como la que lleva a **lago Dog**. Téngase en cuenta que la altitud dificulta mucho la respiración y puede refrescar bastante por las noches, así que conviene llevar algo de abrigo.

La llanura principal se extiende 4 km al norte de Tioga Rd, entre la **Lembert Dome** y la **Pothole Dome**. La subida de 60,9 m hasta la cima de esta última brinda magníficas vistas, sobre todo al atardecer. Un sendero interpretativo lleva a las **Soda Springs**, donde el agua carbonatada burbujea en pozas teñidas de rojo. El cercano **Parsons Memorial Lodge** tiene algunas exposiciones de las fuentes.

Los excursionistas y escaladores tienen un paraíso de posibilidades en torno a los Tuolumne Meadows, que es también la entrada a los High Sierra Camps.

Valle de Yosemite

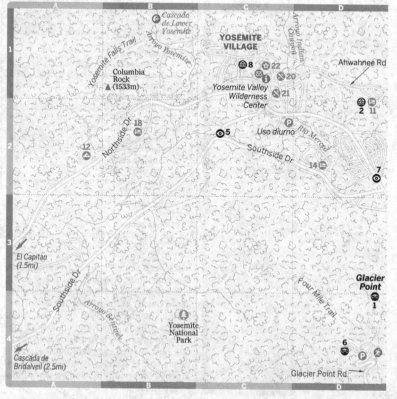

El Tuolumne Meadows Tour y Hikers' Bus realizan un viaje por la Tioga Rd a diario en cada sentido. Es posible usarlos para hacer excursiones solo de ida o de vuelta. El Tuolumne Meadows Shuttle realiza también un servicio gratis, que enlaza el Tuolumne Meadows Lodge con el Olmsted Point, con parada en el lago Tenaya.

Wawona

Ubicada 43 km al sur del valle de Yosemite, Wawona es el centro histórico del valle y sede de las primeras oficinas e instalaciones turísticas del parque. En breve, el parque remodelará parte del bosquecito Mariposa al reorganizar las zonas de aparcamiento en verano y crear un nuevo sistema de senderos mejor señalizados; se transportará a los viajeros entre los aparcamientos del pueblo y un nueva zona de estacionamiento frente a la South Entrance.

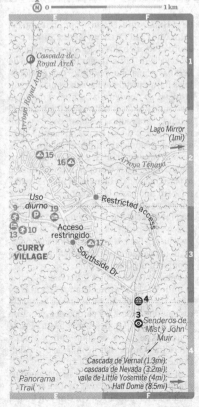

★ Bosquecito Mariposa   BOSQUE

Su principal aliciente es el grupo más grande e impresionante de secuoyas gigantes de Yosemite. Nadie quiere perderse el Grizzly Giant, el coloso que brotó hace 1800 años. No tiene pérdida: está a 800 m de paseo por un trillado sendero que sale cerca de la zona de aparcamiento. A partir del árbol disminuye el gentío, aunque para más soledad habrá que ir por la mañana temprano o pasadas las 18.00.

También cerca está el California Tunnel Tree, el árbol-túnel que sobrevive pese a que le arrancaron el corazón en 1895.

En la arboleda más alta está el Fallen Wawona Tunnel Tree, el famoso árbol-túnel que cayó en 1969. Para disfrutar de panorámicas se puede realizar el circuito de 1609 m desde el árbol caído hasta el Wawona Point.

También en el bosque superior, el Mariposa Grove Museum (⊙10.00-16.00 may-sep) GRATIS acoge muestras sobre la ecología de las secuoyas. En total, desde el aparcamiento hasta el bosque superior, hay que caminar unos 4 km.

Al escasear el aparcamiento, es mejor llegar pronto por la mañana o tarde, o ir en el autobús de enlace gratis desde la Wawona Store o la South Entrance. También puede verse el bosquecito con un circuito (☎209-375-1621; adultos/niños 26,50/19 US$; ⊙may-sep) guiado (1 h) en un ruidoso tranvía al descubierto.

Pioneer Yosemite
History Center   MUSEO

(paseos adultos/niños 5/4 US$; ⊙24 h, paseos mi-do jun-sep) GRATIS En Wawona, unos 10 km al norte del bosquecito, se sigue por los terrenos bien conservados del Wawona Hotel y se cruza un puente cubierto hasta llegar a este centro, adonde se han trasladado algunos de los edificios más antiguos del parque. También se exhiben las diligencias que transportaban a los primeros turistas a Yosemite y se ofrecen paseos cortos.

Hetch Hetchy

El "lugar de la hierba alta", en la lengua miwok, está menos transitado y sus cascadas y precipicios rivalizan con sus célebres homólogos del valle de Yosemite. La diferencia principal es que este valle tiene mucha agua embalsada, tras una larga batalla medioambiental y política a principios del s. xx. Es un lugar bonito y tranquilo, que compensa los 64 km desde el valle de Yosemite. Aunque el

Valle de Yosemite

incendio del Rim calcinó en el 2013 un gran sector del bosque de la zona, esto no ha mermado demasiado su belleza.

El embalse de Hetch Hetchy, de 12,8 km de largo, se extiende tras la presa de O'Shaughnessy, donde hay un aparcamiento y varios senderos, como uno de 8,6 km que lleva a las cascadas de Tueeulala y Wapama, que caen en picado por 304,8 m de paredes de granito. La **Hetch Hetchy Dome** se yergue a lo lejos. Es preferible hacer esta excursión en primavera, cuando las temperaturas son moderadas. Ojo con las serpientes de cascabel y algún oso ocasional, sobre todo en verano.

En el valle hay lavabos, pero ningún otro servicio. La carretera solo abre durante las horas de sol; hay un poste con los detalles al principio de la Evergreen Rd.

🏃 Actividades

Senderismo

Más de 1200 km de senderos satisfacen a excursionistas de todos los niveles. Se puede escoger uno fácil de 800 m por el fondo del valle, y pasar el día en busca de paisajes, cascadas y lagos, u optar por otro más largo y acampar en los tramos más recónditos del interior.

Algunas de las caminatas más populares salen del valle de Yosemite, entre ellas la más famosa, de 27,3 km, que llega hasta la cima

de la **Half Dome.** Discurre por un tramo del John Muir Trail y es agotadora, difícil y se aborda mejor en dos días, con pernoctación en el valle de Little Yosemite. Solo se puede llegar a la cima una vez que los guardas forestales hayan instalado los cables fijos. Según la nieve, se pueden fijar a finales de mayo o en julio, y suelen retirarse a mediados de octubre. Para reducir los bloqueos de personas a lo largo de los cables, el parque exige a los excursionistas un permiso para el día, pero la ruta no deja de ser angustiosa. Los menos ambiciosos o preparados físicamente lo pasarán igual de bien por el mismo sendero, pero solo hasta la **cascada de Vernal** (4 km ida y vuelta), hasta lo alto de la **cascada de Nevada** (10 km ida y vuelta) o hasta el idílico **valle de Little Yosemite** (12,8 km ida y vuelta). El **Four Mile Trail** (15 km ida y vuelta) es un agotador pero satisfactorio ascenso al mirador del Glacier Point.

Desde la Glacier Point Rd, coronar la mole granítica de la **Sentinel Dome** (3,5 km ida y vuelta) es fácil. Por su parte, uno de los senderos más pintorescos del parque, el **Panorama Trail** (13,7 km ida), desciende hasta el valle (y une los senderos de John Muir y Mist) y ofrece incesantes vistas como las de la Half Dome y la cascada de Illilouette.

Si se va con niños, hay destinos sencillos y bonitos, como el **lago Mirror** (3,2 km ida y vuelta, 7,2 km por el **Tenaya Canyon Loop**), en el valle, el **McGurk Meadow Trail** (2,5 km ida y vuelta), desde la Glacier Point Rd, con una cabaña de troncos, y los senderos del bosquecito de Mariposa en Wawona.

En la zona de Wawona, una de las excursiones más idílicas del parque lleva hasta la **cascada de Chilnualna** (13,8 km ida y vuelta). La mejor época para hacerla va de abril a junio y sigue un riachuelo cuesta arriba hasta lo alto de la panorámica cascada.

La mayor concentración de senderos se halla en las tierras altas de los **Toulumne Meadows**, solo accesibles en verano. Mucha gente va hasta el **lago Dok** (4,5 km ida y vuelta). También se puede ir por una parte bastante llana del John Muir Trail hasta el **cañón de Lyell** (28,3 km ida y vuelta).

En la **Yosemite Mountaineering School** (☎209-372-8344; www.yosemitepark.com; Curry Village; ☺abr-oct) alquilan mochilas, tiendas y demás equipamiento. La escuela ofrece salidas de iniciación de dos días y rutas con guía de tres y cuatro días para mochileros con todo incluido (375-500 US$/persona). En verano, la escuela abre una sucursal en los Tuolumne Meadows.

Escalada en roca

Yosemite es la cumbre de la escalada en roca. La temporada va de abril a octubre. Casi todos los escaladores permanecen en el Camp 4 (p. 418), cerca de El Capitán, sobre todo en primavera y otoño. En verano abre otro campamento base en el alto Tuolumne Meadows Campground (p. 418). Los escaladores que buscan compañeros cuelgan notas en los tablones de anuncios de los *campings*.

La Yosemite Mountaineering School ofrece cursos de calidad de todos los niveles, además de escaladas guiadas y alquiler de material. Las clases en grupo de todo el día para principiantes cuestan 148 US$/persona.

Desde la pradera frente a El Capitán y el extremo noroeste del lago Tenaya se puede ver (con prismáticos) a los escaladores en plena acción, principalmente por sus coloridos petates. Como parte del excelente **programa 'Ask a Climber'** ("Pregunta a un escalador"), guardabosques del parque ponen telescopios en el puente de El Capitán (11.00-15.00 med may-med oct) y contestan preguntas.

Ciclismo

No se permiten bicicletas de montaña dentro del parque, pero pedalear por los 19 km de senderos pavimentados es una forma típica y ecológica de explorar el valle, además de la más rápida cuando hay mucho tráfico. Numerosas familias se traen bicicletas, y normalmente hay niños con ellas por los *campings*. Los más aficionados afrontan los estrechos arcenes y tremendos desniveles de la Tioga Rd.

Natación

En un caluroso día de verano, no hay nada mejor que zambullirse en el río Merced, aunque si el agua está demasiado fría, se puede pagar para bañarse en las bellas piscinas exteriores de Curry Village y en el Yosemite Lodge at the Falls (adultos/niños 5/4 US$).

ℹ PERMISOS OBLIGATORIOS PARA LA HALF DOME

El parque exige obtenerlos con antelación para evitar largas colas (y condiciones cada vez más peligrosas) en los vertiginosos teleféricos de este monte. Ahora hay tres formas de conseguirlos, pero véase la información actualizada en www.nps.gov/yose/planyourvisit/hdpermits.htm. Los guardabosques piden los permisos al pie de los teleféricos.

Sorteo pretemporada (☎877-444-6777; www.recreation.gov; aplicación tarifa en línea/por tel. 4,50/6,50 US$) Las solicitudes del sorteo para 300 pases diarios deben estar completadas en marzo, y se envía la confirmación a mediados de abril; un pago adicional de 8 US$/persona convalida el permiso. Las solicitudes son para hasta seis personas y siete fechas alternativas.

Sorteo diario Unos 50 permisos más se adjudican por sorteo dos días antes de la fecha de la caminata. Se solicitan por internet o por teléfono entre las 24.00 y las 13.00 hora local (Pacific Time, GMT-8); la notificación se da ese mismo día a última hora. Es fácil conseguirlos para entre semana.

Mochileros Quien posea un permiso *wilderness* emitido por Yosemite puede solicitar un permiso para la Half Dome (8 US$/persona) sin pasar por el sorteo. Los que tengan permisos *wilderness* de un National Forest u otro parque pueden utilizarlos para los teleféricos.

Con su playa arenosa, el lago Tenaya es una opción gélida pero interesante, mientras que el lago White Wolf's Harden se templa hacia mediados de verano.

Paseos a caballo

Los **Yosemite Stables** (www.yosemitepark.com; paseos 2 h/medio día 64/88 US$) operan circuitos guiados hasta bellos lugares como el lago Mirror, la cascada Chilnualna y el río Tuolumne desde tres bases: los **Tuolumne Meadows** (209-372-8427), **Wawona** (209-375-6502) y el **valle de Yosemite** (209-372-8348). La temporada va de mayo a octubre, aunque puede variar según el lugar. No hace falta tener experiencia, pero se recomienda reservar, sobre todo en los establos del valle de Yosemite. Se monta en caballos y mulos.

'Rafting'

De finales de mayo a julio, descender el río Merced desde el Stoneman Meadow, cerca de Curry Village, hasta el puente de Sentinel es una forma de admirar con calma el valle de Yosemite. En el concesionario de Curry Village **facilitan balsas** (209-372-4386; 31 US$/persona) para el descenso de 4,8 km, equipamiento y transporte de vuelta al quiosco de alquiler incluidos. Los niños deben pesar más de 23 kg. También se puede bajar con equipo propio y pagar 5 US$ por el transporte de vuelta.

Los amantes de las aguas bravas pueden enfrentarse al **Tuolumne**, un clásico río con rápidos de grado IV entre peñas y cascadas. **OARS** (209-736-2597; www.oars.com) y **Sierra Mac** (209-591-8027, www.sierramac.com), con sede en Groveland, ofrecen salidas guiadas.

Deportes de invierno

El blanco manto del invierno abre todo un abanico de posibilidades y el valle se transforma en un mundo apacible y glacial de coníferas cubiertas de nieve, lagos helados y vistas de montañas blancas que se recortan en el cielo azul.

Los esquiadores de fondo pueden explorar 563 km de pistas y caminos esquiables, incluidos 145 km de pistas balizadas y 40 km de pistas pisadas cerca de Badger Pass. El sendero al Glacier Point (33,7 km ida y vuelta) también arranca aquí. Hay más caminos en el Crane Flat y el bosquecito Mariposa. Las rutas no pisadas también pueden explorarse con raquetas.

Un autobús une gratis el valle con Badger Pass. Hay quitanieves, y las Hwy 41, 120 y 140 se mantienen abiertas si las condiciones lo permiten. Sin embargo, la Tioga Rd (Hwy 120 E) se cierra con las primeras nevadas. Hay que llevar cadenas, pues su precio se duplica al llegar al pie de las montañas.

Badger Pass ESQUÍ, SNOWBOARD
(209-372-8430; www.badgerpass.com; telesilla adultos/niños 49/25 US$; 9.00-16.00 med dic-mar) Sus pendientes suaves son ideales para familias y esquiadores y *snowboarders* noveles. La estación está a unos 35 km del valle por la Glacier Point Rd y cuenta con cinco telesillas, más de 1000 m de descenso vertical y 10 pistas, un alojamiento con todos los servicios, material de alquiler (27-37 US$ equipo completo) y la **Yosemite Ski School**, en la que generaciones han aprendido a esquiar de forma segura (clases en grupo desde 47 US$).

**Badger Pass Cross-
Country Center & Ski School** ESQUÍ
(209-372-8444) En la zona de esquí de Badger Pass, esta escuela ofrece paquetes de clases para principiantes (46 US$), alquiler de equipos (25 US$), también de acampada en la nieve, y circuitos guiados. También organiza circuitos con pernoctación a la **Glacier Point Ski Hut**, una rústica cabaña de piedra y troncos. Las tarifas, comidas incluidas, son de 350/120 US$ con guía/autoguía por una noche o de 550/240 US$ por dos noches.

Ostrander Ski Hut ESQUÍ
(www.yosemiteconservancy.org) Los esquiadores más expertos pueden recorrer los 16 km hasta la cabaña del lago Ostrander. Con personal durante todo el invierno, el lugar aloja (por sorteo) a aficionados al esquí de fondo y las raquetas de nieve por 35-55 US$/persona. Para más información, visítese la web.

Curry Village Ice Rink PATINAJE SOBRE HIELO
(adultos/niños 10/9,50 US$, alquiler patines 4 US$) Una agradable actividad invernal es patinar por esta pista al aire libre, bajo la Half Dome.

Circuitos

La asociación **Yosemite Conservancy** (209-379-2317; www.yosemiteconservancy.org), sin ánimo de lucro, ofrece circuitos programados de todo tipo, también personalizados.

A los primerizos suele gustarles el **Valley Floor Tour** (adultos/niños 25/13 US$; 2 h; todo el año) que opera **DNC Parks & Resorts** (www.yosemitepark.com) y abarca lo más destacado del valle.

Para otras opciones, se puede visitar el mostrador de circuitos y actividades del Yosemite Lodge en la cascada, Curry Village o Yosemite Village; llámese al ☎209-372-4386 o visítese www.yosemitepark.com.

🛏 Dónde dormir

De mayo a septiembre, incluso los *campings* sin reserva suelen estar llenos ya al mediodía, sobre todo los fines de semana y festivos. Es posible reservar *campings* hasta con cinco meses de antelación. Se pueden hacer reservas (☎877-444-6777, 518-885-3639; www.recreation.gov) a partir de las 7.00 hora local del día 15 de cada mes en bloques mensuales, pero a menudo se agotan en 10 min.

Sin reserva, solo queda ir cuanto antes a un 'camping' de asignación por orden de llegada o a una de las cuatro oficinas de reservas de 'camping' (☎información solo 209-372-8502; zona de aparcamiento de Curry Village; ⊘8.00-17.00): valle de Yosemite, Wawona, Big Oak Flat y Tuolumne Meadows (las tres últimas solo abiertas en temporada). Mejor llegar antes de su apertura a las 8.00 (la del valle, hacia las 7.30 en verano) para apuntarse a la lista de espera por si hubiera alguna cancelación o salida temprana, algo siempre difícil. Se debe regresar cuando lo indique el guarda (normalmente 15.00) y estar al tanto al anuncio de los nombres de los afortunados.

Todos los *campings* tienen váteres con cisterna, salvo los de Tamarack Flat, Yosemite Creek y Porcupine Flat, donde son secos. En los que están a mayor altitud suele refrescar por la noche, incluso en verano. La Yosemite Mountaineering School (p. 415) alquila equipo de acampada.

Con permiso, se puede pasar la noche de antes y después de la excursión en los *campings* de Tuolumne Meadows, Hetch Hetchy, White Wolf y detrás del North Pines, en el valle de Yosemite. Cuesta 5 US$/persona y noche, y no es necesario reservar.

Las fechas de apertura de los *campings* de temporada pueden variar.

Todas las reservas en el interior del parque que no sean de *camping* las gestiona DNC Parks & Resorts (☎801-559-4884; www.yosemitepark.com) y se pueden realizar con hasta 366 días de antelación; mejor de octubre a abril.

PERMISOS 'WILDERNESS': ACAMPADA

Resulta más fácil alejarse de las masas en temporada alta si se va por el interior de Yosemite. Primero conviene dar con el sendero que mejor se adecúe a la forma física, las habilidades y el programa de cada cual. Luego, hay que conseguir un permiso 'wilderness' (☎209-372-0740; www.nps.gov/yose/planyourvisit/wpres.htm; reserva anticipada tarifa 5 US$, más 5 US$/persona, gratis para senderistas; ⊘8.30-16.30 lu-vi dic-sep, más amplio fin may-ppios sep), obligatorio si se va a pernoctar. Para evitar las aglomeraciones de tiendas en los bosques, un sistema de cuotas limita el número de personas en cada ruta cada día. Para excursiones entre mayo y septiembre, el 60% de la cuota se puede reservar por fax, teléfono o correo electrónico entre 24 semanas y 2 días antes de la excursión. Los faxes recibidos entre las 17.00 (el día antes) y las 7.30 (la primera mañana se puede reservar) tienen prioridad.

El resto se adjudica (desde las 11.00 del día anterior al de la caminata) por orden de llegada en la oficina más próxima a la cabecera del sendero (Yosemite Valley Wilderness Center, Tuolumne Meadows Wilderness Center, puestos de información de Wawona y Big Oak Flat y el puesto de entrada a Hetch Hetchy). Los excursionistas que comparezcan en el centro *wilderness* más cercano al sendero tienen prioridad sobre los que estén en otro centro. P. ej., si una persona que hace horas que espera en el valle quiere el último permiso para el cañón de Lyell, el Yosemite Valley Wilderness Center llama al Tuolumne Meadows Wilderness Center para comprobar que nadie en Tuolumne lo quiere. Si en ese momento alguien irrumpe en Tuolumne y lo reclama, tiene prioridad sobre la persona del valle.

Aunque no se admiten reservas de octubre a abril, es preciso obtener un permiso autorregistrándose en el parque.

Por la noche hay que guardar todos los artículos que desprendan olor en los contenedores a prueba de osos (alquiler 5 US$/semana en *campings* y centros de visitantes). Para ubicaciones y detalles, consúltese www.nps.gov/yose/planyourvisit/bearcanren tals.htm.

'CAMPINGS' EN LA SIERRA ALTA

En las zonas más recónditas cerca de los Tuolumne Meadows, los populares **High Sierra Camps** ofrecen refugio y alimento a los excursionistas que prefieren ir sin demasiada carga. Los *campings* (**Vogelsang, Merced Lake, Sunrise, May Lake** y **Glen Aulin**) distan entre sí entre 10 y 16 km y se distribuyen a lo largo de un sendero circular. Consisten en tiendas de campaña comunitarias con camas, mantas y edredones, además de duchas (en los de May Lake, Sunrise y Merced Lake, sujetas a la disponibilidad de agua) y una tienda-comedor. Hay que llevar sábanas y toallas. La tarifa es de 161 US$ por adulto (102 US$ para niños de 7 a 12 años) y noche, con desayuno y cena. También ofrecen caminatas guiadas por un guardabosques (desde 928 US$).

Lo corto de la temporada (aprox. fin jun-sep) y la enorme demanda obliga a conceder las reservas por sorteo. Actualmente, solo se aceptan **solicitudes** (☎559-253-5672; www.yosemitepark.com) en septiembre y octubre. Si no se ha reservado hay que llamar a partir de febrero por si hubiera cancelaciones. Como las fechas varían cada año, consúltese la web.

Valle de Yosemite

Camp 4 CAMPING $
(parcela tienda compartida 5 US$/persona; ⏱todo el año) Accesible a pie (a 1219 m) y frecuentado por escaladores; las parcelas se comparten.

North Pines Campground CAMPING $
(parcela tienda y autocaravana 20 US$; ⏱abr-oct; 🖥) Un tanto alejado de las rutas más turísticas (1200 m), con 81 plazas cerca del lago Mirror; solo con reserva.

Upper Pines Campground CAMPING $
(parcela tienda y caravana 20 US$; ⏱todo el año; 🖥) Grande pero siempre lleno, con 238 parcelas y a 1200 m de altitud. Reservas de marzo a noviembre.

Lower Pines Campground CAMPING $
(parcela tienda y caravana 20 US$; ⏱abr-oct; 🖥) Repleto y bullicioso, con 60 parcelas y a 1200 m de altitud; solo con reserva.

Housekeeping Camp CABAÑAS $
(c 98 US$; ⏱abr-oct) Tiene 266 cabañas, con tres paredes de hormigón y techo de lona ubicadas junto al río Merced. En cada unidad caben cuatro personas y hay luz eléctrica, una mesa con sillas y un patio a cubierto con mesas de *picnic*.

Curry Village CABAÑAS $$
(cabaña de lona 123-128 US$, cabaña sin/con baño 146/195 US$; 🖥🖥) Fundado en 1899 como campamento de verano, este lugar posee cientos de plazas de acampada bajo el bosque. Las cabañas de madera son las más cómodas, tranquilas y privadas, con colchas, cortinas y pósteres de época. No se recomiendan las

de lona. Hay que sumar 18 habitaciones tipo motel en la **Stoneman House** (h 198 US$), incluida una suite tipo *loft* para seis personas.

Yosemite Lodge at the Falls MOTEL $$$
(h desde 199 US$; @🖥🖥) 🏊 A un breve paseo de las cascadas, este complejo de varios edificios ofrece restaurantes, un animado bar y una piscina grande, entre otros servicios. Recién renovadas con sensibilidad ecológica, las lindas habitaciones dan sensación de refugio con su rústico mobiliario de madera e impactantes fotografías de la naturaleza. Todas tienen televisión por cable, teléfono, nevera, cafetera y estupendas panorámicas desde el patio o la terraza.

Ahwahnee Hotel HOTEL HISTÓRICO $$$
(h desde 470 US$; @🖥🖥) Esta suntuosa propiedad histórica sorprende por sus altos techos, *kilims* turcos en los pasillos y salones con enormes chimeneas de piedra. Es el estándar de excelencia de los hoteles de lujo, y siempre se puede captar su ambiente exclusivo a la hora de la merienda, en el bar o en el buen restaurante.

Tioga Road

Los campistas de los Tuolumne Meadows deben saber que las duchas de pago más cercanas están en el Mono Vista RV Park (p. 441) de Lee Vining.

Tuolumne Meadows Campground CAMPING $
(parcela tienda y autocaravana 20 US$; ⏱med jul-fin sep; 🖥) Es el mayor *camping* del parque (800 000 m²), con 304 espaciosas parcelas; la mitad se pueden reservar.

Porcupine Flat Campground CAMPING $
(parcela tienda y autocaravana 10 US$; ⊘jul-sep; 🐾) Una zona salvaje con 52 parcelas, a 800 m de altitud, algunas cerca de la carretera.

Tamarack Flat Campground CAMPING $
(parcela tienda 10 US$; ⊘jul-sep) Tranquilo, solitario, rústico y a 200 m de altitud; las 52 parcelas para tiendas están a menos de 5 km de la Tioga Rd.

White Wolf Campground CAMPING $
(parcela tienda y autocaravana 14 US$; ⊘jul-med sep; 🐾) Atractivo enclave a 2500 m de altitud, aunque las 74 parcelas están bastante apiñadas.

Yosemite Creek Campground CAMPING $
(parcela tienda 10 US$; ⊘jul-med sep; 🐾) El *camping* más aislado y tranquilo (2300 m) del parque, accesible por una angosta carretera de 7 km. Tiene 75 parcelas rudimentarias.

Tuolumne Meadows Lodge CABAÑAS DE LONA $$
(cabaña de lona 123 US$; ⊘med jun-med sep) Ubicado en las tierras altas, a 88,5 km del valle, dispone de 69 cabañas de lona con cuatro camas, una estufa de leña y velas. Sirven desayunos y cenas.

White Wolf Lodge CABAÑAS, CABAÑAS DE LONA $$
(cabaña de lona 123 US$, cabaña con baño 156 US$; ⊘jul-med sep) Apartado, a 1,6 km de una carretera secundaria, queda lejos del ruido de la Hwy 120 y el valle. Tiene 24 cabañas de lona sencillas, con cuatro camas y sin electricidad, y cuatro cabañas de ladrillo muy solicitadas. El generador se desconecta a las 23.00, cuando hará falta una linterna hasta el alba. Hay un comedor y una tienda.

🏕 Hetch Hetchy y la Big Oak Flat Road

Crane Flat Campground CAMPING $
(Big Oak Flat Rd; parcela tienda y autocaravana 20 US$; ⊘jun-sep) *Camping* grande para familias, a 1887 m, con 166 parcelas; solo con reserva.

Hodgdon Meadow Campground CAMPING $
(Big Oak Flat Rd; parcela tienda y autocaravana 14-20 US$; ⊘todo el año) Utilitario y concurrido *camping* de 105 parcelas a 1500 m; de abril a octubre hay que reservar.

Dimond O Campground CAMPING $
(☎877-444-6777; www.recreation.gov; Evergreen Rd; parcela tienda y autocaravana 24 US$; ⊘may-med sep) A 6,4 km de la Hwy 120, este *camping* con reserva del Servicio Forestal de EE UU (USFS) tiene 35 parcelas boscosas junto al río Tuolumne. Si se llega desde el oeste, es el último *camping* antes de la entrada de Big Oak Flat y una buena opción si no se logra parcela dentro del parque.

★**Evergreen Lodge Resort** CABAÑAS, CAMPING $$$
(☎209-379-2606; www.evergreenlodge.com; 33160 Evergreen Rd; tienda 85-120 US$, cabaña 180-415 US$; @🛜🏊; 🌿) Fuera del parque, cerca de la entrada a Hetch Hetchy, este establecimiento casi centenario ofrece todo tipo de comodidades, en tiendas cómodas y amuebladas y en cabañas de montaña, rústicas o lujosas, con porches privados pero sin teléfono ni TV. Tiene una amplia oferta de actividades de ocio al aire libre, con la posibilidad de alquilar el equipo. También hay una tienda, una taberna con billar y un fantástico restaurante.

🏕 Wawona y la Glacier Point Road

Bridalveil Creek Campground CAMPING $
(parcela tienda y autocaravana 14 US$; ⊘jul-ppios sep; 🐾) Más tranquilo que los *campings* del valle, con 110 parcelas a 2200 m.

Wawona Campground CAMPING $
(Wawona; parcela tienda y autocaravana 14-20 US$; ⊘todo el año; 🐾) Idílico entorno junto al río a 1219 m, con 93 parcelas holgadas; hay que reservar entre abril y septiembre.

Wawona Hotel HOTEL HISTÓRICO $$$
(h sin/con baño incl. desayuno 153/226 US$; ⊘med mar-dic; 🛜🏊) Monumento Histórico Nacional de 1879 que alberga seis edificios estilo Nueva Inglaterra, elegantes y encalados, rodeados de amplios porches. Las 104 habitaciones, todas sin TV ni teléfono, lucen detalles de estilo victoriano y de otras épocas, y aproximadamente la mitad comparten baños. Los jardines tienen grandes parterres de césped, con sillas Adirondack (hamacas de madera). Solo hay wifi en el edificio anexo.

🍴 Dónde comer

En el parque hay restaurantes para todos los gustos y bolsillos, desde comida rápida a filetes de primera, normalmente con buenas opciones vegetarianas.

Llevar o comprar comida de *picnic* supone un ahorro, pero, por la noche, es imprescindible sacarlo todo del vehículo, mochila o bicicleta y guardarlo en un contenedor a prueba de osos. La Village Store de Yosemite Village tiene la mejor selección de perfumería, alimentos frescos (algunos de cultivo ecológico), etc., mientras que las tiendas de Curry Village, Wawona, los Tuolumne Meadows, el Housekeeping Camp y el Yosemite Lodge son más limitadas.

★ Yosemite Lodge
Food Court
AUTOSERVICIO $

(Yosemite Lodge; principales 7-12 US$; ☉6.30-20.30 do-ju, hasta 21.00 vi y sa; 🅟) Restaurante autoservicio con varios puestos y un gran surtido de pasta, hamburguesas, *pizzas* y sándwiches, todo elaborado al momento o dispuesto bajo lámparas de calor. Luego se paga en la caja y se escoge mesa dentro o en el patio.

Degnan's Loft
PIZZERÍA $

(principales 8-12 US$; ☉17.00-21.00 lu-vi, 12.00-21.00 sa y do, fin may-sep; 🅟🅐) Este agradable local, sito en un 1er piso, con vigas altas de madera y chimenea, es ideal para relajarse bajo el telesilla y degustar una ensalada, una lasaña vegetal o una *pizza*.

Degnan's Deli
DELI $

(Yosemite Village; sándwiches 7-8 US$; ☉7.00-17.00; 🅟) Excelentes sándwiches hechos al momento, bollos para el desayuno y tentempiés.

Curry Village Coffee Corner
CAFÉ $

(Curry Village; pastas 2-5 US$; ☉6.00-22.00, más reducido en invierno) Indicado para café y dulces.

Meadow Grill
COMIDA RÁPIDA $

(Curry Village; principales 5-8 US$; ☉11.00-17.00 abr-oct) Perritos calientes, hamburguesas y unas pocas ensaladas en una terraza cerca de la zona de aparcamiento.

Tuolumne Meadows Grill
COMIDA RÁPIDA $

(Tioga Rd; principales 5-9 US$; ☉8.00-17.00 med jun-med sep) Hamburguesas, comida a la parrilla y mesas de *picnic*.

Village Grill
COMIDA RÁPIDA $

(Yosemite Village; principales 5-11 US$; ☉11.00-17.00 abr-oct) Habrá que pelearse con las ardillas por las hamburguesas y las patatas fritas.

Curry Village Pizza Patio
PIZZERÍA $

(Curry Village; *pizza* desde 9 US$; ☉12.00-22.00, más reducido en invierno) Lugar bueno y muy ajetreado para disfrutar de una deliciosa *pizza* tras una excursión ya entrada la tarde.

Curry Village Dining Pavilion
AUTOSERVICIO $$

(Curry Village; desayuno adultos/niños 10,50/6,50 US$, cena adultos/niños 15,50/8 US$; ☉7.00-10.00 y 17.30-20.00 abr-nov) Aunque el lugar tiene todo el encanto de la sala de espera de una estación de tren, el bufé libre de desayuno y almuerzo están muy bien para familias, viajeros hambrientos e indecisos.

★ Mountain
Room Restaurant
ESTADOUNIDENSE $$$

(☎209-372-1403; www.yosemitepark.com; Yosemite Lodge; principales 21-35 US$; ☉17.30-21.30; 🅟🅐) 🍴 Asador moderno y estiloso pero informal (vestimenta incl.) con codiciadísimas mesas junto a ventanales con impresionantes vistas a las cascadas. Aquí se degusta la mejor comida del parque, con buenos filetes y, quizá, trucha local bajo un cambiante despliegue de fotografías de naturaleza. Solo admites reservas para más de ocho personas.

★ Evergreen Lodge
CALIFORNIANA $$

(☎209-379-2606; www.evergreenlodge.com; 33160 Evergreen Rd; desayuno y almuerzo 11-18 US$, cena 12-28 US$; ☉7.00-10.30 y 12.00-15.00 y 17.00-21.00; 🅟🅐) El restaurante del Evergreen Lodge es uno de los mejores del lugar, con platos imaginativos y copiosos: ricos desayunos, tres tipos de hamburguesas (de buey Black Angus, de búfalo y vegetal) y propuestas como el *rib eye* (costilla de buey deshuesada), venado a la parrilla y *seitan* estofado. La acogedora taberna de madera es un clásico para veladas de cócteles y cerveza de barril con billar, y, algunos fines de semana, música en directo. En la tienda hay estupendos helados, tentempiés y sándwiches para llevar.

Restaurante
del Wawona Hotel
ESTADOUNIDENSE $$$

(Wawona Hotel; desayuno y almuerzo 11-15 US$, cena 22-30 US$; ☉7.30-10.00, 11.30-13.30 y 17.30-21.00 Semana Santa-dic; 🅟🅐) Las lámparas de madera de secuoya de este antiguo comedor con manteles blancos y detalles victorianos lo convierten en un lugar encantador donde comer bien, aunque caro. Por la noche, se puede vestir informal pero bien, y los sábados de verano ofrece una barbacoa en el césped. El amplio porche es ideal para tomarse un cóctel vespertino, y el salón, para escuchar al pianista Tom Bopp.

Restaurante del Ahwahnee
CALIFORNIANA $$$

(☎209-372-1489; Ahwahnee Hotel; desayuno 7-22 US$, almuerzo 16-22 US$, cena 28-46 US$; ☉7.00-10.00, 11.30-15.00 y 17.30-21.00; 🅟) 🍴 Puede que su ambiente formal no agrade a todo el mundo, pero la suntuosa decoración, los altos techos de vigas de madera y las grandiosas arañas resultan deslumbrantes. La carta cambia a menudo, con platos perfectos y muy bien presentados. Para la cena hay que vestir a tono; el resto del día se puede ir en pantalón corto y deportivas.

El *brunch* dominical (adultos/niños 45/5 US$; 7.00-15.00) es sublime. Se recomienda vivamente reservar para el *brunch* y la cena.

🍷 Dónde beber y vida nocturna

Es difícil creer que Yosemite sea un centro de marcha nocturna, pero hay algunos buenos lugares donde relajarse con un cabernet, un cóctel o una cerveza. Fuera del parque, el Yosemite Bug Rustic Mountain Resort (p. 425) y el Evergreen Lodge Resort (p. 419) tienen animados *lounges*.

Mountain Room Lounge BAR
(Yosemite Lodge, valle de Yosemite; ⏱12.00-23.00 sa y do, 16.30-23.00 lu-vi) Este enorme bar bulle en invierno y es ideal para mantenerse deportivamente al día mientras se toman unas cañas. Tienen *s'mores* (galletas crujientes integrales, chocolate y nubes) para tostar en la chimenea del jardín. Se admiten niños hasta las 22.00.

Ahwahnee Bar BAR
(Ahwahnee Hotel, valle de Yosemite; ⏱11.30-23.00) Lo mejor para conocer el Ahwahnee sin gastar demasiado es tomar algo en su acogedor bar, con pianista. Para aguantar, hay aperitivos y platos ligeros (10-25 US$).

☆ Ocio

Además del Yosemite Theater, se programan actividades regulares todo el año como programas de fogatas, paseos de fotografía para niños, marchas crepusculares, observación del cielo nocturno, charlas con guardabosques y proyección de diapositivas, y la taberna del Evergreen Lodge acoge música en directo algunos fines de semana. Para más información, consúltese la *Yosemite Guide*.

Yosemite Theater TEATRO CINE
(espectáculos adultos/niños 8/4 US$; ⏱9.00-19.30 verano, más reducido resto del año) Detrás del centro de visitantes, esta sala proporciona un refugio climatizado gratis al calor estival y dos documentales: *Yosemite: A Gathering of Spirit*, de Ken Burns, con motivo de la celebración del 150º aniversario del Decreto Yo-

semite; y el espectacular *Spirit of Yosemite*. Ambos se alternan cada media hora de 9.30 a 16.30 (desde 12.00 do).

Avanzada la tarde ofrece una gama de espectáculos rotativos, como la interpretación de la fascinante vida y filosofía de John Muir a cargo del actor Lee Stetson o la recreación que hace el guarda forestal Shelton Johnson de las experiencias de un *buffalo soldier* (soldado afroamericano). También hay espectáculos infantiles.

ℹ Información

La entrada a Yosemite cuesta 20 US$ por vehículo o 10 US$ por ciclista o caminante, y es válida para siete días consecutivos. Al entrar se recibe un mapa del National Park Service (NPS) y una copia de la estacional *Yosemite Guide*, que incluye un calendario de actividades y los horarios actualizados de todos los servicios.

Para información más detallada sobre el parque, disponibilidad de los *campings* y condiciones de las carreteras y el tiempo, llámese al ☎209-372-0200.

PELIGROS Y ADVERTENCIAS

Yosemite es el hábitat del oso negro. Deben seguirse las normas del parque para guardar la comida y usar contenedores a prueba de osos al aparcar para la noche (véase también p. 764). Los mosquitos son una murga en verano, así que es mejor llevar repelente. Se ruega no dar de comer a las ardillas; son muy graciosas, pero muerden.

ACCESO A INTERNET

Curry Village Lounge (Curry Village, detrás de la oficina de registro; 📶) Wifi gratis.

Degnan's Cafe (Yosemite Village; 1 US$/3 min; ⏱7.00-18.00) Hay terminales de pago en este café junto a Degnan's Deli.

Biblioteca pública del condado de Mariposa (📶) Valle de Yosemite (Girls Club Bldg, 58 Cedar Ct, valle de Yosemite; ⏱9.00-12.00 lu y ma, 9.00-13.00 mi y ju); biblioteca del Bassett Memorial (Chilnualna Falls Rd, Wawona; ⏱12.00-17.00 lu, mi y vi, 10.00-15.00 sa) Bibliotecas con wifi y terminales con internet gratis.

Yosemite Lodge at the Falls (valle de Yosemite; 25¢/min; ⏱24 h) Los terminales de pago se hallan en el vestíbulo. Se cobra 6 US$/día a los no huéspedes por el wifi.

WEBS

Se encontrarán foros con buenos consejos locales en www.yosemite.ca.us/forum y www.yosemitenews.info.

Yosemite Conservancy (www.yosemitecon servancy.org) La organización sin ánimo de lucro de apoyo al parque ofrece información y programas educativos.

Yosemite National Park (www.nps.gov/yose) La web oficial del parque tiene la información más exhaustiva y actualizada del mismo. Suele colgar antes las noticias y aperturas/cierres de carreteras en su página de Facebook (www. facebook.com/YosemiteNPS).

Yosemite Park (www.yosemitepark.com) Es la página web de las estaciones de esquí y los parques de DNC, el principal concesionario de Yosemite. Ofrece mucha información práctica y un servicio de reserva de alojamiento.

ASISTENCIA MÉDICA

Yosemite Medical Clinic (☑209-372-4637; 9000 Ahwahnee Dr, Yosemite Village; ⊗9.00-19.00 a diario fin may-fin sep, 9.00-17.00 lu-vi fin sep-fin may) Servicio de urgencias 24 h. Al lado hay una clínica dental (☑209-372-4200).

DINERO

Todas las tiendas de Yosemite Village, Curry Village y Wawona tienen cajero, y también el Yosemite Lodge, en la cascada.

CORREOS

La oficina de correos principal se halla en Yosemite Village, pero Wawona y el Yosemite Lodge también tienen servicio postal todo el año. Hay una oficina que funciona en temporada alta en los Tuolumne Meadows.

TELÉFONO

Existen teléfonos de pago en todos los puntos urbanizados del parque. La cobertura móvil es irregular, según la zona; AT&T, Verizon y Sprint tienen la mejor.

INFORMACIÓN TURÍSTICA

Los horarios se amplían en verano.

Puesto de información de Big Oak Flat (☑209-379-1899; ⊗8.00-17.00 fin may-sep) También expide permisos para acampar.

Centro de visitantes de los Tuolumne Meadows (☑209-372-0263; ⊗9.00-17.00 jun-sep)

Tuolumne Meadows Wilderness Center (☑209-372-0309; ⊗aprox. 8.30-16.30 primavera y otoño, 7.30-17.00 jul y ago) Expide permisos para acampar.

Yosemite Valley Wilderness Center (☑209-372-0745; Yosemite Village; ⊗7.30-17.00 may-sep) Permisos para acampar, mapas y consejos sobre las zonas más salvajes.

Centro de visitantes de Wawona (☑209-375-9531; ⊗8.30-17.00 may-sep) Permisos para acampar.

Centro de visitantes del valle de Yosemite (☑209-372-0299; Yosemite Village; ⊗9.00-18.00 verano, más reducido resto del año) Es la oficina principal, con exposiciones y proyecciones gratis de películas en el teatro.

Cómo llegar y salir

AUTOMÓVIL

A Yosemite se puede acceder todo el año por el oeste (Hwy 120 W y Hwy 140) y por el sur (Hwy 41), y en verano también por el este (Hwy 120 E). Aunque las quitanieves despejan las carreteras en invierno, las cadenas pueden ser necesarias en cualquier momento. En el 2006, un desprendimiento de roca sepultó parte de la Hwy 140, unos 9,6 km al oeste del parque. El tráfico está restringido a vehículos de menos de 13,71 m.

Se vende gasolina todo el año en Wawona y el Crane Flat, en el interior del parque, o en El Portal, en la Hwy 140, junto a sus límites. En verano, también se puede repostar en los Tuolumne Meadows. Es muy cara.

TRANSPORTE PÚBLICO

Yosemite es uno de los pocos parques nacionales accesibles en transporte público. Los autobuses de Greyhound (www.greyhound. com) y los trenes de Amtrak (www.amtrak.com) llegan hasta Merced, al oeste del parque, donde conectan con los autobuses del Yosemite Area Regional Transportation System (YARTS; ☑877-989-2787; www.yarts.com), y se pueden adquirir billetes para Amtrak que incluyen el trayecto con YARTS hasta el interior del parque. Los autobuses ofrecen servicios diarios al valle de Yosemite por la Hwy 140, todo el año, con paradas en el camino.

En verano (aprox. jun-sep), otra ruta de YARTS va desde Mammoth Lakes por la Hwy 395 hasta el valle de Yosemite por la Hwy 120. El billete de ida al valle de Yosemite cuesta 13 US$ (9 US$ niños y jubilados, 3 h) desde Merced y 18 US$ (15 US$ niños y jubilados, 3½ h) desde Mammoth Lakes, excepto si se toma a medio camino.

Las tarifas de YARTS incluyen la entrada del parque, por lo que son una ganga; los conductores aceptan tarjetas de crédito.

Cómo desplazarse

BICICLETA

Una forma ideal de recorrer el valle de Yosemite es en bicicleta. Se puede alquilar una de paseo (por hora/día 11,50/32 US$) o una con un remolque adicional para niños (por hora/día 19/59 US$) en el Yosemite Lodge at the Falls o en Curry

Village. También alquilan sillitas para niños y sillas de ruedas.

Las señales con osos rojos al borde de la carretera marcan los numerosos puntos donde se les ha atropellado; por lo tanto, hay que mantenerse en los bajos límites de velocidad marcados. Se recomienda a los visitantes del valle aparcar y aprovecharse del servicio del Yosemite Valley Shuttle Bus. La Glacier Point Rd y la Tioga Rd están cerradas en invierno.

El **Yosemite Valley Shuttle Bus,** gratis y con aire acondicionado, es bastante cómodo para viajar por el parque. Hay servicios todo el año. Pasan a menudo y tienen 21 paradas en lugares numerados, como aparcamientos, *campings*, cabeceras de senderos y alojamientos. Para un plano de las rutas, véase la *Yosemite Guide*.

También hay autobuses gratis entre Wawona y el bosquecito Mariposa (primavera-otoño), y ente el valle de Yosemite y Badger Pass (solo en invierno). El **Tuolumne Meadows Shuttle** realiza el trayecto entre el Tuolumne Lodge y el Olmsted Point, en los Tuolumne Meadows (med jun-ppios sep), y **El Capitan Shuttle** realiza en verano un circuito por el valle desde Yosemite Village a El Capitán.

También hay dos autobuses de pago para senderistas desde el valle de Yosemite. Para hacer uso de los senderos de la Tioga Rd está el **Tuolumne Meadows Tour & Hikers' Bus** (☎209-372-4386; ⊙jul-ppios sep), que realiza un recorrido en ambos sentidos a diario. Los precios dependen de la distancia; el trayecto a los Tuolumne Meadows cuesta 14,50/23 US$ ida/ida y vuelta. El **Glacier Point Hikers' Bus** (☎209-372-4386; ida/ida y vuelta 25/41 US$; ⊙med may-oct) está bien para excursionistas y para quien no desee conducir. Es imprescindible reservar.

ENTRADAS A YOSEMITE

Fish Camp

Sito al sur del parque en la Hwy 41, Fish Camp es más un recodo de la carretera, pero tiene buenas opciones de alojamiento, además del Sugar Pine Railroad (☎559-683-7273; www.ymsprr.com; billete adultos/niños 18/9 US$; ⊙mar-oct; ⓓ), un histórico tren

de vapor que realiza un recorrido de 6 km por el bosque.

🛏 Dónde dormir y comer

Summerdale Campground · CAMPING $
(☎877-444-6677; www.recreation.gov; parcela tienda y autocaravana 28 US$; ⊙may-sep; ⓓ) Dispone de 28 parcelas del USFS bien repartidas por el Big Creek.

White Chief Mountain Lodge · MOTEL $$
(☎559-683-5444; www.whitechiefmountainlodge.com; 7776 White Chief Mountain Rd; h 145-155 US$; ⊙abr-oct; ⓐ) Este motel de los años cincuenta es lo más barato y sencillo del lugar. Pese a que los nuevos dueños han mejorado el exterior y algo del mobiliario, las escuetas habitaciones con cocina americana aún resultan sosas. Está unos cientos de metros al este de la Hwy 41; hay que buscar la señal y ascender por la carretera rural. El restaurante (principales 10-21 US$) del lugar ofrece desayunos y una breve carta de cena.

★**Narrow Gauge Inn** · HOTEL $$$
(☎559-683-7720; www.narrowgaugeinn.com; 48571 Hwy 41; h incl. desayuno nov-mar 89-134 US$, abr-oct 229-369 US$; ⓐⓦⓟ) Este lindo hotel junto a la vía del ferrocarril es acogedor y sumamente cómodo. Cuenta con un *jacuzzi*, un pequeño bar y el mejor restaurante (☎559-683-6446; principales cena 16-38 US$; ⊙17.00-21.00 abr-oct) de la zona. Las 26 habitaciones tienen una decoración única, una agradable terraza con vistas a las montañas y TV de pantalla plana.

Big Creek Inn B&B · B&B $$$
(☎559-641-2828; www.bigcreekinn.com; 1221 Hwy 41; h incl. desayuno completo 239-299 US$; ⓐ) Las tres cómodas habitaciones en tonos blancos tienen tranquilas vistas al arroyo y terraza privada, reproductor de DVD/Blu-Ray y baño con bañera y sales, y dos de ellas, chimenea de gas. Desde las habitaciones o el patio trasero suelen verse ciervos y castores, además de colibríes en el comedero del patio. Ofrece una amplia colección de películas y el uso de la cocina americana.

Oakhurst

En el cruce de la Hwy 41 con la Hwy 49, unos 24 km al sur de la entrada al parque, Oakhurst funciona sobre todo como un pueblo de servicios. Es la última oportunidad de aprovisionarse de comestibles, gasolina y equipamiento de *camping* a precios razona-

RUTA PANORÁMICA: SIERRA VISTA SCENIC BYWAY

Toda ella dentro del Sierra National Forest, esta **ruta** (www.sierravistascenicb yway.org) al volante por carreteras del USFS conforma un circuito de 161 km, que sube de 914 m a más de 2100 m. Por el camino se suceden soberbias vistas, una pesca excelente y la posibilidad de acampar casi en cualquier sitio (la acampada libre está permitida en la mayoría de las zonas). Es ideal para que aquellos que viajan con la tienda (y los excursionistas curiosos de un día) se pierdan por las montañas.

Desde **North Fork** se tarda medio día en completar la ruta que acaba en la Hwy 41, pocos kilómetros al norte de **Oakhurst**. Abierta de junio a noviembre, la carretera está asfaltada casi en su totalidad, aunque es estrecha y hay muchas curvas. Para un mapa e información sobre las mejores paradas y miradores, consúltese www.byways.org/explore/by ways/2300.

bles. Los alojamientos reseñados están fuera del centro, donde abundan los sosos moteles de cadena.

Dónde dormir y comer

★ **Sierra Sky Ranch**　　ALBERGUE **$$**
(☎559-683-8040; www.sierraskyranch.com; 50552 Rd 632; h desayuno incl. 145-225 US$; ❋☎❋❋) Este antiguo rancho data de 1875 y organiza numerosas actividades al aire libre en sus 5,6 Ha. Las sencillas habitaciones carecen de teléfono pero poseen cabeceros de madera y puertas dobles que se abren a una terraza. Se admiten mascotas. Cuenta con un **restaurante** (principales cena 12-45 US$) y un bar rústico y numerosos rincones cómodos para descansar. Con una historia repleta de anécdotas, como algunos usos previos como hospital para tuberculosos y burdel, entre sus huéspedes figuran Marilyn Monroe y John Wayne. Según muchos, conserva el embrujo de sus antiguos residentes.

Hounds Tooth Inn　　B&B **$$**
(☎559-642-6600; www.houndstoothinn.com; 42071 Hwy 41; h incl. desayuno 118-199 US$; ❋☎) Pocos kilómetros al norte de Oakhurst, este B&B es estupendo, rebosante de rosales y encanto victoriano. Sus amplias habitaciones y casitas, algunas con chimenea e *jacuzzi*, tienen un aire de mansión inglesa. Por la tarde hay vino y bebidas calientes cortesía de la casa.

Château du Sureau　　HOTEL-BOUTIQUE **$$$**
(☎559-683-6860; www.chateaudusureau.com; h desayuno incl. 385-585 US$, villa 2 dormitorios 2950 US$; ❋@☎❋) Ni en sueños se esperaría dar con un lugar así en Oakhurst. Esta tranquila propiedad, un hotel y *spa* de lujo al estilo europeo, discreto y con todos los servicios, es de primera. Con paredes cubiertas de tapices, cuadros y lámparas de araña, su **restaurante** (cena a precio fijo 108 US$) podría estar en un castillo campestre.

Cañón del río Merced

La entrada a Yosemite por la Hwy 140 es una de las más pintorescas, sobre todo el tramo que transcurre por el cañón del río Merced. En primavera, el caudal lo convierte en un lugar espectacular para practicar **'rafting'**, con muchos kilómetros de rápidos de grado III y IV. Las edades mínimas varían según el caudal del río.

Entre otros, **Zephyr Whitewater Expeditions** (☎209-532-6249; www.zrafting.com; salidas medio día/día completo por persona desde 109/135 US$) es un acreditado operador grande con oficina de temporada en El Portal, y **OARS** (☎209-736-2597; www.oars.com; salidas día completo por persona 144-170 US$), un operador mundial de sólida reputación.

Mariposa

A medio camino entre Merced y el valle de Yosemite, Mariposa es la población más grande junto al parque. Fundada durante la Fiebre del Oro como pueblo minero y del ferrocarril, posee los Juzgados más antiguos con actividad continuada (desde 1854) al oeste del Misisipi, el encanto del Lejano Oeste y un aire cordial.

Los buscadores de piedras preciosas pueden dirigirse a los Mariposa County Fairgrounds, 3 km al sur de la localidad por la Hwy 49, para ver la "Fricot Nugget", de 6 kg (el mayor ejemplo de oro cristalizado de la época de la Fiebre del Oro), o al **California State Mining & Mineral Museum** (☎209-742-7625; www.parks.ca.gov/?page_id=588; entrada 4 US$; ☉10.00-17.00 ju-do may-sep, hasta 16.00

oct-abr), con más gemas y maquinaria minera, incluida una buena exposición de minerales fosforescentes.

🛏 Dónde dormir y comer

⭐**River Rock Inn** MOTEL **$$**
(☎209-966-5793; www.riverrockmariposa.com; 4993 7th St; h incl. desayuno 110-154 US$; ❋🛜🅿) Pintado en psicodélicos colores naranja oscuro y morado, afirma ser el motel más antiguo del lugar. Las habitaciones, en artísticos tonos tierra, tienen cocina americana, TV (pero no teléfono) y relajantes ventiladores cenitales que parecen nenúfares. Se halla a una travesía de la Hwy 140, en una calle tranquila, y posee un patio y un café con cerveza y vino, y música acústica algunas noches en verano.

Mariposa Historic Hotel HOTEL HISTÓRICO **$$**
(☎209-966-7500; www.mariposahotelinn.com; 5029 Hwy 140; h incl. desayuno 129-169 US$; ❋🛜) Este chirriante edificio de 1901 tiene seis habitaciones medianas y grandes que lucen colchas y muebles de época; la nº 6 tiene una bañera de patas original. El corredor está lleno de recortes de prensa y fotografías de la Mariposa antigua. A los colibríes les encanta la florida veranda trasera donde se sirve el desayuno.

Happy Burger CAFÉ **$**
(www.happyburgerdiner.com; Hwy 140 en 12th St; principales 7-11 US$; ⏲5.30-21.00; 🛜🅿🗑) Este concurrido local de carretera, con la carta más amplia de Sierra Nevada y decorado con carátulas de viejos LP, sirve las comidas más baratas del lugar. Hay hamburguesas, sándwiches, comida mexicana y un sinfín de postres helados. También hay un terminal de ordenador de acceso gratis para los clientes.

Sugar Pine Cafe ESTADOUNIDENSE **$$**
(www.sugarpinecafe.com; 5038 Hwy 140; desayuno 6-8 US$, cena 7-20 US$; ⏲7.00-20.30 ma-sa, hasta 15.00 do y lu) Típico *diner* de los años cuarenta (con taburetes cromados y asientos circulares rojos), donde sirven ricos desayunos, sándwiches fríos y calientes y hamburguesas con pan integral. Para cenar hay platos caseros como espaguetis, albóndigas o chuletas de cerdo.

Savoury's ESTADOUNIDENSE MODERNA **$$**
(☎209-966-7677; www.savouryrestaurant.com; 5034 Hwy 140; principales 17-32 US$; ⏲17.00-21.00, cerrado mi invierno; 🅿) De categoría pero informal, aún es el mejor restaurante de Mariposa. Las mesas negras lacadas y

el arte contemporáneo acompañan bien a platos como pollo glaseado con naranja y chipotle, sustanciosas raciones de pasta y el flambeado bistec Diane.

ℹ Información

El **centro de visitantes del condado de Mariposa** (☎866-425-3366, 209-966-7081; www.yosemiteexperience.com; ⏲9.00-18.00), en el cruce de la Hwy 49 y la Hwy 140, tiene un personal atento e infinidad de folletos.

ℹ Cómo llegar y salir

Los autobuses de **YARTS** (☎877-989-2787, 209-388-9589; www.yarts.com) van todo el año por la Hwy 140 hasta el valle de Yosemite (adultos/niños 12/8 US$ ida y vuelta, 1¾ h ida), vía el centro de visitantes de Mariposa. El billete incluye la entrada del parque.

Midpines

Lo más destacado de este pueblo casi inexistente es el **Yosemite Bug Rustic Mountain Resort** (☎866-826-7108, 209-966-6666; www.yosemitebug.com; 6979 Hwy 140, Midpines; dc 28 US$, cabañas de lona 45-75 US$, h sin/con baño desde 65/75 US$; @🛜) 🅿, situado en una boscosa ladera a unos 40 km del Yosemite National Park, más un amable retiro de montaña que un albergue; de noche, gentes de todas las edades y procedencias comparten historias, música y buena comida, vino y cerveza en el **café** (principales 9-20 US$; ⏲7.00-10.00, 11.30-15.00 y 18.00-21.00; 🅿) con olor a bosque. Los ocupantes del dormitorio comunitario tienen acceso a una cocina, y el lugar cuenta con un *spa* con *jacuzzi;* también se ofrecen clases de yoga y masajes. El autobús de YARTS para a 400 m de la entrada.

Briceburg

A 32 km del parque, donde el río Merced se encuentra con la Hwy 140, Briceburg no es más que un **centro de visitantes** (☎209-379-9414; www.blm.gov/ca/st/en/fo/folsom/mercedriverrec.html; ⏲13.00-17.00 vi, desde 9.00 sa y do fin abr-ppios sep) y tres rudimentarios '**campings**' **del Bureau of Land Management** (BLM; http://www.blm.gov/ca/st/en/fo/folsom/mercedriverrec.html; parcela tienda y autocaravana 10 US$; 🛁) en una ubicación de ensueño a orillas del río. Como para llegar allí hay que cruzar un

LOS 'BUFFALO SOLDIERS'

Tras la creación de los parques nacionales en 1890 se decidió que el Ejército los custodiaría. En verano de 1903, las tropas del 9º de Caballería, uno de los cuatro respetados regimientos afroamericanos, conocidos como los "Buffalo Soldiers", acudieron a patrullar aquí y en Yosemite. En el Sequoia National Park y el antiguo General Grant National Park (hoy el Yosemite National Park), las tropas tuvieron un verano muy productivo: construyeron caminos, crearon una red de senderos y dejaron bien alto el listón como administradores de la tierra.

Las tropas estaban bajo las órdenes del capitán Charles Young. A la sazón, Young era el único capitán afroamericano del Ejército; su cargo como superintendente en funciones lo convirtió en el primer superintendente afroamericano de un parque nacional.

puente colgante de madera de la década de 1920, no se recomienda ir con remolque o con una autocaravana grande.

El Portal

Sito enfrente de la entrada de Arch Rock, este pueblo está habitado fundamentalmente por los trabajadores del parque. Los autobuses de YARTS llegan hasta el valle de Yosemite (adultos/niños ida y vuelta 7/5 US$, 1 h).

🛏 Dónde dormir y comer

Indian Flat RV Park CAMPING, CABAÑAS $
(☏209-379-2339; www.indianflatrvpark.com; 9988 Hwy 140; parcela tienda 30 US$, parcela autocaravana 42-47 US$, cabañas de lona 79 US$, casitas 129 US$; ⊙todo el año; ❄❀) Más que nada un económico *camping* privado, tiene además algunas opciones interesantes, como dos lindas casitas de piedra con aire acondicionado y amplias cabañas de lona con ventilador cenital y porche privado. Los huéspedes pueden usar la piscina y el wifi de la propiedad contigua, y cualquiera, la ducha, previo pago.

Cedar Lodge MOTEL $$
(☏888-742-4371, 209-379-2612; www.stayyosemitecedarlodge.com; 9966 Hwy 140; h 149-189 US$; ❄❀🛜🐾) Unos 14 km al oeste de la entrada de Arch Rock, es un lugar amplio, con más de

200 habitaciones correctas (las mejores con terraza), un par de restaurantes, una piscina a cubierto y, en temporada, otra exterior.

Yosemite View Lodge MOTEL $$$
(☏888-742-4371, 209-379-2681; www.stayyosemiteviewlodge.com; 11136 Hwy 140; h 189-269 US$, ste 329-559 US$; ❄🖥@🛜🏊🐾) A unos 3 km de la entrada del parque, es un complejo grande y moderno con *jacuzzis*, dos restaurantes y cuatro piscinas. Las 336 habitaciones disponen de cocina y, algunas, de chimenea de gas y vistas al río Merced; las de la planta baja tienen patio. El wifi cuesta 10 US$/día.

Las "suites majestuosas" son inmensas, con baños con duchas de hidromasaje y TV de pantalla plana.

Groveland 🏔

A 30 km de la entrada de Big Oak Flat, Groveland es un pueblo adorable con restaurados edificios de la época de la Fiebre del Oro y numerosos servicios. Uno 24 km al este del mismo, la **poza de Rainbow** (www.fs.usda.gov/stanislaus) es muy popular para bañarse, y con una cascadita; está indicada en el lado sur de la Hwy 120.

🛏 Dónde dormir y comer

Groveland Hotel HOTEL $$
(☏800-273-3314, 209-962-4000; www.groveland.com; 18767 Main St; h incl. desayuno 169-319 US$; ❄@🛜🐾) Este histórico hotel de 1850 tiene ahora un pequeño bar, un **restaurante** (principales 15-27 US$) de categoría y 17 luminosas habitaciones amorosamente decoradas, con verandas alrededor y ositos de peluche. Desayuno incluido solo de mayo a septiembre.

Hotel Charlotte HOTEL $$
(☏209-962-6455; www.hotelcharlotte.com; 18736 Main St; h incl. desayuno 149-225 US$; ❄@🛜🐾) Agradable hotel de 1918 con edredones de *patchwork* en sus 12 habitaciones; mantiene el estilo antiguo pero con las comodidades modernas. En el sofisticado **bistró** (principales 12-20 US$; ⊙18.00-21.00 may-sep) y bar sirven imaginativos platillos.

Mountain Sage CAFÉ $
(www.mtsage.com; 18653 Main St; tentempiés 2-6 US$; ⊙7.00-15.00, hasta 17.00 jun-ago; 🛜) 🌿 Este popular café es también galería de arte, vivero y sala de conciertos. Ofrece café de cultivo ecológico y de comercio justo, sabrosa

repostería y una excelente serie de conciertos estivales (www.mountainsagemusic.org).

PARQUES NACIONALES DE SEQUOIA Y KINGS CANYON

Estos dos parques gemelos sorprenden, aunque a menudo quedan eclipsados por el de Yosemite, su vecino más pequeño del norte (a 3 h en vehículo). Con altísimos bosques de secuoyas gigantes y el imponente Kings River, que fluye por el Kings Canyon, una de las simas más profundas del país, son espacios menos visitados. Se puede practicar espeleología, escalada en roca y excursionismo por paisajes graníticos, así como acceder por detrás al monte Whitney, el pico más alto de EE UU (sin contar Hawai y Alaska).

Los dos **parques** (📞559-565-3341; www.nps.gov/seki; entrada por automóvil para 7 días 20 US$), aunque diferenciados, se gestionan como uno, y se paga solo una entrada. Hay información grabada 24 h (estado de las carreteras incl.) en el teléfono reseñado; otra opción es consultar la web. En cualquiera de las dos entradas (Big Stump o Ash Mountain) se entrega un plano del NPS y el diario del parque, *The Guide*, donde figuran las actividades en cada estación, los *campings* y los programas de los bosques nacionales cercanos y del Giant Sequoia National Monument.

No hay cobertura de móvil, salvo, quizá, en el Grant Grove, y se puede repostar gasolina en el *camping* de Hume Lake y el Stony Creek Lodge, ambos en territorio del USFS.

Historia

Sequoia se convirtió en el segundo parque nacional de EE UU en 1890 (después de Yellowstone). Pocos días después, los 6 km² que rodean el Grant Grove fueron declarados General Grant National Park y en 1940 fueron absorbidos por el recién creado Kings Canyon National Park. En el 2000, para proteger otros bosques de secuoyas, vastas franjas de terreno del bosque circundante se convirtieron en el Giant Sequoia National Monument.

ⓘ Peligros y advertencias

La contaminación atmosférica que emana del Sequoia Central Valley y el Kings Canyon a menudo dificulta la visibilidad, y las personas con problemas respiratorios deben consultar en el centro de visitantes los niveles de la misma. Los osos negros son habituales, así que es imprescindible guardar adecuadamente las provisiones y seguir las instrucciones del parque sobre los procedimientos relacionados con la vida salvaje.

Kings Canyon National Park

Más profundo que el Gran Cañón, el Kings Canyon es una auténtica aventura, con rutas que parecen interminables, arroyos torrenciales y formaciones rocosas descomunales. Acampar, explorar las zonas más salvajes y escalar son opciones espléndidas.

⊙ Puntos de interés y actividades

El Kings Canyon National Park posee dos áreas con mercados, hoteles, duchas y oficina de turismo. Grant Grove Village está a 6,4 km de la entrada de Big Stump (al oeste del parque), y Cedar Grove Village se halla 48,8 km al este, en lo alto del cañón. Ambas zonas están separadas por el Giant Sequoia National Monument y unidas por la Kings Canyon Scenic Byway/Hwy 180.

⊙ Grant Grove

General Grant Grove   BOSQUE

Este bosque de secuoyas es formidable. El **General Grant Tree Trail**, asfaltado y de 800 m, es un sendero a través de viejas secuoyas, entre ellas el **General Grant Tree**.

INDISPENSABLE

MIRADOR DE BUCK ROCK

Construido en 1923, este **observatorio contra incendios** (www.buckrock.org; ⊙9.30-18.00 jul-oct), restaurado y aún en activo, es uno de los mejores que se pueden visitar. Ocupado durante la temporada de incendios, sus 172 escalones llevan a una pequeña cabina de madera sobre una espectacular elevación de granito a 2590 m. Para llegar desde la General Hwy, hay que dirigirse 1,6 km al norte del Montecito Sequoia Lodge y después al este por la Big Meadows Rd (FS road 14S11). A unos 4 km se debe girar al norte por el sendero señalizado (FS road 13S04) y seguir las indicaciones: quedan 4,8 km.

Parques nacionales de Sequoia y Kings Canyon

Mt Emerson
(4031m)

Bishop
(14 miles)

Río Joaquín

Lago
Sabrina

Mt Darwin
(4215m)

South
Lake

Mt Gilbert
(3994m)

North
Palisade
(4341m)

Embalse de
Courtright

N Fork Kings River

Mt Reinstein
(3842m)

Black Giant
(4063m)

Senderos de John
Muir y Pacific Crest

Embalse
de Wishon

Arroyo Crown

John Muir
Wilderness
Area

Middle Fork Kings River

Kings Canyon
National Park

Copper Crest Trail

S Fork Kings River

Kings River

Monarch
Wilderness
Area

Arroyo Woods

Paradise
Valley
Trail

Sequoia
National
Forest

11

Kings Canyon Scenic Byway

Puesto de
permisos
de Roads End

Valle
Paraíso

12

Fresno
(53mi),
Hwy 99
(53mi)

3

30

(180)

1

9 Cedar Grove
Village

40 **37** **19**

27 **26**

18

Bubbs Creek Trail

Grant
Grove
Village

36

Lago
Hume

(Ctra. abierta
solo en verano)

33

14

Arroyo Bubbs

Giant
Sequoia
National
Monument

15

31

2

38

17

Zumwalt
Meadow

6

22

43

Centro de visitantes
del Kings Canyon

Centro de
visitantes de Cedar Grove

(180)

20

Entrada de
Big Stump

42

Twin
Lakes

Silliman Crest

Mt Brewer
(4136m)

(245)

16

29

Centro de
visitantes de
Lodgepole

Twin Lakes
Trail

32

34

High Sierra
Trail

Mt Stewart
(3665m)

Generals
Hwy

44

45

Lodgepole Village

5

Crystal
Cave Rd

7

Wolverton
Meadow

Black
Kaweah
(4196m)

Río N Fork Kaweah

8

Giant
Forest

4

23

Kaweah Gap
(3261m)

Marble
Fork

10 **13**

Mt Kaweah
(4207m)

Estrada de
Ash Mountain

35

24

Pico
Sawtooth
(3762m)

Little
Five
Lakes

39

Centro de visitantes
de Foothills

41

Mineral
King

46

25

(Ctra. abierta
solo en verano)

Puesto de guardabosques
de Mineral King

47

Three Rivers

21

28

Sequoia
National
Park

Mineral King Rd

Río E Fork Kaweah

Lago
Kaweah

Este gigante ostenta el triple honor de ser el tercer árbol vivo más grande del mundo, un monumento a los caídos en guerra y el árbol de navidad nacional. El cercano **Fallen Monarch** es un tronco gigantesco al que un incendio dejó hueco, por lo que se ha podido usar como cabaña, hotel, salón y establos de la Caballería de EE UU.

Panoramic Point   MIRADOR

Para una vista impresionante del Kings Canyon hay que subir unos 4 km por la estrecha y pronunciada Panoramic Point Rd (no se recomiendan remolques ni autocaravanas), que sale de la Hwy 180. Hay un corto camino asfaltado que asciende desde el aparcamiento hasta el mirador, donde los cañones y los picos del Great Western Divide, coronados de nieve, se revelan en todo su esplendor. En invierno, la nieve bloquea la carretera e impide la circulación de vehículos, cuando se convierte en una pista de esquí de fondo y para raquetas de nieve.

Cañón de Redwood   CAÑÓN

Al sur de Grant Grove Village se agrupan más de 15 000 secuoyas en este apartado rincón, lo que lo convierte en la arboleda más grande del mundo. La zona, de difícil acceso, permite apreciar la majestuosidad de estos árboles lejos de las multitudes a lo largo de varios senderos de dificultad variable. La ruta arranca al final de un camino de tierra sin señalizar, de 3,2 km, frente a la señal de Hume Lake/Quail Flat sita en la Generals Hwy, unos 9,6 km al sur del pueblo.

○ Cedar Grove y Roads End

En Cedar Grove Village, un hotel sencillo y un bar de tentempiés son el último reducto civilizado antes de adentrarse en el parque. En los aledaños se pueden visitar la **cascada del Roaring River** y el **Zumwalt Meadow,** un sendero natural de 2,4 km de poca dificultad que rodea una pradera jalonada por un río y un cañón de granito. Cerca de Roads End está la **Muir Rock,** una roca de río plana donde John Muir solía dar charlas durante las excursiones campestres del Sierra Club. Hoy la roca lleva su nombre y, en verano, el río artificial se llena de bañistas.

La ruta a las **Mist Falls** (12,8 km ida y vuelta) es una excursión de fácil a moderada a una de las cascadas más grandes del parque. Como los tres primeros kilómetros apenas tienen sombra, conviene salir temprano. Pa-

Parques nacionales de Sequoia y Kings Canyon

sada la cascada, el camino se une con el John Muir/Pacific Crest Trail para formar el **Rae Lakes Loop,** de 67,5 km, la ruta más larga y transitada de Kings Canyon National Park (solo con permiso).

Para paseos a caballo guiados, de un día o con pernoctación, pregúntese en la **Cedar Grove Pack Station** (☏559-565-3464; Hwy 180, Cedar Grove; ☺may-med oct).

Dónde dormir y comer

A menos que se indique lo contrario, ningún *camping* acepta reservas. Hay duchas de pago en Grant Grove Village y Cedar Grove Village.

Hay *campings* gratis, sin infraestructura ni demasiada gente, junto a la Meadows Rd, en el Sequoia National Forest. Se trata de algunos de los escasos *campings* vacíos de Sierra Nevada en la temporada alta estival. También está permitido acampar gratis en el bosque junto al camino, pero es necesario un permiso para hacer fogatas, que expide el centro de visitantes de Grant Grove.

Los mercados de Grant Grove Village y Cedar Grove Village poseen una selección limitada de comestibles.

Grant Grove

Crystal Springs Campground   CAMPING $
(parcela tienda y autocaravana 18 US$; ☺med may-med sep; ☀) Tiene 50 parcelas arboladas y separadas entre sí, con baños; es el *camping* más pequeño de la zona de Grant Grove.

Princess Campground   CAMPING $
(☏877-444-6777; www.recreation.gov; Giant Sequoia National Monument; parcela tienda y autocaravana 18 US$; ☺med may-fin sep; ☀) Está unos 9 km al norte de Grant Grove, con váteres secos y 88 parcelas reservables.

Azalea Campground   CAMPING $
(parcela tienda y autocaravana 18 US$; ☺todo el año; ☀) Está cerca de Grant Grove Village (altitud 1981 m), con 110 parcelas, las mejores junto a un arroyo. Hay váteres con cisterna.

Sunset Campground   CAMPING $
(parcela tienda y autocaravana 18 US$; ☺fin may-ppios sep; ☀) Tiene váteres con cisterna, 157 parcelas, algunas con vistas a las estribaciones occidentales y el Valle Central. Está cerca de Grant Grove Village.

Hume Lake Campground
CAMPING $

(☎877-444-6777; www.recreation.gov; Hume Lake Rd, Giant Sequoia National Monument; parcela tienda y autocaravana 20 $; ⊙fin may-ppios sep; 🐾) Váteres secos y 74 parcelas sombreadas reservables y poco concurridas, varias de ellas con vistas al lago, en la orilla norte del lago, 16 km al noreste de Grant Grove.

Grant Grove Cabins
CABAÑAS $$

(☎559-335-5500, 877-436-9615; www.visitsequoia.com; Hwy 180; cabañas 63-140 US$) Sitas entre imponentes pinos, estas 50 cabañas van desde tiendas de campaña (ppios jun-ppios sep) hasta rústicos pero confortables dúplex (algunos accesibles con silla de ruedas) con electricidad, baños privados y camas dobles. La nº 9 es la solicitada "Cabaña Luna de Miel", independiente, de paredes duras y cama de matrimonio.

John Muir Lodge
HOTEL $$$

(☎877-436-9615, 559-335-5500; www.visitsequoia.com; Hwy 180; h 202-212 US$; 🐾) Este hotel, una encantadora construcción de madera repleta de fotografías en blanco y negro, abre todo el año y es ideal para descansar y sentirse como en el bosque. En los porches hay balancines de lona, y las habitaciones, sencillas, lucen piezas de madera labrada y colchas de retales. Da gusto acurrucarse junto a la chimenea en las noches frías.

Grant Grove Restaurant
ESTADOUNIDENSE $$

(Hwy 180; principales 9-18 US$; ⊙19.00-22.00 fin may-ppios sep, más reducido ppios sep-fin may; 🐾🐾🐾) El único lugar donde comer en Grant Grove Village va a ser derruido y reconstruido en el 2015/2016; está prevista una zona temporal de restauración durante las obras. La nueva carta destaca por platos de temporada como la trucha arcoíris o el pollo de corral, aunque nunca faltan las *pizzas* y el pastel de manzana.

Cedar Grove

El *camping* **Sentinel** de Cedar Grove, junto al pueblo, está abierto siempre que lo esté la Hwy 180; los de **Sheep Creek, Canyon View** (solo tiendas) y **Moraine** abren cuando hay muchos visitantes. Estos *campings* suelen ser los últimos en llenarse los fines de semana en verano y una buena elección a principios y final de temporada por su relativa baja altitud (1402 m). Tienen váteres con cisterna y parcelas a 18 US$. Otras instalaciones del pueblo no abren hasta mediados de mayo.

Cedar Grove Lodge
HOTEL $$

(☎866-522-6966, 559-335-5500; www.visitsequoia.com; Hwy 180; h 129-135 US$; ⊙med may-ppios oct; 🐾) Junto al río, la única opción para dor-

---

RUTA PANORÁMICA: KINGS CANYON SCENIC BYWAY (HWY 180)

La accidentada carretera de 49,8 km que une Grant Grove y Cedar Grove es una de las más sorprendentes de California. Pasa por la **Converse Basin Grove,** en su día la mayor arboleda de secuoyas del mundo, hasta que los leñadores la convirtieron en un descampado en la década de 1880. Un sendero circular de 800 m conduce al **Chicago Stump,** de 6 m, los restos del árbol de 3200 años que fue talado, cortado en secciones y recompuesto para la World Columbian Exposition de Chicago de 1893. Al norte, otra carretera secundaria lleva al **Stump Meadow,** donde los tocones y troncos caídos crean buenos merenderos, y al **Boole Tree Trail,** un sendero circular de 4 km que conduce al único "monarca" que han dejado con vida.

Después la carretera inicia el espectacular descenso al cañón, junto a paredes talladas de roca, algunas teñidas por el musgo verde y los rojizos minerales ferrosos, y otras con cascadas. Hay vistas fantásticas, sobre todo en el **Junction View.**

Al final la carretera corre en paralelo al Kings River, que fluye estruendoso entre precipicios de roca cuya altura (hasta 2438 m) hace que el Kings Canyon sea más profundo que el Gran Cañón. Hay que parar en la **caverna de Boyden** (www.caverntours.com/BoydenRt.htm; Hwy 180; circuitos adultos/niños desde 14,50/8,50 US$; ⊙may-med nov; 🐾) para ver sus bellas formaciones; aunque menos grandes e impresionantes que las de la Crystal Cave del Sequoia National Park, no es preciso sacar la entrada de antemano. También hay excitantes circuitos de barranquismo (previa reserva). Unos 8 km al este, la **cascada de Grizzly** puede llevar más o menos agua, según la época del año.

En el viaje de vuelta es buena idea desviarse por el **lago Hume,** creado en 1908 como un dique para trabajos madereros y ahora navegable, apto para el baño y la pesca. Hay una tiendecita y una gasolinera.

mir bajo techo en el cañón ofrece 21 sosas habitaciones estilo motel, algunas con aire acondicionado; la remodelación en curso promete mejorar la anticuada decoración. Tres habitaciones de la planta baja con umbrosos patios ofrecen sensacionales vistas al río y cocina americana. Todas las habitaciones tienen teléfono y TV.

Cedar Grove Restaurant COMIDA RÁPIDA **$** (principales hasta 12 US$; ☉7.00-20.00 fin may-med oct; ☎✆) Parrilla sencilla con servicio en la barra y grasienta comida caliente.

❶ Información

En Grant Grove Village y Cedar Grove Village hay cajeros automáticos. Hay wifi gratis cerca de la recepción del albergue en el edificio del Grant Grove Restaurant, en Grant Grove Village.

Centro de visitantes de Cedar Grove (☑559-565-4307; ☉8.00 o 9.00-16.30 o 17.00 fin may-ppios sep) Pequeño centro de visitantes en Cedar Grove Village. El puesto de permisos de Roads End, que emite permisos de acampada y alquila contenedores a prueba de osos, está 10 km al este.

Centro de visitantes del Kings Canyon (☑559-565-4307; ☉8.00-17.00, más reducido en invierno) En Grant Grove Village. Tiene exposiciones, mapas y permisos de acampada.

❶ Cómo llegar y desplazarse

Desde el oeste, por la Kings Canyon Scenic Byway (Hwy 180) hay 85 km al este desde Fresno hasta la entrada de Big Stump. Desde el sur, hay 74 km a través del Sequoia National Park por la Generals Hwy. La carretera a Cedar Grove Village solo está abierta de abril o mayo hasta la primera nevada del otoño.

Sequoia National Park

Nada más salir de la tienda se alza una fachada de árboles tan altos como antiguos. Se puede hacer el café mientras se planifica el día en este parque, con bosques magníficos y cumbres que superan los 3600 m.

◉ Puntos de interés y actividades

En general, las atracciones estrella del parque se hallan a lo largo de la Generals Hwy, que empieza en la Ash Mountain y sigue hasta el Kings Canyon. La actividad turística se concentra en la zona del Giant Forest y en Lodgepole Village, con casi todos los servicios, como el centro de visitantes y el mercado. La

carretera a Mineral King sale de la Hwy 198 en el pueblo de Three Rivers, justo al sur de la entrada al parque de Ash Montain.

◉ Giant Forest

El "Bosque Gigante" es el nombre que le dio John Muir en 1875 a esta zona, sita entre los dos parques, 3,2 km al sur de Lodgepole Village. Aquí se halla el árbol más voluminoso del planeta, el inmenso **General Sherman Tree**, de 83 m. Se puede llegar desde la zona de aparcamiento de la Wolverton Rd o bien seguir el **Congress Trail**, un camino asfaltado de 3,2 km que conduce a este y otros árboles notables, entre ellos el **Washington Tree** (la segunda secuoya más grande del mundo) y el **Telescope Tree**. Más apartado de las masas queda el **Trail of the Sequoias**, de 8 km, que lleva al centro del bosque.

A 4,8 km del Giant Forest Museum está el **Crescent Meadow**. Para llegar a este rincón de *picnic* hay que tomar la Crescent Meadow Rd (abierta solo los meses cálidos) al este. Varios caminos cortos salen de este punto, como la ruta de 1,6 km hacia el **Tharp's Log**. La ruta también pasa por la **Moro Rock**, un prominente domo de granito que, desde lo alto, ofrece magníficas vistas de la Great Western Divide, una cadena montañosa que atraviesa el Sequoia National Park.

Giant Forest Museum MUSEO (☑559-565-4480; Generals Hwy; ☉9.00-16.30 o 18.00 med may-med oct; ✆) GRATIS Para una introducción básica a la ecología, el fuego y la historia de estos grandes árboles se recomienda visitar este museo, seguido de una vuelta por el **Big Trees Trail** (accesible con silla de ruedas), de 2 km, que sale del aparcamiento del museo.

◉ Foothills

Desde la entrada de Ash Mountain en Three Rivers, la Generals Hwy inicia un ascenso por la zona sur del Sequoia National Park. Con una altura media de 600 m, las Foothills son mucho más secas y templadas que el resto del parque. Para caminatas, es mejor la primavera. En verano, la humedad es elevada y hay muchos mosquitos. Las temperaturas moderadas retornan en otoño.

Los potwisha vivieron en esta zona hasta principios del s. xx y la bellota fue su principal medio de subsistencia. En la zona de *picnic* de **Hospital Rock**, antaño un poblado potwisha, aún pueden hallarse pictogramas y agujeros para moler las bellotas. A lo largo del Marble Fork, el río Kawah forma numerosas *pozas* aptas para el baño, sobre todo cerca del Potwisha Campground. Hay que tener cuidado con las corrientes, que pueden ser letales, sobre todo durante las crecidas de primavera.

Mineral King

Este valle subalpino, a 2286 m de altitud, es la meca del excursionismo. Es un valle glaciar, rodeado de enormes montañas, incluido el pico Sawtooth, de 3762 m. Se accede a través de la Mineral King Rd, una angosta y empinada carretera de 40 km, no apta para autocaravanas ni amantes de la velocidad, que suele estar abierta de finales de mayo a octubre. Se recomienda pasar la noche allí para evitar las 3 h de regreso.

Para hacer excursiones desde aquí es necesario seguir pronunciados senderos. Los de Crystal, Monarch, Mosquito y los lagos Eagle son algunos recomendables de un día. Para aventuras largas se recomienda la zona de Little Five Lakes y, pasado el High Sierra Trail, el Kaweah Gap, flanqueado por el Black Kaweah, el monte Stewart y el pico Eagle Scout, todos ellos de más de 3600 m.

En primavera y a principios de verano pueden verse hordas de marmotas hambrientas, que son el terror de los automóviles que aparcan por la zona, pues mordisquean las mangueras del radiador, las correas y el cableado en busca de la sal que necesitan tras la hibernación. Si se sale de excursión en esta época se debe envolver la parte inferior del vehículo con una lona sujeta con alambre.

Entre 1860 y finales de la década de 1890, Mineral King fue testigo de una intensa actividad minera (plata) y maderera. Existen restos de antiguos pozos y molinos de pisones. Walt Disney Corporation planteó construir aquí un enorme centro de esquí, pero la propuesta fue rechazada cuando el Congreso incorporó Mineral King a la red de parques nacionales en 1978. La web de la Mineral King Preservation Society (www.mineralking. org) ofrece todo tipo de información sobre la zona, incluidas las rústicas cabañas de mineros, aún habitadas.

Dónde dormir y comer

El mercado de Lodgepole Village es el mejor abastecido de todos los parques, pero también se encuentran alimentos en la tienda del Stony Creek Lodge (cerrada en invierno).

Generals Highway

Hay numerosos *campings* a lo largo de la Generals Hwy y casi nunca están completos, aunque se llenan más los fines de semana de los períodos de vacaciones. Los de la zona de Foothills son recomendables en primavera y otoño; en verano son calurosos y hay muchos mosquitos. A menos que se indique lo contrario, los *campings* funcionan sin reserva. Es posible acampar gratis en el Giant Sequoia National Monument. Hay que dirigirse a alguna oficina forestal o centro de visitantes para informarse sobre los permisos para hacer fuego. Lodgepole Village y el Stony Creek Lodge disponen de duchas de pago.

Stony Creek Campground CAMPING $
(☎877-444-6777; www.recreation.gov; parcela tienda y autocaravana 24 US$; ⊘med may-fin sep; ☷) Perteneciente al USFS, tiene 49 parcelas en el bosque, algunas junto a un arroyo, y váteres con cisterna. Al otro lado de la calle, el 'camping' de Upper Stony Creek es más pequeño y tiene váteres secos.

Lodgepole Campground CAMPING $
(☎877-444-6777; www.recreation.gov; parcela tienda y autocaravana 22 US$; ⊘may-nov) Es el más cercano a la zona del Giant Forest, con más de 200 parcelas apiñadas y váteres con cisterna. Al estar cerca de Lodgepole Village, se llena pronto. La docena de parcelas accesibles a pie son más intimas.

Potwisha Campground CAMPING $
(parcela tienda y autocaravana 22 US$; ⊘todo el año; ☷) Este *camping* está 5 km al norte de la entrada de Ash Mountain y tiene 42 parcelas y váteres con cisterna.

Dorst Creek Campground CAMPING $
(☎877-444-6777; www.recreation.gov; parcela tienda y autocaravana 22 US$; ⊘fin may-ppios sep; ☷) Amplio y concurrido, cuenta con 204 parcelas y váteres con cisterna. En las de la parte de atrás solo se puede acampar con tienda.

Buckeye Flat Campground CAMPING $
(parcela tienda 22 US$; ⊘abr-sep; ☷) Este *camping* se halla en la zona de Foothills, en un robledal unos 10 km al norte de la entrada de Ash Mountain. Hay 28 parcelas solo para tiendas, con váteres con cisterna. Puede resultar ruidoso.

Stony Creek Lodge HOTEL $$
(☎559-565-3909; www.sequoia-kingscanyon.com; 65569 Generals Hwy; h 159-189 US$; ⊘med may-

CRYSTAL CAVE

Dos pescadores descubrieron en 1918 esta **cueva** (☎559-565-3759; www.sequoiahistory. org; Crystal Cave Rd; circuitos adultos/niños desde 15/8 US$; ⊘med may-nov; 🅟), excavada por un río subterráneo; se estima que sus formaciones se remontan a hace 10 000 años. Las estalactitas cuelgan como puñales y sus formaciones de mármol lechoso adquieren la forma de etéreas cortinas, bóvedas, columnas y escudos. La cueva es un hábitat único de biodiversidad para arañas, murciélagos y pequeños insectos acuáticos que no se hallan en ninguna otra parte del mundo. El circuito de 45 min cubre 800 m de cámaras, aunque los adultos pueden explorar cavernas más profundas con linterna y pasar un día entero de aventuras espeleológicas.

Las entradas no se venden en la cueva, sino en los centros de visitantes de Lodgepole y Foothills. Calcúlese 1 h para llegar a la boca, situada a un paseo de 800 m desde el aparcamiento (con lavabos) donde termina la sinuosa carretera de 11 km; el desvío está unos 5 km al sur del Giant Forest. Se recomienda llevar una chaqueta ligera: dentro la temperatura es de 9°C.

med oct; 🛜) A medio camino entre Grant Grove Village y el Giant Forest, tiene una gran chimenea de roca de río en el vestíbulo y 12 habitaciones tipo motel, anticuadas pero acogedoras, con teléfono y TV de pantalla plana.

Sequoia High Sierra Camp   CABAÑAS $$$
(☎877-591-8982; www.sequoiahighsierracamp. com; h sin baño incl. todas las comidas adultos/ niños 250/150 US$; ⊘med jun-ppios oct) Este complejo es ideal para gente activa y sociable que no cree que lo de "*camping* de lujo" sea un oxímoron. Las cabañas de lona están mejoradas con cómodos colchones, almohadas, edredones y cálidas alfombras de lana, además de baños compartidos y una caseta con ducha. Se exige reserva y dos noches de estancia mínima.

Wuksachi Lodge   HOTEL $$$
(☎866-807-3598, 559-565-4070; www.visitsequoia. com; 64740 Wuksachi Way, junto a Generals Hwy; h desde 225 US$; 🛜) Edificado en 1999, es lo más lujoso del parque para alojarse y comer. Pero aunque el vestíbulo disfruta de una acogedora chimenea de piedra y vistas al bosque, las habitaciones, tipo motel con muebles de roble y paredes finas, tienen un ambiente más bien institucional. Aun así, la ubicación es envidiable.

Lodgepole Village   MERCADO $
(Generals Hwy; principales 6-10 US$; ⊘mercado y bar de aperitivos 9.00-18.00 med abr-finales may y ppios sep-med oct, 8.00-20.00 fin may-ppios sep, café 11.00-18.00 med abr-med oct; 🅟) En el mercado más extenso del parque venden todo

tipo de comestibles, equipo de acampada y tentempiés. Dentro, en el café sirven hamburguesas, sándwiches a la plancha y desayunos. El *deli* contiguo es más elegante y saludable, con *focaccias*, rollitos vegetales y ensaladas para llevar.

🍴 Backcountry

Bearpaw High Sierra Camp   CABAÑAS $$
(☎866-807-3598, 801-559-4930; www.visitse quoia.com; cabaña de lona incl. desayuno y cena 175 US$; ⊘med jun-med sep) Se halla 18,5 km al este del Giant Forest, en el High Sierra Trail. Mezcla de hotel y tienda de campaña, el lugar es ideal para explorar las zonas remotas sin tener que llevar el equipo de acampada. El precio incluye ducha, cena y desayuno, así como ropa de cama y toallas. El periodo de reservas se abre el 2 de enero a las 7.00 y las plazas se agotan de inmediato.

🍴 Mineral King

Sus dos lindos *campings,* **Atwell Mill** (parcela tienda 12 US$; ⊘fin may-med oct; 🐾) y **Cold Springs** (parcela tienda 12 US$; ⊘fin may-med oct; 🐾), suelen llenarse los fines de semana de verano. Hay duchas de pago en el Silver City Mountain Resort.

Silver City Mountain Resort   CABAÑAS $$
(☎559-561-3223; www.silvercityresort.com; Mineral King Rd; cabañas con/sin baño desde 195/120 US$, chalés 250-395 US$; ⊘fin may-fin oct; 🛜) El único lugar donde comer y alojarse en las cercanías del parque es rústico, a la antigua y familiar.

Hay de todo, desde lindas cabañas de los años cincuenta hasta modernos chalés para hasta ocho personas. El **restaurante** (principales 10-18 US$; ⏰8.00-20.00 ju-lu, tarta y café solo 9.00-16.00 ma-mi) sirve ricos pasteles caseros y comida sencilla en mesas de merendero bajo los árboles. Está 5,6 km al oeste del puesto de guardabosques.

Hay una mesa de *ping-pong*, columpios al aire libre y pozas cercanas donde bañarse. Hay que llevar sábanas y toallas o alquilarlas (25-50 US$ por cabaña). Casi todas las cabañas carecen de electricidad, y el generador del lugar suele apagarse hacia las 22.00.

Three Rivers

Recibe su nombre por la convergencia de las tres bifurcaciones del río Kaweah y es una acogedora y pequeña localidad habitada sobre todo por jubilados y artistas recién llegados. Su principal atractivo, Sierra Dr (Hwy 198), tiene algunos moteles, restaurantes y tiendas.

Sequoia Village Inn CABAÑAS, CASITAS **$$**
(☎559-561-3652; www.sequoiavillageinn.com; 45971 Sierra Dr; d 129-319 US$; ❄🅿🛜🐕) Bastante modernas, estas 10 lindas casitas, cabañas y chalés (muchas con cocina completa y el resto con cocina americana) bordean el parque y son geniales para familias o grupos. La mayoría tiene porche de madera y barbacoa, y en la más grande caben hasta 12 personas.

Buckeye Tree Lodge MOTEL **$$**
(☎559-561-5900; www.buckeyetreelodge.com; 46000 Sierra Dr; d incl. desayuno 134-159 US$; ❄🛜🐕) 🍴 Habitaciones modernas y luminosas de ladrillo blanco, algunas con cocina.

We Three Bakery & Restaurant DESAYUNOS, PANADERÍA **$**
(43368 Sierra Dr; principales 7-15 US$; ⏰7.00-14.30, hasta 21.00 vi y sa en verano; 🐕) Sus torrijas, galletas y café atraen a mucha gente para desayunar, y los sándwiches fríos y calientes lo convierten en un lugar delicioso para el almuerzo.

River View Restaurant & Lounge ESTADOUNIDENSE **$$**
(42323 Sierra Dr; almuerzo 9-12 US$, cena 16-24 US$; ⏰11.00-21.00, hasta 22.00 vi y sa, bar hasta tarde) Pintoresco local con un estupendo patio trasero y música en directo de viernes a domingo.

ℹ️ Información

En Lodgepole Village hay un cajero automático y, en el Wuksachi Lodge, wifi gratis.

Centro de visitantes de Foothills (☎559-565-4212; ⏰8.00-16.30) Está 1,5 km al norte de la entrada de Ash Mountain.

Centro de visitantes de Lodgepole (☎559-565-4436; ⏰9.00-16.30 o 18.00 diarios, más reducido en invierno) Mapas, información, exposiciones, entradas para Crystal Cave y permisos para acampar.

Puesto de guardabosques de Mineral King (☎559-565-3768; ⏰8.00-16.00 fin may-ppios sep) 40 km al este de Generals Hwy; permisos para acampar e información sobre *campings*.

EXCURSIONISMO EN LOS PARQUES NACIONALES DE SEQUOIA Y KINGS CANYON

Con más de 1368 km de senderos señalizados, estos parques son el sueño de cualquier excursionista. Cedar Grove y Mineral King brindan los mejores accesos a pie. Los senderos suelen abrirse entre mediados y finales de mayo.

Los excursionistas que quieran pernoctar necesitan un permiso de acampada (15 US$/grupo), sujeto a un sistema de cuotas en verano; fuera de la temporada de cuotas los permisos son gratis y se expiden al registrarse. El 75% de las parcelas pueden reservarse, y el resto se adjudican por orden de llegada. Las reservas pueden efectuarse desde el 1 de marzo hasta dos semanas antes de la excursión. Para más detalles, consúltese www.nps.gov/seki/planyourvisit/wilderness_permits.htm. También hay un mostrador ad hoc en el centro de visitantes de Lodgepole.

Todos los puestos de guardabosques y centros de visitantes tienen mapas topográficos y guías de senderismo. Nótese que la comida debe guardarse en contenedores a prueba de osos aprobados por el parque; los alquilan en los mercados y centros de visitantes (desde 5 US$ por excursión).

INVIERNO DIVERTIDO

En invierno, un espeso manto de nieve cubre los árboles y los prados, el ritmo de las actividades decae y el silencio se impone en las carreteras y senderos. La Generals Hwy a menudo se corta por la nieve entre Grant Grove y el Giant Forest y se pueden necesitar cadenas en cualquier momento, que se alquilan a la entrada de los parques, aunque no deben colocarse en los vehículos de alquiler. Para más información sobre el estado de las carreteras, llámese al ☎559-565-3341 o visítese la web www.nps.gov/seki.

Los paseos con raquetas de nieve y el esquí de fondo son muy populares, con 80 km de senderos señalizados pero sin pisar que cruzan las zonas de Grant Grove y Giant Forest. Son estupendas para el esquí de fondo y las raquetas de nieve las carreteras cerradas en invierno como la Moro Rock-Crescent Meadow Rd del Sequoia, la Panoramic Point Rd del Kings Canyon y la Big Meadows Rd del Sequoia National Forest. Los centros de visitantes tienen mapas de rutas, y los guardabosques guían circuitos gratis de raquetas de nieve. Senderos marcados en los árboles se conectan con los del Giant Sequoia National Monument y con los 40 km de pistas privadas pisadas del **Montecito Sequoia Lodge** (☎559-565-3388; www.montecitosequoia.com; 8000 Generals Hwy). Se puede alquilar el equipo en Grant Grove Village, el Wuksachi Lodge y el Montecito Sequoia Lodge, y existen zonas de juego cerca de Columbine y Big Stump, en la zona de Grant Grove y en el Wolverton Meadow del Sequoia.

En invierno, los esquiadores de fondo que tengan reserva pueden dormir en alguna de las 10 literas de la **Pear Lake Ski Hut** (☎559-565-3759; www.sequoiahistory.org; dc 38-42 US$; ☺med dic-fin abr), una construcción de pino y granito de la década de 1940 administrada por la Sequoia Natural History Association. Es un placer llegar a ella tras 10 km por la nieve, con esquíes o raquetas, desde el Wolverton Meadow. Las reservas se asignan en noviembre por sorteo. Para más información, llámese o visítese su web.

❶ Cómo llegar y desplazarse

Desde el sur, la Hwy 198 va al norte desde Visalia por Three Rivers, y más allá la Mineral King Rd lleva hasta la entrada de Ash Mountain. A partir de allí, la Hwy 198 pasa a llamarse Generals Hwy, que serpentea hasta el Kings Canyon National Park, donde se une a la Kings Canyon Scenic Byway (Hwy 180) cerca de la entrada occidental de Big Stump. El trayecto desde la entrada hasta el Giant Forest y la zona de Lodgepole dura aproximadamente 1 h, y otra más para llegar a Grant Grove Village, en el Kings Canyon.

Los autobuses de **Sequoia Shuttle** (☎877-287-4453; www.sequoiashuttle.com; billete ida/ida y vuelta 7,50/15 US$; ☺fin may-ppios sep) realizan la ruta entre Visalia y el Giant Forest Museum (2½ h) vía Three Rivers cinco veces a diario; hay que reservar.

Hay servicios de enlace cada 15 min del Giant Forest Museum a la Moro Rock y el Crescent Meadow o a las zonas de aparcamiento del General Sherman Tree y Lodgepole Village. Otra ruta conecta Lodgepole, el Wuksachi Lodge y el Dorst Creek Campground cada 30 min. Todas las rutas son gratis y funcionan de finales de mayo a principios de septiembre, aproximadamente de 9.00 a 18.00.

ESTE DE SIERRA NEVADA

Las colinas cubiertas de nubes y las cimas nevadas son el paisaje típico de la parte oriental de Sierra, con algunos picos de más de 4000 m que se alzan abruptamente desde los desiertos de la Great Basin y Mojave. Los pinares, prados, lagos, manantiales de aguas termales y los cañones de origen glaciar son otras de sus bellezas.

La Eastern Sierra Scenic Byway, cuyo nombre oficial es Hwy 395, atraviesa toda la región. Por algunos desvíos situados en las faldas de las montañas se puede llegar a páramos y senderos, incluidos los famosos Pacific Crest Trail, John Muir Trail y Mt Whitney Trail. Los pueblos más importantes son Bridgeport, Mammoth Lakes, Bishop y Lone Pine. En invierno muchos servicios no están operativos.

❶ Información

De producción local y disponible en toda la región, el mapa de carreteras e instalaciones de Sierra Maps *Eastern Sierra: Bridgeport to Lone Pine* localiza manantiales termales, pueblos fantasma, senderos y zonas de escalada. Para eventos de la zona y enlaces de información turística, consúltese www.thesierraweb.com, y para noticias regionales, el *Sierra Wave* (www.sierrawave.net).

ℹ️ Cómo llegar y desplazarse

El este de Sierra Nevada es muy fácil de explorar a pie, aunque también es posible acceder a la zona en transporte público. Los autobuses de la **Eastern Sierra Transit Authority** (📞760-872-1901; www.estransit.com/) unen Lone Pine y Reno (59 US$, 6 h) los lunes, jueves y viernes, con paradas en todos los pueblos de la ruta por la Hwy 395. Las tarifas dependen de la distancia, y se recomienda reservar. También hay un servicio directo entre Mammoth Lakes y Bishop (7 US$, 1 h, 3 diarios) de lunes a viernes.

En verano, se puede llegar a Yosemite con el autobús de YARTS desde Mammoth Lakes o Lee Vining.

Zona del lago Mono

Bridgeport

Con apenas tres manzanas de largo, Bridgeport se ubica en el centro de un valle abierto desde donde se divisan las altas cumbres de la Sawtooth Ridge. La localidad desprende el clásico aire del Lejano Oeste, con tiendas antiguas y una ambiente hogareño. En invierno, casi todo cierra o los horarios se reducen, pero el resto del año el pueblo atrae a pescadores, excursionistas, escaladores y amantes de las aguas termales.

◉ Puntos de interés y actividades

Juzgados del condado de Mono EDIFICIO HISTÓRICO
(🕐9.00-17.00 lu-vi) Los Juzgados, una construcción blanca de influencia italiana rodeada de césped y una verja de hierro forjado, cerraron en 1880. En la calle posterior se puede visitar la vieja cárcel del condado, una instalación espartana con muros de piedra de más de medio metro de grosor y puertas con rejas de hierro, que funcionó de 1883 a 1964.

Mono County Museum MUSEO
(📞760-932-5281; www.monocomuseum.org; Emigrant St; adultos/niños 2/1 US$; 🕐9.00-16.00 ma-sa jun-sep) En una escuela de la misma época, este museo exhibe objetos relacionados con la minería de los pueblos fantasma

de la zona, así como una sala con cestería de los paiute.

⭐ **Travertine Hot Spring** AGUAS TERMALES
Desde estos tres manantiales termales sitos al sur del pueblo se puede contemplar la puesta de sol sobre las montañas. Para llegar, hay que girar al este por la Jack Sawyer Rd, justo antes del puesto de guardabosques, y ascender 1,6 km por un camino de tierra.

Ken's Sporting Goods PESCA
(📞760-932-7707; www.kenssport.com; 258 Main St; 🕐7.00-20.00 lu-ju, hasta 21.00 vi y sa med abr-med nov, 9.00-16.00 ma-sa med nov-med abr) Facilitan información y material de pesca. Para truchas, se recomiendan el **embalse de Bridgeport** y el **río East Walker**.

🛏️ Dónde dormir y comer

Redwood Motel MOTEL $
(📞760-932-7060; www.redwoodmotel.net; 425 Main St; d desde 88-99 US$; 🕐abr-nov; ✳️🐾🛜❄️) Habitaciones impolutas y un dueño que admite perros y aconseja sobre la zona.

Bodie Victorian Hotel HOTEL HISTÓRICO $
(📞760-932-7020; www.bodievictorianhotel.com; 85 Main St; h 60-125 US$; 🕐may-oct) Este curioso edificio fue trasladado aquí desde el pueblo fantasma de Bodie. Amueblado con antigüedades, se rumorea que está encantado. Si no se ve a nadie, quizá en el Sportsmens Bar & Grill, al lado, sepan algo.

Hays Street Cafe ESTADOUNIDENSE $
(www.haysstreetcafe.com; 21 Hays St; principales hasta 10 US$; 🕐6.00-14.00 may-oct, 7.00-13.00 nov-abr) Sito en el extremo sur del pueblo, este restaurante de estilo rústico tiene una oferta casera, como galletas y rollitos de canela.

J's on the Corner ESTADOUNIDENSE $
(247 Main St; principales 7-10 US$; 🕐11.00-21.00, variable oct-abr) Pequeña parrilla muy popular por sus excelentes sándwiches fríos y calientes, sustanciosas ensaladas y estupendos precios. Se recomienda el *prime rib French dip*, un bocadillo de lonchitas de carne asada en su jugo, servida en un cuenco con el pan aparte.

Bridgeport Inn ESTADOUNIDENSE $$
(www.thebridgeportinn.com; 205 Main St; principales 10-22 US$; 🕐8.00-20.30 ju-ma abr-oct; 🛜) Se puede parar en el comedor de este edificio encalado de 1877 para tomar hamburguesas, guisos de carne, bistecs y pescado, con una

> ### ⓘ PERMISOS 'WILDERNESS': ESTE DE SIERRA NEVADA
>
> Todo el año se necesita un permiso *wilderness* (gratis) para pernoctar en las zonas de Ansel Adams, John Muir, Golden Trout y Hoover Wilderness. Para las tres primeras, los cupos están disponibles de mayo a octubre; el 60% puede reservarse a través de www.recreation.gov por 5 US$/persona. De noviembre a abril, los permisos se recogen en casi todos los puestos de guardabosques; si estuviera cerrado, búsquense fuera del puesto los permisos de autoemisión. Los permisos *wilderness* para el Inyo National Forest pueden recogerse en Lone Pine, Bishop, Mammoth Lakes o en sus puestos de guarda-bosques de la cuenca del Mono. El Tuolumne Meadows Wilderness Center de Yosemite también expide permisos para excursiones desde el lago Saddlebag. Para cualquier pregunta, llámese a la **Inyo National Forest Wilderness Permit Office** (☏760-873-2483; www.fs.usda.gov/inyo).
>
> Los permisos para la Hoover Wilderness que parten del Humboldt-Toiyabe National Forest (cupos de temporada en algunos senderos) se dan en el puesto de guardabos-ques y centro de visitantes de Bridgeport.
>
> Los foros de **High Sierra Topix** (www.highsierratopix.com) están muy bien para plani-ficar excursiones.

modesta carta de vinos. El largo porche de-lantero ofrece un buen mirador local sentado en un clásico taburete de heladería.

ⓘ Información

Centro de visitantes y puesto de guardabos-ques de Bridgeport (☏760-932-7070; www.fs.usda.gov/htnf; Hwy 395; ⊗8.00-16.30 a dia-rio jun-med sep, 8.00-16.30 lu-vi med sep-may) Mapas e información, además de permisos para la Hoover Wilderness.

Twin Lakes

Con sus orillas repletas de pescadores, estos "Lagos Gemelos" se hallan en un precioso dúo de cuencas acunadas por la Sawtooh Ridge. La zona es famosa por su pesca, so-bre todo desde que, en 1987, picó una trucha de 11,8 kg. El Lower Twin (Gemelo Inferior) es más tranquilo, mientras que en el Upper Twin (Gemelo Superior) se puede ir en barca y hacer esquí acuático. Hay otras actividades, como el ciclismo de montaña y el senderismo por la Hoover Wilderness y, más hacia el este, hasta el límite plagado de lagos del Yosemite National Park.

⊙ Puntos de interés y actividades

Un paseo ladera abajo conduce al **Buckeye Hot Spring,** aunque puede estar lleno. El agua emerge ardiente desde una ladera y se enfría en cuanto cae en varias pozas sitas junto al arroyo Buckeye, ideal para darse un chapuzón. Una de las pozas se adentra un poco en una cueva formada a partir de una roca en saliente. Se puede practicar el nudismo. Para llegar desde la Hwy 395 vía la Twin Lakes Rd, se toma a la derecha en el Doc & Al's Resort (a 11 km de la Hwy 395), 4,8 km por una carretera asfaltada solo al principio y luego de tierra, pero nivelada. Tras cruzar el puente del arroyo Buckeye (a 4 km), hay que mantenerse a la derecha en la bifurcación y seguir las señales del manan-tial. Se sube unos 800 m por la ladera hasta una zona de aparcamiento, a la derecha, y se continúa hasta el lugar.

Para caminatas, el principal punto de partida está al final de la Twin Lakes Rd, pasado Annett's Mono Village; el aparca-miento nocturno semanal cuesta 10 US$/vehículo. Desde allí, los senderistas pueden partir por el arroyo Robinson de aventura por la impresionante **Hoover Wilderness** y de excursiones mochileras con pernocta-ción (permiso *wilderness* exigido) por el noreste de Yosemite. La caminata de un día al lindo **lago Barney** (12,8 km ida y vuelta) ofrece magníficas vistas de las agujas graní-ticas en el **Little Slide Canyon**, donde los escaladores en roca se desvían para trepar por una tremenda pared llamada **Incredi-ble Hulk** y otras empinadas formaciones en la cresta hacia el norte.

Para una caminata con buenas vistas de los Twin Lakes, desde Annett's se toma hacia el sur por el **Horse Creek Trail**, un sendero que pronto llega a la **cascada de Horsetail**. Sigue cuesta arriba hasta rozar el límite de la *wilderness* y vuelve a bajar hasta los Twin Lakes por el **Cattle Creek Trail**. Se regresa por el lago; en total son

12 km. En *Los Vagabundos del Dharma*, el escritor Jack Kerouac describe su subida desde el cañón del arroyo Horse hasta el cercano pico Matterhorn (3749 m) con el poeta Gary Snyder.

La Twin Lakes Rd (Rte 420) discurre unos 16 km por pastizales y estribaciones antes de llegar al Lower Twin Lake. Las carretera es una buena ruta para ciclistas más o menos en forma, llana en su mayor parte y con paisajes de ensueño.

🛏 Dónde dormir y comer

Pasado el puente del arroyo Buckeye, en la bifurcación señalizada se toma a la izquierda y tras 3 km se llega al Buckeye Campground (parcela tienda y autocaravana 15 US$; ☺may-med oct), con mesas, parrillas, agua potable y lavabos. También se puede acampar gratis a lo largo del arroyo, a ambos lados del puente.

Los *campings* de Honeymoon Flat, Robinson Creek, Paha, Crags y Lower Twin Lakes, todos del USFS (☏800-444-7275; www.recrea tion.gov; parcela tienda y autocaravana 17-20 US$; ☺med may-sep), están situados entre pinos de Jeffrey y artemisa a lo largo del arroyo Robinson y el Lower Twin Lake. Todos tienen váteres con cisterna, excepto el de Honeymoon Flat, en el que son secos.

La Twin Lakes Rd termina en Annett's Mono Village (☏760-932-7071; www.monovilla ge.com; parcela tienda 20 US$, parcela autocaravana con conexiones 30 US$, h 75 US$, cabañas 85-205 US$; ☺fin abr-oct; 🛜), un enorme aunque algo caótico y deteriorado complejo en el Upper Twin Lake. Dispone de alojamientos baratos pero apiñados y un café (principales 9-16 US$) un poco cursi lleno de peces disecados. Hay duchas de pago.

Bodie State Historic Park

Para retroceder a los tiempos de la Fiebre del Oro, Bodie (☏760-647-6445; www.parks. ca.gov/bodie; Hwy 270; adultos/niños 5/3 US$; ☺9.00-18.00 med may-oct, hasta 16.00 nov-med may) es uno de los pueblos fantasma más auténticos y mejor conservados. En 1859 se descubrió por primera vez oro aquí, y en 20 años pasó de ser un campamento minero a tener una población de 10 000 habitantes y fama de ciudad sin ley, con peleas y asesinatos casi a diario. La violencia se desataba con el alcohol que se servía en los 65 *saloons* del lugar, algunos de ellos meras tapaderas de burdeles, casas de apuestas o fumaderos de opio. Entre 1870 y 1880 se extrajeron de estas colinas oro y plata valorados en unos 35 millones de US$, pero, conforme la producción mermaba, también lo hacía su población, hasta que el pueblo se quedó vacío.

Un par de centenares de casas permanecen como detenidas en el tiempo en este valle frío, inhóspito y azotado por un viento cargado de residuos mineros. Tras las ventanas polvorientas pueden distinguirse aún tiendas, hogares amueblados, escuelas con pupitres y libros, y talleres atestados de herramientas. También siguen en pie la cárcel, el parque de bomberos, varias iglesias, la caja de seguridad de un banco y muchos otros edificios. El antiguo Miners' Union Hall acoge hoy un museo y un centro de visitantes (☺9.00-1 h antes del cierre del parque). Los guardas forestales organizan una visita guiada gratis. En verano se amplía la visita a los alrededores y al cementerio; pregúntese por los detalles. El segundo sábado de agosto se celebra el Friends of Bodie Day (www.bodiefoundation.org) con viajes en diligencia, representaciones históricas y cientos de entusiastas vestidos de época.

ℹ Cómo llegar y salir

Bodie se halla 21 km al este de la Hwy 395, por la Rte 270 (los últimos 5 km sin asfaltar). Aunque el parque abre todo el año, la carretera suele estar cerrada de invierno a principios de primavera, cuando se necesitan raquetas de nieve o esquís de fondo para llegar.

Lagos Virginia

Al sur de Bridgeport, la Hwy 395 asciende hasta su punto más alto en la cima del Conway (2482 m), con un imponente panorámica del lago Mono con, al fondo, los cráteres de Mono y los montes June y Mammoth.

Aquí se halla el desvío por la Virginia Lakes Rd, que sigue el curso del arroyo Virginia durante 9,6 km hasta llegar a un grupo de lagos jalonados por el pico Dunderberg (3771 m) y la Black Mountain (3595 m). Al final de la carretera comienza un sendero que da acceso a la zona de la Hoover Wilderness y el Pacific Crest Trail. El sendero sigue por el Cold Canyon a través del Yosemite National Park. Con un automóvil de enlace, la estupenda caminata de 16,9 km al Green Creek pasa por una serie de lagos ideales; si se anda 1,6 km más, se llega al Summit Lake, batido por el viento (con un enorme árbol derribado), en la frontera de Yosemite. En el Virginia Lakes Resort (☏760-647-6484; www.virgi nialakesresort.com; cabañas desde 112 US$; ☺med

Zona del Lago Mono

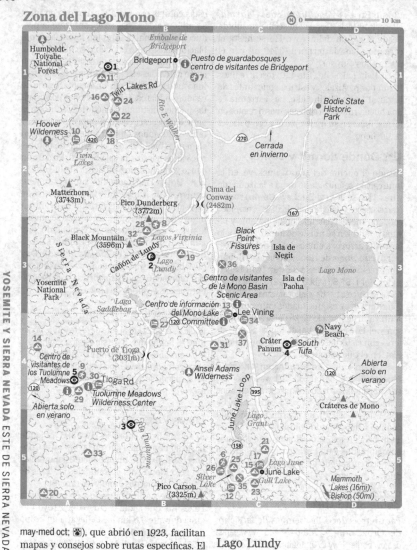

N 0 _____ 10 km

may-med oct; 🐾), que abrió en 1923, facilitan mapas y consejos sobre rutas específicas. El complejo posee pequeñas cabañas, un café y una tienda. En las cabañas pueden dormir entre 2 y 12 personas, y suelen pedir una estancia mínima de tres días.

Se puede acampar en el **Trumbull Lake Campground** (☎800-444-7275; www.recreation. gov; parcela tienda y autocaravana 17 US$; ⏱med jun-med oct), totalmente rodeado de pinos.

Cerca, en la **Virginia Lakes Pack Station** (☎760-937-0326; www.virginialakes.com), se puede montar a caballo.

Lago Lundy

Tras la cima del Conway, la Hwy 395 realiza una pronunciada bajada hasta la cuenca del Mono. Antes de llegar, un desvío por la Lake Rd lleva hasta el lago Lundy. Es un lugar precioso, sobre todo en primavera, cuando las flores silvestres alfombran el cañón del arroyo Mill, y en otoño, realzado por el colorido follaje. Antes de llegar al lago, la carretera bordea el **Lundy Canyon Campground** (parcela tienda y autocaravana 12 US$; ⏱med abr-med nov), que atiende por orden de llegada

Zona del lago Mono

y tiene váteres secos; hay agua, pero debe hervirse o tratarse. Al final del lago aparece un destartalado *resort* en el emplazamiento de un pueblo minero de la década de 1880, una tienda y botes de alquiler.

Pasado el *resort,* una carretera de tierra lleva al cañón de Lundy, que, en 3,2 km, acaba en la cabecera del sendero a la Hoover Wilderness. Una fantástica ruta de 2,4 km sigue el arroyo Mill hasta la cascada de Lundy, de 61 m. En la senda se aprecia la presencia de los castores, con álamos roídos a ras del suelo, y enormes presas a lo largo del arroyo. Los más osados pueden seguir vía el puerto de Lundy hasta el lago Saddlebag y la cuenca de los Twenty Lakes, aunque la subida final para salir del cañón es muy empinada y con rocas sueltas.

Lee Vining

La Hwy 395 bordea una orilla del lago Mono y se adentra en Lee Vining, donde se puede comer, dormir, repostar y, si está abierta, tomar la Hwy 120 al Yosemite National Park. Lee Vining, a solo 20 km de la entrada del puerto de montaña de Tioga en Yosemite, es una base estupenda para explorar el lago Mono. El cañón de Lee Vining es un lugar popular para practicar alpinismo en hielo.

Se recomienda visitar la Upside-Down House, una estrafalaria atracción turística creada por la actriz de cine mudo Nellie Bly O'Bryan. Originalmente situada en Tioga Rd, hoy se halla en un parque frente al pequeño Mono Basin Historical Society Museum (www.monobasinhs.org; donativo 2 US$; ⊙10.00-16.00 ju-ma, y 12.00-16.00 do med may-ppios oct). Para encontrarla se debe torcer al este por 1st St y seguir hasta Mattley Ave, a una travesía.

🛏 Dónde dormir

Las tarifas de alojamiento bajan cuando el puerto de Tioga está cerrado. Aviso a los campistas: en el Mono Vista RV Park (☎760-647-6401; www.monovistarvpark.net; Hwy 395; ⊙9.00-18.00 abr-oct) se encuentran las duchas de pago más cercanas a los Tuolumne Meadows.

El Mono Motel   MOTEL $
(☎760-647-6310; www.elmonomotel.com; 51 Hwy 395; h 69-99 US$; ⊙med may-oct; 🖀) Este acogedor rincón, rodeado de flores y junto a un excelente café, es ideal para disfrutar con algún juego de mesa o tomar el sol. Abierto desde 1927 y a menudo abarrotado, cada una

RUTA PANORÁMICA: EBBETTS PASS SCENIC BYWAY

Los fanáticos de la naturaleza tienen la panorámica sección de 98 km de la Hwy 4 y la Hwy 89 llamada **Ebbetts Pass Scenic Byway** (www.scenic4.org). Hacia el noreste desde Arnold, aguardan las secuoyas gigantes del **Calaveras Big Trees State Park** (☎209-795-2334; www.parks.ca.gov; por automóvil 10 US$; ☉amanecer-anochecer) y en invierno, la estación de esquí de **Bear Valley** (☎209-753-2301; www.bearvalley.com; acceso telesilla adultos/niños 64/19 US$; ☒), ideal para familias. Hacia el este, el **lago Alpine** está bordeado de placas de granito, varias playas estupendas y diversos *campings*, y la posibilidad de practicar deportes náuticos, pesca y senderismo.

El siguiente tramo es el más espectacular, cuando la estrecha carretera avanza junto al **lago Mosquito** y la **Pacific Grade Summit** (2456 m) antes de recorrer el histórico valle de Hermit y tomar el camino que serpentea hasta el **puerto de Ebbetts**, a 2661 m. Al norte de la Hwy 89 y al oeste de **Markleeville** se visitan las dos estanques termales y el *camping* estacional del **Grover Hot Springs State Park** (☎530-694-2249; www.parks. ca.gov/?page_id=508; por automóvil 8 US$, entrada estanque adultos/niños 7/5 US$, parcela tienda y autocaravana 35 US$; ☉variable todo el año).

De San Francisco a Arnold son 3 h de automóvil en dirección este por la Hwy 108 y la Hwy 49. El puerto de Ebbetts cierra tras la primera nevada fuerte y no reabre hasta junio, aunque las quitanieves normalmente pasan por la Hwy 4 desde el oeste hasta Bear Valley.

de sus 11 sencillas habitaciones (algunas con baño compartido) es única.

'Campings' del USFS CAMPING $

(www.fs.usda.gov/inyo; parcela tienda y autocaravana 15-19 US$; ☒) De camino a Yosemite hay varios *campings* que se ocupan por orden de llegada a lo largo de la Tioga Rd (Hwy 120) y el arroyo Lee Vining, la mayoría con váteres secos y solo la mitad con agua potable.

★ Yosemite Gateway Motel MOTEL $$

(☎760-647-6467; www.yosemitegatewaymotel. com; Hwy 395; h 119-159 US$; ☎) Al ser el único alojamiento en el lado este de la carretera, este motel disfruta de grandes vistas. Recién remodelado, las habitaciones, tipo *boutique*, tienen cómodas camas con gruesos edredones, lustrosos baños nuevos y, algunas, fantásticas panorámicas.

Tioga Pass Resort CABAÑAS $$

(www.tiogapassresort.com; Hwy 120; h 125 US$, cabaña 190-250 US$; ☉jun-sep) Fundado en 1914 y situado 3 km al este del puerto de Tioga, este alojamiento atrae a una clientela fiel con sus cabañas sencillas y acogedoras junto al arroyo Lee Vining. En el diminuto café (almuerzo 8-11 US$, cena 20 US$) sirven comida excelente y riquísimos postres durante todo el día en unas pocas mesas y en la barra.

Murphey's Motel MOTEL $$

(☎760-647-6316; www.murpheysyosemite.com; Hwy 395; h 73-133 US$; ☎☒) Grande y cordial, este motel, situado en el extremo norte del pueblo, ofrece habitaciones confortables con todas las comodidades modernas.

✖ Dónde comer

Whoa Nellie Deli CALIFORNIANA $$

(☎760-647-1088; www.whoanelliedeli.com; Tioga Gas Mart, Hwy 120 y Hwy 395; principales 10-20 US$; ☉6.30-21.00 fin abr-ppios nov; ☒) Tras dar a conocer este inusitado restaurante de gasolinera, su célebre chef se ha mudado a Mammoth Lakes, aunque, según los lugareños, la comida aún es de órdago; p. ej., deliciosos tacos de pescado, bistec de carne picada de búfalo salvaje y otras delicias, además de música en directo dos noches a la semana.

Historic Mono Inn CALIFORNIANA $$

(☎760-647-6581; www.monoinn.com; 55620 Hwy 395; principales 10-28 US$; ☉17.00-21.00 abr-med nov) Este antiguo motel de 1922, propiedad de la familia del fotógrafo Ansel Adams, es ahora un elegante restaurante frente al lago con comida casera californiana, buenos vinos y vistas panorámicas. Arriba tiene una colección de mil libros de cocina para curiosear, y de vez en cuando actúan grupos en la terraza junto al arroyo. Se halla 8 km al norte de Lee Vining. Se recomienda reservar.

Lago Mono

El segundo lago más antiguo de EE UU encierra una mansa pero profunda extensión de agua en cuya cristalina superficie se reflejan las montañas, los conos volcánicos y las torres de toba que le confieren su característico marchamo. La toba, que sobresale del agua como castillos de arena, se forma a partir de la disolución del calcio que arrastran los manantiales subterráneos y de su combinación con el carbonato de las aguas alcalinas del lago.

En *Pasando fatigas*, Mark Twain describió este lago como el "Mar Muerto" de California. No podía estar más equivocado, pues sus salobres aguas están repletas de moscas, atraídas por el álcali, y de gambas de agua salada, que alimentan a docenas de especies de aves migratorias que recalan en aquí cada año. Lo mismo ocurre con el 85% de la población de gansos californianos del estado, que toman las islas volcánicas del lago cada año de abril a agosto. El lago Mono es el centro de una controversia medioambiental.

Puntos de interés y actividades

South Tufa RESERVA NATURAL
(entrada adultos/niños 3 US$/gratis) Columnas de toba rodean el lago, con la mayor concentración en la orilla sur, donde hay un sendero informativo de 1,5 km. Pregúntese por las visitas que guía un guardabosques del centro de visitantes de la Mono Basin Scenic Area. La reserva está 9,6 km al sur de Lee Vining, más 8 km (al este) por la Hwy 120 hasta llegar al camino de tierra que termina en la zona de aparcamiento.

Navy Beach PLAYA
Situada al este de la reserva de South Tufa, esta playa es el mejor lugar para nadar y salir en canoa o en kayak del lago. De finales de junio a principios de septiembre, el **Mono Lake Committee** ([☎]760-647-6595; www.mono lake.org/visit/canoe; circuitos 25 US$; ⊗8.00, 9.30 y 11.00 sa y do) ofrece salidas en canoa de 1 h. **Caldera Kayaks** ([☎]760-934-1691; www.calde rakayak.com; circuitos 75 US$; ⊗med may-med oct) también circuitos en kayak de medio día por el lago o a la isla de Paoha. En ambos casos hay que reservar.

Cráter Panum ACCIDENTE NATURAL
Sobre la orilla sur del lago se alza el **cráter Panum**. Es el más joven (aprox. 640 años), pequeño y accesible de los cráteres de la ladera sur en dirección a Mammoth Mountain. Un sendero panorámico bordea el cráter. Otro sendero corto y pronunciado conduce directamente al centro del cráter, y una pista de tierra lleva a la cabecera del sendero desde la Hwy 120, unos 4,8 km al este del cruce con la Hwy 395.

Black Point Fissures ACCIDENTE NATURAL
En la orilla norte del lago se hallan estas finas grietas que se abrieron hace 13 000 millones de años. Hay tres puntos de acceso al lugar: uno al este del Mono Lake County Park, otro desde la orilla oeste, y un tercero junto a la Hwy 395 o al sur de la Hwy 167. Para más detalles, consúltese en el centro de visitantes de la Mono Basin Scenic Area.

❶ Información

Centro de visitantes de la Mono Basin Scenic Area ([☎]760-647-3044; www.fs.usda. gov/inyo; ⊗8.00-17.00 abr-nov) Situado aproximadamente 1 km al norte de Lee Vining, aquí se encontrarán mapas, muestras informativas, permisos *wilderness* para el Inyo National Forest, contenedores a prueba de osos de alquiler, una librería y una reportaje de 20 min sobre el lago Mono.
Centro de información del Mono Lake Committee ([☎]760-647-6595; www.monolake.org; Hwy 395 esq. 3rd St; ⊗9.00-17.00 fin oct-med jun, 8.00-21.00 med jun-sep) Acceso a internet (2 US$/15 min), mapas, libros y un vídeo de 30 min sobre el lago Mono, además de lavabos públicos.

June Lake Loop

A la sombra del inmenso pico Carson (3325 m), este recodo de la Hwy 158 discurre 22 km por un impresionante cañón con forma de herradura que llega hasta la localidad de June Lake y a los lagos Grant, Silver, Gull y June, todos idóneos para la pesca. Tómese la curva unos kilómetros al sur de Lee Vining.

Actividades

A espaldas del lago June se halla la Ansel Adams Wilderness, que se adentra en el Yosemite National Park. En la cabecera del **Rush Creek Trail** hay aparcamiento y facilitan mapas y permisos. En los lagos Gem y Agnew se pueden hacer excursiones de un día; se recomienda pernoctar en la Thousand Island o en el Emerald Lake (ambos en el Pacific Crest/John Muir Trail).

En los cinco embarcaderos hay barcas y equipo de alquiler, además de licencias de pesca.

June Mountain Ski Area ESQUÍ
([☎]888-586-3686, 24 h inf. de la nieve 760-934-2224; www.junemountain.com; telesilla adultos/jóvenes 13-18 años/menores 13 años 72/48 US$/gratis; ⊗8.30-

16.00) La diversión invernal se concentra en esta estación de esquí, más pequeña y menos concurrida que la cercana Mammoth Mountain y perfecta para esquiadores principiantes e intermedios. Cuenta con 35 pistas en sus 200 Ha, siete remontes, dos telesillas y tres parques para tablas y *superpipes*.

Ernie's Tackle & Ski Shop   AIRE LIBRE
(☎760-648-7756; 2604 Hwy 158; ⊗6.00-19.00) Uno de los proveedores más antiguos de June Lake.

🛏 Dónde dormir y comer

'Campings' del USFS   CAMPING $
(☎800-444-7275; www.recreation.gov; parcela tienda y autocaravana 22 US$; ⊗med abr-oct) Entre ellos se cuentan los de June Lake, Oh! Ridge, Silver Lake, Gull Lake y Reversed Creek. Los tres primeros aceptan reservas; el de Silver Lake disfruta de vistas espléndidas de la montaña.

June Lake Motel   MOTEL $$
(☎760-648-7547; www.junelakemotel.com; 2716 Hwy 158; h con/sin cocina 115/100 US$; @🐾🛜) Sus enormes habitaciones, la mayoría con cocina completa, gozan de las deliciosas brisas de la montaña y lucen atractivos muebles de madera. Hay un lavadero para limpiar el pescado y barbacoas, además de una biblioteca.

Silver Lake Resort   CABAÑAS $$
(☎760-648-7525; www.silverlakeresort.com; Silver Lake; cabaña 130-210 US$; ⊗fin abr-med oct) Cruzada la carretera desde el Silver Lake y a ambos lados del arroyo Alger, este lindo complejo de 1916 tiene un estanque de patos y barcas de alquiler, además de una veintena de rústicas cabañas con cocinas completas. Antiguos equipos de deportes de invierno decoran su pequeño **café** (principales 8-11 US$; ⊗7.00-14.00), donde se pueden tomar cosas sencillas como hamburguesas, sándwiches y pollo a la parrilla, aunque es más conocido por sus estupendos y grandes desayunos.

Double Eagle Resort & Spa   RESORT $$$
(☎760-648-7004; www.doubleeagle.com; 5587 Hwy 158; h 229 US$, cabañas 349 US$; 🛜🏊🐾) A las elegantes cabañas de troncos de dos dormitorios y las habitaciones de hotel (con balcones) no les falta ninguna comodidad, y cualquier preocupación se disipará en el elegante *spa*. Por su parte, el **restaurante** (principales 15-25 US$; ⊗7.30-21.00) rezuma elegancia rústica, con acogedores reservados, techos altos y una enorme chimenea.

Tiger Bar   ESTADOUNIDENSE $$
(www.thetigerbarcafe.com; 2620 Hwy 158; principales 8-19 US$; ⊗8.00-22.00) Después de un día de esquí o de caminata, aquí se pueden reponer fuerzas a base de hamburguesas, ensaladas, tacos, patatas fritas caseras y otras delicias.

Carson Peak Inn   ESTADOUNIDENSE $$$
(☎760-648-7575; Hwy 158 entre los lagos Gull y Silver; comidas 18-40 US$; ⊗17.00-22.00, más reducido en invierno) En una acogedora casa con chimenea, este lugar es muy apreciado por sus clásicos como pollo frito, trucha a la sartén y bistec de solomillo picado, todo en raciones normales o grandes.

Mammoth Lakes

Es un pequeño pueblo de montaña con maravillosas vistas. Cuando desaparece la nieve de las laderas del Mammoth, de 3380 m, la zona resulta idónea para practicar ciclismo de montaña, pesca y excursiones. Destacan sus recónditos y bellos manantiales de aguas termales. El centro comercial y turístico de Sierra, operativo todo el año, tiene como telón de fondo una cadena montañosa muy joven, jalonada por lagos alpinos y cubierta por el denso Inyo National Forest.

⊙ Puntos de interés

★ Earthquake Fault   ACCIDENTE NATURAL
(plano p.445) En la Minaret Rd, 1,6 km al oeste del Mammoth Scenic Loop, se puede admirar esta sinuosa fisura de 800 m de largo que abre una hondonada de 6 m. El hielo y la nieve suelen permanecer en ella hasta finales del verano, por lo que los amerindios y los primeros colonos la usaban a modo de nevera.

Mammoth Museum   MUSEO
(plano p.448; ☎760-934-6918; www.mammoth museum.org; 5489 Sherwin Creek Rd; donativo recomendado 3 US$; ⊗10.00-18.00 med may-sep; 🐾) Un viaje al pasado dentro de la histórica cabaña de troncos de Hayden.

🎿 Actividades

'**Mammoth Lakes Trail System**' (www.mammothtrails.org) es una exhaustiva guía de las rutas de esquí de fondo, ciclistas y de senderismo locales, con mapas e información de los servicios.

Esquí y 'snowboard'

El esquí de fondo es gratis en los más de 482 km de rutas descuidadas del pueblo y por el Inyo

Zona de Mammoth Lakes

National Forest. Facilitan un mapa gratis en el Mammoth Lakes Welcome Center.

Tamarack Cross-Country Ski Center ESQUÍ
(plano p. 448; ☎760-934-2442; 163 Twin Lakes Rd; pase día completo adultos/niños/jubilados 28/16/22 US$; ☺8.30-17.00) El transporte local llega hasta el Tamarack Lodge, que tiene casi 32 km de rutas meticulosamente preparadas en torno a los Twin Lakes y su cuenca. El terreno está muy bien para caminar con raquetas de nieve. También se alquila material y se dan clases.

Senderismo

Mammoth Lakes está junto a la Ansel Adams Wilderness (plano p. 448) y la John Muir Wilderness (plano p. 448), dos zonas salvajes repletas de senderos que desembocan en lagos, picos escarpados y cañones recónditos. Los principales caminos nacen en la cuenca de los lagos de Mammoth, Reds Meadow y los Agnew Meadows; los dos últimos solo son accesibles con un servicio de enlace. El lago Shadow es una impresionante caminata de un día de 11,2 km desde los Agnew Meadows, y la del Crystal Lake son 4 km (ida y vuelta) desde el lago George en la cuenca de los lagos.

Desde varios puntos de la zona de Reds Meadow, mochileros de largo recorrido con permisos *wilderness* y contenedores a prueba de osos pueden saltar al John Muir Trail (a Yosemite hacia el norte y al monte Whitney hacia el sur) y el Pacific Crest Trail (y andar hasta México o Canadá).

Ciclismo y bicicleta de montaña

En el Mammoth Lakes Welcome Center facilitan un mapa ciclista gratis con la descripción de las rutas locales.

Parque ciclista
de Mammoth Mountain CICLISMO DE MONTAÑA

☎800-626-6684; www.mammothmountain.com; pase de 1 día adultos/7-12 años 49/23 US$; ☺9.00-16.30 jun-sep) Cuando llega el verano, Mammoth Mountain se convierte en un inmenso parque ciclista, con más de 128 km de estrechos y bien conservados caminos, y más alrededor del bosque. En general, se pedalea entre cerros y recodos suaves y arenosos, que se atraviesan mejor con ruedas grandes y bien dentadas.

No hay que pedalear por la vertiginosa Village Gondola (plano p. 448), el teleférico que sube a la cima, donde hay un café y un centro de interpretación con telescopios que apuntan a los picos cercanos. Para los pequeños de hasta 13 años, el Adventure Pass (39 US$) da acceso ilimitado un día a una tirolina, un muro de escalada, camas elásticas con *bungee* y un parque ciclista infantil.

Cuando el parque está abierto, funciona un **servicio de enlace para bicicletas de montaña** (☺9.00-17.30) gratis desde la zona del Village hasta el Main Lodge, que salen cada 30 min; aquellos con bicicleta y pase tienen prioridad sobre los peatones.

Lakes Basin Path CICLISMO

Este sendero de 8,5 km es una de las fantásticas rutas multiuso de Mammoth. Empieza en la esquina suroeste de la Lake Mary Rd y la Minaret Rd, sube (305 m, con pendientes del 5-10%) al lago Horseshoe, bordea lindos lagos y ofrece vistas abiertas de la sierra de Sherwin. Para un recorrido solo de ida se recomienda tomar el Lakes Basin Trolley, gratis, que arrastra un remolque con 12 bicicletas.

Pesca y barcos

Desde el último sábado de abril, las docenas de lagos que dan nombre al pueblo atraen a pescadores con mosca y de truchas de todas partes. Las licencias para pescar en California se emiten en las tiendas de deportes. Para equipamiento y consejos, las mejores son **Troutfitter** (plano p. 448; ☎760-934-2517; esq. Main St y Old Mammoth Rd; ☺8.00-16.00) y **Rick's Sports Center** (plano p. 448; ☎760-934-3416; esq. Main St y Center St; ☺6.00-20.00).

En la **Pokonobe Store & Marina** (plano p. 445; ☎760-934-2437; www.pokonoberesort.com), en el extremo norte del lago Mary, alquilan motoras (20 US$/h), barcas de remos (10 US$), canoas (20 US$) y kayaks (20-25 US$). En **Caldera Kayaks** (☎760-935-1691; www.calderakayak.com) alquilan kayaks individuales

(30 US$/medio día) y dobles (50 US$) para el lago Crowley.

Bolos

★ **Mammoth Rock 'n' Bowl** BOLERA (plano p. 448; ☎760-934-4200; www.mammothrocknbowl.com; 3029 Chateau Rd; por tanda adultos 5-7 US$, menores 13 años 3-5 US$, alquiler zapatillas adultos/niños 3/1 US$; ☺11.00-24.00; ⊞) Un psicodélico mural de Devils Postpile corona esta estilosa y nueva bolera de 12 pistas que enloquece a los del lugar. En la planta baja hay futbolín, *ping-pong* y dardos, además de un restaurante informal rodeado de TV con coctelería y patio al aire libre. Arriba hay un restaurante más lujoso, la Mammoth Rock Brasserie (p. 448), y una hilera de simuladores de golf (30-40 US$/h) para golpear pelotas reales por 30 campos virtuales.

🛏 Dónde dormir

Los B&B y hoteles de Mammoth no suelen llenarse entre semana, por lo que las tarifas bajan en esos días. En la temporada de esquí es recomendable reservar para fines de semana y esencial en vacaciones. Muchos lugares ofrecen paquetes de esquí y alojamiento. Los apartamentos de alquiler para grupos salen bien de precio.

El Mammoth Lakes Welcome Center y su web ofrecen un listado completo de *campings*, lugares aptos para acampada libre (el permiso para encender fuego es gratis pero obligatorio) y duchas públicas.

'Campings' del USFS CAMPING $

(☎877-444-6777; www.recreation.gov; parcela tienda y autocaravana 20-21 US$; ☺aprox. med jun-med sep; ⊞) Hay unos 15 *campings* de USFS (pínchese en "Recreation" en www.fs.usda.gov/inyo) dispersos en torno a Mammoth Lakes, todos con váteres con cisterna pero sin duchas. Muchas parcelas se alquilan por orden de llegada, pero algunas se pueden reservar. A esta altitud, las noches son frías incluso en julio. Algunos de los *campings* son los de New Shady Rest (plano p. 448), Old Shady Rest (plano p. 448), Twin Lakes (plano p. 445), Lake Mary (plano p. 445), Pine City (plano p. 445), Coldwater (plano p. 445), Lake George (plano p. 445), Reds Meadow (p. 445), Pumice Flat (plano p. 445), Minaret Falls (p. 445), Upper Soda Springs (plano p. 445) y Agnew Meadows (plano p. 445).

Davison Street Guest House HOSTAL $

(plano p. 448; ☎760-924-2188, reservas 858-755-8648; www.mammoth-guest.com; 19 Davison St; dc

35-49 US$, d 75-120 US$; ☎) Precioso hostal de cinco habitaciones ubicado en un chalé con techo a dos aguas en una tranquila calle residencial. Ofrece una cocina bien equipada y vistas de la montaña desde el salón con chimenea y solárium. Si el dueño no estuviera, el mismo cliente se registra.

Tamarack Lodge   HOTEL, CABAÑAS $$

(plano p. 445; ☑760-934-2442; www.tamaracklodge.com; 163 Twin Lakes Rd; h incl. desayuno con/sin baño 189/139 US$, cabañas desde 229 US$; @☎) ⬤ Inaugurado en 1924, este lindo complejo abierto todo el año en el Lower Twin Lake tiene una acogedora casa con chimenea, bar, un excelente restaurante y 11 habitaciones rústicas y 35 cabañas. Las últimas van de las más sencillas a las de lujo e incluyen cocina completa, baño privado, porche y estufa de leña. En algunas caben hasta 10 personas. La tarifa diaria del complejo son 20 US$.

Los huéspedes pueden usar la piscina y el *jacuzzi* del Mammoth Mountain Inn.

Mammoth Creek Inn   POSADA $$

(plano p. 448; ☑760-934-6162; www.mammothcreekinn.com; 663 Old Mammoth Rd; h 119-135 US$, con cocina 179-199 US$; @☎) Esta bonita posada, situada al final de una zona comercial, abunda en comodidades: edredones y batas de algodón, sauna, *jacuzzi* y buhardilla con billar. Las mejores habitaciones dan a los montes Sherwin, y algunas tienen cocina completa y capacidad para hasta seis personas.

Austria Hof Lodge   HOTEL $$

(plano p. 448; ☑760-934-2764; www.austriahof.com; 924 Canyon Blvd; h incl. desayuno 109-215 US$; ☎) Cerca de Canyon Lodge, este hotel ofrece habitaciones con mobiliario moderno de nudoso pino, gruesos edredones y reproductor de DVD. Las consignas de esquíes y el *jacuzzi* endulzan las estancias invernales. El restaurante (principales cena 25-40 US$) propone proteínica cocina alemana de *gourmet* servida en el sótano.

Alpenhof Lodge   HOTEL $$

(plano p. 448; ☑760-934-6330; www.alpenhof-lodge.com; 6080 Minaret Rd; h incl. desayuno 149-189 US$; @☎☒☒) A un bolazo de nieve del Village (y recién remodelado tras su participación en el *reality* televisivo *Hotel Impossible*), este refugio alpino de aire europeo luce habitaciones con paredes de colores contrastantes y portaesquíes, además de opciones más lujosas con chimenea de gas o cocina.

Cinnamon Bear Inn   B&B $$

(plano p. 448; ☑760-934-2873; www.cinnamonbearinn.com; 133 Center St; h incl. desayuno 119-179 US$; @☎) En este práctico motel se duerme de fábula en camas con dosel y, casi en todas las habitaciones, chimenea de gas. Se puede charlar con otros huéspedes mientras se toma un refresco o relajarse en el *jacuzzi* exterior.

🍴 Dónde comer

Good Life Café   CALIFORNIANA $

(plano p. 448; www.mammothgoodlifecafe.com; 126 Old Mammoth Rd; principales 9-15 US$; ⏰6.30-15.00, hasta 21.00 ju-lu en invierno; ☒) Comida sana, rollitos vegetales y enormes boles de ensalada mantienen la popularidad de este lugar. El patio delantero es perfecto para tomar un copioso *brunch* un día cálido.

Stellar Brew   CAFÉ $

(plano p. 448; www.stellarbrewnaturalcafe.com; 3280b Main St; ensaladas y sándwiches 5,50-10 US$; ⏰5.30-19.00, hasta 18.00 sep-med jun; ☎☒☒) ⬤ Con cómodos sofás y orgulloso de sus productos locales, en general ecológicos, aquí se encontrará café tostado en la zona, *granola* (cereal de avena) casero, burritos para el desayuno y ricos pasteles *veganos* (algunos sin gluten).

Base Camp Café   ESTADOUNIDENSE $

(plano p. 448; www.basecampcafe.com; 3325 Main St; principales 7-15 US$; ⏰7.30-15.00 do-vi, hasta 21.00 sa; ☎☒) Para tonificarse a base de té o café de cultivo ecológico y sustanciosos desayunos, o platos caseros como aros de cebolla y de jalapeño fritos o fajitas de pollo al pesto. Decorado con posavasos y cosas de mochilero, el baño tiene fotos tronchantes de excusados exteriores campestres.

Sierra Sundance Whole Foods   COMIDA SALUDABLE $

(plano p. 448; 26 Old Mammoth Rd; ⏰9.00-19.00 lu-sa, hasta 17.00 do; ☒) Los vegetarianos pueden abastecerse de productos ecológicos, a granel y tofu en esta amplia tienda y charcutería.

Toomey's   ESTADOUNIDENSE MODERNA $$

(plano p. 448; www.toomeyscatering.com; 6085 Minaret Rd, The Village; principales 13-30 US$; ⏰7.00-21.00; ☒) El mítico chef del Whoa Nellie Deli de Lee Vining se ha mudado aquí con su ecléctica carta (p. ej., bistec de carne picada de búfalo salvaje, *jambalaya* de marisco y taquitos de langosta con salsa de mango) y parafernalia baloncestista de toda una vida. Al estar céntrico es ideal para comprar desayunos para llevar o sentarse a cenar cerca

Mammoth Lakes

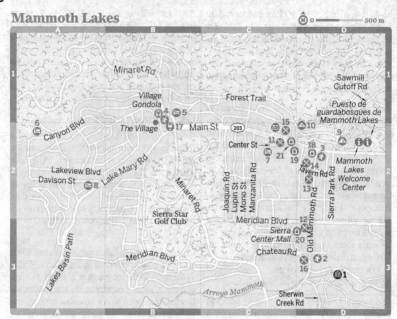

de la Village Gondola o el servicio de enlace del parque ciclista de Mammoth Mountain.

Feeney's Starlight Cafe   DE FUSIÓN $$
(plano p. 448; www.facebook.com/StarlightCafe-Mammoth; 452 Old Mammoth Rd, Sierra Center Mall; principales 10-22 US$; ⏲11.00-21.00 lu-sa, variable en otoño y primavera; 🅿🅰) Con lo mejor de la cocina italiana, coreana y vietnamita, el chef y dueño James Feeney triunfa con platos como burritos coreanos, hamburguesas de *kimchi*, bocadillos *po'boy* de gambas, pasta casera y pollo frito criollo.

Stove   ESTADOUNIDENSE $$
(plano p. 448; www.thestoverestaurantmammoth.com; 644 Old Mammoth Rd; desayuno 6-13 US$, cena 12-20 US$; ⏲6.30-14.00 y 17.00-21.00) Buenos café y carbohidratos; se recomiendan las torrijas. La cena incluye una decena de ricas guarniciones a elegir.

★Lakefront Restaurant   ESTADOUNIDENSE MODERNA $$$
(☎760-934-3534; www.tamaracklodge.com/lakefront_restaurant; 163 Twin Lakes Rd; principales 24-38 US$; ⏲17.00-21.30 todo el año, más 11.00-14.00 verano, cerrado ma y mi en otoño y primavera) El restaurante más romántico de Mammoth es un íntimo comedor del Tamarack Lodge que da a los preciosos Twin Lakes. El nuevo

chef propone especialidades como panceta al horno, *risotto* de rabo de buey y costillar de ternera braseado, y el personal es muy amable. Se recomienda reservar.

Petra's Bistro & Wine Bar   CALIFORNIANA $$$
(plano p. 448; ☎760-934-3500; www.petrasbistro.com; 6080 Minaret Rd; principales 18-34 US$; ⏲17.00-21.30 ma-do) Cocina de temporada y vinos recomendados por sus tres sumilleres. En invierno, nada como los sofás junto a la chimenea. Un buen aperitivo es la tabla de quesos con un vino (36 se ofrecen por copas y 250 por botella) o algún cóctel de la estupenda carta. Se recomienda reservar.

Mammoth Rock Brasserie   ESTADOUNIDENSE MODERNA $$$
(plano p. 448; 3029 Chateau Rd; principales 19-34 US$; ⏲17.30-21.00 lu-ju, hasta 22.00 vi-do) En el elegante local del Mammoth Rock 'n' Bowl sirven ricos platillos y principales de carne con impresionantes vistas a la sierra de Sherwin.

🍷 Dónde beber

Clocktower Cellar   PUB
(plano p. 448; www.clocktowercellar.com; 6080 Minaret Rd; ⏲16.00-23.00) El sótano del Alpenhof Lodge, medio oculto, acoge a no pocos residentes, sobre todo en invierno. Bajo un techo

Mammoth Lakes

cubierto de tapones de botella, el bar ofrece 150 *whiskies*, 26 cervezas de barril y otras 50 embotelladas.

**Mammoth Brewing
Company Tasting Room**   FÁBRICA DE CERVEZA
(plano p. 448; www.mammothbrewingco.com; 18 Lake Mary Rd; ☺10.00-18.00; ⊛) En un nuevo espacio más grande, en esta sala se puede degustar una docena de cervezas de barril (cata 5-7 US$; algunas de temporada sólo se hallan aquí) y luego comprar unas IPA 395 o Double Nut Brown para llevar.

 De compras

Para compra y alquilar material para actividades al aire libre, las tiendas locales suelen ser más económicas que las de Mammoth Mountain.

Footloose   AIRE LIBRE
(plano p. 448; ☎760-934-2400; www.footloosesports.com; esq. Main St y Old Mammoth Rd; ☺8.00-20.00) Amplia variedad de calzado y material de temporada, e información local sobre bicicletas.

**Mammoth Mountaineering
Supply**   AIRE LIBRE
(plano p. 448; ☎760-934-4191; www.mammothgear.com; 3189 Main St; ☺8.00-20.00) Ofrece asesoramiento, mapas topográficos y alquiler de todo tipo de material de temporada.

Wave Rave   AIRE LIBRE
(plano p. 448; ☎760-934-2471; www.waveravesnowboardshop.com; 3203 Main St; ☺7.30-21.00 do-ju, 7.30-22.00 vi y sa, más reducido fuera de temporada) La favorita para el *snowboard*.

Mammoth Outdoor Sports   AIRE LIBRE
(plano p. 448; ☎760-934-3239; www.mammothoutdoorsports.com; 452 Old Mammoth Rd, Sierra Center Mall; ☺8.00-20.00 do-ju, hasta 21.00 vi y sa) Bicicletas, tablas y esquíes; frente al supermercado Von's.

ⓘ Información

El **Mammoth Lakes Welcome Center** (plano p. 448; ☎760-924-5500, 888-466-2666; www.visitmammoth.com; ☺8.00-17.00) y el **puesto de guardabosques de Mammoth Lakes** (plano p. 448; ☎760-924-5500; www.fs.fed.us/r5/inyo; ☺8.00-17.00) comparten edificio en el lado norte de la Hwy 203. En una sola visita se pueden obtener permisos *wilderness*, alquilar contenedores a prueba de osos, hallar alojamientos y *campings* y conocer el estado de carreteras y senderos. De mayo a octubre, cuando rigen las cuotas de senderos, los permisos para recorrerlos se emiten a las 11.00 el día anterior; el resto del año, se emiten automáticamente.

Hay dos semanarios, el *Mammoth Times* (www.mammothtimes.com) y el gratuito *Sheet* (www.thesheetnews.com), con información local y reseñas de eventos.

Mammoth Hospital (☎760-934-3311; 85 Sierra Park Rd; ☺24h) Tiene sala de urgencias.

ⓘ Cómo llegar y desplazarse

En Mammoth, el actualizado aeropuerto de **Mammoth Yosemite** (MMH; www.visitmammoth.com/airport; 1300 aeropuerto Rd, Mammoth Lakes) tiene vuelos directos diarios a San Francisco, operados de invierno a primavera por **United** (www.united.com). **Alaska Airlines** (www.alaskaair.com) vuela todo el año a Los Ángeles y, en temporada de esquí, a San Diego. Todos los vuelos duran aproximadamente 1 h.

Los taxis atienden a los pasajeros que llegan y algunos hoteles ofrecen traslados gratis. **Mammoth Taxi** (☎760-934-8294; www.mammoth-taxi.com) realiza la ruta del aeropuerto y traslada a los excursionistas por toda Sierra Nevada.

Es muy sencillo moverse todo el año por Mammoth en transporte público. En verano, **YARTS** (☎877-989-2787; www.yarts.com) opera autobuses a/desde el valle de Yosemite, y la **Eastern Sierra Transit Authority** (☎800-922-1930; www.estransit.com) cubre todo el año la Hwy 395, hasta Reno por el norte y hasta Lone Pine por el sur.

En Mammoth hay un sistema de **autobuses de enlace** gratis y frecuentes todo el año que comunica la localidad con los alojamientos de Mammoth Mountain; en verano se añaden rutas con remolque para bicicletas hasta la cuenca de los lagos y el parque ciclista de Mammoth Mountain.

Alrededores de Mammoth Lakes

Reds Meadow

Uno de los hermosos y variados paisajes cerca de Mammoth es el valle de Reds Meadow, al oeste de Mammoth Mountain. Hay que tomar la Hwy 203 hasta el Minaret Vista (plano p. 445) para disfrutar de la panorámica (mejor al atardecer) de la sierra de Ritter, los dentados Minarets y los remotos confines del Parque Nacional de Yosemite.

La carretera que va a Reds Meadow solo es practicable entre junio y septiembre, siempre que el tiempo lo permita. Para minimizar el impacto cuando está abierta, no se permite circular a los vehículos privados a partir del Minaret Vista a menos que se acampe, se haya reservado alojamiento o se padezca alguna minusvalía, en cuyo caso se paga una tarifa de 10 US$ por vehículo. En el resto de los casos es obligatorio tomar el autobús de enlace (adultos/niños 7/4 US$), que sale de un aparcamiento enfrente del Adventure Center (junto a la estatua del mamut) aproximadamente cada 30 min de 7.15 a 19.00 (última salida de Reds Meadow 19.45); hay que sacar el billete en el interior antes de sumarse a la cola. También hay tres salidas directas desde el Village (en Canyon Blvd, bajo el teleférico) antes de las 9.00, además de la opción del enlace gratis para bicicletas de montaña entre el Village y el Adventure Center. El autobús

se detiene en las cabeceras de los senderos, miradores y *campings* antes de llegar a Reds Meadow (45 min-1h).

La carretera del valle da acceso a seis *campings* junto al río San Joaquín. Tranquilo y a la sombra de los sauces, el Minaret Falls Campground (plano p. 445) es un popular enclave de pesca; las mejores parcelas a orillas del río tienen vistas a la cascada Minaret.

Hot Creek Geological Site

Para encontrar muestras del poder geotérmico de la zona, solo hay que ir unos pocos kilómetros al sur de Mammoth, donde el frío arroyo Mammoth se mezcla con las aguas termales y continúa hasta el Hot Creek, que al final entra en una pequeña garganta y forma una serie de burbujeantes calderas, cuyas aguas verdiazules recuerdan a las de los trópicos. Hasta hace poco, la gente se bañaba en las zonas templadas, bonitas pero tenebrosas, de la confluencia de las aguas termales con las gélidas. Pero en el 2006 un aumento significativo de la actividad geotérmica provocó la aparición de géiseres muy calientes, así que, hasta que pase el peligro, está prohibido bañarse allí.

Para llegar, hay que tomar la Hwy 395 unos 8 km al sur de la localidad y seguir las señales hasta la Hot Creek Fish Hatchery. Desde allí, hay que seguir otros 3 km por la carretera de grava hasta la zona de aparcamiento, a un corto paseo por el cañón y el arroyo.

Para un remojón sencillo, basta con tomar la Hwy 395 y recorrer unos 15 km al sur de Mammoth hasta la Benton Crossing Rd, que da acceso a unos primitivos manantiales de aguas termales. Los lugareños los llaman Green Church Rd por la inconfundible señal de la carretera. Para instrucciones detalladas y mapas, lo mejor es el excelente *Touring California & Nevada Hot Springs,* de Matt Bischoff. No hay que olvidar las tres reglas de oro: prohibido el vidrio, no añadir aditivos al agua y, si es posible, prescindir del bañador.

Convict Lake

Situado al sureste de Mammoth, es uno de los lagos más bellos de la zona, con aguas de color esmeralda jalonadas por cumbres altísimas. Si aún se está en proceso de aclimatación a las alturas, es mejor elegir el sendero suave que bordea el lago entre chopos y álamos. En la orilla sureste arranca otro sendero hasta los lagos Genevieve, Edith, Dorothy y Mildred, en la John Muir Wilderness. Para

LAS ESTACAS DEL DIABLO

La atracción más fascinante de Reds Meadow es el **Devils Postpile National Monument** (plano p. 445; ☑760-934-2289; www.nps.gov/depo; pase diario servicio de enlace adultos/niños 7/4 US$; ☺fin may-oct). Las cortinas de 18,2 m de columnas de basalto casi verticales de seis caras se formaron cuando los ríos de lava líquida se enfriaron y agrietaron con inexplicable simetría. Se aprecian mejor desde arriba, adonde se llega por un sendero corto. Las columnas quedan a un fácil paseo de 800 m del puesto de guardabosques de Devils Postpile (plano p. 445).

Desde el monumento, una caminata de 4 km que pasa por bosques afectados por los incendios lleva a la **cascada Rainbow** (plano p. 445), donde el río San Joaquín se derrama sobre un precipicio de basalto de 30,7 m. A mediodía hay más posibilidades de ver el arcoíris que se forma en la neblina. A la cascada también se llega tras un fácil paseo de 2,4 km desde la zona de Reds Meadow, donde además hay un café, una tienda, el **'camping' Reds Meadow** (plano p. 445) y servicio de transporte de equipaje. En temporada, los autobuses de enlace van a la zona del Reds Meadow (p. 450).

llegar al lago, hay que tomar al sur la Convict Lake Rd (frente al aeropuerto de Mammoth) desde la Hwy 395 y seguir 3,2 km.

En 1871 se produjo un sangriento tiroteo en el lago entre una banda de convictos fugados y una partida que les había dado caza. El jefe de la partida, el *sheriff* Robert Morrison, murió en la refriega y en su honor le pusieron su nombre al pico más alto, el monte Morrison (3739 m). Los perseguidos fueron detenidos cerca de Bishop.

El **'camping'** (☑877-444-6777; www.recreation.gov; parcela tienda y autocaravana 20 US$; ☺med abr-oct) tiene váteres con cisterna y parcelas arboladas. La única alternativa de alojamiento es el **Convict Lake Resort** (☑760-934-3800; www.convictlake.com; 2000 Convict Lake Rd; cabañas desde 189 US$; 🛜🐾), cuyas casas de árbol y 28 cabañas con cocina (2-34 personas) van de lo rústico a lo lujoso. Los sibaritas adinerados frecuentan su elegante **restaurante** (☑760-934-3803; almuerzo 10-15 US$, cena 24-38 US$; ☺17.30-21.00 diarios, plus 11.00-14.30 jul y ago), para muchos el mejor en un radio de 160 km.

Arroyo McGee

Unos 13 km al sur de Mammoth Lakes, junto a la Hwy 395, la McGee Creek Rd sube por las montañas hasta morir en un espectacular cañón de álamos temblones, especialmente bello con el follaje otoñal. Desde aquí, el **McGee Pass Trail** penetra en la John Muir Wilderness, con caminatas de un día al **lago Steelhead** (16 km ida y vuelta) vía un fácil paseo a la delicada **cascada de Horsetail** (6,4 km ida y vuelta).

Si se va en automóvil, la **McGee Creek Pack Station** (☑760-935-4324; www.mcgeecreekpackstation.com) ofrece servicio de transporte de equipaje y paseos a caballo, y el espacioso **'camping' McGee Creek** (www.recreation.gov; McGee Creek Rd; parcela tienda y autocaravana 20 US$; ☺fin abr-oct; 🐾), 28 parcelas reservables a 2315 m de altitud con mesas de *picnic* a la sombra a lo largo del arroyo e impresionantes vistas de las montañas.

En el cruce tras dejar la carretera principal, no hay que perderse el café y las delicias caseras de la linda **East Side Bake Shop** (☑760-914-2696; www.facebook.com/EastSideBakeShop; 1561 Crowley Lake Dr; principales 8-15 US$; ☺6.30-15.00 mi-do, hasta 21.00 vi y sa); consúltese su programa de divertida música local los fines de semana.

Rock Creek

Al sur por la Hwy 395 y más o menos equidistante de Mammoth Lakes y Bishop, la Rock Creek Rd se interna 18 km por los paisajes más bellos de Sierra Nevada. Al final de la carretera, la cabecera del sendero Mosquito Flat que va al **Little Lakes Valley** (parte de la John Muir Wilderness) marca 3139 m de altitud. Hay cumbres por doquier, con picos de 3900 m como la Bear Creek Spire y los montes Dade, Abbot y Mills en el horizonte suroeste y lozanos prados de cañones salpicados de límpidos lagos. Senderistas y escaladores se lanzan a explorar la zona, aunque la mayoría de los pescadores y caminantes no pasan de los primeros lagos. Una excelente caminata de un día es ir al precioso **lago Gem** (11,3 km ida y vuelta), un lugar ideal para almorzar.

En el Rock Creek Lakes Resort, a 14,5 km de la carretera principal, el **Pie in the Sky Cafe** (☎760-935-4311; www.rockcreeklakesresort.com; tarta 7 US$; ☑7.00-19.00 fin may-med oct, más reducido ppios y fin de temporada). Su estupenda repostería se pone en venta a las 10.30 y suele agotarse hacia las 14.00. Las raciones de *mud pie* (una tarta de chocolate) son gigantescas.

Bordean la carretera una decena de populares **'campings' del USFS** (☎877-444-6777; www.recreation.gov; parcela tienda y autocaravana 20 US$), la mayoría a lo largo del Rock Creek; unos pocos admiten reserva. En invierno hay un *sno-park* a 11 km y, en verano, la **Rock Creek Pack Station** (☎760-872-8331; www.rockcreekpackstation.com; Rock Creek Rd; cabalgadas por sendero desde 45 US$) ofrece paseos a caballo desde su ubicación junto al inicio de los senderos.

Como la zona es merecidamente popular, puede que haya que aparcar a 1 km de la cabecera del sendero.

Bishop

La segunda población más grande del este de Sierra dista unas 2 h de la entrada del puerto de Tioga a Yosemite. Este gran centro de ocio ofrece excelentes opciones de pesca en los lagos cercanos, de escalada en los Buttermilks, al oeste de la ciudad, y de senderismo en la John Muir Wilderness a través del cañón del arroyo Bishop y las pozas del Rock Creek. La zona luce particularmente radiante en otoño, cuando las temperaturas bajan y los álamos, sauces y chopos se cubren con una miríada de tonalidades.

Los primeros habitantes del valle de Owens fueron nativos americanos paiute y shoshone, que hoy viven en cuatro reservas. Los colonos blancos llegaron en la década de 1860 y comenzaron con la cría de ganado, para venderlo a los asentamientos mineros cercanos.

◉ Puntos de interés

★ **Laws Railroad Museum** 　　　　　MUSEO
(☎760-873-5950; www.lawsmuseum.org; Silver Canyon Rd; donativo 5 US$; ☑10.00-16.00; 🐾) Los aficionados al ferrocarril y al Lejano Oeste deben tomar el desvío de 10 km al norte de la Hwy 6 para visitar este museo que recrea el pueblo de Laws, un alto importante en la ruta del *Slim Princess*, un

tren de vía estrecha que transportó mercancías y pasajeros por el valle de Owens durante casi 80 años. Se verán la estación original de 1883, una oficina de correos, una escuela y otros viejos edificios destartalados. Se conservan muchos objetos de aquella época, entre otros, muñecas, equipos antiincendios, estufas, etc.

Mountain Light Gallery 　　　　　GALERÍA
(☎760-873-7700; www.mountainlight.com; 106 S Main St; ☑10.00-17.00 lu-sa) GRATIS Maravillosas imágenes, todo un estallido de color, de espacios abiertos, obra del difunto Galen Rowell. Suss fotografías de Sierra Nevada son algunas de las mejores que existen.

🏃 Actividades

Hay buena **pesca** en los lagos altos del cañón del arroyo Bishop (al oeste de la localidad por la Hwy 168). Oros enclaves estupendos son el río Owens (al noreste) y el embalse del Pleasant Valley (al norte de Bishop, por la Pleasant Valley Rd).

Eastside Sports 　　　　　AIRE LIBRE
(☎760-873-7520; www.eastsidesports.com; 224 N Main St; ☑9.00-21.00) Alquila material de escalada y excursionismo y vende mapas y guías.

Mammoth Mountaineering Supply 　　　　　AIRE LIBRE
(☎760-873-4300; www.mammothgear.com; 298 N Main St; ☑9.00-19.00) Vende un montón de material y prendas usadas, calzado incluido.

Escalada

Bishop es un territorio de primera para la escalada en roca, con lugares que se ajustan a cualquier nivel de forma física, experiencia y estilo. Las principales zonas son el **Buttermilk Country,** de granito, al oeste del pueblo, en la Buttermilk Rd, las inhóspitas **Volcanic Tablelands** y el **valle del río Owens,** al norte. Las mesetas abundan en petroglifos de los nativos americanos (hay que pisar con precaución).

Senderismo

Los excursionistas pueden acceder a las tierras altas por Line St (Hwy 168), al oeste del cañón del arroyo Bishop, tras pasar por el Buttermilk Country, y seguir hasta varios lagos, como los de Sabrina y South. Los senderos se adentran por la John Muir Wilderness y el Kings Canyon National Park. En el puesto de guardabosques de la

AGUAS TERMALES DE BENTON

Benton Hot Springs (☎866-466-2824, 760-933-2287; www.historicbentonhotsprings.com; Hwy 120, Benton; parcela tienda y autocaravana 2 personas 40-50 US$, d con/sin baño incl. desayuno 129/109 US$; 🐾) es un pequeño complejo histórico, en un antiguo pueblo minero de la plata junto al White Mountain. Hay nueve espaciosos *campings* con bañeras privadas y habitaciones de B&B decoradas con antigüedades y con bañeras semiprivadas. También se pueden tomar baños diurnos (10 US$/h y persona); es imprescindible reservar para todas las visitas.

Se puede acceder desde el lago Mono por la Hwy 120 (en verano), desde Mammoth Lakes por la Benton Crossing Rd o por la Hwy 6 desde Bishop; las dos primeras opciones son carreteras de curvas con extensas vistas de las rojizas rocas que resplandecen al atardecer, y se tarda aproximadamente 1 h. Un autobús de la **Eastern Sierra Transit Authority** (☎800-922-1930; www.estransit.com) une Bishop y Benton (6 US$, 1h) los martes y viernes, y para en el complejo.

Con tiempo, pregúntese cómo llegar hasta los **petroglifos de las Volcanic Tablelands**, junto a la Hwy 6, con paredes de roca decoradas con antiguos dibujos.

White Mountain (p. 454) sugieren rutas y dan mapas y permisos para pernoctar en los parques.

Natación

Keough's Hot Springs　　NATACIÓN
(☎760-872-4670; www.keoughshotsprings.com; 800 Keough Hot Springs Rd; adultos/3-12 años 10/6 US$; ⏰11.00-19.00 mi-vi y lu, 9.00-20.00 sa y do, más amplio en verano) Unos 13 km al sur de Bishop, esta histórica piscina (1919) de color verde hospital se llena con las aguas calientes de las fuentes termales del lugar, enfriadas con agua vaporizada en un extremo. Al lado hay otra piscina cubierta más pequeña que está a 40°C. También hay un *camping* y cabañas de lona.

🛏 Dónde dormir

Hay numerosos moteles económicos, en general de cadena.

'Campings' del USFS　　CAMPING $
(www.recreation.gov; parcela tienda y autocaravana 21 US$; ⏰may-sep; 🐾) Para una noche escénica se puede tender el saco de dormir bajo las estrellas. Los más cercanos, que, salvo uno, no admiten reservas, están entre 14 y 24 km al oeste de la localidad, en el arroyo de Bishop, por la Hwy 168, a altitudes que oscilan entre los 2286 y 2743 m.

Joseph House Inn Bed & Breakfast　　B&B $$
(☎760-872-3389; www.josephhouseinn.com; 376 W Yaney St; h desayuno incl. 143-178 US$; ❄🐕🐾) Es una bonita casa restaurada, tipo rancho, con un patio que da a un jardín de 1,2 Ha y cinco habitaciones amuebladas con gusto, algunas con chimenea y todas con TV y vídeo. Incluye un desayuno exquisito y vinos por la tarde.

Hostel California　　ALBERGUE $
(☎760-399-6316; www.hostelbishop.com; 213 Academy Ave; dc 20 US$; h 60-80 US$; ❄@🐾) En pleno centro, esta casa victoriana ha cambiado los tapetes bordados del antiguo B&B por fotografías de escalada y artículos de deporte. Senderistas, pescadores y escaladores adoran sus dormitorios de seis camas, cocina completa y ropa en préstamo mientras se hace la colada, así como su acogedor ambiente de montaña. Solo adultos.

🍴 Dónde comer

Great Basin Bakery　　PANADERÍA, CAFÉ $
(www.greatbasinbakerybishop.com; 275-d S Main St, entrada por Lagoon St; ensaladas y sándwiches 5-7 US$; ⏰6.00-16.00 lu-sa, 6.30-16.00 do; 🌱) 🌾 En una bocacalle del sur de la ciudad, en esta excelente panadería sirven café tostado in situ, bocadillos en *bagels* recién hechos, huevos de proximidad, sopas y un sinfín de deliciosa repostería (con opciones veganas y sin gluten).

Erick Schat's Bakkerÿ　　PANADERÍA $
(☎760-873-7156; www.erickschatsbakery.com; 763 N Main St; sándwiches 5-8,50 US$; ⏰6.00-19.00 do-ju, hasta 20.00 vi) Es la meca del turismo, en funcionamiento desde 1938, con estantes de panes que llegan hasta el techo (pan *shepherd* incl.) y otras delicias recién horneadas. Hay una barra con sándwiches.

Back Alley ESTADOUNIDENSE $$
(www.thebackalleybowlandgrill.com; 649 N Main
St, detrás del Yamatani'i Resturant; principales 13-
23 US$; ☺11.30-21.00) Oculta junto a la calle
principal, esta bolera, bar y barbacoa (con
estampado de bolos en la moqueta) triunfa
por sus enormes raciones de pescado fres-
co, grandes filetes, hamburguesas y postres
caseros. Decoración surfera que mezcla lo
polinesio y la TV.

❶ Información

Hay duchas públicas en la ciudad en **Wash Tub**
(☑760-873-6627; 236 Warren St; ☺aprox.
17.00 y 20.00-22.00) y cerca del South Lake
en el **Bishop Creek Lodge** (☑760-873-4484;
www.bishopcreekresort.com; 2100 South Lake
Rd; ☺may-oct) y el **Parchers Resort** (☑760-
873-4177; www.parchersresort.net; 5001 South
Lake Rd; ☺fin may-med oct).

Centro de visitantes de la zona de Bishop
(☑760-873-8405; www.bishopvisitor.com;
690 N Main St; ☺10.00-17.00 lu-vi, hasta
16.00 sa y do)

Librería del condado de Inyo (☑760-873-
5115; 210 Academy Ave; ☺10.00-18.00 lu, mi
y vi, 12.00-20.00 ma y ju, 10.00-16.00 sa; 🛜)
Acceso a internet gratis.

Northern Inyo Hospital (☑760-873-5811;
www.nih.org; 150 Pioneer Ln; ☺24 h)

Spellbinder Books (☑760-873-4511; 124 S
Main St; ☺10.00-17.30 lu-sa; 🛜) Gran librería
independiente con café y wifi.

**Puesto de guardabosques de la White
Mountain** (☑760-873-2500; www.fs.usda.
gov/inyo; 798 N Main St; ☺8.00-17.00 a diario
may-oct, lu-vi resto del año) Expide permisos y
ofrece información sobre rutas y acampada en
toda la zona.

Big Pine

Este minúsculo pueblo tiene unos pocos
hoteles y restaurantes sencillos y sirve de
paso para ir al Ancient Bristlecone Pine
Forest y a los graníticos Palisades de la
John Muir Wilderness, un grupo de cum-
bres de las cuales seis superan los 4200 m.
Bajo las montañas se extiende el glaciar
Palisades, el más meridional de EE UU y
el mayor de Sierra.

Para llegar al inicio del sendero, tómese
la Glacier Lodge Rd (Crocker Ave en el pue-
blo), que sigue el arroyo Big Pine, rico en
truchas, cuesta arriba hasta el cañón de Big
Pine, 16,1 km al oeste en un valle con for-
ma de cuenco. La agotadora excursión de

14,5 km hasta el glaciar Palisade por el
North Fork Trail bordea varios lagos y la
cabaña de piedra que construyó el actor de
cine de terror Lon Chaney en 1925.

Este ascenso que tapona los oídos por la
Glacier Lodge Rd pasa junto a tres 'cam-
pings' del USFS (☑877-444-6777; www.
recreation.gov; parcela tienda y autocaravana
20 US$; ☺may-med oct): Big Pine Creek, Sage
Flat y Upper Sage Flat. Hay duchas por
5 US$ en el Glacier Lodge (☑760-938-2837;
www.jewelofthesierra.com; parcela tienda 25 US$,
parcela autocaravana 35 US$, d cabaña 135 US$;
☺med abr-med nov; 🐾), con un puñado de
rústicas cabañas equipadas con cocina, ade-
más de parcelas de *camping*. La estancia
mínima es de dos noches. Aunque ya no
existe, el edificio original de 1917 fue uno de
los primeros retiros construidos en Sierra.

Independence

Esta población de carretera ha sido capital
del condado desde 1866 y es la sede del
Eastern California Museum (www.inyo
county.us/ecmuseum; 155 N Grant St; donativo
recomendado; ☺10.00-17.00), con una de las
colecciones más completas de cestas paiu-
te y shoshone del país, así como artesanía
del campo de recolocación de Manzanar y
fotografías antiguas de escaladores de roca,
pobremente equipados, colgados por los pi-
cos de Sierra, incluido el monte Whitney.

Los admiradores de Mary Austin (1868-
1934), la autora de *The Land of Little Rain*,
contraria a la desertificación del valle de
Owens, pueden seguir las señales hasta su
antigua casa en el 253 de Market St.

Al oeste del pueblo, por la Onion Valley
Rd (Market St en el pueblo), en el valle
de Onion esta la cabecera del sendero al
puerto de Kearsage (circuito de 16 km),
una antigua ruta comercial paiute. También
es el acceso más rápido al Pacific Crest Trail
y al Kings Canyon National Park.

Además de unos pocos moteles peque-
ños en la localidad, en el valle de Onion
hay un par de 'campings' (☑877-444-6777;
www.recreation.gov; parcela tienda y autocaravana
16 US$; ☺may-sep) junto al arroyo Indepen-
dence. El *camping* Onion Valley (a 2804 m)
está en el mismo sendero que el puerto de
Kearsage y es popular entre los mochileros.

Inexplicable excepción en un pueblo
carente de refinamiento, el artístico y lu-
minoso Still Life Cafe (☑760-878-2555;

EXCURSIÓN AL MONTE WHITNEY

El misticismo del monte Whitney lleva a no pocos a obsesionarse por conquistar su enorme mole. El **Mt Whitney Trail,** el más fácil y concurrido, parte del Whiney Portal, 21 km al oeste de Lone Pine a través de la Whitney Portal Rd (cerrada en invierno) y sube 1828 m en 18 km. Es un paseo agotador incluso para alpinistas experimentados, aunque no hace falta ninguna destreza especial si se hace en verano o a principios de otoño. Un poco antes o después de la temporada pueden necesitarse piolet y crampones, además de pernoctar.

Mucha gente en buena forma física logra llegar a la cima en un día, aunque solo los senderistas que ya estén aclimatados y en magnífica forma deberían intentarlo. A esa altitud la respiración se hace difícil y el mal de altura es habitual. Los guardabosques recomiendan acampar una noche en el sendero y otra en uno de los dos campos del camino: el **Outpost Camp,** a 5,6 km, o el **Trail Camp,** a 10 km.

Al recoger el permiso y empaquetar el equipo (los senderistas tienen que llevarse sus excrementos) en el centro de visitantes de la Eastern Sierra Interagency de Lone Pine hay que informarse de la última hora sobre el tiempo y el estado de los caminos.

Cerca de la cabecera del sendero, en la **Whitney Portal Store** (www.whitneyportalstore.com) venden comestibles y tentempiés y tienen duchas públicas (5 US$) y un café con enormes hamburguesas y crepes. Su web puede ser un buen punto de partida para indagar sobre la zona.

Quizá el mayor obstáculo para llegar la cima sea obtener el **permiso 'wilderness'** (6 US$/grupo más 15 US$/persona), exigido para toda excursión con pernoctación, y para las caminatas de un día pasado el lago Lone Pine (a unos 4,5 km de la cabecera del sendero). El acceso por día está limitado a 60 pernoctaciones y 100 caminatas de mayo a octubre. Dada la enorme demanda, los permisos se adjudican por internet mediante el **sorteo de Mt Whitney** (www.fs.usda.gov/inyo); se aceptan solicitudes de febrero a mediados de marzo.

Para evitar el engorro de obtener el permiso es posible ascender a esta popular cima a través de la ruta de los parques nacionales de Sequoia y Kings Canyon. Se tarda entre cuatro y seis días desde el Crescent Meadow por el High Sierra Trail hasta el John Muir Trail (no se requiere permiso para la zona del Whitney), y los permisos *wilderness* son mucho más fáciles de conseguir.

135 S Edward St; almuerzo 9-16 US$, cena 16-24 US$; ☺11.00-15.00 y 18.00-21.30 mi-lu) es un bistró que sirve con encanto francés caracoles, *mousse* de hígado de pato, bistec a la pimienta y otras delicias galas.

En la histórica logia masónica junto al juzgado, el bullicioso **Jenny's Cafe** (246 N Edwards St; principales 8-11 US$; ☺7.00-14.00 sama, 7.00-20.00 ju y vi) sirven sustanciosos platos a base de hamburguesas, sándwiches y bistecs en un marco rural con viejas teteras y cortinas de estampado de gallos.

Manzanar National Historic Site

Una inhóspita torre forestal de madera advierte a los conductores de uno de los capítulos más oscuros de la historia de EE UU, ocurrido en un páramo 8 km al sur de Independence. Queda poco del infame campo de concentración, poco más de 1 km² de terreno polvoriento donde se internó a más de 10 000 personas de ascendencia japonesa durante la II Guerra Mundial, tras el ataque a Pearl Harbor. Los únicos restos del campo, antaño el auditorio de un instituto, albergan un estupendo **centro de interpretación** (☎760-878-2194; www.nps.gov/manz; ☺9.00-16.30 nov-mar, hasta 5.30 abr-oct; ⓐ) GRATIS. Es uno de los enclaves históricos más destacables del estado.

Se recomienda ver el documental de 20 min y las exposiciones, que invitan a la reflexión y narran las historias de las familias que languidecieron aquí a pesar de construir una comunidad llena de vida. Después se puede realizar el circuito autoguiado de 5 km en automóvil por el lugar, que pasa junto a la recreación de una cantina y unas barracas, vestigios de edificios y jardines, y el cementerio del campamento.

Lone Pine

Desde este pequeño pueblo se pueden emprender grandes caminatas, en especial al monte Whitney (4421 m), el pico más elevado de los EE UU continentales, y a Hollywood. En la década de 1920 los cineastas descubrieron que las cercanas colinas de Alabama eran el escenario perfecto para los *westerns,* y por el pueblo era habitual la presencia de mitos del celuloide como Gary Cooper y Gregory Peck.

⦿ Puntos de interés y actividades

Unos cuantos moteles básicos, un supermercado, restaurantes y tiendas (también de deportes) bordean la Hwy 395 (Main St en la ciudad). La Whitney Portal Rd se dirige al oeste hacia el único semáforo, y la Hwy 136, que enfila hacia el valle de la Muerte, se desvía unos 3 km al sur de la ciudad.

Monte Whitney   MONTAÑA
(www.fs.usda.gov/inyo) Al oeste de Lone Pine, los picos más abruptos de Sierra Nevada se alzan en todo su esplendor, rodeados por una veintena de cumbres más bajas. Es difícil reconocer el monte Whitney desde la Hwy 395, así que se recomienda ir por la Whitney Portal Rd a través de las colinas de Alabama. El punto más bajo del país, Badwater, se halla 128 km al este en línea recta, en el valle de la Muerte. La escalada al monte Whitney es una de las más populares del país.

★ Colinas de Alabama   ACCIDENTE NATURAL
En la Whitney Portal Rd, los colores cálidos y los contornos redondeados de estas colinas contrastan con las dentadas sierras nevadas de detrás. Escenario de un sinfín de *westerns,* desde la popular serie de televisión *El Llanero Solitario* hasta partes de la reciente *Django desencadenado,* de Quentin Tarantino, estas formaciones de roca naranja impresionan, sobre todo al amanecer y al atardecer.

Se puede ir en automóvil, bicicleta de montaña y a pie por los senderos que discurren entre las rocas y junto a los arroyos Tuttle y Lone Pine. Cerca de los caminos hay interesantes arcadas rocosas. Se puede seguir hacia el oeste por la Whitney Portal Rd y, a 800 m, tomar a la izquierda la Tuttle Creek Rd, o ir al norte por la Movie Rd tras 4,8 km.

Las páginas web de la Cámara de Comercio de Lone Pine y del Museum of Lone Pine Film History poseen excelentes mapas.

**Museum of Lone
Pine Film History**   MUSEO
(☑760-876-9909; www.lonepinefilmhistorymuseum.org; 701 S Main St; adultos/niños 5 US$/gratis; ☉10.00-17.00 lu-sa, hasta 16.00 do, más amplio en verano) Por aquí se han filmado cientos de películas, cuya parafernalia muestra este museo de historia cinematográfica. Se proyectan filmes dos veces al mes.

🛏 Dónde dormir y comer

**Whitney Portal
Hostel & Hotel**   ALBERGUE, MOTEL $
(☑760-876-0030; www.whitneyportalstore.com; 238 S Main St; dc/h 25/100 US$; ✴🐾🛜🖥) Popular punto de partida para excursiones al Whitney y de adecentamiento al regreso (duchas públicas), sus dormitorios colectivos son lo más barato del lugar; para julio y agosto deben reservarse con meses de antelación. No hay espacio común en los enmoquetados dormitorios de literas separados por sexo, pero sí toallas, TV, cocina americana y una cafetera cargada. La nueva dirección ha convertido la mayor parte del establecimiento en elegantes habitaciones de motel, muchas de ellas con vistas al monte Whitney y sus vecinos.

Lone Pine Campground   CAMPING $
(☑877-444-6777, 518-885-3639; www.recreation.gov; Whitney Portal Rd; parcela tienda y autocaravana 19 US$; ☉med abr-oct; 🐾) A medio camino entre Lone Pine y el Whitney Portal, este popular *camping* del USFS junto al arroyo (altitud 1800 m) dispone de váteres con cisterna y agua potable.

Dow Hotel & Dow Villa Motel   HOTEL, MOTEL $$
(☑760-876-5521; www.dowvillamotel.com; 310 S Main St; hotel h con/sin baño 87/69 US$, motel h 113-155 US$; ✴🖥@🛜🏊🐾) John Wayne y Errol Flynn son algunas de las estrellas que se alojaron en este venerable hotel. Aunque restaurado, el edificio de 1922 conserva buena parte de su rústico encanto. El sector nuevo de motel ofrece habitaciones climatizadas más cómodas y luminosas, pero también más anodinas.

Alabama Hills Cafe   CAFÉ $
(111 W Post St; principales 8-14 US$; ☉7.00-14.00; 🍴) El lugar preferido para desayunar, con raciones abundantes y pan recién hornea-

do. También está bien para almorzar, con sustanciosas sopas y tartas caseras de fruta.

Seasons   ESTADOUNIDENSE MODERNA **$$**
([🕿]760-876-8927; 206 N Main St; principales 17-30 US$; [⏱]17.00-21.00 a diario abr-oct, ma-do nov-mar) Aquí tienen todo lo que se soñó durante la última ingesta de raciones liofilizadas: trucha salteada, pato asado, solomillo de ternera y contundentes platos de pasta, además de pecaminosos postres. Se recomienda reservar.

ℹ Información

Centro de visitantes de la Eastern Sierra Interagency ([🕿]760-876-6222; www.fs.fed.us/r5/inyo; Hwys 395 y 136; [⏱]8.00-17.00) Centro de información del USFS para Sierra, el valle de la Muerte y el monte Whitney. Está unos 2,4 km al sur del pueblo, en el cruce de la Hwy 395 y la Hwy 136.

Cámara de Comercio de Lone Pine ([🕿]760-876-4444; www.lonepinechamber. org; 120 S Main St; [⏱]8.30-16.30 lu-vi)

Costa central

Los mejores restaurantes

➡ Passionfish (p. 481)

➡ Ember (p. 516)

➡ Cracked Crab (p. 517)

➡ Mercado de granjeros de San Luis Obispo (p. 508)

➡ Penny Ice Creamery (p. 465)

Los mejores alojamientos

➡ Post Ranch Inn (p. 490)

➡ Dream Inn (p. 465)

➡ Cass House Inn (p. 497)

➡ HI Santa Cruz Hostel (p. 464)

➡ Pfeiffer Big Sur State Park Campground (p. 489)

Por qué ir

Este tramo de la costa de California suele obviarse o tacharse de "paso elevado" entre San Francisco y Los Ángeles, pero está lleno de playas salvajes, bosques de secuoyas y colinas onduladas cubiertas de viñedos y otros cultivos.

La costera Hwy 1 es de lo más paisajista. La liberal Santa Cruz y la histórica ciudad portuaria de Monterey dan acceso a la escarpada naturaleza de la costa bohemia del Big Sur. La sinuosa ruta hasta el vanaglorioso Hearst Castle, vía faros y acantilados afilados sobrevolados por cóndores en peligro de extinción, es un viaje épico.

También se puede establecer contacto con la esencia agrícola del interior del estado por la Hwy 101, llamada como El Camino Real por los conquistadores españoles y los frailes franciscanos. La ruta, que pasa por la floreciente zona vinícola de Paso Robles, está salpicada de misiones coloniales. La universitaria San Luis Obispo, bordeada de destinos soleados de playa y cimas volcánicas, soliviará a los amantes de la naturaleza.

Cuándo ir
Santa Cruz

Abr-may Clima templado y menos turistas que en verano; brotan las flores silvestres.

Jul-ago Desaparece la niebla al caldearse el océano; temporada de playa.

Sep-oct Sol, menos gente y fiestas de la vendimia.

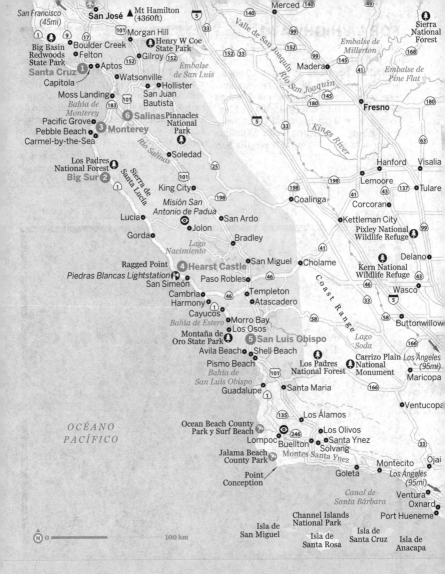

Imprescindible

① Subirse al Giant Dipper y desgañitarse de la impresión; y luego aprender surf en **Santa Cruz** (p. 460).

② Recorrer la Hwy 1, donde el cielo se une con el mar, por la rocosa costa del místico **Big Sur** (p. 484).

③ Dejarse cautivar por los moradores acuáticos del 'océano cubierto' en el **acuario** (p. 471) de Monterey, genial para los niños.

④ Maravillarse ante la grandiosidad del **Hearst Castle** (p. 493) y conocer a sus vecinos, unos gigantescos elefantes marinos.

⑤ Relajarse en la ciudad universitaria de **San Luis Obispo** (p. 506), rodeada de playas, viñedos y montañas.

⑥ Explorar el universo obrero del novelista John Steinbeck en la pequeña localidad agrícola de **Salinas** (p. 501).

POR LA HIGHWAY 1

Anclada por Santa Cruz al norte y Monterey al sur, la bahía de Monterey, una medialuna bordeada de playas salvajes y localidades costeras llenas de personalidad y encanto, rebosa de vida marina. El tramo de 201 km al sur de la península de Monterey recorre la costa sinuosa y pintoresca del Big Sur, vía el Hearst Castle hasta que se une a la Hwy 101 en la tranquila San Luis Obispo.

Santa Cruz

Centro de la contracultura y ciudad *new age*, Santa Cruz es conocida por sus políticas de izquierdas e ideología de "vive y deja vivir" aplicada a todo menos a los perros, que deben pasearse atados; el aparcamiento de pago los siete días de la semana; y los republicanos, que al parecer no están muy bien vistos. Aunque aún se ven *hippies* y gente colocada por las calles (o ambas cosas a la vez), esa fachada alternativa a veces esconde a millonarios del Silicon Valley y a no pocos hijos de papá.

Santa Cruz

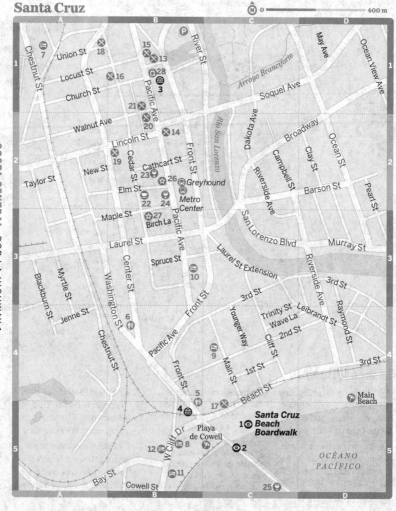

Santa Cruz es una ciudad para divertirse, con un centro vibrante pero caótico. En la costa está el famoso paseo marítimo, y en las colinas, los bosques de secuoyas rodean al campus de la University of California, Santa Cruz (UCSC). Merece que se le dedique al menos medio día, aunque para apreciar la estética de las faldas con abalorios, los pendientes de cristal y las rastas quizá haga falta mezclarse un poco más con los surfistas, estudiantes y, en general, vecinos alternativos y excéntricos.

⦿ Puntos de interés

Una de las mejores cosas que hacer en Santa Cruz es pasear, comprar y ver el espectáculo de la céntrica **Pacific Ave.** A 15 min de paseo están la playa y el **Municipal Wharf** (plano p. 460), lleno de marisquerías, tiendas de regalos y leones marinos. **West Cliff Dr** sigue al agua al oeste del muelle, junto a un sendero recreativo asfaltado.

★ Santa Cruz Beach Boardwalk
PARQUE DE ATRACCIONES

(plano p. 460; ☎831-423-5590; www.beachboardwalk.com; 400 Beach St; pase diario 32-40 US$; ⊗a diario abr-ppios sep, horarios según la estación; 🚶) Fundado en 1907, es el parque de ocio junto al mar más antiguo de la Costa Oeste. Entre sus atracciones más famosas, declaradas Monumento Histórico Nacional, están la montaña rusa Giant Dipper, una reliquia de madera de 1924, y el tiovivo Loof, de 1911. En verano, hay películas gratis entre semana y conciertos de veteranos del *rock* que casi todo el mundo creía ya muertos (vi noche).

La hora del cierre y los horarios en temporada baja varían. Aparcar todo el día cuesta 6-15 US$.

★ Seymour Marine Discovery Center
MUSEO

(plano p. 468; ☎831-459-3800; http://seymourcenter.ucsc.edu; 100 Shaffer Rd; adultos/3-16 años 8/6 US$; ⊗10.00-17.00 ma-do todo el año, más 10.00-17.00 lu jul y ago; 🚶) 🅿 Este didáctico centro para niños, cerca de la Natural Bridges State Beach, forma parte del Long Marine Laboratory de la UCSC. Entre las colecciones de ciencias naturales hay lagunas de marea y acuarios, y fuera, el mayor esqueleto de ballena azul del mundo. Se ofrecen visitas guiadas de 1 h (13.00, 14.00 y 15.00) y una especial de 30 min para familias con niños (11.00); hay que registrarse 1 h antes (no reservan).

Sanctuary Exploration Center
MUSEO

(plano p. 460; ☎831-421-9993; http://montereybay.noaa.gov; 35 Pacific Ave; ⊗10.00-17.00 mi-do; 🚶) **GRATIS** 🅿 Gestionado por el Monterey Bay National Marine Sanctuary, este centro, cerca del paseo marítimo, es un museo educativo y una experiencia multimedia interactiva donde se enseña a pequeños y mayores los tesoros marinos de la bahía, la conservación de las fondos marinos y la tecnológica exploración submarina para su investigación científica.

Santa Cruz Surfing Museum
MUSEO

(plano p. 468; www.santacruzsurfingmuseum.org; 701 W Cliff Dr; entrada con donativo; ⊙10.00-17.00 mi-lu 4 jul-ppios sep, 12.00-16.00 ju-lu ppios sep-3 jul) Está 1,6 km al suroeste del muelle por la costa, en un antiguo faro lleno de recuerdos, como viejas tablas de surf de secuoya. El lugar, el Lighthouse Point, da a dos populares rompientes de surf.

University of California, Santa Cruz
UNIVERSIDAD

(plano p. 468; UCSC; www.ucsc.edu) Con una babosa banana como mascota, la UCSC, fundada en 1965 y famosa por sus tintes creativos y liberales, está en las colinas de la ciudad. El campus acoge bonitas arboledas de secuoyas y edificios interesantes, algunos construidos con materiales reciclados, diseñados para fusionarse con los prados. Se aconseja pasear por el tranquilo arboreto (http://arboretum. ucsc.edu; esq. High St y Arboretum Rd; adultos/niños 6-17 años 5/2 US$, gratis 1er ma de mes; ⊙9.00-17.00) y ver las estructuras del s. XIX, pintorescas en su decadencia, del Cowell Ranch, sobre el que se levantó el campus.

Santa Cruz Museum of Natural History
MUSEO

(plano p. 468; ☎831-420-6115; www.santacruzmuseum.org; 1305 E Cliff Dr; adultos/menores 18 años 4 US$/gratis, gratis 1er vi de mes; ⊙10.00-17.00 ma-do; 🖶) Este diminuto museo incluye cabezas disecadas de animales, objetos de la cultura nativa californiana y una laguna de marea junto a la playa, al cruzar la calle.

Museum of Art & History
MUSEO

(plano p. 460; ☎831-429-1964; www.santacruzmah. org; McPherson Center, 705 Front St; adultos/12-17 años 5/2 US$, gratis 1er vi de mes; ⊙11.00-17.00 ma-ju, sa y do, hasta 21.00 vi) Exposiciones temporales de artistas californianos y muestras sobre la historia de la zona.

🏃 Actividades

DeLaveaga Disc Golf Club
GOLF

(plano p. 468; www.delaveagadiscgolf.com; Upper Park Rd) GRATIS Profesionales y familias lanzan *frisbees* en un campo desafiante sobre una ladera que llega al culmen en el hoyo 27, apodado "la cima del mundo". Esta 3,2 km al noreste del centro, por Branciforte Dr.

Surf

La temperatura media del agua no suele rebasar los 15°C, lo que obliga a surfear con traje de neopreno. El surf es una actividad increíblemente popular, especialmente en la Steamer Lane, solo para expertos, y en Cowell's, ambas frente al West Cliff Dr. Otros enclaves buenos incluyen la playa del Pleasure Point, en East Cliff Dr hacia Capitola, y la Manresa State Beach, al sur por la Hwy 1.

Santa Cruz Surf School
SURF

(plano p. 460; ☎831-345-8875, 831-426-7072; www. santacruzsurfschool.com; 131 Center St; clase 2 h en grupo/1 h privada 90/120 US$; 🖶) Escuela de surf cerca del muelle. El primer día ya se podrá subir a la tabla.

Richard Schmidt Surf School
SURF

(plano p. 468; ☎831-423-0928; www.richardschmidt. com; 849 Almar Ave; clase 2 h en grupo/1 h privada 90/120 US$) Galardonada, esta escuela de surf pone a los alumnos en el agua perfectamente equipados. Los campamentos de verano admiten adultos y niños.

O'Neill Surf Shop
SURF

(plano p. 468; ☎831-475-4151; www.oneill.com; 1115 41st Ave; alquiler neopreno/equipo desde 10/20 US$; ⊙9.00-20.00 lu-vi, desde 8.00 sa y do) Está al este, en el Pleasure Point. Es la tienda insignia del fabricante de tablas de fama mundial, con sucursales en el paseo marítimo y en el centro.

Cowell's Beach Surf Shop
SURF

(plano p. 460; ☎831-427-2355; www.cowellssurfshop.com; 30 Front St; clase 2 h en grupo 90 US$; ⊙8.00-18.00, hasta 17.00 nov-mar; 🖶) Alquilan tablas de surf y de *body*, neoprenos y demás cerca del muelle, más un veterano personal que ofrece consejos sobre la zona y clases.

Kayak

Remar es un buen modo de descubrir esta accidentada costa y los bancos de algas kelp donde se concentran las nutrias.

Venture Quest
KAYAK

(plano p. 460; ☎831-425-8445, 831-427-2267; www. kayaksantacruz.com; Municipal Wharf; alquiler kayak/circuito desde 30/55 US$; ⊙10.00-19.00 lu-vi, desde 9.00 sa y do fin may-fin sep, variable fin sep-med may) Alquileres correctos en el muelle, circuitos para ver ballenas y cuevas marinas,

LAS MEJORES PLAYAS DE SANTA CRUZ

La soleada Santa Cruz tiene playas y aguas más cálidas que San Francisco y Monterey. No es como en *Los vigilantes de la playa*, pero este litoral de casi 47 km revela playas dignas de Hawái, calas escarpadas, zonas de surf de primera y grandes tramos de arena para que se desfoguen los niños. Lástima que la niebla arruine más de una mañana de verano.

Junto a West Cliff Dr se dará con calas accesibles a pie y mucho espacio para aparcar (arriba). También es posible sentarse en un banco a ver cómo pescan los pelícanos. Hay baños y duchas en el aparcamiento del faro.

A los locales les gustan más las playas de East Cliff Dr, menos concurridas, más grandes y más protegidas del viento, con lo que el agua está más tranquila. Excepto en una zona controlada en 26th Ave, solo se puede aparcar los fines de semana (en 9th Ave venden bonos de día por 8 US$).

Main Beach El centro de la acción, con un tramo de arena enorme, pistas de voleibol y mucha gente. Hay que aparcar en East Cliff Dr y cruzar el Lost Boys Bridge hasta el paseo de la playa.

Its Beach (plano p. 468; 🐕) La única playa oficial para llevar perros sin correa (antes 10.00 y después 16.00); está al oeste del faro.

Natural Bridges State Beach (plano p. 468; www.parks.ca.gov; 2531 W Cliff Dr; por automóvil 10 US$; ⊙8.00-anochecer; 🚻) La mejor para ver la puesta de sol. La frecuentan familias. Hay mucha arena, pozas de marea y mariposas monarca (med oct-med feb). Está en el extremo más alejado de W Cliff Dr.

Twin Lakes State Beach (plano p. 468; www.parks.ca.gov; E Cliff Dr y 9th Ave; ⊙8.00-anochecer; 🚻) Playa grande con hogueras y una laguna genial para niños y casi siempre vacía, junto a E Cliff Dr.

Moran Lake County Park (plano p. 468; www.scparks.com; E Cliff Dr; ⊙8.00-anochecer) Tiene un buen rompeolas y baños. Es una zona de arena apta casi todo el año, más al este de 26th Ave, junto a E Cliff Dr.

New Brighton State Beach (plano p. 468; ☎831-464-6330; www.parks.ca.gov; 500 Park Rd, Capitola; por automóvil 10 US$; ⊙8.00-anochecer) Está al este de Santa Cruz, hacia Capitola. Es más tranquila para nadar, practicar surf de remo o acampar en un acantilado boscoso.

Seacliff State Beach (☎831-685-6442; www.parks.ca.gov; State Park Rd, Aptos; por automóvil 10 US$; ⊙8.00-anochecer) Incluye un "barco de cemento", un carguero quijotesco hecho de cemento que flotaba, que terminó aquí convertido en muelle de pesca.

Manresa State Beach (☎831-761-1975; www.parks.ca.gov; San Andreas Rd, Watsonville; por automóvil 10 US$; ⊙8.00-anochecer) Cerca de Watsonville, la salida de La Selva Beach en la Hwy 1 lleva a esta playa desierta.

Sunset State Beach (☎831-763-7062; www.parks.ca.gov; San Andreas Rd, Watsonville; por automóvil 10 US$; ⊙8.00-anochecer) Por la salida La Selva Beach en la Hwy 1, cerca de Watsonville, aguardan kilómetros casi vacíos de arena y olas.

paseos en barca a la luz de la luna y excursiones en kayak. Se pueden reservar clases de kayak.

Kayak Connection DEPORTES ACUÁTICOS (plano p. 468; ☎831-479-1121; www.kayakconnection.com; puerto de Santa, 413 Lake Ave; alquiler kayak/circuito desde 35/45 US$; 🚻) Alquilan kayaks y ofrecen clases y circuitos, como salidas para ver ballenas, el amanecer, el atardecer y la luna llena. También tienen equipos de surf de remo (desde 25 US$), trajes de neopreno (10 US$) y tablas de *body* (10 US$).

Observación de ballenas y pesca

Se ofrecen excursiones para ver ballenas de diciembre a abril, en invierno, aunque

MYSTERY SPOT

En Santa Cruz, el **Mystery Spot** (☎831-423-8897; www.mysteryspot, com; 465 Mystery Spot Rd; entrada 6 US$; ☺10.00-16.00 lu-vi, hasta 17.00 sa y do sep-may, 10.00-18.00 lu-vi, 9.00-19.00 sa y do jun-ago), una trampa para turistas *retro* y *kitsch*, ha cambiado poco desde 1940. En una ladera pronunciada, las brújulas parecen volverse locas, misteriosas fuerzas empujan a los visitantes y los edificios se inclinan en ángulos imposibles. Conviene reservar, o arriesgarse a la espera de un circuito guiado. Está unos 6,5 km al noreste del centro, colina arriba por Branciforte Dr. Aparcar cuesta 5 US$. Cómprese una pegatina para el automóvil.

en verano también hay mucha vida marina en los cruceros por la bahía. Muchas excursiones de pesca salen del muelle, donde varios comercios alquilan equipos y cañas de pescar.

Stagnaro's　　CIRCUITOS EN BARCA
(plano p. 468; ☎inf. 831-427-0230, reservas 888-237-7084; www.stagnaros.com; 2896 Soquel Ave; crucero adultos/menores 14 años desde 20/13 US$, salidas avistamiento de ballenas desde 47/33 US$) Operador veterano que ofrece cruceros paisajísticos y al atardecer por la bahía de Monterey y circuitos para ver ballenas todo el año.

🎊 Fiestas y celebraciones

Woodies on the Wharf　　CULTURA
(www.santacruzwoodies.com) Espectáculo de automóviles clásicos con camionetas de surf antiguas en el Municipal Wharf de Santa Cruz (fin jun).

Wharf to Wharf Race　　DEPORTES
(www.wharftowharf.com) Más de 15000 corredores van de Santa Cruz a Capitola acompañados por 50 eventos de ocio en vivo (fin jul).

Open Studio Art Tour　　CULTURA
(www.ccscc.org) Durante tres semanas de octubre se pueden visitar los talleres de artistas locales. El consejo de arte patrocina las exposiciones First Friday (1er vi de mes).

🛏 Dónde dormir

Santa Cruz no tiene suficientes camas para satisfacer la demanda: los precios se dispa-

ran en temporada alta por habitaciones nada especiales. Los lugares cercanos al paseo marítimo van de lo agradable a lo aterrador. Para moteles sencillos, se puede ir por Ocean St hacia el interior o a Mission St (Hwy 1), cerca del campus de la UCSC.

★HI Santa Cruz Hostel　　ALBERGUE $
(plano p. 460; ☎831-423-8304; www.hi-santacruz.org; 321 Main St; dc 26-29 US$, h 60-110 US$, todas con baño compartido; ☺registro 17.00-22.00; @) Situado en las centenarias Carmelita Cottages, rodeadas de jardines de flores, a dos manzanas de la playa, este albergue acoge a los viajeros de bajo presupuesto. Desventajas: toque de queda a medianoche, cierra de 10.00 a 17.00 y la estancia máxima es de tres noches. Es esencial reservar. El aparcamiento en la calle cuesta 2 US$.

**Campings del California
State Park**　　CAMPING $
(☎reservas 800-444-7275; www.reserveamerica.com; parcela tienda y autocaravana 35-65 US$; 🐾) Permite reservar para acampar en playas junto a la Hwy 1, al sur de Santa Cruz o en las neblinosas montañas, junto a la Hwy 9. Las familias tienen los *campings* del Henry Cowell Redwoods State Park, en Felton, y la New Brighton State Beach, en Capitola.

★Adobe on Green B&B　　B&B $$
(plano p. 460; ☎831-469-9866; www.adobeongreen.com; 103 Green St; h incl. desayuno 169-219 US$; 🛜) 🍃 Paz y tranquilidad a un paseo de Pacific Ave. Los dueños son prácticamente invisibles, pero los detalles están omnipresentes, desde el equipamiento de las amplias habitaciones, alimentadas con energía solar, hasta las mermeladas del desayuno, procedentes de su huerto ecológico.

Pelican Point Inn　　POSADA $$
(plano p. 468; ☎831-475-3381; www.pelicanpointinn-santacruz.com; 21345 E Cliff Dr; ste 139-219 US$; 🛜🐾) Es ideal para familias, con apartamentos amplios cerca de una playa apta para niños que incluyen todo lo necesario para unas vacaciones relajadas, también cocina. Hay ofertas semanales. Tarifa por mascota 20 US$.

Mission Inn　　MOTEL $$
(plano p. 468; ☎800-895-5455, 831-425-5455; www.mission-inn.com; 2250 Mission St; h incl. desayuno 130-220 US$; ❄🛜) Es un lugar práctico, con un patio ajardinado, *jacuzzi* y desayuno con-

tinental incluido, situado en la concurrida Hwy 1, cerca del campus de la UCSC, pero lejos de la playa.

Sunny Cove Motel
MOTEL **$$**

(plano p. 468; ☎831-475-1741; www.sunnycovemotel. com; 21610 E Cliff Dr; h 90-250 US$; ✱❄) Alojamiento *retro* sin florituras al este del centro, frecuentado por surfistas. El propietario, un veterano del lugar, alquila habitaciones gastadas y suites con cocinita.

Dream Inn
HOTEL **$$$**

(plano p. 460; ☎866-774-7735, 831-426-4330; www. dreaminnsantacruz.com; 175 W Cliff Dr; h 249-479 US$; ✱❄@❄❄) Con vistas al muelle desde una ladera espectacular, se trata de un hotel-*boutique* chic tan estiloso como permite Santa Cruz. Las habitaciones están perfectamente equipadas, y la playa queda a pocos pasos. No hay que perderse la *happy hour* en el bar con terraza del restaurante Aquarius. El aparcamiento cuesta 25 US$.

Pacific Blue Inn
B&B **$$$**

(plano p. 460; ☎831-600-8880; www.pacific blueinn.com; 636 Pacific Ave; h incl. desayuno 189-289 US$; ❄) ⬤ Este céntrico B&B con patio es una joya del turismo verde, con instalaciones que ahorran agua y materiales de construcción renovables y reciclados. Las habitaciones son agradablemente sencillas, con colchones con refuerzo, chimeneas eléctricas y TV de pantalla plana con DVD. Prestan bicicletas.

West Cliff Inn
POSADA **$$$**

(plano p. 460; ☎800-979-0910, 831-457-2200; www. westcliffinn.com; 174 W Cliff Dr; h incl. desayuno 195-325 US$; ❄) Las habitaciones de este estiloso alojamiento, en una casa victoriana al oeste del puerto, combinan los tejidos a base de hebras marinas, la madera oscura y unas alegres cortinas de rayas. Las suites más románticas tienen chimenea y vistas de las olas. El precio incluye el desayuno bufé y, por la tarde, vino, té y tentempiés.

Sea & Sand Inn
MOTEL **$$$**

(plano p. 460; ☎831-427-3400; www.santacruzmo tels.com; 201 W Cliff Dr; h 199-419 US$; ❄) Está al borde de un acantilado, con una zona de césped. Es un lugar elegante, pero algo caro, con vistas a la Main Beach y el muelle, donde dormir al arrullo de los leones marinos. Las habitaciones son algo pequeñas, pero algunas vistas del mar son impresionantes. El precio incluye un refrigerio por la tarde. Tienen otro alojamiento gemelo contemporáneo, el

Carousel Beach Inn, más barato y cerca del paseo marítimo.

Babbling Brook Inn
B&B **$$$**

(plano p. 468; ☎831-427-2437, 800-866-1131; www. babblingbrookinn.com; 1025 Laurel St; h incl. desayuno 229-309 US$; ❄) Junto a un arroyo y con jardines sinuosos, aquí se encontrarán habitaciones acogedoras de estilo provinciano francés, la mayoría con chimenea de gas, algunas con bañeras de hidromasaje y todas con camas mullidas. Sirven vino y aperitivos por la tarde, además de un completo desayuno.

Hotel Paradox
HOTEL **$$$**

(plano p. 468; ☎855-425-7200, 831-425-7100; www. thehotelparadox.com; 611 Ocean St; h desde 189 US$; @❄❄) En pleno centro y maravilloso por fuera, dentro luce grabados de paisajes en las paredes, paneles de madera con texturas y mobiliario en tonos tierra. Permite relajarse en una cabaña junto a la piscina o cerca de una hoguera exterior. Las tarifas entre semana son razonables, al contrario que los fines de semana de verano. El aparcamiento cuesta 10 US$.

🍴 Dónde comer

El centro está abarrotado de cafés. Para pescado, se aconsejan los mostradores para llevar del muelle. En Mission St, cerca de la UCSC, y en 41st Ave hay restaurantes más económicos.

★ Penny Ice Creamery
HELADERÍA **$**

(plano p. 460; www.thepennyicecreamery.com; 913 Cedar St; tentempiés 2-4 US$; ⊙12.00-23.00; ⊞) ⬤ Sus helados artesanales no paran de ganar adeptos, con sabores como jengibre endulzado con *bourbon*, arándano azul con verbena y albaricoque con ricota, y muchos ingredientes de la zona, ecológicos o silvestres. Hasta el de vainilla es especial, elaborado según la receta original de Thomas Jefferson. Tienen un **quiosco en el centro** (1520 Pacific Ave; ⊙12.00-18.00 do-ju, hasta 21.00 vi y sa; ⊞) ⬤ y otro local cerca de **Pleasure Point** (820 41st Ave; ⊙12.00-21.00 do-ju, hasta 23.00 vi y sa; ⊞) ⬤.

Picnic Basket
DELI **$**

(plano p. 460; http://thepicnicbasketsc.com; 125 Beach St; platos 3-10 US$; ⊙7.00-16.00 lu-ju, hasta 21.00 vi-do; ⊞) Está frente al paseo marítimo. Se centran en lo regional y preparan bocadillos creativos, como el de remolacha con cuscús al limón o el de queso gratinado con *chutney* de frutas, además de sopas caseras y bollería y burritos para el desayuno. También tienen helados muy dulces.

Walnut Ave Cafe
DESAYUNOS $

(plano p. 460; www.walnutavecafe.com; 106 Walnut Ave; principales 7-11 US$; ⊙7.00-15.00 lu-vi, 8.00-16.00 sa y do; ☑♨⊛) Siempre lleno, en este local limpio y bien iluminado ofrecen desayunos a base de esponjosos gofres belgas, huevos Benedict con atún claro ahumado, huevos rancheros mexicanos con cerdo y todo tipo de revueltos vegetarianos. Para almorzar, hay bocadillos, ensaladas y sopas más normales. Los perros pueden acceder al patio.

Bagelry
DELI $

(plano p. 460; www.bagelrysantacruz.com; 320a Cedar St; platos 1-9 US$; ⊙6.30-17.30 lu-vi, 7.00-16.30 sa, 7.30-16.00 do; ☑♨) Sirven *bagels* de cocción doble (hervidos y al horno) con ingredientes fantásticos, como el crujiente Tofu del Fuego o el *hummus* con germinados.

Tacos Moreno
MEXICANA $

(plano p. 468; www.tacosmoreno.com; 1053 Water St; platos 2-6 US$; ⊙10.00-22.00 lu-vi, 11.00-19.00 sa y do) En el paraíso para los tacos, con variedades de cerdo marinado, pollo y ternera, las colas son lo de menos. Tienen otro local en 41st Ave, en Capitola.

New Leaf
Community Market
SUPERMERCADO $

(plano p. 460; www.newleaf.com; 1134 Pacific Ave; ⊙8.00-21.00; ☑) ♦ Productos de origen ecológico y de cercanía, comidas naturales y ricos

platos para llevar en el centro y, fuera de la Hwy 1, cerca del campus de la UCSC. El local de 41st Ave incluye el saludable Beet Cafe.

Mercado de granjeros
de Santa Cruz
MERCADO $

(plano p. 460; www.santacruzfarmersmarket.org; esq. Lincoln St y Center St; ⊙13.30-18.30 mi; ☑♨) ♦ Permite saborear el ambiente local con productos ecológicos, horneados y puestos de artesanía y comida. En otoño e invierno, el horario es más reducido.

Pono Hawaiian Grill
DE FUSIÓN $$

(plano p. 460; www.ponohawaiiangrill.com; 120 Union St; principales 7-15 US$; ⊙11.00-22.00 do-mi, hasta 23.00 ju-sa) Está en el bar Reef. La cocina va a su ritmo y proponen *poke* (ensalada de productos crudos en daditos) frescos de atún claro, salmón, moluscos y vegetarianos, servidos en un cuenco o en una bandeja con dos tipos de arroz, macarrones cremosos o ensalada verde. El burrito loco moco con salsa especiada de carne es un exitazo.

Engfer Pizza Works
PIZZERÍA $$

(plano p. 468; www.engferpizzaworks.com; 537 Seabright Ave; *pizzas* 8-23 US$; ⊙normalmente 16.00-21.30 ma-do; ☑♨) Hay que desviarse para encontrar esta vieja fábrica donde se elaboran *pizzas* artesanas al horno de leña: la especialidad sin nombre es como una ensalada gigante sobre una masa al horno. La espera se puede amenizar con una cerveza de barril y una partida de *ping-pong*.

DE PRIMERA MANO

LAS MEJORES FÁBRICAS DE CERVEZA DEL CONDADO DE SANTA CRUZ

Derek Wolfgram, fabricante cervecero y columnista del tema, comparte sus rincones favoritos para tomar una caña:

Boulder Creek Brewery (p. 469) En las montañas se elaboran la amber ale Redwood Ale y la indian pale ale de tipo estadounidense Dragon's Breath.

Sante Adairius Rustic Ales (plano p. 468; www.rusticales.com; 103 Kennedy Dr; ⊙15.00-20.00 ma-vi, desde 12.00 sa y do) Junto a la Hwy 1, al este de Santa Cruz, aquí elaboran cervezas de inspiración belga y envejecidas en barril.

Discretion Brewing (plano p. 468; www.discretionbrewing.com; 2703 41st Ave, Soquel; ⊙11.30-21.00) Tienen indian pale ale de centeno, ales inglesas y tradicionales belgas y alemanas. Está junto a la Hwy 1.

Santa Cruz Mountain Brewing (plano p. 468; www.scmbrew.com; 402 Ingalls St; ⊙11.30-22.00) La sala de catas se llena gracias a unas variedades atrevidas y ecológicas. La más rara es una indian pale ale de lavanda.

Santa Cruz Ale Works (plano p. 468; www.santacruzaleworks.com; 150 Dubois St; ⊙11.00-18.00; ♨⊛) La hefeweizen y la cerveza negra de avena Dark Night son encomiables; admiten perros y tienen una tienda de alimentos.

Soif
BISTRÓ $$$

(plano p. 460; ☎831-423-2020; www.soifwine.com; 105 Walnut Ave; platos pequeños 5-17 US$; principales 19-25 US$; ☺17.00-21.00 do-ju, hasta 22.00 vi y sa) Recibe a vividores que se deleitan con su embriagadora selección de tres docenas de vinos internacionales por copas y sofisticada carta eurocaliforniana de temporada llena de sabor (p. ej., ensalada de remolacha asada con alubias y vinagreta de arce o *linguini* con tinta de calamar y chorizo picante).

Laili
AFGANA $$$

(plano p. 460; ☎831-423-4545; www.lailirestaurant.com; 101b Cooper St; principales 13-28 US$; ☺11.30-14.30 ma-do, 17.00-21.00 ma-ju y do, hasta 22.00 vi y sa) Un oasis chic para comer en el centro, de propiedad familiar, con un comedor elegante de techos altos y un patio ajardinado. Se aconseja compartir el pan sin levadura con pollo y albaricoque, el pastel de berenjena con granada, la coliflor asada con azafrán, un suculento kebab de cordero y más. El servicio es irregular. Conviene reservar.

Dónde beber y vida nocturna

El centro hierve de bares, clubes y cafés. Al oeste, por Mission St (Hwy 1), se hallarán varias salas de catas de bodegas de las montañas de Santa Cruz ocultas en Ingalls St.

★ Verve Coffee Roasters
CAFÉ

(plano p. 460; www.vervecoffeeroasters.com; 1540 Pacific Ave; ☺6.30-21.00; 📶) Surfistas y modernitos se dan cita en este espacio industrial y zen para tomar café exprés o filtrado de tueste local. Cabe hacer hincapié en los granos de origen único y sus mezclas especiales.

Caffe Pergolesi
CAFÉ

(plano p. 460; www.theperg.com; 418 Cedar St; ☺7.00-23.00; 📶) Para tomar un café, té y cerveza de los de siempre en una casa victoriana monumental, con una gran galería a la sombra de viejos árboles. Algunas noches hay música en directo.

Vino Prima
BAR DE VINOS

(plano p. 460; www.vinoprimawines.com; 55 Municipal Wharf; ☺14.00-20.00 lu-ma, 14.00-22.00 mi-vi, 12.00-22.00 sa, 12.00-20.00 do) Vistas al mar de ensueño y exquisitos vinos californianos, entre ellos, marcas difíciles de encontrar de los condados de Santa Cruz y Monterey.

Surf City Billiards & Café
BAR

(plano p. 460; www.surfcitybilliardscafe.com; 931 Pacific Ave; ☺17.00-24.00 do-ju, hasta 2.00 vi y sa)

Ofrece un respiro de los locales del centro. Escalera arriba se llega a unos billares con mesas Brunswick Gold Crown, además de dardos, tejo y pantallas grandes para ver deportes.

Hula's Island Grill
BAR

(plano p. 460; www.hulastiki.com; 221 Cathcart St; ☺16.30-21.30 lu-ju, 11.30-23.00 vi y sa, 11.30-21.30 do) Bar tiki con temática de Hawái donde tomar *mai tais*, margaritas de *lilikoi* (maracuyá), cócteles zombis y *pupus* (aperitivos) durante la *happy hour*.

☆ Ocio

El periódico gratuito *Santa Cruz Weekly* (www.santacruzweekly.com) y el *Good Times* (www.gtweekly.com) cubren la agenda musical, artística y nocturna local.

Catalyst
MÚSICA EN DIRECTO

(plano p. 460; ☎831-423-1338; www.catalystclub.com; 1011 Pacific Ave) Veterano escenario para grupos locales y grandes bandas nacionales, desde Queens of the Stone Age hasta Snoop Dogg. Suena mucho punk.

Kuumbwa Jazz Center
MÚSICA EN DIRECTO

(plano p. 468; ☎831-427-2227; www.kuumbwajazz.org; 320 Cedar St) Espacio no lucrativo e íntimo para amantes del mejor *jazz*, desde 1975.

Moe's Alley
MÚSICA EN DIRECTO

(plano p. 468; ☎831-479-1854; www.moesalley.com; 1535 Commercial Way) Conciertos casi a diario en un páramo industrial sin salida: *jazz, blues, reggae, roots*, salsa e improvisaciones acústicas de músicas del mundo.

De compras

Por Pacific Ave y las calles del centro hay tiendas únicas (no solo sitios para fumar). Para ropa *retro* y tiendas de surf, váyase a 41st Ave, por Portola Dr.

Annieglass
ARTÍCULOS DEL HOGAR

(plano p. 460; www.annieglass.com; 110 Cooper St; ☺10.30-18.00 lu-sa, hasta 17.00 do) Objetos de cristal hechos a mano por un artista cuya obra se muestra en el Smithsonian American Art Museum.

Bookshop Santa Cruz
LIBROS

(plano p. 460; ☎831-423-0900; www.bookshopsantacruz.com; 1520 Pacific Ave; ☺9.00-22.00 do-ju, hasta 23.00 vi y sa) Incluye una enorme selección de libros nuevos, algunos usados y pegatinas para el vehículo de "Keep Santa Cruz Weird" ("Mantén Santa Cruz rara").

Donnelly Fine Chocolates　COMIDA
(plano p. 468; www.donnellychocolates.com; 1509
Mission St; ☺10.30-18.00 lu-vi, desde 12.00 sa y do)
En el Willy Wonka local elaboran chocolates
a precios astronómicos. Se recomiendan las
trufas de cardamomo o chipotle.

❶ Información

Oficina de FedEx (www.fedex.com; 712 Front
St; 30-40 ¢/min; ☺6.00-24.00 lu-vi, 8.00-
21.00 sa, 9.00-21.00 do; 🛜) Tienen ordenadores con internet de prepago y fotomatones.

KPIG 107.5 FM (www.kpig.com) La banda sonora
clásica de Santa Cruz: Bob Marley, Janis Joplin y
Willie Nelson.

Biblioteca pública (www.santacruzpl.org; 224
Church St; ☺10.00-19.00 lu-ju, 10.00-17.00 vi y sa,
13.00-17.00 do; 🛜) Con wifi gratis y terminales de
internet para socios de las bibliotecas públicas de
California (visitantes de fuera del estado 10 US$).

Centro de visitantes de Santa Cruz (☎800-
833-3494, 831-429-7281; www.santacruzca.
org; 303 Water St; ☺9.00-12.00 y 13.00-16.00
lu-vi, 11.00-15.00 sa y do) Tienen un terminal
público con internet, mapas y folletos.

❶ Cómo llegar y desplazarse

Santa Cruz está 120,7 km al sur de San Francisco por la costera Hwy 1 o por la montañosa,
sinuosa y estrecha Hwy 17. Monterey está 1 h
más al sur por la Hwy 1.

Santa Cruz Airport Shuttles (☎831-421-9883;
www.santacruzshuttles.com) opera servicios de
enlace a/desde los aeropuertos de San José (50
US$), San Francisco (80 US$) y Oakland (80 US$),
con un descuento de 5 US$ si se paga en efectivo;
el segundo pasajero paga 10 US$.

Greyhound (☎800-231-2222; www.greyhound.
com; Metro Center, 920 Pacific Ave) tiene varios
autobuses diarios a San Francisco (16,50 US$,
3 h), Salinas (14 US$, 1 h), Santa Bárbara (53 US$,
6 h) y Los Ángeles (59 US$, 9 h).

Santa Cruz Metro (☎831-425-8600; www.
scmtd.com; billete sencillo/pase diario 2/6 US$)
gestiona rutas urbanas en autobús y por el condado que convergen en el centro, en el **Metro Center**
(920 Pacific Ave). Los autobuses exprés por la Hwy
17 unen Santa Cruz con la estación de Amtrak/
CalTrain de San José (5 US$, 50 min, 1 o 2/h).

El **Santa Cruz Trolley** (www.santacruztrolley.
com; 25 ¢/viaje) conecta el centro con la playa
(11.00-21.00 a diario, fin may-ppios sep).

Alrededores de Santa Cruz

Montes Santa Cruz

La Hwy 9 recorre 65 km entre Santa Cruz
y Silicon Valley y pasa por pueblecitos, bosques de altas secuoyas y viñedos acariciados

Alrededores de Santa Cruz

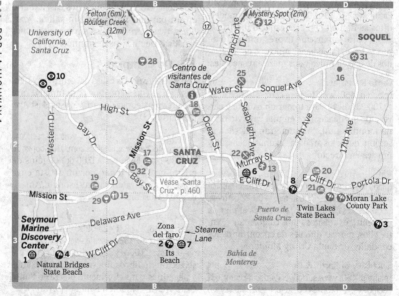

por la niebla. Muchas bodegas solo abren los Passport Days: el tercer sábado de enero, abril, julio y noviembre. La **Santa Cruz Mountains Winegrowers Association** (www. scmwa.com) publica un mapa gratis de las bodegas, que incluye las salas de catas mejor situadas en Santa Cruz, la mayoría al oeste del centro, junto a la Hwy 1.

Al norte de Santa Cruz, a 11 km, está Felton, vía el **Henry Cowell Redwoods State Park** (📞inf. 831-335-4598, reservas 800-444-7275; www.parks.ca.gov; 101 N Big Trees Park Rd, Felton; entrada por automóvil 10 US$, parcela 35 US$; 🕑amanecer-anochecer; 🚹), que tiene kilómetros de senderos por arboledas de secuoyas antiguas junto al río San Lorenzo y un *camping*. En Felton, **Roaring Camp Railroads** (📞831-335-4484; www.roaringcamp.com; 5401 Graham Hill Rd, Felton; circuitos adultos/2-12 años desde 26/19 US$, aparcamiento 8 US$; 🕑llámese para horarios; 🚹) gestiona trenes de vapor de vía estrecha por las secuoyas y uno de vía estándar que baja al paseo marítimo de Santa Cruz. Más al sur, a 11 km por la Hwy 9, está la localidad rural de **Boulder Creek,** un destino para comer algo o tomar una pinta en el correcto **Boulder Creek Brewery & Cafe** (📞831-338-7882; www.bouldercreekbrewery.net; 13040 Hwy 9, Boulder Creek; principales 9-18 US$; 🕑11.30-22.00 do-ju, hasta 22.30 vi y sa).

Por la Hwy 236 al noroeste se llega al **Big Basin Redwoods State Park** (📞831-338-8860; www.bigbasin.org; 21600 Big Basin Way, Boulder Creek; entrada por automóvil 10 US$, parcela 35 US$; 🕑amanecer-anochecer), a 14,5 km, con senderos entre antiguas secuoyas y *campings* con sombra. Un tramo de 20 km del **Skyline to the Sea Trail** termina en la playa de Waddell, casi 32 km al noroeste de Santa Cruz por la Hwy 1. Los fines de semana de mediados de marzo a mediados de diciembre se puede ir con el autobús de la línea 35A de **Santa Cruz Metro** (📞831-425-8600; www. scmtd.com) hasta la Big Basin por la mañana y volver con la línea nº 40, que para en la playa, por la tarde.

Capitola

Esta pequeña localidad de playa, 9,6 km al este de Santa Cruz, se acomodada de forma pintoresca entre acantilados oceánicos. A mediados de septiembre se celebra el **Capitola Art & Wine Festival,** y el Labour Day, el famoso **Begonia Festival** (www.begoniafestival. com), con un desfile flotante de carrozas floridas por el arroyo Soquel.

El centro, al lado de la playa, está pensado para pasear, con tiendas cursis y restaurantes turísticos en casas junto al mar. **Capitola Beach Company** (plano p. 468; 📞831-462-5222; www.capitolabeachcompany.com; 131 Monterey Ave; 🕑10.00-18.00; 🚹) y **Capitola Surf & Paddle** (plano p. 468; 📞831-435-6503; www.capitolasurfandpaddle.com; 208 San Jose Ave; 🕑10.00-18.00), aptos para familias, alquilan equipos para deportes acuáticos y, previa reserva, dan clases de surf y surf de remo.

En el **Mr Toots Coffeehouse** (plano p. 468; www.tootscoffee.com; 2º piso, 231 Esplanade; 🕑7.00-22.00; 🚹) sirven café de cultivo ecológico y comercio justo, y hay una galería de arte, música en directo y un mostrador con vistas al mar. Hacia el interior, la **Gayle's Bakery & Rosticceria** (plano p. 468; www.gaylesbakery. com; 504 Bay Ave; platos 4-10 US$; 🕑6.30-20.30; 🚹) tiene todo necesario para ir de *picnic* a la playa. Unos kilómetros más al este, en Aptos, la **Aptos St BBQ** (www.aptosstbbq.com; 8059 Aptos St, Aptos; principales 5-23 US$; 🕑11.30-21.00) mezcla cuadriles de ternera ahumada y cerdo asado con cervezas artesanales de California y música en directo.

La **Cámara de Comercio de Capitola** (📞800-474-6522; www.capitolachamber.com; 716g Capitola Ave; 🕑10.00-16.00) ofrece consejos al viajero. Llegar al centro en automóvil puede

Aptos (3mi);
Seacliff State Beach (2mi);
Manresa State Beach (6mi);
Sunset State Beach (11.5mi)

Soquel Dr

CAPITOLA

Cámara de Comercio de Capitola

Capitola Ave

Bay Ave

Park Ave

New Brighton State Beach

Capitola Rd

41st Ave

E Cliff Dr

Playa del Pleasure Point

OCÉANO PACÍFICO

0 ————— 2 km

Alrededores de Santa Cruz

(margen lateral) COSTA CENTRAL POR LA HIGHWAY 1

ser una pesadilla en verano y los fines de semana, pero se puede aparcar detrás del ayuntamiento, junto a Capitola Ave, a la altura de Riverview Dr.

Moss Landing y Elkhorn Slough

La Hwy 1 retoma la costa en el Moss Landing, al sur del límite del condado de Santa Cruz y unos 30 km al norte de Monterey. Desde el puerto pesquero, Sanctuary Cruises (☎831-917-1042; www.sanctuarycruises.com; 7881 Sandholdt Rd; adultos/menores 12 años 50/40 US$; ☀) organiza cruceros para ver ballenas y delfines todo el año en barcas con motor de biodiésel; reservar es esencial. En el Phil's Fish Market (☎831-633-2152; www.philsfishmarket.com; 7600 Sandholdt Rd; principales 11-21 US$; ☀10.00-20.00 do-ju, hasta 21.00 vi y sa; ☀), tamaño almacén, se podrá devorar marisco fresco; otra opción, tras recorrer las tiendas de antigüedades, es almorzar en la Haute Enchilada (☎831-633-5483; www.hauteenchilada.com; 7902 Moss Landing Rd; principales 13-26 US$; ☀11.00-21.00 lu-ju, desde 9.00 vi-do) ☀, un restaurante mexicano dentro de una galería de arte estilo Frida Kahlo.

En el lado este de la Hwy 1, la Elkhorn Slough National Estuarine Research Reserve (☎831-728-2822; www.elkhornslough.org; 1700 Elkhorn Rd, Watsonville; adultos/menores 16 años 4 US$/gratis; ☀9.00-17.00 mi-do) recibe a muchos observadores de aves y senderistas. Hay visitas guiadas por profesionales (10.00 y 13.00 sa y do); se puede hacer también una ruta en barco de motor eléctrico con Whisper Charters (☎800-979-3370; www.whispercharters.com; 2370 Hwy 1, Moss Landing; circuito 2 h adultos/menores 12 años 49/39 US$; ☀) ☀. El kayak es una forma fantástica para ver el cenagal, siempre que no haga viento o se tenga la marea en contra. Resérvese para alquilar kayaks o tablas de surf de remo, circuitos guiados y clases en Kayak Connection (☎831-724-5692; www.kayakconnection.com; 2370 Hwy 1, Moss Landing; alquiler kayak 35-65 US$, circuitos adultos/niños desde 45/35 US$; ☀9.00-17.00 lu-vi, hasta 18.00 sa y do) o Monterey Bay Kayaks (☎800-649-5357, 831-373-5357; www.montereybaykayaks.com; 2390 Hwy 1, Moss Landing; alquiler kayak/circuito desde 30/55 US$).

Monterey

Esta es una población obrera volcada al mar. Lo que atrae a muchos visitantes es su gran acuario, con vistas al Monterey Bay National Marine Sanctuary, que protege los amplios bosques de kelp y una espléndida fauna marina que incluye focas y leones marinos, delfines y ballenas. La ciudad conserva los mejores restos históricos de los períodos español y mexicano de California, con muchos edificios de adobe restaurados. Una tarde de paseo por el céntrico casco antiguo promete más que la visita a los guetos turísticos del Fisherman's Wharf o Cannery Row.

⊙ Puntos de interés

★ **Monterey Bay Aquarium**   ACUARIO
(☑inf. 831-648-4800, entradas 866-963-9645; www.montereybayaquarium.org; 886 Cannery Row; adultos/3-12 años/13-17 años 40/25/30 US$; ⊙9.30-18.00 a diario jun, 9.30-18.00 lu-vi, hasta 20.00 sa y do jul-ago, 10.00-17.00 o 18.00 a diario sep-may; ⊛) ⬤ En Monterey destaca este enorme acuario, construido en el lugar que ocupaba la mayor conservera de la ciudad. Incluye todo tipo de criaturas acuáticas y carteles informativos sobre el contexto histórico y cultural de la bahía.

Cada minuto se bombean casi 7.600 l de agua del mar a los tres niveles del **bosque de kelp**, que recrea lo más fielmente posible las condiciones naturales que se ven por las ventanas, al este. Los grandes depredadores son alimentados por submarinistas a las 11.30 y 16.00. Más entretenidas son las nutrias marinas, que retozan en la **Great Tide Pool** (Gran Laguna Mareal) en el exterior del acuario, donde se las prepara para reintroducirlas a su hábitat natural.

Ni siquiera la música *new age* y los efectos de los espejos consiguen restar protagonismo a la **Jellies Gallery** (Galería de las Medusas). Para ver criaturas marinas que superan varias veces en peso a los niños (tiburones martillo, peces luna o tortugas verdes), está el tanque **Open Sea**. Arriba y abajo se encontrarán **piscinas táctiles**, donde aproximarse a pepinos de mar, rayas murciélago y criaturas de las lagunas de marea. A los más pequeños les encantará la **Splash Zone**, con muestras interactivas bilingües y ver como comen los pingüinos (10.30 y 15.00).

Para evitar las largas colas en verano, fines de semana y festivos, sáquese la entrada con antelación. La visita puede llevar todo el día, pero con el sello en la mano se puede salir a almorzar. Hay plazas limitadas de pago para aparcar en la calle, y bastantes aparcamientos públicos con tarifas diarias cuesta arriba desde Cannery Row.

Cannery Row   LUGAR HISTÓRICO
(⊛) La novela de John Steinbeck *Los arrabales de Cannery* inmortalizó el negocio de las conservas de sardinas, la principal actividad de Monterey en la primera mitad del s. xx. Al final de Prescott Ave hay un **busto** de bronce del premio Pulitzer, muy cerca de la famosa calle Canery Row, convertida en una experiencia descaradamente turística. Los históricos **barracones de trabajadores de Cannery**, en la base de la florida Bruce Ariss Way, son un recuerdo aleccionador de las duras condiciones de vida de filipinos, japoneses, españoles y otros inmigrantes.

En la época de Steinbeck, Cannery Row era un crisol de la clase trabajadora, hediondo y miserable, que el novelista describió como "un poema, un hedor, un sonido chirriante, una calidad de luz, una tonalidad, un hábito, una nostalgia, un sueño". Tristemente, queda poco de aquellos días; la pesca excesiva y el cambio climático acabaron con las sardinas en los años cincuenta.

★ **Monterey State Historic Park**   LUGAR HISTÓRICO
(☑audio circuito 831-998-9458, inf. 831-649-7118; www.parks.ca.gov) ⬤ GRATIS El casco antiguo de Monterey acoge un extraordinario conjunto de edificios de adobe y ladrillo del s. xix, administrados como el Monterey State Historic Park. Todos se pueden visitar en un paseo de 3 km, denominado "La ruta de la historia". Hay decenas de edificios, muchos de ellos con preciosos jardines, pero, debido a los recortes, no todos estarán abiertos.

➡ **Pacific House**
(☑831-649-7118; www.parks.ca.gov; 20 Custom House Plaza; entrada incl. Custom House 3 US$, incl. circuito a pie 5 US$; ⊙10.00-16.00 vi-do) Es un edificio de adobe de 1847 donde informan de lo que hay abierto en el Monterey State Historic Park, facilitan mapas y venden entradas para paseos guiados. Incluye muestras detalladas y fascinantes sobre las épocas española, mexicana y estadounidense del estado.

Cerca quedan algunos lugares históricos del parque, como una **antigua estación ballenera** y el **primer teatro de California**. Al sur, a 10 min, se ubica la **antigua cárcel de Monterey** descrita en *Tortilla Flat*, de John Steinbeck.

➡ **Custom House**
(Custom House Plaza; entrada incl. Pacific House Museum 3 US$, incl. circuito a pie 5 US$; ⊙10.00-16.00 vi-do) En 1822, con México recién independizado, se estipuló que cualquier comerciante que introdujera mercancías en la Alta California debía descargarlas primero aquí para su valoración. En 1846, cuando se izó la bandera de barras y estrellas sobre la aduana,

Monterey

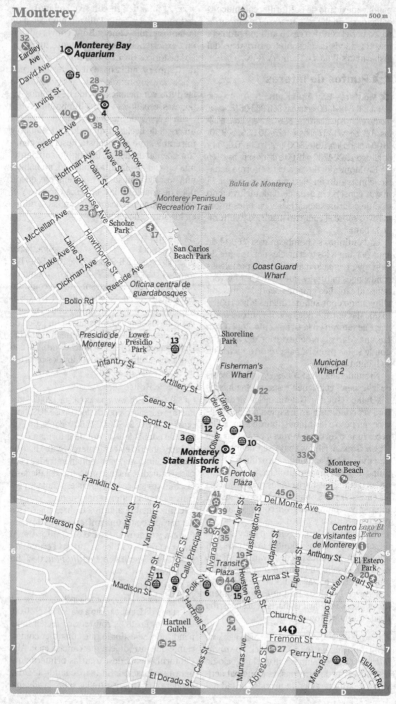

N 0 ———————————— 500 m

32
Eardley Ave
David Ave

1 ⊚ Monterey Bay Aquarium

🏛 **5**

Irving St

28
🏛 **37**

⊚ **4**

🏛 **26**
40
Prescott Ave

38

Cannery Row

18
Wave St

Hoffman Ave
Foam St
Lighthouse Ave

43

🔒 **42**

Monterey Peninsula Recreation Trail

🍴 **29**

McClellan Ave
Drake Ave
Laine St
Hawthorne St
Dickman Ave
Reeside Ave

23

Scholze Park

🚻 **17**

Bahia de Monterey

San Carlos Beach Park

Coast Guard Wharf

Bolio Rd

Oficina central de guardabosques

Presidio de Monterey

Lower Presidio Park

🏛 **13**

Shoreline Park

Infantry St

Fisherman's Wharf

Municipal Wharf 2

Artillery St

Seeno St

Túnel del faro

● **22**

Scott St

🏛 **12**
Oliver St

🏛 **7**

🍴 **31**

3 🏛
⊚ **2**
🏛 **10**

36 🍴

Monterey State Historic Park

33 🍴

Monterey State Beach

Franklin St

✝ **16**
Portola Plaza

45 🔒

21

Del Monte Ave

Jefferson St

41

🍴 **39**

34

🍴 **30**
🛏 **35**

Tyler St
Washington St

Adams St

Centro de visitantes de Monterey ℹ

Lago El Estero

Anthony St

El Estero Park

20

Pearl St

Larkin St
Van Buren St
Pacific St
Calle Principal
Alvarado St

19
Transit Plaza

Figueroa St
Alma St

Camino El Estero

🏛 **11**
🏛 **9**

Madison St
Dutra St
Polk St

🏛 **6**

🛏 **44**
🛏 **15**

Hartnell St

Church St

14 ℹ
Fremont St

🍴 **24**

27

Perry Ln

🏛 **8**

Mesa Rd
Fishnet Rd

🍴 **25**

Cass St
Munras Ave
Abrego St

El Dorado St

Monterey

California quedó formalmente anexionada a EE UU. Una restauración devolvió al edificio de adobe su aspecto de 1840, que hoy exhibe un exótico conjunto de objetos que los comerciantes traían para intercambiarlos por cueros californianos.

➡ **Stevenson House**

(www.parks.ca.gov; 530 Houston St; ⊘13.00-16.00 sa abr-ppios sep) GRATIS El escritor escocés R. L. Stevenson llegó a Monterey en 1879 para cortejar a la que sería su esposa, Fanny Osbourne. Según se cuenta, fue en este edificio donde concibió su novela *La isla del tesoro*. Por aquellos tiempos las habitaciones eran primitivas y Stevenson, un desconocido muerto de hambre. Hoy, la casa acoge una espléndida colección de recuerdos del famoso escritor.

Cooper-Molera Adobe   EDIFICIO HISTÓRICO

(📞reserva de circuitos 831-649-7172; 525 Polk St; ⊘tienda 10.00-16.00, jardín desde 9.00, circuitos con cita previa) Es una casa señorial de adobe de principios del s. XIX, construida por John Rogers Cooper, un capitán marino de Nueva Inglaterra; tres generaciones de su familia la habitaron. Con el paso del tiempo, los edificios originales se dividieron y ampliaron, se añadieron jardines y, finalmente, el conjunto se cedió a la National Trust for Historic Preservation. En la librería se venden juguetes antiguos y cosas de casa.

Museum of Monterey   MUSEO

(📞831-372-2608; www.museumofmonterey.org; 5 Custom House Plaza; adultos/menores 13 años 8 US$/gratis, gratis 1er mi de mes; ⊘10.00-19.00 ma-sa y 12.00-17.00 do fin may-ppios sep, 10.00-17.00 mi-sa y 12.00-17.00 do ppios sep-fin may; 🚼) Este voluminoso y moderno centro de exposiciones, cerca de la orilla, repasa el pasado marítimo de Monterey, desde los primeros exploradores españoles hasta la ascensión y caída de la industria sardinera local. Destaca una colección de barquitos en botellas y la histórica lente Fresnel del faro del Point Sur.

Monterey Museum of Art MUSEO
(MMA; www.montereyart.org; adultos/menores 18 10 US$/gratis; ⊙11.00-17.00 ju-lu) En el centro, el **MMA Pacific Street** (☑831-372-5477; 559 Pacific St) sobresale por sus muestras de arte contemporáneo de California y paisajistas y fotógrafos modernos, como Ansel Adams y Edward Weston. Las exposiciones temporales ocupan el **MMA La Mirada** (☑831-372-3689; 720 Via Mirada), la villa de una estrella del cine mudo, cuyos orígenes humildes en adobe se disimulan exquisitamente.

Royal Presidio Chapel & Heritage Center Museum IGLESIA
(☑831-373-2628; www.sancarloscathedral.org; 500 Church St; entrada con donativo; ⊙10.00-12.00 mi, hasta 15.00 vi, hasta 14.00 sa, 13.00-15.00 do, más 10.00-12.00 2º y 4º lu de mes) Construida con piedra arenisca en 1794, esta elegante capilla, además de la iglesia en funcionamiento ininterrumpido más antigua de California, fue su primer edificio de piedra. La construcción original, de 1770, se trasladó a Carmel. Con la expansión de Monterey, bajo la autoridad mexicana en la década de 1820, los edificios perecieron lentamente, pero este sobrevivió como recuerdo de la victoria sobre los españoles.

Presidio of Monterey Museum MUSEO
(www.monterey.org/museums; Bldg 113, Corporal Ewing Rd; ⊙10.00-13.00 lu, hasta 16.00 ju-sa, 13.00-16.00 do) GRATIS En los terrenos del fuerte español original, este museo analiza la historia de Monterey desde una perspectiva militar a través de los períodos de los nativos americanos, mexicano y estadounidense.

🏃 Actividades

Al igual que su homónimo más grande de San Francisco, el **Fisherman's Wharf** de Monterey, además de una trampa turística, es el lugar de partida de excursiones de pesca de altura y para ver ballenas. A un paseo al este del mismo, en el ordinario **Municipal Wharf 2**, se mecen los pesqueros en la bahía.

Dennis the Menace Park PARQUE INFANTIL
(www.monterey.org; 777 Pearl St; ⊙10.00-anochecer, cerrado ma sep-may; 🖶) GRATIS Es obra de Hank Ketcham, creador de la tira cómica *Daniel el travieso*. No se trata de la típica

zona de juegos edulcorada, pues hay toboganes rapidísimos, un laberinto de setos, un puente colgante y paredes altísimas de rocódromo; algunos adultos no se pueden resistir.

Ciclismo y bicicleta de montaña

El **Monterey Peninsula Recreational Trail**, que discurre por una antigua vía férrea, permite recorrer 30 km sin automóviles junto al mar, y pasar por Cannery Row en dirección al Lovers Point, en Pacific Grove. Los entusiastas del ciclismo de carretera pueden hacer la ruta de ida y vuelta a Carmel por la **17-Mile Drive**. Para los ciclistas de montaña, está el **Fort Ord National Monument**, con más de 129 km de rutas de sentido único y cortafuegos; las carreras del **Sea Otter Classic** (www.seaotterclassic.com) se celebran a mediados de abril.

Adventures by the Sea CICLISMO, KAYAK
(☑831-372-1807; www.adventuresbythesea.com; 299 Cannery Row; alquiler kayak o bici por día 30 US$, equipo de surf de remo 50 US$, circuitos desde 60 US$; 🖶) Ofrecen cruceros por la playa, bicicletas eléctricas, equipos para deportes acuáticos y visitas organizadas por varios locales de Cannery Row y el **centro** (☑831-372-1807; www.adventuresbythesea.com; 210 Alvarado St; 🖶).

Bay Bikes CICLISMO
(☑831-655-2453; www.baybikes.com; 585 Cannery Row; alquiler bici por hora/día desde 8/32 US$) Alquilan bicicletas de paseo, tándems, híbridas y de carretera, cerca del acuario y en el **centro** (☑831-655-2453; www.baybikes.com; 486 Washington St).

Observación de ballenas

Junto a la costa de la bahía de Monterey pueden verse ballenas todo el año. La temporada de las ballenas azules y jorobadas es de abril a principios de diciembre, y las grises pasan de mediados de diciembre a marzo. Los barcos salen del Fisherman's Wharf y el Moss Landing (p. 470). Resérvese, al menos, con un día de antelación. La travesía es movidita y fría.

Monterey Whale Watching PASEO EN BARCO
(☑831-205-2370, 888-223-9153; www.monterey whalewatching.com; 96 Fisherman's Wharf; circuito 2½ h adultos/5-11 años 45/35 US$; 🖶) Tienen varias salidas diarias; no admiten menores de 5 años ni embarazadas.

Monterey Bay Whale Watch PASEO EN BARCO
(☑831-375-4658; www.montereybaywhalewatch. com; 84 Fisherman's Wharf; circuito 3 h adul-

tos/4-12 años desde 40/27 US$; 🚲) Hay salidas por la mañana y por la tarde; admiten niños.

Submarinismo y buceo con tubo

La bahía de Monterey tiene lugares de fama mundial para la inmersión, como las aguas frente al **Lovers Point**, en Pacific Grove, o la Point Lobos State Natural Reserve (p. 482), al sur de Carmel-by-the-Sea. En verano, las corrientes ascendentes traen agua fría de la profunda garganta bajo la bahía, lo que envía nutrientes a la superficie y con ellos a una rica fauna marina. Estas corrientes gélidas también son las responsables de las bajas temperaturas del agua y de la niebla que cubre la península.

Aquarius Dive Shop SUBMARINISMO
(📞831-375-1933; www.aquariusdivers.com; 2040 Del Monte Ave; equipo de buceo con tubo/submarinismo 35/65 US$, circuitos submarinismo desde 65 US$) Es un local cinco estrellas con el sello PADI donde informarse sobre equipos de alquiler, clases e inmersiones guiadas en la bahía de Monterey.

Monterey Bay Dive Charters SUBMARINISMO
(📞831-383-9276; www.mbdcscuba.com; equipo de submarinismo 75 US$, buceo orilla/en barco desde 65/85 US$) Organizan inmersiones en la orilla o en barco y alquilan equipos completos de submarinismo; reciben buenas críticas.

Kayak y surf

Monterey Bay Kayaks KAYAK
(📞831-373-5357, 800-649-5357; www.montereybaykayaks.com; 693 Del Monte Ave; kayak o equipo surf de remo por día desde 30 US$, circuitos desde 55 US$) Alquilan kayaks y equipos de surf de remo, dan clases y guían circuitos por la bahía de Monterey, incluidas salidas a la luna llena y el amanecer.

Sunshine Freestyle Surf & Sport SURF
(📞831-375-5015; www.sunshinefreestyle.com; 443 Lighthouse Ave; alquiler tabla de surf/neopreno/tabla de body desde 20/10/7 US$) Es la tienda de surf más antigua de Monterey, con servicio de alquiler y venta de todo tipo de material.

✨ Fiestas y celebraciones

Castroville Artichoke Festival COMIDA
(www.artichoke-festival.org) Hay que ir al norte de Monterey para ver esculturas en 3D de "arte agrícola", demostraciones culinarias y un mercado de granjeros, y realizar paseos por el campo, en mayo o junio.

Blues, Brews & BBQ COMIDA, MÚSICA
(www.bluesbrewsandbarbecue.com) Grupos animados, cervezas artesanales y maestros de la barbacoa en el parque de ferias del condado, a finales de julio.

Strawberry Festival at Monterey Bay COMIDA
(www.mbsf.com) Concursos de tartas de fresa y música en directo en Watsonville, al norte de Monterey, a principios de agosto.

Monterey County Fair CARNAVAL, COMIDA
(www.montereycountyfair.com) Clásica feria del condado con concursos de equitación y ganaderos, catas de vinos y música en directo, a finales de agosto y principios de septiembre.

★**Monterey Jazz Festival** MÚSICA
(www.montereyjazzfestival.org) Es uno de los festivales de *jazz* más veteranos del mundo (desde 1958), siempre con grandes figuras del género, que se celebra un largo fin de semana a mediados de septiembre.

Monterey Bay Birding Festival AVENTURAS
(www.montereybaybirding.org) Reúne a entusiastas de las aves y la naturaleza con paseos por el campo, talleres y conferencias en Monterey y condados de alrededor, a finales de septiembre.

🛏 Dónde dormir

Hay que reservar para fechas especiales, fines de semana y verano. Pacific Grove permite esquivar las masas de turistas y los precios disparados de Cannery Row. También hay moteles económicos por Munras Ave, al sur del centro, y en N Fremont St, al este de la Hwy 1.

HI Monterey Hostel ALBERGUE $
(📞831-649-0375; www.montereyhostel.org; 778 Hawthorne St; dc con baño compartido 26-35 US$; ⏰registro 16.00-22.00; @🛜) A cuatro manzanas de Cannery Row y el acuario, este es un albergue sencillo y limpio, con dormitorios compartidos separados por sexos y habitaciones privadas (llámese para consultar tarifas). Los mochileros se aprovechan del desayuno a base de panqueques al gusto. Se aconseja reservar. Se llega con la línea nº 1 de MST desde Transit Plaza, en el centro.

Veterans Memorial Park Campground CAMPING $
(📞831-646-3865; www.monterey.org; parcela tienda y autocaravana 27 US$) Es un camping municipal embutido en el bosque, con 40 parcelas

de hierba (sin reserva) cerca de senderos en una reserva natural. Ofrece extras como duchas con agua caliente de pago, váteres con cisterna, agua potable y zonas de barbacoa. La estancia máxima es de tres noches.

Casa Munras
HOTEL-BOUTIQUE **$$**

(☎800-222-2446, 831-375-2411; www.hotelcasamunras.com; 700 Munras Ave; h desde 120 US$; @☎✿✿) Construido en torno a una hacienda de adobe que perteneció a un colono español, este hotel presenta habitaciones modernas con encanto, grandes camas y algunas chimeneas. Hay piscina, bar de tapas y un minúsculo *spa* donde aplican un tratamiento exfoliante a base de sal marina. Tarifa por mascota 50 US$.

Hotel Abrego
HOTEL-BOUTIQUE **$$**

(☎800-982-1986, 831-372-7551; www.hotelabrego.com; 755 Abrego St; h desde 140 US$; ☎✿✿) Está en el centro y la mayoría de las habitaciones, espaciosas, contemporáneas y de líneas claras, tienen chimenea de gas y *chaise longue*. Hay un gimnasio, piscina y *jacuzzi* exterior. Tarifa por mascota 30 US$.

Monterey Hotel
HOTEL HISTÓRICO **$$**

(☎800-966-6490, 831-375-3184; www.montereyhotel.com; 406 Alvarado St; h 80-220 US$; ☎) Edificio de 1904 en el corazón de la ciudad, a un paseo del Fisherman's Wharf, con unas 60 habitaciones pequeñas, algo ruidosas pero recién renovadas, con muebles victorianos y persianas venecianas. No hay ascensor. Aparcamiento 17 US$.

Colton Inn
MOTEL **$$**

(☎800-848-7007, 831-649-6500; www.coltoninn.com; 707 Pacific St; h incl. desayuno 119-209 US$; ☎) Es un edificio viejo de dos pisos en el centro, limpio y agradable. No hay piscina ni vistas, pero prestan DVD. Algunas habitaciones tienen chimenea, bañera o cocinita, y hay hasta una sauna seca.

★ InterContinental–Clement
HOTEL **$$$**

(☎866-781-2406, 831-375-4500; www.ictheclementmonterey.com; 750 Cannery Row; h desde 200 US$; ✷@☎✿) Sobre Cannery Row, esta lujosa mansión de un millonario de Nueva Inglaterra junto al mar ofrece un "todo incluido". Para lujo y romanticismo, nada como una suite con balcón, vistas y chimenea privada, y desayunar en el C Restaurant, frente a la bahía. Aparcamiento 23 US$.

Sanctuary Beach Resort
HOTEL **$$$**

(☎877-944-3863, 831-883-9478; www.thesanctuarybeachresort.com; 3295 Dunes Dr, Marina; h 179-329 US$; ✷@☎✿✿) Refugio junto al mar, escondido entre las dunas de arena, al norte de Monterey. Dispone de casitas a las que se llega en cochecitos de golf y que incluyen habitaciones pequeñas con chimeneas de gas y prismáticos para ver ballenas. En las fogatas al anochecer se comen *s'mores*. La playa es de acceso restringido, pero hay otras públicas y senderos cerca. Admiten mascotas (40 US$).

Jabberwock
B&B **$$$**

(☎888-428-7253, 831-372-4777; www.jabberwockinn.com; 598 Laine St; h incl. desayuno 169-309 US$; @☎) Sobre una colina, casi oculta por el follaje, se trata de una casa estilo *arts & crafts* de 1911, con siete habitaciones impolutas, algunas con chimenea y bañera hidromasaje. Durante la merienda o con los vinos y picoteo nocturno se puede preguntar a los geniales anfitriones por los muchos detalles arquitectónicos.

🍴 Dónde comer

Cuesta arriba desde Cannery Row, Lighthouse Ave está repleta de lugares informales y económicos para comer, desde parrilladas hawaianas hasta kebabs orientales.

Old Monterey Marketplace
MERCADO **$**

(www.oldmonterey.org; Alvarado St, entre Del Monte Ave y Pearl St; ☑16.00-19.00 ma sep-may, hasta 20.00 jun-ago; ☎) ✔ Llueva o haga sol, se aconseja ir al centro los martes para visitar los puestos de frutas y verduras frescas, quesos artesanos y comida internacional de este mercado, además del delicioso callejón de las panaderías.

Crêpes of Brittany
FRANCESA **$**

(www.crepesofbrittany.com; 6 Fisherman'i Wharf; crepes 5-10 US$; ☑8.00-15.00 lu-vi, hasta 16.00 sa y do sep-may, 8.00-18.30 lu-vi, hasta 20.00 sa y do jun-ago; ☎☎) Auténticas crepes dulces y saladas elaboradas por un expatriado francés; se recomienda la de caramelo. Los fines de semana hay colas. Pago solo en efectivo.

First Awakenings
ESTADOUNIDENSE **$$**

(www.firstawakenings.net; American Tin Cannery, 125 Oceanview Blvd; principales 8-12 US$; ☑7.00-14.00 lu-vi, hasta 14.30 sa y do; ☎) Desayunos típicos estadounidenses, dulces y salados, y jarras de café en un local con mesas fuera, cuesta arriba desde el acuario. Se recomiendan el inusual panqueque *bluegerm* y la *frittata* picante de Sonora.

LouLou's Griddle in the Middle
ESTADOUNIDENSE $$

(www.loulousgriddle.com; Municipal Wharf 2; principales 8-16 US$; ⊙normalmente 7.30-15.00 y 17.00-20.30 mi-lu; 🍴🦮) Este espacio alocado al fondo del muelle municipal destaca por sus desayunos a base de panqueques gigantes y tortillas con salsa mexicana pico de gallo o marisco fresco para almorzar. En la terraza se admiten perros.

Montrio Bistro
CALIFORNIANA $$$

(☎831-648-8880; www.montrio.com; 414 Calle Principal; principales 17-29 US$; ⊙17.00-22.00 do-ju, hasta 23.00 vi y sa; 🦮) Está en un parque de bomberos de 1910, de aspecto arreglado, con paredes de piel y enrejados de hierro, pero en las mesas hay papel de estraza y lápices de colores para los niños. La ecléctica carta de temporada mezcla productos de cercanía y ecológicos con sabores californianos, asiáticos y europeos, e incluye tapas y postres pequeños.

Monterey's Fish House
PESCADO Y MARISCO $$$

(☎831-373-4647; 2114 Del Monte Ave; principales 9-28 US$; ⊙11.30-14.30 lu-vi, 17.00-21.30 diarios; 🦮) Fotografías de pescadores sicilianos vigilan a comensales afanados en un pez espada a la brasa o ahumado, ostras a la parrilla o, los más fornidos, filetes de calamar mexicanos. Es esencial reservar; el ambiente es informal, con camisas hawaianas.

Sandbar & Grill
PESCADO Y MARISCO $$$

(☎831-373-2818; www.sandbarandgrillmonterey.com; Municipal Wharf 2; principales 18-30 US$; ⊙11.00-21.00; 🦮) Cocina marinera sobre el muelle, con ventanas que dan a la bahía y las nutrias. Conviene ceñirse a clásicos como la sopa cremosa de almejas, el lenguado moteado a la brasa y los enormes sándwiches club de cangrejo. Se aconseja reservar. Hay que llamar al timbre.

🍷 Dónde beber y vida nocturna

Se encontrarán otros locales en la céntrica Alvarado St, en la turística Cannery Row y en la local Lighthouse Ave.

A Taste of Monterey
BAR DE VINOS

(www.atasteofmonterey.com; 700 Cannery Row; cata 10-20 US$; ⊙11.00-19.00 do-mi, hasta 20.00 ju-sa) Un buen lugar para probar vinos premiados del condado, como mucho de las tierras altas de Santa Lucía, mientras se disfruta de las vistas del mar.

East Village Coffee Lounge
CAFÉ, CLUB

(www.eastvillagecoffeelounge.com; 498 Washington St; ⊙6.00-fin lu-vi, desde 7.00 sa y do; 📶) En el centro, en este concurrido rincón sirven cafés de cultivo ecológico y comercio justo. De noche se torna en un lugar animado y cosmopolita, con proyecciones, micrófonos abiertos y música en directo, y se sirve alcohol.

Crown & Anchor
PUB

(www.crownandanchor.net; 150 W Franklin St; ⊙11.00-1.30) *Pub* inglés en un sótano con moqueta roja, cervezas artesanales y *whiskies* escoceses de malta, además de riquísimos *fish and chips*.

Cannery Row Brewing Co
BAR

(www.canneryrowbrewingcompany.com; 95 Prescott Ave; ⊙11.00-24.00 do-ju, hasta 2.00 vi y sa) Docenas de cervezas artesanales de todo el mundo y una terraza exterior con fogatas.

Sardine Factory Lounge
CLUB

(www.sardinefactory.com; 701 Wave St; ⊙17.00-24.00) Legendario salón con chimenea para tomar vinos por copas y aperitivos suculentos; suele tocar un pianista.

☆ Ocio

La publicación gratis *Monterey County Weekly* (www.montereycountyweekly.com) incluye una exhaustiva guía del ocio.

Sly McFly's Fueling Station
MÚSICA EN DIRECTO

(☎831-649-8050; www.slymcflys.net; 700 Cannery Row; ⊙11.30-24.00 do-ju, hasta 2.00 vi y sa) Está junto al mar y programa bandas locales de *blues, jazz* y *rock* (desde 20.30-21.00). Mejor pasar de la comida.

Osio Cinemas
CINE

(☎831-644-8171; www.osiocinemas.com; 350 Alvarado St; adultos 10 US$, antes 18.00 6,50 US$) Producciones independientes, documentales de vanguardia y películas de Hollywood poco convencionales. En el Cafe Lumiere hay café de tueste local, té a granel, tarta de queso y wifi.

🔒 De compras

Cannery Row está repleta de tiendas de tonterías, pero las callejuelas del centro ocultan hallazgos únicos.

Wharf Marketplace
COMIDA Y BEBIDA

(www.thewharfmarketplace.com; 290 Figueroa St; ⊙7.00-19.00 lu-mi, hasta 14.00 ma) 🌿 En una

Península de Monterey

N 0   2 km

OCÉANO
PACÍFICO

0   200 m

24   Central Ave

23   Lighthouse Ave
Park St
Pine Ave
Forest Ave
8

Ampliación

Point
Pinos

Ocean
View Blvd   9

PACIFIC
GROVE

20   12

7

Lovers
Point

Sunset Dr

Asilomar Blvd
Ridge Rd
Alder St

Spanish
Bay

13

Asilomar
State Beach

Pacific
Grove

4   16

Shoreline
Park

Véase ampliación

Bahía de
Monterey

Aquarius Dive
Shop (0.2mi);
playa Del
Monte (0.3mi);
Monterey's Fish
House (0.5mi);
Fort Ord National
Monument (12mi)

The Links at
Spanish Bay

Point Joe

Spanish
Bay Rd

Forest
Lodge Rd

Stoll Rd

17-Mile Dr

Gate

Sunset Dr

Sinex Ave

Pine Ave

David Ave

Prescott Ave

Lighthouse Ave

Véase
"Monterey",
p. 472

MONTEREY

11

Gate
(toll)

68

Presidio of
Monterey

Pacific St

Munras Ave

Del Monte Ave

Fremont St

1

Stevenson
Dr

Ocean Rd

Congress Rd

Veterans
Memorial
Park

21

17-Mile Dr

Bird
Rock

Bird Rock Rd

Lago
Forest

Puerta
(pago)

Skyline Dr

Aeropuerto
Monterey
Península (5mi);
Sanctuary Beach
Resort (9mi);
Moss Landing
(18mi)

Cypress
Point

Spyglass Hill
Golf Course

Forest Lake Rd

Lopez Rd

Botanical
Reserve

Puerta
(pago)

Skyline
Forest Dr

1

Cypress Point
Golf Course

Ronda Rd

Skyline Forest Dr

68

Scenic Dr

Sunset
Point

Portola Rd

6

17-Mile Dr

17

Cypress Dr

Pebble Beach
Golf Course

Cala de
Stillwater

PEBBLE
BEACH

Puerta de
Carmel

17-Mile Dr

Sunridge
Rd

Carpenter St

Pescadero
Point

10

2nd Ave

Cabrillo Hwy

Bahía de
Carmel

Playa de
Carmel

Scenic Rd

5

15

19

P

14

22

25

San Antonio Ave

Juniper Ave

CARMEL-BY-
THE-SEA

Carmel
Point

Tor House   3

18

2

Misión San Carlos
Borromeo de
Carmelo

Rio Rd

Carmel Valley Rd

OCÉANO
PACÍFICO

Carmel River
State Beach

Río Carmel

Point
Lobos

Whalers Cove

1

1   Point Lobos State
Natural Reserve

Big Sur (20mi);
Hearst Castle (85mi)

Carmel
Highlands

Monterey

antigua estación de trenes, este emporio *gourmet* tiene muchos productos de granja y artesanales del condado de Monterey y más allá.

Monterey Peninsula
Art Foundation Gallery   ARTE
(www.mpaf.org; 425 Cannery Row; ⊙11.00-17.00) Es una acogedora casa con vistas al mar donde más de 30 artistas locales venden cuadros y bocetos *au plein air*, junto a obras contemporáneas en todos los formatos.

Cannery Row Antique Mall   ANTIGÜEDADES
(www.canneryrowantiquemall.com; 471 Wave St; ⊙10.00-17.30 lu-vi, hasta 18.00 sa, hasta 17.00 do) Se ubica en un edificio histórico de las conserveras de los años veinte, con dos pisos repletos de restos encantadores.

Old Capitol Books   LIBROS
(559 Tyler St; ⊙10.00-18.00 mi-lu, hasta 19.00 ma) Altas estanterías de libros nuevos, usados y de anticuario, con primeras ediciones raras, títulos de California y obras de John Steinbeck.

ℹ Información

Doctors on Duty (☏831-649-0770; www.doctorsonduty.com; 501 Lighthouse Ave; ⊙8.00-20.00 lu-sa, 8.00-18.00 do) Atención sanitaria sin cita previa. No para urgencias.

Oficina de FedEx (www.fedex.com; 799 Lighthouse Ave; 30-40 ¢/min; ⊙7.00-22.00 lu-vi, 8.00-21.00 sa, 9.00-21.00 do; ⊛) Incluye ordenadores con internet de prepago.

Biblioteca pública de Monterey (www.monterey.org; 625 Pacific St; ⊙12.00-20.00 lu-mi, 10.00-18.00 ju-sa, 13.00-17.00 do; ⊛) Además de ser biblioteca, tiene wifi gratis y terminales conectados a internet.

Centro de visitantes de Monterey (☏877-666-8373, 831-657-6400; www.seemonterey.com; 401 Camino El Estero; ⊙9.00-18.00 lu-sa, hasta 17.00 do, cierra 1 h antes nov-mar) Folletos turísticos y copias del *Monterey County Literary & Film Map*.

ⓘ Cómo llegar y desplazarse

Unos kilómetros al este del centro, por la Hwy 68, el aeropuerto Monterey Peninsula (p. 470) tiene vuelos con United (Los Ángeles, San Francisco y Denver), American (Los Ángeles), Alaska (San Diego), Allegiant Air (Las Vegas) y US Airways (Phoenix).

Monterey Airbus (☎831-373-7777; www.montereyairbus.com; 🖥) ofrece casi una docena de conexiones diarias entre Monterey y los aeropuertos internacionales de San José (40 US$, 1½ h) y San Francisco (50 US$, 2½ h); hay descuentos en línea.

Para llegar a Monterrey en transporte público, hay que tomar un autobús de Greyhound o un tren de Amtrak a Salinas y luego un autobús de Thruway (solo para pasajeros de trenes de Amtrak) o la línea nº 20 de MST a Monterey (3,50 US$, 1 h, cada 30-60 min).

Monterey-Salinas Transit (MST; ☎888-678-2871; www.mst.org; billete 1,50-3,50 US$, pase diario 10 US$) opera autobuses urbanos y regionales; las rutas convergen en la estación del centro, **Transit Plaza** (esq. Pearl St y Alvarado St). El **tranvía** gratis de MST recorre el centro, Fisherman's Wharf y Cannery Row (10.00-19.00 o 20.00, a diario, fin may-ppios sep).

Pacific Grove

Fundada como tranquilo lugar de retiro metodista en 1875, Pacific Grove mantuvo un ambiente pintoresco y santurrón hasta bien entrado el s. xx (la venta de alcohol estuvo prohibida hasta 1969). En la actualidad, sus calles arboladas están flanqueadas por regias casas victorianas. Lighthouse Ave es la principal vía de un centro compacto y con encanto.

⊙ Puntos de interés y actividades

Ocean View Blvd ofrece vistas desde el Lovers Point Park al oeste, hasta el Point Pinos, donde se convierte en **Sunset Dr**, con arcenes tentadores para pasear junto a las olas, salientes rocosos y lagunas de marea de ca-

---

RUTA PAISAJÍSTICA: 17-MILE DRIVE

Qué ver

Pacific Grove y Carmel están unidos por una carretera espectacular, aunque demasiado promocionada, que zigzaguea por Pebble Beach, una zona vacacional rica y privada. No resulta difícil respetar el límite de velocidad de 40 km/h, ya que cada curva precede a unas vistas de postal, especialmente cuando brotan las flores silvestres. La ruta es muy popular entre los ciclistas, pero es mejor ir entre semana, cuando no hay tanto tráfico, y de norte a sur.

En el peaje dan un mapa del recorrido y los sitios destacados, como la **Spanish Bay**, donde el explorador Gaspar de Portolá fondeó en 1769 el traicionero **Point Joe**, que solía confundirse con la entrada a la bahía de Monterey, causa de muchos naufragios, y la **Bird Rock**, un refugio de focas moteadas y leones marinos. Pero su principal hito es el **ciprés solitario**, suspendido en una roca con vistas al mar desde hace más de 250 años.

Además de la panorámica costa, en Pebble Beach también hay un **campo de golf** de fama mundial donde se celebra un torneo profesional cada febrero. El lujoso **Lodge at Pebble Beach** (☎800-654-9300, 831-624-3811; www.pebblebeach.com; 1700 17-Mile Drive; h desde 765 US$; ❄️@🛜🏊) incluye un *spa* y tiendas de marca elitistas, aunque nada impide disfrutar del ambiente de las zonas públicas llenas de arte del *resort* y de las vistas a la bahía desde la coctelería.

La ruta

La gestiona la Pebble Beach Company como carretera de peaje. La **17-Mile Drive** (www.pebblebeach.com; por automóvil/bici 10 US$/gratis) abre del amanecer hasta el atardecer. El importe del peaje se puede recuperar en forma de descuento al consumir un mínimo de 30 US$ en los restaurantes de Pebble Beach.

Tiempo y kilometraje

Hay cinco accesos a la 17-Mile Drive; la distancia recorrida y el tiempo empleado dependen de cada cual. Para sacar el máximo partido del paisaje es mejor acceder desde Sunset Dr, en Pacific Grove, y salir por San Antonio Ave en Carmel-by-the-Sea.

mino a la **Asilomar State Beach**. Se trata de una ruta genial para hacer en bicicleta; para algunos, compite en belleza con la famosa 17-Mile Drive, y encima es gratis.

Faro de Point Pinos   FARO
(☎831-648-3176; www.pointpinos.org; 90 Asilomar Ave; donativo recomendado adultos/6-17 años 2/1 US$; ⊗13.00-16.00 ju-lu) Es el faro más antiguo (1855) de la Costa Oeste en activo, aún en su función de señalar la peligrosa punta de la península de Monterey. También alberga una modesta colección sobre la historia del faro y de sus fracasos, traducidos en naufragios.

Monarch Grove Sanctuary   PARQUE
(www.ci.pg.ca.us; junto a Ridge Rd, entre Lighthouse Ave y Short St; ⊗amanecer-anocher; 👶) 🍃 GRATIS
De octubre a febrero, más de 25 000 mariposas monarca se amontonan en esta arboleda de eucaliptos altos, oculta en el interior, en su migración anual, cuando guías voluntarios responden a curiosidades.

**Pacific Grove Museum
of Natural History**   MUSEO
(☎831-648-5716; www.pgmuseum.org; 165 Forest Ave; entrada con donativo; ⊗10.00-17.00 ma-sa; 👶) El museo de historia natural, con su escultura de una ballena gris delante, presenta antiguas colecciones sobre nutrias marinas, aves de la costa, mariposas, la costa del Big Sur y las tribus nativas californianas.

Pacific Grove Golf Links   GOLF
(☎831-648-5775; www.pggolflinks.com; 77 Asilomar Blvd; tarifa 25-65 US$) Sí, jugar al golf en la famosa Pebble Beach sale muy caro. Pero este campo municipal de 18 hoyos, con ciervos en libertad, ofrece unas vistas impresionantes del mar y es mucho más fácil (y barato) conseguir entrada.

🛏 Dónde dormir

Por el centro y junto a la playa, abundan los B&B llenos de antigüedades en casas señoriales victorianas. Los moteles se concentran en el extremo oeste de la península, junto a Lighthouse Ave y Asilomar Ave.

**Asilomar Conference
Grounds**   HOTEL CON ENCANTO $$
(☎888-635-5310, 831-372-8016; www.visitasilomar. com; 800 Asilomar Ave; h incl. desayuno desde 145 US$; @🛜🐾🏊) En un parque estatal, este alojamiento se extiende por dunas de arena, en un pinar. Se aconseja obviar las habitaciones tipo motel y optar por las casas históri-

cas diseñadas por la arquitecta del s. XX Julia Morgan (famosa por el Hearst Castle); los dormitorios de paredes finas y suelos de madera quizá sean pequeñas, pero comparten un salón con chimenea. En el vestíbulo hay mesas de *ping pong* y billar, y wifi. Alquilan bicicletas.

Sunset Inn   MOTEL $$
(☎831-375-3529; www.gosunsetinn.com; 133 Asilomar Blvd; h 90-235 US$; 🛜) Alojamiento pequeño y bien atendido, cerca del campo de golf y la playa. Las habitaciones, resueltamente rediseñadas, muestran suelos de madera, camas grandes de matrimonio con edredones florales y, algunas, *jacuzzi* y chimenea.

Deer Haven Inn   MOTEL $$
(☎831-373-7784; www.deerhaveninn.com; 750 Crocker Ave; h incl. desayuno 109-209 US$; 🛜) Tiene dos plantas que han alcanzado la modernidad tras una buena reforma. Las habitaciones incluyen chimenea de gas y están a un paseo de la playa.

🍴 Dónde comer

El centro rezuma de panaderías europeas, cafés y bares de barrio.

Red House Cafe   CAFÉ $$
(☎831-643-1060; www.redhousecafe.com; 662 Lighthouse Ave; principales de desayuno y almuerzo 8-14 US$, de cena 12-23 US$; ⊗8.00-14.30 a diario, 17.00-21.00 ma-do; 👶) En una casa con tejas de finales del s. XIX, este restaurante tienta con su cocina sencilla pero con toques exquisitos, como su torrija en pan de *brioche*, los bocadillos de berenjena y queso fontina a la plancha o los raviolis de espinacas y queso con salsa de mantequilla al limón. Las galletas de avena, albaricoque y pacana son el postre perfecto. Conviene reservar.

★ Passionfish   PESCADO Y MARISCO $$$
(☎831-655-3311; www.passionfish.net; 701 Lighthouse Ave; principales 16-32 US$; ⊗17.00-21.00 do-ju, hasta 22.00 vi y sa) 🍃 Sirven pescado y marisco fresco de pesca sostenible, presentado de mil maneras ingeniosas. La carta, de inspiración estacional, incluye también carnes de cocción lenta y platos vegetarianos con productos de la zona. La decoración en tonos tierra es sobria, con mesas apiñadas. Ambiciosa carta de vinos a precios muy justos e innumerables tés chinos.

Conviene reservar.

VALLE DEL CARMEL

Con viñedos junto a otros cultivos, este valle ofrece una tranquila excursión de 20 min en automóvil al este de la Hwy 1, por Carmel Valley Rd. En el **Earthbound Farm Stand** (☎805-625-6219; www. ebfarm.com; 7250 Carmel Valley Rd; ⊗8.00-18.30 lu-sa, 9.00-18.00 do; ⊕) ⵙ, un puesto de productos ecológicos, se podrán probar sopas y ensaladas caseras, o recolectar hierbas en el huerto. Más al este hay bodegas que ofrecen catas; el pinot noir de **Boekenoogen** (www.boekenoogenwines.com; 24 W Carmel Valley Rd; cata 8-10 US$; ⊗11.00-17.00) es imprescindible. Luego, nada mejor que estirar las piernas en el pueblo de Carmel Valley, lleno de tiendas caras y bistrós.

❶ Información

Cámara de Comercio de Pacific Grove
(☎800-656-6650, 831-373-3304; www.pacific grove.org; 584 Central Ave; ⊗9.30-17.00 lu-vi, 10.00-15.00 sa) Mapas y folletos gratis.

❶ Cómo llegar y desplazarse

La línea nº 1 de **MST** (☎888-678-2871; www. mst.org) une el centro de Monterey y Cannery Row con Pacific Grove, y sigue hasta Asilomar (2,50 US$, cada 30-60 min).

Carmel-by-the-Sea

La pintoresca Carmel, con su devoción casi obsesiva por sus ciudadanos caninos, tiene el cuidado aspecto de un club de campo. Se verán señoras con sombrero y bolsas de tiendas de marca que van a almorzar y gente elegante al volante de descapotables por Ocean Ave, la cadenciosa calle principal.

Carmel nació como centro de playa en la década de 1880, algo curioso, dado que la presencia de la niebla es habitual, y enseguida atrajo a famosos artistas y escritores, como Sinclair Lewis y Jack London. La vocación artística se mantiene en el centenar de galerías del centro, pero el encarecimiento de las propiedades acabó hace ya mucho con el ambiente bohemio.

Las casitas de Comstock, de los años veinte, con sus características chimeneas de piedra y tejados a dos aguas, aún salpican la ciudad, e incluso las cabinas, las papeleras y las máquinas expendedoras de periódicos tienen tejas pintorescas.

⊙ Puntos de interés y actividades

Se recomienda huir de las calles comerciales del centro y disfrutar de los barrios arbolados en busca de viviendas peculiares. Las casas de Hansel y Gretel en Torres St, entre 5th Ave y 6th Ave, son, exactamente, como de cuento. Otra casa increíble, con forma de barco y hecha con piedras de ríos de la zona y partes de navíos recuperados, está en Guadalupe St, cerca de 6th Ave.

★ Point Lobos State Natural Reserve
PARQUE

(☎831-624-4909; www.pointlobos.org; Hwy 1; por automóvil 10 US$; ⊗8.00-19.00, cierra 30 min después de anochecer ppios nov-med mar; ⊕) Ladran, se bañan y son un espectáculo: los lobos marinos son la estrella del Point Lobos, 6 km al sur de Carmel, donde la agreste costa rocosa favorece la formación de pozas de marea. La caminata por el perímetro es de casi 10 km; hay rutas más cortas que pasan por la Bird Island, bosques de cipreses con sombra, la histórica cabaña de los balleneros y el Devil's Cauldron, una zona de remolino espectacular con pleamar.

El bosque de kelp de la **Whalers Cove** se llena de buceadores y submarinistas; quien no lleve traje de neopreno podrá captar cómo es la zona bajo el agua con una maqueta en 3D que hay en el aparcamiento. En línea, se pueden reservar permisos de buceo con tubo, submarinismo, kayak y surf de remo (5-10 US$/persona) hasta 60 días antes.

Los fines de semana conviene llegar pronto, pues el aparcamiento es limitado. Hay que pagar la entrada al parque aunque se aparque fuera, en la cuneta.

★ Misión San Carlos Borromeo de Carmelo
IGLESIA

(www.carmelmission.org; 3080 Rio Rd; adultos/7-17 años 6,50/2 US$; ⊗9.30-19.00) Se trata de la misión original de Monterey. La creó el fraile franciscano Junípero Serra en 1770, pero la mala calidad del suelo y las corruptelas de los soldados españoles forzaron su traslado a Carmel dos años después. Es una de las misiones más bellas de California, con extensos jardines. La capilla de adobe se sustituyó por una basílica arqueada hecha de piedras extraídas de la sierra de Santa Lucía. Por todo el complejo hay piezas de museo.

La espartana celda que se supone ocupó Serra parece sacada de la película *El bueno, el feo y el malo,* y en una capilla independiente se encuentra su tumba conmemorativa. Hay que visitar la tumba del Viejo Gabriel, un nativo americano converso y bautizado por Serra; según las fechas, murió con 151 años, a pesar de fumar, y sobrevivió a siete esposas.

⭐ **Tor House**　　　　　EDIFICIO HISTÓRICO
(☎831-624-1813; www.torhouse.org; 26304 Ocean View Ave; adultos/12-17 años 10/5 US$; ⊘circuitos cada hora 10.00-15.00 vi y sa) Aunque nunca se haya oído hablar de Robinson Jeffers, un poeta del s. XX, el peregrinaje a esta casa, que se hizo él mismo, supone una fascinante presentación del hombre y de la naturaleza bohemia de la vieja Carmel. Se supone que un ojo de buey de la torre Hawk, de inspiración céltica, procede del barco que sacó a Napoleón de Elba. La única forma de visitar la propiedad es reservar un circuito (mayores de 12 años), aunque la torre se ve desde la calle.

Carmel Beach City Park　　　　PLAYA
(junto a Scenic Rd; 🅿) GRATIS No siempre hace sol, pero ofrece una maravillosa manta de arena blanca donde cachorros mimados corretean desatados. Al sur de 10th Ave, las hogueras crepitan tras la puesta de sol.

🎊 Fiestas y celebraciones

Carmel Art Festival　　　　　CULTURA
(www.carmelartfestival.org) Pintores y escultores se congregan en el Devendorf Park durante un largo fin de semana a mediados de mayo.

Carmel Bach Festival　　　　　MÚSICA
(www.bachfestival.org) Este festival llena la ciudad de música clásica y de cámara, en julio.

Pebble Beach Concours d'Elegance DESFILE
(www.pebblebeachconcours.net) Automóviles antiguos raros y clásicos se pasean por las calles de la playa de Pebble, a mediados de agosto.

Carmel Art & Film Festival　CULTURA, CINE
(www.carmelartandfilm.com) Arte contemporáneo, música en directo y más de cien películas independientes, a mediados de octubre.

🛏 Dónde dormir

A precios desorbitados, los hoteles-*boutique*, posadas y B&B se llenan rápido, sobre todo

en verano. En la Cámara de Comercio informan de ofertas de última hora. Para encontrar mejores precios, hay que ir a Monterey.

Carmel Village Inn　　　　　MOTEL $$
(☎800-346-3864, 831-624-3864; www.carmelvi llageinn.com; esq. Ocean Ave y Junípero Ave; d incl. desayuno bufé desde 129 US$; 🐾) Bien ubicado, enfrente del Devendorf Park, propone habitaciones agradables, algunas con chimenea de gas, y noches muy tranquilas.

Cypress Inn　　　　HOTEL-BOUTIQUE $$$
(☎831-624-3871, 800-443-7443; www.cypress-inn. com; Lincoln St, en 7th Ave; h incl. desayuno desde 245 US$; 🐾🐾) De estilo colonial español, data de 1929 y su copropietaria es la estrella de cine Doris Day. Tiene pasillos amplios de terracota con azulejos coloridos y un toque mediterráneo. Las habitaciones más soleadas dan al patio. Tarifa por mascota 30 US$.

Sea View Inn　　　　　　B&B $$$
(☎831-624-8778; www.seaviewinncarmel.com; El Camino Real, entre 11th Ave y 12th Ave; h incl. desayuno 145-295 US$; 🐾) Permite apartarse del bullicio del centro en rincones junto al fuego. Las habitaciones de la buhardilla, más baratas, son pequeñas. El precio incluye vino y tentempiés por la tarde en el porche.

Mission Ranch　　　　　POSADA $$$
(☎800-538-8221, 831-624-6436; www.mission ranchcarmel.com; 26270 Dolores St; h incl. desayuno 135-300 US$; 🐾) Es un rancho histórico restaurado por el icono de Hollywood Clint Eastwood, donde las ovejas pastan en prados verdes junto a la playa. El estilo es modernoclásico, algo rústico.

🍴 Dónde comer

La escena culinaria de Carmel se basa más en el ambiente del viejo mundo que en su calidad.

Bruno's Market & Deli　　DELI, MERCADO $
(www.brunosmarket.com; esq. 6th Ave y Junípero Ave; sándwiches 6-9 US$; ⊘7.00-20.00) Es un pequeño mostrador-supermercado de productos *gourmet* donde elaboran un bocadillo de cuadril de ternera a la leña y hay todo lo necesario para un *picnic* en la playa, incluida zarzaparrilla Sparky's de Pacific Grove.

Mundaka　　　　ESPAÑOLA, TAPAS $$
(☎831-624-7400; www.mundakacarmel.com; San Carlos St, entre Ocean Ave y 7th Ave; platos pequeños 6-25 US$; ⊘17.30-22.00 do-mi, hasta 23.00 ju-sa) Este restaurante, con un patio de piedra, es

una alternativa a los espacios recargados para parejitas ostentosas. Permite probar tapas españolas y sangría casera mientras el mundo gira.

Katy's Place   DESAYUNOS $$
(www.katysplacecarmel.com; Mission St, entre 5th Ave y 6th Ave; principales 8-16 US$; ⊙7.00-14.00) Aunque caro, como todo en Carmel, para empezar el día tienen gofre belga de manzana y canela, panqueques suizos y 16 variedades californianas de huevos Benedict.

🍷 Dónde beber y ocio

Scheid Vineyards   BAR DE VINOS
(www.scheidvineyards.com; San Carlos St, en 7th Ave; cata 10-20 US$; ⊙12.00-18.00 do-ju, hasta 19.00 vi y sa) En el centro hay muchas salas de catas. Esta ofrece una diversidad prodigiosa de variedades cultivadas en el condado de Monterey.

Forest Theater   TEATRO
(☎831-626-1681; www.foresttheatercarmel.org; esq. Mountain View Ave y Santa Rita St) Data de 1910 y acoge musicales comunitarios, obras de teatro, comedias y películas, bajo las estrellas y junto a fogatas.

ℹ️ Información

Los edificios del centro no están numerados, así que en las direcciones solo se especifica la calle y el cruce más cercano.
Cámara de Comercio de Carmel (☎800-550-4333, 831-624-2522; www.carmelcalifornia.org; San Carlos St, entre 5th Ave y 6th Ave; ⊙10.00-17.00) Mapas y folletos gratis, incluidas guías de galerías de arte.
Carmel Pine Cone (www.pineconearchive.com) Semanario gratis con mucha personalidad y color.

ℹ️ Cómo llegar y desplazarse

Carmel está unos 8 km al sur de Monterey por la Hwy 1. El gran **aparcamiento municipal** (esq. 3rd Av y Junípero Ave), tras el edificio Vista Lobos, es gratis.

La línea Grapevine Express nº 24 de **MST** (☎888-678-2871; www.mst.org) (2,50 US$, cada hora) une Transit Plaza, en Monterey, con el centro de Carmel, la misión y Carmel Valley. La línea nº 22 (3,50 US$) para en el centro de Carmel y en la misión de camino a/desde el Point Lobos y el Big Sur (3 diarios fin may-ppios sep; 2 diarios sa y do resto del año).

Big Sur

En el Big Sur no hay semáforos ni zonas comerciales y, cuando el sol se va, la luna y las estrellas son la única iluminación, a no ser que la densa niebla del verano las apague. Se ha ensalzado mucho la agreste belleza y la energía de este precioso territorio encajado entre la sierra de Santa Lucía y el océano Pacífico, pero aun así la primera imagen de esta escarpada costa virgen impresiona.

En las décadas de 1950 y 1960, el Big Sur (bautizado así por los colonos españoles que vivían en la península de Monterey, que llamaban a esta zona "El país grande del sur") se convirtió en un refugio para artistas y escritores como Henry Miller o visionarios de la generación beat como Lawrence Ferlinghetti. En la actualidad, el Big Sur atrae a aspirantes a artistas, místicos *new age, hippies* y urbanitas deseosos de desconectar y meditar.

◉ Puntos de interés

En los parques estatales del Big Sur, el recibo del aparcamiento (10 US$) vale como entrada para ese día a todos los parques excepto al de Limekiln. No debe evitarse pagar la entrada aparcando ilegalmente fuera de los parques, en la Hwy 1; los parques estatales de California han sufrido graves recortes presupuestarios y todo dólar ayuda.

Garrapata State Park   PARQUE
(☎831-624-4909; www.parks.ca.gov; junto a Hwy 1; 👪) GRATIS A lo largo de más de 6 km al sur del Point Lobos por la Hwy 1 se puede parar y recorrer cabos costeros para ver ballenas en invierno, o acceder a cañones llenos de flores silvestres y secuoyas. Hay muchas garrapatas (de ahí el nombre), así que conviene llevar mangas y pantalones largos. Los perros con correa se permiten solo en la playa.

Puente de Bixby   MONUMENTO HISTÓRICO
Sobre el cañón de Rainbow, menos de 25 km al sur de Carmel, este es uno de los puentes de un solo arco más altos del mundo. La obra se terminó en 1932 y la llevaron a cabo reos a cambio de reducir sus condenas. En el lado norte del mismo hay un punto ideal para hacer fotografías. Antes de su construcción, los viajeros tenían que caminar hacia el interior por la actual **Old Coast Rd**, una ruta de tierra que vuelve a unirse, casi 18 km después, con la Hwy 1, cerca del Andrew Molera State Park.

Big Sur

N 0 ————————— 5 km

Arroyo San José

Garrapata
State Park

5
Carmel
Valley

Arroyo Soberanes

Monterey
(8mi); Pacific
Grove (10mi)

22
Rocky
Point

Palo Colorado Canyon Rd

1

4
Old Coast Rd

Arroyo Bixby

Los Padres
National Forest

Rio Little Sur

Rio S. Fork Little Sur

Pico Blanco
(11301m)

9
Ventana
Wilderness

2
Point Sur State
Historic Park

10

12

3

1
Andrew Molera
State Park

20

13

16

Pfeiffer Big Sur
State Park

8 14

Rio Big Sur

Puesto del Big Sur

i

11 Pine Ridge Trail

Sykes Hot
Springs
(4mi)

Playa de
Pfeiffer
7

Sycamore
Canyon Rd

19

18

17

21

6

15

1

Los Padres
National
Forest

OCÉANO
PACÍFICO

Cala de
Partington

Julia
Pfeiffer
Burns State
Park

Cascada
McWay

Limekiln State
Park (13mi);
Ragged
Point (35mi)

Big Sur

Cuando el tiempo es lo bastante seco se puede ir en todoterreno o bicicleta de montaña por la carretera antigua.

★**Point Sur State Historic Park** FARO
(☏831-625-4419; www.pointsur.org; junto a Hwy 1; adultos/6-17 años desde 12/5 US$; ⊘circuitos normalmente 13.00 mi, 10.00 sa y do nov-mar, 10.00 y 14.00 mi y sa, 10.00 do abr-oct, también 10.00 ju jul y ago) Este cabo se alza sobre el mar como una fortaleza de terciopelo verde, unos 10 km al sur del puente de Bixby. Parece una isla, pero está unido a tierra por un banco de arena. Sobre la roca volcánica hay un faro de piedra de 1889, que estuvo atendido hasta 1974. Hay circuitos guiados de 3 h, con absorbentes vistas al océano e historias sobre los fareros; el guía sale de la entrada cerrada a la granja, 40 m al norte de la Point Sur Naval Facility.

De abril a octubre hay visitas mensuales especiales a la luz de la luna; por teléfono confirman los horarios. Conviene llegar pronto porque las plazas son limitadas (no reservan; admiten algunas tarjetas de crédito).

★**Andrew Molera State Park** PARQUE
(☏831-667-2315; www.parks.ca.gov; Hwy 1; por automóvil 10 US$; ⊘30min antes de amanecer-30 min después de anochecer; ♿) Este parque poco visitado, que recibe el nombre del primer agri-

cultor que plantó alcachofas en California, es un pastiche lleno de senderos con praderas de hierba, acantilados y playas de arena escarpadas. La entrada está unos 13 km al sur del puente de Bixby.

Al sur del aparcamiento, se aprenderá todo sobre los cóndores de California, en peligro de extinción, en el **Big Sur Discovery Center** (☏831-624-1202; www.ventanaws.org/discovery_center/; ⊘10.00-16.00 sa y do fin may-ppios sep; ♿) GRATIS, cuyos naturalistas desarrollan programas a largo plazo de vigilancia de esta especie en el laboratorio de anillamiento en un pequeño cobertizo.

Desde el aparcamiento principal sale un sendero hacia la playa que no tarda en pasar por un *camping* (funciona por orden de llegada); allí, otra bifurcación suave conduce a la **Cooper Cabin**, el edificio más antiguo del Big Sur, hecho en madera de secuoya en 1861. Por el sendero principal se llega a una playa salvaje donde desemboca el río Big Sur; se ven cóndores y ballenas migratorias.

Pfeiffer Big Sur State Park PARQUE
(☏831-667-2315; www.parks.ca.gov; 47225 Hwy 1; por automóvil 10 US$; ⊘30 min antes de amanecer-30 min después de anochecer; ♿) Debe su nombre a los primeros colonos europeos en llegar al Big Sur en 1869. Es el parque estatal

más grande de la zona, con senderos entre majestuosas secuoyas. La ruta más concurrida es la delicada cascada de Pfeiffer (aprox. 3 km ida y vuelta), de 18 m de altura y oculta en el bosque; suele llevar agua de diciembre a mayo. El rústico Big Sur Lodge, construido en la década de 1930 por el Civilian Conservation Corps (CCC), está cerca de la entrada del parque, unos 20 km al sur del puente de Bixby.

Playa de Pfeiffer
PLAYA

(www.fs.usda.gov/lpnf; final de Sycamore Canyon Rd; por automóvil 10 US$; ⊙9.00-20.00; 🅿) Es una medialuna famosa por las dos rocas enormes entre las que rompen las olas. Suele hacer viento y es demasiado peligroso bañarse por el oleaje, pero es ideal para los perros. Para llegar, desde la Hwy 1 hay que tomar a la derecha la Sycamore Canyon Rd, marcada por una señal pequeña amarilla que advierte de su estrechez. Desde el desvío, que está unos 800 m al sur del puesto de guardabosques del Big Sur en el lado del mar de la Hwy 1, quedan unos 3 km de descenso sinuoso hasta la playa (acceso prohibido a caravanas y camionetas).

Henry Miller Memorial Library
CENTRO DE ARTES

(☎831-667-2574; www.henrymiller.org; 48603 Hwy 1; ⊙11.00-18.00) "Fue en el Big Sur donde aprendí a decir amén", escribió el novelista Henry Miller, vecino del Big Sur entre 1944 y 1962.

Este lugar es un monumento *beat*, sala de cultura alternativa y librería, el punto de encuentro de la comunidad que nunca fue la casa de Miller. Perteneció a su amigo el pintor Emil White, y ahora lo gestiona un grupo con fines no lucrativos. Se recomienda echar un vistazo a la terraza de la entrada. Está unos 600 m al sur del restaurante Nepenthe.

Guarda copias de todos los escritos de Miller, muchas de sus pinturas y una colección de materiales del Big Sur y de la Generación Beat, incluidas copias de los 100 libros que Miller declaró como los más influyentes en su obra.

Cala de Partington
PLAYA

(junto a Hwy 1) GRATIS Es un lugar rudo e impresionante donde las olas rompen y rocían la piel. El escarpado descenso hasta la cala (800 m) pasa por un curioso puente y un túnel. El agua de la cueva tiene un color aguamarina increíble y en el interior se enredan los bosques de kelp. Búsquese el desvío al sendero, no señalizado, en un giro cerrado al oeste de la Hwy 1, unos 10 km al sur del restaurante Nepenthe o 3 km al norte del Julia Pfeiffer Burns State Park.

El camino empieza tras la valla que cierra el paso a los vehículos. No existe un acceso específico a la playa y el baño no es seguro, pero hay quien baja por las rocas en busca de pozas de marea. En sus orígenes se usó para cargar mercancías, y se dice que fue punto de contrabando durante la Ley Seca.

COSTA CENTRAL BIG SUR

EL REGRESO DEL CÓNDOR DE CALIFORNIA

En lo que respecta a especies en peligro de extinción, una de las mejores historias de todo el estado es la del cóndor de California. Estas gigantescas aves prehistóricas pesan más de 10 kg y tienen una envergadura de hasta 3 metros, lo que les permite cubrir grandes distancias en busca de carroña. Son fácilmente reconocibles por su cabeza desnuda de color rosa y grandes manchas blancas en la parte inferior de las alas.

Su población menguó tanto que en 1987 solo quedaban 27 ejemplares en todo el mundo, así que los trasladaron a todos para la cría en cautividad. En el libro del periodista John Moir *Return of the Condor: The Race to Save Our Largest Bird from Extinction* cuenta la historia.

Ahora hay más de 400 cóndores de California, y cada vez se liberan más con la esperanza de que se reproduzcan libremente, lo que no es fácil, pues los cóndores salvajes aún mueren envenenados por el plomo de las balas de los cazadores que queda en la carroña de la que se alimentan.

La costa del Big Sur y el Pinnacles National Park (p. 503) ofrecen oportunidades excelentes para ver estas magníficas aves. En el Big Sur, la Ventana Wildlife Society (www.ventanaws.org) organiza circuitos guiados (2 h, 50 US$) que se sirven de la telemetría por radio para rastrearlos; en su web y en el Big Sur Discovery Center indican cómo inscribirse.

VENTANA WILDERNESS

Con más de 97 000 Ha, la Ventana Wilderness conforma la mayor zona salvaje del Big Sur, limítrofe al norte con Los Padres National Forest, y que abarca la sierra de Santa Lucía, paralela a la costa. Está cubierta principalmente por robles y chaparral, aunque los cañones de los ríos Big Sur y Little Sur albergan reductos vírgenes de secuoyas de la costa y el endémico y raro abeto de Santa Lucía, que crece también en pendientes rocosas.

Reabierta solo en parte tras los devastadores incendios del 2008, la zona aún es popular entre mochileros aventureros. Un destino nocturno algo complicado son las Sykes Hot Springs, unas pozas de agua mineral natural a 35°C entre secuoyas. Quedan a 16 km por el dificultoso Pine Ridge Trail, que sale del puesto de guardabosques del Big Sur (☎831-667-2315; www.parks.ca.gov; Hwy 1; ☻8.00-16.00, cerrado lu y ma nov-mar), donde facilitan los permisos (gratis) para hacer fuego y se paga la noche de aparcamiento en la cabecera del sendero (5 US$). Los fines de semana en temporada alta hay bastante gente (abr-sep). Hay que seguir los principios de Leave No Trace (www.lnt.org).

★ **Julia Pfeiffer**
Burns State Park   PARQUE
(☎831-667-2315; www.parks.ca.gov; Hwy 1; por automóvil 10 US$; ☻30 min antes de amanecer-30 min después de anochecer; ⊞) Con el nombre de un pionero del Big Sur, es el sitio perfecto para ver cascadas. Desde el aparcamiento, el Overlook Trail (2 km ida y vuelta) baja al océano y pasa por un túnel bajo la Hwy 1. Todo el mundo acude a fotografiar el icono del Big Sur, la cascada de McWay, de 24 m, que cae todo el año por acantilados de granito y en picado sobre el mar o la playa, según esté la marea. La entrada al parque se halla al este de la Hwy 1, unos 13 km al sur del restaurante Nepenthe.

Desde los bancos del camino se ven ballenas migratorias en invierno.

Limekiln State Park   PARQUE
(☎831-434-1996; www.parks.ca.gov; 63025 Hwy 1; por automóvil 8 US$; ☻8.00-anochecer) Unos 3 km al sur de Lucia, este parque debe su nombre a los cuatro hornos de leña construidos en la década de 1880 para hacer cal, un material clave para la construcción desde Monterey hasta San Francisco. Por desgracia, los pioneros talaron la mayoría de las secuoyas viejas que cubrían el escarpado cañón para alimentar el fuego de los hornos. Hay una ruta de 1,6 km (ida y vuelta) por un bosque de secuoyas hasta el lugar, que pasa por una bifurcación junto a un arroyo, y hasta una deliciosa cascada de 30 m.

Los Padres National Forest   BOSQUE
(☎831-667-2315; www.fs.usda.gov/lpnf/; ⊞) Los 65 km de curvas de la Hwy 1 al sur de Lucia hasta el Hearst Castle están aún menos poblados. Es un territorio agreste y remoto, en gran parte perteneciente a este bosque nacional. Unos 8 km al sur del Kirk Creek Campground y la Nacimiento-Fergusson Rd, casi enfrente del Plaskett Creek Campground, está la playa de Sand Dollar (http://campone.com; Hwy 1; por automóvil 10 US$, gratis con el pase local a campings del USFS; ☻9.00-20.00; ⊞). Desde la zona de picnic, queda un paseo de 5 min hasta la playa de arena más larga del sur del Big Sur, una medialuna protegida del viento por altos acantilados.

En 1971, en las aguas de la cercana cala de Jade (http://campone.com; Hwy 1; ☻amanecer-anochecer; ⊞) GRATIS, unos submarinistas de la zona recuperaron una roca de jade de 4000 kg que medía 2,5 m y se valoró en 180 000 US$. Todavía hoy la gente rebusca por la playa. El mejor momento para encontrar jade, que es de color negro o verde azulado y parece mate hasta que se sumerge en agua, es con bajamar o tras una gran tormenta. Los ala delta hacen aterrizajes de película en la playa. Hay senderos que bajan a la playa desde varios descansillos junto a la carretera, muchos sin señalizar, al sur del Plaskett Creek Campground.

Si aún queda luz, se puede seguir por la carretera hasta la cascada del arroyo Salmon (www.fs.usda.gov/lpnf; Hwy 1; ⊞⊞) GRATIS, normalmente con agua de diciembre a mayo. Oculta en un cañón boscoso, es un salto doble visible desde la curva cerrada de la Hwy 1, unos 13 km al sur de Gorda. El aparcamiento junto a la carretera se llena por la gente que sube los 500 m para remojarse en las pozas de la misma, entre niños y perros felices.

Antes de irse de Lucía conviene asegurarse de tener combustible para llegar hasta las caras gasolineras de Gorda, unos 18 km al sur del Limekiln State Park, o del Ragged Point, 19 km más al sur.

Ragged Point MONUMENTO HISTÓRICO

(19019 Hwy 1) El último (o el primer) bocado del esplendor rocoso del Big Sur es este acantilado que aflora con bellas vistas de la costa en ambos sentidos, unos 24 km al norte del Hearst Castle. En su día perteneció al imperio Hearst, pero ahora está ocupado por un enorme *resort* con una gasolinera cara. Hacia el sur, la Hwy 1 desciende por un terreno cada vez más erosionado por el viento hasta el nivel del agua.

🏃 Actividades

Molera Horseback Tours PASEOS A CABALLO

(☏831-625-5486; www.molerahorsebacktours.com; Hwy 1; 48-74 US$/persona; 🐴) Situada al cruzar la Hwy 1 desde el Andrew Molera State Park, ofrece paseos guiados por la playa y por un bosque de secuoyas, y admiten a novatos y a clientes sin reserva (mín. 6 años, aunque muchos paseos se recomiendan solo a mayores de 12 años).

Esalen Institute RETIRO

(☏888-837-2536; www.esalen.org; 55000 Hwy 1) Solo está indicado por el letrero luminoso de "Esalen Institute – By Reservation Only". Es como un campamento *hippy-new age* para adultos. Hay talleres esotéricos sobre todo lo relacionado con "nuestra mayor capacidad humana", desde mimética hasta masaje tailandés. Los famosos **baños** (☏831-667-3047; 25 US$/persona, solo tarjeta de crédito; ⊙acceso público 1.00-3.00, se aceptan reservas 8.00-20.00 lu-ju y sa, 8.00-12.00 vi y do) de Esalen, alimentados por un manantial natural, están en un saliente sobre el océano. La entrada queda en la parte del mar de la Hwy 1, unos 18 km al sur del restaurante Nepenthe y 16 km al norte de Lucia.

Es difícil darse otro baño comparable en cuanto al panorama, especialmente en una tormentosa noche de invierno. Solo dos pequeñas piscinas dan directamente al mar, así que tras desnudarse (el bañador es opcional) y darse una ducha rápida, conviene no perder tiempo para conseguir un sitio. Si no, se acabará en una piscina tibia sin vistas o en una vieja bañera.

🛏 Dónde dormir

Con pocas excepciones, los alojamientos del Big Sur no tienen TV y muy pocos, teléfono. La demanda suele superar a la oferta y los precios se disparan; lo más caro no implica más extras. En verano y fines de semana es esencial reservar siempre, ya se trate de un *camping* o de un *resort* de lujo.

★ Pfeiffer Big Sur State Park Campground CAMPING $

(☏reservas 800-444-7275; www.reserveamerica.com; 47225 Hwy 1; parcela tienda y autocaravana 35-50 US$; 🐕) Se aconseja para campistas novatos y familias con niños pequeños. Tiene más de 200 parcelas en un valle a la sombra de secuoyas, agua potable, hogueras, duchas con agua caliente de pago y lavandería.

Andrew Molera State Park Campground CAMPING $

(www.parks.ca.gov; Hwy 1; parcela tienda 25 US$) Ofrece dos docenas de parcelas rudimentarias para tiendas (sin reserva) en un prado herboso, con hogueras y agua potable pero sin vistas al mar. Está a 500 m del aparcamiento.

Limekiln State Park Campground CAMPING $

(www.parks.ca.gov; 63025 Hwy 1; parcela tienda y autocaravana 35 US$; 🐕) Al sur del Big Sur, es un parque tranquilo, con dos docenas de parcelas bajo un puente cerca del mar. Hay agua potable, hogueras y duchas con agua caliente de pago.

Julia Pfeiffer Burns State Park Campground CAMPING $

(www.parks.ca.gov; Hwy 1; parcela tienda 30 US$) Incluye dos pequeñas parcelas a las que se llega a pie por un acantilado medio en sombra, con hogueras y váteres secos, y sin agua. Los campistas deben inscribirse primero en el Pfeiffer Big Sur State Park, casi 18 km al norte.

USFS Plaskett Creek Campground CAMPING $

(☏reservas 877-477-6777; www.recreation.gov; Hwy 1; parcela tienda y autocaravana 25 US$) Dispone de casi 40 parcelas espaciosas en sombra con agua potable y váteres secos en torno a un prado boscoso, cerca de la playa de Sand Dollar, en el sur del Big Sur.

USFS Kirk Creek Campground CAMPING $

(☏reservas 877-444-6777; www.recreation.gov; Hwy 1; parcela tienda y autocaravana 25 US$) Ofrece más de 30 parcelas expuestas sobre un acantilado con vistas al mar, agua potable y hogueras, todas apiñadas, unos 3 km al sur del Limekiln State Park.

Big Sur Campground & Cabins
CABAÑA, CAMPING $$

(☎831-667-2322; www.bigsurcamp.com; 47000 Hwy 1; parcela tienda/autocaravana desde 50/60 US$, cabañas 120-345 US$; 🖥) Está junto al río Big Sur, a la sombra de secuoyas, e incluye cabañas domésticas acogedoras con cocina y chimenea; en las cabañas de lona se admiten perros (20 US$). Las parcelas junto al río, con poca privacidad, se llenan de caravanas. Hay duchas con agua caliente, una lavandería con monedas, un parque infantil y una tienda.

Ripplewood Resort
CABAÑA $$

(☎831-667-2242; www.ripplewoodresort.com; 47047 Hwy 1; cabañas 105-225 US$; 🕾) Se ubica al norte del Pfeiffer Big Sur State Park. Cobran lo mismo todo el año. Dispone de cabañas de estilo *retro*, la mayoría con cocina y algunas con chimenea de leña. Las que quedan junto al río están rodeadas de bosques y tranquilidad, pero las que dan a la carretera pueden ser ruidosas. Hay wifi en el restaurante.

Deetjen's Big Sur Inn
POSADA $$

(☎831-667-2377; www.deetjens.com; 48865 Hwy 1; d 90-260 US$) Enclavado entre secuoyas y glicinas, es un conglomerado de habitaciones de paredes finas y casitas rústicas junto a un arroyo, construido por el inmigrante noruego Helmuth Deetjen en la década de 1930. Algunas habitaciones con muebles antiguos tienen chimeneas de leña, y las más baratas comparten baño. No es del gusto de todo el mundo.

Ragged Point Inn
MOTEL $$

(☎805-927-4502; www.raggedpointinn.net; 19019 Hwy 1; h 169-319 US$; 🕾🖥) Está en el extremo sur del Big Sur, con habitaciones en niveles separados sin nada en especial, excepto las que miran al horizonte marino. Tarifa por mascota 50 US$.

★ Post Ranch Inn
RESORT $$$

(☎831-667-2200; www.postranchinn.com; 47900 Hwy 1; d incl. desayuno desde 675 US$; 🕾🖥) Es una autoridad entre los retiros costeros de lujo: un rincón exclusivo que mima a sus huéspedes con *jacuzzis* de pizarra, chimeneas de leña, terrazas privadas y bordones para las caminatas costeras. Hay habitaciones con vistas al mar que celebran la vida marina, pero las casas-árbol carecen de vistas y se mueven un poco. Nada mejor que nadar por la piscina desbordante sobre el acantilado tras una sesión de curación chamánica o una clase de yoga en el *spa*. No admiten niños.

El restaurante Sierra Mar es más bien decepcionante, excepto por el desayuno tipo bufé (solo para huéspedes).

Ventana Inn & Spa
RESORT $$$

(☎800-628-6500, 831-667-2331; www.ventanainn.com; 48123 Hwy 1; d incl. desayuno desde 510 US$; 🕾🖥) Alojamiento de lujo con alma, aunque alejado del ambiente alternativo y *hippie* del Big Sur. Parejas en luna de miel y los famosos que huyen de los *paparazzi* pasan inadvertidos de las clases de taichi a los baños japoneses y las piscinas exteriores (en una se permite ir desnudo), o se refugian junto a la chimenea de leña en su villa privada, suite con *jacuzzi* o casita con vistas al mar.

Treebones Resort
HOTEL CON ENCANTO $$$

(☎877-424-4787, 805-927-2390; www.treebonesresort.com; 71895 Hwy 1; d con baño compartido incl. desayuno desde 215 US$; 🕾🖥) Cuidado con lo de *resort*, pues, si es verdad que hay *jacuzzi* con vistas al mar, piscina climatizada y servicio de masajes, este nido entretejido con *yurtas* de paredes de lona y suelos de pino pulido, camas con edredones, lavabos con tocador y terrazas de madera de secuoya se corresponderían mejor con la categoría de "*camping* con *glamour*", aunque con poca privacidad. Los baños y duchas compartidos están a un paseo. Solo hay wifi en el edificio principal.

No admiten menores de 6 años. Hay que buscar el desvío señalizado 1,6 km al norte de Gorda, en el extremo sur del Big Sur.

Glen Oaks Motel
MOTEL, CABAÑAS $$$

(☎831-667-2105; www.glenoaksbigsur.com; 47080 Hwy 1; d 225-390 US$; 🕾) Construido en los años cincuenta con madera de secuoya y adobe, este alojamiento ofrece habitaciones rústicas y cabañas realmente chic. Transformadas con un diseño de conciencia ecológica, las habitaciones son un escondite acogedor y romántico, con chimeneas de gas. Las cabañas de madera, en una arboleda de secuoyas, tienen cocina y comparten hogueras. Hay además una casa de un dormitorio con cocina.

Big Sur Lodge
ALBERGUE $$$

(☎800-424-4787, 831-667-3100; www.bigsurlodge.com; 47225 Hwy 1; d 205-365 US$; 🖥) Aquí se paga realmente por la ubicación tranquila, en pleno Pfeiffer Big Sur State Park. Dispone de dúplex rústicos con terraza o balcón y vistas a las secuoyas; las habitaciones, de tamaño familiar, tienen cocina o chimenea de leña. La piscina exterior cierra en invierno.

Lucia Lodge MOTEL $$$
(☎831-667-2718, 866-424-4787; www.lucialodge.com; 62400 Hwy 1; d 195-275 US$) Está sobre un acantilado, con vistas vertiginosas del mar desde el balcón, pero las habitaciones, tipo cabaña de los años treinta, lucen algo tristonas.

🍴 Dónde comer

Al igual que los alojamientos, los restaurantes y cafés a lo largo de la Hwy 1 a su paso por el Big Sur suelen ser caros, estar llenos y resultar poco satisfactorios.

Big Sur Deli & General Store DELI, MERCADO $
(www.bigsurdeli.com; 47520 Hwy 1; platos 2-7 US$; ⏱7.00-20.00) Con los precios más razonables de la zona, es un negocio familiar con sándwiches *gourmet* al gusto y tortillas de carne asada, carnitas de cerdo, verduras o alubias y queso. En el pequeño mercado venden productos para *camping*, tentempiés, cerveza y vino.

Big Sur Burrito Bar & General Store DELI, MERCADO $
(www.bigsurriverinn.com; 46840 Hwy 1; principales 8-10 US$; ⏱11.00-19.00; 🚗) Bien surtido, está en la parte de atrás del Big Sur River Inn. Se aconsejan el burrito tamaño San Francisco y el bocadillo con un batido de fruta fresca; también venden tentempiés, bebidas y productos de camping.

Big Sur Lodge Restaurant & General Store CALIFORNIANA $$
(☎831-667-3100; www.bigsurlodge.com/dining; 47225 Hwy 1; principales 10-30 US$; ⏱8.00-21.30; 🚗) Está en el Pfeiffer Big Sur State Park. En cualquier mesa de madera del comedor tipo cabaña o en el porche exterior junto al río servirán salmón salvaje, pasta de vegetales asados y ensaladas generosas, todo pensado para senderistas hambrientos. En la tiendecita venden productos de *camping*, tentempiés, bebidas y helados.

⭐ **Restaurant at Ventana** CALIFORNIANA $$$
(☎831-667-4242; www.ventanainn.com; Ventana Inn y Spa, 48123 Hwy 1; comidas 16-26 US$, menú 4 platos de cena 75 US$; ⏱7.00-10.30, 11.30-16.30 y 18.00-21.00; 🐾) El viejo tópico de que cuanto mejores son las vistas peor es la comida no se cumple aquí a rajatabla. El restaurante y bar de cócteles de la terraza del *resort*, sobre el acantilado, es el punto de encuentro de los sibaritas en el Big Sur. Sirven pez espada a la plancha con cuscús al limón, sándwiches de cerdo ahumado casero o ensaladas aliñadas con hierbas cultivadas en su jardín. Esencial reservar.

Nepenthe CALIFORNIANA $$$
(☎831-667-2345; www.nepenthebigsur.com; 48510 Hwy 1; principales 15-42 US$; ⏱11.30-16.30 y 17.00-22.00) El nombre viene de una palabra griega que significa "isla que no pesa" y, de hecho, es difícil sentirse apesadumbrado junto al fuego, en la aireada terraza. La cocina, correcta, es californiana (pruébese su famosa hamburguesa Ambrosia), aunque ensombrecida frente a las vistas y la historia del lugar: Orson Welles y Rita Hayworth tuvieron una cabaña aquí en los años cuarenta. Es esencial reservar.

Abajo está el Café Kevah, más económico, aunque también caro, con café, bollería, *brunches* ligeros y una terraza con vistas al mar alucinantes (cierra en invierno y con mal tiempo).

Big Sur Roadhouse CALIFORNIANA, CAJÚN $$$
(☎831-667-2370; www.bigsurroadhouse.com; 47080 Hwy 1; desayuno y almuerzo 6-12 US$, cena 19-30 US$; ⏱7.30-21.00) Es un bar de carretera con toques sureños que brilla con sus obras de arte coloridas y hoguera exterior. En las mesas junto al río, el chef, nacido en Nueva Orleans, sirve platos como un sustancioso pollo frito, polenta blanca con chile serrano, sándwiches *po' boy* y pescado local ahumado y perfumado con alioli y hierbas frescas. Se aconseja reservar para la cena, o ir a beber y picar algo, como galletas de suero de mantequilla.

Big Sur Bakery & Restaurant CALIFORNIANA $$$
(☎831-667-0520; www.bigsurbakery.com; 47540 Hwy 1; productos de panadería 3-14 US$, principales 14-36 US$; ⏱panadería desde 8.00 a diario, desa-

---

ℹ️ **LA HWY 1 POR EL BIG SUR**

Circular por esta estrecha carretera de doble sentido por el Big Sur y más allá es lento. Calcúlense un mínimo de 3 h entre la península de Monterey y San Luis Obispo, y mucho más si se hacen incursiones por la costa. Viajar de noche, además de arriesgado, es una lástima, porque no se ve ningún paisaje marino. Hay que tener cuidado con los ciclistas y ceder el paso en las zonas señalizadas a los vehículos más rápidos.

yuno y almuerzo 9.30-15.30 lu-vi, 10.30-14.30 sa y do, cierra 17.30 ma-sa) Detrás de la gasolinera Shell, es una casa original, con iluminación cálida y una carta de temporada donde las *pizzas* al horno de leña comparten mesa con platos refinados como fletán a la mantequilla. Delante tiene un patio encantador, hornean *scones* de fruta y jengibre, y los sándwiches están bien rellenos. Las colas son habituales y el servicio, poco amigable. Es esencial reservar para la cena.

Deetjen's Restaurant　ESTADOUNIDENSE $$$

(☎831-667-2378; www.deetjens.com; Deetjen'i Big Sur Inn, 48865 Hwy 1; principales 26-38 US$; ⏰desayuno 8.00-12.00 lu-vi, hasta 12.30 sa y do, cena 18.00-21.00 a diario) 🍴 En un antiguo y pintoresco refugio, con un comedor acogedor, velas y una carta que cambia a diario a base de bistecs, *cassoulets* y otras apetitosas recetas, en su mayoría elaboradas con productos de cultivo ecológico y de cercanía, carnes sin hormonar y marisco de pesca sostenible. El desayuno es una apuesta mucho más segura que la cena.

Big Sur River Inn　ESTADOUNIDENSE $$$

(☎831-667-2700; www.bigsurriverinn.com; 46840 Hwy 1; desayuno y almuerzo 9-18 US$, cena 15-32 US$; ⏰8.00-11.00, 11.30-16.30 y 17.00-21.00; 🛜📶) Comedor de madera con una terraza que da a un arroyo lleno de ranas. Los platos, dignos de un banquete, son principalmente clásicos de pescado y marisco, carne y pasta, pero también se sirven desayunos y almuerzos informales, como tortitas de bayas o sándwich de bacón con lechuga y tomate.

Dónde beber y ocio

Big Sur Taphouse　BAR

(www.bigsurtaphouse.com; 47520 Hwy 1; ⏰12.00-22.00 lu-ju, hasta 24.00 vi y sa, 10.00-22.00 do; 🛜) Permite probar cervezas artesanales de California y vinos regionales en la terraza de atrás o dentro, junto a la chimenea. Es un espacio de techos altos y madera, con juegos de mesa, deportes en TV y comida de *pub* procedente del *deli* contiguo.

Maiden Publick House　PUB

(☎831-667-2355; Village Center Shops, Hwy 1; ⏰12.00-2.00) Al sur del Big Sur River Inn, este *pub* ofrece una biblia de cervezas y actuaciones improvisadas de músicos locales, sobre todo los fines de semana.

Rocky Point　BAR

(www.rocky-point.com; 36700 Hwy 1; ⏰11.30-20.00) Terraza con vistas al mar desde una ladera y

cócteles, unos 4 km al norte del puente de Bixby.

Henry Miller
Memorial Library　ARTES ESCÉNICAS

(☎831-667-2574; www.henrymiller.org; 48603 Hwy 1; 🛜) Al sur del Nepenthe, este es un espacio alternativo no lucrativo que acoge todo un carnaval bohemio de conciertos, lecturas, noches de micrófono abierto y películas independientes al aire libre, sobre todo en verano.

Información

De hecho, no existe una población llamada Big Sur, aunque tal nombre pueda aparecer en los mapas. La actividad comercial se concentra en el tramo norte del Pfeiffer Big Sur State Park, a veces llamado "the Village". Aquí es donde se concentran la mayoría de los alojamientos, restaurantes y tiendas, algunas de las cuales ofrecen wifi gratis. La cobertura de móvil es irregular o nula.

Cámara de Comercio del Big Sur (☎831-667-2100; www.bigsurcalifornia.org; ⏰9.00-13.00 lu, mi y vi) El periódico gratis *Big Sur Guide* se ofrece en comercios locales y, en línea, como PDF de descarga gratis.

Puesto de guardabosques del Big Sur (☎831-667-2315; www.fs.usda.gov/lpnf; 47555 Hwy 1; ⏰8.00-16.00, cerrado lu y ma nov-mar) Situado 2,5 km al sur del Pfeiffer Big Sur State Park, los guardabosques desempeñan muchas funciones y facilitan información y mapas de los parques estatales, de Los Padres National Forest y de la Ventana Wilderness.

Henry Miller Memorial Library (www.henrymiller.org; 48603 Hwy 1; ⏰11.00-18.00; 🛜) Wifi y terminales de internet de uso libre (se pide un donativo).

Oficina de correos (☎800-275-8777; www.usps.com; 47500 Hwy 1; ⏰8.30-11.00 y 13.00-16.00 lu-vi) Al norte de la Big Sur Bakery.

ⓘ Cómo llegar y desplazarse

Para explorar el Big Sur lo mejor es ir en vehículo propio y así poder admirar la agreste belleza del lugar y los paisajes que surgen a cada curva. Aunque se esté acostumbrado a conducir por carreteras malas, la velocidad media por esta ruta es de 50 km/h como máximo. Hay tramos de la Hwy 1 que presentan cicatrices de guerra, rastros de la continua batalla por arreglarlos tras los desprendimientos e inundaciones. **CalTrans** (www.dot.ca.gov) informa sobre el tráfico. Hay que llenar el depósito de combustible antes.

La línea n° 22 de **MST** (☎888-678-2871; www.mst.org) (3,50 US$, 1¼ h) va de Monterey, vía Carmel y Point Lobos, al sur hasta el restaurante Nepenthe; para en el Andrew Molera State Park

VER ELEFANTES MARINOS

Los elefantes marinos que visitan la costa de California siguen un calendario preciso cada año. En noviembre y diciembre, los machos adultos regresan a las playas favoritas de su colonia y comienzan las luchas rituales para afianzar la superioridad. Solo los machos alfa más grandes, fuertes y agresivos reúnen un harén de hembras casaderas. En enero y febrero, las hembras adultas, embarazadas por las travesuras en la playa del año anterior, dan a luz a los cachorros y se aparean de inmediato con los machos dominantes, que se marchan sin demora para su próxima migración en busca de alimento; su lema es "Ámalas y déjalas".

Un elefante marino pesa al nacer unos 33,5 kg, y durante su etapa de cría, engorda unos 4,5 kg/día. Las hembras abandonan la playa y a sus crías en marzo. Durante más de dos meses, los jóvenes elefantes, ahora destetados, gandulean en grupos y aprenden a nadar, primero en lagunas de marea y luego en el mar, hasta que se van en mayo, tras perder un 20-30% de su peso por un ayuno prolongado.

Entre junio y octubre, elefantes marinos de todas las edades y de ambos sexos regresan en números más reducidos a las playas para mudar la piel. Hay que observarlos desde una distancia de seguridad (8 mín.) y no acercarse ni acosarles de ningún modo, pues son agresivos y más rápidos en la arena que los humanos.

y en el Big Sur River Inn (3 diarios fin may-ppios sep; 2 diarios sa y do resto del año).

Point Piedras Blancas

En la costa de California quedan muchos faros, pero pocos ofrecen un paisaje marino tan históricamente evocador. Declarado zona natural destacada a escala federal, el terreno en saliente castigado por el viento de este faro (☎805-927-7361; www.piedrasblancas.gov; circuitos adultos/6-17 años 10/5 US$; ⊙circuitos normalmente 9.45 lu-sa med jun-ago, 9.45 ma, ju y sa sep-med jun) de 1875 se ha reforestado con flora autóctona. El aspecto es pintoresco, similar al que tendría cuando los primeros fareros ayudaban a los barcos a llegar a buen puerto en la estación ballenera de la bahía de San Simeón. Los circuitos guiados salen del antiguo Piedras Blancas Motel, 2,5 km al norte de la entrada al faro, en la Hwy 1. No se aceptan reservas, pero conviene llamar antes para confirmar los horarios.

Desde un mirador señalizado, unos 7 km al norte del Hearst Castle, se ve una colonia de elefantes marinos del norte, más grande que la de la Año Nuevo State Reserve, cerca de Santa Cruz. En invierno, hasta 18 000 elefantes marinos buscan refugio en este tramo de calas y playas. Cuando hace sol, los elefantes suelen "tumbarse como babosas banana", en palabras de un voluntario. Los paneles informativos del paseo de la playa y los guías con chaqueta azul de Friends of the Elephant Seal (www.elephantseal.org) desmitifican el comportamiento de estas bestias gigantes.

Hearst Castle

Lo más importante que hay que saber de William Randolph Hearst (1863-1951) es que no vivió como *Ciudadano Cane*. Desde luego era ampuloso, conspirador y grandioso, pero no el ermitaño malhumorado de la película de Orson Welles. Hearst tampoco llamaba "castillo" a esta propiedad de 165 habitaciones; prefería el nombre oficial de *La Cuesta Encantada* o "el rancho". Entre los años veinte y cuarenta, Hearst y su amante Marion Davies se deleitaban organizando eventos en el castillo, que vio pasar a las personalidades más importantes de la época. Las invitaciones se codiciaban mucho, pero Hearst tenía sus excentricidades: despreciaba el alcohol y estaba prohibido hablar de la muerte.

La mansión es un homenaje a lo maravilloso, histórico (Winston Churchill escribió ensayos antinazis aquí en la década de 1930) y desmesurado, sobre una colina. La primera mujer arquitecta licenciada en California, Julia Morgan, basó el edificio principal, la Casa Grande, en una catedral española y, décadas después, satisfizo los antojos de Hearst al integrar hábilmente el botín de sus famosos dispendios por Europa, que incluían piezas de anticuarios y de monasterios medievales. La finca tiene hectáreas de jardines paisajísticos y lozanos, acentuadas por resplandecientes estanques y fuentes, estatuas de la antigua Grecia y la España morisca y las ruinas de lo que en tiempos de Hearst fue el mayor zoo privado del mundo (desde la Hwy 1 a veces se

COSTA CENTRAL HEARST CASTLE

ven restos de la manada de cebras pastando en las laderas del adyacente Hearst Ranch).

La visita al castillo puede consumir tanto tiempo y dinero como se quiera. Un circuito permite ver algo de este **monumento histórico estatal** (☎inf. 805-927-2020, reservas 800-444-4445; www.hearstcastle.org; 750 Hearst Castle Rd, San Simeón; circuito adultos/5-12 años desde 25/12 US$; ☺desde 9.00 a diario excepto días de Acción de Gracias, Navidad y Año Nuevo, hora de cierre puede variar). En verano, si se llega temprano, quizá se consiga entrada para el mismo día. Para visitas especiales en festivos y al anochecer conviene reservar, al menos, dos semanas antes. Se recomienda llevar algo de abrigo, pues en lo alto de la colina puede hacer fresco.

Los circuitos suelen salir a las 9.00 a diario; el último grupo abandona el centro de visitantes para hacer la ruta de 10 min a la colina a las 16.00 (más tarde en verano). Hay cuatro circuitos principales: el tramo guiado de cada uno dura unos 45 min; después, los visitantes pueden pasear por los jardines y bancales, fotografiar el icónico estanque de Neptuno y disfrutar de las vistas. Cabe destacar los circuitos de Navidad y los nocturnos en primavera, con actores que recrean los gloriosos días del lugar en los años treinta.

En el centro de visitantes hay un **teatro** de cinco pisos de altura donde se pasa una película histórica de 40 min (incl. con la mayoría de los circuitos) sobre el castillo y la familia Hearst. Otras instalaciones del centro están orientadas a las multitudes; se aconseja comprar el almuerzo en la Sebastian's General Store (p. 495), al cruzar la Hwy 1, y visitar la zona del museo, poco frecuentada, en la parte de atrás del centro de visitantes.

La línea nº 15 de **RTA** (☎805-541-2228; www.slorta.org) hace el trayecto de ida y vuelta varias veces a diario al Hearst Castle vía Cambria y Cayucos desde Morro Bay (2 US$, 55 min), donde se puede hacer transbordo a la línea nº 12, a San Luis Obispo.

San Simeón

La pequeña bahía de San Simeón cobró vida como estación ballenera en 1852, cuando las nutrias marinas de California llegaron casi a la extinción por la avaricia de los comerciantes de pieles rusos. La pesca de ballena junto a la costa se centraba en capturar ballenas grises en su ruta migratoria entre las zonas de alimentación de Alaska y las aguas de nacimiento en Baja California. En 1865, el senador George Hearst adquirió 18 200 Ha de un rancho y creó un pequeño asentamiento junto al mar. Las casas del s. XIX, diseñadas por la arquitecta Julia Morgan, están alquiladas actualmente a los empleados del rancho de ganado de la Hearst Corporation, de 32 000 Ha.

⊙ Puntos de interés y actividades

William Randolph Hearst
Memorial State Beach PLAYA
(www.parks.ca.gov; Hwy 1; ☺amanecer-anochecer) GRATIS Está frente al Hearst Castle, ante la bahía, y es un tramo de arena agradable, salpicado por salientes rocosos, bosques de kelp, un muelle de madera (pesca autorizada) y zonas de *picnic* con parrillas.

Coastal Discovery Center MUSEO
(☎805-927-6575; www.montereybay.noaa.gov; Hwy 1; ☺11.00-17.00 vi-do med mar-oct, 10.00-16.00 vi-do nov-med mar; ⊞) GRATIS Su educativa muestra incluye una poza de marea artificial "parlante" que los niños pueden tocar, vídeos de submarinismo y restos de un naufragio de la II Guerra Mundial.

Kayak Outfitters KAYAK
(☎800-717-5225, 805-927-1787; www.kayakcambria. com; Hwy 1; kayak individual/doble desde 10/20 US$, circuitos 50-110 US$; ☺10.00-16.00 o más tarde med jun-ppios sep, llámese para otras épocas) Se ubica en la playa. Alquilan kayaks marinos, neoprenos, equipos de surf de remo, tablas de *body* y surf, y ofrecen salidas de pesca en kayak y circuitos guiados por la cala de San Simeón.

🛏 Dónde dormir y comer

Unos kilómetros al sur del Hearst Castle, la moderna localidad de San Simeón es solo una hilera de moteles nada destacables y restaurantes deslucidos. Hay lugares mejores para alojarse y comer en Cambria y pueblos de playa más al sur, como Cayucos y Morro Bay.

San Simeon State
Park Campground CAMPING $
(☎reservas 800-444-7275; www.reserveameri ca.com; Hwy 1; parcela tienda y autocaravana 20-25 US$) Unos 8 km al sur del Hearst Castle hay dos *campings* en parques estatales: el **San Simeon Creek,** con duchas con agua caliente de pago y váteres con cisterna, y el sencillo **Washburn,** en un camino de tierra. En ambos hay agua potable.

Morgan   MOTEL **$$**

(📞800-451-9900, 805-927-3828; www.hotel-morgan.com; 9135 Hearst Dr; h incl. desayuno 139-235 US$; 🛜❄️🏊) Es caro para lo que ofrece, pero la ubicación frente al mar cuenta, al igual que las chimeneas de gas en las mejores habitaciones. El precio incluye un desayuno continental y hay juegos de mesa. Tarifa por mascota 25 US$.

Sebastian's
General Store   DELI, ULTRAMARINOS **$**

(442 SLO-San Simeon Rd; principales 7-12 US$; ⏰11.00-17.00, cocina hasta 16.00) Por una vía secundaria al otro lado de la Hwy 1 desde el castillo se encuentra esta antigua tiendecita donde comprar refrescos, hamburguesas de buey del rancho Hearst, sándwiches gigantes y ensaladas para tomarlas en la cala de San Simeón. En la barra se hacen catas de vinos de la Hearst Ranch Winery.

Cambria

Localidad costera de gran belleza natural y con una población adinerada, Cambria se construyó sobre unos terrenos antes propiedad de la Misión San Miguel y uno de sus primeros apodos fue Slabtown (*slab*, "tabla"), por las toscas maderas con que se edificaron las primeras casas de los colonos. En la actualidad, como ocurre en el vecino Hearst Castle, el dinero no es obstáculo en esta comunidad cuyo lema de "Pinos junto al mar" se puede leer en la parte trasera de muchos de sus vehículos de alta gama.

Puntos de interés y actividades

Aunque las blancas piedras que dan nombre al lugar desaparecieron tiempo atrás, la playa de Moonstone aún atrae a románticos con su entarimado frente al mar y su pintoresco litoral rocoso. Si se busca más soledad hay que tomar la salida de Windsor Blvd en la Hwy 1, conducir hasta el final, y luego seguir por un sendero sobre un peñasco (aprox. 3 km ida y vuelta), a través del East West Ranch, donde Outback Trail Rides (📞805-286-8772; www.outbacktrailrides.com; circuitos 65-95 US$; ⏰mi-lu may-sep, con cita previa) ofrece paseos a caballo.

A 10 min de Cambria por la carretera, pasado el desvío de la Hwy 46 a la región vinícola de Paso Robles, está Harmony, un reducto de la Norteamérica rural. Una fábrica de lácteos de 1865 acoge ahora talleres de artistas y un café (2177 Old Creamery

Rd, Harmony; platos 3-10 US$; ⏰normalmente 10.00-16.00) encantador regentado por un chef italiano; otra opción es visitar la bodega Harmony Cellars (www.harmonycellars.com; 3255 Harmony Valley Rd, Harmony; cata 5 US$; ⏰10.00-17.00, hasta 17.30 jul y ago), en la ladera. Unos kilómetros más al sur, en el tranquilo Harmony Headlands State Park (www.parks.ca.gov; Hwy 1; ⏰6.00-anochecer) GRATIS, hay un sendero de unos 7 km (ida y vuelta) que serpentea hasta los peñascos de la costa, con inspiradoras vistas marinas.

🛏️ Dónde dormir

Los mejores hoteles y moteles de Cambria están en Moonstone Beach Dr, mientras que unos pocos B&B pintorescos se concentran en el Village.

HI Cambria Bridge Street Inn   ALBERGUE **$**

(📞805-927-7653; www.bridgestreetinncambria.com; 4314 Bridge St; dc desde 28 US$, h 49-84 US$, todas con baño compartido; ⏰registro 17.00-21.00; 🛜) Este pequeño hotel, en una vicaría del s. XIX, es como la casa de la abuela, con cierto encanto floral y una cocina comunitaria, pero las paredes son demasiado finas. Resérvese con tiempo.

Bluebird Inn   MOTEL **$$**

(📞805-927-5215, 800-552-5434; www.bluebirdmotel.com; 1880 Main St; h 80-180 US$; 🛜) Rodeado por jardines tranquilos, es un alojamiento agradable al East Village, con habitaciones sencillas y ordenadas, algunas con chimenea y patio junto a un arroyo o balcones. El wifi es un poco irregular.

Cambria Palms Motel   MOTEL **$$**

(📞805-927-4485; www.cambriapalmsmotel.com; 2662 Main St; h 109-149 US$; ⏰registro 15.00-21.00; 🛜) Se trata de un motel de los años cincuenta en el extremo este de la ciudad, con habitaciones sencillas con suelos de madera, engalanadas con arte colorido y camas superiores a la media. La hoguera exterior crepita tras anochecer.

Blue Dolphin Inn   MOTEL **$$$**

(📞800-222-9157, 805-927-3300; www.cambriainns.com; 6470 Moonstone Beach Dr; h incl. desayuno desde 199 US$; 🛜🏊) Este edificio de dos pisos de color arena y paredes de listones quizá no parezca tan lujoso como otros moteles frente al mar, pero las habitaciones tienen chimeneas románticas, colchones con refuerzo y hay zonas de *picnic* para desayunar en la playa. Si estuviera lleno, se aconseja la propiedad hermana, el Sand Pebbles Inn. Tarifa por mascota 25 US$.

Fogcatcher Inn
HOTEL $$$

(☎800-425-4121, 805-927-1400; www.fogcatcherinn.com; 6400 Moonstone Beach Dr; h incl. desayuno desde 220 US$; ☎🐾♨) Pese a lo parecido de todos los hoteles de Moonstone Beach Dr, este destaca por la piscina y el *jacuzzi*. Tiene casitas que imitan el estilo Tudor inglés e incluyen habitaciones modernas y discretamente lujosas, algunas con chimenea y vistas al mar. Tarifa por mascota 75 US$.

Cambria Shores Inn
MOTEL $$$

(☎800-433-9179, 805-927-8644; www.cambriashores.com; 6276 Moonstone Beach Dr; h incl.. desayuno desde 219 US$; ☎🐾) Motel con vistas al mar a tiro de piedra de la playa de Moonstone. Los precios incluyen una cesta-desayuno que dejan en la puerta. Admiten mascotas (tarifa 15 US$, cesta de bienvenida para perros incl.).

✖ Dónde comer y beber

Los cursis cafés del East Village quedan a un paseo.

Linn's Easy as Pie Cafe
ESTADOUNIDENSE $

(www.linnsfruitbin.com; 4251 Bridge St; platos 4-9 US$; ☎10.00-18.00 oct-abr, hasta 19.00 may-sep; 🍴) Si no hay tiempo de visitar la granja de Linn que destaca en la Santa Rosa Creek Rd (en vehículo 20 min al este vía Main St), la alternativa es comprar su famosa empanada de zarza olalia en este mostrador, donde también sirven sopas, ensaladas, sándwiches y comida tradicional, como empanada de pollo y verduras, y disfrutarla en un porche soleado.

Boni's Tacos
MEXICANA $

(www.bonistacos.com; 2253 Main St; platos 2-9 US$; ☎10.00-16.00 sa y do) Buena comida mexicana en un camión de tacos familiar aparcado en el East Village. De la ventanilla salen tacos ardientes, taquitos, quesadillas y burritos.

★Indigo Moon
CALIFORNIANA $$$

(☎805-927-2911; www.indigomooncafe.com; 1980 Main St; almuerzo 9-14 US$; cena 14-33 US$; ☎10.00-21.00) Es una tienda de quesos y vinos artesanos, con mesas espaciosas, además de ensaladas soberbias y bocadillos calentitos servidos con batata frita. Para el almuerzo, los lugareños prefieren el patio

trasero, y platos como el *risotto* con setas salvajes y la trucha rellena de cangrejo harán bien el papel para una cena romántica.

Cambria Pub & Steakhouse
ESTADOUNIDENSE $$$

(☎805-927-0782; www.thecambriapub.com; 4090 Burton Dr; *pub* principales 9-12 US$, asador principales 20-35 US$; ☎11.00-21.00 ju y do-ma, hasta 22.00 vi y sa; 🐾) Está en el East Village. Basta con tomar una banqueta y pedir una hamburguesa mientras se ve algún deporte en la TV, o reservar mesa en el asador contemporáneo e informal para probar filetes de ternera Angus (lamentablemente, no del Hearst Ranch). En el patio exterior se admiten perros.

ℹ Información

Cambria tiene tres partes diferenciadas: el East Village, donde se amontonan los turistas y las tiendas de antigüedades, galerías de arte y cafés por Main St; el más nuevo West Village, también por Main St pero cerca de la Hwy 1, donde se halla la **Cámara de Comercio** (☎805-927-3624; www.cambriachamber.org; 767 Main St; ☎9.00-17.00 lu-vi, 12.00-16.00 sa y do); y Moonstone Beach Dr, llena de hoteles, al oeste de la Hwy 1.

ℹ Cómo llegar y desplazarse

Desde San Luis Obispo, la línea nº 15 de **RTA** (☎805-541-2228; www.slorta.org) hace varios trayectos a diario desde Morro Bay vía Cayucos hasta Cambria (2 US$, 35 min), con paradas en Main St y Moonstone Beach Dr. Muchos servicios continúan al norte, hasta el Hearst Castle.

Cayucos

Con sus viejas tiendas de antigüedades y restaurantes, la vía principal del tranquilo y acogedor pueblo de Cayucos recuerda una ciudad fronteriza del Viejo Oeste. Una manzana al oeste de Ocean Ave, se puede hacer surf junto al muelle.

Puntos de interés y actividades

El prolongado muelle de madera de Cayucos, frente a una playa amplia de arena blanca, se llena de pescadores. También es una zona bien protegida para surfistas principiantes.

Estero Bluffs State Park
PARQUE

(www.parks.ca.gov; Hwy 1; ☎amanecer-anochecer) GRATIS Es un parque pequeño donde deambular por zonas costeras de hierba y playas recogidas. Se accede desde un desvío sin señalizar de la carretera, al norte de Cayucos. Entre los paisajísticos farallones se verán focas moteadas en las rocas salpicadas por la marea.

Good Clean Fun DEPORTES ACUÁTICOS
(☏805-995-1993; www.goodcleanfuncalifornia.com; 136 Ocean Front Ln; clase de surf en grupo o cicuito en kayak desde 75 US$) Está junto a la playa y es una tienda de surf agradable con material de alquiler: neoprenos, tablas de *body* y surf, equipos de surf de remo y kayaks. Las clases de surf y los circuitos en kayak (o de pesca en kayak) son con reserva.

Cayucos Surf Company SURF
(☏805-995-1000; www.cayucossurfcompany.com; 95 Cayucos Dr; clase privada 1 h/en grupo 2 h 90/100 US$; ⏱10.00-17.00 do-ju, hasta 18.00 vi y sa) Cerca del muelle, es una tienda insignia del surf donde alquilan tablas de surf y *body* y neoprenos. Llámese para las clases de surf.

🛏 Dónde dormir

En Cayucos no faltan moteles y posadas de playa. Si no quedaran plazas o el precio fuera excesivo, se puede seguir 9,6 km al sur, hasta Morro Bay.

Shoreline Inn on the Beach HOTEL **$$**
(☏800-549-2244, 805-995-3681; www.cayucosshorelineinn.com; 1 N Ocean Ave; h 139-199 US$; 🐾) Hay pocos alojamientos junto a la playa en la Hwy 1 donde se oigan las olas desde el balcón por estos precios. Las habitaciones estándar son espaciosas, animadas con olas pintadas; admiten perros (35 US$).

Seaside Motel MOTEL **$$**
(☏800-549-0900, 805-995-3809; www.seasidemotel.com; 42 S Ocean Ave; d 80-160 US$; 🐾) Es un lugar *retro* con un jardín bonito y habitaciones de estilo *kitsch* rural algo pequeñas, aunque algunas incluyen cocina. Más vale que los vecinos no sean ruidosos.

Cypress Tree Motel MOTEL **$$**
(☏805-995-3917; www.cypresstreemotel.com; 125 S Ocean Ave; d 80-120 US$; 🐾🐾) Habitaciones cuidadas, pero de temática algo artificial, como la "Nautical Nellie", con una red de conchas colgadas tras la cama. Hay una barbacoa comunitaria en el césped. Tarifa por mascota 10 US$.

Cayucos Beach Inn MOTEL **$$**
(☏800-482-0555, 805-995-2828; www.cayucosbeachinn.com; 333 S Ocean Ave; d incl. desayuno 99-215 US$; 🐾🐾) Admiten perros (10 US$),

hasta el punto de tener huecos especiales en las puertas para ellos. Las habitaciones, aunque grandes, son sosas, y hay merenderos con césped y parrillas. Desayuno continental incluido.

Cass House Inn POSADA **$$$**
(☏805-995-3669; www.casshouseinn.com; 222 N Ocean Ave; d incl. desayuno 195-365 US$; 🐾) Está en un edificio victoriano de 1867 preciosamente renovado, con cinco habitaciones tipo *boutique*, algunas con vistas al mar, bañeras hondas y chimeneas antiguas antiniebla, y todas con camas de lujo, TV de pantalla plana con DVD y toques románticos de buen gusto; en la casita de la playa hay cocina. Es esencial reservar.

🍴 Dónde comer y beber

Ruddell's Smokehouse PESCADO Y MARISCO **$**
(www.smokerjim.com; 101 D St; platos 4-13 US$; ⏱11.00-18.00; 🐾🐾) El pescado salta de la barca al plato en forma de suculentos filetes ahumados, sándwich con mostaza especiada y tacos de pescado con una salsa de pepinillos con apio y manzana. Para pedir habrá que apretujarse. Se admiten perros en la terraza.

Brown Butter Cookie Co PANADERÍA **$**
(www.brownbuttercookies.com; 98 N Ocean Ave; tentempiés desde 2 US$; ⏱9.00-18.00; 🐾) Galletas adictivas y carísimas de sabores variados: almendra, cítricos, cacao, lima y coco y mantequilla. Hay otro local en Paso Robles.

★Cass House Restaurant CALIFORNIANA, FRANCESA **$$$**
(☏805-995-3669; www.casshouseinn.com; Cass House Inn, 222 N Ocean Ave; menú degustación sin/con maridaje de vinos 85/125 US$; ⏱17.30-19.30 ju-lu) 🐾 Es el restaurante de la posada, a cargo de un chef que desafía todas las expectativas. Ofrece un menú con productos de temporada y de cercanía que abarca desde ensaladas de frutas y ricota casero batido hasta abulón frito y crujiente o pastel de almendras, leche y miel, todo acompañado de vinos regionales de categoría. Las raciones quizá pequen de pequeñas. Es esencial reservar.

Schooners Wharf BAR
(www.schoonerswharf.com; 171 N Ocean Ave; ⏱11.00-24.00) Se aconseja beber algo en esta terraza con vistas al mar, pero no tanto el marisco frito.

❶ Cómo llegar y salir

La línea nº 15 de **RTA** (☏805-541-2228; www.
slorta.org) opera de tres a cinco autobuses
diarios de Morro Bay (2 US$, 15 min) a Cayucos,
y sigue al norte hasta Cambria (2 US$, 20 min)
y el Hearst Castle (2 US$, 35 min).

Morro Bay

Sede de una importante flota pesquera, el
mayor reclamo de esta localidad es la Morro
Rock, un pico volcánico que sobresale del
suelo oceánico. Es una de las Nine Sisters,
la cadena de 21 millones de años de antigüedad que se extiende hasta San Luis Obispo.
En el lado opuesto está la central eléctrica,
cuyas tres chimeneas con forma de cigarro
arruinan las vistas de la bahía. A lo largo de
este tramo costero de clase trabajadora hay
opciones geniales de kayak, senderismo y
acampada.

◉ Puntos de interés y actividades

Esta población alberga riquezas naturales
que bien se merecen media jornada de exploración. La bahía es una ensenada profunda,
separada del océano por un banco de arena de 8 km. Al sur de la Morro Rock está el
Embarcadero, un bulevar pequeño frente al
mar lleno de tiendas de recuerdos y lugares
para comer.

Morro Rock MONUMENTO
Los nativos chumash son los únicos autorizados legalmente a escalar esta roca volcánica,
actualmente zona protegida para que aniden
los halcones peregrinos. Se puede holgaza-
near en la pequeña playa que hay al norte
de la roca o alquilar un kayak y remar por
el gran estuario, habitado por dos docenas
de especies amenazadas, como el pelícano
pardo, el chorlitejo blanco y la nutria marina.

Morro Bay State Park PARQUE
(☏805-772-2694; www.parks.ca.gov; parque gratis,
museo entrada adultos/menores 17 años 3 US$/gra-
tis; ⏰museo 10.00-17.00) Se trata de un parque
arbolado frente al mar salpicado de senderos
por una ladera. Hay un pequeño **museo de
historia natural** con exposiciones interactivas orientadas a niños que demuestran
cómo afectan a las personas las fuerzas de
la naturaleza. Al norte del museo hay una
arboleda de eucaliptos donde vive una de las
mayores colonias de garzas ceniza que quedan en California.

Kayak Horizons DEPORTES ACUÁTICOS
(☏805-772-6444; www.kayakhorizons.com; 551
Embarcadero; kayak o tabla de surf de remo desde
12 US$, circuito 3 h kayak 59 US$; ⏰9.00-17.00) Es
uno de los varios lugares del Embarcadero
que ofrece alquiler de kayak y circuitos para
noveles; alquilan equipos de surf de remo y
canoas. Si se sale a remar en solitario, atención a los horarios de las mareas. Suele hacer
menos viento por la mañana.

Kayak Shack DEPORTES ACUÁTICOS
(☏805-772-8796; www.morrobaykayakshack.
com; 10 State Park Rd; kayak o tabla de surf de
remo desde 12 US$; ⏰normalmente 9.00-16.00
fin may-jun, hasta 17.00 jul-ppios sep, 9.00-16.00
vi-do ppios sep-fin may) Está junto al puerto
deportivo, en el Morro Bay State Park, y
son los más rápidos en sacar a sus clientes
al agua: alquilan kayaks, canoas y equipo
de surf de remo. Es un lugar más sencillo
y tranquilo para empezar a remar que el
Embarcadero.

Cerro Alto EXCURSIONISMO
(www.fs.usda.gov/lpnf; Cerro Alto Rd, Atascadero;
por automóvil 5 US$; ⛽) Se ubica unos 11 km al
interior desde Morro Bay en la Hwy 41. Es un
camping del USFS y el inicio de un sendero
de 6,5 km (ida y vuelta) y una inclinación
desafiante hasta el Cerro Alto (800 m). Desde
la cima, las vistas de 360° abarcan desde las
montañas hasta el mar. Cerca de la parcela
nº 18 empieza una ruta alternativa en zigzag
y más gradual (8,8 km ida y vuelta). Admiten
perros con correa.

Morro Bay Golf Course GOLF
(☏805-782-8060; www.slocountyparks.com; 201
State Park Rd; tarifa 13-49 US$) Campo de 18 ho-
yos al sur del Embarcadero, junto al parque,
con calles rodeadas de árboles y vistas al mar.
Tiene una zona de práctica y se alquilan palos
y carritos.

☞ Circuitos

Sub-Sea Tours PASEO EN BARCO
(☏805-772-9463; www.subseatours.com; 699 Embarcadero; circuito 45 min adultos/3-12 años 14/
7 US$; ⏰normalmente salidas cada hora 11.00-17.00;
🚢) Ofrece vistas reducidas de los bosques de
kelp y bancos de peces en recorridos por la
bahía en un semisumergible con ventanas
submarinas.

Virg's Landing PESCA
(☏800-762-5263, 805-772-1222; www.morrobays
portfishing.com; 1169 Market Ave; circuitos desde

59 US$) Operador veterano que permite reservar excursiones de medio día o un día (may-dic) de pesca deportiva.

Central Coast Outdoors CIRCUITOS GUIADOS
(☑888-873-5610, 805-528-1080; www.centralcoastoutdoors.com; circuitos 65-150 US$) Guían circuitos en kayak (paseos al atardecer y a la luz de la luna incl.), caminatas y excursiones en bicicleta por la costa y a los viñedos de Paso Robles y el valle de Edna.

★☆ Fiestas y celebraciones

Morro Bay Winter Bird Festival AVENTURAS
(www.morrobaybirdfestival.org) En enero acuden los observadores de aves para hacer rutas guiadas, circuitos en kayak y caminatas por el campo guiadas por naturalistas, que permiten avistar más de 200 especies por la ruta pacífica norteamericana.

🛏 Dónde dormir

Hay decenas de moteles por la Hwy 1 y por Harbor St y Main St, entre el centro y el Embarcadero.

'Campings' del
California State Park CAMPING $
(☑reservations 800-444-7275; www.reserveamerica.com; parcela tienda y autocaravana 35-50 US$; 🐾) En el **Morro Bay State Park** hay más de 240 parcelas bordeadas por eucaliptos y cipreses; tienen duchas de agua caliente de pago y una zona de vaciado de residuos para caravanas. En el extremo norte de la ciudad, por la Hwy 1, en la **Morro Strand State Beach** hay 75 parcelas frente al mar más sencillas.

Pleasant Inn Motel MOTEL $$
(☑805-772-8521; www.pleasantinnmotel.com; 235 Harbor St; h 75-209 US$; 🐾🌐) A dos manzanas del Embarcadero, monte arriba, este motel estiloso ofrece habitaciones de temática náutica (algunas con cocina) con fotografías de barcos en las paredes, techos de madera con vigas y alfombras azules y blancas. Tarifa por mascota 20 US$.

Beach Bungalow Inn & Suites MOTEL $$
(☑805-772-9700; www.morrobaybeachbungalow.com; 1050 Morro Ave; d 149-250 US$; 🐾🌐) Habitaciones chic y contemporáneas equipadas con suelos de madera, alfombras, colchones con refuerzo y edredones para las noches neblinosas. Tarifa por mascota 20 US$.

Anderson Inn POSADA $$$
(☑866-950-3434, 805-772-3434; www.andersoninnmorrobay.com; 897 Embarcadero; d 239-299 US$; 📶) Se asemeja a un pequeño hotel-*boutique* que da al mar. Tiene un puñado de habitaciones espaciosas en suaves tonos ocres, quizá con chimenea de gas, *jacuzzi* y vistas al puerto.

Inn at Morro Bay MOTEL $$$
(☑800-321-9566, 805-772-5651; www.innatmorrobay.com; 60 State Park Rd; d 119-289 US$; 📶🌊) Edificio de dos plantas con una piscina en forma de riñón y una ubicación envidiable en el parque estatal, frente al mar, aunque algo viejo. Alquilan bicicletas a los huéspedes.

🍴 Dónde comer y beber

El embarcadero está lleno de chiringuitos de pescado y marisco para turistas.

Taco Temple CALIFORNIANA, PESCADO Y MARISCO $$
(2680 Main St; principales 8-20 US$; ⏱11.00-21.00 mi-lu; 🚗) Las vistas a la Hwy 1 se compensan con unas raciones enormes de comida cal-mex. Suele haber pescadores de charla sobre los viejos tiempos y surfistas hambrientos. Pruébense los *specials*, merecedores de tal nombre. Pago solo en efectivo.

Giovanni's Fish
Market & Galley PESCADO Y MARISCO $$
(www.giovannisfishmarket.com; 1001 Front St; principales 6-15 US$; ⏱9.00-18.00; 🚗) Negocio familiar en el Embarcadero, lleno de gente, *fish and chips* y patatas fritas con ajo geniales, además de muchos pájaros al acecho en la terraza. Dentro hay una tienda donde comprar todo lo necesario para hacerse el pescadito en la playa.

Stax Wine Bar BAR DE VINOS
(www.staxwine.com; 1099 Embarcadero; ⏱12.00-20.00 do-ju, 12.00-22.00 vi-sa) Para probar vinos californianos, sentado en un taburete frente a las ventanas, con vistas al puerto. Para rebajar la bebida, hay *panini* tostados, ensaladas y queso artesano, y bandejas de fiambres.

Libertine Pub PUB
(www.thelibertinepub.com; 801 Embarcadero; ⏱12.00-23.00 lu-mi, hasta 24.00 ju-do) En el Embarcadero, sirven cerveza de la casa envejecida en barril y sidra amarga, además de casi 50 cervezas artesanales estadounidenses de barril.

ⓘ Información

Centro de visitantes de Morro Bay (☎805-225-1633, 800-231-0592; www.morrobay.org; 255 Morro Bay Blvd; ◷9.00-17.00) Está unas manzanas cuesta arriba desde el Embarcadero, en la zona del centro, menos turística.

ⓘ Cómo llegar y desplazarse

Desde San Luis Obispo, la línea nº 12 de **RTA** (☎805-541-2228; www.slorta.org) va cada hora entre semana y varias veces a diario los fines de semana por la Hwy 1 hasta Morro Bay (2,50 US$, 25 min). La línea nº 15 opera de tres a cinco servicios diarios al norte a Cayucos (2 US$, 15 min), Cambria (2 US$, 35 min) y el Hearst Castle (2 US$, 55 min).

Un **tranvía** (billete 1 US$, bono 1 día 3 US$, fin may-ppios oct) recorre el paseo marítimo, el centro y el norte de Morro Bay; el horario es variable (sin servicio ma-ju).

Montaña de Oro State Park

En primavera, las laderas brillan con las amapolas, mostaza silvestre y otras flores típicas de California, de donde deriva el nombre de este **parque** (☎805-772-7434; www.parks.ca.gov; 3550 Pecho Valley Rd, Los Osos; ◷6.00-22.00) `GRATIS`. Los arrecifes azotados por el viento del mar atraen a excursionistas a pie, en bicicleta o a caballo. La mitad septentrional del parque presenta dunas de arena y una antigua terraza marina visible debido a un levantamiento tectónico.

La **cala de Spooner,** antaño usada por los contrabandistas, es una playa de arena y zona de *picnic* digna de postal. Si se va de excursión por las lagunas de marea, recuérdese que se pueden tocar con cuidado estrellas de mar, lapas y cangrejos, pero sin sacarlas del agua. Se puede pasear por los acantilados herbosos o conducir monte arriba, que lleva al **centro de visitantes,** en un rancho histórico, y hasta el inicio de un tonificante sendero de 11,2 km (ida y vuelta) que sube a los **picos Valencia** (410,3 m) y **Oats** (410,6 m).

🛏 Dónde dormir

**Montaña de Oro State
Park Campground**   CAMPING **$**
(☎reservas 800-444-7275; www.reserveamerica. com; parcela tienda y autocaravana 20-25 US$) Este *camping*, encajonado en un pequeño cañón, tiene unas parcelas frescas y agradables accesibles a pie y en automóvil. Las instalaciones

son limitadas, pero hay váteres secos, agua potable y hoyos para hogueras.

ⓘ Cómo llegar y salir

Desde el norte, hay que salir de la Hwy 1 en South Bay Blvd de Morro Bay y, 6,5 km más allá, girar a la derecha por Los Osos Valley Rd (que desemboca en la Pecho Valley Rd) y seguir 9,5 km más. Desde el sur, hay que salir de la Hwy 101 en San Luis Obispo en Los Osos Valley Rd y de allí conducir unos 26 km al noroeste.

POR LA HIGHWAY 101

Es el camino por el interior más rápido desde la zona de la bahía de San Francisco hasta el sur de California. Carece del paisaje impactante de la costera Hwy 1, pero el histórico Camino Real, creado por los conquistadores y misioneros españoles, tiene su propia belleza, desde los fértiles campos de Salinas, inmortalizados por el novelista John Steinbeck, hasta las colinas doradas salpicadas de robles de San Luis Obispo y las playas de más allá. Por el camino hay misiones fantasmales, el alucinante Pinnacles National Park y buenas bodegas de vino.

Gilroy

Unos 50 km al sur de San José, la autoproclamada "Capital internacional del ajo" celebra el popular **Gilroy Garlic Festival** (www. gilroygarlicfestival.com) el último fin de semana de julio, con su curiosa oferta gastronómica (patatas fritas al ajo, helado de ajo, etc.) y concursos de cocina bajo un sol abrasador.

Orientado a las familias, el parque temático **Gilroy Gardens** (☎408-840-7100; www.gilro ygardens.org; 3050 Hecker Pass Hwy; adultos/3-10 años 50/40 US$; ◷11.00-17.00 lu-vi ppios jun-med ago, más 10.00-18.00 sa y do fin mar-nov; 🅟) se centra en la comida y las plantas. Hay que amar de verdad las flores y los vegetales para querer pagar la entrada. Muchas atracciones, como el "Mushroom Swing", son aburridas. En línea, las entradas son más baratas. Desde la Hwy 101 hay que seguir la Hwy 152 al oeste; el aparcamiento cuesta 12 US$.

Al este de la Hwy 152 hacia la I-5 está la **Casa de Fruta** (☎408-842-7282; www.casade fruta.com; 10021 Pacheco Pass Hwy, Hollister; por viaje 2,50-4 US$; ◷según la estación; 🅟) `GRATIS`, un puesto de productos frescos con un tiovivo antiguo y un trenecito para los más jóvenes.

San Juan Bautista

En el viejo San Juan Bautista, un sitio con encanto donde casi se oyen los susurros del pasado, la 15ª misión de California tiene delante la única plaza original española que queda de todo el estado. Desde que el ferrocarril se saltó la ciudad, en 1876, el lugar es un remanso aletargado. Por 3rd St, una serie de edificios históricos albergan tiendas de antigüedades y restaurantes con jardín. El gallo que se oirá cantar es uno de los que se pasean por las calles libremente desde siempre.

⊙ Puntos de interés

Misión San Juan Bautista   IGLESIA
(☎831-623-4528; www.oldmissionsjb.org; 406 2nd St; adultos/5-17 años 4/2 US$; ⊙9.30-16.30) Fundada en 1797, afirma tener la iglesia más grande de las 21 misiones originales de California. Construida sobre la falla de San Andrés, el lugar ha soportado varios terremotos, pero no el de San Francisco de 1906, que la destruyó por completo; algunas de las campanas que penden de la torre son originales. Aquí se rodaron escenas del *thriller* de Alfred Hitchcock *Vértigo,* aunque las escenas clímax en el campanario son efectos especiales.

Más allá del cementerio de la misión se avista una sección de El Camino Real, la vía española que unía las primeras misiones de California.

San Juan Bautista
State Historic Park   PARQUE
(☎831-623-4881; www.parks.ca.gov; 2nd St, entre Mariposa St y Washington St; museo adultos/niños 3 US$/gratis; ⊙10.00-16.30 ma-do) Los edificios que rodean la vieja plaza española frente a la misión marcan la entrada a este pequeño parque histórico. Unos **establos** enormes apuntan al pasado glorioso de San Juan Bautista como parada de la diligencia en la década de 1860. El **Plaza Hotel,** que abrió en 1859 como un edificio de adobe de una planta, alberga un pequeño museo histórico. Al lado del mismo está la **Castro-Breen Adobe,** antigua propiedad del general y gobernador mexicano José Castro; en 1848 lo compró la familia Breen, supervivientes de la trágica expedición Donner.

Fremont Peak State Park   PARQUE
(☎observatorio 831-623-2465; www.parks.ca.gov; San Juan Canyon Rd; por automóvil 6 US$; ⚑) Incluye un **observatorio astronómico** (www.fpoa.net) con un telescopio de 30 pulgadas que

suele abrir al público muchos sábados por la noche entre abril y octubre (aprox. 20.00). Hay observaciones solares de tarde todos los meses, de marzo a octubre. Está 17,7 km al sur de la ciudad.

🛏 Dónde dormir

Fremont Peak State
Park Campground   CAMPING **$**
(☎reservas 800-444-7275; www.reserveamerica.com; San Juan Canyon Rd; parcela tienda y autocaravana 25 US$) Es un *camping* precioso, aunque primitivo, con 25 parcelas y váteres secos, a la sombra de robles, sobre una colina, con vistas a la bahía de Monterey en la distancia.

✗ Dónde comer

En 3rd St hay numerosos restaurantes méxico-estadounidenses, ninguno suficientemente memorable.

San Juan Bakery   PANADERÍA **$**
(319 3rd St; tentempiés 2-4 US$; ⊙normalmente 7.00-17.00 mi-lu) Hay que llegar temprano para tomar unas rebanadas recién hechas de pan de canela, panecillos de Pascua y pasteles de guayaba o albaricoque, pues se acaban pronto.

Vertigo Coffee   CAFÉ **$**
(www.vertigocoffee.com; 81 4th St; platos 3-10 US$; ⊙7.00-19.00 ma-vi, desde 8.00 sa y do) Sirven un café exprés muy bueno y variedades propias, *pizzas* al horno de leña y ensaladas verdes. Todo un descubrimiento.

❶ Cómo llegar y salir

San Juan Bautista está en la Hwy 156, unos kilómetros al este de la Hwy 101 y unos 20 min al volante al sur de Gilroy. Más al sur, la Hwy 101 entra en el bosquecito de eucaliptos que James Stewart y Kim Novak atraviesan en automóvil en *Vértigo.*

Salinas

La "ensaladera del mundo", conocida sobre todo por ser la cuna de John Steinbeck, es una población agrícola pobre. El contraste con la riqueza de la península de Monterey, da que pensar, pero a Steinbeck le sirvió de inspiración para escribir *Al este del Edén.* El histórico centro de la ciudad discurre a lo largo de Main St, que al norte termina en el National Steinbeck Center.

◉ Puntos de interés

National Steinbeck Center
MUSEO

(☎831-775-4721; www.steinbeck.org; 1 Main St; adultos/6-12 años/13-17 años 15/6/8 US$; ⊘10.00-17.00; 🖼) Resultará interesante incluso sin conocer al premio Nobel de Salinas John Steinbeck (1902-1968), desertor de la Universidad de Stanford. Persona difícil, divertida y descarada, Steinbeck retrató el problemático espíritu de los estadounidenses del campo en novelas como *Las uvas de la ira*. Entre otros, hay muestras interactivas aptas para niños y vídeos cortos cautivadores sobre la vida y obra del escritor, además de Rocinante, la autocaravana en la que el escritor recorrió el país en su investigación para su novela *Viajes con Charley*.

Vale la pena escuchar el discurso de Steinbeck cuando recogió el Nobel, una demostración de fuerza y elegancia al unísono. También se ofrecen exposiciones temporales muy variadas, desde historia agrícola y activismo político hasta fotografía paisajística de California.

Steinbeck House
EDIFICIO HISTÓRICO

(☎831-424-2735; www.steinbeckhouse.com; 132 Central Ave; circuito 10 US$; ⊘restaurante 11.30-14.00 ma-sa, tienda de regalos 11.00-15.00 ma-sa) Steinbeck nació y pasó gran parte de su infancia en esta casa, cuatro travesías al oeste del museo. Ahora es un café ñoño, que quizá él reprobaría. Hay circuitos guiados algunos domingos de verano; en línea están los detalles.

Garden of Memories
Memorial Park
CEMENTERIO

(850 Abbott St) Incluye la parcela de la familia de Steinbeck, donde yace el autor. Está menos de 5 km al sureste del centro.

☞ Circuitos

Granja
CIRCUITOS GUIADOS

(☎831-455-2575; www.thefarm-salinasvalley.com; 7 Foster Rd; llámese para precios; ⊘normalmente 10.00-17.00 o 18.00 may-dic, circuitos solo con cita previa) La familia propietaria de este puesto de frutas y verduras de cultivo ecológico ofrece paseos educativos por su finca. A la entrada, obsérvense las esculturas gigantes de agricultores obra de John Cerney, que también se ven en la Hwy 101. Viniendo de la Hwy 68, hay que salir por Spreckels Blvd, unos 7,6 km al suroeste del centro.

Ag Venture Tours
CIRCUITOS GUIADOS

(☎831-761-8463; www.agventuretours.com; circuitos adultos/5-16 años desde 70/60 US$) Muestran a fondo los cultivos comerciales y ecológicos del valle de Salinas.

✨ Fiestas y celebraciones

California Rodeo Salinas
RODEO

(www.carodeo.com) Doma de toros, lazada de becerros, poesía vaquera y atracciones de feria, a finales de julio.

Steinbeck Festival
CULTURA

(www.steinbeck.org) Tres días de películas, conferencias, música en directo y circuitos guiados en autobús y a pie, a principios de mayo.

California International
Airshow
AL AIRE LIBRE

(www.salinasairshow.com) Vuelos de exhibición con aviones antiguos y militares, a finales de septiembre.

🛏 Dónde dormir

Salinas dispone de numerosos moteles junto a la Hwy 101, algunos de ellos por la salida de Market St.

Super 8 Salinas
MOTEL $

(☎800-454-3213, 831-758-4693; www.super8. com; 131 Kern St; h incl. desayuno desde 79 US$; ✳@🛜🏊) Ofrece habitaciones reformadas con cierto estilo, desde colchas con diseños geométricos hasta espejos de tocador. Desayuno bufé incluido.

Laurel Inn
MOTEL $

(☎831-449-2474; www.laurelinnmotel.com; 801 W Laurel Dr; h desde 80 US$; ✳🛜🏊) Es la alternativa barata y familiar a los moteles de cadena, un lugar amplio con habitaciones algo gastadas pero espaciosas.

🍴 Dónde comer y beber

Bakery Station
PANADERÍA, DELI $

(www.thebakerystation.com; 202 Monterey St; platos 3-9 US$; ⊘6.00-16.00 lu-vi, 7.00-14.00 sa; 🖼) En una gasolinera reformada, una manzana al este de Main St, aquí se hornean a diario pan, pastas y galletas, además de preparar bocadillos sabrosos y frescos.

Pica Fresh Mex
MEXICANA $$

(157 Main St; principales 6-12 US$; ⊘11.00-21.00 lu-ju, hasta 22.00 vi y sa, 14.00-21.00 do; ☎) Se ubica al sur del National Steinbeck Center y sirve buena cocina tradicional, como tor-

tillas, salsa de chipotle ahumado, tacos de carne asada, burritos y *brochetas*.

First Awakenings
ESTADOUNIDENSE **$$**
(www.firstawakenings.net; 171 Main St; principales 8-12 US$; ☻7.00-14.00; ♦) Sirven desayunos típicos, con panqueques de frutas, crepes y *egg skillets* (huevos enriquecidos a la satén); y, para después, sándwiches a medida y ensaladas.

XL Public House
BAR
(www.facebook.com/XLPublichouse; 127 Main St; cata de cerveza 5 US$; ☻12.00-22.00) Tiene paredes de ladrillo y cervezas artesanas de barril, además de juegos de mesa y consolas Arcade.

Monterey Coast Brewing Co
FÁBRICA DE CERVEZA
(165 Main St; ☻11.00-23.00 ma-do, hasta 16.00 lu) Es un sitio animado del centro; catar ocho cervezas cuesta 10 US$. La comida es insulsa.

ℹ Información

Salinas 411 (☎831-435-4636; www.oldtown salinas.com; 222 Main St; ☻9.00-19.00) Ofrecen información gratis, mapas y folletos de paseos autoguiados.

ℹ Cómo llegar y salir

Amtrak (☎800-872-7245; www.amtrak.com; 11 Station Pl) opera los trenes *Coast Starlight* diarios al norte, a Oakland (16 US$, 3 h), y al sur, a Paso Robles (19 US$, 2 h), San Luis Obispo (27 US$, 3¼ h), Santa Bárbara (39 US$, 6¼ h) y Los Ángeles (56 US$, 9¼ h).

Greyhound (☎800-231-2222; www.grey hound.com; 19 W Gabilan St) tiene varios autobuses diarios al norte, a Santa Cruz (15 US$, 65 min) y San Francisco (27 US$, 3-5 h), y al sur, a San Luis Obispo (32 US$, 2½ h) y Santa Bárbara (53 US$, 4¾ h). Desde el cercano **Salinas Transit Center** (110 Salinas St), la línea nº 20 de **MST** (☎888-678-2871; www.mst.org) va a Monterey (3,50 US$, 1 h, cada 30-60 min).

Pinnacles National Park

Este **parque** (☎831-389-4486; www.nps.gov/pinn; por automóvil 5 US$) debe su nombre a los imponentes pináculos que se elevan sobre las colinas cubiertas de chaparrales, al este del valle de Salinas, y alberga los restos de un antiguo volcán.

◉ Puntos de interés y actividades

Aparte de la escalada en roca (en www.pin nacles.org hay información sobre las rutas), las atracciones más importantes del lugar son las dos cuevas originadas por derrumbes. La **cueva de Balconies** se puede visitar a cualquier hora, pero no es recomendable para los que sufran de claustrofobia (imprescindible llevar linterna), además de que resulta fácil perderse en ella. Se llega por un sendero de 4 km desde la entrada oeste. La **cueva de Bear Gulch** está más cerca de la entrada este del parque y cierra a veces, para no molestar tanto a los murciélagos.

Para apreciar mejor la belleza del parque hay varios circuitos de senderismo que difieren en longitud y dificultad hacia los **High Peaks**, con algunos tramos estrechos en lo alto de los acantilados. A primera hora de la mañana o a última de la tarde, quizá se vean cóndores de California, en peligro de extinción. Se aconseja empezar temprano y hacer la ruta hasta la cima del **pico Chalone** (14,5 km ida y vuelta), con vistas panorámicas.

Los guardabosques guían paseos a la luz de la luna llena y para ver estrellas algunos fines de semana, normalmente en primavera u otoño. Hay que reservar en el ☎831-389-4485; otra opción es consultar disponibilidad de última hora en el centro de visitantes.

🛏 Dónde dormir

Pinnacles National Park Campground
CAMPING **$**
(☎877-444-6777; www.recreation.gov; parcela tienda/autocaravana 23/36 US$; ✿♦) En el lado este del parque, este *camping* popular, orientado a familias, tiene más de 130 parcelas (algunas con sombra), agua potable, duchas con agua caliente de pago, hogueras y piscina exterior (suele cerrar oct-mar).

ℹ Información

La mejor época para visitar el Pinnacles National Park es la primavera y el otoño; en verano hace demasiado calor. Hay información, mapas y libros en el lado este del parque desde el pequeño **centro de visitantes de NPS** (☎831-389-4485; ☻9.30-17.00 a diario, hasta 20.00 vi fin mar-ppios sep), en la **tienda del 'camping'** (☎831-389-4538; ☻15.00-16.00 lu-ju, 12.00-18.00 vi, 9.00-18.00 sa y do), donde también venden agua embotellada, tentempiés y artículos diversos.

❶ Cómo llegar y salir

No hay carretera entre los dos extreños del parque. Para llegar a la **entrada oeste** (☉7.30-20.00), peor equipada, hay que salir de la Hwy 101 en Soledad y seguir por la Hwy 146 al noreste 22 km. A la **entrada este** (☉24 h), donde está el centro de visitantes y el *camping*, se llega por la solitaria Hwy 25, que pasa por el condado de San Benito, el sureste de Hollister y el noreste de King City.

Misión San Antonio de Padua

Situada en el Valley of the Oaks (en otros tiempos, parte del Hearst Ranch), esta es una **misión** (☎831-385-4478; www.missionsanantonio. net; fin de Mission Rd, Jolon; adultos/menores 12 años 5/3 US$; ☉normalmente 10.00-16.00) histórica, remota, tranquila y evocadora, ahora ubicada en los terrenos del Fort Hunter Liggett del Ejército estadounidense.

La misión fue fundada por el franciscano Junípero Serra en 1771. La iglesia fue construida por nativos americanos y luce restaurada según el aspecto que tenía a principios del s. XIX, con un púlpito de madera, un altar con baldaquino y ornamentación de flores en los muros encalados. En el claustro hay una fuente. El museo contiene una pequeña colección de utensilios, como una prensa de aceite y un telar, utilizados en los talleres de la misión. En los terrenos de la misión se pueden ver los restos de un molino y de un sistema de irrigación.

Casi nunca hay mucha gente, y tampoco sería raro ser el único visitante en este amplio espacio, salvo los **Mission Days**, a principios de abril, o el día de **La Fiesta**, el segundo domingo de junio. El pase se obtiene en un punto de control militar que hay en el camino de entrada; hay que llevar un documento identificativo con fotografía y la prueba de matriculación del vehículo. Desde el norte, hay que tomar la salida Jolon Rd desde la Hwy 101 antes de King City y seguir unos 29 km al sur por Jolon Rd (County Rte G14) hacia Mission Rd. Desde el sur, hay que tomar la salida de Jolon Rd (County Rte G18) desde la Hwy 101 y seguir 35,5 km al noroeste, hacia Mission Rd.

San Miguel

Por esta pequeña localidad agrícola, situada junto a la Hwy 101, parece que no pasa el tiempo. Fundada en 1797, la **Misión San Mi-** guel Arcángel (☎805-467-3256; www.mission sanmiguel.org; 775 Mission St; adultos/5-17 años 3/2 US$; ☉10.00-16.30) sufrió graves daños por un terremoto en el 2003. Sigue en reformas, pero la iglesia, el cementerio, el museo y los jardines están abiertos. Hay un cactus enorme delante, superviviente de los orígenes de la misión.

Para los hambrientos está la **San Miguel Coffee Station** (www.sanmiguelcoffeestation.com; 1199 Mission St; platos 3-8 US$; ☉6.30-17.00 lu-mi, hasta 20.00 ju-sa), en una gasolinera antigua reconvertida. Sirven tazas de café, bollería, sándwiches de cerdo asado y burritos *cal-mex*.

Paso Robles

Al norte del condado de San Luis Obispo está Paso Robles, el corazón de una región agrícola histórica, hoy entregada a la vid. Las bodegas que hay por la Hwy 46 producen unos vinos más que respetables. El clima mediterráneo también empieza a dar sus frutos con el aceite. El centro histórico de Paso está entre Park St y 12th St, con varias tiendas y salas de cata.

❷ Puntos de interés y actividades

Se pueden pasar días por las carreteras secundarias de la Hwy 46, tanto al este como al oeste de la Hwy 101. La mayoría de las bodegas tienen sala de catas y algunas ofrecen visitas por los viñedos. Para informarse de otras bodegas y molinos de aceite de oliva, visítese www.pasowine.com.

Lado este

J Lohr Vineyards & Wines   BODEGA
(www.jlohr.com; 6169 Airport Rd; cata gratis-10 US$; ☉10.00-17.00) J. Lohr es un pionero del vino en la costa central y dueño de viñedos en el valle de Napa, las tierras altas de Santa Lucía, en Monterey, y los bucólicos campos de Paso. Personal informado guía a los visitantes por una amplia carta de vinos.

Tobin James Cellars   BODEGA
(www.tobinjames.com; 8950 Union Rd; ☉10.00-18.00) Es un *saloon* nada serio donde se catan tintos brillantes, como el zinfandel Ballistic, un fuera de ley, y el dulce Liquid Love.

Eberle Winery   BODEGA
(www.eberlewinery.com; 3810 E Hwy 46; cata gratis-10 US$; ☉10.00-17.00 oct-mar, 10.00-18.00 abr-sep) Ofrece vistas a los altos viñedos y circuitos cada hora por las bodegas. Las ca-

tas recorren la gama de vinos, mezclas del Ródano incluidas.

Cass Winery
BODEGA

(www.casswines.com; 7350 Linne Rd; cata 10 US$; ◐11.00-17.00) Tras catar tantas variedades del Ródano, desde roussanne hasta sirah, en este epicúreo café sirven almuerzos hasta las 17.00.

Lado oeste

Tablas Creek Vineyard
BODEGA

(www.tablascreek.com; 9339 Adelaida Rd; cata desde 10 US$; ◐10.00-17.00) ✈ Permite respirar aire puro en un viñedo de cultivo ecológico al que se llega por un sinuoso camino por las colinas. Famoso por sus variedades del Ródano, elabora mezclas propias de alta calidad. Hay circuitos gratis (10.30 y 14.00 a diario; se aconseja reservar).

Castoro Cellars
BODEGA

(www.castorocellars.com; 1315 N Bethel Rd; cata 5 US$; ◐10.00-17.30) Un equipo de marido y mujer elaboran unos caldos estupendos, algunos con prensado tradicional y uvas ecológicas. En verano programan conciertos en los viñedos.

Chronic Cellars
BODEGA

(www.chroniccellars.com; 2020 Nacimiento Lake Dr; cata 10 US$; ◐11.30-17.30) Es la bodega favorita de todos, donde diseños inspirados en el Día de Los Muertos visten botellas de mezclas brillantes. Hay un billar en la sala de catas y un juego de la herradura fuera.

Re:Find Distillery & Villicana Winery
BODEGA

(www.villicanawinery.com; 2725 Adelaida Rd; cata 10 US$; ◐11.00-17.00) En la primera destilería de Paso Robles elaboran un brandy (es decir, ginebra) botánico limpio al paladar, que se puede probar junto a un rosado seco en la adjunta sala de catas.

Thacher Winery
BODEGA

(www.thacherwinery.com; 8355 Vineyard Rd; cata 10 US$; ◐11.00-17.00 ju-lu) Hay que respirar hondo para subir por el camino de tierra hasta este rancho histórico del que salen unos mezclas del Ródano memorables, como el Controlled Chaos.

✲✲ Fiestas y celebraciones

Wine Festival
VINO, COMIDA

(www.pasowine.com) Los enófilos van al principal festival del vino de Paso (med may), pero el fin de semana del Vintage Paso (med mar),

centrado en vinos zinfandel, y el Harvest Wine Weekend (med oct) son igual de divertidos.

California Mid-State Fair
CARNAVAL, MÚSICA

(www.midstatefair.com) Reúne a multitudes durante 12 días de conciertos de *rock* y *country*, muestras de granja, atracciones de feria y rodeo (med jul).

🛏 Dónde dormir

La Hwy 101 está llena de moteles y hoteles de cadenas. Por los viñedos se encontrarán B&B y propiedades de alquiler.

Melody Ranch Motel
MOTEL $

(☎800-909-3911, 805-238-3911; 939 Spring St; h 70-100 US$; ✳🐾🛜🏊) Es un lugar pequeño de propiedad familiar, abierto en los años cincuenta y situado en el centro. Las habitaciones son muy sencillas, con precios tan reducidos como la piscina.

Adelaide Inn
MOTEL $$

(☎800-549-7276, 805-238-2770; www.adelaideinn.com; 1215 Ysabel Ave; h incl. desayuno 115-165 US$; ✳@🛜🏊) Hacen felices a las familias con galletas recién horneadas, *muffins* para el desayuno, un minigolf y un gimnasio. Está junto a la Hwy 101.

Summerwood Inn
B&B $$$

(www.summerwoodwine.com; 2175 Arbor Rd; d incl. desayuno desde 275 US$) ✈ Se ubica en la Hwy 46, cerca en automóvil de decenas de bodegas. Es un alojamiento bien reformado, con un estilo antiguo-moderno. Las habitaciones tienen chimenea y balcón con vistas a los viñedos. Los desayunos *gourmet* del chef, los aperitivos de la tarde y los postres nocturnos son un lujo.

Inn Paradiso
B&B $$$

(☎805-239-2800; www.innparadiso.com; 975 Mojave Ln; ste incl. desayuno 350 US$; 🛜🏊) Es una opción íntima que despide lujo sin florituras, con tres suites llenas de arte y antigüedades, y quizá una chimenea, una bañera honda, una cama de matrimonio grande con dosel o balcones con cristaleras. Tarifa por mascota 50 US$.

Zenaida Cellars
B&B $$$

(☎866-936-5638; www.zenaidacellars.com; 1550 W Hwy 46; ste 250-375 US$; 🛜) Para escabullirse entre bucólicos viñedos al oeste de Paso Robles. Encima de la sala de catas hay un *loft* para cuatro adultos con cocina.

✗ Dónde comer y beber

La plaza principal del centro, cubierta de césped, está rodeada de restaurantes y salas de cata, junto a Spring St, entre 11th St y 12th St.

La Reyna Market MEXICANA $
(www.lareynamarket.com; 532 24th St; platos 2-8 US$; ☺8.00-21.00 lu-ju, hasta 21.30 vi-do) Está junto a la Hwy 101. Es un auténtico ultramarinos mexicano y tienda de productos cárnicos gourmet, con tortas sabrosas, burritos empapados y tacos (el del pastor gana al de carne asada) sobre tortillas caseras calientes.

★Artisan CALIFORNIANA $$$
(☎805-237-8084; www.artisanpasorobles.com; 843 12th St; platos para compartir 11-19 US$; principales 30-38 US$; ☺11.30-21.00 lu-ju, hasta 22.00 vi y sa, 10.00-21.00 do) ✐ El chef Chris Kobayashi suele asomarse a ver si la clientela disfruta de sus impecables versiones contemporáneas de cocina moderna estadounidense, con carnes ecológicas, marisco capturado en su hábitat y quesos artesanos de California, a lo que se suma una carta genial de vinos, cervezas y cócteles. Es esencial reservar.

Fish Gaucho MEXICANA, PESCADO $$$
(www.fishgaucho.com; 1244 Spring St; principales 17-26 US$; ☺cocina 15.00-21.30, desde 11.30 vi-do, bar hasta 24.00 a diario) Local de marisco y tequila al estilo de Baja California, con muebles hechos a mano, antigüedades y decoración importada de México. Sirven cócteles humeantes, especiados y afrutados para bajar chiles poblanos rellenos, tacos de costillar guisado y chupitos de ostra con chorizo y queso cotija (añejo). Conviene reservar.

**Firestone Walker
Brewing Company** FÁBRICA DE CERVEZA
(☎805-225-5911; www.firestonebeer.com; 1400 Ramada Dr; ☺12.00-19.00) En el bar se probará la famosa Double Barrel Ale y la negra de avena Velvet Merlin, de temporada, además de variedades envejecidas en barril y otras experimentales. Ofrecen circuitos por la fábrica.

BarrelHouse Brewing Co FÁBRICA DE CERVEZA
(www.barrelhousebrewing.com; 3055 Limestone Way; ☺14.00-20.00 mi-ju, 11.00-21.00 vi y sa, 11.00-20.00 do) Está al sur del centro y recibe a lugareños que se relajan en mesas de *picnic* con pintas de ale, negra y belgas afrutadas. Suelen actuar grupos.

🛍 De compras

En torno a la plaza del centro, las callejuelas están llenas de tiendas de vinos.

Paso Robles General Store COMIDA, REGALOS
(www.generalstorepr.com; 841 12th St; ☺10.00-19.00) Vende de todo para el picnic, como mantequilla de pistacho, barras recién horneadas y mermeladas de fruta, además de productos artesanos como jabón de lavanda.

We Olive COMIDA
(www.weolive.com/paso-robles; 1311 Park St; ☺10.00-18.00 lu-sa, 11.00-16.00 do) En el bar de catas se probarán aceites de oliva y vinagres balsámicos afrutados de la zona. Tienen otro local en el centro de San Luis Obispo.

ℹ Información

Cámara de Comercio de Paso Robles (☎805-238-0506; www.pasorobleschamber.com; 1225 Park St; ☺8.30-16.30, cerrado do sep-may) Información y mapas gratis de las bodegas.

ℹ Cómo llegar y salir

Desde una estación de **Amtrak** (☎800-872-7245; www.amtrak.com; 800 Pine St) sin personal, parten dos trenes diarios *Coast Starlight* al norte, a Salinas (19 US$, 2 h) y Oakland (30 US$, 4¾ h), y al sur, a Santa Bárbara (28 US$, 4¼ h) y Los Ángeles (41 US$, 7½ h). A diario hay varios autobuses de Thruway que comunican con trenes regionales (como el Pacific Surfliner), más frecuentes.

Desde la estación de trenes, **Greyhound** (☎800-231-2222; www.greyhound.com; 800 Pine St) opera autobuses que van a diario por la Hwy 101 al sur, a Santa Bárbara (57 US$, 2¾ h) y Los Ángeles (81 US$, 6 h), y al norte, a San Francisco (74 US$, 6 h) vía Santa Cruz (57 US$, 3¼ h).

La línea nº 9 de **RTA** (☎805-541-2228; www.slorta.org) circula entre San Luis Obispo y Paso Robles (2,50 US$, 70 min, cada hora lu-vi; varios a diario fin de semana).

San Luis Obispo

Casi a mitad de camino entre Los Ángeles y San Francisco, en el cruce de la Hwy 101 y la Hwy 1, los viajeros suelen elegir San Luis Obispo para hacer noche. Aunque no tiene atracciones imprescindibles, esta ciudad sencilla ha sido nombrada la más feliz de EE UU. Además, los estudiantes de la universidad CalPoly inyectan una saludable dosis de animación a sus calles, *pubs* y cafés durante todo el curso. La ciudad está en la base de las estribaciones de la sierra de Santa Lucía, a tiro de piedra de las bodegas del valle de Edna.

👁 Puntos de interés

El arroyo San Luis Obispo, antigua fuente de los huertos de la misión, atraviesa ahora el centro. Cuesta arriba desde Higuera St se llega a **Mission Plaza,** un oasis a la sombra, con edificios de adobe restaurados y fuentes con vistas al arroyo. No hay que perderse el **Moon Tree,** una secuoya nacida de una semilla que viajó a bordo de la misión lunar del Apollo 14.

Misión San Luis Obispo de Tolosa   IGLESIA
(☎805-543-6850; www.missionsanluisobispo.org; 751 Palm St; donativo 2 US$; ☺9.00-17.00 fin mar-oct, hasta 16.00 nov-med mar) El agradable tañido de las campanas de esta parroquia en activo desde 1772 se oye en todo el centro. Fue la quinta misión de California fundada por Junípero Serra y debe su nombre a un santo francés del s. XIII. Tiene una arquitectura modesta y una inusual forma en L, con paredes encaladas con las estaciones del vía crucis. El edificio contiguo contiene un anticuado museo sobre la vida de los nativos chumash y el período colonial español.

San Luis Obispo Museum of Art   MUSEO
(www.sloma.org; 1010 Broad St; ☺11.00-17.00, cerrado ma ppios sep-ppios jul) GRATIS Junto al arroyo, este museo muestra la obra de pintores, escultores, autores de grabados y fotógrafos de la región, así como exposiciones temporales de arte de California.

Bubblegum Alley   CALLE
(junto a 700 Higuera St) Lo más curioso que hay que ver en San Luis es esta creación cubierta con miles de chicles mascados.

🥾 Actividades

Hay más opciones para hacer senderismo con vistas al mar en el Montaña de Oro State Park (p. 500).

Bishop Peak   SENDERISMO
La ruta más popular de San Luis Obispo corona el pico Bishop (471 m), la cima más alta de las Nine Sisters, una cadena de cumbres volcánicas que se extiende al norte hasta Morro Bay. El sendero de 3,5 km empieza en un robledal (cuidado con los robles venenosos) y asciende por curvas rocosas, la mayoría expuestas. Con cuidado por unos riscos se llega a la panorámica y puntiaguda cima.

Para llegar a la cabecera del sendero hay que ir al noroeste desde el centro, por Santa Rosa St (Hwy 1), girar a la izquierda por Foothill Dr, luego a la derecha por Patricia Dr, y tras 1,2 km buscar tres postes negros con una indicación del mismo a la izquierda.

Margarita Adventures   TIROLINA, KAYAK
(☎805-438-3120; www.margarita-adventures.com; 22719 El Camino Real, Santa Margarita; adultos/niños circuito tirolina 99/79 US$, circuito kayak 79/59 US$; ☺cerrado ma y mi; 🚹) Ofrece cinco tirolinas sobre los viñedos y rutas en kayak por un lago bajo la sierra de Santa Lucía, en un rancho histórico, unos 16 km al noreste de San Luis Obispo por la Hwy 101. Hay que reservar.

★🎉 Fiestas y celebraciones

Conciertos en la plaza   MÚSICA, COMIDA
(www.downtownslo.com) Mission Plaza, en el centro, se llena de bandas de la zona y puestos de comida todas las noches de los viernes, de principios de junio a principios de septiembre.

Savor the Central Coast   COMIDA, VINO
(www.savorcentralcoast.com) Hay circuitos para conocer granjas, ranchos y la acuacultura, competiciones de catas de vinos y comidas de chefs famosos, a finales de septiembre o principios de octubre.

🛏 Dónde dormir

Los moteles llenan la Hwy 101, sobre todo junto a Monterey St, al noreste del centro y en torno a Santa Rosa St (Hwy 1).

HI Hostel Obispo   ALBERGUE $
(☎805-544-4678; www.hostelobispo.com; 1617 Santa Rosa St; dc 27-31 US$, h desde 60 US$, todos con baño compartido; ☺registro 16.30-22.00; @🛜) 🅿 En una calle arbolada cerca de la estación de trenes, este albergue se alimenta de energía solar y ocupa una casa victoriana de color amarillo verdoso reformada. Incluye cocina, alquiler de bicicletas (desde 10 US$/día) y panqueques de masa fermentada con café gratis para el desayuno. Hay que llevar toalla.

Peach Tree Inn   MOTEL $$
(☎800-227-6396, 805-543-3170; www.peachtreeinn. com; 2001 Monterey St; h incl. desayuno 89-140 US$; ☺oficina 7.00-23.00; @🛜) Habitaciones modestas y sin lujos pero acogedoras, especialmente las que están junto al arroyo o las que tienen

San Luis Obispo

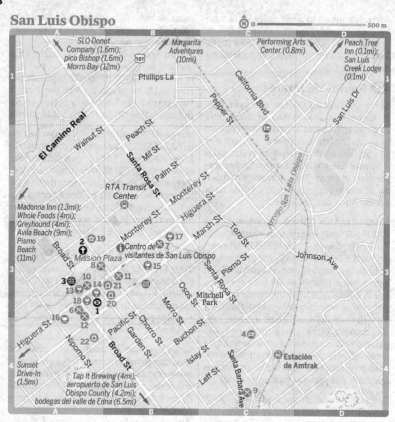

SLO Donút Company (1.6mi); pico Bishop (1.6mi) Morro Bay (12mi)

Margarita Adventures (10mi)

Performing Arts Center (0.8mi)

Peach Tree Inn (0.1mi); San Luis Creek Lodge (0.1mi)

Phillips La

El Camino Real

Walnut St

Peach St

California Blvd

Pepper St

San Luis Dr

Mil St

Santa Rosa St

Palm St

San Luis Obispo

Arroyo

Monterey St

RTA Transit Center

Higuera St

Marsh St

Toro St

Madonna Inn (1.3mi); Whole Foods (4mi); Greyhound (4mi); Avila Beach (9mi); Pismo Beach (11mi)

Broad St

Mission Plaza

Centro de visitantes de San Luis Obispo

Pismo St

Santa Rosa St

Johnson Ave

Higuera St

Osos St

Morro St

Chorro St

Garden St

Buchon St

Mitchell Park

Pacific St

Islay St

Santa Barbara Ave

Estación de Amtrak

Sunset Drive-In (1.5mi)

Nipomo St

Broad St

Leff St

Tap It Brewing (4mi); aeropuerto de San Luis Obispo County (4.2mi); bodegas del valle de Edna (6.5mi)

porche con mecedora y vistas a los jardines, con eucaliptos y rosales. El desayuno continental incluye panes artesanos.

San Luis Creek Lodge HOTEL $$$
(800-593-0333, 805-541-1122; www.sanluiscreek lodge.com; 1941 Monterey St; h incl. desayuno 149-269 US$; ✻@🛜) Está cerca de otros moteles y tiene habitaciones frescas y espaciosas, con camas geniales y, algunas, con chimeneas de gas y bañeras con hidromasaje, en tres edificios dispares construidos en estilos Tudor, *arts & crafts* y plantación sureña. Hay DVD, tableros de ajedrez y otros juegos de mesa.

Petit Soleil POSADA $$$
(800-676-1588, 805-549-0321; www.petitsoleils lo.com; 1473 Monterey St; d incl. desayuno 169-299 US$; oficina 7.00-22.00; 🛜) Motel reconvertido en B&B de temática francesa y *gay-friendly*. Todas las habitaciones están decoradas al estilo provenzal, y el desayuno es un festín,

aunque las frontales son un poco ruidosas. Tarifa por mascota 25 US$.

🍴 Dónde comer

⭐ **Mercado de granjeros de San Luis Obispo** MERCADO
(www.downtownslo.com; 18.00-21.00 ju) Es el mercado semanal más grande y mejor del condado. Convierte Higuera St, en el centro, en una enorme fiesta callejera, con barbacoas humeantes, puestos de frutas y verduras, música en directo y mucho más (desde predicadores hasta fanáticos políticos). Se suspende si llueve.

Firestone Grill BARBACOA $
(www.firestonegrill.com; 1001 Higuera St; platos 4-10 US$; 11.00-22.00 do-mi, hasta 23.00 ju-sa; 🅿) Quien aguante las colas para conseguir mesa, disfrutará de un auténtico sándwich de filete de cuadril al estilo de Santa María sobre un pan de ajo tostado y con una cesta de patatas fritas crujientes.

San Luis Obispo

SLO Donut Company   TENTEMPIÉS $
(www.slodoco.com; 793 E Foothill Blvd; tentempiés desde 2 US$; ⊙24 h; 🏠) Ofrece, p. ej., rosquillas de bacón con arce y menta con patatas fritas, acompañadas por café de cultivo ecológico y comercio justo de tueste local. Está al noroeste del centro, junto a Santa Rosa St (Hwy 1).

Whole Foods   ALIMENTACIÓN, COMIDA RÁPIDA $
(www.wholefoodsmarket.com; 1531 Froom Ranch Way; ⊙8.00-21.00) 🌱 Alimentos de cultivo ecológico, comidas *gourmet* para *picnic* y ensaladas frías y calientes. Está 6,5 km al suroeste del centro por la Hwy 101 (salida Los Osos Valley Rd).

Meze Wine Bar & Bistro   MEDITERRÁNEA $$
(www.mezewinebar.com; 1880 Santa Barbara Ave; principales 10-20 US$; ⊙11.00-21.00 lu-mi, hasta 22.00 ju-sa) Oculto cuesta abajo por la colina desde la estación de Amtrak, es una tienda de vinos, una tienda *gourmet* y un bar de tapas: una pequeña joya. Sirven bandejas de queso

y embutidos; otra opción sería un sándwich al gusto con una ensalada de quinoa.

Big Sky Café   CALIFORNIANA $$
(www.bigskycafe.com; 1121 Broad St; principales de cena 11-22 US$; ⊙7.00-21.00 lu-ju, hasta 22.00 vi, 8.00-22.00 sa, hasta 21.00 do; 🖉) 🌱 Aunque tiene un gran comedor, la espera puede ser larga. Su lema es "Comida analógica para un mundo digital". Hay casi tantas opciones vegetarianas como de carne, y muchos de los ingredientes son de cercanía. A los platos de la cena quizá les falte gancho, pero el desayuno (hasta 13.00 lu-do) es insuperable.

⭐**Luna Red**   DE FUSIÓN $$$
(☎805-540-5243; www.lunaredslo.com; 1023 Chorro St; platos para compartir 6-20 US$, principales 20-39 US$; ⊙11.00-21.00 lu-mi, hasta 23.30 ju-vi, 9.30-23.30 sa, hasta 21.00 do; 🖉) 🌱 Ofrece raciones californianas, asiáticas y mediterráneas al gusto del chef, que mezcla maravillas regionales de la tierra y el mar, quesos artesanos y productos frescos del mercado. Los cócteles y los farolillos resaltan un interior sofisticado; en el patio con jardín y vistas a la misión sirven el *brunch*. Conviene reservar.

Novo   DE FUSIÓN $$$
(☎805-543-3986; www.novorestaurant.com; 726 Higuera St; principales 15-34 US$; ⊙11.00-21.00 lu-ju, hasta 1.00 vi y sa, 10.00-21.00 do) Tapas de inspiración europea, latina y asiática, artísticamente presentadas. Tienen docenas de cervezas, vinos y sakes internacionales, y mesas en una terraza junto al arroyo.

Sidecar   CALIFORNIANA $$$
(☎805-540-5340; www.sidecarslo.com; 1127 Broad St; principales 14-28 US$; ⊙11.00-22.00 lu-vi, desde 10.00 sa y do) 🌱 Lugar sociable, con una barra larga estilo *saloon*. Sirven cócteles y comida californiana informal; se recomiendan las coles de Bruselas fritas y la hamburguesa de la casa con mozzarella ahumada.

🍷 Dónde beber y vida nocturna

Por el centro, en Higuera St se suceden los bares llenos de universitarios.

Downtown Brewing Co   FÁBRICA DE CERVEZA
(☎805-543-1843; www.slobrew.com; 1119 Garden St) Más conocida como SLO Brew, es un espacio con vigas y ladrillo visto y montones de cervezas artesanales, además de comida de *pub*. Abajo, pinchan DJ y tocan grupos (algunos bastante famosos) muchas noches.

MADONNA INN

"¡Dios Santo!", se oye decir a los visitantes ante el **Madonna Inn** (☏805-543-3000, 800-543-9666; www.madonnainn.com; 100 Madonna Rd; h 189-309 US$; ✳@🏊🐕), visible desde la Hwy 101. Algo tan *kitsch* sería de esperar en Las Vegas, pero ¿en San Luis? Desde turistas japoneses hasta estadounidenses del interior o modernos urbanitas adoran sus 110 habitaciones temáticas, con motivos como Yosemite, los trogloditas o una "Fantasía Floral" de rosa intenso. Se pueden ver fotografías por internet, o recorrer los pasillos y echar un vistazo a las que estén de limpieza. El urinario de los lavabos para caballeros es una curiosa cascada. Pero el motivo más irresistible es, sin duda, las galletitas tradicionales elaboradas en la pintoresca panadería.

Tap It Brewing FÁBRICA DE CERVEZA
(☏805-545-7702; www.tapitbrewing.com; 675 Clarion St; ☉12.00-18.00 do-mi, hasta 20.00 ju-sa) Está camino del aeropuerto. En el bar hay cactus que crecen en un viejo todoterreno; a veces tocan bandas de *rock* en el patio.

Mother's Tavern PUB
(www.motherstavern.com; 725 Higuera St; ☉11.00-1.30; 🛜) Local enorme y diáfano de dos pisos que atrae a masas de universitarios. Tiene una pista de baile, DJ y noches de karaoke, además de deportes en pantallas grandes. No cobran entrada.

Kreuzberg CAFÉ
(www.kreuzbergcalifornia.com; 685 Higuera St; ☉7.30-22.00; 🛜) Mezcla estilos antiguo y moderno y se ha ganado una fiel clientela con sus sofás cómodos, estanterías enormes, arte local y conciertos ocasionales.

Granada Bistro BAR DE CÓCTELES
(www.granadahotelandbistro.com; 1126 Morro St; ☉17.00-22.00 do-ju, hasta 23.00 vi y sa) Sube al nivel del centro, su espacio interior cuidado, decorado con candelabros de hierro forjado y un exterior con hogueras.

Luis Wine Bar BAR DE VINOS
(www.luiswinebar.com; 1021 Higuera St; ☉15.00-23.00 lu-ju, hasta 24.00 vi, 12.00-24.00 sa, 12.00-23.00 do) De estilo urbano sofisticado pero no pretencioso. Está en el centro y tiene

una zona amplia para sentarse, una sólida carta de cervezas artesanales y algún aperitivo.

Creekside Brewing Co FÁBRICA DE CERVEZA
(www.creeksidebrewingcom.ipage.com; 1040 Broad St; ☉16.00-close lu-ju, desde 12.00 vi-do) Incluye un patio diminuto sobre un arroyo, donde probar cervezas y sidras artesanales, locales y de importación.

☆ Ocio

Palm Theatre CINE
(☏805-541-5161; www.thepalmtheatre.com; 817 Palm St; entradas 5-8 US$) ♿ Pequeño cine (el primero que funciona con energía solar del país) donde ver películas extranjeras e independientes. En marzo, acoge el **SLO International Film Festival** (www.slofilmfest.org).

Performing Arts Center ARTES ESCÉNICAS
(PAC; ☏805-756-4849, 888-233-2787; www.pacslo.org; 1 Grand Ave) Está en el campus de la CalPoly y es la sala cultural más grande de la ciudad. Ofrece una variedad internacional de conciertos, teatro, recitales de danza, monólogos y demás, incluidas actuaciones de grandes artistas.

Sunset Drive-In CINE
(☏805-544-4475; www.facebook.com/sunsetdrivein; 255 Elks Ln; ♿) Típico autocine estadounidense donde solo hay que reclinar el asiento, poner los pies en el salpicadero y engullir palomitas; además, la segunda función (normalmente un exitazo de Hollywood) es gratis. Está 3,2 km al suroeste del centro, junto a Higuera St.

🔒 De compras

En el centro, Higuera St y Marsh St, y todas las galerías y calles circundantes, están llenas de tiendas únicas.

Hands Gallery ARTS & CRAFTS
(www.handsgallery.com; 777 Higuera St; ☉10.00-18.00 lu-mi, hasta 21.00 ju, hasta 20.00 vi y sa, 11.00-17.00 do) Tiene iluminación brillante y vende obras contemporáneas vibrantes de artesanos de California, como joyas, arte con fibras, esculturas, cerámica y vidrio soplado.

Mountain Air Sports AIRE LIBRE
(www.mountainairsports.com; 667 Marsh St; ☉10.00-18.00 lu-sa, hasta 20.00 ju, 11.00-16.00 do) Es un negocio local con todo tipo de cosas, desde combustible para hornillos y

tiendas de campaña hasta ropa de marca y botas de senderismo.

Finders Keepers ROPA
(www.finderskeepersconsignment.com; 1124 Garden St; ⊘10.00-17.00 lu-sa) Ropa de mujer de segunda mano con mucho estilo, adecuada para la forma de vida relajada y distendida local. También hay bolsos, abrigos y joyas.

ℹ Información

El centro de San Luis es compacto y está atravesado por Higuera St y Marsh St, paralelas y de sentido único. Hay bancos con cajeros 24 h junto a Marsh St, cerca de la oficina de correos. La mayoría de los cafés del centro tienen wifi gratis.

Oficina de FedEx (www.fedex.com; 1127 Chorro St; 30-40 ¢/min; ⊘7.00-23.00 lu-vi, 8.00-21.00 sa, 9.00-21.00 do; ☎) Con internet de prepago.

French Hospital (☎805-543-5353; www.frenchmedicalcenter.org; 1911 Johnson Ave; ⊘24 h) Con servicio de urgencias.

Biblioteca de San Luis Obispo (☎805-781-5991; www.slolibrary.org; 995 Palm St; ⊘10.00-17.00 mi-sa, hasta 20.00 ma; ☎) Wifi gratis y terminales de internet de uso libre.

Centro de visitantes de San Luis Obispo (☎805-781-2777; www.visitslo.com; 895 Monterey St; ⊘10.00-17.00 do-mi, hasta 19.00 ju-sa) Mapas gratis y folletos turísticos.

ℹ Cómo llegar y desplazarse

Junto a Broad St, unos 5 km al sureste del centro, el aeropuerto regional de San Luis Obispo County (p. 770) tiene vuelos con United (San Francisco y Los Ángeles) y US Airways (Phoenix).

Amtrak (☎800-872-7245; www.amtrak.com; 1011 Railroad Ave) ofrece un tren diario (*Coast Starlight*) entre Seattle y Los Ángeles y dos (*Pacific Surfliner*) entre San Luis Obispo y San Diego. Ambos siguen al sur, a Santa Bárbara (27 US$, 2¾ h) y Los Ángeles (41 US$, 5½ h). El *Coast Starlight* va al norte vía Paso Robles hasta Salinas (27 US$, 3 h) y Oakland (39 US$, 6 h). A diario hay varios autobuses de Thruway que comunican con trenes regionales.

Con una parada muy inconveniente junto a la Hwy 101, casi 6,5 km al suroeste del centro, **Greyhound** (☎800-231-2222; www.greyhound.

COSTA CENTRAL SAN LUIS OBISPO

INDISPENSABLE

BODEGAS DEL VALLE DE EDNA

A un precioso paseo en bicicleta por las colinas al sureste de San Luis Obispo, estas bodegas son famosas por su chardonnay fresco, pinot noir sutil y un sirah aromático y ahumado. Se organizan actividades que merecen la pena, como el Roll Out the Barrels (med jun) y las fiestas de la cosecha (med nov). Para un mapa de las bodegas y más información, visítese www.slowine.com.

Tolosa Winery (www.tolosawinery.com; 4910 Edna Rd; cata 12-25 US$; ⊘11.00-16.45) Elaboran un chardonnay sin roble, un pinot noir con barrica y un brillante sirah, que pueden maridarse con quesos artesanos, embutidos y chocolate los fines de semana.

Edna Valley Vineyard (www.ednavalleyvineyard.com; 2585 Biddle Ranch Rd; cata 10-15 US$; ⊘10.00-17.00) Para probar su chardonnay Paragon Vineyard con vistas a las viñas.

Baileyana (Niven Family Wine Estates; www.baileyana.com; 5828 Orcutt Rd; cata 8-12 US$; ⊘10.00-17.00) Cata de seis variedades distintas en una escuela de madera de principios del s. xx, con pista de bochas fuera.

Talley Vineyards (www.talleyvineyards.com; 3031 Lopez Dr, Arroyo Grande; cata 8-15 US$; ⊘10.30-16.30) Vinos nada pretenciosos, a precios acordes, entre colinas ondulantes; hay circuitos por las viñas (10 US$, 15 US$ cata incl.), previa cita.

Kynsi Winery (www.kynsi.com; 2212 Corbett Canyon Rd, Arroyo Grande; cata 10 US$; ⊘11.00-17.00, cerrado ma y mi nov-ene) Viñedo pequeño y familiar, con un pinot noir de culto y una acogedora sala de catas de ladrillo.

Chamisal Vineyards (www.chamisalvineyards.com; 7525 Orcutt Rd; cata 15 US$; ⊘11.00-17.00) En un granero se catan sus vinos artesanos, muchos de ellos de cultivo ecológico.

Sextant Wines (www.sextantwines.com; 1653 Old Price Canyon Rd; cata 10 US$; ⊘10.00-16.00 lu-vi, hasta 17.00 sa y do) Bulliciosa sala de catas y degustaciones del valle de Edna y Paso Robles; hay una pequeña *deli*.

Bahía de San Luis Obispo

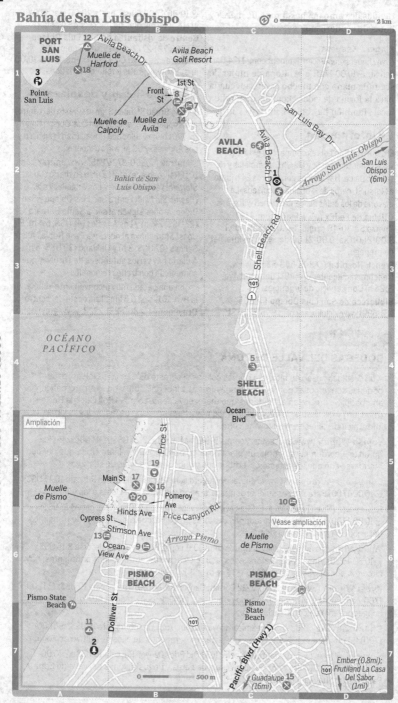

COSTA CENTRAL POR LA HIGHWAY 101

0 — 2 km

PORT SAN LUIS

12 Avila Beach Dr

Muelle de Harford

18

3

Point San Luis

Avila Beach Golf Resort

Front St

1st St

8

7

14

Muelle de Calpoly

Muelle de Avila

AVILA BEACH

6

1

4

San Luis Bay Dr

Arroyo San Luis Obispo

San Luis Obispo (6mi)

Bahía de San Luis Obispo

Shell Beach Rd

101

1

OCÉANO PACÍFICO

5

SHELL BEACH

Ocean Blvd

Ampliación

Price St

19

17

Main St

16

20

Pomeroy Ave

Muelle de Pismo

Hinds Ave

Price Canyon Rd

Arroyo Pismo

Cypress St

Stimson Ave

13

Ocean View Ave

9

10

Véase ampliación

Muelle de Pismo

PISMO BEACH

Pismo State Beach

Dolliver St

PISMO BEACH

Pismo State Beach

101

11

2

0 — 500 m

Pacific Blvd (Hwy 1)

Guadalupe (16mi)

15

Ember (0.8mi); Frutiland La Casa Del Sabor (1mi)

101

Bahía de San Luis Obispo

com; 1460 Calle Joaquin) opera a diario autobuses al sur, a Los Ángeles (30 US$, 5 h) vía Santa Bárbara (28 US$, 2¼ h), y al norte a San Francisco (53 US$, 7 h) vía Santa Cruz (42 US$, 4 h).

San Luis Obispo Regional Transit Authority (RTA; ☑805-541-2228; www.slorta.org; billete 1,50-3 US$, pase diario 5 US$) ofrece autobuses diarios por el condado con servicios limitados los fines de semana. Todos llevan portabicicletas. Las líneas convergen en el céntrico **Transit Center** (Palm St esq. Osos St).

SLO Transit (☑805-541-2877; www.slocity.org) opera autobuses urbanos (1,25 US$) y un tranvía (50 ¢) que recorre el centro (cada 20 min, 17.00-21.00, ju todo el año, vi jun-ppios sep, y sa abr-oct).

Avila Beach

Pintoresca y soleada, Avila Beach atrae a las multitudes por su playa de arena dorada y brillante zona comercial frente al mar, con restaurantes, cafés y tiendas. Unos 3 km al oeste del centro, Port San Luis es un puerto pesquero con un antiguo muelle desvencijado.

◎ Puntos de interés y actividades

Para un día tranquilo de playa se pueden alquilar tumbonas y sombrillas, tablas de surf y de *body* y neoprenos bajo el **muelle de Avila**, junto al paseo marítimo. Al lado del puerto, la playa tiene zonas de hogueras y el sonido de los leones marinos acompaña los paseos por el **muelle de Harford,** uno de los muelles pesqueros más auténticos de costa central.

Faro del Point San Luis FARO
(☑reservas caminatas guiadas 805-541-8735, reservas circuito en tranvía 855-533-7843; www.san luislighthouse.org; faro entrada adultos/menores 12 años 5 US$/gratis, circuito en tranvía incl. entrada adultos/3-12 años 20/15 US$; ☉caminatas guiadas normalmente 8.45-13.00 mi y sa, circuitos en tranvía normalmente 12.00 y 14.00 mi y sa, circuito 13.00 sa) Solo llegar a este pintoresco faro de 1890, eclipsado por la central nuclear del Diablo Canyon, ya es una aventura. La forma más económica de hacerlo es por un sendero rocoso y medio derruido de 6 km (ida y vuelta); para caminatas guiadas, hay que reservar. También se puede hacer un circuito en tranvía por la tarde, igualmente con reserva. El faro tiene una lente Fresnel original y muebles auténticos de la época victoriana.

El Pecho Coast Trail hasta el faro solo abre a circuitos guiados por expertos de Pacific Gas & Electric (PG&E), si el clima lo permite. Son rutas gratis, pero no admiten a menores de 9 años. Para reservas, llámese, al menos, dos semanas antes. No hay que olvidar llevar mucha agua.

Avila Valley Barn GRANJA
(www.avilavalleybarn.com; 560 Avila Beach Dr; ☉normalmente 9.00-18.00 med mar-fin dic; ⊕) Puesto de alimentos frescos y granja donde se puede recolectar frutos. Lo mejor es aparcar junto a los rediles de ovejas y cabras, tomarse un helado y luego, con una cesta, salir al campo a por dulces zarzas olalias (fin primavera-ppios verano), melocotones y nectarinas (med verano) o manzanas y calabazas (otoño).

Sycamore Mineral Springs

BALNEARIO

(☏805-595-7302; www.sycamoresprings.com; 1215 Avila Beach Dr; 1 h por persona 13,50-17,50 US$; ⊙8.00-24.00, última reserva 22.45) Ofrece pozas privadas de madera de secuoya discretamente colocadas en la ladera de una colina boscosa, donde darse un baño terapéutico. Hay que llamar antes, sobre todo en verano y para las noches de fin de semana.

Central Coast Kayaks

KAYAK

(☏805-773-3500; www.centralcoastkayaks.com; 1879 Shell Beach Rd, Shell Beach; alquiles kayak o equipo de surf de remo 20-60 US$, clases 50-105 US$, circuitos 60-120 US$) Para remar entre nutrias marinas y focas y por cuevas cautivadoras, grutas rocosas, arcos y bosques de kelp. Con el alquiler del kayak ofrecen trajes de neopreno, chaquetas impermeables y escarpines.

Patriot Sportfishing

PASEO EN BARCO

(☏805-595-7200; www.patriotsportfishing.com; muelle de Harford, junto a Avila Beach Dr; 2 h circuito ballenero adultos/menores 13 años 35/25 US$) Este negocio veterano organiza salidas de pesca en alta mar y concursos de pesca, así como travesías para avistar ballenas entre diciembre y abril.

Avila Hot Springs

FUENTES TERMALES

(☏805-595-2359; www.avilahotsprings.com; 250 Avila Beach Dr; adultos/menores 16 años 10/8 US$; ⊙normalmente 8.00-21.00 do-ma y ju, hasta 22.00 mi, vi y sa) Es una piscina pública de agua tibia algo sulfúrica, con toboganes infantiles (normalmente 12.00-17.00, sa y do).

🛏 Dónde dormir

Port San Luis Campground

CAMPING $

(☏805-903-3395; www.portsanluis.com; parcela autocaravana sin/con conexiones desde 40/65 US$) Ofrece aparcamiento junto a la carretera que se ocupa por orden de llegada, al lado del puerto, con vistas al mar. Solo para caravanas.

Avila Lighthouse Suites

HOTEL $$$

(☏800-372-8452, 805-627-1900; www.avilalighthousesuites.com; 550 Front St; ste incl. desayuno desde 289 US$; ❄@🕾🐾) Para estar más cerca del mar habría que tener la cama en la arena. Este hotel de apartamentos familiares ofrece suites y chalés con cocinas auxiliares, pero lo que más gusta a los niños es la enorme piscina climatizada exterior, las

mesas de *ping-pong*, el *putting green* y el tablero de ajedrez a escala humana.

Avila La Fonda

POSADA $$$

(☏805-595-1700; www.avilalafonda.com; 101 San Miguel St; d desde 329 US$; @🕾) En el centro, este lugar mezcla con armonía estilos colonial español y mexicano, con azulejos pintados a mano, vidrieras, forja y ricas maderas. La chimenea está muy bien para tomar un vino y aperitivos por la noche. Prestan equipos de playa.

🍴 Dónde comer

En Port San Luis, en el muelle de Harford, hay tiendas que venden el pescado recién desembarcado.

Mercado de granjeros de Avila Beach

MERCADO $

(www.avilabeachpier.com; ⊙16.00-20.00 vi ppios abr-fin sep) 🌮 Fiesta callejera con puestos de agricultores de la zona y de comida, además de música en directo, en el paseo marítimo, en el centro, una vez a la semana (primavera-otoño).

Olde Port Inn

PESCADO Y MARISCO $$$

(☏805-595-2515; www.oldeportinn.com; muelle de Harford, junto a Avila Beach Dr; principales 14-46 US$; ⊙11.30-21.00 do-ju, hasta 22.00 vi y sa; ♿) Al final del muelle de Harfordm, se trata de una marisquería tradicional cuyos platos estrella son la sopa de almejas y el guiso *cioppino*, de pescado y verdura. Algunas mesas tienen tableros y suelos de cristal para que los comensales vean el mar. Conviene reservar.

ℹ Cómo llegar y desplazarse

Hay un **tranvía** (SCT; ☏805-781-4472; www.slorta.org) gratis que viaja de Pismo Beach por el centro de Avila Beach hasta Port San Luis (10.00-16.00 sa y do, fin mar-med oct; 10.00-18.00 ju-do, ppios jun-ppios sep).

Pismo Beach

Con un muelle de madera que se alarga hacia poniente, en Pismo Beach James Dean tuvo su encuentro amoroso con Pier Angeli. Se trata de una ciudad de los años cincuenta, con una enorme playa de arena atractiva y una atmósfera como sacada de *Rebelde sin causa* o *American Graffiti*. Es perfecta si se busca un respiro de arena y olas en el recorrido por la costa.

RUTA PAISAJÍSTICA: HWY 1 AL SUR DE PISMO BEACH

Qué ver

La Hwy 1 desemboca en la Hwy 101 en Pismo Beach, para después virar hacia la costa. Esta ruta secundaria a Santa Bárbara atrae con unas playas ocultas y salvajes.

Dunas de Guadalupe

Casi habrá que esquivar plantas rodadoras de camino a la agrícola Guadalupe. Unos 8 km más al oeste, en la **Rancho Guadalupe Dunes Preserve** (www.countyofsb.org/parks; junto a Hwy 166; ⊙7.00-anochecer) GRATIS, las enormes localizaciones egipcias de la épica película *Los diez mandamientos*, de Cecil B. DeMille (1923), aún yacen en la arena. Para saber más sobre "la ciudad perdida de DeMille", la ecología de las dunas costeras más grandes de Norteamérica y los místicos dunitas que vivieron aquí en la década de 1930, visítese el pequeño museo de **Dunes Center** (www.dunescenter.org; 1055 Guadalupe St; se pide donativo; ⊙10.00-16.00 mi-do), en el centro.

Surf Beach y Ocean Beach

Se trata de dos playas ventosas (una de ellas con un apeadero solitario de Amtrak) que avanzan lentamente hacia la base aérea de Vandenberg. En el camino de 16 km al oeste de Lompoc y la Hwy 1 (por la Hwy 246/W Ocean Ave) se pasa por unas extrañas lanzaderas de satélites espías y comerciales. Entre marzo y septiembre, el **Ocean Beach County Park** (www.countyofsb.org/parks; Ocean Park Rd, junto a Hwy 246; ⊙8.00-anochecer, cerrado mar-sep) GRATIS cierra al público y la **Surf Beach** (www.vandenberg.af.mil/ploverupdate.asp; junto a Hwy 246; ⊙8.00-18.00, sujeta a cierres mar-oct) suele cerrar también durante el anidamiento de los chorlitejos blancos (en peligro de extinción).

Playa de Jalama

Desde la Hwy 1, unos 8 km al este de Lompoc, Jalama Rd sigue 22,5 km sinuosos entre ranchos y granjas hasta al aislado **Jalama Beach County Park** (☎inf. grabada 805-736-3616; www.countyofsb.org/parks; 9999 Jalama Rd, Lompoc; por automóvil 10 US$). Se aconseja disfrutar de las vistas mientras se toma una hamburguesa de pescado o ternera a la brasa de la **Jalama Beach Store** (www.jalamabeachstore.net; platos 4-12 US$; ⊙normalmente 8.00-19.00 en verano). Para dormir, lo mejor es reservar una cabaña, o llegar a las 8.00 y ponerse en lista para una parcela en el concurrido '**camping**' (www.sbparks.org/reservations; parcela tienda/autocaravana desde 23/38 US$, cabaña 110-210 US$); conviene comprobar que no esté la señal de "campground full" ("lleno") antes, cerca de la Hwy 1.

La ruta

Desde Pismo Beach hacia el sur, la Hwy 1 serpentea tranquilamente y pasa por Guadalupe y Lompoc, donde es posible desviarse a La Purísima Mission State Historic Park (p. 542). Tras pasar Lompoc, la Hwy 1 vira al este y vuelve a unirse con la Hwy 101 al sur de los viñedos de Santa Bárbara, cerca de Gaviota.

Duración y longitud

Con todos los desvíos antes descritos, la ruta suma 265,5 km desde Pismo Beach hasta Santa Bárbara, unas 3½ h sin paradas ni retrasos por el tráfico.

◉ Puntos de interés y actividades

A la ciudad de Pismo le gusta autodenominarse la "Capital mundial de las almejas", aunque hoy más bien escasean. Es más fácil pescar algo en el muelle, donde alquilan cañas. Para alquilar un traje de neopreno y una tabla de surf o de *body*, se puede echar un vistazo a las tiendas de la zona.

Pismo Beach Monarch Butterfly Grove PARQUE
(www.monarchbutterfly.org; ⊙amanecer-anochecer; ♿) GRATIS De finales de octubre a febrero se reúnen en este parque más de 25 000 mariposas monarca, de color negro y naranja, para pasar el invierno. Se pueden confundir fácilmente con las hojas de los árboles, pues se juntan en grupos enormes sobre la copa

de los eucaliptos. En horas de reposo (10.00-16.00), los voluntarios explican el increíble viaje de estos insectos, que supera en duración la vida de una generación de mariposas. En el lado oeste de Pacific Blvd (Hwy 1), al sur del Pismo State Beach-North Beach Campground, hay una zona apartada de gravilla para aparcar.

✨ Fiestas y celebraciones

Wine, Waves & Beyond   CULTURA, COMIDA
(www.winewavesandbeyond.com) Competiciones de surf, películas sobre surf, catas de vino y una gran fiesta en la playa con música en directo y comida, a finales de abril-principios de mayo.

Classic at Pismo Beach   CULTURA
(www.theclassicatpismobeach.com) Vehículos clásicos y deportivos antiguos llegan a la ciudad por la Hwy 1, a mediados de junio.

Clam Festival   COMIDA
(www.pismochamber.com) Festival en honor de la almeja, antes tan abundante y aún sabrosísima, a mediados de octubre. Se puede salir a recoger almejas o probar una sopa de almejas y disfrutar de la música en directo.

🛏 Dónde dormir

Pismo Beach cuenta con decenas de moteles, pero suelen llenarse rápido y los precios se disparan en verano, especialmente los fines de semana. Los *resorts* se concentran sobre los arrecifes del norte, por Price St y Shell Beach Rd, mientras que los moteles lo hacen por la playa y la Hwy 101.

Pismo State Beach - North Beach Campground   CAMPING $
(✆reservas 800-444-7275; www.reserveamerica.com; 399 S Dolliver St; parcela tienda y autocaravana 35 US$; 🐾) Está en un parque estatal, a 1,6 km al sur del centro, junto a la Hwy 1, a la sombra de eucaliptos y con más de 170 parcelas de hierba espaciosas y con hogueras. El *camping* ofrece acceso fácil a la playa, váteres con cisterna y duchas calientes de pago.

Beachwalker Inn & Suites   MOTEL $$
(✆805-773-2725; www.pismobeachwalkerinn.com; 490 Dolliver St; h desde 120 US$; 🐾🛜) A dos manzanas de la playa, este alojamiento reformado tiene una piscina pequeña y climatizada, y colchones de lujo. Las suites tienen cocina. El precio incluye café y dulces por la mañana.

Pismo Lighthouse Suites   HOTEL $$$
(✆800-245-2411, 805-773-2411; www.pismolighthousesuites.com; 2411 Price St; ste incl. desayuno desde 275 US$; 🅿🐾🛜) Dispone de todo lo que una familia necesita en vacaciones, desde cocina hasta un tablero de ajedrez, un *green* de golf, *ping-pong* y pistas de bádminton. Es un hotel contemporáneo de suites, junto a la playa, del que nadie querrá salir. Ofrecen descuentos en temporada baja. Tarifa por mascota 30 US$.

Sandcastle Inn   HOTEL $$$
(✆800-822-6606, 805-773-2422; www.sandcastleinn.com; 100 Stimson Ave; h incl. desayuno 169-435 US$; 🐾🛜) Habitaciones al estilo informal de la Costa Oeste, muchas de ellas a solo unos pasos de la arena. El patio de la última planta, con vistas al mar, es perfecto para descorchar una botella de vino al atardecer o por la noche, junto a la chimenea. Tarifa por mascota 75 US$ (precio único).

🍴 Dónde comer

Doc Burnstein's Ice Cream Lab   HELADERÍA $
(www.docburnsteins.com; 114 W Branch St, Arroyo Grande; conos 3-8 US$; ⏰11.00-21.30 do-ju, hasta 22.30 vi y sa; 🐾) Está en el vecino Arroyo Grande. Ofrecen sabores fantásticos, como trufa de frambuesa con merlot y el Elvis Special (manteca de cacahuete y plátano). Los miércoles a las 19.00 empieza el espectáculo del laboratorio de helados. Desde la Hwy 101 hacia el sur, hay que salir por Grand Ave.

Old West Cinnamon Rolls   PANADERÍA $
(www.oldwestcinnamon.com; 861 Dolliver St; tentempiés 2-5 US$; ⏰6.30-17.30) Maravillosa panadería junto a la playa.

Bunn Thai Bistro   TAILANDESA $$
(✆805-473-2824; www.bunnthaibistro.com; 968 W Grand Ave, Grover Beach; principales 10-18 US$; ⏰11.00-15.00 y 16.00-21.00 ju-ma; 🐾) En la localidad contigua de Grover Beach, este es un restaurante tailandés novedoso, con colores tropicales e incursiones en la cocina asiática de fusión. Todos son bienvenidos: omnívoros, veganos, vegetarianos y hasta alérgicos al gluten. Los platos del día para el almuerzo son una ganga. Desde Pismo Beach, se va por la Hwy 1 al sur, y a la izquierda por Grand Ave.

Frutiland La Casa Del Sabor   MEXICANA $$
(803 E Grand Ave, Arroyo Grande; principales 7-13 US$; ⏰9.30-19.00 lu y mi, hasta 15.30 ju, hasta 20.00 vi y sa, 10.00-18.00 do; 🐾) Sirven tortas mexicanas de tamaño y relleno gigantes que

dan para dos personas. Hay dos docenas para elegir. Otra opción es pedir una bandeja de tacos de pescado en tortillas de maíz azul con "agua fresca" de mango o papaya. Está en Arroyo Grande; se va la Hwy 101 al sur, y se sale por Halcyon Rd.

★ **Ember** CALIFORNIANA $$$
(☎805-474-7700; 1200 E Grand Ave, Arroyo Grande; platos para compartir 8-20 US$, principales 16-30 US$; ☺16.00-21.00 mi-ju y do, hasta 22.00 vi y sa; ♠) ✐ El chef Brian Collins (que trabajó en Chez Panisse, el famoso local de Alice Waters) ha vuelto a sus raíces en el condado de San Luis Obispo. Del horno de leña salen sabrosos panes sin levadura, calamares asados con arte y sustanciosos costillares ahumados al vino tinto. No reservan; conviene llegar a las 16.00 o pasadas las 19.30.

La barra se ocupa por orden de llegada y sirven cualquier cosa de la carta. El local está al oeste de la Hwy 101 (salida Halcyon Rd sentido sur) en Arroyo Grande.

★ **Cracked Crab** PESCADO Y MARISCO $$$
(☎805-773-2722; www.crackedcrab.com; 751 Price St; principales 12-45 US$; ☺11.00-21.00 do-ju, hasta 22.00 vi y sa; ♠) Restaurante informal, de propiedad familiar, para degustar pescado y marisco fresco y vinos regionales. Los baberos de plástico resultan muy útiles para sus famosas fuentes, llenas de pescado y marisco, salsa cajún, patatas y mazorcas de maíz. No reservan, pero vale la pena esperar.

Dónde beber y ocio

Taste of the Valleys BAR DE VINOS
(www.pismowineshop.com; 911 Price St; ☺12.00-21.00 lu-ju, hasta 22.00 vi y sa, hasta 20.00 do) Repleto de caldos seleccionados de toda California y más allá. Se puede probar lo que tengan abierto, aunque la carta por copas suma medio millar de vinos.

Pismo Bowl BOLERA
(www.pismobeachbowl.com; 277 Pomeroy Ave; juego por persona 4 US$, alquiler calzado 3 US$; ☺12.00-22.00 do-ju, hasta 24.00 vi y sa; ♠) Bolera clásica que encaja perfectamente con el aire *retro* de Pismo Beach, a un paseo del muelle. Los viernes y sábados son noches de iluminación "cósmica" y bolos con karaoke.

❶ Información

Centro de información de visitantes de Pismo Beach (☎800-443-7778, 805-773-4382; www.classiccalifornia.com; 581 Dolliver St; ☺9.00-17.00 lu-vi, 11.00-16.00 sa) Tienen mapas y folletos gratis, y un quiosco más pequeño en el muelle (11.00-16.00 do).

❶ Cómo llegar y desplazarse

Cada hora, de lunes a viernes, y con varios servicios diarios los fines de semana, los autobuses de la línea nº 10 de **RTA** (☎805-541-2228; www.slorta.org) conectan San Luis Obispo con el centro comercial de Premium Outlets (2 US$, 30 min), en Prismo, a 1,6 km de la playa, y prosigue hasta el centro de Arroyo Grande (1,50 US$, 15 min).

Condado de Santa Bárbara

Los mejores restaurantes

➡ Lark (p. 532)

➡ Lure Fish House (p. 553)

➡ Santa Barbara Shellfish Company (p. 531)

➡ Succulent Café (p. 546)

➡ Lucky Penny (p. 530)

Los mejores alojamientos

➡ El Encanto (p. 529)

➡ Inn of the Spanish Garden (p. 530)

➡ Santa Barbara Auto Camp (p. 528)

➡ Blue Iguana Inn (p. 550)

➡ Hamlet Inn (p. 545)

Por qué ir

Sencillamente, porque es una placentera región para no hacer nada. Situada entre altas montañas y el Pacífico, Santa Bárbara es una ciudad chic de edificios bajos de estuco blanco y tejas árabes, cuyo ambiente mediterráneo acredita su apodo de la "Riviera americana". Es un lugar muy cautivador para relajarse en la playa, comer y beber extraordinariamente bien, salir de compras y dejar las preocupaciones para mañana. Junto a la campaña "Sin automóviles" de la ciudad han aparecido autobuses eléctricos, carriles-bici y circuitos enológicos sostenibles; y la madre naturaleza devuelve el gesto con abundantes oportunidades de senderismo, ciclismo, surf, kayak, submarinismo y acampada, desde el costero Channel Islands National Park hasta la bohemia Ojai, rodeada de fuentes termales. Además, la viticultura vive su *boom* en los bucólicos montes de Santa Ynez, con más de cien bodegas que compiten por la atención del viajero. Pero, si lo único que se desea es relax, pues tampoco faltan playas soleadas.

Cuándo ir
Santa Bárbara

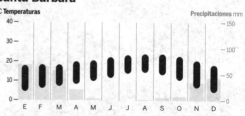

Abr Temperaturas agradables y menos turistas. En las Channel Islands brotan las flores silvestres.

Jun Empiezan las vacaciones de verano y la temporada de playa. Desfile del Summer Solstice Celebration.

Oct Cielos azules, sol y poca gente. Festivales de la vendimia.

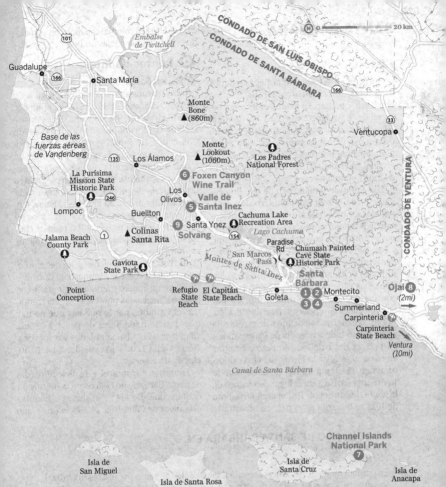

Imprescindible

① Pasear por el **Stearns Wharf** (p. 521) y relajarse en las **playas** de cine de Santa Bárbara.

② Visitar salas de cata, bares modernos, galerías de arte y tiendas en la **Funk Zone** (p. 533) de Santa Bárbara.

③ Explorar lugares históricos del colonialismo español como la **Misión Santa Bárbara** (p. 520).

④ Disfrutar de las vistas desde el campanario de los **Juzgados del condado de Santa Bárbara** (p. 520).

⑤ Pedalear entre viñedos y granjas ecológicas por el **valle de Santa Ynez** (p. 541).

⑥ Recorrer el **Foxen Canyon Wine Trail** (p. 539) y probar el mejor pinot noir.

⑦ Descubrir cuevas marinas en kayak y ver ballenas en el **Channel Islands National Park** (p. 554).

⑧ Rejuvenecer el cuerpo y la mente en **Ojai** (p. 549), de inspiración *new age*.

⑨ Comer *ableskivers* (buñuelos daneses) junto a un molino *kitsch* en **Solvang** (p. 544).

SANTA BÁRBARA

89 640 HAB.

Historia

Cientos de años antes de la llegada de los españoles, la región prosperaba con los chumash, que habían establecido rutas comerciales entre el continente y las Channel Islands, facilitadas con sus canoas de madera de secuoya llamadas *tomols*. En 1542, el explorador Juan Rodríguez Cabrillo navegó por el canal y lo reclamó para España poco antes de morir en una isla cercana.

Los chumash tenían poco de qué preocuparse hasta el regreso definitivo de los españoles a finales del s. XVIII. Los sacerdotes católicos fundaron misiones por toda la costa para convertir a los nativos al cristianismo y los soldados obligaron a los chumash a construirlas, además de presidios (fuertes militares), a trabajar en las granjas y a abandonar las Channel Islands. Mientras, en el continente, muchos chumash morían por enfermedades europeas y la falta de atención.

Los rancheros mexicanos llegaron a la zona tras su independencia de los españoles en 1821; la gente del este empezó a emigrar en masa al estallar la Fiebre del Oro californiana en 1849; y a finales de la década de 1890 Santa Bárbara era el lugar de veraneo de la gente rica de SoCal. Tras el gran terremoto de 1925 se dictaron leyes para reconstruir la ciudad al estilo colonial español, con edificios de estuco blanco y tejas árabes.

⊙ Puntos de interés

★ Misión Santa Bárbara
IGLESIA

(www.santabarbaramission.org; 2201 Laguna St; adultos/5-15 años 6/1 US$; ⊙9.00-16.30 abr-oct, hasta 16.15 nov-mar; P) La "reina de las misiones" de California preside la ciudad desde una colina 1,6 km al noroeste del centro. Su imponente fachada dórica, en homenaje a una antigua capilla romana, está rematada atípicamente por dos torres. Dentro de la iglesia de piedra, de 1820, destaca la espectacular artesanía chumash. Fuera hay un inquietante cementerio con grabados de calaveras sobre la puerta, 4000 tumbas chumash y los elaborados mausoleos de pioneros californianos.

Al visitar las 10 pequeñas salas del museo, que incluyen cestería chumash, el dormitorio de un misionero y antiguas fotografías en blanco y negro, las puertas se van cerrando tras el visitante, por lo que hay que no hay que dejarse nada antes de pasar a la sala siguiente. Hay visitas guiadas los jueves y viernes a las 11.00 y los sábados a las 10.30, ambas sin reserva.

La misión se fundó el 4 de diciembre (día de Santa Bárbara) de 1786 como la 10ª misión californiana. De las 21 misiones españolas originales de California, esta es la única que

---

EL CONDADO DE SANTA BÁRBARA EN...

Un día

La primera mañana se toma el sol en la **East Beach** y se pasea por el **Stearns Wharf** y el **puerto.** Tras el almuerzo se va a ver museos, puntos de interés y tiendas en **State Street,** sin olvidar los **Juzgados** y su campanario, con vistas de 360º. El día termina con la visita a la histórica **misión** y, al anochecer, en la **Funk Zone.**

Dos días

Se pedalea por la costa, se hace surf y/o kayak o se va de excursión a la base de los montes de Santa Ynez. Por la tarde, en el selecto **Montecito** aguardan muchas tiendas y fauna humana, mientras que **Carpintería** es una localidad costera muy *retro.*

Tres días

Se visita la zona vinícola de Santa Bárbara en automóvil, en motocicleta o en bicicleta por alguna ruta enológica panorámica (las de **Foxen Canyon** y **Santa Rita Hills** son muy bonitas). Se almuerza en plan *picnic* o se pica algo en el encantador **Los Olivos** o en el "danés'" **Solvang.**

Cuatro días

De regreso a Los Ángeles, se pasa por el bohemio **Ojai** en las montañas y se visitan sus fuentes termales y *spas* o se reserva una excursión de un día en barco de **Ventura** a la **isla de Anacapa,** en el **Channel Islands National Park.**

evitó la secularización durante el dominio mexicano. Ocupada ininterrumpidamente por sacerdotes católicos desde su fundación, la misión aún es una iglesia en activo.

Desde el centro, se llega con el autobús de MTD nº 22.

Juzgados del condado de Santa Bárbara
LUGAR HISTÓRICO

(☎805-962-6464; www.courthouselegacyfoun dation.org; 1100 Anacapa St; ◷8.30-16.45 lu-vi, 10.00-16.15 sa y do) GRATIS Construido en estilo neomudejar español en 1929, estos juzgados tienen frescos en los techos, lámparas de araña de hierro forjado y azulejos tunecinos y españoles. En la 2ª planta hay una sala de murales que narra la historia colonial española. Desde El Mirador, un campanario de 26 m de altura, hay vistas panorámicas de la ciudad, el océano y las montañas. Se puede visitar el edificio por libre, pero se disfrutará mucho más con una visita guiada (gratis), que se ofrece cada día a las 14.00 y también a las 10.30 entre semana (excepto ju).

Stearns Wharf
LUGAR HISTÓRICO

(www.stearnswharf.org; P) GRATIS El extremo sur de State St da paso al Stearns Wharf, un muelle de madera con tiendas de recuerdos y puestos de tentempiés y de marisco. Construido en 1872, es el muelle en activo más antiguo de la Costa Oeste, aunque reconstruido más de una vez. En los años cuarenta fue propiedad del actor James Cagney y sus hermanos. Si se va con niños, puede visitarse el Ty Warner Sea Center (p. 524).

Aparcar en el muelle cuesta 2,50 US$/h (los primeros 90 min son gratis con cupones comerciales), pero dado su irregular firme de madera, se recomienda acceder a pie. La entrada del muelle la marca la parada de los autobuses de MTD, que enlazan el centro y el paseo marítimo.

Santa Barbara Museum of Art
MUSEO

(☎805-963-4364; www.sbma.net; 1130 State St; adultos/6-17 años 10/6 US$, gratis 17.00-20.00 ju; ◷11.00-17.00 ma-mi y vi-do, hasta 20.00 ju) Pequeño y cuidado museo con obras de maestros europeos y americanos, como Matisse y Diego Rivera, fotografías contemporáneas, antigüedades clásicas y exposiciones temporales que invitan a pensar. En la 2ª planta, el arte asiático incluye un espectacular mándala de arena tibetano y la armadura de hierro y cuero de un guerrero japonés. Las visitas guiadas suelen empezar a las 13.00, a diario.

INDISPENSABLE

MARIPOSAS MONARCAS

A finales de otoño o principios de invierno, pregúntese en Outdoors Santa Barbara Visitors Center (p. 535) por los mejores lugares para ver estas mariposas: es una imagen extraordinaria verlas posadas en los árboles. Para más información, véase p. 481.

También hay un espacio infantil interactivo, una tienda y un café.

Santa Barbara Maritime Museum
MUSEO

(☎805-962-8404; www.sbmm.org; 113 Harbor Way; adultos/6-17 años 7/4 US$, gratis 3er ju de mes; ◷10.00-17.00, hasta 18.00 fin may-ppios sep; P🚼) En el paseo marítimo, este atiborrado centro de exposiciones de dos plantas celebra la historia marinera de la ciudad con objetos y recuerdos náuticos, además de exposiciones interactivas que incluyen una silla de pesca mayor desde la cual se puede 'pescar' un marlín de campeonato. También ofrece un paseo virtual por el canal de Santa Bárbara, surf (igualmente virtual) y documentales sobre el fondo marino en el auditorio. Incluye 90 min gratis en el aparcamiento público o el taxi acuático Lil' Toot desde el Stearns Wharf.

Santa Barbara Historical Museum
MUSEO

(☎805-966-1601; www.santabarbaramuseum.com; 136 E De La Guerra St; ◷10.00-17.00 ma-sa, desde 12.00 do) GRATIS Alrededor de un romántico claustro de adobe, este pequeño y apacible museo posee una amplia e interesante colección de recuerdos locales que van desde preciosas cestas chumash y tejidos de la época colonial española hasta un fascinante cofre que perteneció a Junípero Serra. Entre otros detalles de la historia local se puede descubrir el papel que tuvo la ciudad en el derrocamiento de la última monarquía china. Hay visitas guiadas los sábados y domingos a las 14.00.

Santa Barbara Botanic Garden
JARDÍN

(☎805-682-4726; www.sbbg.org; 1212 Mission Canyon Rd; adultos/2-12 años/13-17 años 10/6/8 US$; ◷9.00-18.00 mar-oct, hasta 17.00 nov-feb; P🚼) Este jardín botánico de 16 Ha está dedicado a la flora californiana supone un bonito paseo. Tiene más de 8 km de senderos, en parte accesibles con silla de ruedas, que pasan junto a cactus, secuoyas y flores silvestres y también por la vieja presa de

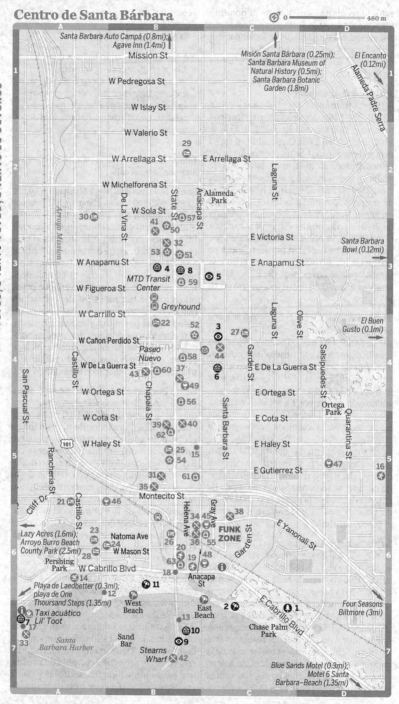

Centro de Santa Bárbara

0 ——————————— 480 m

Santa Barbara Auto Campá (0 8mi);
Agave Inn (1.4mi)

Mission St

Misión Santa Bárbara (0.25mi);
Santa Barbara Museum of
Natural History (0.5mi);
Santa Barbara Botanic
Garden (1.8mi)

El Encanto
(0.12mi)

W Pedregosa St

W Islay St

W Valerio St

29

W Arrellaga St   E Arrellaga St

W Michelforena St

Alameda
Park

W Sola St

57

E Victoria St

41
50

Santa Barbara
Bowl (0.12mi)

32
53   51

W Anapamu St   E Anapamu St

30

4   8
5

W Figueroa St   59

MTD Transit
Center

W Carrillo St   Greyhound

El Buen
Gusto (0.1mi)

22
52   3   27

W Cañon Perdido St

Paseo
Nuevo

58
44

W De La Guerra St   E De La Guerra St

43   60
37

49   6

W Ortega St   E Ortega St

56

Ortega
Park

W Cota St   E Cota St

39   40
62

W Haley St   E Haley St

25   15
54

E Gutierrez St

31   61

47
16

35

Montecito St

21   46

23
Natoma Ave
24
W Mason St

Lazy Acres (1.6mi);
Arroyo Burro Beach
County Park (2.5mi)

34   45   38
FUNK
ZONE

26
36   55

Pershing
Park

W Cabrillo Blvd

20
63   19   48

14
18

Playa de Laedbetter (0.3mi);
playa de One
Thoursand Steps (1.35mi)

12

Anacapa
St

11

Four Seasons
Biltmore (3mi)

Taxi acuático
Lil' Toot

West
Beach

East
Beach

2   1

17

13

Chase Palm
Park

33

Santa
Barbara Harbor

Sand
Bar

10

Stearns
Wharf   42

9

Blue Sands Motel (0.3mi);
Motel 6 Santa
Barbara–Beach (1.35mi)

Centro de Santa Bárbara

la finca, construida por los chumash para irrigar los campos de la misión. Se aceptan perros con correa. Los circuitos guiados salen a las 11.00 y 14.00 los sábados y domingos y a las 14.00 los lunes. Entre semana, el autobús de MTD nº 22 desde la misión para en el jardín, si se pide. En automóvil, hay que ir al norte desde la misión hacia Foothill Blvd (Hwy 192), girar a la derecha, y después a la izquierda y continuar por Mission Canyon Rd.

El Presidio de Santa Barbara State Historic Park
EMPLAZAMIENTO HISTÓRICO

(805-965-0093; www.sbthp.org; 123 E Cañon Perdido St; adultos/menores 17 años 5 US$/gratis; 10.30-16.30) Fundada en 1782 para defender la misión, esta fortaleza de muros de adobe construida por los chumash fue el último fuerte militar español de la Alta California; si bien su función no fue solo defensiva, pues también era un centro social y político, así como un alto en el camino para las tropas españolas. Hoy, este pequeño parque urbano alberga algunas de las estructuras más antiguas de la ciudad. Si se visita por cuenta propia, no hay que olvidar la preciosa la capilla.

La entrada incluye el acceso a la vecina **Casa de La Guerra**, un hogar colonial de adobe del s. XIX que expone patrimonio español, mexicano y californiano.

Karpeles Manuscript
Library Museum
MUSEO

(☎805-962-5322; www.rain.org/~karpeles; 21 W Anapamu St; ⊘12.00-16.00 mi-do) GRATIS Repleto de textos históricos, este museo gustará a los aficionados a la historia, a los libros y a la música. Es uno de la docena de museos Karpeles que hay por todo el país y en sus exposiciones temporales se muestran obras maestras de la literatura, desde Shakespeare hasta Sherlock Holmes.

🏃 Actividades

Ciclismo

Un **sendero recreativo** asfaltado discurre a lo largo de casi 5 km junto al paseo marítimo en ambos sentidos desde el Stearns Wharf, al oeste hacia la playa de Leadbetter, más allá del muelle, y al este tras pasar la East Beach. Para más rutas ciclistas, en **Bike Santa Barbara County** (www.bike-santabarbara.org) se pueden descargar gratis circuitos por la ciudad, las montañas y la zona vinícola, además de facilitar enlaces con tiendas de alquiler de bicicletas y tiendas especializadas.

Wheel Fun Rentals
CICLISMO

(☎805-966-2282; www.wheelfunrentals.com) **Cabrillo Blvd** (www.wheelfunrentals.com; 23 E Cabrillo Blvd; ⊘8.00-20.00 mar-oct, hasta 18.00 nov-feb; 🚻); **State St** (www.wheelfunrentals.com; 22 State St; ⊘8.00-20.00 mar-oct, hasta 18.00 nov-feb; 🚻) Alquiler por horas de bicicletas de paseo (10 US$), de montaña (11 US$) y birlochos (tipo de carruaje) de 2/4 plazas (29/39 US$), con descuentos para medio y un día.

Santa Barbara Bikes To-Go
CICLISMO

(☎805-628-2444; www.sbbikestogo.com; 812 E Gutierrez St) Buenas bicicletas de carretera e híbridas de montaña que se entregan en el hotel del cliente. El alquiler (45-105 US$/día) incluye casco y bolsa de sillín con kit de emergencia. Hay descuentos por alquiler de varios días, semanales y mensuales; es esencial reservar. Solo mayores de 18 años.

Kayak

Se puede remar por las aguas tranquilas del puerto de Santa Bárbara o por las calas de la costa Gaviota, o ir a las Channel

---

SANTA BÁRBARA PARA NIÑOS

En Santa Bárbara hay muchas actividades en plan familiar.

Ty Warner Sea Center (☎805-962-2526; www.sbnature.org; 211 Stearns Wharf; adultos/2-12 años/13-17 años 10/7/8 US$; ⊘10.00-17.00; 🅿🚻) Centro interactivo y educativo, con estanques para tocar criaturas marinas, acuarios y cantos con ballenas. Aparcar en el muelle cuesta 2,50 US$/h.

Santa Barbara Museum of Natural History (☎805-682-4711; www.sbnature.org; 2559 Puesta del Sol; adultos/2-12 años/13-17 años 11/7/8 US$, incl. sesión planetario 15/11/12 US$; ⊘10.00-17.00; 🅿🚻) A poco más de 1 km de la misión, esqueletos gigantes, un muro de insectos y un oscuro planetario seducirán la imaginación de los más pequeños.

Santa Barbara Maritime Museum (p. 521) Mirar por un periscopio, pescar un pez virtual y ver películas submarinas y maquetas de barcos.

Santa Barbara Sailing Center Trayectos de 1 h por el puerto (15 US$) para que los pequeños vean leones marinos de cerca.

Taxi acuático Lil' Toot (p. 536) Paseos por la costa a bordo de un barquito amarillo.

Chase Palm Park (323 E Cabrillo Blvd; 🚻) Vueltas en un antiguo tiovivo (2 US$, solo efectivo) y un parque infantil inspirado en un naufragio, con caracolas y un mini faro.

Arroyo Burro Beach County Park (Hendry'i; www.countyofsb.org/parks/; Cliff Dr en Las Positas Rd; ⊘8.00-anochecer; 🅿🚻) Amplia playa de arena apartada de los turistas y relativamente cerca del centro.

Islands para disfrutar de impresionantes cuevas marinas.

Paddle Sports Center
KAYAK

(☎805-617-3425; www.channelislandso.com; 117b Harbor Way; alquiler kayak individual/doble por hora 25/40 US$, por día 50/65 US$; ⊗normalmente 8.00-18.00) Veterano operador de las Channel Islands que ofrece circuitos en kayak guiados por el puerto y la costa (75-95 US$) a principiantes y expertos. Alquilan kayaks todo el año en el puerto y en la playa de Goleta, y de finales de mayo a principios de septiembre en la West Beach. Resérvese con antelación en línea o por teléfono.

Santa Barbara Adventure Company
KAYAK

(☎877-885-9283, 805-884-9283; www.sbadventure co.com; 32 E Haley St; circuitos kayak 49-209 US$; 🖶) Todo tipo de excursiones en kayak, desde salidas familiares por el puerto y paseos para ver la puesta del sol hasta excursiones por la costa Gaviota y salidas nocturnas a las Channel Islands. Algunos circuitos requieren un mínimo de dos o cuatro personas.

Santa Barbara Sailing Center
KAYAK

(☎805-962-2826; www.sbsail.com; junto a Harbor Way; alquiler kayak individual/doble por hora 10/15 US$, circuito kayak 2 h 50 US$; 🖶) Tiene las tarifas de alquiler de kayak y los circuitos más económicas de la zona, y clases de remo previa reserva. Llámese para conocer los horarios.

Viajes en barca y observación de ballenas

Algunos operadores ofrecen salidas en barca para ver ballenas todo el año. En invierno y primavera, casi siempre se ven ballenas grises, y en verano, azules y jorobadas.

Condor Express
CRUCEROS

(☎888-779-4253, 805-882-0088; www.condor cruises.com; 301 W Cabrillo Blvd; crucero 2½ h adultos/5-12 años 50/30 US$, crucero 4½ h desde 89/50 US$; 🖶) Catamarán veloz para ir a ver ballenas. Los avistamientos están garantizados: de no ser así, pagan otra excursión.

Santa Barbara Sailing Center
CRUCEROS, NAVEGACIÓN A VELA

(☎805-962-2826; www.sbsail.com; junto a Harbor Way; cruceros 15-65 US$, cursos de navegación desde 615 US$; 🖶) Para subir a bordo del *Double Dolphin*, un catamarán a vela de 15 m, y pasar 2 h por la costa o ir a ver la puesta de sol.

ℹ CIRCUITOS A PIE A MEDIDA

El circuito a pie autoguiado **Red Tile** cubre 12 manzanas de Santa Bárbara y visita los puntos de interés histórico de la ciudad. Debe su nombre a las tejas rojas árabes de los tejados de varios edificios de estilo español. Es posible descargarse un plano gratis de este circuito (y de otros que siguen la costa o van a la misión) en la página web de **Santa Barbara Car Free** (www.santa barbaracarfree.org) 🖉. Para visitar las salas de catas, sígase el Urban Wine Trail (p. 532).

También hay salidas para avistar ballenas (en temporada) y paseos de 1 h por el puerto para ver leones marinos, ambas aptas para niños, además de cursos de 20 h para aprender a navegar en velero.

Sunset Kidd's Sailing Cruises
CRUCEROS

(☎805-962-8222; www.sunsetkidd.com; 125 Harbor Way; crucero 2 h 40-50 US$) Excursiones de 2 h para ver ballenas o cruceros por la mañana, por la tarde, a la puesta de sol o bajo la luna llena, en un velero de 18 plazas. Se recomienda reservar.

Natación

Los Baños del Mar
NATACIÓN

(☎805-966-6110; www.friendsoflosbanos.org; 401 Shoreline Dr; entrada 6 US$; ⊗llámese para horarios de baño; 🖶) Además de en las playas de Santa Bárbara y alrededores, se puede nadar en esta piscina municipal cerca de la West Beach. Los menores de 8 años tienen una piscina infantil vigilada que abre a diario en verano, si el tiempo lo permite.

Surf

Excepto para los novatos, el surf en verano es muy flojo. En invierno todo cambia. El **Leadbetter Point** de Santa Bárbara es ideal para principiantes; los más expertos tienen el **Rincon Point,** a las afueras de Carpintería.

Paddle Sports Center
SURF

(☎805-617-3425; www.channelislandso.com; junto a Harbor Way; alquiler neopreno por 2 h/día 5/15 US$, tabla de *body* o de surf 10/30 US$, tabla/equipo de surf de remo 40/100 US$; ⊗normalmente 8.00-18.00) Equipos de *body,* surf o surf de remo (SUP) y trajes de neopreno. Muy bien ubicado junto al puerto.

LAS 10 MEJORES PLAYAS CERCA DE SANTA BÁRBARA

Las playas de Santa Bárbara son preciosas, pero no hay esperar puestas de sol sobre el mar, pues casi toda la costa está orientada al sur.

East Beach (E Cabrillo Blvd) La más grande y popular. Se extiende hacia el este del Stearns Wharf y tiene redes de voleibol, un parque infantil y un bar. Los domingos por la tarde hay puestos de artistas en la acera, cerca del carril bici.

Butterfly Beach (Channel Dr al este de Butterfly Ln) Los bañadores de Armani y las gafas de sol Gucci abundan en esta playa estrecha frente al histórico hotel Biltmore. Para ver famosos y, por su orientación al oeste, puestas de sol.

West Beach (W Cabrillo Blvd) Entre el Stearns Wharf y el puerto hay aguas tranquilas para ir en kayak, navegar, practicar surf de remo (SUP) y, sobre todo, tomar el sol. Para hacerse unos largos se puede ir a Los Baños del Mar (p. 525).

Playa de Leadbetter (Shoreline Dr en Loma Alta Dr) Al oeste del puerto, esta fantástica playa es ideal para nadar y aprender surf o *windsurf*. La zona verde de *picnic* sobre los acantilados es perfecta para familias.

Playa de One Thousand Steps (al pie de Santa Cruz Blvd en Shoreline Dr; ⊘amanecer-22.00) Una escalera histórica baja por el acantilado (que no tiene mil escalones) hasta la playa, buena para pasear y buscar caracolas con bajamar, pero no para nadar. El vecino **Shoreline Park** tiene una zona verde con un merendero y un parque infantil.

Arroyo Burro Beach County Park (p. 524) Cerca del cruce de Cliff Dr y Las Positas Rd, esta joya tiene zona de *picnic* y el restaurante familiar Boathouse. La playa, llana, amplia y con pocos turistas, es perfecta para los niños, que pueden buscar caracolas cuando baja la marea. También es una popular zona de surf. Hay una zona para perros sueltos en la Douglas Family Preserve, en los acantilados sobre la misma.

Goleta Beach County Park (www.countyofsb.org/parks; Sandspit Rd, Goleta; ⊘8.00-anochecer) Una playa de lugareños en los barrios residenciales del oeste, cerca del campus de la University of California Santa Barbara (UCSB). Hay un muelle de pesca de 457 m, un carril bici y amplios tramos de arena para tomar el sol tras darse un buen chapuzón o surfear olas facilitas. Desde la Hwy 101, tómese la Hwy 217 al oeste.

Carpinteria State Beach (p. 549) Unos 19 km al este de Santa Bárbara, cerca de la Hwy 101, se encuentra esta playa de 1,6 km, que tiene aguas tranquilas ideales para nadar y buscar caracolas.

El Capitán State Beach (www.parks.ca.gov; El Capitan State Beach Rd, Goleta; por automóvil 10 US$; ⊘8.00-anochecer; ℗⛟) y la **Refugio State Beach** (www.parks.ca.gov; 10 Refugio Beach Rd, Goleta; por automóvil 10 US$; ⛟) son dos bellezas que bien merecen una excursión: distan unos 32 km de Santa Bárbara por la Hwy 101. Muy populares para nadar y acampar, están unidas entre sí por un carril bici.

Santa Barbara Adventure Company SURF (☏877-885-9283, 805-884-9283; www.sbadventure co.com; 32 E Haley St; clase 2 h surf o surf de remo 89 US$, clase surf medio día/2 días 109/199 US$; ⛟) Operador familiar para aprender el arte del surf o del surf de remo. Se exige un mínimo de dos participantes, mayores de 7 años.

Surf-n-Wear's Beach House SURF (☏805-963-1281; www.surfnwear.com; 10 State St; alquiler por hora/día neopreno desde 8/12 US$, tabla surf/*body* 10/16 US$, surf 10/35 US$, equipo surf de remo por día 50 US$; ⊘9.00-18.00 do-ju, hasta 19.00 vi y sa) En esta tienda de surf de los años

sesenta, no lejos del Stearns Wharf, alquilan tablas de espuma y de *body*, trajes de neopreno y equipos de surf de remo. También venden tablas de surf *vintage* de coleccionistas.

Senderismo

Al viajero le esperan preciosas excursiones por las laderas de los montes de Santa Ynez y en cualquier rincón del Los Padres National Forest. La mayoría de los senderos pasan por escarpados chaparrales y cañones empinados; si se suda la camiseta, la recompensa serán espectaculares vistas de la costa. La mejor época es primavera y otoño, cuando el clima es moderado. Siempre hay que llevar suficiente agua y tener cuidado con los robles venenosos.

Para descubrir más senderos locales, visítese la web de Santa Barbara Hikes (www.santabarbarahikes.com) o la oficina central del Los Padres National Forest (☎805-968-6640; www.fs.usda.gov/lpnf; 6755 Hollister Ave, Goleta; ☺8.30-12.00 y 13.00-16.30 lu-vi), al oeste del aeropuerto (desde la Hwy 101, se sale por Glen Annie Rd al sur hacia Storke Rd).

Parapente

Para disfrutar del océano a vista de pájaro, Eagle Paragliding (☎805-968-0980; www.eagleparagliding.com) y Fly Above All (☎805-965-3733; www.flyaboveall.com) ofrecen clases de parapente (desde 200 US$) y vuelos en tándem (100-200 US$). Para vuelos en ala delta y en tándem, contáctese con Eagle Paragliding o con Fly Away (☎805-403-8487; www.flyawayhanggliding.com).

☞ Circuitos

★ Architectural Foundation of Santa Barbara   PASEOS
(☎805-965-6307; www.afsb.org; adultos/menores 12 años 10 US$/gratis; ☺normalmente 10.00 sa y do) ✎ Cualquier mañana de fin de semana se pueden invertir 90 min en el fascinante circuito de esta fundación que recorre el arte, la historia y la arquitectura del centro. No es necesario reservar. Para horarios y punto de encuentro, llámese por teléfono o consúltese la web.

Land & Sea Tours   CIRCUITOS GUIADOS
(☎805-683-7600; www.out2seesb.com; adultos/2-9 años 25/10 US$; ☺normalmente 12.00 y 14.00 a dia-

rio todo el año, también 16.00 a diario may-oct; ☝) Si gustan los vehículos de las películas de James Bond se puede visitar la ciudad a bordo del anfibio *Land Shark*. Los circuitos parten del Stearns Wharf; los tiques se sacan antes de embarcar (sin reserva).

Santa Barbara Trolley   EN AUTOBÚS
(☎805-965-0353; www.sbtrolley.com; adultos/niños 3-12 años 18/9 US$; ☝) ✎ Ruta circular de 90 min con paradas libres que visita las principales atracciones turísticas a bordo de autobuses biodiesel. Salen del Stearns Wharf (cada hora 10.00-16.00). Los billetes son válidos para todo el día; se compran al conductor o con antelación (y descuento) en línea. Con cada billete de adulto puede viajar también un niño menor de 12 años.

Santa Barbara Adventure Company   CIRCUITOS GUIADOS
(☎805-884-9283, 877-885-9283; www.sbadventureco.com; 32 E Haley St) Para disfrutar del aire libre nada mejor que un paseo a caballo por la playa o un circuito en bicicleta por la zona vinícola. Cuestan lo mismo: 150 US$/persona (mín. 2 participantes).

★★ Fiestas y celebraciones

Para informarse de todo tipo de eventos, visítese www.santabarbaraca.com y www.independent.com.

Santa Barbara International Film Festival   CINE
(http://sbiff.org) Los fans del cine y las grandes estrellas de Hollywood se dan cita en

---

LAS MEJORES CAMINATAS DE UN DÍA POR SANTA BÁRBARA

SENDERO	DISTANCIA (KM)	DESCRIPCIÓN	CABECERA DEL SENDERO	INDICACIONES
Inspiration Point	5,6	Popular entre los lugareños que pasean sus perros y hacen deporte.	Tunnel Rd	Torcer a la izda. cerca de Mission Canyon Dr antes de llegar al Santa Barbara Botanic Garden.
Rattlesnake Canyon	5,6	Hay sombra y cascadas a medida que se sube por el cañón; se admiten perros con correa.	Las Canoas Rd	Torcer a la dcha. cerca de Mission Canyon Dr antes de llegar al Santa Barbara Botanic Garden.
Cold Spring & Montecito Park	Hasta 14,5	Con bastante cuesta, pasa por pequeñas cascadas y hay un sendero que llega a la cima.	Mountain Dr	Desde Montecito, seguir Olive Mill Rd al norte de la Hwy 101, continuar por la Hot Springs Rd pasada la Hwy 192, y torcer a la izda.

ⓘ PASEOS CON ARTE EN SANTA BÁRBARA

First Thursday (www.santabarba radowntown.com) ofrece visitas a las galerías del centro de 17.00 a 20.00 cada primer jueves de mes, cuando las galerías de arte de State St y alrededores inauguran exposiciones y organizan catas de vino y conciertos, todo gratis. Más cerca de la playa se celebra el Funk Zone Art Walk (http://funkzone.net) el segundo sábado de cada mes, de 13.00 a 17.00, con eventos gratis en galerías de arte, bares y restaurantes alternativos.

este festival en el que se proyectan más de 200 filmes independientes estadounidenses y extranjeros de finales de enero a principios de febrero.

I Madonnari Italian Street Painting Festival   ARTE, COMIDA

(www.imadonnarifestival.com; 🐾) Coloridos dibujos a tiza adornan las aceras de la Misión Santa Bárbara el fin de semana del Memorial Day. También hay puestos de comida italiana y de artesanía.

★ Summer Solstice Celebration   FESTIVAL

(www.solsticeparade.com) Este popularísimo y disparatado desfile de carrozas por State St da paso al verano. Es un fin de semana de música en vivo, actividades infantiles, puestos de comida, cerveza y vino al aire libre y un espectáculo de artesanía.

French Festival   CULTURA, ARTE

(www.frenchfestival.com) La mayor celebración francófila de California tiene lugar a mediados de julio, con un montón de comida y vino, músicas y danzas del mundo, una réplica de la Torre Eiffel y otra del Moulin Rouge, e incluso un desfile de caniches.

Santa Barbara County Fair   FERIA

(www.santamariafairpark.com; 🐾) Esta veterana feria de mediados de julio combina exposiciones agrícolas, desfiles de carnaval y mucha comida y vino. Se celebra en Santa María, a más de 1 h en automóvil al noroeste de Santa Bárbara por la Hwy 101.

★ Old Spanish Days Fiesta   CULTURA, ARTE

(www.oldspanishdays-fiesta.org) La ciudad entera se llena de finales de julio a principios de agosto con motivo de este veterano (y excesivo) festival que celebra el patrimonio colonial español y mexicano de la ciudad. Hay mercados al aire libre, puestos de comida, música en directo, flamenco, paseos a caballo, rodeos y un gran desfile.

🛏 Dónde dormir

Hay que estar preparado: las habitaciones básicas de motel junto a la playa cuestan más de 200 US$ en verano; y, sin reserva, que nadie espere encontrar algo a precios razonables. Los moteles más económicos están a lo largo de State St y por la Hwy 101 al norte hacia Goleta y al sur hacia Carpintería, Ventura y Camarillo.

★ Santa Barbara Auto Camp   CAMPING $$

(☎888-405-7553; http://autocamp.com/sb; 2717 De La Vina St; d 175-215 US$; P🅿❄🛜🐾🏠) 🐾 Para dormir al estilo *vintage* en una de las cinco caravanas Airstream aparcadas cerca de la parte alta de State St, al norte del centro. Todas están diseñadas por arquitectos y cuentan con comodidades únicas, como bañeras de patas o camas extra grandes para los niños, además de una cocina completa y bicicletas de paseo. Resérvese con tiempo; quizá pidan una estancia mínima de dos noches. Tarifa por mascota 25 US$.

Hotel Indigo   HOTEL-BOUTIQUE $$

(☎805-966-6586, 877-270-1392; www.indigo santabarbara.com; 121 State St; h desde 170 US$; P🅿❄@🛜🐾) 🐾 Situado entre el centro y la playa, en este pequeño hotel con encanto europeo cuidan todos los detalles: se expone arte contemporáneo y tiene patios en la azotea y detalles ecológicos, como un muro de plantas. Cuenta con una biblioteca con libros de interés local y de arte, aunque siempre cabe envolverse en el albornoz y quedarse en la habitación. El aparcamiento cuesta 14 US$.

Agave Inn   MOTEL $$

(☎805-687-6009; http://agaveinnsb.com; 3222 State St; h incl. desayuno desde 119 US$; P🅿❄🛜) Aunque no deja de ser un motel, tiene un ambiente a lo *boutique* de inspiración mexicana, con colores que recuerdan los cuadros de Frida Kahlo. Equipamientos como TV de pantalla plana, microondas, minineveras y aire acondicionado redondean esta opción destacada. Las habitaciones familiares tienen pequeñas cocinas y sofás cama. Desayuno continental incluido.

Harbor House Inn
MOTEL $$

(☎888-474-6789, 805-962-9745; www.harborhouseinn.com; 104 Bath St; h desde 180 US$; P🐾🛜❄) Cerca del puerto, este motel reformado ofrece estudios luminosos con suelos de madera y decoración playera. Algunos tienen pequeña cocina y chimenea, pero no aire acondicionado. El precio incluye una cesta de desayuno de bienvenida (estancia mín. 2 noches) y toallas de playa, sillas y parasoles, además de bicicletas de tres marchas. Tarifa por mascota 20 US$.

Marina Beach Motel
MOTEL $$

(☎805-963-9311, 877-627-4621; www.marinabeachmotel.com; 21 Bath St; h incl. desayuno desde 155 US$; P🐾🛜❄🚲🅿) Regentado por el mismo clan familiar desde 1942, este motel de una sola planta engalanado con flores y alrededor de un patio verde tiene una ubicación espléndida junto a la playa y ofrece habitaciones cómodas remodeladas, algunas con mini cocinas. El desayuno continental y las bicicletas de paseo están incluidos en el precio. Solo admiten mascotas pequeñas (15 US$).

Blue Sands Motel
MOTEL $$

(☎805-965-1624; www.thebluesands.com; 421 S Milpas St; h desde 120 US$; P🐾🛜❄🚲🅿) De propietarios afables, este pequeño motel de dos plantas es un pelín hortera, pero queda a dos pasos de la East Beach. Se recomienda reservar una habitación remodelada o, si se quiere gastar más, una con chimenea, cocina y vistas al mar. No hay aire acondicionado. Los fines de semana la estancia mínima es de dos noches. Tarifa por mascota 10 US$.

Franciscan Inn
MOTEL $$

(☎805-963-8845; www.franciscaninn.com; 109 Bath St; h incl. desayuno 155-215 US$; P🐾❄) Motel de dos plantas y estilo español colonial, a una manzana de la playa. Las habitaciones varían en decoración y tamaño, pero muchas tienen mini cocina y todas emanan un encanto propio de la campiña francesa. El ambiente es acogedor, hay piscina y *jacuzzi* al aire libre y se sirven galletitas por la tarde. Desayuno continental incluido, pero no dispone de aire acondicionado.

Holiday Inn Express Santa Barbara
HOTEL $$

(☎877-834-3613, 805-963-9757; www.hotelvirginia.com; 17 W Haley St; h incl. desayuno 185-250 US$; P❄@🛜) 🐾 Este carismático alojamiento de principios de los años veinte fue el Hotel Virginia. Tiene un vestíbulo de azulejos con una fuente y habitaciones redecoradas correctas, pero solo por su situación, cerca de State St, ya es interesante. El aparcamiento cuesta 12 US$.

Motel 6 Santa Barbara–Beach
MOTEL $$

(☎805-564-1392, 800-466-8356; www.motel6.com; 443 Corona del mar; h 100-210 US$; P❄🛜❄🐾) El primer establecimiento de la cadena Motel 6 se ha redecorado a lo IKEA e incluye TV de pantalla plana y estaciones multimedia. Se llena cada día; imprescindible reservar. La conexión wifi cuesta 3 US$/24 h. Tarifa por mascota 10 US$.

★El Encanto
HOTEL DE LUJO $$$

(☎805-845-5800, 800-393-5315; www.elencanto.com; 800 Alvarado Pl; d desde 475 US$; P❄@🛜❄🐾) De nuevo glorioso, este icono del estilo de la Santa Bárbara de los años veinte es perfecto para quienes buscan lo mejor. Tiene una piscina infinita con vistas al Pacífico, jardines llenos de flores, salones con chimeneas, un *spa* muy completo y bungalós privados con patios soleados; todo a medida de la alta sociedad de SoCal. Se pueden tomar copas en la terraza con vistas al océano a la puesta del sol. El aparcamiento cuesta 35 US$.

CAMPINGS Y CABAÑAS CERCA DE SANTA BÁRBARA

No hay *campings* cerca del centro de Santa Bárbara, pero a menos de 30 min en automóvil por la Hwy 101, frente al mar, se hallan los de las playas El Capitán y Refugio (☎reservas 800-444-7275; www.reserveamerica.com; junto a la Hwy 101; parcelas tienda y autocaravana con aparcamiento 35-55 US$, parcela tienda para senderistas y ciclistas 10 US$; P🚲), con váteres con cisterna, duchas con agua caliente, mesas de *picnic* y tiendas prácticas; aparcar cuesta 10 US$. También hay *campings* familiares con amplia variedad de instalaciones en el montañoso Los Padres National Forest (p. 537) y la Cachuma Lake Recreation Area (☎inf. 805-686-5054, reservas 805-686-5055; http://reservations.sbparks.org; 2225 Hwy 154; parcela 28-48 US$, *yurta* 65-85 US$, cabaña 110-210 US$; P🚲❄) junto a la Hwy 154, cerca de la zona vinícola de Santa Bárbara.

★ **Inn of the**
Spanish Garden   HOTEL-BOUTIQUE **$$$**
(☎866-564-4700, 805-564-4700; www.spanishgar
deninn.com; 915 Garden St; d incl. desayuno desde
309 US$; P❋@🌊🐾) De estilo español colo-
nial, con una elegancia tranquila, servicio
de primera y un romántico patio central. El
huésped se sentirá como el señor de la casa.
Las camas tienen sábanas de lujo y baños con
bañeras gigantes; y el servicio de conserje es
excelente. Cuenta con una pequeña piscina
rodeada de palmeras, si bien también es po-
sible relajarse igual o mejor con un masaje
en la habitación.

El Capitan Canyon   CABAÑAS, CAMPING **$$$**
(☎805-685-3887, 866-352-2729; www.elcapitan
canyon.com; 11560 Calle Real; tienda safari 155 US$,
yurta 205 US$, cabaña 225-795 US$; P🐾🚲)
🍴 Hacia el interior desde El Capitán State
Beach, este "glamping" es ideal para quienes
no quieran ensuciarse las manos. En temporada alta, cuando no se admiten automóviles más allá del cañón, es más tranquilo.
Las tiendas de safari son rústicas y disponen
de baños compartidos; las cabañas junto
al arroyo son bastante lujosas, algunas con
mini cocina y todas con hoguera fuera. Se
puede tomar prestada una bicicleta para ir a
la playa o reservar un masaje. El *resort* está
32 km al oeste de Santa Bárbara, cerca de
la Hwy 101.

Simpson House Inn   B&B **$$$**
(☎805-963-7067, 800-676-1280; www.simpsonhou
seinn.com; 121 E Arrellaga St; d incl. desayuno 255-
610 US$; P❋🐾) Tanto si reserva una elegante
suite con bañera de patas como una bucólica
cabaña con chimenea, el viajero se sentirá
totalmente mimado en esta finca de estilo
victoriano arropada por jardines de inspira-
ción inglesa, además de disfrutar de la buena
comida con desayunos vegetarianos *gourmet,*
copas de vino al atardecer, platos del día y
golosinas varias. Entre otras comodidades,
las habitaciones tienen radio y películas en
streaming por internet. Se prestan bicicletas
y equipo de playa.

Four Seasons Biltmore   RESORT **$$$**
(☎info 805-969-2261, reservas 805-565-8299; www.
fourseasons.com/santabarbara; 1260 Channel Dr; h
desde 425 US$; P❋@🌊🐾) En este elegantí-
simo hotel de 1927, en la playa de Butterfly, es
fácil vestir y sentirse como Jay Gatsby. Cada
detalle es perfecto, desde los baños con azulejos españoles, los jabones franceses y las
enormes bañeras hasta las duchas efecto

cascada o las camas de lujo. Los caprichos
continúan en el *spa,* bares y restaurantes
frente al océano.

Canary Hotel   HOTEL-BOUTIQUE **$$$**
(☎805-884-0300, 877-468-3515; www.canarysan
tabarbara.com; 31 W Carrillo St; h 325-575 US$;
P❋@🌊🐾) 🍴 En un concurrido bloque del
centro, este elegante hotel de varias plantas
tiene piscina en la azotea y una zona para
tomar copas con vistas al sol poniente. Las
estilosas habitaciones cuentan con camas con
dosel de estilo español y comodidades moder-
nas, además de servicio de *spa,* colchonetas
de yoga y productos para el baño que alivian
el estrés, aunque el ruido de la calle se nota.
Hay un centro de *fitness* y prestan bicicletas
de paseo. El aparcamiento cuesta 25 US$.

En el **Finch & Fork**, el restaurante del ho-
tel, sirven ricos platos campestres

White Jasmine Inn   B&B **$$$**
(☎805-966-0589; www.whitejasmineinnsanta
barbara.com; 1327 Bath St; d 160-330 US$; P🐾)
Oculto tras una verja de madera en la que se
enredan los rosales, este alegre B&B combina un bungaló californiano con dos bucólicas
casitas de campo. Las habitaciones, con aislamiento acústico, tienen baños y chimeneas
privados, y algunas cuentan con aire acondicionado y *jacuzzi.* Cada mañana aparece una
cesta con el desayuno junto a la puerta. No
admiten a menores de 12 años.

Brisas del Mar   HOTEL **$$$**
(☎800-468-1988, 805-966-2219; www.sbhotels.
com; 223 Castillo St; h incl. desayuno desde 230 US$;
P❋@🌊🐾) Tiene fama por todos los detalles
gratis que ofrece (DVD, desayuno continental,
copa de vino y quesos del atardecer, leche con
galletas antes de ir a dormir, etc.) y por su nueva
sección frontal de estilo mediterráneo. Lo malo
es que algunas habitaciones son ruidosas. Está
tres manzanas al norte de la playa. Sus hoteles
hermanos, sobre todo los que están más hacia el
interior, son un poco más económicos.

🍴 Dónde comer

Los restaurantes abundan el centro a lo largo
de State St y cerca del paseo marítimo. Entre
las clásicas trampas para turistas despunta al-
guna joya. La cocina más creativa se encontra-
rá en la Funk Zone. Al este del centro se halla
Milpas St, llena de tiendas de tacos mexicanos.

★ **Lucky Penny**   PIZZERÍA **$**
(www.luckypennysb.com; 127 Anacapa St; principales
7-10 US$, *pizzas* 10-15 US$; ⏱7.00-21.00 lu-sa, desde

9.00 do; 🖋) Con brillantes muros cubiertos de peniques de cobre, esta pizzería junto al restaurante Lark siempre está llena, y merece la pena esperar para probar su crujiente *pizza* con mozzarella ahumada y salchicha de cerdo al hinojo o su sándwich de cordero al horno de leña. Antes de las 11.00 sirven innovadores desayunos a base de *pizza* y huevos frescos de granja a la sartén.

Lilly's Taquería
MEXICANA $

(http://lillystacos.com; 310 Chapala St; platillos desde 1,60 US$; ⏰10.30-21.00 do-lu y mi-ju, hasta 22.00 vi y sa) Para almuerzar, siempre hay cola en este céntrico local, aunque avanza rápido. Dos buenas opciones son la adobada (cerdo marinado) y la lengua de ternera. Tienen otro puesto en Goleta, al oeste del aeropuerto, cerca de la Hwy 101.

Backyard Bowls
COMIDA SALUDABLE $

(www.backyardbowls.com; 331 Motor Way; platillos 5-11 US$; ⏰7.00-17.00 lu-vi, desde 8.00 sa y do) 🖋 Pequeña tienda con filosofía ecológica donde sirven batidos de fruta fresca y enormes boles de acaí, además de todo tipo de complementos saludables, como frutas del bosque, granola, leche de coco, miel, polen, almendras y un montón de ingredientes locales de cultivo ecológico.

Metropulos
DELI $

(www.metrofinefoods.com; 216 E Yanonali St; platos 2-10 US$; ⏰8.30-17.30 o 18.00 lu-vi, 10.00-16.00 sa) Tienda *gourmet* de la Funk Zone, ideal para llenar la cesta de *picnic* con sándwiches "a medida" y ensaladas frescas, además de panes artesanales, quesos de importación, fiambres y olivas y vinos de California.

El Buen Gusto
MEXICANA $

(836 N Milpas St; platos 2-8 US$; ⏰8.00-21.00; 🅿) En este puesto de ladrillo rojo preparan auténticos tacos, tortas, quesadillas y burritos del sur de la frontera con la llamada agua fresca (bebida de frutas) o una cerveza Pacífico bien fría. En el TV se ven vídeos musicales mexicanos y partidos de fútbol. Los platos especiales de fin de semana son el menudo (callos) y la birria (estofado picante de cabrito).

Silvergreens
CALIFORNIANA $

(www.silvergreens.com; 791 Chapala St; platillos 3-11 US$; ⏰7.30-22.00; 🖥) 🖋 Bajo el eslogan de "Come con inteligencia, vive bien", en este café al sol sirven ensaladas, sopas, sándwiches, hamburguesas, burritos y otras propuestas nutritivas, frescas y sabrosas.

★ Santa Barbara Shellfish Company
PESCADO Y MARISCO $$

(www.sbfishhouse.com; 230 Stearns Wharf; platos 4-19 US$; ⏰11.00-21.00; 🅿🖥) "Del mar a la sartén y de la sartén al plato" resumiría el hacer de este puesto de marisco al final del puerto. Más que un restaurante, es una barra muy concurrida; y habrá que espantar a las gaviotas mientras se saborean las ricas almejas al ajo, los pasteles de cangrejo o las gambas fritas al coco en las mesas exteriores. El local ya ha cumplido 25 años en el mismo sitio, con vistas al océano, como su magnífica sopa de langosta.

Olio Pizzeria
ITALIANA $$

(📞805-899-2699; www.oliopizzeria.com; 11 W Victoria St; platos para compartir 7-24 US$, principales almuerzo 9-17 US$; ⏰normalmente 11.30-22.00) Al doblar la esquina desde State St surge esta pizzería y bar de vinos de techos altos donde degustar crujientes *pizzas* al horno de leña, bandejas de quesos y fiambres de importación, *insalate* frescas, sabrosos *antipasti* y

---

COCINAR EN SANTA BÁRBARA

Para frutas y hortalizas, frutos secos y miel, váyase a mitad de semana al **mercado de granjeros de Santa Bárbara** (www.sbfarmersmarket.org; bloques 500 y 600 de State St; ⏰16.00-19.30 med mar-ppios nov, 15.00-18.30 med nov-med mar; 🖥) 🖋, que vuelve a instalarse los sábados por la mañana de 8.30 a 13.00 en la esquina de Santa Barbara St y Cota St. En la zona vinícola, se puede ir al **Santa Barbara Public Market** (http://sbpublicmarket.com; 38 W Victoria St; ⏰7.00-22.30 lu-ju, hasta 23.00 vi y sa, 11.00-20.00 do) 🖋, con tiendas *gourmet* y puestos de comida que abren todos los días. El mejor lugar para comprar productos saludables y ecológicos es **Lazy Acres** (www.lazyacres.com; 302 Meigs Rd; ⏰7.00-23.00 lu-sa, hasta 22.00 do; 🅿🖋) 🖋, al sur de la Hwy 101 vía W Carrillo St. En el centro, **McConnell's Fine Ice Creams** (www.mcconnells.com; 728 State St; ⏰12.00-21.30 do-mi, hasta 22.30 ju-sa; 🖥) tienen helados excelentes y **Chocolate Maya** (www.chocolatemaya.com; 15 W Gutierrez St; ⏰10.00-18.00 lu-vi, hasta 17.00 sa, hasta 16.00 do) trufas con sal marina o con fruta de la pasión.

deliciosos *dolci*. Se puede aparcar cerca en la calle.

Brophy Brothers — PESCADO Y MARISCO $$

(☑805-966-4418; www.brophybros.com; 119 Harbor Way; principales 11-25 US$; ⊙11.00-22.00; P) 🍴 Veterano establecimiento muy apreciado por su pescado y marisco frescos, ambiente desenfadado y localización junto al puerto. Las mesas de la cubierta sobre las escaleras bien merecen la espera: más tranquilas, menos claustrofóbicas y con las mejores vistas al océano. Otra opción es pasar de la cola y disfrutar de cócteles como el *Oyster Shooter* o el *Bloody Mary* en el bar, con los habituales.

Sojourner Café — COMIDA SALUDABLE $$

(www.sojournercafe.com; 134 E Cañon Perdido St; principales 8-13 US$; ⊙normalmente 11.00-22.00; ☑) 🍴 Café acogedor de los años setenta con una extensa carta. Su apuesta por los productos de las granjas locales se traduce en más que satisfactorios platos de hortalizas, tofu, *tempeh*, pescado, semillas y otros ingredientes saludables, además de postres que incluyen delicias *veganas* y dulces sin lácteos ni trigo. El café es de comercio justo y hay cervezas y vinos de la zona.

★ Lark — CALIFORNIANA $$$

(☑805-284-0370; www.thelarksb.com; 131 Anacapa St; platos para compartir 5-32 US$, principales 24-38 US$; ⊙17.00-22.00 ma-do, bar hasta 24.00) 🍴 No hay mejor lugar en el condado para corroborar la riqueza de los productos agrícolas y marinos de este tramo de la costa de SoCal. El restaurante, que lleva el nombre de un antiguo vagón Pullman, está en la Funk Zone y lo regenta un chef que ofrece una carta de temporada, con propuestas tan originales como las olivas fritas con alioli de chorizo o los mejillones al chile con caldo de lima y limoncillo. Se recomienda reservar.

Bouchon — CALIFORNIANA $$$

(☑805-730-1160; www.bouchonsantabarbara.com; 9 W Victoria Street; principales 25-36 US$; ⊙17.00-21.00 do-ju, hasta 22.00 vi y sa) 🍴 El final perfecto y relajado para un día en la zona vinícola es un festín californiano en este bonito local, cuyo nombre significa "tapón de corcho". La carta cambia con la estación y apuesta siempre por las hortalizas y las carnes locales, todo bien regado con tres docenas de vinos regionales, también disponibles por copas. Los tortolitos pueden reservar una mesa en el patio a la luz de las velas.

Palace Grill — CAJÚN, CRIOLLA $$$

(☑805-963-5000; http://palacegrill.com; 8 E Cota St; principales de almuerzo 10-22 US$, de cena 17-32 US$; ⊙11.30-15.00 a diario, 17.30-22.00 do-ju, hasta 23.00 vi y sa; 🎵) Con toda la exuberancia del

---

INDISPENSABLE

URBAN WINE TRAIL

No tener vehículo propio para visitar la zona vinícola de Santa Bárbara no es un problema. En el centro de la ciudad y en la Funk Zone, cerca de la playa, hay más de una docena de salas de cata (y microcervecerías). Al **Urban Wine Trail** (www.urbanwinetrailsb.com) se puede acceder por cualquier punto, la mayoría de las salas de catas abren todas las tardes, quizá hasta el anochecer, y, los fines de semana, es fácil codearse con la gente guapa entre buenos caldos regionales y música en directo.

Se puede empezar por **Municipal Winemakers** (www.municipalwinemakers.com; 22 Anacapa St; cata 12 US$; ⊙11.00-18.00; 🎵) o por la tienda de vinos **Corks n' Crowns** (corksandcrowns.com; 32 Anacapa St; cata 7-12 US$; ⊙11.00-19.00, última llamada para la cata 18.00). Después se sube por Yanonali St y se tuerce a la izquierda para llegar a la **Riverbench Winery Tasting Room** (☑805-324-4100; www.riverbench.com; 137 Anacapa St; cata 10 US$; ⊙11.00-18.00), a la destilería **Cutler's Artisan Spirits** (http://cutlersartisan.com; 137 Anacapa St; ⊙13.00-18.00 ju-do), una tienda para catar *bourbon*, vodka y licor de manzana, y a la Figueroa Mountain Brewing Co. Más al oeste hay más salas de catas, una de ellas en una vieja tienda de neumáticos.

También se puede tomar a la derecha por Yanonali St y detenerse en AVA Santa Bárbara para aprender sobre las cinco regiones vinícolas de Santa Bárbara. A menos de 1,6 km está la refinada bodega **Carr Winery** (http://carrwinery.com; 414 N Salsipuedes St; cata 10-12 US$; ⊙11.00-18.00 do-mi, hasta 19.00 ju-sa), junto a la **Telegraph Brewing Company** (www.telegraphbrewing.com; 416 N Salsipuedes St; ⊙15.00-21.00 ma-ju, 14.00-22.00 vi y sa, 13.00-19.00 do), que elabora recias ales y el vino de centeno Rhinoceros.

Mardi Gras, este asador de estilo N'awlins ofrece adictivas cestas de *muffins* y panes caseros, además de enormes (pero no muy destacables) platos de *jambalaya, gumbo ya-ya, blackened catfish* (bagre churruscado) pollo con pacanas. Los cócteles, bien cargados, y los tentadores postres cumplen con nota. Que nadie se sorprenda cuando el personal anime a todos los clientes a cantar.

Dónde beber y vida nocturna

En la parte baja de State St, casi todos los bares de 'ligoteo' ofrecen *happy hour,* mini pistas de baile y estruendosas juergas de universitarios. Al sur de la Hwy 101 surge la artística y ecléctica combinación de bares y salas de catas de la Funk Zone, más de moda.

★**Figueroa Mountain Brewing Co** BAR
(www.figmtnbrew.com; 137 Anacapa St; ⊙11.00-23.00) Los propietarios, padre e hijo, fabricantes de cerveza, han traído su premiada india pale ale (IPA), su danish red lager y su doble IPA de la región de Santa Bárbara a la Funk Zone. Se puede tomar una pinta en el patio del bar, quizá animado con un concierto acústico. Se accede por Yanonali St.

AVA Santa Barbara BAR
(www.avasantabarbara.com; 116 E Yanonali St; ⊙12.00-19.00) Los que pasan por la acera se paran a mirar a través de los ventanales el enorme plano de la zona vinícola de Santa Bárbara, dibujado a mano con tiza. Dentro, los amantes del vino toman posiciones en la barra para probar un chardonnay o un pinot noir de clima fresco o los soleados sauvignon blanc, garnacha, syrah y cabernet, todos de muy cerca.

Handlebar Coffee Roasters CAFÉ
(www.handlebarcoffee.com; 128 E Cañon Perdido St; ⊙7.00-17.00 lu-sa, desde 8.00 do; ⚹) Local de temática ciclista donde sirven ricos cafés de tueste local. Hay un soleado patio.

Brewhouse FÁBRICA DE CERVEZA
(sbbrewhouse.com; 229 W Montecito St; ⊙11.00-23.00 do-ju, hasta 24.00 vi y sa; ⚹⚹) Cerca del tren, en esta animada fábrica elaboran cervezas de producción limitada (predomina la ale de estilo belga), pero también sirven vino por copas y programan exposiciones y conciertos de miércoles a sábado.

Press Room PUB
(http://pressroomsb.com; 15 E Ortega St; ⊙11.00-2.00) Pequeño pero lleno universitarios y

a viajeros europeos, este es un buen lugar para ver fútbol, echar monedas a la *jukebox* o charlar.

Marquee BAR DE CÓCTELES
(http://marqueesb.com; 1212 State St; ⊙16.00-2.00) En el Granada Theatre, en el centro, las velas y las lucecitas llenan este bar con originales cócteles, vinos por copas y tapas mediterráneas. Por las noches hay monólogos, *jazz* y sesiones de micro abierto.

Hollister Brewing Company FÁBRICA DE CERVEZA
(www.hollisterbrewco.com; Camino Real Marketplace, 6980 Marketplace Dr, Goleta; ⊙11.00-22.00) Con más de una docena de cervezas de barril, los más cerveceros acuden a Goleta, cerca del campus de la UCSB, junto a la Hwy 101. Las variedades más solicitadas son las IPA, junto con una negra. La comida es prescindible.

☆ Ocio

El aprecio de Santa Bárbara por el arte no solo es evidente por la variedad de espectáculos que hay programados cada noche, sino también por sus bonitos escenarios, muchos de ellos históricos. Para consultar la cartelera, se puede visitar www.independent.com o conseguir un ejemplar de la guía *Scene,* que sale cada viernes con el *Santa Barbara News-Press.*

Santa Barbara Bowl MÚSICA
(☏805-962-7411; http://sbbowl.com; 1122 N Milpas St; muchas entradas 35-125 US$) Construido por los artesanos de la Works Progress Administration (WPA) durante los duros años treinta, este bonito anfiteatro de piedra al aire libre ofrece vistas al océano desde los asientos más elevados (y económicos). Invita a relajarse al sol o bajo las estrellas en verano para escuchar conciertos de *rock, jazz* y *folk.* Jack Johnson, Sarah McLachlan y The National son algunos de los que han pasado por aquí.

Granada Theatre TEATRO, MÚSICA
(☏805-899-2222; www.granadasb.org; 1216 State St) Este bonito teatro restaurado de los años treinta y de estilo mudéjar es la sede de las compañías sinfónica, de danza y de ópera de la ciudad. También alberga espectáculos de Broadway y actuaciones de músicos famosos.

Lobero Theatre TEATRO, MÚSICA
(☏888-456-2376, 805-963-0761; www.lobero.com; 33 E Cañon Perdido St) Es uno de los teatros más antiguos de California. Acoge espectáculos de danza contemporánea, música de cámara y

conciertos de *jazz* y de músicas del mundo, además de monólogos de humor.

Arlington Theatre
CINE

(☎805-963-4408; www.thearlingtontheatre.com; 1317 State St) Data de 1931 y es de estilo misión precioso, con un patio español y un techo de estrellas brillantes.

Soho
MÚSICA

(☎805-962-7776; www.sohosb.com; ste 205, 1221 State St; muchas entradas 8-25 US$) Una sala sencilla de ladrillo con música en directo casi cada noche: así podría resumirse este local situado en el piso superior de un céntrico edificio tras un McDonald's. Ofrece conciertos de *indie rock, jazz,* folk, *funk* y músicas del mundo, además de algún espectáculo para todas las edades.

Velvet Jones
MÚSICA, COMEDIA

(☎805-965-8676; http://velvet-jones.com; 423 State St; muchas entradas 10-15 US$) Veterano local *punk* e *indie* del centro dedicado al *rock,* al *hip-hop,* a los monólogos de humor y a las sesiones de DJ para los estudiantes locales (mayores de 18 años). Muchas bandas hacen un alto aquí a su paso por Los Ángeles y San Francisco.

Zodo's Bowling & Beyond
BOLERA

(☎805-967-0128; www.zodos.com; 5925 Calle Real, Goleta; partida 4-8 US$, alquiler calzado 4 US$; ⏲8.30-2.00 ma-sa, hasta 24.00 do y lu; ⏲) Con más de 40 cervezas de barril, billares y una sala de máquinas recreativas, esta bolera cerca de la UCSB ofrece diversión para toda la familia. Se puede llamar antes y entrar en lista de espera para las sesiones de pistas abiertas y las noches de Glow Bowling (partidas bajo luz negra y al ritmo de los DJ). Desde la Hwy 101 al oeste del centro, se sale por Fairview Ave hacia el norte.

 De compras

State St, en el centro, está llena de tiendas de todo tipo, incluso de las típicas cadenas comerciales, adaptadas a la arquitectura local. Las más económicas están en la parte baja de la calle, y las más selectas, en la alta. En la **Funk Zone,** al sur de la Hwy 101, hacia el este de State St, hay galerías de arte y tiendas alternativas.

Paseo Nuevo
CENTRO COMERCIAL

(www.paseonuevoshopping.com; 651 Paseo Nuevo; ⏲10.00-21.00 lu-vi, hasta 20.00 sa, 11.00-18.00 do) Este concurrido centro comercial al aire libre cuenta con los grandes almacenes Macy's y

Nordstrom, además de con tiendas de grandes cadenas de moda. En Kitson hay ropa moderna de Los Ángeles; en Bettie Page Clothing's, moda *retro* de estilo *pin-up,* y en Lush, productos de belleza ecológicos. Los primeros 75 min de aparcamiento son gratis en el garaje subterráneo.

Surf-n-Wear's Beach House
MODA

(www.surfnwear.com; 10 State St; ⏲9.00-18.00 do-ju, hasta 19.00 vi y sa) Tablas de surf modernas y *vintage* cuelgan del techo de esta enorme tienda de camisetas, sudaderas con capucha, coloridos biquinis, gafas de sol, bolsas de playa y sandalias, siempre único. Es anterior al "Verano del amor" de 1967.

REI
AIRE LIBRE

(www.rei.com; 321 Anacapa St; ⏲10.00-21.00 lu-vi, hasta 19.00 sa, hasta 18.00 do) Si se ha olvidado la tienda de campaña o los mosquetones, en esta tienda, la más popular de su género en la Costa Oeste, se encontrará material deportivo de todo tipo y mapas topográficos.

Channel Islands Surfboards
DEPORTES DE MONTAÑA

(www.cisurfboards.com; 36 Anacapa St; ⏲10.00-19.00 lu-sa, 11.00-17.00 do) Quien quiera llevarse a casa una tabla de surf artesanal de SoCal debería pasarse por esta tienda de la Funk Zone. Ofrece los diseños más innovadores y profesionales, además de ropa de surf y gorros *beanie*.

CRSVR Sneaker Boutique
ZAPATILLAS, MODA

(www.crsvr.com; 632 State St; ⏲10.00-20.00) Tienda de zapatillas regentada por varios DJ. Tienen modelos Nike y de muchas otras marcas en ediciones limitadas, además de camisetas, chaquetas, sombreros y moda urbana para hombre.

La Arcada
CENTRO COMERCIAL

(www.laarcadasantabarbara.com; 1114 State St; ⏲según la tienda) Lleno de tiendas especializadas, restaurantes y caprichosas galerías de arte, este histórico centro comercial de tejados rojos fue diseñado por Myron Hunt (constructor del estadio Rose Bowl de Pasadena) en los años veinte. Mientras se pasea, se pueden saborear los dulces artesanos franceses de Chocolats du Calibressan.

Diani
MODA, ZAPATOS

(www.dianiboutique.com; 1324 State St, Arlington Plaza; ⏲10.00-18.00 lu, 10.00-19.00 ma-sa, 12.00-18.00 do) Alta moda y diseños de inspiración europea con un toque californiano: vestidos

Humanoid, vaqueros estrechos Rag & Bone, gafas de sol Stella McCartney y zapatos de Chloé.

El Paseo CENTRO COMERCIAL
(800 bloque de State St; ☺según la tienda) Un puñado de tiendas locales rodean un pequeño patio con flores de estilo español colonial en los años veinte. Apareció en la comedia romántica *No es tan fácil* (2009).

ℹ Información

Oficina de FedEx (www.fedex.com; 1030 State St; 30-40 ¢/min; ☺7.00-23.00 lu-vi, 8.00-21.00 sa, 9.00-21.00 do) Pequeña oficina con ordenador y acceso a internet.

Outdoors Santa Barbara Visitors Center (☎805-884-1475; 4º piso, 113 Harbor Way; ☺11.00-16.00) En el mismo edificio que el museo marítimo, este centro de voluntarios ofrece información sobre el Channel Islands National Park y vistas al puerto.

Biblioteca central de Santa Bárbara (☎805-962-7653; www.sbplibrary.org; 40 E Anapamu St; ☺10.00-19.00 lu-ju, hasta 17.30 vi y sa, 13.00-17.00 do; ☏) Terminales de internet gratis (con documento identificativo con foto).

Santa Barbara Cottage Hospital (☎805-682-7111; www.cottagehealthsystem.org; 400 W Pueblo St; ☺24 h) Servicio de urgencias 24h.

Santa Barbara Independent (www.indepen-dent.com) Tabloide alternativo gratis y semanal con cartelera y críticas.

Santa Barbara News-Press (www.newspress.com) Diario que incluye cartelera y el suplemento de ocio *Scene* los viernes.

Centro de visitantes de Santa Bárbara (☎805-568-1811, 805-965-3021; www.santa barbaraca.com; 1 Garden St; ☺9.00-17.00 lu-sa y 10.00-17.00 do feb-oct; 9.00-16.00 lu-sa nov-ene) Para conseguir planos y folletos mientras se consulta al solícito (¡y muy solicitado!) personal. La web ofrece planos de circuitos descargables que incluyen localizaciones de famosas películas y rutas de vinos, galerías de arte y diversión al aire libre. Hay un aparcamiento con parquímetro cerca del centro.

ℹ Cómo llegar y salir

El pequeño aeropuerto de Santa Bárbara (p. 770), menos de 16 km al oeste del centro por la Hwy 101, ofrece vuelos a/desde Los Ángeles, Las Vegas, San Francisco y otras ciudades del Oeste de EE UU. Un taxi al centro o al puerto cuesta 30-35 US$, más propina. Las compañías de alquiler de vehículos con oficina en el aeropuerto incluyen Alamo, Avis, Budget, Enterprise, Hertz y National; hay que reservar con antelación.

El **Santa Barbara Airbus** (☎800-423-1618, 805-964-7759; www.sbairbus.com) circula entre el aeropuerto internacional de Los Ángeles (LAX) y Santa Bárbara (46/88 US$ ida/ida y

---

SANTA BÁRBARA EN VERDE

La mayor iniciativa de transporte ecológico en Santa Bárbara la ofrece Santa Barbara Car Free (www.santabarbaracarfree.org), con consejos para visitar la ciudad sin tener que usar el automóvil, además de considerables descuentos en alojamientos, paquetes vacacionales, trenes y más.

Desde Los Ángeles, se toma el *Pacific Surfliner* y, tras un panorámico viaje de 3 h por la costa, se llega a la estación de Amtrak de Santa Bárbara, a unas pocas manzanas de la playa y el centro. Después se puede continuar a pie o tomar una de las lanzaderas eléctricas que van de norte a sur por State St y de este a oeste por el paseo marítimo. La línea nº22 de los autobuses de MTD lleva a la famosa misión y al jardín botánico. Para moverse en bicicleta, Wheel Fun Rentals (p. 524) está muy cerca de la estación de trenes.

La zona vinícola de Santa Bárbara también empieza a apuntarse a lo sostenible. Cada vez son más los viñedos que usan técnicas de cultivo biodinámicas y apuestan por la ecología, y los viticultores y enólogos que creen que cuanto más natural sea el proceso de elaboración, mejor será el producto final. Sustainable Vine Wine Tours (p. 542) ofrece visitas a viñedos familiares con prácticas sostenibles. Para minimizar todavía más la huella del carbono del visitante, está el Urban Wine Trail (p. 532), sin salir de la ciudad de Santa Bárbara. Si gustan el vino y la buena comida, la revista 'Edible Santa Barbara' (http://ediblecommunities.com/santabarbara/) publica concienzudos artículos sobre viñedos y restaurantes con conciencia ecológica. Está disponible en varios mercados, restaurantes y bodegas de la zona.

En el condado de Santa Bárbara abundan las actividades ecológicas al aire libre: senderismo, ciclismo, kayak, natación, surf o surf de remo. Para ver ballenas, basta con preguntar por barcos ecológicos con guías naturalistas expertos.

vuelta, 2½ h, 8 diarios). Cuanta más gente haya, más económico saldrá el trayecto. Para obtener más descuentos se puede pagar antes en línea.

Los trenes de **Amtrak** (☑800-872-7245; www.amtrak.com; 209 State St) van al sur a Los Ángeles (31 US$, 3 h) vía Carpintería, Ventura y el aeropuerto Burbank, y al norte a San Luis Obispo (27 US$, 2¾ h) y Oakland (82 US$, 8¾ h), con paradas en Paso Robles, Salinas y San José.

Greyhound (☑800-231-2222, 805-965-7551; www.greyhound.com; 224 Chapala St) opera unos cuantos autobuses diarios a Los Ángeles (15 US$, 3 h), San Luis Obispo (28 US$, 2¼ h), Santa Cruz (53 US$, 6 h) y San Francisco (57 US$, 9 h).

Vista (☑800-438-1112; www.goventura.org) tiene autobuses *Coastal Express* diarios frecuentes a Carpintería (3 US$, 20-30 min) y Ventura (3 US$, 40-70 min); consúltense horarios en línea o por teléfono.

Si se va en automóvil por la Hwy 101, tómese las salidas de Garden St o Carrillo St hacia el centro.

❶ Cómo desplazarse

El billete para los autobuses locales del **Metropolitan Transit District** (MTD; ☑805-963-3366; www.sbmtd.gov) cuesta 1,75 US$ (importe exacto, solo efectivo). Tienen portabicicletas y recorren toda la ciudad y sus comunidades vecinas; pregúntese por los transbordos gratis al montar. En el **MTD Transit Center** (1020 Chapala St) informan sobre rutas y horarios.

AUTOBÚS	DESTINO	FRECUENCIA
5	Playa de Arroyo Burro	cada hora
11	State St, campus UCSB	cada 30 min
20	Montecito, Summerland, Carpintería	cada hora
22	Misión, Museum of Natural History y (solo fines de semana) Botanic Garden	7-8 diarios

Los autobuses eléctricos **Downtown Shuttle** de MTD circulan a diario por State St hasta el Stearns Wharf cada 10-30 min de 9.00 a 18.00. Un segundo **Waterfront Shuttle** circula a diario desde el Stearns Wharf al oeste hasta el puerto y al este hasta el zoológico cada 15-30 min de 9.00 o 10.00 a 18.00. Entre finales de mayo y principios de septiembre ambos servicios también operan los viernes y sábados cada 15 min de 18.00 a 21.00. El billete cuesta 50 ¢; los transbordos entre rutas son gratis.

El **taxi acuático Lil' Toot** (☑888-316-9363; www.sbwatertaxi.com; 113 Harbor Way; billete ida adultos/2-12 años 4/1 US$; ☺normalmente 12.00-18.00 abr-oct, variable nov-mar; ☒), que

funciona con biodiésel, ofrece un servicio entre el Stearns Wharf y el puerto, con parada frente al museo marítimo. Las taquillas están en el muelle y los trayectos son cada media hora, si el tiempo lo permite.

Para alquilar bicicletas se puede ir a Wheel Fun Rentals (p. 524), que tiene dos establecimientos en el Stearns Wharf. En el centro, en **Pedego** (☑805-963-8885; http://pedegosb.com; 436 State St; ☺9.30-6.30 ma-do) alquilan bicicletas eléctricas (desde 16/70 US$ h/día) y normales (desde 10/40 US$).

Los taxis cobran 3 US$ de bajada de bandera y 3-4 US$ por cada milla recorrida. Se puede llamar a **Yellow Cab** (☑805-965-5111, 800-549-8294; www.santabarbarayellowcab.com).

Aparcar en el centro, en la calle o en alguno de la docena de aparcamientos municipales es gratis los primeros 75 min; después, cada hora cuesta 1,50 US$.

ZONA VINÍCOLA DE SANTA BÁRBARA

Colinas llenas de robles, sinuosas carreteras comarcales e hileras de robustas vides que llegan hasta donde alcanza la vista hacen difícil escatimar elogios para la zona vinícola de los valles de Santa Ynez y Santa María, y de las colinas de Santa Rita. Por sus bucólicos caminos desfilan descapotables caros, Harleys, furgonetas ecológicas y bicicletas de carretera como prueba de la variopinta mezcla de visitantes que recibe la región.

Quizá el viajero se inspire en el oscarizado filme *Entre copas*, real como la vida misma al menos en un aspecto: esta zona es ideal para recorrerla con los amigos. Los lugareños son gente amistosa, desde veteranos hacendados y sencillos granjeros hasta viticultores que han dejado la gran ciudad para dedicarse a su pasión. Cada vez son más estos últimos que se decantan por el cultivo ecológico y biodinámico, y muchos de ellos están dispuestos a compartir su sabiduría y anécdotas, además de su amor por la tierra, en las salas de cata de sus bodegas.

Hay más de cien bodegas repartidas por la zona. Parecen muchas, pero los cinco pueblos del valle de Santa Ynez (Los Olivos, Solvang, Buellton, Santa Ynez y Ballard) están muy próximos, lo que facilita parar, comprar y comer cuando se quiera. Lo ideal es dejarse llevar por el paisaje y detenerse allí donde apetezca.

RUTA PAISAJÍSTICA: HIGHWAY 154 (SAN MARCOS PASS RD)

Qué ver

Conforme se sube por la Hwy 154 desde la costa, el viajero se adentra en los agrestes montes de Santa Ynez. Algunas laderas muestran las cicatrices del fuego, pero esto también forma parte del proceso natural de la regeneración de los bosques.

Chumash Painted Cave State Historic Park

Este pequeño **yacimiento histórico** (www.parks.ca.gov; ☉amanecer-anochec) GRATIS fuera de ruta alberga pictografías de los chumash de hace más de 400 años; llévese una linterna. El acceso a la cueva de roca arenisca está protegido por una pantalla de metal. El desvío a la Painted Cave Rd es por la Hwy 154 bajo la cima del San Marcos, a unos 9,6 km de la Hwy 101. Esta sinuosa carretera secundaria de 3,2 km es muy estrecha, irregular y empinada (no apta para turismos). Hay que estar al tanto del pequeño cartel indicativo a la izquierda.

Cold Spring Tavern

Puesto de diligencias ya de la década de 1860, la **Cold Spring Tavern** (☎805-967-0066; www.coldspringtavern.com; 5995 Stagecoach Rd; principales desayuno y almuerzo 9-14 US$, cena 22-31 US$; ☉11.00-20.30 lu-vi, desde 8.00 sa y do) aún es muy popular. Se puede llamar antes para preguntar si hay barbacoa y, en caso afirmativo, encargar un sándwich de ternera al estilo de Santa María. El desvío a la taberna desde la Hwy 154 está cuesta abajo 1,6 km tras la cima de la montaña; después hay que seguir las indicaciones durante 2,4 km por la carretera circular.

Los Padres National Forest

Los Padres National Forest (☎805-967-3481; www.fs.usda.gov/lpnf) se extiende más de 320 km desde el valle de Carmel hasta el extremo oeste del condado de Los Ángeles. Es como una gigantesca área de recreo para ir de excursión, acampar, montar a caballo o pedalear.

Son varios los senderos panorámicos que parten de la Paradise Rd, que cruza la Hwy 154 al norte del puerto de montaña de San Marcos, a más de 16 km de la Hwy 101. Durante los 1,6 km del **Red Rock Pools Trail**, el río Santa Ynez forma pozas para nadar entre las rocas y bajo las cascadas, y hay rincones para tomar el sol. La cabecera del sendero se halla al final de la Paradise Rd.

En el **puesto de guardabosques** (☎805-967-3481; 3505 Paradise Rd; ☉8.00-16.30 lu-vi, also 8.00-16.30 sa fin may-ppios sep) facilitan planos de las rutas, información y el National Forest Adventure Pass (5 US$/día), requerido para aparcar (a menos que se posea el pase anual America the Beautiful [p. 761]). Hay '**campings**' (☎877-444-6777; www.recreation.gov; parcela 19-35 US$) para familias con agua potable, váteres con cisterna y parcelas con y sin reserva (con, en la Paradise Rd).

Cachuma Lake Recreation Area

Este **parque** (☎reservas cruceros 805-686-5050/5055; www.countyofsb.org/parks; entrada por automóvil 10 US$, crucero 2 h adultos/4-12 años 15/7 US$; ☉abierto a diario, horario según estación; ▓) del condado es un paraíso para pescadores y boteros, y se ofrecen cruceros para ver fauna todo el año. También hay un **centro de naturaleza** (☎805-693-0691; www.clnaturecenter.org; ☉10.00-16.00 ma-sa, hasta 14.00 do; ▓) para niños y un gran *camping* (p. 529) con duchas con agua caliente. Las parcelas sin reserva se llenan enseguida; resérvese con antelación para los fines de semana; también para las *yurtas* ecológicas.

La ruta

Desde la Hwy 101 al oeste del centro de Santa Bárbara, la Hwy 154 (San Marcos Pass Rd) serpentea al noroeste a su paso por Los Padres National Forest, vía el lago Cachuma. Más allá del desvío de la Hwy 246 a Solvang, al oeste, la Hwy 154 parte el valle de Santa Ynez en dos antes de volver a unirse con la Hwy 101 pasado Los Olivos.

Tiempo y kilometraje

Hay 56 km del centro de Santa Bárbara a Los Olivos, que se recorren en 40 min si no se para y no hay atascos. Regresar a Santa Bárbara por la Hwy 101 lleva menos de 1 h.

Zona vinícola de Santa Bárbara

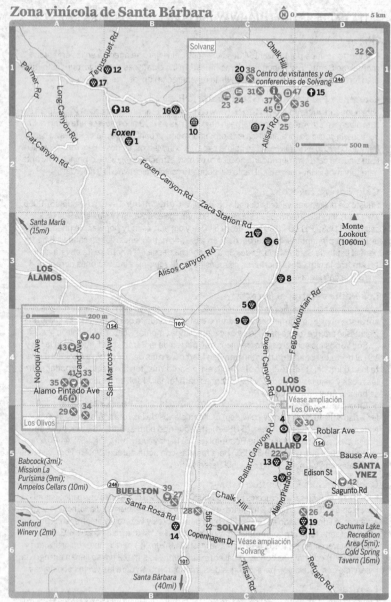

Bodegas

La zona vinícola de Santa Bárbara está compuesta, principalmente, por los viñedos del valle de Santa Ynez, el valle de Santa María y las colinas de Santa Rita. Después están el Happy Canyon, más modesto, y el Ballard Canyon, más nuevo. En Los Olivos y Solvang abundan las salas de catas, perfectas si se va justo de tiempo.

Zona vinícola de Santa Bárbara

CONDADO DE SANTA BÁRBARA BODEGAS

El valle de Santa Ynez, donde están la mayoría de las bodegas, se halla al sur de Santa María. La Hwy 246 va de este a oeste, vía Solvang, y cruza la parte inferior del valle de Santa Ynez y conecta la Hwy 101 con la Hwy 154. Las carreteras comarcales que van de norte a sur, bordeadas de viñedos, incluyen la Alamo Pintado Rd, desde la Hwy 246 hasta Los Olivos, y la Refugio Rd, entre Santa Ynez y Ballard.

En una excursión de medio día se puede ver una bodega o sala de catas, almorzar y regresar a Santa Bárbara. Otra opción es pasar el día entero y almorzar y cenar antes de regresar a la ciudad.

Foxen Canyon Wine Trail

El panorámico **Foxen Canyon Wine Trail** (www.foxencanyonwinetrail.com) va al norte desde la Hwy 154, al oeste de Los Olivos, y se adentra en el corazón de Santa María. Es casi de recorrido obligado para los fans del vino y para cualquiera que quiera salir de las rutas más trilladas. La mayoría del recorrido es por la Foxen Canyon Rd.

★**Foxen**   BODEGA
(☎805-937-4251; www.foxenvineyard.com; 7200 y 7600 Foxen Canyon Rd, Santa María; cata 10 US$; ⊙11.00-16.00) Situada en un antiguo rancho ganadero, elaboran syrahs templados, chardonnay "steel cut", un afrutado pinot noir y vinos ricos tipo Ródano, todos con uvas de destacados viñedos. La nueva sala de catas funciona con energía solar, mientras que en la antigua (un espacio informal con techo de chapa metálica ondulada, decoración moderna y un frondoso patio) sirven variedades de tipo Burdeos y Cal-Ital bajo la etiqueta Foxen 7200.

Demetria Estate   BODEGA
(☎805-686-2345; www.demetriaestate.com; 6701 Foxen Canyon Rd, Los Olivos; cata 20 US$; ⊙con

ℹ️ FESTIVALES ENOLÓGICOS

Santa Barbara Vintners (☎805-668-0881; www.sbcountywines.com) publica un plano con las bodegas y rutas del vino del condado, disponible en muchas bodegas y centros de visitantes; otra opción es descargarse su aplicación para móviles (ambos gratis). Vale la pena hacer coincidir el viaje con alguna fiesta, como el **Spring Weekend** (www.sbvintnersweekend.com), a mediados de abril, y la **Celebration of Harvest** (www.celebrationofharvest.com), a mediados de octubre.

cita previa) 🍃 Este refugio cimero de arcos y gruesas puertas de madera tiene vistas épicas de los viñedos y las colinas. Solo ofrece catas con cita, pero merece la pena por sus chardonnay, syrah y viognier biodinámicos, y curiosos tintos de tipo Ródano.

Zaca Mesa Winery BODEGA
(www.zacamesa.com; 6905 Foxen Canyon Rd, Los Olivos; cata 10 US$; ⏱10.00-16.00 a diario todo el año, hasta 17.00 vi y sa fin may-ppios sep) Tiene una sala de catas que parece un granero y es la bodega más elevada de Santa Bárbara. Es conocida por sus vinos tipo Ródano, elaborados con uvas de los viñedos propios, y por su tinto Z Cuvée y su blanco Z Blanc, además de por su tablero gigante de ajedrez al aire libre, zona de *picnic* bajo los árboles (se admiten perros) y corto sendero por los viñedos.

Firestone Vineyards BODEGA
(☎805-688-3940; www.firestonewine.com; 5017 Zaca Station Rd, Los Olivos; cata 15 US$, incl. circuito 20 US$; ⏱10.00-17.00) Fundada en la década de 1970, es la bodega más antigua de Santa Bárbara. Desde la elegante sala de catas, con paneles de madera, hay vistas de los viñedos casi tan buenas como sus valiosos chardonnay, sauvignon blanc, merlot y burdeos. Visitas guiadas cada día a las 11.15, 13.15 y 15.15 (sin reserva).

Curtis Winery BODEGA
(www.curtiswinery.com; 5249 Foxen Canyon Rd, Los Olivos; cata 10 US$; ⏱10.30-17.30) Está después de Firestone Vineyards, en la misma carretera. El artesano viticultor Andrew Murray se ha especializado en los vinos tipo Ródano, incluidos los syrah, mourvèdre, viognier, garnacha blanca y roussanne que cultiva en la finca, los mismos que sirven en la sala de catas de Andrew Murray Vineyards en Los Olivos.

Kenneth Volk Vineyards BODEGA
(☎805-938-7896; www.volkwines.com; 5230 Tepusquet Rd, Santa María; cata 10 US$; ⏱10.30-16.30) Solo un reputado viticultor podría atraer hasta esta finca tan alejada para probar raras variedades como el floral malvasía o el tintado negrette, más sus representativos pinot noir, chardonnay, cabernet sauvignon y merlot.

Riverbench Vineyard & Winery BODEGA
(www.riverbench.com; 6020 Foxen Canyon Rd, Santa María; cata 10 US$; ⏱10.00-16.00) Cultiva premiadas variedades pinot noir y chardonnay desde principios de la década de 1970 y ofrece una sala de cata en una granja de estilo *arts and crafts* en tonos amarillos, con vistas panorámicas del valle de Santa María. Tiene una zona de *picnic* y una pista de bochas. También pueden probarse sus vinos en el Urban Wine Trail de Santa Bárbara.

Fess Parker Winery & Vineyard BODEGA
(www.fessparkerwines.com; 6200 Foxen Canyon Rd; cata 12 US$; ⏱10.00-17.00) Además de salir en la película *Entre copas* como la bodega Frass Canyon, otro resquicio de fama de esta bodega es su fundador, Fess Parker, actor televisivo. Aunque Parker ya no esté, su bodega aún regala copas con un gorro de cola de mapache grabado como recuerdo. Son recomendables sus premiados y caros chardonnay y pinot noir.

Rancho Sisquoc Winery BODEGA
(www.ranchosisquoc.com; 6600 Foxen Canyon Rd, Santa María; cata 10 US$; ⏱10.00-16.00 lu-ju, hasta 17.00 vi-do) Esta apacible joya merece los kilómetros que hay que hacer para encontrarla; no solo por sus vinos, sino también por su encantadora sala de catas, con bucólicas vistas. Hay que desviarse por la Foxen Canyon Rd al ver la **capilla de San Ramón** (www.sanramonchapel.org), una pequeña iglesia blanca de 1875. *Sisquoc* en chumash significa "lugar de reunión".

Santa Rita Hills Wine Trail

La poco concurrida región de las **colinas de Santa Rita** (www.staritahills.com) es única por sus paisajes campestres, prácticas ecológicas y excelente pinot noir. Tiene casi una docena de salas de catas a lo largo de una ruta circular al oeste de la Hwy 101 vía la Santa Rosa Rd y la Hwy 246. Por la carretera se verán ciclistas y algún tractor. Las bodegas más artesanales están en los almacenes industriales de Buellton cerca de la Hwy 101

y más allá, en el Lompoc's Wine Ghetto (www.
lompoctrail.com).

Alma Rosa Winery
& Vineyards   BODEGA

(☎805-688-9090; www.almarosawinery.com; cata
5-15 US$; ⊙11.00-16.30) ✎ Richard Sanford
dejó la importante bodega homónima para
fundar esta otra junto con su esposa, Thekla,
en la que apostaron por técnicas de cultivo
sostenibles y ecológicas. Adoquines y cactus
dan la bienvenida al rancho, al cual se accede
por un largo y sinuoso camino de gravilla.
Sirve pinot noir, exquisito pinot blanco y pinot gris. Llámese para averiguar cómo llegar
a la nueva sala de catas.

Sanford Winery   BODEGA

(www.sanfordwinery.com; 5010 Santa Rosa Rd, Lompoc; cata 15-20 US$, incl. circuito 25 US$; ⊙11.00-
16.00 do-ju, hasta 17.00 vi y sa mar-oct, 11.00-16.00
a diario nov-feb) Romántica sala de catas en
piedra y ladrillos de adobe hechos a mano.
Está rodeada por los viñedos de la histórica
finca Rancho La Rinconda. Se puede ver la
puesta de sol a través de los viñedos desde
el patio trasero mientras se disfruta de un
sedoso pinot noir o un refrescante y cítrico
chardonnay. Circuitos diarios por la bodega
a las 11.30 (sin reserva).

Babcock   BODEGA

(www.babcockwinery.com; 5175 E Hwy 146, Lompoc;
cata 12-15 US$; ⊙10.30-17.00) Bodega familiar
con diferentes variedades de uva (chardonnay, sauvignon blanca, pinot gris, pinot noir,
syrah, cabernet sauvignon, merlot y otras) y
que permiten a Bryan Babcock, un pequeño e innovador productor, ser la estrella del
show. Solo por su pinot noir Slice of Heaven
ya merece la pena peregrinar hasta esta elevada sala de catas.

Ampelos Cellars   SALA DE CATAS

(☎805-736-9957; www.ampeloscellars.com; 312 N
9th Ave, Lompoc; cata 10 US$; ⊙11.00-17.00 ju-sa,
hasta 16.00 lu) ✎ Peter Work y su esposa Re-
becca son unos apasionados de las vides y
el cultivo biodinámico, y saben lo que no
está escrito del tema. Sus pinot noir, syrah y
garnacha son solemnes; pueden catarse en
el Lompoc's Wine Ghetto, una zona industrial alejada de los viñedos con un montón
de salas de catas familiares (Flying Goats es
una de las mejores), que suelen abrir solo
los fines de semana.

Mosby Winery   BODEGA

(☎805-688-2415; www.mosbywines.com; 9496
Santa Rosa Rd, Buellton; cata 10 US$; ⊙10.00-
16.00 lu-ju, hasta 16.30 vi-do) Al oeste de la
Hwy 101, junto a una colina llena de olivos,
en estas sencillas caballerizas rojas se degustan inusuales variedades californiano-
italianas, incluidos un afrutado dolcetto y
un cítrico cortese, ambos para relamerse.
La *grappa* destilada con las uvas traminer
de la finca es muy potente (40% vol.).

Valle de Santa Ynez

Las bodegas más populares se concentran
entre Los Olivos y Solvang, a lo largo de la
Alamo Pintado Rd y la Refugio Rd, al sur
de Roblar Ave y al oeste de la Hwy 154.
A menudo la experiencia decepciona por
culpa de los ruidosos grupos de turistas,
el personal agobiado y la racanería de las
catas. Por suerte eso no sucede en las mejores salas.

Beckmen Vineyards   BODEGA

(www.beckmenvineyards.com; 2670 Ontiveros Rd,
Solvang; cata 10-15 US$; ⊙11.00-17.00) ✎ Para
ir de *picnic* al cenador junto al estanque de

SANTA BARBARA WINE COUNTRY 101

Aunque aquí la producción de vino a gran escala no comenzó hasta los años ochenta,
el clima de Santa Bárbara siempre ha sido ideal para el cultivo de la uva. Dos sierras
paralelas transversales (Santa Ynez y San Rafael) acunan la región y canalizan la niebla
costera al este desde el Pacífico, hacia los valles intermedios. Cuanto más hacia el interior, más calor hace.

Hacia el oeste, la niebla y las nubes bajas pueden persistir todo el día, lo que mantiene
la frescura hasta en verano, mientras que unos pocos kilómetros más hacia el interior se
alcanzan los 37° en verano. Estos microclimas de delicado equilibrio favorecen principalmente a dos tipos de uva: cerca de la costa, en el fresco valle de Santa María se cultiva la
frágil pinot noir y otras variedades borgoñesas, como la chardonnay. Por su parte, hacia
el interior, el caluroso valle de Santa Ynez es mejor para las variedades de tipo Ródano,
como la syrah y la viognier.

esta apacible bodega, en cuya finca cultivan variedades de tipo Ródano que se nutren del terreno único del monte Purísima. El cultivo biodinámico sirve para prevenir las plagas. Para catar un excelente syrah y un curiosa mezcla de garnacha, mourvèdre y counoise, síguase Roblar Ave al oeste de la Hwy 154 hasta Ontiveros Rd.

Lincourt Vineyard BODEGA

(www.lincourtwines.com; 1711 Alamo Pintado Rd, Solvang; cata desde 10 US$; ⊙10.00-17.00) El reputado viticultor Bill Foley, que regenta la Firestone Vineyard en el Foxen Canyon Wine Trail, fundó primero esta bodega a finales de la década de 1990 en una granja lechera de 1926. En la sala de catas se degustan deliciosos syrah, pinot noir y un rosado de estilo francés, todos ellos elaborados con uvas cultivadas en los valles de Santa María y Santa Rita.

Kalyra Winery BODEGA

(www.kalyrawinery.com; 343 N Refugio Rd, Santa Ynez; cata 10-12 US$; ⊙11.00-17.00 lu-vi, desde 10.00 sa y do) El australiano Mike Brown ha viajado por medio mundo con sus dos pasiones: el surf y la viticultura. Se pueden catar sus tintos con cuerpo, inusuales variedades de blanco o vinos de postre (el muscat de naranja nunca falla), todos en botellas con etiquetas inspiradas en el arte aborigen. También ofrece catas en una sala más pequeña del Urban Wine Trail, en Santa Bárbara.

Sunstone Vineyards & Winery BODEGA

(www.sunstonewinery.com; 125 N Refugio Rd, Santa Ynez; cata 10-15 US$; ⊙11.00-17.00) Su interior recuerda a una granja de piedra provenzal del s. XVIII. Cuenta con una bodega muy fresca, en la ladera de la colina, donde maduran sus vinos estilo Burdeos de uvas totalmente ecológicas. Se puede hacer un *picnic* en el patio bajo grandes robles.

Buttonwood Farm Winery & Vineyard BODEGA

(www.buttonwoodwinery.com; 1500 Alamo Pintado Rd, Solvang; cata 10-15 US$; ⊙11.00-17.00; 🐾) Las variedades tipo Burdeos y Ródano crecen bien en el soleado suelo calizo de esta acogedora bodega, ideal para los neófitos de las catas y los viajeros con perro. El patio trasero, con emparrados y un huerto de árboles frutales, está bien para descorchar una botella de sauvignon blanc.

Circuitos

Un circuito de cata de un día entero cuesta entre 105 y 160 US$/persona; casi todos parten de Santa Bárbara y algunos requieren un mínimo de participantes.

Santa Barbara Wine Country Cycling Tours CICLISMO

(☎888-557-8687, 805-686-9490; www.winecountrycycling.com; 3630 Sagunto St, Santa Ynez; ⊙8.30-16.30 lu-sa, con cita previa do) Circuitos guiados y autónomos en bicicleta, con salida desde la tienda homónima en Santa Ynez, donde también alquilan bicicletas de paseo y de montaña híbridas (desde 35/45 US$ medio día/día completo).

Wine Edventures CIRCUITOS GUIADOS

(☎805-965-9463; www.welovewines.com) Circuitos de cata de vinos aderezados con historia local y formación enológica. Uno de ellos incluye la visita a una fábrica de cerveza artesana.

Sustainable Vine Wine Tours CIRCUITOS GUIADOS

(☎805-698-3911; www.sustainablevine.com) Circuitos en furgoneta biodiésel por bodegas sostenibles y ecológicas. Incluyen un almuerzo de tipo *picnic* en los viñedos.

MISIÓN LA PURÍSIMA

Una de las misiones más evocadoras del sur de California, La Purísima Mission State Historic Park (☎805-733-3713; www.lapurisimamission.org; 2295 Purísima Rd, Lompoc; por automóvil 6 US$; ⊙9.00-17.00; 🚗) 🐾 fue restaurada por completo en la década de 1930 por el Civilian Conservation Corps (CCC). Hoy sus edificios están amueblados igual que en época española. En los campos aún pasta el ganado, mientras que en los jardines se plantan árboles y hierbas medicinales que ya usaban los chumash. Hay varios kilómetros de senderos. Los circuitos guiados de 1 h empiezan a las 13.00 a diario. La misión está 25,7 km al oeste de la Hwy 101, vía la Hwy 146 desde Buellton.

Los Olivos

1130 HAB.

Este elegante pueblo ranchero suele ser la primera parada de muchos de los visitantes de la zona vinícola de Santa Bárbara. Su calle principal, de cuatro manzanas, está llena de salas de cata, bistrós y *boutiques* que parecen haber sido teletransportados desde Napa.

◉ Puntos de interés

Clairmont Farms   GRANJA

(☏805-688-7505; www.clairmontfarms.com; 2480 Roblar Ave; ☺normalmente 10.00-18.00 lu-sa, hasta 17.00 do) ✎ La belleza natural aguarda a las afueras del pueblo, en esta granja ecológica de propiedad familiar. Allí los campos de lavanda parecen obras de Monet, en particular de mediados de junio a finales de julio. Hay una pequeña tienda donde venden miel de lavanda, sal marina y productos de aromaterapia, baño y cuidado corporal.

🛏 Dónde dormir y comer

Ballard Inn & Restaurant   B&B $$$

(☏805-688-7770, 800-638-2466; www.ballardinn.com; 2436 Baseline Ave, Ballard; h incl. desayuno 265-345 US$; ☎) Para románticos. Este coqueto B&B está en Ballard, un pueblo de la ruta de las diligencias del s. XIX al sur de Los Olivos, hacia Solvang. Las habitaciones son muy acogedoras, con chimenea y baño, si bien a algunas no les iría mal una reforma. El precio incluye un completo desayuno caliente y catas de vino los fines de semana. Es imprescindible reservar, también para cenar en el restaurante euroasiático.

Los Olivos Grocery   MERCADO, DELI $

(http://losolivosgrocery.com; 2621 W Hwy 154, Santa Ynez; ☺7.00-21.00) Pequeño mercado local donde venden sándwiches de ternera, panes artesanos, quesos especiales y todo lo necesario para ir de merienda a las bodegas. También hay un porche con mesas para comer.

Panino   SÁNDWICHES $$

(http://paninorestaurants.com; 2900 Grand Ave; sándwiches 10-12 US$; ☺10.00-16.00; ✐) Para elegir entre varios sándwiches (el de pollo al curri tiene mucho éxito) y ensaladas, además de buenas opciones vegetarianas. Se pide en el mostrador y después se sale a comer fuera, en una mesa con parasol.

Los Olivos Café
& Wine Merchant CALIFORNIANA, MEDITERRÁNEA $$$

(☏805-688-7265; www.losolivoscafe.com; 2879 Grand Ave; principales desayuno 9-12 US$, comidas y cenas 12-29 US$; ☺11.30-20.30 a diario, también 8.00-10.30 sa y do) Con toldos blancos y emparrados de glicinias, este icono de la zona (como se ve en *Entre copas*) tiene un ambiente de SoCal desenfadado y chic. Permanece abierto entre el almuerzo y la cena y sirven platos de entremeses, ensaladas generosas y *pizzas* crujientes. Hay catas de vino en el bar.

Sides Hardware & Shoes ESTADOUNIDENSE $$$

(☏805-688-4820; http://brothersrestaurant.com; 2375 Alamo Pintado Ave; principales de almuerzo 14-18 US$, de cena 26-34 US$; ☺11.00-14.30 a diario, 17.00-20.30 do-ju, hasta 21.00 vi y sa) Tras un escaparate histórico, este bistró propone platos de alta cocina del campo como el Hammered Pig ("cerdo martilleado"), cubierto con ensalada de manzana, el pollo frito con col al ajo y el lomo de cordero de Colorado con ñoquis de queso de cabra. Resérvese cuanto antes.

Petros   GRIEGA $$$

(☏805-686-5455; www.petrosrestaurant.com; Fess Parker Wine Country Inn & Spa, 2860 Grand Ave; principales de almuerzo 13-20 US$, de cena 16-32 US$; ☺7.00-22.00 do-ju, hasta 23.00 vi y sa) En su soleado comedor los sofisticados platos griegos brindan un agradable cambio de tercio a tanta comida italianizada. Los *meze* (aperitivos) caseros satisfarán a los más exigentes.

🍷 Dónde beber

Grand Ave y Alamo Pintado Rd están llenas de salas de catas de vino y de cerveza; como para pasar la tarde entera visitándolas.

Los Olivos Tasting Room   BAR DE VINOS

(☏805-688-7406; http://site.thelosolivostastingroom.com; 2905 Grand Ave; cata 10 US$; ☺11.00-17.00) Para probar reservas raros en unos desvencijados almacenes del s. XIX. Los camareros son a veces locuaces y a veces gruñones, pero siempre francos respecto a los vinos locales (y generosos en el servicio).

Sarloos + Sons   BAR DE VINOS

(☏805-688-1200; http://saarloosandsons.com; 2971 Grand Ave; cata 10 US$; ☺11.00-17.00 mi-vi y do, hasta 18.00 sa, último servicio 30 min antes del cierre) Bar cutre-chic donde degustar vinos de fincas locales, syrah de producción limitada, garnacha tinta, pinot noir y sauvignon blanc. La cata de vinos puede acompañarse con otra de *cupcakes* (10 US$, ju-do).

CHRIS BURROUGHS: DIRECTOR DE CATAS

La cara del responsable de la sala de catas de la Alma Rosa Winery quizá resulte familiar a los aficionados al cine, pues Chris apareció en el filme *Entre copas* (2004) en este papel, y con sombrero de *cowboy*. Estos son algunos de sus consejos para probar vinos:

Principiantes, sin miedo

No entender de vinos no es problema. A los viticultores les gusta compartir su pasión y sus conocimientos, y los principiantes suelen ser sus clientes favoritos.

Grupos reducidos

La mayoría de las salas de catas son pequeñas. Ir en un grupo reducido implica tener más tiempo para charlar con el personal.

Menos es más

Que nadie se obsesione por visitar el mayor número de bodegas posible. Lo ideal es elegir unas pocas; tomar vino es un acto social, no una juerga.

Tener la mente abierta

En casi todas las catas se prueban seis vinos: tres blancos y tres tintos. No vale la pena decir que no gusta el chardonnay, pues quizá el que se pruebe ese día contradiga eso.

Ser atento

Fumar y llevar perfumes fuertes es desconsiderado para con el resto de catadores; y el tabaco insensibiliza las papilas gustativas. También hay que ser amable. Yo prefiero tomar un vino mediocre con una buena persona que uno especial con un engreído.

Carhartt Vineyard Tasting Room BAR DE VINOS
(805-693-5100; www.carharttvineyard.com; 2990A Grand Ave; cata 10 US$; 11.00-18.00) Una sala de catas sencilla en una cabaña de madera decorada en rojo y con un frondoso jardín en la parte de atrás. Una joven clientela disfruta de buenos syrah, sauvignon blanc y del rosado Chase the Blues Away.

 De compras

Jedlicka's Western Wear MODA, ZAPATOS
(www.jedlickas.com; 2883 Grand Ave; 9.00-17.30 lu-sa, 10.00-16.30 do) Buenas botas (Lucchese, Justin y Tony Lama), sombreros, tejanos y chaqueta, todo muy de *cowboy*. Para hombre y mujer.

Solvang

5345 HAB.

Atisbar un molino en esta zona de viñedos significa que se ha llegado a Solvang, un pueblo danés fundado en 1911 que fue antes una misión española en el s. XIX y un rancho mexicano. Esta localidad del valle de Santa Ynez conserva su patrimonio danés, o al menos sus estereotipos. Con sus tiendas y moteles cucos, es casi tan empalagoso como los pastelitos daneses que comen los excursionistas. Tanto encanto *kitsch* merece una visita, aunque solo sea por curiosidad.

Puntos de interés

Antigua Misión Santa Inés IGLESIA
(805-688-4815; www.missionsantaines.org; 1760 Mission Dr; adultos/menores 12 años 5 US$/gratis; 9.00-16.30) Cerca de la Hwy 246, al este de la céntrica Alisal Rd, esta histórica misión católica cimentó la revuelta chumash de 1824 contra la crueldad de los colonos españoles. Hay audioguías gratis (si bien la información histórica es tendenciosa) para visitar el jardín, el pequeño museo y la iglesia restaurada, aún en activo.

Elverhøj Museum MUSEO
(www.elverhoj.org; 1624 Elverhoy Way; donativo recomendado adultos/menores 12 años 5 US$/gratis; 11.00-16.00 mi-do) Al sur del centro, oculto entre calles residenciales, este pequeño museo tiene una modesta pero cuidada exposición del patrimonio danés

de Solvang y sobre cultura, arte e historia daneses.

Wildling Museum
MUSEO

(805-688-1802; www.wildlingmuseum.org; 1511 Mission Dr; adultos/6-17 años 5/3 US$; 11.00-17.00 lu y mi-vi, desde 10.00 sa y do) Pequeño museo con cuadros y fotografías de la naturaleza que quizá animen al viajero a visitar las montañas.

Hans Christian Andersen Museum
MUSEO

(2º piso, 1680 Mission Dr; 10.00-17.00) GRATIS
Quien recuerde con cariño los cuentos de la infancia, que no se pierda estas dos salas de exposición, donde se conservan cartas originales y primeras ediciones ilustradas del gran autor danés.

🏃 Actividades

Solvang es muy conocido por los ciclistas gracias a las carreras de marzo del Solvang Century (www.bikescor.com). Para realizar un circuito en bicicleta autoguiado, se pueden visitar las webs www.solvangusa.com y www.bike-santabarbara.org y pasar después por Wheel Fun Rentals (p. 524), que tiene una sucursal en el pueblo, en 1465 Copenhagen Dr.

🛏 Dónde dormir

Dormir en Solvang no es barato, ni siquiera en los moteles más antiguos con fachadas de estilo nórdico. Los precios se disparan los fines de semana, cuando todo se llena, así que habrá que reservar con tiempo.

★ Hamlet Inn
MOTEL $$

(805-688-4413; http://thehamletinn.com; 1532 Mission Dr; h 90-230 US$; ❄❀) Este motel remodelado es a los alojamientos de la zona vinícola lo que IKEA al interiorismo: una opción económica y de moda. Las habitaciones, nuevas y modernas, tienen coloridos cubrecamas daneses y puertos para iPod. Hay bicicletas y pista de bochas para los huéspedes.

Hadsten House
HOTEL-BOUTIQUE $$

(800-457-5373, 805-688-3210; www.hadstenhouse.com; 1450 Mission Dr; h incl. desayuno 165-215 US$; ❄❀❀❀) Este motel se ha remodelado con detalles de lujo, salvo su exterior. Las habitaciones están muy cuidadas, con TV de pantalla plana, cómodos edredones y productos de baño de calidad. Las suites Spa tienen *jacuzzi*. Desayuno tipo bufé incluido.

Hotel Corque
HOTEL $$$

(805-688-8000, 800-624-5572; www.hotelcorque.com; 400 Alisal Rd; h 169-350 US$; ❄@❀❀❀) En el centro y de líneas claras, este hotel es un alivio a tanto estereotipo danés. Las habitaciones son caras y anodinas, pero bastante amplias. Entre otras comodidades se incluyen una piscina y un *jacuzzi* al aire libre, más el acceso al gimnasio vecino, perfecto para quemar las galletitas danesas.

🍴 Dónde comer

El Rancho Market
SUPERMERCADO $

(http://elranchomarket.com; 2886 Mission Dr; 6.00-23.00) Selecto supermercado al este del centro, también con carnes a la parrilla y café. Ideal para aprovisionarse antes de ir de *picnic* a las bodegas.

Solvang Restaurant
PANADERÍA $

(www.solvangrestaurant.com; 1672 Copenhagen Dr; productos desde 4 US$; 6.00-15.00 o 16.00 lu-vi, hasta 17.00 sa y do; ❀) Muy danés. Sirven *ableskivers* (buñuelos espolvoreados con azúcar y rellenos de mermelada de frambuesa), tan populares que incluso se venden por una ventanilla.

Solvang Bakery
PANADERÍA $

(www.solvangbakery.com; 438 Alisal Rd; productos desde 2 US$; 7.00-18.00 do-ju, hasta 19.00 vi y sa; ❀) Los tubos de galletitas danesas de mantequilla y los *kringles* de almendra son dos indispensables.

Mortensen's Danish Bakery
PANADERÍA $

(www.mortensensbakery.com; 1588 Mission Dr; 7.30-17.30, hasta 20.00 jun-ago) Para desayunar un roscón danés de mantequilla, un paste-

---

ℹ LAS MEJORES BODEGAS PARA IR DE 'PICNIC'

Es fácil comprar la merienda en la zona vinícola de Santa Bárbara. Hay muchos mercados locales, delicatesen y panaderías que elaboran sándwiches y ensaladas para llevar. Si se va de *picnic* a una bodega hay que recordar que es de buena educación comprar una botella de vino antes de sentarse a comer.

➡ Beckmen Vineyards (p. 541)

➡ Sunstone Vineyards & Winery (p. 542)

➡ Zaca Mesa Winery (p. 540)

➡ Lincourt Vineyard (p. 542)

➡ Rancho Sisquoc (p. 540)

lito danés relleno de fruta o un *strudel* de manzana.

New Frontiers
Natural Marketplace SUPERMERCADO $
(https://newfrontiersmarket.com; 1984 Old Mission Dr; 8.00-20.00 lu-sa, hasta 19.00 do;) Saludable, ecológica y local oferta de sándwiches, ensaladas y platos para llevar, todo muy *gourmet*.

★ **Succulent Café** CALIFORNIANA $$
(805-691-9235; www.succulentcafe.com; 1555 Mission Dr; principales de desayuno y almuerzo 9-13 US$, de cena 19-29 US$; desayuno 8.30-12.00 sa y do; almuerzo 11.00-15.00 lu y mi-vi, hasta 16.00 sa y do; cena 17.30-21.00 lu y mi-do) Café y tienda *gourmet* regentado por una familia con una inspirada carta a base de productos frescos de granja: galletas rellenas de lomo de cerdo a la canela y al comino con *chutney* de piña y *gravy* de bacón para desayunar; ensalada de pollo frito a la crema de leche o sándwiches artesanales de queso para almorzar; y cordero rebozado en pipas de calabaza para cenar. Si hace sol, se puede comer en el patio.

Root 246 ESTADOUNIDENSE $$$
(805-686-8681; www.root-246.com; 420 Alisal Rd; principales cena 19-35 US$, *brunch* bufé adultos/6-12 años 27/11 US$; 17.00-21.00 ma-ju, 17.00-22.00 vi y sa, 10.00-14.00 y 17.00-21.00 do) Junto al Hotel Corque, la creativa cocina del chef Bradley Ogden es del tipo "de la granja al plato", siempre con un toque artístico. Su *pastrami* de costillas y el *brunch* dominical son insuperables. Hay que reservar. A partir de las 16.00 se puede tomar una copa de vino californiano junto al fuego.

Dónde beber y ocio

Tras la cena, este pueblo tiene menos marcha que un vikingo centenario.

Chumash
Casino Resort CASINO, MÚSICA EN DIRECTO
(800-248-6274; www.chumashcasino.com; 3400 E Hwy 246; 24 h) Al volante, al este por la Hwy 246 se llega a este local, el 'Mister Hyde' de Solvang. Hay máquinas tragaperras, cócteles diluidos, mucho humo del tabaco. Se pueden conseguir entradas de última hora para conciertos de viejas superestrellas del pop y del *rock*.

Maverick Saloon BAR
(805-686-4785; www.mavericksaloon.org; 3687 Sagunto St, Santa Ynez; 12.00-2.00 lu-vi, desde

10.00 sa y do) Cerca de la Hwy 246 al este de Solvang, el pueblecito de Santa Ynez alberga este garito de Harleys en el que actúan bandas de *rock* y *country*. También hay baile y DJ.

 De compras

Las tiendas *kitsch* del centro de Solvang ocupan media docena de manzanas al sur de Mission Dr (Hwy 246) entre Atterdag Rd y Alisal Rd. Para adquirir libros de cocina danesa, colchas artesanales y artículos para el hogar se puede probar en el Elverhøj Museum (p. 544).

Gaveasken REGALOS
(433 Alisal Rd; 9.30-17.00 lu-sa, desde 10.00 do) Decoración, elegantes bandejas de plata, adornos navideños y vajillas danesas auténticas.

Solvang Antique Center ANTIGÜEDADES
(http://solvangantiques.com; 1693 Copenhagen Dr; 10.00-18.00) Muebles, relojes, cajitas de música, objetos decorativos y joyas antiguas y bonitas procedentes de Europa y América. Parece un museo.

Book Loft LIBROS
(www.bookloftsolvang.com; 1680 Mission Dr; 9.00-20.00 ma-ju, hasta 21.00 vi y sa, hasta 18.00 do y lu) Librería independiente en la planta baja del Hans Christian Andersen Museum. Tiene libros y cuentos infantiles de anticuario y escandinavos.

Información

Solvang es el centro más visitado de la zona vinícola de Santa Bárbara.

Solvang Coffee Company (1680 Mission Dr, Solvang; 6.00-18.00 do-ma, hasta 19.00 mi-sa;) Para tomarse un café y aprovecharse del wifi. Está cerca del Hans Christian Andersen Museum.

Centro de visitantes y de conferencias de Solvang (805-688-6144, 800-468-6765; www.solvangusa.com; 1639 Copenhagen Dr, Solvang; 9.00-17.00) Quiosco en el centro de la ciudad con folletos turísticos y planos de las bodegas. Está cerca del mercado municipal y de los lavabos públicos.

Buellton

4905 HAB.

Puerta de entrada a la zona vinícola de Santa Bárbara, este pueblo rutinario y pequeño es conocido por el icónico Andersen's Pea Soup

Restaurant, en el cruce de la Hwy 101 y la Hwy 246, con sus enormes boles de sopa de guisantes.

🛏 Dónde dormir y comer

Buellton tiene moteles y hoteles de grandes cadenas menos caros y más viejos que los de Solvang, unos 5 km al este por la Hwy 246.

Ellen's Danish
Pancake House   DESAYUNOS $$
(📞805-688-5312; www.ellensdanishpancakehou-se.com; 272 Ave of Flags; principales 7-12 US$; ⊙6.00-20.00 lu-sa, hasta 14.00 do) Al oeste de la Hwy 101, este *diner* de la vieja escuela siempre está a rebosar de lugareños, que acuden para comer las mejores tortitas danesas, salchichas danesas y gofres belgas de la región. Sirven desayunos todo el día.

Hitching Post II   ASADOR $$$
(📞805-688-0676; www.hitchingpost2.com; 406 E Hwy 246; principales 23-50 US$; ⊙17.00-21.30; 🅟) Como ocurre en la película *Entre copas*, en este local de madera oscura sirven filetes a la brasa de roble, costillas de cerdo, pechuga ahumada de pato y costillas de cordero. Todos los clásicos se acompañan con una bandeja de hortalizas, pan de ajo, cóctel de gambas o sopa, ensalada y patatas. Los dueños elaboran su propio y excelente pinot noir; hay catas en el bar a partir de las 16.00.

🍷 Dónde beber y vida nocturna

Avant Tapas & Wine   BAR DE VINOS
(📞805-686-4742; www.avantwines.com; 35 Industrial Way; ⊙11.00-21.00) En el piso superior, de decoración industrial-chic, se halla el sistema de cata Enomatic del local, que permite probar más de 30 vinos de las barricas del almacén (solo hay que echar un vistazo a la pasarela). Hay *happy hour* entre semana de 15.00 a 17.00.

Figueroa Mountain
Brewing Co   MICROCERVECERÍA
(📞805-694-2252; www.figmtnbrew.com; 45 Industrial Way; ⊙16.00-21.00 lu-ju, desde 11.00 vi-do) Local original con música en directo, monólogos de humor y juegos de preguntas. Tiene un bar en Los Olivos, al otro lado del valle, donde también ofrecen degustaciones de sus premiadas cervezas Danish Red Lager y Hoppy Poppy IPA.

ℹ Cómo llegar y desplazarse

En automóvil desde Santa Bárbara se puede llegar a la zona vinícola en menos de 1 h. Por la Hwy 101 hay 72,4 km de Santa Bárbara a Buellton. La Hwy 246 va de este a oeste de Buellton a Solvang, y después cruza la parte inferior del valle de Santa Ynez hacia la Hwy 154. Desde Santa Bárbara, la Hwy 154 ofrece una ruta más panorámica; aunque hay menos kilómetros que por la Hwy 101, se tarda más porque a menudo la vía es solo de doble sentido y, por lo tanto, el tráfico avanza más despacio. Al norte de la Hwy 246, la Hwy 154 va hacia Los Olivos.

Central Coast Shuttle (📞805-928-1977, 800-470-8818; www.cclax.com) tiene autobuses de LAX a Buellton por 75/138 US$ ida /ida y vuelta, algo menos si se paga 24 h antes. **Amtrak** (📞800-872-7245; www.amtrak.com) tiene un par de autobuses diarios Thruway a/desde Solvang, pero solo son útiles si se toma un tren desde (o se llega en tren a) Santa Bárbara.

Santa Ynez Valley Transit (📞805-688-5452; www.syvt.com) opera autobuses locales equipados con portabicicletas que cubren un trayecto circular por Buellton, Solvang, Santa Ynez, Ballard y Los Olivos, aproximadamente de 7.00 a 19.00 de lunes a sábado; el billete de ida cuesta 1,50 US$ (importe exacto).

MERECE LA PENA

LOTUSLAND

En 1941, la excéntrica cantante de ópera Madame Ganna Walka, personaje de la alta sociedad, compró las 14 Ha que forman Lotusland (📞inf. 805-969-3767, reservas 805-969-9990; www.lotusland.org; 695 Ashley Rd; adultos/3-18 años 45/20 US$; ⊙circuitos con cita previa 10.00 y 13.30 mi-sa med feb-med nov; 🅟) con la fortuna que acumuló tras casarse y divorciarse de varios maridos adinerados. Las cuatro décadas siguientes las dedicó a cuidar y aumentar su increíble colección de plantas raras y exóticas de todo el mundo, incluidos más de 140 tipos de aloe vera. Es mejor visitar el lugar en verano, cuando florece el loto (jul-ago). Los circuitos son con reserva; hay que llamar por teléfono de 9.00 a 17.00 entre semana y de 9.00 a 13.00 los sábados.

ALREDEDORES DE SANTA BÁRBARA

Un fin de semana largo en los montes, valles y playas que hay entre Santa Bárbara y Los Ángeles resulta de lo más inspirador. En esta tierra de ensueño olas perfectas bañan la costa de Ventura, senderos umbríos serpentean por Los Padres National Forest y el valle de Ojai es de lo más zen. Hacer surf, pasear...; si el viajero adora las actividades al aire libre, este es su destino.

Además está el Channel Islands National Park, una cadena de islas próxima a la costa donde visitar majestuosas cuevas marinas en kayak, bucear entre bosques de algas, pasear por campos de flores silvestres o huir de la civilización en un *camping* remoto.

Montecito

8965 HAB.

Al este de Santa Bárbara, este frondoso pueblo al pie de los montes de Santa Ynez es un reducto de gente obscenamente rica y famosa, ese tipo de enclave protegido que, siglos atrás, habría provocado revoluciones.

Si bien la mayoría de las casas se ocultan tras setos impecables, se podrá apreciar el antiguo estilo de vida local en la **Casa del Herrero** (805-565-5653; http://casadelherrero.com; 1387 E Valley Rd; circuito 90 min 20 US$; 10.00 y 14.00 mi y sa; P), una finca de los años veinte muy bien conservada, de estilo colonial español y rodeada de jardines para pasear.

La calle principal de Montecito, llena de cafés y *boutiques,* es Coast Village Rd (hay que salir de la Hwy 101 por la Olive Mill Rd). **Dressed y Ready** (805-565-1253; www.dressedonline.com; 1253 Coast Village Rd; 10.00-17.00 lu-sa, 11.00-16.00 do) son dos tiendas gemelas de moda selecta para mujer. Para desayunar o tomar un *brunch* los fines de semana se puede pedir mesa en el patio de la pastelería-café **Jeannine's** (http://jeannines.com; 1253 Coast Village Rd; principales 9-14 US$; 7.00-15.00;) donde, entre otras delicias, sirven tostadas francesas de pan *jalá* con plátano caramelizado en salsa de Kahlúa.

Desde Santa Bárbara, los autobuses de MTD nº 14 y 20 circulan a/desde Montecito (1,75 US$, 20 min, cada hora); el nº 20 conecta Montecito con Summerland y Carpintería.

Summerland

1450 HAB.

Este soñoliento pueblo costero lo fundó el especulador inmobiliario H. L. Williams en la década de 1880. Pero Williams era, además, espiritualista, de los que creen en el poder de los médiums para poner en contacto a los vivos con los muertos. Corría el rumor que los espiritualistas tenían salas ocultas en sus casas para celebrar sesiones de espiritismo, una práctica que le valió a la ciudad el apodo de "Spookville" ("ciudad de los fantasmas"). Hoy, los que quieren conectar con el pasado visitan sus tiendas de antigüedades. No hay gangas, pero sí preciosos muebles, joyas y objetos de arte. Desde la Hwy 101 hacia el sur, hay que tomar la salida 91, girar al norte y después a la derecha por Lillie Ave. Para llegar a la playa hay que ir al sur por la salida 91 y cruzar la vía del tren hasta el **Lookout Park** (www.countyofsb.org/parks; Lookout Park Rd; 8.00-anochecer; GRATIS), junto al acantilado, con un parque infantil, un merendero con barbacoas y un tramo de playa bastante tranquilo (se admiten perros con correa).

Se puede desayunar o tomar un *brunch* en el **Summerland Beach Café** (805-969-1019; www.summerlandbeachcafe.com; 2294 Lillie Ave; principales 7-14 US$; 7.00-15.00 lu-vi, hasta 16.00 sa y do;), famoso por sus esponjosas tortillas; tiene un patio. Otra opción es el **Tinker's** (2275 Ortega Hill Rd; productos 5-10 US$; 11.00-20.00;), un puesto de hamburguesas donde sirven patatas fritas curvas y batidos a la vieja usanza.

Desde Santa Bárbara, el autobús de MTD nº 20 va a Summerland (1,75 US$, 25 min, cada hora) vía Montecito y sigue hasta Carpintería.

Carpintería

13 230 HAB.

Casi 18 km al este de Santa Bárbara, la playa de Carpintería (su nombre deriva de que antaño los chumash construían canoas allí) parece anclada en el tiempo y es muy tranquila. Es fácil pasar un par de horas de tiendas de antigüedades y ropa de playa por Linden Ave, la calle principal, y la cuba de guacamole más grande del mundo si se va durante el **Cali-**

fornia Avocado Festival (www.avofest.com), a principios de octubre.

⊙ Puntos de interés y actividades

Para surfistas expertos, el **Rincon Point** ofrece largas olas cristalinas con rompiente de derecha. Está casi 5 km al sureste del centro, cerca de la Hwy 101 (salida Bates Rd).

Carpinteria State Beach   PLAYA
(📞805-968-1033; www.parks.ca.gov; fin de Linden Ave; por automóvil 10 US$; ⊙7.00-anochecer; 🅿) Idílica playa de 1,6 km en la que los niños podrán chapotear tranquilamente y, con bajamar, buscar caracolas. En invierno, a veces, se ven focas y leones marinos, sobre todo si se anda 1,5 km hacia el sur hasta un mirador sobre un risco.

Surf Happens   SURF
(📞805-966-3613; http://surfhappens.com; clase 2 h en grupo/privada desde 110/160 US$; 🅿) Para familias, principiantes y "Aloha Surf Sisters", estas reputadas clases y campamentos de fin de semana con monitores expertos incorporan el concepto zen al surf. En verano, el paseo zen sobre las olas empieza cerca de la Hwy 101 (salida Santa Claus Ln). Resérvese con antelación.

🛏 Dónde dormir

Los moteles y hoteles de grandes cadenas de Carpintería son todos iguales y no tienen nada de especial, pero suelen ser más económicos que los de Santa Bárbara.

Carpinteria State Beach Campground   CAMPING $
(📞800-444-7275; www.reserveamerica.com; parcela tienda y autocaravana con aparcamiento 35-80 US$, parcela tienda para ciclistas o senderistas 10 US$; 🅿) Frente al océano. Suele estar muy lleno y ofrece un montón de comodidades para las familias: lavabos, duchas de agua caliente, mesas de *picnic* y barbacoas. Resérvese con tiempo.

🍴 Dónde comer y beber

Padaro Beach Grill   ESTADOUNIDENSE $
(3766 Santa Claus Ln; productos 3-11 US$; ⊙normalmente 10.30-20.00 lu-sa, desde 11.00 do; 🅿) Está cerca de la Hwy 101, al oeste del centro y frente al océano. Sirve ricas hamburguesas, tacos de pescado a la parrilla, boniatos fritos y espesos batidos.

Tacos Don Roge   MEXICANA $
(751 Linden Ave; productos desde 1,50 US$; ⊙10.00-21.00) Taquería famosa por su barra de salsas de todos los colores: hasta 12 diferentes para aderezar las tortitas de carne picante (se recomiendan la de jalapeños y la de piña).

Corktree Cellars   CALIFORNIANA $$
(📞805-684-1400; www.corktreecellars.com; 910 Linden Ave; platos pequeños 5-15 US$; ⊙normalmente 11.30-21.00 ma-ju, hasta 22.00 vi y sa, 10.00-21.00 do) En el centro, este bar de vinos y bistró moderno ofrece tapas californianas, platos de fiambres y quesos y un sinfín de vinos. Lástima el servicio, que pone a prueba la paciencia de cualquiera.

Island Brewing Co   FÁBRICA DE CERVEZA
(www.islandbrewingcompany.com; 5049 6th St, junto a Linden Ave; ⊙14.00-21.00 lu-vi, desde 11.00 sa y do; 🅿) Lleno de habituales playeros, con decoración industrial y un patio junto a las vías del tren. Admiten perros.

ℹ Cómo llegar y salir

Carpintería está 18 km al este de Santa Bárbara por la Hwy 101 (sentido sur, salida Linden Ave; sentido norte, Casitas Pass Rd). Desde Santa Bárbara, tómese el autobús de MTD nº 20 (1,75 US$, 45 min, cada hora) vía Montecito y Summerland. **Amtrak** (📞800-872-7245; www.amtrak.com; 475 Linden Ave) tiene una estación sin personal en el centro; los billetes se sacan en línea o por teléfono; hay cinco servicios diarios *Pacific Surfliner* a Ventura (11 US$, 25 min) o Los Ángeles (29 US$, 2¾ h).

Ojai

7560 HAB. / ALT. 745 M

El director de cine Frank Capra escogió el valle de Ojai como paraíso mítico en su película *Horizontes perdidos* (1937). Hoy, Ojai ("luna", en chumash) atrae a artistas, granjeros ecologistas, buscadores de espiritualidad y a cualquiera con ganas de relajarse. Que nadie olvide las bermudas y las sandalias: en verano hace calor en el paraíso.

⊙ Puntos de interés y actividades

El histórico parque de bomberos del centro acoge la **Ojai Vineyard** (📞805-798-3947; www.ojaivineyard.com; 109 S Montgomery St; cata 15 US$; ⊙12.00-17.00), con catas de sus delicados vinos de producción limitada. Son

MERECE LA PENA

OJAI Y SU 'MOMENTO ROSA'

Ojai es famoso por el brillo rosáceo que emana de sus montañas a la puesta del sol, el llamado "Pink Moment". El mejor lugar para apreciarlo es el apacible mirador que hay sobre el **monte Meditation** (https://meditationmount.org; 10340 Reeves Rd; 10.00-anochecer mi-do) GRATIS. Hay que ir al este desde el centro por Ojai Ave (Hwy 150) durante 3,2 km, torcer a la izquierda en el restaurante Boccali y conducir otros 4 km por la Reeves Rd hasta el final de la misma.

famosos sus carismáticos chardonnay, pinot noir y syrah, pero su fresco sauvignon blanc, su seco reisling y su alegre rosado también están muy bien. En las afueras de la localidad, la **Ojai Olive Oil Company** (877-646-5964; www.ojaioliveoil.com; 1811 Ladera Rd; normalmente cada hora circuitos 13.00-16.00 mi y 10.00-15.00 sa) GRATIS es una propiedad familiar que ofrece un circuito guiado gratis por sus olivares y catas de aceites afrutados y a las finas hierbas

Para disfrutar de lo último en relajación, resérvese un día en el selecto **Spa Ojai** (877-597-3731; www.ojairesort.com/spa-ojai/; Ojai Valley Inn & Spa, 905 Country Club Rd). Los que no sean huéspedes del *resort* tienen que pagar 20 US$ para poder acceder a las dos piscinas, el gimnasio y las clases de *fitness* para cuerpo y mente. Otra opción es un masaje de aromaterapia o de piedras calientes en una casita como de los *hobbits* en el **Day Spa of Ojai** (805-640-1100; www.thedayspa.com; 1434 E Ojai Ave), 1,6 km al este del centro.

El **Ojai Valley Trail**, de 14,4 km, que discurre por una extinta vía férrea junto a la carretera, es un sendero muy popular entre caminantes, corredores, ciclistas y jinetes. Se puede tomar desde el centro, dos manzanas al sur de Ojai Ave, y después pedalear por todo el valle. En **Mob Shop** (805-272-8102; www.themobshop.com; 110 W Ojai Ave; alquiler bici por día 25-50 US$; 13.00-18.00 lu, 10.00-17.00 ma-vi, 9.00-17.00 sa, 9.00-16.00 do) alquilan bicicletas.

Para consejos de acampada y mapas de excursionismo por fuentes termales, cascadas y miradores de montaña en **Los Padres National Forest**, se puede pasar por el **puesto de guardabosques de Ojai** (805-646-4348; http://www.fs.usda.gov/lpnf; 1190 E Ojai Ave; 8.00-16.30 lu-vi) o, también, los fines de semana, por el **centro de visitantes de la Wheeler Gorge** (http://lpforest.org/wheeler; 17017 Maricopa Hwy; 9.00-15.00

sa y do), 12,8 km al norte de la Hwy 150 por la Hwy 33.

🛏 Dónde dormir

⭐ **Blue Iguana Inn** POSADA $$
(805-646-5277; www.blueiguanainn.com; 11794 N Ventura Ave; h 129-199 US$, ste desde 159 US$, todos incl. desayuno; 🐾❄🌐♿) Diseñada por un arquitecto, hay figuras de iguanas por doquier: en las paredes de adobe, alrededor de las fuentes de azulejos mediterráneos y en cualquier rincón donde puedan arrancar una sonrisa. El amplio bungaló y las suites son únicos, y en la piscina socializan residentes de Los Ángeles. El precio incluye un desayuno continental y los fines de semana la estancia mínima es de dos noches. Se admiten algunas mascotas solo con permiso previo. De la misma propiedad y más romántico, el Emerald Iguana Inn está al norte del centro.

Ojai Retreat B&B $$
(805-646-2536; www.ojairetreat.com; 160 Besant Rd; d incl. desayuno 99-299 US$; ♿@🌐) En una colina en las afueras del pueblo, este apacible B&B ofrece habitaciones inspiradas en la naturaleza de estilo *arts and crafts* y suites campestres ideales para desconectar. Es fácil dar con un rincón tranquilo para leer o escribir, se puede pasear por el bosque y practicar yoga. El precio incluye un saludable desayuno bufé.

Ojai Rancho Inn MOTEL $$
(805-646-1434; http://ojairanchoinn.com; 615 W Ojai Ave; h 120-200 US$; ♿❄🌐♿) Motel bajo junto a la carretera con habitaciones de madera de pino y camas grandes de matrimonio. Las de tipo campestre tienen chimenea y, algunas, *jacuzzi* y cocinita. Además de sus tarifas competitivas, hay una pequeña piscina, una sauna, un *shuffleboard*, una hoguera y bicicletas para ir al centro (800 m). Tarifa por mascota 20 US$.

Ojai Valley Inn & Spa RESORT $$$
(855-697-8780, 805-646-1111; www.ojairesort.
com; 905 Country Club Rd; h desde 329 US$;
❄@🛜🏊🐾) En el extremo oeste de la ciu-
dad, este acogedor *resort* tiene jardines
impecables, canchas de tenis, piscinas, un
campo de golf y un fabuloso *spa*. Las habi-
taciones de lujo incluyen todas las como-
didades, algunas con chimenea y balcón.
Entre las actividades recreativas hay juegos
infantiles, alquiler de bicicletas, yoga a la
luz de la luna y astrología. Los servicios
nocturnos tienen un sobrecoste de 25 US$.

🍴 Dónde comer

Mercado de granjeros de Ojai MERCADO $
(www.ojaicertifiedfarmersmarket.com; 300 E
Matilija St; 9.00-13.00 do; 🅿🚼) Siempre
abierto, este mercado de granjeros es ideal
para codearse con la gente bohemia de
Ojai. Vende huevos, aceites, mermeladas,
pan casero, frutas, hortalizas y frutos secos
ecológicos.

Farmer & the Cook MEXICANA, VEGETARIANA $$
(http://farmerandcook.com; 339 W Roblar Ave;
principales 7-14 US$; 8.00-20.30; 🅿🚼) Pe-
queño mercado de carretera de una granja
cercana donde también sirven platos mexicanos ecológicos. Son muy ricos los tacos
de calabacín y queso de cabra con tortitas
de maíz y los huevos rancheros. Los fines
de semana hay *pizzas* creativas y ensaladas
para cenar.

Boccali's ITALIANA $$
(805-646-6116; http://boccalis.com; 3277 Ojai-
Santa Paula Rd; principales 10-18 US$; 16.00-
21.00 lu y ma, desde 12.00 mi-do; 🚼) Puesto
junto a la carretera con manteles a cuadros
rojiblancos y sencilla cocina italiana. Una
gran parte de los ingredientes que emplean
se cultivan tras el restaurante, como los to-
mates. Lo mejor son las *pizzas* al horno
de leña, cuya preparación lleva su tiempo.
Pago en efectivo. Está unos 3 km al este del
centro por Ojai Ave.

Hip Vegan VEGETARIANA $$
(www.hipvegancafe.com; 928 E Ojai Ave; principa-
les 9-13 US$; 11.00-17.00; 🅿🚼) Separado
de la calle por un jardincito, este lugar sigue fiel a las raíces *hippies* de Ojai: enrollados rellenos de germinados, ensaladas,
sándwiches Reuben con carne vegetal y los
clásicos batidos de dátiles de SoCal.

Knead PANADERÍA, CAFÉ $$
(http://kneadbakingcompany.com; 469 E Ojai Ave;
productos 3-16 US$; 8.00-16.00 mi-do) Arte-
sanal y familiar, aquí combinan masas de
pan con los mejores ingredientes de Ojai:
frutas, hierbas aromáticas, miel y frutos
secos. Se puede pedir un trocito de tarta
o de quiche, o un sándwich al gusto. Pago
en efectivo.

🛍 De compras

Arcade Plaza, un laberinto de edificios al
estilo misión en Ojai Ave (la calle principal
del centro), está llena de *boutiques*.

Bart's Books LIBROS
(www.bartsbooksojai.com; 302 W Matilija St;
9.30-anochecer) Una manzana al norte de
Ojai Ave, en esta singular librería interior-
exterior echar un vistazo lleva un rato; cui-
dado con pisar al gato, muy ágil.

Ojai Clothing MODA
(http://ojaiclothing.com; 325 E Ojai Ave; 12.00-
17.00 lu y mi-ju, 12.00-17.30 vi, 10.00-17.30 sa,
11.00-17.00 do) Ropa en tonos tierra y es-
tampados alegres, cómoda tanto para inter-
pretar una danza como para salir a tomar
algo, en algodón y otros tejidos suaves, para
hombre y mujer.

Human Arts Gallery ARTESANÍA
(www.humanartsgallery.com; 246 E Ojai Ave;
11.00-17.00 lu-vi, hasta 18.00 sa, 12.00-17.00 do)
Joyas, esculturas, tallas de madera, objetos
de cristal, muebles, etc. Todo hecho a mano.

Soul Centered REGALOS, LIBROS
(www.soulcentered.com; 311 N Montgomery St;
10.30-18.00) Tienda metafísica acorde con
el ambiente *hippie* de Ojai: cristales curati-
vos, terapia para sueños y libros de magia.

ℹ Información

Cámara de Comercio del valle de Ojai
(805-646-8126; www.ojaichamber.org;
206 N Signal St; 9.00-16.00 lu-vi) Planos y
folletos turísticos gratis.
Biblioteca de Ojai (111 E Ojai Ave; 10.00-
20.00 lu-ju, 12.00-17.00 vi-do) Ordenadores
públicos de uso gratis.

ℹ Cómo llegar y salir

Ojai está 53 km al este de Santa Bárbara
por la panorámica Hwy 150, o 24 km hacia el
interior (norte) desde Ventura por la Hwy 33.
En Main St en Ventura Ave, en el centro de
Ventura, se puede tomar el autobús nº 16 de

SANTA PAULA

El tesoro de la hoy autodefinida "Capital mundial de los limones" fue en su día el oro negro. Si el viajero ha visto la película *Pozos de ambición,* vagamente basada en la novela *¡Petróleo!* de Upton Sinclair, sabrá que el primer *boom* del petróleo en SoCal fue un negocio teñido de sangre. En la actualidad, el **California Oil Museum** (805-933-0076; www.oilmuseum.net; 1001 E Main St; adultos/6-17 años 4/1 US$; 10.00-16.00 mi-do) cuenta la historia de la "'bonanza negra" de Santa Paula con modestas exposiciones que incluyen una perforadora de la década de 1890 y una colección de bombas de gas antiguas. También se puede visitar el distrito histórico de Santa Paula, con interesantes murales al aire libre. Para conseguir un plano gratis del circuito hay que ir al museo o, una manzana al norte de este, a la **Cámara de Comercio** (805-525-5561; www.discoversantapaula. com; 200 N 10th St, Santa Paula; 10.00-14.00 lu-vi, tienda de regalos 10.00-12.00 y 13.00-16.00 lu-vi, 12.00-16.00 sa y do). Santa Paula está 26 km al este de Ventura u Ojai, en el cruce de la Hwy 126 y la Hwy 150.

Gold Coast Transit (805-487-4222; www. goldcoasttransit.org) al centro de Ojai (1,50 US$, 40 min, cada hora).

Ventura

107 735 HAB.

El principal punto de partida de los circuitos en barco a las Channel Islands, la localidad playera de San Buenaventura, no es la ciudad más encantadora de la costa, pero tiene su encanto gracias a un muelle histórico y al centro urbano, a lo largo de Main St, al norte de la Hwy 101 por California St.

Puntos de interés y actividades

Al sur de la Hwy 101 vía Harbor Blvd, del **Ventura Harbor** salen los barcos al Channel Islands National Park.

San Buenaventura State Beach

PLAYA

(805-968-1033; www.parks.ca.gov; acceso desde San Pedro St; por automóvil 10 US$; amanecer-anocher;) Extensa paya junto al paseo marítimo, cerca de la Hwy 101. Es ideal para nadar, hacer surf o tomar el sol. Un carril bici la conecta con la vecina **Emma Wood State Beach**, también popular para nadar, hacer surf y pescar.

Misión San Buenaventura

IGLESIA

(805-643-4318; www.sanbuenaventuramission. org; 211 E Main St; adultos/menores 18 años 4/1 US$; 10.00-17.00 lu-vi, 9.00-17.00 sa, 10.00-16.00 do) El pasado colonial español de Ventura se remonta a esta misión, la última que fundó Junípero Serra en California. Un paseo por la misma lleva a un patio ajardinado y a un pequeño museo, a través de estatuas de santos, pinturas religiosas centenarias y curiosas campanas de madera.

Limoneira

GRANJA

(805-525-5541; www.limoneira.com; 1131 Cummings Rd, Santa Paula; circuitos 20-40 US$; llámese) A 20 min en automóvil desde el centro, esta granja permite al visitante ver de cerca la fruta reina de Ventura: el limón. El histórico rancho tiene una tienda y una pista de bochas en el exterior. Con reserva, ofrecen visitas guiadas por la moderna planta de embalaje y los huertos con vistas al mar.

Museum of Ventura County

MUSEO

(805-653-0323; http://venturamuseum. org; 100 E Main St; adultos/6-17 años 5/1 US$; 11.00-17.00 ma-do) Pequeño museo del centro con piezas variopintas que incluyen cestas chumash, tablas de surf antiguas de madera y un enorme cóndor californiano disecado con las alas extendidas, además de exposiciones temporales sobre arte e historia local.

Dónde dormir y comer

Los moteles de precio medio y alto frente a la playa se concentran cerca de la Hwy 1. Para algo más económico hay que seguir por la Hwy 101 al sur hacia Camarillo, a 24 km, donde abundan los hoteles de cadena.

En el centro de Ventura, por Main St se encontrarán tiendas de tacos mexicanos, cafés sencillos y restaurantes de cocina internacional.

Mercado de granjeros del condado de Ventura
MERCADO **$**

(http://vccfarmersmarkets.com; esq. Santa Clara St y Palm St; ☺8.30-12.00 sa; 🅿🚻) ✈ Más de 45 granjeros y vendedores se dan cita cada semana en este mercado de granjeros con sus hortalizas y frutas, pan artesano y comida para llevar (mediterránea, mexicana y otras). Se monta otro mercado parecido en el centro, en Pacific View Mall, los miércoles de 9.00 a 13.00.

Jolly Oyster
PESCADO Y MARISCO **$$**

(911 San Pedro St; platos 5-16 US$; ☺12.00-19.00 vi, desde 11.00 sa y do; 🚻) ✈ En la San Buenaventura State Beach, este puesto de marisco vende ostras Kumamoto y del Pacífico, y almejas de Manila, de criadero propio. Se comen crudas o cocinadas; hay parrillas y mesas de *picnic*. También tienen una breve carta de tacos, tostadas, cebiches y ensaladas que cambia cada semana. Ofrece 1 h de aparcamiento gratis.

★Lure Fish House
PESCADO Y MARISCO **$$$**

(📞805-567-4400; www.lurefishhouse.com; 60 S California St; principales almuerzo 10-22 US$, el cena 15-33 US$; ☺11.30-21.00 do-ma, hasta 22.00 mi-ju, hasta 23.00 vi y sa; 🚻) ✈ En el muelle de Ventura, aquí se disfrutará de una carta a base productos de pesca sostenible y ecológicos, además de vinos californianos. Se puede reservar o esperar en el bar durante la *happy hour* (16.00-18.00 lu-vi, 11.30-18.00 do), con cócteles, calamares fritos y ostras a la parrilla.

🍸 Dónde beber y vida nocturna

Cerca del puerto hay muchos locales para salir de copas.

Surf Brewery
FÁBRICA DE CERVEZA

(📞805-644-2739; http://surfbrewery.com; suite A, 4561 Market St; ☺16.00-21.00 ma-ju, desde 13.00 vi, 12.00-21.00 sa, 12.00-19.00 do) La microcervecería más nueva de Ventura levanta pasiones con sus variedades IPA de intenso sabor a lúpulo y negras, y una pale ale americana de centeno. Los fans de la cerveza y los camiones de comida se concentran en el bar, situado en una zona industrial a 8 km del centro de la ciudad, por la Hwy 101 al sur (salida Donlon St).

Wine Rack
BAR DE VINOS

(📞805-653-9463; http://thewineracklounge.com; 14 S California St; ☺14.00-22.00 ma-ju, hasta 24.00 vi, 12.00-24.00 sa, 12.00-18.00 do) Bar estiloso y alegre, adecuado para principiantes en el mundo del vino (para picar, hay quesos, *pizzas* o *fondues*), más animado las noches de jueves a sábado, con música en directo.

🔒 De compras

B on Main
REGALOS

(www.bonmain.com; 337 E Main St; ☺10.30-18.00 lu-vi, 10.00-20.00 sa, 11.00-17.00 do) Copias de pósteres de surf antiguos, muebles de estilo cutre-chic, arte paisajista de SoCal, joyería local y ropa playera femenina.

Ormachea
JOYAS

(www.ormacheajewelry.com; 451 E Main St) Regentado por la tercera generación de una familia de artesanos peruanos. Venden joyas únicas hechas a mano en un estudio del centro.

ARC Foundation Thrift Store
VINTAGE

(www.arcvc.org; 265 E Main St; ☺9.00-18.00 lu-sa, 10.00-17.00 do) En el centro hay muchas tiendas de segunda mano y de antigüedades, en su mayoría por Main St, al oeste de California St, entre ellas la popular ARC.

Rocket Fizz
COMIDA Y BEBIDA

(www.rocketfizz.com; 105 S Oak St; ☺10.30-19.00 do-ju, hasta 21.00 vi y sa) Tienda de estilo *retro*, ideal para llenar la nevera portátil para ir de playa.

Camarillo Premium Outlets
CENTRO COMERCIAL

(www.premiumoutlets.com/camarillo; 740 E Ventura Blvd, Camarillo; ☺10.00-21.00 lu-sa, hasta 20.00 do) Prendas con grandes descuentos de marcas como Kitson, Nike, Neiman Marcus o North Face, a 20 min en automóvil de Ventura por la Hwy 101 hacia el sur.

🛈 Información

Centro de visitantes y de convenciones de Ventura (📞805-648-2075, 800-483-6214; www.ventura-usa.com; 101 S California St; ☺21.00-17.00 lu-sa, 10.00-16.00 do mar-oct, hasta 16.00 a diario nov-feb) En el centro, ofrece planos gratis y folletos turísticos.

🛈 Cómo llegar y salir

Ventura está casi 50 km al sureste de Santa Bárbara por la Hwy 101. **Amtrak** (📞800-872-7245; www.amtrak.com; Harbor Blvd en Figueroa St) tiene cinco trenes diarios que van al norte a Santa Bárbara (15 US$, 45 min) vía Carpintería y al sur a Los Ángeles (24 US$, 2¼ h). La estación

CHANNEL ISLANDS: PARAÍSO PERDIDO Y HALLADO

El ser humano ha dejado una fuerte huella en estas islas. El sobrepastoreo produjo su erosión y los conejos se comían las plantas endémicas. El Ejército estadounidense usó San Miguel para prácticas de bombardeo. En 1969, un vertido de petróleo rodeó las islas del norte con una mancha de más de 2000 km², lo que causó la muerte de muchas aves y mamíferos. Mientras, la pesca de arrastre provocaba la destrucción de tres cuartos de los bosques de algas (kelp) de las islas, indispensables para el ecosistema marino.

A pesar de tantos desastres, el futuro no pinta mal. La población de pelícanos pardos, diezmada por los efectos del DDT y reducida a un polluelo en la isla de Anacapa en 1970, se recupera. En la isla de San Miguel, la vegetación endémica ha renacido medio siglo después de retirar a las ovejas. En la isla de Santa Cruz, el National Park Service y el Nature Conservancy han desarrollado planes para eliminar las plantas invasoras y los jabalíes, que se cree tendrán éxito.

de Amtrak no tiene personal; los billetes se sacan con antelación en línea o por teléfono. **Vista** (☑800-438-1112; www.goventura.org) opera varios autobuses diarios Coastal Express entre el centro de Ventura y Santa Bárbara (3 US$, 40-70 min) vía Carpintería; consúltense los horarios en línea o por teléfono.

Channel Islands National Park

Que nadie posponga demasiado la visita a este **parque nacional** (www.nps.gov/chis), GRATIS, más accesible de lo que parece y lleno de sorpresas: excursiones, kayak, submarinismo, acampada y observación de ballenas en medio de un paisaje que parece el del fin del mundo. Ricas en flora y fauna, pozas de marea y bosques de algas, estas islas albergan 145 especies vegetales y animales únicas en el mundo, lo cual les ha valido el sobrenombre de las "Galápagos de California".

Geográficamente, las Channel Island forman una cadena de ocho islas cerca de la costa sur de California que se extiende desde Santa Bárbara hasta San Diego. Cinco de ellas (San Miguel, Santa Rosa, Santa Cruz, Anacapa y la pequeña Santa Bárbara) forman el Channel Islands National Park. Antaño estaban habitadas por los chumash, hasta que fueron obligados a trasladarse a las misiones del continente por los soldados españoles a principios del s. XIX. Después fueron tomadas por rancheros mexicanos y estadounidenses durante el s. XIX, y por el ejército de EE UU en el s. XX, hasta que en las décadas de 1970 y 1980 empezaron los esfuerzos por su conservación.

◉ Puntos de interés y actividades

Anacapa y Santa Cruz, las islas más populares del parque, están a 1 h en barco desde Ventura. Anacapa es una buena escapada de un día, mientras que Santa Cruz es mejor para acampar y pasar la noche. Se recomienda llevar suficiente agua porque en las islas no hay, salvo en el Scorpion Ranch Campground de Santa Cruz.

La mayoría de los viajeros las visitan en verano, cuando el clima es caluroso y seco, pero las mejores épocas son la primavera, cuando florecen las plantas, y a principios de otoño, cuando se va la niebla. El invierno, pese a las tormentas, es apropiado para ver fauna, sobre todo ballenas.

Antes de zarpar, se puede pasar por el centro de visitantes del NPS (p. 556) en el Ventura Harbor, con exposiciones educativas de historia natural, un documental de 25 min sobre su naturaleza, los fines de semana y festivos, actividades para toda la familia y charlas de guardabosques.

◎ Isla de Anacapa

La forman tres islotes separados que, en conjunto, miden 2,5 km². Es una memorable introducción a la ecología de las islas y la mejor opción si se va justo de tiempo. Los barcos atracan todo el año en la East Island y, tras una pequeña subida, hay 3 km de senderos con fantásticas vistas del lugar, del histórico faro y de las rocosas Middle Island y West Island. Las actividades más populares son el kayak, el submarinismo, visitar las pozas de marea y ver focas y leones marinos. En primavera y verano, en el pequeño museo del centro de visitantes de la isla, a veces se muestran las imágenes que graban los submarinistas.

Isla de Santa Cruz

Es la isla más grande, de 248 km². Tiene dos sierras y el pico más alto del parque, el monte Diablo, de 747 m. Tres cuartas partes de Santa Cruz son salvajes y están vigiladas por Nature Conservancy (www.nature.org) y solo pueden visitarse con un permiso (se solicita en línea en www.nature.org/cruzpermit). No obstante, la cuarta parte restante, al este, protegida por el National Park Service (NPS), es preciosa y resulta ideal para un día de acción o para una excursión más tranquila con pernoctación. Se puede nadar, bucear con tubo, hacer submarinismo y kayak. Los guardabosques reciben a los barcos que llegan al Scorpion Anchorage, cerca del histórico Scorpion Ranch.

También hay excursiones más escarpadas, que no deben acometerse al mediodía, ya que apenas hay sombra. Hasta el cautivador Cavern Point hay 1,6 km de subida con buenas vistas. Para alargar la excursión se puede continuar 2,5 km más al oeste por panorámicos acantilados hasta el Potato Harbor. Desde el Scorpion Anchorage, el Scorpion Canyon Loop, de 7,2 km, asciende a un antiguo pozo petrolífero y ofrece fantásticas panorámicas, para después descender de nuevo por Scorpion Canyon hasta el *camping*. Otra opción es seguir la Smugglers Rd hasta la playa de guijarros de la Smugglers Cove, una ardua caminata de ida y vuelta desde el Scorpion Anchorage (12 km).

Otras islas

Los chumash llamaban a Santa Rosa Wima ("madera flotante") por los troncos de secuoyas que llegaban a la playa y con los que construían sus canoas o *tomols*. Esta isla de 217 km² cuenta con el extraño pino de Torrey, playas de arena y cientos de especies de plantas y aves. También abundan los senderos por playas, cañones y campos, pero los fuertes vientos son un impedimento para nadar, bucear e ir en kayak si no se es un experto.

Aunque San Miguel, de 36 km², ofrece una experiencia remota y solitaria, a menudo se ve azotada por el viento y envuelta en la niebla. Partes de la isla son de acceso

---

LA ISLA DE LOS DELFINES AZULES

Ganadora de la Newberry Medal, la novela infantil *La isla de los delfines azules*, de Scott O'Dell, es una buena lectura. Está inspirada en la historia real de una niña nativa americana del s. XIX que quedó abandonada en la isla San Nicolás cuando los nativos fueron expulsados de las Channel Islands. Por increíble que parezca, la niña sobrevivió sola en la isla durante 18 años en una choza hecha con huesos de ballena y con agua de un manantial antes de ser rescatada en 1853. Murió siete semanas después de ser trasladada al continente. Hoy sus restos yacen en el cementerio de la Misión Santa Bárbara, donde una placa recuerda el nombre cristiano con el que fue bautizada, Juana María.

---

restringido para conservar su frágil ecosistema, que incluye un bosque de caliche y colonias estacionales de focas y leones marinos.

Santa Bárbara, aunque la más pequeña del grupo, con solo 2,5 km², es una joya para los amantes de la naturaleza. En ella florecen grandes coreopsis, *Platystemon californicus* y achicorias, entre otras memorables plantas. También es posible ver al enorme elefante marino del norte y al mérgulo de Scripp, un ave que anida en las grietas de los acantilados. Más información sobre la isla en el pequeño centro de visitantes.

Circuitos

La mayoría de los circuitos requieren un mínimo de participantes y pueden cancelarse si hace mal tiempo.

Island Packers CRUCEROS
(☎805-642-1393; www.islandpackers.com; 1691 Spinnaker Dr, Ventura; crucero 3 h adultos/3-12 años desde 36/26 US$) Circuitos para ver animales todo el año. La temporada de las ballenas va de finales de diciembre a mediados de abril (ballenas grises) y de mediados de mayo a mediados de septiembre (azules y jorobadas).

Santa Barbara Adventure Company KAYAK
(☎805-884-9283, 877-885-9283; www.sbadventureco.com; 32 E Haley St, Santa Bárbara;

MERECE LA PENA

NAVEGAR A LAS ISLAS

Para evitar marearse en la travesía a las Channel Islands se recomienda sentarse fuera, en cubierta, lo más lejos posible del humo. El viaje de ida suele ser contra el viento y es algo más agitado que el de vuelta. Las pastillas contra el mareo provocan somnolencia. Mirar al horizonte ayuda. Los barcos suelen parar si ven delfines o ballenas, lo que también es una buena distracción contra las náuseas.

(🖑) Actividades para toda la familia con una amplia selección de circuitos guiados de remo, desde las cuevas marinas de Santa Cruz hasta los arcos marinos de Anacapa. Hay excursiones de un día (180-210 US$) y expediciones con acampada (desde 329 US$).

Channel Islands
Outfitters KAYAK, SUBMARINISMO
(☑805-899-4925; www.channelislandso.com; 117b Harbor Way, Santa Bárbara) Circuitos de kayak y de buceo con tubo con guías expertos en Anacapa, Santa Cruz o Santa Bárbara (99-225 US$, billetes de ferri aparte), con traje incluido.

Truth Aquatics SUBMARINISMO, KAYAK
(☑805-962-1127; www.truthaquatics.com; 301 W Cabrillo Blvd, Santa Bárbara) Con base en Santa Bárbara, este veterano operador ofrece excursiones de un día de submarinismo, kayak y senderismo, además de expediciones de varios días a bordo de barcos preparados para inmersiones. Los precios figuran en la página web.

Raptor Dive Charters SUBMARINISMO
(☑805-650-7700; www.raptordive.com; 1559 Spinnaker Dr, Ventura) Para submarinistas titulados y con experiencia. Circuitos en barco a Anacapa y Santa Cruz con inmersiones nocturnas. Cuestan entre 110 y 125 US$; alquilan equipos.

Aquasports KAYAK
(☑800-773-2309, 805-968-7231; www.islandkayaking.com) Circuitos diurnos y nocturnos en kayak con guías naturalistas a Santa Cruz, Anacapa y Santa Bárbara (125-245 US$, billetes de ferri aparte). Parten del Ventura Harbor.

Channel Islands Kayak Center KAYAK
(☑805-984-5995; www.cikayak.com; 1691 Spinnaker Dr, Ventura; ◷con cita previa) Alquiler de kayaks con reserva (individual/doble 35/55 US$/día) y circuitos guiados privados en kayak por Santa Cruz o Anacapa (desde 200 US$/persona; mín. 2 participantes).

🛏 Dónde dormir

Cada isla tiene su 'camping' (☑reservas 877-444-6777; www.recreation.gov; parcela tienda 15 US$) básico, con mesas de *picnic* y váteres secos. Solo hay agua en las islas de Santa Rosa y Santa Cruz. Hay que recoger toda la basura y, debido al riesgo de incendios, no está permitido hacer fuego, aunque se permite el uso de hornillos cerrados. En todos hay que reservar.

ℹ Información

Centro de visitantes del NPS (☑805-658-5730; www.nps.gov/chis; 1901 Spinnaker Dr,

'CAMPINGS' DEL CHANNEL ISLANDS NATIONAL PARK

'CAMPING'	PARCELAS	ACCESO DESDE EL EMBARCADERO	DESCRIPCIÓN
Anacapa	7	Paseo de menos de 1 km y con más de 150 peldaños.	Elevado, rocoso, expuesto al sol y remoto.
Santa Cruz (Scorpion Ranch)	31	Paseo llano de menos de 1 km.	Popular para grupos; suele estar muy lleno y tiene algo de sombra.
Santa Barbara	10	Paseo empinado de 400 m.	Grande, verde y rodeado de senderos.
San Miguel	9	Paseo empinado de 1,6 km.	Ventoso, a menudo con niebla y tiempo cambiante.
Santa Rosa	15	Paseo llano de 2,4 km.	Arboleda de eucaliptos en un cañón ventoso.

Ventura; ⏲8.30-17.00; 🚻) En el extremo del Ventura Harbor. Ofrece libros, planos e información para planear excursiones.

Cómo llegar y salir

Se puede llegar al parque nacional en barco desde Ventura u Oxnard, y en avión desde Camarillo. A veces el tráfico se suspende por culpa del tiempo o a causa de la mala mar. Es imprescindible reservar para los fines de semana, festivos y en verano.

Island Packers (☎805-642-1393; www.islandpackers.com; 1691 Spinnaker Dr, Ventura; ida y vuelta adultos/3-12 años desde 59/41 US$) opera un servicio regular de barcos desde el Ventura Harbor y Oxnard que va a todas las islas. Las visitas de un día a Anacapa y Santa Rosa son más económicas que a las demás islas; acampar tiene un cargo extra. Advertencia: si se pernocta en las islas y al día siguiente hubiera mala mar, quizá se tenga que prolongar la estancia alguna noche más.

Channel Islands Aviation (☎805-987-1301; www.flightstothechannelislands.com; 305 Durley Ave, Camarillo) Los que se mareen, puede volar de Camarillo a la isla de Santa Rosa (25 min). Hay paquetes de medio día (160-220 US$/persona) con caminata o un circuito guiado en todoterreno. Las excursiones con acampada (300 US$/persona) son más autónomas. También hay salidas de pesca.

Los Ángeles

Sumario »

Los mejores restaurantes

➡ Bestia (p. 579)

➡ Sushi Gen (p. 579)

➡ Fishing with Dynamite (p. 567)

➡ Bar Ama' (p. 580)

➡ Elf Cafe (p. 581)

Los mejores alojamientos

➡ Palihouse (p. 576)

➡ Chateau Marmont (p. 575)

➡ Terranea (p. 567)

➡ Ace Hotel (p. 573)

➡ Vibe Hotel (p. 573)

Por qué ir

Tras sus doradas playas, rotundas colinas y lujosos automóviles, Los Ángeles (LA) tiene mucho trasfondo. Esta ciudad es un mito. Un modelo para innumerables soñadores, roqueros y pueblerinos audaces, un ángel tolerante que anima a su gente a vivir y dejar vivir. La ciudad ha dado al mundo a Quentin Tarantino, a Jim Morrison y a Serena y Venus Williams, creado el *skateboard* y el *gangsta rap*, popularizado los implantes, la electrolisis y la lycra, y apoyado no solo a grandes escritores, artistas y directores, sino también a los primeros yoguis que trajeron la sabiduría oriental a Occidente.

Nada define a LA como esas pequeñas cosas que hacen amar la vida. Un cóctel de tiempos del *jazz* con hielo en escamas en Beverly Blvd, un paseo por la artemisa de las colinas de Hollywood, unos revoltosos delfines frente al Point Dume, un rosado atardecer sobre un atronador círculo de tambores en la playa de Venice, el taco perfecto. Todo sin olvidar su música nocturna, que nunca cesa.

Cuándo ir
Los Ángeles

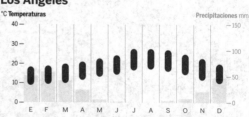

Feb Los Oscar; el mejor momento para ver famosos.

Abr y sep La mayoría de los turistas llega cuando más brilla el sol en las playas.

Oct-nov y ene-mar Las dos épocas en que llueve (no mucho).

LA ahora

El momento es ideal. El Downtown está en auge, las inversiones tecnológicas han convertido Santa Mónica y Venice en la playa de Silicon, y Echo Park y Highland Park aportan lo mejor del Eastside. La economía local florece, y un clima experimental y abierto alimenta al arte, la arquitectura, la música y la moda. Desafían y sacian el ecléctico paladar local innovadores chefs, que se abastecen de productores locales que se muestran orgullosos en los semanales mercados de granjeros al aire libre.

INDISPENSABLE

Sería una verdadera lástima irse de la ciudad sin asistir a un concierto, dada la abundancia de músicos de talla mundial y de espectaculares e históricos escenarios a su altura que tiene. El Hollywood Bowl, además de ser sede estival de la Filarmónica de LA, ha acogido a un sinfín de mitos, de Ella Fitzgerald a Radiohead. Tiene mucho encanto sentarse bajo y entre las estrellas y dejarse llevar por la música de este anfiteatro natural en las colinas de Hollywood. También estival y casi igual de bueno, el Greek Theatre (p. 586) es otro anfiteatro natural cuyos conciertos de *rock* y pop van de MGMT a Gary Clark Jr o Wilco.

La música no cesa al cambiar la estación. De impactante arquitectura, el Walt Disney Concert Hall es la sede invernal de la Filarmónica de LA y acoge además a grandes del *jazz*.

Los trovadores acústicos actúan antes de sus giras en el Bootleg Theater (www.bootlegtheater.org; 2220 Beverly Blvd) de Silver Lake, y el recién renovado United Artists Theatre (p. 586), contiguo al estupendísimo Ace Hotel (p. 573) del Downtown, se reinauguró con un conmovedor concierto de Spiritualized.

Las mejores playas

→ Aunque a menudo eclipsada por la Zuma Beach al norte, la Westward Beach es una ancha franja de arena que llega hasta el Point Dume. Suelen verse focas, leones marinos y delfines más allá del rompiente.

→ La Matador State Beach se distingue por sus espectaculares formaciones de arenisca y el *topless* opcional.

→ La playa de Venice tiene paseo marítimo, culturistas, baloncestistas callejeros, locos del patín y *hippies* de ayer y de hoy que venden cosas estrambóticas, anodinas y bellas. El círculo de tambores del domingo es una institución.

INDISPENSABLE

En una templada noche estival, ¿dónde se va a estar mejor que en el Dodger Stadium (p. 588)? De estilo *art déco*, ofrece impresionantes puestas de sol, cerveza fría, un fervoroso público y un victorioso equipo de béisbol.

LOS ÁNGELES

Datos básicos: condado de LA

→ **Población** 9 963 000 hab.

→ **Superficie** 10 515 km²

→ **Principales estudios de cine** seis

→ **Guiones no vendidos** incontables

Antes de partir

Tras pensar qué se quiere ver, se reserva el alojamiento más conveniente. Se sugiere cambiar y pernoctar en varios barrios de LA.

Webs

→ **www.laobserved.com** Una perspectiva penetrante, independiente e intelectual de los mecanismos internos de la ciudad, ya se trate de arte, moda, política o restaurantes.

Véase "Bel Air y Westside", p. 578

Véase "Santa Mónica y playa de Venice", p. 580

Imprescindible

1 Contemplar a los surfistas montar olas en la **Surfrider Beach** (p. 566) de Malibú.

2 Ir de compras como las estrellas al **Malibu Country Mart** (p. 590).

3 Conducir por la impresionante Palos Verdes Drive y bajar a buscar estrellas de mar en las pozas mareales del **Abalone Cove Shoreline Park** (p. 567).

4 Deambular entre encantadores de serpientes, lectores del tarot y atletas por el peculiar **Venice Boardwalk** (p. 569).

Véase "Griffith Park y alrededores", p. 570

Foothill Fwy

AZUZA

101

Runyon
Canyon

7

8 Hollywood

Véase "Los Feliz
y Silver Lake", p. 572

Véase "Hollywood",
p. 568

**DOWNTOWN
LOS ÁNGELES**

10

San Bernardino Fwy

ase "West Hollywood
Mid-City", p. 574

6 Restaurantes
del Downtown

Véase "Downtown
Los Ángeles",
p. 564

Río Los Ángeles

**SOUTH
LOS ANGELES**

110

5

San Gabriel River Fwy

Pomona Fwy

**CONDADO DE
LOS ÁNGELES**

Harbor Fwy

WATTS

Glenn Anderson Fwy

710

**CONDADO
DE ORANGE**

105

105

San Diego Fwy

110

San Gabriel Fwy

5

Santa Ana Fwy

Anaheim

Artesia Fwy

Long Beach Fwy

Aeropuerto de
Long Beach

605

**Long
Beach**

22 Garden Grove Fwy

710

1

balone Cove
horeline Park

3

San
Pedro

**Royal Palms
State Beach**

*Outer Los
Angeles
Harbor*

*Outer Long
Beach Harbour*

Seal
Beach

**Sunset
Beach**

405

Río Santa Ana

*Bahía de
San Pedro*

Pacific Coast Hwy

Ferris a la isla de Sta. Catalina

Ferris a la isla de Sta. Catalina

Canal de San Pedro

Bolsa Chica
State Beach

Huntington City
Beach

Huntington
State Beach

**Huntington
Beach**

1

**Newport
Beach**

5 Sentir la euforia que
produce el fantástico
arte, arquitectura, vistas y
jardines del **Getty Center**
(p. 566).

6 Refinar el paladar en

alguno de los excepcionales
restaurantes del Downtown
(p. 579).

7 Sumarse a los
musculosos, famosos y sus
acompañantes caninos en

una caminata por el **Runyon
Canyon** (p. 565).

8 Correrse una juerga digna
de la prensa sensacionalista
en los bares y discotecas de
Hollywood (p. 585).

⊙ Puntos de interés y actividades

⊚ Downtown

El centro de LA es histórico, intrincado y fascinante. Es una ciudad dentro de otra, con una arquitectura emblemática y una gastronomía variada, estupenda y para todos los bolsillos. Es un mosaico étnico y un centro de poder, con el Ayuntamiento, los Juzgados y el Registro (Hall of Records). Quince años atrás, de noche quedaba casi desierto salvo por los adictos y vagabundos, amén de los juerguistas que se atrevían a ir de fiesta a algún destartalado edificio. Hoy sus calles están animadas; jóvenes profesionales, diseñadores y artistas se han hecho con estilosos *lofts* en rehabilitados edificios *art déco,* y el pujante barrio de galerías por Main St y Spring St atrae a miles de personas a sus paseos de arte mensuales. Además, el arte callejero surge por doquier, como si toda una ciudad tuviera algo que decir en unas pocas manzanas. Tras empezar en **Olvera Street** (plano p. 564; www.calleolvera.com; 🚇), origen de la ciudad española, desde **Little Tokyo** se camina a **Chinatown** (www.chinatownla.com) y al barrio de la moda, el **Fashion District** (plano p. 564; www.fashiondistrict.org). No hay que perderse esa mezcla de música y arquitectura psicodélica de Frank Gehry que es el **Walt Disney Concert Hall** (plano p. 564; ☑inf. 213-972-7211, entradas 323-850-2000; www.laphil.org; 111 S Grand Ave; ⊗circuitos guiados normalmente 12.00 y 13.00 ma-sa; Ⓟ) GRATIS. La **Union Station** (plano p. 564; ⊗6.00-18.30 lu-vi) es un edificio clásico de otra época. El mejor museo del Downtown es el **Museum of Contemporary Art** (MOCA; plano p. 564; ☑213-626-6222; www.moca.org; 250 S Grand Ave; adultos/niños 12 US$/gratis, 17.00-20.00 ju gratis; ⊗11.00-17.00 lu y vi, hasta 20.00 ju, hasta 18.00 sa y do), seguido de cerca por el **Grammy Museum** (plano p. 564; www.grammymuseum.org; 800 W Olympic Blvd; adultos/niños 13/11 US$, después de 18.00 8 US$; ⊗11.30-19.30 lu-vi, desde 10.00 sa y do; 🚇), dentro del complejo **LA Live** (plano p. 564; www.lalive.com; 800 W Olympic Blvd).

⊚ Hollywood

El querido Hollywood, vorágine de una industria de entretenimiento global, tiene su historia. Los albores del cine fueron su Edad de Oro, cuando los hombres fuertes del sector eran dueños y señores de todo. Luego llegó década de 1970 y sus osadas producciones y los estudios se desplazaron a Burbank y Studio City en busca de más espacio. Pronto las únicas estrellas que quedaron en el lugar fueron las incrustadas en la acera, y para verlas había que esquivar a delincuentes y drogadictos. La cosa cambió a finales de los años noventa, y en los diez años siguientes grandes e inteligentes inversiones con un toque de diseño reconvirtieron la zona en lo que hoy es: una deslumbrante y animada locura de diversión, gastronomía y relajadas costumbres.

★**Hollywood Bowl**　　　PUNTO DE INTERÉS
(www.hollywoodbowl.com; 2301 Highland Ave; ensayos gratis, precio espectáculos variable; ⊗abr-sep; Ⓟ) Los veranos de LA no serían lo mismo sin este lugar al fresco de sinfonías bajo las estrellas y actuaciones de grandes figuras, desde Baaba Maal y Sigur Rós hasta Radiohead y Paul McCartney. Este enorme anfiteatro natural de excelente acústica se inauguró en 1922.

Paseo de la Fama de Hollywood　　　PUNTO DE INTERÉS
(plano p. 568; www.walkoffame.com; Hollywood Blvd) La gallina Caponata, Bob Hope, Marilyn Monroe y Aretha Franklin son algunas de las estrellas más buscadas, fotografiadas y pisadas del Hollywood Walk of Fame. Desde 1960 se ha honrado con una estrella de mármol rosado en la acera a más de 2400 personas del espectáculo, desde mitos hasta artistas de reparto.

Grauman's Chinese Theatre　PUNTO DE INTERÉS
(plano p. 568; ☑323-463-9576; www.tclchinese theatres.com; 6925 Hollywood Blvd; circuitos y entradas de cine adultos/niños/jubilados 13,50/6,50/11,50 US$) Tras los pasos de las estrellas, se verán las huellas de sus zapatos en el cemento ante este cine mundialmente famoso; la fachada imita una exótica pagoda, con campanas y perros de piedra traídos de China. Se inauguró en 1927 con el estreno de *Rey de reyes,* de Cecil B. DeMille.

Letrero de Hollywood　　　PUNTO DE INTERÉS
(plano p. 570) El símbolo más famoso de LA se colocó en las colinas en 1923 para anunciar una urbanización llamada Hollywoodland. Las letras, de plancha de metal, miden 15,24 m de alto. Antaño 4000 bombillas iluminaban el letrero, que tuvo su propio guarda con vivienda detrás de la "L" hasta 1939.

En realidad es ilegal subir a pie hasta el letrero, aunque puede verse desde muchos puntos, como Hollywood y Highland, la parte más alta de Beachwood Dr y el Griffith Observatory.

Hollywood Museum · MUSEO
(plano p. 568; 323-464-7776; www.thehollywood museum.com; 1660 N Highland Ave; adultos/niños 15/5 US$; 10.00-17.00 mi-do) Anticuado templo de las estrellas, atestado de pósteres *kitsch*, vestuario y utilería cambiante. Ocupa el precioso edificio Max Factor (*art déco* de 1914), donde el pionero del maquillaje obró su magia con Marilyn Monroe y Judy Garland.

Dolby Theatre · TEATRO
(plano p. 568; www.dolbytheatre.com; 6801 Hollywood Blvd; circuitos adultos/niños, jubilados y estudiantes 17/12 US$; 10.30-16.00) Es aquí donde cada año se entregan los premios oscar. Pero este teatro también ha albergado la final de *American Idol,* los premios ESPY de baloncesto, el concurso de Miss EE UU y un reciente ciclo de actuaciones de Neil Young. El circuito incluye una vuelta por el auditorio, la visita a una sala VIP y ver a Oscar de cerca.

Los Feliz y el Griffith Park

Hace 20 años la película *Swingers* impactó como prototipo humano de LA, y Los Feliz (mal pronunciado "Files" por las hordas) se convirtió en el siguiente barrio de moda, también gracias al maravilloso Griffith Park. Regalo del magnate de la minería Griffith J. Griffith a la ciudad en 1896 y cinco veces mayor que el Central Park de Nueva York, el **Griffith Park** (plano p. 570; 323-913-4688; www.laparks.org/dos/parks/griffithpk; 4730 Crystal Springs Dr; 5.00-22.30, senderos amanecer-anochecer; P) GRATIS es una de las zonas verdes urbanas más grandes del país. Ahí se hallan un importante teatro al aire libre, el zoo municipal, dos museos, campos de golf, zonas infantiles, 85 km de **senderos,** las cuevas de Batman y el letrero de Hollywood. Lo corona el emblemático **Observatory** (plano p. 570; 213-473-0800; www.griffithobservatory.org; 2800 E Observatory Rd; gratis, sesiones planetario adultos/niños 7/3 US$; 12.00-22.00 ma-vi, desde 10.00 sa y do; P) GRATIS, de 1935, un planetario de primera y magnífico lugar para tomar fotografías. Imprescindible.

Silver Lake y Echo Park

Este es el ideal de Silver Lake: casas modernas remozadas, bistrós geniales y cafés y *boutiques* frecuentados por una comunidad de creativos progresistas en ascenso social.

Antaño un rudo centro del Eastside, hace ya tiempo que la zona se refinó. El alza de los alquileres expulsó a las familias obreras latinas, y llegaron los bebés de *yuppies* en sillitas empujadas por supermamás que hacían *jogging* mientras los paseaban por el estanque. Silver Lake aún es genial para ir de tiendas y restaurantes, aunque ha perdido su fiereza y garra.

Sí tiene ambas Echo Park, un barrio de los más antiguos de la ciudad, perforado por un lago que sale en *Chinatown* de Polanski. Desde hace décadas lo habitan latinos de clase trabajadora, aunque ya empieza a recibir artistas y modernos, si bien muchos menos que Silver Lake, por ahora. Aquí se verán panaderías, cevicherías y calles animadas; ojalá siga así.

Rodeado de casas de estilo *craftsman* que se elevan entre las empinadas calles e imponentes colinas hacia el norte, y con vistas del Downtown hacia el sur, el lago de Echo Park, con sus palmeras al viento, lo frecuentan roqueros en la onda, relajados cuates y bandadas de patos y cuervos.

West Hollywood y Mid-City

Lujoso y de alquileres (no tan) baratos, divinamente gay y con cierto chic de gueto ruso, esta zona es un baluarte de la alta costura local y tiene algunas de las tiendas más horteras del mundo. En West Hollywood (WeHo) hay sitios de comida cruda, luminosos cafés de mercado y oscuros bares de tequila. Banderas del arcoíris ondean en Santa Monica Blvd, y la clásica Sunset Strip conserva su carisma. Al sur y al este de WeHo hay una zona amorfa, conocida como Mid-City, que abarca el genial Fairfax District, con el mercado de granjeros, y la Museum Row.

★Mercado de granjeros y alrededores · MERCADO
(plano p. 574; www.farmersmarketla.com; 6333 W 3rd St, Fairfax District; 9.00-21.00 lu-vi, hasta 20.00 sa, 10.00-19.00 do; P) GRATIS Este emblemático Farmers Market, de 1934, ya existía mucho antes de que la ciudad se inundara de estos mercados. Ofrece desde productos frescos hasta frutos secos tostados, *donuts,* quesos o blinis, además del espectáculo de la gente. Ideal para ir en familia.

★Los Angeles County Museum of Art · MUSEO
(LACMA; plano p. 574; 323-857-6000; www.lacma.org; 5905 Wilshire Blvd; adultos/niños 15 US$/gratis;

⊙11.00-17.00 lu, ma y ju, hasta 21.00 vi, 10.00-19.00 sa y do; P) El del condado es el principal museo de arte de LA, con todos los grandes (Rembrandt, Cézanne, Magritte, Mary Cassat, Ansel Adams y muchos otros), más cerámica china milenaria, grabados japoneses, arte precolombino y escultura de las antiguas Grecia, Roma y Egipto.

Page Museum y La Brea Tar Pits

MUSEO

(plano p. 574; www.tarpits.org; 5801 Wilshire Blvd; adultos/niños/estudiantes y jubilados 7/2/4,50 US$; ⊙9.30-17.00; P🏛) Los cráneos y demás huesos descubiertos en estos pozos demuestran que por aquí rondaban animales prehistóricos, como el mamut o el dientes de sable, que quedaron atrapados en la brea de la superficie.

Petersen Automotive Museum

MUSEO

(plano p. 574; www.petersen.org; 6060 Wilshire Blvd; adultos/niños/estudiantes y jubilados 15/5/10 US$; ⊙10.00-18.00 ma-do; P) Oda de cuatro pisos a la automoción, este museo revela a LA como cuna de gasolineras, vallas publicitarias, restaurantes *drive in* y autocines. Hay que ver los autos clásicos preparados, los de películas y los pertenecientes a famosos.

Downtown Los Ángeles

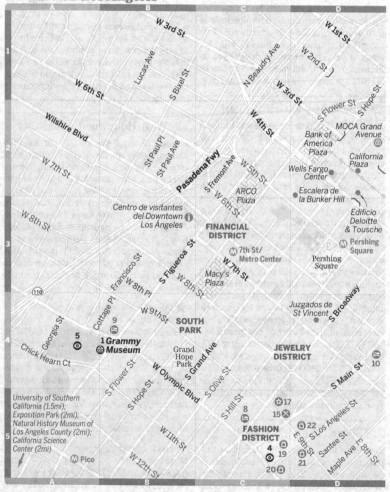

Ace Gallery GALERÍA

(plano p. 574; www.acegallery.net; 5514 Wilshire Blvd;
⊙10.00-18.00 ma-sa) Alucinante, esta galería
ocupa todo el 2º piso del edificio Desmond
(c. 1927), con arte vanguardista de artistas
como Bernar Venet, Gary Lang, Gisele Colon
y Peter Alexander.

Sunset Strip CALLE

(plano p. 574; Sunset Blvd) Una cacofonía visual
de vallas publicitarias, gigantescos anuncios y
carteles de neón, el sinuoso trecho de Sunset
Blvd entre Laurel Canyon y Doheny Dr ha
sido centro de la vida nocturna de la ciudad
desde los años veinte.

A día de hoy, parece vivir de su legado.
La juventud moderna se ha ido al oeste a
Abbot Kinney y al este al Downtown, dejan-
do Strip a los acaudalados de las afueras,
si bien entre semana y en temporada de
premios aún aparecen famosos.

Runyon Canyon SENDERISMO

(www.lamountains.com; 2000 N Fuller Ave; ⊙ama-
necer-anochecer) En las colinas de Hollywood,
este cañón cubierto de chaparral es un parque público de 52 Ha, famoso por la bronceada gente guapa que corre por él y por la
panorámica que se tiene desde su parte más

LOS ÁNGELES PUNTOS DE INTERÉS Y ACTIVIDADES

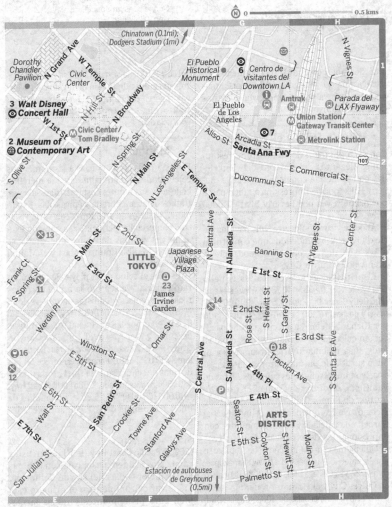

Downtown Los Ángeles

alta. Se sube por el ancho cortafuegos, en parte asfaltado, y luego se toma la pista más pequeña que va por el cañón, vía los restos de la finca Runyon.

Beverly Hills y el Westside

Con su reputación de alta costura, restaurantes elegantes y el *glamour* del viejo Hollywood aún en la conciencia colectiva, Beverly Hills todavía impresiona a quien pasea por primera vez por Beverly Blvd y Rodeo Drive.

Al oeste y sur de Beverly Hills hay una serie de barrios acomodados que conforman el Westside de LA, como Westwood, Bel Air, Brentwood y Culver City.

El principal atractivo local es el bello Getty Center (☑310-440-7300; www.getty.edu; 1200 Getty Center Dr, junto I-405 Fwy; ◎10.00-17.30 ma-vi y do, hasta 21.00 sa; Ⓟ) GRATIS, diseñado por Richard Meier, cuyos cinco edificios albergan colecciones de manuscritos, dibujos, fotografías, mobiliario, artes decorativas y un buen surtido de pintura europea anterior al s. XX (con imprescindibles como los *Lirios* de Van Gogh, *Almiares* de Monet, *El rapto de Europa* de Rembrandt y *Venus y Adonis* de Ticiano). No hay que perderse el lindo Cactus Garden en el alejado South Promontory, con impresionantes vistas de la ciudad.

Quien ame el arte también debería pasarse por la galería Blum & Poe (www.blumandpoe. com; 2727 S La Cienega Blvd; ◎10.00-18.00 ma-sa) en Culver City y el Hammer Museum (plano p. 578; http://hammer.ucla.edu; 10899 Wilshire Blvd; ◎11.00-20.00 ma-vi, hasta 17.00 sa y do) GRATIS con su estupenda tienda de regalos, en Westwood cerca del campus de la University of California, Los Angeles (UCLA; plano p. 578; www.ucla.edu; Ⓟ).

Malibú

Es casi una leyenda gracias a las numerosas celebridades que lo habitan y a la increíble belleza de sus montes costeros, calas salvajes, tramos de arena dorada y épicas olas. Extendido a lo largo de 43,5 km y con varios centros comerciales pequeños, su corazón está al pie del campus de Pepperdine, donde se hallan el Malibu Country Mart y el Malibu Civic Center.

Esto es el reino de la playa. Se pasará un rato especial, ya sea por la arena entre las rocas de arenisca y bañistas en *topless* de El Matador (32215 Pacific Coast Hwy; aparcamiento 8 US$; Ⓟ) o por las anchas playas margosas de Zuma y Westward. El Topanga Canyon State Park (www.parks.ca.gov; Entrada Rd; por automóvil 10 US$; ◎8.00-anochecer) ofrece 58 km de rutas de senderismo; la Getty Villa (☑310-430-7300; www.getty.edu; 17985 Pacific Coast Hwy; ◎10.00-17.00 mi-lu; Ⓟ) GRATIS es una réplica de una villa romana del s. I, con antigüedades griegas y romanas.

Surfrider Beach PLAYA
(26000 Pacific Coast Hwy; Ⓟ) Los surfistas gamberros acuden a esta cala con algunas de las mejores olas del sur de California. Tiene varios rompientes: el primero está bien para principiantes y tablas largas,

mientras que el segundo y tercero exigen tablas cortas y un nivel avanzado. Sea cual sea el que se elija, antes de adentrarse en el mar hay que saber lo que se hace.

★ Mishe Mokwa Trail y el Sandstone Peak
SENDERISMO

(www.nps.gov/samo; 12896 Yerba Buena Rd) En las tibias mañanas primaverales, cuando los lilos de California (ceanotos) perfuman el aire, no hay nada como recorrer este sendero de 9,6 km que serpentea por un cañón de roca roja, atraviesa el oasis de robles de la Split Rock y sube hasta la cumbre más alta de los montes de Santa Mónica: el Allen o Sandstone Peak.

Malibu Surf Shack
SURF

(www.malibusurfshack.com; 22935 Pacific Coast Hwy; kayak por día 30 US$, tabla de surf por día 20-35 US$, tabla de *body* por hora/día 45/75 US$, neopreno por día 10-15 US$, clases surf/surf de remo por persona 125/100 US$; ☺10.00-18.00) Para alquilar y comprar kayaks, tablas de surf y de surf de remo (SUP). Las clases de surf y de surf de remo se imparten en la Surfrider Beach, duran 90 min e incluyen la tabla y el traje

de neopreno para todo el día. Es estupendo remar de aquí al Point Dume, con frecuentes avistamientos de delfines y leones marinos.

◉ Santa Mónica

Aquí los Lebowski de la vida real paladean su ruso blanco al lado de productores de Hollywood que sorben *martinis*, y célebres chefs se codean con supermamás en los numerosos mercados de granjeros. Es una ciudad pequeña de ideales ecologistas y sociales avanzados (y códigos de aparcamiento fascistas) plagada de surfistas, patinadores, tangas, fans del yoga, videntes, artistas callejeros y muchos sin techo. Casi todo ello se halla en un sublime trecho costero que abraza la ciudad al oeste, a los pies de una sierra que define toda la zona de LA hacia el norte. Esto es Santa Mónica: la hermana menor *hippie*-chic de LA, su contrapeso del karma y, según muchos, su salvación.

Antaño punto final de la mítica Ruta 66 y aún adorado por los turistas, el muelle de Santa Mónica (plano p. 580; ☎310-458-8900; www.santamonicapier.org; ⬛), de 1908 y

---

INDISPENSABLE

PLAYAS DE SOUTH BAY

La sucesión de localidades de playa borrará el agobio urbano en un solo atardecer. Empieza a 15 m del aeropuerto con Manhattan Beach, fina localidad con tiendas y restaurantes caros y empinadas calles frente a la sublime playa. En Hermosa Beach hay estudiantes de la University of Southern California (USC), surfistas sin dinero y la guapa juventud que los adora; tiene alquileres más bajos y un ambiente más vulgar, pero eso es parte de su encanto. En el extremo sur de la bahía de Santa Mónica se sigue hasta la variada Redondo Beach, con su emblemático muelle, y la impresionante península de Palos Verdes, donde se halla la espectacular capilla de cristal de Lloyd Wright, la Wayfarers Chapel (☎310-377-1650; www.wayfarerschapel.org; 5755 Palos Verdes Dr S; ☺10.00-17.00; ⓟ), y el no menos chic *resort* costero de Terranea (☎310-265-2800; www.terranea.com; 100 Terranea Way, Palos Verdes; h 350-500 US$, ste 655-2150 US$; ⓟ⊚﹫⑨⑤⑨). También en la península, el Abalone Cove Shoreline Park (www.palosverdes.com; Palos Verdes Dr; acceso por vehículo 5 US$; ☺9.00-16.00; ⓟ⬛) es una rocosa reserva costera con pozas de marea donde buscar estrellas de mar, anémonas y similares. Cuidado con la bajada a la playa, pues hay tramos muy empinados.

Los *gastropubs* de South Bay son un clásico. A este autor les gustan el Simmzy's (www.simmzys.com; 229 Manhattan Beach Blvd; principales 10-14 US$; ☺11.00-1.00) de Manhattan Beach y el Abigaile (☎310-798-8227; www.abigailerestaurant.com; 1301 Manhattan Ave; principales 10-30 US$; ☺17.00-hasta tarde lu-vi, desde 11.00 sa y do) de Hermosa, y muy en particular el estupendo bar de comida cruda Fishing with Dynamite (☎310-893-6299; www.eatfwd.com; 1148 Manhattan Ave; oysters desde 2,25 US$, platos 9-19 US$; ☺11.30-22.00 do-mi, hasta 22.30 ju-sa), de Manhattan Beach. Aunque el más imaginativo es el Standing Room (☎310-374-7575; www.facebook.com/thestandingroomRB; 144 N Catalina Ave, Redondo Beach; hamburguesas y sándwiches 7-14 US$, platos 13-20 US$; ☺11.00-21.30 lu-sa, 12.00-20.00 do), un lugar barato de cocina de fusión en la parte de atrás de una licorería de Redondo Beach; hay que buscarlo.

Hollywood

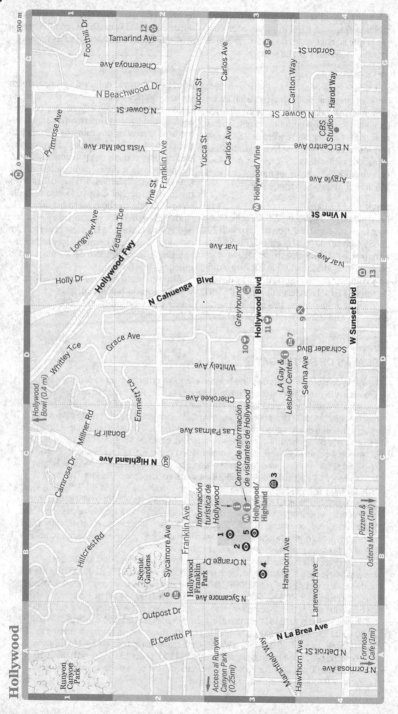

Hollywood

lleno de atracciones y máquinas recreativas, ofrece espectaculares vistas y es el lugar más emblemático de la ciudad. Tras pasear por él, hay que ir a la **playa** (plano p. 580; ☑310-458-8411; http://www.smgov.net/portals/beach/; 🚆BBB 1); se recomiendan el tramo al norte de Ocean Park Blvd, o alquilar una bicicleta o unos patines en el **Perry's Cafe** (plano p. 580; ☑310-939-0000; www.perryscafe.com; Ocean Front Walk; bici de montaña y patines en línea por hora/día 10/30 US$, tabla de *body* por hora/día 7/17 US$; ⊙9.30-17.30) para recorrer el **South Bay Bicycle Trail**, un sendero ciclista de 35,4 km.

⊙ Venice

Quien lamente haberse perdido el apogeo *hippy* tiene que visitar el Boardwalk (paseo marítimo entarimado) y respirar el olorcillo a incienso de esta bohemia localidad de playa, desde siempre refugio de artistas, seguidores de la *new age,* vagabundos y espíritus libres. Aquí empezaron Jim Morrison y The Doors, Arnold Schwarzenegger alcanzó la fama a fuerza de músculos y vivió el difunto Dennis Hopper.

El **Venice Boardwalk** (Ocean Front Walk; plano p. 580; muelle de Venice hasta Rose Ave;

⊙24 h), oficialmente Ocean Front Walk, es una feria ambulante de acróbatas del *hoola-hoop,* combos de *jazz* de antaño, roqueros solistas de garaje y artistas; serán buenos o no, pero es una experiencia imprescindible en LA. Se puede alquilar una **bicicleta** (plano p. 580; ☑310-396-2453; 517 Ocean Front Walk; bici por hora/2 h/día 7/12/20 US$, tablas de *body* 10/20/30 US$, patines 7/12/20 US$) para unirse al desfile, mirar a los culturistas de la **Muscle Beach** (plano p. 580; www.musclebeach.net; 1800 Ocean Front Walk; por día 10 US$; ⊙8.00-19.00 may-sep, hasta 18.00 oct-abr) o ir al **Skate Park** (plano p. 580; 1800 Ocean Front Walk; ⊙amanecer-anochecer). El **círculo de tambores** del domingo por la tarde siempre es sensacional.

A un par de manzanas de la locura del Boardwalk hay un idílico barrio de eclécticas casas que bordean los 4,8 km de **canales** (plano p. 580) construidos originalmente para conmemorar el amor del difunto Abbot Kinney por Venecia; de ahí el nombre.

⊙ Long Beach y San Pedro

En las dos últimas décadas, el enclave costero más meridional de LA ha reconvertido su rudo centro en un grato lugar para vivir y disfrutar. Cualquier sábado por la noche los restaurantes, locales y bares de la parte baja de Pine Ave y Promenade, un barrio nuevo de exclusivos *lofts,* bullen de gente, desde congresistas desabrochados hasta jóvenes en la onda y estudiantes universitarios. Hay más lugares donde comer en Shoreline Village, punto de partida de los cruceros.

Bukowski dijo una vez que San Pedro era muy tranquilo; aún es cierto, salvo por el distante estruendo de los contenedores que se cargan y descargan de los enormes barcos de mercancías. Como un Golden Gate de LA, el puente colgante de Vincent Thomas (457 m) une San Pedro con la Terminal Island.

Lo más cautivador de Long Beach es el **Aquarium of the Pacific** (☑entradas 562-590-3100; www.aquariumofpacific.org; 100 Aquarium Way, Long Beach; adultos/niños/senior 29/15/26 US$; ⊙9.00-18.00; 🅿), un enorme mar de alta tecnología cubierto con tiburones, medusas y leones marinos. Otra atracción estelar es el **'Queen Mary'** (www.queenmary.com; 1126 Queens Hwy, Long Beach; circuitos adultos/niños desde 26/15 US$; ⊙10.00-18.30; 🅿), el lujoso transatlántico británico de antaño, al parecer embrujado. También vale la pena visitar el especial **Museum of Latin American Art** (www.molaa.org; 628 Alamitos Ave, Long Beach; adul-

Griffith Park y alrededores

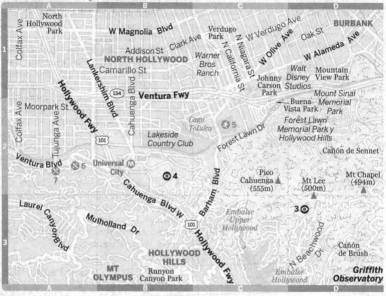

tos/niños/estudiantes y jubilados 9 US$/gratis/6 US$, do gratis; ⊙11.00-17.00 mi, ju, sa y do, hasta 21.00 vi; Ⓟ).

Valle de San Fernando

Sede de la mayoría de los estudios de cine de LA (como Warner Bros, Disney y Universal), "the Valley" es un ejemplo de dispersión, con unas pocas atracciones desperdigadas. Burbank tiene los estudios Disney y **Warner Bros** (plano p. 570; ☑818-972-8687, 877-492-8687; www.wbstudiotour. com; 3400 W Riverside Dr, Burbank; circuitos desde 54 US$; ⊙8.15-16.00 lu-sa, variable do), y North Hollywood, al oeste, un creciente panorama artístico. Studio City ofrece soberbio *sushi* en Ventura Blvd, que algunos llaman la Sushi Row de LA: en el último recuento había 21 barras japonesas en un radio de seis manzanas. Pero la principal atracción del lugar es el parque temático de los **Universal Studios Hollywood** (plano p. 570; www.universalstudioshollywood.com; 100 Universal City Plaza, Universal City; entrada desde 87 US$, menores 3 años gratis; ⊙abierto a diario, horario variable; Ⓟ⛟), con espectáculos en escena, emocionantes atracciones, circuitos por los exteriores de los estudios y mucha diversión familiar.

Pasadena

Podría decirse que Pasadena tiene más sangre azul y esencia estadounidense que el resto de barrios de LA juntos. Es una comunidad con alma de niño bien, perspectiva histórica, aprecio por el arte y el *jazz* y un trasfondo levemente progresista.

Quizá el Rose Parade (Desfile de las Rosas) y el partido de fútbol americano **Rose Bowl** (☑626-577-3100; www.rosebowlstadium. com; 1001 Rose Bowl Dr, Pasadena) le hayan dado fama, pero Pasadena es atractiva todo el año por su refinado espíritu y su enclave al pie de los majestuosos montes San Gabriel. No hay que perderse ni la **Huntington Library** (☑626-405-2100; www.huntington. org; 1151 Oxford Rd, San Marino; adultos entre semana/fin de semana y fest 20/23 US$, niños 8 US$, 1er ju de mes gratis; ⊙10.30-16.30 mi-lu jun-ago, 12.00-16.30 lu y mi-vi, desde 10.30 sa, do y fest sep-may; Ⓟ), una biblioteca con apacibles jardines zen, ni el **Norton Simon Museum** (www.nortonsimon.org; 411 W Colorado Blvd, Pasadena; adultos/niños 10/gratis US$; ⊙12.00-18.00 mi-lu, hasta 21.00 vi; Ⓟ), con numerosas obras maestras, ni los **Descanso Gardens** (www.descansogardens.org; 1418 Descanso Dr, La Cañada Flintridge; adultos/5-12 años/estudiantes

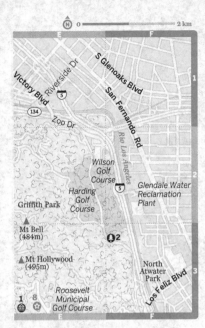

y jubilados 9/4/6 US$; ⊙9.00-17.00; ℗), mágicos cuando están en flor (ene y feb).

La **Angeles Crest Scenic Byway** (www. byways.org/explore/byways/10245/travel.html; Hwy 2) es una sinuosa ruta panorámica de 88,5 km y dos carriles que va de La Cañada a la turística localidad de Wrightwood, con fabulosas vistas de los montes, el desierto de Mojave y de los hondos valles. Bordea la cumbre más alta del condado de LA, el monte San Antonio (3068 m), más conocido como Old Baldy (Viejo Calvo) por su cima desnuda.

◎ South Central y Exposition Park

South Central se dio a conocer al mundo con el ritmo de metralleta de los pioneros del *hip hop* en los años ochenta, y de pronto se destacó por sus pandillas, drogas, pobreza, delincuencia y tiroteos, aunque estos nunca explicaron toda su historia.

Tras la II Guerra Mundial, más de cinco millones de afroamericanos dejaron lo que entonces era un sur racista y violento para ir a ciudades del norte en la Segunda Gran Migración. Desde Misisipi, Luisiana y Texas parte de ellos fue al oeste, a Los Ángeles, donde trabajaron en la industria, adquirieron propiedades y formaron comunidades de clase obrera al sur del centro de la ciudad; la vida no era perfecta, pero sí mejor que antes. Treinta años más tarde, de pronto se acabó el empleo bien pagado, se disparó la drogadicción, se rompieron las familias, fue fácil conseguir armas, floreció la violencia de las bandas y South Central empezó a ganarse su mala fama. No obstante, la situación ha mejorado gracias a las recientes inversiones y a la ampliación del servicio ferroviario.

La mayoría de la gente viene a ver el excelente **Museo de Historia Natural** (📞213-763-3466; www.nhm.org; 900 Exposition Blvd; adultos/niños/estudiantes y jubilados 12/5/9 US$; ⊙9.30-17.00; 🚇) y el **California Science Center** (📞horarios filme 213-744-2109, inf. 323-724-3623; www.californiasciencecenter.org; 700 Exposition Park Dr; película IMAX adultos/niños 8,25/5 US$; ⊙10.00-17.00; 🚇) GRATIS, que alberga el recién retirado **transbordador espacial 'Endeavor'**. Ambos están en el **Exposition Park** (www.expositionpark.org; 700 Exposition Park Dr), contiguo a la **University of Southern California** (USC; 📞213-740-6605; www.usc.edu; Exposition Blvd y Figueroa St) GRATIS, sede de los Trojans (fútbol americano) y donde George Lucas estudió cine.

Para una inyección de cultura afroamericana, váyase al **Leimert Park** (Degnan Blvd y 43rd St). Un buen momento para visitar South Central es durante las dos semanas del **Pan African Film Festival** (www.paff.org; ⊙feb), que cada febrero reúne a cineastas de la diáspora africana, en una muestra de sus películas en los **Rave Theaters** (www. baldwinhillscrenshawplaza.com; 3650 W Martin

Los Feliz y Silver Lake

Los Feliz y Silver Lake

🍴 Dónde comer

1 Alcove	B1
2 Casita del Campo	C2
3 L&E Oyster Bar	D4
4 Yuca's	B1

🍷 Dónde beber y vida nocturna

5 Akbar	B3
6 Faultline	A4

Luther King Jr Blvd; adultos/niños 14/7 US$).
Además, un maravilloso bazar de arte y
artesanía inunda ambas plantas del centro
comercial anexo.

Tampoco hay que perderse las **'Watts
Towers'** (www.wattstowers.us; 1761-1765 E 107th
St; adultos/menores 12 años/jóvenes y jubilados
7 US$/gratis/3 US$; ⏰11.00-15.00 vi, 10.30-15.00 sa,
12.30-15.00 do; P), una de las grandes obras de
arte público del mundo.

👉 Circuitos

⭐ Esotouric
AUTOBÚS

(☎323-223-2767; www.esotouric.com; circuitos
58 US$) Para descubrir el lado más oscuro y
escabroso de LA, con circuitos a pie o en autobús centrados en lugares de crímenes (p.
ej., la Dalia Negra), grandes figuras literarias
(desde Chandler a Bukowski) y demás.

Melting Pot Tours
PASEO

(☎424-247-9666; www.meltingpottours.com; adul-
tos/niños desde 59/45 US$) Para internarse en
aromáticos callejones, pasear por barrios de
tiendas de moda y ver lugares emblemáticos
de la ciudad mientras se degustan algunas
de sus mejores cocinas étnicas en Pasadena,
Mid-City y East LA.

Dearly Departed
AUTOBÚS

(☎1-855-600-3323; www.dearlydepartedtours.
com; circuitos 48-75 US$) A veces espeluz-
nante y a menudo hilarante, esta ya vete-

rana empresa desvela los lugares donde los famosos pasaron a mejor vida, George Michael se bajó los pantalones, Hugh Grant recibió ciertos servicios y la banda de Charles Manson asesinó a Sharon Tate. No es para niños.

TMZ Tours   HOLLYWOOD

(plano p. 568; ☏855-4TMZ-TOUR; www.tmz.com/tour; 6925 Hollywood Blvd; adultos/niños 55/45 US$; ◷aprox. 10 circuitos a diario) Para ver famosos, cotillear de dónde viven y reírse de sus trapos sucios, lo ideal es este circuito de marca ideado por *paparazzi* que a su vez se han vuelto famosos.

✦ Fiestas y celebraciones

Hay muchas, como el Rosas Parade y el Hollywood Christmas Parade, los Oscar, el Festival of Books del *LA Times,* la progresista y roquera feria callejera de Sunset Junction o el caótico Halloween de WeHo.

Rose Parade   DESFILE

(www.tournamentofroses.com) El día de Año Nuevo, una cabalgata de floridas carrozas recorre Pasadena; al acabar se pueden ver de cerca en el Victory Park. Para evitar el tráfico, tómese la Gold Line del Metro Rail hasta Memorial Park.

**Toyota Grand Prix
of Long Beach**   DEPORTES

(www.gplb.com) Pilotos de talla mundial corren en este circuito callejero y espectáculo de una semana junto al mar.

Fiesta Broadway   FIESTA CALLEJERA

(http://fiestabroadway.la) Una de las mayores fiestas del Cinco de Mayo del mundo, reúne a más de medio millón de personas en el Downtown; en el 2014 se celebró a finales de abril. Véase información en la web.

**West Hollywood
Halloween Carnaval**   CARNAVAL

(www.visitwesthollywood.com) A la llamada de esta fiesta callejera acuden 350 000 juerguistas (muchos con disfraces sofisticados y/o pornográficos) para pasar el día de Halloween de baile, comida y ligue.

🛏 Dónde dormir

🛏 Downtown

Stay   HOTEL, ALBERGUE $

(plano p. 564; ☏213-213-7829; www.stayhotels.com; 640 S Main St; dc 39 US$, h 89 US$;

P@🛜❄) Es el antiguo Hotel Cecil, con suelos de mármol, mobiliario y colchas *retro,* pero también bases de iPod y paredes contrastadas. Los relucientes baños compartidos, con duchas de mármol, son para los dos dormitorios colectivos; las habitaciones tienen los suyos propios.

Figueroa Hotel   HOTEL HISTÓRICO $$

(plano p. 564; ☏800-421-9092, 213-627-8971; www.figueroahotel.com; 939 S Figueroa St; h 148-184 US$, ste 225-265 US$; P✳@🛜❄🏊) Laberíntico oasis de irresistible encanto, con un chic multiétnico y habitaciones que aúnan espejos marroquíes, edredones iraquíes y cojines de suelo kurdos, iluminadas con farolillos de papel de Chinatown.

Ace Hotel   HOTEL $$$

(plano p. 564; ☏213-623-3233; www.acehotel.com/losangeles; 929 S Broadway Ave; h desde 250 US$, stes desde 400 US$) El hotel más nuevo del Downtown suscita diversidad de opiniones (súper estupendo/demasiado moderno/una pizca afectado), pero hay unanimidad en que es un producto sumamente cuidado. Aunque algunas habitaciones son diminutas, las *medium* no están mal.

🛏 Hollywood

Vibe Hotel   ALBERGUE $

(plano p. 568; ☏323-469-8600; www.vibehotel.com; 5920 Hollywood Blvd; dc 22-25 US$, h 85-95 US$; P@🛜) Estiloso motel reconvertido en albergue. Dormitorios (con TV de pantalla plana y cocina americana) tanto mixtos como separados por sexo y habitaciones recién renovadas para hasta tres personas. Clientela internacional y divertida.

USA Hostels Hollywood   ALBERGUE $

(plano p. 568; ☏800-524-6783, 323-462-3777; www.usahostels.com; 1624 Schrader Blvd; dc 30-40 US$, h con baño compartido 81-104 US$; ✳@🛜) Albergue cordial, a unos pasos de la zona de marcha de Hollywood. Aunque las habitaciones privadas resultan algo justas, es fácil hacer amigos durante sus barbacoas, noches de humoristas y circuitos en limusina con barra libre por 25 US$. Incluye un desayuno donde es gratis hacerse las tortitas, mullidos asientos en el porche delantero y traslado gratis a la playa.

★ Magic Castle Hotel   HOTEL $$

(plano p. 568; ☏323-851-0800; http://magiccastlehotel.com; 7025 Franklin Ave; h incl. desayuno

desde 174 US$; P❄@🛈🏊) Aunque con paredes algo finas, este eterno seductor es por lo demás encantador: habitaciones modernas amplias, personal excelente y una piscinita en el patio donde empezar la jornada con bollería recién horneada y café *gourmet*. Pregúntese cómo acceder al Magic Castle, legendario club solo para socios en la adyacente mansión victoriana. El aparcamiento cuesta 10 US$.

este albergue ocupa un antiguo asilo de estilo *art déco*. Hoy, jóvenes nómadas ocupan sus habitaciones privadas con baño, TV y neverita o sus seis dormitorios de 12 camas.

⭐**Pali Hotel**　　　　HOTEL-BOUTIQUE **$$**
(plano p. 574; ☏323-272-4588; www.pali-hotel.com; 7950 Melrose Ave; h desde 179 US$; 🅿@🛜) A este autor le encanta su rústico exterior revestido de madera, el suelo de cemento pulido del vestíbulo, el *spa* con masaje tailandés (solo 35 US$/30 min) y las 32 modernas habitaciones pintadas en dos tonos, con TV de pantalla plana en la pared y sitio hasta para un sofá; algunas tienen terraza. Gran calidad-precio.

⭐**Chateau Marmont**　　　　HOTEL **$$$**
(plano p. 574; ☏323-656-1010; www.chateaumar mont.com; 8221 W Sunset Blvd; ste desde 550 US$; 🅿🛜🏊) Su lujo afrancesado quizá parezca demodé, pero suele figurar en las listas de los mejores hoteles por la mística de las cinco estrellas y su legendaria discreción. Howard Hughes espiaba a las beldades en biquini desde la suite del balcón que luego sería la favorita de Bono.

Standard Hollywood　　　　HOTEL **$$$**
(plano p. 574; ☏323-650-9090; www.standard-hotel.com; 8300 Sunset Blvd; h desde 235 US$, ste desde 335 US$; ✳@🛜🏊) En Sunset Strip, este hotel aún es un buen recurso. Ofrece amplias habitaciones voluptuosamente *retro* con grandes pufs, baños de baldosas naranjas y cortinas con estampado de amapolas de Warhol. Las que dan al sur tienen las mejores vistas.

Beverly Hills y el Westside

⭐**Mr C**　　　　HOTEL **$$$**
(☏877-334-5623; www.mrchotels.com; 1224 Beverwil Dr; h desde 320 US$) Los hermanos Cipriani han puesto tanta pasión en reinventar una antigua torre hotel que hasta han diseñado el mobiliario. Las habitaciones que dan al norte disfrutan de vistas espectaculares.

Avalon Hotel　　　　HOTEL **$$$**
(☏800-670-6183, 310-277-5221; www.viceroyho telgroup.com/avalon; 9400 W Olympic Blvd; h desde 200 US$; ✳@🛜🏊) Un favorito de la gente de la moda. De estilo años cincuenta con un enfoque del s. XXI, albergó a Marilyn Monroe cuando era un edificio de apartamentos. Estilosas habitaciones *retro*, todas singulares.

West Hollywood y Mid-City

Orbit　　　　ALBERGUE **$**
(Banana Bungalow; plano p. 574; ☏323-655-1510; www.orbithotels.com; 603 N Fairfax Ave; dc 22-25 US$, h 69-79 US$) Popular y bien gestionado,

West Hollywood y Mid-City

Crescent   HOTEL $$$

(☎310-247-0505; www.crescentbh.com; 403 N Crescent Dr; h desde 217 US$; P@🛜) Aunque las individuales son diminutas, las habitaciones *Queen* son amplias y ofrecen una buena relación calidad-precio. Los martes por la noche suena *jazz* en directo en el vestíbulo.

Malibú

Leo Carrillo State Park Campground   CAMPING $

(☎800-444-7275; www.reserveamerica.com; 35000 W Pacific Coast Hwy; parcela tienda 45 US$, por vehículo 12 US$; 🛜) Ideal para niños, pues está situado en un famoso trecho de playa de 2,4 km. Es una zona de juegos natural, con bosques de kelp en el mar, cuevas, pozas de marea y la naturaleza salvaje de los montes de Santa Mónica. Ofrece 140 parcelas llanas con árboles, retretes con cisterna y duchas con agua caliente de pago. Para el verano, resérvese con meses de antelación.

★**Malibu Country Inn**   POSADA $$

(☎310-457-9622; www.malibucountryinn.com; 6506 Westward Beach Rd; h 160-275 US$; P🛜) Esta humilde posada que da a la Westward Beach ofrece habitaciones bastante amplias y muchas flores. Todas tienen patio para tomar el sol y, algunas, vistas al mar.

Santa Mónica

HI Los Angeles-Santa Monica   ALBERGUE $

(plano p. 580; ☎310-393-9913; www.hilosangeles.org; 1436 2nd St; dc 38-49 US$, h 99-159 US$; ❋@🛜) Envidiable ubicación (cerca de la playa y el paseo marítimo) por poco dinero. También es seguro y limpio, con 200 camas en dormitorios separados por sexos y dobles diminutas con baños compartidos. Tiene muchos espacios comunes para estar y navegar por la Red, pero quien busque juerga estará mejor en Venice o Hollywood.

★**Palihouse**   HOTEL-BOUTIQUE $$$

(plano p. 580; ☎310-394-1279; www.palihousesantamonica.com; 1001 3rd St; h 279-319 US$, estudio 319-379 US$; P❋@🛜) La nueva gran marca hotelera de LA (sin llamarse Ace) se ha hecho con las 26 habitaciones, estudios y apartamentos del histórico Embassy Hotel (c. 1927). Vestíbulo con suelos de terracota, techos con vigas y café bar, además de reservados, sofás de cuero y wifi.

Shore Hotel   HOTEL $$$

(plano p. 580; ☎310-458-1515; www.shorehotel.com; 1515 Ocean Ave; h desde 309 US$) Enorme, moderno y de líneas limpias, con habitaciones de cristal y madera con terraza pri-

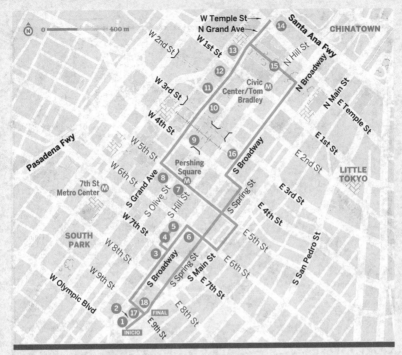

Circuito a pie
El Downtown desvelado

INICIO: UNITED ARTISTS THEATRE
FINAL: WOODSPOON
DISTANCIA: 4 KM (3 H)

Desde el **1 United Artists Theatre** (p. 586), se toma un café en el contiguo **2 Ace Hotel** (p. 573) y se sigue por Broadway hacia el norte por el antiguo barrio de los teatros. Su mareante mezcla de arquitectura *beaux arts*, joyerías con descuento y nuevos bares, restaurantes y tiendas resume en pocas manzanas el resurgir del Downtown. Repárese en el **3 State Theatre** y los **4 Juzgados de St Vincent,** el **5 Los Angeles Theatre** y el **6 Palace Theatre**.

Se toma a la derecha por 6th St y tras dos manzanas se gira a la izquierda por Main, con nuevos restaurantes y bares por doquier. Se vira a la izquierda en 5th St y se sigue varias manzanas vía **7 Pershing Square** y el **8 Biltmore Hotel.** En Grand Ave se dobla a la derecha, se pasa junto al edificio de **9 Deloitte & Tousche,** luego se pasa entre el **10 MOCA** (p. 562) a un lado y el **11 Broad** al otro y se sigue hasta el impresionante **12 Walt Disney Concert Hall** (p. 562) y el **13 Music Center.** Tras entrar en la **14 catedral de Our Lady of Los Angeles** se sigue al gentío que baja la escalera del **15 Grand Park** para salir de nuevo a Broadway.

Se toma a la derecha por Broadway y se almuerza en el **16 Grand Central Market.** Tras otra manzana hacia el sur se gira a la izquierda por 4th St y luego a la derecha por la animada Spring St, con más cafés y bares. Se disfruta del ambiente y la gente de esta calle hasta que acaba en Main St, encima de 9th St. Tras saludar a Cheri Rae en el **17 Peace Yoga,** se dobla a la derecha por 9th hasta Broadway. Si ya se siente apetito, se puede cenar en el **18 Woodspoon** (p. 579).

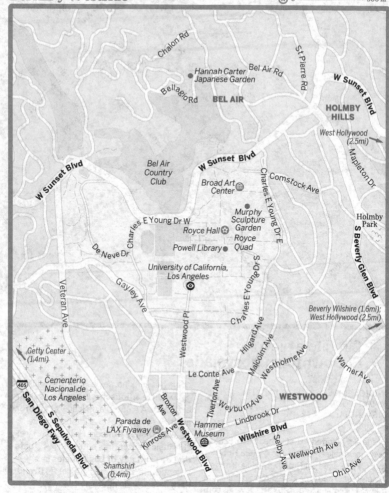
vada. Es uno de los hoteles más nuevos de Ocean Ave y el único de Santa Mónica con certificado LEED Gold, lo que indica que es un edificio sostenible; p. ej., el precioso jardín trasero es de plantas que aguantan la sequía.

🛏 Venice

Venice Beach Inn & Suites HOTEL-BOUTIQUE **$$**
(plano p. 580; ☎310-396-4559; www.venicebeachsuites.com; 1305 Ocean Front Walk; h desde 159 US$; P🐾) En el mismo Boardwalk, este hotel triunfa por su personal sumamente atento y el montón de juguetes de playa que alquila. Hay paredes de ladrillo visto, cocinas americanas, suelos de madera y armarios empotrados. Las suites con cocina tienen sitio suficiente para dar cenas.

Hotel Erwin HOTEL-BOUTIQUE **$$$**
(plano p. 580; ☎800-786-7789; www.hotelerwin.com; 1697 Pacific Ave; h desde 263 US$; P🐾@🐾) Antiguo motel arreglado de llamativo estilo *retro*. Las amplias habitaciones (de colores naranjas, amarillos y verdes alucinantes) tienen fotografías enmarcadas

de grafitos, TV de pantalla plana y sofás ergonómicos. Las mejores ofertas se consiguen por internet. La azotea-salón es ideal para una copa al atardecer.

Long Beach y San Pedro

Queen Mary Hotel — BARCO $$

(562-435-3511; www.queenmary.com; 1126 Queens Hwy, Long Beach; h desde 99 US$; ✳@🛜) Resulta de los más romántico dormir en un antiguo transatlántico como este, con reminiscencias de cuando todo era más pausado. Aunque las habitaciones son pequeñas, los camarotes de 1ª clase se han restaurado con detalles *art decó* originales. Evítense los más baratos pero claustrofóbicos camarotes interiores.

Hotel Maya — HOTEL-BOUTIQUE $$

(562-435-7676; www.hotelmayalongbeach. com; 700 Queens Way, Long Beach; h desde 179 US$; P@🛜🏊) Hotel a la última, desde el vestíbulo de acero oxidado hasta las habitaciones (baldosas de piedra coralina, cabeceros de roca de río), dispuestas en cuatro hexágonos de los años setenta con vistas al centro de Long Beach. Tampoco están mal las cabañas junto a la piscina.

Pasadena

★ Bissell House B&B — B&B $$

(626-441-3535626-441-3535; www.bissell house.com; 201 S Orange Grove Blvd, Pasadena; h 159-259 US$; P🛜🏊) Cálido y romántico refugio victoriano en la "Millionaire's Row" (Calle de los Millonarios). El jardín aislado por setos es un poco santuario, con una refrescante piscina para el verano. La habitación Prince Albert tiene un suntuoso empapelado y bañera de patas. Las siete habitaciones disfrutan de baño privado.

Langham — RESORT $$$

(626-568-3900; www.pasadena.langhamhotels. com; 1401 S Oak Knoll Ave, Pasadena; h desde 230 US$; P@🛜🏊) Se inauguró en 1906 como Huntington Hotel, durante las últimas décadas fue el Ritz Carlton y ahora es el Langham. Pero este hotel en una finca campestre de estilo *beaux arts* de 9,3 Ha salpicadas de palmeras, jardines laberínticos, piscina enorme y puente a cubierto, sigue tal cual, triunfante, y a precios razonables.

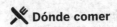
Dónde comer

Downtown

Cole's — SANDWICHERÍA $

(plano p. 564; www.213nightlife.com/colesfrenchdip; 118 E 6th St; sándwiches 6-9 US$; 11.00-22.00 do-mi, hasta 23.00 ju, hasta 1.00 vi y sa) Esta taberna antigua en un sótano es famosa por ser donde en 1908 nació el *French dip*, que entonces debía costar un céntimo. Es un bocadillo de lonchitas de cordero, vacuno, pavo o *pastrami* para mojar en un cuenco con su jugo.

★ Sushi Gen — JAPONESA $$

(plano p. 564; 213-617-0552; www.sushigen.org; 422 E 2nd St; *sushi* 11-21 US$; 11.15-14.00 y 17.30-21.45) Tras la barra, siete chefs trocean excelentes piezas de salmón, *toro* (ventresca de atún) y pargo japonés, entre otros. Para almorzar, el *sashimi* del día (18 US$) es una ganga. Aquí no hacen llamativos rollos, y hay que llegar pronto para pillar sitio.

Woodspoon — BRASILEÑA $$

(plano p. 564; 213-629-1765; www.woodspoonla. com; 107 W 9th St; principales 11-20 US$; 11.00-14.45 y 17.00-22.00 ma-vi, 12.00-15.00 y 18.00-23.00 sa, cerrado do) A este autor le gusta todo de este lugar: la porcelana, las ollas Pyrex *vintage* de frijoles negros y arroz y la dueña brasileña que sigue en la cocina. La carne de las costillas de cerdo se cae del hueso de tierna, la yuca frita sustituye a las patatas y el pastel de pollo es lo que le ha dado fama.

Maccheroni Republic — ITALIANA $$

(plano p. 564; 213-346-9725213-346-9725; 332 S Broadway Ave; principales 10-14 US$; 11.30-15.00 y 17.30-22.00 lu-vi, 17.30-22.00 sa, 16.30-21.00 do) En un rincón aún sin refinar, esta joya tiene un patio con calefacción y maravillosa *slow food* italiana, p. ej., *polpettine di gamberi* (albóndigas de gambas fritas en aceite de oliva), además de variedad de deliciosa pasta casera, pero ni vino ni cerveza; el cliente puede traerse sus botellas.

★ Bestia — ITALIANA $$$

(213-514-5724; www.bestiala.com; 2121 7th Pl; platos 10-29 US$; 18.00-23.00 do-ju, hasta 24.00 vi y sa) La reserva más cotizada de LA es este nuevo y ostentoso italiano en el Arts District. Los *antipasti* abarcan desde crujiente panceta de cordero hasta erizo de mar crudo, *crostino* de *tartar* de ternera o corazón de cordero. No es para *veganos*.

LOS ÁNGELES DÓNDE COMER

Tiene sabrosas *pizzas* y pasta, *risotto* con tinta de calamar y tropezones de langosta, mejillones, almejas y calamares, y chuletas o pescado entero al horno. Vale la pena el dispendio.

★ **Bar Ama'** MEXICANA, DE FUSIÓN $$$
(plano p. 564; ☎213-687-8002; www.bar-ama. com; 118 W 4th St; platos 8-25 US$, cena 32-36 US$; ⊙11.30-14.30 y 17.30-23.00 lu-ju, 11.30-15.00 y 17.30-24.00 vi, 11.30-24.00 sa, hasta 22.00 do) Uno de los tres exquisitos restaurantes del centro con fuerte influencia mexicana que ofrece Josef Centeno. Este tiene oreja de cerdo frita, costillas en su jugo y enchiladas con mole. Las coles de Bruselas llevan cebolla roja encurtida; y la coliflor al horno con pesto de cilantro, servida con anacardos y piñones, es una excelente opción vegetariana.

Hollywood

Jitlada TAILANDESA $$
(☎323-667-9809; jitladala.com; 5233 W Sunset Blvd; aperitivos 5-10 US$, principales 11-30 US$; ⊙almuerzo y cena; P) Sabe al sur de Tailandia. El curri de cangrejo con *som tum* (ensalada de papaya) frita es fantástico, al igual que la hamburguesa a la tailandesa. La vivaz dueña cuenta a Ryan Gosling y Natalie Portman entre sus habituales, básicamente *farangs* (extranjeros, principalmente europeos y estadounidenses); atentos al 'muro de la fama' cerca de los baños.

Pikey PUB $$
(plano p. 574; ☎323-850-5400; www.thepikeyla. com; 7617 W Sunset Blvd; platos 12-28 US$; ⊙12.00-2.00 lu-vi, desde 11.00 sa y do) El antiguo Coach & Horses, un favorito de Hollywood, se ha reinventado en un local que ofrece platos como brécol al horno con panceta, trucha ártica cruda con pomelo y jalapeños, pulpo braseado con garbanzos al curri y muslo de pato asado a fuego lento, y cócteles de escándalo.

★ **Pizzeria & Osteria Mozza** ITALIANA $$$
(☎323-297-0100; www.mozza-la.com; 6602 Melrose Ave; *pizzas* 11-19 US$, principales de cena 27-38 US$; ⊙pizzería 12.00-24.00 diarios, *osteria* 17.30-23.00 lu-vi, 17.00-23.00 sa, 17.00-22.00 do) Restaurante de categoría con cocina de temporada, aunque para tratarse de Mario Batali no es tan osado (espaguetis *chitarra* de tinta de calamar fríos con cangrejo Dungeness, erizo de mar y jalapeño) y excelente como cabría esperar. Se recomienda reservar.

Santa Monica y playa de Venice

Santa Mónica y la playa de Venice

Little Fork SUREÑA $$$
(plano p. 568; ☎323-465-3675; www.littleforkla.com; 1600 Wilcox Ave; platos 9-28 US$; ⊗11.00-15.00 sa y do, 17.00-22.00 do-ju, hasta 24.00 vi y sa; ℗) El estuco exterior de este estudio reconvertido es un horror, y dentro todo es oscuro y tristón. Pero lo que de verdad importa son sus platos de trucha ahumada in situ, pollo al ladrillo, ñoquis elaborados en manteca de cerdo, estragón y nata, y un rollo de langosta de medio kilo.

Los Feliz y el Griffith Park

Yuca's MEXICANA $
(plano p. 572; ☎323-662-1214; www.yucasla.com; 2056 Hillhurst Ave; pieza 4-10 US$; ⊗11.00-18.00 lu-sa) Los Herrera ganaron el premio James Beard en el 2005 por sus tacos, tortas (bocadillos), burritos y otros tentempiés mexicanos.

★Mess Hall PUB $$
(☎323-660-6377; www.messhallkitchen.com; 4500 Los Feliz Blvd; principales 15-31 US$; ⊗11.30-15.00 y 16.00-23.00 lu-ju, hasta 24.00 vi, 10.00-15.00 y 17.00-24.00 sa, 10.00-15.00 y 16.00-23.00 do) Los martes hay ostras a 1 US$ y cervezas a 5 US$. Su hamburguesa se ha reseñado como una de las mejores de LA, y ofrecen un buen sándwich de *pulled pork* (cerdo desmenuzado) y ensalada César de *kale* (col rizada).

Alcove CAFÉ $$
(plano p. 572; ☎323-644-0100; www.thealcove-cafe.com; 1929 Hillhurst Ave; principales 10-17 US$; ⊗6.00-24.00; ℗⊞) El favorito de Hillhurst para desayunar es este soleado café con patio de varios niveles en la acera. Ocupa una casa de estilo español (1897) restaurada, y la comida está bastante bien.

Silver Lake y Echo Park

★Elf Cafe VEGETARIANA $$
(☎213-484-6829; www.elfcafe.com; 2135 Sunset Blvd; principales 12-20 US$; ☑) Simplemente se trata de uno de los mejores vegetarianos (no *veganos*) de LA, si no el mejor. Se empieza con queso feta en hoja de parra y unas almendras y olivas especiadas para seguir con una ensalada de *kale* aliñada con cítricos, *risotto* de setas silvestres y un fantástico kebab de gírgolas.

Sage VEGANA $$
(☎310-456-1492; www.sageveganbistro.com; 1700 W Sunset Blvd; principales 10-14 US$; ⊗11.00-22.00 lu-mi, hasta 23.00 ju y vi, 9.00-16.00 y 17.00-23.00 sa, hasta 22.00 do; ☑⊞) Aquí emplean productos de cultivo ecológico en sus sándwiches y hamburguesas vegetales y tacos rellenos de *jackfruit* o calabacín moscado, todo servido en abundantes raciones; y aún mejor, hay helados no lácteos de Kind Kreme: probar para creer.

★L&E Oyster Bar PESCADO Y MARISCO $$$
(plano p. 572; ☎323-660-2255; www.leoysterbar.com; 1637 Silver Lake Blvd; principales 17-28 US$; ⊗17.00-22.00 lu-ju, hasta 23.00 vi y sa) Siver

Lake aún adora su marisquería, abierta en el 2012 con fabulosas críticas, donde vecinos y famosos luchan por una mesa en el íntimo comedor o en el porche con calefacción para tomar ostras crudas o a la plancha, mejillones ahumados y pescados al horno aliñados con *miso,* jengibre encurtido, chile y ajo.

West Hollywood y Mid-City

Pingtung
ASIÁTICA $

(plano p. 574; ☎323-866-1866; www.pingtungla.com; 7455 Melrose Ave; platos 6-12 US$; ⊙11.30-22.30; 🖥) El nuevo restaurante favorito de este autor para comer en Melrose ofrece cocina asiática de mercado. Cabe destacar los *dim sum,* las ensaladas de algas y de papaya verde y los cuencos de arroz con pollo al curri o carne a la parrilla. Hay mucho sitio donde sentarse en el lindo patio trasero, además con wifi y buena cerveza de barril.

Mercado
MEXICANA $$

(plano p. 574; ☎323-944-0947; www.mercadorestaurant.com; 7910 W 3rd St; platos 9-26 US$; ⊙17.00-22.00 lu-mi, hasta 23.00 ju y vi, 16.00-23.00 sa, 10.00-15.00 y 16.00-22.00 do) Estupenda cocina mexicana contemporánea servida en un comedor bajo lámparas de jaula de pájaros, con un estupendo bar de tequilas. Las carnitas se deshacen en la boca. También tienen buenos cortes de ternera y mazorcas braseadas, y ricos tacos y enchiladas. Su *happy hour* es de las mejores de la ciudad.

Joan's on Third
CAFÉ $$

(plano p. 574; ☎323-655-2285; www.joansonthird.com; 8350 W 3rd St; principales 10-16 US$; ⊙8.00-20.00 lu-sa, hasta 19.00 do; 🖥🖥) El que fuera uno de los primeros cafés de mercado de la zona de LA aún se cuenta entre los mejores. Riquísimo café y repostería, con un *deli* donde preparan sabrosos sándwiches y ensaladas: de ahí esa gente contenta comiendo por la animada calle.

★ Ray's
ESTADOUNIDENSE MODERNA $$$

(plano p. 574; ☎323-857-6180; www.raysandstarkbar.com; 5905 Wilshire Blvd; platos 11-27 US$; ⊙11.30-15.00 y 17.00-22.00 lu-vi, desde 10.00 sa y do; 🚇MTA 20) La carta cambia dos veces al día. Si hubiera gambas y sémola, pídase este mantecoso plato con trozos de salchichón *andouille,* ocra y dos langostinos. La burrata (una mozzarella con corazón cremoso) se deshace y sabe punzante, la quijada de jurel

se sirve jugosa y crujiente, y la salchicha de conejo envuelta en panceta es una locura.

★ Connie & Ted's
PESCADO Y MARISCO $$$

(plano p. 574; ☎323-848-2722; www.connieandteds.com; 8171 Santa Monica Blvd; principales 12-26 US$; ⊙17.00-23.00 lu y ma, 12.00-23.00 mi-do) De decoración clásica, su barra de ostras siempre muestra una docena de variedades crudas. También hay pescado fresco frito o a la parrilla, rollo de langosta frío con mayonesa o caliente con mantequilla clarificada, y una *marinara* (salsa) de marisco de escándalo.

Beverly Hills y el Westside

Little Osaka es la flor oriental del West LA, unas dos manzanas a lo largo de Sawtelle desde Olympic Blvd al norte hasta La Grange Ave. La zona es exclusivamente nipona; entre bares de karaoke, tiendas de comestibles, cafés y *boutiques* hay restaurantes de *ramen* y tofu a la coreana, *shabu-shabu,* macarrones, *dim sum, pho* y *yakitori.*

Shamshiri
PERSA $$

(www.shamshiri.com; 1712 Westwood Blvd, Westwood; aperitivos 4-16 US$, principales 13-22 US$; ⊙11.30-22.00 lu-ju, hasta 23.00 vi y sa, 12.00-22.00 do; 🅿🖥) Entre una serie de locales persas, en este hornean sus propias pitas para los *shawarma* de pollo, vacuno y cordero, y kebabs y *falafels,* servidos con ensalada verde, *shirazi* o *tabulé.* También tiene platos de marisco y cordero a la parrilla, y estofados *veganos.* El almuerzo del día (8-10 US$) ofrece una estupenda calidad-precio.

Nate 'n Al
DELI $$

(☎310-274-0101; www.natenal.com; 414 N Beverly Dr; platos 6.50-13 US$; ⊙7.00-21.00; 🖥) Jubilados atildados, amigas dicharacheras, ejecutivos ocupados y hasta Larry King figuran entre sus clientes desde 1945. La enorme carta rebosa de *lox* (salmón ahumado) y *corned beef,* pero este autor se decanta por el *pastrami,* elaborado en la casa.

Picca
SUDAMERICANA $$$

(☎310-277-0133; www.piccaperu.com; 9575 W Pico Blvd; platos 8-28 US$; ⊙18.00-23.00) Se empieza con crujientes anticuchos de pollo, luego un bistec a lo pobre (con un huevo frito encima y guarnición de plátano frito y garbanzos) y, para acabar, flan de pisco y vaina de vainilla; o, mejor aún, se recurre a la espectacular barra de crudos, con variedad de cebiches, *sashimi* y otras irresistibles delicias del mar.

Bouchon
FRANCESA $$$

(☎310-279-9910; www.bouchonbistro.com; 235 N Cañon Dr; principales 17-59 US$; ☺11.30-21.00 lu, hasta 22.30 ma-vi, 11.00-22.30 sa, hasta 21.00 do; P) Quiches y ensaladas, ostras crudas o mejillones al vino blanco, bistec con patatas o pierna de cordero asada con alcachofa: clásicos de bistró francés en un entorno con clase, que también se pueden degustar a mejores precios en el **Bar Bouchon** que hay abajo.

Ivy
CALIFORNIANA $$$

(plano p. 574; ☎310-274-8303; www.theivyrestaurants.com; 113 N Robertson Blvd; principales 22-97 US$; ☺8.00-23.00) Con un largo historial de famosos para el almuerzo, aquí elevan los más sencillos platos sureños (como pollo frito o pasteles de cangrejo) a niveles de alta cocina. Servicio refinado e impecable, y muchos *paparazzi* (entre sí y con sus presas).

⚔ Malibú

Café Habana
MEXICANA, CUBANA $$

(☎310-317-0300; www.habana-malibu.com; 3939 Cross Creek Rd; principales 14-22 US$; ☺11.00-23.00 do-mi, hasta 1.00 ju-sa; P🎵) Mexicano disfrazado de cubano, con fabulosos *margaritas,* patio con suntuosos reservados, música de salsa y dos tacos que triunfan sobre todo lo demás: de gambas (salteadas con lima y chile) y de carne asada (restregada con chile ancho y troceada).

Duck Dive
PUB $$

(☎310-589-2200; www.duckdivegastropub.com; 29169 Heathercliff Rd; pequeños platos 5-13 US$, principales 9-32 US$; ☺11.30-22.00 do-ju, hasta tarde vi y sa) Fantástico *pub* de suelo de cemento, barra de acero inoxidable y patio con mesas. Hay cerveza artesanal de barril y patatas fritas en grasa de pato, pasta con queso que puede enriquecerse con jalapeños y panceta y la sustanciosa hamburguesa *vegana* de la casa (amén de las de carne).

Nobu Malibu
JAPONESA $$$

(☎310-317-9140; www.noburestaurants.com; 22706 Pacific Coast Hwy; platos 8-46 US$; ☺11.00-15.00 y 17.30-tarde; P) Al sur del muelle, este local ha renacido en un enclave de más alcurnia: un gran chalé de madera moderno con una larga barra de *sushi* en la pared

del fondo y un comedor con patio que da al mar. Hay que saber que fueron los guisos los que dieron fama a la marca.

⚔ Santa Mónica

★ Mercados de granjeros de Santa Mónica
MERCADO $

(plano p. 580; www.smgov.net/portals/farmers market; Arizona Ave, entre 2nd St y 3rd St; ☺8.30-13.30 mi, hasta 13.00 sa; 🚼) 🍴 Para conocer de verdad Santa Mónica hay que recorrer estos mercados semanales de productos ecológicos, con verduras, frutas, repostería y ostras recién abiertas.

Bay Cities
DELI, ITALIANA $

(plano p. 580; www.baycitiesitaliandeli.com; 1517 Lincoln Blvd; sándwiches 5-9 US$; ☺9.00-19.00 ma-sa, hasta 18.00 do) El mejor *deli* de LA, italiano o no. Sándwiches increíbles como el *godmother* (salami, mortadela, jamón cocido y curado, con ensalada de pimientos); pídanse con todos los acompañamientos. Además, hay ensaladas, embutidos importados, panes, aceites y demás. Vale la pena la espera.

★ Milo and Olive
ITALIANA $$

(☎310-453-6776; www.miloandolive.com; 2723 Wilshire Blvd; platos 7-20 US$; ☺7.00-23.00) Este autor lo recomienda por sus mimados vinos de pequeñas bodegas, increíbles *pizzas* y desayunos (p. ej., cremosa polenta y huevos escalfados), panes y bollería, que se pueden disfrutar en la barra de mármol o en dos mesas comunes. Es un lugar acogedor, de barrio, que no admite reservas.

★ Bar Pintxo
ESPAÑOLA $$

(plano p. 580; ☎310-458-2012; www.barpintxo. com; 109 Santa Monica Blvd; tapas 4-16 US$, paella 30 US$; ☺16.00-22.00 lu-mi, hasta 23.00 ju, hasta 24.00 vi, 12.00-24.00 sa, hasta 22.00 do) Pequeño, atestado, ruidoso y muy divertido: es un bar español de tapas (tocino al Pedro Ximénez, brochetas de buey, albóndigas de cordero, fabulosos calamares a la plancha, etc.).

⚔ Venice

Wurstkuche
ALEMANA $

(www.wurstkuche.com; 625 Lincoln Blvd; platos 4-8 US$; ☺11.00-24.00, bar hasta 2.00) En un almacén de ladrillo pero aislado de la locura de Lincoln Blvd, este alemán tiene tres especialidades: salchichas a la parrilla, *gourmet* y clásicas; estupendas cervezas estadounidenses, alemanas y belgas; y patatas fritas belgas, con muchas salsas.

★ Gjelina
ITALIANA **$$$**

(plano p. 580; ☑310-450-1429; www.gjelina.com; 1429 Abbot Kinney Blvd; platos 8-26 US$; ⊙11.30-24.00 lu-vi, desde 9.00 sa y do; 🖑) Ya sea en la mesa común entre modernos y *yuppies* o en una propia en la elegante terraza de piedra con toldo, aquí se disfrutará de sus imaginativos platillos (como jurel crudo con chili y menta macerado en aceite de oliva y naranja sanguina) y sensacionales *pizzas* de masa fina al horno de piedra; sirven hasta las 24.00.

Tasting Kitchen
ITALIANA **$$$**

(plano p. 580; ☑310-392-6644; www.thetastingkitchen.com; 1633 Abbot Kinney Blvd; principales 16-40 US$; ⊙10.30-14.00 sa y do, 18.00-tarde a diario) Todo está riquísimo, desde la lubina a la sal hasta el bistec de entraña en costra de *boletus*, la hamburguesa, la codorniz y, sobre todo, la pasta (unos *bucatini* divinos) y los cócteles. Por eso suele estar lleno; resérvese con tiempo.

Scopa
ITALIANA **$$$**

(☑310-821-1100; www.scopaitalianroots.com; 2905 Washington Blvd; platos 6-49 US$; ⊙17.00-2.00) Un amplio espacio abierto, con suelo de cemento pulido y una gran barra de mármol en ele. En crudo ofrece vieiras y *steak tartare,* cuatro tipos de ostras, erizos de mar y mejillones, y, entre otros principales, lubina al horno y filete de terneta *T-bone* de 680 g.

🍴 Long Beach y San Pedro

Pier 76
PESCADO Y MARISCO **$$**

(☑562-983-1776; www.pier76fishgrill.com; 95 Pine Ave, Long Beach; principales 8-19 US$; ⊙11.00-21.00) Restaurante estupendo, asequible y en el centro de Long Beach. En el mostrador se pide jurel, salmón, trucha, *mahi mahi* o *halibut* a la parrilla, con dos guarniciones (patatas fritas y ensalada de *kale,* ambas buenas). También tiene tacos, sándwiches de pescado, *poke* y cebiche, y langosta entera a 19 US$.

James Republic
ESTADOUNIDENSE MODERNA **$$**

(☑562-901-0235; www.jamesrepublic.com; 500 E 1st St, Long Beach; principales 11-26 US$; ⊙7.00-10.30 y 11.30-14.30 lu-vi, 10.30-15.00 sa y do, 18.00-22.00 lu-sa, 18.00-21.00 do) El mejor de los restaurantes nuevos de Long Beach propone cocina moderna estadounidense en plan de la granja a la mesa, con un toque del sureste

asiático en algunos platos. Hay coliflor y entraña a la parrilla, *bucatini* de conejo, hamburguesas de ternera de pasto, un sándwich de *pastrami* con queso gruyer y mostaza a la cerveza, y un estupendo pollo asado.

San Pedro Fish Market & Restaurant
PESCADO Y MARISCO **$$**

(www.sanpedrofishmarket.com; 1190 Nagoya Way, San Pedro; comidas 13-18 US$; ⊙8.00-20.00; 🅿🖑) De gestión familiar y con vistas al puerto, este restaurante es ideal para darse un atracón de pescado y marisco. Se elige algo de las capturas del día (cangrejos, gambas, jureles y halibut, etc.) para que lo especien y cocinen al gusto con patatas, tomates y pimientos; la bandeja llega a la mesa de merendero lista para devorar.

🍴 Valle de San Fernando

★ Daichan
JAPONESA **$$**

(plano p. 578; 11288 Ventura Blvd, Studio City; principales 8,50-19 US$; ⊙11.30-15.00 y 17.30-21.00 lu-sa; 🅿) Lleno de adornitos y pósteres, con una amable dueña y encargada, este japonés brinda las mejores gangas (y de las más ricas) de la llamada Sushi Row. Las *gyoza* (empanadillas) fritas de tofu y algas están divinas, al igual que los cuencos, sobre todo el *negitoro* (atún sobre arroz, lechuga y algas).

Kazu Sushi
JAPONESA **$$$**

(plano p. 578; ☑818-763-4836; 11440 Ventura Blvd, Studio City; platos 10-19 US$; ⊙12.00-14.00 y 18.00-22.00 lu-sa; 🅿) En un apretujado mini centro comercial, por lo demás anodino, este restaurante con estrella Michelin es uno de los secretos mejor guardados de los amantes del *sushi.* Por su categoría e impresionante selección de sakes, bien vale el dispendio.

🍴 Pasadena

★ Little Flower
CAFÉ **$**

(☑626-304-4800; www.littleflowercandyco.com; 1424 W Colorado Blvd, Pasadena; principales 8-15 US$; ⊙7.00-19.00 lu-sa, 9.00-16.00 do) Los lugareños adoran este café al otro lado del puente de Colorado, a 1,6 km del casco antiguo. Exquisita repostería, sándwiches *bánh mì* de pollo, rosbif o *tempeh* y cuencos llenos de *dahl, raita,* berenjena al curri y espinacas al vapor o salmón, zanahoria en juliana y *daikon,* micro verduras y *ponzu.*

🍷 Dónde beber y vida nocturna

🌟 Downtown

Las Perlas BAR

(plano p. 564; 107 E 6th St; ⏰19.00-2.00 lu-sa, 20.00-2.00 do) El mejor bar de tequilas del Downtown tiene la gracia de México, más de 80 marcas de tequila y mezcal escritos en la pizarra y bármanes que dan un nuevo enfoque al *margarita*, mezclado claras de huevo, moras y sirope de oporto. Pero para tequila, elíjase uno de altura y tómese solo.

Varnish BAR

(plano p. 564; ☎213-622-9999; www.213nightlife. com/thevarnish; 118 E 6th St; ⏰19.00-2.00) Oculto en la parte de atrás del Cole's, este diminuto y estiloso bar clandestino bulle con *jazz* en directo de domingo a martes.

🌟 Hollywood

La Descarga SALÓN BAR

(☎323-466-1324; www.ladescargala.com; 1159 N Western Ave; ⏰20.00-2.00 mi-sa) Este salón de puros y ron, de sublime humedad y ajado con gusto, es toda una revelación. Tras la barra de mármol hay más de cien tipos de ron de Haití y Guyana, Guatemala y Venezuela.

★No Vacancy BAR

(plano p. 568; ☎323-465-1902; www.novacancyla. com; 1727 N Hudson Ave; ⏰20.00-2.00) En una casa victoriana antigua estaba el local de moda de LA cuando se preparaba esta guía. Hasta la entrada es teatral: una destartalada escalera lleva a un estrecho recibidor y a una sala donde una potente *madam* (vestida de rejilla) pulsa un botón que muestra otra escalera para bajar al salón y al patio del tumulto.

Dirty Laundry BAR

(plano p. 568; ☎323-462-6531; dirtylaundrybarla. com; 1725 N Hudson Ave; ⏰22.00-2.00) Bajo un anodino bloque rosa de apartamentos, este es un buen antro con olor a moho y mucha marcha, techos bajos, tuberías vistas, buen *whisky,* estupenda música *funk* y mucha gente guapa desinhibida. Porteros quisquillosos; es mejor reservar mesa para entrar sin problemas.

Sayers Club CLUB

(plano p. 568; ☎323-871-8416; www.sbe.com/ nightlife/locations/thesayersclub-hollywood; 1645 Wilcox Ave; entrada variable; ⏰20.00-2.00 ma, ju y

vi) Cuando figuras como Prince, el dúo Black Keys o el actor Joseph Gordon Levitt quieren actuar en la intimidad, eligen la sala trasera de esta casa de ladrillo de Hollywood. Reservados de cuero, iluminación caprichosa y buena música, en directo o de DJ.

🌟 Silver Lake y Echo Park

Short Stop CLUB

(☎213-482-4942; 1455 W Sunset Blvd; ⏰17.00-2.00 lu-vi, desde 14.00 sa y do) El querido y extenso antro de Echo Park tiene una pista de baile en una sala, un bar para ver deportes en otra y un billar y *flippers* en una tercera. Se llena de modernos y de vecinos, sobre todo los lunes, cuando suena música de la Motown.

🌟 West Hollywood y Mid-City

El Carmen BAR

(plano p. 574; 8138 W 3rd St; ⏰17.00-2.00 lu-vi, desde 19.00 sa y do) El no va más en taberna de mezcal y tequila de LA, con un par de cabezas de toro y máscaras de lucha libre mexicanas que le dan un aire de Tijuana y atraen a una clientela en gran parte del mundillo del cine.

Bar Marmont BAR

(plano p. 574; ☎323-650-0575; www.chateaumarmont.com/barmarmont.php; 8171 Sunset Blvd; ⏰18.00-2.00) Elegante sin ser estirado, antiguo pero aún apreciado, con techos altos, paredes con molduras y *martinis* de muerte, y aún frecuentado por famosos y aspirantes. En el momento adecuado podría verse a Thom Yorke o Lindsey Lohan. Mejor ir entre semana; los fines de semana son para aficionados.

Formosa Cafe BAR

(plano p. 574; ☎323-850-9050; 7156 Santa Monica Blvd; ⏰16.00-2.00 lu-vi, 18.00-2.00 sa y do) Humphrey Bogart y Clark Gable solían tomar copas en este oscuro antro, tan de cine negro que aquí se rodaron algunas escenas de *LA Confidential.*

🌟 Malibú

Sunset BAR

(www.thesunsetrestaurant.com; 6800 Westward Rd; ⏰12.00-22.00; 🚗) El perfecto oasis para extraños tras un día de playa, sobre todo durante la *happy hour,* cuando se llena de gente rara (rica, famosa, operada…).

Santa Mónica

★ Basement Tavern
BAR

(plano p. 580; www.basementtavern.com; 2640 Main St; ⊗17.00-2.00) Este imaginativo bar clandestino es el favorito de este autor en Santa Mónica por sus buenos cócteles, reservados y actuaciones musicales a diario (*blues, jazz, bluegrass* y *rock*). Estupendo entre semana, cuando no se llena tanto.

Misfit
SALÓN BAR

(plano p. 580; ☑310-656-9800; www.themisfitbar.com; 225 Santa Monica Blvd; ⊗12.00-hasta tarde lu-vi, desde 11.00 sa y do) Emporio de comida, bebida y diversión en un edificio histórico con interior *retro* y luces tenues, una carta correcta y cócteles fabulosos a base de licores artesanos. Concurrido desde el *brunch* hasta el cierre.

Venice

Townhouse & Delmonte Speakeasy
BAR

(plano p. 580; www.townhousevenice.com; 52 Windward Ave; ⊗17.00-2.00 lu-ju, 12.00-2.00 vi-do) Arriba es un bar en la onda y sombrío con billares, reservados y buenos licores, y abajo está el *speakeasy,* donde los DJ pinchan pop, *funk* y electrónica, los humoristas toman el micrófono y se montan *jam sessions* de *jazz.* Diversión asegurada casi cualquier noche.

☆ Ocio

Música en directo

Orpheum Theatre
MÚSICA EN DIRECTO

(plano p. 564; ☑877-677-4386; www.laorpheum.com; 842 S Broadway) A principios del s. xx la ruidosa Broadway era una glamurosa calle de tiendas y teatros, donde astros como Charlie Chaplin iban en limusina a estrenos en suntuosos cines como este, el primero de aquella época en haber sido restaurado totalmente. Aquí han tocado recientemente Widespread Panic y fenómenos más recientes como MGMT.

United Artists Theatre
MÚSICA EN DIRECTO, DANZA

(plano p. 564; ☑213-623-3233; www.acehotel.com/losangeles/theatre; 929 S Broadway) Una joya histórica, restaurada por el Ace Hotel, a su vez su programador. Sede de la mejor compañía de danza moderna de LA, también acoge conciertos de bandas *indies* y prometedoras.

★ Greek Theatre
MÚSICA EN DIRECTO

(plano p. 570; ☑323-665-5857; www.greektheatrela.com; 2700 N Vermont Ave; ⊗may-oct) Más íntimo que el Hollywood Bowl, este hemiciclo de 5800 plazas al aire libre en una boscosa ladera del Griffith Park es muy apreciado por su ambiente y variedad de conciertos, desde Los Lobos hasta MGMT o Willie Nelson. El aparcamiento robotizado implica esperas tras el espectáculo.

Royce Hall
MÚSICA EN DIRECTO

(plano p. 578; www.uclalive.org; UCLA; entradas desde 22 US$) Un teatro excepcional en el corazón histórico del campus de la UCLA. Pese a lo académico del edificio de ladrillo, UCLA Live es célebre por traer a escritores como David Sedaris y Anthony Bourdain para animadas lecturas y a fabulosos músicos como el pianista Chick Corea o Philip Glass y su conjunto.

El Rey
MÚSICA EN DIRECTO

(plano p. 574; www.theelrey.com; 5515 Wilshire Blvd; entrada variable) Antigua sala de baile *art déco,* con terciopelo rojo y arañas, fabuloso equipo de sonido y excelente visibilidad. Pese a su aforo de 800 personas, da sensación de pequeña. Acoge actuaciones *indies* y a los roqueros que las aprecian.

★ Echo
MÚSICA EN DIRECTO

(www.attheecho.com; 1822 W Sunset Blvd; entrada variable) Los vecinos del Eastside ansiosos de música ecléctica llenan este local genial, más que nada un bar con escenario y patio para fumar. Contratan a bandas *indies* y tiene noches de discoteca; la Funky Sole de los sábados es un desmadre.

Humoristas y teatro

★ Upright Citizens Brigade Theatre
HUMORISTAS

(plano p. 568; ☑323-908-8702; https://franklin.ucbtheatre.com; 5919 Franklin Ave; entradas 5-10 US$) El grupo de gags fundado en Nueva York por Amy Poehler e Ian Roberts (actores de la serie *SNL)* junto con Matt Besser y Matt Walsh se clonó a sí mismo en Hollywood en el 2005 y es quizá el que mejor improvisa de LA. Casi todos los espectáculos cuestan 5 u 8 US$, pero el *Asssscat* del domingo es gratis.

Groundlings
HUMORISTAS

(plano p. 574; ☑323-934-4747; www.groundlings.com; 7307 Melrose Ave; entradas 10-20 US$) Esta compañía y escuela de improvisación lanzó a Lisa Kudrow, Will Ferrell, Maya Rudolph y otras estrellas del humor. Sus gags e im-

LOS ÁNGELES PARA GAYS Y LESBIANAS

Esta es una de las ciudades más gays del país, con numerosas aportaciones a esta cultura. La bandera arcoíris ondea orgullosa sobre todo en Boystown, por Santa Monica Blvd de West Hollywood (WeHo); su mejor momento son las noches de jueves a domingo.

Si no se es de la vida nocturna, hay muchos otros modos de conocer gente y divertirse. Para actividades al aire libre está el club de corredores **Frontrunners** (www.lafrontrunners.com) y el de senderismo **Great Outdoors** (www.greatoutdoorsla.org), y aunque hay teatro gay por toda la ciudad, el **Celebration Theatre** (plano p. 874; www.celebrationtheatre.com; 7051 Santa Monica Blvd, West Hollywood) es uno de los punteros del país para obras LGBT.

En el **LA Gay & Lesbian Center** (plano p. 568; 323-993-7400; www.laglc.org; 1625 Schrader Blvd, Hollywood; 9.00-20.00 lu-vi, hasta 13.00 sa) hay de todo, y su afiliado **Village at Ed Gould Plaza** (www.laglc.org; 1125 N McCadden Pl, Hollywood; 18.00-22.00 lu-vi, 9.00-17.00 sa) ofrece exposiciones de arte y programas de teatro en un frondoso patio.

La temporada de festivales empieza de mediados a finales de mayo con la celebración de la **Long Beach Pride Celebration** (www.longbeachpride.com) y sigue con los tres días del **LA Pride** (www.lapride.org) a primeros de junio, con un desfile por Santa Monica Blvd. En **Halloween** (31 oct), la misma calle reúne a 350 000 juerguistas con escandalosos disfraces.

WeHo

Abbey (plano p. 574; www.abbeyfoodandbar.com; 692 N Robertson Blvd; principales 9-13 US$; 11.00-2.00 lu-ju, desde 10.00 vi, desde 9.00 sa y do) Antaño un humilde café, se ha convertido en el bar/club/restaurante de referencia de WeHo. Siempre divertido, tiene mojitos y *martinis* de tantos sabores que parece que son un invento suyo. También ofrece una carta de comida completa. Hay espacios para todos los gustos, desde patio al aire libre hasta salón gótico y *chill out*, llenos los fines de semana.

Micky's (plano p. 574; www.mickys.com; 8857 Santa Monica Blvd; 17.00-2.00 do-ju, hasta 4.00 vi y sa) Discoteca de dos pisos típica de WeHo, con gogós, bebidas caras, mucha pose y todo muy estético. Tiene una barra circular de mármol, vigas metálicas vistas y puertas que se abren hasta la misma calle. Consúltense los eventos en la web.

Trunks (plano p. 574; www.trunksbar.com; 8809 Santa Monica Blvd; 13.00-2.00) Con billares y deportes en pantallas planas, esta casa de ladrillo de iluminación tenue es un clásico del bulevar, menos fabuloso y más realista que casi todos los de WeHo.

Hamburger Habit (plano p. 574; 310-659-8774; 8954 Santa Monica Blvd; principales 5-8 US$; 10.00-24.00) Las grasientas hamburguesas son regulares, pero la marcha nocturna es tan singular como maravillosa, a veces con canciones coreadas y hombres que bailan sobre las mesas a pecho descubierto.

Más allá de WeHo

Akbar (plano p. 572; www.akbarsilverlake.com; 4356 W Sunset Blvd; 16.00-2.00) La mejor gramola de LA, con decoración estilo kasba y una mezcla genial de gente que puede variar de hora en hora: gay, hetero, en el borde o simplemente a la última.

Casita del Campo (plano p. 572; www.casitadelcampo.net; 1920 Hyperion Ave; principales de almuerzo 8 US$, de cena 14-17 US$; 11.00-23.00 do-mi, hasta 24.00 ju, hasta 2.00 vi y sa; P) Cantina mexicana acogedora, divertida donde, quizá, hasta se vea un espectáculo *drag* en el diminuto Cavern Club Theater.

Faultline (plano p. 572; www.faultlinebar.com; 4216 Melrose Ave; 17.00-2.00 mi-vi, 14.00-2.00 sa y do) es un local fiestero para hombres, nada de *lolitos*. Aquí hay que quitarse la camisa y unirse a la juerga de cervezas del domingo por la tarde (toda una institución), y llegar pronto para evitar largas esperas.

provisaciones son desternillantes, sobre todo los martes, cuando la compañía principal, ex alumnos e invitados sorpresa actúan juntos en *Cookin' with Gas*.

Antaeus Company TEATRO, HUMORISTAS
(818-506-5436; www.antaeus.org; 5112 Lankershim Blvd, North Hollywood; entradas 30-34 US$) De los teatros con mejores críticas

LOS ÁNGELES DE COMPRAS

en LA, con obras clásicas y monólogos de humor.

Noho Arts Center Ensemble TEATRO
(www.thenohoartscenter.com; 11136 Magnolia Blvd, North Hollywood; entradas 25 US$; ☉espectáculos 20.00 vi y sa, 15.00 do) La joya de la incipiente oferta teatral de North Hollywood, con obras de vanguardia e imaginativas revisiones de los clásicos.

Deportes
Dodger Stadium BÉISBOL
(📞866-363-4377; www.dodgers.com; 1000 Elysian Park Ave; ☉abr-sep) Pocos clubes igualan a los Dodgers en cuanto a historia (Jackie Robinson, Sandy Koufax, Kirk Gibson y Vin Scully), victorias y fiel afición. Los actuales propietarios compraron la entidad por unos 2000 millones de US$, en su momento una cifra récord para tratarse de un club deportivo.

De compras

Downtown

★ Raggedy Threads VINTAGE
(plano p. 564; 📞213-620-1188; www.raggedythreads. com; 330 E 2nd St; ☉12.00-20.00 lu-sa, hasta 18.00 do) Tienda de moda *vintage* 100% estadounidense junto a la calle principal de Little Tokyo. Estupendos petos y ropa vaquera, camisetas, algunos vestidos victorianos y una increíble colección de turquesas a precios geniales, además de relojes y monturas de gafas sensacionales.

Apolis MODA
(plano p. 564; 📞213-613-9626; www.apolisglobal. com; 806 E 3rd St) Propiedad de dos hermanos de Santa Bárbara, aquí se vende ropa de confección para caballero de calidad pero no barata, como pantalones chinos, vaqueros, camisetas y *blazers*. Apoya el comercio justo, como prueban sus proyectos de desarrollo en áreas urbanas deprimidas del país y pueblos de Perú, Bangladés y Uganda.

Hollywood

Amoeba Music MÚSICA
(plano p. 568; 📞323-245-6400; www.amoeba.com; 6400 W Sunset Blvd; ☉10.30-23.00 lu-sa, 11.00-21.00 do) Algo tendrá esta veterana tienda de discos para triunfar en estos tiempos. Ofrece medio millón de LP, CD, DVD y vídeos, nuevos y usados. Los prácticos puntos de escucha

y su estupendo folleto *Music We Like* ayudan en la elección.

West Hollywood y Mid-City
El mejor y más variado territorio de tiendas en una ciudad que parece hecha por y para los adictos a las compras.

★ Reformation MODA
(plano p. 574; www.thereformation.com; 8253 Melrose Ave; ☉11.00-19.00) Ropa clásica de inspiración *retro* con conciencia ecológica, en plan "cambia el mundo sin cambiar tu estilo". Como al emplear solo materiales ya existentes no hay que teñirlos, gasta la mitad de agua que otras firmas. Todo hecho en el centro de LA.

Fahey/Klein Gallery GALERÍA
(plano p. 574; www.faheykleingallery.com; 148 S La Brea Ave; ☉10.00-18.00 ma-sa) Lo mejor de la fotografía artística *vintage* y actual. Obras de figuras como Annie Leibovitz, Bruce Weber y el difunto Jim Marshall, gran retratista del *rock* del que tienen hasta su menos conocido catálogo de derechos civiles.

Espionage VINTAGE
(plano p. 574; 📞323-272-4942; www.espionagela. com; 7456 Beverly Blvd; ☉11.00-18.00 lu, hasta 19.00 ma-vi, 10.30-19.00 sa, hasta 18.00 do) Fabulosa *boutique* que mezcla con gusto lo nuevo y lo *vintage*. Fantásticas joyas, gruesos ceniceros y frascos de perfume, y butacas de cuero que casan bien con las mesas de cristal y latón. A la venta, tienen en depósito una colección de alta costura *vintage*.

Supreme MODA
(plano p. 574; 📞323-655-6205; supremenewyork. com; 439 N Fairfax Ave) Mezcla de *skate,* punk y *hip-hop,* acababa de reabrir cuando la visitó este autor: la cola para ver la nueva línea era de media manzana. Lo mejor de todo: la tienda tiene una rampa de medio tubo.

Melrose Trading Post MERCADO
(plano p. 574; http://melrosetradingpost.org; Fairfax High School, 7850 Melrose Ave; entrada 2 US$; ☉9.00-17.00 do) Trapos, joyas, artículos para el hogar y mucho más. Este mercadillo de más de cien puestos se monta en el aparcamiento del Fairfax High; lo recaudado ayuda a financiar los programas de la escuela.

Fred Segal MODA
(plano p. 574; 📞323-651-4129; www.fredsegal.com; 8100 Melrose Ave; ☉10.00-19.00 lu-sa, 12.00-18.00

EL FASHION DISTRICT DESMITIFICADO

Los buscadores de gangas adoran estas 90 frenéticas manzanas en el suroeste del Downtown. Hay chollos alucinantes, pero su tamaño e inmenso surtido desconciertan a los novatos. Para orientarse, en www.fashiondistrict.org pueden descargarse una aplicación gratis y un mapa de la zona.

Esta se subdivide en varias zonas de venta distintas:

➡ Mujer: Los Angeles St entre Olympic Blvd y Pico Blvd; 11th St entre Los Angeles St y San Julian

➡ Niños: Wall St entre 12th St y Pico Blvd

➡ Hombre y nupcial: Los Angeles St entre 7th St y 9th St

➡ Tejidos: 9th St entre Santee St y Wall St

➡ Joyas y accesorios: Santee St entre Olympic Blvd y 13th St

➡ Imitaciones de diseñadores: Santee Alley y New Alley (entrada por 11th St entre Maple Ave y Santee Ave)

Las tiendas suelen abrir de 10.00 a 17.00 a diario; los sábados hay más gente por ser cuando muchos mayoristas abren al público. Impera el efectivo, y el regateo puede suponer un ahorro del 10-20%, sobre todo si se compran varios artículos. No se hacen devoluciones ni cambios; hay que elegir con cuidado y cerciorarse de que no hay defectos. Pocas tiendas tienen probador.

Ventas de muestrarios

El último viernes de mes, los esclavos de la moda invaden la esquina de 9th St con Los Angeles St armados de efectivo y coraje para pelearse por prendas de diseño a precios inferiores a los de mayorista. Su destino: las selectas *showrooms* del **edificio Gerry** (plano p. 564; www.gerrybuilding.com; 910 S Los Angeles St), el **Cooper Design Space** (plano p. 564; ☎213-627-3754; www.cooperdesignspace.com; 860 S Los Angeles St) y el **New Mart** (plano p. 564; ☎213-627-0671; www.newmart.net; 127 E 9th St). Aunque todos ellos son de moda joven y actual, el Cooper y el Gerry se consideran "lo más". El **California Market Center** (plano p. 564; ☎213-630-3600; www.californiamarketcenter.com; 110 E 9th St) tiene una estupenda librería de moda en la planta baja entre minoristas de maquillaje y perfumes, y alberga a mayoristas tanto de ropa como de decoración del hogar. Con horario de 9.00 a 15.00, es la única ocasión en que se permite al público en general entrar en estos edificios solo para profesionales. Hay que llegar temprano y sin pudor, pues no hay probadores. Durante la temporada de Navidad suele haber varias ventas a la semana. Consúltense en las webs las fechas y *showrooms* participantes.

do) Famosos y gente guapa se pasan a por lo último de Babakul, Aviator Nation y Robbi & Nikki en este laberinto de *boutiques* caras bajo un solo techo, de lo más chic pero algo pretencioso. Solo hay gangas (relativas) durante las dos semanas de rebajas de septiembre.

🏠 Beverly Hills y el Westside

Aunque Beverly Hills y **Rodeo Drive** (entre Wilshire Blvd y Santa Monica Blvd) se llevan la fama, las mejores *boutiques* están en Robertson, entre Beverly Blvd y Burton Way.

Barneys New York   GRANDES ALMACENES
(☎310-276-4400; www.barneys.com; 9570 Wilshire Blvd; ⊙10.00-19.00 lu-mi, vi y sa, hasta 20.00

ju, 12.00-18.00 do) Cuatro pisos de chic campechano. Los precios son elevados; hay que estar pendientes de sus rebajas, dos veces al año. Vale la pena pasarse por el *deli* del último piso.

Scoop   MODA
(☎310-362-6100; www.scoopnyc.com; 265 N Beverly Dr; ⊙10.00-19.00 lu-sa, 11.00-18.00 do) Para hombre, ropa vaquera, zapatillas deportivas de edición limitada, cinturones y chaquetas de camuflaje, todo de diseñadores. La línea de mujer es más chic que deportiva, trufada de vestidos, bolsos y tacones. En la planta baja del fabuloso edificio MGM de cristal azul.

Malibú

Malibu Country Mart　CENTRO COMERCIAL
(www.malibucountrymart.com; 3835 Cross Creek Rd) Frente a la Surfrider Beach, la bronceada juventud del lugar que acude a ligar, comer y comprar en este elegante centro comercial al aire libre lo llama Cross Creek por estar a ambos lado de esta calle.

Santa Mónica

Para grandes cadenas como Anthropologie, la tienda principal de Apple, Guess y Converse, hay que ir al **Third Street Promenade** (plano p. 580). Hay cadenas más selectas en **Santa Monica Place** (plano p. 580; www.santamonica place.com; 395 Santa Monica Pl; ⊙10.00-21.00 lu-ju, hasta 22.00 vi y sa, 11.00-20.00 do). Para *boutiques* de corte más *indie*, como **Planet Blue** (plano p. 580; www.shopplanetblue.com; 2940 Main St; ⊙10.00-18.00), váyase a **Montana Ave** y **Main St**.

Venice

El bohemio-chic **Abbot Kinney Blvd** (www. abbotkinneyonline.com) es ahora una de las mejores zonas de tiendas de LA. Hay que verlo el **First Friday** (www.abbotkinney1stfridays. com), el primer viernes de cada mes, cuando las galerías abren hasta tarde.

Alexis Bittar　JOYAS
(plano p. 580; ☎310-452-6901; www.alexisbittar. com; 1612 Abbot Kinney Blvd; ⊙11.00-19.00 lu-sa, 12.00-18.00 do) Bittar es famoso por sus joyas de categoría en acrílico, que talla a mano y pinta en su estudio de Brooklyn; algunas parecen de piedra. Empezó a venderlas por la calle en Manhattan, donde lo captó la tienda del MOMA; ahora es la bomba.

Will　ARTÍCULOS DE CUERO
(plano p. 580; www.willleathergoods.com; 1360 Abbot Kinney Blvd; ⊙10.00-20.00) Magnífica tienda venida de Portland, una de las tres del país. Preciosos bolsos, maletines, mochilas, cinturones, billeteras y sandalias para hombre y mujer. A este autor le encantó la bolsa para mensajeros en bicicleta con retazos de colorida lana de Oaxaca.

ℹ Información

URGENCIAS

Policía, bomberos, ambulancia (☎911)

Policía (☎877-275-5273; www.lapdonline.org) No urgencias, dentro de la ciudad de LA.

Violación y maltrato (☎310-392-8381, 213-626-3393; ⊙24 h)

ACCESO A INTERNET

Los cibercafés no duran nada, pero hay docenas de cafés y restaurantes con wifi gratis.

MEDIOS DE COMUNICACIÓN

KCRW 89.9 FM (www.kcrw.com) La mejor emisora de ciudad, al tanto de su pulso cultural. Transmite la National Public Radio (NPR), música ecléctica e *indie*, charlas inteligentes y acoge espectáculos y eventos por todo el sur de California.

La Opinión (www.laopinion.com) Diario en español.

LA Weekly (www.laweekly.com) Gratis y alternativo: noticias, música en directo y guía del ocio.

Los Angeles Downtown News (www.down townnews.com) La actualidad económica, política y cultural del pujante Downtown.

Los Angeles Times (www.latimes.com) Importante diario.

ASISTENCIA MÉDICA

Cedars-Sinai Medical Center (☎310-423-3277; http://cedars-sinai.edu; 8700 Beverly Blvd, West Hollywood; ⊙24 h) Urgencias.

Farmacias Rite Aid (☎800-748-3243; www. riteaid.com)

DINERO

Travelex Santa Mónica (☎310-260-9219; www. travelex.com; 201 Santa Monica Blvd, Suite 101, Santa Mónica; ⊙9.00-17.00 lu-ju, hasta 18.00 vi); West Hollywood (☎310-659-6093; www. travelex.com; US Bank, 8901 Santa Monica Blvd, West Hollywood; ⊙9.30-17.00 lu-ju, 9.00-18.00 vi, 9.00-13.00 sa).

CORREOS

En el ☎800-275-8777 informan de la oficina más cercana.

INFORMACIÓN TURÍSTICA

Centro de visitantes del Downtown LA (plano p. 564; www.discoverlosangeles.com; 800 N Alameda St, Downtown; ⊙8.30-17.00 lu-vi)

Centro de información de visitantes de Hollywood (plano p. 568; ☎323-467-6412; http://discoverlosangeles.com; Hollywood y complejo Highland, 6801 Hollywood Blvd, Hollywood; ⊙10.00-22.00 lu-sa, hasta 19.00 do) En el pasaje del Dolby Theatre.

Long Beach Area Convention & Tourism Bureau (☎562-628-8850; www.visitlongbeach. com; 3er piso, One World Trade Center, 301 E

Ocean Blvd, Long Beach; ⏰11.00-19.00 do-ju, 11.30-19.30 vi y sa jun-sep, 10.00-16.00 vi-do oct-may)

Santa Mónica (plano p. 580; ☎800-544-5319; www.santamonica.com; 2427 Main St, Santa Mónica) Agentes de información itinerantes patrullan en *segway* por el paseo marítimo y alrededores.

❶ Cómo llegar y salir

AVIÓN

La principal puerta de entrada a la ciudad es el **aeropuerto internacional de Los Ángeles** (LAX; ☎310-646-5252; www.lawa.org/lax; 1 World Way; 🛜), complejo de dos niveles en forma de "U". Une sus nueve terminales el autobús de enlace **Shuttle A**, gratis, que sale del nivel inferior (llegadas); aquí están también los taxis, los traslados de los hoteles y los vehículos de alquiler. Puede solicitarse un microbús gratis para pasajeros con discapacidad en el ☎310-646-6402. La venta de billetes y facturación de equipajes esta en el nivel superior (salidas). Casi todos los vuelos internacionales utilizan la terminal internacional Tom Bradley.

Los vuelos nacionales de Alaska, American, Southwest, United y otras aerolíneas importantes del país llegan también al aeropuerto Bob Hope de Burbank (p. 770), a mano para quien vaya a Hollywood, Downtown o Pasadena.

Al sur, lindante con el condado de Orange, el pequeño aeropuerto de Long Beach (p. 770) va bien para Disneyland; lo utilizan Alaska, US Airways y Jet Blue.

AUTOBÚS

La principal terminal de autobuses de **Greyhound** (☎213-629-8401; www.greyhound.com; 1716 E 7th St) está en una zona cutre del Downtown; evítese llegar ya oscurecido. Se toma el autobús nº 18 a la estación de metro 7th St o el nº 66 a la de Pershing Square; y luego se toma la Red Line del Metro Rail hasta Hollywood o la Union Station, con ulteriores servicios por la ciudad. Algunos servicios de Greyhound van directos a la terminal de **Hollywood** (1715 N Cahuenga Blvd).

AUTOMÓVIL Y MOTOCICLETA

Las principales compañías de alquiler de automóviles tienen oficinas en los aeropuertos. **Eagle Rider** (☎888-600-6020; www.eaglerider.com; 11860 S La Cienega Blvd, Hawthorne; desde 99 US$/día; ⏰9.00-17.00) y Route 66 (p. 775) alquilan Harleys.

TREN

Los de Amtrak llegan a la histórica **Union Station** (☎800-872-7245; www.amtrak.com; 800 N Alameda St) del Downtown. El *Pacific Surfliner* une a diario San Diego, Santa Bárbara y San Luis Obispo vía LA.

❶ Cómo desplazarse

A/DESDE EL AEROPUERTO

Todos los servicios abajo mencionados salen del nivel inferior del LAX. Los traslados puerta a puerta, como los de **Prime Time** (☎800-733-8267; www.primetimeshuttle.com) y Super Shuttle (www.supershuttle.com) cuestan 21/27/16 US$ a Santa Mónica/Hollywood/Downtown.

Los operadores de la acera llaman a taxis; la tarifa plana para ir al Downtown es de 47 US$; a Santa Mónica, 30-35 US$; a West Hollywood, 40 US$ aprox.; a Hollywood, 50 US$; y a Disneyland, 90 US$.

Los autobuses de **LAX FlyAway** (☎866-435-9529; www.lawa.org; ida 8 US$) van directos a la Union Station (8 US$, 45 min) en el Downtown, a Van Nuys (8 US$, 45 min), a Westwood Village cerca de la UCLA (10 US$, 30 min) y a la estación de la Expo Line del tren ligero en La Brea con Exposition Blvd (7 US$, 1¼ h) para conectar con South Central, Hollywood y la Union Station.

Para Santa Mónica o Venice, se toma el servicio gratis Shuttle C al **LAX Transit Center** (96th St y Sepulveda Blvd) y se hace transbordo al Rapid 3 a Santa Mónica (1 US$, 1 h). El centro es el núcleo de los autobuses para todo LA. Para ir a Culver City se toma el autobús nº 6 a Culver City (1 US$, 20 min). Para las playas de Manhattan o Hermosa, se toma el nº 109 de Beach Cities Transit (1 US$), que también para en Lot G. Para Redondo Beach se va al Lot C y se toma el Metro Local 232 (1,50 US$).

BICICLETA

Casi todos los autobuses llevan portabicicletas y no cobran por este servicio, pero el pasajero deberá cargarla y descargarla. También se admiten bicicletas en los trenes de Metro Rail salvo en hora punta (6.30-8.30 y 16.30-18.30 lu-vi).

AUTOMÓVIL Y MOTOCICLETA

A menos que se disponga de mucho tiempo (o muy poco dinero), conviene armarse de paciencia, pues el tráfico en LA es de los peores del país. Evítese cruzar la ciudad en hora punta (7.00-9.00 y 15.30-19.00).

Los hoteles más baratos y los moteles no suelen cobrar por el aparcamiento; los más lujosos cobran 8-40 US$. Los mejores restaurantes y hoteles suelen tener aparcacoches, con tarifas de 5-10 US$.

TRANSPORTE PÚBLICO

Gran parte del mismo lo gestiona **Metro** (☑323-466-3876; www.metro.net), que a través de su web ayuda a planear itinerarios.

El billete sencillo cuesta 1,75 US$ (pase diario 7 US$, sin límite de viajes). Hay bonos semanales de 25 US$, válidos de domingo a sábado; y mensuales de 100 US$, válidos para 30 días.

Los billetes sencillos y los pases diarios se compran a los conductores de autobús y en las máquinas expendedoras de cualquier estación de trenes. Los bonos semanales y mensuales solo se adquieren en 650 puntos de la ciudad.

Metro opera unas 200 líneas de autobús, la mayoría locales, con paradas cada pocas manzanas. Los autobuses de Metro Rapid tienen menos paradas.

Metro Rail es una red de seis líneas de tren ligero y dos de metro; cinco de ellas convergen en el Downtown. Se prevé que la Expo Line que une Exposition Park y el Downtown con Culver City llegue a Santa Mónica en el 2015.

Red Line La más práctica para el visitante, une la Union Station en el Downtown con North Hollywood (valle de San Fernando) vía el centro de Hollywood y Universal City.

Blue Line Downtown-Long Beach; conecta con la Red Line en la estación 7th St/Metro Center y con la Green Line en Imperial/Wilmington.

Gold Line De East LA a Little Tokyo, Chinatown y Pasadena vía la Union Station, Mt Washington y Highland Park; conecta con la Red Line en la Union Station.

Green Line Norwalk-Redondo Beach; conecta con la Blue Line en Imperial/Wilmington.

Purple Line Metro entre el Downtown y Koreatown; comparte seis estaciones con la Red Line.

Orange Line Une Downtown y Hollywood con el oeste del valle de San Fernando; conecta con la Red Line en North Hollywood.

Expo Line Une USC y Exposition Park con Culver City hacia el oeste y con Downtown LA al noreste, donde conecta con la Red Line en la Union Station. La extensión a Santa Mónica prevé abrirse en el 2015. Con sede en Santa Mónica, los autobuses **Big Blue Bus** (☑310-451-5444; www.bigbluebus.com; billete desde 1 US$) de energía limpia cubren Santa Mónica, Venice, Westwood y el LAX (1 US$); su autobús exprés nº 10 va de Santa Mónica a Downtown (2 US$, 1 h).

El **Culver CityBus** (www.culvercity.org) cubre todo Culver City y el Westside, el LAX (1 US$) incluido. El **Long Beach Transit** (www.lbtransit.com) cubre Long Beach y poblaciones circundantes.

Los *DASH Buses* que opera el **Departamento de Transporte de LA** (LADOT; www.ladottransit.com) ofrecen 33 rutas que cubren las comunidas locales (50 ¢/trayecto) hasta las 19.00.

TAXI

Sale caro. Es mejor llamar por teléfono, aunque por la noche tarde algunos patrullan las calles. En la ciudad de LA, la bajada de bandera cuesta 2,85 US$, más unos 2,70 US$/milla. Los que salen del LAX cobran 4 US$ de tasa aeroportuaria. Más información en www.taxicabsla.org. En Santa Mónica, llámese a **Taxi Taxi** (☑310-444-4444; www.santamonicataxi.com).

Uber y UberX (www.uber.com) son sumamente populares para trayectos baratos y más lujosos en LA.

ALREDEDORES DE LOS ÁNGELES

Atascos, multitudes y polución aparte, LA es también un trampolín para aventurarse al esplendor natural de California. Hay que salir temprano para evitar el tráfico (o tomar un ferri, autobús Greyhound o tren de Amtrack) y dirigirse hacia el mar o las montañas.

Isla de Santa Catalina

De aire mediterráneo, es una popular escapada para los agobiados angelinos, aunque en verano se colapsa de excursionistas. Basta con quedarse a dormir para que el ambiente pase de frenético a romántico.

Por el agradable paseo marítimo de Avalon se llega al Casino (1 Casino Way), de estilo *art déco*, que tiene murales, un cine y un fabuloso salón de baile arriba; este último solo se ve en circuitos guiados de 1 h (23 US$). Hay buen buceo con tubo en la Lovers' Cove y en el Casino Point Marine Park, una reserva marina que también ofrece el mejor submarinismo costero. En Descanso Beach Ocean Sports (www.kayakcatalinaisland.com; alquiler kayak por hora/día desde 22/52 US$, alquiler de surf de remo por hora/día 24/60 US$) alquilan equipos de buceo con tubo y de surf de remo y kayaks.

A unos 2,4 km tierra adentro del puerto de Avalon, los **Wrigley Memorial & Botanical**

Gardens (☎310-510-2595; 1400 Avalon Canyon Rd; adultos/niños /jubilados 7 US$/gratis/5 US$; ⊗8.00-17.00) ofrecen amplias vistas del lugar desde un monumento de coloridos azulejos.

Para llegar al protegido interior de la isla se toma el Safari Bus (☎310-510-2800; entrada 10-32 US$; ⊗med jun-ppios sep), que va hasta Two Harbors. Se debe reservar de antemano y, si se va a hacer senderismo o ciclismo de montaña, obtener un permiso (y mapas) de la Catalina Conservancy (☎310-510-2595; www. catalinaconservancy.org; 125 Claressa Ave, Avalon; ciclistas/caminantes 35/gratis US$).

Catalina Dive Shop (www.catalinadiveshop. com; Lover's Cove; por salida 99-129 US$) lleva a submarinistas titulados a pecios y bosques de kelp locales; también alquila equipo de buceo con tubo. El Two Harbors Dive and Recreation Center (www.visitcatalinaisland.com; salidas guiadas de submarinismo 100-140 US$) lleva a puntos de inmersión frente a la costa menos urbanizada de la isla.

Para pernoctar, en Avalon está el relajado Pavilion Hotel (☎877-778-8322; www.visitca talinaisland.com/hotels-packages/avalon/pavilion -hotel; 513 Crescent Ave; h desde 185 US$) o en el más ostentoso Hotel Metropole (☎800-300-8528; www.hotel-metropole.com; 205 Crescent Ave; h desde 175 US$). En Two Harbors, el Banning House Lodge (☎877-778-8322; www.visitca talinaisland.com/hotels-packages/two-harbors/ banning-house-lodge; 1 Banning House Rd; h desde 129 US$), de 1910, es un clásico de estilo *craftsman* californiano. Para información sobre acampada, visítese www.visitcatalinaisland. com/avalon/camping.php.

El Bluewater Grill (☎310-510-3474; www. bluewatergrill.com; 306 Crescent Ave; principales 19-39 US$; ⊗11.00-22.00) ofrece suntuosas cenas a base de pescado, y todo es bueno en el CC Gallagher (www.ccgallagher.com; 523 Crescent Ave; ⊗7.00-24.00 do-ju, hasta 1.00 vi y sa), también tienda de vinos, café y barra de *sushi*.

❶ Cómo llegar y salir

En verano, se recomienda reservar los ferris a Avalon y Two Harbors.

Catalina Express (www.catalinaexpress.com; ida y vuelta adultos/niños 75/60 US$) Ferris a Avalon desde San Pedro, Long Beach y Dana Point (condado de Orange), y a Two Harbors desde San Pedro. Se tarda 1-1½ h, con hasta tres servicios diarios. Gratis si es el cumpleaños del pasajero.

Catalina Flyer (☎800-830-7744; www.cata linaferries.com; ida y vuelta adultos/menores 12 años/jubilados 70/53/65 US$) Catamarán

a Avalon y Two Harbors desde el Balboa Harbor en Newport Beach (1-1½ h).

Big Bear Lake

Situado 177 km al noreste de LA, este es un sencillo centro turístico de montaña (altitud 2057 m), ideal para las familias. El nevoso invierno atrae a montones de esquiadores y huéspedes a sus dos montañas; y el verano, a senderistas, ciclistas de montaña y amantes de los deportes acuáticos que huyen del calor del valle. Con vistas de cañones de postal, la Rim of the World Scenic Byway (Hwy 18) es de las mejores rutas en automóvil del país. Se recomienda salirse pronto del trillado itinerario y visitar la arenisca esculpida de las Mormon Rocks. De allí se toma la Hwy 138 por los lagos Silverwood y Gregory y luego se sube por la Hwy 18 a los lindos Blue Jay y Lake Arrowhead. Aquí es donde las vistas y las curvas se vuelven impresionantes. La estación de esquí y centro comercial de Lake Arrowhead es una grata escala en el camino. De vuelta a la carretera, el tramo más alucinante lleva a Big Bear Lake.

✖ Actividades

Big Bear Mountain Resorts (www.bigbear mountainresorts.com; adultos/niños billete de ascensor 56/46 US$) opera conjuntamente las dos estaciones de esquí de Big Bear. La más alta, la Bear Mountain (2684 m), es el paraíso del estilo libre, con más de 150 saltos, 80 módulos y dos tubos (siendo uno un súper tubo en tierra de 177 m). La de Snow Summit (2499 m) es más de descenso tradicional, con pistas para todos. En conjunto las estaciones ofrecen 26 remontes y más de 55 pistas. El alquiler de esquíes y botas cuestan unos 30 US$.

En verano, la bicicleta de montaña reina en la Snow Summit, que acoge varias carreras profesionales y de aficionados. El Grandview Loop es un sendero de 14,5 km ideal para ponerse a tono. El telesilla Scenic Sky Chair (ida/día 12/25 US$; ⊗may-ppios temporada esquí) facilita el acceso a la cumbre. Se consiguen mapas, billetes y bicicletas de alquiler en Bear Valley Bikes (www.bvbikes.com; 40298 Big Bear Blvd; bicis por hora incl. casco 10-20 US$, por día 40-70 US$); cobra más por las de doble suspensión y tiene también *fat bikes*.

El Gold Fever Trail es un buen paseo autoguiado en automóvil, 32 km de carretera de tierra nivelada por una antigua zona minera del oro.

Alrededores de Los Ángeles

🛏 Dónde dormir y comer

El limpio y cordial **Big Bear Hostel** (☎909-866-8900; www.adventurehostel.com; 527 Knickerbocker Rd; h 20-40 US$; P@🐾) sale económico. La **Switzerland Haus** (☎800-335-3729, 909-866-3729; www.switzerlandhaus.com; 41829 Switzerland Dr; h incl. desayuno 125-249 US$; @🐾) ofrece cómodas habitaciones con patios que dan a la montaña y una sauna nórdica. El popular **Himalayan** (www.himalayanbigbear.com; 672 Pine Knot Ave; principales 8-17 US$; ⏱11.00-21.00 do-ma, hasta 22.00 vi y sa; 🍴🐾) sirve con rapidez comida india y nepalí. Dan sabrosos desayunos en el encantador **North Shore Cafe** (☎909-866-5879; www.dininginbigbear.com; 39226 North Shore Dr/Hwy 38, Fawnskin; principales de desayuno y almuerzo 6-12 US$; ⏱8.00-16.00 mi-ju, 8.00-21.00 vi, 7.00-21.00 sa, 7.00-18.00 do oct-abr, también 8.00-16.00 lu may-sep; 🐾🍴), sito en una cabaña. Para velas y mantel, váyase al **Peppercorn Grille** (☎909-866-5405; www.peppercorngrille.com; 553 Pine Knot Ave; principales 8,95-15,95 US$; ⏱11.00-21.00 do-ju, hasta 22.00 vi y sa).

🛈 Información

Big Bear Blvd (Hwy 18), la vía principal, pasa al sur del lago y bordea el pueblo, que tiene lindas tiendas, restaurantes y un **centro de visitantes** (www.bigbear.com; 630 Bartlett Rd; ⏱8.00-17.00 lu-vi, 9.00-17.00 sa y do). Las estaciones de esquí están al este del pueblo. La tranquila N Shore Dr (Hwy 38) lleva a los *campings* y senderos.

Los conductores deben obtener un National Forest Adventure Pass, pase disponible en el **Big Bear Discovery Center** (☎909-382-2790; www.bigbeardiscoverycenter.com; 40971 N Shore Dr, Fawnskin; ⏱8.00-16.30, cerrado mi y ju med sep-med may), en la orilla norte del lago.

🛈 Cómo llegar y salir

Big Bear está en la Hwy 18, que sale de la Hwy 30 en San Bernardino. Se llega más rápido por la Hwy 330, que empieza en Highland y se cruza con la Hwy 18 en Running Springs. Los autobuses de la **Mountain Area Regional Transit Authority** (Marta; ☎909-878-5200; www.marta.cc) unen Big Bear con las estaciones de Greyhound y Metrolink de San Bernardino (2,50 US$, 1¼ h).

Disneyland y el condado de Orange

Sumario »

Los mejores restaurantes

➡ Walt's Wharf (p. 610)

➡ Napa Rose (p. 605)

➡ 242 Cafe Fusion Sushi (p. 623)

➡ Bear Flag Fish Company (p. 617)

➡ Ramos House Café (p. 625)

Los mejores alojamientos

➡ Shorebreak Hotel (p. 612)

➡ Disney's Grand Californian Hotel & Spa (p. 603)

➡ The Tides Inn (p. 622)

➡ Crystal Cove Beach Cottages (p. 625)

➡ Resort at Pelican Hill (p. 617)

Por qué ir

Es probable que el condado de Orange, entre Los Ángeles y San Diego, se haya colado en la conciencia del viajero sin siquiera haber estado allí.

Seguro que Mickey Mouse y sus amigos tienen algo que ver en ello (Disneyland es la mayor atracción de California), pero también programas como *Las amas de casa reales* o *Laguna Beach* de la MTV, que se han rodado aquí y han cambiado la imagen aburrida del condado por otra moderna, con adolescentes (gl)amorosos, playas magníficas y peleas de gatas de la alta sociedad.

Aunque hay algo de verdad en esos estereotipos de vida local (mansiones cuadradas grandes, centros comerciales tipo fortaleza, ricos que sacan Happy Meals de sus Hummers), este condado de 1270 km², 34 ciudades y 3 millones de habitantes genera profundos núcleos de individualidad, belleza y formas de pensamiento tan auténticos como diversos.

Cuándo ir
Anaheim

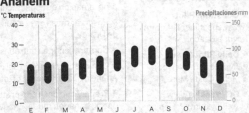

May Las visitas caen tras las vacaciones de primavera hasta el Memorial Day. Bastante sol y clima agradable.

Jul y ago Vacaciones de verano y temporada alta de playa. Festivales de surf y arte.

Sep Cielo azul, más fresco y menos gente, y el Tall Ships Festival en Dana Point.

SURFING WALK OF FAME

La respuesta del condado de Orange al Hollywood Boulevard inmortaliza a leyendas del surf a unos pasos del muelle de la playa de Huntington.

Espectáculos en Disney Resort

➡ **World of Color** (DCA)

➡ **Fantasmic!** (Disneyland)

➡ **Mickey's Soundsational Parade** (Disneyland)

➡ **Pixar Play Parade** (DCA)

Cultura en California

Algunas de las instituciones culturales más conocidas de California son el Segerstrom Center for the Arts (p. 619), la South Coast Repertory (p. 619), el Bowers Museum (p. 608) y el Laguna Beach's Festival of Arts (p. 622) y el Pageant of the Masters (p. 622).

Noticias locales

➡ **Coastline Pilot** (www.coastlinepilot.com) Laguna Beach.

➡ **Daily Pilot** (www. dailypilot.com) Newport Beach y Costa Mesa.

➡ **OC Weekly** (www. ocweekly.com) Periódico alternativo de arte y política.

➡ **Orange County Register** (www.ocregister.com) Noticias nacionales y regionales, cultura y deporte.

Bonos para parques temáticos

El Southern California CityPass (www.citypass.com/southern-california; adultos/3-9 años desde 328/284 US$) incluye el pase Park Hopper de tres días a Disneyland Resort, además de un día al SeaWorld San Diego (p. 636) y a los Universal Studios Hollywood (p. 570). El CityPass cuesta como mínimo 100 US$ menos que las entradas normales combinadas. Otra opción es buscar especiales en línea (como el bono Park Hopper de cinco días por el precio del de tres días) o descuentos anuales de temporada en pasaportes de residentes del sur de California y sus invitados.

EL CALOR DE DISNEYLAND

Cuando Walt Disney abrió Disneyland el 17 de julio de 1955 lo declaró el "Lugar más feliz de la Tierra". Sin embargo, el día de inauguración fue un desastre. Una temperatura de más de 38°C derretía el asfalto y dejaba los tacones pegados al suelo. Hubo problemas con la fontanería: las fuentes de agua potable dejaron de funcionar. Las estrellas de Hollywood no llegaron a tiempo, y más del doble de los asistentes estimados (aprox. 28 000) se amontonaban en las puertas, algunos con entradas falsas. Pero nada detuvo a los fanáticos, y más de 50 millones de turistas visitaron el parque en su primera década. Ahora, más de 14 millones de niños, abuelos, recién casados y turistas extranjeros acuden al patio de recreo de Walt cada año.

Indispensable en Disneyland

➡ Reservar hotel o un paquete en el parque.

➡ Inscribirse en línea para recibir el boletín electrónico de Disney Fans Insider y noticias de Disney Resort.

➡ Comprobar en línea el horario de los parques y la programación de espectáculos y demás.

➡ Reservar mesa en restaurantes o comidas con personajes de Disney.

➡ Comprar en línea entradas y bonos e imprimirlos.

➡ Comprobar el horario del parque y de los enlaces de Anaheim Resort Transportation (ART) o los hoteles.

➡ Preparar un pack con protección solar, sombrero, gafas de sol, bañador, muda, chaqueta o sudadera, chubasquero y baterías y tarjetas de memoria para cámaras digitales y de vídeo.

➡ Recargar los aparatos electrónicos (cámaras y teléfonos incl.).

➡ Descargar una aplicación de Disneyland para el móvil.

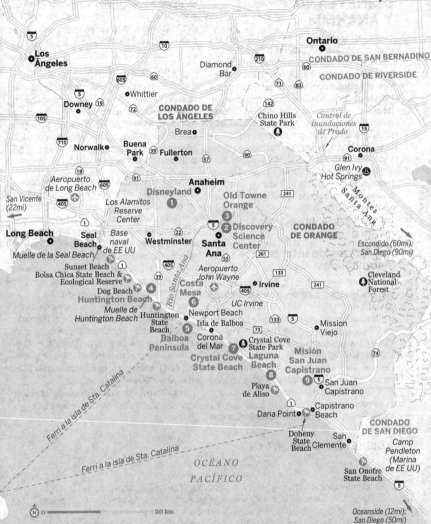

Imprescindible

1 Desgañitarse en la Space Mountain en **Disneyland** (p. 598).

2 Experimentar el ojo de un huracán en el **Discovery Science Center** (p. 608).

3 Rebuscar tesoros antiguos y sorber batidos en **Old Towne Orange** (p. 608).

4 Hacer una fogata en la playa tras un día de surf en **Huntington Beach** (p. 611).

5 Pedalear por las televisivas arenas de **Balboa Peninsula** (p. 615) en Newport Beach.

6 Descubrir el lado alternativo del condado en los anticentros comerciales Lab y Camp de **Costa Mesa** (p. 618).

7 Dormirse al arrullo de las olas en la **Crystal Cove State Beach** (p. 620).

8 Ver cómo se pone el sol en el horizonte marino en **Laguna Beach** (p. 620).

9 Asombrarse con la historia colonial española y la belleza de la **Misión San Juan Capistrano** (p. 625).

DISNEYLAND Y ANAHEIM

Mickey es un ratón afortunado. Creado por el animador Walt Disney en 1928, este ratón incontrolable se lanzó a un viaje multimedia (cine, TV, publicidad, música, *merchandising* y parques temáticos) que lo catapultó a una estratosfera mundial de reconocimiento, dinero e influencia. Además, vive en el lugar más feliz de la Tierra, una hiperrealidad imaginada (y fabricada) con calles siempre limpias, empleados imperturbablemente alegres y cabalgatas diarias.

Desde la apertura de su casa en Disneyland en 1955, el ratón ha sido un anfitrión atento. Para los más de 14 millones de niños, abuelos, recién casados y turistas internacionales que lo visitan al año, Disneyland es una experiencia mágica.

◉ Puntos de interés y actividades

Disneyland Resort abre los 365 días del año, pero los horarios cambian (véase la web). La entrada de un día a Disneyland o a Disney California Adventure (DCA) cuesta lo mismo: 96 US$ (adultos) y 90 US$ (niños 3-9 años). Visitar los dos parques en un día sale por 135/129 US$ adulto/niño con el bono Park Hopper. Hay otros bonos Park Hopper de varios días, de hasta 305/289 US$ por cinco días durante un período de dos semanas.

El precio incluye todas las atracciones y varias de las cabalgatas y espectáculos que se suceden a lo largo del día, más los fuegos artificiales de la mayoría de las noches de verano y en algunas fechas señaladas el resto del año.

◉ Disneyland Park

Es difícil negar el cambio de ambiente que se experimenta al acceder a este complejo en tranvía desde el aparcamiento, con los niños con los ojos como globos. Este es su parque, aunque los adultos crédulos también pueden dejarse llevar por la "magia de Disney"; el tío Walt pensó hasta en el más mínimo detalle.

Main Street, U.S.A. ATRACCIONES
Este espacio bullicioso fue modelado de acuerdo al lugar donde nació de Walt, Marceline (Misuri), la típica ciudad estadounidense de principios del s. xx. Es una representación idílica y optimista, con un cuarteto a capela, salones recreativos, heladerías y un tren de vapor. La música de fondo es de musicales estadounidenses y todas las tardes hay una ceremonia de bajada de bandera.

Great Moments with Mr. Lincoln, una presentación de 15 min sobre Abe el Honrado hecha por Audio-Animatronics, se incluye en la fascinante muestra Disneyland Story. Cerca, los niños disfrutarán con clásicos personajes de Disney, p. ej., con *Steamboat Willie*, en el **Main Street Cinema.**

Orgulloso sobre Main Street se alza el icónico **Castillo de la Bella Durmiente,** el logo de Disney.

DISNEYLAND RESORT EN...

Un día

Se llega temprano a **Disneyland** y se pasea por Main Street, U.S.A. hacia el **Castillo de la Bella Durmiente.** En Tomorrowland, se sube a la **Space Mountain** y, en Fantasyland (p. 599), al clásico **"it's a small world",** para después correr por **Matterhorn Bobsleds** o llevar a los críos a la **Mickey's Toontown.** Es mejor tomar un FASTPASS para la **Indiana Jones™ Adventure** o los **Pirates of the Caribbean** (p. 600) y comer en **New Orleans Square** (p. 600). Tras caer en picado por la **Splash Mountain** (p. 601), se visita la **Haunted Mansion** (p. 601) y se ven los **fuegos artificiales** y el espectáculo **Fantasmic!.**

Dos días

En **Disney California Adventure** (p. 604), **Soarin' Over California** (p. 602) permite 'sobrevolar' en ala delta y los niños pueden hacer la **Redwood Creek Challenge Trail** (p. 602) antes de divertirse en el **Paradise Pier** (p. 602), con su montaña rusa, noria y juegos de feria. El desfile **Pixar Play Parade** es perfecto antes de explorar la **Cars Land** (p. 602) o relajarse en el **Grizzly River Run** (p. 602). Al anochecer, lo mejor es ir a la **The Twilight Zone Tower of Terror** (p. 602) y al espectáculo **World of Color.**

ⓘ FASTPASS

El sistema de FASTPASS de Disneyland y DCA puede reducir la espera en muchas atracciones populares.

➡ En las máquinas del FASTPASS (cerca de los accesos a ciertas atracciones) se introduce la entrada al parque y se recibe un tique con una hora.

➡ Hay que aparecer en el rango de hora del tique y ponerse en la cola de FASTPASS de la atracción. Aunque habrá que esperar, será menos tiempo (aprox. 15 min). Hay que conservar el tique FASTPASS hasta subir a la atracción.

➡ Si se llega tarde, se puede intentar acceder a la cola de FASTPASS.

Tomorrowland ATRACCIONES

Este 'país' honra a tres futuristas atemporales: Julio Verne, H. G. Wells y Leonardo da Vinci, donde grandes corporaciones como Microsoft, Honda, Siemens y HP patrocinan espectáculos con robots futuristas y muestras interactivas en el pabellón Innoventions.

Un monorraíl *retro* de alta tecnología y neumáticos de goma conecta Tomorrowland y el Downtown Disney (13 min, 4 km). El Buzz Lightyear's Astro Blaster es perfecto para que los niños disparen rayos láser, antes de conducir sus propios cochecitos en la clásica Autopia, por raíles, claro.

Después, nada mejor que subir a Finding Nemo Submarine Voyage para buscar al pez payaso más famoso del mundo en un submarino remodelado y atravesar una erupción volcánica submarina.

Star Tours – The Adventure Continues permite amarrarse a un trasbordador Starspeeder para un viaje en 3D salvaje y movido por los cañones desérticos de Tatooine en una misión espacial, con tramas alternativas para poder repetir una y otra vez. La Space Mountain, la gran atracción de Tomorrowland y una de las mejores montañas rusas de EE UU, lanza al visitante a la oscuridad a una velocidad de vértigo. Otro clásico es *Captain EO*, una película tributo a los efectos especiales protagonizada por Michael Jackson.

Fantasyland ATRACCIONES

Incluye "it's a small world", un paseo en barca entre cientos de niños espeluznantes de diversas culturas hechos por Audio-Animatronics que cantan la molesta canción homónima en una variedad sorprendente de idiomas junto a personajes de Disney. Otro clásico, Matterhorn Bobsleds, imita la bajada de una montaña. La Mr. Toad's

Wild Ride, una atracción de la vieja escuela inspirada en *El viento en los sauces,* hace un recorrido sinuoso por Londres en un cacharrito al aire libre.

Los más pequeños disfrutarán dando vueltas en las tacitas de la Mad Tea Party y el tiovivo King Arthur Carrousel, antes de brincar con los personajes en la Mickey's Toontown, una pequeña metrópolis patas arriba donde los chiquillos pasearán por las casas de Mickey y Minnie y docenas de escaparates.

Frontierland ATRACCIONES

La isla de Tom Sawyer, la única atracción diseñada personalmente por el tío Walt, se ha reconvertido en la Pirate's Lair on Tom Sawyer Island y ahora recuerda a Tom solo por el nombre. Tras un recorrido en balsa hasta la isla, se pasea entre piratas errantes inspirados en Jack Sparrow, jaulas de caníbales, apariciones fantasmales y tesoros enterrados.

Para navegar por la isla, están el Mark Twain Riverboat, un vapor al estilo del Misisipi, y la réplica del velero del s. XVIII Columbia. El resto de Frontierland hace un guiño al desmadrado Viejo Oeste, con un puesto de tiro al blanco y la Big Thunder Mountain Railroad, una montaña rusa de temática minera.

Adventureland ATRACCIONES

El tema es la selva y su atracción estrella, el safari Indiana Jones™ Adventure, donde

ⓘ COLAS INDIVIDUALES

Quien vaya solo, hay colas individuales más cortas. La disponibilidad depende de cuánta gente haya y de cuál sea el ánimo de los trabajadores; conviene ser amable.

Disneyland Resort

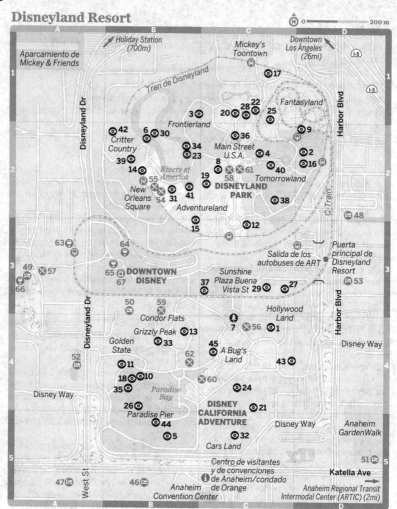

unos vehículos enormes tipo todoterreno militar se tambalean por la selva entre recreaciones inquietantes de escenas peligrosas de la famosa trilogía. Cerca, a los más pequeños les encantará la escalera de **Tarzan's Treehouse™**.

Para relajarse, el **Jungle Cruise** ofrece un paseo en barco que muestra animales exóticos hechos por Audio-Animatronics de los ríos Amazonas, Ganges, Nilo e Irawadi. La **Enchanted Tiki Room** incluye grabados de dioses y diosas hawaianos y aves de animatrónica que entonan una canción sensiblera.

New Orleans Square   ATRACCIONES

Nueva Orleans era la ciudad favorita de Walt y su esposa Lillian, y esta impresionante plaza rezuma el encanto de su barrio francés (menos los borrachos). **Pirates of the Caribbean** es la atracción más larga de Disneyland (17 min), inspirada en populares películas. Piratas sórdidos y bucaneros muertos se posan sobre sus botines y de vez en cuando se ve a Jack Sparrow.

En la **Haunted Mansion**, 999 espíritus felices, duendes y fantasmas se aparecen a los visitantes mientras atraviesan cementerios de esqueletos bailongos cubiertos

Disneyland Resort

de telarañas en un 'mortal' cochecito tipo capullo.

Critter Country
ATRACCIONES

Su principal atracción es la **Splash Mountain,** una montaña rusa acuática que repasa la historia de hermano Rabito y hermano Oso, basada en la controvertida película de 1946 *Canción del sur.* En la parte más alta sacan fotografías a los usuarios, y algunos se levantan las camisetas, lo que le ha valido el sobrenombre de "montaña exhibicionista" (las instantáneas pícaras

se borran). Luego está la colmena móvil de **The Many Adventures of Winnie the Pooh.** Cerca, en Rivers of America, **Davy Crockett's Explorer Canoes** ofrece barcas de remo los fines de semana de verano.

◉ Disney California Adventure

Al cruzar la plaza desde Disneyland, Disney California Adventure (DCA) es una oda a California apta para todos los públicos. Abrió en el 2001, con más hectáreas que Disneyland y menos gente, y con atracciones más modernas.

10 ATRACCIONES PARA ADOLESCENTES

Para los más aventureros:

➡ Indiana Jones™ Adventure (p. 599); Adventureland

➡ Space Mountain (p. 599); Tomorrowland

➡ Twilight Zone Tower of Terror (p. 602); Hollywood Land, DCA

➡ Splash Mountain (p. 601); Critter Country

➡ California Screamin'; Paradise Pier, DCA

➡ Soarin' Over California; Golden State, DCA

➡ Big Thunder Mountain Railroad (p. 599); Frontierland

➡ Grizzly River Run; Golden State, DCA

➡ Matterhorn Bobsleds (p. 599); Fantasyland

➡ Radiator Springs Racers; Cars Land, DCA

Hollywood Land   ATRACCIONES

Muestra la mayor fábrica de sueños de California en miniatura, con estudios, decorados móviles y, claro, una tienda. **The Twilight Zone Tower of Terror** es una caída de 13 pisos por el conducto de un ascensor en un hotel encantado, siniestramente parecido al histórico **Hollywood Roosevelt Hotel** (www. hollywoodroosevelt.com; 7000 Hollywood Blvd; ⊘24 h; Ⓟ) GRATIS . Desde las plantas más altas se ven los montes Santa Ana, pero solo durante unos segundos de infarto.

Los menos valientes pueden atravesar Monstrópolis en taxi, en la atracción **Monsters, Inc: Mike & Sulley to the Rescue!**, que regresa al inicio de la calle.

El teatro **Muppet Vision 3D**, climatizado, proyecta una película de efectos especiales. El **Animation Building** incluye la Animation Academy, para aprender a dibujar como Disney; Character Close-Up, donde descubrir cómo los dibujos se convierten en 3D; y el interactivo Sorcerer's Workshop, un taller sorprendente.

Golden State   ATRACCIONES

Pone de relieve los hitos naturales y humanos de California. **Soarin' Over California** es un recorrido virtual en ala delta con tecnología Omnimax que 'sobrevuela' el puente Golden Gate, la cascada de Yosemite, el lago Tahoe, Malibú y, claro, Disneyland. Se perciben la brisa y los aromas del mar, los naranjos y los pinares.

Grizzly River Run hace una bajada en *rafting* por el falso río Sierra Nevada; se termina mojado, así que mejor ir con buen tiempo. Para los niños, está el sendero **Redwood Creek Challenge Trail**, con sus secuoyas "Big Sir", torres y miradores de madera, deslizamiento de rocas y escalada transversal. El **Walt Disney Imagineering Blue Sky Cellar** muestra los futuros trabajos en los parques de Disneyland.

Paradise Pier   ATRACCIONES

Parece una combinación de todos los muelles con atracciones de California. Incluye atracciones de feria como la **California Screamin'**, una montaña rusa de vanguardia similar a las antiguas de madera, pero con suaves raíles de acero.

En **Toy Story Midway Mania!**, una atracción en 4D, se ganan puntos mientras se dispara a dianas en un cochecito que gira por una zona enorme de tiro al blanco a la antigua. La **Mickey's Fun Wheel** es una noria de 15 pisos con góndolas que viran sobre sí mismas mientras lo hace la propia noria. El **Silly Symphony Swings** ofrece un híbrido de tiovivo y sillitas locas; los preescolares tienen una versión más tranquila en el **Golden Zephyr** y podrán botar en la **Jumpin' Jellyfish**. **Goofy's Sky School** es una montaña rusa coqueta y más sosegada, decorada según el personaje.

Cars Land   ATRACCIONES

Se centra en las populares películas de Disney-Pixar *Cars*. La extravagante **Radiator Springs Racers** ocupa un lugar de honor, con coches de carrera que dan tumbos y saltos por unas vías decoradas como el gran Oeste americano. En la **Mater's Junkyard Jamboree**, remolques llevados por tractores se balancean por una 'pista de baile', y **Luigi's Flying Tires** (entrada por la tienda Casa Della Tires) permite conducir autos de choque (bueno, ruedas de auto). Otra opción es pasear por las tiendas de regalos decoradas al estilo Ruta 66 y restaurantes como el Cozy Cone Motel, tipo tipi.

🛏 Dónde dormir

🛏 Disneyland Resort

Todos los **hoteles** (☏800-225-2024, reservas 714-956-6425; www.disneyland.com) tienen piscina con tobogán, actividades para niños, gimnasio, restaurantes y bares, centro de negocios y aparcacoches o aparcamiento gratis para los huéspedes. Las habitaciones normales son para cinco personas y disponen de una neverita y cafetera. Hay paquetes de alojamiento y entrada al parque con descuento y acceso más temprano.

★ Disney's Grand Californian Hotel & Spa   HOTEL DE LUJO $$$

(☎info 714-635-2300, reservas 714-956-6425; disneyland.disney.go.com/grand-californian-hotel; 1600 S Disneyland Dr; d desde 360 US$; P✳@🖥🌊) Este homenaje de seis pisos al movimiento arquitectónico *arts and crafts,* con vigas de madera altas en el catedralicio vestíbulo, ofrece habitaciones cómodas con camas de triple cubierta, almohadas bajas, armarios y mobiliario a medida de todos, más un tobogán de falsa secuoya en la piscina. Por la noche, los niños se relajan con cuentos junto a la chimenea gigante de piedra del vestíbulo. Para mimar a los adultos, el Mandara Spa ofrece tratamiento de exfoliación con coco y envoltura de leche.

Paradise Pier Hotel   HOTEL $$$

(☎inf. 714-999-0990, reservas 714-956-6425; http://disneyland.disney.go.com/paradise-pier-hotel; 1717 S Disneyland Dr; d desde 240 US$; P✳🖥🌊) Con rayos de sol, tablas de surf y un tobogán gigante, es el más pequeño (472 habitaciones), económico y, quizá, divertido de los hoteles de Disney. A los niños les encantarán la decoración playera y la zona recreativa, por no mencionar la piscina de la azotea y la sala de vídeo con sillitas Adirondack.

Disneyland Hotel   HOTEL $$$

(☎714-778-6600; www.disneyland.com; 1150 Magic Way; h 210-395 US$; P@🖥🌊) Se construyó en 1955 y es el hotel original del parque, ampliado ahora a tres torres con vestíbulos temáticos (aventura, fantasía y frontera), con habitaciones de buen tamaño, que incluyen candelabros de pared con la forma de la mano de Mickey y cabeceros iluminados como los fuegos artificiales del Castillo de la Bella Durmiente. Tiene 972 habitaciones y la mejor piscina de los tres hoteles de Disney, además de las Signature Suites, dedicadas a personajes de los dibujos.

🛏 Anaheim

Aparte de Disneyland, Anaheim es un destino de convenciones todo el año, lo que dispara los precios de las habitaciones. Hay paquetes que incluyen la entrada a Disneyland o otras atracciones, o transporte gratis a Disneyland o a precio moderado a cargo de la Anaheim Resort Transportation (p. 607).

Hotel Indigo Anaheim Main Gate   HOTEL-BOUTIQUE $$

(☎714-772-7755; F; 435 W Katella Ave; 159-279 US$; P@🖥🌊) Abierto en el 2013, este hotel ofrece 104 habitaciones de aspecto limpio y moderno de mediados del s. xx, más una fuente animada delante, gimnasio, piscina y lavandería. Los murales de mosaico representan los nogales que crecían antes en el lugar. Está a un paseo de 20 min de la entrada principal a Disneyland. Aparcamiento gratis.

★ Anabella   HOTEL $$

(☎800-863-4888, 714-905-1050; www.anabellahotel.com; 1030 W Katella Ave; h 89-199 US$, ste 109-199 US$; P@🖥🌊) Complejo de casi 3 Ha con pinta de club de campo relajado, incluidos los carritos de golf que llevan a los huéspedes a su alojamiento. Las habitaciones grandes lucen suelos de madera y un toque de estilo colonial español, con extras como neveritas y sistemas de ocio de TV. Las suites para niños con literas se inspiran en Disney.

Best Western Plus Stovall's Inn   MOTEL $$

(☎800-854-8175, ext. 3, 714-778-1880; www.bestwestern.com; 1110 W Katella Ave; h incl. desayuno 90-170 US$; P✳@🖥🌊) Tiene 290 habitaciones reformadas y sofisticadas, con microondas y nevera pequeña, a un paseo de 15 min de Disneyland. Desayuno caliente incluido. Aparcamiento 10 US$.

Camelot Inn & Suites   MOTEL $$

(☎714-635-7275, 800-828-4898; www.camelotanaheim.com; 1520 S Harbor Blvd; h 99-179 US$, ste 190-269 US$; P@🖥🌊) Ofrece 200 habitaciones con microondas y neverita, repartidas en cinco pisos con toques de estilo Tudor inglés, además de lavandería, piscina y *jacuzzi.* Disneyland queda a 10 min a pie. Desde la zona

---

LAS CINCO MEJORES ZONAS PARA NIÑOS

➡ Fantasyland (p. 599), Disneyland

➡ Mickey's Toontown, Disneyland

➡ Critter Country (p. 601), Disneyland

➡ Paradise Pier, DCA

➡ Cars Land, DCA

de la piscina y algunas habitaciones de la última planta se ven los fuegos artificiales. Aparcamiento 9 US$.

Park Vue Inn
MOTEL **$$**

(☎714-772-3691, 800-334-7021; www.parkvueinn. com; 1570 S Harbor Blvd; h 105-163 US$; P❄@☀) Repartidas por dos pisos, su 86 habitaciones, muy limpias y de estilo contemporáneo, disponen de microondas y neverita; abajo hay piscina exterior y *jacuzzi*. Al estar casi enfrente del acceso principal a Disneyland, recibe hordas de familias.

✖ Dónde comer

Desde *pretzels* con forma de Mickey (4 US$) y muslos de pavo gigantes (10 US$) hasta comidas *gourmet* de lujo, no faltan opciones para comer en los parques, aunque suelen ser muy caras y convencionales. **Disney Dining** (☎714-781-3463) hace reservas telefónicas con hasta 60 días.

Conducir unos kilómetros a Anaheim permitirá contar con una oferta más amplia y económica.

✖ Disneyland Park

Jolly Holiday
Bakery & Cafe
RESTAURANTE, PANADERÍA **$**

(Main Street, U.S.A.; principales 7-10 US$; ✆desayuno, almuerzo y cena) La temática es de *Mary Poppins* y se recomienda el combo Jolly Holiday (sándwich de queso caliente y sopa de tomate y albahaca, 9 US$). En el café sirven otros bocadillos más sofisticados, como el de

mozzarella *caprese* o pavo en pan de chapata. Las mesas exteriores son geniales para ver pasar a la gente.

Café Orleans
CAJÚN, CRIOLLA **$$**

(New Orleans Square; principales 16-20 US$; ✆según la estación; 🖐) Ofrece sabores sureños (es famoso por los bocadillos Monte Cristo del almuerzo) y es el mejor tras el Blue Bayou.

Plaza Inn
ESTADOUNIDENSE **$$**

(Main Street, U.S.A.; principales 12-17 US$, desayuno bufé adultos/3-9 años 27/13 US$; ✆desayuno, almuerzo y cena) En este local original de los años cincuenta sirven bandejas de pollo frito y asados acompañados de puré de patatas, bollos de mantequilla y verduras. Tiene un desayuno bufé divertido con personajes de Disney. El resto del día, si se consigue una mesa fuera, se disfrutará del desfile humano.

Blue Bayou
SUREÑA **$$$**

(☎714-781-3463; New Orleans Sq; almuerzo 26-40 US$, cena 30-46 US$; ✆almuerzo y cena) Rodeado por el "bayou" en la atracción Pirates of the Caribbean, se trata de una gran elección para cenar, especializado en cocina criolla y *cajún*.

✖ Disney California Adventure

★ Carthay Circle
ESTADOUNIDENSE **$$**

(Buena Vista St; almuerzo 20-30 US$, cena 25-44 US$; ✆almuerzo y cena) Decorado como un club de campo de Hollywood, aquí se encontrará la mejor comida de los parques (bistecs, marisco y pasta, todo con estilo) y una buena carta de vinos. Imprescindibles los bollos

ANAHEIM PACKING DISTRICT Y CENTER STREET

Parafraseando a Aladino, hay un Anaheim ideal más allá de Disneyland. Un ejemplo: el **Anaheim Packing District** (anaheimpackingdistrict.com; S Anaheim Bl), en torno a un concesionario de automóviles de 1925 cerrado hace tiempo y un local de empaquetado de naranjas de 1919, a unos 3 km, cerca del centro real de la ciudad, se relanzó en el 2013-2014 con restaurantes nuevos, como el Umami Burger, la **Anaheim Brewery** (www.anaheimbrew.com; 336 S Anaheim Blvd; ✆17.00-21.00 ma-ju, 16.00-21.00 vi, 11.00-21.00 sa, 11.00-18.00 do) y una zona cada vez mayor de tiendas y otra para espectáculos.

A unos 400 m está **Center Street** (www.centerstreetanaheim.com; W Center St), un barrio reformado y discretamente ostentoso con una pista de hielo diseñada por el arquitecto Frank Gehry, junto a un par de manzanas de tiendas modernitas, como **Good** (161 W Center St Promenade), con ropa de hombre, **Look** (201 Center St Promenade), para mujeres, **Barbeer** (165 Center St Promenade), para afeitarse, pelarse y beber birras, y la cafetería literata **Ink & Bean** (www.inkandbeancoffee.com; 115 W Center St Promenade). Para comer, están el **118 Degrees** (185 W Center St; ✖), en plan dietas crudas, y **Good Food**, una pequeña zona de restauración donde el **Healthy Junk** (www.healthyjunk.com; 201 Center St Promenade) ofrece comida basura sana.

fritos rellenos de *cheddar* blanco, bacón y jalapeños, servidos con mantequilla de miel y albaricoque. Tienen paquetes que incluyen cena y el espectáculo *World of Color*.

Wine Country Terrace   CALIFORNIANA **$$**
(Golden State; principales 13-17 US$; ⊘almuerzo y cena) Terraza soleada, cocina italocaliforniana, con pasta, ensaladas y *paninis* vegetarianos, y correcta carta de vinos.

Pacific Wharf Cafe   ESTADOUNIDENSE **$$**
(Golden State; principales 9-12 US$; ⊘desayuno, almuerzo y cena) Sirven sopas copiosas en cuencos de pan de masa fermentada, ensaladas frescas y suculentos sándwiches *gourmet*.

✗ **Downtown Disney y hoteles**
La zona de Downtown Disney suele llenarse, pero la oferta es mejor que dentro de los parques.

Earl of Sandwich   SÁNDWICHES **$**
(☎714-817-7476; Downtown Disney; principales 4-7 US$; ⊘8.00-23.00 do-ju, 8.00-24.00 vi y sa) En este mostrador cerca del Disneyland Hotel sirven sándwiches a la plancha para niños y adultos. El "Original 1762" lleva ternera asada, queso cheddar y rábano picante; también los hay de pollo chipotle con aguacate, o el especial de pavo, además de *pizzas*, ensaladas y desayunos.

★**Napa Rose**   CALIFORNIANA **$$$**
(☎714-300-7170; Grand Californian Hotel y Spa; principales 39-45 US$, menú 4 platos cena desde 90 US$; ⊘17.30-22.00; ▦) El mejor restaurante de Disneyland Resort, con sillas de estilo *arts and crafts* de respaldo alto, ventanales de vidrio emplomado y techos altos, ofrece cocina de temporada del Wine Country, de impecable elaboración. Hay menú infantil. Esencial reservar.

Steakhouse 55   ESTADOUNIDENSE **$$$**
(☎714-781-3463; 1150 Magic Way, Disneyland Hotel; desayuno 8-12 US$, cena 30-40 US$, menú 3 platos 40 US$; ⊘desayuno y cena) El entrecot especiado, cola de langosta australiana, las patatas de la huerta y las judías verdes con bacón ahumado en madera de manzano sustentan bien la carta de este asador. Hay menú infantil y un buen listado de vinos.

✗ **Anaheim**
Muchos restaurantes en las inmediaciones de Disneyland son de cadena, incluidos algunos

de gama alta (California Pizza Kitchen, McCormick & Schmick's, Johnny Rocket's, etc.) en **Anaheim Garden Walk** (☎714-635-7400; www.anaheimgardenwalk.com; 321 W Katella Ave).

Umami Burger   HAMBURGUESAS **$$**
(☎714-991-8626; www.umamiburger.com; 338 S Anaheim Blvd; principales 11-15 US$; ⊘11.00-23.00 do-ju, hasta 24.00 vi y sa) Está en el Anaheim Packing District. Las hamburguesas van de las clásicas a las trufadas y la Hatch, con chiles verdes asados. Se recomienda acompañarlas con patatas fritas machacadas *smushed*, con kétchup casero, y rematar el ágape con un sándwich de helado de chocolate salado. Buena selección de cervezas.

★**Olive Tree**   ORIENTE MEDIO **$$**
(☎714-535-2878; 512 S Brookhurst St; principales 8-16 US$; ⊘9.00-21.00) En Anaheim's Little Arabia, este es un local sencillo en un centro comercial sencillo al aire libre, con banderas de países árabes, que se ha ganado los elogios de la prensa local y la revista *Saveur*. Se pueden pedir clásicos como *falafel* y *kebab*, pero los platos del día son lo mejor; el *kabseh* de los sábados es perfecto, elaborado con suave carne de pata de cordero sobre arroz especiado, con pasas y cebolla.

Dónde beber y ocio

Disneyland Resort
El **Trader Sam's Enchanted Tiki Lounge** (1150 Magic Way, Disneyland Hotel) es todo lo tiki que se puede ser, en un ambiente bueno y limpio. En la **ESPN Zone** (www.espnzone.com; Downtown Disney), con más de 175 pantallas, se pueden ver deportes sentado en sillones de piel reclinables. Para escuchar grandes grupos, está la **House of Blues** (☎714-778-2583; www.houseofblues.com; Downtown Disney) y, para *jazz*, la **Ralph Brennan's New Orleans Jazz Kitchen** (http://rbjazzkitchen.com; Downtown Disney). Hay un multicines con 12 salas en Downtown Disney.

Anaheim
Al ser una de las ciudades más grandes de California, Anaheim tiene opciones de ocio variadas, desde la sala de catas de la Anaheim Brewery en el Anaheim Packing District hasta deportes profesionales, como *hockey* en el **Honda Center** (☎800-745-3000; www.hondacenter.com; 2695 E Katella Ave) o béisbol en el **Angel Stadium** (☎714-940-2000, 888-796-

4256; www.angelsbaseball.com; 2000 Gene Autry Way), y conciertos de *rock* en el City National Grove of Anaheim (☏714-712-2700; www.the groveofanaheim.com; 2200 E Katella Ave). El Block at Orange (☏714-769-4001; www.simon.com; 20 City Blvd W, Orange; 🚇) incluye una sala recreativa, una zona de patinaje, bolera y billares.

De compras

Cada 'país' de los parques tiene su propia zona comercial, ajustada a su temática, con una variedad mareante de recuerdos, ropa y parafernalia de Disney.

Downtown Disney es otro triunfo del *marketing;* una vez enredado entre sus docenas de tiendas (no solo de productos Disney), será difícil salir de ella. Disney Vault 28 (Downtown Disney) ofrece un inventario modernito de camisetas desgastadas de Cenicienta, marcas familiares como Betsey Johnson y *boutiques* exclusivas de Disney, como Disney Couture. D Street (Downtown Disney) da el mismo trato a aspirantes a rapero, patinador o surfista. Los horarios se ajustan a los de los parques.

ℹ️ Información

Antes de llegar, visítese el sitio web de **Disneyland Resort** (☏en persona 714-781-7290, grabado 714-781-4565 ; www.disneyland.com), con información actualizada.

INFORMACIÓN EN LA RED Y APLICACIONES MÓVILES

Disneyland Explorer Aplicación oficial de Disney para iPhone y iPad.

Lonely Planet (www.lonelyplanet.com/usa/california/disneyland-and-anaheim) Consejos sobre planificación, recomendaciones de autores, críticas de viajeros y consejos.

MousePlanet (www.mouseplanet.com) Sitio web completo de fans para todo lo relacionado con Disney, con noticias, *podcasts*, relatos de viajes, críticas y debates.

MouseWait (www.mousewait.com) Aplicación gratis para iPhone que ofrece actualizaciones al minuto sobre tiempos de espera en las atracciones y actividades de los parques.

CONSIGNA

Las consignas autoservicio con posibilidad de entrar y salir cuestan 7-15 US$/día. Están cerca de los accesos a Disneyland y DCA y en la zona de *picnic* exterior.

ASISTENCIA MÉDICA

Hay instalaciones de primeros auxilios en Disneyland (Main Street, U.S.A.), DCA (Pacific Wharf)

y Downtown Disney (cerca del Ralph Brennan's Jazz Kitchen).

Western Medical Center (WMC; ☏714-533-6220; 1025 S Anaheim Blvd, Anaheim; ⊙24 h) Servicio de urgencias.

DINERO

El City Hall de Disneyland ofrece cambio de moneda. En DCA, hay que ir a la zona de recepción de visitantes. En los dos parques y en Downtown Disney hay cajeros.

Travelex (☏714-502-0811; Downtown Disney; ⊙10.00-16.00 lu-vi) Cambio de divisas.

CORREOS

Holiday Station (www.usps.com; 1180 W Ball Rd, Anaheim; ⊙9.00-17.00 lu-vi) Oficina de correos con servicio completo.

INFORMACIÓN TURÍSTICA

Dentro de los parques, visítese la zona de recepción de visitantes del City Hall de Disneyland o DCA.

Centro de visitantes y de convenciones de Anaheim/condado de Orange (☏855-405-5020; www.anaheimoc.org; Anaheim Convention Center) Información sobre alojamiento, comida y transporte en el condado. Aparcamiento 15 US$.

ℹ️ Cómo llegar y salir

AVIÓN

Los viajeros internacionales suelen llegar al aeropuerto internacional de Los Ángeles, mientras que el aeropuerto John Wayne (p. 770), en Santa Ana, cerca del cruce de la Hwy 55 y la I-405 (San Diego Fwy), ofrece vuelos nacionales con las principales aerolíneas de EE UU.

Desde el aeropuerto de Los Ángeles, Super Shuttle (www.supershuttle.com) ofrece conexiones por 16 US$/persona a los hoteles de la zona de Disneyland.

AUTOBÚS

Southern California Gray Line/Coach America (☏714-978-8855, 800-828-6699; www.graylineanaheim.com) opera los autobuses Disneyland Resort Express desde los aeropuertos de Los Ángeles y John Wayne hasta los hoteles de la zona de Disneyland cada 30 min-1 h (7.30-22.00).

Greyhound (☏714-999-1256, 800-231-222; www.greyhound.com; 100 W Winston Rd, Anaheim) tiene varios autobuses diarios a/desde el centro de Los Ángeles (12 US$, 40 min) y San Diego (18 US$, 2¼ h). La estación está unos 800 m al este de Disneyland Resort, accesible en taxi o con el servicio de enlace de ART.

La **Orange County Transportation Authority** (☎714-560-6282; www.octa.net; billete/pase diario 2/5 US$) opera autobuses por todo el condado. Los billetes y los pases se venden a bordo (solo efectivo, cambio exacto).

AUTOMÓVIL Y MOTOCICLETA

Disneyland Resort está fuera de la I-5 (Santa Ana Fwy), unos 48 km al sureste del centro de Los Ángeles.

TREN

Los trenes paran en el recién abierto **Anaheim Regional Transit Intermodal Center** (ARTIC) cerca del Angel Stadium, a un breve trayecto con ART o en taxi al este de Disneyland. **Amtrak** (☎714-385-1448; www.amtrak.com; 2150 E Katella Ave) tiene casi una docena de trenes diarios a/desde la Union Station de Los Ángeles (15 US$, 40 min) y San Diego (28 US$, 2 h). El menos frecuente tren suburbano de **Metrolink** (☎800-371-5465; www.metrolinktrains.com; 2150 E Katella Ave) une Anaheim con la Union Station de Los Ángeles (9 US$, 50 min), Orange (5,25 US$, 5 min) y San Juan Capistrano (8,75 US$, 40 min).

❶ Cómo desplazarse

AUTOMÓVIL Y MOTOCICLETA

Aparcar todo el día cuesta 16 US$ (20 US$ vehículos grandes). Al aparcamiento Mickey & Friends se accede desde Disneyland Dr, fuera de Ball Rd, en sentido sur. Hay un tranvía gratis a los parques.

El aparcamiento de Downtown Disney, reservado a clientes de restaurantes, tiendas y cines, ofrece las primeras 3 h gratis.

ENLACES

Anaheim Resort Transportation (ART; ☎714-563-5287; www.rideart.org; billete sencillo 3 US$, pase diario adultos/niños 5/2 US$) gestiona una veintena de rutas de enlace entre Disneyland y los hoteles de la zona, el centro de transportes, el centro de convenciones y otros puntos de interés, para ahorrarse tráfico y molestias de aparcamiento. Suele haber 2-3 por hora. El bono de ART para uno o varios días se compra en quioscos próximos a las paradas del enlace de ART o en línea con antelación.

TRANVÍA Y MONORRAÍL

La entrada a Disneyland incluye el uso del monorraíl entre Tomorrowland y el extremo más lejano de Downtown Disney, cerca del Disneyland Hotel.

INDISPENSABLE

KNOTT'S SCARY FARM

Cada año, la Knott's Berry Farm celebra la fiesta de Halloween más terrorífica del SoCal. Ciertos días desde finales de septiembre hasta el 31 de octubre, el parque cierra y abre de noche como Knott's Scary Farm. Entre los horrores hay una docena de laberintos escalofriantes, espectáculos con monstruos y mil empleados que se desgañitan en "zonas de sustos".

ALREDEDORES DE DISNEYLAND

En un radio de 16 km fáciles de cubrir desde el parque, hay un buen puñado de puntos de interés y atracciones.

Knott's Berry Farm

Es el **parque temático** (☎714-220-5200; www.knotts.com; 8039 Beach Blvd, Buena Park; adultos/niños 62/33 US$; ⏰desde 10.00, cierre puede variar 18.00-23.00; 🅿) más antiguo de EE UU, más pequeño y menos frenético que Disneyland, pero, quizá, más divertido, sobre todo para adolescentes en busca de emociones, fanáticos de las montañas rusas y clientes más pequeños.

Abrió en 1932, cuando las moras de Boysen (un híbrido de zarzamora y frambuesa) de Walter Knott y el pollo frito de su esposa Cordelia atraían a montones de trabajadores del campo de la zona. El señor Knott construyó una réplica de una ciudad fantasma para entretenerlos, y finalmente puso atracciones de feria y empezó a cobrar entrada.

Knott's mantiene viva y animada la temática del Viejo Oeste con espectáculos y muestras en la **Ghost Town,** pero son las atracciones las que atraen a más gente. La montaña rusa **Sierra Sidewinder** acelera entre giros y curvas mientras rota sobre su propio eje. La atracción **Silver Bullet,** suspendida e invertida, recorre entre gritos un tirabuzón, una doble espiral y una curva exterior. El **Xcelerator** es una montaña rusa con temática de los años cincuenta que pasa de 0 a 130 m en menos de 2,5 segundos con un giro en la cima que pone los pelos de punta. El **Perilous Plunge** baja a 120 km/h por una cascada en un ángulo de 75° casi tan alta como las del Niágara.

En muchas atracciones se exige una altura mínima. Para los pequeños, el **Camp Snoopy** es un país de las maravillas infantil habitado por personajes de *Snoopy*.

El horario varía según la temporada; en línea, hay descuentos considerables (10 US$ menos por entrada de adulto si se compra e imprime en casa).

Al lado de la Knott's Berry Farm está el parque acuático asociado **Soak City Orange County** (☎714-220-5200; www.soakcityoc. com; 8039 Beach Blvd, Buena Park; adultos/3-11 años 36/26 US$; ☉10.00-17.00, 18.00 o 19.00 med may-med sep), con una piscina de olas de casi 3000 m³ y docenas de toboganes rápidos, tubos y montañas rusas. Hay que llevar traje de baño sin remaches ni piezas de metal para algunos toboganes, y toalla y ropa seca para cambiarse.

🛏 Dónde dormir y comer

El **Knott's Berry Farm Resort Hotel** (☎714-995-1111, 866-752-2444; www.knottshotel.com; 7675 Crescent Ave, Buena Park; h 79-169 US$; @🛜🏊) es un hotel grande con habitaciones sosas, piscina exterior, gimnasio y pistas de tenis y baloncesto. Pero incluye las habitaciones Camp Snoopy, con unos cabeceros de caseta de perro geniales, cuentos para dormir por teléfono y una visita de buenas noches del propio Snoopy. Aparcamiento 7 US$/noche.

En el parque abunda la comida rápida típica de feria pero de calidad, aunque siempre se acertará con el pollo frito con puré de patatas en el nada sofisticado **Mrs Knott's Chicken Dinner Restaurant** (☎714-220-5055; 8039 Beach Blvd, Buena Park; principales 7-17 US$; pollo para la cena 17 US$; ☉8.00-20.30 lu-ju, 7.00-21.00 vi, 7.00-21.30 sa, 7.00-20.30 do). Este y otros restaurantes están en el California Marketplace, un centro comercial fuera de la entrada principal al parque.

❶ Cómo llegar y salir

La Knott's Berry Farm está unos 6 km al noroeste de Disneyland, fuera de la I-5 Fwy o la Hwy 91 (Artesia Fwy). El aparcamiento cuesta 12 US$/día. Los clientes del California Marketplace disfrutan de 3 h de estacionamiento gratis.

Discovery Science Center

Un cubo gigante de 10 pisos apoyado en una de sus esquinas sirve de pista para llegar a la mejor atracción educativa infantil de la ciudad, el **Discovery Science Center** (☎714-542-2823; www.discoverycube.org; 2500 N Main St, Santa Ana; adultos/3-14 años y jubilados 16/13 US$; películas 4D 2 US$ extra; ☉10.00-17.00; ♿), situada unos 8 km al sureste de Disneyland por la I-5. Con más de cien muestras interactivas en salas con nombres como Discovery Theater (con películas en 4D) o Dino Quest, se puede entrar en el ojo de un huracán (pelo incl.) o sentarse en el Shake Shack y vivir virtualmente un terremoto de 6,4 grados.

Bowers Museum y Kidseum

El **Bowers Museum** (☎714-567-3600, 877-250-8999; www.bowers.org; 2002 N Main St, Santa Ana; ma-vi adultos/6-17 años y jubilados 13/10 US$, sa y do 15/12 US$, recargo exposiciones especiales variable; ☉10.00-16.00 ma-do) pasa algo desapercibido, pero cada uno o dos años irrumpe con una exposición que baja los humos a muchos museos de Los Ángeles. Las muestras permanentes también son impresionantes, con una rica colección de arte precolombino, africano, de Oceanía y nativo americano.

La entrada general al Bowers Museum incluye el acceso al **Kidseum** (☎714-480-1520; 1802 N Main St, Santa Ana; entrada 3 US$, menores 3 años gratis; ☉10.00-15.00 ma-vi, 11.00-15.00 sa y do; ♿), un museo familiar dos manzanas al sur.

Ambos están unos 10 km al sureste de Disneyland; se sale de la I-5 en Santa Ana. Son gratis el primer domingo del mes. Hay aparcamiento público cerca (2 US$).

Old Towne Orange

Los colonos empezaron a llegar en masa al condado de Orange tras la Guerra de Secesión, atraídos por tierras baratas y fértiles. La ciudad de Orange, 7 km al sureste de Disneyland, conserva su encantador centro histórico, un lugar aún lleno de lugareños, cazadores de antigüedades, nostálgicos del sur de California y sibaritas.

🍴 Dónde comer

En la rotonda de Old Towne Orange y en Glassell St hay más de una docena de cafés, restaurantes, bares de vinos y cervecerías.

★**Filling Station** CAFÉ $
(www.fillingstationcafe.com; 201 N Glassell St; principales 7-14 US$; ☉6.30-21.00, hasta 22.00 vi y sa;

LITTLE SAIGON

Los vietnamitas empezaron a llegar al condado de Orange tras la Guerra de Vietnam, a principios de la década de 1970, y crearon una vibrante zona comercial (más bien, calles comerciales) a unos 11 km de Disneyland, al sur de la Hwy 22 (Garden Grove Fwy) y al este de la I-405 (San Diego Fwy).

Para empezar, está el Asian Garden Mall (9200 Bolsa Ave; ☎), un mastodonte lleno de comercios de comida, *boutiques*, herboristerías, platerías y tiendas de ropa y artículos inspirados en dibujos animados. Los novatos pueden comer en el Lee's Sandwiches (www.leessandwiches.com; 9200 Bolsa Ave, Suite 305; sándwiches desde 4 US$; ☺8.00-19.00; ☎) o, al oeste del centro comercial, en el Ba Le (9152 Bolsa Ave; sándwiches desde 3 US$; ☺6.00-18.00 lu-sa, 7.00-18.00 do), dos cadenas que sirven económicos rollos en baguettes francesas. Los ingredientes tradicionales van a base de carnes grasosas poco picantes; p. ej., cerdo. Otro lugar clásico, barato e informal en el centro comercial es el Pho 79 (9200 Bolsa Ave, Suite 117; principales desde 6 US$; ☺8.00-19.30), con varias opciones de fideos y verduras. La *pho ga* (sopa de pollo con fideos) tiene un sustancioso caldo.

☎) En esta antigua gasolinera sirven todo el día unos desayunos imbatibles a base de panqueques grandes, huevos con chorizo, ensaladas Cobb y hamburguesas con queso, todo sin plomo. Hay viejas fotografías del sur de California, taburetes brillantes en la barra y reservados para sentarse, y un patio donde se admiten perros. Almuerzos desde las 11.00.

Watson Drug CAFÉ $$
(www.watsonsdrugs.com; 116 E Chapman Ave; principales 6-15 US$; ☺7.00-21.00 lu-sa, 8.00-18.00 do) Tienen lo típico de un antiguo local de refrigerios, como batidos de malta o de leche y helados con nata, además de hamburguesas y burritos de desayuno todo el día. Se ubica en una farmacia de 1899, con el mostrador original y un puesto más moderno de polos al lado.

Felix Continental Cafe LATINOAMERICANA $$$
(☎714-633-5842; www.felixcontinentalcafe.com; 36 Plaza Sq; principales 8-17 US$; ☺11.00-22.00 lu-vi, 8.00-22.00 sa y do) Uno de los favoritos de siempre del centro, con platos caribeños, cubanos y españoles especiados pero sin pasarse, muchos acompañados por generosas raciones de plátanos, frijoles negros y arroz. La paella es su especialidad y el cerdo asado también es popular. Se recomienda comer en el patio. Sirven almuerzos hasta las 17.00.

De compras

Old Towne alberga la mayor concentración de antigüedades en el condado de Orange, objetos de colección y tiendas de ropa *vintage* y productos varios.

Woody's Antiques ANTIGÜEDADES
(173 N Glassell St) Parece un plató de *Mad Men*, con mobiliario y objetos de decoración modernos del mediados del s. xx y *art déco*.

Elsewhere Vintage ROPA VINTAGE
(www.elsewherevintage.com; 131 W Chapman Ave) Es el paraíso de los *hipsters*, con vestidos de verano, sombreros, bolsos de piel y una bisutería fabulosa.

Joy Ride ROPA VINTAGE
(133 W Chapman Ave) Ropa de hombre, como camisetas de bolera de los años cincuenta y *blazers* de lana en perfecto estado.

ℹ Cómo llegar y salir

En automóvil desde Anaheim son 20 min: se va por la I-5 al sur, al este desde la Hwy 22, y después al norte hasta Grand Ave, que se convierte en Glassell St. Los trenes suburbanos de Amtrak (☎800-872-7245; www.amtrak.com) y Metrolink (☎800-371-5465; www.metrolinktrains.com) paran en la estación de trenes (191 N Atchison St) de Orange, unas manzanas al oeste de la plaza.

Richard Nixon Library & Museum

Situada unos 16 km al noreste de Anaheim, la Richard Nixon Presidential Library & Museum (☎714-993-5075; www.nixonfoundation.org; 18001 Yorba Linda Blvd, Yorba Linda; adultos/7-11 años/estudiantes/jubilados 12/5/7/8,50 US$; ☺10.00-17.00 lu-sa, 11.00-17.00 do) ofrece un recorrido fascinante por la historia mo-

ℹ CAMAS MENOS CARAS

En verano, los alojamientos de playa del condado de Orange se agotan con mucha antelación, los precios suben y algunos exigen una estancia mínima de dos o tres noches. Alojarse varias noches en una misma playa y hacer excursiones desde allí permitirá ahorrar algo. Otra opción es buscar moteles de cadena y hoteles en el interior, más cerca de las I-405 Fwy y I-5 Fwy.

derna de EE UU y el polémico hijo oriundo del condado de Orange. Entre las muestras destacables hay extractos de los debates entre Nixon y Kennedy, una réplica a tamaño natural del Ala Este de la Casa Blanca, cintas de audio de conversaciones con los astronautas del Apolo 11 en la Luna y acceso al helicóptero del expresidente, que tiene hasta mueble bar y ceniceros.

Dicho esto, son las exposiciones sobre el Watergate, el famoso escándalo que acabó con la Administración Nixon, las más atrayentes, y con razón. La muestra original del Watergate del museo lo calificaba de golpe instigado por los rivales de Nixon y ofrecía cintas de la Casa Blanca favorablemente editadas. Todo cambió cuando la biblioteca pasó a control federal en el 2007, supervisada por el Archivo Nacional. Ahora la historia se desarrolla desde distintas perspectivas, como una película de espías. Fue un movimiento audaz, y más si se tiene en cuenta que "Tricky Dick" y la primera dama Pat Nixon están enterrados fuera.

Para llegar, hay que ir por la Hwy 57 al norte, salir al este por Yorba Linda Blvd y luego continuar recto (está señalizado).

PLAYAS DEL CONDADO DE ORANGE

Los casi 68 km de playas del condado brindan unos atardeceres magníficos, pescado y marisco recién capturados y descubrimientos fortuitos. Todas las ciudades de playa tienen su encanto poco convencional, tanto si se quiere hacer surf en Seal Beach, jugar al *frisbee* con el perrito, navegar por el Newport Harbor, pasear entre muestras eclécticas de arte en Laguna Beach o salir a ver ballenas desde el puerto de Dana Point, lleno de yates.

Seal Beach

El primer enclave sobre la frontera del condado de Los Ángeles es una de las últimas grandes ciudades de playa en California, además de una alternativa refrescante a la costa más abarrotada del sur. Destacan los 2,5 km de playa prístina y Main St, una zona sin semáforos repleta de restaurantes familiares y tiendas independientes.

⊙ Puntos de interés y actividades

Main St refleja el ambiente relajado del lugar: surfistas descalzos, tenderos amables y zorros plateados en busca de conejitos de playa más que jóvenes. Al terminar Main St, se sale al **muelle de la Seal Beach,** que se extiende más de 500 m sobre el mar.

M&M Surfing School   SURF
(☎714-846-7873; www.surfingschool.com; 802 Ocean Ave; clase 3 h en grupo desde 72 US$, neopreno/equipo de surf 15/25 US$; ♿) Enseñan a surfear.

✕ Dónde comer

Crema Café   PANADERÍA, CAFÉ $
(☎562-493-2501; cremacafe.com; 322 Main St; principales 5-13 US$; ⊙6.30-15.00 lu-vi, 7.00-16.00 sa y do) Está al aire libre y su especialidad son las creps, desde la básica con azúcar y canela, nata montada y caramelo hasta variedades saladas y de frutas. Si se tiene prisa, se recomiendan las magdalenas caseras, las ensaladas verdes y los bocadillos calientes en pan de *panini*.

★Walt's Wharf   PESCADO Y MARISCO, ASADOR $$$
(☎562-598-4433; www.waltswharf.com; 201 Main St; almuerzo 11-23 US$, cena 20-45 US$; ⊙11.00-15.30 y 16.00-21.00) Todo el mundo lo elige por el pescado fresco (algunos traídos de Los Ángeles) y se llena los fines de semana. No reservan para la cena (para el almuerzo, sí), pero merece la pena esperar por el pescado y los filetes a la brasa de roble, que se pueden disfrutar abajo, lleno de ventanas, arriba, en sillas de capitán, o en la barra.

🍺 Dónde beber

Bogart's Coffee House   CAFÉ
(www.bogartscoffee.com; 905 Ocean Ave; ⊙6.00-21.00 lu-ju, hasta 22.00 vi, 7.00-22.00 sa, 7.00-21.00 do; 🖥) Permite sorber un café exprés en un sofá de leopardo y jugar al Scrabble con vistas a la playa. Programan conciertos, lecturas de

mente, clubes de lectura y meditaciones matutinas junto al agua.

Ocio

Al lado del muelle, al fondo de Main St, se celebra el **Summer Concerts in the Park** (18.00-20.00, mi, jul y ago), con bandas de *jazz*, *folk* y *bluegrass*.

De compras

En las tres manzanas de Main St se descubrirán tiendas eclécticas, como **Harbour Surfboards** (www.harboursurfboards.com; 329 Main St) y **Endless Summer** (124 Main St), con material y ropa de surf, la juguetería **Knock Knock** (www.knockknocktoystore.com; 219½ Main St) y las cometas de **Up, Up & Away** (http://upupandawaykites.com; 139½ Main St), además de muchos cafés y garitos.

ℹ Cómo llegar y desplazarse

El autobús n° 1 de **OCTA** (☎714-560-6282; www.octa.net) une Seal Beach con las otras poblaciones costeras del condado de Orange y Long Beach en Los Ángeles cada hora (billete 2 US$, cambio exacto).

En Main St, hay aparcamiento gratis (2 h) entre el centro de la Seal Beach y el muelle (si se encuentra hueco). Los aparcamientos públicos junto al muelle cuestan 3 US$/2 h o 6 US$/día. El aparcamiento gratis en las calles residenciales está sujeto a las restricciones indicadas.

Huntington Beach

Siempre hay buenas olas, además de tiendas y un museo del surf, fogatas en la arena, una playa para perros y algunos hoteles y restaurantes con vistas de alucine. Es un lugar genial para disfrutar del sol, el surf y la arena.

La estrella del surf George Freeth, hawaiano-irlandés, hizo unas demostraciones aquí en 1914 y la ciudad se convirtió automáticamente en destino de surf, con el característico apodo de "Surf City, USA" (Santa Cruz perdió la batalla). Este deporte es el gran negocio local, con un **Surfing Walk of Fame** (www.hsssurf.com/shof) y productos y ropa especializada que hacen aquí sus pruebas de mercado.

◉ Puntos de interés

Muelle de Huntington   LUGAR HISTÓRICO
(◔5.00-24.00) Mide 565 m de largo y lleva ahí, de una u otra manera, desde 1904. En el mis-

mo muelle, alquilan cañas de pesca en la tienda de anzuelos y aparejos **Let's Go Fishin'**.

International Surfing Museum   MUSEO
(www.surfingmuseum.org; 411 Olive Ave; se agradece donativo; ◔12.00-17.00 lu-vi, 11.00-18.00 sa y do) Es un museo pequeño y una parada de ocio para entusiastas de la cultura surfera, lleno de fotografías, tablas antiguas, recuerdos de cine, música y datos sobre el surf; el personal es voluntario.

Playa de Huntington   PLAYA
(◔5.00-24.00) Es una de las mejores playas de SoCal. Rodea el muelle al fondo de Main St y se llena los fines de semana de verano con surfistas, jugadores de voleibol, bañistas y familias. En el centro de visitantes informan sobre zonas y parques para perros.

De noche, los partidos de voleibol dan paso a las fogatas. Lo mejor es llegar temprano y apostarse junto a uno de los 1000 anillos de fuego de cemento; la leña se compra en tiendas concesionarias.

🏄 Actividades

Se pueden alquilar sombrillas, sillas, pelotas de voleibol, bicicletas y otros básicos de playa en Zack's Pier Plaza. Al sur del muelle, en The Strand, en la agradable **Dwight's Beach Concession** (201 Pacific Coast Hwy), de 1932, alquilan bicicletas, tablas de *body*, sombrillas y sillas.

Surf

El surf es aquí una competición. Se aconseja a los novatos tomar clases para no entorpecer.

Zack's   SURF
(☎714-536-0215; www.zackshb.com; 405 Pacific Coast Hwy) Ofrece clases en la playa (1 h, 75-100 US$, alquiler de tabla y neopreno para el día incl.). Alquilar una tabla cuesta 12/35 US$ hora/día; 5/15 US$ más por una de *body* y neopreno.

Huntington Surf & Sport   SURF
(☎714-841-4000; www.hsssurf.com; 300 Pacific Coast Hwy) Tienda enorme en la esquina de Pacific Coast Hwy con Main St donde alquilar tablas de surf (10/30 US$ h/día; neopreno 8/15 US$).

Ciclismo y patinaje

Es fácil explorar esta costa por los casi 14 km del **paseo recreativo pavimentado**, desde la Huntington State Beach, al norte, hasta Bolsa Chica State Beach. En Zack's Pier Plaza alquilan bicicletas de paseo (10/30 US$ hora/día) o tándems (18/50 US$).

MERECE LA PENA

BOLSA CHICA STATE BEACH

Tramo de arena (5 km) frecuentado por surfistas, jugadores de voleibol y pescadores. La playa (www.parks.ca.gov; Pacific Coast Hwy, entre Seapoint Ave y Warner Ave; aparcamiento 15 US$; ☉6.00-22.00; P) se extiende por la Pacific Coast Hwy al norte de la Huntington Dog Beach. Pese a la monstruosa torre petrolera, Bolsa Chica se llena los fines de semana de verano. Aparcar todo el día cuesta 15 US$. Hay mesas de *picnic*, fogatas y duchas, y un sendero para bicicletas.

Al otro lado de la Pacific Coast Hwy, la Bolsa Chica Ecological Reserve (http://bolsachica.org; ☉amanecer-anochecer) parece desolada, pero la marisma recuperada es un éxito medioambiental, un hábitat de 485 Ha para más de 200 especies de aves, salvadas por un grupo de lugareños decididos.

'Frisbee'

La playa es perfecta para lanzar discos. El Huntington Beach Disc Golf Course (Huntington Central Park, 18381 Goldenwest St; entrada 1-2 US$) es un campo paisajístico de 18 hoyos, en bajada desde el complejo deportivo. Hay una tienda que vende discos.

🎊 Fiestas y celebraciones

Los martes se celebran las Surf City Nights, una feria que se monta en las primeras tres manzanas de Main St, con música en directo, productos frescos, un pequeño zoo y un castillo hinchable para niños, y venta de artesanía y otros.

Los sábados por la mañana, el Donut Derelicts Car Show (www.donutderelicts.com) es una reunión semanal de vehículo antiguos (revestidos en madera, hechos para la playa y otros tuneados) en la esquina de Magnolia St y Adams Ave, 4 km al interior desde la Pacific Coast Hwy.

US Open of Surfing   SURF
(www.usopenofsurfing.com; ☉fin jul y ppios ago) Esta competición de seis estrellas y varios días atrae a más de 600 surfistas de talla mundial. Incluye conciertos en la playa, espectáculos de *motocross* e improvisaciones con patines.

Huntington Harbor Cruise of Lights   NAVIDAD
(www.cruiseoflights.org; ☉dic) En Navidad, es imprescindible hacer el circuito nocturno en barco por las casas del puerto y sus lucecitas.

🛏 Dónde dormir

Huntington Surf Inn   MOTEL **$$**
(☎714-536-2444; www.huntingtonsurfinn.com; 720 Pacific Coast Hwy; h 159-209 US$; P🛜) Tiene dos pisos y se paga por la ubicación, al sur de Main St y frente a la playa. Nueve de sus habitaciones ha sido diseñadas recientemente por la empresa surfera Hurley. El pequeño porche común tiene vistas a las olas.

★ **Shorebreak Hotel**   HOTEL-BOUTIQUE **$$$**
(☎714-861-4470; www.shorebreakhotel.com; 500 Pacific Coast Hwy, Huntington Beach; h 189-495 US$; P🍴@🛜🐾) Es el hotel más *hippy* de la población, a un tiro de piedra del muelle, con consignas para las tablas de surf. Tiene un conserje surfista, un gimnasio y estudio de yoga, pufs en el vestíbulo y muebles de *rattan* y madera en habitaciones de diseños geométricos. En el restaurante Zimzala, con una terraza arriba, sirven cócteles al atardecer. Aparcamiento 27 US$.

Hilton Waterfront Beach Resort   RESORT **$$$**
(☎714-845-8000, 800-445-8667; www.waterfrontbeachresort.hilton.com; 21100 Pacific Coast Hwy; h 279-390 US$; P@🛜🏊) Este hotel libre de humos tiene como telón de fondo kilómetros de un maravilloso mar azul. Las habitaciones, lujosas aunque suavizadas en tonos tierra, incluyen balcones con vistas al mar. Alquilan bicicletas. Aparcamiento 30 US$.

🍴 Dónde comer

Sancho's Tacos   MEXICANA **$**
(☎714-536-8226; www.sanchostacos.com; 602 Pacific Coast Hwy; principales 3-10 US$; ☉8.00-21.00 lu-sa, hasta 20.00 do) El restaurante favorito de tacos para los lugareños está frente a la playa, en una choza con dos salas y un patio. También hay platija, gambas y filetes a la brasa. La decoración mezcla lo mexicano y el *skate art*.

Sugar Shack   CAFÉ **$**
(www.hbsugarshack.com; 213½ Main St; principales 4-10 US$; ☉6.00-16.00 lu-ma y ju, hasta 20.00 mi, hasta 17.00 vi-do; 🚲) Se trata de una institución local, donde habrá que esperar, o llegar temprano y ver a los surfistas con los neoprenos. Sirven desayunos todo el día en un bullicioso patio en Main St o dentro, en la barra o en mesitas. Las fotografías de

leyendas del surf elevan el lugar casi a la categoría de santuario.

Duke's   PESCADO, HAWAIANA $$
(☎714-374-6446; www.dukeshuntington.com; 317 Pacific Coast Hwy; almuerzo 7-16 US$, cena 19-32 US$; ⊙11.30-14.30 ma-vi, 10.00-14.00 do, 17.00-21.00 ma-do) Es de temática hawaiana (con el nombre de la leyenda del surf Duke Kahanamoku) y, quizá, turístico, pero causa furor: perfecto para relajarse y lucir moreno, con vistas insuperables de la playa, una carta larga de pescado fresco y una selección contundente de cócteles atrevidos.

Sandy's   CALIFORNIANA $$
(☎714-374-7273; www.sandyshb.com; 315 Pacific Coast Hwy; almuerzo 10-17 US$, cena 11-32 US$; ⊙11.30-20.30 lu, hasta 21.30 ma-vi, 9.00-21.30 sa, 9.00-20.30 do) Está junto a un campo de voleibol playa, con un generoso porche y un comedor relajado y aireado. Los platos estrella van desde la *pizza* y el burrito de costillar del *brunch* de los fines de semana hasta el róbalo cubierto de nueces con cuscús de gambas o la hamburguesa de jalapeños.

🍷 Dónde beber

Solo en Main St ya hay muchos bares.

Hurricanes Bar & Grill   BAR
(www.hurricanesbargrill.com; 2º piso, 200 Main St) En tres palabras: mercado de carne, algo imprescindible en cualquier tramo de bares de playa que merezca la sal del *margarita*. Hay DJ todas las noches, patios con vistas al mar, una pista de baile con luces láseres y muchos cócteles especiales.

Huntington Beach Beer Co   BAR
(www.hbbeerco.com; 2º piso, 201 Main St; ⊙desde 11.00; 🖧) Este local diáfano, con un balcón grande y especializado en *ales* servidas desde media docena de depósitos gigantes de acero inoxidable (p. ej., HB Blonde, Brickshot Red y cervezas de temporada con sabores que van de salvia a cereza), ya ha cumplido dos décadas. Hay DJ y baile de jueves a sábado.

🛍 De compras

Huntington Surf & Sport   DEPORTES, ROPA
(www.hsssurf.com; 300 Pacific Coast Hwy) Tienda enorme con hileras de tablas de surf, ropa playera, accesorios y pruebas de mercado para Hurley, con sede en el condado de Orange.

ℹ Información

Huntington Beach Hospital (☎714-843-5000; www.hbhospital.com; 17772 Beach Blvd; ⊙24 h) Urgencias 24 h.

Biblioteca de Main St (www.hbpl.org; 525 Main St; internet 5 US$/h; ⊙10.00-19.00 ma-vi, 9.00-17.00 sa; 🖧) Pequeña, pero con wifi gratis y a cinco manzanas de la playa.

Centro de visitantes (☎800-729-6232; www.surfcityusa.com) Main St (☎714-969-3492; www.surfcityusa.com; 2º piso, 301 Main St; ⊙9.00-17.00); Pier Plaza (www.surfcityusa.com; muelle Plaza; ⊙11.00-19.00) La oficina no es fácil de ver, en un edificio de Main St; la caseta del Pier Plaza es más cómoda. Mapas e información

ℹ Cómo llegar y desplazarse

Junto al muelle y la playa hay aparcamientos públicos muy solicitados (1,50/15 US$/hora/día). Aparcar en la calle cuesta 1 US$/40 min.

INDISPENSABLE

ISLA DE BALBOA

Para una corta pero placentera travesía por el Newport Harbor, el **Balboa Island Ferry** (www.balboaislandferry.com; 410 S Bay Front; adultos/niños 1 US$/50 ¢, automóvil con conductor 2 US$; ⊙6.30-24.00 do-ju, hasta 2.00 vi y sa) sale de la Balboa Fun Zone cada 10 min. Es pequeño y solo caben tres automóviles en fila india entre asientos al aire libre para hacer esta travesía de 250 m y menos de 5 min.

El ferri llega 800 m al oeste de Marine Ave, la arteria principal de **isla de Balboa** (www.balboa-island.net), llena de *boutiques* de playa, cafés y restaurantes, y heladerías antiguas que venden barras de Balboa (polo de vainilla bañado en chocolate, cacahuetes, virutas y galletas Oreo machacadas).

Para ver de cerca las preciosas casas de la isla, se puede pasear por la costa (2,5 km). Después, se toma el ferri de vuelta.

A la isla se llega también al volante al sur de la Pacific Coast Hwy por Jamboree Rd hasta Marine Ave, pero así no tiene gracia.

Newport Beach

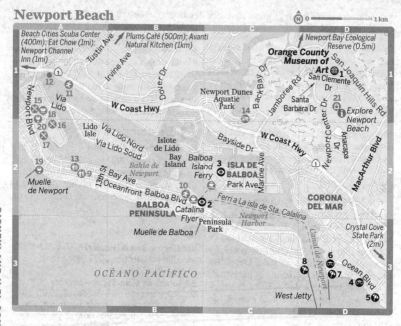

El autobús nº 1 de **OCTA** (☎714-560-6282; www.octa.net) une Huntington Beach con el resto de poblaciones de playa del condado de Orange cada hora (billete/pase de día 2/5 US$; se paga a bordo, cambio exacto). Durante la visita, el **Surf City Downtown Shuttle** (☎714-536-5542) operaba gratis de 10.00 a 20.00 los fines de semana de verano para cubrir los casi 6 km del circuito entre el centro y el puerto, con salida desde el aparcamiento público, también gratis, del **Ayuntamiento** (2000 N Main St).

Newport Beach

En las playas de Newport se distinguen tres grupos demográficos: regatistas ricos que conducen Bentley y Porche y sus mujeres trofeo; surfistas y porretas que llenan los locales de playa y viven para la ola perfecta; y el resto de la gente, que lleva el día a día como puede e intenta disfrutar del pescado y los gloriosos atardeceres. De algún modo, estas comunidades tan diversas conviven (casi) en armonía.

Los visitantes encontrarán muchos placeres: pescado fresquísimo, olas gigantes en el Wedge y baile continuo de yates en el puerto. Hacia el interior está la acicalada Fashion Island, uno de los centros comerciales más grandes del condado de Orange.

◉ Puntos de interés

Balboa Fun Zone   PARQUE DE ATRACCIONES
(www.thebalboafunzone.com; 600 E Bay Ave; ⊙noria 11.00-20.00 do-ju, hasta 21.00 vi, hasta 22.00 sa) Está en el lado del puerto de Balboa Península y hace las delicias de lugareños y visitantes desde 1936. Hay una noria pequeña (4 US$/paseo, donde Ryan y Marissa se dan su primer beso en *The OC*), juegos recreativos, tiendas turísticas y restaurantes, además de puestos de plátanos helados. El emblemático **Balboa Pavilion**, de 1905, luce precioso de noche.

ExplorOcean   MUSEO
(☎949-675-8915; www.explorocean.org; 600 E Bay Ave, Balboa Fun Zone; adultos/4-12 años 5/3 US$; ⊙11.00-15.30 lu-ju, hasta 18.00 vi y sa, hasta 17.00 do) Este reformado y autodenominado "centro de conocimientos oceánicos", en la Balboa Fun Zone, tiene estanques llenos de bichos que se pueden tocar, vehículos accionados por control remoto, el bote de remos usado por la aventurera Roz Savage en su viaje en solitario de cinco años por el mundo y un laboratorio.

★ Orange County Museum of Art   MUSEO
(☎949-759-1122; www.ocma.net; 850 San Clemente Dr; adultos/estudiantes/menores 12 años 10/8 US$/

Newport Beach

gratis; ⊙11.00-17.00 mi-do, hasta 20.00 ju) Este cautivador museo destaca por su arte de California y obras de artistas contemporáneos y vanguardistas, más dos espacios grandes con exposiciones temporales. Hay también un jardín de esculturas, una tienda ecléctica y una sala donde proyectan cine clásico, extranjero y ligado al arte.

🏃 Actividades

Balboa Peninsula PLAYAS
Tiene 6,5 km de largo y menos de 800 m de ancho e incluye una playa de arena blanca por el lado que da al mar, zonas geniales de paseo y montones de casas estilosas.

Los hoteles, bares y restaurantes se agolpan en torno a los dos muelles famosos del barrio: el **muelle de Newport,** cerca del extremo oeste, y el **muelle de Balboa,** en el extremo este. Cerca del primero, varias tiendas alquilan sombrillas, sillas de playa, balones de voleibol y demás. Para nadar, el ambiente y las aguas son más tranquilos en la **Mothers Beach** (10th St y 18th St).

Surf
Los surfistas acuden en masa a los rompientes de los pequeños muelles que rodean el muelle de Newport. En la punta de Balboa Peninsula, junto al West Jetty, el **Wedge** es un lugar para hacer surf, *body* y esquí acuático de rodillas, famoso por sus olas perfectamente huecas que se hinchan hasta casi 10 m de altura. Los visitantes es mejor que vayan unas manzanas al oeste, para no molestar.

En **15th Street Surf Shop** (☑949-673-5810; www.15thstreetsurfshop.com; 103 15th St; tablas de *body* por hora/día 2,50/8 US$, tabla de surf 6/20 US$) o **Paddle Power** (☑949-675-1215; www.paddlepowerh2o.com; 1500 W Balboa Blvd) alquilan equipos y material de surf, *body* y surf de remo.

Paseos en barco
Se puede hacer un circuito en barco o alquilar un kayak, un velero o una lancha fueraborda, o, aún mejor, una barca eléctrica con fondo plano para pilotar y navegar con hasta 12 amigos. Hay barcos en **Duffy Electric Boat Rentals** (☑949-645-6812; www.duffyofnewportbeach.com; 2001 W Pacific Coast Hwy; por hora entre semana/fin de semana 85/100 US$; ⊙10.00-20.00) o **Balboa Boat Rentals** (☑949-673-7200; http://boats4rent.com; 510 E Edgewater Pl; kayak desde 15 US$/h, barca a vela 45 US$, a motor desde 70 US$, eléctrica desde 75 US$).

Ciclismo y patinaje
Para vistas fabulosas al mar, nada mejor que recorrer el **sendero recreativo** pavimentado que engloba casi toda la zona de Balboa Peninsula. En el interior, los ciclistas prefieren el **circuito paisajístico,** también pavimentado, en torno a la Newport Bay Ecological Reserve (p. 616).

Hay muchos lugares donde alquilar bicicletas cerca de los muelles de Newport y Balboa. **Easyride's Back Alley Bicycles** (☑949-566-9850; www.easyridebackalleybikes.com; 204 Washington St; bici de playa por día 20 US$, tándem por hora/día 15/30 US$, *surreys* por hora desde 25 US$) alquila incluso coches descubiertos a pedales (*surreys*), aunque parece que los lugareños les tiran globos de agua.

Submarinismo

Al sur de Newport Beach hay una zona de submarinismo fantástica en el Crystal Cove State Park (p. 620), donde se verán arrecifes, anclas y los restos de un antiguo avión militar. El **Beach Cities Scuba Center** (☎949-650-5440; www.beachcitiesscuba.com; 4537 W Coast Hwy) organiza excursiones en barco de submarinismo; el alquiler del equipo completo cuesta 60 US$/día.

Circuitos

Fun Zone Boat Co   BARCO

(☎949-673-0240; www.funzoneboats.com; 600 Edgewater Pl; crucero 45 min adultos/jubilados/5-11 años desde 14/7/11 US$) Ofrecen circuitos para ver leones marinos y casas de famosos; salen de debajo de la noria de la Fun Zone.

Davey's Locker   BARCO

(☎949-673-1434; www.daveyslocker.com; 400 Main St; crucero 2½h observación de ballenas adultos/3-12 años y jubilados desde 32/26 US$, pesca deportiva medio día 41,50/34 US$) Salidas para ver ballenas y de pesca deportiva. Están en el Balboa Pavilion.

Gondola Adventures   BARCO

(☎949-646-2067, 888-446-6365; www.gondola. com; 3101 W Coast Hwy; crucero 1 h por pareja desde

> **MERECE LA PENA**
>
> ## NEWPORT BAY ECOLOGICAL RESERVE
>
> Hacia el interior desde el puerto, donde las estribaciones de los montes de San Bernardino llegan al mar, las aguas salobres de la **Newport Bay Ecological Reserve** (desde 20 US$/persona) 🚶 de 304 Ha, dan cobijo a 200 especies de aves. Es uno de los pocos estuarios que quedan en SoCal y un lugar importante en la ruta migratoria pacífica norteamericana; y también en la ruta de despegue del aeropuerto John Wayne, pero esa molestia no distrae la visión de la fauna. El **Muth Interpretive Center** (☎949-923-2290; www.ocparks. com/unbic; 2301 University Dr; junto a Irvine Ave; ⊙10.00-16.00 ma-do; 👪), construido con materiales sostenibles y renovables, incluye muestras para niños.

135 US$) Pasean a las parejitas en cursis góndolas tipo venecianas, con chocolate y sidra.

🎉 Fiestas y celebraciones

Newport Beach Wine & Food Festival   COMIDA, VINO

(newportwineandfood.com; ⊙med sep) Llamativo festival de comida y bebida con restauradores locales, grandes chefs, prestigiosos bodegueros y cerveceros, y conciertos de *rock* cerca de la Fashion Island.

Christmas Boat Parade   NAVIDAD

(www.christmasboatparade.com; ⊙dic) La semana previa a Navidad llegan miles de espectadores al Newport Harbor a ver una tradición de más de un siglo: un desfile de 2½ h de hasta 150 barcos, incluidos algunos yates imponentes decorados para la ocasión, y alegría festiva; empieza a las 18.30. Se puede ver gratis desde la Fun Zone o la isla de Balboa; otra opción es reservar un circuito en barco por el puerto.

🛏 Dónde dormir

Alojarse en Newport no sale barato, pero en temporada baja los precios suelen caer un 40% o más.

Newport Channel Inn   MOTEL $$

(☎800-255-8614, 949-642-3030; www.newport channelinn.com; 6030 W Coast Hwy; h 129-199 US$; 🅿❄🐾) Con el mar justo al otro lado de la Pacific Coast Hwy, es un alojamiento inmaculado de dos pisos y 30 habitaciones de los años sesenta. Otras ventajas son las habitaciones grandes con microondas y neverita, un gran porche común, material de playa en préstamo y unos dueños realmente amables y conocedores de la zona. Destaca la habitación 219, para siete personas, con techo a dos aguas y aire de refugio vacacional.

Newport Dunes Waterfront RV Resort & Marina   CABAÑAS, CAMPING $$

(☎949-729-3863, 800-765-7661; www.newportdu nes.com; 1131 Back Bay Dr; parcela desde 55 US$, estudio/casita desde 150/200 US$; 🅿@🐾🚲🏊) No hace falta ir con caravana ni tienda a este *camping* de lujo con dos docenas de estudios tipo cabaña y casitas de una habitación, todas con vistas a la bahía de Newport. También hay un gimnasio y senderos, kayaks de alquiler, juegos de mesa, bingo familiar, fiestas de helados, torneos de herradura y voleibol, una piscina exterior y parque infantil, y películas en verano en la playa.

Resort at Pelican Hill
RESORT $$$

(☎949-467-6800, 800-315-8214; www.pelicanhill.com; 22701 Pelican Hill Rd S; h desde 495 US$; P@🖥🛜🏊) De temática toscana y oculto en las colinas de la costa de Newport, con árboles y columnas palatinas de camino a los más de 300 bungalós y villas con aire acondicionado, este retiro incluye placeres como una piscina circular de teselas (41,5 m diámetro), dos campos de golf de 18 hoyos, un *spa* relajante, comida de calidad del norte de Italia en el restaurante Andrea y conserjes plurilingües y solícitos. Es muy caro, pero dejarse mimar no tiene precio.

✕ Dónde comer

Newport tiene algunos de los mejores restaurantes del condado.

Eat Chow
CALIFORNIANA $$

(☎949-423-7080; www.eatchownow.com; 211 62nd St; principales 8-15 US$; ⊙8.00-21.00 lu-ju, hasta 22.00 vi, 7.00-22.00 sa, 7.00-21.00 do) Está escondido a una manzana de la W Coast Hwy y lo frecuentan tanto modernitos tatuados como señoras que van a almorzar, algo muy propio de Newport. Todos esperan felices platos como entrecot de ternera al estilo tailandés con ensalada, tacos de salmón a la brasa con ensalada de col al curri y hamburguesas atrevidas como la Chow BBQ, con salsa barbacoa casera, queso *gouda* ahumado, cebolla frita y más.

Crab Cooker
PESCADO Y MARISCO $$

(☎949-673-0100; www.crabcooker.com; 2200 Newport Blvd; principales 12-23 US$; langosta 40 US$; ⊙11.00-21.00 do-ju, hasta 22.00 vi y sa; 🖥) Legendario local desde 1951, siempre con cola. Tienen un marisco genial y cangrejo fresco servidos en bandejas de papel a una clientela vestida con vaqueros y chanclas. La sopa de pescado es deliciosa. Hay un mostrador para llevar.

★ Bear Flag
Fish Company
PESCADO Y MARISCO $$

(☎949-673-3434; www.bearflagfishco.com; 407 31st St, Newport Beach; principales 8-15 US$; ⊙11.00-21.00 ma-sa, hasta 20.00 do y lu; 🖥) Este cubo de cristal es el destino perfecto para disfrutar de unos buenos tacos de pescado (hechos a la brasa y empanados en *panko*), burritos de atún claro, cebiche fresco y ostras. La comida se elige de los mostradores y se sirve en mesas de *picnic*.

Bluewater Grill
PESCADO Y MARISCO $$

(☎949-675-3474; www.bluewatergrill.com; 630 Lido Park Dr; principales 10-39 US$; ⊙11.00-22.00 lu-ju, hasta 23.00 vi y sa, 10.00-22.00 do) Este local pulcro junto al puerto con un porche de madera desde el que ver los barcos es una mezcla de marisquería y bar de ostras, todo fresquísimo. También es genial para tomar un *Bloody Mary* y almorzar tranquilo (p. ej., taco de pez espada y ensalada de col, *fish and chips* con rebozado de cerveza o atún claro braseado con *hummus* de alubias blancas).

🍷 Dónde beber

Alta Coffee Warehouse
CAFETERÍA

(www.altacoffeeshop.com; 506 31st St; ⊙6.00-22.30 lu-ju, 7.00-23.00 vi y sa, 7.00-22.30 do) Escondido en una calle secundaria, es un bungaló de playa acogedor con un patio cubierto, música en directo y lecturas de poesía, arte en las paredes de ladrillos, bocados sabrosos y buenos camareros.

Newport Beach
Brewing Company
CERVECERÍA

(www.newportbeachbrewingcompany.com; 2920 Newport Blvd; ⊙11.30-23.00 do-ju, hasta 1.00 vi y sa; ☎) Es la única cervecería artesana de la ciudad (se recomienda la distintiva Newport Beach Blonde o la Bisbee's ESB) y un sitio relajado para ver un buen partido y/o tomar una hamburguesa/*pizza* fritura con los amigos tras un día de playa.

Mutt Lynch
PLAYA BAR

(www.muttlynchs.com; 2301 W Oceanfront; ⊙7.00-24.00) Bar ajetreado junto a la playa con billares, docenas de cervezas de barril y *martinis* de *soju* (vodka coreano). Las raciones son grandes (como las cervezas), sobre todo para desayunar. Perfecto para seguir de fiesta el domingo.

🛍 De compras

En la isla de Balboa, **Marine Ave** está llena de tiendas encantadoras con un ambiente anticuado de pueblo, muy agradable para comprar algo para los niños, regalos únicos, recuerdos playeros, joyas, arte o antigüedades. En el otro extremo del lujo y de la ciudad, la **Fashion Island** (☎949 721 2000; 550 Newport Center Dr; ⊙10.00-21.00 lu-vi, 11.00-19.00 sa, 11.00-18.00 do) tiene más de 400 tiendas especializadas y grandes almacenes como Bloomingdale's, Macy's y Neiman Marcus.

❶ Información

Biblioteca publica, sucursal de Balboa (www.city.newport-beach.ca.us/nbpl; 100 E Balboa Blvd; ⏰9.00-18.00 ma y ju-sa, hasta 21.00 lu y mi; 🛜) Está cerca de la playa; pregúntese por el internet gratis para visitantes.

Hoag Memorial Hospital Presbyterian (☎949-764-4624; www.hoaghospital.org; 1 Hoag Dr; ⏰24 h) Con servicio de urgencias las 24 h.

Explore Newport Beach (www.visitnewportbeach.com; 401 Newport Center Dr, Fashion Island, atrio, 2º piso; ⏰10.00-21.00 lu-vi, hasta 19.00 sa, hasta 18.00 do) El centro de visitantes oficial de la ciudad.

❶ Cómo llegar y desplazarse

AUTOBÚS

El autobús nº 1 de **OCTA** (☎714-560-6282; www.octa.net) une Newport Beach con las otras localidades de playa del condado de Orange, como Corona del Mar, al este, cada 30 min-1 h. Desde el cruce de Newport Blvd y la Pacific Coast Hwy, el nº 71 va al sur por Balboa Peninsula hasta Main Ave aproximadamente cada hora. En todas las rutas, el billete cuesta 2 US$ (cambio exacto).

BARCO

El catamarán de pasajeros más grande de la Costa Oeste, el **'Catalina Flyer'** (☎800-830-7744; www.catalinainfo.com; 400 Main St; ida y vuelta adultos/niños 3-12 años/jubilados 70/53/65 US$, por bicicleta 7 US$), hace un viaje diario a/desde la isla de Santa Catalina (p. 592), un trayecto de 75 min. Sale del Balboa Pavilion sobre las 9.00 y vuelve antes de las 18.00; hay descuentos en línea.

AUTOMÓVIL Y MOTOCICLETA

El aparcamiento municipal junto al muelle de Balboa cuesta 50¢/20 min o 15 US$/día. Aparcar en la calle en Balboa Peninsula cuesta 50 ¢-1 US$/h. Se puede aparcar gratis en algunas calles residenciales, a una manzana o dos de la playa, pero por tiempo limitado y otras restricciones. En verano, habrá que dar muchas vueltas.

Alrededores de Newport Beach

Costa Mesa

A primera vista, parece un barrio periférico más sin litoral atravesado por la I-405, pero Costa Mesa incluye tres lugares de importancia que atraen a 24 millones de visitantes al año. El South Coast Plaza es el centro comercial más grande del sur de California, y a pocos pasos están las principales centros de artes escénicas del condado de Orange: el Segerstrom Center for the Arts y la South Coast Repertory, una de las compañías de teatro más aclamadas del país. También hay un par de "anticentros comerciales" (el Lab y el Camp) que reúnen a los modernitos. Las zonas comerciales al aire libre ofrecen cafés sorprendentemente buenos y locales de comida étnica.

✖ Dónde comer

Avanti Natural Kitchen VEGETARIANA $
(www.avantinatural.com; 259 E 17th St; principales 8-11 US$; ⏰11.00-22.00 lu-vi, 10.30-22.00 sa, 10.30-20.00 do; 🅿) 🥬 Discreto café vegetariano en el que trabajan dos grandes chefs, con propuestas como *pizzas*, champiñones Portobello rellenos asados y un *brunch* de tacos picantes. La carta incluye productos ecológicos de granjas cercanas.

Plums Café CALIFORNIANA $$
(☎949-722-7586; www.plumscafe.com; 369 E 17th St; principales 10-25 US$; ⏰8.00-15.00, cena desde 17.00) En este local embutido en la esquina de un típico centro comercial al aire libre, sube la calidad de los desayunos, servidos hasta las 11.30 entre semana. Tiene paredes de ladrillo visto y bastante estilo, perfecto para disfrutar de panqueques holandeses con bacón a la pimienta de Oregón o de un potaje de salmón ahumado de Alderwood. Hay *brunchs* los fines de semana hasta las 15.00.

Habana LATINOAMERICANA $$
(☎714-556-0176; the Lab, 2930 Bristol St; almuerzo 6-13 US$, cena 15-36 US$; ⏰11.30-16.00 y 17.00-23.00 do-ju, hasta 24.00 vi y sa) Velas titilantes, un patio cubierto de hiedra y especialidades cubanas, mexicanas y jamaicanas picantes en una abrasadora cantina, ideal para encuentros. La paella, la *ropa vieja* y el salmón a la parilla se sirven con plátanos y frijoles negros. Los fines de semana, continúa de marcha hasta tarde.

Memphis Café Bar SUREÑA $$
(☎714-432-7685; memphiscafe.com; 2920 Bristol St; principales de almuerzo 7-12 US$, de cena 12-22 US$; ⏰8.00-22.00 lu-mi, hasta 22.30 ju-sa, 8.00-15.00 y 17.00-21.30 do) En un edificio moderno de mediados de s. xx y estilo *retro*, aquí predominan los sabores caseros en forma de sánd-

---

LAS MEJORES PLAYAS DEL CONDADO DE ORANGE

➡ Seal Beach (p. 610)

➡ Bolsa Chica State Beach (p. 612)

➡ Huntington City Beach (p. 611)

➡ Balboa Peninsula (p. 615)

➡ Corona del Mar (p. 619)

➡ Crystal Cove State Beach (p. 620)

➡ Aliso Beach County Park (p. 621)

➡ Doheny State Beach (p. 626)

➡ Trestles (p. 626)

---

wiches de cerdo, gambas rebozadas, sopa de quingombó y pollo frito rebozado en suero de mantequilla. Recomendable *happy hour* en la barra.

Dónde beber

Milk + Honey CAFÉ
(the Camp, 2981 Bristol St; ⏱8.00-22.00 lu-ju, hasta 23.00 vi y sa, 10.00-22.00 do; 📶) Sirven café de comercio justo y cultivo ecológico bajo los bosques, té chai y un fuerte café exprés, además de batidos de frutas, yogures helados con sabores de temporada y granizados al estilo japonés de fresa, alubia roja y almendra, entre otros.

Wine Lab BAR DE VINOS
(www.winelabcamp.com; el Camp, 2937 Bristol St, Suite A101B; ⏱12.00-22.00 ma-ju, hasta 23.00 vi y sa, hasta 21.00 do, 16.00-21.00 lu) Es un sitio agradable para probar vinos del Nuevo Mundo y catar cervezas artesanales, además de raciones de quesos artesanos y embutidos.

☆ Ocio

Segerstrom Center for the Arts TEATRO, SALA DE CONCIERTOS
(☎714-556-2787; www.scfta.org; 600 Town Center Dr) Funciones de orquesta y danza.

South Coast Repertory TEATRO
(☎714-708-5555; www.scr.org; 655 Town Center Dr) Una de las compañías de teatro más aclamadas del país.

🔒 De compras

South Coast Plaza CENTRO COMERCIAL
(www.southcoastplaza.com; 3333 Bristol St; ⏱10.00-21.00 lu-vi, hasta 20.00 sa, 11.00-18.30 do) Los números del principal destino de compras de lujo de SoCal cantan por sí solas:

unos 2000 millones de US$ en ventas anuales, casi 300 tiendas de marca y cadenas de lujo, cinco grandes almacenes y 12 750 plazas de aparcamiento. En la conserjería se puede recoger un mapa. Hay servicios de enlace (☎888-288-5823) desde los hoteles de Anaheim (3/día).

Lab CENTRO COMERCIAL
(www.thelab.com; 2930 Bristol St) Este 'anticentro' comercial al aire libre y cubierto de hiedra tiene tiendas de ropa antigua, zapatillas únicas, galerías de arte en tráileres y cositas de moda para adolescentes y veinteañeros.

Camp CENTRO COMERCIAL
(www.thecampsite.com; 2937 Bristol St) 🌿 Orientado a *veganos,* trepadores de árboles y escaladores de rocas, en este espacio único se encontrará todo lo necesario para actividades al aire libre y la vida sana. La activa Ride Shop, el Seed People's Market de comercio justo y el salón de belleza sin toxinas Lollipop son algunas de las tiendas situadas en un paseo exterior arbolado.

ℹ Información

Travelex (South Coast Plaza, 1er piso, 3333 Bristol St; ⏱10.00-21.00 lu-vi, hasta 20.00 sa, 11.00-18.30 do) Cambio de divisas en el centro, entre Sears y Bloomingdale's.

ℹ Cómo llegar y desplazarse

Costa Mesa está al interior desde Newport Beach por la Hwy 55.

Varios autobuses de **OCTA** (☎714-560-6282; www.octa.net) convergen en el South Coast Plaza, como la línea n° 57 que va por Bristol Ave al sur, a la Fashion Island en Newport Beach (2 US$, 20 min, cada 30 min).

Corona del Mar

Desde los acantilados de Corona del Mar se tienen algunas de las vistas marítimas más destacadas de SoCal, pero el lugar en sí es una comunidad cursi que se extiende por la Pacific Coast Hwy y abraza el flanco este del canal de Newport. Este idílico tramo de costa ofrece también playas de postal, cuevas rocosas y pozas de marea geniales para niños.

La **Main Beach** (plano p. 614; ☎949-644-3151; ⏱6.00-22.00; 🅿), o Corona del Mar State Beach, de 800 m, a los pies de los acantilados, tiene baños, fogatas (conviene llegar pronto) y pistas de voleibol. Aparcar todo el día cuesta 15 US$; los fines de semana a las 9.00 ya no hay sitio. Escenas de la famosa serie *La isla de Gilligan* se rodaron en la tranquila cala Pirates, accesible por la escalera que sale del extremo norte del aparcamiento de la Main Beach.

Crystal Cove State Park

Con 5,6 km de playa abierta y más de 930 Ha de bosque sin urbanizar, es tanto una playa estatal (949-494-3539; www.parks.ca.gov; 8471 N Coast Hwy; por automóvil 15 US$, parcela 25-75 US$) como un parque submarino. Los aficionados al submarinismo podrán ver dos anclas históricas de 1800 y el lugar donde se estrelló un avión militar en la década de 1940. Otra opción es recorrer las pozas de marea, pescar o hacer kayak y surf por esta costa salvaje.

Dónde dormir y comer

★ Crystal Cove Beach Cottages   CABAÑAS $$
(reservas 800-444-7275; www.crystalcove beachcottages.com; 35 Crystal Cove, Newport Beach; h con baño compartido 42-127 US$, casitas 162-249 US$; registro 16.00-21.00) Casitas históricas frente al mar en el distrito histórico del parque, que hay que reservar el primer día del mes, seis meses antes de la estancia prevista, o rezar por alguna cancelación.

Ruby's Crystal Cove Shake Shack   CAFÉ $
(www.rubys.com; 7703 E Coast Hwy; batido 5 US$; 6.30-21.00, hasta 22.00 vi y sa) Esta choza de madera de las de siempre es una institución de SoCal. Ahora pertenece a una cadena, pero las vistas al mar son igual de buenas. Se recomienda el batido de dátiles.

Beachcomber Café   AMERICANA $$
(949-376-6900; www.thebeachcombercafe.com; 15 Crystal Cove; desayuno 9-18 US$, almuerzo 13-21 US$, cena 23-36 US$; 7.00-21.30; P) Para empaparse del ambiente playero de los años cincuenta entre panqueques de nueces de macadamia, sándwiches club de pavo asado o platos serios de carne y marisco. El atardecer es mágico para tomar bebidas polinesias. Validan el aparcamiento si se gasta más de 15 US$.

Laguna Beach

Es fácil enamorarse de Laguna: cuevas aisladas, acantilados románticos, aguas azules y parques frente al mar que dan la sensación de estar en la Riviera.

Pero no son esos sus únicos atractivos. Laguna tiene una larga tradición artística, iniciada por los impresionistas plenairistas que vivieron y trabajaron aquí a principios del s. XX. Ahora acoge festivales de arte de renombre, varias docenas de galerías, un museo famoso y casitas y bungalós de estilo *arts and crafts* perfectamente conservados.

Puntos de interés

Con 30 playas públicas en 11 km de costa, cada curva depara alguna vista de impresión o cueva oculta. Basta con buscar las señales de "beach access" y atravesar patios traseros de casas privadas para llegar a la arena. En Main Beach Toys (949-494-8808; 150 Laguna Ave; silla/sombrilla/tabla por día 10/10/15 US$; 9.00-21.00) alquilan material de playa.

★ Laguna Art Museum   MUSEO
(949-494-8971; www.lagunaartmuseum.org; 307 Cliff Dr; adultos/estudiantes y jubilados/niños 7/5 US$/gratis, 1er ju de mes gratis; 11.00-17.00 vi-ma, hasta 21.00 ju) Lugar amplio con exposiciones temporales de artistas californianos contemporáneos y una colección permanente llena de paisajes californianos, fotografías antiguas y obras de los primeros bohemios de Laguna.

Pacific Marine
Mammal Center   PARQUE DE ANIMALES
(949-494-3050; www.pacificmmc.org; 20612 Laguna Canyon Rd; entrada by donation; 10.00-16.00) Pertenece a una organización no lucrativa (con poco personal y muchos voluntarios) dedicada a rescatar y rehabilitar mamíferos marinos heridos o enfermos, principalmente leones marinos y focas. Hay varias piscinas exteriores y jaulas, pero no es el SeaWorld. Está al noreste de la localidad.

Actividades

Playas del centro   PLAYAS
Cerca del centro, la Main Beach, con pistas de voleibol y baloncesto, zona de juegos y baños, es la mejor de Laguna para nadar. Al norte, la Picnic Beach es demasiado rocosa para hacer surf, pero hay pozas de marea. En el centro de visitantes tienen los horarios de las mareas (protocolo en las pozas: pisar ligeramente las rocas secas solo y no coger nada vivo).

Por encima de la Picnic Beach, el herboso Heisler Park, sobre un acantilado, ofrece vistas de las abruptas cuevas y el

Laguna Beach

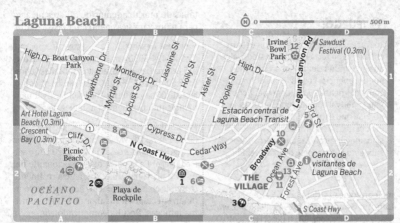

mar azul. No hay que olvidar la cámara: las palmeras y los acantilados salpicados de buganvillas crean un paisaje para la posteridad. Un sendero paisajístico une el Heisler Park con la Main Beach.

Al norte del centro, la Crescent Bay tiene grandes olas huecas para hacer surf de *body*, pero es difícil aparcar; se puede intentar en los acantilados sobre la playa, con vistas que recuerdan a la costa amalfitana.

Playas del sur PLAYAS
Aproximadamente 1,5 km al sur del centro, la aislada **playa Victoria** tiene pistas de voleibol y **La Tour,** una estructura tipo torre de Rapunzel de 1926. El *skimboard* (en el extremo sur) y el submarinismo son populares. Se baja por las escaleras de Victoria Dr; hay aparcamiento limitado en la Pacific Coast Hwy.

Más al sur, el **Aliso Beach County Park** (www.ocparks.com/alisobeach; 31131 S Pacific Coast Hwy; aparcamiento 1 US$/h; ⊙6.00-22.00) es popular entre surfistas y aficionados al *body* y al *skimboard*. Con mesas de *picnic,* fogatas y una zona de juegos, resulta ideal para familias. El aparcamiento cuesta 1 US$/h; se puede ir al sur y aparcar en la Pacific Coast Hwy gratis.

Celosamente custodiada por los lugareños, la **Thousand Steps Beach** está oculta más o menos 1,5 km al sur de la playa de Aliso. Al pasar el Mission Hospital, se aparca en la Pacific Coast Hwy o en alguna calle residencial. En el extremo sur de 9th St, más de 200 escalones bajan a la arena. Aunque rocosa, la playa es genial para tomar el sol y hacer surf y *body*.

Laguna Beach

◎ Principales puntos de interés
1 Laguna Art Museum B2

◎ Puntos de interés
2 Heisler Park A2
3 Main Beach C2

◑ Actividades, cursos y circuitos
4 Divers Cove A2
5 Worldwide Opportunities on
   Organic Farms D1

◉ Dónde dormir
6 Inn at Laguna Beach B2
7 Laguna Cliffs Inn A2
8 The Tides Inn B2

◉ Dónde comer
9 242 Cafe Fusion Sushi C2
10 Zinc Cafe & Market C2

◉ Dónde beber y vida nocturna
11 Ocean Brewing Company C2

◉ Ocio
12 Laguna Playhouse C1

◉ De compras
13 Hobie Surf Shop C2

Submarinismo y buceo con tubo

Con cuevas, arrecifes y salientes rocosos, Laguna es una de las mejores costas del SoCal para ponerse las aletas. La **Divers Cove**, bajo el Heisler Park, es parte de la **Glenn E Vedder Ecological Reserve,** un parque submarino que llega hasta la frontera norte de la Main Beach. Consúltense las condiciones

ℹ️ ¡FUEGO!

Los incendios forestales son un peligro constante en todo el sur del estado, algo que en Laguna Beach saben muy bien por experiencia. Los cañones actúan como chimeneas y un fuego pequeño puede derivar rápidamente en un infierno. Hay que extremar precauciones al usar cerillas y no tirar colillas al suelo, sino apagarlas con agua o tierra y, por supuesto, deshacerse de ellas debidamente.

meteorológicas y del mar (☎949-494-6573). **Laguna Sea Sports** (☎949-494-6965; www. beachcitiesscuba.com; 925 N Coast Hwy; ◷10.00-18.00 lu-ju, hasta 19.00 vi, 7.00-19.00 sa, 8.00-17.00 do) alquila equipos y ofrece clases.

Kayak

Se puede hacer un circuito guiado en kayak por las cuevas abruptas de la costa de Laguna (quizá se vean leones marinos) con **La Vida Laguna** (☎949-275-7544; www.lavidalaguna.com; 1257 S Coast Hwy; circuito guiado 2 h 95 US$). Hay que reservar al menos un día antes.

Senderismo

Rodeada por un cinturón verde (algo raro en SoCal), Laguna tiene rutas geniales para senderistas. En el **Alta Laguna Park**, el único parque que sube por el cañón desde la ciudad, el moderado **Park Avenue Nature Trail** (2 km) atraviesa campos de flores silvestres y vistas panorámicas. El **West Ridge Trail**, 4 km abiertos a senderistas y ciclistas de montaña, bordea las colinas que hay sobre Laguna. Para llegar a la cabecera de los senderos, hay que ir por Park Ave a Alta Laguna Blvd y girar a la izquierda.

🧭 Circuitos

En el centro de visitantes tienen folletos de circuitos autoguiados a pie y en autobús público, incluidos recorridos por el patrimonio y el arte públicos.

✴️ Fiestas y celebraciones

Festival of Arts ESPECTÁCULO DE ARTE
(www.foapom.com; 650 Laguna Canyon Rd; entrada 7-10 US$; ◷normalmente 10.00-23.30 jul y ago) Es una celebración de dos meses de artesanía original en casi todas sus formas. Unos 140 expositores muestran artículos que van desde pintura y muebles hechos a mano hasta

tallas de marfil, además de talleres de arte para niños y música en directo y ocio a diario.

Sawdust Festival ESPECTÁCULO DE ARTE
(☎949-494-3030; www.sawdustfestival.org; 935 Laguna Canyon Rd; adultos/6-12 años/jubilados 8,50/4/7 US$; ◷10.00-22.00 fin jun-ppios ago, hasta 18.00 sa y do fin nov-med-dic) Festival para mentes independientes, a finales de agosto.

Pageant of the Masters ARTES ESCÉNICAS
(☎800-487-3378; www.foapom.com; 650 Laguna Canyon Rd; entradas desde 15 US$; ◷20.30 a diario med jul-ago) Es la parte más emocionante del festival principal, una experiencia realmente increíble en la que modelos humanos se combinan sin cesar en su labor de recrear pinturas famosas. Resulta complicado conseguir entrada si no se reservan más de seis meses antes, aunque quizá haya cancelaciones de última hora.

🛏️ Dónde dormir

La mayoría de los alojamientos de Laguna está en la transitada Pacific Coast Hwy (aquí, Coast Hwy); conviene llevar tapones o pedir una habitación apartada de la carretera.

★ The Tides Inn MOTEL $$
(☎888-777-2107, 949-494-2494; www.tideslaguna.com; 460 N Coast Hwy; h 175-285 US$; P✳🐾🛜🎱🐕) Es una ganga para Laguna, sobre todo dada su cómoda ubicación, tres manzanas al norte del Village. Parece de alta gama, con camas de lujo, decoración playera y citas inspiradoras pintadas en las habitaciones, todas distintas y algunas con cocina. Hay instalaciones compartidas, como piscina de agua salada, barbacoa y hoguera. Tarifa por mascota 25-40 US$.

Inn at Laguna Beach HOTEL $$$
(☎949-497-9722, 800-544-4479; www.innatlagunabeach.com; 211 N Coast Hwy; h 210-600 US$; P✳🐾🛜🎱🐕) Está en un edificio blanco de cemento en el extremo norte de la Main Beach, en un lugar de honor, con 70 habitaciones decentes reformadas con muebles de *rattan*, maderas claras, mármol, persianas francesas y camas gruesas y mullidas, algunas con balcón al mar. Entre los extras hay reproductores de DVD y CD, albornoces, equipo de playa en préstamo y vino y cerveza con vistas al mar todas las noches.

Casa Laguna Inn & Spa B&B $$$
(☎949-494-2996, 800-233-0449; www.casalaguna.com; 2510 S Coast Hwy; h 159-389 US$, ste desde

279 US\$; P✳@🛜🏊) Es el B&B más romántico de Laguna, construido en torno a una casa histórica de los años veinte al estilo misión, rodeada de jardines floridos. Entre las habitaciones, algo pequeñas, hay bungalós de antiguos artistas de los años treinta y cuarenta. Todas tienen camas mullidas y algunas, *jacuzzi*. Sirven además un desayuno completo preparado por el chef, con ingredientes ecológicos y de cercanía, y vino y queso por las noches. Admiten algunas mascotas (25 US\$).

Laguna Cliffs Inn   HOTEL \$\$\$
(☎800-297-0007, 949-497-6645; www.laguna cliffsinn.com; 475 N Coast Hwy; h 165-325 US\$; P✳@🛜) Tiene algo que hace sentirse bien, ya sea el *feng shui*, el personal agradable o la cercanía a la playa. Está reformado e incluye 36 habitaciones de decoración contemporánea, cómoda y limpia, con almohadas grandes en tonos tierra y suelos de madera, aire acondicionado y TV de pantalla plana. Pero nada comparable a acoplarse en el *jacuzzi* climatizado exterior con una copa de vino al caer el sol... sobre el mar.

🍴 Dónde comer

Taco Loco   MEXICANA \$
(http://tacoloco.net; 640 S Coast Hwy; principales 3-14 US\$; ⏱11.00-24.00 do-ju, hasta 2.00 vi y sa; 🍴) Ideal para tomar unas Coronas junto a los surfistas, con vistas a los transeúntes. Las opciones de tacos, quesadillas y nachos parecen infinitas; p. ej., de calamares aliñados al estilo *cajún* o de tofu, de pez espada, vegetales (patatas, champiñones, tofu) y de gambas. De postre, *brownie* de marihuana. Se pide en la barra.

Zinc Cafe & Market   CAFÉ \$
(www.zinccafe.com; 350 Ocean Ave, Laguna Beach; principales 6-11 US\$; ⏱mercado 7.00-18.00, café hasta 16.00; 🍴) Mercado *gourmet* para vegetarianos un poco escaparate, con un patio bordeado por setos donde degustar sabrosas comidas vegetarianas y *veganas*, incluidas ensaladas frescas y *pizzas*, y café exprés fuerte.

Orange Inn   CAFETERÍA \$
(☎949-494-6085; www.orangeinnlagunabeach.com; 703 S Coast Hwy; principales 5-10 US\$; ⏱6.30-17.00, hasta 19.00 sa y do) Repone las energías de los surfistas desde 1931. Está en el *Libro Guinness de los récords* por inventar los batidos de frutas, también de dátiles. Sirven grandes desayunos, *muffins* caseros y bocadillos *gourmet* con pan integral o normal de masa madre.

PRIMEROS JUEVES

Cada primer jueves de mes, el centro de Laguna Beach se anima con el **First Thursdays Gallery Art Walk** (☎949-683-6871; www.firstthursdaysartwalk.com; ⏱18.00-21.00 1er ju de mes) GRATIS, que permite recorrer 40 galerías locales y el Laguna Art Museum; hay enlaces gratis por los distritos de las galerías de arte.

House of Big Fish
& Cold Beer   PESCADO Y MARISCO \$\$
(☎949-715-4500; www.houseofbigfish.com; 540 S Coast Hwy; principales 7-15 US\$; ⏱11.30-22.30) El nombre ("Casa de pescados grandes y cervezas frías") lo dice todo: *poke* (pescado crudo marinado) al estilo de Hawaii, tacos de pescado al estilo de Baja California, gambas con coco y la captura del día. El pescado es de cría sostenible y hay docenas de cervezas (aprox. la tercera parte de California). Hay que reservar, o esperar y esperar.

★242 Cafe Fusion Sushi   JAPONESA \$\$\$
(www.fusionart.us; 242 N Coast Hwy; principales 18-45 US\$; ⏱16.30-22.00 do-ju, hasta 22.30 vi y sa) Miki Izumisawa, una de las pocas mujeres chefs de *sushi* en el condado de Orange, filetea y enrolla arroz de cultivo ecológico para crear el mejor *sushi* de Laguna, de artística presentación. Con capacidad para unas 25 personas, no queda otra que esperar o llegar muy pronto. El rollo "sexy" (atún claro especiado y vieira con menta, cilantro, aguacate y patatas crujientes) seducirá a cualquier cita.

Mozambique   DE FUSIÓN AFRICANA \$\$\$
(☎949-715-7777; www.mozambiqueoc.com; 1740 S Coast Hwy; cenas 14-69 US\$; ⏱11.00-23.00 do-ju, hasta 24.00 vi y sa) Guacamayos y tucanes reciben a los comensales en esta oda moderna y sofisticada en tres pisos a creaciones exóticas del sur de África: gambas al *piri-piri*, muslitos de alitas de pollo, piña a la brasa, bistecs gruesos y marisco, todo servido en platos que van desde raciones hasta combinados de marisco y carne. Quizá haya alguna ama de casa real en el bar de la azotea, y música en directo los fines de semana.

🍷 Dónde beber

En el centro hay casi tantos garitos como galerías de arte, la mayoría en S Coast Hwy y

Ocean Ave. Aquí hay que seguir al dedillo la máxima de "Si bebes, no conduzcas".

Ocean Brewing Company   PUB
(www.oceanbrewing.com; 237 Ocean Ave) Comida de *pub* y cervezas artesanas, geniales tras un día de surf; y, por la noche, hay música y karaoke.

Rooftop Lounge   BAR
(www.rooftoplagunabeach.com; 1289 S Coast Hwy) Está sobre La Casa del Camino (☑855-634-5736, 949-497-2446; www.lacasadelcamino.com; 1289 S Coast Hwy; h desde 159 US$; P✳@📶), con vistas al mar de 270°, mojitos de mango y bayas silvestres y platos sabrosos, como albóndigas en salsa barbacoa de guayaba.

Koffee Klatsch   CAFÉ
(1440 S Coast Hwy; ⏱7.00-23.00 do-ju, hasta 24.00 vi y sa) Es un sitio sencillo que atrae a una mezcla de gays, heteros y modernitos con sus cafés, desayunos, ensaladas y pasteles gigantes.

☆ Ocio

Laguna Playhouse   TEATRO
(☑949-497-2787; www.lagunaplayhouse.com; 606 Laguna Canyon Rd) Se trata del teatro comunitario más antiguo aún en activo del condado de Orange, con obras ligeras en verano y otras con más enjundia en invierno.

🔒 De compras

El centro está inundado de tiendas en patios ocultos y pequeños bungalós. Forest Ave tiene la mayor concentración de *boutiques* chic, desde ropa de playa hasta la Hobie Surf Shop (www.hobie.com; 294 Forest Ave); Hobie Alter lanzó su línea de surf de fama internacional en el garaje de sus padres de Laguna Beach en 1950. Al sur del centro, la Pacific Coast Hwy bulle con tiendas modernas, eclécticas y artísticas donde comprar ropa de dio-

---

SURF EN EL CONDADO DE ORANGE

➡ Muelle de Huntington Pier (p. 611), Huntington Beach

➡ Newport Pier (p. 615), Newport Beach

➡ Trestles (p. 626), Dana Point

➡ San Onofre State Beach

➡ Doheny State Beach, Dana Point

---

sas, alinear los chacras o encontrar discos de *rock* y carteles antiguos.

Para ver galerías de arte, Laguna tiene tres zonas distintas: la Gallery Row, en las manzanas 300-500 de la N Coast Hwy; el centro, en Forest Ave y la Pacific Coast Hwy; y más al sur, en la S Coast Hwy, entre Oak St y Bluebird Canyon Dr. En la oficina de visitantes tienen mapas.

ℹ Información

ACCESO A INTERNET
En el centro de visitantes de Laguna Beach hay wifi gratis y terminales con internet.

Biblioteca de Laguna Beach (www.ocpl.org/libloc/lbch; 363 Glenneyre St; ⏱10.00-20.00 lu-mi, hasta 18.00 ju, hasta 17.00 vi y sa; 📶) Wifi gratis y acceso a equipos con internet.

ASISTENCIA MÉDICA
Mission Hospital Laguna Beach (☑949-499-1311; www.missionforhealth.com; 31872 Coast Hwy; ⏱24 h) Con servicio de urgencias 24 h; está 6,5 km al sur del centro, por la Pacific Coast Hwy.

INFORMACIÓN TURÍSTICA
Centro de visitantes de Laguna Beach (☑949-497-9229; www.lagunabeachinfo.com; 381 Forest Ave; ⏱10.00-17.00; 📶) Personal solícito, horarios de autobuses, cartas de restaurantes y folletos gratis de todo, desde rutas de senderismo hasta circuitos autoguiados.

ℹ Cómo llegar y salir

Desde la I-405, hay que ir por la Hwy 133 (Laguna Canyon Rd) al suroeste. La Hwy 1 adopta varios nombres en Laguna Beach: al sur de Broadway, en la calle principal del centro, es South Coast Hwy; al norte de Broadway, es North Coast Hwy. Los lugareños también la llaman Pacific Coast Hwy o PCH.

El autobús nº 1 de OCTA (☑714-560-6282; www.octa.net) que recorre la costa une Laguna Beach con otras poblaciones de playa del condado de Orange, como Dana Point, al sur, cada 30-60 min. El billete sencillo cuesta 2 US$ (cambio exacto).

ℹ Cómo desplazarse

Laguna Beach Transit (www.lagunabeachcity.net; 375 Broadway) tiene su terminal de autobuses en el centro; es parada de tres rutas, incluidas las que van a las sedes de los festivales. El billete cuesta 75 ¢ (cambio exacto), gratis en julio y agosto.

FIESTA DE LA GOLONDRINAS

Las golondrinas regresan a anidar en los muros de la Misión San Juan Capistrano cada año hacia el 19 de marzo, el día de San José, tras pasar el invierno en Sudamérica, una ruta de unos 12 070 km por trayecto. La **Fiesta de las Golondrinas** (www.swallowsparade.com) se celebra durante un mes en la localidad y destacan el gran desfile y un mercado al aire libre que se monta un sábado de mediados de marzo.

En la localidad, el tráfico por la Pacific Coast Hwy es lento en verano, sobre todo los fines de semana.

Los aparcamientos en el centro cuestan 10-20 US$, y se llenan temprano en verano. Aparcar en la calle puede ser complicado cerca de las playas en verano, sobre todo por la tarde y los fines de semana; hay que llegar pronto. En las zonas con parquímetro con monedas y tarjetas aparcar cuesta desde 1 US$/h, y en las zonas se aparcamiento, 2 US$/h. Otra opción es aparcar gratis en zonas residenciales, pero con restricciones de tiempo y otras que deben cumplirse para evitar la grúa.

Alrededores de Laguna Beach

San Juan Capistrano

Es un lugar famoso por las golondrinas que regresan a casa marzo, además de albergar la "joya de las misiones de California". Se trata de una localidad pequeña, situada unos 17 km al sur y hacia el interior de Laguna Beach, pero sobrada de historia y encanto para pasar casi un día.

◉ Puntos de interés y actividades

★ **Misión San Juan Capistrano** IGLESIA
(☎949-234-1300; www.missionsjc.com; 26801 Ortega Hwy, San Juan Capistrano; adultos/niños 9/6 US$; ☉9.00-17.00) El padre Junípero fundó la misión el 1 de noviembre de 1776 y se ocupó de ella durante muchos años. Los restos destacados de la gran iglesia de piedra son especialmente conmovedores; el templo quedó casi destruido por un fuerte terremoto el 8

de diciembre de 1812. La **capilla de Serra**, encalada y con frescos restaurados, se cree que es el edificio más antiguo de California (1778). Se necesitará al menos 1 h para asomarse por los techos de mosaicos de la amplia misión, los arcos revestidos, los jardines lozanos, las fuentes y los patios, incluidos los aposentos del padre, los barracones de los soldados y el cementerio.

La entrada incluye una buena audioguía gratis con interesantes historias narradas por lugareños.

Barrio histórico de Los Ríos EDIFICIO HISTÓRICO
Una manzana al suroeste de la misión, cerca de la estación de trenes de Capistrano, hay varias docenas de casitas históricas y edificios de adobe, ocupados ahora por cafés y tiendas de regalo. En el quiosco de información, junto a Verdugo St al lado de las vías del tren, tienen una guía gratis para hacer el recorrido.

✕ Dónde comer y beber

★ **El Campeon** MEXICANA $
(31921 Camino Capistrano; principales 2-9 US$; ☉6.30-21.00; ♿) En una calle comercial al sur de la misión, se trata de un restaurante sencillo con servicio en la barra, panadería y tienda. Se recomiendan los tacos, tostadas y burritos en tortillas recién hechas, las aguas frescas de sabores como sandía y pomelo, y los panes y hojaldres desde 59 ¢.

★ **Ramos House Café** CALIFORNIANA $$
(www.ramoshouse.com; 31752 Los Ríos St; principales 15-20 US$; ☉8.30-15.00 ma-do) Es el mejor lugar para desayunar o almorzar cerca de la misión, en una casa de madera con sabor al Viejo Oeste de 1881, famosa por su comida sencilla ecológica, sazonada con hierbas cultivadas en el lugar.

El Adobe de Capistrano MEXICANA $$
(www.eladobedecapistrano.com; 31891 Camino Capistrano; almuerzo 11-21 US$, cena 11-34 US$; ☉11.00-21.00 lu-ju, hasta 22.00 vi y sa, 10.00-21.00 do) En un edificio de 1797, este espacio extenso con techos de vigas hace un buen negocio con sus clásicos mexicanos (enchiladas, fajitas) y tacos de pescado aliñado al estilo *cajún*, o langosta y bistecs a la brasa. Era uno de los locales preferidos del presidente Nixon, que vivía cerca de San Clemente.

Coach House CLUB
(☎949-496-8930; www.thecoachhouse.com; 33157 Camino Capistrano) Veterano club con música

en directo de bandas locales y nacionales de *rock, indie,* alternativa y *retro;* entrada 15-40 US$. Por su escenario han pasado roqueros clásicos como Marshall Tucker y Johnny Winter, grupos de versiones y espectáculos de cómicos, entre otros.

❶ Cómo llegar y salir

Desde Laguna Beach, el autobús nº 1 de **OCTA** (☏714-560-6282; www.octa.net) va al sur, a Dana Point. En el cruce de la Pacific Coast Hwy y Del Obispo St, se toma el nº 1 91 al norte (2 US$, cambio exacto), a Mission Viejo, que para cerca de la misión; pasan cada 30-60 min y el viaje lleva 1 h.

En automóvil, se toma la salida 82 en la I-5 (Ortega Hwy) y se sigue al oeste unos 400 m. Se ofrece 3 h de aparcamiento gratis en la calle y en aparcamientos municipales.

La estación de **Amtrak** (☏800-872-7245; www.amtrak.com; 26701 Verdugo St) está una manzana al sur y al oeste de la misión. Hay trenes desde Los Ángeles (21 US$, 75 min) o San Diego (22 US$, 90 min). Unos pocos trenes suburbanos de **Metrolink** (☏800-371-5465; www.metrolinktrains.com) unen a diario San Juan Capistrano y Orange (8 US$, 45 min), con conexiones limitadas a Anaheim.

Dana Point

El puerto de carga de Dana Point, urbanizado y con aparcamiento, le resta encanto a la localidad, aunque aún recibe a muchos visitantes por sus playas y puerto, también para ver ballenas y practicar pesca deportiva.

TRESTLES

Al sureste de Dana Point y cerca del condado de San Diego, **Trestles** es mundialmente conocido por su rompiente natural, que no deja de generar olas perfectas, incluso en verano. Además, es un lugar amenazado; surfistas y ecologistas llevan años de lucha contra la ampliación de una autopista cercana que afectaría negativamente a las olas. Para más información, visítese http://save-trestles.surfrider.org.

Trestles está en la zona protegida de la **San Onofre State Beach** (www.parks.ca.gov; aparcamiento 15 US$/día), que incluye rutas escarpadas sobre acantilados, playas para nadar y un **'camping'** (☏800-444-7275; www.reserveamerica.com; parcela 35-60 US$) interior con baños, duchas con agua caliente, merendero y fogatas. Para llegar, hay que salir de la I-5 por la Basilone Rd o Los Christianos Rd (para el *camping*) y luego caminar a Trestles por el sendero natural.

◉ Puntos de interés y actividades

Doheny State Beach PLAYA
(☏949-496-6172; www.dohenystatebeach.org; acceso por vehículo 15 US$; ⏰6.00-22.00, hasta 20.00 nov-feb; 🅿🚻) Tiene 1,6 km y es genial para bañistas, surfistas, pescadores de litoral y fans de las pozas de marea. Además, hay un merendero con parrillas, pistas de voleibol y una muestra de mariposas.

Wheel Fun Rentals (☏949-496-7433; www.wheelfunrentals.com; 25300 Dana Point Harbor Dr; crucero alquiler por hora/día 10/28 US$; ⏰9.00-anochecer a diario fin may-ppios sep, sa y do ppios sep-fin may), al sur de la zona de *picnic* de la Doheny State Beach, alquila bicicletas. Fuera de Dana Point Harbor Dr, **Capo Beach Watercraft Rentals** (☏949-661-1690; www.capobeachwatercraft.com; 34512 Embarcadero Pl) y **Dana Point Jet Ski & Kayak Center** (☏949-661-4947; www.danapointjetski.com; 34671 Puerto Pl) alquilan kayaks para remar por el puerto. Para equipamiento y excursiones de submarinismo en barco (desde 115 US$), está **Beach Cities Scuba** (☏949-443-3858; www.beachcitiescuba.com; 34283 Pacific Coast Hwy).

Ocean Institute MUSEO
(☏949-496-2274; www.ocean-institute.org; 24200 Dana Pt Harbor Dr; adultos/niños 6,50/4,50 US$; ⏰10.00-15.00 sa y do; 🚻) Se trata de un centro ecológico apto para niños. Los domingos, la entrada incluye circuitos guiados a bordo de una réplica del bergantín **Pilgrim**, del s. XIX, al mando de Richard Dana en su viaje por el cabo de Hornos a California.

Hay que reservar para el **R/V 'Sea Explorer'** (adultos/4-12 años desde 35/22 US$), un laboratorio flotante de 20 m de eslora que hace un crucero de submarinismo centrado en la ciencia o un safari para ver ballenas azules; otra opción es la aventura pirata o el crucero para ver ballenas grises en el **'Spirit of Dana Point'** (adultos/4-12 años 40/23 US$), una réplica de un barco de la era de la revolución de EE UU.

☞ Circuitos

En Mariner's Village, desde la Dana Point Harbor Dr, el Dana Wharf es el punto de partida de muchos circuitos en barco y excursiones a la isla de Santa Catalina, organizados por **Capt Dave's Dolphin and Whale Safari** (☏949-488-2828; www.dolphinsafari.com; 34451 Ensenada Pl; adultos/3-12 años desde 59/39 US$) o **Dana Wharf Sportfishing** (☏949-496-5794, 888-224-0603; www.danawharf.com; 34675 Golden Lantern St; salidas pesca deportiva adultos/3-12 años desde 46/29 US$, circuitos observación de ballenas desde 45/25 US$). Para otros circuitos para ver ballenas aptos para niños y cruceros por la cosa, se puede reservar en el **Ocean Institute**.

🐋 Fiestas y celebraciones

Festival of Whales   FESTIVAL DEL MAR
(www.dpfestivalofwhales.com; ☺ppios-med mar) Hay desfiles, feria, paseos y charlas sobre la naturaleza, carreras de canoas, clases de surf, exposiciones, música en directo y exhibiciones de automóviles de madera para surfistas y de vehículos antiguos.

Doheny Blues Festival   FESTIVAL DE MÚSICA
(www.omegaevents.com/dohenyblues; ☺med may) Actúan leyendas del *blues* como Buddy Guy y Keb Mo junto a nuevas promesas, durante un fin de semana de *funky* en directo y diversión familiar en la Doheny State Beach.

Tall Ships Festival   FESTIVAL DEL MAR
(www.tallshipsfestival.com; ☺ppios sep) El Ocean Institute acoge la mayor congregación de fragatas de la Costa Oeste, con campamentos de historia viva, demostraciones de tallado del marfil y muchas más actividades de temática marina para familias.

🛏 Dónde dormir y comer

En la Pacific Coast Hwy hay sobre todo moteles de cadena de precio medio y *resorts* de lujo como el **Ritz-Carlton Laguna Niguel** (☏949-240-2000; www.ritzcarlton.com; 1 Ritz-Carlton Dr; h desde 420 US$; @🛋🏊), bien ubicado frente al mar poniente de la Salt Creek Beach. La **Doheny State Beach** (☏800-444-7275; www.reserveamerica.com; 25300 Dana Point Harbor Dr; parcela interior/playa 35/60 US$) suele considerarse el mejor *camping* del condado.

Los restaurantes en torno al Dana Point Harbor sirven pescado recién capturado. En el Dana Wharf, el **Turk's** (☏949-496-9028; 34683 Golden Lantern St; principales 5-16 US$; ☺8.00-2.00, más reducido en invierno), aunque tan oscuro como las mazmorras de un barco, ofrece mucha y buena comida de *pub* (hamburguesas y *fish and chips* incl.), *Bloody Marys* y cervezas, y una gramola con ritmo, a una clientela apacible.

ℹ Información

Centro de visitantes (☏949-248-3501; www.danapoint.org; ☺9.00-16.00 vi-do fin may-ppios sep) Pequeño puesto en la esquina de Golden Lantern St y Dana Point Harbor Dr con folletos turísticos y mapas. Los entusiastas voluntarios aman su ciudad.

ℹ Cómo llegar y desplazarse

Desde el puerto, **Catalina Express** (☏800-481-3470; www.catalinaexpress.com; 34675 Golden Lantern St; ida y vuelta adultos/niños 2-11 años/jubilados 76,50/70/61 US$) ofrece a diario viajes de ida y vuelta a la isla de Santa Catalina (ida 90 min).

El autobús nº 1 de **OCTA** (☏714-560-6282; www.octa.net) une Dana Point con las otras localidades de playa del condado de Orange cada 30-60 min. El billete cuesta 2 US$ (cambio exacto).

En el puerto se puede aparcar 4 h gratis o pagar 5 US$/día (10 US$ noche incl.).

San Diego y alrededores

Los mejores restaurantes

➥ Cucina Urbana (p. 645)

➥ Puesto at the Headquarters (p. 646)

➥ Urban Solace (p. 645)

➥ Fish 101 (p. 661)

Los mejores alojamientos

➥ Hotel del Coronado (p. 642)

➥ Legoland Hotel (p. 663)

➥ La Pensione Hotel (p. 641)

➥ Hotel Solamar (p. 641)

Por qué ir

Si Nueva York tiene sus taxistas, Chicago, sus músicos de *blues,* y Seattle, sus bohemios cafeteros, San Diego tiene sus aseados *valets,* con su polo, pantalón corto caqui y deportivas impecables. Siempre bien peinado, bronceado, entusiasta y amable, parece tener todo el tiempo del mundo, y si da la bienvenida, lo hace de corazón.

San Diego se apoda "la ciudad más elegante de EE UU", y su seguridad desenfadada y alegre presencia se perciben en la gente de la calle a diario. Además, la ciudad tiene un montón de atracciones para toda la familia: el zoo, Legoland, los museos del Balboa Park, el SeaWorld, un centro muy animado, playas que van de lo más lujoso a lo más hortera, y el mejor clima del país.

Cuándo ir
San Diego

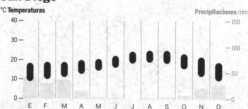

Jun-ago Temporada alta. Suben la temperatura y los precios de los hoteles.

Sep-oct, mar-may Temporada media; precios moderados.

Nov-feb Caen los precios de los hoteles y la actividad turística.

Balboa Park

La atracción más famosa de San Diego, su zoo, está en el
Balboa Park, uno de los grandes parques urbanos de América.
Saltó a la fama hace 100 años con la Exposición Panamá-
California de 1915-1916, para la cual se construyeron grandes
pabellones de estilo colonial español, que dominaron el diseño californiano varias generaciones. Eran temporales y, a
pesar de ser de estuco, malla de alambre, yeso, fibras y pelo
de caballo, como los decorados de Hollywood, se hicieron
tan populares que muchos de ellos fueron reconstruidos con
materiales más duraderos: son los que pueden verse hoy. De
los numerosos escenarios y anfiteatros del parque, la joya es
el Old Globe, de 600 plazas, diseñado a partir del teatro londinense en el cual se representaban las obras de Shakespeare.
Con 485 Ha, el Balboa Park es más grande que el Central Park
de Nueva York (314 Ha).

SAN DIEGO PARA GAYS Y LESBIANAS

Los expertos sitúan las raíces de la comunidad homosexual de San Diego en la II Guerra Mundial. En medio
de la intimidad obligada de la vida militar, homosexuales
de todo el país establecieron vínculos sólidos, aunque
clandestinos. Tras la guerra, muchos de ellos se quedaron en la zona y a finales de la década de 1960 una
nueva y politizada comunidad gay constituyó su sede
oficiosa en el barrio de Hillcrest, que hoy alberga la mayor concentración local de bares, restaurantes, cafés y
tiendas LGBT, y que ya se extiende por barrios vecinos
como el cercano North Park. Visitantes y locales afirman
que el ambiente gay de San Diego es más abierto y acogedor que el de San Francisco o Los Ángeles.

Los mejores restaurantes con vistas al mar del condado de San Diego

➡ Anthony's Fish Grotto (p. 646) Marisquería clásica junto a
los grandes navíos del Embarcadero, cerca del centro en el
litoral de San Diego.

➡ Bali Hai (p. 647) Muy *tiki*. Para ver pasar veleros cerca del
Point Loma.

➡ World Famous (p. 647) Local de Pacific Beach, siempre fiel
al ambiente surfista.

➡ George's at the Cove (p. 657) Uno de los mejores
restaurantes de país. Ofrece tres espacios. La azotea tiene
vistas impresionantes.

➡ Jake's Del Mar (p. 660) Para tomar un cóctel y disfrutar de
una buena *happy hour* tras un día en las carreras.

MISIÓN SAN DIEGO DE ALCALÁ

Aunque la primera mi-
sión de California esta-
ba en la colina Presidio,
cerca del actual Old
Town, en 1774 el padre
Junípero Serra la trasla-
dó 11 km río arriba, más
cerca del agua y las
tierras cultivables. Hoy,
esta misión (p. 635),
restaurada con mimo,
es una bonita iglesia
encalada con edificios
secundarios (incl. el
más antiguo de Califor-
nia) abierta al público.

Barrios emergentes

➡ East Village
➡ Little Italy
➡ North Park

Población

Con 1 322 553 hab., San
Diego es la octava mayor
ciudad de EE UU, y el con-
do de San Diego, con 3 095
313 hab., el quinto condado
del país.

Datos

➡ **Superficie** 963 km²
(ciudad); 11 700 km²
(condado)

➡ **Costa** 113 km (condado)

➡ **Prefijos telefónicos**
☑619, ☑858, ☑760, ☑442

CENTRO Y LITORAL DE SAN DIEGO

¡Cuidado, un patinador!, y más allá, un surfista con el traje de neopreno y su tabla, y cerca, una señora vestida de Chanel que toma café en una taza de porcelana fina. Estos personajes y muchos otros son familiares tantos por el centro de San Diego como por las localidades costeras vecinas.

◉ Puntos de interés

◎ San Diego Zoo y el Balboa Park

El zoo de San Diego es siempre de visita obligada en California. Está en el Balboa Park, junto a museos y jardines.

Ver el zoo, los 14 museos, la media docena de jardines y otros rincones del lugar llevaría

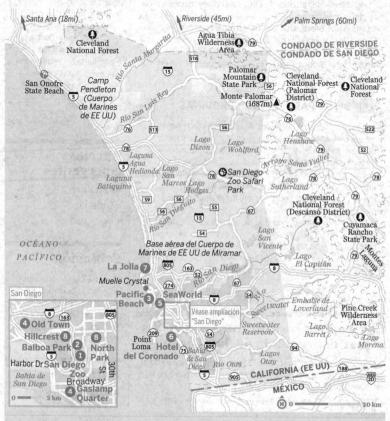

Imprescindible

① Arrullar a los koalas y mimar a los pandas en **San Diego Zoo** (p. 632).

② Ir de museos al **Balboa Park** (p. 632).

③ Broncearse y patinar junto al mar en **Pacific Beach** (p. 636).

④ Tomar *margaritas* en el **Old Town** (p. 634) e ir de *pubs* al **Gaslamp Quarter** (p. 648), en el centro.

⑤ Ver a Shamu en el **SeaWorld** (p. 636).

⑥ Maravillarse con la historia y la arquitectura del **Hotel del Coronado** (p. 635).

⑦ Volar en ala delta, remar

en kayak o darle a la tarjeta de crédito en **La Jolla** (p. 653).

⑧ Probar los tacos de pescado y otras delicias en **Hillcrest** y **North Park** (p. 645).

⑨ Mezclarse con los lugareños en el **hipódromo Del Mar** (p. 657).

Área metropolitana de San Diego

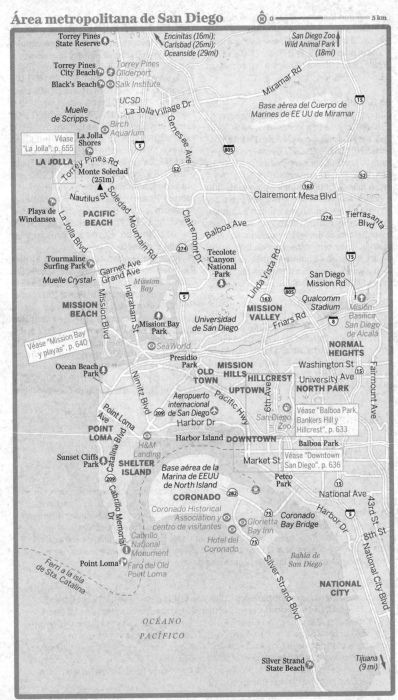

N   0 ━━━━━━━━━━ 5 km

Torrey Pines
State Reserve

Encinitas (16mi);
Carlsbad (26mi);
Oceanside (29mi)

San Diego Zoo
Wild Animal Park
(18mi)

Torrey Pines
City Beach
Black's Beach

Torrey Pines
Gliderport
Salk Institute

Miramar Rd

Muelle
de Scripps

UCSD
La Jolla Village Dr

Base aérea del Cuerpo de
Marines de EE UU de Miramar

Véase
"La Jolla", p. 655

Birch
Aquarium

La Jolla
Shores

LA JOLLA

Torrey Pines Rd

Monte Soledad
(251m)

Genesee Ave

Clairemont Mesa Blvd

Nautilus St

Soledad Mountain Rd

Playa de
Windansea

PACIFIC
BEACH

Balboa Ave

Clairemont Dr

Tierrasanta
Blvd

Tourmaline
Surfing Park

Muelle Crystal

Garnet Ave
Grand Ave

Tecolote
Canyon
National Park

Linda Vista Rd

San Diego
Mission Rd

La Jolla Blvd

Mission Blvd

Ingraham St

Mission
Bay

MISSION
BEACH

Mission
Bay
Park

Universidad
de San Diego

MISSION
VALLEY

Qualcomm
Stadium

Misión
Basílica
San Diego
de Alcalá

Véase "Mission Bay
y playas", p. 640

SeaWorld

Friars Rd

NORMAL
HEIGHTS

Ocean Beach
Park

Nimitz Blvd

Presidio
Park

OLD
TOWN

MISSION
HILLS

HILLCREST

Washington St

University
Ave

Point Loma Ave

Aeropuerto
internacional
de San Diego

Pacific Hwy

UPTOWN

6th Ave

NORTH PARK

Fairmount Ave

POINT
LOMA

Cabrillo Memorial Dr

Harbor Dr

San Diego
Zoo

Véase "Balboa Park,
Bankers Hill y
Hillcrest", p. 633

Sunset Cliffs
Park

Cabrillo Blvd

H&M
Landing

Harbor Island

DOWNTOWN

Balboa Park

Market St

Véase "Downtown
San Diego", p. 636

SHELTER
ISLAND

Base aérea de la
Marina de EEUU
de North Island

Petco
Park

National Ave

43rd St

Cabrillo
National
Monument

CORONADO

Coronado Historical
Association y
centro de visitantes

Glorietta
Bay Inn

Coronado
Bay Bridge

Harbor Dr

8th St

Point Loma

Faro del Old
Point Loma

Hotel del
Coronado

Bahía de
San Diego

National City Blvd

Ferri a la isla
de Sta. Catalina

Silver Strand Blvd

NATIONAL
CITY

OCÉANO
PACÍFICO

Silver Strand
State Beach

Tijuana
(9 mi)

días, así que lo mejor es planificar todo bien en **centro de visitantes del Balboa Park** (plano p. 633; ☎619-239-0512; www.balboapark.org; House of Hospitality, 1549 El Prado; ⊙9.30-16.30), donde tienen planos (donativo recomendado 1 US$) y horarios.

★ **San Diego Zoo**   ZOO
(plano p. 633; ☎619-231-1515; www.sandiegozoo.org; 2920 Zoo Dr; pase 1 día adultos/niños desde 46/36 US$; pase 2 visitas al zoo y/o Safari Park adultos/niños 82/64 US$; ⊙9.00-21.00 med jun-ppios sep, hasta 17.00 o 18.00 ppios sep-med jun; P 🖼) 🖋 Es una de las grandes atracciones de SoCal. Aquí viven más de 3000 animales de más de 800 especies repartidas por un paraje precioso, en recintos que imitan sus hábitats naturales. Su hermano, el San Diego Zoo Safari Park (p. 662), está al norte del condado. Se recomienda llegar temprano, cuando la mayoría de los animales se muestran más activos; si bien algunos vuelven a desperezarse al atardecer. En la entrada facilitan planos del lugar.

Balboa Park Museums   MUSEO
(www.balboapark.org; Balboa Park; Passport (entrada para cada museo para 1 semana) adultos/niños 53/29 US$, Stay Day (5 museos en 1 día) 43 US$; Combo Pass (Passport más zoo) adultos/niños 89/52 US$) Entre los museos del parque destacan el **Reuben H Fleet Science Center** (plano p. 633; ☎619-238-1233; www.rhfleet.org; 1875 El Pra-

do; adultos/niños 13/11 US$, incl. Giant Dome Theater 17/14 US$; ⊙10.00-17.00 lu-ju, hasta 18.00 vi-do; 🖼), con proyecciones en una gigantesca cúpula; el **San Diego Natural History Museum** (plano p. 633; ☎619-232-3821; www.sdnhm.org; 1788 El Prado; adultos/niños 17/11 US$; ⊙10.00-17.00; 🖼); el **San Diego Museum of Art** (SDMA; plano p. 633; ☎619-232-7931; www.sdmart.org; 1450 El Prado; adultos/niños 12/4,50 US$; ⊙10.00-17.00 lu-ma y ju-sa, desde 12.00 do, también 17.00-21.00 ju jun-sep), el más grande de la ciudad; el **Timken Museum of Art** (plano p. 633; ☎619-239-5548; www.timkenmuseum.org; 1500 El Prado; ⊙10.00-16.30 ma-sa, desde 13.30 do) GRATIS, con obras de Rembrandt, Rubens, El Greco, Cézanne y Pissarro; y el **Mingei International Museum** (plano p. 633; ☎619-239-0003; www.mingei.org; 1439 El Prado; adultos/niños 8/5 US$; ⊙10.00-17.00 ma-do; 🖼), con artesanía popular de todo el mundo.

Otros museos son el **San Diego Model Railroad Museum** (plano p. 633; ☎619-696-0199; www.sdmrm.org; Casa de Balboa, 1649 El Prado; adultos/menores 6 años 8 US$/gratis; ⊙11.00-16.00 ma-vi, hasta 17.00 sa y do; 🖼), el **Museum of Photographic Arts** (plano p. 633; ☎619-238-7559; www.mopa.org; Casa de Balboa, 1649 El Prado; adultos/estudiantes/niños 8/6 US$/gratis; ⊙10.00-17.00 ma-do, hasta 21.00 ju fin may-ago), el **Spanish Village Art Center Artist Colony** (plano p. 633; ⊙11.00-16.00) GRATIS y el **Marie Hitchcock Puppet Theater** (plano

---

SAN DIEGO EN...

Es fácil pasar casi una semana en San Diego, pero si el tiempo apremia, aquí hay un itinerario rápido, más relajado si se cuenta con vehículo propio.

Un día

Se desayuna con los lugareños en el **Gaslamp Quarter** y después se pasea por el **Old Town State Historic Park** (p. 634) para conocer un poco de historia del lugar antes de almorzar en un mexicano. La tarde se dedica al **San Diego Zoo**, uno de los mejores zoos del mundo, y, si el tiempo lo permite, a algunos de los museos o jardines del cautivador **Balboa Park** (plano p. 633). Para cenar y salir de copas, se puede ir al moderno **East Village** o regresar al Gaslamp Quarter, con muchos restaurantes con terrazas, ideales para ver pasar a la gente, y opciones de ocio de todo tipo.

Dos días

Se toma el ferri a Coronado para desayunar con vistas al mar en el Hotel del Coronado (p. 635) y después se disfruta del sol y el mar californianos en las playas de **Mission** y **Pacific**. Por la tarde, se va a **La Jolla**, con la **Torrey Pines State Natural Reserve** (p. 654), el **Birch Aquarium at Scripps** (p. 654) o kayak por **cuevas marinas**, o se prueba a **volar sin motor** o visitar **La Jolla Village**, con sus edificios de estilo español de los años veinte y tiendas. Al caer el sol se puede ir a **Del Mar** a brindar o acomodarse en uno de los restaurantes de la azotea en **Del Mar Plaza** (1555 Camino Del mar) mientras el cielo se torna naranja y funde a negro.

Balboa Park, Bankers Hill y Hillcrest

p. 633; ☑619-685-5990; www.balboaparkpuppets. com; Balboa Park; entrada 5,50 US$; ⓧ11.00, 13.00 y 14.30 mi-do fin may-ppios sep, más reducido ppios sep-fin may; ⬤).

⦿ Downtown San Diego

En el s. XIX, el centro de San Diego era territorio de *saloons,* casas de apuestas, burdeles y fumaderos de opio. Hacia 1960, las cosas habían empeorado, pues la cosa derivó en una zona de chabolas, pensiones de mala muerte y baruchos. Pero gracias al buen estado de sus estructuras y a un movimiento local de conservación, los edificios históricos se restauraron y toda zona se rebautizó como **Gaslamp Quarter.** Hoy, el centro está lleno de restaurantes, locales nocturnos y teatros entre farolas del s. XIX, árboles y aceras de ladrillos. Un puñado de tiendas para adultos y un número considerable de gente sin techo son el vestigio de los viejos tiempos.

Para conocer la historia del Gaslamp se pueden visitar el **Gaslamp Museum & William Heath Davis House** (www.gaslampquarter.org; 410 Island Ave; adultos/jubilados y estudiantes 5/4 US$, circuito a pie 10/8 US$; ⓧ10.00-18.00

Balboa Park, Bankers Hill y Hillcrest

◉ Principales puntos de interés
1. Mingei International Museum D4
2. San Diego Zoo C3

◉ Puntos de interés
3. Balboa Park Gardens.............................C4
4. Marie Hitchcock Puppet Theater..........C4
5. Museum of Photographic Arts D4
6. Reuben H Fleet Science Center D4
   San Diego Model Railroad
   Museum................................. (véase 5)
7. San Diego Museum of Art D4
8. San Diego Natural History
   Museum...D4
9. Spanish Village Art Center Artist
   Colony...D3
10. Timken Museum of Art...........................D4

◉ Dónde dormir
11. La Pensione Hotel A5

◉ Dónde comer
12. Baja Betty's..D1
13. Bencotto A5
14. Bread & Cie... B1
15. Cucina Urbana B4
16. East Village Asian Diner B1
17. Filippi's Pizza Grotto............................. A5
18. Juniper & Ivy A5
19. Prado...D4

◉ Dónde beber y vida nocturna
20. Ballast Point Tasting Room &
    Kitchen A5
21. El Camino.. A4
22. Nunu's Cocktail Lounge........................ B2
23. Urban Mo's B1
24. Waterfront A5

◉ Ocio
25. Casbah A4
26. Old Globe Theaters................................C4

ma-sa, 9.00-15.00 do, circuito a pie 11.00 sa), el **San Diego Chinese Historical Museum** (404 3rd Ave; ◷10.30-16.00 ma-do) GRATIS y el **US Grant Hotel** (☎619-232-3121; 326 Broadway).

Al lado, el East Village es un núcleo de fascinante arquitectura moderna, como el estadio de béisbol **Petco Park** (☎619-795-5011; www.padres.com; 100 Park Blvd; circuitos adultos/ niños/jubilados 12/8/9 US$; ◷circuitos 10.30 y 12.30 do-vi, 10.30, 12.30 y 15.00 fuera de temporada; ⊕) o la impresionante nueva **blibilioteca principal** (www.sandiego.gov/public-library; 330 Park Blvd; ◷12.00-20.00 lu, mi y vi, 9.30-17.30 ma y ju, 9.30-14.30 sa, 13.00-17.00 do), ambos abiertos al público.

Museum of Contemporary Art MUSEO
(MCASD Downtown; ☎858-454-3541; www.mcasd. org; 1001 Kettner Blvd; adultos/menores 25 años/ jubilados 10 US$/gratis/5 US$, 17.00-19.00 3er ju de mes gratis; ◷11.00-17.00 ju-ma, hasta 19.00 3er ju de mes) Exposiciones temporales de arte variado e innovador en sus sedes del centro y La Jolla (p. 653). Frente al edificio principal, una sección de la renovada estación de trenes de San Diego alberga la colección permanente, con obras de Jenny Holzer y Richard Serra. Las entradas son válidas para siete días en todas las sedes.

★**New Children's Museum** MUSEO
(www.thinkplaycreate.org; 200 W Island Ave; entrada 10 US$; ◷12.00-16.00 do, 1.00-16.00 lu y mi-sa; ⊕) Este museo infantil interactivo, abierto en el 2008, incluye instalaciones que introducen en los principios del movimiento y de la Física, a la vez que se ve arte arte y se puede corretear. Las exposiciones cambian cada 18 meses, así siempre hay algo nuevo que ver.

◉ Little Italy

Esta zona fue fundada a mediados del s. xix por emigrantes italianos; en su mayoría pescadores y sus familias, que vivían del *boom* de la industria del pescado y del comercio del *whisky*.

En los últimos años, el barrio italiano ha sumado fascinantes edificios, galerías, restaurantes *gourmet* y estudios de diseño y de arquitectura. Además, los bares y restaurantes hacen que sea uno de los barrios más de moda de la ciudad.

◉ Old Town

En 1821, la zona a los pies del Presidio (fuerte) se convirtió en el primer asentamiento mexicano oficial en California: el **Pueblo de San Diego**.

En 1968, la zona recibió el nombre **Old Town State Historic Park** (☎619-220-5422; www.parks.ca.gov; 4002 Wallace St; ◷centro de visitantes y museos 10.00-16.00 oct-abr, hasta 17.00 may-sep; ℗⊕) GRATIS, empezaron los trabajos arqueológicos y se restauraron los pocos edificios originales que permanecían en pie.

Destacan el **centro de visitantes del parque** y un excelente **museo de historia** en la Robinson-Rose House, en el lado sur de la plaza, además de la **Whaley House** (☑619-297-7511; www.whaleyhouse.org; 2476 San Diego Ave; adultos/niños antes 17.00 6/4 US$, después de 17.00 10/5 US$; ☺10.00-22.00 fin may-ppios sep, 10.00-17.00 lu-ma, hasta 22.00 ju-sa ppios sep-fin may), el edificio de ladrillo más antiguo de la ciudad, adyacente a **El Campo Santo** (San Diego Ave entre Arista St y Conde St), un cementerio de 1849 con 20 tumbas, cada una con su historia. El **Junípero Serra Museum** (☑619-297-3258; www.sandiegohistory.org; 2727 Presidio Dr; adultos/niños 6/3 US$; ☺10.00-16.00 sa y do med sep-med may, hasta 17.00 sa y do med may-med sep; (P)(♿)) lleva el nombre del fraile mallorquín que fundó el primer asentamiento español en California en 1769 y muestra piezas de los períodos misionero y ranchero de la ciudad. La **Misión-Basílica San Diego de Alcalá** (☑619-281-8449; www.missionsandiego.com; 10818 San Diego Mission Rd; adultos/niños 3/1 US$; ☺9.00-16.30; (P)) se trasladó a 11 km de distancia y merece una visita.

◉ Embarcadero y el frente marítimo

Al sur y al oeste del Gaslamp Quarter, el cuidado paseo marítimo de San Diego se alarga por Harbor Dr, cuna de excelentes museos navales y de fauna marina, además de ser un lugar ideal para pasear o correr (o para ver correr a marineros de EE UU).

★**USS Midway Museum**   MUSEO
(☑619-544-9600; www.midway.org; 910 N Harbor Dr; adultos/niños 20/10 US$; ☺10.00-17.00, último acceso 16.00; (P)(♿)) Museo en un enorme portaaviones (1945-1991), con 25 aviones restaurados en cubierta. La entrada incluye un audiocircuito por la sala de mando del almirante, el calabozo y el control de vuelo.

★**Maritime Museum**   MUSEO
(☑619-234-9153; www.sdmaritime.org; 1492 N Harbor Dr; adultos/niños 16/8 US$; ☺9.00-21.00 fin may-ppios sep, hasta 20.00 ppios sep-fin may; (♿)) Es fácil ver los mástiles de 30 m de la *Star of India*, una fragata con casco de acero y velas cuadras que cubría la ruta comercial Inglaterra-India.

◉ Coronado

Refugio del bullicio de la ciudad al otro lado de la bahía desde el centro, la historia de Coronado es, en muchos sentidos, la del Hotel del Coronado, inaugurado en 1888 y epicentro de una de las zonas de veraneo más de

moda de la Costa Oeste. El centro de visitantes de Coronado (p. 651) está en el **Coronado Museum of History and Art,** con circuitos históricos a pie (90 min). La **Coronado Municipal Beach** (aparcamiento hasta 8 US$; (♿)) siempre figura entre las 10 mejores playas del país, y poco más de 7 km al sur de Coronado Village está la **Silver Strand State Beach** (☑619-435-5184; www.parks.ca.gov; 5000 Hwy 75; por automóvil 10-15 US$; (♿)); ambas disfrutan de aguas tranquilas y templadas.

★**Hotel del Coronado**   HOTEL
(☑800-582-2595, 619-435-6611; www.hoteldel.com; 1500 Orange Ave; (♿)) Pocos hoteles del mundo son tan reconocibles o queridos como 'El Del'. Considerado el mayor *resort* del mundo cuando se abrió, en 1888, el edificio principal, de madera y encalado, tiene torres cónicas, cúpulas, torretas, balcones y ventanas en los tejados, pero buena parte de su fama se la debe a que fue escenario de la película *Con faldas y a lo loco*. El interior, de madera pulida, tiene un ambiente acogedor que invita a soñar despierto con trajes de lino y sombreros Panamá.

◉ Point Loma

En los mapas parece una trompa de elefante que custodia la entrada a la bahía de San Diego. Cuenta con el Cabrillo National Monument (en la punta de la trompa), la zona de compras y restaurantes de Liberty Station (p. 651; en la base) y marisquerías junto al puerto.

Cabrillo National Monument   MONUMENTO
(☑619-557-5450; www.nps.gov/cabr; 1800 Cabrillo Memorial Dr; por automóvil/caminante 5/3 US$, válido 7 días; ☺9.00-17.00; (P)) Sobre una colina en la punta de la península, es el mejor lugar de San Diego para disfrutar de la historia, las vistas y de paseos en la naturaleza. También es el mejor punto de la ciudad para ver desde tierra firme la migración de las ballenas grises (ene-mar).

El **centro de visitantes** ofrece una completa exposición sobre el viaje que el portugués Juan Rodríguez Cabrillo realizó en 1542 por la costa californiana. También hay exposiciones sobre los nativos y la historia natural de la zona.

◉ Ocean Beach

Es el barrio costero más bohemio de San Diego, rebosante de pelos desaliñados, barbas y

Downtown San Diego

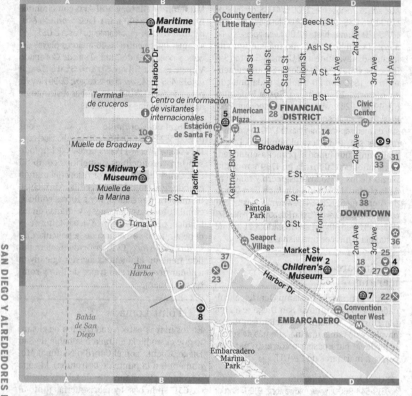

body art; es fácil tatuarse, comprar antigüedades y entrar descalzo y sin camiseta en un restaurante. Newport Ave, la calle principal, es un compacto barrio con bares y tiendas de surf, música, ropa de segunda mano y antigüedades.

Mission Bay, Mission Beach y Pacific Beach

La gran atracción junto a la Mission Bay es el SeaWorld, mientras que las vecinas Mission Beach, Ocean Beach y Pacific Beach son el SoCal de las películas.

SeaWorld San Diego PARQUE TEMÁTICO
(☎800-257-4268; www.seaworldsandiego.com; 500 SeaWorld Dr; adultos/3-9 años 84/78 US$; ☉a diario; P☺) Abierto en 1964, aún es uno de los parques temáticos más populares de California. Muchos visitantes pasan el día en él, entre espectáculos, atracciones y exposiciones;

se recomienda conseguir un plano para organizar la visita según los eventos programados.

Hay que destacar los espectáculos con delfines, leones marinos y orcas amaestrados. El '**One Ocean**' es el más impresionante: 30 min con la famosa orca Shamu y sus congéneres, que juegan entre ellos, con sus entrenadores y el público.

Pero el parque incluye muchas otras instalaciones para ver fauna marina y aprender sobre ella. En el **Penguin Encounter** varias especies de pingüino comparten un hábitat antártico; y en el **Shark Encounter** se ven diferentes tipos de tiburones a través de un túnel transparente de 17 m. También hay atracciones, como la nueva montaña rusa **Manta Ray**, que recorre el parque a casi 70 km/h; el **Journey to Atlantis**, que combina la montaña rusa de agua y la seca; o el **Wild Arctic**, que simula un vuelo en helicóptero seguido de una excursión ante belugas y osos

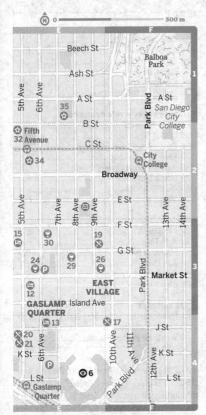

polares. En temporada alta, suelen haber largas colas para todo.

Los parques temáticos como este han sido motivo de polémica en los últimos años. El SeaWorld sostiene que trabaja por la conservación, el rescate, la rehabilitación, la cría y la investigación animal, pero las organizaciones de protección de los animales cuestionan su existencia, pues, argumentan que mantienen a la fauna marina en cautividad, en condiciones de vida y trato perjudiciales y estresantes, y que todo ello se acentúa con la interacción humana. En el 2004 un proyecto de ley del estado de California proponía poner fin a los espectáculos con orcas, pero fue pospuesto para su revisión a fondo.

Un día en el SeaWorld puede salir caro, con anuncios y tiendas omnipresentes que invitan a gastar. Dicho esto, suele haber buenas ofertas en entradas para varios días o combinadas con otros parques, incluidos San Diego Zoo, el Wild Animal Park, los Universal Studios Hollywood y/o Disneyland; pregúntese en las oficinas de turismo y en los hoteles. Para ahorrar en comida, cada temporada hay bonos de bufé libre válidos en varios restaurantes; otra opción consiste en llevar una nevera portátil y usar los merenderos que hay a la entrada del parque para comer (pídase el sello para volver a entrar al parque).

Para llegar en automóvil, hay que tomar SeaWorld Dr desde la I-5 a menos de 1,6 km al norte de donde se cruza con la I-8. El aparcamiento cuesta 15 US$. En transporte público, consúltese el Metropolitan Transit System (p. 652). Algunos hoteles ofrecen traslados directos.

Mission Bay
AIRE LIBRE

Es una zona recreativa de 18 km² al este de Mission Beach y Pacific Beach con 43 km de costa y 36 Ha de parques entre islas, calas y penínsulas. La vela, el *windsurf* y el kayak dominan el noroeste de la misma, mientras que los alrededores de la isla de Fiesta son para el esquí acuático. Hacer volar cometas es algo tan popular en el Mission Bay Park como el voleibol de playa de Fiesta. Hay senderos para recorrer en bicicleta o con patines.

Belmont Park
PARQUE DE ATRACCIONES

(plano p. 640; ☎858-458-1549; www.belmontpark.com; 3146 Mission Blvd; por atracción 2-6 US$, pase todo incl. diario adultos/niños 27/16 US$; ⊙desde 11.00 a diario, el cierre puede variar; Ⓟ) En el lado sur de Mission Beach, este familiar y antiguo (1925) parque de atracciones tiene una gran piscina interior, the Plunge, y una clásica montaña rusa de madera, el Giant Dipper, de trayecto vertiginoso, además de autos de choque, un tiovivo y otras atracciones tradicionales.

🏃 Actividades

Surf

Muchos han fijado su residencia en esta ciudad por el surf (p. 642), también con olas para principiantes.

Para informarse del estado de las playas, el tiempo y el surf, llámese a San Diego County Lifeguard Services (☎619-221-8824).

Las tarifas de alquiler varían, pero rondan los 15/45 US$ h/día por las tablas de iniciación y 7/28 US$ para los trajes de neopreno. Hay equipamiento y/o clases impartidos por operadores como Pacific Beach Surf School (plano p. 640; ☎858-373-1138; www.pbsurfshop.com; 4150 Mission Blvd; ⊙tienda 9.00-19.00,

Downtown San Diego

clases cada hora hasta 16.00) y **Bob's Mission Surf** (plano p. 640; ☎858-483-8837; www.mission-surf.com; 4320 Mission Blvd, Pacific Beach).

Submarinismo y buceo de tubo

Cerca de la costa hay bosques de *kelp* (algas), pecios (p. ej., el *Yukon*, un destructor de la II Guerra Mundial hundido cerca de Mission Beach en el 2000) y profundas gargantas habitadas por rayas murciélago, pulpos y calamares. Consúltese el estado de las aguas antes de sumergirse con San Diego County Lifeguard Services (☎619-221-8824).

Pesca

Los muelles de pesca más populares son los de Imperial Beach, Embarcadero Fishing, Shelter Island Fishing, Ocean Beach y Crystal en Pacific Beach. En general, cuando más pican es de abril a octubre. En alta mar se pueden pescar barracudas, meros y jureles, y en verano, albacora. Para la pesca en alta mar se necesita una licencia estatal (1/2 días/año natural 15/23/46 US$) para mayores de 16 años, disponible con los operadores de pesca, que la suman a las tarifas por circuito (desde 46/36 US$ adultos/niños medio día), como **H&M Landing** (☎619-222-1144; www.hmlanding.

com; 2803 Emerson St, Point Loma), **Point Loma Sport Fishing** (☎619-223-1627; www.pointlomasportfishing.com; 1403 Scott St, Point Loma) y **Seaforth Sportfishing** (☎619-224-3383; www.seaforthlanding.com; 1717 Quivira Rd, Mission Bay).

Navegación

En **Mission Bay Sportcenter** (plano p. 640; ☎858-488-1004; www.missionbaysportcenter.com; 1010 Santa Clara Pl) y **Resort Watersports** (plano p. 640; ☎858-488-2582; www.resortwatersports.com), ambos en la Mission Bay, alquilan lanchas de motor (desde 125 US$/h), veleros (desde 24 US$/h), kayaks (desde 13 US$/h) y canoas.

Kayak

El kayak marino es ideal para ver fauna y explorar acantilados y calas inaccesibles por tierra. **Family Kayak** (☎619-282-3520; www.familykayak.com; adultos/niños desde 44/18 US$; ⊞) ofrece circuitos guiados y clases.

Navegación a vela

Quienes tengan experiencia pueden alquilar todo tipo de barcos, de catamaranes a yates, a precios desde 135 US$/4 h hasta lo que se quiera. Dos operadores de la zona de Harbor

Island (al oeste de la bahía de San Diego, cerca del aeropuerto) son **Harbor Sailboat** (☎619-291-9568, 800-854-6625; www.harbors ailboats.com; Suite 104, 2040 Harbor Island Dr) y **Harbor Yacht Clubs** (☎800-553-7245; www. harboryc.com; 1880 Harbor Island Dr).

Observación de ballenas

Las ballenas grises pasan por San Diego entre mediados de diciembre y finales de febrero, camino al sur, a Baja California, y hacia mediados de marzo, de regreso a Alaska. Se pueden ver desde tierra firme, en el Cabrillo National Monument (p. 635), o con un circuito.

Circuitos

Old Town Trolley Tours & Seal Tours   EN AUTOBÚS
(☎888-910-8687; www.trolleytours.com; adultos/niños 39/19 US$) Autobuses descubiertos de bajada libre y ruta circular para ver los principales puntos de interés del centro de la ciudad y Coronado. También hay circuitos anfibios de 90 min, los Seal Tours, que salen de **Seaport Village** (☎619-235-4014; www.seaportvillage.com; ⊙10.00-22.00 verano).

San Diego Scenic Tours   EN AUTOBÚS
(www.sandiegoscenictours.com; adultos/niños desde 38/19 US$) Circuitos de medio día y día entero por San Diego y Tijuana (México); algunos incluyen tiempo para ir de compras y almorzar, y otros que se pueden combinar con un crucero por el puerto.

Flagship Cruises   EN BARCO
(☎619-234-4111; www.flagshipsd.com; 990 N Harbor Dr; circuitos adultos/niños desde 23/11,50 US$; 🅿) Ofrece circuitos por el puerto y para ver ballenas (en temporada) desde el Embarcadero, de una a varias horas de duración.

🎊 Fiestas y celebraciones

Marzo/abril

San Diego Crew Classic   DEPORTES
(www.crewclassic.org; ⊙fin mar/ppios abr) La regata universitaria nacional se celebra en la Mission Bay.

Junio

Rock 'n' Roll Marathon   DEPORTES
(www.runrocknroll.competitor.com; ⊙ppios jun) Con actuaciones en directo en cada mojón de milla de la maratón y un gran concierto en la meta.

San Diego County Fair   FERIA
(www.sdfair.com; recinto ferial de Del Mar; ⊙ppios jun-ppios jul) Más de un millón de personas disfrutan de conciertos, atracciones, espectáculos y comida de feria (y otras más sanas).

SAN DIEGO PARA NIÑOS

San Diego es uno de los mejores destinos de EE UU para ir en familia y con niños:

El zoo (p. 632) es tan fantástico como lo pintan y más. Se puede dedicar un día a ver el resto de Balboa Park (p. 632), uno de los mejores conjuntos museísticos del país. El Reuben H Fleet Science Center (p. 632), el Model Railroad Museum (p. 632) y el Natural History Museum (p. 632) están pensados para los niños, y las plazas, fuentes y jardines son ideales para que los pequeños correteen y jueguen.

Los pequeños y no tan pequeños disfrutarán en el Old Town State Historic Park (p. 634) y en los restaurantes mexicanos de la zona.

En la costa está el SeaWorld (p. 636), otro parque emblemático (hay entradas especiales y combinadas para ahorrar). Coronado es un sitio tranquilo y se puede ir a ver el Hotel Del Coronado (p. 635) y la biblioteca pública. El Cabrillo National Monument (p. 635) impresiona y su museo habla sobre los exploradores españoles que pasaron por el lugar.

Los adolescentes se sentirán como peces en el agua entre surfistas, ciclistas y patinadores en las playas de Mission y Pacific. El Birch Aquarium at Scripps (p. 654) de La Jolla entretiene y educa. Los niños más inquietos pueden practicar buceo con tubo en la cala de La Jolla (p. 654).

Al norte del estado está Legoland (p. 661), un parque ideal para los menores de 12 años (y los padres admirarán las construcciones de millones de ladrillos). En el interior, el San Diego Zoo Safari Park (p. 662) también está muy bien.

Julio

Apertura de temporada del hipódromo de Del Mar
DEPORTES

(www.dmtc.com; ⊙med-fin jul) Sombreros imposibles, cócteles y buen ambiente dan el pistoletazo de salida a la temporada de carreras hípicas, a comienzo de septiembre.

San Diego LGBT Pride
FESTIVAL

(www.sdpride.org; ⊙fin jul) El festival de la comunidad LGBT se celebra en Hillcrest y el Balboa Park a finales de mes, con desfiles, fiestas, actuaciones, eventos de arte y otros.

Comic-Con International
SALÓN DE CÓMIC

(www.comic-con.org; San Diego Convention Center; ⊙fin jul) La mayor cita de EE UU dedicada al coleccionismo de comics, la cultura pop y el *merchandising* de cine ha pasado de ser muy friki a marcar tendencia.

Septiembre

Fleet Week
MILITAR

(www.fleetweeksandiego.org; ⊙med sep-ppios oct) El Ejército de EE UU se exhibe orgulloso en varios eventos: un desfile marino y aéreo, visitas a navíos, el Miramar Air Show y el Coronado Speed Festival, con vehículos *vintage*.

Octubre

Little Italy Festa
COMIDA, CULTURA

(www.littleitalysd.com; ⊙med oct) Celebra los sabores y aromas de la vieja Italia. Se exhibe *gesso* italiano: arte dibujado a tiza en plena calle.

Diciembre

December Nights
FESTIVAL NAVIDEÑO

(www.balboapark.org/decembernights; ⊙ppios dic) En el Balboa Park, con artesanía, villancicos y un desfile con velas.

🛏 Dónde dormir

San Diego Tourism tienen una **línea de reserva de habitaciones** (☎800-350-6205; www.sandiego.org).

🛏 Downtown San Diego

500 West Hotel
HOTEL **$**

(☎619-234-5252, 866-500-7533; www.500westhotelsd.com; 500 W Broadway; i/d con baño compartido desde 59/79 US$; @🛜) En este edificio de la YMCA de los años veinte las habitaciones son minúsculas (y sin a. a.) y muchos baños están en el pasillo, pero los modernos con poco presupuesto adoran su decoración colorista, pequeños televiso-

Mission Bay y playas

Mission Bay y playas

res, cocina comunitaria (o el restaurante tipo *diner*), gimnasio en la Y (10 US$) y proximidad a los autobuses de corto y largo recorrido.

HI San Diego Downtown Hostel ALBERGUE $
(☑619-525-1531; www.sandiegohostels.org; 521 Market St; dc 10/4 camas con baño compartido incl. desayuno desde 22/30 US$, d desde 75 US$; ✳@🛜) Muy bien situado en el Gaslamp Quarter, cerca del transporte público, restaurantes y bares, y con una amplia gama de habitaciones, algunas con baño privado. Organizan noches de cine y cenas en grupo. Acceso 24h.

★USA Hostels San Diego ALBERGUE $
(☑619-232-3100, 800-438-8622; www.usahostels.com; 726 5th Ave; dc/h con baño compartido incl. desayuno desde 33/79 US$; @🛜) Antiguo hotel de la época victoriana con mucho encanto y color. Ofrece habitaciones alegres (sin a. a.), cocina completa, salón de estar o para disfrutar de las fiestas, y barbacoas en la playa. El precio incluye la ropa de cama, taquilla y tortitas para desayunar. Está en la zona de marcha del Gaslamp.

★Hotel Solamar BOUTIQUE, CONTEMPORÁNEO $$
(☑877-230-0300, 619-531-8740; www.hotelsolamar.com; 435 6th Ave; h 169-299 US$; P✳@🛜🏊) Una gran opción en el Gaslamp: estilosa, moderna y nada cara. Desde

la piscina y el bar se ven los rascacielos del centro y de fondo suenan ritmos *lounge*. Las habitaciones son de líneas esbeltas y están decoradas en azul marino y con detalles rococó divertidos. Tiene un centro de *fitness*, material para la práctica del yoga, bicicletas y vino al anochecer gentileza de la casa. Aparcamiento 41 US$.

★La Pensione Hotel HOTEL-BOUTIQUE $$
(plano p. 633; www.lapensionehotel.com; 606 W Date St; h 110-159 US$; P✳🛜; 🚌5, 🚃Pacific Hwy y W Cedar St) Acogedor y recogido, y recién reformado, este hotel ofrece 68 habitaciones con enormes camas y baños privados alrededor de un patio decorado con pinturas al fresco. Cerca hay restaurantes, cafés y galerías, y casi todas las atracciones del centro. En la planta baja hay un bonito café. Aparcamiento 15 US$.

Sofia Hotel HOTEL-BOUTIQUE $$
(☑800-826-0009, 619-234-9200; www.thesofiahotel.com; 150 W Broadway; h desde 159 US$; P🚲@🛜🏊) Histórico hotel frente al Westfield Horton Plaza con 211 habitaciones, elegante mobiliario en madera oscura y estampados alegres, además de servicios de *spa*. También hay conserje, paseos guiados por el Glasslamp Quarter (sa y do) y un centro de *fitness* y yoga. Tiene tres restaurantes, incluidos los de las cadenas Coffee Bean y Tender Greens. Aparcamiento 30 US$.

LAS MEJORES PLAYAS DE SAN DIEGO

Elegir las mejores playas de San Diego es como comparar joyas en Tiffany's. La Coronado Municipal Beach (p. 635) figura siempre entre las 10 mejores del país, y el resto depende de lo que se busque.

'Bodysurf': Pacific Beach y La Jolla Shores. Los surfistas de *body* más expertos tienen en La Jolla las grandes olas de la playa de Boomer, cerca de la cala de La Jolla, y el tubo que rompe pegado a la costa de Windansea o la playa del final de Sea Lane.

Familiares: playas de Shell (La Jolla), 15th St (Del Mar) y Moonlight (Encinitas).

Nudistas: Black's Beach.

Surfistas, de sur a norte: Imperial Beach (mejor en invierno); Point Loma (rompientes de arrecife, menos accesible y con menos gente; mejor en invierno); Sunset Cliffs (Ocean Beach); Pacific Beach. En La Jolla: Big Rock (el *Pipeline* de California), Windansea (buen rompiente en arrecife, ideal con marea media y baja), La Jolla Shores (rompiente en arena, mejor en invierno) y Black's Beach (una ola rápida y potente). Cardiff State Beach; San Elijo State Beach (Cardiff); Swami's (Encinitas); Carlsbad State Beach y Oceanside.

Para adolescentes: Mission Beach y Pacific Beach.

★**US Grant Hotel** DE LUJO $$$
(☎619-232-3121, 800-237-5029; www.starwood.com; 326 Broadway; h desde 249 US$; P❉@☎) Este hotel de 1910 se ideó como el equivalente urbano al Hotel del Coronado y en él se han hospedado personalidades como Albert Einstein o Harry Truman. Su ostentoso y apacible vestíbulo combina tonos marrón chocolate y azul marino, mientras que las habitaciones lucen obras de arte originales en las cabeceras de la cama. Aparcamiento 39 US$.

Old Town

Cosmopolitan Hotel B&B HISTÓRICO $$
(☎619-297-1874; www.oldtowncosmopolitan.com; 2660 Calhoun St; h incl. desayuno 150-250 US$; ⊙recepción 9.00-21.00; P☎) En el Old Town State Park, esta casa de 1870 tiene 10 habitaciones y mucho encanto, muebles antiguos incluidos, pero no comodidades modernas como teléfonos o TV, aunque sí wifi gratis. El desayuno es muy básico: café con bollos. En el restaurante en la planta baja sirven almuerzos y cenas. Aparcamiento gratis.

Coronado

Glorietta Bay Inn B&B HISTÓRICO $$
(☎619-435-3101, 800-283-9383; www.gloriettabayinn.com; 1630 Glorietta Blvd; h incl. desayuno desde 219 US$; P❉@☎≋) A la sombra del vecino Hotel del Coronado y en parte una mansión neoclásica de 1908 (11 habitaciones en la mansión y 89 en edificios de dos plantas), este alojamiento ofrece habitaciones con muebles bonitos, camas mullidas y refinados productos de baño; las de la mansión, más caras, abundan más en lujos.

El Cordova Hotel HOTEL HISTÓRICO $$
(☎619-435-4131, 800-229-2032; www.elcordovahotel.com; 1351 Orange Ave; h desde 199 US$; ❉@☎≋) Muy acogedor. Ocupa una antigua casona española de 1902 y ofrece habitaciones alrededor de un patio con tiendas, restaurantes, piscina, *jacuzzi* y barbacoas. Las habitaciones tienen un encanto antiguo discreto.

★**Hotel del Coronado** HOTEL DE LUJO $$$
(Hotel Del; ☎619-435-6611, 800-468-3533; www.hoteldel.com; 1500 Orange Ave; h desde 289 US$; P❉❉❉@☎≋≋) Alojarse en este emblemático hotel es toda una experiencia: tiene más de un siglo de historia, piscina, un *spa* muy completo, tiendas, restaurantes, jardines impecables, una playa de arena blanca y una pista de patinaje sobre hielo en invierno. Incluso las habitaciones más sencillas disfrutan de lujosos baños de mármol. El edificio original es más auténtico que el de la década de 1970. Aparcamiento 37 US$.

Point Loma Area

HI San Diego Point Loma Hostel ALBERGUE $
(☎619-223-4778; www.sandiegohostels.org; 3790 Udall St; dc/h por persona con baño compartido incl. desayuno desde 19/33 US$; @☎) Está a un paseo de 20 min de la céntrica Ocean

Beach, en una gran zona residencial junto a un mercado y una biblioteca. Las habitaciones privadas son bonitas y salen muy bien. A menudo organizan cenas económicas, noches de cine y excursiones gratis. El autobús nº 923 circula por la cercana Voltaire St. No hay toque de queda ni aire acondicionado.

Pearl   MOTEL **$$**

(☑619-226-6100, 877-732-7574; www.the pearlsd.com; 1410 Rosecrans St; h 129-169 US$; P❋🐾🛜🏊) Con su decoración años cincuenta, este motel es más propio de Palm Springs. Las 23 habitaciones del edificio de 1959 están decoradas con tonos azules, detalles surfistas y peceras. En la zona de la piscina hay mucho movimiento (y las noches de los miércoles, cine), y en el elegante vestíbulo, lleno de alfombras, se puede jugar al parchís. Si se tiene el sueño ligero, pídase una habitación que no dé a la calle.

🛏 Ocean Beach

La zona queda en la trayectoria de despegue del aeropuerto de San Diego, por lo que se recomienda llevar tapones para los oídos.

Ocean Beach
International Hostel   ALBERGUE **$**

(plano p. 640; ☑619-223-7873, 800-339-7263; www.sandiegohostel.us; 4961 Newport Ave; dc 15-40 US$) Es la opción más económica del centro de Ocean Beach, a solo un par de manzanas del océano. Tiene un sitio sencillo, acogedor y divertido reservado a viajeros y educadores internacionales, y ofrece barbacoas, noches musicales, hogueras, etc., además de transporte gratis desde el aeropuerto y las estaciones de autobuses y de trenes. No hay aire acondicionado.

Inn at Sunset Cliffs   POSADA DE PLAYA **$$$**

(☑619-222-7901, 866-786-2453; www.innatsun setcliffs.com; 1370 Sunset Cliffs Blvd; h/ste desde 175/289 US$; P❋@🛜🏊) En el lado sur de Ocean Beach, para despertar con el sonido de las olas contra las rocas. Es una posada sencilla de 1965, pero encantadora, con un patio central lleno de flores y una pequeña piscina climatizada. Tiene 24 habitaciones aireadas y compactas, la mayoría con bonitos baños de piedra y azulejos y algunas con cocina completa. Aparcamiento gratis.

🛏 Pacific Beach y Mission Beach

Banana Bungalow   ALBERGUE **$**

(plano p. 640; ☑858-273-3060; www.bananabunga lowsandiego.com; 707 Reed Ave, Pacific Beach; dc/d 35/100 US$; 🛜; 🚍30) Muy bien situado en Pacific Beach, tiene ambiente de fiesta playera y está bastante limpio, pero es muy sencillo y permanentemente lleno. Los dormitorios compartidos son mixtos. El patio común queda frente a la pasarela de madera y es un buen sitio para tomar una cerveza y ver gente. No hay aire acondicionado.

Campland on the Bay   CAMPING **$**

(☑858-581-4260, 800-422-9386; www.campland. com; 2211 Pacific Beach Dr, Mission Bay; parcela tienda y autocaravana 45-238 US$, frente al mar desde 194 US$; P🛜🏊) Enfrente a la Mission Bay, tiene más de 16 Ha y de su oferta destacan un restaurante, dos piscinas, el alquiler de barcos, las conexiones para autocaravanas y las actividades al aire libre (de paseos en monopatín a sesiones de canto). El precio varía según la cercanía a la playa; se recomienda reservar. Descuentos en temporada baja.

Catamaran Resort Hotel   RESORT **$$**

(plano p. 640; ☑858-488-1081, 800-422-8386; www.catamaranresort.com; 3999 Mission Blvd; h desde 159 US$; P❋@🛜🏊) Los paisajes tropicales y la decoración *tiki* caracterizan a este *resort* que da a la Mission Bay (con fiestas *luau* en verano). El sinfín de actividades lo convierte en el alojamiento ideal para las familias (vela, kayak, tenis, ciclismo, patinaje, *spa*…) y permite embarcarse en el bote a pedales *Bahia Belle*. Las habitaciones están en edificios bajos o en una torre de 14 pisos, algunas con vistas y cocina completa.

Tower 23   HOTEL-BOUTIQUE **$$$**

(plano p. 640; ☑858-270-2323, 866-869-3723; www. t23hotel.com; 723 Felspar St, Pacific Beach; h desde 249 US$; P❋@🛜🏊) Para alojarse frente al mar en un hotel moderno muy bien situado, con decoración minimalista en tonos verdes azulados, detalles acuáticos y sentido del humor. No hay piscina, pero está frente a la playa. El restaurante, el **JRDN** (Jordan; plano p. 640; ☑858-270-5736; Tower 23 Hotel, 723 Felspar St; principales de desayuno y almuerzo 9-14 US$, cena 26-46 US$; ☺9.00-21.00 do-ju, hasta 21.30 sa y do) 🍽 es caro pero bueno. Aparcamiento 20 US$.

**Crystal Pier
Hotel & Cottages** CASITAS $$$
(plano p. 640; ☏858-483-6983, 800-748-5894;
www.crystalpier.com; 4500 Ocean Blvd; d 185-525
US$; P🐾📶) Alojamiento cautivador, maravi-
lloso y único en San Diego, en el muelle ho-
mónimo. Ofrece 29 casitas con cocina sobre
o con vistas al océano, la mayoría de 1939.
También hay más nuevas y grandes, de hasta
seis plazas. Para verano, resérvese con entre
8 y 11 meses de antelación. No hay aire acon-
dicionado. Aparcamiento gratis.

🍴 Dónde comer

A pesar de su ubicación fronteriza, la cocina
de San Diego no tiene el espíritu étnico de
Los Ángeles, si bien cada vez se apuesta más
por los productos locales y lo refinado. Los
fines de semana, es imprescindible reservar.

🍴 Balboa Park

★**Prado** CALIFORNIANA $$$
(plano p. 633; ☏619-557-9441; www.pradobalboa.
com; House of Hospitality, 1549 El Prado; principales
de almuerzo 12-21 US$, de cena 22-35 US$; ⏱11.30-
15.00 lu-vi, desde 11.00 sa y do, 17.00-21.00 do y
ma-ju, hasta 22.00 vi y sa) Para darse un festín
californiano en uno de los comedores más
bonitos de San Diego de la mano de uno de
los chefs más aclamados de la ciudad. Sándwiches *gourmet*, pollo con *orecchiette* (pasta)
y excelentes costillas de cerdo son algunas de
las opciones para saborear en el porche. En el
bar sirven cócteles y tentempiés.

🍴 Gaslamp Quarter

Café 222 DESAYUNOS $
(☏619-236-9902; www.cafe222.com; 222 Island
Ave; principales 7-11 US$; ⏱7.00-13.30) El mejor
lugar del centro para desayunar sirve (todo
el día) una famosa tostada con manteca de
cacahuete y plátano, tortitas con nata, pacanas
a la naranja o granola y huevos Benedict
o revueltos. Para almorzar, hay sándwiches
y ensaladas.

Gaslamp Strip Club PARRILLA $$
(☏619-231-3140; www.gaslampsteak.com; 340 5th
Ave; principales 14-24 US$; ⏱17.00-22.00 do-ju, has-
ta 24.00 vi y sa) El comensal elige el vino de la
bodega y se asa el bistec, el pollo o el pescado
que desee en este local al estilo antiguo de
Las Vegas, el mejor del centro para comer
carne, ensaladas y pan de ajo, que también se
tuesta el propio comensal. Ningún vino/filete
supera los 36/25 US$. También cabe destacar

los creativos *martinis* y la decoración a base
de dibujos de chicas *pin-up* de Alberto Var-
gas. Es un lugar muy divertido, para mayores
de 21 años.

Dick's Last Resort COMIDA DE PUB $$
(☏619-231-9100; www.dickslastresort.com; 345 5th
Ave; almuerzo 9-20 US$, cena 12-24 US$; ⏱11.00-
1.30) Legendario bar y asador con un ambiente de lo más desenfadado para beber cerveza
y/o comer hamburguesas, costillas de cerdo
o pollo y pescado frito, mientras el personal
le hace al cliente un gigantesco capirote con
el mantel de papel.

Oceanaire PESCADO Y MARISCO $$$
(☏619-858-2277; www.theoceanaire.com; 400 J St;
principales 23-52 US$; ⏱17.00-22.00 do-ju, hasta
23.00 vi y sa) Con una decoración *art déco*
de transatlántico tan elegante y distingui-
da como el servicio, este restaurante tiene
una barra de ostras y platos como pastel de
cangrejo azul de Maryland o fletán de Alas-
ka rebozado en *wasabi*. La variable *happy
hour* incluye ostras y tacos de pescado a buen
precio en el bar.

🍴 East Village

Basic PIZZERÍA $
(☏619-531-8869; www.barbasic.com; 410 10th Ave;
pizza pequeña/grande desde 9/14 US$; ⏱11.30-
2.00) Antiguo almacén de techos altos donde
disfrutar de *pizzas* fragantes, finas y crujien-
tes al estilo New Haven (napolitano) al hor-
no de leña. Los ingredientes van de lo más
común a lo más novedoso, puré de patata
incluido. Para acompañar, nada mejor que
una cerveza (artesanal) o un cóctel.

Café Chloe FRANCESA $$
(☏619-232-3242; www.cafechloe.com; 721 9th Ave;
desayuno 7-12 US$, almuerzo 11-17 US$, cena 20-29
US$; ⏱7.30-22.00 lu-vi, 8.30-22.30 sa, 8.30-21.30
do) Este sencillo bistró francés propone
platos estándar e innovadores, siempre
perfectos. Los macarrones con queso son
con panceta y queso azul francés gratinado,
y el bistec con patatas fritas se sirve con
mantequilla a las finas hierbas y ensalada.
El *brunch* del fin de semana incluye fantásticos platos de huevos.

🍴 Bankers Hill y Old Town

En los enormes restaurantes mexicanos de
San Diego Ave, laboriosas cocineras elaboran

casi 210 000 tortitas frescas al mes. La mayoría de ellos tienen también buenos bares.

★**Cucina Urbana**　CALIFORNIANA, ITALIANA **$$**
(plano p. 633; ☎619-239-2222; 505 Laurel St, Bankers Hill; almuerzo 10-23 US$, cena 12-28 US$; ⏱11.30-14.00 ma-vi, 17.00-21.00 do y lu, 17.00-22.00 ma-ju, 17.00-24.00 vi y sa) En este local de ambiente rústico-moderno se cierran negocios, se celebran ocasiones especiales y se hacen amigos mientras se saborean platos refinados y asequibles de cocina ítalocaliforniana como *pappardelle* con ternera, *pizzas* de setas silvestres y queso taleggio, puerros estofados y elegantes cócteles y *brewskies* locales.

Fred's　MEXICANA **$$**
(☎619-858-8226; 2470 San Diego Ave; principales 9-15 US$; ⏱11.00-23.00 do, lu, mi y ju, hasta 24.00 ma, vi y sa) Cada noche la gente con ganas de fiesta y presupuesto ajustado se da cita en este ruidoso bar.

Old Town Mexican Café　MEXICANA **$$**
(☎619-297-4330; www.oldtownmexcafe.com; 2489 San Diego Ave; principales 4-16 US$; ⏱7.00-2.00; ♿) Siempre lleno y ruidoso.

El Agave　MEXICANA **$$$**
(☎619-220-0692; www.elagave.com; 2304 San Diego Ave; almuerzo 12-20 US$, cena 22-40 US$; ⏱11.00-22.00; ℗) Mexicano sofisticado y sutil, con un mole excelente y 1500 variedades de tequila.

✕ North Park y Hillcrest

El sector de la restauración está en pleno apogeo en esta zona de San Diego, al norte del centro de la ciudad.

Bread & Cie　PANADERÍA, CAFÉ **$**
(plano p. 633; www.breadandcie.com; 350 University Ave, Hillcrest; principales 6-11 US$; ⏱7.00-19.00 lu-vi, hasta 18.00 sa, 8.00-18.00 do; ℗) Además de hornear algunos de los mejores panes de San Diego (p. ej., uno de olivas negras de Kalamata y pasas, o el de anís

e higos) y bollería excelente, preparan fabulosos sándwiches como el de ensalada de pollo al curri o el de jamón de la Selva Negra, y almuerzos para llevar por 11 US$.

★**Urban Solace**　CALIFORNIANA **$$**
(☎619-295-6464; www.urbansolace.net; 3823 30th St, North Park; principales de almuerzo 10-23 US$, de cena 17-27 US$; ⏱11.30-22.00 lu-ju, hasta 23.00 vi, 17.00-23.00 sa, 17.00-21.00 do) Los jóvenes sibaritas y modernos de North Park se deleitan con la comida casera de este restaurante: hamburguesa *bluegrass* (pastel de carne picada de cordero y cerdo, higos, piñones y queso feta), Duckaroni (macarrones con queso y confit de pato) o el pollo con bolas de masa. El ambiente es muy relajado para semejante ágape, quizá por el mojito de burbon.

Waypoint Public　GASTROPUB **$$**
(☎619-255-8778; www.waypointpublic.com; 3794 30th St, North Park; principales 9-21 US$; ⏱16.00-1.00 lu-vi, desde 10.00 sa y do) Comida casera y cervezas artesanales. Hay sopa *minestrone* de tomate ahumado y queso rallado, y hamburguesa con mozzarella, carne de cerdo deshebrada, salsa tomatillo, huevo frito y encurtidos picantes, entre otros. Los grandes ventanales dan al concurrido North Park.

East Village
Asian Diner　ASIÁTICA DE FUSIÓN **$$**
(plano p. 633; ☎619-220-4900; www.eateastvillage.com; 406 University Ave, Hillcrest; principales 9-14 US$; ⏱11.30-14.30 lu-vi, 17.00-22.00 lu-mi, hasta 24.00 vi, 11.30-24.00 sa, 11.30-22.00 do) En esta guarida de la modernidad fusionan cocina coreana, asiática y occidental (p. ej., el impresionante burrito de ternera y kimchi). También hay fideos (con cacahuetes tailandeses, ternera, brócoli y más) y su *monk's stone pot,* un bol de arroz caliente al que se le añaden ingredientes al gusto, como carne de cerdo deshebrada o salmón. Todas las salsas son caseras.

Baja Betty's　MEXICANA **$$**
(plano p. 633; ☎619-269-8510; bajabettyssd.com; 1421 University Ave, Hillcrest; principales 6-15 US$; ⏱11.00-24.00 lu-vi, 10.00-1.00 sa, 10.00-24.00 do) Bar-restaurante de propietarios gays y ambiente muy acogedor y fiestero. Además de decenas de tequilas, hay platos del día y otros como el Mexi Queen Cheese Dip (queso fundido y jalapeños), You Go Grill (taco de pez espada) y Fire in the Hole (fajitas).

Little Italy

Aunque aún está lleno de restaurantes y cafés italianos, cada día hay más alternativas, como la Ballast Point Tasting Room (p. 648).

Bencotto ITALIANA $$

(plano p. 633; 619-450-4786; www.lovebencotto. com; 750 W Fir St; principales 14-26 US$; 11.30-21.30 do-ju, hasta 22.30 vi y sa; P) Combina lo antiguo y lo nuevo de Little Italy (contemporáneo, anguloso, arquitectónico, artístico y verde), con excelentes resultados; p. ej., *prosciutto* recién cortado con pasta *a modo tuo* (al gusto) y más de cien combinaciones de pasta fresca y salsas.

Filippi's Pizza Grotto PIZZERÍA, DELI $$

(plano p. 633; 619-232-5094; 1747 India St; platos 6-20 US$; 9.00-22.00 do y lu, hasta 22.30 ma-ju, hasta 23.30 vi y sa;) Las colas son normales en este italiano clásico (*pizza, espagueti y ravioli*) con mesas con manteles a cuadros rojiblancos y murales de *la bella Italia*. La parte delantera del lugar es una excelente charcutería italiana.

★Juniper
& Ivy CALIFORNIANA CONTEMPORÁNEA $$$

(plano p. 633; 619-269-9036; www.juniperandivy. com; 2228 Kettner Bl; platos pequeños 9-17 US$, principales 19-36 US$; 16.00-22.00 do-ju, hasta 23.00 vi y sa) El chef Richard Blais está al frente del restaurante de moda de San Diego. La carta cambia a diario, pero suele incluir platos de gastronomía molecular que revisan manjares como los *rigatoni* con gambas y cerdo, la ternera de granja con patatas ahumadas, aros de *boletus* con *ketchup* de *kimchi* y, de postre, "tigretones" caseros.

Mission Hills

Es el barrio al norte de Little Italy y al oeste de Hillcrest. En India St, a la altura de Washington St, hay una manzana de restaurantes de categoría.

Saffron TAILANDESA $

(619-574-0177; www.saffronsandiego.com; 3731 India St; principales 7-10 US$; 10.30-21.00 lu-sa, 11.00-20.00 do) Este premiado local es, en realidad, dos tiendas: Saffron Thai Grilled Chicken y Noodles & Saté, si bien es posible comprar lo que desee en cualquiera de ellas y comerlo en la tienda de fideos. El pollo se cocina a la brasa (servido con varias salsas a elegir, ensalada, arroz al jazmín) y hay una carta para comer con las manos.

El Indio MEXICANA $

(619-299-0333; www.el-indio.com; 3695 India St; platos 3-9 US$; 8.00-21.00; P) Tienda famosa desde 1940 por sus taquitos, mordiditas (mini tacos), tamales y excelentes burritos para el desayuno. Se puede comer en el sencillísimo comedor o en las mesas de *picnic* bajo sombrillas metálicas al otro lado de la calle.

Shakespeare Pub & Grille COMIDA DE PUB $$

(619-299-0230; www.shakespearepub.com; 3701 India St; platos 5-15 US$; 10.30-24.00 lu-ju, hasta 1.00 vi, 8.00-1.00 sa, 8.00-24.00 do) Es uno de los *pubs* más auténticos de San Diego, ideal para jugar a los dardos, ver fútbol, tomar cañas y comer cosas como *fish and chips* y *bangers* con puré de patata. Los fines de semana, sirven un contundente desayuno británico a base de bacón, champiñones, pudín y mucho más. Tienen una excelente y soleada terraza.

Embarcadero y Waterfront

★Puesto at the Headquarters MEXICANA $$

(610-233-8800; www.eatpuesto.com; 789 W Harbor Dr, The Headquarters; principales 11-19 US$; 11.00-22.00) Selecto local donde degustar versiones novedosas de tacos tradicionales, como los de pollo (con hibisco, chipotle, piña y aguacate) o con rellenos como chorizo de patata y soja. Otras ricuras son el guacamole de cangrejo, las costillas a la brasa (bañadas en salsa de chile) y el bol mexicano (fruta tropical con chile, sal marina y lima).

Anthony's Fish
Grotto y Fishette PESCADO Y MARISCO $

(www.gofishanthonys.com; 1360 N Harbor Dr; cena 14-29 US$, especiales de almuerzo 10-15 US$;) Fishette (619-232-2175; Fishette; principales 10-15 US$; 10.00-21.00 lu-vi, 8.00-21.00 sa y do); Grotto (619-232-5105; Grotto; almuerzo 8-15 US$, cena 12-25 US$; 11.00-21.30 do-ju, hasta 22.00 sa y do) En ambos restaurantes sirven marisco y sopas de pescado con vistas a los veleros del puerto. El Grotto tiene mesas y una decoración marinera de la vieja escuela, mientras que la barra de Fishette ofrece una carta más limitada (*fish and chips* y sándwiches) para comer en la terraza.

Coronado

Clayton's Coffee Shop DINER $

(619-435-5425; 979 Orange Ave; principales 8-12 US$; 6.00-21.00 do-ju, hasta 22.00 vi y sa;) Auténtico *diner* de los años cuarenta con taburetes giratorios de cuero rojo y reservados con mini *jukeboxes*. Son famosos sus desayunos americanos y especialidades mexicanas como machaca (ternera seca marinada) con huevos y queso, además de *paninis* y sándwiches *croque Monsieur*, y de postre, un trozo de tarta de las de la barra.

★**1500 Ocean** CALIFORNIANA $$$
(☎619-435-6611; www.hoteldel.com/1500-ocean; Hotel del Coronado, 1500 Orange Ave; principales 33-45 US$; ◷17.30-22.00 ma-sa, más do verano; ℗) Pocas cosas resultan más románticas que cenar en este restaurante del Hotel del Coronado, y más si se consigue una mesa en el porche con vistas al mar, con cubiertos de plata y cocina de la costa a base de ingredientes locales.

Boney's Bayside Market MERCADO $
(155 Orange Ave; sándwiches 5-7 US$; ◷8.30-21.00) Si se va de *picnic*, es buena idea aprovisionarse en este mercado junto al ferri, con sándwiches saludables (casi todos) y una amplia selección de ensaladas y productos ecológicos.

✖ Point Loma Area

★**Stone Brewing World Bistro & Gardens** CERVECERÍA $$
(www.stonelibertystation.com; Liberty Station, 2816 Historic Decatur Rd #116; almuerzo 14-21 US$, cena 15-29 US$; ◷11.30-22.00 lu-sa, 11.00-21.00 do; ℗) El cervecero local Stone ha transformado la antigua cantina del centro de formación naval de Liberty Station en un templo de la cerveza artesanal local. Ofrece cocina internacional (tacos de atún *poke*, *schnitzel* de pollo y *ssambap* de ternera [enrollados de lechuga coreana], entre otros) para comer en largas mesas o en cómodos reservados bajo un techo alto con vigas o entre las lucecitas del patio.

Bali Hai POLINESIA $$
(☎619-222-1181; www.balihairestaurant.com; 2230 Shelter Island Dr; almuerzo 13-19 US$, cena 17-31 US$, do *brunch* adultos/niños 35/17 US$; ◷11.30-21.00 lu-ju, hasta 22.00 vi y sa, 9.30-14.00 y 16.00-21.00 do; ℗) Cerca de los hoteles tiki de Point Loma, este veterano restaurante para ocasiones especiales ofrece comidas hawaianas como atún *poke*, *pupus* (platillos), pollo de los dioses (con naranja amarga y salsas cremosas) y un gran *brunch* con champán los domingos. La pared curva llena de ventanas ofrece buenas vistas a la bahía de San Diego.

★**Point Loma Seafoods** PESCADO Y MARISCO $$
(www.pointlomaseafoods.com; 2805 Emerson St; principales 7-16 US$; ◷9.00-19.00 lu-sa, 10.00-19.00 do; ℗🚗) En la barra de este mercado de pescado delicatesen sirven sándwiches del mar, ensaladas, frituras y cerveza fría. Se puede comer en las mesas de merendero del piso superior, con vistas al puerto. Está en la Shelter Island Marina y es toda una institución local, con una historia que se remonta a la época de los pescadores portugueses. También preparan buen *sushi* y excelentes platos como cebiche o sopa de almejas.

✖ Ocean Beach

★**Hodad's** HAMBURGUESERÍA $
(plano p. 640; ☎619-224-4623; www.hodadies.com; 5010 Newport Ave, Ocean Beach; platos 4-13 US$; ◷11.00-21.00 do-ju, hasta 22.00 vi y sa) Legendaria hamburguesería en Ocean Beach donde sirven estupendos batidos, enormes cestas de aros de cebolla rebozados y suculentas hamburguesas desde la época del *flower power* de 1969. Las paredes están llenas de matrículas y suena música *grunge* y surf-*rock* a todo volumen.

Ortega's Cocina CAFÉ $
(plano p. 640; ☎619-222-4205; 4888 Newport Ave; principales 4-15 US$; ◷8.00-22.00 lu-sa, hasta 21.00 do) Aunque pequeño y familiar, es tan popular que a menudo hay cola para conseguir sitio en la barra (también hay mesas dentro y fuera). Está especializado en pescado y marisco, moles, tortas (sándwiches) y tamales caseros, todo rico.

Ocean Beach People's Market VEGETARIANA $
(plano p. 640; ☎619-224-1387; 4765 Voltaire St; platos 8 US$, desde 7,50 US$/medio kg; ◷8.00-21.00; 🖊) 🍃 Está al norte del centro de Ocean Beach y es una cooperativa ecológica que vende productos estrictamente vegetarianos a granel y excelentes platos preparados como sopas, sándwiches, ensaladas y enrollados.

✖ Pacific Beach

World Famous PESCADO Y MARISCO $$$
(plano p. 640; ☎858-272-3100; www.worldfamous pb.com; 711 Pacific Beach Dr; desayuno y almuerzo 9-16 US$, cena 15-25 US$; ◷7.00-24.00) Para ver surfistas mientras se disfruta de la cocina californiana de la costa con una carta siempre cambiante y creativa (langosta Benedict para desayunar o almorzar, lampuga con plátano

al ron...) y bistecs, ensaladas, sándwiches y hamburguesas, además de alguna propuesta especial, como cenas a base de tacos de pescado o langosta.

Kono's Surf Club
CAFÉ, DESAYUNOS **$**

(plano p. 640; ☑858-483-1669; 704 Garnet Ave; principales 3-6 US$; ⊙7.00-15.00 lu-vi, hasta 16.00 sa y do; ⊕) Sirven cuatro tipos de burritos para desayunar, que se comen de una cesta con vistas al muelle Crystal. También hay panqueques, huevos y patatas Kono. Siempre hay mucha gente, pero vale la pena esperar. Pago en efectivo.

Green Flash
CAFÉ **$$**

(plano p. 640; ☑619-270-7715; www.greenflashrestaurant.com; 701 Thomas Ave; desayuno y almuerzo 5-15 US$, cena 11-29 US$; ⊙8.00-22.00) Un lugar genial para desayunar o almorzar con vistas a la playa a base de hamburguesas, huevos, ensaladas enormes y sándwiches de tres pisos. También hay platos especiales para cenar los fines de semana (11 US$, 16.30-18.00 do-ju, *happy hour* hasta las 19.00 lu-vi). Pídase mesa en el patio.

🍷 Dónde beber y vida nocturna

Puede que San Diego no tenga la marcha de Los Ángeles, pero el Gaslamp Quarter está muy animado.

El ambiente gay se concentra en Hillcrest y North Park, p. ej., en el **Urban Mo's** (plano p. 633; ☑619-491-0400; www.urbanmos.com; 308 University Ave, Hillcrest; ⊙9.00-2.00) y el **Bourbon Street** (☑619-291-4043; www.bourbonstreet-sd.com; 4612 Park Blvd, North Park; ⊙16.00-2.00 ma-do, desde 11.00 do).

🍸 Gaslamp Quarter

⭐ Bang Bang
BAR

(www.bangbangsd.com; 526 Market St; ⊙cerrado lu) Bajo lámparas de papel, el bar más de moda del Glasslamp ofrece sesiones de famosos DJ locales e internacionales y platillos de *sushi* y cocina asiática para acompañar creativos cócteles (también para compartir). Los lavabos son un homenaje a Ryan Gosling y a Hello Kitty.

Fluxx
CLUB

(www.fluxxsd.com; 500 4th Ave; ⊙ju-sa) Como Las Vegas pero en el Gaslamp, con una decoración sorprendente y cambiante (a veces hay sirenas y medusas), DJ de música electrónica, pista de baile y algún que otro famoso de paso. Aunque la entrada suele ser cara, siempre está a reventar.

Dublin Square
PUB IRLANDÉS

(www.dublinsquareirishpub.com; 544 4th Ave) Además de Guinness y embutidos, destaca por su programa musical nocturno. En lo posible, mejor visitarlo cuando actúen los Fooks; en la web figuran los horarios.

Quality Social
BAR

(www.qualitysocial.com; 789 6th Ave) Es un local distinguido, con grandes ventanales a la calle, música a todo volumen y mucha cerveza, y también tentempiés a base de charcutería y quesos artesanales. Chupitos y cócteles a 6 US$, como el Not Your Grandma's Gin & Tonic.

Star Bar
BAR

(423 E St) Bar histórico, decorado todo el año con luces de Navidad y con las copas más económicas del Gaslamp.

🍸 East Village

La gente de fuera de la ciudad sale de copas por el Gaslamp Quarter, pero los lugareños y entendidos prefieren el este.

East Village Tavern & Bowl
BOLERA

(930 Market St, East Village; ⊙11.30-1.00, desde 10.00 sa y do) Amplio bar deportivo a pocas manzanas del Petco Park con seis pistas de bolos (insonorizadas). Sirven comida de *pub* (platos 6-11 US$) todo el día.

Noble Experiment
BAR

(☑619-888-4713; http://nobleexperimentsd.com; 777 G St; ⊙19.00-2.00 ma-do) Todo un hallazgo. Si se manda un SMS para reservar, contestan y dan indicaciones de cómo llegar. Es como una cueva del tesoro, con calaveritas doradas en las paredes, cuadros clásicos en el techo y una carta con casi 400 cócteles.

🍸 Little Italy

Ballast Point Tasting Room & Kitchen
PUB

(plano p. 633; ☑619-255-7213; www.ballastpoint.com; 2215 India St; platos 7-14 US$; ⊙11.00-23.00 lu-sa, hasta 21.00 do) El *pub* de esta fábrica de cerveza con sede en San Diego se ocupa del I+D del resto de la empresa. Su oferta de tres cañas a 5 US$ es la mejor de la ciudad, perfecta para acompañar la completa carta de *pretzels* caseros, mejillones al vapor de cerveza, ensaladas y platos de parrilla.

SURF Y CERVEZA

"La cerveza que dio fama a San Diego" no es un gran eslogan, pero "La ciudad más elegante de EE UU" tiene algunas de las mejores cervecerías del país. **San Diego Brewers Guild** (www.sandiegobrewersguild.org) tiene unos 40 establecimientos asociados. A continuación se citan algunos *pubs* interesantes, a los que podrían sumarse la **Stone Brewing Company** (☑760-471-4999; www.stonebrew.com; 1999 Citracado Pkwy, Escondido; ☺circuitos 12.00-18.00 a diario), el Ballast Point Tasting Room & Kitchen y el **Karl Strauss Brewery & Grill** (☑619-234-2739, 858-551-2739; 1157 Columbia St, esq. Wall St y Herschel Ave; ☺variable).

Coronado Brewing Co (www.coronadobrewingcompany.com; 170 Orange Ave, Coronado; ☺desde 11.00) Su deliciosa Coronado Golden va muy bien con *pizza*, pasta, sándwiches y patatas fritas. Cerca de la terminal del ferri.

Pacific Beach Ale House (plano p. 640; www.pbalehouse.com; 721 Grand Ave, Pacific Beach; principales 9-25 US$; ☺11.00-2.00) Ambiente moderno y una larga carta que incluye macarrones con queso y langosta, almejas al vapor y pastel de carne.

Pizza Port (☑760-720-7007; www.pizzaport.com; 571 Carlsbad Village Dr; principales 8-20 US$; ☺11.00-22.00 do-ju, hasta 24.00 vi y sa; ⓜ) Animada pizzería de cadena local con arte surfista, música *rock* y buenas *pizzas* que combinan bien con la cerveza de la casa, la *sharkbite red*.

Para no conducir, **Brewery Tours of San Diego** (☑619-961-7999; www.brewerytoursfsandiego.com; por persona 65-95 US$) ofrece circuitos de cata en autobús a varias cervecerías. El precio depende de la hora y de si hay comida.

El Camino LOUNGE
(plano p. 633; 2400 India St) Es curioso que este concurrido local en camino al aeropuerto esté dedicado al Día de los Muertos (desde el patio se ven aterrizar los aviones), pero no importa. La clientela es maja, el diseño, moderno, las copas, fuertes, y la comida mexicana, fabulosa.

Waterfront BAR
(plano p. 633; 2044 Kettner Blvd) En los años treinta fue el primer local de la ciudad que obtuvo licencia para vender alcohol (estaba frente al mar hasta que se rellenó el puerto y se construyó el aeropuerto). Con una sala llena de cachivaches y ventanales a la calle, conserva el espíritu de la época y es estupendo para pasar la tarde o la noche.

Bankers Hill y Old Town

Harney Sushi BAR
(3964 Harney St) Si se está alojado en el Old Town y ya se está harto del tequila, aquí se puede comer *sushi* al son del DJ de turno.

**Nunu's
Cocktail Lounge** COCTELERÍA
(plano p. 633; www.nunuscocktails.com; 3537 5th Ave, Hillcrest) Paraíso *hipster* en Bankers Hill. Empezó a servir copas cuando JFK era presidente y ahí sigue.

North Park

Dos locales concentran el ambiente más en la onda de North Park.

Coin-Op Game Room BAR, SALÓN DE JUEGOS
(☑619-255-8523; www.coinopsd.com; 3926 30th St, North Park; ☺16.00-1.00) Paredes llenas de docenas de juegos *arcade* clásicos, cerveza artesana, cócteles creativos y mini hamburguesas.

★**Polite Provisions** COCTELERÍA
(www.politeprovisions.com; 4696 30th St, North Park; ☺11.30-1.30) Situado 1,6 km al norte del centro de North Park, aquí preparan siropes, sodas e infusiones caseras, todas referenciadas en la carta "Sodas and Swine", también con comida.

De Coronado a Pacific Beach

Pacific Beach es un céntrico reducto de fiesta en la costa, con una clientela veinteañera que va de bar en bar (conductor: cuidado con los peatones ebrios). Si al viajero ese tipo de juerga le queda ya un poco lejos, quizá prefiera los cafés y bares restaurantes más tranquilos de Ocean Beach o Coronado.

Mc P's Irish Pub PUB
(www.mcpspub.com; 1107 Orange Ave, Coronado) Acérrimo *pub* irlandés que lleva abierto

toda una generación. Sirve pintas de Guinness y platos de la isla caseros (embutidos, estofados, pastel de carne...), mientras suena música en directo, de *rock* a folk patrio. Hay mesas dentro y en el patio.

Jungle Java CAFÉ
(plano p. 640; 5047 Newport Ave, Ocean Beach; ◷7.00-18.00 lu, ma y ju, hasta 20.00 mi y vi-do) Local de moda bajo una carpa. También venden plantas, artesanía y arte.

Coaster Saloon BAR
(plano p. 640; ✆858-488-4438; 744 Ventura Pl, Mission Beach) Bar de barrio de la vieja escuela con vistas a la montaña rusa del Belmont Park. Atrae a una clientela sencilla con ganchos como partidas de bolos en la *wii*. Buenos *margaritas*.

Society Billiard Cafe BAR
(plano p. 640; 1051 Garnet Ave, Pacific Beach; ◷12.00-14.00) Es el salón de billares más elegante de San Diego, con una docena de mesas para jugar, tentempiés y un bar.

Café 976 CAFÉ
(plano p. 640; 976 Felspar St, Pacific Beach; ◷7.00-23.00) No todo el mundo en Pacific Beach se pasa el día de surf y las noches de juerga; también hay quien toma café y lee libros en este delicioso café que ocupa una antigua casa de madera reformada entre rosales y árboles en flor.

Ocio

La cartelera de teatro, cine, galerías de arte y conciertos se puede consultar en el *San Diego CityBeat* o el *UT San Diego*. En **Arts Tix** (✆858-381-5595; www.sdartstix. com; Lyceum Theatre, 79 Horton Plaza), en un quiosco cerca del Westfield Horton Plaza, venden entradas a mitad de precio para varios espectáculos.

Música en directo

4th & B MÚSICA EN DIRECTO
(www.4thandB.com; 345 B St) Local mediano con un variado elenco de artistas independientes; de Snoop Dogg a los cómicos de Last Comic Standing.

Casbah MÚSICA EN DIRECTO
(plano p. 633; ✆619-232-4355; www.casbahmusic. com; 2501 Kettner Blvd; entrada 5-45 US$) Bandas como Smashing Pumpkins o Death Cab for Cutie han tocado en este local mientras escalaban puestos en las listas. Para descubrir a futuras grandes bandas.

House of Blues BLUES, R&B
(www.hob.com; 1055 5th Ave) Lo dice el nombre: *blues* y *rhythm & blues*.

Shout House MÚSICA EN DIRECTO
(✆619-231-6700; 655 4th Ave; entrada 0-10 US$) Diversión sana para todos, de jóvenes universitarios a empresarios que están de convención, amenizada por los duelos de pianos de este local.

Winston's MÚSICA EN DIRECTO
(plano p. 640; www.winstonsob.com; 1921 Bacon St, Ocean Beach) Programa cambiante cada noche: micro abierto, karaoke, monólogos de humor, bandas de versiones, etc.

710 Beach Club MÚSICA EN DIRECTO
(plano p. 640; www.710beachclub.com; 710 Garnet Ave, Pacific Beach) El principal local de Pacific Beach de música en directo tiene una consolidada carrera de *rock*, karaoke y monólogos de humor.

Música clásica

San Diego Symphony CLÁSICA
(www.sandiegosymphony.com; 750 B St, Jacobs Music Center) Esta dotada orquesta ofrece conciertos clásicos y familiares, además del festival Summer Pops en verano, en el Embarcadero Marina Park South.

Teatro

Es uno de los grandes activos culturales de la ciudad. El escenario principal del **Old Globe Theaters** (plano p. 633; www.theoldglobe.org; Balboa Park) se inspira en el londinense Globe, del s. XVII, donde se estrenaban las obras de Shakespeare. También destaca La Jolla Playhouse (p. 657). La programación figura en la web de *San Diego CityBeat* (www.sdcitybeat.com).

Deportes

Los dos grandes clubes deportivos de San Diego son el equipo de béisbol **Padres** (www. padres.com; Petco Park, 100 Park Blvd; entradas 11-91 US$; ◷liga abr-ppios oct) y el de fútbol americano **Chargers** (www.chargers.com; Qualcom Stadium, 9449 Friars Rd; entradas desde 52 US$; ◷liga ago-ene); juegan en el East Village y en Mission Valley, respectivamente.

De compras

En plan *souvenir* hay peluches de la orca Shamu en el SeaWorld, serpientes de plástico realistas en el zoo y recuerdos playeros por doquier.

En Newport Ave, en Ocean Beach, hay una docena de tiendas de antigüedades de compraventa, como el **Newport Avenue An-**

tique Center (plano p. 640; 4864 Newport Ave).
Lo mismo pasa con **Cow** (plano p. 640; 5040
Newport Ave) pero con música, y con **Galactic**
(plano p. 640; 4981 Newport Ave), con cómics y
vídeos. Para gastar poco, se puede ir a Garnet
Ave, Pacific Beach, llena de tiendas de ropa
vintage y de segunda mano, como **Pangaea
Outpost** (plano p. 640; 909 Garnet Ave, Pacific
Beach) o **Buffalo Exchange** (plano p. 640; 1007
Garnet Ave, Pacific Beach). Casi todas las tiendas
compran, venden e intercambian productos.

El Westfield Horton Plaza, en el centro, y
en **Westfield Mission Valley** (www.westfield.
com/missionvalley; 1640 Camino del Rio N; ⊙10.00-
21.00 lu-sa, 11.00-18.00 do), **Fashion Valley**
(www.simon.com; 7007 Friars Rd; ⊙10.00-21.00
lu-sa, 11.00-19.00 do) y **Hazard Center** (www.
hazardcenter.com; 7510-7610 Hazard Center Dr),
en Mission Valley, harán las delicias de los
aficionados a los centros comerciales.

🛍 Zona central de San Diego

**Headquarters at
Seaport District**   CENTRO COMERCIAL
(www.theheadquarters.com; 789 W Harbor Dr) El
centro comercial más nuevo de San Diego
(2013) es también uno de los edificios más
antiguos de la ciudad. La antigua comisaría
de policía, de 1939, hoy alberga 30 locales estilosos para comprar, comer o divertirse. Las
viejas celdas siguen ahí, para que la gente se
fotografíe en ellas.

Liberty Station   CENTRO COMERCIAL
(www.libertystation.com; 2640 Historic Decatur Rd)
Entre el centro y Point Loma, lo que fueron
las oficinas y cuarteles del desmantelado
centro de entrenamiento de la Marina de EE
UU se convierten, poco a poco, en centros
comerciales y restaurantes. Hay tiendas de artículos de pesca y material deportivo, además
de buenos restaurantes, como el **Corvette
Diner** (📞619-542-1476; 2965 Historic Decatur Rd;
principales 8-11.50 US$; ⊙11.30-21.00 do-ju, hasta
23.00 vi y sa; 🎎) o la Stone Brewing Co (p. 649).

Westfield Horton Plaza   CENTRO COMERCIAL
(www.westfield.com/hortonplaza) Está en el límite
del Gaslamp, tiene cinco plantas y ocupa siete manzanas. Alberga un montón de tiendas,
grandes y pequeñas, como Nordstrom, Bebe
o Coach. Sus arcos coloridos y balcones pos-
modernos recuerdan un poco a los dibujos de
Escher. Si se validan los cupones, se consegui-
rán 3 h de aparcamiento gratis.

Seaport Village   BARRIO COMERCIAL
(www.seaportvillage.com; ⊙10.00-22.00; 🎎)
Ofrece 5 Ha llenas de tiendas y restaurantes
inspirados en Nueva Inglaterra. Es turístico,
pero también un buen sitio para comprar
recuerdos y comer algo.

Información

ACCESO A INTERNET

Todas las bibliotecas públicas y la mayoría de
los cafés y vestíbulos de hotel tienen wifi gratis. En las bibliotecas hay ordenadores de uso
público.

MEDIA

KPBS 89.5 FM (www.kpbs.org) La emisora de
radio pública nacional.

San Diego Magazine (www.sandiegomagazine.
com) Revista mensual.

UT San Diego (www.utsandiego.com) El principal diario de la ciudad.

Guías del ocio gratis Las revistas de tipo
tabloide como '**San Diego CityBeat**' (www.
sdcitybeat.com) y '**San Diego Reader**' (www.
sdreader.com) publican cartelera de conciertos, arte y teatro. Están en tiendas y cafés.

ASISTENCIA MÉDICA

Scripps Mercy Hospital (📞619-294-8111;
www.scripps.org; 4077 5th Ave) Urgencias 24h.

CORREOS

Para conocer la ubicación de las oficinas de
correos, llámese al 📞800-275-8777 o visítese
www.usps.com.

Oficina de correos del Downtown (815 E St;
⊙9.00-17.00 lu-vi)

Oficina de correos de Coronado (1320 Ynez
Pl; ⊙8.30-17.00 lu-vi, 9.00-12.00 sa)

INFORMACIÓN TURÍSTICA

**Centro de información de visitantes interna-
cionales** (📞619-236-1212; www.sandiego.org;
1140 N Harbor Dr; ⊙9.00-17.00 jun-sep, hasta
16.00 oct-may) Frente a la B St Cruise Ship
Terminal, cuenta con personal muy amable que
ofrece planos detallados de los barrios, vende
entradas con descuento para las atracciones
y atiende una línea telefónica de reservas de
hotel.

Centro de visitantes de Coronado (📞619-
437-8788, 866-599-7242; www.coronadovisi-
torcenter.com; 1100 Orange Ave; ⊙9.00-17.00
lu-vi, 10.00-17.00 sa y do)

WEBS

Lonely Planet (www.lonelyplanet.com/usa/
san-diego)

MERECE LA PENA

VIAJAR A TIJUANA

Al otro lado de la frontera más transitada del mundo, Tijuana, en México (con casi 2 millones de hab.), ha vivido tiempos duros en la última década, pero los lugareños reclaman su ciudad.

La avenida Revolución ('La Revo') es la principal calle turística, cuyo encanto queda embrutecido por tiendas de ropa barata, puestos de recuerdos, locales de *striptease* y farmacias muy baratas. La zona de la avenida Constitución es más bonita, con la **catedral de Nuestra Señora de Guadalupe** (esq. av. Niños Héroes y calle 2ª), la iglesia más antigua de Tijuana; en el carismático **mercado El Popo** (esq. calle 2ª y av. Constitución) venden desde semillas de tamarindo hasta imágenes religiosas; y las galerías del **Pasaje Rodríguez** (entre av. Revolución y av. Constitución, calles 3 y 4) están llenas de galerías de arte, bares y gente moderna.

Cerca, el **Museo de las Californias** (desde EE UU 011-52-664-687-9600; www.cecut.gob.mx; esq. paseo de los Héroes y av. Independencia; adultos/menores 12 años 20 MXN/gratis; 10.00-18.00 ma-do;) ofrece una excelente visión de la región fronteriza desde la Prehistoria hasta hoy; y los viernes por la noche se puede asistir a una **lucha libre** (desde EE UU 011-52-664-250-9015; Blvd Díaz Ordaz 12421, Auditorio Municipal Fausto Gutiérrez Moreno; entrada 8-35 US$) mexicana, con sus coloridas máscaras.

La ensalada César se inventó en el **Hotel Caesar** (desde EE UU 011-52-664-685-1606; av. Revolución 827; ensalada César 6 US$; 9.00-24.00) y la preparan en su elegante comedor, junto al comensal. El chef estrella Javier Plascencia regenta el divertido y céntrico **Erizo** (desde US 011-52-686-3895; 3808 Avenida Sonora; tacos 18-45 MXN, cebiche 62-180 MXN, *ramen* 90-120 MXN), que ofrece versiones innovadoras de tacos, cebiche e incluso fideos *ramen*; está a 20 min en taxi desde La Revo.

Turista Libre (www.turistalibre.com) ofrece circuitos públicos y privados.

Para cruzar la frontera se requiere el pasaporte. El **San Diego Trolley** (www.sdmts.com) va a la frontera, a San Ysidro. En automóvil, hay que tomar la I-5 al sur y aparcar en el lado estadounidense (8 US$ hasta 24 h). Se cruza la frontera a pie y se siguen los indicadores de "Centro ciudad", a 20 min. De tomar un taxi, elíjase uno con taxímetro. No se recomienda entrar a México en automóvil.

San Diego Tourism (www.sandiego.org) Hoteles, puntos de interés, restaurantes, vehículos de alquiler y más. También se ofrece para hacer reservas.

 Cómo llegar y salir

AVIÓN

El aeropuerto internacional de San Diego-Lindbergh Field (p. 770) está menos de 5 km al oeste del centro. Las principales aerolíneas de EE UU dan servicio a San Diego, así como Air Canada, WestJet, también canadiense, British Airways y la mexicana Volaris.

AUTOBÚS

Greyhound (619-515-1100, 800-231-2222; www.greyhound.com; 1313 National Ave) da servicio a San Diego desde ciudades de toda Norteamérica en su nuevo centro de East Village. Muchos descuentos y tarifas especiales solo están disponibles en línea.

Hay autobuses frecuentes a Los Ángeles (ida/ida y vuelta 18/36 US$, de 2½ a 4 h) y varios diarios a Anaheim (18/36 US$, 2¼ h aprox.).

AUTOMÓVIL Y MOTOCICLETA

Calcúlense 2 h de trayecto desde Los Ángeles fuera de las horas punta; si hay mucho tráfico, es impredecible.

TREN

El *Pacific Surfliner* de **Amtrak** (800-872-7245; www.amtrak.com) va varias veces a diario a Anaheim (28 US$, 2 h), Los Ángeles (37 US$, 2¾ h) y Santa Bárbara (42 US$, 6½ h) desde la histórica **Union Station** (estación de Santa Fe; 1055 Kettner Blvd).

 Cómo desplazarse

Aunque la mayoría de la gente se desplaza en automóvil, los autobuses y tranvías municipales del **Metropolitan Transit System** (MTS; 619-557-4555; www.sdmts.com) llegan a casi todas partes. En la Transit Store hay planos de rutas y billetes. No hay enlaces disponibles, por lo que, si se va a hacer más de dos trayectos en un día, es mejor comprar un bono de un/dos/tres/cuatro días (5/9/12/15 US$). Una **Compass Card** (2 US$) recargable ahorra molestias.

A/DESDE EL AEROPUERTO

El autobús nº 992 (el Flyer, 2,25 US$) circula cada 10-15 min entre el aeropuerto y el centro. Un taxi entre el centro y el aeropuerto cuesta 10-16 US$. Los servicios de enlace del aeropuerto, incluido el **Super Shuttle** (☏800-258-3826; www.supershuttle.com), tienen billetes a partir de 13 US$/persona hasta el centro, algo más para otros destinos.

BICICLETA

Algunos operadores como **Bikes & Beyond** (☏619-435-7180; www.bikes-and-beyond.com; 1201 1st St, Coronado; por hora/día desde 8/30 US$; ☺9.00-anochecer), **Holland's Bicycles** (☏619-435-3153; www.hollandsbicycles.com; 977 Orange Ave, Coronado) y **Cheap Rentals** (plano p. 640; ☏858-488-9070, 800-941-7761; 3689 Mission Blvd, Pacific Beach; ☺9.00-19.00, más reducido otoño-primavera) alquilan bicicletas de montaña, de carretera, infantiles y de paseo. Los precios oscilan entre 8 US$/h, 15-22 US$/4 h y 25-30 US$/día.

BARCO

Flagship Cruises (p. 639) opera el **Coronado Ferry** (☏619-234-4111; www.flagshipsd.com; billete 4,25 US$; ☺9.00-22.00), que circula cada hora entre el **muelle de Broadway** (1050 N Harbor Dr), en Embarcadero, y el muelle del ferri al pie de B Ave, en Coronado, dos manzanas al sur de Orange Ave (15 min). Aceptan bicicletas gratis.

AUTOBÚS

MTS (www.sdmts.com) cubre casi toda el área metropolitana. Es muy práctico si se está alojado en el centro y no se trasnocha. Las rutas más útiles a/desde el centro:

Nº 3 Balboa Park, Hillcrest, UCSD Medical Center

Nº 7 Balboa Park, Zoo, Hillcrest, North Park

Nº 8/9 Del Old Town a Pacific Beach, SeaWorld

Nº 30 Old Town, Pacific Beach, La Jolla, University Towne Centre

Nº 35 Del Old Town a Ocean Beach

Nº 901 Coronado

AUTOMÓVIL

Las principales compañías de alquiler de vehículos tienen mostrador en el aeropuerto; las menos conocidas pueden ser más económicas.

Los precios varían mucho, incluso de un día para otro con la misma compañía.

TAXI Y TRAYECTOS COMPARTIDOS

Calcúlense unos 2,40 US$ de bajada de bandera, más 2,60 US$ por milla (1,6 km). Las compañías más consolidadas son **Orange Cab** (☏619-223-5555; www.orangecabsandiego.com) y **Yellow Cab** (☏619-444-4444; www.driveu.com). Hace poco han irrumpido en el mercado las aplicaciones de compañías de trayectos compartidos como Uber y Sidecar, con tarifas más económicas.

TRANVÍA

Los tranvías del MTS tienen tres líneas principales. La más útil para el viajero, desde el centro de tránsito frente a la estación de Santa Fe, es la **Blue Line** (Línea Azul), que va al sur hasta San Ysidro (la frontera mexicana) y al norte hacia el Old Town Transit Center. La **Green Line** (Verde) va del Old Town al este por Mission Valley.

LA JOLLA Y LA COSTA DEL NORTH COUNTY

Con parques impecables, calas de arena blanca, *boutiques* selectas, restaurantes de lujo y acantilados que se alzan sobre unas aguas azules y cristalinas, es fácil adivinar que "La Jolla" procede del español "la joya". Pero, en realidad, el nombre se remonta a la época en la que estuvo habitada por nativos americanos, desde hace 10 000 años hasta mediados del s. XIX, quienes la llamaban "mut la hoya, la hoya" ("la zona de muchas cuevas"). El viajero se sentirá como en casa en este lugar tan encantador.

Al norte de La Jolla hay pequeñas ciudades costeras, cual perlas en la arena. El "North County", como lo llaman los lugareños, empieza con la bonita Del Mar y sigue por Encinitas y Carlsbad para llegar a Oceanside, ciudad dormitorio de la base del Cuerpo de Marines Camp Pendleton.

La Jolla

⊙ Puntos de interés

◎ La Jolla Village

★ **Museum of Contemporary Art San Diego – La Jolla**   MUSEO DE ARTE (MCASD; ☏858-454-3541; www.mcasd.org; 700 Prospect St, La Jolla; adultos/niños 10 US$/gratis;

17.00-19.00 3er ju de mes gratis; ☉11.00-17.00 ju-ma, hasta 19.00 3er ju de mes) La sede del museo en La Jolla ofrece exposiciones temporales de gran calidad. El edificio, de 1916, fue remodelado por el arquitecto posmoderno estadounidense Robert Venturi, y cuenta con una escultura de Andy Goldsworthy en la parte delantera. La entrada vale para las tres sedes del museo (p. 634) por una semana.

Athenaeum BIBLIOTECA
(☎858-454-5872; www.ljathenaeum.org; 1008 Wall St; ☉10.00-17.30 ma-sa, hasta 20.30 mi) En un elegante edificio renacentista español, esta biblioteca está dedicada al arte y la música. Tiene una acogedora sala de lectura y programa conciertos, desde música de cámara a *jazz*.

☉ Costa de La Jolla

Un precioso sendero sigue 800 m de costa. Por el lado oeste empieza en la **Children's Pool**, donde un rompeolas protege la playa de las grandes olas. Esta playa, aunque ideal para que los niños tuvieran un lugar seguro para jugar, se la han apropiado los leones marinos, que pueden verse de cerca, tumbados sobre la arena.

Sobre el Point La Jolla, en el lado este del sendero, está el **Ellen Browning Scripps Park,** una impecable extensión de prados verdes y palmeras, con la **cala de La Jolla** al norte, uno de los mejores enclaves de la zona para el buceo de tubo.

Unas boyas blancas cerca de la costa marcan los límites de la **San Diego-La Jolla Underwater Park Ecological Reserve,** dotada de una rica variedad de fauna marina, bosques de algas, arrecifes y cañones.

★ Cave Store CUEVAS
(☎858-459-0746; www.cavestore.com; 1325 Coast Rd; adultos/niños 4/3 US$; ☉10.00-17.00; 🖰) Las olas han esculpido una serie de cuevas en los acantilados calizos al este de la cala de La Jolla. La mayor de ellas se llama Sunny Jim, accesible a través de la tienda. Los altos deben ir al tanto con la cabeza al descender los 145 escalones.

Birch Aquarium at Scripps ACUARIO
(☎858-534-3474; www.aquarium.ucsd.edu; 2300 Exhibition Way, La Jolla; adultos/niños 17/12,50 US$; ☉9.00-17.00; 🅿🖰) 🐾 En 1910 ya trabajaban científicos en el Birch Aquarium de la Scripps Institution of Oceanography (SIO), y con la ayuda de donaciones de la generosa familia Scripps, la institución creció hasta convertir-

se en uno de los mayores centros de investigación marina del mundo. En la actualidad es parte de la Universidad de San Diego. Cerca de N Torrey Pines Rd, en el acuario se montan magníficas exposiciones. El **Hall of Fishes** tiene más de 30 peceras que recrean entornos marinos, de los del noroeste del Pacífico a los mares tropicales.

Instituto Salk ARQUITECTURA
(☎858-453-4100, ext. 1287; www.salk.edu; 10010 N Torrey Pines Rd; circuitos 15 US$; ☉circuitos con cita previa 11.45 lu-vi; 🅿) En 1960, Jonas Salk, pionero de la prevención de la polio, fundó este instituto para la investigación biológica y biomédica. El edificio, obra del arquitecto Louis Kahn, se terminó en 1965 y está considerado una obra maestra de la arquitectura moderna, con su plaza de mármol travertino y proporciones clásicas y sus bloques cúbicos con cristales que encuadran perfectamente el Pacífico. Luego se amplió con nuevos laboratorios diseñados por Jack McAllister, admirador de Kahn.

Torrey Pines State Natural Reserve PARQUE
(☎858-755-2063; www.torreypine.org; 12600 N Torrey Pines Rd, La Jolla; ☉7.15-anochecer, centro de visitantes 10.00-16.00 oct-abr, 9.00-18.00 may-sep; 🅿) 🐾 Esta reserva protege los últimos pinos de Torrey *(Pinus torreyana)* que quedan en la zona continental. Las vistas al norte y al océano (es una buena zona para el avistamiento de ballenas) son excelentes. Los guardabosques organizan paseos por la naturaleza los fines de semana y festivos. Varias rutas senderistas cruzan la reserva y bajan a la playa.

🏃 Actividades

Playas de La Jolla PLAYAS
Algunas de las mejores playas del condado están al norte de la Jolla en el **Torrey Pines City Park,** entre el Salk Institute y la Torrey Pines State Reserve. Los practicantes de ala delta y parapente se mecen con las brisas marinas cerca de los acantilados en el Torrey Pines Gliderport, al final de la Torrey Pines Scenic Dr.: una imagen preciosa. Hay vuelos en tándem.

Los surfistas experimentados pueden ir a la **playa de Windansea** (tómese La Jolla Blvd hacia el sur y luego al oeste por Nautilus St), si bien algunos lugareños podrían mostrarse recelosos; el viajero se sentirá más acogido en la **Big Rock,** la versión californiana de la *Pipeline* de Hawai, al sur de la playa de

La Jolla

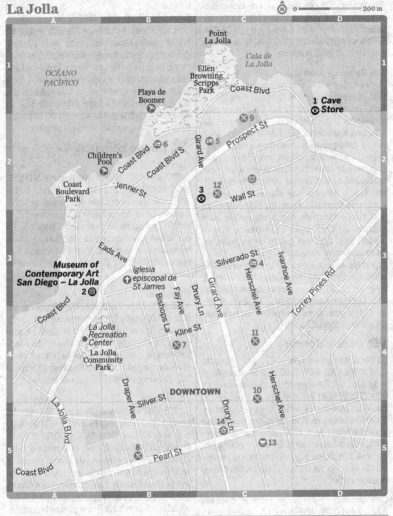

La Jolla

◎ Principales puntos de interés

◎ Puntos de interés

🛏 Dónde dormir

⊗ Dónde comer

⊖ Dónde beber y vida nocturna

◎ Ocio

Windansea, al pie de Palomar Ave. Los menos expertos pueden tomar clases con las encantadoras monitoras de Surf Diva (☏858-454-8273; www.surfdiva.com; 2160 Avenida de la Playa; ⏲tienda 8.30-18.00, puede variar).

San Diego-La Jolla Underwater Park
BUCEO DE TUBO, SUBMARINISMO

Esta reserva, accesible desde la cala de La Jolla, ofrece algunas de las mejores y más accesibles inmersiones de California. Con una profundidad media de 6 m, las 2428 Ha de este paraje submarino se mira pero no se toca también son ideales para el buceo de tubo. Destaca la presencia del garibaldi, el pez oficial de estado de California, de un espectacular color naranja y especie protegida (multa por pescarlo: 500 US$). También hay bosques de *kelp* gigante de California (que puede crecer hasta 1 m al día) y el cañón de La Jolla, de 30 m de profundidad.

Varios operadores ofrecen cursos de submarinismo, venden o alquilan material, rellenan botellas y organizan salidas en barco a pecios e islas cercanos. La Cave Store (p. 654) y otras tiendas alquilan material gafas y aletas (aprox. 20 US$/2 h).

🛏 Dónde dormir

La Jolla Village Lodge
MOTEL $$

(☏858-551-2001, 877-551-2001; www.lajollavillagelodge.com; 1141 Silverado St; h incl. desayuno 100-200 US$; P🛜🐾) En el límite del centro de La Jolla, este motel de los años cincuenta y 30 habitaciones ha sido restaurado hace poco al estilo de la época, con mesas y sillas a medida, cabezales de cama de teka y colchones nuevos. Los TV de pantalla plana son la concesión al s. XXI. La terraza en la azotea ofrece buenas vistas.

La Valencia
HOTEL HISTÓRICO $$$

(☏800-451-0772, 858-454-0771; www.lavalencia.com; 1132 Prospect St; h desde 385 US$; P🌸@🐾🐾) 🍽 Imágenes publicitarias de Lon Cheney, Lillian Gish y Greta Garbo decoran los pasillos de este icono de 1926 con paredes rosas y estilo mediterráneo, diseñado por William Templeton Johnson. De sus 112 habitaciones, las más compactas son las del edificio principal (a juego con la época), pero las villas son amplias y, en cualquier caso, la finca emana un aire romántico del Hollywood clásico. Es posible visitarlo y tomarse una copa en La Sala, salón de estilo español, a la puesta de sol. Aparcamiento 29 US$.

Pantai Inn
HOTEL-BOUTIQUE $$$

(☏858-224-7600, 855-287-2682; www.pantaiinn.com; 1003 Coast Blvd; h desde 295 US$; P🌸@🐾) No se puede estar más cerca de la playa y del Scripps Park. Banderolas de colores marcan el perímetro de este nuevo hotel balinés, cuyas habitaciones varían en tamaño pero todas tienen cocina y salón. Las suites están decoradas con arte y antigüedades de Bali. El desayuno continental se sirve en la Gathering Room, con balcones y vistas al océano.

🍴 Dónde comer

Harry's Coffee Shop
DINER $

(☏858-454-7381; 7545 Girard Ave; platos 5-13 US$; ⏲6.00-15.00; 🚸) Esta clásica cafetería de los años sesenta cuenta con una tropa de habituales que va desde celebridades con el pelo teñido de azul hasta deportistas famosos. La comida es americana estándar (panqueques, bocadillos de atún con queso y burritos con huevos revueltos), pero el aura del local lo hace especial.

Porkyland
MEXICANA $

(☏858-459-1708; 1030 Torrey Pines Rd; platos 4-9 US$; ⏲9.00-19.00) Pequeño restaurante mexicano en un centro comercial cerca del límite de La Jolla Village. Tiene mesas sencillas dentro y fuera, pero sirven unos burritos y unos tacos de pescado que causan furor. El burrito "verde carnitas" (6 US$) está delicioso.

Whisknladle
CALIFORNIANA $$

(☏858-551-7575; www.wnlhosp.com; 1044 Wall St; almuerzo 14-21 US$, cena 15,36 US$; ⏲11.30-21.00 lu-ju, hasta 22.00 vi, 10.00-22.00 sa, 10.00-21.30 do) Comida al estilo *slow food,* elaborada con ingredientes locales frescos de granja y servida en un aireado patio a cubierto. Las raciones son para compartir. La carta cambia a diario, pero siempre es interesante, al igual que los cócteles (el London's Burning combina ginebra y agua de jalapeño).

El Pescador
PESCADO Y MARISCO $$

(☏858-456-2526; www.elpescadorfishmarket.com; 634 Pearl St; principales 7-20 US$; ⏲10.00-20.00) En la ciudad se pagaría el triple por el marisco que sirven en este mercado y restaurante en un nuevo espacio al límite de La Jolla Village. El pescado se prepara en sándwich, ensalada o al plato.

Cottage
ESTADOUNIDENSE MODERNA $$

(☏858-454-8409; 7702 Fay Ave; desayuno 9-12 US$, almuerzo 10-19 US$, cena 11-26 US$; ⏲7.30-21.00) Con su torrija rellena, huevos La Jolla (con bacón, champiñones, espinacas, ajos y vinagre balsámico) y tacos de pescado deliciosos, no es raro que siempre esté lleno, sobre todo para el *brunch* de los fines de semana. Pasadas las 8.30, habrá que hacer cola.

★ **George's at the Cove** CALIFORNIANA $$$
(☏858-454-4244; www.georgesatthecove.com; 1250 Prospect St, La Jolla; principales 13-50 US$; ⊗11.00-22.00 lu-ju, hasta 23.00 vi-do) Su cocina euro-californiana es tan espectacular como su situación frente al mar gracias a la imaginación del chef Trey Foshée. Este restaurante figura en todas las listas de los mejores de California y de EE UU. Tiene tres locales, cada uno con su categoría de precios: Ocean Terrace, George's Bar y George's California Modern.

🍷 Dónde beber y ocio

Pannikin CAFÉ
(pannikincoffeeandtea.com; 7467 Girard Ave; ⊗6.00-18.00 lu-vi, 6.30-18.00 sa y do; 📶) A unas pocas manzanas de la playa, esta caseta con un generoso balcón es muy popular por su café ecológico (exprés incl.), chocolates mexicanos y música en directo de vez en cuando. Como todos los Pannikins, es una institución de North County.

Comedy Store COMEDIA
(☏858-454-9176; www.comedystorelajolla.com; 916 Pearl St) Uno de los escenarios de comedia más consolidados de la zona. Sirven comidas, bebidas y toneladas de risa. Los fines de semana se paga entrada (15-20 US$, mín. 2 copas incl.).

La Jolla Symphony & Chorus MÚSICA CLÁSICA
(☏858-534-4637; www.lajollasymphony.com; UCSD) Conciertos de calidad en el Mandeville Auditorium de la UCSD, de octubre a junio.

La Jolla Playhouse TEATRO
(☏858-550-1010; www.lajollaplayhouse.org; 2910 La Jolla Village Dr, Mandell Weiss Center for the Performing Arts) De este teatro de fama nacional han salido docenas de producciones que luego han triunfado en Broadway, incluidas *Jersey Boys* y *Memphis*, premiada en los Tony del 2010.

🔒 De compras

La gente adinerada de La Jolla compra suéteres de cachemira, arte y otras exquisiteces en el centro de la ciudad. Los amantes de los centros comerciales van directos al **Westfield UTC** (UTC; 4545 La Jolla Village Dr).

ℹ️ Cómo llegar y salir

Por la I-5 desde el centro de San Diego, hay que tomar la salida de La Jolla Pkwy y seguir al oeste hacia la Torrey Pines Rd, y luego a la derecha por Prospect St.

Del Mar

La más elegante de las localidades costeras del North County tiene una estética Tudor que le sienta muy bien. Además cuenta con restaurantes buenos y caros, galerías únicas, tiendas selectas y, al norte, el hipódromo más célebre de la Costa Oeste, sede de la feria anual del condado.

⊙ Puntos de interés y actividades

Hipódromo y recinto ferial Del Mar HIPÓDROMO
(☏858-755-1141; www.dmtc.com; entrada desde 6 US$; ⊗temporada carreras med jul-ppios sep) La principal atracción de Del Mar la fundó en 1937 un prestigioso grupo entre cuyos miembros se contaban Bing Crosby y Jimmy Durante. Tiene jardines espectaculares y arquitectura mediterránea. Para la inauguración de la temporada de carreras, las damas lucen sombreros imposibles.

Seagrove Park PARQUE
Ideal para ir de *picnic,* este parque está al final de 15th St y tiene vistas al océano.

California Dreamin' GLOBOS AEROSTÁTICOS
(☏800-373-3359; www.californiadreamin.com; desde 288 US$/persona) Los globos coloridos son característicos de los cielos en Del Mar.

🛏️ Dónde dormir

Les Artistes Inn HOTEL-BOUTIQUE $$
(☏858-755-4646; www.lesartistesinn.com; 944 Camino Del Mar; h 165-250 US$; 🅿️❄️@📶🐾♨️) Tras la ecléctica fachada de estilo *arts and crafts* de este hotel apartado del Camino del Mar hay 12 habitaciones amplias y meticulosamente amuebladas según el estilo de un artista o movimiento artístico, desde Botero hasta O'Keefe, van Gogh... incluso zen.

L'Auberge Del Mar Resort & Spa LUJO $$$
(☏800-553-1336, 858-259-1515; www.laubergedelmar.com; 1540 Camino Del mar; h 350-540 US$; 🅿️❄️@📶🐾♨️) Reconstruido en los años noventa en el emplazamiento del histórico Hotel del Mar, donde retozaban las estrellas

SAN DIEGO Y ALREDEDORES DEL MAR

Costa del North County

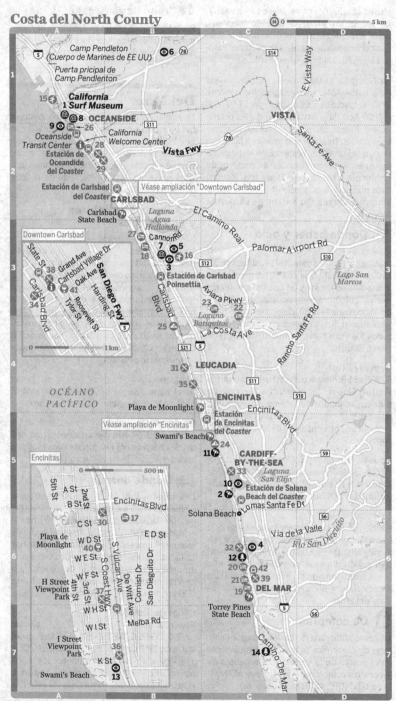

Ñ 0 _____ .5 km

Camp Pendleton
(Cuerpo de Marines de EE UU)

Puerta pricipal de
Camp Pendleton

15 California
1 Surf Museum

OCEANSIDE

9

Oceanside
Transit Center
Estación de
Oceandide
del Coaster

California
Welcome Center

Vista Fwy

VISTA

E Vista Way

Santa Fe Ave

Estación de Carlsbad
del Coaster

CARLSBAD

Carlsbad
State Beach

Laguna
Agua
Hedionda

Cannon Rd

El Camino Real

Palomar Airport Rd

Véase ampliación "Downtown Carlsbad"

Downtown Carlsbad

State St
Grand Ave
Carlsbad Village Dr
Oak Ave
Harding St

San Diego Fwy

38
Carlsbad Blvd
34

Carlsbad Blvd
Tyler St
Roosevelt St

41

0 _____ 1 km

Estación de Carlsbad
Poinsettia

Aviara Pkwy

Laguna
Batiquitos

La Costa Ave

Lago San
Marcos

Rancho Santa Fe Rd

OCÉANO
PACÍFICO

LEUCADIA

ENCINITAS

Playa de Moonlight

Véase ampliación "Encinitas"

Swami's Beach

Estación
de Encinitas
del Coaster

Encinitas Blvd

Encinitas

0 _____ 500 m

5th St
A St
2nd St
B St
C St
30
Encinitas Blvd
17

Playa de
Moonlight
40
W D St
W E St
E D St
S Vulcan Ave

H Street
Viewpoint
Park
W F St
3rd St
4th St
W H St
W I St

37
S Coast Hwy
De Witt Ave
San Dieguito Dr

Melba Rd

I Street
Viewpoint
Park
36
K St

Swami's Beach
13

CARDIFF-
BY-THE-SEA

Laguna
San Elijo

33

Estación de Solana
Beach del Coaster

Lomas Santa Fe Dr

Solana Beach

Via de la Valle

Río San Dieguito

DEL MAR

Torrey Pines
State Beach

Camino Del Mar

14

Costa del North County

SAN DIEGO Y ALREDEDORES DEL MAR

de Hollywood en los años veinte, el hotel conserva una tradición de elegancia europea con tejidos de lujo, *spa* y preciosos jardines. Es tan íntimo y el servicio tan atento que parece mentira que tenga 120 habitaciones. Aparcamiento 25 US$.

**Hotel Indigo
San Diego Del Mar** HOTEL-BOUTIQUE **$$$**
(☎858-755-1501; www.hotelindigosddelmar. com; 710 Camino Del Mar; h desde 199 US$; P◉◉◉@◉◉◉) Esta serie de edificios encalados con tejados de teja gris, dos piscinas, *spa* y centros de *fitness* y de negocios se reformó completamente en el 2014. Las habitaciones lucen suelos de madera, mosaicos de azulejos y detalles inspirados en las carreras de caballos y en la playa, y algunas de ellas tienen cocinita y vistas de lejos al océano. En el Ocean View Bar & Grill se sirven desayunos, almuerzos y cenas.

🍴 Dónde comer

En Fuego MEXICANA **$$**
(☎858-792-6551; www.enfuegocantina.com; 1342 Camino Del Mar; principales 6-16 US$; ◉11.30-24.00 do-ju, hasta 1.00 vi y sa) En el emplazamiento del primer restaurante de Del Mar, este amplio local mexicano moderno es tanto bar como restaurante. La carta ofrece especialidades innovadoras, como las gambas borrachas (salteadas con tequila), el *filet mignon* con salsa ranchero o el pollo habanero con miel (con salsa glaseada dulce y picante). Hay mesas dentro y fuera.

Zel's CALIFORNIANA **$$**
(☎858-755-0076; www.zelsdelmar.com; 1247 Camino Del Mar; principales de almuerzo 9-15 US$, de cena 9-24 US$; ◉11.00-22.00 lu-ju, 9.00-24.00 sa, 9.00-22.00 do) Zel fue un antiguo comerciante local. Su nieto sigue la tradición familiar de acoger a propios y extraños con excelentes *pizzas* (como la de pollo con espárragos, acei-

te de trufa, rúcula y aguacate), hamburguesas de búfalo, ternera criada en la región y muchas cervezas artesanas. De jueves a domingo hay música en directo.

Americana ESTADOUNIDENSE MODERNA **$$**
(📞858-794-6838; 1454 Camino Del Mar; principales de desayuno y almuerzo 7-14 US$, de cena 14-21 US$; ⏱7.00-15.00 do y lu, hasta 22.00 ma-sa) Emblemático local tranquilo, cursi y muy querido con una diversa selección de cocina regional estadounidense: gachas con queso, pollo Reubens, salmón al sésamo con frijoles y maíz, magret de pato marcado con cuscús israelí... y cócteles artesanales, todo en un entorno con suelos de linóleo ajedrezado, grandes ventanales y mucha madera.

Jake's Del Mar PESCADO Y MARISCO **$$$**
(📞858-755-2002; www.jakesdelmar.com; 1660 Coast Blvd; principales de almuerzo 11-26 US$, de cena 16-36 US$; ⏱16.00-21.00 lu, 11.30-21.00 ma-vi, 11.30-21.30 sa, 8.00-21.00 do) Un clásico junto a la playa para tomar copas con vistas al océano a tentempiés a mitad de precio de 16.00 a 18.00 entre semana y de 14.30 a 16.30 los sábados. Las vistas son excelentes, el ambiente es muy chic y la comida, imaginativa: ensalada de tomate de la casa con *burrata*, tacos de *tartar* de atún, *surfing steak* (filete con gambones a las finas hierbas), crema de maíz dulce, espinacas salteadas y puré de patatas a la trufa, entre otros.

🛍 De compras

Del Mar Plaza CENTRO COMERCIAL
(www.delmarplaza.com; 555 Camino del Mar) En el cruce de 15th St con Camino del Mar, este centro diseñado con gusto tiene restaurantes, tiendas y terrazas con vistas al mar.

❶ Cómo llegar y salir

El camino más panorámico desde el sur es por la N Torrey Pines Rd desde La Jolla. Hacia el norte, la carretera (S21) cambia de Camino del Mar a Coast Hwy 101 hacia la Old Hwy 101.

Cardiff-by-the-Sea

Muy playera y surfera, esta localidad es popular por los restaurantes y tiendas de surf informales a lo largo de la Hwy 101, cerca de las playas estatales de **Cardiff** (www.parks.ca.gov; ⏱7.00-anochecer; 🅿) y **San Elijo**. Su otra gran atracción es la reserva ecológica de 404 Ha de la **laguna de San Elijo** (📞760-623-3026; www.sanelijo.org; 2710 Manchester Ave; ⏱nature center

9.00-17.00) GRATIS, popular entre los observadores de aves por sus garzas, fochas, pagazas, patos, garcetas y hasta más de 250 especies.

La **San Elijo State Beach** (📞760-753-5091, reservas 800-444-7275; www.parks.ca.gov; 2050 S Coast Hwy 101; verano parcela tienda/autocaravana desde 35/55 US$) tiene un *camping*, mientras que en la **Las Olas** (principales 9-19 US$; ⏱11.00-21.00 lu-ju, hasta 21.30 vi, 10.00-21.30 sa, 10.00-21.00 do; 🅿🚻) sirven tacos con vistas al mar; es tan popular que incluso tiene su propio semáforo. Frente a la playa también está el **Ki's** (📞760-436-5236; 2591 S Coast Hwy 101; desayuno 5-9 US$, almuerzo 7-14 US$, cena 13-22 US$; ⏱8.00-20.30 do-ju, hasta 22.00 vi, 21.00 sa; 🅿🚻), un café-restaurante ecológico que es el núcleo de la actividad de la zona. Desde el bar de la 2ª planta y los comedores hay bonitas panorámicas de la playa.

Encinitas

La apacible Encinitas tiene un ambiente muy sencillo y su calle principal es muy tranquila; es decir, perfecta para una escapada de fin de semana o de un día. Al norte del centro está **Leucadia**, un frondoso tramo de la N Hwy 101 de ambiente *hippy*, con de tiendas de ropa de segunda mano y puestos de tacos, que forma parte de la localidad.

👁 Puntos de interés

Self-Realization Fellowship Retreat RETIRO
(📞760-753-1811; www.yogananda-srf.org; 215 K St; ⏱Meditation Garden 9.00-17.00 ma-sa, 11.00-17.00 do) GRATIS El yogui Paramahansa Yogananda fundó este centro en 1937, y así Encinitas se convirtió en imán de sanadores holísticos y adeptos a la vida natural. Las bulbosas cúpulas doradas del centro, visibles desde la South Coast Hwy 101, marcan el límite meridional de la localidad y el desvío a la **Swami's Beach**, un poderoso rompiente en arrecife donde se dan cita los celosos surfistas de la zona. El pequeño pero bonito **Meditation Garden** del centro tiene buenas vistas al océano, un arroyo y un estanque de kois. Para información sobre la meditación y los principios religiosos del centro, visítese la web.

🛏 Dónde dormir

Best Western Encinitas Inn & Suites MOTEL **$$**
(📞760-942-7455, 866-236-4648; www.bwencinitas.com; 85 Encinitas Blvd; h incl. desayuno desde 169

US\$; **P@💬🏊🐾**) Hotel hexagonal sobre una colina entre la autovía, el centro comercial y la Coast Hwy, a pocos minutos de la playa. Aunque de diseño anodino, está bien cuidado y todas las habitaciones tienen balcón. Las suites cuentan con mini cocinas y sofás-cama. Algunas habitaciones tienen vistas al océano o al parque.

🍴 Dónde comer

🍴 Centro de Encinitas

Swami's Café CAFÉ \$
(📞760-944-0612; 1163 S Coast Hwy 101; principales 5-10 US\$; ⊙7.00-17.00; 🚲🐾) Institución local sin rival gracias a sus burritos con huevo, panqueques, salteados, ensaladas, batidos y tortillas de tres huevos, apta también para vegetarianos. La mayoría de las mesas están en un patio lleno de sombrillas.

★ Trattoria I Trulli ITALIANA \$\$
(📞760-943-6800; www.trattoriaitrullisd.com; 830 S Coast Hwy 101; principales de almuerzo 13-21 US\$, de cena 14-26 US\$; ⊙11.30-14.30 a diario, 17.00-22.00 do-ju, hasta 22.30 vi y sa) Sus ñoqui, ravioli o lasaña caseros, el salmón en salsa de mostaza y brandi o el pollo *uno zero uno* (relleno de queso, espinacas y alcachofas en salsa de champiñones) explican muy bien la razón de que este rústico local esté siempre lleno. Se recomienda reservar. Hay mesas dentro y en la acera

El Callejon MEXICANA \$\$
(📞760-634-2793; www.el-callejon.com; 345 S Coast Hwy 101; principales 9-22 US\$; ⊙11.00-21.00 lu-ju, hasta 23.00 vi, 10.00-23.00 sa, 10.00-21.00 do; 🚲🐾) Ruidosa y divertida, esta cantina gusta mucho a los lugareños. Tiene mesas dentro y fuera, y está pintada en colores alegres. Está al norte del centro de la localidad. La carta es tan larga como el listín telefónico de un pueblo pequeño, y tiene tantos tequilas como para no repetir en dos años de visita diaria.

🍴 Norte de Encinitas/Leucadia

Pannikin Coffee & Tea CAFÉ \$
(📞760-436-0033; principales 4-8 US\$; ⊙6.00-18.00) En un soleado edificio de madera amarilla que antaño fue la estación de trenes de Encinitas (trasladada desde su ubicación original), este adorable local está lleno de rincones, balcones y zonas verdes. Sirven *muffins* y cafés maravillosos, y un tentador *bagel* con salmón ahumado y huevos revueltos al vapor.

★ Fish 101 PESCADO Y MARISCO \$\$
(📞760-634-6221; www.fish101restaurant.com; 1468 N. Coast Hwy 101; principales 10-19 US\$) En esta cabaña junto a la carretera se pide en la barra y se come en mesas comunitarias o de *picnic*. Las servilletas son de papel y para beber hay cerveza artesana, vino o cola mexicana, servidos en tarros de cristal. Su sencilla técnica de cocción a la parrilla favorece el sabor natural del pescado fresco. Las frituras se elaboran con aceite de salvado de arroz, más saludable.

🍷 Dónde beber

Daley Double BAR
(546 S Coast Hwy 101) El que antaño fuera el garito con peor fama de Encinitas es hoy su local más de moda. Los fantásticos murales al estilo de los *saloons* del Viejo Oeste son la decoración ideal para tomar copas y ligar. Los fines de semana suele haber colas.

ℹ️ Cómo llegar y salir

En automóvil, la salida de Encinitas Blvd desde la I-5 queda 400 m al este del centro de la localidad. A Encinitas llegan los trenes *Coaster* y los autobuses de Breeze (www.gonctd.com) que conectan con San Diego, Oceanside y puntos intermedios.

Carlsbad

Legoland es, de lejos, el principal imán del North County, si bien a solo unos pocos kilómetros se halla un bucólico enclave con largas playas de arena ideales para pasear o buscar caracolas. Otras atracciones interesantes aguardan fuera de la ciudad y de la zona de Legoland, desde flores hasta instrumentos musicales o *go-karts,* pero se necesitará un automóvil para visitarlas.

⊙ Puntos de interés y actividades

Legoland PARQUE DE ATRACCIONES
(📞760-918-5346; http://california.legoland.com; 1 Legoland Dr, Carlsbad; adultos/niños desde 83/73 US\$; ⊙a diario med mar-ago, mi-do sep-med mar; **P**🐾) Un paraje lleno de fantasía construido con las pequeñas piezas de plástico de colores inventadas en Dinamarca. La mayoría de las atracciones están pensadas para niños de primaria: una 'autoescuela' infantil, un circuito por una jungla habitada por animales de Lego, coches locos a pedales y zonas de cuentos de hadas, princesas, piratas, aventureros y dinosaurios. Los

SAN DIEGO ZOO SAFARI PARK

Desde principios de la década de 1960, la San Diego Zoological Society ha construido este **zoo al aire libre** (☎760-747-8702; www.sdzsafaripark.org; 15500 San Pasqual Valley Rd, Escondido; entrada adultos/niños 45/36 US$, pase 2 días incl. San Diego Zoo 82/64 US$; ⊗med jun-med-ago 9.00-19.00, otras épocas variable; ⊞) de 728 Ha, con manadas de jirafas, cebras, rinocerontes y otros animales que campan a sus anchas por el valle. El **Africa Tram** recorre el parque en menos de media hora.

Los animales habitan recintos tan naturales donde parece que los humanos sean sus invitados, y también hay zonas donde es posible tocarlos y ver espectáculos; es buena idea hacerse con un plano y los horarios. Otras actividades, como lanzarse en tirolina, ver cómo un guepardo persigue a toda velocidad a un conejo mecánico, e incluso pernoctar, están disponibles con reserva y se pagan aparte (desde 45 US$).

El parque queda al norte de la Hwy 78, 8 km al este de la I-15 desde la salida Via Rancho Parkway. Aparcar cuesta 10 US$. Calcúlense unos 45 min en automóvil desde San Diego, quizá el doble en horas punta. Para información sobre autobuses, contáctese con **North San Diego County Transit District** (☎619-233-3004, desde North County 800-266-6883; www.gonctd.com).

pequeños científicos (a partir de 10 años) pueden apuntarse, a su llegada al parque, a **Mindstorms** para construir robots de Lego computarizados.

También hay propuestas más tranquilas, como pintar caras y conocer princesas.

Carlsbad Ranch Flower Fields JARDINES

(☎760-431-0352; www.theflowerfields.com; 5704 Paseo del Norte; adultos/niños 12/6 US$; ⊗normalmente 9.00-18.00 mar-med may; ℗) Las 20 Ha de campos del Carlsbad Ranch forman un mar de color carmín, azafrán y blanco cuando florecen las ranunculáceas. Hay que tomar la salida Palomar Airport Rd desde la I-5, ir al este y girar a la izquierda en Paseo del Norte.

Batiquitos Lagoon PARQUE

(☎760-931-0800; www.batiquitosfoundation.org; 7380 Gabbiano Ln; ⊗centro natural 9.00-12.30 lu-vi, hasta 15.00 sa y do) Entre Carlsbad de Encinitas, este es uno de los últimos humedales de marea que quedan en California. Un circuito autoguiado permite ver la flora de la zona, que incluye chumberas, chaparros y eucaliptos, además de aves como la garza azulada o la garceta nívea.

Museum of Making Music MUSEO

(www.museumofmakingmusic.com; 5790 Armada Dr; adultos/niños y jubilados 8/5 US$; ⊗10.00-17.00 ma-do) Exposiciones históricas sobre la producción y la distribución de música, con cabinas para escuchar 450 instrumentos desde la década de 1890 hasta la actualidad.

Chopra Center CENTRO CUERPO-MENTE

(www.chopra.com; 2013 Costa del Mar Rd, Omni La Costa Resort y Spa) Para relajarse con el gurú de la salud alternativa Deepak Chopra, que dirige seminarios sobre la medicina mentecuerpo, complementados con tratamientos de *spa*.

K1 Speed DEPORTES DE AVENTURA

(www.k1speed.com; Corte Del Abeto; carrera 14 vueltas 20 US$; ⊗12.00-22.00 lu-ju, 11.00-23.00 vi, 10.00-23.00 sa, 10.00-20.00 do) Para liberar adrenalina con un *kart* (eléctrico) en un circuito interior. Tienen todo lo necesario, incluidos casco y pasamontañas. Los primerizos necesitan un permiso especial que cuesta 6 US$. Pregúntese por los descuentos para mediados de semana.

🛏 Dónde dormir

A continuación se listan algunos de los alojamientos más destacados de Carlsbad. Cerca de la autovía hay muchos otros más económicos, de cadena.

En la laguna Batiquitos hay dos grandes *resorts* de lujo con campos de golf, programas de *fitness* y actividades infantiles: el **Omni La Costa Resort & Spa** (☎760-438-9111, 800-854-5000; www.lacosta.com; 2100 Costa Del mar Rd; h desde 300 US$; ℗@🛜❄🏊🐕) 🏌, que incluye el Chopra Center y una pizca de la historia de Hollywood, y el **Park Hyatt Aviara** (☎760-603-6800; www.parkhyattaviara.com; 7100 Aviara Resort Dr; h desde 249 US$; ℗@🛜❄🏊🐕), pletórico de mármol y con un *spa* de casi 1400 m².

**South Carlsbad
State Park Campground** CAMPING $

(☑760-438-3143, reservas 800-444-7275; www.
reserveamerica.com; 7201 Carlsbad Blvd; parcela
lado mar/calle 50/35 US$; P) Situado casi 5 km
al sur de la ciudad, entre Carlsbad Blvd y la
playa, ofrece 200 parcelas para tiendas y autocaravanas.

★**Legoland Hotel** HOTEL $$$

(☑877-534-6526, 760-918-5346; california.
legoland.com/legoland-hotel; 5885 the Crossings
Dr; h incl. desayuno desde 369 US$; P❋@🏊🐾)
Como dicen en *La Lego película*, "todo es
impresionante" en este nuevo hotel junto a
la puerta principal de Legoland, donde los
diseñadores de Lego dieron rienda suelta
a su imaginación. Hay 3500 maquetas de
Lego (de dragones a surfistas) repartidas
por el edificio y el ascensor se convierte
en discoteca cuando está entre pisos. Cada
planta está dedicada a un tema (piratas,
aventuras, reinos...), presente hasta en el
último detalle de las habitaciones, como el
papel de pared, los objetos (¡hay balas de
cañón de Lego!) o las cortinas de la ducha.

**Hilton Carlsbad
Oceanfront Resort & Spa** RESORT, HOTEL $$$

(☑760-602-0800; www.carlsbadoceanfrontresor
tandspa.hilton.com; 1 Ponto Rd; h desde 249 US$;
P❋@🏊🐾) Casi todos los hoteles selectos
de Carlsbad están en el interior, pero este,
tan nuevo y elegante (inaugurado en el
2012), se sitúa cerca de la playa, cruzada la
Hwy 101. Tiene piscinas, *spa* y centros de
fitness y de negocios. El restaurante Chandler posee tres zonas exteriores y sirve platos creativos como vieiras con alcachofas
y almendras ahumadas. El aparcamiento
cuesta 19 US$.

West Inn & Suites HOTEL $$$

(☑866-431-9378, 760-448-4500; www.westin
nandsuites.com; 4970 Avenida Encinas; h incl. de-
sayuno 159-359 US$; P❋@🏊🐾🐾) A medio
camino entre Legoland y Carlsbad Villa-
ge, este acogedor hotel independiente de
86 habitaciones está pensado tanto para
ejecutivos (tiene centros de negocios y de
fitness) como para familias (piscina, playa,
servicio de transporte a Legoland y leche
con galletas por las noches). Aparcamiento
gratis.

✖ **Dónde comer y beber**

Todos los hoteles mencionados tienen
buenos restaurantes. En el centro, State St

es la calle con más encanto, con algunos
restaurantes interesantes. Cerca de ella
hay sucursales de la cervecería Pizza Port
(p. 649) y del mexicano **Las Olas** (☑760-
434-5850; 2939 Carlsbad Blvd).

Vigilucci's Cucina Italiana ITALIANA $$

(☑760-434-2500; 2943 State St; almuerzo 8-18
US$, cena 15-32 US$; ⊙11.00-22.00) Una institución de State St con mesas vestidas de
blanco y una bonita terraza a pie de calle.
Para almorzar, se pueden pedir pasta o *pa-
ninis* (p. ej., de jamón de Parma y champiñones Portobello), y para cenar hay platos
como *pappardelle* con setas silvestres y
vieiras marcadas a la trufa blanca con salsa
cremosa de brandi.

Relm BAR DE VINOS

(☑760-434-9463; www.thewinerelm.com; 2917
State St; ⊙desde 16.00 ma-do) Acogedor y moderno, ofrece más de 60 vinos diferentes
(cata 12 US$) y tablas de queso y tostadas
para acompañar. Cuando hay música en
directo, es irresistible.

🛈 **Información**

Centro de visitantes de Carlsbad (☑760-
434-6093; www.visitcarlsbad.com; 400
Carlsbad Village Dr) En la estación original de
trenes de Santa Fe, de 1887.

🛈 **Cómo llegar y salir**

Carlsbad es una de las paradas de los trenes
Coaster y los autobuses de Breeze (www.
gonctd.com). En automóvil, hay que tomar la
salida Cannon Dr desde la I-5 hacia Legoland,
el centro *outlet* y otros puntos de interés y alojamientos. Para ir a Carlsbad Village, tómese la
salida de Carlsbad Village Dr.

Oceanside

En la ciudad más grande del North County
vive mucha gente que trabaja en la base del
Cuerpo de Marines de Camp Pendleton, al
norte. La abundante presencia militar se
mezcla con un atractivo entorno natural y
tiendas de surf y de accesorios para fumar
de todo.

◉ **Puntos de interés
y actividades**

Muelle de Oceanside MUELLE

(por hora/día 5/15 US$) Este muelle de ma-
dera se adentra más de 500 m en el mar. Las
tiendas de cebos alquilan cañas de pescar a

los pescadores que se alinean en la baranda de madera. Dos grandes competiciones de surf, la West Coast Pro-Am y la National Scholastic Surf Association (NSSA), se celebran cerca del muelle en junio.

Los surfistas y principiantes pueden alquilar material en **Asylum Surf** (www. asylumboardshop.com; 310 Mission Ave; tabla de surf 3 h/día completo 20/30 US$, neopreno 10/15 US$) y tomar clases en **Surfcamps USA** (www.surfcampsusa.com; 1202 N Pacific St; clase por persona desde 55 US$; ⚐).

★ **California Surf Museum**   MUSEO
(www.surfmuseum.org; 312 Pier View Way; adultos/estudiantes/niños 5/3 US$/gratis, ma gratis; ⊙10.00-16.00 vi-mi, hasta 20.00 ju) Es fácil pasar 1 h en este museo que ofrece una historia cronológica del surf, arte surfista y una amplia colección de tablas, una de ellas mordida por el tiburón que devoró el brazo de la surfista Bethany Hamilton. Hay exposiciones temporales dedicadas a varios temas, como a las mujeres surfistas.

Oceanside Museum of Art   MUSEO
(www.oma-online.org; 704 Pier View Way; adultos/jubilados/estudiantes 8/5/3 US$; ⊙10.00-16.00 ma-sa, 13.00-16.00 do) Renovado hace poco, este museo, blanco y de diseño moderno, ocupa 1580 m² y ofrece 10 exposiciones temporales al año, con especial atención a los artistas de SoCal y a las culturas locales.

Misión San Luis Rey de Francia   MISIÓN
(www.sanluisrey.org; 4050 Mission Ave; adultos/niños y jubilados 5/4 US$; ⊙10.00-16.00) Situada unos 7 km al interior desde el centro de Oceanside, esta fue la misión más grande de California y la que tuvo más éxito en su función de reclutar nativos. En un momento dado vivía y trabajaban en ella unos 3000 neófitos. Después de que el Gobierno mexicano secularizara las misiones, San Luis quedó a su suerte y los muros de adobe de la iglesia, de 1811, son lo único que se conserva de la estructura original. En el interior hay exposiciones sobre la vida y el trabajo en la misión, con objetos y piezas de arte religioso originales.

Helgren's   CIRCUITOS EN BARCO
(☎760-722-2133; www.helgrensportfishing.com; 315 Harbor Dr S) Ofrece varios circuitos de pesca deportiva (desde 55 US$/medio día) y de observación de ballenas (adultos/niños 35/20 US$). Llámese para reservar y pedir información.

🛏 Dónde dormir y comer

★ **Springhill Suites Oceanside Downtown**   HOTEL $$
(☎760-722-1003; www.shsoceanside.com; 110 N Myers St; h incl. desayuno 219-279 US$; ⚐Ⓟ@☎❄) Recién abierto (2014), este es un hotel moderno de seis plantas con vistas al océano y un vestíbulo decorado en tonos amarillos y azules. Las habitaciones, de líneas claras, tienen cabezales de cama de madera envejecida y, las que disfrutan de vistas al océano y al muelle, balcones o patios. Las mejores panorámicas se disfrutan desde la piscina y el *jacuzzi* de la última planta, donde también hay un centro de *fitness*.

Beach Break Café   DINER $
(☎760-439-6355; 1802 S Coast Hwy; principales 7-12 US$; ⊙7.00-14.00; Ⓟ⚐) Para acumular energía a base de tortillas, revueltos y panqueques antes de lanzarse a las olas o reponerse después con sándwiches, tacos y ensaladas en este local surfista del lado este de la carretera. Tienen otro local cerca del **puerto** (280 Harbor Dr).

101 Café   DINER $
(☎760-722-5220; 631 S Coast Hwy; principales 6-10 US$; ⊙7.00-14.00; Ⓟ⚐) Pequeño local de 1928 remodelado con una propuesta clásica: tortillas, hamburguesas, etc. Si estuviera, el propietario puede explicar la historia local.

Hello Betty Fish House   PESCADO Y MARISCO $$
(☎760-722-1008; www.hellobettyoceanside.com; 211 Mission Ave; principales 10-24 US$; ⊙11.00-22.00 do-ju, hasta 23.00 vi y sa) Este nuevo restaurante frente a la playa abrió sus puertas en el 2014 y los lugareños ya se pirran por sus tacos de cangrejo con queso fritos o a la parrilla (desde 4,50 US$) y su hamburguesa de salmón con ensalada asiática y alioli de *wasabi*. Las bandejas de pescado a la parrilla y otros platos grandes cuestan hasta 24 US$. Desde el bar y la terraza hay buenas vistas de la ciudad.

That Boy Good   BARBACOA $$
(TBG; ☎760-433-4227; www.tbgbbq.com; 207 N Coast Hwy; principales 9-25 US$; ⊙desde 16.00 lu, 11.00 ma-do) En este nuevo santuario de comida del delta del Mississippi sirven enormes porciones de pollo frito y gofres, costillas de cerdo y plato combinado Crossroads Cup (con alubias con tomate, macarrones con queso, ensalada de col y carne a elegir). Para beber, hay cerveza artesanal o

de lata, o quizá un cóctel BBQ Bloody Mary, aderezado con una costilla.

❶ Información

California Welcome Center (☎760-721-1101, 800-350-7873; www.visitoceanside.org; 928 N Coast Hwy; ⊗9.00-17.00)

❶ Cómo llegar y salir

Todos los autobuses y trenes del **Oceanside Transit Center** (235 S Tremont St) paran

en Oceanside. El autobús nº 101 de Breeze del **North County Transit District** (NCTD; ☎760-966-6500; www.gonctd.com) sale del UTC en La Jolla (p. 657) y recorre la carretera de la costa hasta Oceanside. NCTD también tiene el tren de cercanías *Coaster* desde San Diego, que para en Encinitas, Carlsbad y Oceanside. Algunos trenes *Pacific Surfliner* de Amtrak (p. 652) paran a diario en la ciudad.

Los autobuses de Greyhound paran en Oceanside y en San Diego.

Palm Springs y los desiertos

Los mejores restaurantes

➡ Trio (p. 677)

➡ Cheeky's (p. 676)

➡ Inn at Furnace Creek (p. 705)

➡ Pastels Bistro (p. 708)

Los mejores alojamientos

➡ Riviera Palm Springs (p. 675)

➡ El Morocco Inn & Spa (p. 676)

➡ La Casa del Zorro (p. 691)

➡ Sacred Sands (p. 685)

➡ Mandalay Bay (p. 714)

Por qué ir

Hay algo artístico en la forma en que el paisaje se transforma en desierto. Los picos volcánicos erosionados vigilan atentamente las sibilantes dunas de arena, y las montañas brillan con tonos que van del amarillo mostaza al rosa intenso. El agua caliente mana a chorros de las entrañas de la Tierra para calmar la sed de las palmeras de los oasis y el dolor muscular humano en los elegantes *spas*. Minúsculas flores silvestres rompen la tierra reseca para saludar a la primavera.

La riqueza del suelo del desierto ha atraído a buscadores de oro y mineros, y su belleza y espiritualidad han cautivado a artistas, visionarios y trotamundos. Sus inmensas soledades llaman a excéntricos, inadaptados y a los militares. Bohemios modernos y famosos acuden por el clima y el estilo *retro*. Y todo ello es atravesado por la mítica Ruta 66, llena de oxidadas reliquias de carretera. Sea cual sea el plan del viajero, el desierto se colará en su conciencia para siempre.

Cuándo ir
Palm Springs

Dic-abr Invierno suave: muchos 'invernantes', además de angelinos de fin de semana.

May-med jun, med sep-nov Menos gente, al compás de las temperaturas; temporada media.

Jun-sep Calor: algunos hoteles y restaurantes cierran, y muchos otros ofrecen grandes ofertas.

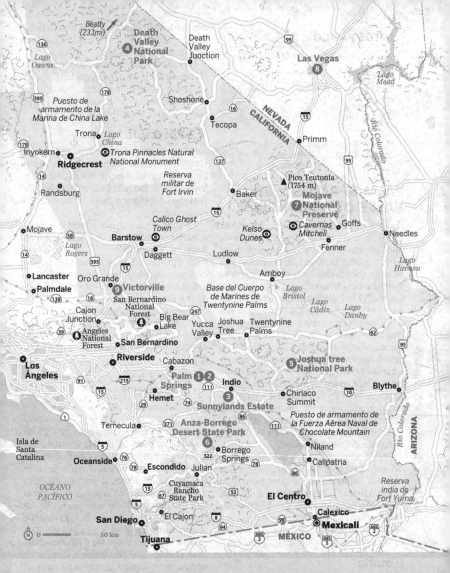

Imprescindible

1 Sobrevolar cinco hábitats en menos de 15 min con el **Palm Springs Aerial Tramway** (p. 668).

2 Tumbarse junto a la piscina en un moderno hotel de los años cincuenta en **Palm Springs**.

3 Seguir los pasos de presidentes y reyes en la **Sunnylands Estate** (p. 675).

4 Atravesar la mayor depresión del hemisferio occidental en el **Death Valley National Park** (p. 699).

5 Recorrer las suaves rocas del **Hidden Valley** (p. 680), en el **Joshua Tree National Park**.

6 Trepar por las cuevas del viento en el vasto **Anza-Borrego Desert State Park** (p. 687).

7 Esconderse en el **Hole-in-the-Wall** (p. 697) de la Mojave National Preserve.

8 Perderse (sin arruinarse) por **The Strip** en **Las Vegas** (p. 710).

9 Conocer los mitos de la "carretera madre" en el **California Route 66 Museum** (p. 695) de Victorville.

DATOS BÁSICOS

Población de Palm Springs 45 900

Población de Las Vegas 596 425

De Los Ángeles a Palm Springs
177 km, 2-3 h

De San Diego a Borrego Springs
153 km, 1½-2 h

De Los Ángeles a Las Vegas
450 km, 4-5 h

PALM SPRINGS Y EL VALLE DE COACHELLA

Ha vuelto el Rat Pack y su guarida predilecta. En las décadas de 1950 y 1960, Palm Springs, unos 160 km al este de Los Ángeles, fue el refugio de Sinatra, Elvis y otras muchas más estrellas, que pasaban las noches de juerga en mansiones modernas. Cuando el Rat Pack se fue, los 777 km² del valle de Coachella se llenaron de jubilados golfistas. Pero a mediados de los años noventa, una nueva generación se encandiló de las gracias *retro* de la ciudad: bungalós de cristal y acero de arquitectos famosos, hoteles selectos de decoración *vintage* y piscinas arriñonadas, y silenciosos piano bares donde preparaban *martinis* perfectos. Ahora, en Palm Springs jubilados e 'invernantes' se mezclan sin problemas con modernos, excursionistas y un buen contingente homosexual que huyen de Los Ángeles los fines de semana, o del resto del mundo.

Palm Springs es la urbe más importante del valle. Las ciudades del desierto, desde la aburrida Cathedral City al glamuroso Palm Desert o Indio, la capital americana del dátil, están todas unidas por la Hwy 111. Al norte de Palm Springs, la zona de Desert Hot Springs atrae con un montón de hoteles-*boutique* construidos sobre las fuentes.

Historia

Los cahuilla han vivido en los cañones del extremo suroccidental del valle de Coachella durante más de mil años. Los primeros exploradores españoles llamaron "agua caliente" a las fuentes termales del lugar donde hoy se alza Palm Springs, y aquel término designó más adelante a los indígenas cahuilla locales.

En 1876 el Gobierno federal dividió el valle como un tablero de ajedrez y lo repartió según diversos intereses. La Southern Pacific Railroad recibió las divisiones impares, mientras que las pares integrarían la reserva india de Agua Caliente. Hoy las tribus son bastante ricas gracias a los casinos.

En 1890 se trajeron palmeras datileras de la Argelia francesa a Indio, ciudad unos 32 km al sureste de Palm Springs, y su fruto se ha convertido en el principal cultivo del valle, junto con los cítricos y la uva de mesa.

⊙ Puntos de interés

En el compacto centro de Palm Springs, la Hwy 111 avanza al sur como Palm Canyon Dr; paralelo a ella discurre Indian Canyon Dr hacia el norte. Tahquitz Canyon Way divide la ciudad en dos (norte y sur) y va al este hacia el aeropuerto.

La zona tiene algunas atracciones diseminadas por el valle de Coachella, también llamado "Down Valley", al sureste desde Palm Springs. La Hwy 111 une las poblaciones, aunque hay un sinfín de semáforos. Según a qué punto del valle se vaya, se puede ir más rápido por la I-10.

Algunos edificios notables de la ciudad son el **McCallum Adobe**, de 1884, la **casa Kaufmann**, de estilo internacional (1946), y el **Chase Bank**, obra de E. Stewart Williams.

◎ Palm Springs

★ Palm Springs
Aerial Tramway TELEFÉRICO
(☎888-515-8726; www.pstramway.com; 1 Tram Way; adultos/niños 24/17 US$; ⊘desde 10.00 lu-vi, 8.00 sa y do, última subida 20.00, último bajada 21.45 a diario) Situado al norte del centro, este teleférico es la estrella de Palm Springs. En menos de 15 min asciende más de 1800 m a través de cinco zonas de vegetación, desde la llanura del desierto de Sonora hasta los montes San Jacinto. Respecto a la temperatura, los 4 km de subida equivalen a viajar de México a Canadá. Si además se prosigue a pie hasta los bosques de pinos de la cima, la temperatura puede ser entre 1 y 22°C más baja. A veces nieva, incluso en primavera y otoño.

En lo alto del teleférico, la **Mountain Station** (2596 m) tiene bar, restaurante, zona de observación y un cine con documentales. A partir de aquí se extiende el paraje natural del **Mt San Jacinto State Park** y sus rutas de senderismo.

El desvío que lleva al teleférico está unos 5 km al norte del centro de Palm Springs.

Valle de Coachella

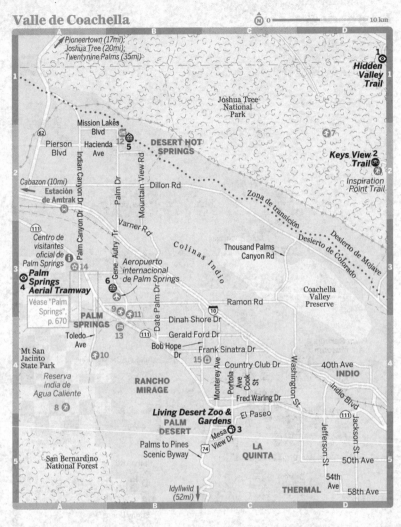

Ñ N 0 ————————————— 10 km

Pioneertown (17mi);
Joshua Tree (20mi);
Twentynine Palms (35mi)

1 Hidden Valley Trail

Joshua Tree National Park

Mission Lakes Blvd

12 **5**

DESERT HOT SPRINGS

Keys View **2** Trail

Inspiration Point Trail

Pierson Blvd

Hacienda Ave

Palm Dr

Mountain View Rd

Dillon Rd

62

Cabazon (10mi)

Estación de Amtrak

Zona de transición

Desierto de Colorado

Desierto de Mojave

111

Centro de visitantes oficial de Palm Springs

Palm Springs Aerial Tramway

Véase "Palm Springs", p. 670

Varner Rd

Gene. Autry Tr

Colinas Indio

Thousand Palms Canyon Rd

Coachella Valley Preserve

14

6

Aeropuerto internacional de Palm Springs

Date Palm Dr

Ramon Rd

10

PALM SPRINGS

9 **11**

Dinah Shore Dr

Gerald Ford Dr

Toledo Ave

13

111

Bob Hope Dr

Frank Sinatra Dr

Mt San Jacinto State Park

10

15

RANCHO MIRAGE

Monterey Ave

Portola Ave

Country Club Dr

Cook St

40th Ave

INDIO

Reserva india de Agua Caliente

8

Fred Waring Dr

Washington St

Indio Blvd

PALM DESERT

Living Desert Zoo & Gardens

El Paseo

Mesa View Dr

3

74

LA QUINTA

111

Jefferson St

Jackson St

San Bernardino National Forest

Palms to Pines Scenic Byway

50th Ave

Idyllwild (52mi)

THERMAL

54th Ave

58th Ave

Véase "Palm Springs", p. 670

PALM SPRINGS Y LOS DESIERTOS PUNTOS DE INTERÉS

Valle de Coachella

Palm Springs

N

0 — 500 m

4

Toucan's Tiki Lounge (0.2mi);
Palm Springs Official
centro de visitantes (1mi)

21

W Vista Chino

Palm Springs
Air Museum
(1.9mi)

N Av Caballeros

N Sunrise Way

N Indian Canyon Dr

N Palm Canyon Dr

Tachevah Dr

Tamarisk Rd

41
40
28
25
12

Granvia
Valmonte

Alejo Rd

32

39

36

37

Amado Rd

Andreas Rd

Palm Springs
Art Museum 1

N Museum Dr

9

Tahquitz Canyon Way

29
19

8 38
31

S Av Caballerous

Arenas Rd
35 34
2
16
3
6
23
33 7

30

Baristo Rd

Internacional de
Palm Springs
(2.9mi)

S Tahquiz Dr

S Patencio Rd

S Cahuilla Rd

S Indian Canyon Dr

Calle Encilia

W Baristo Rd

Belardo
Rd

Ramon Rd

17
18

15

Grenfall
Rd

Sunny Dunes Dr

San Lorenzo Rd
Mesquite Rd

10

S Palm Canyon Dr

Jensen's Finest
Foods (0.25mi);
Parker Palm
Springs (1.6mi)

26

14

22

5

13

11 24

E Palm Canyon Dr

20

27

Palm Springs

★**Palm Springs Art Museum**   MUSEO
(☎760-322-4800; www.psmuseum.org; 101 Museum Dr; adultos/niños 12,50 US$/gratis, 16.00-20.00 ju gratis; ☻10.00-17.00 ma-mi y vi-do, 12.00-20.00 ju) Muestra la evolución de la pintura, escultura, fotografía y arte en cristal de EE UU durante el s. xx. Aparte de las exposiciones temporales, muy bien organizadas, la colección permanente destaca por su pintura y escultura modernas, con obras de Henry Moore, Ed Ruscha, Mark di Suvero y otras figuras destacadas, impresionantes obras en cristal de Dale Chihuly y William Morris y un conjunto de figurillas precolombinas.

Hace poco se renovó en el borde sur de la ciudad un emblemático banco de 1961 para convertirlo en el **Architecture and Design Center** (300 S Palm Canyon Dr), que celebra el estilo típico de la zona. Se inauguró a finales del 2014.

Agua Caliente Cultural Museum   MUSEO
(☎760-323-0151; www.accmuseum.org; 219 S Palm Canyon Dr, Village Green Heritage Center; ☻10.00-17.00 mi-sa, 12.00-17.00 do) GRATIS El mayor de los museos del Village Green Heritage Center muestra la historia y cultura de los cahuilla Agua Caliente mediante exposiciones temporales y permanentes y eventos especiales.

Palm Springs Historical Society   MUSEO
(www.pshistoricalsociety.org; 221 S Palm Canyon Dr; adultos/niños 1 US$/gratis; ☻10.00-16.00 mi-sa, 12.00-15.00 do oct-may) La Sociedad Histórica escarba en el rico pasado con una pequeña pero estilosa exposición de fotografías y piezas en uno de los edificios más antiguos de la ciudad, el McCallum Adobe, de 1884.

Ruddy's General Store   LUGAR HISTÓRICO
(www.palmsprings.com/points/heritage/ruddy.html; 221 S Palm Canyon Dr; adultos/niños 95 ¢/gratis; ☻10.00-16.00 ju-do oct-jun, 10.00-16.00 sa y do jul-sep) Esta reproducción de un almacén de los años treinta muestra productos originales asombrosamente conservados, desde comestibles hasta medicinas, artículos de

belleza, ropa y ferretería, en vitrinas y con letreros de la época.

Moorten Botanical Gardens JARDINES

(☎760-327-6555; www.moortenbotanicalgarden.com; 1701 S Palm Canyon Dr; adultos/niños 4/2 US$; ☺10.00-16.00 ju-ma, vi-do solo en verano) Chester Moorten, alias "Cactus Slim", uno de los "Keystone Cops" originales, y su esposa Patricia, plasmaron su pasión por las plantas en este jardín botánico de 1938. Hoy es una cautivadora sinfonía de cactus y demás flora de desierto.

Palm Springs Air Museum MUSEO

(☎760-778-6262; www.palmspringsairmuseum.org; 745 N Gene Autry Trail; adultos/niños 15/8 US$; ☺10.00-17.00) Este museo junto al aeropuerto posee una excepcional colección de aviones de la II Guerra Mundial y objetos relacionados con la aviación. Ocasionalmente, ofrece exhibiciones aéreas.

⊙ Alrededores de Palm Springs

★ Living Desert Zoo & Gardens ZOOLÓGICO

(☎760-346-5694; www.livingdesert.org; 47900 Portola Ave, Palm Desert, junto a Hwy 111; adultos/niños 17,25/8,75 US$; ☺9.00-17.00 oct-may, 8.00-13.30 jun-sep; 🚻) ✐ Increíble zoo con plantas y animales del desierto, además de exposiciones sobre geología de este hábitat y la cultura india norteamericana. Hay un hospital veterinario y un poblado africano con mercado y un bosque de cuento. Los paseos en camello, el tiovivo de especies amenazadas y el servicio de enlace que se puede tomar o dejar en todas las paradas se pagan aparte. Ameno y didáctico, justifica los 30 min (24 km) de conducción valle abajo.

Cabot's Pueblo Museum MUSEO

(☎760-329-7610; www.cabotsmuseum.org; 67616 E Desert Ave, Desert Hot Springs; circuito adultos/niños 11/9 US$; ☺circuitos 9.30, 10.30, 11.30, 13.30 y 14.30 ma-do oct-may, 9.30, 10.30 y 11.30 mi-do jun-sep) Cabot Yerxa, un millonario de la Costa Este que cambió la alta sociedad por la soledad del desierto, construyó con sus propias manos en 1913 este laberíntico pueblo de adobe, a partir de objetos recuperados y encontrados, como postes telefónicos o piezas de vagones. Hoy es un original museo que exhibe cestería y cerámica tradicional indígena, y una colección de fotografías de los viajes de Cabot a Alaska. Llámese antes. Está unos 21 km al norte del centro de Palm Springs.

🏃 Actividades

Cañón de Tahquitz SENDERISMO

(☎760-416-7044; www.tahquitzcanyon.com; 500 W Mesquite Ave; adultos/niños 12,50/6 US$; ☺7.30-17.00 oct-jun, vi-do solo jul-sep) Este cañón, que apareció en la película de Frank Capra *Horizontes perdidos* (1937), es un enclave histórico y sagrado para los Agua Caliente. Tras su invasión por jóvenes en los años sesenta, se convirtió en un punto de conflicto entre los indígenas, la policía y los okupas de las cuevas. Cuando estos fueron finalmente expulsados, los indios emplearon años en retirar la basura, borrar los grafitos y devolver al cañón su aspecto original.

El centro de visitantes ofrece exposiciones sobre historia natural y cultural del lugar y un vídeo sobre la leyenda de Tahquitz, un chamán cahuilla. Los guardas guían caminatas didácticas (3,2 km, 2½-h); resérvese antes. Se puede ir por libre hasta las 15.25.

LOS CINCO MEJORES 'SPAS'

He aquí una selección de santuarios del bienestar para mimarse, desestresarse y desentumecerse. Es imprescindible reservar.

Estrella Spa at Viceroy Palm Springs (p. 676) Elegante *spa* de hotel-*boutique* con masajes en cabañas junto a la piscina.

Feel Good Spa at Ace Hotel & Swim Club (p. 675) El *spa* más sofisticado y nuevo de Palm Springs ofrece tratamientos dentro de una yurta.

Spa Resort Casino (☎760-778-1772; www.sparesortcasino.com; 100 N Indian Canyon Dr) En las fuentes termales originales del valle aleccionan sobre los cinco pasos para "tomar las aguas".

Spa Terre at Riviera Palm Springs (p. 675) Lo último en *spa* de lujo, con piscina de Watsu y tratamientos exóticos.

Palm Springs Yacht Club (p. 676) Recién reformado, vuelve a recibir a famosos y señoras de la alta sociedad.

Indian Canyons
SENDERISMO

(☎760-323-6018; www.indian-canyons.com; 38520
S Palm Canyon Dr; adultos/niños 9/5 US$, caminata
con guía 90 min 3/2 US$; ☺8.00-17.00 oct-jun, vi-do
solo jul-sep) Los ríos que bajan de los montes
San Jacinto sustentan una rica variedad de
plantas en los oasis que rodean Palm Springs.
A la sombra de las palmeras y rodeados por
imponentes peñascos, estos cañones, que durante cientos de años estuvieron habitados
por los indios, actualmente están integrados
en la reserva india de Agua Caliente y son un
deleite para los excursionistas.

Pídanse indicaciones para ir a cañones,
zonas de *picnic,* observación de aves, hoyos
indios para moler y posibles avistamientos de
borregos cimarrones.

Desde el centro de Palm Springs, se va al
sur por Palm Canyon Dr (recto cuando la calle principal vira hacia el este) y se prosigue
unos 3 km hasta la entrada de la reserva.
Desde allí quedan casi 5 km hasta el Trading
Post, donde venden gorras, mapas y agua.

Mt San Jacinto
State Park
SENDERISMO

(☎951-659-2607; www.parks.ca.gov) 🚶 Más allá
de la estación superior del teleférico, en esta
reserva se entrecruzan 87 km de senderos,
como el no técnico que sube al San Jacinto
(3302 m). Para penetrar más en el parque
(unas horas más de caminata), hay que au-
torregistrarse para un permiso *wilderness* en
el puesto de guardabosques.

Winter Adventure
Center
ESQUÍ, RAQUETAS DE NIEVE

(☎general info 760-325-1449; www.pstramway.com/
winter-adventure-center.html; raquetas/esquís por
día 18/21 US$; ☺solo en temporada 10.00-16.00 ju-vi
y lu, desde 9.00 sa y do, último 14.30) En el exterior
de la estación superior del teleférico, para entrar en la reserva en este centro de invierno
alquilan (por orden de llegada) raquetas de
nieve y esquís de fondo.

Smoke Tree Stables
PASEOS A CABALLO

(☎760-327-1372; www.smoketreestables.com; 2500
S Toledo Ave; paseo con guía 1/2 h 50/100 US$)
Cerca de los Indian Canyons, estos establos
ofrece paseos a caballo, desde salidas de 1 h
hasta excursiones de un día, también para
principiantes. Es necesario reservar.

Wet 'n' Wild Palm Springs
PARQUE ACUÁTICO

(☎760-327-0499; www.wetnwildpalmsprings.com;
1500 S Gene Autry Trail; adultos/niños y jubilados
37/27 US$; ☺med mar-med oct) Una enorme

ELVIS Y SU NIDO DE AMOR

Una de las casas modernas más espectaculares de Palm Springs fue diseñada
a principios de los años sesenta por el
promotor local Robert Alexander para
su esposa Helene. Consta de cuatro salas circulares en tres niveles e incorpora
detalles en piedra y cristal. La revista
Look la llamó "la casa del mañana", y
los Alexander se hicieron famosos en
todo el país. Por desgracia, la familia
al completo pereció en un accidente
de aviación en 1965, pero la finca se
hizo aún más célebre un año después,
cuando Elvis Presley se mudó a ella.
El 1 de mayo de 1967 el "Rey" cruzó el
umbral con su mujer Priscilla para su
luna de miel. Fielmente restaurado, ya
se puede visitar el **Elvis Honeymoon
Hideaway** (☎760-322-1192; www.elvisho
neymoon.com; 1350 Ladera Circle; 30 US$/
persona; ☺circuitos 13.00 y 15.30 a diario o
con cita previa); se recomienda reservar.

piscina con olas, toboganes y tubos de agua,
además de películas junto a la misma los
viernes en pleno verano. Aparcamiento 14
US$. Consúltese el horario por teléfono o en
la web.

Stand By Golf
GOLF

(☎760-321-2665; www.standbygolf.com) En el
valle hay más de 100 campos de golf, y esta
empresa reserva hora con descuento para
el mismo día o el siguiente en muchos de
ellos.

👉 Circuitos

Tienen folletos de circuitos autoguiados de
arte público y lugares históricos (gratis), de
estilo moderno (5 US$) y de casas de famosos
(5 US$) en el centro de visitantes (p. 679).
Para circuitos guiados, hay que reservar.

Best of the Best Tours
INTERÉS GENERAL

(☎760-320-1365; www.thebestofthebesttours.com;
490 S Indian Canyon Dr; circuitos desde 35 US$) Su
extenso programa incluye visitas a los molinos de viento y excursiones en autocar por
las casas de los famosos.

Desert Adventures
4X4

(☎760-340-2345; www.red-jeep.com; circuitos 59-
135 US$) Diversos circuitos en todoterreno,

desde los de iconos gais de Palm Springs a uno de ecoturismo por los cañones de la falla de San Andrés.

Historic Walking Tours PASEOS A PIE

(☎760-323-8297; www.pshistoricalsociety.org; circuitos 15 US$) Diversos paseos que abarcan arquitectura, estrellas de Hollywood y más, organizados por la Palm Springs Historical Society.

Palm Springs
Modern Tours DISEÑO

(☎760-318-6118; www.palmspringsmoderntours. com; circuitos 75 US$) Recorrido de 3 h en furgoneta por las joyas arquitectónicas de mediados de siglo, de maestros como Albert Frey, Richard Neutra o John Lautner.

🎊 Fiestas y celebraciones

El alojamiento escasea y se encarece durante los festivales, sobre todo el de música de Coachella, cuando también hay que reservar con tiempo.

Todos los martes por la noche lugareños y visitantes acuden a Palm Canyon Dr en el centro de Palm Springs, donde el **Villagefest** aúna un mercado de granjeros, puestos de comida y artesanía y actuaciones callejeras.

Palm Springs
International Film Festival CINE

(www.psfilmfest.org) A principios de enero, las estrellas de Hollywood acuden a este festival en el que se proyectan más de 200 filmes de 60 países. En junio toca los cortometrajes.

¿PERO QUÉ...?

Al oeste de Palm Springs, el **World's Biggest Dinosaurs** (☎951-922-0076; www.cabazondinosaurs.com; 50770 Seminole Dr, Cabazon; adultos/niños 8/7 US$; ⏰10.00-17.30 lu-vi, 10.00-18.30 sa y do) deja de una pieza. Claude K Bell, escultor del parque Knott's Berry Farm, tardó más de una década en construir estos mastodontes de cemento, hoy propiedad de unos cristianos creacionistas que sostienen que Dios creó a los dinosaurios y a los demás animales en un día. En la tienda de regalos, además de dinosaurios, se puede leer sobre los supuestos engaños y falacias de la teoría de la evolución y el darwinismo.

Modernism Week CULTURAL

(www.modernismweek.com) Diez días que celebran el estilo moderno de mediados del s. xx con circuitos de arquitectura y residencias, películas, conferencias, muestras de diseño y un sinfín de fiestas, a mediados de febrero.

Coachella Music & Arts Festival MÚSICA

(www.coachella.com; bono 1/3 días aprox. 100/300 US$) Se celebra en el Empire Polo Club de Indio durante dos fines de semana de abril y es uno de los festivales de música *indie* más vibrantes de su clase. Hay que sacar la entrada con mucha antelación.

Stagecoach Festival MÚSICA

(www.stagecoachfestival.com; pase 1/3 días desde 100/250 US$) El fin de semana siguiente al de Coachella, y también en el Empire Polo Club de Indio, este festival de música *country* reúne a artistas de renombre nuevos.

Restaurant Week COMIDA

(www.palmspringsrestaurantweek.com) Una semana en la que restaurantes de primera de todo el valle ofrece menús a precio fijo rebajados, en junio.

🛏 Dónde dormir

Palm Springs y el valle de Coachella poseen una increíble variedad de alojamientos, incluidos hoteles refinados de aire *vintage*, *resorts* de lujo y moteles de cadena. Las tarifas reseñadas son de temporada alta (nov-abr); en verano pueden bajar mucho. Los campistas tienen los parques de Joshua Tree o Mt San Jacinto.

🛏 Palm Springs

Caliente Tropics MOTEL $

(☎760-327-1391, 800-658-6034; www.calientetropics.com; 411 E Palm Canyon Dr; h entre semana/fin de semana desde 54/109 US$; P❄🌐🛜🏊) Notable establecimiento económico, bien conservado y con una agradable decoración polinesia de 1964, cuando Elvis retozó junto a su piscina. Las amplias habitaciones invitan al descanso, con tonos cálidos y colchones de calidad.

★ Orbit In HOTEL-BOUTIQUE $$

(☎760-323-3585, 877-966-7248; www.orbitin.com; 562 W Arenas Rd; h incl. desayuno desde 149 US$; P❄🌐🏊) Fabulosa finca *retro* que invita a retroceder a los años cincuenta durante la *happy hour* "Orbitini". Las habitaciones,

LA SOLAZ SUNNYLANDS

De estilo moderno de 1966, Sunnylands (☎760-328-2829; www.sunnylands.org; 37977 Bob Hope Dr, Rancho Mirage; gratis, circuito casa 35 US$; ⊘9.00-16.00 ju-do, cerrado jul y ago) es la glamurosa mansión *retro* de una de las grandes familias de EE UU, Walter y Leonore Annenberg. Walter (1908-2002) fue editor, embajador y filántropo; y "Lee" (1918-2009), jefa de protocolo durante el mandato de Ronald Reagan. La pareja recibió a siete presidentes de EE UU, a la realeza, y a personajes internacionales y de Hollywood en esta su residencia invernal de Rancho Mirage, diseñada por A. Quincy Jones y con un campo de golf de nueve hoyos. En la actualidad se la llama el "Camp David de la Costa Oeste" por ser donde el presidente Obama se reunió con líderes mundiales como el presidente chino Xi Jinping y el rey Abdalá de Jordania.

Ahora todo el mundo puede visitarla. Hay un nuevo centro de visitantes y museo donde ver una película y exposiciones cambiantes sobre el lugar, con un magnífico jardín de desierto detrás. Resérvense lo antes posible los circuitos por la casa, impresionante por su arquitectura, mobiliario y colección de arte. Los tiques se ponen a la venta en internet los días 1 y 15 de cada mes para a partir de las dos semanas siguientes.

dispuestas alrededor de una serena piscina salobre con *jacuzzi*, poseen lujosos muebles modernos de mediados de siglo (Eames, Noguchi, etc.). Las bicicletas y los refrescos y tentempiés durante el día corren a cargo del lugar.

★ **Ace Hotel & Swim Club** HOTEL **$$**
(☎760-325-9900; www.acehotel.com/palmspings; 701 E Palm Canyon Dr; h desde 200 US$; P ✴ @ 🛜 🐾 🏊) Palm Springs se pone en plan Hollywood, aunque con menos garra, en un antiguo motel Howard Johnson reconvertido en destino de moda. Las habitaciones (muchas con patio) tienen aire de cabaña de lona con pretensiones y todos los imprescindibles del estilo (TV grande de pantalla plana, tomas para MP3). También hay un animado ambiente en la piscina, el **Feel Good Spa** (☎760-329-8791; www.acehotel.com/palmsprings/spa; 701 E Palm Canyon Dr) y un bar-restaurante.

Saguaro HOTEL **$$**
(☎760-323-1711, 877-808-2439; www.thesaguaro.com; 1800 E Palm Canyon Dr; h desde 159 US$; P ✴ @ 🛜 🐾 🏊) Alegres colores de desierto florido animan este renovado hotel de mediados de siglo, con tres pisos de habitaciones sobre una amplia zona de piscina. En el Tinto, el restaurante principal, sirven tapas y platos de inspiración española del *Iron Chef* José Garcés, en cuyo bar, El Jefe, se degustan estupendos tacos y tequilas.

Del Marcos Hotel HOTEL-BOUTIQUE **$$**
(☎760-325-6902, 800-676-1214; www.delmarcoshotel.com; 225 W Baristo Rd; h incl. desayuno

139-269 US$; ✴ @ 🛜 🐾 🏊) En esta joya de 1947, diseñada por William F. Cody, la estupenda música del vestíbulo acompaña hasta una piscina de agua salada y unas habitaciones muy estilosas, y todo a un paso de las tiendas y restaurantes del centro.

Alcazar HOTEL-BOUTIQUE **$$**
(☎760-318-9850; www.alcazarpalmsprings.com; 622 N Palm Canyon Dr; h incl. desayuno desde 149 US$; P ✴ @ 🛜 🏊) Al borde del Uptown, una clientela a la moda (que no fiestera) hace nuevas amistades en la piscina antes de retirarse a una de las 34 habitaciones circundantes, algunas con *jacuzzi*, patio, chimenea o las tres cosas, y en todas los relucientes suelos bancos safunden con paredes y ropa de cama igual de minimalistas. Prestan bicicletas y en el Cheeky's (p. 676) hay pasteles.

★ **Riviera**
Palm Springs HOTEL DE LUJO **$$$**
(☎760-327-8311; www.psriviera.com; 1600 Indian Canyon Dr; h 240-260 US$, ste 290-540 US$; P ⊝ ✴ @ 🛜 🐾 🏊) Favorito del Rat Pack, ahora brilla más que nunca, con todas las comodidades modernas entre exuberantes jardines, tres piscinas curvas, 17 hoyos para fogatas, el **Spa Terre** (☎760-778-6690; www.psriviera.com; 1600 N Indian Canyon Dr) y toques sesenteros como alfombras de pelo largo, arañas de cristal *camp* y arte de Warhol. Las parejas se sentirán muy guapas en el restaurante y salón Circa 59, dentro o fuera.

Está 1,5 km del centro, pero dispone de servicio de enlace.

★ **Parker Palm Springs** RESORT $$$
(☎760-770-5000; www.theparkerpalmsprings.com; 4200 E Palm Canyon Dr; h desde 300 US$; P❀@🛜🏊🍴) Lujoso complejo donde resalta la extravagante decoración de Jonathan Adler. Se puede ir a tomar un cóctel al Mister Parker's o un *brunch* de categoría al Norma's. En los terrenos hay hamacas, bolera de hierba y un fabuloso *spa*. El extra del *resort* (30 US$) cubre el aparcamiento, el wifi y el acceso al **'spa' del Palm Springs Yacht Club** (☎760-770-5000; www.theparkerpalmsprings.com/spa; Parker Palm Springs, 4200 E Palm Canyon Dr).

Viceroy HOTEL-BOUTIQUE $$$
(☎760-320-4117; www.viceroypalmsprings.com; 415 S Belardo Rd; h desde 300 US$; ❀🛜🏊) Para lucir ropa de Pucci, este minicomplejo chic sesentero, decorado por la jueza de *Top Design* Kelly Wearstler, es blanco, negro y amarillo limón (como un cruce de Austin Powers y Givenchy). Cuenta con el *spa* **Estrella** (☎760-320-4117; www.viceroypalmsprings.com; 415 S Belardo Rd), un fabuloso pero caro restaurante francocaliforniano y bicicletas gratis para recorrer la ciudad.

Desert Hot Springs

★ **El Morocco Inn & Spa** HOTEL-BOUTIQUE $$
(☎888-288-9905, 760-288-2527; www.elmoroccoinn.com; 66814 4th St, Desert Hot Springs; h incl. desayuno 179-219 US$; ❀🛜🏊) Para atender la llamada de la kasba y deleitarse en un escenario de fantasía. Tiene doce habitaciones de decoración exótica, dispuestas alrededor de una terraza con piscina donde sirven "Moroccotinis" gratis durante la *happy hour*. También hay un *spa*, una enorme videoteca de DVD y delicioso té moruno helado.

Spring HOTEL-BOUTIQUE $$
(☎760-251-6700; www.the-spring.com; 12699 Reposo Way; h desayuno incl. 179-279 US$; P❀🛜🏊) Humilde motel de los años cincuenta transformado en balneario selecto y tranquilo con tres piscinas de aguas termales. Sus 13 habitaciones son minimalistas en diseño pero no en servicios (edredones mullidos, albornoces suaves, pequeña cocina, etc.). La dicha absoluta se alcanza con sus tratamientos o simplemente con las relajantes vistas del valle y las montañas.

✗ Dónde comer

Tyler's Burgers HAMBURGUESERÍA $
(www.tylersburgers.com; 149 S Indian Canyon Dr; platos 3-9 US$; ⊙11.00-16.00 lu-sa; 🍴) Las mejores hamburguesas de la ciudad, sin excepción, y esperas casi inevitables, pero con un buen revistero. Pago en efectivo.

Native Foods VEGANA $
(☎760-416-0070; www.nativefoods.com; Smoke Tree Village, 1775 E Palm Canyon Dr; principales 8-11 US$; ⊙11.00-21.30 lu-sa; 🍴🍴) La gurú del *veganismo* Tanya Petrovna sabe cómo insuflar sabores complejos a los sustitutos de la carne y los lácteos. Sus imaginativos sándwiches, ensaladas del suroeste, cuencos de arroz caliente y sabrosas *pizzas* y hamburguesas alimentan cuerpo y alma.

★ **Cheeky's** CALIFORNIANA $$
(☎760-327-7595; www.cheekysps.com; 622 N Palm Canyon Dr; principales 8-13 US$; ⊙8.00-14.00 mi-lu, último pedido 13.30) 🍴 Las esperas pueden ser largas y el servicio mediocre, pero la carta "de la granja a la mesa" exhala creatividad. Los platos cambian semanalmente, pero suelen mantenerse los cremosos huevos revueltos, la *frittata* de rúcula con pesto y el bacón frito.

El Mirasol MEXICANA $$
(☎760-323-0721; www.elmirasolrestaurants.com; 140 E Palm Canyon Dr; principales 10-19 US$; ⊙11.00-22.00) Hay restaurantes mexicanos más vistosos, pero todo el mundo vuelve a este, con su decoración sencilla, generosos *margaritas* y briosos platos, a destacar el pollo con mole o con salsa pipián (con semillas de calabaza molidas y chiles).

King's Highway ESTADOUNIDENSE $$
(☎760-325-9900; www.acehotel.com; Ace Hotel y Swim Club, 701 E Palm Canyon Dr; principales 8-30 US$; ⊙7.00-23.00 do-ju, hasta 3.00 vi y sa; 🛜) El antiguo Denny's es un buen ejemplo de reciclaje creativo, ya en pleno s. XXI a base de *tagliatelle* caseros, lubina salvaje, buey de pasto, verduras ecológicas y quesos artesanales. Desayunos también excelsos.

Wang's in the Desert CHINA $$
(☎760-325-9264; www.wangsinthedesert.com; 424 S Indian Canyon Dr; principales 12-20 US$; ⊙17.00-21.30 do-ju, hasta 10.30 vi y sa) Un favorito del lugar, con luz suave y un estanque interior con peces de colores, y clásicos chinos pero imaginativos y una diaria y concurrida *happy hour*; los viernes es muy gay.

Appetito ITALIANA, DELI $$
(☎760-327-1929; www.appetitodeli.com; 1700 S Camino Real; principales 8-20 US$; ⊙11.00-22.00

do-ju, Hasta 23.00 vi y sa) Local nuevo y muy animado, con una sala interior alta y minimalista y una terraza cerrada. Hay sándwiches de *porchetta*, grelos, provolone y *aioli* al chile, pastas como ñoqui de ricotta con pesto de *kale*, nueces y limón, y tiramisú de profiteroles, entre otros.

⭐ **Trio**   CALIFORNIANA $$$
(☎760-864-8746; www.triopalmsprings.com; 707 N Palm Canyon Dr; principales de almuerzo 11-26 US$, de cena 14-29 US$; ☺11.00-22.00 do-ju, Hasta 23.00 vi y sa) La fórmula ganadora de este local de estilo sesentero moderno es comida estadounidense actualizada (fabuloso estofado yanqui), arte vistoso y ventanas de postal. El menú de dos platos y postre a 19 US$ (hasta 18.00) es una ganga.

🍷 **Dónde beber y vida nocturna**

Numerosos restaurantes tienen concurridas *happy hours*, y hay bares a la última en el Parker, el Riviera, el Ace y el Saguaro.

Birba   BAR
(www.birbaps.com; 622 N Palm Canyon Dr; ☺17.00-23.00 do y mi-ju, hasta 24.00 vi y sa) Fabuloso bar interior/exterior (las grandes mamparas correderas de cristal separan la larga barra de mármol de un patio con setos y braseros empotrados) con cócteles y *pizzas*.

Shanghai Red's   BAR
(www.fishermans.com; 235 S Indian Canyon Dr; ☺16.00-hasta tarde lu-sa, desde 12.00 do) Concurrido patio, clientela intergeneracional y *blues* en directo los viernes y sábados.

Melvyn's   BAR
(www.inglesideinn.com; Ingleside Inn, 200 W Ramon Rd) Bar del Ingleside Inn, antaño frecuentado por Sinatra, para codearse con dueños de Bentleys, tomar potentes *martinis* y escuchar *jazz* suave. Las sesiones de *jazz* de los domingos por la tarde son toda una tradición. Váyase con los zapatos relucientes.

Koffi   CAFÉ
(www.kofficoffee.com; 515 N Palm Canyon Dr; tentempiés y bebidas 3-6 US$; ☺5.30-19.00; 🕿) Entre las galerías de arte de N Palm Canyon Dr, en este bar moderno y minimalista sirven un café ecológico intenso. Tienen una sucursal en el 1700 S Camino Real, cerca del Ace Hotel.

Village Pub   PUB
(www.palmspringsvillagepub.com; 266 S Palm Canyon Dr; 🕿) Local informal para relajarse con los amigos entre cervezas y dardos, música alta y ocasionales conciertos.

 Ocio

Azul   MÚSICA
(☎760-325-5533; www.azultapaslounge.com; 369 N Palm Canyon Dr; principales 11-24 US$, Judy Show con cena 35 US$; ☺11.00-tarde) Muy frecuentado por gais, este restaurante ofrece actuaciones casi a diario en su piano bar, además del divertidísimo Judy Show (www.thejudyshow.com) los domingos, en el que Michael Holmes imita a Judy Garland, Mae West y otras viejas glorias.

Annenberg Theater   ARTES ESCÉNICAS
(☎760-325-4490; www.psmuseum.org; 101 Museum Dr) Teatro íntimo en el Palm Springs Art Museum con un ecléctico programa de cine, conferencias, teatro, *ballet* y música.

Spa Resort Casino   CASINO
(www.sparesortcasino.com; 401 E Amado Rd; ☺24 h) Antro de vicio plenamente legal y céntrico, propiedad de nativos norteamericanos. Hay más casinos junto a la I-10. Nada que ver con Las Vegas.

🔒 **De compras**

El centro tiene dos barrios principales de tiendas a lo largo de N Palm Canyon Dr, separados por Alejo Rd. Al norte de Alejo, el Uptown es más de tiendas de arte y diseño, mientras que el Downtown (al sur de Alejo) es la zona de recuerdos y ropa divertida. En relación a su tamaño, en pocas ciudades hay tanta ropa *vintage* como en esta. Al oeste de la misma hay un gran centro comercial solo de *outlets*.

Trina Turk   ROPA, ARTÍCULOS DEL HOGAR
(☎760-416-2856; www.trinaturk.com; 891 N Palm Canyon Dr; ☺10.00-17.00 lu-vi, hasta 18.00 sa, 12.00-17.00 do) Trina presenta la moda chic californiana magníficamente, entre alfombras peludas y el papel de flores en su tienda original, en un edificio de Albert Frey de los años sesenta. Aquí vende también su línea masculina Mr Turk.

Modern Way   MUEBLES
(www.psmodernway.com; 745 N Palm Canyon Dr) La más señera y elegante, para coleccionistas de mobiliario moderno.

Angel View   SEGUNDA MANO
(☎760-320-1733; www.angelview.org; 462 N Indian Canyon Dr; ☺9.00-18.00 lu-sa, 10.00-17.00 do) Los

PALM SPRINGS PARA GAIS Y LESBIANAS

La "Provincetown del desierto" y el "Key West del Oeste" es uno de los grandes destinos de la comunidad gay del país.

A principios de abril, las lesbianas tienen el **Dinah Shore Weekend** (www.thedinah.com), con humoristas, fiestas de piscina, cócteles y demás durante el torneo femenino de golf Kraft Nabisco (antes Dinah Shore) de la LPGA. El fin de semana de Pascua, el **White Party** (www.jeffreysanker.com) es uno de los bailes gay más importantes de EE UU. A principios de noviembre se celebra el **Palm Springs Pride** (www.pspride.org).

Alojamiento

Casi todos los hoteles para hombres están en el barrio de Warm Sands, al sureste del centro de Palm Springs, y son de nudismo opcional. Los de mujeres (menos) están diseminados por toda la ciudad. Como en otros lugares del desierto, las tarifas caen en verano (aprox. med ju-med sep) y temporadas medias.

Hacienda at Warm Sands (☎760-327-8111; www.thehacienda.com; 586 Warm Sands Dr; h incl. desayuno y almuerzo 250-400 US$; P✲@☎☎) Con mobiliario de bambú y teca, sube el listón del lujo gay. El personal es genial, nada entrometido pero siempre disponible.

Inndulge (☎760 327 1408, 800 833 5675; www.inndulge.com; 601 Grenfall Rd; h incl. desayuno desde 195 US$; P✲@☎) Pese a su lascivo nombre, es un lugar serio de precio medio para hombres. Muchos clientes repiten por su estructura de los años cincuenta y habitaciones y suites (algunas con cocina) variadas y actualizadas. La hora social de cada noche, la piscina y el *jacuzzi* animan a relacionarse.

Century Palm Springs (☎760-323-9966; www.centurypalmsprings.com; 598 Grenfall Rd; h incl. desayuno 180-300 US$; P✲@☎☎☎) Habitaciones de alegres tonos naranja y aceituna, elegante ropa de cama y piezas de Starck, Eames y Noguchi en un pequeño alojamiento diseñado por William Alexander en 1955. En la terraza de la piscina se puede tomar un cóctel con vistas de las montañas.

Casitas Laquita (☎760-416-9999; www.casitaslaquita.com; 450 E Palm Canyon Dr; h 155-195 US$; P✲☎☎) Para lesbianas, este recién remozado complejo con aire del suroeste ofrece habitaciones y suites con cocina, algunas con chimenea. Las tapas y bebidas vespertinas corren por cuenta de la casa, al igual que el desayuno continental.

Queen of Hearts (☎760-322-5793; www.queenofheartsps.com; 435 Avenida Olancha; h incl. desayuno 120-145 US$; P✲☎☎☎) El primer hotel para lesbianas de Palm Springs tiene una clientela devota gracias en gran parte a la amabilísima dueña Michelle. Está en un barrio tranquilo y tiene nueve habitaciones alrededor de una piscina y patios con frutales.

Dónde beber y ocio

La manzana de Arenas Rd al este de S Indian Canyon Dr es la principal zona de ambiente de Palm Springs, con una decena de bares, cafés y tiendas; hay más lugares diseminados por la ciudad. Los bares Azul (p. 177) y Wang's in the Desert (p. 676) son puntos calientes.

Hunters (www.huntersnightclubs.com; 302 E Arenas Rd; ☺10.00-2.00) Clientela masculina muy diversa, muchos TV, ambiente de ligue y billares.

Streetbar (www.psstreetbar.com; 224 E Arenas Rd) Aquí se mezclan en armonía autóctonos, visitantes de larga estancia y ocasionales *drag-queens*. Tiene una agradable terraza en la acera.

Toucan's Tiki Lounge (www.toucanstikilounge.com; 2100 N Palm Canyon Dr; ☺12.00-2.00) Al norte de la ciudad, este local de lugareños tiene de todo: cócteles tropicales, adivinanzas, karaoke, revistas de *drag queens*, patio para fumar y pista de baile. Atestado los fines de semana.

---

bohemios modernos pueden encontrar en esta tienda con solera ropa y complementos que resultan igual de actuales que cuando se crearon, hace una o dos generaciones.

Collectors Corner VINTAGE
(71280 Hwy 111, Rancho Mirage; ☺9.30-16.15 lu-sa)
A pesar de distar unos 19 km del centro, vale la pena ir a esta tienda de dos pisos

de antigüedades, muebles, joyas y ropa *vintage*.

El Paseo
CENTRO COMERCIAL

(www.elpaseo.com; El Paseo, Palm Desert) Completo y elegante barrio comercial de Palm Desert, apodado el "Rodeo Drive del desierto", una manzana al sur de la Hwy 111, paralelo a esta, 22,5 km al sureste de Palm Springs.

Desert Hills
Premium Outlets
CENTRO COMERCIAL

(www.premiumoutlets.com; 48400 Seminole Dr, Cabazon; ⊘10.00-20.00 do-ju, hasta 21.00 vi, 9.00-21.00 sa) Los cazadores de gangas van directos a este centro con decenas de *outlets,* de Gap a Gucci, Polo, Prada, Off 5th o Barneys New York. Váyase con calzado cómodo, pues la zona es enorme. Está junto a la I-10 (salida Fields Rd), 20 min al oeste de Palm Springs. Si quedan fuerzas, al lado se halla Cabazon Outlets, más pequeño.

❶ Información

La temporada alta va de octubre a abril, pero Palm Springs (alt. 148 m) se mantiene bastante llena incluso en verano, cuando los precios de los hoteles bajan y las temperaturas sobrepasan los 37°C. Entre junio y agosto muchos comercios reducen sus horarios o cierran; conviene informarse.

Centro de visitantes oficial de Palm Springs (☎760-778-8418; www.visitpalmsprings.com; 2901 N Palm Canyon Dr; ⊘9.00-17.00) Bien provisto y atendido, está 5 km al norte del centro, en una gasolinera de 1965 diseñada por Albert Frey en el desvío al teleférico.

Desert Regional Medical Center (☎760-323-6511; www.desertregional.com; 1150 N Indian Canyon Dr; ⊘24 h) Urgencias y derivación a especialistas.

Policía de Palm Springs (☎760-323-8116) Para casos no urgentes. En emergencias, llámese al 911.

Oficina de correos (333 E Amado Rd; ⊘8.00-17.00 lu-vi, 9.00-15.00 sa)

Biblioteca de Palm Springs (www.palm springsca.gov; 300 S Sunrise Way; ⊘10.00-17.00 mi-sa, hasta 19.00 ma; 🛜) Terminales gratis con internet y wifi.

❶ Cómo llegar y salir

AVIÓN

Al aeropuerto internacional de Palm Springs (p. 770), 10 min en automóvil al noreste del centro de la ciudad, vuelan todo el año Alaska, Allegiant, American, Delta, Horizon, United, US Airways, Westjet y, en temporada, Frontier, Sun Country y Virgin America.

AUTOBÚS

Greyhound (www.greyhound.com) tiene varios servicios diarios a/desde Los Ángeles (28 US$, 3 h). La terminal está en la estación de trenes de Palm Springs.

AUTOMÓVIL Y MOTOCICLETA

Desde Los Ángeles, el viaje a Palm Springs y el valle de Coachella lleva unas 2-3 h por la I-10, con poco tráfico; en caso contrario, a saber.

TREN

Amtrak (www.amtrak.com) utiliza la inquietante estación de North Palm Springs (sin personal, desierta y en mitad de la nada), 8 km al norte del centro. Hay trenes a/desde Los Ángeles (41 US$, 2½ h) algunos días a la semana, normalmente con retraso.

❶ Cómo desplazarse

A/DESDE EL AEROPUERTO

Muchos hoteles del centro de Palm Springs ofrecen enlace gratis con el aeropuerto. Si no, un taxi cuesta 12-15 US$. Para alojamientos en otras localidades del valle de Coachella, quizá salgan más económicas las furgonetas de enlace compartidas, como las de **Skycap Shuttle** (☎760-272-5988; www.skycapshuttle.com). Las tarifas dependen de la distancia, y se recomienda reservar. El autobús nº 24 de SunLine para en el aeropuerto y hace casi toda la ruta (no toda) hacia el centro de Palm Springs.

BICICLETA

El centro de Palm Springs está totalmente llano, y no cesan de construirse carriles bici. Prestan bicicletas en muchos hoteles.

Bike Palm Springs (☎760-832-8912; www.bikepsrentals.com; 194 S Indian Canyon Dr; bici normal/juvenil/eléctrica/tándem mediodía desde 20/12/30/40 US$, día completo 25/15/50/50 US$) Estupendas bicicletas para moverse por la ciudad.

Funseekers (☎760-340-3861; www.palmdesertbikerentals.com; 73-865 Hwy 111, Palm Desert; bici por 24 h/3 días/semana desde 25/50/65 US$, entrega y recogida 30 US$) Fuera del centro, alquilan y venden bicicletas, ciclomotores y *segways* para excursiones por la ciudad y fuera de ella.

AUTOBÚS

De combustible alternativo, los autobuses de **SunLine** (www.sunline.org; billete/pase diario

1/3 US$; ⊕aprox. 5.00-22.00) recorren el valle, pero lentamente. El nº 111 une Palm Springs con Palm Desert (1 h) e Indio (1½ h) vía la Hwy 111. Ofrecen aire acondicionado, elevador para silla de ruedas y portabicicletas. Pago solo en efectivo (e importe exacto).

AUTOMÓVIL Y MOTOCICLETA

Aunque muchos lugares de interés del centro se pueden visitar a pie, para desplazarse por el valle se necesita un automóvil. Las principales compañías de alquiler tienen oficina en el aeropuerto. **Scoot Palm Springs** (☑760-413-2883; www.scootpalmsprings.com; 701 East Palm Canyon Dr; ciclomotor medio día desde 65 US$) alquilan ciclomotores. Para motocicletas, **Eaglerider** (☑877-736-8243; www.eaglerider.com) las alquila por desde 99 US$/día.

JOSHUA TREE NATIONAL PARK

Como salidos de un cuento surrealista, los pintorescos árboles de Josué (yucas altas como árboles, *Yucca brevifolia*) reciben al visitante en este **parque** (☑760-367-5500; www.nps.gov/jotr; entrada 7 días por automóvil 15 US$) de 3213 km² donde convergen los desiertos de Colorado y Mojave. Los colonos mormones pusieron este nombre a las yucas porque sus ramas extendidas hacia el cielo les recordaban al profeta bíblico señalando el camino a la tierra prometida.

Para los escaladores de roca, "JT" es el mejor destino de escalada de toda California, pero los chavales y los jóvenes de espíritu también aprovechan para trepar por sus gigantescas rocas. Los senderistas salen en busca de ocultos y umbríos oasis de palmeras, alimentados por manantiales y riachuelos, y los ciclistas de montaña quedan hipnotizados por las panorámicas del desierto.

En primavera, los árboles de Josué echan una única flor de color crema, y los brazos del ocotillo, como tentáculos de un pulpo, abren sus flores rojas. La naturaleza mística de este paisaje agreste y rocoso ha inspirado a muchos artistas, como el grupo U2, cuyo álbum de 1987 se llamó, precisamente, *The Joshua Tree*.

A menos que se visite en un día desde Palm Springs, la base de operaciones estará en alguno de los pueblos del desierto comunicados por la Twentynine Palms Hwy (Hwy 62) por el límite norte del parque.

⊙ Puntos de interés y actividades

El parque posee tres entradas: la oeste, desde Joshua Tree; la norte, desde Twentynine Palms, y la sur, desde la I-10. La mitad norte del parque concentra la mayoría de los lugares de interés, incluidos todos los árboles de Josué.

★ Hidden Valley Trail PARAJE NATURAL

Unos 13 km al sur de la entrada oeste del parque, este espectacular y caprichoso grupo de rocas es una meca para los escaladores, pero todo el mundo puede disfrutar por entre los gigantescos pedruscos o seguir la sencilla ruta circular de 1,5 km que los atraviesa y vuelve al aparcamiento y la zona de *picnic*.

★ Keys View Trail MIRADOR

En Park Blvd arranca una ruta fácil de 20 min en automóvil hasta Keys View (1580 m), que ofrece una impresionante panorámica de todo el valle de Coachella, que se prolonga hasta el mar de Salton y, en días claros, hasta México. Frente al visitante se alzan imponentes los montes San Jacinto (3302 m) y San Gorgonio (3505 m), dos de los techos del sur de California, y a sus pies, un tramo de la falla de San Andrés.

Desert Queen Ranch PARQUE HISTÓRICO

(☑reservas 760-367-5555; visita adultos/niños 5/2,50 US$; ⊕visitas 10.00 y 13.00 lu-do todo el año, 19.00 ma y ju-sa oct-may) Los interesados en la historia y las tradiciones locales deberían realizar la visita guiada de 90 min por este rancho, llamado también Keys Ranch por su constructor, el inmigrante ruso William Keys, que levantó aquí una finca de 65 Ha en 1917 y durante los 60 años siguientes la convirtió en un rancho a pleno rendimiento, con escuela, tienda y taller. Los edificios se conservan casi tal cual Keys los dejó (murió en 1969).

Se recomienda reservar la visita; a veces se consiguen entradas sobrantes un día antes en los centros de visitantes de Cottonwood, Joshua Tree y Oasis.

El rancho está unos 3 km al noreste del Hidden Valley Campground, por un camino de tierra. Hay que seguir hasta la verja cerrada y esperar al guía.

Oasis de Mara OASIS

Detrás del centro de visitantes de Oasis, en Twentynine Palms, crecen las 29 palmeras originales del oasis que da nombre a la localidad. Fueron plantadas por miembros de la tribu serrano, para los que fue "el lugar de pocas fuentes y mucha hierba". La falla de los montes Pinto, una pequeña ramificación de la de San Andrés, atraviesa el oasis, al igual que un sendero de 800 m con plantas rotuladas y apto para sillas de ruedas.

Geology Tour Road RUTA EN AUTOMÓVIL

Al este del Hidden Valley, los viajeros con todoterreno o bicicleta de montaña pueden hacer este recorrido de 29 km por el Pleasant Valley y alrededores, donde las fuerzas de la erosión, los terremotos y los viejos volcanes han configurado un paisaje sorprendente. En cualquiera de los centros de visitantes facilitan un folleto con la ruta e informan de su estado.

Llanos de Covington RUTA EN AUTOMÓVIL

Los árboles de Josué crecen en la zona norte del parque, incluso a lo largo de Park Blvd, pero los más grandes se encuentran en la zona de los llanos de Covington, accesible por La Contenta Rd, un desvío al sur de la Hwy 62 entre las poblaciones de Yucca Valley y Joshua Tree. Para tener mejores vistas, tómese la pista de tierra de 6 km que sube al pico Eureka (1681 m) desde la zona de *picnic*.

Pinto Basin Road RUTA EN AUTOMÓVIL

Para ver la transición natural entre el desierto alto de Mojave y el bajo de Colorado, hay que descender hasta Cottonwood Spring por una ruta de 48 km que parte del Hidden Valley. Se recomienda parar en el Cholla Cactus Garden, donde hay un circuito de 400 m entre ocotillos y chollas, unos cactus apodados "ositos de peluche". Cerca del centro de visitantes de Cottonwood, Cottonwood Spring es un oasis con un manantial que salvo a los cahuilla durante siglos. Vale la pena fijarse en los morteros de roca, que los nativos utilizaban para moler semillas. Los mineros llegaron aquí en busca de oro a finales del s. XIX.

Senderismo

Para apreciar bien los paisajes lunares del Joshua Tree, lo mejor es aparcar y echarse a andar. En los centros de visitantes pueden aconsejar rutas según el tiempo de que se disponga y la condición física. Si no se dice lo contrario, las siguientes distancias son de ida y vuelta.

Los senderos para mochileros, como el Boy Scout Trail, de 25 km, y un tramo de 56 km (solo ida) del California Riding & Hiking Trail, presentan el problema de tener que acarrear con bastantes litros de agua. En el parque no se permite hacer fuego, de modo que hay que llevar un hornillo y el gas. Quienes pernocten en campo abierto deben registrarse (por motivos de censo, protección antiincendios y posibles rescates) en cualquiera de los 13 tablones al efecto situados en los aparcamientos de la cabecera de los senderos. Los vehículos no registrados que pasen la noche en el parque pueden ser denunciados o retirados.

AL RICO DÁTIL

El valle de Coachella produce unos dátiles exquisitos. Cerca del 90% de los dátiles del país se cultiva aquí e integra una gran variedad de tamaños, formas y grados de jugosidad, así como especies con nombres tan exóticos como halawy, deglet noor o golden zahidi.

En los palmerales se pueden probar gratis; es una forma de promocionarlos. El batido de dátiles, elaborado con dátiles triturados en un batido de vainilla (aprox. 4 US$) tiene un sabor inconfundible y está mucho más rico de lo que pueda parecer.

Shields Date Gardens (www.shieldsdategarden.com; 80-225 Hwy 111, Indio; ⊙9.00-17.00) Plantación veterana, de 1924, donde se puede ver *The Romance and Sex Life of the Date*, con aires de película educativa de los años cincuenta.

Oasis Date Gardens (www.oasisdate.com; 59-111 Grapefruit Blvd, Thermal; ⊙9.00-16.00) De camino al mar de Salton, este palmeral con certificado ecológico está bien para comprar cajas de regalo y deliciosos batidos.

Hadley Fruit Orchards (☏888-854-5655; www.hadleyfruitorchards.com; 48980 Seminole Dr, Cabazon; ⊙9.00-19.00 lu-ju, 8.00-20.00 vi-do) Empresa de referencia que asegura haber inventado el batido de dátiles. Una parada ideal en ruta a/desde Los Ángeles.

National Date Festival (www.datefest.org; recinto ferial del condado de Riverside, 82-503 Hwy 111, Indio; adultos/niños 8/6 US$; ⊞) En febrero se celebra un carnaval del dátil, con carreras de camellos y avestruces. Por la I-10, salida Monroe St.

Joshua Tree National Park

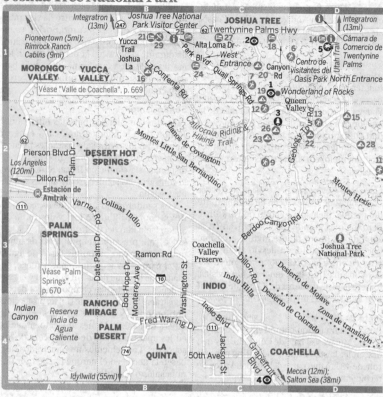

Joshua Tree National Park

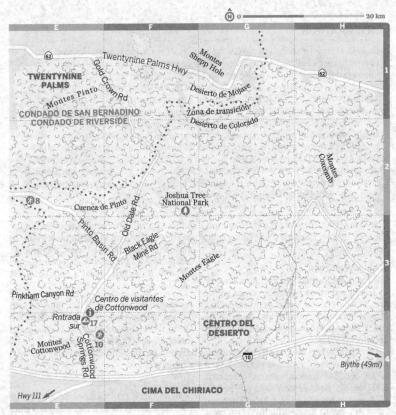

49 Palms Oasis Trail SENDERISMO
Solitario sendero de 5 km con subidas y bajadas que empieza cerca de la Indian Cove.

Barker Dam Trail SENDERISMO
Circuito de 1,8 km que pasa por una laguna y una roca con petroglifos indígenas; empieza en el aparcamiento de la presa de Barker.

Lost Horse Mine Trail SENDERISMO
Una subida agotadora de 6,5 km que pasa por los restos de una mina de oro y plata, activa hasta 1931.

Lost Palms Oasis Trail SENDERISMO
Para llegar a este remoto cañón lleno de palmeras hay que tomar un sendero bastante llano de 11,5 km desde Cottonwood Spring.

Mastodon Peak Trail SENDERISMO
Excursión de 5 km desde Cottonwood Spring que lleva a un cerro de 1027 m con vistas a los montes Eagle y el mar de Salton.

Ryan Mountain Trail SENDERISMO
Para vistas más elevadas, hay que subir a esta montaña de 1663 m (5 km).

Skull Rock Trail SENDERISMO
Ruta fácil de 2,7 km que arranca en el *camping* de Jumbo Rocks y discurre por entre sugerentes rocas erosionadas.

Bicicleta

Entre las rutas ciclistas más populares están la difícil **Pinkham Canyon Rd,** que empieza en el centro de visitantes de Cottonwood, y la larga **Black Eagle Mine Rd,** 10,5 km más al norte. El **Queen Valley** posee una serie de itinerarios más suaves, con anclajes para dejar las bicicletas y seguir a pie, pero circulan muchos vehículos, al igual que por la Geology Tour Rd (p. 681), con baches, arena y cuestas. En los llanos de Covington (p. 681) hay una red de caminos de tierra abierta.

INTEGRATRON

En 1947, el ingeniero aeroespacial George van Tassel se trasladó con su familia al desierto en el norte de Joshua Tree. La parcela tenía una gran roca, bajo la cual Frank Critzer, una 'rata del desierto', había excavado varias salas. Van Tassel se puso a meditar en estas salas y, según cuentan, en agosto de 1953 recibió la visita de un platillo volante de Venus. Los extraterrestres lo invitaron a subir a la nave y le enseñaron la técnica para rejuvenecer las células. Con esos conocimientos, Van Tassel construyó el **Integratron** (☎760-364-3126; www.integratron.com; 2477 Belfield Boulevard, Landers; baños sónicos 20-80 US$), una cúpula de madera a la que llamó máquina del tiempo, artefacto antigravedad o cámara de rejuvenecimiento. Es posible comprobarlo mediante una visita personal o un baño sónico curativo, en el que se golpean unos cuencos de cristal bajo la cúpula de acústica perfecta. Para eventos especiales, como simposios sobre ovnis, vísítese la web. Hay baños sónicos públicos a las 11.45, 13.00 y 14.15 dos fines de semanas al mes (fechas en la web). Las demás visitas deben solicitarse.

Solo se permite pedalear por carreteras públicas de tierra o asfaltadas; no por las rutas de senderismo.

Escalada en roca

Las rocas de Joshua Tree son famosas por su áspera y abrasiva superficie: entre peñas, grietas y paredes de varias pendientes, hay más de 8000 rutas establecidas. Algunas de las escaladas más conocidas están en la zona del Hidden Valley.

Hay tiendas con buen material, consejos y circuitos, como **Joshua Tree Outfitters** (☎760-366-1848; www.joshuatreeoutfitters.com; 61707 Hwy 62), **Nomad Ventures** (☎760-366-4684; www.nomadventures.com; 61795 Twentynine Palms Hwy, Joshua Tree; ⊗8.00-18.00 lu-ju, hasta 20.00 vi y sa, hasta 19.00 do oct-abr, 9.00-19.00 a diario may-sep) y **Coyote Corner** (☎760-366-9683; www.joshuatreevillage.com/546/546.htm; 6535 Park Blvd, Joshua Tree; ⊗9.00-19.00).

La **Joshua Tree Rock Climbing School** (☎760-366-4745; www.joshuatreerockclimbing.com), **Vertical Adventures** (☎949-854-6250; www.verticaladventures.com) y **Uprising Adventure** (☎888-254-6266; www.uprising.com) ofrecen escaladas guiadas y cursos de escalada desde 135 US$ por uno de un día de introducción.

✴ Fiestas y celebraciones

National Park Art Festival ⠀⠀⠀⠀⠀⠀ ARTE
(www.joshuatree.org/art-festival) Festival sin ánimo de lucro en el que se muestran pinturas, esculturas, fotografías, cerámica y joyas con temática del desierto, a principios de abril.

Joshua Tree Music Festival ⠀⠀⠀⠀ MÚSICA
(www.joshuatreemusicfestival.com; entrada 1 día 20-80 US$, pase fin de semana 140 US$) Festival de música *indie,* apto para las familias, que se celebra durante un largo fin de semana de mayo en el Joshua Tree Lake Campground. Más adelante, a mediados de octubre, es el turno de un emotivo festival popular. No se admiten perros.

Pioneer Days ⠀⠀⠀⠀⠀⠀⠀⠀⠀⠀⠀⠀⠀ CULTURAL
(www.visit29.org) Un carnaval de temática del Oeste se celebra en Twentynine Palms el tercer fin de semana de octubre; incluye un desfile, una competición de pulsos y una cena a base de chiles.

Hwy 62 Art Tours ⠀⠀⠀⠀⠀⠀⠀⠀⠀⠀ ARTE
(www.hwy62art.org) Dos fines de semana de puertas abiertas de talleres, galerías y estudios de artistas, en octubre y/o noviembre.

🛏 Dónde dormir

Dentro del parque solo hay *campings,* pero a lo largo de la Hwy 62 abunda el alojamiento. Twentynine Palms es donde hay más variedad (moteles de cadena incl.), pero los de Joshua Tree tienen más encanto.

Joshua Tree Inn ⠀⠀⠀⠀⠀⠀⠀⠀⠀ MOTEL $
(☎760-366-1188; www.joshuatreeinn.com; 61259 Twentynine Palms Hwy, Joshua Tree; h/ste incl. desayuno desde 89/159 US$; ⊗recepción 15.00 hasta 20.00; ❉🛜🐾) Estiloso, con sabor a *rock 'n' roll* y cuajado de glicinias, este motel ofrece 11 habitaciones amplias tras las puertas turquesas que dan a un patio con plantas del desierto y estupendas vistas. En 1973, la estrella del *rock* Gram Parsons murió de sobredosis en la habitación nº 8, ahora decorada en memoria suya. Otros famosos huéspedes suyos han sido John Wayne, Donovan y Emmylou Harris.

La zona común tiene una chimenea de piedra, donde se sirve café, té y barritas de *granola*.

Safari Motor Inn
MOTEL $

(760-366-1113; www.joshuatreemotel.com; 61959 Twentynine Palms Hwy, Joshua Tree; h desde 49 US$; P★❀⊕♠☀) Este motel sencillo, con microondas y neverita en la mayoría de sus 12 gastadas habitaciones que rodean un patio, es una buena opción económica. Está a un breve paseo de restaurantes y tiendas de deportes. La piscina abre solo en verano.

Harmony Motel
MOTEL $

(760-367-3351; www.harmonymotel.com; 71161 Twentynine Palms Hwy, Twentynine Palms; h 75-85 US$; P★@⊕♠) Original de los años cincuenta, aquí se alojaron los U2 cuando preparaban su álbum *Joshua Tree*. Tiene una piscinita y habitaciones coloristas, algunas con cocina americana.

Hicksville Trailer Palace
MOTEL $$

(310-584-1086; www.hicksville.com; d 100-250 US$; ❀⊕♠) Para dormir entre pelucas que brillan, en una casa encantada o en un establo. Las habitaciones son ocho caravanas antiguas, de decoración extravagante y dispuestas alrededor de una piscina de agua salada. Creadas por Morgan Higby Night, el escritor y director de Los Ángeles, cada una es como un viaje a un mundo singular, surrealista y algo perverso. Todas menos dos comparten los servicios. Para evitar a los curiosos, no dan instrucciones hasta que se formaliza la reserva.

Spin & Margie's Desert Hide-a-Way
POSADA $$

(760-366-9124; www.deserthideaway.com; 64491 Hwy 62; ste 145-175 US$; ❀⊕) Atractiva posada tipo hacienda, perfecta para recuperarse tras un largo día de carretera. Las cinco suites son una excéntrica sinfonía de cinc ondulado, matrículas antiguas y dibujos animados, todas con cocina y TV de pantalla plana con DVD y reproductor de CD. Está en una calle de tierra, unos 5 km al este del centro de Joshua Tree.

★ Sacred Sands
B&B $$$

(760-424-6407; www.sacredsands.com; 63155 Quail Springs Rd, Joshua Tree; d incl. desayuno 299-329 US$; ❀⊕) Dos lujosas y románticas suites, situadas en un apartado lugar increíblemente silencioso. Ambas tienen terraza privada (y ducha y *jacuzzi* al aire libre), con impresionantes vistas abarcan las colinas del desierto

y el parque nacional. Los amables dueños y anfitriones, Scott y Steve, preparan un desayuno genial.

Está 6,4 km al sur de Twentynine Palms Hwy (vía Park Bl), 1,6 km al oeste de la entrada del parque.

29 Palms Inn
HOTEL $$$

(760-367-3505; www.29palmsinn.com; 73950 Inn Ave, Twentynine Palms; h y casitas incl. desayuno 100-300 US$; P★❀@⊕♠☀) Todos los rincones de este añejo hotel de cabañas de adobe y madera en un oasis de palmeras rezuman historia.

Campings

De los nueve 'campings' (www.nps.gov/jotr; parcela tienda y autocaravana 10-15 US$; ❀), solo los de Cottonwood y Black Rock tienen agua potable, retretes con cisterna y servicio de vaciado de aguas residuales de las autocaravanas. En los de Indian Cove y Black Rock aceptan reservas (877-444-6777, 518-885-3639; www.recreation.gov). Los demás adjudican las parcelas por orden de llegada y disponen de váteres secos, mesas de *picnic* y parrillas. Ninguno tiene duchas, pero hay algunas en la tienda Coyote Corner, en Joshua Tree (4 US$). En la época de floración primaveral, los *campings* se llenan a las 12.00 o antes.

Se permite la acampada libre (pero no hacer fuego) a 1,6 km de cualquier cabecera de sendero o carretera y a un mínimo de 30 m de una fuente de agua, previo registro (gratis) en cualquiera de los 13 aparcamientos de las rutas. En Joshua Tree Outfitters (p. 684) alquilan y venden material de acampada de calidad.

En Park Blvd, el de Jumbo Rocks tiene rincones protegidos en las rocas que constituyen miradores perfectos para la salida o la puesta del sol. Los de Belle y White Tank también ofrecen buenas vistas de los peñascos. El de Hidden Valley siempre está abarrotado. Los de Sheep Pass y Ryan son igualmente céntricos. El de Black Rock es ideal para las familias y para los campistas novatos; el de Indian Cove, más apartado, cuenta con más de 100 parcelas. El de Cottonwood, cerca de la entrada sur del parque, recibe muchas caravanas.

✕ Dónde comer y beber

Yucca Valley tiene varios supermercados grandes, además de la diminuta cooperativa Earth Wise Organic Farms, donde venden productos de granjas locales; está en el desvío de la Pioneertown Rd. Los sábados por la mañana los lugareños van a comprar al mercado de granjeros, en un aparcamiento al oeste de Park Blvd en Joshua Tree. Para beber, es popular el Pappy & Harriet's (p. 686) de Pioneertown.

JT's Country Kitchen
DESAYUNOS, ASIÁTICA **$**

(☑760-366-8988; 61768 Twentynine Palms Hwy, Joshua Tree; principales 4-10 US$; ⊘6.30-15.00 mi-lu) En esta casucha junto a la carretera sirven todo el día desayunos caseros: huevos, tortitas, bollos con jugo de carne, sándwiches y ¡fideos y ensaladas camboyanas! Delicioso.

Crossroads Cafe
ESTADOUNIDENSE **$**

(☑760-366-5414; 61715 Twentynine Palms Hwy, Joshua Tree; principales 5-12 US$; ⊘7.00-21.00 a diario; ☑) Imprescindible para desayunos hipercalóricos, sándwiches frescos y ensaladas directas de la huerta. Gusta tanto a omnívoros (hamburguesas, sándwich Reuben) como a los *veganos* (ensalada de espinaca).

Restaurant at 29 Palms Inn
ESTADOUNIDENSE, ECOLÓGICA **$$**

(☑760-367-3505; www.29spalmsinn.com; 73950 Inn Ave, Twentynine Palms; principales de almuerzo 7-15 US$, de cena 12-28 US$; ⊘11.00-14.00 lu-sa, 9.00-14.00 do, 17.00-21.00 do-ju, 17.00-21.30 vi y sa; ☎) ☑ Respetado restaurante con huerto ecológico propio. Al mediodía preparan hamburguesas, ensaladas y carne asada, y para cenar, sabrosos platos de pasta.

Pie for the People
PIZZERÍA **$$**

(☑760-366-0400; www.pieforthepeople.com; 61740 Hwy 62, Joshua Tree; *pizzas* 11-25 US$; ⊘11.00-21.00 lu-ju, hasta 22.00 vi y sa, hasta 20.00 do; ☑) *Pizzas* de masa fina para llevar y servicio a domicilio, desde clásicas hasta la David Bowie (con mozzarella, cebolla caramelizada en Guinness, jalapeños, piña, bacón y salsa dulce de ciruela). También se pueden comer en el comedor de madera y uralita con vigas vistas o bajo un árbol en el patio trasero.

Joshua Tree Saloon
BAR

(www.thejoshuatreesaloon.com; 61835 Twentynine Palms Hwy; ⊘8.00-2.00; ☎) Tiene un aire vaquero, con *jukebox* y billares, comida de bar (buenas hamburguesas y filetes) y espectáculo de cada noche: espontáneos (ma), karaoke (mi) y DJ (vi). Mayores de 21 años.

🔒 De compras

En el bohemio Joshua Tree, en la Twentynine Palms Hwy, a unas manzanas de la entrada del parque, hay una serie de galerías de arte con horarios y exposiciones variables.

Wind Walkers
ARTESANÍA

(http://windwalkershoppe.com; 61731 Twentynine Palms Hwy, Joshua Tree; ⊘9.00-16.00 ju-ma) Cuidada tienda con un patio lleno de piezas de cerámica, grandes y pequeñas, así como una escogida selección de artesanía indígena: joyas de plata, mantas y adornos.

Ricochet Vintage Wears
VINTAGE

(61705 Twentynine Palms Hwy, Joshua Tree; ⊘11.00-15.00 vi y lu, 10.00-15.00 sa y do) Gran surtido de accesorios y ropa reciclados, como camisas

---

EL TIEMPO DETENIDO EN PIONEERTOWN

Se puede viajar al pasado por la Hwy 62 y, en Yucca Valley, girar al norte por la Pioneertown Rd y seguir recto 8 km. Con su aspecto fronterizo de 1870, **Pioneertown** (www.pioneertown.com; gratis; ☑) en realidad es de 1946 y sirvió de escenario para una película del Oeste. Gene Autry y Roy Rogers fueron unos de sus promotores, y entre los años cuarenta y cincuenta se rodaron en ella más de 50 filmes y varios programas de televisión. Actualmente, en los Pioneertown Posse se representan tiroteos simulados en "Mane St" (14.30 sa y do abr-oct).

El **Pappy & Harriet's Pioneertown Palace** (☑760-365-5956; www.pappyandharriets.com; 53688 Pioneertown Rd, Pioneertown; principales 8-29 US$; ⊘11.00-2.00 ju-do, desde 17.00 lu), un garito de libro, ofrece color local, ricas barbacoas, cerveza barata y tremendos conciertos. Sus noches de micrófono abierto de los lunes son míticas.

A un corto paseo está el evocador **Pioneertown Motel** (☑760-365-7001; www.pioneertown-motel.com; 5040 Curtis Rd, Pioneertown; h 70-120 US$; ❋☎❂), donde se alojaban las estrellas durante los rodajes. Sus habitaciones están ahora llenas de excéntricos objetos de aquellos *westerns*, y algunas tienen una pequeña cocina.

Unos 7 km al norte, el **Rimrock Ranch Cabins** (☑760-228-1297; www.rimrockranchcabins.com; 50857 Burns Canyon Rd, Pioneertown; cabaña 90-140 US$; ❋❂) tiene un grupo de cabañas de los años cuarenta con cocina y patio privado ideal para observar las estrellas del cielo.

y botas vaqueras, además de lindos delantales antiguos, artículos del hogar y discos de vinilo.

Funky & Darn Near New VINTAGE
(55812 Twentynine Palms Hwy, Yucca Valley) Esta tienda situada al oeste del desvío de la Pioneertown Rd vende escogidos e inmaculados vestidos *vintage* y ropa a medida a precios justos. Se halla en una elegante manzana con tiendas especializadas en arte y antigüedades (y un café-bar a la última).

ℹ️ Información

El **Joshua Tree National Park** (p. 680) limita con la I-10 al sur y con la Hwy 62 (Twentynine Palms Hwy) al norte. Los permisos de entrada (15 US$/vehículo) valen para siete días y se entregan con un mapa y la *Joshua Tree Guide*, que se actualiza cada temporada.

Dentro del parque no hay más servicios que los lavabos, de modo que conviene llevar el depósito de gasolina lleno y agua y comida suficiente. Hay agua potable en los *campings* de Oasis of Mara, Black Rock y Cottonwood, en la entrada oeste y en el puesto de guardabosques de la Indian Cove.

Los móviles no funcionan, pero hay un teléfono de emergencia en el aparcamiento de Intersection Rock, cerca del *camping* del Hidden Valley. Ofrecen acceso a internet las tiendas cercanas al cruce de Twentynine Palms Hwy y Park Blvd.

Los animales de compañía deben ir sujetos con correa y no pueden transitar por los caminos.

ASISTENCIA MÉDICA

Hi-Desert Medical Center (760-366-3711; 6601 Whitefeather Rd, Joshua Tree; 24 h)

INFORMACIÓN TURÍSTICA

Centro de visitantes del Joshua Tree National Park (6554 Park Blvd, Joshua Tree; 8.00-17.00) Al sur de la Hwy 62.

Black Rock Nature Center (9800 Black Rock Canyon Rd; 8.00-16.00 sa-ju, 12.00-20.00 vi oct-may) Centro de visitantes del parque nacional, en el camping de Black Rock.

Centro de visitantes de Cottonwood (Cottonwood Springs, 8 millas al norte de la I-10 Fwy; 9.00-15.00) Centro de visitantes del parque nacional, que se encuentra en el interior de la entrada sur de este.

Cámara de Comercio de Joshua Tree (760-366-3723; www.joshuatreechamber.org; 6448 Hallee Rd; 10.00-16.00 ma, ju y sa) Informa sobre hoteles, restaurantes y tiendas en Joshua Tree pueblo, al norte de la Hwy 62.

Centro de visitantes del Oasis Park (National Park Blvd, con Utah Trail, Twentynine Palms; 8.00-17.00) En la parte exterior de la entrada norte.

Cámara de Comercio de Twentynine Palms (760-367-3445; www.visit29.org; 73484 Twentynine Palms, Twentynine Palms; 9.00-17.00 lu-vi, 10.00-16.00 sa y do)

ℹ️ Cómo llegar y desplazarse

Se alquila un automóvil en Palm Springs o Lo Ángeles. Desde esta última, hay 2½-3 h por la I-10 y la Hwy 62 (Twentynine Palms Hwy). Desde Palm Springs, se tarda aproximadamente 1 h hasta la entrada oeste (preferible) o sur del parque.

El autobús nº 1 de la **Morongo Basin Transit Authority** (www.mbtabus.com; billete 2,50 US$, pase diario 3,75 US$) ofrece un servicio frecuente por la Twentynine Palms Hwy. El nº 12 a Palm Springs desde Joshua Tree y Yucca Valley (ida/ida y vuelta 10/15 US$) tiene menos servicios. Muchos autobuses llevan portabicicletas.

ANZA-BORREGO DESERT STATE PARK

Las fuerzas tectónicas y un antiguo mar han moldeado el Anza-Borrego (760-767-4205; www.parks.ca.gov; centro de visitantes 200 Palm Canyon Dr; parque 24 h, centro de visitantes 9.00-17.00 a diario oct-abr, sa, do y fest solo may-sep), que con sus 259 Ha es el parque estatal más grande del país (Alaska aparte). La historia de la presencia humana en el parque se remonta a más de 10 000 años atrás, como documentan las pictografías y los petroglifos indígenas. El parque lleva el nombre del explorador español Juan Bautista de Anza, que llegó a estas tierras en 1774 para abrir una ruta colonial desde México, y sin duda en busca de los numerosos muflones, que antiguamente se extendían hasta Baja California. Hoy, solo unos centenares de estos animales han sobrevivido a la sequía, la enfermedad, la caza furtiva y las carreteras. En la década de 1850, Anza-Borrego se convirtió en una parada de la línea de diligencias postales Butterfield de St. Louis a San Francisco.

Invierno y primavera es su temporada alta. Según las lluvias invernales, las flores silvestres brotan radiante pero brevemente a partir de finales de febrero. Los veranos son tórridos; la temperatura media diurna en julio es de 41°C, con picos de hasta 51°C.

◉ Puntos de interés y actividades

La principal ciudad del parque es Borrego Springs (3429 hab.), con unos cuantos restaurantes y alojamientos. Tiene cerca del centro de visitantes del parque y puntos de fácil acceso al cañón de Borrego Palm y el Fonts Point, bastante representativos de esta naturaleza. La zona del monte Split, al este de Ocotillo Wells y frecuentada por *quads*, contiene interesantes formaciones geológicas y espectaculares cuevas del viento. El extremo sur del parque es la zona menos visitada y, a excepción del valle de Blair, tiene pocas rutas marcadas y servicios.

Muchos de los lugares solo son accesibles por pista. Para saber qué carreteras requieren todoterreno o están impracticables, dentro del centro de visitantes hay un panel informativo.

Peg Leg Smith Monument   MONUMENTO

El montón de rocas que hay junto a la carretera al noreste de Borrego Springs, donde la County Rte S22 traza un ángulo recto hacia el este, es en realidad un monumento a Thomas Long Smith ("Peg Leg"), explorador, trampero, ladrón de caballos, estafador y leyenda del Oeste. Pasó por Borrego Springs en 1829 y supuestamente recogió algunas piedras que resultaron ser oro puro. Sin embargo, cuando regresó, durante la Fiebre del Oro, fue incapaz de localizar la veta. Pero se fue de la lengua (a menudo a cambio de unos tragos) y al lugar acudieron muchos en busca del oro "perdido", lo que contribuyó a avivar el mito.

Fonts Point   MIRADOR

Al este de Borrego Springs, una pista de 6,5 km (pregúntese en el centro de visitantes) se desvía al sur desde la County Rte S22 hacia el Fonts Point (380 m), que ofrece una espléndida panorámica con el valle de Borrego al oeste y de las Borrego Badlands (tierras baldías) al sur. Da la impresión de que el desierto se desploma bajo los pies.

Vallecito County Park   LUGAR HISTÓRICO

(☎760-765-1188; www.co.san-diego.ca.us/parks; 37349 County Rte S2; entrada por automóvil 3 US$; ☉sep-may) Bonito y pequeño, en un refrescante valle en la parte sur del Anza-Borrego, este parque se centra en una histórica parada de la diligencias Butterfield. Está 58 km al sur de Borrego Springs por la County Rte S2.

Agua Caliente County Park   NATACIÓN

(☎760-765-1188; www.sdcounty.ca.gov/parks/; 39555 Rte S2; entrada por automóvil 5 US$; ☉9.30-17.00 sep-may) Precioso parque a 6,5 km de Vallecito, con piscinas interiores y exteriores de aguas termales para bañarse.

Senderismo

Borrego Palm Canyon Trail   SENDERISMO

Este conocido sendero circular de 5 km empieza en la parte alta del *camping* de Borrego Palm Canyon, 4,8 km al norte del centro de visitantes, y pasa por un precioso oasis con un palmeral y una cascada que contrastan con el paisaje árido y rocoso. Hay muflones.

Maidenhair Falls Trail   SENDERISMO

Este intrépido sendero empieza en la cabecera del Hellhole Canyon Trail, 3 km al oeste del centro de visitantes por la County Rte S22, y asciende durante 5 km a través de un oasis de palmeras hasta una cascada estacional que da sustento a aves y plantas.

Ghost Mountain Trail   SENDERISMO

Empinado sendero circular de 3 km que sube hasta las ruinas de una finca de adobe de la década de 1930, construida por el escritor Marshall South. Empieza en el primitivo *camping* de Little Pass en el valle de Blair.

Pictograph/Smuggler's Canyon Trail   SENDERISMO

Sendero circular de 3 km que, por el valle de Blair, bordea peñascos cubiertos de pictografías indígenas y ofrece bonitas vistas del valle Vallecito. Hay que tomar hacia el valle de Blair desde la County Rte S2, y seguir el camino de tierra unos 6,1 km hasta el desvío que lleva a un aparcamiento, a 2,4 km.

Elephant Tree Trail   SENDERISMO

Los extraños 'árboles elefante' tienen un tronco rechoncho, que recuerda a la pata de un paquidermo. Por desgracia, solo queda uno vivo a lo largo de este sendero circular de 2,5 km. Aun así es una excursión agradable y sencilla por un cauce pedregoso. Sale de la Split Mountain Rd, unos 9,5 km al sur de la Hwy 78 y Ocotillo Wells.

Cuevas del viento del monte Split   SENDERISMO

En la Split Mountain Rd, 6,5 km al sur del Elephant Tree Trail, arranca una pista que lleva al primitivo *camping* de Fish Creek. Al cabo de otros 6,5 km se llega al monte Split, donde una transitada pista para todoterrenos enfila a la derecha entre paredes de 182 m de origen sísmico y por la erosión. En el extremo sur de esta garganta de 3 km, un empinado sendero de 1,5 km sube hasta unas hermosas **cuevas del viento,** horadadas en los peñascos de arenisca.

Valle de Blair SENDERISMO

En el oeste del parque, unos 8 km al sureste del Scissors Crossing (donde la County Rte S2 se cruza con la Hwy 78), se encuentra este valle, famoso por las pictografías y los morteros de roca. El valle está varios kilómetros al este de County Rte S2, por una pista. El **monumento** que hay en el puerto de montaña de Foot y Walker, en el lado norte del valle, señala un punto difícil en la Butterfield Overland Stage Route. En el **Box Canyon** pueden verse unas marcas en las rocas, dejadas por las carretas en su ruta por el Emigrant Trail.

Bicicleta

Se puede pedalear por los más de 800 km de pistas y caminos asfaltados del parque, pero no por los senderos. Las rutas más frecuentadas son el cañón de Grapevine, desde la Hwy 78, y el Cañón Sin Nombre, en las Carrizo Badlands. Hay zonas más llanas en el valle de Blair y el monte Split, entre otras. Más información en el centro de visitantes.

🎊 Fiestas y celebraciones

Peg Leg Smith Liars Contest CULTURAL

Divertido festival en el que embusteros aficionados compiten de acuerdo a una vieja tradición del Oeste, el primer sábado de abril. Cualquiera puede participar, pero el tema tiene que ser el oro y las minas del suroeste, no puede durar más de 5 min y, por supuesto, ser mentira.

🛏 Dónde dormir

Se permite la acampada libre fuera de los caminos y a una distancia mínima de 30 m de una fuente de agua. En el parque también hay varios *campings* rudimentarios con váteres secos y sin agua. El fuego debe hacerse dentro de recipientes metálicos. Está terminantemente prohibido apropiarse de cualquier tipo de vegetación, viva o muerta.

El precio de las habitaciones se desploma en verano, cuando también cierran algunos establecimientos.

Hacienda del Sol HOTEL $

(☎760-767-5442; www.haciendadelsol-borrego.com; 610 Palm Canyon Dr; h/dúplex/casita 80/135/165 US$; ▣🐕❄🎧🐾) Pequeño hotel actualizado, con un esplendor *retro,* camas nuevas y reproductores de DVD (y DVD gratis). Tiene habitaciones, casitas y dúplex, y una piscina.

Borrego Palm Canyon Campground CAMPING $

(☎800-444-7275; www.reserveamerica.com; parcela tienda/autocaravana 25/35 US$; ▣🐾) Cerca del centro de visitantes, este *camping* tiene aseos impecables, parcelas muy juntas y un anfiteatro con programas de formación medioambiental.

Agua Caliente County Park Campground CAMPING $

(☎reservas 858-565-3600; www.co.san-diego.ca.us/parks; 39555 County Rte S2; parcela tienda 19 US$, parcela autocaravana con algunas/todas conexiones 24/28 US$; ☷sep-may; ▣) Buena opción para campistas con caravana. Hay pozas termales naturales.

Vallecito County Park Campground CAMPING $

(☎reservas 858-565-3600; www.co.san-diego.ca.us/parks; 37349 County Rte S2; parcela tienda y autocaravana 19 US$; ☷sep-may; 🐾) En un valle fresco y verde, las parcelas son más adecuadas para tiendas.

CAMINATAS FÁCILES EN ANZA-BORREGO

Bill Kenyon Overlook Ruta circular de 1,5 km que parte del primitivo *camping* de Yaqui Pass y llega a un mirador desde el que se ve San Felipe Wash, las Pinyon Mountains y, en días despejados, el mar de Salton.

Yaqui Well Trail Sendero de 3 km con plantas del desierto rotuladas y una poza que atrae a muchas aves; empieza delante del *camping* de Tamarisk Grove.

Narrows Earth Trail Unos 7 km al este del Tamarisk Grove por la Hwy 78, este camino de 800 m a través de una zona de fallas es una delicia para los aficionados a la geología. Hay chuparrosas, unos arbustos bajos con flores rojas, que atraen a los colibrís.

Cactus Loop Trail Ruta circular autoguiada de 1,5 km llena de cactus. Empieza delante del *camping* de Tamarisk y ofrece bellas vistas de San Felipe Wash.

Anza-Borrego State Park

N 0 ——————————————— 10 km

Anza-Borrego State Park

Palm Canyon Hotel & RV Resort MOTEL $$
(☎760-767-5341; www.palmcanyonresort.com; 221Palm Canyon Dr, Borrego Springs; h 99-179 US$; P☎☎) Acogedor motel de los años ochenta pero con ambiente del Viejo Oeste. Está a 1,6 km del centro de visitantes del parque y posee dos piscinas, un restaurante y un *salón*.

Palms at Indian Head HOTEL-BOUTIQUE $$
(☎760-767-7788; www.thepalmsatindianhead.com; 2200 Hoberg Rd; h 139-229 US$; P☎☎) Favorito Cary Grant, Marilyn Monroe y otros famosos, este hotel ha renacido como refugio con aura de mediados del s. xx y *martinis* y *cordon bleu* de pollo en su bar-parrilla (llamado Red Ocotillo de día y Krazy Coyote de noche), con fascinantes vistas del desierto.

La Casa del Zorro RESORT $$$
(☎760-767-0100; www.lacasadelzorro.com; 3845 Yaqui Pass Rd; h do-ju desde 189 US$, desde vi y sa 289 US$; P☎☎☎☎) Aproximadamente 8 km al sur del centro de Borrego Springs, este complejo hace generaciones que recibe a familias de San Diego. Tras su cierre a principios de esta década, de nuevo es el alojamiento más grandioso de la zona: 67 habitaciones y casitas en 17 Ha ajardinadas con tres piscinas, pistas de tenis, de *croquet* y de bochas, un *spa* y un restaurante *gourmet*.

Borrego Valley Inn POSADA $$$
(☎800-333-5810, 760-767-0311; www.borregova lleyinn.com; 405 Palm Canyon Dr; h incl. desayuno

215-295 US$; P☎☎☎☎) Este pequeño alojamiento, cuidado y lleno de adornos y tejidos indígenas, es un *spa-resort* íntimo para adultos (no fumadores). Hay 15 habitaciones y más de 4 Ha. En una de las piscinas se permite hacer nudismo. Muchas de las habitaciones tienen cocinita.

🍴 Dónde comer y beber

En verano muchos establecimientos restringen su horario o cierran más días a la semana. Se pueden comprar alimentos en el **Center Market** (590 Palm Canyon Dr; ☎8.30-18.30 lu-sa, hasta 17.00 do) de Borrego Springs.

Kendall's Café CAFETERÍA $
(☎760-767-3491; 587 Palm Canyon Dr, the Mall; principales de desayuno 4-12 US$, de almuerzo 6-12 US$, de cena 9-17 US$; ☎6.00-20.00) Favorito por sus tortitas de arándanos del desayuno y clásicos mexicanos (enchiladas, fajitas, etc.) y estadounidenses el resto del día.

**Carmelita's
Bar & Grill** MEXICANA $$
(☎760-767-5666; 575 Palm Canyon Dr, the Mall; desayuno 5-9 US$, almuerzo y cena 9.50-14 US$; ☎10.00-21.00 lu-vi, 8.00-21.00 sa y do; ☎) Local alegre con la mejor comida mexicana de la ciudad (huevos rancheros incl.) y unos *margaritas* perfectos.

Carlee's Place ESTADOUNIDENSE **$$**
(☎760-767-3262; 660 Palm Canyon Dr; principales de almuerzo 8-14 US$, de cena 12-27 US$; ☺11.00-21.00) Aunque la decoración parece no haber cambiado desde los años setenta, los lugareños se pirran por sus hamburguesas, pasta y cenas a base de carne. Hay billar, música en directo y karaoke.

❶ Información

Se puede conducir gratis por el parque, pero para acampar, caminar o merendar en él, se cobra una tarifa diaria de 8 US$/automóvil. Se necesita un todoterreno para circular por sus 800 km de pistas.

En Borrego Springs hay tiendas, cajeros automáticos, bancos, gasolineras, una oficina de correos y una biblioteca pública con internet gratis y wifi. Los teléfonos móviles puede que funcionen en Borrego Springs, pero no fuera de la ciudad.

Borrego Desert Nature Center (☎760-767-3098; www.california-desert.org; 652 Palm Canyon Dr, Borrego Springs; ☺9.00-17.00 lu-do sep-jun, 9.00-15.00 vi y sa jul y ago) Excelente librería, gestionada por la Anza-Borrego Desert Natural History Association, que también organiza excursiones, conferencias y actividades al aire libre.

Cámara de Comercio (☎760-767-5555; www.borregospringschamber.com; 786 Palm Canyon Dr, Borrego Springs; ☺9.00-16.00 lu-sa) Información turística.

Centro de visitantes del Anza-Borrego Desert State Park (☎760-767-4205; www.parks.ca.gov; 200 Palm Canyon Dr, Borrego Springs; ☺9.00-17.00 oct-may, sa y do solo jun-sep) Con paredes de piedra medio enterradas que se funden con el entorno montañoso, acoge exposiciones y audiovisuales. Está 3,2 km al oeste de Borrego Springs.

Wildflower Hotline (☎760-767-4684)

❶ Cómo llegar y desplazarse

No hay transporte público hasta el Anza-Borrego Desert State Park. Desde Palm Springs (1½ h), hay que tomar la I-10 hasta Indio y luego la Hwy 86 al sur junto al mar de Salton, y después al oeste por la S22. Desde Los Ángeles (3 h) y el condado de Orange (por Temecula), se toma la I-15 al sur hasta la Hwy 79, esta hasta la County Rte S2 y esta hasta la County Rte S22. Desde San Diego (2 h), lo más sencillo es ir por la I-8 hasta la County Rte S2; o, para una ruta más panorámica, la sinuosa Hwy 79 desde la I-8 al norte por el Cuyamaca Rancho State Park y Julian, y de allí al este por la Hwy 78.

ALREDEDORES DE ANZA-BORREGO

Mar de Salton

Si se llega por la Hwy 111 desde Indio, de repente aparece el mayor lago de California en medio de su desierto más extenso. El mar de Salton tiene un pasado fascinante, un presente complicado y un futuro incierto.

Según los geólogos, el golfo de California antaño llegaba hasta 241 km al norte del actual valle de Coachella, pero los sedimentos del río Colorado acumulados durante millones de años lo convirtieron en un sumidero, donde a mediados de la década de 1800 hubo unas minas de sal. Cuando los geólogos descubrieron que aquel suelo rico en minerales era ideal para el cultivo, el agua del Colorado se canalizó para el riego.

En 1905, el río se desbordó y dio lugar al mar de Salton. Se necesitaron 18 meses, 1500 obreros y 500 000 toneladas de piedras para reencauzar el río, pero al no tener salida natural, el agua quedó estancada. En la actualidad, el mar de Salton mide unos 56 km de largo por 24 de ancho, y sus aguas son un 30% más salobres que las del Pacífico.

A mediados del siglo pasado, el lago se pobló con peces, se promocionó como la "Riviera californiana" y en sus orillas proliferaron las casas de vacaciones. Como los peces atrajeron a los pájaros, hoy es un lugar excelente para ver aves, entre ellas 400 especies migratorias y amenazadas como el ganso blanco, el zampullín cuellinegro, el pato tepalcate, los pelícanos blanco y pardo, el águila calva y el halcón peregrino.

Hoy, el lago es noticia por las mortandades de peces que se repiten año tras año, provocadas por el fósforo y el nitrógeno de la escorrentía agrícola. Estos minerales provocan la proliferación de algas que, al morir, dejan sin oxígeno al agua (y a los peces). Aunque se detuviera la causa mañana mismo, los minerales acumulados en el suelo aún llegarían al lago durante generaciones.

Una solución podría ser cortar el agua y dejar morir el lago, pero por ello conllevaría otro problema: Salton podría convertirse en un desierto de polvo y provocar nubes que contaminarían el aire de la zona. El debate sigue encendido.

Hay que parar en el centro de visitantes de la **Salton Sea State Recreation Area**

(📞760-393-3810; www.parks.ca.gov; ⊙centro de visitantes 10.00-16.00 nov-mar), en la orilla norte. Más al sur, el **Sonny Bono Salton Sea National Wildlife Refuge** (www.fws.gov/saltonsea; 906 W Sinclair Rd, Calipatria; ⊙amanecer-anochecer, centro de visitantes 7.00-15.15 lu-vi todo el año) es una importante escala migratoria en la ruta del Pacífico y posee un centro de visitantes, un breve sendero autoguiado, una torre de observación y un merendero. Está unos 6,5 km al oeste de la Hwy 111, entre Niland y Calipatria.

Julian

Este pueblo de montaña, con su calle principal de tres manzanas, es muy visitado por los domingueros, atraídos por sus pintorescas calles de la década de 1870, tradición minera y famosa tarta de manzana. Los buscadores de oro, como muchos veteranos confederados, llegaron aquí después de la Guerra Civil, pero la población no se disparó hasta el descubrimiento de partículas de oro en 1869. Hoy, su oro son las manzanas. Hay alrededor de 17 000 manzanos en los huertos que bordean la Hwy 178, a las afueras del pueblo. La cosecha tiene lugar a principios de otoño, época en que algunos granjeros permiten que los visitantes recojan unas pocas. Pero todo el año se puede saborear la tarta de manzana, de venta en las panaderías.

Julian está en el cruce de la Hwy 78 con la Hwy 79, a 1¼ h de San Diego (por la I-8 al este y luego la Hwy 79 al norte) y a 40 min de Borrego Springs Head (al sur por la County Rte S3 por el puerto de Yaqui, y luego por la Hwy 78 al oeste).

Más información en la **Cámara de Comercio** (📞760-765-1857; www.julianca.com; 2129 Main St; ⊙10.00-16.00).

⊙ Puntos de interés

Eagle and High Peak Mine LUGAR HISTÓRICO
(📞760-765-0036; end of C St; adultos/niños 10/5 US$; ⊙10.00-14.00 lu-vi, hasta 15.00 sa y do; 🚶) La visita guiada de 1 h al interior de estas antiguas minas de oro repasa la historia y la dura vida de los pioneros locales.

🛏 Dónde dormir y comer

Julian Gold Rush Hotel B&B $$
(📞760-765-0201, 800-734-5854; www.julianhotel.com; 2032 Main St; d incl. desayuno 135-210 US$; 🛜) B&B de 1897, lleno de antigüedades, cor-

EL MONTE DE LA SALVACIÓN

Al sureste del mar de Salton, la **Salvation Mountain** (www.salvationmountain.us) es realmente una estampa muy rara: un cerro de hormigón y adobe de 30 m de altura, recubierto de pintura de colorines, objetos encontrados (balas de heno, neumáticos, postes telefónicos) y mensajes religiosos, y rodeado de grutas como capillas. Leonard Knight (1931-2014) tardó 28 años en completar lo que se ha convertido en una de las grandes obras del arte popular del país, reconocida como "tesoro nacional" por el Senado de EE UU. Está en Niland, a unos 5 km de la Hwy 111 vía Main St/Beal Rd y pasadas las vías de tren y los parques de caravanas.

tinas de encaje, bañeras con patas y objetos de antaño.

Orchard Hill Country Inn B&B $$$
(📞760-765-1700; www.orchardhill.com; 2502 Washington St; incl. desayuno h 195-250 US$, casita 295-375 US$; 🅿🛜) Romántico retorno al pasado, con habitaciones impecables repartidas entre una casa estilo *craftsman* y una decena de acogedoras casitas. Todas son diferentes, tienen chimenea o patio, y, algunas, *jacuzzi*.

Julian Pie Company PANADERÍA $
(www.julianpie.com; 2225 Main St; tentempiés y tartas 3-15 US$; ⊙9.00-17.00; 🚶) Concurrido local donde sirven sidra, rosquillas de sidra con canela, pastas y típicas tartas de manzana.

RUTA 66

Concluida en 1926, esta mítica carretera conectaba Chicago con Los Ángeles por el corazón del país. La "carretera madre", como la llamó el novelista John Steinbeck, cobró importancia durante la Gran Depresión, cuando miles de emigrantes huían del Dust Bowl al oeste en viejos cacharros donde se leía "California o la quiebra". Después de la II Guerra Mundial, los jóvenes retomaron a la Ruta 66 para divertirse en sus descapotables y exhibir su recién adquirido bienestar.

Con el incremento del tráfico y las nuevas carreteras interestatales, muchos pueblos de la Ruta 66, con sus aparcamientos, restaurantes y moteles de rótulos neón, quedaron desiertos.

En California, la Ruta 66 sigue en buena parte la National Trails Hwy, llena de baches. Desde la playa de Santa Mónica, atraviesa la cuenca de Los Ángeles, cruza el puerto de Cajon hacia las ciudades ferroviarias de Barstow y Victorville, y enfila una retahíla de pueblos fantasma de Mojave para desembocar en Needles, cerca de la frontera con Nevada.

En las poblaciones más grandes cuesta distinguir las reliquias de la "carretera madre", pero al avanzar hacia Nevada, los horizontes abiertos salpicados por algún que otro hito apenas han cambiado desde los tiempos de aquellos nómadas.

De Los Ángeles a Barstow

La Ruta 66 arranca en Santa Mónica, en el cruce de Ocean Ave y Santa Monica Blvd. Hay que seguir esta a través de Beverly Hills y West Hollywood, girar a la derecha por Sunset Blvd y después la 110 Fwy rumbo norte hacia Pasadena. Si se toma la salida 31B al sur por Fair Oaks Ave, se podrá tomar un *egg cream* (bebida de leche, sirope y soda) en la **Fair Oaks Pharmacy** (☎626-799-1414; www.fairoakspharmacy.net; 1526 Mission St; principales 4-8 US$; ◷9.00-21.00 lu-vi, hasta 22.00 sa, 10.00-19.00 do; 🖳), nostálgica fuente de sodas de 1915. De nuevo en Fair Oaks Ave pero hacia el norte y a la derecha por Colorado Blvd, aguarda el antiguo Saga Motor Hotel.

Sin dejar Colorado Blvd se llega a Colorado Pl y al Santa Anita Park, donde se rodó la famosa película de los hermanos Marx *Un día en las carreras* y corrió el legendario purasangre Seabiscuit. En la temporada de carreras, se puede visitar gratis la sala de los jinetes y las zonas de entrenamiento (solo fines de semana y previa reserva).

Desde Colorado Pl se toma Huntington Dr E, que desemboca en 2nd Ave, donde hay que girar al norte y luego al este por Foothill Blvd. Este antiguo trazado de la Ruta 66 sigue Foothill Blvd vía Monrovia, donde se halla el **Aztec Hotel** (☎626-358-3231; 311 W Foothill Blvd, Monrovia), de 1925 y estilo neomaya, al parecer embrujado.

Se sigue al este por W Foothill Blvd, luego al sur por S Myrtle Ave y a la izquierda por E Huntington Dr, que atraviesa Duarte, donde de celebra un **desfile de la Ruta 66** (http://duarteroute66parade.com; ◷sep), con bandas de música, juegos tradicionales y automóviles

clásicos. En Azusa, Huntington se convierte en E Foothill Blvd y luego en Alosta Blvd en Glendora, donde está **The Hat** (☎626-857-0017; www.thehat.com; 611 W Route 66, Glendora; principales 4-8 US$; ◷10.00-23.00 do-mi, hasta 1.00 ju-sa; 🖳) desde 1951, con sus enormes sándwiches de *pastrami*.

Se sigue al este por Foothill Blvd, con dos asadores *retro* en Rancho Cucamonga. El primero es el **Magic Lamp Inn** (☎909-981-8659; www.themagiclampinn.com; 8189 Foothill Blvd, Rancho Cucamonga; principales de almuerzo 11-17 US$, de cena 15-42 US$; ◷11.30-14.30 ma-vi, 17.00-23.00 ma-ju, 17.00-22.30 vi y sa, 16.00-21.00 do), de 1955, reconocible por su magnífico rótulo de neón. Hay baile las noches de miércoles a sábado. Más adelante, el rústico **Sycamore Inn** (☎909-982-1104; www.thesycamoreinn.com; 8318 Foothill Blvd, Rancho Cucamonga; principales 22-49 US$; ◷17.00-21.00 lu-ju, hasta 22.00 vi y sa, 16.00-20.30 do) sirve jugosos filetes desde 1848.

Al atravesar Fontana, donde nació el famoso club de motoristas de los Ángeles del Infierno, se verá la **Giant Orange** (15395 Foothill Blvd, Fontana; ◷cerrado), hoy cerrada, un puesto de venta de zumos de la década de 1920 con forma de naranja, como los muchos que antaño había en la región de los naranjales del sur de California.

Foothill Blvd sigue hasta Rialto, localización del **Wigwam Motel** (☎909-875-3005; www.wigwammotel.com; 2728 W Foothill Blvd, Rialto; h 65-80 US$; 🖳), con sus curiosos tipis de cemento desde 1949. Se continúa al este y luego al norte por N East St hasta el **First McDonald's Museum** (☎909-885-6324; 1398 N E St, San Bernardino; entrada by donation; ◷10.00-17.00), museo no oficial con interesantes reliquias de la histórica ruta. Más al norte, se gira a la izquierda por W Highland Ave y se toma primero la I-215 Fwy y luego la I-15, de la que se sale en Cleghorn. Desde allí, por Cajon Blvd se sigue al norte por un antiguo tramo de la "carretera madre". De regreso a la I-15, se sigue en dirección al puerto de montaña de Cajon. En lo alto del mismo hay que tomar la salida de la Oak Hill Rd (n° 138) para ir al **Summit Inn Cafe** (☎760-949-8688; 5960 Mariposa Rd, Hesperia; principales 5-10 US$; ◷6.00-20.00 lu-ju, hasta 21.00 vi y sa), un restaurante de carretera de la década de 1950 con antiguos surtidores de gasolina, una *jukebox* y una barra donde sirven hamburguesas de avestruz y batidos de dátiles.

De nuevo por la I-15, se desciende hasta Victorville, para salir en 7th St y pasar al lado del recinto ferial del condado de San Bernardino, sede del Route 66 Raceway. Por la 7th St, del casco antiguo de Victorville hay que fijarse en hitos como el cartel con el bronco corcoveante del **New Corral Motel**. Se toma a la izquierda D St para entrar en el excelente **California Route 66 Museum** (☎760-951-0436; www.califrt66museum.org; 16825 D St, Victorville; se agradecen donativos; ⊙10.00-16.00 ju-sa y lu, 11.00-15.00 do), frente a la estación de autobuses de Greyhound. Dentro, un antiguo café brinda una ecléctica colección que abarca una caravana aerodinámica de los años treinta, un reservado de reluciente escay rojo con *minijukebox* de sobremesa, carteles de anuncios, fotografías *vintage* y otros trastos procedentes del Roy Rogers Museum, que estaba en Victorville antes de mudarse a Branson, en Misuri, donde también cerró en el 2010.

Se sigue al norte por South D St, que cruza por debajo la I-15 y se convierte en la National Trails Hwy. Adorado por los motoristas con Harleys, este tramo de onduladas colinas y vastas extensiones de desierto hasta Barstow es similar a una búsqueda del tesoro de restos de la "carretera madre", como gasolineras antiguas y moteles en ruinas.

En Oro Grande, el **Iron Hog Saloon** (20848 National Trails Hwy, Oro Grande; ⊙8.00-22.00 lu-ju y do, hasta 2.00 vi y sa) es una vieja taberna repleta de recuerdos y personajes. Muy frecuentada por los motoristas, sirven raciones enormes, serpiente de cascabel y avestruz. Unos 8 km más al norte, el **Bottle Tree Ranch** (Elmer's Place; 24266 National Trails Hwy, Oro Grande) acoge una pintoresca colección de arte popular, a base de botellas de vidrio artísticamente dispuestas en postes de teléfono junto con viejas señales ferroviarias.

Barstow

En el cruce de la I-40 con la I-15, casi a mitad de camino entre Los Ángeles y Las Vegas, la empobrecida Barstow (23 000 hab.) ha sido durante siglos una encrucijada. En 1776, el sacerdote español Francisco Garcés pasó por este lugar. A mediados del s. XIX, la antigua ruta española discurría cerca de aquí y los colonos pioneros del río Mojave vendían provisiones a los inmigrantes de California, mientras en las colinas que rodean la ciudad surgían explotaciones mineras. Barstow, que lleva el nombre de un ejecutivo del ferrocarril, se desarrolló como cruce ferroviario a partir de 1886. Después de 1926 se convirtió

ORIENTARSE POR LA CARRETERA MADRE

Los entusiastas de la Ruta 66 que deseen recorrer cada milla de esta vieja carretera, pueden conseguir gratis las instrucciones detalladas en www.historic66.com. Otras webs útiles son www.cart66pf.org y www.route66ca.org.

en una importante área de descanso para los motoristas de la Ruta 66 (Main St) y su función actual es dar servicio a las bases militares cercanas y atender a los numerosos viajeros que paran en el camino.

◉ Puntos de interés

Barstow es conocido por los **murales** de temática histórica que adornan los edificios vacíos y tapiados, sobre todo en Main St entre 1st St y 6th St. En la Cámara de Comercio (p. 696) ofrecen planos.

Route 66 'Mother Road' Museum   MUSEO
(☎760-255-1890; www.route66museum.org; 681 N 1st St; ⊙10.00-16.00 vi y sa, 11.00-16.00 do, o con cita previa) GRATIS Ocupa la fielmente restaurada **Casa del Desierto**, de 1911, una Harvey House (posadas ferroviarias de interés arquitectónico así llamadas por su fundador, Fred Harvey), y documenta la vida de esta carretera con estupendas fotografías en blanco y negro y reliquias como un Ford T de 1915, una centralita telefónica de 1913 y minerales de la zona. En la tienda de regalos venden guías de la Ruta 66, mapas y libros.

Western America Railroad Museum   MUSEO
(www.barstowrailmuseum.org; 685 N 1st St; ⊙11.00-16.00 vi-do) GRATIS En la Casa del Desierto, este museo expone objetos relacionados con la actividad ferroviaria del siglo pasado, como viejos horarios, uniformes, vajillas y una maqueta de la ruta del monte Dog Tooth. Aunque esté cerrado, fuera pueden verse históricas locomotoras, furgones de cola de color rojo vivo y hasta un vagón para transportar caballos de carreras.

Desert Discovery Center   MUSEO
(☎760-252-6060; www.desertdiscoverycenter.com; 831 Barstow Rd; ⊙11.00-16.00 ma-sa; ⊛) GRATIS En un edificio de adobe cerca de la I-15, gestionado por el US Bureau of Land Management,

este didáctico museo está enfocado a los niños, con propuestas como dar de comer a los animales, un club de arte y programas mensuales (desde tambores hasta compostaje); también informa sobre los desiertos locales. Pero la estrella del lugar es el meteorito Old Woman, el segundo más grande hallado en el país, de 2753 kg.

Calico Ghost Town PARQUE TEMÁTICO
(☎800-862-2542; www.calicotown.com; 36600 Ghost Town Rd, Yermo; adultos/niños 8/5 US$; ⊙9.00-17.00; 👪) Esta atracción del Viejo Oeste, adorablemente convencional, es un puñado de edificios de la época de los pioneros entre las ruinas de un pueblo de 1881 junto a una mina de plata, reconstruido casi un siglo después por Walter Knott de la Knott's Berry Farm (p. 607). Aunque la entrada es barata, lavar oro, visitar la Maggie Mine, montar en el tren de vía estrecha o ver la "casucha misteriosa" se pagan aparte. También ofrece recreaciones de la Guerra de Secesión y un festival de música *bluegrass*. Desde la I-15, se toma la salida de la Ghost Town Rd; está a unos 5,6 km cuesta arriba. También hay un 'camping' (parcela tienda/autocaravana con todas conexiones 30/35 US$).

🛏 Dónde dormir y comer

Siempre hay habitaciones libres en Barstow. Solo se tiene que circular por E Main St y su sucesión de moteles de cadena, muchos con habitaciones dobles desde 40 US$.

Oak Tree Inn MOTEL $
(☎760-254-1148; www.oaktreeinn.com; 35450 Yermo Rd, Yermo; h incl. desayuno 53-74 US$; P❄🐾📶🏊) Para confort y clase junto a la autopista, este motel de tres pisos ofrece 65 habitaciones con cortinas opacas y ventanas con triple acristalamiento. Está 17,7 km al este de la ciudad (salida Ghost Town Rd de la I-15). El desayuno se sirve en la aledaña cafetería al estilo años cincuenta.

Lola's Kitchen MEXICANA $
(1244 E Main St; principales 5-12 US$; ⊙4.00-19.30 lu-vi, hasta 16.30 sa; 👪) Camioneros, oficinistas y jóvenes que van a Las Vegas coinciden en esta sencilla y colorida cantina mexicana atendida por dos hermanas que preparan suculentos burritos de carne asada, enchiladas verdes, etc.

Idle Spurs Steakhouse ASADOR $$
(☎760-256-8888; www.idlespurssteakhouse.com; 690 Hwy 58; principales de almuerzo 10-24 US$, de cena 14-28 US$; ⊙11.00-21.00 lu-vi, desde 16.00 sa

y do; 👪) En activo desde 1950, este local de temática del Oeste, con patio central y una barra, es un favorito de los lugareños y los conductores de caravanas: carne de primera asada a fuego lento, filetes cortados a mano o suculenta cola de langosta, además de carta infantil. Está a pocos kilómetros de la Rte 66.

Peggy Sue's CAFÉ $$
(☎760-254-3370; www.peggysuesdiner.com; Ghost Town Rd, Yermo; principales 8-13 US$; ⊙6.00-22.00; 👪) Lo que en 1954 empezó como un sencillo café con nueve taburetes y tres reservados se ha convertido en un pequeño imperio con heladería, pizzería, un parque con esculturas de dinosaurios en metal y una tienda de regalos. Está en la misma calle del Oak Tree Inn (p. 696).

☆ Ocio

Skyline Drive-In CINE
(☎760-256-3333; 31175 Old Hwy 58; adultos/niños 7/2 US$; 👪) Es uno de los pocos autocines que quedan en California. Data de los años sesenta y pasa una o dos películas cada noche.

ℹ Información

Cámara de Comercio de la zona de Barstow (☎760-256-8617; www.barstowchamber.com; 681 N 1st Ave; ⊙8.30-17.30 lu-vi, 10.00-14.00 sa; 📶) En la estación de trenes, al norte del centro.
Barstow Community Hospital (☎760-256-1761; 820 E Mountain View St; ⊙urgencias 24 h)

ℹ Cómo llegar y desplazarse

Se necesita un automóvil para desplazarse por Barstow y la Ruta 66. Algunas compañías de alquiler importantes tienen oficina en la ciudad.

Greyhound ofrece servicios frecuentes desde Los Ángeles (37 US$, 2½-5¼ h), Las Vegas (32 US$, 2¾ h) y Palm Springs (44 US$, 4½ h), que operan desde la principal **estación de autobuses** (1611 E Main St), al este del centro, cerca de la I-15.

El tren diario *Southwest Chief* de Amtrak a/desde Los Ángeles (www.amtrak.com, desde 30 US$, 3¾ h, reserva anticipada recomendada) suele retrasarse. La histórica **estación de trenes** (685 N 1st Ave) de Barstow tiene taquilla pero nadie que la atienda.

De Barstow a Needles

En Barstow se toma la I-40 al este y se deja en Daggett (salida 7), donde está el antiguo puesto de registro tan temido por los refugiados del Dust Bowl. Se sigue al norte por A St, que cruza las vías del tren, y se gira a la derecha por Santa Fe St. A la izquierda, pasada la tienda, se verá el ruinoso Daggett Stone Hotel, de finales del s. XIX, donde solían alojarse los aventureros del desierto, como Death Valley Scotty (p. 702).

Para proseguir hacia Santa Fe, hay que doblar por la primera a la derecha y luego a la izquierda para tomar la National Trails Hwy en dirección este.

Pronto se pasa bajo la I-40 y se llega a Newberry Springs, cuyo Bagdad Cafe (☎760-257-3101; www.bagdadcafethereal.com; 46548 National Trails Hwy, Newberry Springs; principales 6-12 US$; ☯7.00-19.00) fue el escenario principal de la película homónima protagonizada por C. C. H. Pounder y Jack Palance en 1987, de culto en Europa. El interior rebosa de pósteres, fotogramas de películas y otras reliquias, mientras que afuera se oxidan una antigua torre de agua y un remolque.

La National Trails Hwy avanza al sur junto a la autovía, la cruza en Lavic y prosigue al este por el flanco norte de la I-40. Este tramo lleno de baches de la Ruta 66 discurre entre fantasmales pueblos del desierto. En Ludlow, se toma a la derecha Crucero Rd, se cruza de nuevo la I-40 y se bordea la autovía por el otro lado.

Más allá de Ludlow, la Ruta 66 se aleja de la autovía y prosigue entre ruinas esparcidas por el majestuoso paisaje. Entre los pocos detalles que rompen el ilimitado horizonte está el célebre cartel del Roy's Motel & Cafe de los años cincuenta, ya jubilado pero bien conservado; hoy, una gasolinera y una tiendecita. Está al este del cráter Amboy, un cono de ceniza casi simétrico, inactivo desde hace 600 años. Se puede subir a él por la ladera oeste, pero nunca si sopla fuerte el viento o en verano.

Pasado Essex, la carretera abandona la National Trails Hwy y se dirige al norte por la Goffs Rd a través de Fenner, donde vuelve a cruzarse con la I-40. En Goffs, la Goffs Schoolhouse (☎760-733-4482; www.mdhca.org; 37198 Lanfair Rd; se agradecen donativos; ☯normalmente 9.00-16.00 sa y do), de 1914, estilo misión y de una sola sala, es parte del asentamiento histórico mejor conservado en el desierto de Mojave.

Se sigue por la Goffs Rd (US Hwy 95) y la I-40 hacia el este hasta llegar a Needles, cuyo nombre alude a unas picudas montañas cercanas. Es la última parada de la Ruta 66

antes de la frontera con Arizona, donde la familia Joad cruzó el Old Trails Arch Bridge sobre el río Colorado en la película *Las uvas de la ira*.

Hay que salir en J St y doblar a la izquierda, seguir por J St hasta W Broadway, girar a la derecha y luego a la izquierda por F St, que termina en Front St, paralela al tren. Pasados el antiguo vagón de mulas y el Palm Motel de 1920, está El Garces, una Harvey House de 1908 que lleva años en restauración.

MOJAVE NATIONAL PRESERVE

Los parajes naturales de la Mojave National Preserve (☎760-252-6100; www.nps.gov/moja) GRATIS son un caos de 647 497 Ha de dunas, árboles de Josué, conos volcánicos y hábitats de muflones, tortugas del desierto, liebres y coyotes. La soledad y la tranquilidad son sus mayores atractivos. Las temperaturas diurnas rebasan los 37°C en verano y bajan hasta los 10°C en invierno, con ocasionales neviscas. Los vientos son fuertes en primavera y otoño. No hay gasolineras dentro de la reserva.

⊙ Puntos de interés y actividades

Se puede pasar el día entero o unas cuantas horas al volante por la reserva, y hacer alguna caminata.

Cima Dome   MONTAÑA
Desde la I-15 en sentido sur puede verse la Cima Dome, una formación granítica de 457 m tachonada de conos volcánicos y afloramientos de basalto dejados por la lava. En sus laderas crece el mayor bosque de árboles de Josué del mundo. Para aproximarse, hay que emprender una caminata circular de 5 km que sube al pico Teutonia (1754 m) desde la Cima Rd, 9,5 km al noroeste de la Cima.

Dunas Kelso   DUNAS
Estas bellas dunas cantoras son las terceras más altas del país, de hasta 182 m. A veces, producen una especie de zumbidos, provocados por el movimiento de la arena, p. ej., al correr por ellas cuesta abajo. Están a 5 km por una pista al oeste de la Kelbaker Rd, 12 km al sur de la estación de Kelso.

Hole-in-the-Wall   SENDERISMO, RUTA EN AUTOMÓVIL
Estas paredes de toba riolítica, que parecen quesos suizos de mármol sin pulir, son el re-

TORTUGAS DEL DESIERTO

En el Mojave habita la tortuga del desierto, que puede vivir más de 80 años y se alimenta de flores y hierba. Su gran vejiga le permite pasar un año sin beber y con sus patas traseras excava una madriguera para protegerse del calor en verano y del frío en invierno, y también para desovar. Su sexo lo decidirá la temperatura: más fría, machos; más caliente, hembras.

Las enfermedades y la reducción del hábitat han diezmado su población. Les gusta descansar a la sombra debajo de los vehículos (hay que mirar antes de arrancar) y a menudo son atropelladas por los conductores que se aventuran campo a través. Si se viera a una en dificultades (p. ej., en medio de la carretera), hay que avisar a los guardabosques.

Es ilegal tocar a estos animales o incluso acercarse demasiado a ellos; una tortuga asustada puede orinar sobre el supuesto atacante, con lo que podría morir deshidratada antes de las siguientes lluvias.

sultado de una potente erupción volcánica prehistórica que sembró el paisaje de rocas. El **Rings Trail**, de 800 m, está provisto de unas anillas metálicas que permiten bajar por una estrecha hendidura del cañón, utilizada en el s. XIX por los nativos para huir de los rancheros. La **Wild Horse Canyon Rd**, una ruta panorámica de 15 km hasta las Mid Hills, también empieza en el Hole-in-the-Wall. Pregúntese en el centro de visitantes si está transitable. Estas paredes están en la Black Canyon Rd, al este de la Kelso-Cima Rd por la Cedar Canyon Rd, sin asfaltar. Desde la I-40, hay que salir en Essex Rd.

Dónde dormir y comer

Al norte de la Mojave National Preserve por la I-15, en Baker hay numerosos moteles baratos en su mayoría anodinos y restaurantes de comida para llevar. Al sureste de la reserva, por la Ruta 66, Needles tiene mejores opciones.

'Camping'

Hay parcelas con váteres secos y agua potable, que se ocupan por orden de llegada, en dos pequeños **'campings'** (parcela tienda y autocaravana 12 US$) equipados: Hole-in-the-Wall, entre un paisaje rocoso y desértico; y Mid Hills, entre pinos y enebros (no acepta caravanas). Se permite acampar en toda la reserva y al lado de los caminos en las zonas que ya se usan a tal efecto, como las de Rainy Day Mine Site y Granite Pass, cerca de la Kelbaker Rd, y en la de Sunrise Rock, junto a la Cima Rd. En los centros de visitantes tienen más información. No se puede acampar junto a las carreteras asfaltadas, en las zonas de paso diurno o a menos de 185 m de una fuente de agua.

Información

Centro de visitantes del Hole-in-the-Wall (☎760-252-6104; ⌚9.00-16.00 mi-do oct-abr, 10.00-16.00 sa may-sep) En temporada, ofrece programas de formación medioambiental e información sobre el parque y el estado de las carreteras. Está unos 32,2 km al norte de la I-40 por la Essex Rd.

Centro de visitantes de la estación de Kelso (☎760-252-6108; ⌚9.00-17.00 vi-ma) Es el centro de visitantes principal y ocupa una estación de trenes de la década de 1920, de estilo misión español, muy bien restaurada. Sus expertos guardabosques ayudan a planificar la visita. También tiene exposiciones sobre naturaleza y cultura y un antiguo **comedor** (platos 3,50-8,50 US$).

Cómo llegar y salir

La reserva limita con la I-15 al norte y con la I-40 al sur. La entrada principal desde la I-15 está en Baker, unos 48,3 km al sur del centro de visitantes de la estación de Kelso por la Kelbaker Rd, que enlaza con la I-40 al cabo de 25 km. La Cima Rd y la Morning Star Mine Rd, cerca de Nipton, son otras dos vías de acceso por el norte. Desde la I-40, la Essex Rd lleva a la Black Canyon Rd y el Hole-in-the-Wall.

ALREDEDORES DE LA MOJAVE NATIONAL PRESERVE

Nipton

En el extremo noreste de la reserva, el pequeño y remoto asentamiento de **Nipton** (www.

nipton.com) nació en 1900 como campamento para los trabajadores de una mina de oro. Desde 1905 pasa por aquí el tren Salt Lake City-Los Ángeles. En el 2010 fue noticia al inaugurarse una planta solar que cubre el 85% de sus necesidades energéticas del lugar.

El carismático **Hotel Nipton** (☑760-856-2335; http://nipton.com; 107355 Nipton Rd; cabaña/h con baño compartido desde 65/80 US$; ☺recepción 8.00-18.00; 🔊), de la década de 1910, ofrece cinco habitaciones en el edificio de adobe, rodeado por un porche, además de cabañas de lona con electricidad, ventilador, estufa de leña y canapés de cama, y dos *jacuzzis* exteriores.

La recepción se halla en el bien surtido **puesto comercial** (8.00-18.00), un almacén donde venden mapas, libros, comestibles, bebidas y recuerdos. Al lado está el **Whistle Stop Oasis** (☑760-856-1045; platos 7-10 US$; ☺11.00-18.00, cena con reserva; 🔊). No sirven alcohol, pero se puede llevar una botella.

También hay un **aparcamiento para autocaravanas** (parcela 25 US$).

Primm

En la frontera de Nevada, al lado de un centro comercial *outlet* y junto a la I-15, los **Terrible's Primm Valley Casino Resorts** (☑888-774-6668, 702-386-7867; www.primmvalleyresorts.com; 31900 Las Vegas Blvd S; h desde 30 US$; 🐾@🔊🏊) son tres hoteles con casino conectados por un tranvía. Las habitaciones son sencillas y antiguas, pero correctas. El Buffalo Bill's es el mejor, familiar, con un parque de atracciones en el que destaca la montaña rusa y la bajada por un canal, y una piscina con forma de búfalo. El Whiskey Pete's acepta animales de compañía (15 US$). El Primm Valley Hotel & Casino, al otro lado de la autovía, tiene un *spa* y un gimnasio anticuado. La oferta de restaurantes es la típica de los casinos: comida rápida, bufés libres y cafés 24 h.

DEATH VALLEY NATIONAL PARK

Su nombre evoca un lugar riguroso, abrasador e infernal, una tierra de suplicio, desolada e inhóspita digna de un destierro apocalíptico. Pero al examinarlo de cerca se verá que el **valle de la Muerte** (☑760-786-3200; www.nps.gov/deva; entrada 7 días por automóvil 20 US$) es un verdadero espectáculo natural: sibilantes dunas de arena, cañones labrados por el agua, rocas que se mueven por el suelo del desierto, cráteres de volcanes extintos, oasis de palmeras y una rica fauna y flora endémicas. Es una tierra de superlativos, que ostenta los récords estadounidenses de calor (57°C), el punto más bajo (Badwater, 86 m bajo el nivel del mar) y el parque nacional más extenso sin contar los de Alaska (13 500 km²).

Sus temporadas altas son el invierno y la época de la floración primaveral. De finales de febrero a principios de abril, todas las camas en un radio de 160 km suelen estar ocupadas y los *campings* se llenan antes de las 12.00, sobre todo los fines de semana. En verano, cuando el mercurio supera los 49°C, es imprescindible disponer de un vehículo climatizado fiable y las expediciones deben limitarse a las primeras horas de la mañana y las últimas de la tarde. En las horas más calurosas, hay que estar junto a una piscina o circular hasta las zonas más altas (y frescas). Carreteras asfaltadas atraviesan la mayor parte del parque; si se prevé ir por alguna pista de tierra, hará falta un todoterreno.

◉ Puntos de interés

◉ Furnace Creek

A 58 m bajo el nivel del mar, Furnace Creek es el núcleo comercial del valle de la Muerte, con el principal centro de visitantes del parque, una tienda que vende de todo, gasolinera (¡carísima!), oficina de correos, cajero automático, acceso a internet, campo de golf, alojamientos y restaurantes. La famosa planta de energía solar se oculta tras un pequeño palmeral.

Borax Museum   MUSEO
(☑760-786-2345; ☺9.00-21.00 oct-may, variable en verano) GRATIS En el recinto del Ranch at Furnace Creek (p. 704), en un barracón minero de 1883, este museo explica la importancia que tuvo el bórax (borato sódico) y ofrece atractivas muestras de otros minerales de boro locales y sus usos. En la parte de atrás hay una amplia colección de diligencias y carretas de la época de los pioneros. Cerca en automóvil hacia el norte, un sendero interpretativo rastrea las huellas de los obreros chinos de finales del s. XIX y llega a los edificios de adobe en ruinas de **Harmony Borax Works**, donde se puede emprender una excursión por el sinuoso **cañón de Mustard**.

Valle de la Muerte y alrededores

N 0 ━━━━━━ 20 km

Tonopah
(30mi)

Lida

266

774

95

Big Pine
(40mi)

Gold Point

NEVADA

267

Dunas
Eureka

15

Pico Grapevine
(2663m)

Cadena Nellis Air Force

17
26
10

Beatty

14

974

CALIFORNIA

Cañón
de Titus

Valle de Saline

Lathrop
Wells

Las Vegas
(85mi)

95

13

29
11

30

Valle

Stovepipe Wells Village

6 22

12

Beatty
Cutoff Rd

Daylight
Pass Rd

373

Cadena Amargosa

Centro de visitantes
de Furnace Creek

23

Lone Pine
(15mi)

136

Lee Flat

Cadena

16

Emigrant
Canyon Rd

Véase ampliación

Furnace Creek

1

18

9

Panamint
Springs

190

5 27

8

Aguereberry
Point
(1961m)

1

7

Artists Dr

2

127

Death Valley
Junction

190

Las Vegas
(100mi)

33

3

Pico Wildrose
(2763m)

West Side Rd

Valle de la Muerte

4

178

127

Las Vegas
(90mi)

Pico Telescope
(3368m)

Panamint

Death Valley
National Park

Shoshone

Puesto de armamento
de la Marina de
China Lake

178

Tecopa

178

Trona

Inyokern

Ridgecrest

Baker (25mi)

395

Randsburg Johannesburg

Mojave (35mi)

Red Mountain
Barstow (55mi);
San Bernardino (90mi)

Puesto de armamento
de la Marina de
China Lake

Centro de entrenamiento
nacional de Fort Irwin

Furnace Creek (inset)

24
32
31

19
36
34
35
20
28

Death Valley
National Park

25

21

0 ━━━━━━ 1 km

Valle de la Muerte y alrededores

◉ Al sur de Furnace Creek

Conviene madrugar para subir en vehículo hasta el **Zabriskie Point** y disfrutar de las vistas del valle y sus doradas tierras baldías erosionadas en forma de olas, pliegues y barrancos. Se puede huir del calor en el **Dante's View** (1668 m), que permite contemplar a la vez el punto más alto (Mt Whitney) y el más bajo (Badwater) de los EE UU. El viaje de ida y vuelta en automóvil dura 1½-2 h.

Badwater, 27 km por carretera al sur de Furnace Creek, es un siniestro paisaje formado por una llanura salada de una belleza sobrenatural. Se puede recorrer por el paseo elevado sobre el lecho de agua salada mineralizada en constante evaporación. Por el camino es posible inspeccionar el estrecho **Golden Canyon,** una sencilla caminata circular de 3 km, y el **Devil's Golf Course,** donde la sal acumulada ha formado minúsculas montañas picudas. Unos 15 km al sur de Furnace Creek, la **Artists Drive** es una ruta circular de sentido único (15 km) con impresionantes vistas a cada paso; es mejor conducir al caer la tarde, cuando los minerales y la ceniza volcánica crean una explosión de color en las colinas.

◉ Stovepipe Wells y alrededores

Unos 42 km al noroeste de Furnace Creek, Stovepipe Wells fue el primer centro turístico del valle de la Muerte, allá por la década de 1920. Hoy posee una pequeña tienda, una gasolinera, un cajero automático, un motel, un *camping* y un bar. En ruta hay un apartadero desde el que se puede andar hasta el polvoriento **Mesquite Flat,** unas dunas parecidas a las del Sahara. Son más fotogénicas con el sol rasante, y aún más con luna llena. Al otro lado de la carretera está el **Devil's Cornfield,** lleno de matas de cachanilla. Al suroeste de Stovepipe Wells, tras 5 km de carretera de grava, se llega al **Mosaic Canyon,** donde se puede andar y encaramarse a las suaves paredes de sus rocas multicolores, particularmente vivas al mediodía.

◉ Por la Emigrant Canyon Rd

Unos 9,5 km al suroeste de Stovepipe Wells, la Emigrant Canyon Rd se desvía de la Hwy 190 hacia el sur, rumbo a la zona más alta del parque. Por el camino se pasa por el desvío a **Skidoo,** un pueblo fantasma minero donde en 1923 se rodó la película muda *Avaricia*. La carretera de grava (13 km), solo apta para todoterrenos, lleva a las ruinas y a unas imponentes vistas de Sierra Nevada.

Más al sur por la Emigrant Canyon Rd hay otro desvío (una pista de 11 km) que pasa por las **minas Eureka** y lleva hasta el vertiginoso **Aguereberry Point** (solo todoterrenos), con fabulosas vistas del valle y del intenso colorido de los montes Funeral desde una altura de 1960 m, sobre todo a última hora de la tarde.

La Emigrant Canyon Rd asciende empinada hasta el puerto de Emigrant y atraviesa del cañón de Wildrose hasta llegar a los **hornos de carbón,** una hilera de grandes estructuras de piedra en forma des colmena que los mineros usaban para hacer combustible para fundir plata y plomo. El paisaje es subalpino, con pinos y enebros, y puede nevar, incluso en primavera.

Panamint Springs

Unos 48 km al oeste de Stovepipe Wells, en el límite del parque, Panamint Springs es un pequeño enclave con un motel, un *camping,* una gasolinera cara y una pequeña tienda. Desde allí se pueden visitar varias perlas poco conocidas, como el **Father Crowley Point,** desde el que se divisa el fondo del cañón de Rainbow, creado por corrientes de lava y salpicado de llamativas cenizas volcánicas. En primavera, los más intrépidos emprenden una excursión de 3 km por una pista de grava y luego 1,5 km campo a través hasta la **cascada de Darwin,** que se precipita por una garganta entre sauces que atraen a las aves migratorias. También se puede enfilar la difícil Saline Valley Rd hasta el **Lee Flat,** con árboles de Josué.

Scotty's Castle y alrededores

Unos 89 km al norte de Furnace Creek, el **Scotty's Castle** (☎877-444-6777; www.recreation.gov; circuitos adultos/niños desde 15/7,50 US$; ☉terrenos 7.00-16.15, circuitos variable) toma su nombre de Walter E. Scott, alias "Death Valley Scotty", un cuentista que cautivaba con sus fantasiosas historias sobre el oro. Sus amigos más rentables fueron Albert y Bessie Johnson, magnates de los seguros de Chicago. Pese a saber que era un embustero, le financiaron la construcción de esta lujosa villa de estilo español, con campanarios y piscina (ahora vacía). Restaurada para devolverle el aspecto que tenía en la década de 1930, está decorada con cortinas de piel de oveja, secuoya californiana labrada, azulejos artesanales, minuciosos trabajos de forja, cestos de los shoshone y un órgano de tubos en la planta superior.

Aunque la entrada al recinto es gratis, la casa se visita con guías vestidos de época que relatan la historia apócrifa de Scotty en el **Living History Tour** (☉10.00-15.00) y en el más técnico **Underground Tour** (☉nov-abr, según disponibilidad de personal). Guiados por guardabosques y menos frecuentes, también hay circuitos a pie a la cabaña de Scotty en el **Lower Vine Ranch** (adultos/niños 20/10 US$; ☉según disponibilidad de personal).

Se recomienda sacar las entradas al menos un día antes; en el día, se venden por orden de llegada en el centro de visitantes del Scotty's Castle, aunque para los festivos y fines de semana será normal esperar 2 h o más.

Unos 4,8 km al oeste del Scotty's Castle, una pista de 8 km conduce al **cráter Ubehebe,** de 234 m de profundidad, formado por el explosivo choque del ardiente magma con la fría agua subterránea. Los excursionistas pueden dar la vuelta al perímetro del cráter (800 m) y ver el contiguo y más pequeño **cráter Little Hebe.**

Otra pista mala y lenta de 43,5 km lleva hasta la inquietante **Racetrack,** donde se puede cavilar sobre los misteriosos rastros que dejan las piedras al desplazarse sobre el lago seco. Aquí solo se permite acceder a pie, y de ningún modo si el suelo está mojado. Para llegar hasta ella se precisa un todocamino y ruedas todo terreno; si no, en el probable caso de pinchazo, la grúa costará 1100 US$.

En el Scotty's hay un café pero no gasolinera.

Hacia Beatty

Al norte de Furnace Creek, la Hwy 374 se desvía de la Hwy 190 al este y al cabo de 35,4 km llega a Beatty, en Nevada. Unos 3 km más allá del límite del parque está el desvío de la **Titus Canyon Rd,** una carretera sin asfaltar de sentido único que vuelve al Scotty's Castle en un maravilloso periplo de unos 43 km. La carretera sube, baja y serpentea por una cresta de los montes Grapevine para descender lentamente de nuevo hacia la llanura del desierto, vía un pueblo fantasma, petroglifos y espectaculares barrancos. Las mejores condiciones de luz se dan por la mañana. Se recomienda el todoterreno. En el centro de visitantes pueden informar del estado de la carretera.

Rhyolite (www.rhyolitesite.com; junto a Hwy 374; ☺amanecer-anochecer) GRATIS, pueblo fantasma pocos kilómetros más allá del desvío del cañón de Titus, es un ejemplo del rápido auge y caída de los pueblos mineros durante la fiebre del oro. Entre los escuetos restos de casas, edificios municipales y un banco de tres pisos está la "bottle house", una casa erigida en 1906 con botellas de cerveza. También está el curioso **Goldwell Open Air Museum** (www.goldwellmuseum.org; junto a Hwy 374; ☺24 h) GRATIS, una flipada instalación artística obra del belga Albert Szukalski.

🏃 Actividades

En el centro de visitantes de Furnace Creek facilitan folletos del **programa de actividades juveniles,** aptas para todas las edades, así como abundante información sobre actividades al aire libre, p. ej., rutas de senderismo o de bicicleta de montaña.

Farabee's Jeep Rentals CIRCUITO EN AUTOMÓVIL (☎760-786-9872; www.farrabeesjeeprentals.com; todoterreno 2-4 puertas incl. 200 millas 195/235 US$; ☺med sep-fin may) Para quien desee internarse en lo más salvaje del parque pero carezca de un todoterreno, aquí los alquilan. Hay que ser mayor de 25 años y tener tarjeta de crédito y comprobante del seguro. Las tarifas incluyen agua y pertrechos como GPS. Está junto al Inn at Furnace Creek (p. 705).

Furnace Creek Bike Rentals BICICLETA DE MONTAÑA (☎760-786-3371; bici 1/24 h 15/49 US$, Hells Gate Downhill Bike Tour 49 US$; ☺todo el año, Hells Gate Downhill Bike Tour 10.00 y 14.00) En la tienda que vende de todo en el Ranch at Furnace Creek (p. 704) también alquilan bicicletas de montaña. Se puede pedalear en todos los caminos y carreteras establecidas, excepto en las rutas de senderismo. Por encargo, el personal organiza el circuito de 2½ h **Hells Gate Downhill Bike Tour,** en el que se transporta a los ciclistas a una altura de 670 m para que bajen los 10 km de vuelta al fondo del valle.

Furnace Creek Golf Course GOLF (☎760-786-3373; www.furnacecreekresort.com/activities/golfing; Hwy 190, Furnace Creek; tarifa verano/invierno 30/60 US$; ☺todo el año) Es el campo de golf más hondo del mundo (65 m bajo el nivel del mar, 18 hoyos, par 70), rediseñado por Perry Dye en 1997, con certificado ambiental de la Audubon Society.

POBLADORES DEL VALLE DE LA MUERTE

La tribu de los shoshone timbisha habitó en la sierra de Panamint durante siglos, con esporádicas incursiones en el valle cada invierno para recoger bellotas, cazar aves acuáticas, pescar carpas y cultivar maíz, calabazas y judías. Cuando el gobierno federal creó el Death Valley National Monument en 1933, la tribu tuvo que trasladarse varias veces y finalmente se la confinó a un pueblo de 16 Ha cerca de Furnace Creek, donde vive todavía. En el 2000, el presidente Clinton aprobó una ley para devolver 3035 Ha a los timbisha, en lo que fue la primera reserva india dentro de un parque nacional. Más información en www.timbisha.com.

Furnace Creek Stables PASEOS A CABALLO (☎760-614-1018; www.furnacecreekstables.net; Hwy 190, Furnace Creek; paseos 1/2 h 55/70 US$; ☺med oct-med may) Excursiones guiadas para ver el valle de la Muerte a lomos de un caballo. Las más memorables son a la luz de la luna.

Piscina del Ranch at Furnace Creek NATACIÓN Esta enorme piscina de agua de manantial siempre está a 29°C y se desinfecta mediante un sistema que utiliza poco cloro. Aunque es ante todo para los huéspedes del Ranch at Furnace Creek (p. 704), acepta cierto número de visitantes (5 US$).

Senderismo

En verano es mejor no hacer caminatas, excepto por los senderos más altos, que en invierno pueden estar nevados.

En la Hwy 190, al norte de la Beatty Cutoff Rd, está el **Salt Creek Interpretive Trail,** de 800 m. A finales de invierno o principios de primavera, los curiosos cachorritos (peces ciprinodóntidos endémicos del valle) chapotean en el agua junto a la pasarela. Unos kilómetros al sur de Furnace Creek está el Golden Canyon (p. 701), donde un sendero de 1,6 km sube hasta los acantilados ferrosos de **Red Cathedral.** Si se tiene buen sentido de la orientación, se puede proseguir hasta el Zabriskie Point (p. 701) y realizar una intrépida ruta circular de 6,5 km. Antes de llegar a Badwater, es posible hacer otra excursión circular de 1,5 km al **Natural Bridge.**

Desde la Wildrose Canyon Rd sale una ruta circular de 13,5 km que va de los hornos de carbón al pico Wildrose (2762 m). El desnivel es de 670 m, con vistas espectaculares ya desde la mitad del recorrido.

El pico más difícil del parque es Telescope (3367 m), desde el que se dominan vistas en picado del fondo del desierto, cuya profundidad equivale a dos veces el Gran Cañón. La ruta circular de 22,5 km asciende 914 m sobre el Mahogany Flat, y parte del tramo superior de la Wildrose Canyon Rd. Conviene informarse bien antes en el centro de visitantes.

★✿ Fiestas y celebraciones

Death Valley '49ers CULTURAL
(www.deathvalley49ers.org) Entre principios y mediados de noviembre, Furnace Creek celebra esta acampada histórica con poesía ranchera, canciones en la hoguera, un concurso de lavado de oro y una exposición de arte del Oeste. Hay que llegar temprano para ver la llegada de las carretas.

🛏 Dónde dormir

El alojamiento en el parque es caro y, a veces, todo está reservado en primavera, pero las localidades cercanas a los accesos son más económicas.

Panamint Springs Resort MOTEL, CAMPING $
(☎775-482-7680; www.panamintsprings.com; 40440 Hwy 190, Panamint Springs; parcela tienda 10 US$, parcela autocaravana con algunas/todas conexiones 20/35 US$, h 79-129 US$; P❄🐾) En el borde oeste del parque, una familia lleva este sencillo lugar de cabañas y parcelas ideal para desconectar. Un generador proporciona electricidad, el limitado acceso a internet llega vía satélite y la conexión telefónica es, como mucho, azarosa (reservas vía correo electrónico o web). Para sus precios, ofrece las sencillas y anticuadas habitaciones limpias y bastante holgadas.

Stovepipe Wells Village MOTEL $$
(☎760-786-2387; www.escapetodeathvalley.com; Hwy 190, Stovepipe Wells; parcela autocaravana 33 US$, h 117-176 US$; P❄@❄🐾) Este poblado turístico al nivel del mar tiene 83 habitaciones recién renovadas, con buena ropa de cama, colchas de motivos indígenas, cafetera y TV. La piscinita está bien, y en el restaurante Toll Road (p. 704), de estilo vaquero, sirve tres sustanciosas comidas al día.

Ranch at Furnace Creek RESORT $$
(☎760-786-2345; www.furnacecreekresort.com; Hwy 190, Furnace Creek; cabaña 130-162 US$, h 162-213 US$; P❄❄❄🐾) Hecho a medida para las familias, este laberíntico complejo con múltiples construcciones estilo motel se ha remozado a fondo y ahora ofrece estupendas habitaciones en colores del desierto con baños modernizados y puertas ventana que dan a porches cómodamente amueblados. La oferta se completa con una zona infantil, una piscina de agua de manantial, canchas de tenis, restaurantes, tiendas y el Borax Museum (p. 699).

Inn at Furnace Creek HOTEL $$$
(☎800-236-7916, 760-786-2345; www.furnacecreekresort.com; Hwy 190; h/ste desde 345/450 US$; ☺med oct-med may; P❄❄@❄🐾) Elegante hotel de 1927 estilo misión donde es fácil repasar los colores del desierto desde la habitación. Tras una dura jornada, resulta tentador relajarse con un cóctel junto a la piscina de agua de manantial, con vistas al valle. El vestíbulo tiene un ambiente de los años treinta.

🍴 Dónde comer y beber

Furnace Creek y Stovepipe Wells tienen pequeñas tiendas de comestibles y artículos de acampada. En el Scotty's Castle hay una cafetería.

🍴 Stovepipe Wells

**Toll Road Restaurant
& Badwater Saloon** ESTADOUNIDENSE $$
(Stovepipe Wells Village, Hwy 190; desayuno bufé 13 US$, almuerzo 10-17 US$, cena 13-26 US$; ☺7.00-10.00, 11.30-14.00 y 18.00-22.00; ❄🐾) En este restaurante con una rústica chimenea y mesas y sillas desparejas sirven comida vaquera superior a la media. Muchos de los platos, principalmente de carne, se complementan con ingredientes locales, como miel de mezquite, higos chumbos y piñones. El almuerzo, las bebidas de media tarde y los tentempiés de noche se sirven en el contiguo Badwater Saloon (☺desde 11.00), junto con cerveza de barril y los Skynyrd en la *jukebox*.

🍴 Furnace Creek

49'er Cafe ESTADOUNIDENSE $$
(www.furnacecreekresort.com; Ranch at Furnace Creek, Hwy 190; principales de desayuno 9-16 US$, de almuerzo 13-20 US$, de cena 10-25

US\$; ☺6.00-10.00 y 11.00-21.00 oct-may, 16.00-21.00 solo jun-sep; 🛜🍴) El más pequeño de los principales restaurantes del Ranch es genial para las familias: tortillas, huevos Benedict y tortitas para desayunar, y *fish and chips,* sándwiches y hamburguesas para almorzar, todo en raciones enormes.

Corkscrew Saloon   ESTADOUNIDENSE **\$\$**
(Ranch at Furnace Creek, Hwy 190, Furnace Creek; principales 9-19 US\$, parrilla 28-36 US\$; ☺11.30-24.00) Dardos, cerveza de barril y una explosiva barbacoa para el almuerzo, así como *pizzas* bastante buenas pero caras y comida de bar, como aros de cebolla y hamburguesas.

★**Inn at Furnace Creek**   INTERNACIONAL **\$\$\$**
(📞760-786-2345; principales de almuerzo 13-17 US\$, de cena 18-45 US\$; ☺7.30-10.30, 12.00-14.30 y 17.30-21.30 med oct-med may) Las vistas de los montes Panamint son impresionantes desde este elegante restaurante (prohibido los pantalones cortos y las camisetas, pero no los vaqueros) y cocina de inspiración continental, mexicana y del suroeste del país. El té de la tarde en el salón-bar del vestíbulo y el *brunch* dominical son tan tradicionales como remilgados. Se recomienda tomar un cóctel en la terraza de piedra a la puesta del sol tras los montes (y el aparcamiento).

Wrangler Restaurant   ASADOR **\$\$\$**
(Ranch at Furnace Creek, Hwy 190, Furnace Creek; bufé desayuno/almuerzo 11/15 US\$, principales cena 27-39 US\$; ☺6.00-9.00, 11.00-14.00 y 17.30-21.00 oct-may, 6.00-10.00 y 18.00-21.30 may-oct) El restaurante principal del The Ranch at Furnace Creek ofrece bufés con lo habitual pero de atracón para el desayuno y el almuerzo, cuando lo invaden los autobuses de turistas. De noche se convierte en un asador carito.

✖ Panamint

Panamint Springs Resort   ESTADOUNIDENSE **\$\$**
(Hwy 190, Panamint Springs; platos desde 10 US\$; ☺desayuno, almuerzo y cena; 🛜) Agradable café en una zona despoblada, con *pizzas,* hamburguesas, ensaladas, filetes y otros clásicos. Se recomienda tomar alguna de sus cien cervezas internacionales en porche delantero, con vistas panorámicas.

❶ Información

Los permisos de entrada (20 US\$/vehículo) valen para siete días y se venden en los puestos de autopago repartidos por el parque. Si se muestra el recibo en el centro de visitantes, entregan un mapa y un boletín informativo.

El parque tiene poca o nula cobertura de teléfono móvil; se tendrá más suerte en Furnace Creek, Stovepipe Wells y el Scotty's Castle.

ACAMPADA EN EL VALLE DE LA MUERTE

De los nueve *campings* del parque, solo el de **Furnace Creek** (📞877-444-6777; www.recreation.gov) acepta reservas (med abr-med oct). Los demás se ocupan por orden de llegada. Cuando hay mucha demanda, p. ej., durante la floración primaveral, se llenan ya a media mañana.

Se permite acampar en el parque (pero no hacer hogueras) a 3 km de las carreteras asfaltadas, lejos de las zonas de uso diario y a 90 m como mínimo del agua; los permisos se obtienen gratis en el centro de visitantes.

Los de Furnace Creek Ranch y Stovepipe Wells Village tienen duchas públicas (5 US\$, piscina incl.).

'CAMPING'	TEMPORADA	UBICACIÓN	TARIFA	CARACTERÍSTICAS
Furnace Creek	todo el año	fondo del valle	18 US\$	entorno agradable, algunas parcelas con sombra
Sunset	oct-abr	fondo del valle	12 US\$	enorme, enfocado a autocaravanas
Texas Spring	oct-ar	fondo del valle	14 US\$	bueno para tiendas
Stovepipe Wells	oct-abr	fondo del valle	12 US\$	tipo aparcamiento, cerca de dunas
Mesquite Springs	todo el año	549 m	12 US\$	cerca del Scotty's Castle
Emigrant	todo el año	640 m	gratis	solo tiendas
Wildrose	todo el año	1250 m	gratis	agua estacional
Thorndike	mar-nov	2255 m	gratis	puede requerir todoterreno, sin agua
Mahogany Flat	mar-nov	2499 m	gratis	puede requerir todoterreno, sin agua

Venden tarjetas telefónicas en las tiendas de Stovepipe Wells y Furnace Creek.

Centro de visitantes de Furnace Creek (☎760-786-3200; www.nps.gov/deva; ◷8.00-17.00) Recién renovado, el principal centro del parque ofrece fabulosas muestras sobre el ecosistema local y los indígenas shoshone timbisha. Se proyecta el espectacular documental *Seeing Death Valley*. Se puede rellenar las botellas de agua y ver el horario de actividades ofrecidas por los guardabosques.

Centro de visitantes de Scotty's Castle (☎760-786-2392, ext 231; North Hwy; ◷8.45-16.30 may-oct, 8.30-17.30 nov-abr) Presenta exposiciones sobre la colección del castillo, dignas de un museo.

ℹ Cómo llegar y salir

La gasolina es cara en el parque; conviene llegar con el depósito lleno.

Se puede ir a Furnace Creek desde Baker (185 km, 2-2½ h), Beatty (72,5 km, 1-1½ h), Las Vegas (por la Hwy 160, 193 km, 2½-3 h), Lone Pine (169 km, 2 h), Los Ángeles (483 km, 5-5½ h) o Ridgecrest (por Trona, 193 km, 2½-3 h).

ALREDEDORES DEL DEATH VALLEY NATIONAL PARK

Beatty (Nevada)

Unos 72 km al norte de Furnace Creek, este histórico pueblo minero (1154 hab.) es un trampolín razonablemente económico para visitar el valle de la Muerte. En la Hwy 95 (Main St) hay un cajero automático, una gasolinera y una biblioteca con acceso a internet.

🛏 Dónde dormir

★ Atomic Inn MOTEL $
(☎775-553-2250; www.atomic-inn.com; 350 S 1st St; h incl. desayuno desde 57 US$; ✳@⊗) ✎ De mediados de siglo y bien renovado, este hotel ofrece agua calentada con energía solar, xerojardinería y extraterrestres verdes en la entrada. Las habitaciones *deluxe* son más actuales, con TV de pantalla plana y DVD (hay una filmoteca). Todas las noches ponen películas clásicas en el vestíbulo.

Stagecoach Hotel & Casino MOTEL CASINO $
(☎775-553-2419, 800-424-4946; www.bestdeathvalleyhotels.com; 900 E Hwy 95 N; h 60-108 US$; ✳@⊗⊗) Al borde del pueblo, tiene habitaciones sosas pero amplias y cómodas, y una buena piscina para descansar tras una polvorienta jornada en el valle de la Muerte. Como está en Nevada, también hay un pequeño casino con tragaperras, *blackjack,* ruleta y mucho humo, y una sala de videojuegos para los niños.

Exchange Club Motel MOTEL $
(☎775-553-2333; 119 W Main St; i/d 57/62 US$; ✳@) Hotel con 44 habitaciones recién remozadas, todas con alfombras nuevas y mobiliario en tonos neutros.

VIDA EN DEATH VALLEY JUNCTION

Unos 48 km al este de Furnace Creek, el lugar donde se cruzan la Hwy 127 y la Hwy 190 se conoce como Death Valley Junction (2 hab., más algunos fantasmas) y tiene una de las atracciones de carretera más delirantes de California: la **Amargosa Opera House** (www.amargosaoperahouse.com; ◷9.00-20.00). Construido en los años veinte por la Pacific Borax Company, este edificio de estilo colonial mexicano fue el punto de encuentro local, pero a partir de 1948 cayó en el olvido. En 1967, la bailarina neoyorquina Marta Becket, tras averiarse su automóvil cerca, se enamoró del lugar y decidió abrir una ópera. Entretenía a los curiosos con cursilísimos espectáculos de mimo y danza en un auditorio que ella misma decoró con fantasiosos murales que representaban a un imaginario público (monjas, gitanos y reyes incl.) presenciando una ópera en el s. xvi. En 2010, protagonizó el documental *The Ghosts of Death Valley Junction,* de 70 min.

Ahora Marta es ya octogenaria, pero aún entretiene de vez en cuando a sus fans con antiguas historias. Los circuitos de la ópera cuestan 5 US$; pregúntese en la recepción del **motel** (☎775-852-4441; h 70-85 US$) anexo. Se rematará la excéntrica experiencia si se pernocta en las ajadas habitaciones, con lámparas de tocador y murales de Marta pero sin TV ni teléfono. Más nuevos, una **galería de arte** y un **museo del tren** abren esporádicamente, y hay un **café** (principales 9-19 US$, porción tarta 5 US$; ◷10.00-18.00 lu-ju, 8.00-20.00 vi y sa, 8.00-15.00 do) con deliciosos pasteles caseros.

✖ Dónde comer y beber

KC's Outpost
Eatery & Saloon   ESTADOUNIDENSE $
(☑775-553-9175; 100 Main St; principales 8-9 US$;
☺10.00-22.00 do-ju, hasta 23.00 vi y sa; 🖐) Aunque el sencillo edificio de bloques de hormigón y el mobiliario de formica no digan nada, sus increíbles sándwiches (¡de pan casero!) cosechan grandes elogios; el *T-bird* es como una minicomida de Acción de Gracias, acompañado de una deliciosa ensalada de patata. También hay *pizzas*.

Sourdough Saloon   BAR
(☑775-553-2266; 106 Main St; ☺10.00-24.00) En el cruce del pueblo, este clásico garito ofrece chupitos de Jägermeister, unas cuantas cervezas nacionales de barril, *jukebox* con música *country-western*, billar, dardos, tragaperras y ambiente local. La decoración es a base de billetes de dólar firmados, que recubren totalmente paredes y techo. También hay comida de bar correcta, que se puede disfrutar en un espacio con menos humo.

Shoshone

Una simple mota en el desierto, Shoshone (30 hab.) está a 88,5 km de Furnace Creek por Death Valley Junction, aunque la mayoría de los viajeros optan por la Hwy 178, 32 km más larga pero más panorámica (por la cuenca de Badwater). Hay gasolinera, tienda, alojamiento y wifi gratis.

El **Shoshone Museum** (entrada con donativo; ☺9.00-15.00), con un viejo Chevrolet en la entrada, acoge exposiciones curiosas y el **centro de visitantes local** (☑760-852-4524; www.deathvalleychamber.org; ☺10.00-16.00; 🛜).

Enfrente, el **Shoshone Inn** (☑760-852-4335; www.shoshonevillage.com/shoshone-inn; Hwy 127; d 94-102 US$, cabaña 113 US$; 🅿🛜🐾), de los años cincuenta, incluye cabañas renovadas, una piscina de agua termal y una decena de habitaciones sencillas alrededor de un patio con pinos (todas con televisión por satélite), en pleno remoce durante la visita. Algunas incluyen nevera y microondas. Al norte del pueblo está el **Shoshone RV Park** (☑760-852-4569; parcela autocaravana con todas las conexiones 25 US$).

Para comer, solo está el **Crow Bar** (☑760-852-4123; www.shoshonevillage.com/shoshone-crowbar-cafe-saloon; Hwy 127; principales 6-25 US$; ☺8.00-21.30), un local de carretera de 1920 contiguo al centro de visitantes, aún en forma con sus platos mexicanos y salsa de cactus, hamburguesas, sándwiches, filetes y 'serpiente de cascabel' (este autor no podría asegurarlo) al chili.

Tecopa

Unos 13 km al sur de Shoshone, este antiguo pueblo minero (150 hab.) se llama como un conciliador jefe paiute y tiene unas relajantes fuentes termales.

🏃 Actividades

Delight's Hot
Springs Resort   FUENTES TERMALES
(☑760-852-4343; www.delightshotspringsresort.com; 368 Tecopa Hot Springs Rd; aguas termales 10.00-17.00 10 US$, 10.00-22.00 15 US$) Cuatro bañeras privadas con aguas termales y unas pocas cabañas de los años treinta con cocina americana (89-125 US$) y habitaciones más nuevas de motel (79 US$).

Tecopa Hot Springs Resort FUENTES TERMALES
(☑760-852-4420; www.tecopahotsprings.org; 860 Tecopa Hot Springs Rd; baños 8 US$, incl. toalla 10 US$; ☺llámese antes jun-sep) Alojamientos tipo motel (75-95 US$), cabañas y *camping* (parcela tienda/autocaravana 25/35 US$) y piscina-*spa* (incl. si se pernocta), más un laberinto de piedras y una galería de arte.

Las contiguas **Tecopa Hot Springs Campground & Pools** (☑760-852-4481; ☺variable) incluyen dos sencillos baños públicos separados por sexo (entrada 7 US$), donde coinciden ancianos de la tribu, invernantes de autocaravana y turistas, y una piscina privada (25 US$) para hasta seis personas.

China Ranch Date Farm   GRANJA
(www.chinaranch.com; ☺9.00-17.00) A las afueras de Tecopa, esta granja datilera, ecológica y familiar, es un oasis en medio del abrasador desierto. Se pueden hacer excursiones, observar aves y comprar dátiles o probar el rico pan de dátiles. Hay que tomar la Old Spanish Trail Hwy al este de la Tecopa Hot Springs Rd, doblar a la derecha por Furnace Creek Rd y seguir las indicaciones.

🛏 Dónde dormir y comer

Cynthia's   ALBERGUE, POSADA $$
(☑760-852-4580; www.discovercynthias.com; 2001 Old Spanish Trail Hwy; dc 22-25 US$, h 75-118 US$, tipi 165-225 US$; ☺registro 15.00-20.00; 🅿🛜) A unos 5 km de Tecopa, aquí se encontrará alojamiento agradable para todos los presupues-

tos: cama en dormitorio colectivo, habitación privada en una pintoresca caravana *vintage*, o tipi (a un breve trayecto) con gruesas alfombras, hoyos de fogata y cómodas camas de matrimonio.

Si se encarga, preparan comida "del congelador a la parrilla". Es imprescindible reservar (o llamar de camino).

★**Pastels Bistro**　　　　CALIFORNIANA **$$**
(860 Tecopa Hot Springs Rd; principales 13-22 US$; ☻12.00-21.00 vi-lu; ✐) Pese a su aspecto pobretón, este bohemio restaurante de carretera ofrece comida *gourmet* y muchas opciones saludables y vegetarianas (bandeja mediterránea, curri marroquí de berenjena, etc.), en lo posible de cultivo ecológico y siempre cambiantes, y un personal encantador. Ni teléfono ni internet ni tarjetas de crédito.

DESIERTO ALTO DE MOJAVE

El extenso desierto de Mojave cubre desde las áreas urbanas del extremo norte del condado de Los Ángeles hasta los parajes remotos y poco poblados de la Mojave National Preserve. El alto Mojave es un territorio áspero, con esporádicos asentamientos mineros y vastas zonas dedicadas a las pruebas aeroespaciales y armamentísticas. No hay muchos atractivos que merezcan una parada.

Lancaster-Palmdale

Totalmente llano, en el valle del Antelope es difícil distinguir un valle y aún más a un antílope. Pero en primavera se cubre de una espectacular alfombra naranja de amapolas de California (*Eschscholzia californica*).

Al oeste de Lancaster, en la **Antelope Valley California Poppy Reserve** (☎661-724-1180; www.parks.ca.gov; 15101 Lancaster Rd, con 170th St W; por vehículo 10 US$; ☻amanecer-anochecer) pueden realizarse excursiones por las montañas y entre flores silvestres. Para llegar, se toma la Hwy 14 al sur de Mojave durante unos 40 km, se sale por la Ave I en Lancaster y se sigue 24 km más al oeste. En el **Arthur B Ripley Desert Woodland State Park** (Lancaster Rd, en 210th St W; ☻amanecer-anochecer), 8 km al oeste, hay un sendero interpretativo sin obstáculos que lleva hasta unos bosquecitos de árboles de Josué.

Al este de Lancaster, el **Antelope Valley Indian Museum** (☎661-942-0662; www.avim. parks.ca.gov; Ave M, entre 150th St y 170th St; adultos/menores 12 años 3 US$/gratis; ☻11.00-16.00 sa y do) expone piezas de indígenas de toda California y el suroeste del país. Hay tortugas del desierto y un *camping* (sin reserva) entre árboles de Josué en el cercano **Saddleback Butte State Park** (☎661-942-0662; www.parks. ca.gov; 170th St E, sur de Ave J; parcela tienda y autocaravana 20 US$), aproximadamente 27 km al este de Lancaster.

Al este del centro de Lancaster y en la Hwy 14, hay moteles económicos en la Sierra Hwy. El **Town House Motel** (☎661-942-1195; www.townhouselancaster.com; 44125 Sierra Hwy; h 60-70 US$; Ⓟ✳@☎☂), de los años cincuenta, cuenta con habitaciones limpias y sencillas.

El centro de Lancaster tiene una bonita calle principal arbolada, Lancaster Ave, bordeada de placas que recuerdan a pilotos de pruebas. El **Lemon Leaf Cafe** (☎661-942-6500; www.lemonleaf.com; 653 W Lancaster Blvd; principales 10-20 US$; ☻7.00-21.00 lu-ju y sa, hasta 22.00 vi) sirve generosas ensaladas mediterráneas (p. ej., de pavo y arándanos), sándwiches tostados, platos de pasta y *pizzas,* y una deliciosa tarta de limón. El polivalente **Bex** (☎661-945-2399; www.bexgrill.com; 706 W Lancaster Bl) es un bar-parrilla grande, con hamburguesas, *pizzas*, teatro de variedades y bolera.

Mojave

Al norte por la Hwy 14, Mojave (4238 hab.) es la primera parada del "triángulo aeroespacial" que forma con Boron y Ridgecrest. Esta modesta ciudad acoge una gigantesca base aérea militar y el primer puerto espacial del país.

La legendaria **base aérea de Edwards** (☎661-277-3511; www.edwards.af.mil) es una centro de pruebas de las fuerzas aéreas, de la NASA y la aviación civil, así como una escuela de pilotos. Desde ella Chuck Yeager realizó el primer vuelo supersónico del mundo y los primeros transbordadores espaciales aterrizaron al cabo de sus misiones. El primer y tercer viernes de mes suelen ofrecerse visitas gratis de 5 h al museo de la base y el centro de investigaciones aéreas de la NASA; imprescindible reservar, mínimo, 30 días antes.

El **Mojave Air & Space Port** (www.mojaveairport.com) hizo historia en el 2003 al lanzar el '**SpaceShipOne**', primer vuelo espacial tripulado de financiación privada, lo que sentó las bases para el turismo espacial comercial. Decenas de compañías aeroespaciales trabajan en el lugar intensamente para desarrollar las últimas tecnologías aeronáuticas, como el *SpaceShipTwo* para la Virgin Galactic de Richard Branson.

En el pequeño **Legacy Park** del aeropuerto se exhibe una reproducción del *SpaceShipOne* y el gigantesco Rotary Rocket, uno de los primeros vehículos espaciales civiles reutilizables, creado aquí a finales de los años noventa. En el **Voyager Cafe** pueden verse excelentes fotografías.

El Air & Space Port tiene también un enorme **cementerio de aviones** (prohibido a visitantes) comerciales que aguardan su desguace.

Aunque en Mojave hay moteles de cadenas nacionales por la Rte 14, el **Mariah Country Inn & Suites** (📞661-824-4980; www.mariahhotel. com; 1385 Hwy 58, Mojave; h incl. desayuno desde 89 US$; P❄️🐕🍽️📶☕), de propiedad local, está junto a la entrada del Air & Space Port, con impecables habitaciones amuebladas al estilo colonial norteamericano, piscina, un pequeño *jacuzzi* y algunas máquinas de *fitness*.

Boron

Más o menos a mitad de camino entre Mojave y Barstow por la Hwy 58, esta pequeña localidad (2253 hab.) nació en 1927 al descubrirse en la zona uno de los mayores depósitos de bórax del mundo. Hoy, "Boro" alberga la **mina más grande a cielo abierto** de California, operada por la multinacional Rio Tinto. De 1,6 km de ancho, 4 km de largo y hasta 198 m de profundidad, este 'Gran Cañón' artificial satisface el 40% de la demanda mundial de este versátil mineral (empleado en vidrio, detergentes, etc.). Boron era donde antaño los célebres tiros de 20 mulas del valle de la Muerte depositaban su enorme cargamento en una estación de trenes del desierto, tras acarrearlo más de 265 km.

◎ Puntos de interés

Centro de visitantes de Borax   MUSEO
(📞760-762-7588; www.borax.com; Borax Rd, junto a Hwy 58; por automóvil 3 US$; ◎9.00-17.00) En un cerro dentro del complejo minero, apesta a autobombo de la firma pero ofrece estupendas muestras y una película sobre la historia minera del bórax. Hay estupendas vistas de la mina desde lo alto del centro.

Saxon Aerospace Museum   MUSEO
(📞760-762-6600; www.saxonaerospacemuseum. com; 26922 Twenty Mule Team Rd; entrada con donativo; ◎10.00-16.00) Este modesto museo llevado por voluntarios repasa los hitos históricos de las pruebas aéreas realizadas en la zona, como la primera vez que se rompió la barrera del sonido, el primer vuelo hipersónico y el primer aterrizaje de un transbordador espacial. También tiene una gran colección de motores de aeronaves supersónicas, desde el X-1 y el X-15 hasta las más actuales.

Twenty Mule Team Museum   MUSEO
(📞760-762-5810; www.20muleteammuseum.com; 26962 Twenty Mule Team Rd; entrada con donativo; ◎10.00-16.00) Contiguo al museo aeroespacial, este museo es un tesoro de chucherías históricas sin orden ni concierto: un salón de belleza de los años treinta, productos hechos con bórax local, relojes de bolsillo, hebillas de cinturón y objetos relacionados con *Erin Brockovich* (2000), película que se rodó cerca.

🍴 Dónde comer

Domingo's   MEXICANA $$
(📞760-762-6266; 27075 Twenty Mule Team Rd; principales 6-13 US$; ◎11.00-22.00 lu-sa, 10.00-22.00 do; 🪑) Fotografías firmadas de astronautas y pilotos de prueba de las Fuerzas Aéreas decoran las paredes de esta alegre cantina de carretera. Para el almuerzo, sus estupendas salsas caseras con chiles asados y fajitas hacen que se llene de gente de la cercana base militar.

Ridgecrest

Con 28 325 hab., Ridgecrest es una ciudad de servicios, con gasolineras, suministros, información y alojamiento económico, además de acceso al valle de la Muerte y al este de Sierra Nevada. Su principal razón de ser es el puesto de armamento de la Marina de China Lake, que ocupa 404 685 Ha, al norte de la ciudad.

El **US Naval Museum of Armament & Technology** (📞760-939-3530; www.chinalakemu seum.org; ◎10.00-16.00 lu-sa) GRATIS, en el mismo puesto, es una descarada celebración del poder militar de EE UU que puede fascinar a los aficionados a la tecnología, la aviación, la historia y el ejército.

Muchos de los cohetes, misiles dirigidos, torpedos, pistolas, bombas, armas de racimo, etc. que se exponen fueron creados o probados en la propia base antes de ser utilizados, desde la II Guerra Mundial a la de Afganistán. Se podrá tocar un misil Tomahawk o hacerse una fotografía con "Fat Man", la bomba atómica lanzada sobre Japón, así como ver el documental de un helicóptero que sobrevuela la pista de investigación supersónica, de 6,5 km de largo, y el campo de pruebas antimisiles.

Para llegar al museo hay que pasar por el centro de visitantes del puesto, en China Lake Blvd (cerca de la Inyokern Rd), rellenar un impreso y presentar el carnet de conducir y los documentos del impuesto de matriculación y el seguro. Los extranjeros deben, además, enseñar el pasaporte.

Pináculos de Trona

¿Qué tienen en común *Battlestar Galactica*, *Star Trek V: La última frontera* y *El planeta de los simios*? Pues que las tres se rodaron en estos pináculos, un fenómeno geológico declarado Monumento Natural en el que unos picachos de toba se elevan en el lecho de un antiguo, lo que da lugar a un paisaje extraterrestre. Para llegar se necesita un todoterreno. El desvío está unos 29 km al este de Ridgecrest por la Rte 178. Desde allí quedan 8 km al sur por una pista irregular hasta llegar a la ruta circular panorámica y a unos senderos cortos. Hay *campings* rudimentarios.

Randsburg

Unos 32 km al sur de Ridgecrest, junto a la US Hwy 395, este "pueblo fantasma viviente" es una localidad minera de hacia 1895 abandonada y ahora (relativamente) rehabilitada con un diminuto museo histórico, tiendas de antigüedades, una taberna, un almacén general con mostrador de almuerzos y un café-teatro de ópera (hay ocasionales representaciones de melodramas de antaño)

LAS VEGAS

Son las 3.00 en un casino lleno de humo, cuando aparece un tipo vestido de Elvis con una corista y una novia de blanco grita: "¡Blackjack!"

Esto es Las Vegas: el único sitio del mundo donde en unas pocas horas se pueden ver jeróglificos antiguos, la torre Eiffel, el puente de Brooklyn y los canales de Venecia. Cierto que todo son reproducciones, pero nada se

hace a medias en una metrópoli del desierto que ha logrado convertirse en uno de los destinos de escapada más fastuosos del planeta.

Las Vegas es un mundo de evasión donde el tiempo no importa. No hay relojes, solo interminables bufés y alcohol a chorro. Es una ciudad que no ha cesado de reinventarse desde los tiempos del Rat Pack. Hoy su tirón atrae a todos: gerifaltes de Hollywood en limusina, estudiantes universitarios de marcha barata y abuelos adictos a las tragaperras.

Bienvenidos a la fábrica de sueños.

⊙ Puntos de interés

El núcleo de toda la marcha son los 6,4 km de **The Strip** (Las Vegas Blvd), con el Stratosphere en su extremo norte y el Mandalay Bay en el sur. Las apariencias engañan: todo parece más cerca de lo que en realidad está.

El centro de la ciudad alberga los hoteles y casinos más antiguos, de aire *retro*, bebidas más baratas y límites más bajos en las mesas. La calle principal es la entretenida **Fremont Street Experience** (www.vegasexperience.com; Fremont St, entre Main St y Las Vegas Blvd; ⊙cada hora anochecer-24.00; 🚌Deuce, SDX) GRATIS, una zona peatonal a cubierto de cinco manzanas que tiene una tirolina y un alucinante espectáculo de luz cada hora tras anochecer.

Las principales zonas turísticas son seguras. Las Vegas Blvd entre el centro y The Strip es una zona más dura, al igual que gran parte del centro, más allá de Fremont St.

◎ The Strip

★ **Bellagio**   CASINO
(☎702-693-7111; www.bellagio.com; 3600 Las Vegas Blvd S; ⊙24 h) Deslumbra con su arquitectura toscana y su estanque de 32 375 m² cuya coreografía de **fuentes** (www.bellagio.com; Bellagio; ⊙espectáculo cada 30 min 15.00-19.00 lu-vi, 12.00-19.00 sa y do, cada 15 min 19.00-24.00 a diario; 🚶) danzantes es imprescindible. Destaca el techo del vestíbulo, coronado por una escultura de vidrio tretroiluminada compuesta por 2000 flores sopladas a mano por el artista Dale Chihuly. Aunque pequeña, la **Bellagio Gallery of Fine Art** (☎877-957-9777, 702-693-7871; adultos/menores 12 años 16 US$/gratis; ⊙10.00-19.00, último acceso 18.30) muestra pinturas dignas de un museo. En el **invernadero del Bellagio** (Bellagio; ⊙24 h; 🚶) GRATIS, el impresionante despliegue floral cambia con las estaciones.

★ **CityCenter** PUNTO DE INTERÉS

(www.citycenter.com; 3780 Las Vegas Blvd S) Complejo de aire futurista, es como una minigalaxia de hoteles hipermodernos que orbitan alrededor del deslumbrante centro comercial **Crystals** (www.crystalsatcitycenter.com; 3720 Las Vegas Blvd S, CityCenter; ⏰10.00-23.00 do-ju, hasta 24.00 vi y sa). Sobresale el **Aria** (☎702-590-7111; www.aria.com; 3730 Las Vegas Blvd S, CityCenter; ⏰24 h), cuyo sofisticado casino es el telón de fondo ideal para una colección pública de arte contemporáneo de 40 millones de US$. Hay que entrar al suntuoso hotel **Mandarin Oriental** (www.mandarinoriental.com; 3752 Las Vegas Blvd S) a merendar o tomar una copa por la noche en su *sky lobby*, en el piso 23 y con vistas de The Strip.

★ **Venetian** CASINO

(☎702-414-1000; www.venetian.com; 3355 Las Vegas Blvd S; ⏰24 h) Este romántico hotel-casino ofrece frescos de verdad en el techo, mimos y cantantes de ópera que deambulan por el lugar, **paseos en góndola** (vuelta por persona 19 US$, menores 3 años gratis, vuelta privada 2 personas 76 US$; ⏰vuelta interior 10.00-22.45 do-ju, 10.00-23.45 vi y sa, exterior 12.00-21.45, según el clima; ♿) y reproducciones a tamaño natural de famosos monumentos venecianos. Al lado, el afiliado **Palazzo** (☎702-607-7777; www.palazzo. com; 3325 Las Vegas Blvd S; ⏰24 h) da un giro más remilgado al tema italiano, con aun más restaurantes y tiendas de categoría.

LINQ y High Roller PUNTO DE INTERÉS

(☎800-223-7277; www.thelinq.com; 3545 Las Vegas Blvd S; vuelta High Roller antes/después 17.50 25/35 US$; ⏰High Roller 12.00-2.00 a diario) Eclécticas tiendas, animados bares y restaurantes, locales de música en directo, una bolera genial

y un singular museo de fotografías Polaroid bordean este nuevo paseo peatonal en el centro de The Strip. Domina todo la mayor noria panorámica del mundo, la High Roller, iluminada con 2000 luces led de colores.

Cosmopolitan CASINO

(☎702-698-7000; www.cosmopolitanlasvegas. com; 3708 Las Vegas Blvd S; ⏰24 h) Los más a la última ya tienen un sitio adonde ir en Las Vegas, con una serie de eclécticos restaurantes y tiendas. Por suerte, el "Cosmo" evita la pretensión exagerada, pese a florituras como las Art-o-Mats (máquinas expendedoras de tabaco *vintage* que venden arte original) y esculturas de zapatos de tacón tan grandes como para fotografiarse dentro de ellas.

Stratosphere CASINO

(☎702-380-7777; www.stratospherehotel.com; 2000 Las Vegas Blvd S; entrada torre adultos/niños 18/ 10 US$, pase todas atracciones diario sin límites 34 US$, SkyJump desde 110 US$; ⏰casino 24 h, torre y atracciones 10.00-1.00 do-ju, hasta 2.00 vi y sa, según clima; ♿) La mejor panorámica de 360º de la ciudad se obtiene desde los miradores exteriores e interiores en lo alto de esta esbelta torre trípode de 350 m. Tras subir 108 pisos en 37 segundos, aguardan las colas para montar en atracciones a gran altura o hacer *puenting* en el SkyJump.

Paris Las Vegas CASINO

(☎702-946-7000; www.parislasvegas.com; 3655 Las Vegas Blvd S; ⏰24 h) Esta versión en chiquito de la capital francesa resulta de lo más vistosa, aunque no evita que parezca de Disney World. Sus esfuerzos por emular hitos como el Arco del Triunfo y la **torre Eiffel** (☎888-727-4758; adultos/hasta 12 años/

LAS VEGAS PARA NIÑOS

La ley estatal prohíbe a los menores de 21 años merodear por las zonas de juego de los casinos.

El **Circus Circus** (☎702-734-0410; www.circuscircus.com; 2880 Las Vegas Blvd S; ⏰24 h; ♿) tiene un **escenario** (⏰espectáculo cada 30 min, 11.00-24.00) suspendido sobre el casino con espectáculos de acróbatas, contorsionistas y magos. El parque temático cubierto **Adventuredome** (www.adventuredome.com; Circus Circus; pase diario más/menos 1,22 m 30/17 US$, por atracción 5-8 US$; ⏰10.00-18.00 a diario, más tarde fin de semana y may-sep; ♿) está repleto de más diversiones.

También en The Strip, el New York-New York (p. 714) ofrece una montaña rusa, una sala se videojuegos y el Greenwich Village, con adoquinadas calles llenas de restaurantes para familias.

Al este de The Strip, el **Pinball Hall of Fame** (www.pinballmuseum.org; 1610 E Tropicana Ave; por juego 25 ¢-1 US$; ⏰11.00-23.00 do-ju, hasta 24.00 vi y sa; ♿; 🚌201) es un minimuseo interactivo mejor que cualquier máquina tragaperras.

Las Vegas (The Strip)

Springs Preserve (3.1mi)

W Oakey Blvd

Wyoming Ave

Las Vegas Premium Outlets North (0.9mi); Smith Center for the Performing Arts (1.4mi)

E Oakey Blvd

Arts Factory (0.4mi); Gamblers General Store (0.75mi); Neon Museum (1.3mi); Container Park (1.4mi); Fremont Street Experience (1.5mi); Mob Museum (1.6mi)

18

33

Rancho Dr

Western Ave

W Sahara Ave

E Sahara Ave

604

SLS

SLS

Karen Ave

Rancho Dr

Westwood Dr

Circus Circus Dr (The Strip)

Wynn Country Club

LVH

S Paradise Rd

Sirius Ave

I-15

Highland Dr

Industrial Rd

5

Las Vegas Blvd S (The Strip)

Riviera Blvd

Riviera

Centro de convenciones de Las Vegas

Polaris Ave

37

Convention Center Dr

Procyon Ave

W Spring Mountain Rd

Raku (1.2mi)

35

23

E Desert Inn Rd

Las Vegas Convention Center

Centro de visitantes y de convenciones de Las Vegas

605

29

Wynn Golf Club

Treasure Island

16

Sands Ave

Swenson St

13 19

12 39

3

36

Venetian

Harrah's/Quad

31

Ida Ave

10

Flamingo Wash

Rio

21

28 4

40 7

Flamingo

E Flamingo Rd

14

W Flamingo Rd

N9NE (0.4mi); Pole Position Raceway (0.45mi)

Bellagio 1

8

Bally's

Bally's/ Paris Las Vegas

University of Nevada, Las Vegas (UNLV)

Bellagio

6 22

30

34

Planet Hollywood

20

9

Tropicana Wash

Swenson St

Harmon Ave

CityCenter

41

E Harmon Ave

32 2

CityCenter

26 38

Monte Carlo

MGM Grand

Thomas & Mack Stadium

15

25

MGM Grand

Koval La

Pinball Hall of Fame (0.75mi)

W Tropicana Ave

E Tropicana Ave

593

Excalibur

27

Paradise Rd

Excalibur

Reno Ave

Swenson St

I-15

24

605

Mandalay Bay

Hacienda Ave

11

Aeropuerto internacional McCarran

N 0

1 km

Las Vegas (The Strip)

familias 10,50/7,50/32 US$, después de 19.15 15,50/10,50/47 US$; ⊗9.30-24.30 lu-vi, hasta 1.00 sa y do, según clima) la convierten en una escala entretenida.

Mirage CASINO
(☏702-791-7111; www.mirage.com; 3400 Las Vegas Blvd S; ⊗24 h) Alrededor de un atrio de jungla, este vasto casino de tema polinesio tiene una sala de póquer digna de profesionales. En el vestíbulo hay un **acuario** de 75 000 litros de agua salada con 60 especies de fauna de todos los rincones del mundo,

de Fiji al mar Rojo. En una laguna ante la fachada, un falso **volcán** (⊗espectáculo cada hora 18.00, 19.00 o 20.00-23.00 o 24.00; ♠) GRATIS erupciona después de anochecer.

Caesars Palace CASINO
(☏702-731-7110; www.caesarspalace.com; 3570 Las Vegas Blvd S; ⊗24 h) El colmo del *kitsch* de Las Vegas es un mundo grecorromano de fantasía con reproducciones en mármol de estatuas clásicas, imponentes fuentes, camareras disfrazadas, dos gigantescos casinos y las lujosas Forum Shops (p. 719).

Flamingo CASINO
(☎702-733-3111; www.flamingolasvegas.com; 3555 Las Vegas Blvd S; ⊗24 h) De estilo Las Vegas *vintage*, lo inauguró en 1946 el gánster Bugsy Siegel. Por entre las tragaperras se llega a un pequeño zoo (☎702-733-3349; 3555 Las Vegas Blvd S; ⊗8.00-anochecer, alimentar a pelicanos 8.00 y 14.30; ♿) GRATIS donde se pueden ver flamencos chilenos, pingüinos africanos y pelícanos pardos.

New York–New York CASINO
(☎702-740-6969; www.newyorknewyork.com; 3790 Las Vegas Blvd S; ⊗24 h) Minimetrópoli con réplicas a escala reducida del Empire State, la estatua de la Libertad y el puente de Brooklyn. Envuelve la llamativa fachada la **montaña rusa Big Apple** (vuelta/pase diario 14/25 US$; ⊗11.00-23.00 do-ju, 10.30-24.00 vi y sa; ♿), con carros estilo taxi neoyorquino.

Mandalay Bay CASINO
(☎702-632-7777; www.mandalaybay.com; 3950 Las Vegas Blvd S; ⊗24 h) Además de playa privada, el "M-Bay" tiene el **Shark Reef** (☎702-632-4555; www.sharkreef.com; adultos/5-12 años 18/12 US$; ⊗10.00-22.00 a diario fin may-ppios sep, 10.00-20.00 do-ju, hasta 22.00 vi y sa ppios sep-fin may, último acceso 1 h antes del cierre; ♿), un acuario con miles de criaturas marinas, incluido un estanque somero donde los críos pueden tocar a pequeñitos tiburones.

⊙ Downtown y fuera de The Strip

★ Neon Museum MUSEO
(☎702-387-6366; www.neonmuseum.org; 770 Las Vegas Blvd N; circuito 1 h adultos/7-17 años de día 18/12 US$, después de anochecer 25/22 US$; ⊗circuitos a diario, horario variable) Ofrece un fascinante paseo histórico por su "cementerio", que guarda irreemplazables carteles de neón (primera forma de arte de Las Vegas); résévese con unos días de tiempo. Si no quedaran plazas, se puede pasear gratis por la exterior **Urban Gallery**, con reliquias de neón restauradas (como una lámpara de Aladino y marquesinas de motel) en la Neonopolis de la Fremont Street Experience y N 3rd St, callejón sin salida junto a Fremont St.

★ Mob Museum MUSEO
(☎702-229-2734; www.themobmuseum.org; 300 Stewart Ave; adultos/11-17 años 20/14 US$; ⊗10.00-19.00 do-ju, hasta 20.00 vi y sa; ⬚Deuce) Ocupa los viejos Juzgados federales donde se juzgó a gánsteres de 1950-1951 y ofrece cuidadas exposiciones que repasan la historia del crimen organizado en EE UU: equipamiento del FBI, artefactos relacionados con la mafia y muestras multimedia con entrevistas a los Tony Soprano de la vida real. Aparcamiento 5 US$.

Springs Preserve MUSEO, PARQUE
(☎702-822-7700; www.springspreserve.org; 333 S Valley View Blvd; adultos/5-17 años 19/11 US$; ⊗10.00-18.00; ♿; ⬚104) ✦ En el lugar de los manantiales que alimentaban "las vegas", donde los paiutes del sur y los comerciantes de la ruta española acampaban, y donde posteriormente los pioneros poblaron el valle, este didáctico complejo de museo y jardines depara un increíble viaje histórico, cultural y biológico. El **Desert Living Center** ilustra sobre la arquitectura sostenible y la vida cotidiana ecológica.

Golden Nugget CASINO
(☎702-385-7111; www.goldennugget.com; 129 E Fremont St; ⊗24 h; ⬚Deuce, SDX) El fastuoso "Pepita de Oro" ha fijado el patrón del centro urbano desde que en 1946 abrió sin escatimar en bronce y cristal tallado, con una sala de póquer para no fumadores. La pepita de oro más grande del mundo, la Hand of Faith (27,6 kg), se expone a la vuelta del vestíbulo del hotel.

Hard Rock CASINO
(☎702-693-5000; www.hardrockhotel.com; 4455 Paradise Rd; ⊗24 h; ⬚108) El primer casino-hotel de temática *rock 'n' roll* alberga una de las colecciones roqueras más impresionantes del mundo, que incluye la letra manuscrita por Jim Morrison para uno de los grandes éxitos de The Doors y chaquetas de cuero de la aristocracia del género. La sala de conciertos **Joint** (☎888-929-7849; mayoría de entradas 40-200 US$; ⬚108), el salón de música, **Vinyl** y las fiestas de piscina **Rehab** atraen a mucha testosterona.

National Atomic Testing Museum MUSEO
(☎702-794-5151; www.nationalatomictestingmuseum.org; 755 E Flamingo Rd, Desert Research Institute; adultos/niños 7-17 años 14/12 US$; ⊗10.00-17.00 lu-sa, 12.00-17.00 do; ⬚202) Esta filial del Smithsonian testimonia la época en la que se probaban bombas nucleares a las afueras de Las Vegas, cuando la palabra "atómico" sonaba a moderno y misterioso. El ensordecedor **Ground Zero Theater** remeda un búnker de pruebas de hormigón.

Downtown Arts District CENTRO DE ARTE

El distrito del arte del centro de Las Vegas se llena cada primer viernes de mes, el First Friday (www.firstfridaylasvegas.com; ⊙17.00-23.00), con 10 000 amantes del arte, modernos, músicos *indies* y gorrones: es una gigantesca fiesta de barrio, con inauguraciones de exposiciones, *performance art*, bandas de música y camiones de comida. El epicentro de la marcha es la Arts Factory (☏702-383-3133; www.theartsfactory.com; 107 E Charleston Blvd; ⊙9.00-18.00 a diario, hasta 22.00 1er vi de mes; ⬛Deuce, SDX).

🏃 Actividades

Qua Baths & Spa SPA

(☏866-782-0655; Caesars Palace; centro de *fitness* pase diario 25 US$, incl. *spa* 45 US$; ⊙6.00-20.00) Incluye un salón de té, una sala de vapor herbal y otra ártica, donde incluso nieva.

VooDoo Zipline AIRE LIBRE

(☏702-777-7776; www.voodoozipline.com; 3700 W flamingo Blvd, Rio; vuelta día/noche 25/37 US$; ⊙12.00-24.00 lu-ju, desde 10.00 vi-do, según clima) Los osados se lanzan de dos en dos a más de 50 km/h por esta tirolina, suspendida entre las azoteas de dos torres del casino-hotel Rio.

Stripper 101 BAILE

(☏866-932-1818, 702-260-7200; www.stripper101.com; 3663 Las Vegas Blvd S, Miracle Mile Shops, V Theater; entradas desde 40 US$; ⊙variable) Clases de baile en barra para damas (sin desnudarse) en un marco de cabaré con luces estroboscópicas, cócteles, boas de plumas y todo.

Pole Position Raceway KARTS

(☏702-227-7223; www.polepositionraceway.com; 4175 S Arville St; carné socio 1 semana 6 US$, por carrera 22-26 US$; ⊙11.00-22.00 do-ju, hasta 24.00 vi y sa; ⬛202) Pista cubierta inspirada en un circuito de F1 donde conducir los *karts* de interior más rápidos de EE UU (¡hasta 72 km/h!).

🛏 Dónde dormir

Aunque los precios varían muchísimo, según la estación, eventos, convenciones, etc., suelen scr más bajos entre semana (do-ju). Véanse las webs de los hoteles, que suelen incluir calendarios con los precios para cada día. Hay que reservar siempre y fijarse en las obligatorias tasas de complejo (hasta 25 US$/noche).

🛏 The Strip

Luxor HOTEL CASINO $

(☏888-386-4658, 702-262-4000; www.luxor.com; 3900 Las Vegas Blvd S; entre semana/fin de semana h desde 45/85 US$; P✳@☎) Excepto las habitaciones de la pirámide, se trata del complejo menos caro de The Strip que está bastante bien.

★ Mandalay Bay HOTEL CASINO $$

(☏877-632-7800, 702-632-7777; www.mandalaybay.com; 3950 Las Vegas Blvd S; entre semana/fin de semana h desde 105/130 US$; P✳@☎) Ornamentadas habitaciones que evocan los mares del sur, con ventanales de suelo a techo y suntuosos baños de mármol. Aún más lujosos son los hoteles-*boutique* Four Seasons o Delano, también en el M-Bay. Los nadadores adorarán el enorme complejo de piscinas, con su propia playa de arena.

MGM Grand HOTEL CASINO $$

(☏877-880-0880, 702-891-1111; www.mgmgrand.com; 3799 Las Vegas Blvd S; entre semana/fin de semana h desde 70/140 US$; P✳@☎) El mayor hotel de Las Vegas es inmenso, con más de una decena de restaurantes y bares, y el complejo de piscinas más desmesurado de The Strip. Para más espacio y sosiego, pídase

PALM SPRINGS Y LOS DESIERTOS DÓNDE DORMIR

LAS MEJORES PISCINAS DE HOTEL DE LAS VEGAS

Mandalay Bay Con arena de California, piscina de olas, un río lento y juegos de casino.

Hard Rock (p. 714) *Blackjack* sin salir del agua en temporada, fiestones mojados Rehab los fines de semana y avistamiento de famosos en el Beach Club.

Mirage (p. 713) Piscinas increíbles, con cascadas que caen de cerros, profundas grutas e islas con palmeras donde tumbarse.

Caesars Palace Piscinas con mosaicos de mármol, columnas corintias, fuentes y la Venus *topless* hacen divino el Garden of the Gods Oasis.

Golden Nugget (p. 714) Pequeña piscina del centro donde jugar al *blackjack* o bajar por un tobogán transparente en espiral a través de un acuario de tiburones.

una suite estilo apartamento en las contiguas torres Signature.

Tropicana
HOTEL CASINO **$$**

(☎800-462-8767, 702-739-2222; www.troplv.com; 3801 Las Vegas Blvd S; entre semana/fin de semana h desde 75/120 US$; P✴@🛜🏊) Da la nota tropical a The Strip desde 1953, y tras las recientes renovaciones ofrece colores del atardecer y habitaciones al estilo South Beach. Fuera aguardan piscinas-laguna y jardines tropicales.

★Encore
HOTEL CASINO **$$$**

(☎877-321-9966, 702-770-7100; www.wynnlasve gas.com; 3131 Las Vegas Blvd S; entre semana/fin de semana ste desde 199/249 US$; P✴@🛜🏊) Más nuevo que su asociado Wynn Las Vegas, ofrece suites igual de opulentas pero aún más amplias en un magnífico entorno. Sus glamurosos locales nocturnos y el club de piscina (con DJ) son lugares envidiados.

Cosmopolitan
HOTEL CASINO **$$$**

(☎855-435-0005, 702-698-7000; www.cosmopoli tanlasvegas.com; 3708 Las Vegas Blvd S; h/ste desde 160/220 US$; P✴@🛜🏊) El lujo a la última de sus habitaciones justifica sus precios, o al menos así lo cree la *jet set* más estilosa. Hay que salir a la 1.00 de la habitación para jugar al billar en el vestíbulo superior antes de ir en pos del sitio de *pizza* "secreto".

🛏 Downtown y fuera de The Strip

Los hoteles del centro suelen ser más económicos que los de The Strip.

Hard Rock
HOTEL CASINO **$**

(☎800-473-7625, 702-693-5000; www.hardroc khotel.com; 4455 Paradise Rd; entre semana/fin de semana h desde 45/89 US$; P✴@🛜🏊) Todo en este hotel selecto rezuma polvo de estrellas. Habitaciones minimalistas a la europea, sin colores chillones y con estupendos estéreos y TV de pantalla plana.

Golden Nugget
HOTEL CASINO **$**

(☎800-634-3454, 702-385-7111; www.goldennugget. com; 129 E Fremont St; entre semana/fin de semana h desde 49/89 US$; P✴@🛜🏊) Ostentoso lugar de Fremont St para imaginar como era Las Vegas en los años cincuenta. Vale la pena pagar más por su Rush Tower.

El Cortez Cabana Suites
HOTEL **$**

(☎800-634-6703, 702-385-5200; http://elcortezho telcasino.com; 651 E Ogden Ave; entre semana/fin de semana h desde 40/80 US$; P✴@🛜) Pues-

to a punto desde que apareció en *Casino* de Scorsese, este hotel del centro ofrece suites de color verde pistacho y estilo *vintage* con baños de baldosas blancas y negras.

Rumor
HOTEL-BOUTIQUE **$$**

(☎877-997-8667, 702-369-5400; www.rumorvegas. com; 455 E Harmon Ave; entre semana/fin de semana ste desde 60/120 US$; P✴@🛜🏊) Suites de soltero/a con un sensual aire de club nocturno, algunas con *jacuzzi* y sofás de cuero, frente al Hard Rock.

🍴 Dónde comer

Las Vegas es una aventura gastronómica sin par. Es imprescindible reservar en los restaurantes de lujo, y más los fines de semana.

🍴 The Strip

Cuesta hallar locales económicos, aparte de los de comida rápida.

Tacos El Gordo
MEXICANA **$**

(☎702-641-8228; http://tacoselgordobc.com; 3049 Las Vegas Blvd S; productos 2-10 US$; ⏱3.00-3.00 do-ju, hasta 5.00 vi y sa; 🚌Deuce, SDX) Taquería al estilo Tijuana venida de SoCal, ideal para altas horas, flojea el bolsillo o se sueña con tacos de carne en tortitas de maíz artesanas.

Earl of Sandwich
DELI **$**

(www.earlofsandwichusa.com; Planet Hollywood; productos 2-7 US$; ⏱24 h; 👶) Los ahorradores ensalzan este popular *deli* contiguo al casino: sándwiches tostados, *wraps* (enrollados) y ensaladas aliñadas, todo servido con rapidez.

Holsteins
HAMBURGUESERÍA **$$**

(☎702-698-7940; www.holsteinslv.com; Cosmopolitan; productos 6-18 US$; ⏱11.00-24.00, hasta 2.00 vi y sa; 👶) Hamburguesas caseras de campeonato, al igual que los acompañamientos americanos pero con un giro inusual, como encurtidos fritos, macarrones al queso trufados y batidos de chocolate con vodka.

Five50
PIZZERÍA **$$**

(Aria, CityCenter; platos compartidos 9-18 US$, *pizzas* 22-29 US$; ⏱11.00-24.00) Bar de *pizzas* propiedad de un chef, con una amplísima carta de tablas de queso y embutido artesanos, ensaladas frescas de la huerta, *antipasti* y más.

★Joël Robuchon
FRANCESA **$$$**

(☎702-891-7925; www.joel-robuchon.com/en; MGM Grand; menú degustación 120-425 US$/persona; ⏱17.30-22.00 do-ju, hasta 22.30 vi y sa) Una experiencia gastronómica única: un largo (3 h) menú degustación francés de temporada en un entorno de mansión parisina de los años treinta. El contiguo **L'Atelier de Joël Robuchon** es una pizca más barato. Resérvese con mucha antelación.

Jaleo ESPAÑOLA, TAPAS $$$
(☑702-698-7950; www.jaleo.com; Cosmopolitan; platos compartidos 5-35 US$; ⊙12.00-24.00; ☑) El restaurante del famoso chef español José Andrés ofrece imaginativas tapas modernas en un comedor rústico-chic: mesas de madera reciclada con sillas disparejas y fantasiosa cristalería. Esencial reservar.

Todd English's Olives MEDITERRÁNEA $$$
(www.toddenglish.com; Bellagio; principales de almuerzo 17-29 US$, de cena 25-49 US$; ⊙restaurante 11.00-14.45 y 17.00-22.30, bar 15.00-17.00; ☑) Homenaje a la aceituna del chef de la Costa Este Todd English. La pasta y la *pizza* encabezan la carta, pero lo que vende son las mesas del patio con vistas al lago Como. Resérvese siempre, también para almorzar.

🍴 Downtown y fuera de The Strip

Los restaurantes del centro salen más a cuenta que los de The Strip. Al oeste de esta, son económicos los panasiáticos de Spring Mountain Rd en Chinatown.

⭐**Container Park** COMIDA RÁPIDA $
(☑702-637-4244; http://downtowncontainerpark. com; 707 E Fremont St; muchos productos 3-9 US$; ⊙11.00-23.00 do-ju, hasta 1.00 vi y sa) En este parque del centro los vendedores ambulantes satisfacen todas las apetencias, con cartas de camión de comidas, asientos al aire libre y horarios amplios. Solo mayores de 21 después de las 21.00.

⭐**Raku** JAPONESA $$
(☑702-367-3511; www.raku-grill.com; 5030 W Spring Mountain Rd; platos compartidos 2-12 US$; ⊙18.00-3.00 lu-sa; ☑203) A los cocineros de Los Ángeles les gusta cenar aquí los platillos del chef y dueño japonés: carnes asadas en *robata,* tofu de la casa y demás. Resérvese.

Culinary Dropout ESTADOUNIDENSE, DE FUSIÓN $$
(☑702-522-8100; www.hardrockhotel.com; 4455 Paradise Rd, Hard Rock; principales de *brunch* 8-14 US$, de almuerzo y cena 14-32 US$; ⊙11.00-23.00 lu-ju, 11.00-24.00 vi, 10.00-24.00 sa, 10.00-23.00 do; ☑108) El *gastropub* más marchoso del lugar, con reconfortante *nouvelle cuisine,* patio con vistas a la piscina y música en directo.

LOS MEJORES BUFÉS DE LAS VEGAS

Bacchanal (Caesars Palace; bufé adultos 26-54 US$, 4-10 años 15-27 US$; ☑🍴)

Wicked Spoon Buffet (3708 Las Vegas Blvd S, Cosmopolitan; 26-40 US$/persona; ⊙*brunch* 8.00-14.00 lu-vi, hasta 15.00 sa y do, cena 17.00-21.00 lu-ju, 17.00-22.00 vi, 15.00-22.00 sa, 15.00-21.00 do; 🍴)

Le Village Buffet (☑702-946-7000; Paris Las Vegas; bufé adultos 22-34 US$, 4-8 años 13-20 US$; ⊙7.00-22.00; ☑🍴)

Spice Market Buffet (Planet Hollywood; bufé adultos 22-36 US$, 4-12 años 13-20 US$; ⊙7.00-23.00; ☑🍴)

Buffet at Wynn (Wynn; 22-40 US$/persona; ⊙8.00-15.00 y 15.30-22.00; ☑🍴)

El *brunch* de los fines de semana incluye *bloody marys.*

Lotus of Siam TAILANDESA $$
(☑702-735-3033; www.saipinchutima.com; 953 E Sahara Ave; principales 9-30 US$; ⊙11.30-14.30 lu-vi, 17.30-22.00 a diario; ☑; ☐SDX) Aunque parezca un cuchitril, su auténtica cocina tailandesa del norte tiene casi tantos premios como su bodega de vinos. Hay que reservar.

Firefly TAPAS $$
(☑702-369-3971; www.fireflylv.com; 3824 Paradise Rd; platos compartidos 5-12 US$, principales 15-20 US$; ⊙11.30-24.00; ☐108) Siempre concurrido por ser mucho más divertido que un recargado restaurante de The Strip y costar la mitad. Tapas típicas españolas y sangría casera.

⭐**N9NE** ASADOR $$$
(☑702-933-9900; www.palms.com; 4321 W Flamingo Rd, Palms; principales 28-72 US$; ⊙17.30-22.00 do-ju, hasta 23.00 vi y sa; ☐202) A la última, con un comedor espectacularmente iluminado y lleno de famosos, aquí sirven bistecs y chuletas perfectas, además de casi cualquier otra cosa (de ostras Rockefeller a *sashimi* del Pacífico).

🍷 Dónde beber y vida nocturna

Hay que vestirse para epatar en los locales nocturnos, donde la entrada depende de los porteros, la razón hombres/mujeres, los invitados especiales y lo llenos que estén.

The Strip

★XS CLUB
(☎702-770-0097; www.xslasvegas.com; Encore; entrada 20-50 US$; ⊙21.30-4.00 vi y sa, desde 22.30 do y lu) El club de moda de Las Vegas ofrece una apabullante decoración dorada, atronadora música electrónica y, para los más derrochones, el *VIP bottle service* en las cabañas junto a la piscina.

Marquee CLUB
(☎702-333-9000; www.marqueelasvegas.com; Cosmopolitan; ⊙22.00-5.00 ju-sa y lu) De categoría, con famosos de primera, renombrados DJ, un club de playa (en temporada) y un *je ne sais quoi* dignos de hacer cola.

Hyde Bellagio SALÓN, LOCAL NOCTURNO
(☎702-693-8700; www.hydebellagio.com; Bellagio; entrada 20-40 US$, normalmente gratis antes 22.00; ⊙*lounge* 17.00-23.00 a diario, club 22.00-4.00 ma, vi y sa) Muy chic, para sentase en un lujoso confidente junto a un descomunal espejo o quedarse de pie en la terraza, pasmado, ante las fuentes danzantes del Bellagio.

Mix Lounge SALÓN
(piso 64º, Mandalay Bay; entrada después 22.00 20-25 US$; ⊙17.00-24.00 do-ma, hasta 3.00 mi-sa) Un sitio pijo para tomar un cóctel vespertino. Ya el ascensor de cristal tiene vistas estupendas, antes de vislumbrarse The Strip desde la elevada terraza.

Chandelier Bar COCTELERÍA
(Cosmopolitan; ⊙24 h) En una ciudad llena de suntuosos bares de casino, el bar "Lámpara de Araña" de tres alturas es el no va más. Para mezclarse con gente a la última y expertos bármanes en espacios que relumbran entre un sinfín de cuentas de vidrio.

Rhumbar COCTELERÍA
(☎702-792-7615; www.rhumbarlv.com; Mirage; ⊙normalmente 13.00-24.00 do-ju, hasta 2.00 vi y sa, según clima) De inspiración caribeña y con patio al aire libre, sus mojitos y daiquiris están muy por encima de las empalagosas y enormes copas heladas que venden por The Strip.

Carnaval Court BAR
(☎702-369-5000; www.harrahslasvegas.com; 3475 Las Vegas Blvd S, Harrah's; entrada variable; ⊙11.00-3.00) Los bármanes malabaristas y las bandas de versiones mantienen este bar al aire libre atestado de marchosos, sobre todo estudiantes de vacaciones.

Fireside Lounge SALÓN
(www.peppermilllasvegas.com; 2985 Las Vegas Blvd S, Peppermill; ⊙24 h) Junto a un café de casino, es un inusitado refugio romántico en The Strip donde las parejas se acaramelan a media luz junto a un fuego hundido en el suelo. Pídase un *scorpion* con pajita.

Downtown y fuera de The Strip

Para mezclarse con los del lugar, hay que ir a estos favoritos poco convencionales.

Beauty Bar BAR
(☎702-598-3757; www.thebeautybar.com; 517 Fremont St; entrada 0-10 US$; ⊙22.00-4.00; 🚌Deuce) En las rescatadas entrañas de un salón de belleza de Nueva Jersey de los años cincuenta, ofrece cócteles, DJ o música en directo en el osado Fremont East Entertainment District.

★Frankie's Tiki Room BAR
(☎702-385-3110; www.frankiestikiroom.com; 1712 W Charleston Blvd; ⊙24 h; 🚌206) Es el único bar polinesio 24 h de la ciudad, con cócteles cuya potencia se mide por calaveras, obras de famoso diseñadores, escultores y pintores del estilo tiki.

Hofbräuhaus BAR
(www.hofbrauhauslasvegas.com; 4510 Paradise Rd; ⊙11.00-23.00 do-ju, hasta 24.00 vi y sa) Imitación de cervecería bávara con terraza donde celebrar todo el año la Oktoberfest, con marcas de importación, lindas *fräuleins* y bandas de música típica a diario.

☆ Ocio

En Las Vegas, con cientos de espectáculos cada noche, sobra entretenimiento.

Tix 4 Tonight SERVICIO DE RESERVAS
(☎877-849-4868; www.tix4tonight.com; 3200 Las Vegas Blvd S, Fashion Show; ⊙10.00-20.00) Ofrece entradas a mitad de precio para unos cuantos espectáculos en el mismo día y pequeños descuentos para los más demandados. Múltiples sucursales.

★Beatles LOVE TEATRO
(☎702-792-7777, 800-963-9634; www.cirquedusoleil.com; Mirage; entradas 79-180 US$; ⊙19.00 y 21.30 ju-lu; 👪) Quienes han visto todos los espectáculos del Cirque en The Strip dicen que este caleidoscópico homenaje de música y danza a los Beatles es el mejor.

**Smith Center
for the Performing Arts** ARTES ESCÉNICAS
(☎702-749-2000; www.thesmithcenter.com; 361
Symphony Park Ave, Symphony Park; entradas desde 20 US$; ☺variable; ⌨SDX) 🕭 En el centro y
con aire *art déco*, esta institución ofrece *jazz*
de cabaré, música clásica y contemporánea,
compañías de danza y humoristas.

Absinthe TEATRO
(☎800-745-3000; www.absinthevegas.com; Roman
Plaza, Caesars Palace; entrada 99-125 US$; ☺19.30
y 21.30 mi-do) Espectáculo de variedades que
mezcla humor surrealista subido de tono con
burlesque, cabaré y acrobacias bajo una gran
carpa. Para mayores de 18 años.

De compras

Gamblers General Store RECUERDOS
(☎702-382-9903; www.gamblersgeneralstore.com;
800 S Main St; ☺9.00-18.00 lu-sa, hasta 17.00 do;
⌨108, Deuce) Auténtica tienda de juegos de
azar. Tiene barajas de naipes de colección
usadas en casinos de Las Vegas.

**Grand Canal Shoppes
at the Venetian** CENTRO COMERCIAL
(www.grandcanalshoppes.com; Venetian; ☺10.00-
23.00 do-ju, hasta 24.00 vi y sa) Lujo italianizante
con góndolas y diseñadores internacionales,
también en el contiguo Palazzo.

Forum Shops CENTRO COMERCIAL
(www.simon.com; Caesars Palace; ☺10.00-23.00 do-ju,
hasta 24.00 vi y sa) Los adictos a la moda compran
en un mercado de la antigua Roma climatizado.

Container Park CENTRO COMERCIAL
(☎702-637-4244; http://downtowncontainerpark.
com; 719 E Fremont St; ☺10.00-21.00 lu-sa, hasta
20.00 do) Semillero de prometedores diseñadores locales de joyas, ropa y arte.

**Las Vegas Premium
Outlets North** CENTRO COMERCIAL
(☎702-474-7500; www.premiumoutlets.com/vegas
north; 875 S Grand Central Pkwy; ☺9.00-21.00 lu-sa,
hasta 20.00 do; ♿; ⌨SDX) El mayor centro de
oulets de Las Vegas, con más de 120 firmas
de moda de lujo e informal.

ℹ Información

Casi todos los hoteles ofrecen wifi en la habitación (12-15 US$/24 h, a veces incl. en la "tasa de
complejo"). Los cibercafés más baratos están
en las tiendas de recuerdos de The Strip. Hay
cajeros automáticos en todos casinos, centros
comerciales o bancos y en casi todas las tiendas

de conveniencia; en los casinos tienen las comi-
siones más altas (aprox. 5 US$).

Harmon Medical Center (☎702-796-1116;
www.harmonmedicalcenter.com; 150 E Harmon
Ave; ☺8.00-20.00 lu-vi) Descuentos a pacientes sin seguro; limitado servicio de intérpretes.

**Centro de visitantes y de convenciones de
Las Vegas** (LVCVA; ☎702-892-7575, 877-847-
4858; www.lasvegas.com; 3150 Paradise Rd;
☺8.00-17.30 lu-vi; monorraíl Las Vegas Convention Center) Pequeña oficina sin cita cerca
del centro de convenciones de la ciudad.

Las Vegas Review-Journal (www.lvrj.com) Diario con la guía de ocio y arte *Neon* los viernes.

Las Vegas Weekly (http://lasvegasweekly.
com) Revista semanal gratis con guía del ocio.

Lonely Planet (www.lonelyplanet.com/usa/
las-vegas) Consejos para antes del viaje, recomendaciones de autores, reseñas de viajeros
e indicaciones de entendidos.

Policía (☎702-828-3111; www.lvmpd.com).

University Medical Center (UMC; ☎702-383-
2000; www.umcsn.com; 1800 W Charleston
Blvd; ☺24 h) Avanzado centro de traumatolo-
gía de Nevada.

Vegas.com (www.vegas.com) Información
de viajes y servicio de reservas.

ℹ Cómo llegar y desplazarse

Al sureste de The Strip y con fácil acceso desde
la I-15, el **aeropuerto internacional McCarran**
(LAS; ☎702-261-5211; www.mccarran.com;
5757 Wayne Newton Blvd; 🕿) tiene vuelos
directos desde casi todas las ciudades del país
y algunas de Europa. **Bell Trans** (☎800-274-
7433; www.bell-trans.com) ofrece traslados del
aeropuerto a The Strip (ida/ida y vuelta 7/13
US$); las tarifas para el centro y fuera de The
Strip son algo más caras.

Un rápido **monorraíl** (☎702-699-8299; www.
lvmonorail.com; billete 5 US$, pase 24/48/72
h 12/22/28 US$; ☺7.00-24.00 lu, hasta 2.00
ma-ju, hasta 3.00 vi-do) accesible en sillas de
ruedas une los hoteles-casino MGM Grand y
SLS, con parada en algunos casinos de The Strip
y en el centro de convenciones de la ciudad. Los
frecuentes autobuses de **Deuce y SDX** (☎702-
228-7433; www.rtcsnv.com; 2 h/24 h/3-pase
diario 6/8/20 US$) unen The Strip y el centro;
los Deuce de dos pisos funcionan 24 h, pero los
SDX son más rápidos.

Todos los casinos de The Strip tienen parada
de taxis, autoaparcamiento gratis y servicio
de aparcacoches gratis (propina mín. 2 US$).
Mucho casinos del centro cobran el autoaparcamiento, normalmente reembolsable si se valida
el tique dentro del casino (aún sin jugar).

PALM SPRINGS Y LOS DESIERTOS INFORMACIÓN

Comprender California

California hoy

California no es un trabajo acabado. Si bien las pesadillas de la década de 1990 (disturbios raciales, el terremoto de Northridge) ya pasaron, los problemas actuales giran en torno al crecimiento. En un estado cuya economía supera a la de Canadá y que es sede de las industrias más vanguardistas (desde sondas espaciales hasta Silicon Valley), resulta un desafío saber gestionar el incremento poblacional, con los consecuentes aumento del tráfico, escasez de viviendas y elevadísimo coste de la vida.

Las mejores películas

El halcón maltés (1941) Bogart como detective privado en San Francisco.

Sunset Boulevard (1950) La clásica hoguera de las vanidades de Hollywood.

Vértigo (De entre los muertos) (1958) *Thriller* negro de Alfred Hitchcock en San Francisco.

Chinatown (1974) Brutales guerras del agua en el s. xx en Los Ángeles.

Blade Runner (1982) Visión futurista *ciberpunk* de Ridley Scott de Los Ángeles.

Pulp Fiction (1994) Cruce de historias en Los Ángeles de Quentin Tarantino.

L. A. Confidential (1997) Relato *neo-noir* de corrupción y asesinato en los años cincuenta en Los Ángeles.

El gran Lebowski (1998) Alocada comedia de los hermanos Coen en Los Ángeles protagonizada por El Nota.

Crash (2004) Tensiones raciales en Los Ángeles actual.

Los mejores libros

América (T. C. Boyle) Choque cultural mexicano-estadounidense y persecución del sueño californiano.

My California: Journeys by Great Writers (Angel City Press) Historias profundas de cronistas con talento.

Where I Was From (Joan Didion) Una ensayista de California destroza fantasías entre palmeras.

Sueño californiano vs. realidad

Aunque se haya visto mil veces en la pantalla, California impresiona. Los patinadores de Venice, los *hippies* de Santa Cruz, las 'esposas trofeo' de Rodeo Drive y los millonarios de Silicon Valley; todos viven allí, donde la tolerancia con las creencias de los demás, ya sean conservadoras, liberales o estrafalarias, sirve de argamasa social. Bueno, no siempre, lo que responde a la pregunta de Rodney King, víctima de la violencia policial en Los Ángeles: "¿Es que no podemos llevarnos bien?".

Hasta hace poco, el asunto político más candente y divisivo era el matrimonio entre personas del mismo sexo, pero en el 2013 quedó abolida la enmienda constitucional estatal que lo prohibía. El uso terapéutico de la mariguana, tan polémico en otros estados de EE UU, no preocupa a muchos californianos, que lo aprobaron en 1996, aunque la proliferación de clubes de mariguana y las redadas policiales han disparado las alarmas.

Raíces ecológicas

La cultura del consumo es innegable, exportada por Hollywood y la TV. Pero desde la década de 1960 los californianos han sido pioneros en la adopción de hábitos alimenticios más sostenibles y estilos de vida de bajo impacto medioambiental, en preservar los bosques, en declarar zonas desnuclearizadas, en promover una legislación medioambiental avanzada y en la creación del principal mercado de vehículos híbridos de EE UU. Más del 60% de los californianos admite haber abrazado un árbol.

Pero cuadra: fueron los californianos quienes contribuyeron al movimiento ecologista en plena Revolución Industrial del s. xix, con leyes que frenaban vertidos industriales, descartaban construcciones en favor de espacios verdes urbanos y protegían la naturaleza a través de parques nacionales, estatales y del condado. Incluso los políticos conservadores priorizan las cuestiones ambientales. Dicho esto, la sequía más larga conocida ha traído la suspensión de protecciones legales clave y períodos de incendios más intensos, prolongados y, a la postre, costosos.

Empresas rápidas, comida lenta

Las innovaciones tecnológicas aportadas por California no requieren presentación. ¿Acaso hay alguien que no ha oído hablar de los PC, iPod, Google e internet? Sede de Silicon Valley y de una pujante industria biotecnológica, el norte de California compite ferozmente con la industria del cine, la TV y el entretenimiento del sur para erigirse como principal motor económico del estado.

Entretanto, aunque menos del 10% de los californianos vive en zonas rurales, son también responsables de otro motor del estado: la agricultura. Con más de 80 000 granjas que producen 42 000 millones de US$ al año en comida para el resto del país y el mundo, es normal que el cambio climático y la sequía actual preocupen tanto.

Quizá parezca que los californianos hacen proselitismo de su comida e idolatran a sus chefs como estrellas del *rock,* pero es fácil entenderlo. Leer las cartas de los restaurantes supone adoptar una postura en asuntos delicados: granos de cultivo ecológico y sin modificaciones genéticas, *veganismo,* reses criadas con pasto o grano, viñedos biodinámicos, café de comercio justo y la importancia de comprar productos de cercanía. No es casual que la concienciación con el consumo local surgiera aquí.

Religiones del Nuevo Mundo

Las religiones alternativas y las comunidades utópicas dominan el imaginario popular de California, desde los nuevos paganos hasta los curanderos *new age.* California copó los titulares en la década de 1960 con los gurús venidos de la India; en los setenta con el Templo del Pueblo de Jim Jones y los cursos de autoayuda del Erhard Seminars Training (EST); en los noventa con la Heaven's Gate (Puerta del Cielo), una religión destructiva con sede en San Diego que rendía culto a los ovnis; y en el 2011 cuando Harold Camping, predicador radiofónico de Oakland, predijo que la segunda venida de Jesús estaba cerca. Desde 1954, la Iglesia de la Cienciología busca fieles, entre ellos el actor Tom Cruise y el músico Beck.

POBLACIÓN: **38,3 MILLONES**

SUPERFICIE: **155 780 KM²**

PORCENTAJE DEL PIB DE EE UU: **12% (1,96 BILLONES DE US$)**

INGRESO DOMÉSTICO MEDIO: **61 400 US$**

DESEMPLEO: **8%**

si California tuviera 100 habitantes

40 serían caucásicos
38 serían latinos
14 serían asiáticos americanos
7 serían afroamericanos
1 sería otro

grupos religiosos
(% de población)

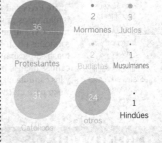

población por km²

Historia

Cuando llegaron los exploradores europeos en el s. XVI, estas tierras eran el hogar de más de 100 000 nativos americanos. Los conquistadores y sacerdotes españoles se adentraron en busca de una legendaria 'ciudad de oro' antes de crear misiones católicas y presidios. Tras independizarse de España, México gobernó California hasta su derrota por los bisoños EE UU, justo antes de descubrirse oro allí, en 1848. Desde entonces, olas de soñadores deslumbrados por California han llegado a esta orilla del Pacífico.

Más sobre los nativos californianos

Indian Canyons y Tahquitz Canyon, Palm Springs

Autry National Center, Griffith Park, Los Ángeles

Indian Grinding Rock State Historic Park, Gold Country

California State Indian Museum, Sacramento

Maidu Museum & Historical Site, Roseville

Patrick's Point State Park, costa norte

Nativos californianos

Hace milenios que llegan inmigrantes a California. Varios enclaves arqueológicos, desde grandes yacimientos de caracolas hasta zonas de fogatas en las Channel Islands, evidencian asentamientos humanos ya hace 13 000 años.

Los nativos californianos hablaban unas 100 lenguas y en su mayoría vivían en pequeñas comunidades; algunos migraban con las estaciones. Su dieta se basaba en bellotas, complementadas por pequeños animales, como conejos y ciervos, además de pescado y marisco. Eran hábiles artesanos, hacían ollas de loza, redes de pesca, arcos, flechas y lanzas con puntas de piedra astilladas. Muchas tribus desarrollaron la habilidad de tejer cestas con hierba y briznas de plantas, decoradas con motivos geométricos, y algunas tan ceñidas que podían cargar agua.

Las comunidades pesqueras de la costa norte, como los ohlone, los miwok y los pomo, construían casas redondas subterráneas y cabañas de sudar, donde celebraban ceremonias, narraban historias y apostaban. Entre los cazadores del norte estaban los hupa, los karok y los wiyot, que tenían casas grandes y piraguas de madera de secuoya, mientras que los modoc vivían en tipis de verano y refugios de invierno; y todos buscaban salmones en su época de remonte de los ríos. Las aldeas kumeyaay y chumash salpicaban la costa central, donde las tribus pescaban y remaban en canoas incluso hasta las Channel Islands. Más al sur, los mojave, los yuma y los cahuilla elaboraban cerámica sofisticada y desarrollaron sistemas de riego para cultivar en el desierto.

CRONOLOGÍA

13 000 a.C.	1542-1543 d.C.	1769
Comunidades nativas americanas se asientan por todo el estado, desde los yurok en casuchas de tablones de secuoya en el norte, hasta las viviendas con bóvedas de paja de los kumeyaay al sur.	El marino portugués Juan Rodríguez Cabrillo y su tripulación española son los primeros europeos en llegar a la costa de California, hasta las Channel Islands, donde muere de gangrena.	El monje franciscano Junípero Serra y el capitán Gaspar de Portolá lideran una expedición misionera española, que recluta a nativos para convertirlos y como peones forzosos.

(POSIBLE) ORIGEN DEL NOMBRE CALIFORNIA

El oro suele ser el hilo conductor de la historia californiana, pero lo cierto es que todo empezó con un montón de embustes. Quizá se haya oído hablar de una isla soleada poblada por amazonas con armas de oro que montaban grifos alimentados por sus propios hijos, y no, no es un *remake* de *Wonder Woman*. Es el argumento de la novela española del s. XVI de Garci Rodríguez de Montalvo *Las Sergas de Esplandián,* que inspiró a los aventureros españoles, entre ellos a Hernán Cortés, quien dijo en una carta de 1524 desde México que esperaba encontrar la isla en un par de días más de navegación al noroeste.

Excepto por las aves míticas y las mujeres filicidas, Montalvo y Cortés no estaban del todo equivocados. Al otro lado del mar, frente a la tierra firme mexicana, existía una península a la que los colonos españoles llamaron Baja California, por Calafía, la reina de las amazonas de Montalvo. Al norte se extendía Alta California, rica en oro. Pero en la historia de Montalvo, la reina guerrera Calafía cambia voluntariosa sus días salvajes, sienta la cabeza y se convierte a la cristiandad, lo que no ocurrió en California.

Cuando el capitán marino inglés sir Francis Drake arribó a una zona miwok al norte de San Francisco en 1579, los nativos creyeron que eran los muertos que regresaban del más allá, y los chamanes vieron en ello un anuncio del apocalipsis. Los augurios no se equivocaban tanto: un siglo después de la llegada de los colonos españoles en 1769, los indígenas de California se verían diezmados en un 80%, hasta solo 20 000 personas por enfermedades ajenas, trabajos forzados, violencia, hambre y choque cultural.

Período de las misiones españolas

En el s. XVIII, mientras los tramperos rusos e ingleses empezaban a comerciar con valiosas pieles de Alta California, España ideó un plan de colonización. Por la gloria de Dios y de las arcas tributarias de España, se levantaban misiones en toda California, que a los 10 años pasarían a estar al mando de los conversos locales. El quijotesco oficial español José de Gálvez, de México, dio su consentimiento; tenía otros grandes proyectos, como controlar Baja California.

Casi inmediatamente después de su aprobación en 1769, el plan misionero empezó a fallar. El franciscano fray Junípero Serra y el capitán Gaspar de Portolá viajaron por tierra para fundar la Misión San Diego de Alcalá en 1769, pero tan solo la mitad de los marineros de sus barcos de avituallamiento sobrevivieron. Portolá había oído hablar de una mítica ensenada al norte, pero como no pudo reconocer la bahía de Monterey en medio de la niebla, desistió de su empeño y regresó.

La distancia entre las misiones españolas de California equivalía a un día de viaje a caballo. Para saber más sobre la importancia histórica y la influencia cultural de las misiones, véase www.missionscalifornia.com.

1781	1821	1835	1846
El gobernador español Felipe de Neve sale de la Misión San Gabriel con unos pocos colonos para, a 15 km al oeste, fundar la futura Los Ángeles.	La independencia de México acaba con la colonización española de California. México hereda 21 misiones, unos vaqueros californios rebeldes y una población nativa diezmada.	El emisario del presidente de EE UU Andrew Jackson hace una oferta de compra por Alta California, pero México intenta venderla sin éxito a Inglaterra.	Las ventiscas de Sierra Nevada dejan encallada la expedición Donner de colonos. Solo cinco mujeres y dos hombres sobreviven.

Sin embargo, fray Junípero Serra no cedió y recabó apoyos para establecer presidios (puestos militares) junto a las misiones. Si los soldados no recibían sus pagas, se dedicaban a saquear las comunidades cercanas. El clero se oponía a tratar así a posibles conversos, pero dependía de los soldados para reclutar mano de obra para las misiones. A cambio del trabajo forzado, los nativos recibían una comida al día y un sitio en el Reino de Dios (que no tardaron en ocupar a causa de las enfermedades traídas por los españoles, como la viruela y la sífilis).

Como era de esperar, las tribus indígenas se rebelaban a menudo. Pese a ello, las misiones tuvieron cierto éxito con la agricultura y, en consecuencia, con cierta autosuficiencia, pero como medio para colonizar California y convertir a los indígenas fracasaron. La población española era pequeña, a los intrusos extranjeros no los disuadían bien y, al final, morían más nativos de los que se convertían.

Para tradiciones y los estilos de vida de las tribus indígenas, *California Indians and Their Environment* es una guía amena sobre historia natural de Kent Lightfoot y Otis Parrish.

California bajo el dominio mexicano

España perdió California con la Guerra de Independencia de México (1810-1821). Mientras las misiones tuvieran los mejores pastos, los rancheros no podían competir en el mercado del cuero y el sebo (para jabón). Pero los colonos españoles, mexicanos y estadounidenses casados con nativas californianas formaban entonces ya un nutrido electorado y, juntos, estos 'californianos' convencieron a México para que secularizara las misiones en 1834.

Los californianos no tardaron en obtener los títulos de propiedad sobre las misiones. Como solo unas pocas docenas de ellos sabían leer, las disputas fronterizas se solventaban por la fuerza. Por ley, la mitad de las tierras debían destinarse a los nativos que trabajaban en las misiones, pero muy pocos de estos llegaron a recibir derechos de propiedad.

Vía el matrimonio y de otros vínculos, casi toda la tierra y la riqueza de California pertenecían en 1846 a 46 familias de rancheros. En aquella época, el tamaño de un rancho medio era de 6500 Ha; las casuchas de antaño se convirtieron en elegantes haciendas donde las mujeres permanecían recluidas por las noches. Pero las rancheras (las mujeres poseían algunos ranchos de California) no estaban dispuestas a dejarse dominar.

Entretanto, los estadounidenses llegaban al puesto comercial de Los Ángeles por el Old Spanish Trail ("viejo camino español"). Los puertos septentrionales de Sierra Nevada eran más traicioneros, como descubrió trágicamente en 1846 la expedición Donner.

No obstante, EE UU veía un gran potencial en California, y cuando el presidente Andrew Jackson ofreció al Gobierno mexicano 500 000 US$ por el territorio en 1835, la propuesta fue rechazada. Después de que EE UU se anexionara la mexicana Texas en 1845, México rompió relacio-

1848	1850	1851	1869
Los empleados de un molino descubren oro cerca de la actual Placerville. Sam Brannan, editor de un periódico de San Francisco, desvela el secreto y comienza la Fiebre del Oro.	Para recaudar impuestos del oro, California se convierte en el 31º estado de EE UU. Los mineros descubren la manera de eludir al fisco; nacen las rivalidades entre norte y sur.	El descubrimiento de oro en Australia desploma el precio del oro californiano.	El 10 de mayo se coloca el "clavo de oro" en Promontory (Utah), con lo que concluye el primer ferrocarril transcontinental que une California con la Costa Este.

LA REPÚBLICA DE LA BANDERA DEL OSO

En junio de 1846, los colonos estadounidenses declararon la independencia en la ciudad norteña de Sonoma. No se disparó un solo tiro, sino que capturaron al oficial mexicano más próximo e izaron una improvisada bandera. Al despertarse, la población local descubrió que vivía en la independiente "República del Oso", bajo una bandera con un oso pardo. La república solo duró un mes antes de que EE UU ordenase a los colonos su retirada.

nes diplomáticas y ordenó deportar a todos los extranjeros sin papeles de California.

La guerra entre México y EE UU se declaró en 1846 y duró dos años, aunque se libraron escasos combates en California. Las hostilidades terminaron con el Tratado de Guadalupe Hidalgo, por el que México perdía gran parte de su territorio norte (incluida Alta California) a EE UU. Pura suerte: pocas semanas después se descubrió oro.

La Fiebre del Oro

Todo comenzó con un farol. Sam Brannan, especulador inmobiliario, mormón no practicante y editor de un tabloide, buscaba desprenderse de unos pantanales en 1848 cuando oyó rumores de que habían encontrado pepitas de oro cerca de Sutter's Mill, en las estribaciones de Sierra Nevada. En la creencia de que esta noticia le ayudaría a vender periódicos y elevaría el valor del suelo, Brannan publicó el rumor como cierto.

En un principio, la historia de Brannan no generó gran entusiasmo; ya había aflorado oro en el sur de California en 1775. Así que difundió otra historia, ahora verificada por trabajadores mormones de Sutter's Mill que le habían obligado a guardar el secreto. Brannan, por lo que parece, cumplió su palabra corriendo por las calles de San Francisco y exhibiendo el oro que le había sido confiado como diezmo al grito de: "¡Oro en el American River!".

Otros periódicos tampoco se molestaron en comprobar los hechos y no tardaron en publicar historias sobre oro cerca de San Francisco. En 1850, año en que California solicitó su admisión como 31º estado de la Unión, la población foránea se había disparado de 15 000 a 93 000. Los primeros en llegar de todo el país y del mundo bateaban codo con codo, dormían en espacios pequeños, bebían vino de elaboración local y se alimentaban de comida china al *wok*, y cuando hacían fortuna, pedían una *hangtown fry* (tortilla con bacón y ostras).

Con cada oleada de recién llegados, los beneficios caían y se complicaban los hallazgos. En 1848, los buscadores ganaban el equivalente a

La oscarizada película *Pozos de ambición* (2007), adaptación del libro de Upton Sinclair *Oil!*, retrata a un magnate del petróleo basado en el californiano sureño Edward Doheny.

1882	1906	1927	1927
La US Chinese Exclusion Act suspende la llegada de nuevos inmigrantes de China, niega la ciudadanía a quienes ya están en el país y ratifica leyes discriminatorias, vigentes hasta 1943.	Un terremoto arrasa manzanas enteras de San Francisco y provoca incendios que duran tres días. Los supervivientes comienzan de inmediato las tareas de reconstrucción.	Tras un año de ajustes, el inventor de San Francisco Philo Farnsworth transmite con éxito la primera emisión televisiva de... una línea recta.	*El cantor de jazz*, sobre un cantante judío que se revela contra su padre y actúa pintado de negro, es el primer largometraje hablado. Comienza la Edad de Oro de Hollywood.

unos 300 000 US$ de hoy; para 1849, la mitad, y en 1865, solo 35 000 US$. Cuando el oro en superficie escaseó, se recurrió al pico, la pala y la dinamita en las montañas. El trabajo era agotador y peligroso, la vida en los fríos y sucios campamentos mineros, carísima, y la escasez de médicos hacía que las heridas fuesen a menudo letales. Solo había una mujer por cada 4000 hombres en algunos campamentos, y muchos pagaban por compañía, alcohol y opio para consolarse.

Vigilantes, barones del robo y el ferrocarril

Los buscadores de oro más afortunados fueron los que llegaron y se marcharon pronto. Quienes se quedaron mucho tiempo perdieron fortunas en busca de la siguiente pepita o fueron blanco de resentimientos. Los peruanos y chilenos que habían tenido éxito fueron acosados y se les denegaron las renovaciones de sus títulos mineros; la mayoría dejó California en 1855. A los peones nativos que ayudaron a los mineros a enriquecerse les pasó lo mismo, como a los chinos, aunque estos abrieron negocios de servicios que sobrevivieron a la quiebra minera. Entretanto, los delitos solían atribuirse a los australianos. El autoproclamado Comité de Vigilancia de San Francisco, creado en 1851, juzgó, condenó, linchó y deportó a la panda Sydney Ducks; cuando ese año empezó otra Fiebre del Oro en Australia, muchos volvieron diligentes a casa.

Las rivalidades entre etnias nublaron la competencia real, que no eran los compañeros, sino quienes controlaban los medios de producción: los barones del robo de California. Estos especuladores hicieron acopio del capital y la maquinaria industrial necesarios para la minería subterránea. Con su industrialización, se necesitaba menos mano de obra y los buscadores sin trabajo dirigieron su ira a un objetivo muy fácil: los chinos, que en 1960 eran el segundo grupo de población más grande de California, después de los mexicanos. Las leyes discriminatorias californianas que restringían la vivienda, el empleo y la nacionalidad a todos los nacidos en China quedaron reforzadas por la Ley de Exclusión China de 1882, vigente hasta 1943.

Estas leyes sirvieron a las necesidades de los barones del robo, que precisaban mano de obra barata para que el ferrocarril llegara hasta sus concesiones y los mercados de la Costa Este. Para horadar túneles a través de Sierra Nevada, los trabajadores eran bajados en cestos de mimbre por paredes verticales, colocaban cartuchos de dinamita encendidos en las hendiduras de las rocas y tiraban con rapidez de la cuerda para que los izaran. Los que sobrevivían a la jornada eran confinados en barracones con guardas armados en frías y apartadas regiones montañosas. Con pocas alternativas de empleo legal, se calcula que unos 12 000 trabajadores chi-

El clásico *Chinatown* (1974) es un relato de ficción muy preciso sobre las brutales guerras del agua libradas para construir Los Ángeles.

1934	1942	1955	1965
Una huelga de estibadores acaba con 34 muertos por disparos y 40 afectados por gases o palizas de la policía en San Francisco. Tras el funeral masivo, las navieras se avienen a las exigencias del sindicato.	La Orden Ejecutiva 9066 envía a cerca de 120 000 estadounidenses de origen japonés a campos de internamiento. Las demandas presentadas sientan las bases del Acta de Derechos Civiles de 1964.	Disneyland abre en Anaheim el 17 de julio. Mientras las masas abarrotan el parque, la fontanería se rompe y Fantasyland sufre un escape de gas. Walt Disney repite la inauguración, con éxito, al día siguiente.	Se necesitan 20 000 efectivos de la Guardia Nacional para reprimir los seis días de disturbios en Watts (Los Ángeles), con muertos, devastación y 40 millones de US$ en daños materiales.

nos perforaron Sierra Nevada, hasta encontrarse en 1869 con el extremo del ferrocarril transcontinental que se tendía hacia el oeste.

Lucha por el petróleo y el agua

Durante la Guerra de Secesión (1861-1865), California no podía contar con los envíos de víveres procedentes de la Costa Este, por lo que empezó a cultivarlos. Con una propaganda desvergonzada, California reclutó a hacendados del Medio Oeste para sembrar el Valle Central. "Hectáreas de tierras del Gobierno sin ocupar... para un millón de agricultores... salud y riqueza sin ciclones ni tormentas", proclamaba un cartel promocional, que no mencionaba los terremotos ni las luchas por las tierras con los rancheros y los nativos. Más de 120 000 hacendados llegaron a California en las décadas de 1870 y 1880.

Estos se encontraron con los estragos que había dejado la minería del oro: montañas destripadas, vegetación, arrasada, arroyos colmatados y vertidos de mercurio en el agua. El cólera se extendió por las alcantarillas de los campamentos, mal drenadas, y se cobró muchas vidas; los hallazgos de menor importancia en las montañas del sur de California desviaron unos arroyos indispensables para los secos valles meridionales. Como las concesiones mineras otorgadas por el Gobierno se beneficiaban de sustanciosas exenciones fiscales, los fondos públicos resultaban insuficientes para acometer proyectos de limpieza o de alcantarillado.

Los frustrados agricultores al sur del Big Sur votaron para independizarse de California en 1859, pero el asunto quedó a un lado con la Guerra de Secesión. En 1884, los californianos del sur aprobaron una ley pionera que prohibía los vertidos en los ríos y, con el apoyo de incipientes negocios agropecuarios e inmobiliarios, emitieron bonos para construir acueductos y presas que permitieran la agricultura a gran escala y el desarrollo urbanístico. Llegado el s. xx, el tercio inferior del estado consumía dos tercios del agua disponible, lo cual auspició el deseo de secesión de la California norteña.

Entretanto, Edward Doheny, buscador de oro arruinado y especulador inmobiliario fracasado, descubrió petróleo en el centro de Los Ángeles, cerca del actual estadio de los Dodger, lo que marcó el inicio del gran *boom* petrolífero. Al cabo de un año generaba 40 barriles diarios y cinco años después había 500 pozos en activo en el sur de California. Para finales de la década, el estado producía cuatro millones de barriles de oro negro al año. El centro de Los Ángeles creció en torno al pozo de Doheny, y en 1900 ya era un núcleo industrial con más de 100 000 habitantes.

Mientras el bucólico sur de California se urbanizaba, los californianos del norte, testigos de la devastación medioambiental por la minería y la explotación forestal, iniciaron el primer movimiento ecologista del país.

Los mejores libros de historia de California

California: A History (Kevin Starr)

Ciudad de cuarzo (Mike Davis)

Arrastrarse hacia Belén (Joan Didion)

Journey to the Sun (Gregory Orfalea)

1966	1967	1968	1969
Ronald Reagan es elegido gobernador de California, precedente entre las estrellas de cine venidas a menos. Ocupó el cargo hasta 1975, y en 1981 se convirtió en el 40º presidente de EE UU.	Empieza el Verano del Amor el 14 de enero con el llamado "Human Be-In", una concentración celebrada en el Golden Gate Park donde se consumen alucinógenos y se usan cartillas militares como papel higiénico.	El candidato presidencial, ex-fiscal general de EE UU y defensor de los derechos civiles Robert Kennedy es asesinado en Los Ángeles tras ganar las cruciales primarias en California.	La UCLA envía datos de un ordenador a otro de la Universidad de Stanford; se escriben solo dos caracteres antes de que el sistema falle. Nace internet.

John Muir, naturalista de Sierra Nevada, escritor lírico y agricultor del área de la bahía de San Francisco, fundó el Sierra Club en 1892. Contra las enérgicas objeciones de Muir, se construyeron presas y oleoductos para beneficiar a las comunidades de los desiertos y costeras, como el embalse de Hetch Hetchy en Yosemite, que suministra agua a la zona de la bahía. En un territorio propenso a las sequías, aún arrecian las tensiones entre los explotadores de las tierras y los ecologistas.

La reforma del Salvaje Oeste

El gran terremoto y el incendio que asolaron San Francisco en 1906 supusieron un punto de inflexión para California. Con los fondos públicos destinados a las cañerías principales y las bocas de riego desviados por los políticos corruptos, solo había una fuente de agua en toda San Francisco. Cuando se disipó el humo, una cosa quedó clara: era el momento de domar el Salvaje Oeste.

Mientras San Francisco se reconstruía a un ritmo de 15 edificios al día, los políticos reformistas se pusieron a trabajar en políticas municipales, estatales y nacionales, punto por punto. Los californianos preocupados por la salud pública y la trata de blancas presionaron para que se aprobase la Red Light Abatement Act de 1914, que cerró los burdeles del estado. La Revolución mexicana trajo entre 1910 y 1921 una nueva oleada de inmigrantes y de ideas revolucionarias, entre ellas el orgullo étnico y la solidaridad obrera. Con el crecimiento de los puertos de California, los sindicatos de estibadores protagonizaron una histórica huelga de 83 días en 1934 por toda la Costa Oeste que desembocó en unas condiciones de trabajo más seguras y un salario justo.

En el momento álgido de la Gran Depresión, en 1935, unas 200 000 familias de agricultores huyeron de las Grandes Llanuras, azotadas por la sequía del Bust Bowl, a California para hallar salarios escasos y unas condiciones de trabajo deplorables. Los artistas de California alertaron al ciudadano medio estadounidense sobre tales penurias, y la nación entera se congregó en torno a las fotografías de Dorothea Lange de familias hambrientas y al desgarrador relato de John Steinbeck *Las uvas de la ira,* de 1939. El libro se prohibió en muchos sitios, mientras que respecto a la versión cinematográfica de 1940, su protagonista Henry Fonda y el propio Steinbeck fueron acusados de comunistas. Pese a todo, logró el apoyo para los trabajadores del campo, lo que sentó las bases para la creación del sindicato United Farm Workers.

La población activa de California cambió para siempre durante la II Guerra Mundial, cuando se reclutó a mujeres y a afroamericanos para las industrias bélicas y se trajo a trabajadores mexicanos para cubrir la demanda de mano de obra. Los contratos en las comunicaciones militares

Erin Brockovich (2000) se basa en la historia verídica de una madre del sur del estado que descubrió que los residuos industriales estaban envenenando a una población; ayudó a ganar una acción popular que incrementó el grado de responsabilidad legal de las empresas.

1969	1977	1989	1992
Activistas nativos americanos reclaman simbólicamente Alcatraz hasta que el FBI los desaloja en 1971. El apoyo popular refuerza las concesiones de autogobierno para las tribus nativas.	El supervisor de San Francisco Harvey Milk se convierte en el primer gay elegido para un cargo público en California. Tras lanzar un proyecto de ley pro derechos civiles lo asesina su opositor político Dan White.	El 17 de octubre, el terremoto de Loma Prieta alcanza 6,9 grados cerca de Santa Cruz, hunde un tramo de la Interstate 880 y provoca 63 muertos y casi 4000 heridos.	Cuatro policías blancos acusados de atacar al afroamericano Rodney King son absueltos por un jurado de mayoría blanca. Tras el juicio, Los Ángeles vive seis días de disturbios.

EL MOVIMIENTO PRO DERECHOS CIVILES EN CALIFORNIA

Antes de la marcha de 1963 sobre Washington DC, el movimiento pro derechos civiles gozaba ya de arraigo en California. Cuando el presidente Roosevelt ordenó en 1942 que casi 120 000 estadounidenses de origen japonés que vivían en la Costa Oeste ingresaran en campos de internamiento, las demandas de la Japanese American Citizens League llegaron al Tribunal Supremo y sentaron los precedentes jurídicos de los derechos civiles. En 1992, los internos recibieron compensaciones y una carta oficial de disculpa firmada por el presidente George H. W. Bush.

Los dirigentes obreros César Chávez y Dolores Huerta fundaron Trabajadores Agrícolas Unidos en 1962 para defender pacíficamente los derechos de los trabajadores inmigrantes. Cuatro años después, Chávez y los recolectores de uvas marcharon a Sacramento, lo que atrajo la atención del país sobre la cuestión de los salarios justos y los graves riesgos de los pesticidas. Cuando se envió a Bobby Kennedy para que investigara, este se puso del lado de Chávez, lo que otorgó a los latinos un hueco en la política.

y la aviación congregaron a una élite internacional de ingenieros, que lanzaron la industria de la alta tecnología. Una década después de la II Guerra Mundial, la población de California había crecido casi un 40% y superaba los 13 millones.

Hollywood y la contracultura

A principios del s. xx, la mayor exportación de California era la imagen de sol y salud que proyectaba al mundo a través del cine. El sur de California se convirtió en un lugar idóneo para rodar por su sol constante y variedad paisajística, aunque su papel se limitaba a remedar escenarios más exóticos y como telón de fondo a producciones de época como *La quimera del oro* (1925), de Charlie Chaplin. Poco a poco, California chupó más cámara en películas y series de TV icónicas, con sus palmeras y playas soleadas. Con el poder de Hollywood, domeñó su imagen del Salvaje Oeste y adoptó otra más comercial de chicos en la playa y rubias en biquini.

No obstante, los californianos del norte no se veían como extras de *Beach Blanket Bingo* (1965). Los marinos de la II Guerra Mundial dados de baja por insubordinación y homosexualidad en San Francisco se encontraban como en su casa en los clubes de *bebop jazz* de North Beach, los cafés bohemios y la librería City Lights. San Francisco se convirtió pronto en la ciudad de la libertad de expresión y del espíritu libertario, y no tardaron en producirse las detenciones: el poeta *beat* Lawrence Ferlinghetti por publicar el poema de Allen Ginsberg *Aullido,* el cómico Lenny Bruce por proferir obscenidades en el escenario y Carol Doda por

1994	1994	2000	2003
El condado de Orange se declara en quiebra después de que su tesorero perdiera 1700 millones de US$ invertidos en derivados de riesgo y se declarase culpable de delitos graves.	El terremoto de 6,7 grados de Northridge golpea Los Ángeles el 17 de enero, mata 72 personas y causa 20000 millones de US$ en daños materiales, uno de los desastres naturales más costosos en la historia de EE UU.	El NASDAQ se hunde y termina el *boom* de las *puntocom*. Las industrias tradicionales alardean frente al estallido de la burbuja, hasta que los efectos colaterales provocan la devaluación del dólar y el desplome del NYSE.	El republicano Arnold Schwarzenegger es elegido gobernador de California. Abre una brecha en el partido en cuestiones medioambientales y obtiene la reelección en el 2007.

ir en *topless*. Cuando la CIA utilizó al escritor Ken Kesey para probar drogas psicoactivas destinadas a crear al soldado perfecto, inauguró, sin querer, la era psicodélica. En el "Human Be-In" celebrado en el Golden Gate Park el 14 de enero de 1967, Timothy Leary, gurú de los *trips,* alentó a una multitud de 20 000 *hippies* a concebir un nuevo sueño americano y a *"turn on, tune in, drop out"* ("actívate, sintonízate y despréndete"). Al *flower power* le siguieron otras revoluciones en la zona de la bahía, como el *black power* y el orgullo gay.

Aunque entre los años cuarenta y sesenta fue la contracultura del norte de California la más llamativa, la inconformidad en el soleado sur removió los cimientos del país. En 1947, cuando el senador Joseph McCarthy intentaba limpiar de comunistas la industria del cine, a 10 escritores y directores que se negaron tanto a admitir dichas acusaciones como a facilitar nombres se les acusó de desacato al Congreso y se les prohibió trabajar en Hollywood. Sin embargo, la apasionada defensa de la Constitución de EE UU hecha por los Diez de Hollywood se escuchó en todo el país y, pese a todo, grandes figuras de Hollywood contrataron a talentos de la "lista negra". Por fin, la justicia puso fin al macartismo a finales de la década de 1950.

La imagen de paraíso playero (y la industria petrolera) cambiaria definitivamente no por gracia de los directores de Hollywood, sino por los bañistas de Santa Bárbara. El 28 de enero de 1969, una plataforma petrolífera vertió 100 000 barriles de crudo al canal de Santa Bárbara, causando la muerte de delfines, focas y miles de aves. Contra todo pronóstico, aquella relajada comunidad playera organizó una protesta muy eficaz, que impulsó la creación de la US Environmental Protection Agency y la California Coastal Commission, además de la aprobación de importantes leyes estatales y nacionales contra la contaminación ambiental.

California 'friki'

Cuando Silicon Valley presentó el primer ordenador personal en 1968, los anuncios proclamaban que la 'ligera' máquina de Hewlett-Packard (18 kg) podía resolver raíces de un polinomio de quinto grado, funciones de Bessel, integrales elípticas y análisis de regresión por tan solo 4900 US$ (más de 33 000 US$ actuales). Los consumidores no sabían qué hacer con los ordenadores, pero en su *Whole Earth Catalog* de 1969, el escritor Stewart Brand explicó que la tecnología empleada por los gobiernos otorgaría poder a la gente corriente. Con esta esperanza, Steve Jobs, de 21 años, y Steve Wozniak presentaron el Apple II en la Feria de Informática de la Costa Oeste en 1977, con 4 KB de memoria RAM y un microprocesador de 1 MHz. Pero la pregunta persistía: ¿qué iba a hacer la gente con todo ese poder informático?

Para saber más sobre la costumbre de instalar talleres en los garajes de Silicon Valley, véase www.folklore. org, que estudia los fracasos y los choques de personalidad que forjaron la historia de los *geeks*.

2004	2005	2007	2008
El válor de Google alcanza la cifra récord de 1670 millones de US$. Desde entonces, el precio de las acciones ha subido más del 900% y el valor de la empresa supera los 350 000 millones de US$.	Antonio Villaraigosa es elegido alcalde de Los Ángeles, el primer latino en ocupar el cargo desde 1872. De familia pobre del este de la ciudad, declara: "Nunca olvidaré de dónde vengo".	El fuego arrasa un sur de California azotado por la sequía y obliga a evacuar a un millón de personas. Inmigrantes, presos del estado y bomberos de Tijuana ayudan a sofocarlo.	California aprueba la Proposición 8, que define el matrimonio como la unión de un hombre con una mujer. Los tribunales dictaminan que la ley es inconstitucional y el matrimonio homosexual vuelve en el 2013.

A mediados de la década de 1990 floreció en Silicon Valley toda una industria de las *puntocom*; de pronto, la gente pudo acceder a todo (correo, noticias, política, comida para animales y sexo) en línea. Pero cuando ya no hubo beneficios de las *puntocom*, los fondos de capital riesgo se secaron y las fortunas en opciones financieras desaparecieron al estallar la burbuja de las *puntocom* y desplomarse el NASDAQ el 10 de marzo del 2000. De la noche a la mañana, vicepresidentes de 26 años y trabajadores del sector servicios de la bahía de San Francisco se encontraron sin trabajo. No obstante, conforme los usuarios buscaban más información en miles de millones de páginas web, se produjo un auge de los buscadores y los medios de comunicación social.

Por su parte, la industria de la biotecnología también despegaba. En 1976 se fundó en la zona de la bahía de San Francisco una empresa llamada Genentech, que se afanó en clonar insulina humana y presentar la vacuna para la hepatitis B. En el 2004, los votantes de California aprobaron unos bonos públicos por 3000 millones de US$ para la investigación con células madre, y en el 2008 California era el mayor proveedor de fondos en EE UU para dichas investigaciones, además del centro del nuevo índice de biotecnología del NASDAQ. Y seguro que a California le irá bien en sus futuros grandes planes, sin importar lo excéntricos que suenen al principio.

Forma de vida

En la California soñada, la gente se levanta, se toma un batido completo y baja a la playa a disfrutar de las olas y el surf. Los vigilantes de la playa le saludan mientras pasean o corren en bañador. El soñador se desliza por el paseo en el monopatín de camino a la clase de yoga, donde todo el mundo admirará sus posturas. Un camión de comida pasa con exquisiteces: tacos de pescado de cría sostenible hechos a fuego lento con salsa chipotle de mango de cultivo ecológico. ¿Esto puede ser verdad?

Vivir el sueño

El sueño continúa. Más tarde el mismo personaje se despierta en la playa tras la clase de yoga porque una agente de *casting* le tapa el sol y le ofrece una película basada en un divertido cómic superventas. Le responde que su abogado revisará el contrato, en referencia a su compañero de piso que trabajó en una serie de TV. La conversación toca a su fin al recibir un SMS para reunirse con unos amigos en un bar.

Menudo estrés con la agente de *casting*. ¡Pretendía obtener una respuesta en un mes!, así que se impone una visita al salón de tatuajes para que le inscriban "Paz" en tibetano en el bíceps. En el bar, le reclaman en el escenario para unirse al grupo que toca, y después le explica a la batería que la agente de *casting* le amargó el día. Ella le recomienda una escapada en plan enológico, pero este fin de semana ya ha planificado una limpieza de *chakras*.

Regresa a su casa de la playa para actualizar el estado de su perfil de la red social, y transmite a su millón de amigos las novedades del día: "Un taco buenísimo, la postura perfecta en yoga, tatuaje de la paz, oferta para una peli". A continuación, se repite a sí mismo la letanía nocturna de afirmación personal: "Soy una criatura del universo... tengo suerte, al menos, no soy neoyorquino... mañana amanecerá todo un mundo de posibilidades... om".

Identidad regional

Ahora la realidad: este sueño es indignante para cualquier californiano del norte. Sin duda, las protestas políticas y los emprendedores de Silicon Valley deberían aparecer en el sueño. Pero los californianos del sur también se molestarán: ellos no crearon el Jet Propulsion Lab de la NASA ni casi la mitad de las películas de gente tumbada en la playa.

Aun así, este sueño encierra cierta verdad. Cerca del 80% de los californianos vive más cerca de la costa que en el interior, aunque en las playas no siempre luce el sol ni se puede nadar. La autoayuda, el *fitness* y las operaciones de estética son industrias importantes, comercializadas con éxito desde los años setenta como versiones ligeras de una experiencia religiosa: toda la agonía y el éxtasis de las religiones, pero sin los severos mandamientos. El ejercicio y la buena comida ayudan a los californianos a mantenerse entre los ciudadanos más en forma del país. Sin embargo, casi medio millón de ciudadanos necesita recetas de marihuana con fines terapéuticos. ¡Ejem!

El *riptionary* (www.riptionary.com), el repertorio léxico en línea más famoso del mundo de argot surfero, ayudará a traducir frases como *The big mama is fully mackin' some gnarly grinders!* ("el océano está haciendo unas olas tremendas")

Entre los inventos del sur de California están el Space Shuttle, Mickey Mouse, el dentífrico blanqueante, el *hula hoop* (o al menos, la marca registrada), Barbie, la tecnología del *skateboard* y el surf, la ensalada Cobb y las galletas de la suerte.

Pero los californianos del norte y del sur tienen, al menos, una cosa en común: su desconcierto por los delirios neoyorquinos de que el mundo gira alrededor de la Gran Manzana.

La vida real

Esta ensoñadora existencia es una exageración, incluso en California. Pocos californianos pueden permitirse pasar el día al sol y en las redes sociales, y más con los efectos de envejecimiento de los rayos UVA y lo cara que está la vivienda. Según un estudio reciente de la Universidad de Cambridge, la creatividad, la imaginación, la intelectualidad y la madurez son características que definen a los californianos respecto a sus conciudadanos de otros estados.

La mayoría de la gente vive en el automóvil. Los californianos invierten una media de 30 min en cada desplazamiento al trabajo y destinan uno de cada cinco dólares a gastos relacionados con el vehículo. No obstante, compran más automóviles híbridos y de bajo consumo que cualquier otro estado. Pese a la fama de California de sufrir contaminación, dos de las 25 ciudades con el aire más limpio están en el estado (Redding y Salinas).

De todos modos, pocos californianos pueden permitirse una casa de ensueño en la playa, y la mayoría opta por alquilar en lugar de comprar, con unos ingresos medios por familia de 61 400 US$ al año. Ocho de los 10 mercados inmobiliarios más caros de EE UU están en California, y en las dos zonas más caras, Newport Beach y Palo Alto, el precio medio de la vivienda supera los 1,5 millones de US$. Casi la mitad de los californianos vive en ciudades, pero la mayoría de la otra mitad lo hace en barrios periféricos, donde el coste de la vida es igual de alto, o más: San José, cerca de Silicon Valley, es la ciudad más sobrevaluada de EE UU. Sin embargo, las ciudades de California (sobre todo San Francisco y San Diego) encabezan sistemáticamente los *rankings* nacionales de calidad de vida.

En cuanto a los compañeros de piso soñados: entre los californianos de 18 a 24 años, hay un 50% de probabilidades de sean los propios padres. Entre los adultos, uno de cada cuatro vive solo, y casi la mitad son solteros. De los casados, un 33% ya no lo estará en 10 años. Cada vez más californianos optan por vivir juntos: el número de parejas solteras que conviven ha aumentado en un 40% desde 1990.

Los sin techo son otra realidad, de al menos 135 000 personas, el 20% del total de la población sin hogar del país. Algunos son adolescentes que se han escapado o a los que sus familias han echado, pero la gran mayoría son veteranos del Ejército de EE UU (aprox. 31 000). Además, en los años setenta los programas de salud mental sufrieron recortes, y en los ochenta se retiraron los programas estatales de rehabilitación de toxicómanos, lo que dejó a muchos ciudadanos abandonados a su suerte.

En la cola de los refugios para los sin hogar también está la clase pobre trabajadora, incapaz de permitirse alquilar siquiera un pequeño apartamento con el salario mínimo. En lugar de abordar las causas subyacentes de la falta de hogar, algunas ciudades de California han tipificado como delito el vagabundeo, la mendicidad e incluso sentarse en las aceras. Más de tres de cada 1000 californianos están en las famosas cárceles superpobladas del estado, muchos por delitos de drogas.

Población y multiculturalismo

Con más de 38 millones de habitantes, California es el estado más poblado de EE UU. También es uno de los que ha crecido más rápido, con tres de las 10 mayores ciudades del país (Los Ángeles, San Diego y San José) y más de 300 000 recién llegados cada año. Además, la densidad de población de California (87 hab/km²) casi triplica a la media nacional.

El sur de California tiene miles de creyentes santeros, una fusión de ritos católico y *yoruba* que practicaban los esclavos del oeste de África en el Caribe y Sudamérica. En las *botànica* (herboristerías populares) venden amuletos y velas.

En su columna "¡Pregunte a un mexicano!", el columnista del *OC Weekly* Gustavo Arellano trata cuestiones tales como por qué los mexicanos se bañan con la ropa puesta, pero también graves problemas sociales relacionados con los derechos de los inmigrantes. Se puede leer en www.ocweekly.com.

Estadísticamente, el californiano medio tiene todas las probabilidades de ser una mujer latina, de unos 35 años, residente en la populosa Los Ángeles, o en los condados de Orange o San Diego, y de hablar más de una lengua. Hay una probabilidad entre cuatro de que haya nacido fuera de EE UU, y si es norteamericana, un 50% de de que acabe de llegar de otro estado.

Uno de cada cuatro inmigrantes que recibe EE UU llega a California, en su mayoría, de México, seguidos por los de América Central. Casi todos los inmigrantes ilegales reciben el apoyo de otros familiares residentes. Se calcula que casi tres millones de inmigrantes sin documentación viven en California. Pero esto no es nuevo: antes de que California se convirtiera en uno de los EE UU en 1850 el territorio pertenecía a México y España, e históricamente su crecimiento, mayoritariamente, siempre tuvo su origen en la inmigración, legal o de otra índole.

La mayoría de los californianos ven el estado como una sociedad relajada, multicultural y de mente abierta, que da a todos la oportunidad de vivir el sueño americano. No se espera que nadie abandone su cultura o personalidad para ser californiano: el orgullo chicano, el *black power* y el orgullo gay fijaron sus bases políticas aquí. Pero históricamente, los enclaves chinos, japoneses y de otras etnias fueron el resultado de un sentimiento segregacionista, no surgieron por elección propia. Aunque la igualdad de oportunidades sea una meta compartida, en la práctica aún falta mucho por hacer. Incluso las zonas racialmente integradas pueden estar segregadas por etnias en términos de ingresos, idioma, educación y, quizá lo más sorprendente, acceso a internet.

La cultura californiana refleja la mixtura del estado. Sus poblaciones latina y asiática aumentan sin cesar. Más de un tercio de la población asiático-estadounidense del país vive en California. Los latinos se convirtieron en el grupo étnico mayoritario del estado en el 2014. La cultura latina está muy entremezclada con la californiana, desde J. Lo y la música tejana hasta los burritos y los *margaritas,* o la frase del exgobernador Arnold Schwarzenegger en *Terminator II,* "Hasta la vista, baby". Pese a suponer un 6% de la población y a haber llegado relativamente tarde con el auge del transporte marítimo durante la II Guerra Mundial, los afroamericanos también han definido la cultura popular de la Costa Oeste, con el *jazz* y el *hip-hop,* la moda y otras cuestiones.

Lo que une al "Estado Dorado" no es un pasado étnico común ni una lengua única, sino haber elegido ser californiano. Pese a la notoriedad mediática de los incidentes raciales (como los disturbios de Los Ángeles en el s. xx), el civismo entre las razas es la norma, y las parejas y familias interraciales no sorprenden.

LUCHAS EN CALIFORNIA POR LA IGUALDAD DE MATRIMONIO

En el 2004, el alcalde de San Francisco Gavin Newsom dio licencias de matrimonio a parejas del mismo sexo en un desafío a una prohibición estatal, y 4000 parejas se dieron el sí quiero. Cuatro años después, esa prohibición fue rechazada por tribunales californianos, pero se aprobó con un margen estrecho la Proposición 8 para enmendar la Constitución y limitar el matrimonio a la unión entre un hombre y una mujer.

Los activistas pro derechos civiles cuestionaron la constitucionalidad de la Proposición 8 por discriminatoria. El caso llegó al Tribunal Supremo de EE UU, que en el 2013 ratificó la sentencia de un tribunal menor según la cual esa ley era inconstitucional. Los matrimonios entre personas del mismo sexo volvieron a California, y cada vez en más estados del país el matrimonio es igual para todos por ley.

Del mismo modo, la tolerancia religiosa suele ser lo normal. Aunque los californianos frecuentan menos las iglesias que la media estadounidense y uno de cada cinco no profesa ninguna religión, California es de los estados religiosamente más diversos de EE UU. Aproximadamente un tercio de sus residentes son católicos, en parte por la amplia población latina, y otro tercio es protestante. Hay casi dos millones de musulmanes y cuatro millones de hinduistas. Los Ángeles tiene una de las diez comunidades judías más grandes del país, y California cuenta con el mayor número de budistas del mundo fuera de Asia. De manera controvertida, el estado ha sido tradicionalmente caldo de cultivo para brotes radicales de religiones y cultos religiosos, sobre todo en el sur.

Deportes

California tiene más equipos deportivos profesionales que cualquier otro estado, y la fidelidad a los mismos está muy arraigada: el NFL de fútbol americano, la NBA de baloncesto y los principales equipos de la liga de béisbol. Si alguien duda de la pasión de los californianos por el deporte, basta con intentar conseguir una entrada para un partido de fútbol americano de los Oakland Raiders o los San Diego Chargers, o uno de béisbol de los San Francisco Giants o los LA Dodgers, o uno de baloncesto de Los Ángeles Lakers o uno de *hockey* de Los Ángeles Kings.

Según un estudio reciente, los californianos gustan menos de sentarse a ver la televisión que otros estadounidenses. Pero cuando se enfrentan dos equipos del estado, las calles se vacían. Los partidos con más rivalidad son los de San Diego Chargers-Oakland Raiders en fútbol americano, San Francisco Giants-LA Dodgers en béisbol, y LA Lakers-LA Clippers en baloncesto. Las rivalidades deportivas universitarias son igual de feroces, especialmente cuando los UC Berkeley's Cal Bears se enfrentan a los Stanford University Cardinals o los USC Trojans contra los UCLA Bruins.

Es fácil conseguir entradas para partidos de béisbol de la gran liga de los San Diego Padres y los Anaheim Angels. Si se prefiere un público de fans locales más reducido pero también apasionado (y entradas más baratas), se aconsejan partidos profesionales de baloncesto femenino en Los Ángeles, baloncesto masculino en Sacramento, *hockey* en Anaheim y San José, o fútbol en San José y Los Ángeles, o equipos de béisbol de ligas menores, como los Sacramento River Cats.

Aparte de los *play-offs*, la temporada regular de la gran liga de béisbol va de abril a septiembre; el fútbol americano de la NFL, de septiembre a enero; la NBA de baloncesto, de octubre a abril; la WNBA de baloncesto, de mayo a agosto; el *hockey* sobre hielo de la NHL, de octubre a abril; y la primera división de fútbol, de abril a octubre.

El Gran Premio de Fórmula 1 toma las calles de Long Beach, al sur de Los Ángeles, en abril. Al interior, en Bakersfield, hay carreras de coches todo el año y se celebra el NASCAR. En el condado de San Diego, Del Mar tiene el hipódromo más lujoso del estado; el histórico Santa Anita Racetrack, en el condado de Los Ángeles, salió en el clásico de los Hermanos Marx *Un día en las carreras* y en la serie de la HBO *Luck*.

El surf llegó a California en 1914 con la exhibición del surfista hawaiano de origen irlandés George Freeth en Huntington Beach (condado de Orange). Los deportes de riesgo datan de la década de 1970, cuando los *skaters* de la frontera entre Santa Mónica y Venice (Los Ángeles) perfeccionaban su habilidad en las piscinas secas de los patios de las mansiones, como cuenta la película del 2005 *Los amos de Dogtown*.

En California se hablan más de 200 lenguas diferentes, con el español, el chino, el tagalo, el persa y el alemán entre las 10 más importantes. Casi el 40% de los residentes hablan en su hogar una lengua diferente del inglés.

Plató de cine y TV

Cuesta imaginar un mundo sin Orson Welles que susurra "Rosebud", Judy Garland sin chocar tres veces sus brillantes tacones rojos, o el amenazante "Volveré" de Terminator, y fue en California donde surgieron estas tres imágenes icónicas. Shakespeare afirmó "el mundo es un escenario", pero en California, es más un plató de grabación. Con más de 40 programas de TV y numerosas películas rodadas al año, cada bulevar de palmeras y cada playa parecen tener su propio currículum en IMDB.com.

La Industria

En SoCal ni siquiera añaden lo de "entretenimiento" al negocio del cine y la TV; es solo "la Industria". Todo empezó en los humildes huertos de Hollywoodland, un barrio residencial de Los Ángeles (LA) donde realizadores de cine emprendedores fundaron unos estudios a principios del s. xx. El alemán Carl Laemmle inauguró Universal Studios en 1915, donde servían almuerzos a los visitantes que iban a ver la magia del cine. Un año antes, el inmigrante polaco Samuel Goldwyn se unió a Cecil B. DeMille para crear los Paramount Studios. Jack Warner y sus hermanos, de padres polacos, llegarían poco después desde Canadá.

El perpetuo buen clima del sur de California (con más de 315 días de sol al año) facilitaba mucho el rodaje de exteriores, y la industria del cine floreció en LA. Además, gracias a la proximidad de México, los cineastas podían poner a salvo rápidamente su equipo cuando acechaban los cobradores de dueños de patentes como Thomas Edison. Palm Springs se convirtió en la escapada de fin de semana favorita de las estrellas, en parte porque su distancia de LA (aprox. 160 km) era lo máximo que podían recorrer debido a sus restrictivos contratos con los estudios.

Los fans amaban a las estrellas del cine mudo, como Charlie Chaplin y Harold Lloyd, y la primera gran boda de Hollywood tuvo lugar en 1920, la de Douglas Fairbanks con Mary Pickford, que los convirtió también en pareja real de facto de Hollywood. La era del cine mudo dio paso a las películas habladas con *El cantor de jazz,* un musical de Warner Bros protagonizado por Al Jolson, que se proyectó en 1927 en el centro de LA, donde también nacieron las primeras grandes salas de cine, en concreto en Broadway.

En las décadas de 1930, 1940 y 1950, muchos escritores estadounidenses famosos como F. Scott Fitzgerald, Dorothy Parker, Truman Capote, William Faulkner y Tennessee Wiliams trabajaron como guionistas de Hollywood.

Hollywood y otros

A partir de los años veinte, Hollywood se convirtió en el centro social y financiero de la Industria, pero es un mito que casi todas las películas se produjeran aquí. De los principales estudios, solo Paramount Pictures estaba en Hollywood, si bien rodeado de infinidad de edificios de negocios relacionados con la producción, como la iluminación o la postproducción. Desde hacía años, casi todas las películas se rodaban cerca de LA, en Culver City (MGM, ahora Sony Pictures), Studio City (Universal Studios) y Burbank (Warner Bros y más tarde Disney).

Pero hacer películas no es exclusivo de LA. La American Film Manufacturing Company, también llamada Flying "A" Studios, se fundó en 1910 y rodó taquillazos durante años, primero en San Diego y luego en Santa Bárbara; Balboa Studios, en Long Beach, fue otra importante fábrica de sueños del cine mudo. Algunas productoras famosas modernas situadas en la zona de la bahía de San Francisco (SF) son American Zoetrope de Francis Ford Coppola, Industrial Light & Magic de George Lucas y Pixar. SF y LA aún son centros creativos para los incipientes cineastas independientes.

Según el Los Angeles Economic Development Council, solo el 1,6% de los residentes del condado de LA trabaja directamente en la industria del cine, la TV y la radio. El alto coste de los rodajes ha llevado a buscar localizaciones mucho más allá del valle de San Fernando (sede de muchos estudios de cine y TV), en concreto a Canadá, al "Hollywood North", sobre todo a Vancouver, Toronto y Montreal, que reciben con los brazos abiertos (y medios) a los equipos de producción.

Pero los soñadores y cinéfilos aún consideran LA el lugar de peregrinaje por excelencia, donde visitar los principales estudios de cine, ser parte del público en directo en un estudio de TV, hacer cola en la alfombra roja antes de algunos premios, asistir a un gran festival de cine, comprar en tiendas frecuentadas por las estrellas y ver dónde viven, comen, beben y salen de juerga los famosos.

Magia animada

Un joven historietista llamado Walt Disney llegó a LA en 1923. Cinco años después logró su primer éxito, *Steamboat Willie*, protagonizada por un ratón llamado Mickey. Esa película engendró el imperio Disney y decenas de estudios de animación la han seguido con películas, programas de TV y efectos especiales, entre otros Warner Bros *(Bugs Bunny y compañía en Looney Tunes)*, Hanna-Barbera *(Los Picapiedra, Los Supersónicos, El oso Yogi y Scooby-Doo)*, DreamWorks *(Shrek, Madagascar, Kung-Fu Panda)* y Film Roman *(Los Simpson)*. Aunque casi todo el trabajo práctico tenga lugar en otros países (como Corea del Sur), el concepto y la supervisión aún radican en LA.

En SF, Industrial Light & Magic, de George Lucas, tiene un equipo de magos de la alta tecnología que crean efectos especiales generados por ordenador para grandes sagas como Star Wars, Terminator, Parque Jurásico, Indiana Jones y Harry Potter. Pixar Animation Studios, en Emeryville (East Bay), ha producido una serie continuada de éxitos animados, como *Toy Story, Buscando a Nemo, Cars* y *Brave*.

La pequeña pantalla

Desde que la primera cadena de TV empezó a emitir en LA en 1931, imágenes icónicas de la ciudad han entrado en los salones de todo el mundo en series

HITOS EN LA HISTORIA DEL CINE CALIFORNIANO

1914

Primer largometraje de Hollywood, un drama mudo del Oeste llamado *The Squaw Man*, de Cecil B. DeMille.

1927

La primera película sonora, *El cantante de jazz*, termina con la era del cine mudo. Sid Grauman abre su Chinese Theatre en Hollywood, donde dejan sus huellas las estrellas.

1939

El mago de Oz es el primer gran estreno a todo color, pero el Oscar a la mejor película se lo lleva *Lo que el viento se llevó*. Ambas se filmaron en Culver City.

Década de 1950

En la caza de brujas contra los comunistas, el Comité Federal de Actividades Antiestadounidenses hace una lista negra de actores, directores y guionistas de Hollywood; algunos huyen a Europa.

1975

Comienza la era del taquillazo moderno con *Tiburón*, dirigida por un jovencito llamado Steven Spielberg.

2001

En el Hollywood & Highland Complex de Hollywood Blvd, el nuevo Kodak Theatre (ahora Dolby) se convierte en sede permanente de la ceremonia de los Oscar.

CALIFORNIA EN CELULOIDE

Las imágenes de California llegan mucho más allá de sus fronteras. California suele salir en películas de Hollywood no solo como escenario sino también como tema y hasta casi como personaje. Sobre todo LA aparece a menudo retratada desde un oscuro ángulo de cine negro. Los siguientes filmes son clásicos del s. xx que se desarrollan en California:

El halcón maltés (1941) John Huston dirige a Humphrey Bogart en el papel de Sam Spade, el icónico detective privado de SF.

El crepúsculo de los dioses (1950) Un clásico de Billy Wilder protagonizado por las estrellas Gloria Swanson y William Holden en una hoguera de las vanidades de Hollywood.

Vértigo (1958) El Golden Gate Bridge deslumbra en el thriller negro de Alfred Hitchcock protagonizado por Jimmy Stewart y Kim Novak.

El graduado (1967) Dustin Hoffman huye de los barrios de California obsesionados por el estatus para buscar sentido a su vida y cruza el Bay Bridge hacia Berkeley (en dirección equivocada).

Chinatown (1974) Apasionante versión de Roman Polanski sobre las guerras por el agua de principios del s. xx que construyeron y casi destruyeron LA.

Blade Runner (1982) Thriller *ciberpunk* de ciencia ficción de Ridley Scott que muestra LA en un futuro lleno de rascacielos de corporaciones y calles caóticas.

El juego de Hollywood (1992) Dirigida por Robert Altman y protagonizada por Tim Robbins, esta sátira sobre la Industria ofrece decenas de cameos de actores que se autoparodian.

L. A. Confidential (1997) Una historia *neo-noir* de James Ellroy que retrata el mundo violento de tratos, traición sexual y puñaladas traperas entre policías en unos años cincuenta azotados por el crimen.

Los mejores festivales de cine de California

AFI Fest (www.afi.com/afifest)

LA Film Fest (www.lafilmfest.com)

Outfest (www.outfest.org)

Palm Springs International Film Festival (www.psfilmfest.org)

San Francisco International Film Festival (www.sffs.org)

Sonoma International Film Festival (www.sonomafilmfest.org)

como *Dragnet* (años cincuenta), *Los nuevos ricos* (sesenta), *La tribu de los Brady* y *Los ángeles de Charlie* (setenta), *La ley de Los Ángeles* (ochenta) y *Los vigilantes de la playa, Melrose Place* y *El príncipe de Bel Air* (noventa). El drama cómico adolescente *Beverly Hills 90210* (años noventa) convirtió el código postal de LA en un símbolo de estatus, mientras que *The OC* (década del 2000) llevó el glamour a Newport Beach (condado de Orange). Los fans de la telerrealidad ven el sur de California en todas partes, desde *Top Chef* hasta *Las Amas de Casa Reales de Orange County,* y en mezclas de telerrealidad y series de la MTV como *Laguna Beach* y *The Hills.*

Recientemente, el sur de California ha sido un telón de fondo versátil para osadas series de TV por cable, p. ej., *A dos metros bajo tierra,* de la HBO, que analizaba LA actual a través de una excéntrica familia dueña de una funeraria. Con humor negro, *Weeds,* de Showtime, mostraba la vida de una viuda del sur de California cultivadora de marihuana, ligada a los cárteles de la droga mexicanos. *The Shield,* de FX, repasa la corrupción policial en LA. *El séquito,* de la HBO, reproducía los altibajos y las intrigas de la Industria a través de los ojos de una estrella prometedora y sus amigos, basada vagamente en Mark Wahlberg. Sin cortapisas, *Californication,* de Showtime, narra lo que le pasa a un novelista neoyorquino de éxito cuando llega a Hollywood. Para una sátira social más mordaz sobre la Industria, están las primeras temporadas en LA de *El show de Larry David,* de la HBO, del cocreador de *Seinfeld* Larry David, con cameos de famosos de Hollywood en el papel de sí mismos.

Música y arte

Puede parecer de risa, pero cuando los californianos agradecen a su buena estrella (o buen karma, o deidad) el no vivir en Nueva York, no solo se refieren al clima. Esta región acoge desde hace mucho una floreciente escena musical y artística que no teme ser independiente ni, a veces, excéntrica, lo que encaja bien con su cualidad de ser el estado más diverso en razas y etnias de EE UU.

Música

En el sueño californiano siempre improvisa alguna banda, pero ¿de qué música? ¿Versiones de los Beach Boys, rap de la Costa Oeste, *bluegrass,* punk, *soul* clásico, *hard bop, riffs* de *heavy-metal* en óperas o mezclas de DJ de todo lo anterior? Un paseo por una ciudad suena igual que el iPod más ecléctico.

El grueso de la industria de grabación está en Los Ángeles, y las industrias del cine y la TV de SoCal son poderosas incubadoras de talentos. Pero hoy en día las atribuladas princesas del pop y los grupos de chicos retocados están aquí solo gracias a las melódicas revoluciones de las décadas de innovación que los precedieron.

Primeros sonidos eclécticos

La música popular mexicana fue la que primero llegó a California, en la época de los ranchos. Más tarde, en el s. XIX, los inmigrantes de la Fiebre del Oro trajeron el *bluegrass,* el *ragtime* de baile osado y la música clásica china.

A principios del s. XX, la ópera se había convertido en el sonido favorito de California. Solo San Francisco (SF) tenía 20 salas de conciertos y de ópera antes de que el terremoto de 1906 las derrumbara. Poco después, los talentosos intérpretes de ópera coincidieron en la ciudad en ruinas para ofrecer actuaciones gratis que convirtieron las arias en himnos por el resurgir de la ciudad. La War Memorial Opera House de San Francisco acoge la segunda compañía de ópera más grande de América del Norte, tras la Metropolitan Opera de Nueva York.

'Jazz swing', 'blues' y 'soul'

El *swing* fue el siguiente hito californiano, en los años treinta y cuarenta, cuando las *big bands* extendieron la locura del *lindy hop* en LA y los marineros de permiso en SF frecuentaban los clubes de *jazz underground* interraciales. Los afroamericanos de California crecieron en la "Gran Migración Negra" durante el auge de la navegación y la construcción de la II Guerra Mundial, y de este próspero panorama surgió el *blues* de la Costa Oeste. El músico de *blues* texano T-Bone Walker trabajó en los locales de Central Ave en LA antes de lograr éxitos con su guitarra eléctrica para Capitol Records. Durante los años cuarenta y cincuenta, el *blues* de la Costa Oeste se nutrió en SF y Oakland de guitarristas como Pee Wee Crayton de Texas y Lowell Fulson de Oklahoma.

Con los poetas *beat* haciendo *riffs* en líneas de bajo improvisadas y el público chasqueando los dedos, el *jazz cool* de la Costa Oeste de Chet Baker y Dave Brubeck (oriundo de la zona de la bahía) surgió en los años

En los años cincuenta surgió el Bakersfield Sound en el Valle Central de California, donde Buck Owens y los Buckaroos y Merle Haggard reinterpretaban éxitos *country* de Nashville para un público bebedor de rancheros e inmigrantes de la época del Dust Bowl.

cincuenta en North Beach (SF). Al tiempo, en el corazón cultural afroamericano de Central Ave (LA), el *hard bop* de Charlie Parker y Charles Mingus mantenía viva y activa la vida jazzística del sur de California.

En los años cincuenta y sesenta, California, el *doo-wop*, el *rhythm and blues* y el *soul* rotaban constantemente por los locales nocturnos de South Central, LA, considerado el Harlem del oeste. El cantante de *soul* Sam Cooke creó su propio sello discográfico de éxito, lo que atrajo a talentos del *soul* y el góspel a la ciudad.

Rocanroleo

El primer talento del *rock and roll* local fue Ritchie Valens en los años cincuenta, nacido en el valle de San Fernando; su tema *La Bamba* era una versión *rock* de una canción popular mexicana. Dick Dale (alias "el rey de la guitarra furf"), cuya grabación de *Miserlou* apareció en *Pulp Fiction*, empezó a experimentar con efectos de reverberación en el condado de Orange en la misma época y encabezó las listas de éxitos con su banda Del-Tones a principios de los años sesenta, que influyó a todo el mundo, de los Beach Boys a Jimi Hendrix.

Cuando Joan Baez y Bob Dylan tuvieron un romance en NorCal a principios de los años sesenta, Dylan se pasó a la guitarra eléctrica y sonó folk *rock*. Janis Joplin y Big Brother & the Holding Company desarrollaron sus estilos caóticos en SF, y transformaron el *folk rock* en psicodelia. Surgidos de esa misma mezcla de SF, Jefferson Airplane reconvirtieron el clásico infantil de Lewis Carroll *Alicia en el país de las maravillas* en el éxito psicodélico *White Rabbit*.

Entretanto, los grupos de LA The Byrds y The Doors, este último con el vocalista Jim Morrison, impresionaron en la famosa Sunset Strip de su ciudad. El epicentro del *rock* psicodélico de LA fue el barrio de Laurel Canyon, cercano a Sunset Strip, y el legendario local nocturno Whisky A-Go-Go. Muchos de esos famosos roqueros de los años sesenta morirían por sobredosis. Los que sobrevivieron se rehabilitaron y sacaron tajada, aunque la original banda de improvisación Grateful Dead siguió con la misma canción hasta que el guitarrista Jerry García falleció en una clínica de rehabilitación del condado de Marin en 1995.

El pop de influencia *country* de The Eagles, Jackson Browne y Linda Ronstadt fue la banda sonora de EE UU a principios de la década de 1970, junto a los sonidos de fusión mexicanos de Santana (SF) y los grupos de

Waiting for the Sun: A Rock 'n' Roll History of Los Angeles, de Barney Hoskyns, repasa la música del sur de California, desde los Beach Boys hasta Black Flag.

EL PUNK NO HA MUERTO EN CALIFORNIA

En los años setenta, para ira de los críticos de *rock* californianos Lester Bangs y Greil Marcus, las discográficas pagaban bajo cuerda a las radios del país para que pincharan hasta la saciedad su *arena rock* comercial. Los adolescentes californianos, hartos de himnos enlatados, empezaron a componer con guitarras de segunda mano y tres cuerdas y unos amplificadores a la par que añadían un fuerte zumbido a su furia.

El punk de LA coincidió con el rudimentario ambiente *skate* y el rechinar de Black Flag de Hermosa Beach y Germs. La banda de LA X unió punk y *new wave* de 1977 a 1987 con la guitarra *rockabilly* de John Doe, el angustioso gemido de Exene Cervenka y las decepcionadas letras románticas inspiradas por Bukowski y Raymond Chandler. La emisora KROQ de LA se rebeló contra la tiranía de las listas de éxitos, al emitir punk local y lanzar a la sensación punk-*funk* Red Hot Chili Peppers.

El punk de San Francisco era bohemio y absurdo como el cantante de los Dead Kennedys (y futuro candidato a la alcaldía de SF) Jello Biafra cuando aullaba "Holiday in Cambodia", algo oportunamente anárquico para una ciudad en la que el grupo local The Avengers *teloneó* a los Sex Pistols en su concierto de SF de 1978.

funk icónicos War (Long Beach) y Sly and the Family Stone, que activó su *groove* en SF antes de irse a LA.

Del pospunk al pop

En los años ochenta surgieron influyentes bandas de fusión en LA como Bad Religion (punk) y Suicidal Tendencies *(hardcore/thrash)*, mientras que las populares bandas femeninas The Bangles y The Go-Gos, los *new wave* Oingo Boingo, y los rockeros Jane's Addiction y Red Hot Chili Peppers arrasaron. Surgidos de Hollywood, Guns N' Roses fueron la banda favorita de *hard-rock* en los años ochenta. En el sencillo de 1982 *Valley Girl* del roquero vanguardista Frank Zappa, su hija de 14 años Moon Unit enseñó a EE UU a hablar como una adolescente de LA.

En los años noventa roqueros alternativos como Beck y Weezer alcanzaron la fama nacional. Desde el este de LA, Los Lobos fueron los reyes de los grupos chicanos (méxico-estadounidenses), honor que pasó a los Ozomatli. En la década de 1990, también fue clave No Doubt (condado de Orange), una banda de *rock* alternativo-*ska*-punk que lanzó la carrera en solitario de la cantante Gwen Stefani. El club 924 Gilman Street (Berkeley) reavivó el punk en la misma década con el grupo ganador de un Grammy Green Day, entre otros.

Las estrellas del sur de California del nuevo milenio abarcan el *hip-hop* fácil de Black Eyed Peas (LA), con Fergie y will.i.am. como pilares, el pop-punk de Blink 182 (San Diego), el punk de Offspring (condado de Orange) y, para bien o para mal, los ganadores de *American Idol,* programa grabado en el Nokia Theatre del centro de LA.

Ritmos rap y 'hip-hop'

Desde los años ochenta, LA ha sido un semillero para el rap y el *hip-hop* de la Costa Oeste. Eazy E, Ice Cube y Dr Dre publicaron el influyente álbum NWA (Niggaz With Attitude), *Straight Outta Compton,* en 1989. Death Row Records, cofundado por Dr. Dre, ha lanzado a potentes talentos del rap como el chico malo de Long Beach Snoop Dogg, Warren G y el fallecido Tupac Shakur, que empezó su carrera en el rap en el condado de Marin y recibió un disparo mortal en 1996 en Las Vegas, posiblemente en una reyerta entre raperos de las costas Este y Oeste. Las peleas también plagaron en el pasado la carrera musical del rapero de LA Game, en cuyo *R.E.D Álbum* del 2009 aparecían estrellas como Diddy, Dr Dre o Snoop Dogg, entre otros.

En los años ochenta y noventa, California mantuvo un panorama de *hip-hop* militante más cercano a la calle en LA y muy vinculado al movimiento del poder negro en Oakland. A finales de la década de 1990, la zona de la bahía fue la cuna del *hyphy* (abreviatura de "hiperactivo", en inglés), una reacción contra la comercialización del *hip-hop*, y de artistas *underground* como E-40. Michael Franti & Spearhead (Oakland) mezclan *hip-hop* con *funk, reggae, folk, jazz* y *rock* para dar mensajes de justicia social y paz. Korn (Bakersfield) y Linkin Park (condado de LA) combinaron *hip-hop* con rap y *metal* para popularizar el *nu metal.*

Arquitectura

California es más que casas de playa y paseos marítimos. Los californianos han adaptado estilos foráneos al clima y los materiales disponibles, con resultados de casas frescas, inspiradas en las de adobe de San Diego y en las de tablas de secuoya resistentes a la niebla de Mendocino. Así, tras siglo y medio de injertos californianos con inspiradas influencias y detalles excéntricos, aparecen elementos inesperados por doquier: fachadas con azulejos mayas en Oakland, arcos de regusto sintoísta en LA, tejados de

El programa *Morning Becomes Eclectic* de la emisora KCRW (www.kcrw.com) de SoCal ofrece actuaciones en directo en estudio y entrevistas a músicos.

MÚSICA Y ARTE ARQUITECTURA

Rarezas arquitectónicas de California

Hearst Castle

Winchester Mystery House

Tor House

Theme Building, aeropuerto de Los Ángeles

Wigwam Motel

Integratron

ARQUITECTURA CALIFORNIANA AL DESNUDO

A California nunca le ha avergonzado mostrar sus atractivos. Ya en los años sesenta adoptó la estética desnuda, de paredes de vidrio del Estilo Internacional, apoyado por los arquitectos de la Bauhaus Walter Gropius y Ludwig Mies van der Rohe, así como por Le Corbusier. Las plantas abiertas y los ventanales eran especialmente apropiados para la cultura de SoCal del ver y dejarse ver.

Los austriacos Rudolph Schindler y Richard Neutra llevaron el modernismo temprano a LA y Palm Springs. El estilo característico de Palm Springs aún se festeja en la Modernism Week (feb). Neutra y Schindler recibieron la influencia de Frank Lloyd Wright, quien diseñó la Hollyhock House (LA) con un estilo que calificó de "California Romanza".

Junto a los diseñadores Charles y Ray Eames, afincados en LA, Neutra contribuyó a crear las Case Study Houses, unas casas experimentales de planta abierta; varias de ellas sobresalen en el paisaje de Los Ángeles y aparecen en películas, p. ej., en *L. A. Confidential*.

paja ingleses en Carmel, farolas chinas en SF. La arquitectura californiana ya era posmoderna antes de que existiera esta etiqueta.

Misiones españolas y reinas victorianas

Las primeras misiones se construían en torno a claustros, con los materiales que había a mano: adobe, piedra caliza y hierba. Muchas misiones se deterioraron al decaer la influencia eclesial, pero lo práctico de tal estilo para el clima sobrevivió. Los primeros colonos de California se adaptaron a las formas de adobe de los ranchos, como se ve en El Pueblo de Los Ángeles (centro de LA) y en el Old Town de San Diego.

Al comenzar la Fiebre del Oro a mediados del s. XIX, los nuevos ricos californianos importaban materiales para construir magníficas mansiones a la moda europea y subieron el listón con el exceso ornamental. A muchos millonarios les gustaba el dorado estilo Reina Ana. En ciudades de NorCal como SF, Ferndale y Eureka hay extravagantes ejemplos de arquitectura victoriana como las "Painted Ladies" o las casas "de pan de jengibre".

Pero la arquitectura californiana siempre ha tenido su vena inconformista. Muchos arquitectos de principios del s. XX rechazaron el florido estilo victoriano a favor de las líneas más simples y clásicas de origen español. La arquitectura neocolonial española (o estilo misión) volvía sobre las misiones de California con detalles comedidos y funcionales: puertas y ventanas en arco, porches largos y cubiertos, patios con fuentes, muros sólidos y tejados rojos. El centro de Santa Bárbara es una muestra de ello, al igual que los edificios señoriales del Balboa Park (San Diego), el Scotty's Castle (valle de la Muerte) y estaciones de de trenes de SoCal (centro de LA, San Diego, San Juan Capistrano y Santa Bárbara, y la estación de Kelso, en la Mojave National Preserve), entre otros.

En 1919, el magnate de la prensa William Randolph Hearst encargó a la primera arquitecta licenciada en California, Julia Morgan, el Hearst Castle. Tardaría décadas en terminarlo.

'Arts and crafts' y 'art déco'

La simplicidad y la armonía caracterizaron el estilo *arts and crafts* de inicios del s. XX en California. Influido por los principios del diseño japonés y el movimiento *arts and crafts* inglés, sus toques de mampostería y trabajo manual marcaron una huida deliberada de la mecanización de la Revolución Industrial. Los arquitectos de SoCal Charles y Henry Greene, y Bernard Maybeck y Julia Morgan en el norte, popularizaron el bungaló versátil de una planta, del que se ven ejemplos en Pasadena y Berkeley, con aleros en saliente, terrazas amplias y porches para dormir, que armonizaban interiores cálidos y habitables con la naturaleza.

California fue cosmopolita desde el principio y no podía limitarse a un solo conjunto de influencias internacionales. En los años veinte, el estilo internacional *art déco* tomó elementos del mundo antiguo (glifos mayas, pilares egipcios, zigurats babilonios) y los aplanó y convirtió en motivos modernos para rematar fachadas austeras y destacar las líneas racionales de los rascacielos, sobre todo en LA y Oakland. El modernismo racionalista mantenía la decoración al mínimo e imitaba el aspecto aerodinámico de transatlánticos y aviones.

Evoluciones posmodernas

Fiel a su naturaleza mítica, California no pudo evitar maquillar un poco la realidad, y al estricto modernismo puro le añadió insólitas formas posmodernas.

En 1997, Richard Meier dejó su marca en el oeste de LA con el Getty Center, un edificio en forma de ola blanca sobre un monte bañado por el sol. El canadiense Frank Gehry se trasladó a Santa Mónica, y sus formas infladas y esculturales en el Walt Disney Concert Hall (LA) son un guiño a la modernidad ordenada y racionalizada. También en el centro de LA, la catedral de Our Lady of the Angels, del arquitecto español Rafael Moneo, tiene ecos de las grandes iglesias de México y Europa, con una polémica perspectiva deconstructivista. El estilo industrial de Renzo Piano, con el interior trasladado al exterior, se ve en el tejado de sierra y las venas de acero rojo del Broad Contemporary Art Museum (Los Angeles County Museum of Art).

El edificio posmoderno más icónico de la zona de la bahía es el San Francisco Museum of Modern Art, cuyo arquitecto, el suizo Mario Botta, resaltó con un atrio a rayas blancas y negras decorado en mármol en 1995. SF se ha hecho con una marca de posmodernismo gracias a arquitectos ganadores del premio Pritzker que magnifican e imitan unos soberbios espacios exteriores, sobre todo en el Golden Gate Park. Los suizos Herzog & de Meuron han vestido el MH de Young Memorial Museum de cobre, que, con el tiempo, se oxidará y tornará a verde, a juego con el parque. Cerca de aquí, Renzo Piano elevó literalmente el techo de la sostenibilidad en la California Academy of Sciences (que obtuvo la certificación LEED Platinum), rematada por una azotea ajardinada.

Artes plásticas

Aunque los primeros artistas eran cartógrafos cualificados europeos que acompañaban a los exploradores del Oeste, sus imágenes de California como isla muestran más imaginación que rigor científico. Esa tendencia de crear mitos continuó durante la Fiebre del Oro, cuando los artistas del lugar alternaban entre las caricaturas del desenfreno del Salvaje Oeste y la propaganda de la doctrina del destino manifiesto que urgía a los pioneros a asentarse en el "Dorado Oeste". La finalización de la Transcontinental Railroad en 1869 trajo el influjo de pintores románticos que pintaban colosales paisajes naturales de California. Al llegar el s. xx, surgieron colonias de pintores impresionistas *pleinairistas* en Laguna Beach y Carmel-by-the-Sea.

La fotografía reveló el verdadero paisaje californiano y a sus habitantes. Pirkle Jones vio un potencial expresivo en la fotografía de paisajes de California posterior a la II Guerra Mundial, al tiempo que las sublimes instantáneas de Ansel Adams, de SF, ya empezaban a hacer justicia a Yosemite. Adams fundó Group f/64 con Edward Weston e Imogen Cunningham en SF. Dorothea Lange, residente de Berkeley, giró su lente inmutable hacia las dificultades de los trabajadores inmigrantes californianos durante la Gran Depresión y los estadounidenses de origen japonés internados en

Para museos, galerías de arte, espacios de exposiciones y calendarios de acontecimientos en el SoCal, mírense las revistas *ArtScene* (www. artscenecal.com) y *Artweek LA* (www.artweek.la).

MÚSICA Y ARTE ARTES PLÁSTICAS

MURALES LATINOS: ARTE EN LA CALLE

A principios de los años treinta, cuando la Works Progress Administration patrocinó programas para remozar y embellecer las ciudades de EE UU, los murales definieron los paisajes urbanos de California. Con los mexicanos Diego Rivera, David Alfaro Siqueiros y José Clemente Orozco empezaron a surgir murales por LA, que hoy se cuentan ya por miles. Rivera también trabajó en el San Francisco Art Institute y su influencia se refleja asimismo en el interior de la Coit Tower y en decenas de murales que llenan el barrio de Mission, también en SF. Los murales dieron voz al orgullo chicano y a las protestas sobre las políticas de EE UU en Centroamérica en los años setenta, sobre todo en el Chicano Park de San Diego y en el East LA realizados por colectivos como East Los Streetscapers.

California: With Classic California Writings, editado por Andrea Gray Stillman, empareja las raras y atemporales fotografías de Ansel Adams con fragmentos de escritores californianos canónicos como John Steinbeck y Joan Didion.

campos durante la II Guerra Mundial, y creo conmovedoras instantáneas documentales.

Cuando el Oeste del EE UU de postguerra quedó marcado por las autovías y dividido en poblaciones urbanizadas, los pintores californianos capturaron en el lienzo las formas abstractas de los paisajes fabricados. En SF, Richard Diebenkorn y David Park se convirtieron en los principales defensores del Bay Area Figurative Art, mientras que el escultor de SF Richard Serra capturó la estética urbana en enormes monolitos oxidados que parecían proas de barcos y *stonehenges* industriales. Mientras, los artistas pop capturaban el espíritu del conspicuo consumismo, a través de las máquinas de chicles de Wayne Thiebaud, las piscinas de LA del británico emigrado David Hockney y, sobre todo, los estudios sobre la cultura pop de SoCal de Ed Ruscha. En la zona de la bahía de SF, los artistas mostraron su amor por el collage *beat* rudo y prefabricado de los años cincuenta, los carteles de *rock* psicodélico de los sesenta de los conciertos de Fillmore, el *funk* terrenal y el maravilloso caos del punk de los setenta y el *graffiti* de los ochenta.

El arte contemporáneo actual de California reúne todas estas influencias con el comentario social liderado por el muralismo, una dedicación obsesiva a la artesanía y la tecnología punta. El Museum of Contemporary Art de LA organiza espectáculos provocadores y de vanguardia, al igual que el Broad Contemporary Art Museum del LACMA, el Museum of Modern Art de SF y el Museum of Contemporary Art San Diego, especializado en pop posterior a los años cincuenta y arte conceptual. Para ver el arte californiano más conceptual, se pueden explorar las galerías de SoCal en el centro de LA y Culver City, así como los espacios de arte independientes de NorCal en el barrio Mission de SF y las galerías-laboratorio del Yerba Buena Center for the Arts en SOMA.

Teatro

A los actores californianos no los suele descubrir un cazatalentos, sino que empiezan en el teatro. Hogar del 25% de los actores profesionales del país, LA es la segunda ciudad más influyente de EE UU en teatro después de Nueva York. Por su parte, desde los años sesenta SF es un núcleo nacional de teatro experimental.

En LA están el Geffen Playhouse, cerca de la UCLA, el Ahmanson Theatre y el Mark Taper Forum en el Downtown, y el Actors' Gang Theatre, cofundado por el actor Tim Robbins. Han surgido pequeñas salas en West Hollywood (WeHo) y North Hollywood (NoHo), las versiones de la Costa Oeste del Off-Broadway y el Off-Off-Broadway. Hay influyentes escenarios multiculturales como el East West Players de Little Tokyo y compañías periféricas aclamadas por la crítica como la Long Beach Opera y el South Coast Repertory del condado de Orange en Costa Mesa.

Las prioridades de SF han sido obvias desde el gran terremoto de 1906, cuando se entretenía a los supervivientes en tiendas de campaña instaladas entre las ruinas aún en llamas, y sus famosos teatros se reconstruyeron mucho antes que el Ayuntamiento. En el American Conservatory Theater se estrenan importantes producciones destinadas a Broadway y Londres, y la respuesta de SF a Edimburgo es el SF Fringe Festival del Exit Theatre. El Magic Theatre se ganó reputación en todo el país en los años setenta, cuando Sam Shepard era el dramaturgo de la casa, y aún hoy estrenan innovadores autores californianos. Una compañía que interactúa con el público, We Players, representa clásicos (Shakespeare incl.) en lugares inusuales, como Alcatraz. Al otro lado de la bahía, el Berkeley Repertory Theatre ha lanzado producciones muy elogiadas y basadas en temas tan insólitos como el auge y declive del Templo del Pueblo de Jim Jones.

Libros

California es el mayor mercado literario de EE UU y sus ciudadanos leen mucho más que la media nacional. Destaca San Francisco (SF), con más escritores, dramaturgos y ventas de libros per cápita que cualquier otra ciudad. La Costa Oeste ha atraído desde hace mucho a novelistas, poetas y narradores de todo el país y el mundo, y la comunidad literaria multicultural de California es hoy más sólida que nunca.

Primeras voces del realismo social

Highway 99: A Literary Journey Through California's Central Valley, editado por el escritor radicado en Oakland Stan Yogi, tiene el auténtico sabor del centro del estado. Está lleno de perspectivas multiculturales, desde los primeros colonos europeos hasta los granjeros inmigrantes de México y Asia en el s. XX.

Quizá el autor más influyente de California fue John Steinbeck, nacido en Salinas en 1902. Steinbeck centró su atención en las comunidades agrícolas del Valle Central. Publicada en los años treinta, su primera novela de California, *Tortilla Flat,* se desarrolla en la comunidad chicana de Monterey, mientras que su obra maestra, *Las uvas de la ira,* trata las luchas de los peones inmigrantes del campo durante la Gran Depresión. Otro realista social, Eugene O'Neill, tomó el dinero de su Premio Nobel de 1936 y se trasladó cerca de SF, donde escribió la obra autobiográfica *Largo viaje hacia la noche.*

Desde los años veinte, muchos novelistas empezaron a ver LA de forma negativa, como la gran metáfora del capitalismo. Algunos de esos clásicos son *Petróleo,* de Upton Sinclair, una obra de ficción histórica con tintes socialistas basada en un escándalo. *Viejo muere el cisne,* de Aldous Huxley, está basada en la vida del editor William Randolph Hearst (que también inspiró la película *Ciudadano Kane* de Orson Welles). La última novela de F. Scott Fitzgerald, *El amor del último magnate,* hace observaciones mordaces sobre los primeros años de Hollywood al seguir la vida de un productor de cine de los años treinta que se mata a trabajar.

En Oakland, NorCal, nació y creció Jack London, quien produjo gran cantidad de historias influyentes, como la de la Fiebre del Oro de Klondike de finales del s. XIX. La creadora del término "generación perdida" Gertrude Stein, que vivió brevemente en Oakland, desdeñó la ciudad al bromear: "Ahí no hay ahí" aunque, para ser justos, en realidad se refería a que no había encontrado su antigua casa al regresar de Europa en los años treinta.

'Pulp noir' y ciencia-ficción

California Poetry: From the Gold Rush to the Present, editado por Dana Giola, Chryss Yost y Jack Hicks, es una antología revolucionaria, con introducciones reveladoras que ponen en contexto a los poetas.

En los años treinta, SF y LA se convirtieron en capitales de las novelas pulp de detectives, algunas de las cuales fueron luego películas de cine negro. Dashiell Hammett *(El halcón maltés)* convirtió la niebla de SF en un personaje siniestro. El rey de los duros escritores de crímenes fue Raymond Chandler, que disfrazó ligeramente su ciudad natal, Santa Mónica, como Bay City. En la década de 1990, un renacimiento *neo-noir* de la ficción criminal californiana afloró en las mentes de James Ellroy (*L. A. Confidential),* el difunto Elmore Leonard (*Cómo conquistar Hollywood)* y Walter Mosley *(El demonio vestido de azul),* cuyas novelas del detective Easy Rawlins se desarrollan en South Central LA.

California también se ha demostrado fructífera en la ciencia-ficción. Philip K. Dick se crió en Berkeley y es recordado, sobre todo, por *¿Sueñan los androides con ovejas eléctricas?,* adaptada al cine en la película de 1982

CALIFORNIA LEÍDA

Para algunas de las localizaciones literarias menos usuales en California, destacan los siguientes clásicos:

Costa central *The Selected Poetry of Robinson Jeffers*. Los altos pinares barridos por el viento de su Tor House inspiraron a Jeffers unos poemas preciosos.

Valle Central *La mujer guerrera: Memorias de una adolescente entre fantasmas* (Maxine Hong Kingston). Crónica del crecimiento de una chica chino-estadounidense que refleja el espejo múltiple de la identidad californiana.

Gold Country *Pasando fatigas* (Mark Twain). El maestro de la observación sardónica habla de terremotos, altibajos de la plata y cómo sobrevivir un mes con 10 centavos en el Salvaje Oeste.

Sierra Nevada *La mente salvaje* (Gary Snyder). Influido por la espiritualidad japonesa y china y por la literatura clásica, el poeta beat captura la apertura meditativa de los salvajes paisajes de montaña.

Blade Runner. Su novela *El hombre en el castillo* imagina una situación hipotética: SF en torno a 1962 si Japón, la Italia fascista y la Alemania nazi hubieran ganado la II Guerra Mundial. Ursula K. Le Guin *(La mano izquierda de la oscuridad, Un mago de Terramar)*, nacida en Berkeley, es una escritora de fantasía elogiada, feminista y ensayista.

Activistas sociales

Tras el caos de la II Guerra Mundial, la generación *beat* aportó un nuevo estilo provocador: breve, cortante, espontáneo y vivo. Con sede en SF, este colectivo giraba en torno a Jack Kerouac *(En la carretera)*, Allen Ginsberg *(Aullido)* y Lawrence Ferlinghetti, el editor y mecenas de los beats y cofundador de la City Lights Bookstore. El poeta, pintor y dramaturgo Kenneth Rexroth fue clave en las carreras de varios escritores y artistas de entonces de la zona de la bahía, y compartía su interés por la cultura japonesa con el budista Gary Snyder, otro poeta *beat*.

Pocos escritores han retratado tan bien la cultura californiana contemporánea como Joan Didion, conocida por su colección de ensayos literarios de no ficción *Arrastrarse hacia Belén*, una mirada mordaz al *flower power* de los años sesenta. Tom Wolfe también puso en perspectiva el SF de entonces con *Ponche de ácido lisérgico*, que sigue al grupo The Merry Pranksters de Ken Kesey en el viaje iniciado cerca de Santa Cruz en un autobús mágico teñido de LSD.

En los años setenta, la novela semiautobiográfica de Bukowski *Cartero* capturaba el paupérrimo Downtown de LA, mientras que *Chicano*, de Richard Vasquez, daba una visión dramática de un barrio latino de la misma ciudad. El espumoso SF de los años setenta aparece en las entregas de *Historias de San Francisco*, de Armistead Maupin, que atrapan al lector entre las vidas de varios personajes ficticios pintorescos, gais y heterosexuales. A mediados de los años ochenta llegaron las asombrosas revelaciones de *Menos que cero*, de Bret Easton Ellis, sobre las vidas confundidas por la cocaína de unos adolescentes adinerados de Beverly Hills.

Es normal leer novelas famosas de californianos sin saberlo, ya que algunos de sus títulos más famosos de no se desarrollan en el estado. Algunos ejemplos: la clásica antiutopía de Ray Bradbury de los años cincuenta *Fahrenheit 451; El color púrpura*, de Alice Walker (Premio Pulitzer)*; la* novela por antonomasia de los años sesenta *Alguien voló sobre el nido del cuco*, de Ken Kesey*;* la exitosa *La casa de los espíritus*, de Isabel Allende*;* la poesía feminista de Adrienne Rich; y *Asombrosas aventuras, de Kavalier y Clay* de Michael Chabon (premio Pulitzer).

Para un paseo memorable por California, nada mejor que unirse a autores contemporáneos como Pico Iyer y Michael Chabon en *My California: Journeys by Great Writers*. Los beneficios de las ventas vía Angel City Press (www.angelcitypress.com) ayudan al California Arts Council.

Tierra y vida salvaje

Desde cimas nevadas hasta desiertos abrasadores, y desde playas de arena dorada hasta bosques de secuoyas neblinosos, California alberga una variedad desconcertante de ecosistemas, flora y fauna. El clima mediterráneo, con veranos secos e inviernos húmedos y templados, se ve realzado por montones de plantas y animales únicos, lo que distingue este estado como el lugar con mayor biodiversidad de América del Norte. Pero California es también el estado más poblado de EE UU, lo cual representa una enorme presión a sus muchos y preciosos recursos naturales.

En www.califor niacoastline.org hay más de 1200 fotografías aéreas que cubren casi todo el maravilloso litoral escarpado de California, desde Oregón hasta México.

Aproximación

Con más de 400 000 km², California es el tercer estado mayor del país, tras Alaska y Texas. Limita al norte con Oregón, al sur con México, al este con Nevada y Arizona, y al oeste la bañan 1352 km de costa del Pacífico.

Geología y terremotos

California es un complejo paisaje geológico formado por fragmentos de roca y corteza terrestre que se unieron cuando el continente norteamericano quedó a la deriva hacia el oeste durante cientos de millones de años. Las aplastadas cordilleras costeras, el codo del Valle Central y Sierra Nevada (que aún se eleva) son pruebas de las grandes fuerzas ejercidas al chocar las placas continental y oceánica.

Todo cambió hace unos 25 millones de años, cuando las placas oceánicas dejaron de chocar y empezaron a deslizarse una sobre otra, lo que creo la enorme falla de San Andrés. Como esta zona de contacto no se mueve con suavidad, sino de forma irregular, todavía sacude a California con una sucesión de temblores y terremotos.

En 1906 el seísmo más famoso del estado registró 7,8 grados en la escala de Richter, demolió San Francisco y dejó más de 3000 muertos. La zona de la bahía volvió a los titulares en 1989 cuando el terremoto de Loma Prieta (6,9) hizo caer una parte del Bay Bridge. El último "grande" de Los Ángeles fue en 1994, cuando el terremoto de Northridge (6,7) se llevó tramos de la Santa Monica Fwy y causó los mayores daños materiales de la historia de EE UU.

De la costa al Valle Central

Casi toda la costa de California está bordeada por escarpadas montañas que atrapan las lluviosas tormentas de invierno. San Francisco divide las cadenas costeras del Pacífico casi por la mitad, y deja a la nublada costa norte poco poblada. Las costas del centro y el sur de California tienen un clima más templado y mucha más población.

Según el US Geological Survey, la probabilidad de un terremoto de 6,7 grados o mayor en California en los próximos 30 años es del 99,7%.

Los tramos más septentrionales de las sierras costeras del Pacífico reciben 3000 mm de lluvia de media, y en ciertos sitios, la niebla persistente del verano deja otros 300 mm más. Unos suelos ricos en nutrientes y la abundante humedad fomentan el desarrollo de las grandes secuoyas, que crecen (si no las han talado) al sur hasta el Big Sur y al norte hasta Oregón.

En su lado este, las cadenas costeras se convierten en onduladas colinas que dan paso al extenso Valle Central. Esta cuenca plana que antaño fue un mar interior, es ahora un puntal agrícola que produce en torno a la mitad de las frutas, frutos secos y verduras de EE UU. El valle mide unos 724 km de largo por 80 km de ancho, y recibe la misma lluvia que un desierto, aunque recibe muchos litros desde Sierra Nevada.

Antes de que llegaran los europeos, el Valle Central era un paraíso natural, una región de vastas marismas hogar de bandadas de gansos que oscurecían el cielo, por no hablar de los pastos alfombrados de innumerables flores donde pastaban antílopes, alces y osos grizzly. Casi todo este paisaje se ha arado y sustituido por hierbas, cultivos y ganado foráneos.

Cadenas montañosas

En el lado este del Valle Central se alza Sierra Nevada, el rasgo topográfico más prominente de California, apodada "cordillera de la luz" por el ecologista John Muir. Con sus 644 km de longitud y 113 km de anchura, se trata de una de las mayores sistemas montañosos del mundo, con 13 cimas de más de 4200 m. Su enorme extensión (en su mayoría, por encima de los 2700 m) es un paisaje imponente de glaciares encogidos, picos de granito esculpidas y cañones remotos, con un aspecto precioso pero de difícil acceso, además de uno de los mayores desafíos para los colonos del s. XIX en sus periplos hacia California.

La imponente Sierra Nevada capta las borrascas y las vacía de agua; las precipitaciones (superiores a los 9000 mm) suelen caer en forma de nieve, lo que la convierte un gran destino para deportes de invierno. La nieve que se derrite fluye a media docena de sistemas fluviales por sus laderas este y oeste, y suministra buena parte del agua necesaria para el cultivo del Valle Central y el consumo de las áreas metropolitanas de San Francisco y Los Ángeles.

En su lado norte, Sierra Nevada se funde de forma imperceptible con la volcánica sierra Cascade, y se adentra al norte por Oregón y Washington. En el extremo sur, Sierra crea un gracioso garfio hacia el oeste y se une con el tramo sur de la sierra costera del Pacífico vía las Transverse Ranges (una de las pocas sierras de EE UU en sentido este-oeste).

Desiertos

Al llevarse casi toda el agua el flanco oeste de Sierra Nevada, las tierras al este de la misma son secas y desérticas, con menos de 254 mm de lluvias al año, excepto algunos valles al pie de la ladera, que están bien regados por arroyos y sustentan una vigorosa economía agrícola y ganadera.

En el borde oeste de la "Gran Cuenca", la elevada meseta de Modoc, en la región más al noreste de California, es un desierto frío cubierto por robustas artemisas y enebros. Las temperaturas aumentan hacia el sur, de manera más pronunciada al descender del lago Mono al valle de Owens, al este de Sierra Nevada. Este cálido desierto meridional (parte del de Mojave) incluye el valle de la Muerte, uno de los lugares más tórridos del planeta. Más al sur, el desierto de Mojave se transforma en el desierto del Colorado (parte del desierto de Sonora, en México), en torno al mar de Salton.

California ostenta el punto más alto de EE UU sin incluir Alaska o Hawái (Mt Whitney, 4421 m) y el más bajo de América del Norte (Badwater, valle de la Muerte, 86 m bajo el nivel del mar) y, a solo 145 km entre sí en línea recta.

CALIFORNIA: CASI UNA ISLA

Casi todo el estado es una isla biológica separada del resto de Norteamérica por la elevada Sierra Nevada. Como en otras 'islas' del mundo, la evolución ha creado plantas y animales únicos bajo estas condiciones de aislamiento biológico. California ocupa el primer puesto del país en número de plantas, anfibios, reptiles, peces de agua dulce y mamíferos endémicos. Impresiona aún más que el estado albergue el 30% de las especies de plantas, el 50% de las aves y el 50% de los mamíferos de EE UU.

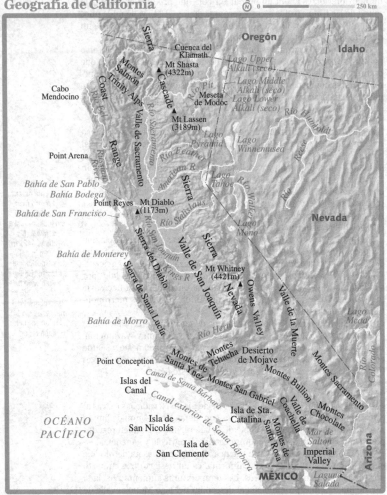

Flora y fauna de California

Aunque el asombroso número de animales que recibieron a los primeros colonos es cosa del pasado, en California resulta fácil ver fauna en los lugares y las épocas del año pertinentes, incluidas algunas especies carismáticas. Por desgracia, unas pocas se encuentran al borde la extinción, empujadas por el incremento de la población humana.

Mamíferos marinos

En tan solo un día en la costa de California se pueden ver grupos de delfines y marsopas en el mar. Las juguetonas nutrias de mar y las focas comunes suelen quedarse cerca de la playa, sobre todo en torno a los muelles públicos y las bahías protegidas. Desde el terremoto de 1989, los leones marinos se amontonan en el muelle 39 de San Francisco, ante los encantados turistas. Pueden verse más pinnípedos salvajes en la Point Lobos State Natural Reserve cerca de Monterey y en el Channel Islands National Park en el sur del estado.

Las ballenas grises, casi extintas en otros tiempos, pasan por la costa entre diciembre y abril. Los ejemplares adultos viven hasta 60 años, miden más que un autobús urbano y alcanzan las 40 toneladas. Todos los años, viajan del Ártico, desde las zonas del mar de Bering donde se alimentan en verano, hacia el sur, a las zonas de cría junto a Baja California, para luego volver, un viaje de 9650 km de ida y vuelta.

Los elefantes marinos del norte, cazados hasta casi acabar con todos a finales del s. XIX por su grasa rica en aceite, han regresado a la costa de California. La Año Nuevo State Reserve, al norte de Santa Cruz, es una importante zona de cría. La mayor colonia en California de estos animales está en Piedras Blancas, al sur del Big Sur. Hay otra menor en la Point Reyes National Seashore, en el condado de Marin.

Mamíferos terrestres

El animal más simbólico de California (figura en la bandera estatal) es el oso grizzli o pardo. Estos grandes animales solían recorrer en grandes grupos las playas y pastos de California (comían desde ballenas muertas hasta bellotas) hasta que, tras una persecución despiadada, desaparecieron en los años veinte. Los osos pardos también abundaban en el Valle Central, pero tuvieron que huir Sierra Nevada arriba de los cazadores.

Los bosques montañosos de California albergan unos 25 000-30 000 osos negros, primos menores de los pardos. Pese a su nombre, muestran diversos colores, desde negro hasta marrón oscuro, canela o incluso rubio. Omnívoros y corpulentos, se alimentan de bayas, frutos secos, raíces, hierba, insectos, huevos, pequeños mamíferos y peces, pero podrían molestar en las zonas de *campings* y cabañas donde la comida y la basura no estén bien aisladas.

Cuando los colonos se trasladaron a California en el s. XIX, muchos otros grandes mamíferos corrieron casi la misma mala suerte que los osos pardos. Inmensas manadas de uapitíes de California y de antílopes en el Valle Central sufrieron especialmente. Algunos antílopes se retiraron al noreste del estado y los uapitíes casi se extinguieron debido a la caza (una pequeña manada se trasladó al Point Reyes, donde sobreviven desde entonces).

Los leones de montaña (o pumas) cazan en las montañas y los bosques del estado, en especial donde abundan los ciervos. Son solitarios y pueden llegar a medir 2,43 m y pesar 79 km. Son unos depredadores formidables. Se conocen pocos ataques a humanos, casi siempre provocados por la presión de estos últimos y la propia hambre de los animales, p. ej., en zonas limítrofes entre la naturaleza y los crecientes barrios residenciales.

El pico de la temporada de apareamiento de los elefantes marinos del norte en la costa de California coincide con San Valentín (14 feb).

El sitio web sobre California de la Audubon Society (www.ca.audubon.org) muestra listas de aves, fotografías y descripciones de especies clave, noticias sobre conservación y un blog de la ruta pacífica norteamericana (www.audublog.org).

BICHOS DEL DESIERTO EN CALIFORNIA

Los desiertos de California no están nada desiertos, aunque muchos animales son demasiado listos como para pasearse al calor del día y solo salen de noche, como los murciélagos. Los correcaminos, esos cucos de tierra con motas blanquinegras, cola larga y cresta, se suelen ver cerca de las carreteras. Otros habitantes del desierto son el zorro kit, que vive en madrigueras, el zorro gris, que trepa a los árboles, la liebre y la rata canguro, la lenta tortuga del desierto (en peligro de extinción) y diversas serpientes, lagartijas y arañas. El musmón del desierto e infinidad de aves acuden a lugares con agua, a menudo en torno a manantiales estacionales y oasis de palmeras abanico autóctonas, sobre todo en el Joshua Tree National Park y el Anza-Borrego Desert State Park.

Aves y mariposas

California es una parada esencial en la ruta pacífica migratoria entre Alaska y México. Casi la mitad de las especies de aves de América del Norte usa los refugios y las reservas naturales del estado para reponer fuerzas. Los picos migratorios se producen en la época más húmeda del invierno; p. ej., en octubre y noviembre se congregan dos millones de patos y gansos en el complejo Klamath Basin National Wildlife Refuges.

Durante todo el año, pueden verse aves en las playas, estuarios y bahías, donde se reúnen garzas, cormoranes, aves limícolas y gaviotas, como en la Point Reyes National Seashore y las Channel Islands. Las mariposas monarca son espléndidas criaturas naranjas que siguen largas rutas migratorias en busca de asclepias, su única fuente de alimento. Decenas de miles pasan el invierno en California, en su mayoría en la Costa Central, como en Santa Cruz, Pacific Grove, Pismo Beach y el condado de Santa Bárbara.

Por los cielos del litoral del Big Sur se verán los amenazados cóndores de California, que también sobrevuelan el interior en el Pinnacles National Park y en el Los Padres National Forest. Se avistarán además águilas calvas, que han recuperado su posición en las Channel Islands, y algunas pasan el invierno en el lago Big Bear, en las montañas cercanas de Los Ángeles.

El cóndor de California es el ave voladora más grande de América del Norte. En 1987, solo había dos docenas en libertad. Pero gracias a los programas de cría en cautividad y liberación, ahora suman unas 240.

Flores silvestres y árboles

Los 6000 tipos de plantas de California son a la vez exuberantes y sutiles. Muchas especies están tan escondidas y son tan parecidas que solo un botánico entregado podría diferenciarlas, aunque juntas en primavera forman desordenadas alfombras de flores silvestres que dejan sin aliento. La flor del estado es la amapola de California, autóctona y de color naranja y amarillo.

California tiene árboles excepcionales: los más viejos (longevos pinos de las White Mountains con cerca de 5000 años), los más altos (secuoyas que alcanzan los 116 m), y los más grandes (secuoyas gigantes de Sierra Nevada que superan los 11 m de base). Estos últimos, exclusivos de California, sobreviven en arboledas aisladas de las laderas occidentales de Sierra Nevada, incluidos los parques nacionales de Yosemite, Sequoia y Kings Canyon.

En el estado crecen 20 especies autóctonas de roble, como la encina de hoja perenne, con hojas similares a las del acebo y bellotas escamosas. Entre otros árboles comunes está el laurel aromático de California, cuyas hojas largas y finas tornan a morado. Hay especies endémicas raras, como los pinos de Monterrey y Torrey, ambos con troncos nudosos que se han adaptado bien a las duras condiciones costeras, de fuertes vientos, poca

LOCOS POR LAS FLORES SILVESTRES

Las famosas "colinas doradas" de California son en realidad el resultado de la preparación para el largo y cálido verano. Muchas plantas se han adaptado a períodos prolongados en los que casi no llueve: crecen prolíficamente durante los suaves inviernos húmedos, cobran vida con las primeras lluvias otoñales y florecen en febrero.

En las zonas desérticas del sur del estado, la época clave de la floración silvestre suele ser marzo; otras regiones bajas se cubren de flores silvestres en abril. Algunos de los espectáculos más hipnóticos y predecibles se producen en el Anza-Borrego Desert State Park, el Death Valley National Park, la Antelope Valley California Poppy Reserve y el Carrizo Plain National Monument.

Cuando la nieve se derrite en las cotas altas de Sierra Nevada, los Tuolumne Meadows del Yosemite National Park son otro lugar ideal para caminar entre flores silvestres y tomar fotografías, con su punto álgido a finales de junio o principios de julio.

lluvia y tierra de arena y piedras; los últimos crecen solo en la Torrey Pines State Reserve cerca de San Diego y en las Channel Islands, a su vez hogar de docenas de especies de plantas endémicas.

Hacia el interior, Sierra Nevada tiene tres ecozonas: las estribaciones secas y occidentales cubiertas de robles y chaparrales; los bosques de coníferas que surgen a partir de una altitud de 600 m; y una zona alpina por encima de los 2500 m. Casi dos docenas de especies de coníferas crecen en Sierra Nevada, con bosques de altitud media que albergan enormes abetos de Douglas, pinos ponderosa y, los más grandes, las secuoyas gigantes. Entre los árboles de hoja caduca hay álamos temblones, un árbol de tronco blanco con hojas temblorosas que adquieren un color amarillo claro en otoño, cuando lucen espectaculares, sobre todo en el tramo oriental de las montañas.

Cactus y otra flora del desierto

En los desiertos del sur de California, los cactus y otras plantas se han adaptado al clima árido, con hojas finas y espinosas que resisten la pérdida de humedad (y disuaden a los animales de pastoreo), y mecanismos de semillas y floración que se activan con las breves lluvias del invierno. Con suficiente lluvia invernal, la flora del desierto brota espectacular en primavera, que cubre los valles y atrae a miles de espectadores y fotógrafos.

Entre las especies más comunes y fáciles de identificar está la cholla, tan peluda que se llama "cactus de peluche", aunque puede llegar a clavar sus afiladísimas espinas en la piel al menor toque. También hay que tener cuidado con la Acacia greggii, cuyas pequeñas y afiladas espinas en forma de ganchos puede rasgar la ropa o la piel al rozarla.

Casi igual de extendidas están las chumberas, un cactus de hoja plana y carnosa cuyo jugo usan los nativos como medicina. Luego están la gobernadora, una planta de tipo cactus (en realidad, un arbusto perenne de olor característico), y el ocotillo con púas, que alcanza los 6 m de altura y tiene unas ramas como de caña, donde brotan flores rojas en primavera.

Los árboles de Josué son el mayor tipo de yuca que existe, con flores copiosas de color blanquecino verdoso en primavera. Crecen en el desierto de Mojave, aunque su hábitat y supervivencia a largo plazo están amenazados por el cambio climático.

Parques nacionales y estatales de California

La mayoría de los californianos considera la diversión al aire libre crucial para su calidad de vida, y el terreno público conservado no ha dejado de crecer a golpe de ley desde los años sesenta. La Ley Costera de California, el hito legislativo de 1976, salvó el litoral de una mayor urbanización, mientras que la polémica Ley del Protección de los Desiertos de California de 1994 enfureció a muchos rancheros, mineros y entusiastas del todoterreno.

Actualmente, **California State Parks** (www.parks.ca.gov) protegen casi un tercio del litoral del estado, junto con bosques de secuoyas, lagos de montaña, cañones, desiertos, cascadas, reservas naturales y lugares históricos. En décadas recientes, los recortes presupuestarios, junto con la infrafinanciación crónica, han sido responsables de cierres, servicios limitados y subida de precios en los parques y el ocio al aire libre. Pese a ello, entre los mejores intereses económicos de California está el de proteger su naturaleza, dado que los ingresos por el turismo superan a las industrias competidoras de extracción de recursos, como la minería.

Pero algunos de estos parques sufren amores que matan. Demasiados visitantes agobian el entorno natural y cada vez es más difícil equilibrar el acceso público y la conservación. Para evitar aglomeraciones y reducir la huella medioambiental, se aconseja visitar parques populares como el

En el 2006, se descubrió el árbol vivo más alto del mundo en una zona remota del Redwood National Park (su ubicación es secreta para protegerlo). Se llama Hyperion y mide 115 m.

En *Cadillac Desert: The American West and Its Disappearing Water*, de lectura obligatoria, Marc Reisner estudia el contencioso, a veces violento, período de las guerras del agua que dieron origen a la California moderna.

TIERRA Y VIDA SALVAJE CONSERVACIÓN DE CALIFORNIA

Los mejores parques nacionales

Yosemite National Park

Sequoia National Park y Kings Canyon National Park

Death Valley National Park

Joshua Tree National Park

Lassen Volcanic National Park

Redwood National Park y Redwood State Park

Cofundado por el naturalista John Muir en 1892, el Sierra Club (www.sierraclub.org) fue el primer grupo conservacionista de EE UU y aún es el más activo del país, con sus programas educativos, excursiones en grupo, viajes organizados y vacaciones de voluntariado.

de Yosemite en temporada baja. Otra opción son zonas naturales menos famosas gestionadas por el **National Park Service** (www.nps.gov/state/CA), casi solitarias gran parte del año, lo que supone no tener que reservar permisos, campings o alojamiento con meses de antelación.

Hay 18 bosques nacionales en California gestionados por el **US Forest Service** (USFS; www.fs.usda.gov/r5), que abarcan tierras en torno a los montes Whitney y Shasta, los lagos Tahoe y Big Bear, y el Big Sur. Amados por los observadores de aves, los refugios naturales nacionales (NWR), que incluyen el mar de Salton y la cuenca del Klamath, los gestiona el **US Fish & Wildlife Service** (USFWS; www.fws.gov/refuges). Otros trozos de naturaleza californiana, como la Lost Coast y las llanuras de Carrizo, los supervisa el **Bureau of Land Management** (BLM; www.blm.gov/ca/st/en.html).

Conservación de California

En California, el rápido desarrollo y el crecimiento incontrolado han supuesto un gran coste medioambiental. Desde 1849, los mineros de la Fiebre del Oro destrozaron la tierra en su frenética búsqueda de riqueza, lo que provocó en envío de 1500 millones de toneladas de desechos e incalculables cantidades de venenoso mercurio río abajo hasta el Valle Central, donde los ríos y arroyos quedaron obstruidos y contaminados.

El agua (o la falta de ella) es desde hace mucho la razón principal de las luchas y catástrofes medioambientales en el estado. Pese a las campañas del mayor ecologista de California, John Muir, en los años veinte, el río Tuolumne fue represado en Hetch Hetchy (en el Yosemite National Park), para que San Francisco tuviera agua potable. Del mismo modo, el desvío del agua a Los Ángeles ha contribuido a la destrucción del lago Owens y sus fértiles humedales y a la degradación del lago Mono, en la zona oriental de Sierra Nevada. En todo el estado, las creación de presas y la recogida de agua para hogares y granjas ha acabado con innumerables carreras de los salmones y ha secado marismas. El Valle Central se asemeja a un cuenco polvoriento; el acuífero subterráneo está en baja forma y hay tierras que se hunden hasta 30 cm al año.

Los hábitats alterados y comprometidos, tanto terrestres como marinos, son objetivos fáciles para especies invasivas, algunas muy agresivas que provocan el caos en los ecosistemas y la economía estatales. Solo en la bahía de San Francisco, uno de los estuarios más importantes del mundo, hay ahora más de 230 especies foráneas que asfixian el ecosistema acuático y en algunas zonas ya forman el 95% de la biomasa total.

Aunque la calidad del aire en California ha mejorado notablemente en las últimas décadas, aún se cuenta entre los peores del país. Los tubos de escape y las finas partículas generadas por el desgaste de los neumáticos de los vehículos, junto con las emisiones industriales, son los principales responsables. Un riesgo aún mayor para la salud es el ozono, ingrediente principal del humo neblinoso, que convierte en brumosos los días soleados de Los Ángeles, Sacramento, el Valle Central y el oeste de Sierra Nevada.

No obstante, hay esperanza. Los vehículos de baja emisión son ya los más solicitados del estado y el rápido aumento de los precios del combustible mantiene a los monovolúmenes fuera de la carretera. Los californianos votaron hace poco para financiar la construcción de plantas de energía solar e incluso se habla de aprovechar las tremendas mareas del Pacífico para generar más energía "limpia". Por ley, para el 2020, las empresas de servicios públicos de California deberán obtener el 33% de su energía de fuentes renovables, el objetivo más ambicioso que se haya propuesto nunca en EE UU.

Guía práctica

Datos prácticos A-Z

Acceso a internet

➡ Los cibercafés suelen cobrar entre 6 y 12 US$/h.

➡ **FedEx Office** (☏800-463-3339; www.fedex.com/us/office/), con sucursales en la mayoría de las ciudades del país, ofrece acceso a internet en centros de trabajos autoservicio (30-40 ¢/min) y, a veces, wifi gratis además de servicios de impresión de fotografías digitales y de grabado de CD.

➡ Los alojamientos, cafés, restaurantes, bares y demás que ofrecen equipos con conexión a internet se identifican con el icono (@); el icono (📶) indica la disponibilidad de wifi. No siempre son gratis.

➡ Los principales aeropuertos tienen wifi gratis o de pago, al igual que muchos hoteles, moteles y cafés (p. ej., Starbucks), centros de información turística, campings (p. ej., KOA), tiendas (p. ej., Apple), bares y restaurantes (cadenas de comida rápida como McDonald's incl.).

➡ Cada vez hay más puntos con wifi público (véase listado en http://ca.gov/WiFi/), incluidos algunos parques estatales (más información en www.parks.ca.gov).

➡ Las bibliotecas públicas tienen terminales de internet (la duración de la conexión puede ser limitada y a veces es necesario registrarse y pagar) y cada vez es más común que ofrezcan wifi gratis.

Aduanas

Los extranjeros y residentes permanentes pueden importar:

➡ 1 l de alcohol (mayores 21 años).

➡ 200 cigarrillos (un cartón) o 100 puros no cubanos (mayores 18 años)

➡ Regalos por valor de 100 US$.

➡ Es obligatorio declarar cantidades superiores a 10 000 US$ en efectivo, cheques de viaje, giros postales y equivalentes, y ni pensar en llevar drogas ilegales.

La información más completa y actualizada está siempre en la **web** de la **Oficina de Aduanas y Protección Fronteriza de EE UU** (www.cbp.gov).

Alojamiento

Servicios

➡ Las opciones de precio medio suelen ofrecer mejor relación calidad-precio.

➡ En general, los moteles y hoteles de precio medio disponen de habitaciones limpias, cómodas y de buen tamaño, con baño privado y servicios estándar, como televisión por cable, teléfono, cafetera y, a veces, microondas y nevera.

➡ Los alojamientos de precio alto ofrecen comodidades de lujo y, a veces, ubicación panorámica, alto diseño o ambiente histórico. La oferta habitual incluye piscina, gimnasio, centro de negocios, restaurante y bar, entre otros.

➡ Casi todos los alojamientos del sur de California tienen aire acondicionado; no los del norte, donde rara vez hace calor. En zonas costeras del sur como Santa Bárbara puede que solo haya ventiladores.

➡ Los alojamientos con ordenadores y acceso a internet llevan el icono de internet (@). No siempre es gratis (p. ej., en los centros de negocios de los hoteles).

➡ Puede que se cobre por el wifi (📶), sobre todo si se ofrece en la habitación. En los espacios comunes de los hoteles (vestíbulo, junto a la piscina) suele haber puntos de wifi gratis.

➡ En muchos alojamientos está prohibido fumar. Las habitaciones para fumadores suelen estar sin reformar y ser menos atractivas. En general, quien encienda un cigarrillo en zonas para no fumadores deberá abonar un recargo por la limpieza (desde 100 US$).

PRECIOS DE ALOJAMIENTO

Los precios de esta guía responden a una habitación privada con baño en temporada alta, a menos que se indique lo contrario. Las tasas y el desayuno no suelen estar incluidos.

→ **$** hasta 100 US$
→ **$$** de 100 a 200 US$
→ **$$$** desde 200 US$

Precios y reservas

→ Entre semana, los precios suelen ser más bajos, salvo en los hoteles urbanos para ejecutivos, que a su vez atraen a los turistas con ofertas de fin de semana.

→ Las tarjetas de fidelización con descuentos (como AAA, AARP) permiten ahorrar un 10% de las tarifas estándar en los hoteles y moteles que las aceptan.

→ Hay revistas gratis de anuncios con descuentos para hoteles y moteles, disponibles en gasolineras, áreas de descanso, oficinas de turismo y, en línea, en **HotelCoupons** (http://hotelcoupons.com).

→ La temporada alta va de junio a agosto en todas partes, salvo en las zonas de desierto y de esquí, que es de diciembre a abril.

→ La demanda y los precios suben en torno a las principales fiestas y festivales, cuando algunos lugares exigen una estancia mínima.

→ Para los fines de semana, vacaciones y, en general, en temporada alta, se aconseja reservar.

→ Sin reserva, a veces se puede regatear, sobre todo en temporada baja.

B&B y alquiler vacacional

Si se busca una alternativa con encanto o más romántica a los moteles y hoteles impersonales, los B&B suelen ubicarse en antiguas casas victorianas o patrimoniales, decoradas con muebles antiguos, aunque la privacidad no suele ser su punto fuerte.

Las tarifas a veces no incluyen el desayuno. Los servicios varían, pero las habitaciones con TV y teléfono son la excepción, y en los más baratos los baños son compartidos. Las calidades son superiores en lugares certificados por la **California Association of Boutique & Breakfast Inns** (www.cabbi.com), pero varían mucho en las propiedades de alquiler vacacional de **Airbnb** (www.airbnb.com) y **Vacation Rentals By Owner** (www.vrbo.com).

La mayoría de los B&B requieren reserva, con pocas excepciones. Fumar suele estar prohibido y no acostumbran a aceptar niños. A veces exigen una estancia mínima de varias noches, sobre todo en fin de semana y temporada alta.

'Camping'

En California acampar es mucho más que una forma barata de pasar la noche. Los mejores *campings* están en la playa, bajo los árboles junto a un lago alpino o entre las dunas del desierto.

Albergues

En California hay 19 albergues asociados a **Hostelling International USA** (HI-USA; ☎888-464-4872; www.hiusa.org), que suelen dividir las habitaciones por sexo y no permitir el consumo de alcohol ni fumar. El carné de HI (adultos/séniores 28/18 US$/año, menores 18 años gratis) ofrece un descuento de 3 US$/noche.

California también tiene albergues independientes, sobre todo en la costa. Su normativa suele ser más relajada, con actividades y fiestas frecuentes. Algunos incluyen un desayuno ligero en el precio, organizan circuitos por la zona o trasladan a los viajeros a/desde los centros de transporte. No hay dos albergues iguales, pero casi todos ofrecen dormitorios mixtos, habitaciones semiprivadas con baño compartido, cocina común, taquillas, acceso a internet, lavandería automática y salón de TV.

Las tarifas de los dormitorios colectivos van de 25 a 55 US$/noche, tasas incluidas. Reservar es buena idea, sobre todo en temporada alta. Muchos albergues ofrecen servicio de reserva por internet o teléfono. Los servicios de reserva en línea como

HOTELES Y MOTELES ECOLÓGICOS

Muchos hoteles y moteles de California aún no se han subido al carro medioambiental. Aparte de ofrecer la opción de reutilizar toallas y sábanas, iniciativas tan sencillas como el reciclaje, los dispensadores de jabón, sustituir los vasos de plástico o poliestireno extruido o descartar los productos envasados para el desayuno, son muy poco habituales. El **California Green Lodging Program** (www.calrecycle.ca.gov/epp/greenlodging/) es un programa estatal voluntario de certificación; su directorio en línea incluye los establecimientos que han obtenido el certificado "Environmentalist Level", representado por tres palmeras.

www.hostels.com, www.hostelz.com y www.hostelworld.com quizá ofrezcan tarifas más baratas que los propios establecimientos.

Hoteles y moteles

El precio de las habitaciones suele depender de su tamaño y cantidad de camas más que del número de ocupantes. Por lo general, una habitación con una cama doble o tamaño queen cuesta lo mismo para una o dos personas, mientras que una habitación con cama *king* o dos camas dobles es más cara.

Con frecuencia se aplica un recargo al tercer o cuarto ocupante; los niños menores de cierta edad (según el alojamiento) no pagan. Las cunas y las camas plegables tienen un coste extra. Las suites o suites júnior a veces son solo habitaciones más grandes; consúltese las condiciones al reservar.

Las habitaciones recién reformadas, más grandes o con buenas vistas quizá cuesten más. Calificativos como "frente al mar" o "con vistas al mar" suelen usarse a la ligera.

Se pueden hacer reservas en las cadenas hoteleras vía central de reservas, pero para conocer promociones y comodidades específicas es mejor llamar al hotel en cuestión. Si se llega sin reserva, es mejor ver la habitación antes de pagar, sobre todo en los moteles.

Las tarifas pueden incluir el desayuno, de calidad muy variable.

Comida

➡ El almuerzo se sirve de 11.30 a 14.30, y la cena, de 17.00 a 21.00; si bien algunos restaurantes abren hasta más tarde, sobre todo los viernes y sábados noche.

➡ Si hay desayuno, se sirve de 7.30 a 10.30. Algunos *diners* y cafés ofrecen desayunos hasta por la tarde o todo el día. El *brunch* de

fin de semana funciona de 11.00 a 15.00 los sábados y domingos.

➡ Solo algunos restaurantes piden algo más que una camisa de vestir, pantalones *sport* y calzado correcto.

➡ En los establecimientos con servicio de mesa se espera una propina del 18-20%.

➡ Se prohíbe fumar en recintos cerrados. Algunos restaurantes tienen patios o mesas exteriores donde se puede fumar (pregúntese o mírese si hay ceniceros), pero puede que los vecinos de mesa se molesten.

➡ Llevar la botella de vino propia al restaurante es muy habitual, aunque se aplica una tarifa de descorche de 15-30 US$. Los almuerzos no incluyen bebidas alcohólicas, si bien una copa de vino o cerveza se acepta socialmente pese a no ser común en todas partes.

➡ Si se pide un plato para compartir entre dos (o más), quizá haya que pagar un recargo.

➡ Los vegetarianos, veganos y viajeros con alergias alimenticias no deben preocuparse; casi todos los restaurantes ofrecen platos para dietas específicas.

Comunidad homosexual

California es como un imán para los viajeros LGBTQ. Los enclaves más famosos son Castro en San Francisco; West Hollywood (WeHo), Silver Lake y Long Beach en Los Ángeles; Hillcrest en San Diego; Palm Springs en el desierto; y Guerneville en el valle del Russian River y Calistoga en el valle de Napa. Algunos ambientes están más orientados a hombres, aunque las mujeres no suelen sentirse excluidas.

El matrimonio homosexual es legal en California. A pesar de la amplia tole-

rancia, persisten algunas actitudes homofóbicas. En los municipios pequeños, sobre todo lejos de la costa, esa tolerancia suele limitarse a "la ley del silencio".

Recursos útiles

Advocate (www.advocate.com/travel) Artículos en línea, ofertas de viajes para gais y guías.

Damron (www.damron.com) Guías de viaje clásicas gais, con publicidad y la aplicación para móviles Gay Scout.

GayCities (www.gaycities.com) Eventos, actividades, circuitos, alojamiento, compras, restaurantes, bares y vida nocturna de varias ciudades californianas.

Gay.net Travel (www.gay.net/travel) Guías de ciudades, información sobre viajes y desfiles del orgullo gay.

Gay & Lesbian National Hotline (☎ 888-843-4564; www.glnh.org; ⏰ 13.00-21.00 lu-vi, 9.00-14.00 sa) Consejos y referencias de todo tipo.

Out Traveler (www.outtraveler.com) Revista en línea gratis con consejos de viaje, guías de ciudades y valoraciones de hoteles.

Purple Roofs (www.purpleroofs.com) Directorio en línea de alojamientos LGBTQ.

Correos

→ El **US Postal Service** (USPS; ☎800-275-8777; www.usps.com) es barato y fiable. Cada dos años las tarifas suben un poco.

→ Para envíos internacionales de documentos importantes o paquetes, contáctese con **Federal Express** (FedEx; ☎800-463-3339; www.fedex.com) o **United Parcel Service** (UPS; ☎800-742-5877; www.ups.com).

Cuestiones legales

Drogas y alcohol

→ La posesión de menos de 28 g de marihuana es un delito menor en California. Pero la tenencia de cualquier otra droga o de una cantidad superior es un delito grave, castigado con largas penas de cárcel. Cualquier condena por un delito de drogas es motivo de deportación.

→ La policía establece controles de alcoholemia o drogadicción en la carretera. Si no se pasa el control, habrá que someterse a una prueba de aliento, orina y sangre para determinar si el grado de alcohol en sangre supera el límite legal (0,08%). Negarse se considera igual que dar positivo.

→ Las penas por conducir bajo los efectos de las drogas o el alcohol van desde la retirada del carné hasta multas o la cárcel.

→ Es ilegal llevar recipientes de alcohol abiertos en un vehículo, aun vacíos. Si el recipiente no está lleno y con el cierre intacto, hay que llevarlo en el maletero.

→ Excepto en las residencias privadas o lugares con licencia, consumir alcohol está prohibido, lo que deja fuera muchos parques y playas (en los *campings* suele estar permitido).

→ En los bares, discotecas y tiendas de licores es normal pedir una identificación con fotografía como prueba de que se tiene la edad mínima para consumir alcohol (21 años).

Policía y seguridad

→ Para llamar a la policía, los bomberos o una ambulancia, márquese el ☎911. Emergencias aparte, se puede contactar con la policía en la comisaría más próxima (línea de información ☎411).

→ Si la policía para al viajero, este debe mostrarse educado. No hay que salir del vehículo a menos que así lo pidan y, en todo momento, mantener las manos a la vista de los agentes (p. ej., en el volante).

→ Los multas no se pagan in situ. Intentar dar dinero a un agente puede resultar en una acusación de intento de soborno.

→ Ante una infracción de tráfico, el oficial informará de las opciones de pago. El período para pagar una multa suele ser de 30 días; en la mayoría de los casos pueden resolverse en línea o por correo electrónico.

→ Tras ser detenido, el viajero tendrá derecho a permanecer en silencio y se le considerará inocente hasta que se demuestre lo contrario. Podrá realizar una llamada de teléfono. Si no dispone de abogado, se le asignará uno de oficio. Los extranjeros sin abogado, amigos ni familia a los que recurrir deben llamar a su embajada o consulado; se puede pedir el número de teléfono a la policía.

→ Por motivos de seguridad antiterrorista, no hay que dejar el equipaje desatendido, sobre todo en aeropuertos y estaciones de trenes o autobuses.

→ Llevar un aerosol lacrimógeno o de pimienta es legal en California si no contiene más de 75 ml de componente activo; la legislación federal prohíbe llevarlos en un avión.

→ En caso de abuso sexual, el personal de los centros de ayuda a violadas y hospitales se encarga de hacer todas las gestiones y actúa como enlace con los servicios de la comunidad, policía incluida. En las guías telefónicas figura una lista de centros; otra opción es el número de asistencia 24 h de la **National Sexual Assault Hotline** (☎800-656-4673; www.rainn.org).

Tabaco

→ En general, está prohibido fumar en edificios públicos, como aeropuertos, centros comerciales y estaciones de autobuses.

→ Dentro de los restaurantes, no hay espacios habilitados para fumadores, pero, a veces, dejan fumar en los patios o mesas exteriores (pregúntese).

→ En los hoteles, hay que pedir habitación de fumadores; en algunos está prohibido fumar por ley.

→ En ciertas ciudades y municipios, fumar en la calle a una determinada distancia de un espacio público es ilegal.

Descuentos

Pase anual 'America the Beautiful' (http://store.usgs.gov/pass; pase de 12 meses, 80 US$) Acceso gratis para cuatro adultos y los menores de 16 años acompañantes a todos los parques nacionales y zonas recreativas federales (USFS, BLM, etc.) durante 12 meses desde su ad-

LO BÁSICO

DVD Código de región 1 (EE UU y Canadá)

Electricidad CA 110/120 V, 50/60 Hz

Periódicos *Los Angeles Times* (www.latimes.com), *San Francisco Chronicle* (www.sfchronicle.com), *San Jose Mercury News* (www.mercurynews.com), *Sacramento Bee* (www.sacbee.com)

Radio National Public Radio (NPR), extremo inferior del dial FM

Hora California se rige por el tiempo del Pacífico (UTC-8). Los relojes se adelantan 1 h durante el horario de verano, del segundo domingo de marzo al primer domingo de noviembre.

TV PBS (emisión pública); cable: CNN (noticias), ESPN (deportes), HBO (películas), Weather Channel (tiempo)

Pesos y medidas Sistema imperial (excepto 1 galón EE UU = 0,83 galones = 3,78 l)

quisición. Los ciudadanos de EE UU y los residentes permanentes de 62 años o más disponen de un Senior Pass (10 US$) vitalicio que garantiza el acceso gratis y descuentos del 50% en instalaciones como los *campings*.

American Association of Retired Persons (AARP; ☎800-566-0242; www.aarp.org; cuota anual 16 US$) Grupo de apoyo a los estadounidenses mayores de 50 años que ofrece descuentos a sus asociados (10% aprox.) en hoteles, alquiler de vehículos y otros.

American Automobile Association (AAA; ☎877-428-2277; www.aaa.com; afiliación desde 57 US$/año) Los socios de la AAA y sus filiales extranjeras (CAA) tienen descuentos (aprox. 10%) en trenes de Amtrak, alquiler de vehículos, moteles y hoteles, restaurantes y comercios de cadenas, circuitos y parques temáticos.

Tarjetas Go Los Ángeles, San Diego y San Francisco (www.smarterdestinations.com; pase de 1 día adultos/3-12 años desde 58/50 US$) La Go LA Card y

la Go San Diego Card, más caras, incluyen la entrada a los principales parques temáticos de SoCal (no a Disneylandia). La Go San Francisco Card, más económica, incluye entradas a museos, alquiler de bicicletas y un crucero por la bahía. Hay que ver muchos puntos de interés durante varios días para que salgan rentables. En línea, se ofrecen descuentos.

Carné Internacional de Estudiante e International Youth Travel Card (www.isic.org; 1 año 25 US$) Descuentos en billetes de avión, seguros de viaje y atracciones locales a estudiantes (ISIC) y a no estudiantes menores de 26 años (IYTC). Se emiten en asociaciones de estudiantes, de albergues y agencias de viajes juveniles.

Descuentos para séniores Los mayores de 65 (o a veces de 55, 60 o 62 a menudo disfrutan de los mismos descuentos que los estudiantes; cualquier documento identificativo basta para probar la edad.

Southern California CityPass (www.citypass.com/southern-california;

adultos/3-9 años desde 328/284 US$) Si se visitan los parques temáticos de SoCal, el CityPass cubre la entrada de tres días a Disneyland y Disney California Adventure y la entrada de un día a los Universal Studios y el SeaWorld, con ampliaciones para visitar Legoland y el San Diego Zoo o el Safari Park. Los pases tienen una validez de 14 días desde el primer día de uso. Es más económico comprarlos en línea con antelación.

Student Advantage Card (☎800-333-2920; www.studentadvantage.com; 1 año 22,50 US$) Para estudiantes internacionales y estadounidenses, ofrece descuentos del 15% en los trenes de Amtrak y del 20% en los autobuses de Greyhound, más reducciones del 10-20% en algunos vehículos de alquiler y tiendas.

Dinero
Cajeros automáticos

➡ En la mayoría de los bancos, centros comerciales, aeropuertos, ultramarinos y tiendas 24 h hay cajeros disponibles los siete días, 24 h.

➡ La comisión mínima por transacción suele ser de unos 3 US$, aparte de lo que cobre el banco del usuario.

➡ La mayoría de los cajeros están ligados a redes internacionales y ofrecen tipos de cambio correctos.

➡ Retirar dinero de un cajero con tarjeta de crédito tiene comisión y altos tipos de interés; contáctese con la compañía de la tarjeta para más información y para un número PIN.

Efectivo

➡ La gente no lleva mucho efectivo a diario.

Se usan más las tarjetas de crédito y débito. Algunos comercios no aceptan billetes de más de 20 US$.

Tarjetas de crédito

➡ Las principales tarjetas de crédito se aceptan casi en cualquier lugar. De hecho, es complicado alquilar vehículos, reservar habitaciones o comprar entradas por teléfono sin tarjeta; a veces son vitales en situaciones de emergencia.

➡ Visa, MasterCard y American Express son las más aceptadas.

Cambio de moneda

➡ Se puede cambiar moneda en los aeropuertos principales, bancos y en oficinas de cambio como **American Express** (www. americanexpress.com) o **Travelex** (www.travelex. com). Pregúntese por el tipo de cambio y las tarifas.

➡ Fuera de las grandes ciudades, quizá sea complicado cambiar dinero. Conviene disponer de una tarjeta de crédito y dinero suficiente a mano.

Impuestos

➡ En California se añade un IVA (7,5%) al precio de la mayoría de los productos y los servicios (la gasolina es una excepción).

➡ Los impuestos locales o municipales pueden suponer un 2,5% adicional.

➡ Los impuestos por alojamiento turístico varían según la región, pero la media actual es del 12% o más.

Cheques de viaje

➡ Han caído en desuso.

➡ Los principales restaurantes, hoteles y grandes almacenes suelen admitirlos (solo en US$), pero no así los negocios pequeños, mercados y cadenas de comida rápida.

➡ Visa y American Express son las entidades emisoras más aceptadas.

Electricidad

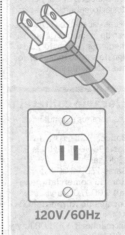

120V/60Hz

Fiestas oficiales

En los siguientes festivos nacionales, los bancos, escuelas y oficinas gubernamentales (correos incl.) cierran y los transportes, museos y otros servicios adoptan horarios de domingo. Las fiestas que caen en fin de semana suelen pasarse al lunes siguiente.

Año Nuevo 1 enero
Martin Luther King Jr. Day 3er lunes enero
Presidents' Day 3er lunes febrero
Viernes Santo El viernes antes de Pascua (mar/abr)
Memorial Day Último lunes mayo
Independence Day 4 julio
Labor Day 1er lunes septiembre
Columbus Day 2º lunes octubre
Veterans' Day 11 noviembre
Acción de gracias 4º jueves noviembre
Navidad 25 diciembre

Vacaciones escolares

➡ La universidad se toma un descanso primaveral de una o dos semanas hacia Pascua

PROPINAS

No son opcionales. Solo no se exige en caso de un mal servicio.

Mozos de aeropuertos y botones de hoteles	2 US$ por maleta, mínimo 5 US$ por carrito.
Camareros (bares)	15% por ronda, mínimo 1 US$ por copa.
Conserjes	Nada por informar, hasta 10 US$ por tramitar una reserva de última hora en un restaurante, una entrada para un espectáculo, etc.
Servicio de limpieza	De 2 a 4 US$/día, que se dejan bajo la tarjeta ofrecida; más si se es desordenado.
Valets de aparcamiento	Al menos 2 US$ al devolver las llaves del vehículo.
Camareros (restaurante) y servicio de habitaciones	18-20%, a menos que la propina se incluya en el precio (lo común en grupos de seis o más personas).
Taxistas	10-15% del importe del taxímetro; redondear hasta el siguiente dólar.

(mar o abr). Algunos hoteles y *resorts*, sobre todo en la costa, cerca de los parques temáticos de SoCal y en el desierto, suben los precios.

→ Las vacaciones escolares van de mediados de junio a mediados de agosto; julio y agosto son los meses en los que más gente viaja.

Horario comercial

Los horarios estándar son:

Bancos 9.00-17.00 lu-vi, hasta 18.00 vi; algunos 9.00-13.30 sa
Bares 17.00-2.00 a diario
Horario comercial (general) 9.00-17.00 lu-vi
Locales nocturnos 22.00-4.00 ju-sa
Farmacias 8.00-21.00 lu-vi, 9.00-17.00 sa y do; las hay 24h
Correos 8.30-16.30 lu-vi; algunas 9.00-12.00 sa
Restaurantes 7.30-10.30, 11.30-14.30 y 17.30-21.00 a diario; algunos más tarde vi y sa
Tiendas 10.00-18.00 lu-sa, 12.00-17.00 do; los centros comerciales cierran más tarde
Supermercados 8.00-21.00 o 22.00 a diario; algunos abren 24h

Información turística

→ A la hora de planificar el viaje, es muy útil el sitio web de **California Travel and Tourism Commission** (www. visitcalifornia.com).

→ La misma agencia gubernamental tiene casi 20 **California Welcome Centers** (www.visitcwc. com) por todo el estado, que ofrecen planos y folletos. El personal puede ayudar a buscar alojamiento.

→ Casi todas las ciudades y pueblos de California tienen un centro de visitantes local y una cámara de comercio con

planos, folletos e información turística.

Mapas (y planos)

→ La navegación por GPS es práctica, aunque no fiable al 100%, sobre todo en zonas remotas y rurales.

→ Los centros de visitantes reparten mapas y planos gratis, a veces son muy básicos. Si se va a conducir mucho, se aconseja hacerse con un mapa de carreteras más detallado.

→ Los socios de la **American Automobile Association** (AAA; ☎800-874-7532; www. aaa.com) y sus afiliados internacionales (hay que llevar el carné) tienen mapas de carreteras gratis en las oficinas locales de la AAA.

→ El completo *California Atlas & Gazetteer* (25 US$), de DeLorme, incluye *campings*, senderos excursionistas, zonas recreativas y datos topográficos; pero es poco útil en las áreas urbanas.

Precauciones

Pese a la lista apocalíptica de peligros (armas, violencia, disturbios, terremotos, etc.), California es un lugar bastante seguro. El mayor peligro son los accidentes de tráfico (el cinturón de seguridad es obligatorio) y las mayores molestias, el tráfico en las zonas metropolitanas y las multitudes. La naturaleza entraña pequeñas amenazas y existe la posibilidad, aunque remota, de sufrir un desastre natural.

Terremotos
Son habituales, pero la mayoría son tan suaves que solo los detectan los sismógrafos. En caso de uno fuerte:

→ En espacios interiores, hay que ponerse bajo una mesa o de pie bajo el umbral de una puerta.

→ Conviene protegerse la cabeza y alejarse de las ventanas, espejos o cualquier cosa que pueda caerse.

→ No hay que subir a ascensores ni correr a la calle.

→ Dentro de un centro comercial o un gran edificio público saltarán las alarmas y/o aspersores.

→ En el exterior, hay que permanecer lejos de edificios, árboles y líneas eléctricas.

→ Si se va al volante, lo mejor es parar en el arcén, lejos de puentes, pasos elevados y líneas eléctricas, y permanecer en el vehículo hasta que todo pase.

→ Si se está en una acera, cerca de edificios, hay que meterse en un soportal para protegerse de ladrillos, vidrios o escombros que puedan caer.

→ Hay que prepararse para las réplicas.

→ Conviene escuchar las noticias.

→ Solo debe usarse el teléfono si es imprescindible.

Fauna

→ Nunca hay que acercarse a un animal ni darle comida, aunque sea inofensivo, porque perdería su miedo innato a los humanos y hasta volverse agresivo. Muchas aves y mamíferos, incluidos ciervos y roedores como las ardillas, pueden transmitir enfermedades graves con un mordisco.

→ Molestar o acosar a las especies protegidas, incluidos mamíferos marinos como ballenas, delfines y focas, es un delito penado con elevadas multas.

→ Los osos negros suelen verse atraídos por las acampadas, donde encuentran comida, basura y artículos olorosos en los merenderos y en torno a tiendas y vehículos. En lo posible, hay que usar siempre los contenedores a prueba de osos. Más información sobre regiones con osos en la web de **SierraWild** (http://sierrawild.gov/bears).

→ Al toparse con un oso negro en plena naturaleza no hay que correr, sino permanecer en grupo, mantener a los niños cerca y tomar en brazos a los pequeños. Conviene quedarse a unos 100 m. Si el oso comienza a acercarse, lo mejor es alejarse lentamente del camino y dejarlo pasar, con cuidado de no bloquear ninguna vía de escape del animal ni quedarse entre una madre y sus crías. A veces, un oso negro puede desafiar a alguien para poner a prueba su dominio. Hay que mantenerse firme, parecer lo más grande posible (p. ej., moviendo los brazos sobre la cabeza) y gritar de forma amenazante.

→ Los pumas rara vez atacan a los humanos, pero pueden ser letales. Ante su presencia hay que mantener la calma, tomar en brazos a los niños pequeños, no perder de vista al animal y retirarse lentamente. Es buena idea intentar parecer lo más grande posible alzando los brazos o sujetando un palo. Si el puma tiene una actitud amenazante, gritar o arrojarle piedras. En caso de ataque, hay que defenderse con agresividad.

→ Las serpientes y arañas son comunes en toda California, y no solo en plena naturaleza. Se aconseja mirar dentro del calzado antes de ponérselo en zonas al aire libre, sobre todo en los *campings*. Las mordeduras de serpiente no son usuales; la mayoría ocurre cuando se las pisa o provoca (p. ej., al cogerlas o darles con un palo). Muchos hospitales disponen de antídoto.

Salud

Asistencia sanitaria y seguro

→ El tratamiento médico es muy bueno, pero su coste puede arruinar a cualquiera. Muchos profesionales sanitarios exigen el pago al momento, sobre todo a visitantes de otras ciudades o extranjeros.

→ Excepto en caso de emergencia (cuando hay que llamar al ☎ 911 o acudir a urgencias 24 h del hospital más cercano o "ER"), se puede consultar qué médico de la zona admite el seguro del viajero.

→ Conviene guardar todos los recibos y la documentación como comprobante o para reclamaciones al seguro.

→ Algunas pólizas exigen la autorización de un tratamiento médico antes de buscar ayuda.

→ Los extranjeros con seguro de viaje quizá tengan que llamar a algún centro de atención para una evaluación telefónica antes de recibir tratamiento médico.

Deshidratación, insolación y golpe de calor

→ Hay que aclimatarse con calma, sobre todo al calor del verano y en los desiertos del sur. Se recomienda beber abundante agua, un mínimo de 3 l/persona si se practican actividades al aire libre. También es buena idea comer algo salado, ya que el sodio es necesario para la rehidratación.

→ La deshidratación (falta de agua) o la falta de sales pueden provocar un golpe de calor, caracterizado por abundante sudor, fatiga, letargia, dolor de cabeza, náuseas, vómitos, mareo y calambres.

→ La exposición prolongada al sol fuerte puede provocar una insolación grave, que se da cuando la temperatura corporal alcanza niveles peligrosos. Entre los síntomas de advertencia están el estado mental alterado, la hiperventilación y la piel roja, caliente y seca (p. ej., ausencia de sudor).

→ La insolación requiere la hospitalización inmediata. Entretanto, hay que permanecer al paciente a la sombra, quitarle cualquier prenda que retenga calor (el algodón va bien), empapar el cuerpo con agua y abanicarle; se puede aplicar hielo en el cuello, las axilas y las ingles.

Hipotermia

→ Los esquiadores y excursionistas sufrirán temperaturas bajo cero repentinas en las montañas y el desierto, sobre todo en invierno. Incluso un chaparrón primaveral o rachas fuertes de viento pueden hacer bajar la temperatura corporal muy rápido.

→ En lugar de algodón, conviene usar ropa sintética o de lana (que retiene el calor aunque esté húmeda) y llevar una prenda impermeable (chaquetas Gore-Tex, ponchos, pantalones de lluvia) y alimentos energéticos de fácil digestión (chocolate o frutas y frutos secos).

→ Algunos síntomas son: agotamiento, aturdimiento, escalofríos, pérdida de equilibrio, defectos en el habla, mareos, calambres y comportamiento irracional o violento.

→ Ante una hipotermia leve hay que protegerse del mal tiempo y ponerse ropa seca de abrigo, beber líquidos calientes (nada de cafeína o alcohol) y tomar un tentempié muy calórico.

→ Si la hipotermia es más grave, hay que

buscar asistencia médica enseguida. No se aconseja frotar a las víctimas; hay que tocarlas con suavidad.

Seguro

Seguro de viaje

Se recomienda contratar uno que cubra en caso de robo, pérdida y problemas médicos. Algunas pólizas no contemplan actividades como submarinismo, motociclismo o esquí. Conviene leer las condiciones y asegurarse de que la póliza acepte, como mínimo, la hospitalización y un vuelo de urgencia de repatriación.

Pagar con tarjeta de crédito el billete de avión o el vehículo de alquiler puede incluir un seguro de accidentes limitado. Si se dispone de un seguro privado o una póliza del propietario o arrendador, solo hay que contratar un seguro adicional que lo complete. Si se paga por adelantado parte de las vacaciones, quizá merezca la pena contratar un seguro de cancelación.

En www.lonelyplanet. com/travel-insurance se pueden contratar, ampliar o hacer reclamaciones en línea de seguros de viaje para todo el mundo, en cualquier momento (incluso después de partir).

Teléfono

Móviles

➡ Para llamar dentro del país, se necesita un móvil GSM multibanda. Adquirir una tarjeta SIM recargable de prepago suele ser más barato que usar la red del país de origen.

➡ Las tarjetas SIM se venden en tiendas de telecomunicaciones y electrónica, junto a teléfonos de prepago baratos (algunos van por tiempo).

➡ Se puede alquilar un móvil en los aeropuertos de Los Ángeles (LAX) y San Francisco (SFO) con **TripTel** (☎877-874-7835; www.triptel. com); las tarifas varían pero suelen ser caras.

Prefijos

➡ Los números de teléfono de EE UU están formados por un prefijo de zona de tres letras seguido de un número local de siete dígitos.

➡ Para llamar a un número dentro de la misma zona solo se marcan los siete dígitos (si no funciona, márquense los 10 dígitos).

➡ Para llamadas de larga distancia, márquese el 1 más el prefijo de área y el número local.

➡ Los números gratis empiezan por 800, 855, 866, 877 o 888 y antes debe marcarse el 1.

➡ Para establecer llamadas internacionales directas hay que marcar el 011, el prefijo del país, el prefijo de zona (normalmente sin el 0 inicial) y el número del abonado.

➡ Para llamar desde el extranjero, márquese el prefijo del país: el de EE UU es el 1.

Teléfonos públicos y tarjetas telefónicas

Los teléfonos de pago que quedan suelen funcionar con monedas, aunque algunos solo aceptan tarjetas de crédito (p. ej., en los parques nacionales). Las llamadas locales cuestan desde 50 ¢. Para llamadas de larga distancia, lo mejor es comprar tarjetas prepago en supermercados, farmacias, quioscos, tiendas de electrónica y colmados.

Viajeros con discapacidades

Casi todo el estado está bastante bien adaptado para estos viajeros, sobre todo las zonas metropolitanas y las más turísticas.

Accesibilidad

➡ La mayoría de los pasos de peatones tienen bordillos rebajados y, a veces, señales acústicas.

➡ La Americans with Disabilities Act (ADA) obliga a que todo edificio público construido después de 1993 esté adaptado, lavabos incluidos.

➡ Los moteles y hoteles construidos después de 1993 deben tener como mínimo una sala que cumpla con la ADA; al reservar, indíquense las necesidades específicas.

➡ En los edificios privados construidos antes de 1993, incluidos hoteles, restaurantes, museos y teatros, la accesibilidad no está garantizada; hay que informarse al respecto.

➡ La mayoría de los parques nacionales y estatales y algunas zonas recreativas al aire libre tienen senderos asfaltados o pasarelas de madera accesibles en silla de ruedas.

➡ Muchos parques temáticos hacen todo lo posible por adaptarse a las sillas de ruedas y a los visitantes con movilidad limitada y otras discapacidades.

➡ Los ciudadanos y residentes permanentes de EE UU con alguna discapacidad permanente tienen opción a un pase **'America the Beautiful'** (http://store.usgs.gov/ pass/access.html) vitalicio, que incluye libre a todos los parques nacionales y zonas recreativas federales y descuentos del 50% en actividades como la acampada.

➡ El pase para discapacitados de California State Parks (3,50 US$) ofrece a los discapacitados permanentes descuentos del 50% en las tarifas de aparcamiento y camping; visítese www.parks.ca.gov.

Comunicaciones

➡ Las compañías telefónicas ofrecen operadores intermediarios (☎711) para discapacitados auditivos.

➡ Muchos bancos tienen instrucciones en braille en los cajeros automáticos.

Recursos útiles

A Wheelchair Rider's Guide to the California Coast (www.wheelingcalscoast.org) Información gratis sobre el acceso a playas, parques y senderos, más guías descargables en PDF de la zona de la bahía de San Francisco, la costa de Los Ángeles y el condado de Orange.

Access Northern California (www.accessnca.com) Enlaces a recursos, publicaciones, circuitos y transporte accesibles, con opciones de ocio al aire libre, además de una base de datos de alojamientos y un calendario de eventos.

Accessible San Diego (http://access-sandiego.org) Guía en línea gratis de la ciudad (descargable/impresa 4/5 US$) que se actualiza cada año.

California State Parks (http://access.parks.ca.gov) Plano consultable y base de datos en línea acerca de la accesibilidad en los parques estatales.

Disabled Sports Eastern Sierra (http://disabledsportseasternsierra.org) Programas de actividades al aire libre de verano e invierno en Mammoth Lakes (40 US$/año).

Disabled Sports USA Far West (www.dsusafw.org) Deportes de verano e invierno, aventuras en todoterreno y alquiler de esquís adaptados en el lago Tahoe, Sierra Nevada (30 US$/año).

Flying Wheels Travel (www.flyingwheelstravel.com) Agencia de viajes para viajeros con discapacidades, proble-mas de movilidad y enfermedades crónicas.

Los Angeles for Disabled Visitors (www.discoverlosangeles.com/search/site/disabled) Consejos de accesibilidad relacionados con puntos de interés, ocio, museos y transporte.

MossRehab Resource Net (www.mossresourcenet.org/travel.htm) Enlaces útiles y consejos generales sobre viajes accesibles.

San Francisco Access Guide (www.sanfrancisco.travel/accessibility/San-Francisco-Access-Guide.html) Información de viajes accesibles descargable gratis; antigua pero útil.

Santa Cruz County Access Guide (www.scaccessguide.com) Guía de viajes accesibles inglés/español antigua pero práctica (envío desde EE UU 3 US$).

Theme-Park Access Guide (www.mouseplanet.com/tag) Visión de primera mano de Disneyland y otros parques temáticos 'sobre ruedas'.

Yosemite National Park Accessibility (www.nps.gov/yose/planyourvisit/accessibility.htm) Información detallada y descargable de la accesibilidad del parque, incluida la interpretación en el lenguaje de signos americano (ASL).

Wheelchair Traveling (www.wheelchairtraveling.com) Recomendaciones de viajes, alojamientos e información práctica de los destinos de California.

Transporte

➡ Las principales aerolíneas, los autobuses de Greyhound y los trenes de Amtrak se adaptan a viajeros con discapacidades. Suele ser necesario avisar 48 h antes.

➡ Las mayores compañías de alquiler de vehículos ofrecen modelos de manejo manual y furgonetas con plataformas para sillas de ruedas sin recargo; resérvese con antelación.

➡ Para alquilar furgonetas adaptadas para sillas de ruedas, contáctese con **Wheelchair Getaways** (☎800-642-2042; www.wheelchairgetaways.com) en Los Ángeles y San Francisco o con **Mobility Works** (☎877-275-4915; www.mobilityworks.com) en los Ángeles, San Francisco, Oakland, San José, Sacramento, Fresno y Chico.

➡ Los autobuses, trenes y metros locales suelen disponer de plataformas o ascensores para sillas de ruedas.

➡ En el transporte público está permitido el acceso con perros guía.

➡ Las compañías de taxis disponen de al menos una furgoneta adaptada para sillas de ruedas; hay que llamar y esperar.

Visados

➡ Esta información siempre está expuesta a cambios. Según el país de origen, la normativa de entrada a EE UU varía de manera permanente. Hay que comprobar muy bien los requisitos antes de viajar.

➡ En la actualidad, según el Programa de Exención de Visado (VWP), los ciudadanos de 38 países no necesitan visado para estancias de hasta 90 días (sin extensiones) si tienen un pasaporte de lectura mecánica (MRP) que cumpla las normas de EE UU y tenga una validez de seis meses a partir del final previsto de su estancia.

➡ Los ciudadanos de los países del VWP deben obtener en línea una autorización de viaje a través del Sistema Electrónico de Autorización de Viaje (ESTA) (https://esta.cbp.dhs.gov) al menos 72 h antes del viaje. Una vez aprobada, la autorización ESTA (14 US$) tiene una validez de hasta dos años o hasta que caduque el pasaporte, lo que suceda primero.

➡ Los ciudadanos del resto de países o cuyos pasaportes no cumplan las normas de EE UU tendrán que solicitar un visado en su país. La gestión tiene un coste mínimo de 160 US$, conlleva una entrevista personal y puede llevar varias semanas; hay que solicitarlo con la máxima antelación.

➡ Para información actualizada sobre los requisitos de entrada y la idoneidad, visítese el apartado de visados de la web del **Departamento de Estado de EE UU** (http://travel.state. gov) o contáctese con la embajada o consulado de EE UU del país de origen (listado completo en www. usembassy.gov).

Voluntariado

En las ciudades son comunes las ofertas de trabajos de voluntariado, que permiten socializar mientras se colabora con organizaciones sin ánimo de lucro. Para conocer los tipos de proyectos y actividades, y para inscribirse en línea en organizaciones locales, visítense las webs de organizaciones como **One Brick** (www.onebrick.org) en San Francisco, Silicon Valley y Los Ángeles; y **HandsOn Bay Area** (www.handsonba yarea.org); **LA Works** (www. laworks.com) y **OneOC** (www.oneoc.org), del condado de Orange. Para otras opciones, consúltense los tabloides semanales alternativos locales y la **Craigslist** (www.craiglist.org).

Recursos útiles

California Volunteers (www.californiavolunteers.org) Directorio sobre voluntariado estatal y servicio de búsqueda por preferencias,

con enlaces a días nacionales del voluntariado y programas de larga duración.
Habitat for Humanity (www.habitat.org) Organización sin ánimo de lucro que ayuda a construir hogares para familias pobres en California. Tiene proyectos de un día y de una o varias semanas.
Idealist.org (www.idealist. org) Base de datos gratis con opciones de voluntariado de corta y larga duración.
Wilderness Volunteers (www.wildernessvolunteers.org) Estancias semanales para ayudar al mantenimiento de los parques nacionales, reservas, bosques, costas, zonas de protección de fauna y áreas recreativas al aire libre.
Worldwide Opportunities on Organic Farms (plano p. 621; www.wwoofusa.org) Programas de voluntariado a largo plazo en granjas ecológicas locales (cuota anual desde 30 US$).

Transporte

CÓMO LLEGAR Y SALIR

Llegar a California en avión o por tierra (autobús, automóvil o tren) es sencillo, aunque no siempre barato.

Entrada a la región

Por orden de la orwelliana Oficina de Gestión de Identidad Biométrica del Departamento de Seguridad Nacional de EE UU los viajeros que visiten EE UU (salvo la mayoría de los canadienses, algunos mexicanos, los menores de 14 años y los mayores de 79) serán fotografiados digitalmente y se les escanearán las huellas dactilares a su llegada al país.

Con independencia del estatus del visado, los oficiales de inmigración tienen total autoridad para denegar la entrada al país. Pueden preguntar por los planes del viajero y si tiene suficiente dinero; es buena idea enumerar un itinerario, tener un billete de continuación de viaje o de vuelta y disponer al menos de una tarjeta de crédito. No hay que dar importancia a tener amigos, parientes o contactos comerciales en el país: las autoridades podrían concluir que el viajero tiene intención de quedarse. Para más información, visítese la web de la **Oficina de Aduanas y Protección Fronteriza de EE UU** (www.cbp.gov).

California es un importante estado agrícola. Para evitar la difusión de plagas y enfermedades, está prohibido introducir ciertos alimentos (carnes, fruta y verdura incl.). Los productos de panadería, chocolates y quesos curados están admitidos. Si se llega en automóvil por la frontera de México o por los estados vecinos de Oregón, Nevada o Arizona, puede que el viajero deba prestarse a un breve interrogatorio y a una inspección por parte de los agentes del **Departamento de Alimentos y Agricultura de California** (www.cdfa. ca.gov).

Pasaporte

➡ Según la Hemisphere Travel Initiative (WHTI), todos los viajeros deben tener un pasaporte legible a máquina (MRP) válido al entrar a EE UU por tierra, mar o aire.

➡ Las únicas excepciones se aplican a algunos ciudadanos estadounidenses, canadienses y mexicanos que viajen por tierra y puedan presentar otros documentos conformes a la WHTI (como las tarjetas de 'viajero confiable'). Un permiso de conducir no es suficiente.

➡ Todos los pasaportes extranjeros deben cumplir los requisitos actuales de

---

EL CAMBIO CLIMÁTICO Y LOS VIAJES

Todos los viajes con motor generan una cierta cantidad de CO_2, la principal causa del cambio climático provocado por el hombre. En la actualidad, el principal medio de transporte para los viajes son los aviones, que emplean menos cantidad de combustible por kilómetro y persona que la mayoría de los automóviles, pero también recorren distancias mucho mayores. La altura a la que los aviones emiten gases (incluido el CO_2) y partículas también contribuye a su impacto en el cambio climático. Muchas páginas web ofrecen "calculadoras de carbono" que permiten al viajero hacer un cálculo estimado de las emisiones de carbono que genera en su viaje y, si lo desea, compensar el impacto de los gases invernadero emitidos participando en iniciativas de carácter ecológico por todo el mundo. Lonely Planet compensa todos los viajes de su personal y de los autores de sus guías.

¡ATENCIÓN!

Desde enero del 2014, el **Departamento de Estado de EE UU** (http://travel.state.gov) tiene activada una alerta de tráfico de drogas y violencia en la frontera con México. Los viajeros deben extremar las precauciones en Tijuana, evitar las aglomeraciones de gente y procurar no salir a la calle tras anochecer. Los vehículos con matrícula estadounidense se exponen a posibles secuestros.

EE UU y ser válidos hasta al menos seis meses después de la fecha prevista de salida.

➡ Los pasaportes MRP emitidos o renovados después del 26 de octubre del 2006 deben ser e-pasaportes (con fotografía digital y chip de datos biométricos).

➡ Para más información, consúltese www.cbp.gov/travel.

Avión

➡ Para atravesar los controles de seguridad del aeropuerto (aprox. 30 min de espera), se precisa una tarjeta de embarque y un documento identificativo con fotografía.

➡ A algunos pasajeros pueden requerirles un segundo control que implica un registro de su persona y equipaje.

➡ Las medidas de seguridad aeroportuarias restringen la tenencia de muchos objetos (p. ej., navajas de bolsillo, tijeras) en el avión. Información actualizada a través de la **Administración de Seguridad en el Transporte** (TSA; ☏866-289-9673; www.tsa.gov).

➡ La TSA exige que todos los líquidos y geles que se lleven como equipaje de mano se transporten en botellas de hasta máximo 87 ml dentro de una bolsa de plástico transparente con cierre de cremallera. Las excepciones, que deben declararse en

los controles de seguridad, incluyen los medicamentos.

➡ Todo el equipaje facturado pasa por un escáner de explosivos. La TSA está autorizada a abrir una maleta sospechosa, aunque haya que romper el cerrojo. Es mejor no cerrar las maletas con candado o usar uno aprobado por la TSA.

Aeropuertos

Los principales aeropuertos de California están en Los Ángeles (LA) y San Francisco. En los aeropuertos regionales menores operan aerolíneas estadounidenses.

Aeropuerto Arcata/Eureka (ACV; www.co.humboldt.ca.us/aviation; 3561 Boeing Ave, McKinleyville) En North Coast.

Aeropuerto Bob Hope (BUR; www.burbankairport.com; 2627 N Hollywood Way, Burbank) Unos 22,5 km al noroeste del Downtown de LA, cerca de los Universal Studios.

Aeropuerto internacional de Fresno Yosemite (FAT; www.flyfresno.com; 5175 E Clinton Way) En Fresno, unos 113 km al sur del Yosemite National Park.

Aeropuerto John Wayne (SNA; www.ocair.com; 18601 Airport Way, Santa Ana) Cerca de la I-405 Fwy dentro del condado de Orange.

Aeropuerto de Long Beach (LGB; www.lgb.org; 4100 Donald Douglas Dr, Long Beach) Fácil acceso a LA y el condado de Orange.

Aeropuerto internacional de Los Ángeles (LAX; www.

lawa.org/lax; 1 World Way) El mayor de California y el más concurrido, 32 km al suroeste del Downtown de LA, cerca de las playas.

Aeropuerto internacional Mineta San José (SJC; www.flysanjose.com; 1701 Airport Blvd, San Jose) Está 72 km al sur de San Francisco, cerca de Silicon Valley.

Aeropuerto regional de Monterey (MRY; www.montereyairport.com; 200 Fred Kane Dr, Monterey) En la costa central, al sur de Santa Cruz.

Aeropuerto internacional de Oakland (OAK; www.oaklandairport.com; 1 Airport Dr) Al este de la bahía de San Francisco.

Aeropuerto internacional de Ontario (ONT; www.lawa.org/ont; 2500 & 2900 E Airport Dr, Ontario) En el condado de Riverside, al este de LA.

Aeropuerto Internacional de Palm Springs (PSP; www.palmspringsairport.com; 3400 E Tahquitz Canyon Way) En el desierto, al este de LA.

Aeropuerto internacional de Sacramento (SMF; www.sacairports.org; 6900 Airport Blvd) A medio camino entre la zona de la bahía de San Francisco y el lago Tahoe.

Aeropuerto internacional de San Diego (SAN; www.san.org; 3325 N Harbor Dr) A solo 6,4 km del centro de San Diego.

Aeropuerto internacional de San Francisco (SFO; www.flysfo.com; S McDonnell Rd) El mayor centro de conexiones del norte de California, 22,5 km al sur del centro de San Francisco.

Aeropuerto regional del condado de San Luis Obispo (SBP; www.sloairport.com; 903 Airport Dr, San Luis Obispo) En la costa central, al norte de Santa Bárbara.

Aeropuerto de Santa Bárbara (SBA; www.flysba.com; 500 Fowler Rd, Goleta; ☏) Está 14,5 km al oeste del centro de Santa Bárbara, cerca de la Hwy 101.

Por tierra

Pasos fronterizos

Cruzar de EE UU a Canadá o México es relativamente sencillo, pero al contrario puede plantear problemas si no se llevan todos los documentos exigidos. Se impone comprobar los requerimientos de pasaporte y visado a través del **Departamento de Estado de EEUU** (http://travel.state.gov).

La **Oficina de Aduanas y Protección Fronteriza de EE UU** (http://bwt.cbp.gov) informa del tiempo de espera en todas las fronteras del país. Entre San Diego y Tijuana, San Ysidro es el paso más concurrido, con una media de espera de 1 h como mínimo.

Los estadounidenses no necesitan visado para estancias inferiores a 72 h en la zona fronteriza de México (hasta Ensenada), pero para regresar a EE UU deben presentar el pasaporte u otro documento conforme a la WHTI; el permiso de conducir ya no es suficiente.

AUTOBÚS

➡ La estadounidense **Greyhound** (☎800-231-2222; www.greyhound.com) y **Greyhound México** (☎800-710-8819; www.greyhound.com.mx) ofrecen (en cooperación) servicios directos entre las principales ciudades de México y California.

➡ A veces, los autobuses en sentido norte desde México tardan en cruzar la frontera si inmigración estadounidense registra a todas las personas a bordo.

➡ **Greyhound Canada** (☎800-661-8747; www.greyhound.ca) cubre rutas entre Canadá y EE UU, normalmente con trasbordo en la frontera.

AUTOMÓVIL Y MOTOCICLETA

➡ Si se conduce a EE UU desde Canadá o México, hay que llevar los documentos del vehículo, además del seguro a terceros y el permiso de conducir; el permiso de conducción internacional (IDP) no es necesario.

➡ Si se alquila un automóvil o motocicleta, pregúntese si la compañía permite cruzar a México o a Canadá (lo más probable es que no).

A/DESDE MÉXICO

➡ A menos que se planee una estancia larga en México, cruzar la frontera mexicana en automóvil conlleva demasiadas complicaciones. Una alternativa es tomar el trolebús desde San Diego o aparcar en el lado estadounidense y cruzar a pie.

➡ Si se decide pasar al volante, hay que contratar un seguro de automóvil mexicano con antelación o en la misma frontera.

➡ La espera en la frontera suelen ser larga, sobre todo los fines de semana, vacaciones y horas puntas entre semana.

A/DESDE CANADÁ

➡ Los seguros canadienses normalmente son válidos en EE UU y viceversa. Si los documentos están en orden, atravesar la frontera con un vehículo de propiedad suele ser rápido y sencillo.

➡ Los fines de semana y las vacaciones, sobre todo en verano, el tráfico fronterizo puede ser denso, con largas esperas.

➡ A veces las autoridades deciden registrar los vehículos a fondo. Hay que mantener la calma y mostrarse educado.

TREN

➡ **Amtrak** (☎800-872-7245; www.amtrak.com) opera dos trenes Cascades (con wifi) y varios autobuses Thruway a diario desde Vancouver y la Columbia Británica, en Canadá, a Seattle (Washington).

➡ La inspección aduanera y de inmigración de EE UU o Canadá se realiza en la frontera, no al subir al tren.

➡ Desde Seattle, el servicio diario de trenes Amtrak *Coast Starlight* conecta al sur con varios destinos de California, incluidos Sacramento y la zona de la bahía de San Francisco, de camino a LA.

➡ Ya no hay trenes que unan California y México.

Autobús

Greyhound (☎800-231-2222; www.greyhound.com) es la principal compañía de autobuses de largo recorrido, por todo EE UU. Las rutas siguen las carreteras principales y puede que solo paren en los centros más poblados.

Tren

Amtrak (☎800-872-7245; www.amtrak.com) cuenta con una extensa red ferroviaria y trenes cómodos aunque algo lentos. Para rutas de largo recorrido, ofrecen coches cama y restaurante. Las tarifas varían según el tipo de tren y de asiento (clase *coach* o *business*, coche cama...).

Las principales rutas de largo recorrido de Amtrak a/desde California son:

California Zephyr Diario entre Chicago y Emeryville (desde 163 US$, 52 h), cerca de San Francisco, vía Denver, Salt Lake City, Reno, Truckee y Sacramento.

Coast Starlight Recorre a diario la Costa Oeste de Seattle a LA (desde 92 US$, 35 h) vía Portland, Sacramento, Oakland y Santa Bárbara.

Southwest Chief Salidas diarias desde Chicago y LA (desde 135 US$, 43 h) vía Kansas City, Albuquerque, Flagstaff y Barstow.

Sunset Limited Tres semanales entre Nueva Orleans y LA (desde 130 US$, 47 h) vía Houston, San Antonio, El Paso, Tucson y Palm Springs.

BONOS DE TREN
El bono USA Rail Pass de Amtrak solo es válido para trayectos en clase *coach* (no para los autobuses Thruway) durante 15 (449 US$), 30 (679 US$) o 45 (879 US$) días; los pasajeros de 2 a 15 años de edad pagan la mitad. Los trayectos se limitan a 8, 12 o 18 segmentos de ida, respectivamente. Un segmento no equivale a una ida; si para llegar al destino hay que tomar más de un tren, habrá que usar varios segmentos del bono. Los bonos se compran en línea; después se reserva con antelación cada segmento del viaje.

CÓMO DESPLAZARSE

La mayoría de la gente se desplaza por el estado en automóvil. También se puede ir en avión (si se va justo de tiempo, pero no de dinero) o, más barato, con autobús o tren.

Avión

Varias compañías aéreas de EE UU ofrecen vuelos interiores en California, normalmente operarlos por subsidiarias regionales, como American Eagle, Delta Connection y United Express. Alaska Airlines, Frontier Airlines y Horizon Air dan servicio a varios aeropuertos regionales, igual que las compañías de bajo coste Southwest y Spirit. Virgin America vuela desde LA, San Francisco, San Diego y Palm Springs. Jet-Blue da servicio al condado de Los Ángeles, la zona de la bahía de San Francisco, San Diego y Sacramento.

Bicicleta

Aunque en California el ciclismo es muy apreciado, las distancias son largas y exigentes. Hay que olvidarse de los desiertos en verano y de las montañas en invierno.

Adventure Cycling Association (www.adventurecycling.org) Recursos en línea para comprar planos ciclistas y guías de rutas de largo recorrido.
California Bicycle Coalition (http://calbike.org) Enlaces a planos de rutas ciclistas y eventos, consejos de seguridad y normativas, programas de bicicletas compartidas y tiendas ciclistas comunitarias sin ánimo de lucro.
Better World Club (☎866-238-1137; www.betterworldclub.com) La cuota anual (desde 40 US$) incluye asistencia de emergencia 24h en carretera y translados en un radio de 48 km.

Normas de circulación

➡ El ciclismo está permitido en todas las carreteras y autovías; incluso en autovías, si no hay otra alternativa; todas las salidas obligatorias están señalizadas.

➡ Algunas ciudades tienen carriles bici, pero adentrarse entre el tráfico es duro.

➡ Los ciclistas han de atenerse a las normas de circulación como el resto de vehículos.

➡ El casco es obligatorio para los menores de 18 años.

➡ Conviene asegurarse de llevar ropa reflectante y luces apropiadas, y más de noche o con niebla.

Alquiler y compra

➡ Se alquilan bicicletas por horas, días o semanas en casi todas las ciudades y lugares turísticos.

➡ Los alquileres comienzan en unos 10 US$/día para bicicletas de paseo y hasta 45 US$ o más para un modelo de montaña; pregúntese por descuentos semanales o de varios días.

➡ La mayoría de las compañías de alquiler exigen una elevada fianza de seguridad con tarjeta de crédito.

➡ Se pueden comprar bicicletas nuevas en tiendas de ciclismo y deportes, y de segunda mano por medio de tableros de anuncios en albergues, cafés, etc.

➡ Para comprar o vender una bicicleta usada en línea, visítese **Craigslist** (www.craigslist.org).

Transporte

➡ Para Greyhound las bicicletas son equipaje (recargo 30-40 US$) si están desmontadas y embaladas en un contenedor rígido (hay cajas de 10 US$ disponibles en algunas estaciones).

➡ Los trenes *Cascades*, *Pacific Surfliner* y *San Joaquin* de Amtrak tienen portabicicletas; se puede reservar plaza al comprar el billete (se aplica un recargo de 5 US$).

➡ En los trenes de Amtrak sin portabicicletas hay que transportarla en caja (15 US$ en casi todas las estaciones con personal) y facturarla como equipaje (10 US$). No todas las estaciones o trenes ofrecen servicio de facturación de equipaje.

Barco

La gente no se desplaza en barco por California, si bien hay algunas rutas por mar, como la de isla de Santa Catalina cerca de la costa de LA y el condado de Orange, y la del Channel Islands National Park desde Ventura o Oxnard, al norte de LA hacia Santa Bárbara. En la bahía de San Francisco hay ferris regulares entre San Francisco y Sausalito, Larkspur, Tiburón, la isla de Ángel, Oakland, Alameda y Vallejo.

Autobús

Los autobuses **Greyhound** (☎800-231-2222; www.greyhound.com) son una forma económica de viajar a las principales ciudades y puntos costeros, pero circulan por las rutas más convencionales y no llegan a los parques nacionales o a los pueblos pequeños. La frecuencia va de escasa a constante, aunque las rutas principales cuentan con varios servicios diarios.

Los autobuses de Greyhound suelen ser cómodos, fiables y limpios. Los mejores asientos son los de la parte delantera, apartados del baño. Los servicios incluyen aire acondicionado (llévese un chaqueta) y asientos ligeramente reclinables; algunos poseen toma eléctrica y wifi. Está prohibido fumar. Los de largo recorrido efectúan paradas para comer y cambiar de conductor.

Las estaciones de autobuses suelen ser bastante sombrías y a menudo están en zonas deprimidas; si se llega de noche, es mejor tomar un taxi al hotel. En las ciudades pequeñas sin estación, hay que saber dónde para el autobús y a qué hora, hacerle señales muy claras y pagar el importe exacto al conductor.

Billetes

Viajar de lunes a jueves y sacar el billete al menos siete días antes puede suponer cierto ahorro.

Hay descuentos (en billetes sin restricciones) para mayores de 62 (5%), estudiantes con la Student Advantage Card (20%) y niños de 2 a 11 años (25%); los menores de 2 años viajan gratis.

Los descuentos promocionales adicionales, como el 50% para el acompañante, se ofrecen a menudo, aunque normalmente con restricciones y en períodos excluidos. Infórmese en la web sobre tarifas especiales o pregúntese al sacar el billete.

Ejemplos de precios y horarios de Greyhound:

Los Ángeles-Anaheim (10-16 US$, 45 min-1¼ h, 7 diarios)
Los Ángeles-San Francisco (55 US$, 7½-12¼ h, 14 diarios)
Los Ángeles-San Diego (11-22 US$, 2½-3¼ h, 20 diarios)
Los Ángeles-Santa Bárbara (9-19 US$, 2¼-2¾ h, 4 diarios)
San Francisco-Sacramento (5-22 US$, 2-2½ h, 7 diarios)
San Francisco-Santa Cruz (14-21 US$, 3 h, 3 diarios)
San Francisco-San Luis Obispo (32-61 US$, 6½-7 h, 3 diarios)

Billetes y reservas

Es fácil comprar billetes en línea con una tarjeta de crédito y recogerlos (con una identificación con foto) en la estación. También pueden comprarse por teléfono o en una agencia de viajes. En los mostradores de Greyhound se aceptan tarjetas de crédito, cheques de viajes (US$) y efectivo.

Las plazas se ocupan por orden de llegada. Comprar los billetes con antelación no garantiza la plaza si no se tiene embarque prioritario (5 US$), disponible solo en algunas estaciones. De lo contrario, conviene llegar al menos 1 h antes de la salida para asegurarse un asiento (más fines de semana o fest).

Los viajeros que necesiten asistencia especial deberían llamar al ☎800-752-4841 (TDD/TTY ☎800-345-3109) al menos 48 h antes del viaje. Las sillas de ruedas se aceptan como equipaje facturado (o a bordo, si hay espacio). Se admiten perros guía a bordo.

Automóvil, motocicleta y autocaravana

El idilio de California con los automóviles se entiende por razones prácticas: el estado es tan grande que el transporte público no puede abarcarlo todo. A la contra juegan los precios de alquiler, que consumirán buena parte del presupuesto del viajero.

Asociaciones automovilísticas

Es útil pertenecer a una para contar con asistencia en carretera 24h, mapas gratis y descuentos en alojamientos, ocio, alquiler de vehículos y otros.

American Automobile Association (AAA; ☎877-428-2277; www.aaa.com) Oficinas por toda California, seguro adicional para autocaravanas y motocicletas y acuerdos recíprocos con otras asociaciones internacionales.
Better World Club (☎866-238-1137; www.betterworldclub.com) Club automovilístico ecológico y alternativo que apoya causas medioambientales y ofrece asistencia opcional en carretera a ciclistas.

Permisos de conducción

➜ El visitante puede conducir legalmente en California hasta 12 meses con un permiso de conducir de su país de origen.

➜ Un Permiso Internacional para Conducir ofrecerá mayor credibilidad ante la policía de tráfico y simplificará el proceso de alquiler del automóvil, en especial si el permiso mormal no tiene fotografía o no está en inglés.

➜ Para conducir una motocicleta se necesita un permiso válido en EE UU o uno internacional específico.

➜ Las asociaciones automovilísticas expiden el Permiso Internacional para Conducir, válido por un año. Siempre hay que llevar el permiso normal junto con el internacional.

Combustible

➡ Las gasolineras de California (casi todas de autoservicio) están por todas partes, excepto en los parques nacionales y algunas zonas poco pobladas del desierto y las montañas.

➡ La gasolina se vende por galones (1 galón americano = 3,78 l); cuando se preparaba esta guía, el precio medio de la de tipo *midgrade* (entre normal y súper) superaba los 4 US$ por galón.

Seguro

En California se exige el seguro a terceros a todos los vehículos. Al alquilar un automóvil, se debe comprobar si el seguro de conducción propio o la póliza de viajes cubren EE UU. En caso contrario, habrá que pagar unos 20 US$/día.

El seguro de daños por colisión, Collision Damage Waiver (CDW) o Loss Damage Waiver (LDW), cuesta otros 10-20 US$/día. Quizá el viajero tenga que asumir los primeros 100-500 US$ por posibles reparaciones.

Algunas tarjetas de crédito cubren el seguro CDW/LDW si se paga el alquiler del vehículo con ellas. En caso de accidente, quizá haya que pagar primero a la empresa de alquiler y luego solicitar el reembolso a la compañía de la tarjeta.

Aparcamiento

➡ En los pueblos y zonas rurales aparcar suele ser fácil y gratis, al contrario que en las ciudades.

➡ Si se quiere aparcar en la calle, hay que leer las normas y restricciones anunciadas (p. ej., horario de la limpieza, exclusividad para residentes, etc.) y prestar atención al color de las aceras para evitar multas o la inmovilización del vehículo.

➡ Los parquímetros municipales y puestos de pago en las aceras aceptan monedas (25 ¢) y, a veces, tarjetas de crédito y débito.

➡ Una noche en un aparcamiento o garaje de la ciudad costará 30-50 US$.

➡ Los aparcamientos con tarifa plana y servicio de aparcacoches en hoteles, restaurantes y locales nocturnos son muy comunes en las grandes ciudades.

Alquiler

AUTOMÓVIL

En general, para conducir un automóvil hay que tener al menos 25 años, un permiso de conducción válido y una tarjeta de crédito. Algunas compañías alquilan vehículos a mayores de 21 con un recargo elevado. En caso de no tener tarjeta de crédito, quizá acepten un depósito cuantioso.

Con antelación, se puede conseguir un vehículo desde unos 30 US$/día, más seguro, tasas y condiciones. Los precios de fin de semana y entre semana suelen ser los más económicos. En los aeropuertos, las compañías quizá ofrezcan mejores precios, pero con seguros y tasas más caros y condiciones que pueden variar: en los paquetes *fly-drive*, las tasas locales se pagan aparte. Las compañías más céntricas a veces ofrecen servicio de recogida y entrega gratis.

Los precios suelen incluir kilometraje ilimitado, pero si hay otros conductores o el vehículo se deja en un lugar distinto, puede haber recargos. Algunas compañías de alquiler permiten el prepago por el último depósito de gasolina; algo que rara sale a cuenta, ya que aplican precios más caros que los de la gasolinera y hay que devolver el vehículo con el depósito casi vacío. El uso de asientos infantiles suele ser obligatorio; conviene pedirlos al hacer la reserva (aprox. 10 US$/día).

Para minimizar el impacto de la contaminación, algunas de las principales compañías de alquiler ya ofrecen vehículos híbridos o de biocombustible, aunque tienen pocos modelos (hay que reservar con más tiempo) y son bastante más caros.

Para buscar y comparar compañías de alquiler independientes y alquileres a largo plazo más económicos, contáctese con **Car Rental Express** (www.carrentalexpress.com).

Alamo (☎877-222-9075; www.alamo.com)
Avis (☎800-633-3469; www.avis.com)
Budget (☎800-218-7992; www.budget.com)
Dollar (☎800-800-4000; www.dollar.com)
Enterprise (☎800-261-7331; www.enterprise.com)
Fox (☎800-225-4369; www.foxrentacar.com) Con agencias cerca de los aeropuertos de LA, Burbank, San Diego, el condado de Orange y la zona de la bahía de San Francisco.
Hertz (☎800-654-3131; www.hertz.com)
National (☎877-222-9058; www.nationalcar.com)
Rent-a-Wreck (☎877-877-0700; www.rentawreck.com) La edad mínima y los recargos a los menores de 25 varían entre su docena de sucursales, la mayoría de ellas por las zonas de LA y la bahía de San Francisco.
Simply Hybrid (☎888-359-0055, 323-653-0011; www.simplyhybrid.com) Vehículos híbridos, eléctricos y de combustible flexible en LA; pregúntese por la entrega y recogida gratis.
Super Cheap! Car Rental (www.supercheapcar.com) No aplican recargo a los conductores de 21 a 24 años; cuota nominal por día aplicable a los conductores de 18 a 21 años (requiere seguro a todo riesgo). Agencias en la zona de la bahía de San Francisco, LA y el condado de Orange.
Thrifty (☎800-847-4389; www.thrifty.com)

Zipcar (☎866-494-7227; www.zipcar.com) Presente en la zona de la bahía de San Francisco, LA, San Diego, Sacramento, Santa Bárbara y Santa Cruz, esta asociación de vehículos compartidos cobra tarifas por uso (horas o días) que incluyen la gasolina, el seguro (puede aplicarse un seguro por daños de hasta 750 US$) y kilometraje ilimitado. Contacto en línea (aceptan conductores extranjeros); matrícula 25 US$, cuota anual a partir de 60 US$.

MOTOCICLETAS

No son baratas, sobre todo las Harley. Según el modelo, el alquiler cuesta entre 100 y 250 US$/día más impuestos y tasas, incluido el casco, kilometraje ilimitado y seguro a terceros; los alquileres con devolución en un lugar diferente al de recogida y seguro CDW tienen un coste adicional. Hay descuentos por alquiler de varios días y de fin de semana. La fianza de seguridad sube hasta 2000 US$ (con tarjeta de crédito).

California Motorcycle Adventures (☎800-601-5370, 650-969-6198; http://californiamotorcycleadventures.com; 2554 W Middlefield Rd, Mountain View; ⊘9.00-18.00 lu-vi, hasta 17.00 sa, 10.00-17.00 do) Alquiler de Harley-Davidson en Silicon Valley.

Dubbelju (☎866-495-2774, 415-495-2774; www.dubbelju.com; 689a Bryant St, San Francisco; ⊘9.00-18.00 lu-sa) Alquiler de Harley-Davidson, BMW y motocicletas japonesas e italianas de importación, además de ciclomotores.

Eagle Rider (☎888-900-9901, 310-536-6777; www.eaglerider.com) Compañía nacional con 10 sucursales en California, además de en Las Vegas.

Route 66 Riders (☎888-434-4473, 310-578-0112; www.route66riders.com; 4161 Lincoln Blvd, Marina del

Rey; ⊘10.00-18.00 ma-sa, 11.00-17.00 do) Alquiler de Harley-Davidson en South Bay en LA.

AUTOCARAVANAS

En California es fácil encontrar campings con toma de agua y electricidad para autocaravanas, aunque en las ciudades grandes son una molestia, pues hay pocos lugares donde aparcarlas o enchufarlas. También resultan incómodas de conducir y consumen mucho combustible. Pero resuelven el transporte, el alojamiento y la cocina. También hay muchos lugares en parques nacionales y estatales y en las montañas donde no pueden entrar.

Se recomienda reservarla con la mayor antelación posible. El precio varía según el tamaño y el modelo, pero cuestan más de 100 US$/día y no suele incluir ni kilometraje, ni tasas, ni preparación del vehículo, ni ropa de cama ni utensilios de cocina. Admiten mascotas, pero con un recargo.

Cruise America (☎800-671-8042, 480-464-7300; www.cruiseamerica.com) Compañía nacional con casi una docena de oficinas en el estado.

El Monte (☎888-337-2214, 562-483-4956; www.elmonterv.com) Con 15 oficinas repartidas por California, esta compañía nacional ofrece descuentos a los socios de la AAA.

Escape Campervans (☎877-270-8267, 310-672-9909; www.escapecampervans.com) Autocaravanas con decoración sorprendente y precios económicos en LA y San Francisco.

Happy Travel Campers (☎310-929-5666, 855-754-6555; www.camperusa.com) Alquiler de autocaravanas en la zona de la bahía de San Francisco y LA.

Jucy Rentals (☎800-650-4180; www.jucyrentals.com) Alquiler de autocaravanas

en San Francisco, Lo Ángeles y Las Vegas.

Vintage Surfari Wagons (☎714-585-7565, 949-716-3135; www.vwsurfari.com) Alquiler de autocaravanas VW en el condado de Orange.

Estado y peligros de la carretera

Para información actualizada, incluidas carreteras cerradas y obras, se puede llamar al ☎800-427-7623 o visitar www.dot.ca.gov. En cuanto a las carreteras de Nevada, llámese al ☎877-687-6237 o visítese www.nvroads.com.

En lugares donde conducir en invierno es complicado podrían necesitarse ruedas para nieve y cadenas. Lo ideal es llevar un juego de cadenas (y saber ponerlas). También pueden adquirirse (aunque son más caras) en la carretera, en gasolineras o en la población más cercana. La mayoría de las compañías de alquiler no permiten el uso de cadenas y prohíben la conducción fuera de carretera o por pistas de tierra.

En las zonas rurales, el ganado a veces pasta cerca de las carreteras (no hay vallas), y en otras zonas apartadas los animales salvajes son otro peligro. Si se ve una señal con un buey o un ciervo, hay que extremar la precaución, sobre todo de noche. En las zonas costeras, la niebla es otro hándicap: hay que detenerse en el arcén si es muy espesa. Junto a acantilados costeros y en las montañas, se impone estar atento a los desprendimientos.

Normas de circulación

➡ Se conduce por la derecha.

➡ Está prohibido utilizar el móvil sin un manos libres mientras se conduce.

➡ Todos dentro del vehículo deben llevar el cinturón de seguridad.

➡ Las sillas de seguridad son obligatorias para niños

TRANSPORTE TRANSPORTE LOCAL

menores de 6 años o con un peso inferior a 27 kg.

➔ Todos los motociclistas deben llevar casco. Los ciclomotores no pueden circular por las autovías.

➔ Los carriles de alta ocupación (HOV), señalizados con un rombo, se reservan a vehículos con varios pasajeros, a veces solo en determinados horarios (indicado).

➔ Si no se indica nada, el límite velocidad es de 65 mph (104 km/h) en autovías, de 55 mph (88 km/h) en carreteras de doble sentido sin mediana, de 35 mph (56 km/h) en las calles principales de las ciudades y de 25 mph (40 km/h) en barrios residenciales y comerciales y cerca de las escuelas.

➔ Excepto que se indique lo contrario, tras pararse, está permitido girar a la derecha en los semáforos en rojo, aunque el tráfico que cruza tiene preferencia.

➔ En intersecciones con señales, los vehículos avanzan en el orden en que han llegado. Si dos vehículos llegan a la vez, el de la derecha tiene preferencia. Cuando se dude, lo usual es indicar con la mano para ceder el paso.

➔ Cuando se aproximan vehículos de emergencia (policía, bomberos o ambulancia) desde cualquier dirección, hay que apartarse con cuidado.

➔ California posee normas estrictas respecto a ensuciar las calles; tirar algo desde un vehículo puede multarse con hasta 1000 US$.

➔ Conducir si se han consumido alcohol o drogas es ilegal; también llevar envases de alcohol abiertos dentro del vehículo, aunque estén vacíos (hay que guardarlos en el maletero).

Transporte local

Excepto en las grandes ciudades, el transporte más práctico no es el público, pues su cobertura es escasa, aunque suele ser económico, seguro y fiable.

Bicicleta

➔ Las ciudades pequeñas y los pueblos se pueden recorrer en bicicleta, pero en zonas de tráfico intenso, como LA, es mucho más complicado.

➔ San Francisco, Calistoga, Arcata, Sacramento, Santa Cruz, San Luis Obispo, Santa Bárbara, Santa Mónica y Coronado son algunas de las localidades más pro-bicicleta de California, según la **League of American Bicyclists** (www.bikeleague. org).

➔ Las bicicletas pueden transportarse en varios autobuses y trenes locales, a veces solo fuera de las horas punta.

Autobús, teleférico, tranvía y trolebús

➔ Casi todas las ciudades y pueblos grandes tienen una fiable red de autobuses (precio medio billete 1-3 US$). Fuera de las grandes zonas metropolitanas el servicio se limita por las noches y fines de semana.

➔ La extensa red Municipal Railway (MUNI) de San Francisco incluye autobuses, trenes, trolebuses y teleféricos.

➔ En algunos barrios de San Diego circulan trolebuses, que también hacen el trayecto a la frontera mexicana.

Tren

➔ El metro de LA es una red combinada de metro y tren ligero en constante expansión. Los trenes suburbanos Metrolink conectan LA y los condados vecinos.

➔ Los trenes suburbanos *Coaster* de San Diego van del centro y el Old Town a Carlsbad, Encinitas, Solana Beach y Oceanside en el North County.

➔ Para desplazarse por la bahía de San Francisco, se puede recurrir a Bay Area Rapid Transit (BART) o a Caltrain.

Taxi

➔ Todos llevan taxímetro. Cuestan 2,50-3,50 US$ (bajada de bandera), más 2-3 US$/milla. A veces aceptan tarjetas de crédito, pero hay llevar efectivo por si acaso.

➔ Pueden cobrar una tasa adicional por el equipaje y la recogida en el aeropuerto.

➔ Normalmente se les da una propina de 10-15% del total: redondear al alza.

➔ En las grandes ciudades los taxis circulan por las calles más concurridas, pero en el resto de localidades habrá que llamar por teléfono.

Circuitos

Green Tortoise (☎800-867-8647, 415-956-7500; www. greentortoise.com) Circuitos en California para jóvenes mochileros. Usan autobuses con literas para recorrer los parques nacionales, los bosques de secuoyas del norte, los desiertos del sur y la costa del Pacífico.
Road Scholar (☎800-454-5768; www.roadscholar. org) Antes Elderhostel, esta organización sin ánimo de lucro ofrece circuitos educativos, incluidas caminatas y actividades como excursionismo y observación de aves para gente mayor.

Tren

Amtrak (☎800-872-7245; www.amtrak.com) gestiona trenes cómodos, aunque a veces lentos, entre las principales ciudades de California y algunas menores. En ciertas estaciones, Thruway ofrece autobuses para seguir el viaje. En los trenes y autobuses está prohibido fumar.

Rutas de Amtrak en California:
California Zephyr Servicio diario desde Emeryville (cerca de San Francisco) vía Davis y Sacramento hasta Truckee (cerca del lago Tahoe) y Reno, en Nevada.
Capitol Corridor Une la zona de la bahía de San Francisco (Oakland, Emeryville y Berkeley incl.) y San José con Davis y Sacramento varias veces a diario. Hay wifi a bordo. Los autobuses de Thruway conectan con San Francisco, Auburn en el Gold Country, Truckee y Reno, en Nevada.
Coast Starlight Recorre casi todo el estado de norte a sur, con paradas diarias en LA, Burbank, Santa Bárbara, San Luis Obispo, Paso Robles, Salinas, San José, Oakland, Emeryville, Davis, Sacramento, Chico, Redding y Dunsmuir.
Pacific Surfliner Ocho trenes diarios cubren la ruta San Diego-Los Ágeles, con parada en las localidades costeras del North County de San Diego y en San Juan Capistrano y Anaheim, en el condado de Orange. Cinco trenes continúan al norte a Santa Bárbara vía Burbank, Ventura y Carpintería; y tres de ellos llegan a San Luis Obispo. El trayecto, una gran parte del cual sigue la costa, es muy bonito. A veces hay wifi a bordo.
San Joaquin Varios trenes diarios con wifi circulan entre Bakersfield y Oakland o Sacramento. Las conexiones con los autobuses Thruway incluyen San

TRENES PANORÁMICOS DE CALIFORNIA

Railtown 1897 State Historic Park (p. 363)
Roaring Camp Railroads (p. 469)
Skunk Train (p. 234)
California State Railroad Museum (p. 313)
Napa Valley Wine Train (p. 168)
Yosemite Mountain Sugar Pine Railroad (p. 423)

Francisco, LA, Palm Springs, el Yosemite National Park y Visalia (para el Sequoia National Park).

Billetes
Se compran en las estaciones de trenes, por teléfono o en línea (con antelación hay mejores precios). El precio depende del día, la ruta, el tipo de asiento, etc. En temporada alta (p. ej., verano) son un poco más caros. Los viajes de ida y vuelta suelen costar lo mismo que dos billetes de ida.

Por lo general, los mayores de 62 años y los estudiantes con tarjeta ISIC o Student Advantage Card tienen un 15% de descuento; hasta dos niños de edades comprendidas entre 2 y 15 años acompañados por un adulto obtienen un descuento del 50%. Los socios del AAA se ahorran un 10%. Suele haber promociones especiales; consúltese en la web o pregúntese al reservar.

Ejemplos de precios y horarios de Amtrak:
Los Ángeles-Oakland (62 US$, 12½ h)
Los Ángeles-San Diego (37 US$, 2¾ h)
Los Ángeles–Santa Bárbara (32 US$, 2¾ h)
San Diego-Anaheim (28 US$, 2¼ h)

Emeryville-Sacramento (29 US$, 1¾ h)
Emeryville-Truckee (44 US$, 6½ h)

Reservas
Amtrak admite reservar con hasta 11 meses de antelación. Para verano y épocas festivas, se recomienda reservar lo antes posible. Las tarifas más económicas de autobús suelen corresponder a los asientos sin reserva (y las de clase ejecutiva a asientos con reserva).

Los viajeros con discapacidades que precisen asistencia especial, espacio para silla de ruedas, trasbordos o asientos accesibles deberían llamar al ☎800-872-7245 (TDD/TTY ☎800-523-6590) y, de paso, preguntar por descuentos.

Bonos de tren
El California Rail Pass de Amtrak cuesta 159 US$ (80 US$ para niños 2-15 años) y es válido en todos los trenes (salvo en algunos de largo recorrido) y en casi todos los autobuses Thruway por siete días de viaje en un período de 21 días. Hay que reservar cada tramo del viaje con antelación y obtener los billetes impresos antes de embarcar.

Entre bastidores

LA OPINIÓN DEL LECTOR

Agradecemos a los lectores cualquier comentario que ayude a que la próxima edición pueda ser más exacta. Toda la correspondencia recibida se envía al equipo editorial para su verificación. Es posible que algún fragmento de esta correspondencia se use en las guías o en la web de Lonely Planet. Aquellos que no quieran ver publicados sus textos ni su nombre, deben hacerlo constar. La correspondencia debe enviarse, indicando en el sobre Lonely Planet/ Actualizaciones, a la dirección de geoPlaneta en España: Av. Diagonal 662-664, 08034 Barcelona. También puede remitirse un correo electrónico a: viajeros@lonelyplanet.es. Para información, sugerencias y actualizaciones, se puede visitar www.lonelyplanet.es.

NUESTROS LECTORES

Muchas gracias a los viajeros que han utilizado la última edición y han enviado consejos y anécdotas interesantes:
Buzz Berridge, Tony Brett, Guillaume Croussette, Taryn Dickinson, Stephan Haagensen, Janet Noonan, Anne-Marie Tremblay, Margareta Troein Töllborn

AGRADECIMIENTOS

Sara Benson

Gracias a Suki Gear, Cliff Wilkinson, Alison Lyall y a todo el equipo de Lonely Planet, incluidos mis coautores. Mi familia y amigos de toda California me facilitaron buenos consejos, buena compañía en los viajes en automóvil y, lo más importante, me hicieron un hueco en sus casas. Un agradecimiento especial a mis compañeros de running del Golden Gate Bridge Beth Kohn (también mi gurú de los senderos de Sierra Nevada) y Derek Wolfgram (experto asesor de cervezas artesanales en la zona de la bahía).

Andrew Bender

Gracias a Suki Gear, Cliff Wilkinson, Alison Lyall, Hilary Angel, Juan Flores, Joe Timko, Sarah Weinberg, Suzi Dennett y a la buena gente de SPP Help Desk.

Alison Bing

Gracias a Suki Gear, Rana Freedman, Cliff Wilkinson, Katie O'Connell, Melissa Wong, y sobre todo, a Marco Flavio Marinucci, por lograr que un trayecto en un autobús municipal fuera la aventura de mi vida.

Celeste Brash

Primero, gracias a mis compañeros de viaje Heather Griggs y Tevai Humbert (que también es mi hijo). Viajando recabé información gracias a héroes locales como Grant Roden, Audie Theole, Freda Moon, John Vlahides, Kem Pence y Ken Pence. Gracias a Sara Benson por su entusiasmo por la región y a la gran Suki Gear por incluirme en su último libro.

Tienlon Ho

Gracias a Cliff Wilkinson, Suki Gear, Dianne y al equipo de SPP, y a Sara Benson por la oportunidad y el apoyo durante todo el viaje. Gracias a Ken Ho, Wenhuei Ho, Tienchin Ho, Richard Winters, Anli Winters, Mayli Winters, Alison Shinsato y, cómo no, a Jon Adams por su inspiración y todo lo demás. Y lo más importante: gracias a todos aquellos pioneros recordados u olvidados que crearon el Valle Central, el Gold Country y California.

Beth Kohn

Gracias a Suki Gear por todos sus años de trabajo duro en tantas y tan fantásticas ediciones de esta guía, ¡y a Sara B, mi heroína del *running*, el excursionismo, la repostería y la escritura! Gracias a Visit Oakland, Lisa Cesaro de DNC, Kari Cobb del Yosemite National Park y Lara Kaylor de Mammoth Lakes Tourism por su excelente asistencia durante el viaje. Jen y Dillon me ofrecieron buenos consejos ante la hoguera y Claude me ayudó a mantenerme (razonablemente) sensata durante el viaje.

Adam Skolnick

Los Ángeles es una ciudad que adoro, llena de gente a la que quiero. Es mi hogar. Y a pesar de ello, nunca es fácil describir tu propia casa, sobre todo porque sueles saber lo que te estás perdiendo. Así que gracias a Alma Lauer, Trisha Cole, Jessica Ritz, Nina Gregory, Burton Breznick, Tchaiko Omawale, Dan Cohn, Angel Payne, Christine Lazzaro, Liebe Geft, la gente del Wende Museum, Michael McDowell, Alex Capriotti y John Moore. Gracias también a todas esas focas, leones marinos, delfines y ballenas que nos distrajeron en el agua y al personal de LP y a mis compañeros Sara Benson y Andy Bender.

John A Vlahides

Mi inmenso agradecimiento a mi editora jefa, Suki Gear, a quien echo de menos; a mi coautora Sara Benson, por su eterna buena disposición; y a mi editor Clifton Wilkinson por darme carta blanca. Y a vosotros, queridos lectores, aceptad por favor mi más sentido agradecimiento por permitirme ser vuestro guía en el Wine Country. ¡Pasadlo genial, sé que será así!

RECONOCIMIENTOS

Datos del mapa climático adaptados del "Updated World Map of the Köppen-Geiger Climate Classification" (2007) de MC Peel, BL Finlayson y TA McMahon, publicado en *Hydrology and Earth System Sciences*, 11, pp. 1633-1644.

Ilustración pp. 76-77 de Michael Weldon.

Fotografía de cubierta: Tunnel View, Yosemite Valley, Eddie Lluisma/Getty.

ENTRE BASTIDORES

ESTE LIBRO

Esta es la traducción al español de la 7ª edición de *California*, documentada y escrita por Sara Benson, Andrew Bender, Alison Bing, Celeste Brash, Tienlon Ho, Beth Kohn, Adam Skolnick y John A Vlahides. Sara, Andrew, Alison, Beth y John también escribieron la edición anterior, junto con Nate Cavalieri, Bridget Gleeson y Andrea Schulte-Peevers.

VERSIÓN EN ESPAÑOL

GeoPlaneta, que posee los derechos de traducción y distribución de las guías Lonely Planet en los países de habla hispana, ha adaptado para sus lectores los contenidos de este libro. Lonely Planet y GeoPlaneta quieren ofrecer al viajero independiente una selección de títulos en español; esta colaboración incluye, además, la distribución en España de los libros de Lonely Planet en inglés e italiano, así como un sitio web, www.lonelyplanet. es, donde el lector encontrará amplia información de viajes y las opiniones de los viajeros.

Gracias a Imogen Bannister, Kate Chapman, Penny Cordner, Indra Kilfoyle, Claire Naylor, Karyn Noble, John Taufa, Samantha Tyson, Juan Wanita

Índice

NOTAS

Leyendas de los mapas

Puntos de interés

- Playa
- Reserva de aves
- Templo budista
- Castillo/palacio
- Templo cristiano
- Templo confuciano
- Templo hindú
- Templo islámico
- Templo jainita
- Templo judío
- Monumento
- Museo/galería de arte/edificio histórico
- Ruinas
- *Sento* (baño público)/*onsen*
- Templo sintoísta
- Templo sij
- Templo taoísta
- Lagar/viñedo
- Zoo/santuario de vida silvestre
- Otros puntos de interés

Actividades, cursos y circuitos

- *Bodysurf*
- Submarinismo/buceo
- Canoa/kayak
- Curso/circuito
- Esquí
- Buceo
- Surf
- Natación/piscina
- Senderismo
- *Windsurf*
- Otras actividades

Alojamiento

- Alojamiento
- *Camping*

Dónde comer

- Lugar donde comer

Dónde beber

- Lugar donde beber
- Café

Ocio

- Ocio

De compras

- Comercio

Información

- Banco, cajero automático
- Embajada/consulado
- Hospital/médico
- Acceso a internet
- Comisaría de policía
- Oficina de correos
- Teléfono
- Aseos públicos
- Información turística
- Otra información

Otros

- Playa
- Cabaña/refugio
- Faro
- Puesto de observación
- Montaña/volcán
- Oasis
- Parque
- Puerto de montaña
- Zona de *picnic*
- Cascada

Núcleos de población

- Capital (nacional)
- Capital (provincial)
- Ciudad/gran ciudad
- Pueblo/aldea

Transporte

- Aeropuerto
- Puesto fronterizo
- Autobús
- Teleférico/funicular
- Ciclismo
- Ferri
- Metro
- Monorraíl
- Aparcamiento
- Gasolinera
- S-Bahn
- Taxi
- Tren
- Tranvía
- U-Bahn
- Otros transportes

Nota: No todos los símbolos aparecen en los mapas de este libro.

Red de carreteras

- Autopista
- Autovía
- Ctra. principal
- Ctra. secundaria
- Ctra. local
- Callejón
- Ctra. sin asfaltar
- Camino en construcción
- Zona peatonal
- Escaleras
- Túnel
- Puente peatonal
- Circuito a pie
- Desvío del circuito
- Camino de tierra

Límites

- Internacional
- 2º rango, provincial
- En litigio
- Regional/suburbano
- Parque marítimo
- Acantilado
- Muralla

Hidrografía

- Río/arroyo
- Agua estacional
- Canal
- Agua
- Lago seco/salado/estacional
- Arrecife

Áreas delimitadas

- Aeropuerto/pista
- Playa, desierto
- Cementerio cristiano
- Cementerio (otro tipo)
- Glaciar
- Marisma
- Parque/bosque
- Edificio de interés
- Zona deportiva
- Pantano/manglar

Celeste Brash

Costa Norte y los bosques de secuoyas, Montañas del norte Los antepasados de Celeste se mudaron al norte de California en 1906, la región que para ella siempre será su casa. Tras 15 años en la Polinesia Francesa ahora vive en el noroeste del Pacífico y estuvo encantada de viajar al sur para explorar y sumergirse en los tesoros de su terruño, subir a picos nevados, descubrir petroglifos en cuevas, admirar las secuoyas y dejarse seducir por la costa salvaje. Para saber más sobre Celeste, visítese www.celestebrash.com.

Tienlon Ho

Sacramento y Valle Central, Gold Country Nativa de Ohio pero californiana de corazón, Tienlon Ho ha caminado, corrido, trepado, rodado, pescado, nadado y comido por todo el estado tantas veces como para afirmar, con conocimiento de causa, que California es enorme. Y espectacular. Además de escribir guías y libros para Lonely Planet, escribe sobre comida, medio ambiente y tecnología para varias publicaciones. Para saber más sobre ella, visítese tienlon.com y @tienlonho.

Beth Kohn

Condado de Marin y zona de la bahía, Lago Tahoe, Yosemite y Sierra Nevada, Fauna de California, Las mejores caminatas de Sierra Nevada Afortunada residente de San Francisco desde hace años, Beth vive para disfrutar del aire libre o chapotear en enormes charcos de agua. Para esta guía recorrió a pie y en bicicleta los senderos de la zona de la bahía, exploró Yosemite y el lago Tahoe en invierno y se bañó en un sinfín de arroyos termales de montaña. Es autora de las guías *Yosemite, Sequoia & Kings Canyon National Parks* y *México* de Lonely Planet. Para saber más sobre Beth, visítese www.bethkohn.com.

Adam Skolnick

Los Ángeles Adam Skolnick escribe sobre viajes, cultura, salud, deportes, derechos humanos y medio ambiente para Lonely Planet, el *New York Times*, *Outside*, *Men's Health*, *Travel & Leisure*, Salon.com, BBC.com y ESPN.com. Es autor y coautor de un total de 25 guías Lonely Planet. En Twitter e Instagram es @adamskolnick.

John A. Vlahides

Wine Country: Napa y Sonoma John A. Vlahides copresenta la serie de TV *Lonely Planet: Roads Less Travelled*, que se emite en National Geographic Channels International. Estudió cocina en París con los mismos chefs que formaron a Julia Child, trabajó como conserje en un hotel de lujo y fue miembro de Les Clefs d'Or, la asociación internacional de conserjes de élite. Vive en San Francisco, es tenor en la San Francisco Symphony, ganadora de varios premios Grammy, y dedica su tiempo libre a recorrer la ciudad en bicicleta y a esquiar en Sierra Nevada. Para saber más sobre él, visítense JohnVlahides.com y twitter.com/JohnVlahides.

Más sobre John en:
lonelyplanet.com/members/johnvlahides

LOS AUTORES

Sara Benson

Coordinadora, Condado de Santa Bárbara, Costa central, Las mejores regiones vinícolas de California, Las mejores playas del sur de California Después de graduarse, Sara tomó un avión rumbo a California con tan solo una maleta y 100 US$ en el bolsillo. Tras conducir decenas de miles de kilómetros por todo el estado se estableció en una pequeña localidad costera a medio camino entre San Francisco y Los Ángeles. Sara es una ávida excursionista, mochilera, ciclista y entusiasta del aire libre todo el año, que ha trabajado para el National Park Service en las montañas de Sierra Nevada. Autora de más de 65 libros de viajes y no ficción, también es la autora principal de las guías *California*, *California's Best Trips*, *Coastal California* y *Los Angeles, San Diego & Southern California* de Lonely Planet. Para seguir sus últimas aventuras en línea, visítese www.indietraveler.blogspot.com, www.indietraveler.net, @indie_traveler en Twitter e indietraveler en Instagram.

Más sobre Sara en:
lonelyplanet.com/members/Sara_Benson

Andrew Bender

Disneyland y el condado de Orange, San Diego y alrededores, Palm Springs y los desiertos Andy es un angelino de pura cepa, no porque naciera en Los Ángeles, sino porque ha hecho suya la ciudad. Este nativo de Nueva Inglaterra recorrió todo el país trabajando en producción cinematográfica y acabó dándose cuenta de que lo más divertido era viajar (y escribir sobre ello). Escribe en la web de viajes Seat 1A para Forbes y sus textos también se publican en *Los Angeles Times*, en revistas de aerolíneas y en más de tres docenas de guías LP. Sus actuales obsesiones son descubrir el próximo gran enclave étnico de SoCal y retratar puestas de sol invernales sobre el Pacífico.

Alison Bing

San Francisco Autora de más de 10 guías de San Francisco y tras 20 años en la ciudad, Alison ha pasado más tiempo en Alcatraz que algunos de sus internos, se aficionó a los burritos y a las *drags* e ignoraba a propósito cualquier cartel del 'Muni' que dijera "La seguridad empieza por evitar conversaciones innecesarias".

PÁGINA ANTERIOR MÁS AUTORES

geoPlaneta
Av. Diagonal 662-664. 08034 Barcelona
viajeros@lonelyplanet.es
www.geoplaneta.com · www.lonelyplanet.es

Lonely Planet Publications
Locked Bag 1, Footscray, Victoria 3011, Australia
☎ 61 3 8379 8000 · fax 61 3 8379 8111
(Oficinas también en Reino Unido y Estados Unidos)
talk2us@lonelyplanet.com.au

California
3ª edición en español – junio del 2015
Traducción de *California*, 7ª edición – febrero del 2015
1ª edición en español – septiembre del 2009

Editorial Planeta, S.A.
Con la autorización para la edición en español de Lonely Planet Publications Pty Ltd A.B.N. 36 005 607 983, Locked Bag 1, Footscray, Melbourne, VIC 3011, Australia

© Textos y mapas: Lonely Planet, 2015
© Fotografías 2015, según se relaciona en cada imagen
© Edición en español: Editorial Planeta, S.A., 2015
© Traducción: Delia Álvarez, Esther Cruz, Raquel García, Victoria Gutiérrez, 2015

ISBN: 978-84-08-13895-2

Depósito legal: B. 765-2015
Impresión y encuadernación: Talleres Gráficos Soler
Printed in Spain – Impreso en España